U0664096

"十三五"投资项目

工程项目建设程序
（第二版）

张 毅 编著

中国建筑工业出版社

图书在版编目(CIP)数据

工程项目建设程序 / 张毅编著. —2版. —北京：中国
建筑工业出版社，2018.4
"十三五"投资项目
ISBN 978-7-112-21870-7

Ⅰ.①工… Ⅱ.①张… Ⅲ.①基本建设投资-项目管
理-中国-2016-2020 Ⅳ.①F284

中国版本图书馆 CIP 数据核字(2018)第 035389 号

责任编辑：吴 绫 杨 军 李东禧
责任校对：焦 乐

"十三五"投资项目
工程项目建设程序
（第二版）
张 毅 编著

＊
中国建筑工业出版社出版、发行（北京海淀三里河路9号）
各地新华书店、建筑书店经销
北京红光制版公司制版
河北鹏润印刷有限公司印刷
＊
开本：787×1092毫米 1/16 印张：52¼ 字数：1306千字
2018年4月第二版 2019年2月第五次印刷
定价：118.00元
ISBN 978-7-112-21870-7
（31787）

版权所有 翻印必究
如有印装质量问题，可寄本社退换
（邮政编码 100037）

《工程项目建设程序（第二版）》编委会

编委会主任： 魏敦山

编委会副主任： 吴慧娟　许解良

编委会成员（排名不分先后）：

姚天玮	王　玮	赵毅明	吴　江	沈红华	陈　宁
陈　雷	黄忠辉	金　燕	周翔宇	何锡兴	张　强
印保兴	陈仕中	李兆荣	杨卫东	龚花强	郁　勇
张　毅	马　军	朱　坚	王建忠	张建忠	朱金元
朱　虹	王大年	顾耀明	王舒静	何　键	曹一峰
王伟庆	周培康	胡学括	任榴春	虞建华	廖　挺

主　　　审： 吴慧娟

编　　　著： 张　毅

副　主　编（排名不分先后）：

金　龙	孙清杨	叶　臻	徐雅芳	张　俊	张长赢

参　编　人　员（排名不分先后）：

陈定力	叶少帅	薄卫彪	王　宁	林韩涵	姚　臻
徐新华	印捷欧	许建峰	夏　敏	张建荣	章　丽
方　海	章宏伟	何　溪	曾莎洁	谢东升	黄　兵
钱伟锋	戴广海	庄国方	林　楠	杨星光	毛泽金
卜　强	黄顺明	岳家莹	罗钰弘	傅兴君	刘元栋
周海峰	周建明	薛　强	金　晶	王冠博	顾昊晟
王　晋	李　博	朱树波	于树轩	刘琪芸	顾　超

序

党中央、国务院提出的能源生产与消费革命、走新型城镇化道路、全面建设生态文明、把绿色发展理念贯穿城乡规划建设管理全过程等发展战略，对推进建筑节能与绿色建筑发展面临大有可为的机遇期。《住房城乡建设事业"十三五"规划纲要》和《建筑节能与绿色建筑发展"十三五"规划》以及《"十三五"装配式建筑行动方案》的目标要求，到2020年，城镇绿色建筑占新建建筑比重达到50%；新增绿色建筑面积20亿平方米以上；绿色建材在装配式建筑中的应用比例达到50%以上。我国《国民经济和社会发展第十三个五年规划》提出的国内生产总值（GDP）不低于92.7万亿元，固定资产投资10%的年均增长目标，无论是建设规模和投资结构乃至增长速度都呈现前所未有的发展。随着我国经济体制改革和投融资体制的多元化，按照"谁投资、谁决策、谁受益、谁承担风险"的原则，工程项目已成为社会变革和经济转型的重要载体，无论国家投资还是民间投资，都需要保证投资项目选择的准确性、投资的合理性、建设的如期性、质量的安全性、回报的有效性。同时，本届政府力推简政放权、放管结合、优化服务改革，进一步简化、整合投资项目各项手续，打通投资项目开工前"最后一公里"、降低制度性交易成本、激发社会投资活力的重要举措，工程项目管理和全过程咨询服务已成为提高投资效益的关键。正是这一课题促使作者三十年来密切跟踪我国工程项目建设行政审批体制变革，"十三五"投资项目建设各方和业界同行的呼声促使《工程项目建设程序（第二版）》得以问世。

《工程项目建设程序（第二版）》，密切结合国家各部委和省级人民政府贯彻国务院对投资项目审批制、核准制、备案制的审改简化要求，以我国工程项目建设全寿命期为主轴，按工程项目建设实施先后顺序叙述了项目建设总论、项目投资决策、项目规划与土地、投资项目审批与核准、项目专业核准与备案、建设项目审批与备案、项目设计与开工准备、项目建设实施控制与管理、项目竣工验收与评价、绿色建筑与工程项目咨询范例共十篇28章，可谓一幅详尽又简明的工程项目建设程序资料集。

很高兴地看到，一批密切关注政府对工程项目建设程序改革的探索实践者，以绿色发展理念在参与投资项目全过程咨询服务和实践的同时，能借鉴国际工程项目管理经验和要求，研究分析我国投资项目绿色建筑全寿命期咨询服务要旨，推进 BIM 技术在投资项目绿色建筑规划、勘察、设计、生产、施工、装修、运行维护全过程的集成应用，实现工程建设项目数据共享和信息化管理。尤其在有关绿色建筑理念典型项目全过程咨询服务得到充分体现，取得较好的社会效益和经济效益评价。因此，编写这本取材丰富、内容翔实、覆盖面广的实用书籍，具有鲜明权威性、系统性和实用性，必将推进我国工程项目全过程咨询和管理以及工程总承包健康发展。

这本书的出版是非常及时和有益的，对执行绿色建筑标准，确保绿色建筑各项技术措施发挥实际效果，为人们提供健康舒适和高效的使用空间、与自然和谐共生的建筑会有实际指导意义。同时，推进建筑绿色化、工业化、信息化理念，必将促进我国行业标杆企业能跻身于国家"一带一路"沿线工程全过程咨询行列，以绿色发展理念来开拓投资项目全寿命期咨询服务领域。

中国工程院院士

魏敦山

2018 年 3 月

目　　录

第一篇　项目建设总论

第一章 工程项目建设概述

工程项目是指同时具有投资行为和建设行为的工程建设项目。工程项目建设程序是指工程项目建设从投资意向、选择、评估、决策、设计、施工到竣工验收和投产使用的全部建设环节和先后顺序。它是工程项目建设内在规律的反映，体现了工程项目各建设环节的内在关系，不可随意减少环节和改变顺序。政府通过行政审批和设立项目法人责任制、项目投资咨询评估制、资本金制度、工程招投标制、工程建设监理制等制度，保证工程项目按建设程序实施，实现工程项目预期目标。

第一节 工 程 项 目

一、项目的概念

项目是指管理对象在一定约束条件下完成、具有明确目标的一次性任务，即：项目是一次性的投资方案或执行方案；项目是一个系统的有机整体；项目是一种规范化、系统化管理对象；项目有明确的起点和终点；项目有明确的目标。

二、项目的分类

（一）项目是一个广义的范畴，它泛指在一定的约束条件下，投资主体为获取未来预期效益，将货币资本或实物资本投入营利性或非营利性事业，从事生产或服务等经济活动和社会活动，并具有明确目标要求的一次性事业。在社会经济活动中，在不同的场合，投资项目有不同的含义，如：在生产经营领域，有企业经营战略规划项目、新产品开发项目、技术引进项目、设备更新项目；在流通领域，有以物资流通为内容的销售网络建设项目；在建设领域，有以投资建设活动为内容的工程建设项目；在科研领域，有以研究与开发为内容的新技术、高技术研究开发项目和中试项目。

（二）狭义的项目是指既有投资行为又有建设行为的工程建设项目。

三、工程项目的概念

工程项目是指需要投入一定量的资本、实物资产，有预期的经济社会目标，在一定的约束条件下经过研究决策和实施等一系列程序从而形成固定资产的一次性事业。工程项目一般具有以下特征：具有明确的建设目标。建设目标分为宏观目标和微观目标，政府注重工程项目的宏观经济效果和社会效果，企业主要注重工程项目的盈利能力等微观财务目标，是在一定约束条件下实现工程项目的建设目标。其主要约束条件：资源约束，即一个工程项目要在一定的投资额度、人力、物力条件下来完成建设任务；时间约束，即一个工程项目要有合理的建设工期来控制；质量约束，即一个工程项目要满足使用要求的质量要求。

工程项目是一次性事业，即工程项目的建设地点、工作量是一次性固定的，建成后不可移动，具体表现为设计的单一性、施工的单件性、工程项目与一般商品生产不同，不能批量生产。投资巨大，建设周期长，投资回收期更长；工程项目寿命周期长，其质量优劣影响面大，作用时间长。工程项目的内部结构存在许多结合部，各组成部分之间有明确的组织联系，是一个系统工程。

第二节 工 程 建 设 项 目

一、工程建设项目的概念

（一）工程建设项目的定义

工程建设项目是指需要一定量的投资，按照一定程序，在一定时间内完成符合质量要求的，以形成固定资产为明确目标的一次性任务。

工程项目是一种投资行为与建设行为相结合的投资项目，它涵盖了工程建设项目，而工程建设项目是特指有建设行为的工程项目，它不包括没有建设行为的添置某些不需要安装的机械设备部分，如购置汽车、飞机等，但从总体上分析，这部分所占比重极小，因此习惯上将工程项目和工程建设项目等同起来。在我国工程建设项目，也称固定资产投资项目，它包括基本建设项目（新建、扩建等扩大生产能力的项目）和技术改造项目（以改进技术、增加产品品种、提高质量、治理"三废"、劳动安全、节约资源为主要目的的项目）。

（二）工程建设项目的特征

与企业的生产活动、事业机关的行政活动和其他经济活动相比较，工程建设有它的特殊性，其原因在于工程建设项目作为管理对象有其自身的特点及规律。

1. 工程建设项目的特点：固定性是由于工程建设项目体型庞大，建筑物或构筑物的地基基础固定在某一地方，因此只能建造在工程建设项目的选址地点作为固定资产使用。一次性和单件性是工程建设项目作为一次性的事业，其生产过程具有明显的单件性。由于工程建设项目的建造时间、地点、地形、地质和水文条件、材料来源、使用要求，以及实施手段等各不相同，因此建设项目存在着千差万别的单件性，表现出较强的一次性。目标性是工程建设项目都具有特定的明确目标。这是项目区别于非项目活动的一个显著特点。工程建设项目的最终目标一般表现为增加或达到一定生产能力，形成具有使用价值的固定资产。开放性项目是一个复杂的开放系统，对项目系统而言，除项目总目标外，还可分解为单项工程目标、单位工程目标和分部分项工程目标，从项目控制的角度，项目目标往往划分为投资目标、工期目标和质量目标。所有这些组成了工程建设项目的目标系统。工程建设项目作为开放系统不仅要求其系统内部要协调有序，而且要求系统能对外界环境的变化进行自我适应和调节。

2. 工程建设项目的建设特性：由于工程建设项目的特点，在工程建设过程中具有一些特殊的技术经济性质等特性。建设周期和资金周转期长是由于工程建设项目体量庞大，工程量巨大，建设周期长，在较长时间内耗用大量的资金而难出任何完整的产品，当然也不会有收获。因此，工程建设项目管理上要千方百计地缩短工期，按期或提前建成投产，形成生产能力。投资风险大是由于工程建设项目的单件性生产特性决定了项目投资大，风险也大，同时，在工程建设项目建设期间还可能遇到不可抗力和特殊风险损失。建设过程的连续性是工程建设项目过程的连续性是由工程建设项目的特点和经济规律所决定的。它要求项目各参与单位必须有良好的协作，在时间上不间断，在空间上不脱节，使建设工作有条不紊地进行。施工的流动性是由工程建设项目的固定性决定的。它对工程建设项目管理工作、施工成本和职工生活安排带来很大的影响。受环境的影响大是工程建设项目实施不仅要受到复杂的自然环境影响，如地形、地质、水文、气象等因素，而且还受到社会环境的影响和制约，如项目征地、材料设备采购、水电供应和交通运输、通信、生活等社会条件。

二、工程建设项目分类

由于工程建设项目种类繁多，为适应科学管理的需要，有必要从不同的角度来反映工程建设项目的性质、行业结构、占有比例关系等，为此国家规定工程建设项目进行分类的标准。

1. **按国民经济各行业的性质特点分类**：可将工程建设项目划分为竞争性项目主要是指投资收益水平比较高、市场调节比较灵敏、具有市场竞争能力的行业部门的相关项目；基础性项目主要是指具有一定自然垄断、建设周期长、投资量大而收益较低的基础产业和基础设施项目；公益性项目是指那些非营利性和具有社会效益的项目。

2. **按管理要求分类**：按照国家有关规定，工程建设项目可划分为基本建设项目，一般指在一个总体设计或初步设计范围内，由一个或几个单项工程组成，在经济上进行统一核算，行政上有独立组织形式，实行统一管理的建设单位。技术改造项目是指经批准，具有独立设计文件（或项目建议书）的技术改造工程，或企业、事业单位及其主管部门制定的技术改造计划方案中能独立发挥效益的工程。

3. **按建设性质分类**：一个工程建设项目只能有一种建设性质，在项目按总体设计及整个建设周期内保持不变。新建项目是指从无到有，"平地起家"新开始建设的项目。扩建项目是指现有企业为扩大原有产品的生产能力或效益和为增加新的品种生产能力而增加的主要生产车间或工程项目，事业和行政单位增建业务用房等。改建项目是指现有企业、事业单位为提高综合能力对原有厂房、设备、工艺流程进行技术改造或固定资产更新的项目。恢复项目是指企业、事业和行政单位的原有固定资产因自然灾害、战争和人类灾害等原因已全部或部分报废，而投资重新建设的项目。迁建项目指原有固定资产，因某种需要，搬迁到另外的地方进行建设的项目。

4. **按建设规模分类**：按工程建设项目的总投资规模、设计生产能力或工程效益，同时，根据国家规定的标准，可将基本建设项目按工业建设项目和非工业建设项目分别划分为大型、中型、小型三类；更新改造和技术引进项目划分为限额以上和限额以下两类。工业建设项目大、中、小型划分标准如表1-1所示。非工业建设项目大、中型划分标准如表1-2所示。一部分工业、非工业建设项目，不作大中型划分：分散零星的江河治理、国有农场、植树造林、草原建设等；原有水库加固，并结合加高大坝、扩大溢洪道和增修灌溉区工程的项目，除国家指定者外；分段整治，施工期长，年度安排有较大伸缩性的航道整治疏浚工程。更新改造和技术引进项目的限额划分标准如表1-3所示。

5. **按行政投资用途分类**：按国家标准《国民经济行业分类和代码》的有关规定，将工程建设项目划分为若干大类：生产性基本建设项目是指用于物资生产或直接用于物资生产服务的项目，包括：工业建设项目，含国防和能源建设；农、林、牧、渔、水利、气象建设项目；运输、邮电、通信建设项目；建筑企业建设项目；商业、饮食、营销和物资供应建设项目；地质资源勘探建设项目；与上述项目相关的工具、器具和设备的购置。非生产性建设项目是指用于人民生活、公用事业以及文化福利设施等项目，包括：住宅建设项目，含公寓、别墅；文教、广播电视、博览、体育、金融、保险、宗教、卫生建设项目；行政部门办公楼建设；公用、生活服务事业建设项目；科学研究和综合技术服务事业建设项目；其他。按三个产业划分可划分为第一产业（农业）项目、第二产业（工业、建筑业、地质勘探）项目和第三产业项目。

6. 按资金来源分类：国家预算拨款项目；国家融资项目；使用国际组织或外国政府资金项目；集体经济组织投资项目；外商投资项目；港、澳、台投资项目；私民营投资项目。

7. 按建设阶段分类：可分为预备项目（投资前期项目）或筹建项目；新开工项目；施工项目；续建项目；投产项目；收尾项目；停建项目。

8. 按工程建设项目的组成分类：单项工程即有独立设计文件，建成后能独立发挥效益或生产设计规定产品的车间、独立工程等，如办公楼、工业厂房、学生宿舍楼。它是工程建设项目的组成部分。单位工程即具有独立施工条件的工程，是单项工程的组成部分，如工业厂房是一个单项工程，其中厂房建筑是一个单位工程，设备安装又是一个单位工程。分部工程是单位工程的组成部分，它是按建筑安装工程的结构、部位或工序划分的，如厂房建筑是一个单位工程，可分为土方工程、打桩工程、混凝土工程、基础工程、屋面工程等分部工程。分项工程是按不同的建筑材料、施工方法划分的，是分部工程的组成部分，如厂房的基础工程是一个分部工程，可分为砖基础工程、混凝土条形基础工程、钢筋混凝土条形基础工程等。

工业建设项目大、中、小型划分标准   表 1-1

部门	项 目	计算单位		大型	中型	小型
钢铁企业	钢铁联合企业	年产钢	万吨	≥100	10~100	<10
	特殊钢厂	年产钢	万吨	≥50	10~50	<10
	独立炼钢厂	年产钢	万吨	≥100	20~100	<20
	独立铁矿厂	年产铁矿	万吨	≥200	60~200	<60
	其他黑色金属工业	总投资	万元	≥5000	2000~5000	<2000
有色金属工业	有色联合企业					
	镍联合企业	年产金属镍	万吨	≥3	0.5~3	<0.5
	其他重金属联合企业	年产金属	万吨	≥2	0.8~2	<0.8
	采选厂	年产选矿石	万吨	≥200	100~200	<100
	砂矿	年产选矿石	万吨	≥100	20~100	<20
	脉矿	年产氧化铝	万吨	≥20	5~20	<5
	氧化铝厂	年产金属	万吨	≥3	1~3	<1
	常用金属冶炼电解厂	年产加工料	万吨	≥3	0.5~3	<0.5
	常用金属加工厂	年产加工料	万吨	≥2	0.3~2	<0.3
	重金属加工厂	总投资	万元	≥5000	1000~5000	<1000
	轻金属加工厂					
	其他有色金属工业					

部门	项目	计算单位		大型	中型	小型
煤炭工业	煤炭矿区	年产原煤	万吨	≥500	200～500	<200
	独立洗煤厂	年产洗精煤	万吨	≥120	30～120	<30
	其他煤炭工业	总投资	万元	≥5000	1000～5000	<1000
石油工业	油、气田开发			根据具体情况确定		
	炼油厂	年加工原油	万吨	≥250	50～250	<50
	跨省长距离输油、气管线			均为大、中型项目		
化学工业	合成氨厂	年产合成氨	万吨	≥15	4.5～15	<4.5
	硫酸厂	年产硫酸	万吨	≥16	8～16	<8
	烧碱厂	年产烧碱	万吨	≥3	0.7～35	<0.75
	纯碱厂	年产纯碱	万吨	≥40	4～40	<4
	磷肥厂	年产磷肥	万吨	≥50	20～50	<20
	乙烯厂	年产量	万吨	≥4	2～4	<2
	化学纤维单体	年产单体	万吨	≥4	0.5～4	<0.5
	合成橡胶厂	年产量	万吨	≥3	0.5～3	<0.5
	塑料厂	年产量	万吨	≥3	1～3	<1
	橡胶轮胎加工厂	年产量	万套	≥100	20～100	<20
	农药厂	年产量	万吨	≥3	0.3～3	<0.3
	磷矿	年产磷矿	万吨	≥100	30～100	<30
	硫铁矿	年产硫铁矿	万吨	≥100	20～100	<20
	化工联合企业			三个品种都达到		
	其他化学工业	总投资	万元	中型标准即为大型 ≥5000	1000～5000	<1000
电力工业	电站	装机容量	万千瓦	≥25	2.5～25	<2.5
	送变电工程	电压	万伏	≥33	22和11，且线路长 ≥250km	<11 且线路长 <250km
机械工业	冶金矿山设备	年产量	万吨	总投资 万元	0.5～2	<0.5
	石油化工设备	年产量	万吨	一般汽车≥5	0.5～2	<0.5
	工程机械	年产量	万吨	重型汽车≥0.3	0.5～2	<0.5
	发电设备、大电机厂	年产量	万千瓦	轮胎式≥2	30～100	<30
	通用设备厂	总投资	万元	履带式≥1	1000～3000	<1000
	汽车厂	年产量	万辆	≥100	0.5～5	<0.5
					0.1～0.3	<0.1
	拖拉机厂	年产量	万台	≥2000	0.5～2	<0.5
					0.1～1	<0.1
	柴油机厂	年产量	万马力		30～100	<30
	其他机械工业	总投资	万元		1000～2000	<1000
森林工业	木材产运林区	年产木材	万立方米	均为大、中型项目		
	独立森林局	年产木材	万立方米	≥30	15～30	<15
	其他森林工业	总投资	万元	≥5000	1000～5000	<1000

续表

部门	项目	计算单位		大型	中型	小型
建材工业	水泥厂	年产量	万吨	≥100	一般水泥 20~100	<20 <5
	平板玻璃厂	年产量	万箱	≥100	特种水泥≥5	<50
	玻璃纤维厂	年产量	万吨	≥0.5	50~100	<0.1
	石膏石矿	年产量	万吨	≥100	0.1~0.5	<50
	石棉矿	年产量	万吨	≥1	50~100	<0.1
	石墨矿	年产量	万吨	≥1	0.1~1	<0.3
	石膏矿	年产量	万吨	≥30	0.3~1	<1
	其他建材工业	总投资	万元	≥5000	10~30 1000~5000	<10 <1000
轻工业	化学纤维厂	年产量	万吨	单体≥4 长丝≥0.8 短比≥4	0.5~4 0.3~0.8 0.6~4	<0.5 <0.3 <0.6
	棉纺织厂	棉纺锭	万枚	≥10	5~10	<5
	印染厂	年产量	亿米	≥1	0.5~1	<0.5
	造纸厂	年产量	万吨	≥3	1~3	<1
	制糖厂	日处理原料	万吨	≥0.1	0.05~0.1	<0.05
	盐场	年产量	万吨	精盐≥100 井、矿盐≥30	20~100 10~30	<20 <10
	毛纺、麻纺、绢纺	纺锭	万枚	≥1	0.5~1	<0.5
	合成脂肪酸	年产量	万吨	≥2	0.5~2	<0.5
	合成洗涤剂厂	年产量	万吨	≥2	1~2	<1
	手表厂（新建）	年产量	万只	≥100	40~100	<40
	缝纫机厂（新建）	年产量	万架	≥50	15~50	<15
	自行车厂（新建）	年产量	万辆	≥100	30~100	<30
	塑料制品	年产量	万吨	≥1	0.5~1	<0.5
	其他轻工业（包括医疗机械）	总投资	万元		≥1000	<1000

注：1. 国防工业和国防科研的矿山项目，可参考冶金矿山标准，其他工厂建设暂按其他机械工业标准执行。

2. 国务院文件规定：能源项目指煤炭、石油、电力和节能项目；交通项目指铁道、公路、邮电、民航项目；原材料工业项目指钢铁、有色、黄金、化工、石油化工、森工、建材等项目。

3. 大型超高压工程单独列项。中型的，凡直接配合发电的，作为电站的单项工程；凡是公用的，都按地区或电网作为一个项目。

非工业建设项目大、中型划分标准 表1-2

部门	项目		计算单位		大、中型
农业 林业 水利 水产	水库	库容		亿立方米	≥1
	灌溉	受益面积		万亩	≥50
	其他水利工程	总投资		万元	≥2000
	渔业基地	容纳渔轮		船	≥50
	水产冷库	冷藏制冷能力		万吨	≥0~5
		冷藏		万吨	≥1
	其他农林水产	总投资		万元	≥1000

续表

部门	项目	计算单位		大、中型
交通邮电	铁路	新建干线、支线、地铁		
		地方铁路长度	公里	≥100
		货运量	万吨	≥50
		新、扩建国防、边防和跨省干线长度	公里	≥200
	公路	独立公路大桥	米	≥1000
	港口	新、扩建，海港年吞吐量	万吨	≥100
		新、扩建，海港年吞吐量	万吨	≥200
		修船厂和修造船厂总投资（指有船坞划道者）	万元	≥5000
	民航	新、改建机场总投资	万元	≥5000
	邮电	跨省长途电信电缆长度	公里	≥500
		跨省长途电信微波长度	公里	≥1000
		其他邮电建设总投资	万元	≥500
商业外贸粮食物资仓储	火药库	建筑面积	万立方米	≥3
	粮食中转库	库容	万吨	≥7.5
	石油库	库容	万立方米	≥5
	冷库	储藏能力	万吨	≥1
	其他仓储	总投资	万元	≥1000
文教卫生计量科研	高等院校	新建，学院	名	≥3000
	医院、疗养院	新建，床位	个	≥700
	广播台站	总投资	万元	≥1000
市政工程	独立水厂	新、扩建，日供水	万吨	≥11
	煤气厂	新、扩建，日供气	万立方米	≥30
	公用事业建设	总投资	万元	≥1000

更新改造和技术引进项目限额划分标准　　　　　　　　表 1-3

项目	计算单位		限额以上项目	限额以下项目	小　型
更新改造项目					
能源、交通、原材料工业	总投资	万元	≥5000	100～5000	<100
其他项目	总投资	万元	≥3000	100～3000	<100
技术引进项目	总投资	万美元	≥500	<500	

第三节　工程项目建设程序

一、工程项目建设程序的概念

工程项目建设各阶段、各环节、各项工作之间存在着固有关系和规律，工程项目建设根据规律和按一定顺序分阶段和步骤依次展开实施，形成工程建设项目规律性的建设程序。

二、我国的工程项目建设程序

我国现阶段的工程项目建设程序，也称基本建设程序，是根据国家经济体制改革和国务院投资体制改革的要求及国家现行法律法规规定确立的，如根据《国务院关于投资体制改革的决定》，工程项目立项实行审批、核准和备案三种形式。

我国的工程项目建设程序主要包括立项决策阶段、设计及准备阶段、实施阶段和竣工验收交付使用阶段，如图 1-1、图 1-2 所示。

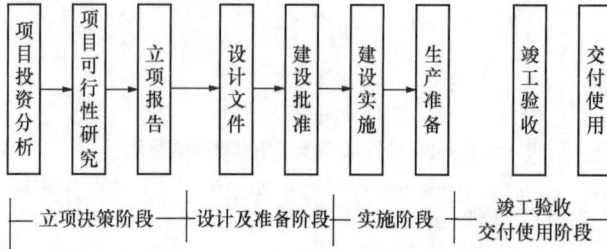

图 1-1　工程项目建设程序简图

1. 立项决策阶段：该阶段形成工程建设项目的设想，具体可分为可行性研究、编制可行性研究报告和选定建设地点三个步骤。

2. 设计及准备阶段：该阶段将工程建设项目的设想变成可实施的蓝图，具体可包括初步设计、技术设计、施工图设计及建设前期准备工作。

3. 实施阶段：该阶段将工程建设项目的蓝图实现为固定资产，具体可划分成申请批准工程、建设项目建设（列入基建年度计划）、建设准备、组织施工和生产准备四个步骤。

4. 竣工验收交付使用阶段：该阶段是检验工程的质量和功能是否满足预定的目标和要求，具体进行竣工的检验和试验，然后交付使用。

上述各阶段都包括了许多各异的工作内容和内在环节，各阶段之间又包含了相互之间的联系纽带，有序的形成一个循环渐进的工作过程，这个符合一定规律的工作过程就演变成工程建设项目，同时，也形成了我国工程项目建设程序，如图 1-3（含图 1-4～图 1-8）所示。

三、技术改造项目的建设程序

在我国现行经济体制条件下，技术改造项目建设程序从总体上与新建项目

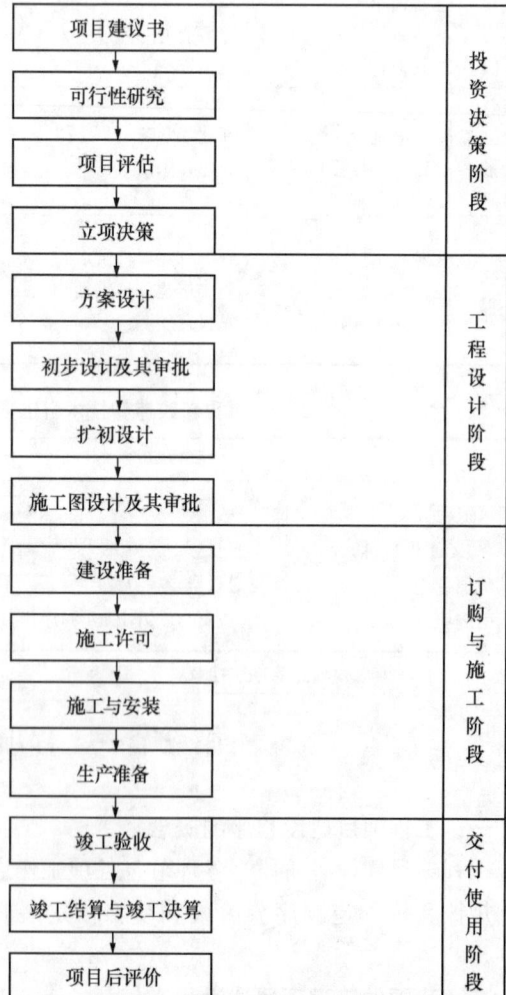

图 1-2　工程项目建设程序图

建设程序基本相同。技术改造项目管理分为三个阶段。

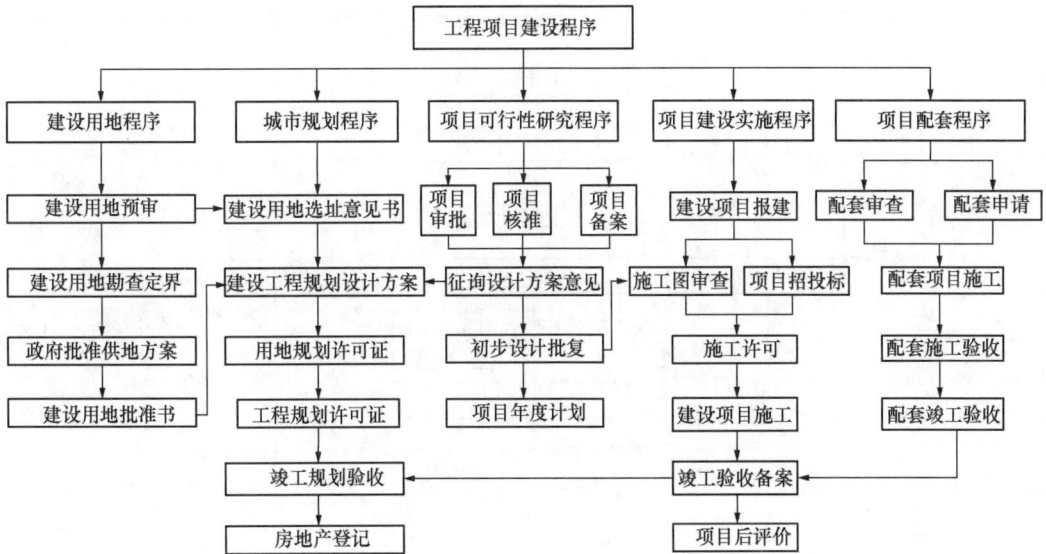

图 1-3 我国工程项目建设程序

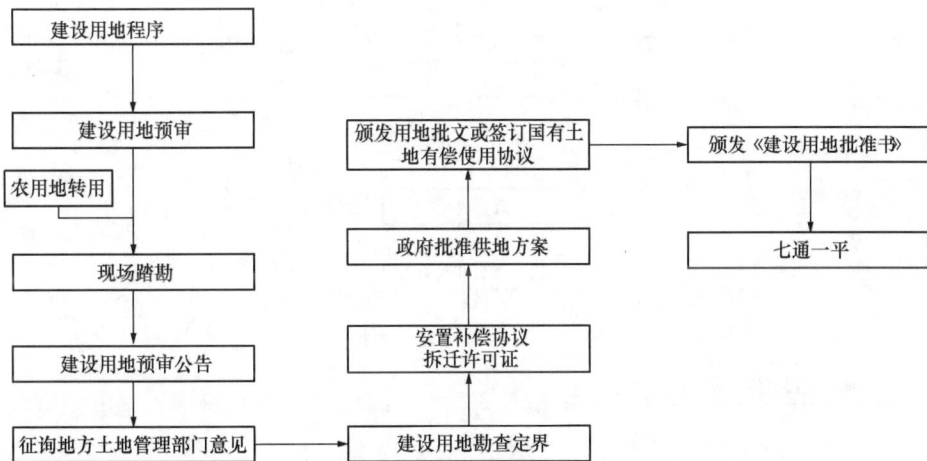

图 1-4 建设用地程序

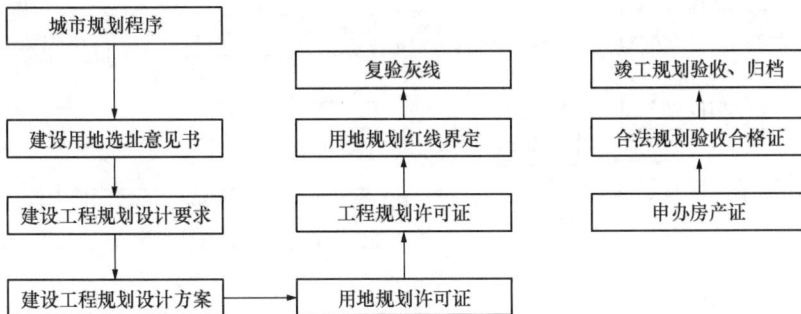

图 1-5 城市规划程序

```
                    ┌─────────────────────┐
                    │   项目可行性研究程序    │
                    └─────────────────────┘
                              │
                    ┌─────────────────────┐
                    │   项目投资意向策划     │
                    └─────────────────────┘
                              │
                    ┌─────────────────────┐
                    │   初步可行性研究       │
                    └─────────────────────┘
                              │
                    ┌─────────────────────┐
                    │   项目建议书批复       │
                    └─────────────────────┘
                              │
  ┌────────────┐    ┌─────────────────────┐    ┌────────────┐
  │  投资项目备案  │    │   可行性研究          │    │  投资项目核准  │
  └────────────┘    └─────────────────────┘    └────────────┘
                    ┌──────────┐  ┌──────────┐
                    │  设计方案   │  │  工艺设备  │
                    │  咨询      │  │  选型     │
                    └──────────┘  └──────────┘
                    ┌─────────────────────┐
                    │   可行性研究报告       │
                    └─────────────────────┘
                  ┌──────────┐  ┌──────────┐
                  │  建设场地   │  │  建设项目  │
                  │  地震安全   │  │  环境评价  │
                  │  性评价     │  │          │
                  └──────────┘  └──────────┘
                    ┌─────────────────────┐
                    │   项目评估            │
                    └─────────────────────┘
                    ┌─────────────────────┐
                    │   可行性研究报告批复    │
                    └─────────────────────┘

                    ┌─────────────────────┐
                    │   征询设计方案意见      │
                    └─────────────────────┘
                    ┌─────────────────────┐
                    │   初步设计批复         │
                    └─────────────────────┘
                    ┌─────────────────────┐
                    │   概算调整            │
                    └─────────────────────┘
                    ┌─────────────────────┐
                    │   投资项目年度计划      │
                    └─────────────────────┘
```

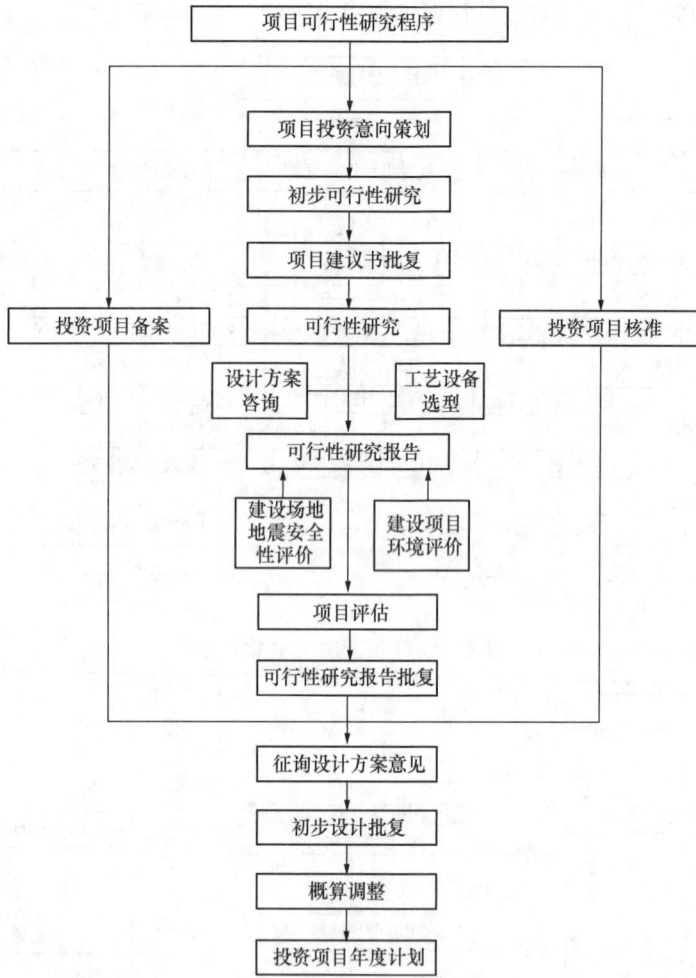

图 1-6　项目可行性研究程序

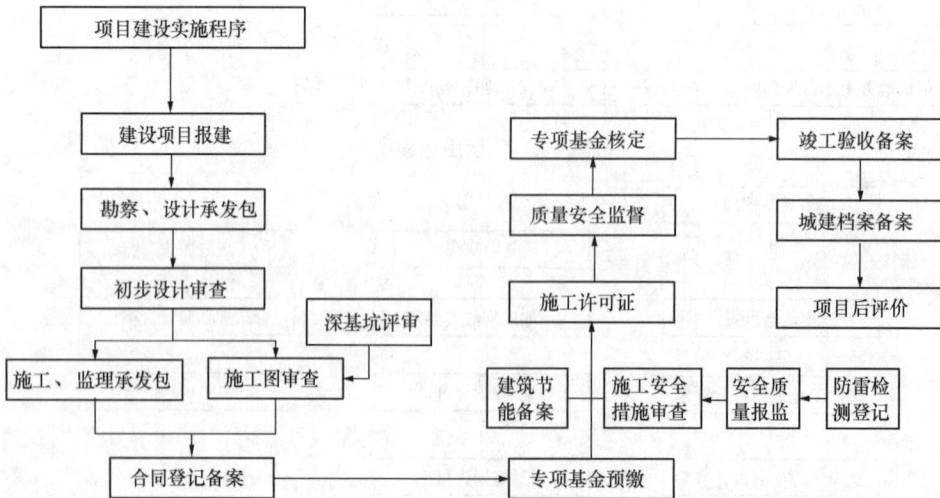

```
┌─────────────────────┐
│   项目建设实施程序      │
└─────────────────────┘

┌──────────────┐              ┌──────────────┐    ┌──────────────┐
│  建设项目报建    │              │  专项基金核定    │───▶│  竣工验收备案   │
└──────────────┘              └──────────────┘    └──────────────┘
┌──────────────┐              ┌──────────────┐    ┌──────────────┐
│  勘察、设计承发包  │              │  质量安全监督    │    │  城建档案备案   │
└──────────────┘              └──────────────┘    └──────────────┘
┌──────────────┐  ┌──────────┐  ┌──────────────┐    ┌──────────────┐
│  初步设计审查    │  │  深基坑评审 │  │  施工许可证     │    │  项目后评价     │
└──────────────┘  └──────────┘  └──────────────┘    └──────────────┘
┌────────────┐ ┌──────────┐ ┌──────┐┌──────┐┌──────┐┌──────┐
│ 施工、监理承发包│ │  施工图审查 │ │ 建筑节 ││施工安全││安全质 ││防雷检 │
└────────────┘ └──────────┘ │ 能备案 ││措施审查││量报监 ││测登记 │
                            └──────┘└──────┘└──────┘└──────┘
┌──────────────┐              ┌──────────────┐
│  合同登记备案    │─────────────▶│  专项基金预缴   │
└──────────────┘              └──────────────┘
```

图 1-7　项目建设实施程序

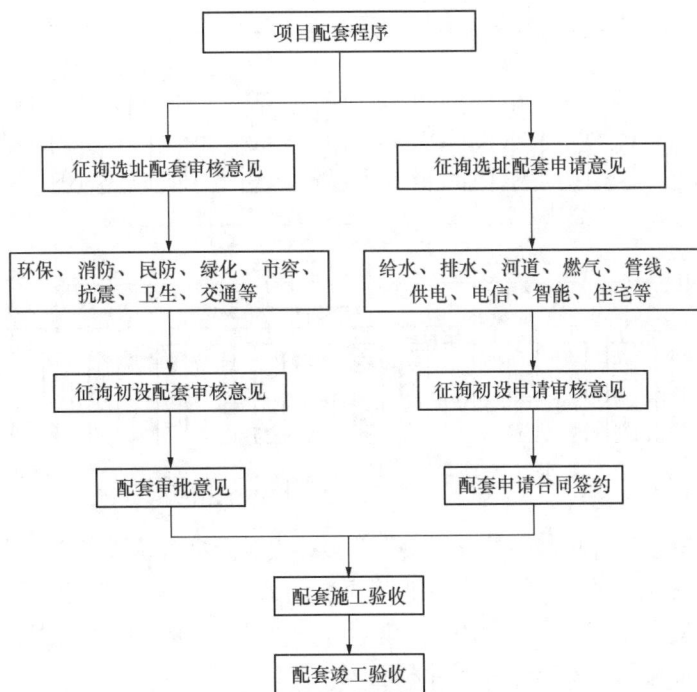

图 1-8　项目配套程序

1. 前期准备阶段，编制和审批项目建议书、可行性研究报告、初步设计或技术改造方案等；

2. 项目实施阶段，从项目批准列入年度计划，组织实施到竣工验收，交付生产使用；

3. 效益考核阶段，从项目投产使用到效益达到设计和合同规定的要求。

四、房地产项目开发程序

房地产开发是通过土地、资金、技术、劳动力、材料等设施运作，建成社会必需的建筑物、构筑物的一大产业。要通过对产品的出售、出租、抵押等方式，以获得预期的投资收益。房地产项目开发程序也应遵循房地产开发过程的自然经济规律，且与有关政策、市场需求、金融制度、社会变革等因素有着密切的联系和影响。

一般房地产项目开发程序阶段：开发投资决策分析阶段，即：开发项目的设想（策划）、项目设想的具体化、项目可行性研究；开发前期工作阶段，即：规划设计和征地拆迁工作；开发建设实施阶段，即：施工组织工作、开发项目的控制工作、项目的竣工验收工作；房地产租售阶段，即：房地产预租或预售、物业管理工作。

一般房地产项目开发的具体工作程序见图 1-9。

五、外商投资项目建设程序

根据《国务院关于投资体制改革的决定》和《外商投资项目核准暂行管理办法》，中外合资、中外合作、外商独资、外商购并境内企业、外商投资企业增资等各类外商投资项目需按要求向国家和地方发改委进行投资核准。

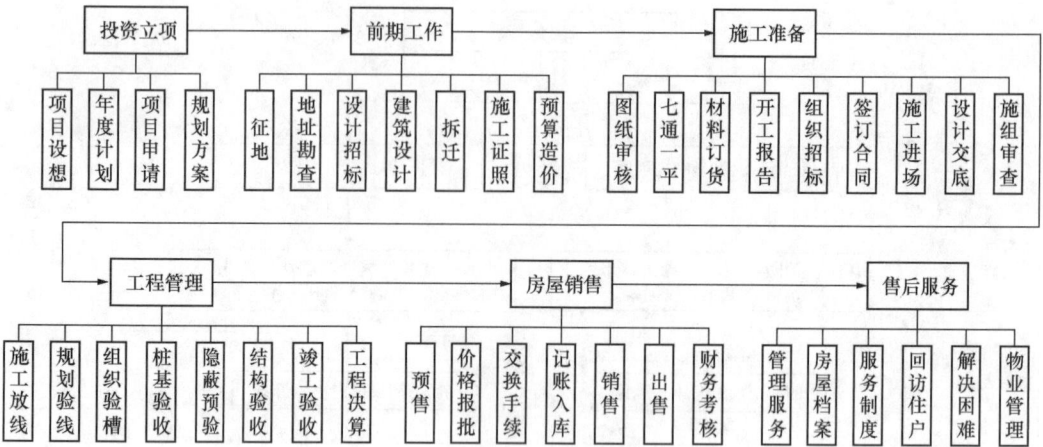

图 1-9　房地产项目开发的具体工作程序

工程项目的建设程序一般也按立项决策阶段、设计及准备阶段、实施阶段和竣工验收交付使用阶段分阶段实施。凭国家发展改革委的核准文件，依法办理土地使用、城市规划、质量监管、安全生产、资源利用、企业设立（变更）、资本项目管理、设备进口及适用税收政策等方面手续，履行建设项目程序。

六、境外投资项目建设程序

根据《国务院关于投资体制改革的决定》及《境外投资项目核准暂行管理办法》，境外投资项目的核准具体指中国境内各类法人（或"投资主体"），及其通过在境外控股的企业或机构，在境外进行的投资（含新建、购并、参股、增资、再投资）项目向国家或地方发改委申请核准，同时也包括投资主体在香港特别行政区、澳门特别行政区和台湾地区进行的投资项目的核准。境外项目应按照投资所在国家和地区的法律法规规定的建设程序实施。

七、国外工程项目建设程序

1. 项目阶段的划分

按照项目建设工作展开的时间顺序，项目可划分为若干个阶段或时间。由于项目涉及单位所处的角度以及各阶段归集的项目工作内容不同，项目的阶段划分、决策、实施阶段：

（1）世界银行项目阶段划分：世界银行从发放贷款的角度规定了项目选定；项目准备；项目评估；项目谈判；实施监督；总结评价。

（2）联合国工业组织项目阶段划分：形成概念；确定定义和要求；形成项目；授权；具体活动开始；责任终止；总结评价等七个阶段。

国外工程项目建设总程序如图 1-10 表示，其中投资意向——决策定义为决策阶段，执行准备-动用定义为实施阶段。

2. 项目建设各阶段资金投入

项目建设各阶段资金投入情况示意图见图 1-11。

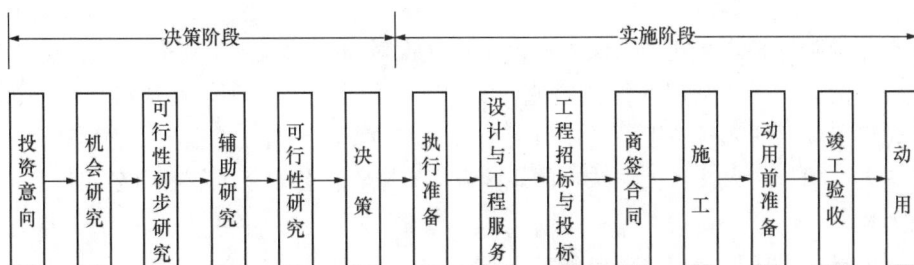

图 1-10　国外工程建设总程序

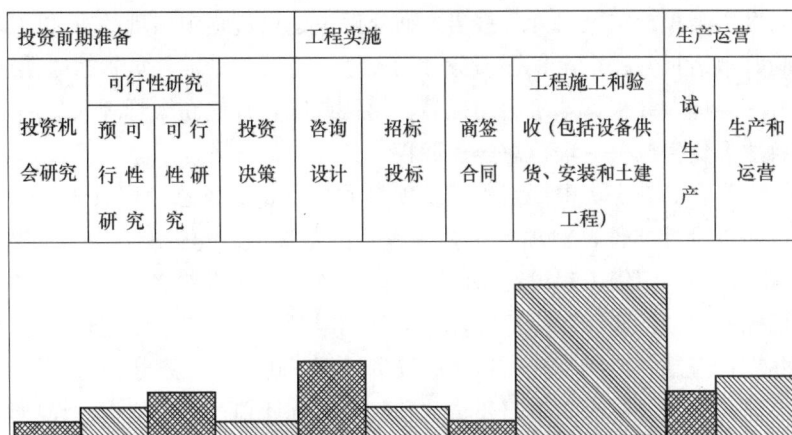

图 1-11　项目建设各阶段资金投入情况示意图

第四节　工程项目管理组织

工程项目管理组织就是指作为业主方，应具有的组织结构及组织能力。一个合格的业主方的组织机构和组织能力，对项目建设的顺利开展至关重要。工程建设项目从立项决策、设计及准备、实施和竣工验收交付使用各阶段，均具有整体组织、管理、审核及决策的能力。

一、工程建设项目业主

1. 工程建设项目业主含义：是指具有进行某项工程项目建设的需求条件（资金、规划用地、建设手续等），建立起与承包（生产供应）商及社会中介机构的委托合同关系，并最终得到建筑产品所有权的政府部门、企事业单位和个人。

2. 工程建设项目业主包括范围：各级政府；专业部门；政府委托的资产管理部门；企事业单位，如：学校、医院、工厂、房地产开发公司；个人和个人合伙等。

二、项目法人的设立

为了建立投资责任约束机制，规范建设单位的行为，建设工程的实施应当按照政企分开的原则组建项目法人、实行法人责任制。贯彻执行谁投资、谁决策、谁承担风险的市场经济下的基本原则，是转换项目建设与经营机制、改善建设项目管理、提高投资效益的一项重要举措。《关于实行建设项目法人责任制的暂行规定》：国有单位经营性基本建设大中型项目在建设阶段必须组建项目法人；由项目法人对项目的策划、资金筹措、建设实施、生产经营、债务偿还和资产的保值增值，实现项目的全过程管理。在项目建议书被批准后，及时组建项目法人筹备组，具体负责项目法人的筹建工作；工程项目立项后，正式成立项目法人；项目法人按《公司法》的规定设立有限责任公司（国有独资公司）和股份有限公司形式。

三、项目法人责任制——项目董事会职权

根据《公司法》的规定，结合工程建设项目的特点，工程建设项目的董事会具体行使以下职权：负责筹措建设资金；审核、上报项目初步设计概算文件；审核、上报年度投资计划并落实年度资金；提出项目开工报告；研究解决建设过程中出现的重大问题；负责提出项目竣工验收申请报告；审定偿还债务计划和生产经营方针，并负责按时偿还债务；聘任或解聘项目总经理，并根据董事会的提名，聘任或解聘其他高级管理人员。

四、项目法人负责制——项目总经理职权

按照《公司法》的规定，根据工程建设项目的特点，项目总经理具体行使以下职权：组织编制项目初步设计文件，对项目工艺流程、设备选型、建设标准、总图布置提出意见，提交董事会审查；组织工程设计、施工监理、施工队伍和设备材料采购的招标工作，编制和确定招标方案、标底和评标标准，评选和确定投、中标单位，实行国际招标的项目按现行规定办理；编制并组织实施项目年度投资计划、用款计划、建设进度计划；编制项目财务预、决算；编制并组织实施归还贷款和其他债务计划；组织工程建设项目实施，负责控制工程投资、工期和质量；在项目建设过程中，在批准的概算范围内对单项工程的设计进行局部调整（凡引起生产性质、能力、产品品种和标准变化的设计调整以及概算调整的，需经董事会决定并报原审批单位批准）；根据董事会授权处理项目实施中的重大紧急事件，并及时向董事会报告；负责生产准备工作和培训有关人员；负责组织项目试生产和单项工程预验收；拟订生产经营计划、企业内部机构设置、劳动定员定额方案及职工福利方案；组织项目后评价，突出项目后评价报告；按时向有关部门报送项目建设、生产信息和统计资料；提请董事会聘任或解聘项目高级管理人员。

五、工程建设项目业主的职能

工程建设项目业主必须运用系统工程的观念、理论和方法进行决策，其主要职能有：决策职能：由于项目的建设过程是一个系统工程，因此每一建设阶段的启动都要依法决策；计划职能：围绕项目的全过程、总目标，将实施过程的全部活动都纳入计划轨道，用动态的计划系统协调与控制整个项目，保证建设活动协调有序地实现预期目标；组织职能：业主的组织职能既包括在内部建立项目操作的组织机构，又包括在外部选择可信的承包商，实施工程建设项目的不同阶段、不同内容的建设任务；协调职能：由于工程建设项目实施各阶段在相关的层次、相关的部门之间，存在大量的结合节点，构成了复杂的关系和矛盾，应通过协调职能进行沟通，确保系统的正常运行；控制职能：工程建设项目主要目标的实现是以控制职能为保证手段，不断通过决策、计划、协调、信息反馈等手段，采用科学的管理方法确保目标的实现。工程建设项目管理的主要任务就是对投资、进度和质量进行控制。

六、工程建设项目业主的主要工作内容

业主在工程建设项目的全过程管理中，其工作内容主要包括：工程建设项目立项决策阶段的管理；工程建设项目的资金筹措的管理；工程建设项目工程（设备）监理的管理；工程建设项目技术咨询的管理；工程建设项目发包与合同的管理；工程建设项目勘察、设计、施工的管理；工程建设项目竣工验收与试运行阶段的管理；工程建设项目各阶段档案管理；工程建设项目的财务、税收管理；工程建设项目的其他管理，如组织、信息、统计等。

七、工程建设项目业主条件

（一）根据《建筑法》《建设工程质量管理条例》及国家有关规定，从事工程建设项目建设的业主应当具备条件：有符合国家规定的注册资本；有项目法人资格或者系统依法成立的其他组织；有与建设工程相适应的资金；有与工程建设项目管理相适应的工程技术、概预算、财务和工程管理等方面专业技术人员；有从事工程建设项目管理所应有的技术装备；法律、法规规定的其他条件。

（二）建设单位应当将工程发包给具有相应资质等级的单位，不得将建设工程肢解发包。建设单位应当依法对工程建设项目的勘察、设计、施工、监理以及与工程建设有关的重要设备、材料等的采购进行招标。建设单位必须向有关的勘察、设计、施工、工程监理等单位提供与建设工程有关的原始资料。原始资料必须真实、准确、齐全。建设工程发包单位，不得迫使承包方以低于成本的价格竞标，不得任意压缩合理工期。建设单位不得明示或者暗示设计单位或者施工单位违反工程建设强制性标准，降低建设工程质量。建设单位应当将施工图设计文件报县级以上人民政府建设行政主管部门或者其他有关部门审查。施工图设计文件未经审查批准的，不得使用。建设单位在领取施工许可证或者开工报告前，应当按照国家有关规定办理工程质量监督手续。按照合同约定，由建设单位采购建筑材料、建筑构配件和设备的，建设单位应当保证建筑材料、建筑构配件和设备符合设计文件和合同要求。建设单位不得明示或者暗示施工单位使用不合格的建筑材料、建筑构配件和设备。涉及建筑主体和承重结构变动的装修工程，建设单位应当在施工前委托原设计单位或者具有相应资质等级的设计单位提出设计方案，没有设计方案的，不得施工。房屋建筑使用者在装修过程中，不得擅自变动房屋建筑主体和承重结构。

（三）建设单位收到建设工程竣工报告后，应当组织设计、施工、工程监理等有关单位进行竣工验收。建设工程竣工验收应当具备下列条件：完成建设工程设计和合同约定的各项内容；有完整的技术档案和施工管理资料；有工程使用的主要建筑材料、建筑构配件和设备的进场试验报告；有勘察、设计、施工、工程监理等单位分别签署的质量合格文件；有施工单位签署的工程保修书。建设工程经验收合格的，方可交付使用。建设单位应当严格按照国家有关档案管理的规定，及时收集、整理建设项目各环节的文件资料，建立、健全建设项目档案，并在建设工程竣工验收后，及时向建设行政主管部门或者其他有关部门移交建设项目档案。

八、建设单位项目负责人质量安全责任

建设单位项目负责人是指建设单位法定代表人或经法定代表人授权，代表建设单位全面负责工程项目建设全过程管理，并对工程质量承担终身责任的人员。建筑工程开工建设前，建设单位法定代表人应当签署授权书，明确建设单位项目负责人。建设单位项目负责

人应当严格遵守以下规定并承担相应责任：

（一）建设单位项目负责人应当依法组织发包，不得将工程发包给个人或不具有相应资质等级的单位；不得将一个单位工程的施工分解成若干部分发包给不同的施工总承包或专业承包单位；不得将施工合同范围内的单位工程或分部分项工程又另行发包；不得违反合同约定，通过各种形式要求承包单位选择指定的分包单位。建设单位项目负责人发现承包单位有转包、违法分包及挂靠等违法行为的，应当及时向住房和城乡建设主管部门报告。

（二）建设单位项目负责人在组织发包时应当提出合理的造价和工期要求，不得迫使承包单位以低于成本的价格竞标，不得与承包单位签订"阴阳合同"，不得拖欠勘察设计、工程监理费用和工程款，不得任意压缩合理工期。确需压缩工期的，应当组织专家予以论证，并采取保证建筑工程质量安全的相应措施，支付相应的费用。

（三）建设单位项目负责人在组织编制工程概算时，应当将建筑工程安全生产措施费用和工伤保险费用单独列支，作为不可竞争费，不参与竞标。

（四）建设单位项目负责人应当负责向勘察、设计、施工、工程监理等单位提供与建筑工程有关的真实、准确、齐全的原始资料，应当严格执行施工图设计文件审查制度，及时将施工图设计文件报有关机构审查，未经审查批准的，不得使用；发生重大设计变更的，应送原审图机构审查。

（五）建设单位项目负责人应当在项目开工前按照国家有关规定办理工程质量、安全监督手续，申请领取施工许可证。依法应当实行监理的工程，应当委托工程监理单位进行监理。

（六）建设单位项目负责人应当加强对工程质量安全的控制和管理，不得以任何方式要求设计单位或者施工单位违反工程建设强制性标准，降低工程质量；不得以任何方式要求检测机构出具虚假报告；不得以任何方式要求施工单位使用不合格或者不符合设计要求的建筑材料、建筑构配件和设备；不得违反合同约定，指定承包单位购入用于工程建设的建筑材料、建筑构配件和设备或者指定生产厂、供应商。

（七）建设单位项目负责人应当按照有关规定组织勘察、设计、施工、工程监理等有关单位进行竣工验收，并按照规定将竣工验收报告、有关认可文件或者准许使用文件报送备案。未组织竣工验收或验收不合格的，不得交付使用。

（八）建设单位项目负责人应当严格按照国家有关档案管理的规定，及时收集、整理建设项目各环节的文件资料，建立、健全建设项目档案和建筑工程各方主体项目负责人质量终身责任信息档案，并在建筑工程竣工验收后，及时向住房和城乡建设主管部门或者其他有关部门移交建设项目档案及各方主体项目负责人的质量终身责任信息档案。

九、工程项目建设服务主体

工程建设项目的主体是指从事工程项目建设活动的当事人，即：从事工程项目建设的业主方、承包（生产供应）商及社会中介机构。工程建设项目主体之间的关系，承发包双方权利义务关系的长期性与复杂性；承发包双方权利义务关系的交叉性与重叠性；承发包双方与社会中介机构的委托服务关系；从事建筑活动的勘察单位、设计单位、建筑施工企业、工程监理单位、工程造价咨询单位等，应当具备下列基本条件：有符合国家规定的注册资本；有与其从事的建筑活动相适应的具有法定执业资格的专业技术人员；有从事相关建筑活动所应有的技术装备；法律、行政法规规定的其他条件。从事建筑活动的勘察单位、设计单位、建筑施工企业、工程监理单位、工程造价咨询单位，按照其拥有的注册资本、专业技术人员、技术装备和已完成的建筑工程业绩等资质条件，划分为不同的资质等级，经资质审查合格，取得相应等级的资质证书后，方可在其资质等级许可的范围内从事建筑活动。

（一）工程项目勘察单位与服务范围：工程勘察资质分为工程勘察综合资质、工程勘察专业资质、工程勘察劳务资质。取得工程勘察综合资质的企业，可以承接各专业（海洋工程勘察除外）、各等级工程勘察业务；取得工程勘察专业资质的企业，可以承接相应等级相应专业的工程勘察业务；取得工程勘察劳务资质的企业，可以承接岩土工程治理、工程钻探、凿井等工程勘察劳务业务。

（二）工程项目设计单位与服务范围：工程设计资质分为工程设计综合资质、工程设计行业资质、工程设计专业资质和工程设计专项资质。取得工程设计综合资质的企业，可以承接各行业、各等级的建设工程设计业务；取得工程设计行业资质的企业，可以承接相应行业相应等级的工程设计业务及本行业范围内同级别的相应专业、专项工程设计业务；取得工程设计专业资质的企业，可以承接本专业相应等级的专业工程设计业务及同级别的相应专项工程设计业务；取得工程设计专项资质的企业，可以承接本专项相应等级的专项工程设计业务。

（三）工程项目施工单位与承包范围：建筑业企业资质分为施工总承包资质、专业承包资质、施工劳务资质三个序列。资质按照工程性质和技术特点分别划分为若干资质类别，各资质类别按照规定的条件划分为若干资质等级。施工总承包资质（设有 12 个类别，分为特级、一级、二级、三级）、专业承包（设有 36 个类别，分为一级、二级、三级）、施工劳务资质（不分类别与等级）。施工总承包工程由取得相应施工总承包资质企业承担；设有专业承包资质的专业工程单独发包时，应当由相应取得专业承包资质的企业承担；取得施工劳务资质的企业可以承接企业分包的劳务作业。

（四）工程项目监理单位与服务范围：工程监理企业资质分为综合资质、专业资质和事务所资质，其中，专业资质按照工程性质和技术特点划分为若干工程类别。综合资质、事务所资质不分级别。专业资质分为甲级、乙级，其中，房屋建筑、水利水电、公路和市政公用专业资质可设立丙级。综合资质可以承担所有专业工程类别建设工程项目的工程监理业务。专业资质可承担相应专业工程类别建设工程项目的工程监理业务。

（五）工程项目造价咨询与服务范围：工程造价咨询企业资质等级分为甲级、乙级。工程造价咨询企业依法从事工程造价咨询活动，不受行政区域限制。甲级工程造价咨询企业可以从事各类建设项目的工程造价咨询业务。乙级工程造价咨询企业可以从事工程造价 5000 万元人民币以下的各类建设项目的工程造价咨询业务。

十、工程项目管理的基本概念

工程项目管理是指从事工程项目管理的企业（以下简称工程项目管理企业）受业主委托，按照合同约定，代表业主对工程项目的组织实施进行全过程或若干阶段的管理和服务。工程项目管理企业不直接与该工程项目的总承包企业或勘察、设计、供货、施工等企业签订合同，但可以按合同约定，协助业主与工程项目的总承包企业或勘察、设计、供货、施工等企业签订合同，并受业主委托监督合同的履行。

（一）项目管理企业应当具有工程勘察、设计、施工、监理、造价咨询等一项或多项资质。工程勘察、设计、施工、监理、造价咨询等企业可以在本企业资质以外申请其他资质。企业申请资质时，其原有工程业绩、技术人员、管理人员、注册资金和办公场所等资质条件可合并考核。

（二）从事工程项目管理的专业技术人员，应当具有城市规划师、建筑师、工程师、建造师、监理工程师、造价工程师等一项或者多项执业资格。取得城市规划师、建筑师、工程师、建造师、监理工程师、造价工程师等执业资格的专业技术人员，可在工程勘察、设计、施工、监理、造价咨询、招标代理等任何一家企业申请注册并执业。取得多项执业资格的专业技术人员，可在同一企业分别注册和执业。

十一、工程项目管理服务范围及内容

项目管理企业应当改善组织结构，建立项目管理体系，充实项目管理专业人员，按照现行有关企业资质管理规定，在其资质等级许可的范围内开展工程项目管理业务。项目管理基本流程如图 1-12 所示。工程项目管理业务范围包括：

（一）协助业主方进行项目前期策划，经济分析、专项评估与投资确定。

（二）协助业主方办理土地征用、规划许可等有关手续。

（三）协助业主方提出工程设计要求、组织评审工程设计方案、组织工程勘察设计招标、签订勘察设计合同并监督实施，组织设计单位进行工程设计优化、技术经济方案比选并进行投资控制；协助业主方组织工程监理、施工、设备材料采购招标。

（四）协助业主方与工程项目总承包企业或施工企业及建筑材料、设备、构配件供应等企业签订合同并监督实施；协助业主方提出工程实施用款计划，进行工程竣工结算和工程决算，处理工程索赔，组织竣工验收，向业主方移交竣工档案资料。

（五）生产试运行及工程保修期管理，组织项目后评估；项目管理合同约定的其他工作。

十二、工程项目管理业务的委托与约定

（一）工程项目业主方可以通过招标或委托等方式选择项目管理企业，并与选定的项目管理企业以书面形式签订委托项目管理合同。合同中应当明确履约期限，工作范围，双方的权利、义务和责任，项目管理酬金及支付方式，合同争议的解决办法等。

（二）工程勘察、设计、监理等企业同时承担同一工程项目管理和其资质范围内的工程勘察、设计、监理业务时，依法应当招标投标的应当通过招标投标方式确定。施工企业不得在同一工程从事项目管理和工程承包业务。

（三）两个及以上项目管理企业可以组成联合体以一个投标人身份共同投标。联合体中标的，联合体各方应当共同与业主方签订委托项目管理合同，对委托项目管理合同的履行承担连带责任。联合体各方应签订联合体协议，明确各方权利、义务和责任，并确定一方作为联合体的主要责任方，项目经理由主要责任方选派。

（四）项目管理企业经业主方同意，可以与其他项目管理企业合作，并与合作方签订合作协议，明确各方权利、义务和责任。合作各方对委托项目管理合同的履行承担连带责任。

（五）工程项目管理企业应当根据委托项目管理合同约定，选派具有相应执业资格的专业人员担任项目经理，组建项目管理机构，建立与管理业务相适应的管理体系，配备满

```
                    签订项目管理委托合同
                            │
                         项目建议书
                            │              签订项目可行性研究委托合同
  项  投                     │
  目  资                  可行性研究报告
  建  决                     │           向园林部门报审规划方案
  设  策                     │           向人防部门报审人防规划方案
  准  阶                     │           委托设计部门进行方案设计
  备  段                     │           委托勘察单位进行地质勘察
  期                          │
  ────────────────────    项目评估
                            │
  项                         │           取得规划意见书基础测绘地形
  目  设                     │
  建  计                  方案设计         确定投资估算
  设  阶                     │           取得用地规划许可证,审定设计方案通知
  实  段                     │
  施                      初步设计         确定的投资概算
  期                          │
  ─────────────────      施图设计
                            │           确定投资预算
  项  施                     │           审查通知施工图领取建设工程规划许可证
  目  工                     │
  建  及                  施工前准备
  设  安                     │           施工招标
  实  装                     │           办理施工许可证
  施  阶                     │           设备、材料订货
  期  段                  施工及设备安装
                            │
                         试运行
  ─────────────────          │
  竣  竣                  竣工验收         竣工决算
  工  工                     │
  期  阶                  备案及工程移交
      段                     │
                         项目后评价
```

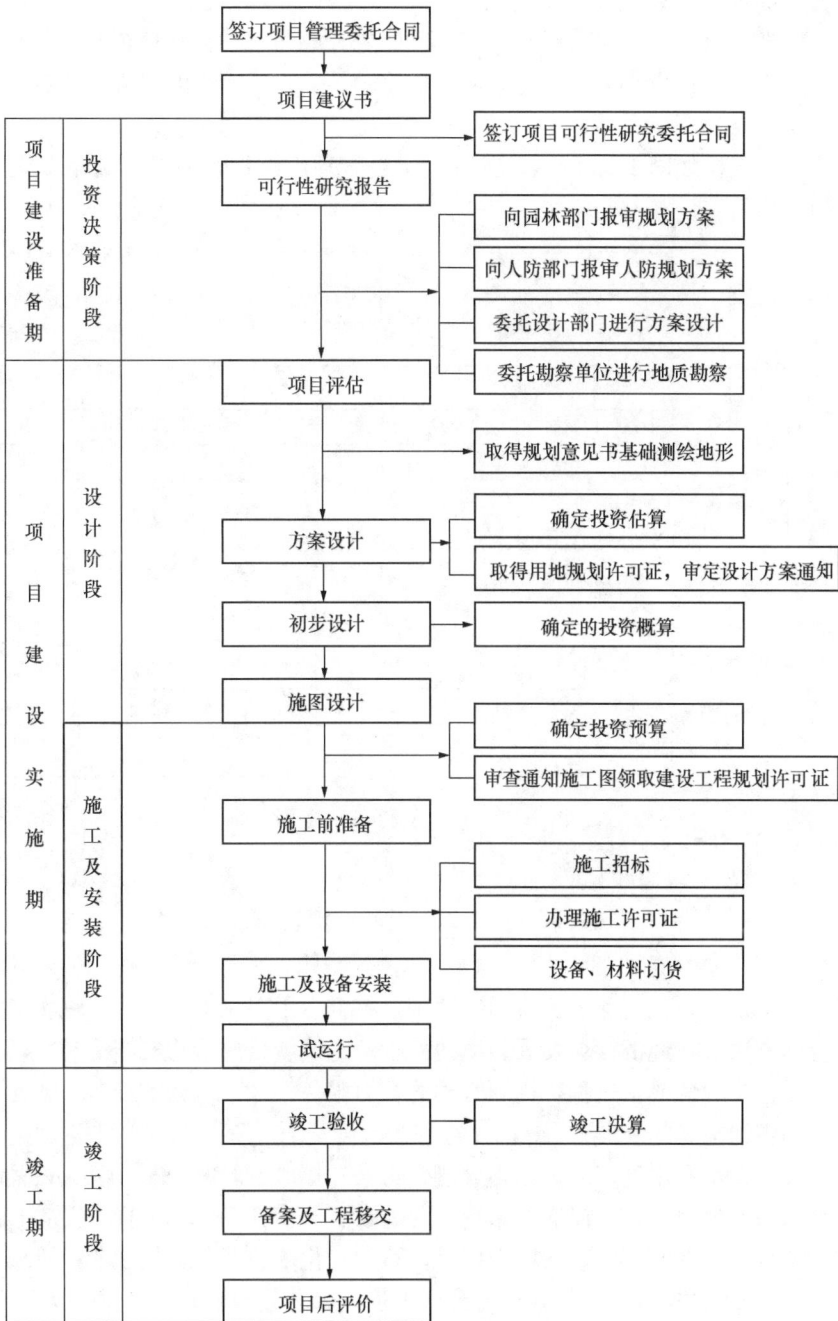

图 1-12　项目管理基本流程图

足工程项目管理需要的专业技术人员,制定各专业项目管理人员的岗位职责,履行委托项目管理合同。工程项目管理实行项目经理责任制。项目经理不得同时在两个及以上工程项目中从事项目管理工作。工程项目管理服务收费应当根据受委托工程项目规模、范围、内容、深度和复杂程度等,由业主方与项目管理企业在委托项目管理合同中约定。工程项目管理服务收费应在工程概算中列支。在履行委托项目管理合同时,项目管理企业及其人员

应当遵守国家现行的法律法规、工程建设程序，执行工程建设强制性标准，遵守职业道德，公平、科学、诚信地开展项目管理工作。业主方应当对项目管理企业提出并落实的合理化建议按照相应节省投资额的一定比例给予奖励。奖励比例由业主方与项目管理企业在合同中约定。

项目的组织结构如图 1-13 所示，其中的项目管理组织设置更是作为企业大中型建设项目服务的通用组织设置。

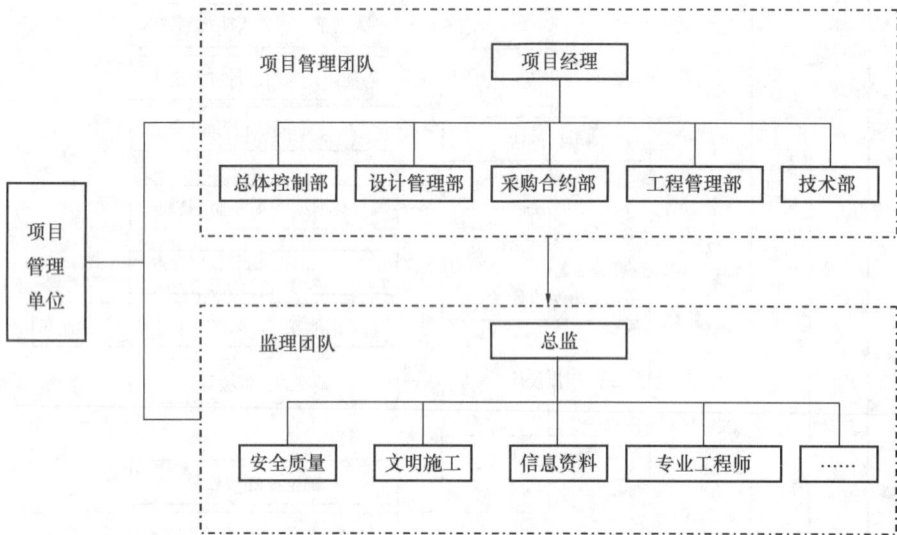

图 1-13　项目管理监理一体化

第五节　全过程工程咨询

工程咨询是遵循独立、公正、科学的原则，综合运用多学科知识、工程实践经验、现代科学和管理方法，在经济社会发展、境内外投资建设项目决策与实施活动中，为投资者和政府部门提供阶段性或全过程咨询和管理的智力服务。

一、工程咨询业务的专业划分

农业、林业；水利水电；电力（含火电、水电、核电、新能源）；煤炭；石油天然气；公路；铁路、城市轨道交通；民航；水运（含港口、河海工程）；电子、信息工程（含通信、广电、信息化）；冶金（含钢铁、有色）；石化、化工、医药；核工业；机械（含智能制造）；轻工、纺织；建材；建筑；市政公用工程；生态建设和环境工程；水文地质、工程测量、岩土工程；其他（以实际专业为准）。

二、工程咨询服务范围

（一）规划咨询：含总体规划、专项规划、区域规划及行业规划的编制。

（二）项目咨询：含项目投资机会研究、投融资策划，项目建议书（预可行性研究）、项目可行性研究报告、项目申请报告、资金申请报告的编制，政府和社会资本合作（PPP）项目咨询等。

（三）评估咨询：各级政府及有关部门委托的对规划、项目建议书、可行性研究报告、项目申请报告、资金申请报告、PPP 项目实施方案、初步设计的评估，规划和项目中期评价、后评价，项目概预决算审查，及其他履行投资管理职能所需的专业技术服务。

（四）全过程工程咨询：采用多种服务方式组合，为项目决策、实施和运营持续提供局部或整体解决方案以及管理服务。有关工程设计、工程造价、工程监理等资格，由国务院有关主管部门认定。

三、全过程工程咨询

（一）全过程工程咨询是智力型服务，运用多学科知识和经验、现代科学技术和管理办法，遵循独立、科学、公正的原则，为建设单位（或投资方，下同）的建设工程项目投资决策与实施提供咨询服务，以提高宏观和微观经济效益。

（二）全过程工程咨询是指建设单位根据工程项目特点和自身需求，把全过程工程咨询作为优先采用的建设工程组织管理方式，将项目建议书、可行性研究报告编制、项目实施总体策划、报批报建管理、合约管理、勘察管理、设计优化、工程监理、招标代理、造价控制、验收移交、配合审计等全部或部分业务一并委托给一个企业进行专业化咨询和服务的活动。

四、工程咨询企业的要求和服务内容

（一）承担全过程工程咨询的企业应当具有与工程规模和委托工作内容相适应的工程设计、工程监理、造价咨询的一项或多项资质。承担全过程工程咨询的企业不能与本项目的工程总承包企业、设计企业、施工企业以及建筑材料、构配件和设备供应企业之间有控股、参股、隶属或其他管理等利益关系，也不能为同一法定代表人。

（二）全过程工程咨询实行项目责任制。工程咨询企业应当根据工程咨询委托合同约定，选派具有相应执业资格的专业人员担任项目负责人，组建项目管理机构，建立与咨询业务相适应的管理体系，配备满足工程咨询需要的专业技术管理人员，制定各专业项目管理人员的岗位职责，履行工程咨询委托合同。根据项目的需要，工程咨询企业可在项目中设立副项目负责人，副项目负责人协助项目负责人工作，在项目负责人不在时代表其履行职责。项目负责人和副项目负责人不得同时缺岗。全过程工程咨询项目负责人应具有一项或者多项相应的工程建设类注册执业资格，包括注册规划师、注册建筑师、勘察设计注册工程师、注册建造师、注册监理工程师、注册造价工程师等。

（三）全过程工程咨询业务范围包括：编制项目建议书，包括项目投资机会研究、预可行性研究等；编制项目可行性研究报告、项目申请报告和资金申请报告等；协助建设单位进行项目前期策划，经济分析、专项评估与投资确定等工作；协助建设单位办理土地征用、规划许可等有关手续；协助建设单位与工程项目总承包企业或施工企业及建筑材料、设备、构配件供应商等签订合同并监督实施；协助建设单位提出工程设计要求、组织评审工程设计方案、组织工程勘察设计招标、签订勘察设计合同并监督实施，组织设计单位进行工程设计优化、技术经济方案比选并进行投资控制；招标代理；工程监理、设备监理等工作；协助建设单位提出工程实施用款计划，进行工程竣工结算和工程决算，处理工程索赔，组织竣工验收，向建设单位移交竣工档案资料，配合审计，生产试运行及工程保修期管理，组织项目后评估；工程咨询合同约定的其他工作，如：PPP 项目全生命周期咨询服务，详见图 1-14。

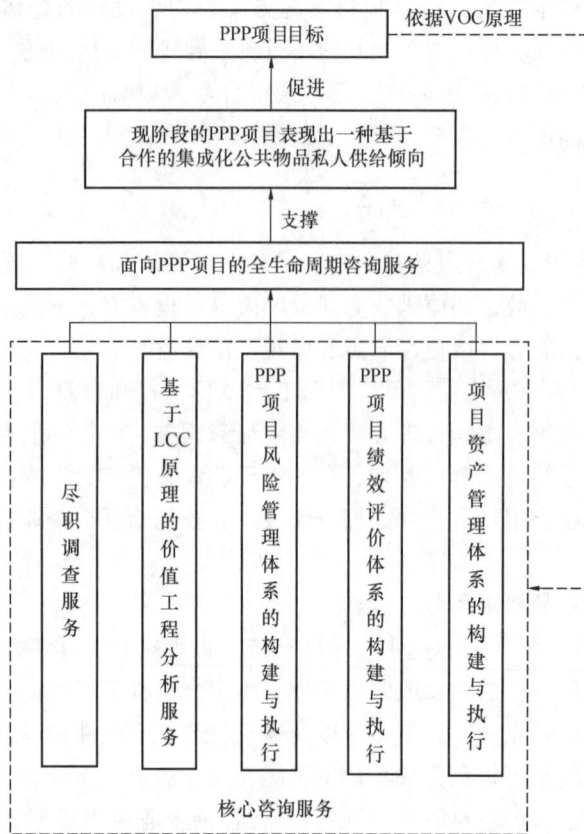

图 1-14　PPP 项目全生命周期咨询服务事项

五、全过程工程咨询的实施

（一）委托方式：社会投资项目可以直接委托实施全过程工程咨询服务。依法应当招标的项目，可在计划实施投资时通过招标方式委托全过程工程咨询服务；委托内容不包括前期投资咨询的，也可在项目立项后由项目法人通过招标方式委托全过程工程咨询服务。建设单位亦可通过招标或政府购买服务的方式将一个项目或多个项目一并打包委托全过程工程咨询服务。建设单位应与选定全过程工程咨询企业以书面形式签订委托工程咨询合同。合同中应当明确履约期限，工作范围，双方的权利、义务和责任，工程咨询酬金及支付方式，合同争议的解决办法等。

（二）计费模式：全过程工程咨询服务收费应当根据受委托工程项目规模、范围、内容、深度和复杂程度等，由建设单位与工程咨询企业在工程咨询委托合同中约定。全过程工程咨询服务费用应列入工程概算，各项专业服务费用可分别列支。全过程工程咨询服务费可实行以基本酬金加奖励的方式，鼓励建设单位对全过程工程咨询企业提出并落实的合理化建议按照节约投资额的一定比例给予奖励，奖励比例由双方在合同中约定。

（三）两个及以上的工程咨询企业可以组成联合体以一个投标人身份共同投标。联合体中标的，联合体各方应当共同与建设单位签订工程咨询委托合同，对工程咨询委托合同的履行承担连带责任。联合体各方应签订联合体协议，明确各方权利、义务和责任，并确定一方作为联合体的主要责任方，项目负责人由主要责任方选派。

六、工程咨询试点项目和条件

（一）全过程工程咨询试点项目应是本地区有代表性的建设项目，原则上应为采用通用技术的房屋建筑、市政基础设施工程，工程造价在 3000 万元以上，并且必须包含设计优化、工程监理、造价控制三项工程咨询内容。建设主管部门要积极引导建设单位根据工程项目特点和自身需求，把全过程工程咨询作为优先采用的建设工程组织管理方式，政府投资项目要率先垂范，带头采用全过程工程咨询。

（二）全过程工程咨询试点企业除应在资质等级、综合实力、社会信誉和相关业绩等方面满足条件外，还应具备：主持或参与制定过相关行业标准和技术规范的优先；掌握现代工程技术和项目管理方法，技术装备先进，具有较完整的专业技术资料积累和处理国内外相关业务信息的手段；直接从事业务的专业技术人员均应配备计算机等工具，通信及信息处理手段完备，能应用工程技术和经济评价系统软件开展业务，全部运用计算机和系统软件完成工程咨询成果文件编制和经济评价。企业有完善的组织结构、严格的质量管理体系和健全的管理制度，已通过 ISO9000 族质量管理体系认证的从优。政府投资项目的全过程工程咨询业务的实施企业应通过公开招标的方式在全过程工程咨询试点企业中产生。

七、监督管理

建设主管部门进一步完善招投标监督、合同备案、质量安全监督、施工许可、竣工验收备案、工程档案整理等环节的管理制度和流程。全过程工程咨询合同内容包括工程监理、招标代理等内容的，建设行政主管部门可根据全过程工程咨询合同依法办理建设工程招标投标监管、质量安全监督和施工许可等相关手续。全过程工程咨询企业可以根据建设单位授权，在相应的工程文件中代表建设单位签章；但依法依规必须由建设单位签章的工程文件，仍应由建设单位或建设单位与全工程咨询企业共同签章。

第六节　项目工程总承包管理

一、工程总承包

工程总承包，是指从事工程总承包的单位按照与建设单位签订的合同，对工程项目的设计、采购、施工等实行全过程或者若干阶段承包，并对工程的质量、安全、工期和造价等全面负责的工程建设组织实施方式。工程总承包活动，应当遵循合法、高效、公平、诚实守信的原则，合理分担风险，保证工程质量和安全，保护生态环境。

（一）工程总承包方式的适用项目：建设单位应当根据工程项目的规模和复杂程度等合理选择建设项目组织实施方式。政府投资项目、国有资金占控股或者主导地位的项目应当优先采用工程总承包方式，采用建筑信息模型技术的项目应当积极采用工程总承包方式，装配式建筑原则上采用工程总承包方式。建设范围、建设规模、建设标准、功能需求不明确等前期条件不充分的项目不宜采用工程总承包方式。

（二）工程总承包的主要方式：工程总承包一般采用设计—采购—施工总承包或者设计—施工总承包方式。建设单位也可以根据项目特点和实际需要，按照风险合理分担原则采用其他工程总承包方式。

二、工程总承包发包

（一）发包阶段和条件：建设单位应当在发包前做好工程项目前期工作，自行或者委托设计咨询单位对工程项目建设方案深入研究，在可行性研究、方案设计或者初步设计完成后，在项目范围、建设规模、建设标准、功能需求、投资限额、工程质量和进度要求确定后，进行工程总承包项目发包。

（二）发包方式：建设单位可以依法采用招标或者直接发包的方式选择工程总承包单位。工程总承包项目范围内的设计、采购或者施工中有任一项属于依法必须招标的，应当采用招标的方式选择工程总承包单位。

三、招标文件编制

工程总承包项目招标文件一般包括以下内容：

（一）发包前完成的水文、地勘、地形等勘察和地质资料，工程可行性研究报告、方案设计文件或者初步设计文件等基础资料；

（二）招标的内容及范围，主要包括设计、采购和施工的内容及范围、规模、标准、功能、质量、安全、工期、验收等量化指标；

（三）招标人与中标人的责任和权利，主要包括工作范围、风险划分、项目目标、价格形式及调整、计量支付、变更程序及变更价款的确定、索赔程序、违约责任、工程保险、不可抗力处理条款等；

（四）要求投标文件中明确分包的内容；

（五）采用建筑信息模型或者装配式技术的，招标文件中应当有明确要求；

（六）最高投标限价或者最高投标限价的计算方法；

（七）要求提供的履约保证金或者其他形式履约担保。

鼓励、推荐使用由住房和城乡建设部和国家工商行政管理总局联合制定的工程总承包合同示范文本，并将其作为招标文件的组成部分。

四、工程总承包条件

（一）工程总承包单位条件：工程总承包单位应当具有与工程规模相适应的工程设计资质（仅具有建筑工程设计事务所资质除外）或者施工总承包资质，相应的财务、风险承担能力，同时具有相应的组织机构、项目管理体系、项目管理专业人员，以及与发包工程相类似的工程业绩。招标人公开发包前完成的可行性研究报告、勘察设计文件的，发包前的可行性研究报告编制单位、勘察设计文件编制单位可以参与工程总承包项目的投标。

（二）项目经理条件：工程总承包项目经理是指具备法律法规规定条件，并经工程总承包单位任命或者授权，在任命或者授权范围内负责工程总承包合同履行和项目管理的项目负责人。工程总承包项目经理应当具有相应工程建设类注册执业资格，包括注册建筑师、勘察设计注册工程师、注册建造师、注册监理工程师，或者具备工程类高级专业技术职称，熟悉工程技术和总承包项目管理知识以及相关法律法规，具备较强的组织协调能力和良好的职业道德，担任过与拟建项目相类似的工程总承包项目经理、设计项目负责人或者施工总承包项目经理。

（三）投标文件编制期限招标人应当确定投标人编制投标文件所需要的合理时间。依法必须招标的工程项目，自招标文件开始发出之日起至投标人提交投标文件截止之日止，不宜少于三十日；国家重大建设项目以及技术复杂、有特殊要求的项目，不宜少于四十五日。

五、项目评标

（一）评标办法：工程总承包项目评标一般采用综合评估法，评审的主要因素包括工程总承包报价、项目管理组织方案、设计方案、设备采购方案、施工组织设计或者施工计划、工程质量安全专项方案、工程业绩、项目经理资格条件等。

（二）评标委员会组成：评标委员会的专家成员应当依照项目特点由具备工程总承包项目经理经验以及从事设计、采购、施工管理、造价等方面的专家组成。

六、发承包的主要风险

建设单位和工程总承包单位应当加强风险管理，在招标文件、合同中约定公平、合理分担风险。风险分担可以参照以下因素约定，建设单位承担的主要风险一般包括：

（一）建设单位提出的建设范围、建设规模、建设标准、功能需求、工期或者质量要求的调整；

（二）主要工程材料价格和招标时基价相比，波动幅度超过合同约定幅度的部分；

（三）因国家法律法规政策变化引起的合同价格的变化；

（四）难以预见的地质自然灾害、不可预知的地下溶洞、采空区或者障碍物、有毒气体等重大地质变化，其损失和处置费由建设单位承担；因工程总承包单位施工组织、措施不当等造成的上述问题，其损失和处置费由工程总承包单位承担；

（五）其他不可抗力所造成的工程费用的增加。

除上述建设单位承担的风险外，其他风险可以在合同中约定由工程总承包单位承担。建设单位要求工程总承包单位出具履约担保的，建设单位也应当向工程总承包单位出具支付担保。工程总承包项目宜采用固定总价合同。建设单位和工程总承包单位依据建设主管部门制定的计价规则，在合同中约定工程总承包计价方式和计价方法。依法必须招标的工程项目，合同固定价格应当在充分竞争的基础上合理确定。除合同约定的变更调整部分外，合同固定价格一般不予调整。除双方合同明确约定外，建设单位不得将工程总承包项目的审计结论作为结算依据。

七、工程总承包项目实施

（一）建设单位的项目管理：建设单位应当加强工程总承包项目全过程管理，履行合同和法定义务。具有全过程项目管理能力的建设单位可以自行对工程总承包项目进行管理，也可以委托项目管理单位对工程总承包项目进行管理。项目管理单位不得与工程总承包单位具有利害关系。

（二）工程总承包单位的组织机构：工程总承包单位应当建立与工程总承包相适应的组织机构和管理制度，形成项目设计管理、采购管理、施工管理、试运行以及质量、安全、工期、造价等工程总承包综合管理能力。

（三）工程总承包单位的现场管理：工程总承包单位应当在施工现场设立项目管理机构，设置项目经理以及技术、质量、安全、进度、费用、设备和材料等现场管理岗位，配备相应管理人员，加强设计、采购与施工的协调，完善和优化设计，改进施工方案，实现对工程总承包项目的有效控制。工程总承包单位的项目经理不得同时在两个或者两个以上工程项目上任职。

（四）工程总承包单位的分包：工程总承包单位可根据合同约定或者经建设单位同意，将工程总承包合同中的设计或者施工业务分包给具有相应资质的单位。工程总承包单位同时具有相应的设计和施工资质的，可以将工程的设计或者施工业务分包给具备相应资质的单位，但不得将工程总承包项目中设计和施工全部业务一并或者分别分包给其他单位。工程总承包单位自行实施施工的，不得将工程主体结构的施工分包给其他单位；自行实施设计的，不得将工程主体部分的设计分包给其他单位。工程总承包单位仅具有相应设计资质的，应当将工程总承包项目中的全部施工业务分包给具有相应施工资质的单位，不得将主体部分的设计分包给其他单位。工程总承包单位仅具有相应施工资质的，应当将工程总承包项目中的全部设计业务分包给具有相应设计资质的单位，不得将工程主体结构的施工分包给其他单位。

（五）工程总承包单位的分包方式：工程总承包的分包，可以采用直接分包方式。但以暂估价形式包含在总承包范围内的工程、货物、服务分包时，属于依法必须招标的项目范围且达到国家规定应当招标规模标准的，应当依法招标。暂估价的招标可以由建设单位或者工程总承包单位单独招标，也可以由建设单位和工程总承包单位联合招标，具体由建设单位在工程总承包招标文件中明确。

（六）联合体方式承包单位转包：工程总承包单位不得将工程总承包项目转包。采用联合体方式承包工程的，在联合体分工协议中约定或者在项目实际实施过程中，联合体一方既不按照其资质实施设计或者施工业务，也不对工程实施组织管理，且向联合体其他成员收取管理费或者其他类似费用的，视为联合体一方将承包的工程转包。

（七）设计总包或者施工总承包单位的分包：按照规定进行工程总承包分包的，设计总包单位或者施工总承包单位根据与工程总承包单位的合同约定或者经工程总承包单位同意，可以将其承包范围内的非主体部分分包给具有相应资质的单位。

（八）施工图设计文件审查：工程总承包单位自行完成或者分包工程设计的，工程设计图纸和竣工图纸应当增加工程总承包单位图签栏，并由工程总承包单位项目经理签字。工程总承包项目按照法律法规规定应当进行施工图设计文件审查的，可以根据项目实施情况，分阶段审查施工图设计文件。

八、项目实施责任

（一）质量责任：建设单位存在迫使工程总承包单位以低于成本的价格承包，任意压缩合理工期，要求工程总承包单位违反工程建设强制性标准、降低建设工程质量等情形并导致工程质量事故的，建设单位应当承担质量责任。工程总承包单位应当对其承包的全部建设工程质量负责，分包不免除工程总承包单位对全部建设工程所负的质量责任。分包单位对其分包工程的质量负直接责任。

（二）安全责任：建设单位存在对工程总承包单位提出不符合建设工程安全生产法律、法规和强制性标准规定的要求，任意压缩合理工期等情形并导致工程安全生产事故的，建设单位应当承担安全生产责任。工程总承包单位对施工现场的安全生产负责。分包单位应当服从工程总承包单位的安全生产管理，分包单位不服从管理导致生产安全事故的，由分包单位承担主要责任。

（三）工期责任：建设单位不得设置不合理工期。工程总承包单位对工期全面负责。工程总承包单位应当对项目总进度和各阶段的进度进行管理，通过设计、采购、施工、试运行各阶段的协调、配合与合理交叉，科学制定、实施、控制进度计划，确保工程按期竣工。

（四）保修责任：工程保修责任书由建设单位与工程总承包单位签署，保修期内工程总承包单位应当根据法律规定以及合同约定承担保修责任，工程总承包单位不得以其与分包单位之间保修责任划分而拒绝履行保修责任。

九、竣工验收备案

（一）竣工验收备案：工程已完成全部工作并符合竣工验收规定和约定条件的，工程总承包单位应当向建设单位提交工程竣工报告，申请工程竣工验收。建设单位应当按照法定程序和合同约定期限组织各参建单位进行工程竣工验收，验收合格后应当在法定期限内向主管部门备案。工程总承包单位负责组织各分包单位配合建设单位完成工程竣工验收。各级住房和城乡建设主管部门应当在工程总承包项目竣工验收备案登记表中增加工程总承包单位和工程总承包项目经理栏目。

（二）项目资料移交：建设单位应当及时收集、整理建设项目各环节的文件资料，以及工程总承包单位、工程监理等单位移交的工程资料，建立项目档案，并在工程竣工验收后，及时向城建档案管理部门移交。工程总承包单位负责总承包范围内工程实施过程中的各种工程资料的审核、签署、整理等工作，并向建设单位移交相应工程档案资料。工程总承包单位协助建设单位建立工程电子文件和电子档案。

十、监督管理

（一）安全生产许可证管理：工程总承包单位自行实施工程总承包项目施工的，应当依法取得安全生产许可证；将工程总承包项目中的施工业务依法分包给具有相应资质的施工单位的，施工单位应当依法取得安全生产许可证。工程总承包单位主要负责人、项目经理和专职安全生产管理人员应当取得相应的安全生产考核合格证。

（二）施工许可证办理：工程总承包项目开工前，建设单位可分阶段向工程所在地的建设主管部门申请领取施工许可证，并在工程总承包项目施工许可证、工程质量安全监督手续及相关表格中增加工程总承包单位和工程总承包项目经理等栏目，并根据工程总承包合同及分包合同确定设计、施工单位。工程总承包项目的建设单位申请领取施工许可证，可以提交建设单位与具备相应施工资质的工程总承包单位签订的工程总承包合同，或者工程总承包单位与施工单位签订的施工分包合同，作为已经确定建筑施工单位的条件。可以提交当前阶段按规定经审查合格的施工图设计文件，作为申请领取施工许可证所需的图纸。可以提交由工程总承包单位组织编制的施工组织设计文件，作为保证工程质量和安全的具体措施。

（三）质量终身责任制：工程总承包单位及项目经理依法承担质量终身责任，工程总承包项目在永久性标牌、质量终身责任信息表中应当增加工程总承包单位及其项目经理信息。

第七节 建筑师负责制组织模式

一、建筑师负责制

（一）按照适用、经济、绿色、美观建筑方针，在民用建筑工程中充分发挥建筑师主导作用，推进建筑师负责制，充分发挥建筑师主导作用，鼓励提供全过程工程咨询服务，明确建筑师权利和责任，提高建筑师地位，提升建筑设计供给体系质量和建筑设计品质，增强核心竞争力，满足"中国设计"走出去和参与"一带一路"国际合作的需要。

（二）坚持政府引领和市场培育，住房和城乡建设部将国际通行做法与我国的国情相结合，注重运用经济手段和法治办法加强对建筑师负责制的引导，充分发挥市场在资源配置中的决定性作用，尊重工程建设的内在要求，明确企业主体地位，最大程度激发建筑师活力和创造力，依据合同约定提供服务，促进工程建设水平和效益提升，统筹兼顾，重点突破，在有条件的地区的民用建筑工程中逐步推进建筑师负责制。

（三）推进民用建筑工程全寿命周期设计咨询管理服务，从设计阶段开始，由建筑师负责统筹协调各专业设计、咨询机构及设备供应商的设计咨询管理服务，在此基础上逐步向规划、策划、施工、运维、改造、拆除等方面拓展建筑师服务内容，发展民用建筑工程全过程建筑师负责制。

二、构建建筑师负责制组织模式

（一）建筑师负责制是以担任民用建筑工程项目设计主持人或设计总负责人的注册建筑师（以下称为建筑师）为核心的设计团队，依托所在的设计企业为实施主体，依据合同约定，对民用建筑工程全过程或部分阶段提供全寿命周期设计咨询管理服务，最终将符合建设单位要求的建筑产品和服务交付给建设单位的一种工作模式。

（二）建筑师依托所在设计企业，依据合同约定，可以提供工程建设全过程或部分以下服务内容：参与城市修建性详细规划和城市设计，统筹建筑设计和城市设计协调统一。参与项目建议书、可行性研究报告与开发计划的制定，确认环境与规划条件、提出建筑总体要求、提供项目策划咨询报告、概念性设计方案及设计要求任务书，代理建设单位完成前期报批手续。完成方案设计、初步设计、施工图技术设计和施工现场设计服务。综合协调把控幕墙、装饰、景观、照明等专项设计，审核承包商完成的施工图深化设计。建筑师负责的施工图技术设计重点解决建筑使用功能、品质价值与投资控制。承包商负责的施工图深化设计重点解决设计施工一体化，准确控制施工节点大样详图，促进建筑精细化。代理建设单位进行施工招投标管理和施工合同管理服务，对总承包商、分包商、供应商和指定服务商履行监管职责，监督工程建设项目按照设计文件要求进行施工，协助组织工程验收服务。组织编制建筑使用说明书，督促、核查承包商编制房屋维修手册，指导编制使用后维护计划。参与制定建筑更新改造、扩建与翻新计划，为实施城市修补、城市更新和生态修复提供设计咨询管理服务。提供建筑全寿命期提示制度，协助专业拆除公司制定建筑安全绿色拆除方案等。

（三）实行建筑师负责制的项目，对合同双方的要求建设单位应在与设计企业、总承包商、分包商、供应商和指定服务商的合同中明确建筑师的权力，并保障建筑师权力的有效实施。建筑师应自觉遵守国家法律法规，诚信执业，公正处理社会公众利益和建设单位利益，维护社会公共利益，及时向建设单位汇报所有与其利益密切相关的重要信息，保证专业品质和建设单位利益。

（四）保障建筑师合法权益，借鉴国际通行成熟经验，探索建立符合建筑师负责制的权益保障机制。建设单位要根据设计企业和建筑师承担的服务业务内容和周期，结合项目的规模和复杂程度等要素合理确定服务报酬，在合同中明确约定并及时支付，或者采用"人工时"的计价模式取费。建筑师负责制服务收费，应纳入工程概算。倡导推行建筑师负责制职业责任保险，探索建立企业、团队与个人保险相互补充机制。

（五）明确相关法律责任和合同义务，建筑师在提供建筑师负责制的项目中，应承担相应法定责任和合同义务，因设计质量造成的经济损失，由设计企业承担赔偿责任，并有权向签章的建筑师进行追偿。建筑师负责制不能免除总承包商、分包商、供应商和指定服务商的法律责任和合同义务。

三、统筹协同推进建筑师负责制

（一）积极开展建筑师负责制试点工作，试点地区和企业要先行先试，实行建筑师负责制的项目，可试行建筑师对设计文件进行技术审查并承担审查责任，政府有关部门将其作为审批依据，简政放权，压缩审批时限，具备条件的可以将审批制调整为备案制或采用承诺审批。要及时总结试点经验，完善相关管理和技术标准体系建设，编制合同示范文本和服务手册，提高建筑师负责制管理水平。

（二）要完善注册建筑师考试大纲与继续教育内容，增加适应建筑师负责制相关内容，强化注册建筑师执业实践。开展建筑师负责制设计企业要加快培养建筑师团队中管理型人才，强化建筑师统筹专业设计能力、综合组织协调能力和交流沟通能力，增强对材料、设备、施工工艺及工程造价等的把控能力，鼓励建筑师参与项目管理培训，增加项目管理实践，全面提升项目管理能力，提高市场对建筑师负责制的认可度。

（三）开展建筑师负责制的设计企业，要调整和完善企业组织结构、专业设置和人员结构，积极整合社会资源，加快形成全过程管理于一体，技术、经济、管理和组织密切结合，具有综合服务能力的组织体系。要建立和完善包括质量管理、职业健康安全、环境管理和风险管理等管理体系，为建筑师负责制的实施提供保障。

（四）要积极开展建筑师负责制国际化研究，加强建筑师负责制国际化交流，扩大国际化视野，提高国际化素养，从管理方式、组织模式、技术标准、人员素质等方面与国际接轨。要大力支持设计企业到国际市场开展全过程工程咨询服务，实践建筑师负责制。

四、组织实施建筑师负责制

（一）各级住房和城乡建设主管部门应高度重视建筑师负责制推进工作，创新工作机制，统筹制定整体推进计划，积极引导促进。可结合本地实际，适时出台推进工作实施细则或指引，将工作落到实处。要支持试点地区开展建筑师负责制试点工作，从试点企业和试点项目入手，培育一批骨干企业，发挥示范引领带动作用。同时，要加大宣传力度，积极总结推广成功经验，扩大建筑师负责制的影响力。

（二）要充分发挥行业自律作用，制定建筑师职业道德守则，建立建筑师负责制诚信执业平台和数据库，构建建筑师负责制企业和个人诚信档案，收录良好行为和不良行为。探索建立建筑师负责制收费原则与保险体系，加快形成信用体系、工程保险及个人资信等相关配套制度，强化行业监督。

（三）要支持设计企业和建筑师积极开展建筑师负责制业务，对担任过建筑师负责制的建筑师，经申请可以减免继续教育学时要求，并在国际互认、评优评奖中，同等条件下优先选择。要充分发挥行业学会、协会桥梁纽带作用，鼓励行业组织积极反应诉求，协助政府开展相关政策研究，组织培训，开展交流，助推建筑师负责制顺利实施。

第八节　国家水利项目代建制管理

国家将水利作为基础设施建设和保障改善民生的重要领域，不断加大投入力度，大规模水利建设深入推进，项目点多面广量大，在水利建设项目特别是基层中小型项目中推行代建制等新型建设管理模式，发挥市场机制作用，实现专业化的项目管理十分必要。

一、水利工程建设项目代建制

水利工程建设项目代建制，是指政府投资的水利工程建设项目通过招标等方式，选择具有水利工程建设管理经验、技术和能力的专业化项目建设管理单位（以下简称代建单位），负责项目的建设实施，竣工验收后移交运行管理单位的制度。水利工程建设项目代建制为建设实施代建，代建单位对水利工程建设项目施工准备至竣工验收的建设实施过程进行管理。

二、代建制的项目实施要求

实行代建制的项目（以下简称代建项目），代建单位按照合同约定，履行工程代建相关职责，对代建项目的工程质量、安全、进度和资金管理负责。地方政府负责协调落实地方配套资金和征地移民等工作，为工程建设创造良好的外部环境。代建项目应严格执行基本建设程序，落实项目法人责任制、招标投标制、建设监理制和合同管理制，遵守工程建设质量、安全、进度和资金管理有关规定。

三、代建单位应具备条件

具有独立的事业或企业法人资格。具有满足代建项目规模等级要求的水利工程勘测设计、咨询、施工总承包一项或多项资质以及相应的业绩，或者是由政府专门设立（或授权）的水利工程建设管理机构并具有同等规模等级项目的建设管理业绩，或者是承担过大型水利工程项目法人职责的单位；具有与代建管理相适应的组织机构、管理能力、专业技术与管理人员。近3年在承接的各类建设项目中发生过较大以上质量、安全责任事故或者有其他严重违法、违纪和违约等不良行为记录的单位不得承担项目代建业务。

四、代建单位选定

拟实施代建制的项目应在可行性研究报告中提出实行代建制管理的方案，经批复后在施工准备前选定代建单位。代建单位由项目主管部门或项目法人（以下简称项目管理单位）负责选定。招标选择代建单位应严格执行招标投标相关法律法规，并进入公共资源交易市场交易。不具备招标条件的，经项目主管部门同级政府批准，可采取其他方式选择代建单位。

五、签订代建合同

代建单位确定后，项目管理单位应与代建单位依法签订代建合同。代建合同内容应包括项目建设规模、内容、标准、质量、工期、投资和代建费用等控制指标，明确双方的责任、权利、义务、奖惩等法律关系及违约责任的认定与处理方式。代建合同应报项目管理单位上级水行政主管部门备案。代建单位可根据代建合同约定，对项目的勘察、设计、监理、施工和设备、材料采购等依法组织招标，不得以代建为理由规避招标。代建单位（包括与其有隶属关系或股权关系的单位）不得承担代建项目的施工以及设备、材料供应等工作。

六、项目管理单位的主要职责

项目管理单位选定代建单位，并与代建单位签订代建合同。落实建设资金，配合地方政府做好征地、移民、施工环境等相关工作。监督检查工程建设的质量、安全、进度和资金使用管理情况，并协助做好上级有关部门（单位）的稽查、检查、审计等工作。协调做好项目重大设计变更、概算调整相关文件编报工作。组织或参与工程阶段验收、专项验收和竣工验收。代建合同约定的其他职责。

七、代建单位的主要职责

根据代建合同约定，组织项目招投标，择优选择勘察设计、监理、施工单位和设备、材料供应商；负责项目实施过程中各项合同的洽谈与签订工作，对所签订的合同实行全过程管理。组织项目实施，抓好项目建设管理，对建设工期、施工质量、安全生产和资金管理等负责，依法承担项目建设单位的质量责任和安全生产责任。组织项目设计变更、概算调整相关文件编报工作。组织编报项目年度实施计划和资金使用计划，并定期向项目管理单位报送工程进度、质量、安全以及资金使用等情况。配合做好上级有关部门（单位）的稽查、检查、审计等工作。按照验收相关规定，组织项目分部工程、单位工程、合同工程验收；组织参建单位做好项目阶段验收、专项验收、竣工验收各项准备工作；按照基本建设财务管理相关规定，编报项目竣工财务决算。竣工验收后及时办理资产移交和竣工财务决算审批手续。

八、代建项目资金管理

代建项目资金管理要严格执行国家有关法律法规和基本建设财务管理制度，落实财政部《关于切实加强政府投资项目代建制财政财务管理有关问题的指导意见》有关要求，做好代建项目建账核算工作，严格资金管理，确保专款专用。代建项目建设资金的拨付按财政部门相关规定和合同约定执行。代建管理费要与代建单位的代建内容、代建绩效挂钩，计入项目建设成本，在工程概算中列支。代建管理费由代建单位提出申请，由项目管理单位审核后，按项目实施进度和合同约定分期拨付。

代建项目实施完成并通过竣工验收后，经竣工决算审计确认，决算投资较代建合同约定项目投资有结余，按照财政部门相关规定，从项目结余资金中提取一定比例奖励代建单位。代建单位未经批准擅自调整建设规模、内容和标准，擅自进行重大设计变更的，因管理不善致使工程未达到设计要求或者质量不合格的，按照代建合同约定和国家有关规定处理。代建项目决算投资超出代建合同约定项目投资的，按代建合同约定处理。

第九节 国家公路水运航道项目代建管理

一、公路建设项目的代建

公路建设项目的代建，是指受公路建设项目的项目法人（以下简称"项目法人"）委托，由专业化的项目管理单位（以下简称"代建单位"）承担项目建设管理及相关工作的建设管理模式。项目法人具备交通运输主管部门规定的能力要求的，可以自行进行项目建设管理。项目法人不具备规定的相应项目建设管理能力的，委托符合要求的代建单位进行项目建设管理。公路建设项目代建应当遵循择优选择、责权一致、界面清晰、目标管理的原则。代建单位依合同承担项目质量、安全、投资及工期等管理责任。公路建设项目代建可以从施工阶段开始，也可以从初步设计或者施工图设计阶段开始。

二、代建单位选择及合同

高速公路、一级公路及独立桥梁、隧道建设项目的项目法人，需要委托代建时，应当选择满足以下要求的项目管理单位为代建单位：具有法人资格，有满足公路工程项目建设需要的组织机构和质量、安全、环境保护等方面的管理制度；承担过5个以上高速公路、一级公路或者独立桥梁、隧道工程的建设项目管理相关工作，具有良好的履约评价和市场信誉；拥有专业齐全、结构合理的专业技术人才队伍，工程技术系列中级以上职称人员不少于50人，其中具有高级职称人员不少于15人。

代建单位派驻工程现场的建设管理机构、专职管理人员应当满足项目建设管理工作需要。代建项目现场负责人、技术负责人、工程管理部门负责人应当在代建单位工作3年以上，且具有10年以上的公路建设行业从业经验、高级以上专业技术职称，以及至少2个同类项目建设管理经历。代建单位派驻现场的管理人员和技术人员不得在其他公路建设项目中兼职。代建单位应当依法通过招标等方式选择。采用招标方式的，应当使用交通运输部统一制定的标准招标文件。代建单位在递交投标文件时，应当按照要求列明本单位在资格、能力、业绩、信誉等方面的情况以及拟任现场管理人员、技术人员及备选人员的情况。

评标可以采用固定标价评分法、技术评分合理标价法、综合评标法以及法律、法规允许的其他评标方法，并应当重点评价代建单位的建设管理能力。项目法人应当与所选择的代建单位签订代建合同。代建合同应当包括内容：代建工作内容；项目法人和代建单位的职责、权利与义务；对其他参建单位的管理方式；代建管理目标；代建工作条件；代建组织机构；代建单位服务标准；代建服务费及支付方式；履约担保要求及方式、利益分享办法；绩效考核办法及奖励办法、违约责任、合同争议的解决方式等。

代建服务费应当根据代建工作内容、代建单位投入、项目特点及风险分担等因素合理约定。代建项目实行目标管理。代建单位依据代建合同及其他参建单位签订的合同中约定的管理目标，细化、分解工程质量、安全、进度、投资、环保等目标责任，开展建设管理工作，制定代建管理的各项制度，确保目标实现。项目法人依据代建合同对代建单位的管理和目标控制进行考核和奖惩，督促代建单位严格履行合同。代建服务费宜按照工程进度和目标考核情况分期支付。由于征地拆迁或者资金到位不及时等非代建单位原因造成工期延误等管理目标无法实现的，项目法人和代建单位应当依据合同约定，合理调整代建管理目标。

三、代建管理

（一）项目法人依据代建合同对项目实施过程进行监督。项目法人的主要职责包括：依法承担公路建设项目的工程质量和安全等管理责任；严格执行国家基本建设程序和有关规定，依法组织办理相关审批手续，督促相关参建单位落实相关要求；审定代建单位工作方案、项目管理目标和主要工作计划，定期组织检查与考核；可以授权代建单位依法选定勘察设计、施工、材料设备供应等单位，代表项目法人与上述单位签订合同，明确项目法人、代建单位与上述单位的权利义务。项目法人直接与勘察设计、施工、材料设备供应等单位签订合同的，应当在合同中明确代建单位对上述单位的管理职责；配合地方人民政府和有关部门完成征地拆迁工作；筹措建设资金，及时支付工程建设各项费用；检查项目质量、安全管理及强制性标准执行等情况，审核代建单位报送的一般、较大及重大设计变更方案，依法办理相关变更手续，督促代建单位依据概算严格控制工程投资；组织项目交工验收、竣工决算并做好竣工验收准备工作；其他法定职责。

（二）代建单位依据合同开展代建工作。主要职责包括：严格执行国家基本建设程序和有关规定，协助项目法人办理相关审批手续并落实相关要求，配合国家有关部门依法组织检查、考核等，负责落实整改；协助项目法人或者受项目法人委托，组织编制招标文件，完成勘察设计、施工、监理、材料设备供应等招标工作；对勘察设计、施工、监理、材料设备供应、技术咨询等单位进行合同管理，根据合同约定，细化、分解项目管理目标，落实目标责任；依据相关法规和合同，履行工程质量、安全、进度、计量、资金支付、环境保护等相关责任，审核、签发项目建设管理有关文件；依据合同协助完成征地拆迁工作；拟定项目进度计划、资金使用计划、工程质量和安全保障措施等，并报经项目法人同意；审定一般设计变更并报送项目法人，协助项目法人办理较大及重大设计变更报批手续；组织中间验收，协助项目法人组织交工验收；承担项目档案及有关技术资料的收集、整理、归档等工作，组织有关单位编制竣工文件；负责质量缺陷责任期内的缺陷维修工作管理，配合项目法人准备竣工验收相关工作；代建合同约定的其他职责。

（三）代建单位具有监理能力的，其代建项目的工程监理可以由代建单位负责，承担监理相应责任。代建单位相关人员应当依法具备监理资格要求和相应工作经验。代建单位不具备监理能力的，应当依法招标选择监理单位。勘察设计、施工、监理、材料设备供应等单位应当按照相关法规和合同约定，接受代建单位管理，依法承担相应职责和工程质量终身责任。

四、水运建设市场管理

（一）水运建设，是指水路运输基础设施包括港口、码头、航道及相关设施等工程建设。水运建设市场应当遵循公平公正、诚实守信的原则，建立和维护统一开放、竞争有序的市场秩序。禁止任何形式的地方保护和行业保护。水运建设市场主体，包括水运建设项目单位、从业单位和相关从业人员。从业单位，包括从事水运建设勘察、设计、施工、监理、试验检测以及提供咨询、项目代建、招标代理等相关服务的单位。代建单位是指受项目单位委托从事建设项目管理的单位。水运建设项目单位具备以下能力要求的，可以自行进行项目建设管理：项目主要负责人或者技术负责人具有与建设项目相适应的管理经验，至少在 2 个类似的水运建设项目的工程、技术、计划等关键岗位担任过负责人。技术负责人还应当具有相关专业的高级技术职称或者相应的技术能力；项目管理机构的设置和人员配备应当满足该项目管理需要。工程技术、质量、安全和财务等部门的负责人应当具有相应的项目管理经验，以及相应的中级以上技术职称或者相应的技术能力。

（二）项目单位不具备规定的项目建设管理能力的，应当委托符合以下要求的代建单位进行项目建设管理：具有法人资格，机构设置和相关人员配备满足第十条规定的项目建设管理能力要求；具有类似水运建设或者管理相关业绩和良好的市场信誉；有满足水运建设质量、安全、环境保护等方面要求的管理制度。

（三）项目单位选择代建单位时，应当从符合要求的代建单位中，优先选择业绩和信用良好、管理能力强的代建单位。鼓励满足规定要求的水运建设管理单位及水运工程勘察、设计、施工、工程监理企业开展代建工作。代建单位不得在所代建的项目中同时承担勘察、设计、施工、供应设备或者与以上单位有隶属关系及其他直接利益关系。

（四）代建单位依据合同开展代建工作，履行工程质量、安全、进度、工程计量、资金支付、环境保护等相关管理责任，承担项目档案及有关技术资料的收集、整理、归档等工作，负责质量缺陷责任期内的缺陷维修管理等工作。项目单位全面负责水运建设项目的建设管理，应当严格执行基本建设程序，不得违反或者擅自简化基本建设程序。

（五）水运建设项目实行设计施工总承包的，总承包单位应当加强设计与施工的协调，建立工程管理与协调制度，根据工程实际及时完善、优化设计，改进施工方案，合理调配设计和施工力量，完善质量保证体系。总承包单位应当加强对分包工程的管理。选择的分包单位应当具备相应资格条件，并经项目单位同意，分包合同应当送项目单位。勘察、设计单位经项目单位同意，可以将工程设计中跨专业或者有特殊要求的勘察、设计工作分包给有相应资质条件的单位承担。勘察、设计单位对分包单位的分包工作承担连带责任。施工单位经项目单位同意，可以将非主体、非关键性或者适合专业化施工的工程分包给具有相应资质条件的单位承担。施工单位对分包单位的分包工程承担连带责任。项目单位应当加强对工程分包的管理。承包单位应当将施工分包合同报监理单位审查，并报项目单位备案。监理工作不得分包或者转包。

（六）水运建设各相关单位应当按照合同约定全面履行义务：项目单位应当按照合理工期组织项目实施，不得任意压缩合理工期和无故延长工期，并应当按照合同约定支付款项；不得明示或者暗示施工单位使用不合格的材料、构配件和设备；项目单位按照合同约定自行采购材料、构配件和设备的，应当保证其满足国家有关标准的规定，符合设计文件要求；勘察、设计单位应当按时提供勘察、设计资料和设计文件；除有特殊要求的材料、专用设备、工艺生产线等外，设计单位不得指定生产厂、供应商；工程实施过程中，设计单位应当按约定派驻设计代表，提供设计后续服务；施工单位应当合理组织施工，人员及施工设备应当及时到位；应当加强现场管理，确保工程质量、生产安全和合同工期，做到文明施工；工程监理单位应当按约定履行监理服务，建立相应的现场监理机构，对工程实施有效监理；试验检测机构应当依据试验检测标准和合同约定进行取样、试验和检测，提供真实、完整的试验检测数据、资料；提供水运建设咨询、项目代建、招标代理等相关服务的单位应当依据相关规定，规范办理受托事务，所提供的信息、数据、结论或者报告应当真实、准确；保守技术和商业秘密；不得与委托人的潜在合同当事方有隶属关系或者其他利益关系。

（七）项目单位和施工单位应当加强工程款管理，专款专用。项目单位对施工单位工程款使用情况进行监督检查时，施工单位应当积极配合，不得阻挠和拒绝。施工单位应当及时足额支付农民工工资。水运建设工程质量实行终身责任制，相关市场主体对工程质量在设计使用年限内承担相应责任。项目单位对工程质量和安全管理负总责。代建单位按照合同约定对工程质量和安全负管理责任。勘察、设计单位对勘察、设计质量负责。施工单位对施工质量和安全负责。工程监理单位对工程项目的质量和安全生产负监理责任。其他市场主体对其提供的产品或者服务负相应责任。

（八）与水运建设项目单位签订合同后，勘察、设计、施工单位的项目负责人和技术负责人、工程监理单位的总监理工程师等主要人员以及主要设备，未经项目单位同意不得变更。项目单位同意变更前款规定的主要人员和主要设备的，变更后人员的资格能力及设备主要技术指标不得低于约定的条件。项目单位和施工、工程监理等单位应当采用信息化手段加强工程建设管理，对关键部位和隐蔽工程的施工过程进行监控记录，并将文字、图表、声像等各种形式的记录文件建档保存。项目单位和施工、工程监理等单位应当按照国家有关规定，建立健全档案管理制度，加强档案管理，及时、准确、完整地上报项目建设相关信息。项目单位应当依据国家有关信用管理的规定，建立从业单位信用信息台账，对参建的勘察、设计、施工、工程监理等单位的投标、履约行为进行评价。

五、航道建设项目审批管理

（一）航道建设活动包括航道整治、航道疏浚和航运枢纽、过船建筑物等航道设施及其他航道附属设施的新建、扩建和改建活动。航道建设项目应当按照国家有关规定实行招标投标制度、工程监理制度、合同管理制度和廉政监察制度。航道建设应当符合航道规划，并考虑行洪安全、水上交通安全和环境保护的要求。航道建设项目单位应当依法选择勘察、设计、施工、咨询、监理单位，依法采购与工程建设有关的重要设备和材料，办理开工备案，组织项目实施，组织项目交工验收，准备项目竣工验收工作。

航道建设应当按照国家有关建设程序的规定进行。政府投资航道建设项目实行审批制，企业投资航道建设项目实行核准制和备案制。政府投资的航道建设项目，按照建设程序执行：根据规划，开展预可行性研究，编制项目建议书；根据批准的项目建议书，进行工程可行性研究，编制可行性研究报告；根据批准的可行性研究报告，编制初步设计文件；根据批准的初步设计文件，编制施工图设计文件；根据批准的设计文件，组织项目监理、施工招标；根据国家有关规定，进行施工前准备工作，并向交通主管部门办理开工备案；开工备案后组织工程实施；工程完工后，编制竣工资料，办理工程竣工前的各项工作；交通主管部门组织竣工验收，办理固定资产移交手续。

（二）企业投资的航道建设项目，按照以下建设程序执行：依法确定建设项目投资人；根据规划与需要，编制工程可行性研究报告；投资人组织编制项目申请报告，按照规定履行核准或者备案手续；根据核准、备案的项目申请报告，编制初步设计文件；根据批准的初步设计文件，编制施工图设计文件；根据批准的设计文件，组织项目监理、施工招标；根据国家有关规定，进行施工前准备工作，并向交通主管部门办理开工备案；开工备案后组织工程实施；工程完工后，编制竣工资料，办理工程竣工前的各项工作；交通主管部门组织竣工验收，办理固定资产移交手续。

（三）编制航道建设项目建议书，应当符合以下基本要求：开展航道建设项目工程预可行性研究；建设方案应符合航道规划；符合有关编制水运工程预可行性研究和项目建议书的深度要求；符合国家和行业的有关规定。

（四）申请航道建设项目建议书审批，应当提供以下材料：行政许可申请书；项目建议书及其电子文件；工程预可行性研究报告及其电子文件；审批部门根据项目需要要求提供的其他材料。

（五）编制航道建设项目可行性研究报告，应当符合以下基本要求：符合航道规划；符合经批准的项目建议书；符合有关编制水运工程可行性研究报告的深度要求；符合国家和行业的有关规定和技术标准、规范。

（六）申请航道建设项目可行性研究报告审批，应当提供以下材料：行政许可申请书；工程可行性研究报告及其电子文件；有关规定所要求的相关单位的许可、承诺、证明或者评估意见；根据项目需要要求提供的其他材料。

（七）编制项目申请报告，应当包括以下内容：项目申报单位情况；拟建设项目情况；建设用地与相关规划；资源利用和能源耗用分析；生态环境影响分析；经济和社会效果分析。

（八）申请航道建设项目核准，应当提供以下材料：项目申请报告及其电子文件；城市规划行政主管部门出具的城市规划意见；国土资源行政主管部门出具项目用地预审意见；环境保护行政主管部门出具的环境影响评价文件的审批意见；法律法规要求提交的其他材料。

（九）申请航道建设项目备案，应当按照省级人民政府制定的建设项目备案管理实施办法履行备案手续。编制航道建设项目初步设计文件，应当符合以下基本要求：建设方案符合航道规划要求；建设规模、标准及内容等符合经批准的可行性研究报告或者经核准项目申请报告；符合国家和行业的有关技术标准；符合有关编制水运工程初步设计文件的要求。

（十）申请航道建设项目初步设计文件审批，应当提供以下材料：行政许可申请书；初步设计文件及其电子文件；经批准的可行性研究报告或者经核准的项目申请报告复印件；审批部门根据项目需要要求提供的其他材料。

由交通部负责审批的初步设计文件，应当向航道建设项目所在地省级交通主管部门提出申请，但是位于长江干线的航道建设项目应当向长江航务管理局或者长江口航道管理局提出申请，并报送相关材料。省级交通主管部门、长江航务管理局、长江口航道管理局应当在收到上述申请材料后进行符合性审查，提出初步意见，并在收到申请材料之日起 7 日内将有关材料和处理意见报送交通部。由省级交通主管部门负责审批的初步设计文件，应当向省级交通主管部门提出申请，并报送相关材料。列入国家高等级航道且总投资在 1 亿元（含 1 亿元）以上的航道建设项目，省级交通主管部门在审批前应当征求交通部意见。省级交通主管部门批准的初步设计文件，应当在批准后 30 日内报交通部备案。审批部门对符合要求的初步设计文件，应当作出予以批准的决定；对不符合要求的初步设计文件，应当作出不予批准的决定，并说明理由，提出对设计方案的优化建议。审批部门在审批前，应当委托不低于原初步设计单位资质等级的另一设计单位，对初步设计文件进行技术审查咨询。

（十一）编制航道建设项目施工图设计文件，应当符合以下基本要求：符合经批准的初步设计文件；符合国家和行业有关技术标准；符合编制有关水运工程施工图设计文件的深度要求；施工图预算不得突破已批准的初步设计概算。

（十二）申请航道建设项目施工图设计文件审批，应当提交以下材料：行政许可申请书；施工图设计文件及其电子文件；经批准的初步设计文件复印件；审批部门根据项目需要要求提供的其他材料。航道建设项目的施工图设计文件应当集中报审。对于工期长、涉及专业多、需分期实施的航道工程项目，可以分期报审。但一个单位工程的施工图设计必须一次报审。省级交通主管部门负责其管辖区域内航道建设项目的施工图审批工作；但是位于长江干线的航道建设项目施工图审批工作由交通部负责。审批部门对符合要求的施工图设计文件，应当作出予以批准的决定；对不符合要求的施工图设计文件，应当作出不予批准的决定并说明理由。审批部门在审批前应当委托不低于原施工图编制单位资质等级的另一设计单位，对施工图设计文件中关于结构安全、稳定、耐久性的内容进行审查。

（十三）航道建设项目初步设计文件和施工图设计文件一经批准，应当严格遵照执行，不得擅自修改、变更，不得以肢解设计变更内容的方式规避设计变更审批。如确有必要对已批准的设计文件作如下重大变更的，应当经原审批部门批准后方可修改：改变主体工程建设位置；改变工程总平面布置；改变主要建筑物结构型式；改变主要工艺及设备配置；工程造价超过已批准的概算。

（十四）航道建设项目设计变更文件应当由原设计单位编制。经原设计单位书面同意，也可以由其他具有相应资质的设计单位编制。由编制单位对设计变更文件承担相应责任。申请航道建设项目设计变更审批，应当向审批部门提交以下材料：行政许可申请书；设计变更说明书，内容包括该航道建设工程的基本情况、拟变更的主要内容以及设计变更的合理性论证等；设计变更前后相应的勘察、设计图纸；工程量、造价变化对照清单和分项概（预）算；审批部门根据项目需要要求提供的其他材料。

（十五）航道建设项目完工后，应当按照交通部颁布的有关航运建设项目竣工验收的规定进行竣工验收。航道建设项目经竣工验收合格后，方可交付使用。航道建设市场依法实行准入管理。航道建设工程咨询、评估、勘察、设计、施工、监理等从业单位和从业人员应当依法取得有关部门许可的相应资质后，方可进入航道建设市场。航道建设项目单位以及其委托的项目建设管理单位、项目建设管理机构、主要负责人员，应当具备满足拟建项目管理需要的技术和管理能力，符合交通部有关规定的要求。航道建设项目单位必须按照《招标投标法》和交通部颁布的有关勘察、设计、施工、施工监理招标投标管理工作的规定，依法对建设项目勘察、设计、施工、监理以及重要设备、材料的采购等进行招标。航道建设项目评标结果应当在与发布招标公告相同的媒介上至少公示7天。公示的主要内容包括评标结果、举报受理方式等。

（十六）航道建设实行建设项目信息报告制度。工程信息应当包括以下内容：项目概况，包括项目审批情况、建设规模、主要建设内容、资金构成、总体实施计划及其他情况；招投标工作情况；建设动态状况，包括工程进度、资金到位及投资完成情况、工程质量情况、安全生产情况及其他情况；其他需要报送的情况。项目单位应及时做好航道建设项目档案资料的搜集、整理、归档工作，并按照有关规定办理工程竣工档案专项预验收。

第十节 工程项目建设"十三五"规划目标

根据《中共中央关于制定国民经济和社会发展第十三个五年规划的建议》编制的《国民经济和社会发展第十三个五年（2016—2020年）规划》纲要，明确经济社会发展宏伟目标、主要任务和重大举措，是市场主体的行为导向，是政府履行职责的重要依据。到2020年经济发展主要指标：国内生产总值（GDP）不低于92.7万亿元，年均增速不低于6.5%；服务业增加值比重达56%，年均增速5.5%；科技进步贡献率达到60%，年均增速4.7%；新增建设用地规模控制在3256万亩；森林覆盖率达到23.04%。

《国家新型城镇化规划（2014—2020年）》的要求，至2020年《城镇化地区综合交通网规划》，城际铁路运营里程达到3.6万公里（其中新建城际铁路约8000公里），覆盖

98％的节点城市和近 60％的县（市）；新建和改扩建国家高速公路约 1.3 万公里。

一、全国国土规划目标

实施《全国国土规划纲要（2016—2030 年）》，是统筹推进"五位一体"总体布局和协调推进"四个全面"战略布局，贯彻落实创新、协调、绿色、开放、共享的发展理念，促进人口资源环境相均衡、经济社会生态效益相统一的重大举措。"十三五"期间，单位国内生产总值建设用地使用面积下降 20％。主要目标：到 2030 年，国土开发强度不超过4.62％，城镇空间控制在 11.67 万平方公里以内。耕地保有量保持在 18.25 亿亩以上，建成高标准农田 12 亿亩，新增治理水土流失面积 94 万平方公里以上。公路与铁路网密度达到 0.6 公里/平方千米，用水总量控制在 7000 亿立方米以内。海洋生产总值占国内生产总值比例力争达到 14％。全国铁路营业里程达到 20 万千米以上。建成 580 万公里公路网。国土开发强度控制在 4.62％以内。全国国土规划主要指标详见表 1-4。

全国国土规划主要指标　　　　　　　　　　　　　　　　　表 1-4

指标名称	2015 年	2020 年	2030 年	属　性
1. 耕地保有量（亿亩）	18.65	18.65	18.25	约束性
2. 用水总量（亿立方米）	6180	6700	7000	约束性
3. 森林覆盖率（％）	21.66	＞23	＞24	预期性
4. 草原综合植被盖度（％）	54	56	60	预期性
5. 湿地面积（亿亩）	8	8	8.3	预期性
6. 国土开发强度（％）	4.02	4.24	4.62	约束性
7. 城镇空间（万平方公里）	8.90	10.21	11.67	预期性
8. 公路与铁路网密度（公里/平方公里）	0.49	≥0.5	≥0.6	预期性
9. 全国七大重点流域水质优良比例（％）	67.5	＞70	＞75	约束性
10. 重要江河湖泊水功能区水质达标率（％）	70.8	＞80	＞95	约束性
11. 新增治理水土流失面积（万平方公里）	—	32	94	预期性

二、生态环境保护规划目标

《"十三五"生态环境保护规划》主要目标：到 2020 年，全国工业固体废物综合利用率提高到 73％。重度污染耕地种植结构调整或退耕还林还草面积力争达到 2000 万亩。全国所有县城和重点镇具备污水收集处理能力，城市和县城污水处理率分别达到 95％和85％左右，地级及以上城市建成区基本实现污水全收集、全处理。垃圾焚烧处理率达到40％。能够将 70％的降雨就地消纳和利用的土地面积达到城市建成区面积的 20％以上。建设储备林 1400 万公顷，每年新增木材供应能力 9500 万立方米以上。

根据国家《"十三五"节能减排综合工作方案》，到 2020 年，城镇绿色建筑面积占新建建筑面积比重提高到 50％。实施绿色建筑全产业链发展计划，推行绿色施工方式，推广节能绿色建材、装配式和钢结构建筑。强化既有居住建筑节能改造，实施改造面积 5 亿平方米以上，2020 年前基本完成北方采暖地区有改造价值城镇居住建筑的节能改造。推动建筑节能宜居综合改造试点城市建设，鼓励老旧住宅节能改造与抗震加固改造、加装电梯等适老化改造同步实施，完成公共建筑节能改造面积 1 亿平方米以上。推进利用太阳能、浅层地热能、空气热能、工业余热等解决建筑用能需求。

　　到 2020 年公共机构单位建筑面积能耗和人均能耗分别比 2015 年降低 10％和 11％，城镇既有居住建筑节能改造累计面积 17.5 亿平方米，城镇公共建筑节能改造累计面积 2 亿平方米，城镇新建绿色建筑标准执行率达到 50％。全国所有县城和重点镇具备污水处理能力，地级及以上城市建成区污水基本实现全收集、全处理，城市、县城污水处理率分别达到 95％、85％左右。90％以上行政村的生活垃圾得到处理。"十三五"时期基本公共服务领域主要发展指标：城镇棚户区住房改造 2000 万套，土地出让收益用于保障性安居工程的比例不低于 10％。

　　为加快推进绿色低碳发展，"十三五"控制温室气体排放主要目标，到 2020 年单位国内生产总值二氧化碳排放比 2015 年下降 18％，常规水电装机达到 3.4 亿千瓦，风电装机达到 2 亿千瓦，光伏装机达到 1 亿千瓦，核电装机达到 5800 万千瓦，在建容量达到 3000 万千瓦以上。战略性新兴产业增加值占国内生产总值的比重力争达到 15％，服务业增加值占国内生产总值的比重达到 56％。森林覆盖率达到 23.04％，森林蓄积量达到 165 亿立方米。草原综合植被盖度达到 56％。提高基础设施和建筑质量，防止大拆大建。推进既有建筑节能改造，强化新建建筑节能，推广绿色建筑，到 2020 年城镇绿色建筑占新建建筑比重达到 50％。强化宾馆、办公楼、商场等商业和公共建筑低碳化运营管理。因地制宜推广余热利用、高效热泵、可再生能源、分布式能源、绿色建材、绿色照明、屋顶墙体绿化等低碳技术。推广绿色施工和住宅产业化建设模式。积极开展绿色生态城区和零碳排放建筑试点示范。

三、国家战略性新兴产业发展规划目标

　　根据《"十三五"国家战略性新兴产业发展规划》，到 2020 年，战略性新兴产业发展要实现目标：战略性新兴产业增加值占国内生产总值比重达到 15％，在新一代信息技术产业总产值规模超过 12 万亿元。高端装备与新材料产业产值规模超过 12 万亿元。生物产业规模达到 8 万亿元～10 万亿元，核电装机规模达到 5800 万千瓦，在建规模达到 3000 万千瓦。太阳能发电装机规模达到 1.1 亿千瓦以上。高效节能产业产值规模力争达到 3 万亿元。

　　根据《能源发展战略行动计划（2014—2020 年）》，到 2020 年，城镇绿色建筑占新建建筑的比例达到 50％。加快推进供热计量改革，新建建筑和经供热计量改造的既有建筑实行供热计量收费。全国煤炭消费比重降至 62％以内。天然气在一次能源消费中的比重提高到 10％以上。天然气主干管道里程达到 12 万公里以上。核电装机容量达到 5800 万千瓦，在建容量达到 3000 万千瓦以上。力争常规水电装机达到 3.5 亿千瓦左右。风电装机达到 2 亿千瓦。光伏装机达到 1 亿千瓦左右。

四、安全生产规划目标

　　根据安全生产"十三五"规划目标：坚持"党政同责、一岗双责、齐抓共管、失职追责"和"管行业必须管安全、管业务必须管安全、管生产经营必须管安全"。严格执行新建改建扩建工程项目安全设施、职业健康"三同时"（同时设计、同时施工、同时投入生产和使用）制度。建筑施工事故防范重点部位：大跨度桥梁及复杂隧道、高边坡及高挡墙、高架管线、围堰等。其关键环节是基坑支护及降水工程、结构拆除、土石方开挖、脚手架及模板支撑、起重吊装及安装拆卸工程、爆破拆除等。到 2020 年"十三五"安全生产指标如表 1-5。

"十三五"安全生产指标 表 1-5

序号	指标名称	降幅
1	生产安全事故起数	10%
2	生产安全事故死亡人数	10%
3	重特大事故起数	20%
4	重特大事故死亡人数	22%
5	亿元国内生产总值生产安全事故死亡率	30%

注：降幅为 2020 年末较 2015 年末下降的幅度。

五、现代综合交通运输体系发展规划目标

根据《"十三五"现代综合交通运输体系发展规划》，交通运输是国民经济中基础性、先导性、战略性产业，是重要的服务性行业。高速铁路覆盖 80% 以上的城区常住人口 100 万以上的城市，铁路、高速公路、民航运输机场基本覆盖城区常住人口 20 万以上的城市，内河高等级航道网基本建成，沿海港口万吨级及以上泊位数稳步增加，具备条件的建制村通硬化路，城市轨道交通运营里程比 2015 年增长近一倍，油气主干管网快速发展，综合交通网总里程达到 540 万公里左右。综合交通运输发展主要指标详见表 1-6。

"十三五"综合交通运输发展主要指标 表 1-6

指 标 名 称		2015 年	2020 年	属性
基础设施	铁路营业里程（万公里）	12.1	15	预期性
	高速铁路营业里程（万公里）	1.9	3.0	预期性
	铁路复线率（%）	53	60	预期性
	铁路电气化率（%）	61	70	预期性
	公路通车里程（万公里）	458	500	预期性
	高速公路建成里程（万公里）	12.4	15	预期性
	内河高等级航道里程（万公里）	1.36	1.71	预期性
	沿海港口万吨级及以上泊位数（个）	2207	2527	预期性
	民用运输机场数（个）	207	260	预期性
	通用机场数（个）	300	500	预期性
	建制村通硬化路率（%）	94.5	99	约束性
	城市轨道交通运营里程（公里）	3300	6000	预期性
	油气管网里程（万公里）	11.2	16.5	预期性

六、建筑业规划目标

按照《住房和城乡建设事业"十三五"规划纲要》的目标要求，今后五年建筑业发展市场规模目标：以完成全社会固定资产投资建设任务为基础，全国建筑业总产值年均增长 7%，建筑业增加值年均增长 5.5%；全国工程勘察设计企业营业收入年均增长 7%；全国工程监理、造价咨询、招标代理等工程咨询服务企业营业收入年均增长 8%；全国建筑企业对外工程承包营业额年均增长 6%，进一步巩固建筑业在国民经济中的支柱地位。城镇新建民用建筑全部达到节能标准要求，能效水平比 2015 年提升 20%。到 2020 年城镇绿色建筑占新建建筑比重达到 50%，新开工全装修成品住宅面积达到 30%，绿色建材应用

比例达到 40%。装配式建筑面积占新建建筑面积比例达到 15%。住房和城乡建设部"十三五"装配式建筑行动方案工作目标：到 2020 年全国装配式建筑占新建建筑的比例达到 15%以上，其中重点推进地区达到 20%以上，积极推进地区达到 15%以上，鼓励推进地区达到 10%以上。培育 50 个以上装配式建筑示范城市，200 个以上装配式建筑产业基地，500 个以上装配式建筑示范工程，建设 30 个以上装配式建筑科技创新基地，充分发挥示范引领和带动作用。建立适合建筑信息模型（BIM）技术应用的装配式建筑工程管理模式，推进 BIM 技术在装配式建筑规划、勘察、设计、生产、施工、装修、运行维护全过程的集成应用，实现工程建设项目全生命周期数据共享和信息化管理。装配式建筑项目可采用"设计—采购—施工"（EPC）总承包或"设计—施工"（D-B）总承包等工程项目管理模式。政府投资工程应带头采用工程总承包模式。设计、施工、开发、生产企业可单独或组成联合体承接装配式建筑工程总承包项目，实施具体的设计、施工任务时应由有相应资质的单位承担。推行装配式建筑全装修成品交房。到 2020 年，绿色建材在装配式建筑中的应用比例达到 50%以上。装配式建筑要与绿色建筑、超低能耗建筑等相结合，鼓励建设综合示范工程。装配式建筑要全面执行绿色建筑标准，并在绿色建筑评价中逐步加大装配式建筑的权重。推动太阳能光热光伏、地源热泵、空气源热泵等可再生能源与装配式建筑一体化应用。

七、电力发展规划主要目标

《电力发展"十三五"规划（2016—2020 年）》内容涵盖水电、核电、煤电、气电、风电、太阳能发电等各类电源和输配电网，其主要目标详见表 1-7。

"十三五"电力工业发展主要目标　　　　表 1-7

类别	指标	2015 年	2020 年	年均增速	属性
电力总量	总装机（亿千瓦）	15.3	20	5.5%	预期性
	西电东送（亿千瓦）	1.4	2.7	14.04	预期性
	全社会用电量（万亿千瓦时）	5.69	6.8～7.2	3.6～4.8%	预期性
	电能占终端能源消费比重	25.8%	27%	[1.2%]	预期性
	人均装机（千瓦/人）	1.11	1.4	4.75%	预期性
	人均用电量（千瓦时/人）	4142	4860～5140	3.2%～4.4%	预期性
电力结构	非化石能源消费比重	12%	15%	[3%]	约束性
	非化石能源发电装机比重	35%	39%	[3%]	预期性
	常规水电（亿千瓦）	2.97	3.4	2.8%	预期性
	抽蓄装机（万千瓦）	2303	4000	11.7%	预期性
	核电（亿千瓦）	0.27	0.58	16.5%	预期性
	风电（亿千瓦）	1.31	2.1	9.9%	预期性
	太阳能发电（亿千瓦）	0.42	1.1	21.2%	预期性
	化石能源发电装机比重	65%	61%	[−4%]	预期性
	煤电装机比重	59%	55%	[−4%]	预期性
	煤电（亿千瓦）	9	<11	4.1%	预期性
	气电（亿千瓦）	0.66	1.1	10.8%	预期性

续表

类别	指标	2015 年	2020 年	年均增速	属性
节能减排	新建煤电机组平均供电煤耗（克标煤/千瓦时）	—	300	—	约束性
	现役煤电机组平均供电煤耗（克标煤/千瓦时）	318	<310	[−8%]	约束性
	线路损失率	6.64%	<6.50%		预期性
民生保障	充电设施建设	满足 500 万辆电动车充电			预期性
	电能替代用电量（亿千瓦时）	—	4500		预期性

八、可再生能源开发利用主要指标

《可再生能源发展"十三五"规划》包括了水能、风能、太阳能、生物质能、地热能和海洋能，明确了 2016～2020 年我国可再生能源发展的目标，详见表 1-8。

2020 年可再生能源开发利用主要指标　　　　　　表 1-8

内容	利用规模		年产能量		折标煤
	数量	单位	数量	单位	万吨/年
一、发电	67500		19045		56188
1. 水电（不含抽水蓄能）	34000		12500		36875
2. 并网风电	21000	万千瓦	4200	亿千瓦时	12390
3. 光伏发电	10500		1245		3673
4. 太阳能热发电	500		200		590
5. 生物质发电	1500		900		2660
二、生物天然气			80	亿立方米	960
三、供热					15100
1. 太阳能热水器	80000	万平方米			9600
2. 地热能热利用					4000
3. 生物质能供热（万吨）	160000				1500
四、生物液体燃料					680
1. 生物燃料乙醇	400	万吨			380
2. 生物柴油	200	万吨			300
可再生能源合计					72928
商品化可再生能源合计					57828

注：商品化可再生能源包含发电、生物天然气和燃料三类。

第二章 工程项目建设各类费用

工程项目建设过程中，对内涉及众多的参建单位，对外与政府监督部门、社会环境等关联，熟悉工程项目建设费用的分类和管理程序对做好工程项目的费用管理至关重要，也是完成项目管理费用控制目标的基本条件。

第一节 建设项目总投资费用项目组成

工程项目建设费用，即建设项目投资。建设项目投资含固定资产投资和流动资产投资两部分，建设项目总投资中的固定资产投资与建设项目的工程造价在量上相等。工程造价的构成按工程项目建设过程中各类费用支出或花费的性质、途径等来确定，是通过费用划分和汇集所形成的工程造价的费用分解和安装施工所需支出的费用，用于委托工程勘察设计应支付的费用，用于购置土地所需的费用，也包括用于建设单位自身进行项目筹建和项目管理所花费的费用等。总之，工程造价是工程项目按照确定的建设内容、建设规模、建设标准、功能要求和使用要求等全部建成并验收合格交付使用所需的全部费用。

一、建设项目总投资

建设项目总投资是指为完成工程项目建设并达到使用要求或生产条件，在建设期内预计或实际投入的总费用，包括工程造价、增值税、资金筹措费和流动资金，详见图 2-1 建设项目总投资费用项目组成图，其计算公式为：

建设项目总投资＝工程造价＋增值税＋资金筹措费＋流动资金

（一）工程造价是指工程项目在建设期预计或实际支出的建设费用，包括工程费用、工程建设其他费用和预备费：

工程造价＝工程费用（不含税）＋工程建设其他费用（不含税）＋预备费（不含税）

（二）增值税是指应计入建设项目总投资内的增值税额。增值税应按工程费、工程建设其他费、预备费和资金筹措费分别计取。

（三）资金筹措费是指在建设期内应计的利息和在建设期内为筹集项目资金发生的费用，包括各类借款利息、债券利息、贷款评估费、国外借款手续费及承诺费、汇兑损益、债券发行费用及其他债务利息支出或融资费用。

1. 自有资金额度应符合国家或行业有关规定。

2. 建设期利息：根据不同资金来源及利率分别计算。

3. 其他方式资金筹措费用按发生额度或相关规定计列。

流动资金系指运营期内长期占用并周转使用的营运资金，不包括运营中需要的临时性营运资金。流动资金的估算方法有扩大指标估算法和分项详细估算法两种。

（1）扩大指标估算法，此方法是参照同类企业的流动资金占营业收入、经营成本的比例或者是单位产量占用营运资金的数额估算流动资金，并按以下公式计算：

工程造价 ─┬─ 1.工程费用 ─┬─ 1.建筑工程费 ─┬─ 1.直接费 ─┬─ 1.人工费
　　　　　　　　　　　　　　　　　　　　　　　　　　　2.材料费
　　　　　　　　　　　　　　　　　　　　　　　　　　　3.施工机具使用费
　　　　　　　　　　　　　　　　　　　　　　　　　　　4.其他直接费 ─┬─ 1.冬雨季施工增加费
　　　　　　　　　　　　　　　　　　　　　　　　　　　　　　　　　　　2.夜间施工增加费
　　　　　　　　　　　　　　　　　　　　　　　　　　　　　　　　　　　3.二次搬运费
　　　　　　　　　　　　　　　　　　　　　　　　　　　　　　　　　　　4.检验试验费
　　　　　　　　　　　　　　　　　　　　　　　　　　　　　　　　　　　5.工程定位复测费
　　　　　　　　　　　　　　　　　　　　　　　　　　　　　　　　　　　6.工程点交费
　　　　　　　　　　　　　　　　　　　　　　　　　　　　　　　　　　　7.场地清理费
　　　　　　　　　　　　　　　　　　　　　　　　　　　　　　　　　　　8.特殊地区施工增加费
　　　　　　　　　　　　　　　　　　　　　　　　　　　　　　　　　　　9.文明（绿色）施工费
　　　　　　　　　　　　　　　　　　　　　　　　　　　　　　　　　　　10.施工现场环境保护费
　　　　　　　　　　　　　　　　　　　　　　　　　　　　　　　　　　　11.临时设施费
　　　　　　　　　　　　　　　　　　　　　　　　　　　　　　　　　　　12.工地转移费
　　　　　　　　　　　　　　　　　　　　　　　　　　　　　　　　　　　13.已完工程及设备保护费
　　　　　　　　　　　　　　　　　　　　　　　　　　　　　　　　　　　14.安全生产费
　　　　　　　　　　　　　　　　　2.安装工程费 ─┬─ 2.间接费
　　　　　　　　　　　　　　　　　3.设备购置费 ─── 3.利润
　　　　　　　　　　　2.工程建设其他费用 ─┬─ 1.土地使用费和其他补偿费
　　　　　　　　　　　　　　　　　　　　　　2.建设管理费
　　　　　　　　　　　　　　　　　　　　　　3.可行性研究费
　　　　　　　　　　　　　　　　　　　　　　4.专项评价费
　　　　　　　　　　　　　　　　　　　　　　5.研究试验费
　　　　　　　　　　　　　　　　　　　　　　6.勘察设计费
　　　　　　　　　　　　　　　　　　　　　　7.场地准备费和临时设施费
　　　　　　　　　　　　　　　　　　　　　　8.引进技术和进口设备材料其他费
　　　　　　　　　　　　　　　　　　　　　　9.特殊设备安全监督检验费
　　　　　　　　　　　　　　　　　　　　　　10.市政公用配套设施费
　　　　　　　　　　　　　　　　　　　　　　11.联合试运转费
　　　　　　　　　　　　　　　　　　　　　　12.工程保险费
　　　　　　　　　　　　　　　　　　　　　　13.专利及专有技术使用费
　　　　　　　　　　　　　　　　　　　　　　14.生产准备费
　　　　　　　　　　　　　　　　　　　　　　15.其他
　　　　　　　　　　　3.预备费

建设项目总投资 ─┬─ 工程造价
　　　　　　　　　├─ 增值税（包括工程费、工程建设其他费和预备费的增值税）
　　　　　　　　　├─ 资金筹措费
　　　　　　　　　└─ 流动资金

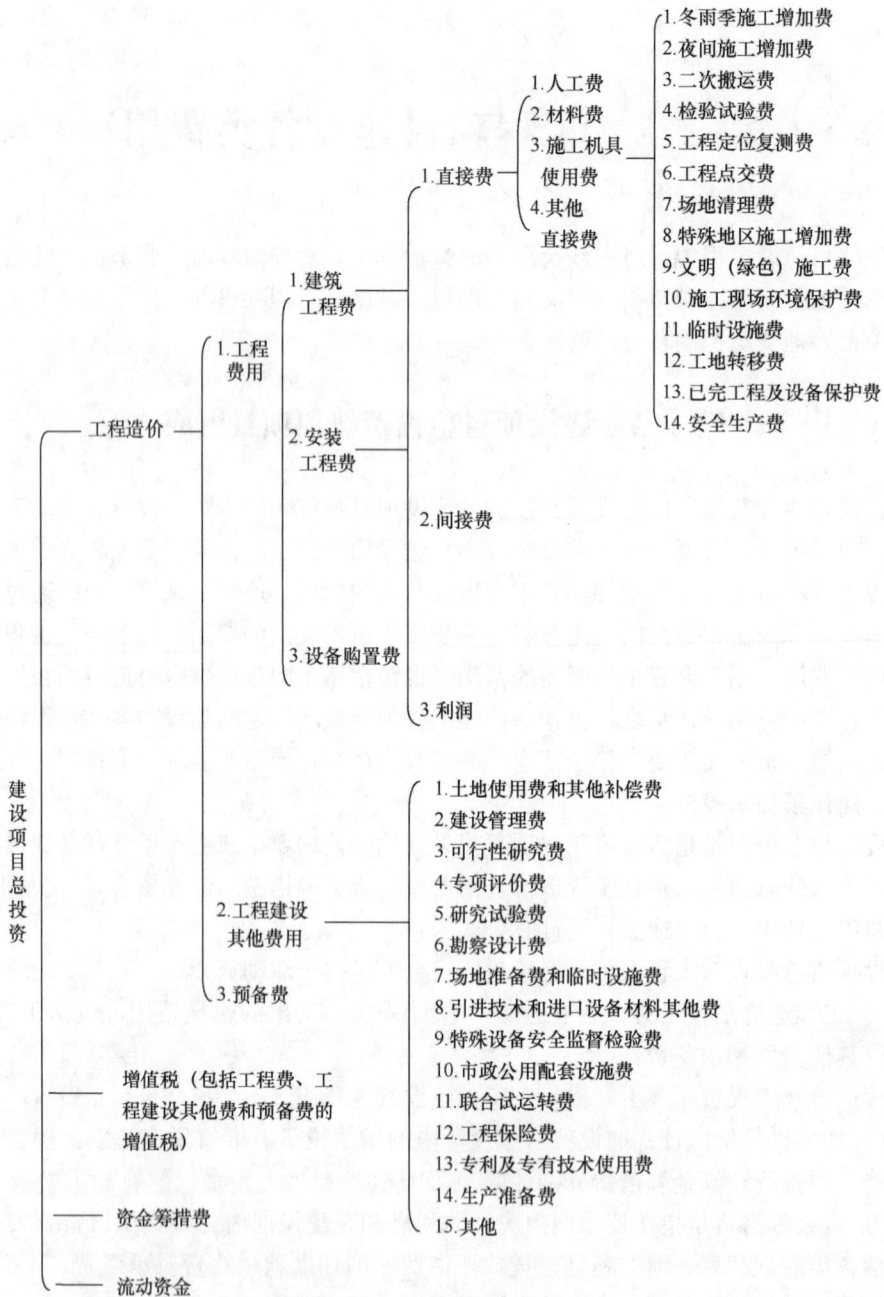

图 2-1 建设项目总投资费用项目组成

流动资金额＝各种费用基数×相应的流动资金所占比例（或占营运资金的数额）

式中，各种费用基数是指年营业收入，年经营成本或年产量等。

（2）分项详细估算法，可简化计算，其公式如下：

$$流动资金＝流动资产－流动负债$$

$$流动资产＝应收账款＋预付账款＋存货＋库存现金$$

$$流动负债＝应付账款＋预收账款$$

二、工程费用

工程费用是指建设期内直接用于工程建造、设备购置及其安装的费用，包括建筑工程费、设备购置费和安装工程费：

$$工程费用＝建筑工程费＋设备购置费＋安装工程费$$

（一）建筑工程费是指建筑物、构筑物及与其配套的线路、管道等的建造、装饰费用。安装工程费是指设备、工艺设施及其附属物的组合、装配、调试等费用。建筑工程费和安装工程费包括直接费、间接费和利润：

$$建筑工程费＝直接费＋间接费＋利润$$

（二）直接费是指施工过程中耗费的构成工程实体或独立计价措施项目的费用，以及按综合计费形式表现的措施费用。直接费包括人工费、材料费、施工机具使用费和其他直接费：

$$直接费＝人工费＋材料费＋施工机具使用费＋其他直接费$$

（三）人工费是指直接从事建筑安装工程施工作业的生产工人的薪酬，包括工资性收入、社会保险费、住房公积金、职工福利费、工会经费、职工教育经费及特殊情况下发生的工资等：

$$人工费＝\sum(工日消耗量×日工资单价)$$

（四）材料费是指工程施工过程中耗费的各种原材料、半成品、构配件的费用，以及周转材料等的摊销、租赁费用：

$$材料费＝\sum(材料消耗量×材料单价)$$

$$材料单价＝[(材料原价＋运杂费)×(1＋运输损耗率，\%)]×[1＋采购保管费率(\%)]$$

日工资单价由工程造价管理机构通过市场调查、根据工程项目的技术要求、参考实物工程量人工单价综合分析确定。

（五）施工机具使用费是指施工作业所发生的施工机械、仪器仪表使用费或其租赁费，包括施工机械使用费和施工仪器仪表使用费：

施工机具使用费＝施工机械使用费＋施工仪器仪表使用费

1. 施工机械使用费是指施工机械作业发生的使用费或租赁费。

施工机械使用费以施工机械台班耗用量与施工机械台班单价的乘积表示，施工机械台班单价由折旧费、检修费、维护费、安拆费及场外运费、人工费、燃料动力费及其他费组成：

$$施工机械使用费＝\sum(施工机械台班消耗量×机械台班单价)$$

施工机械台班单价由工程造价管理机构按《建设工程施工机械台班费用编制规则》及市场调查分析确定。

2. 施工仪器仪表使用费是指工程施工所发生的仪器仪表使用费或租赁费。

施工仪器仪表使用费以施工仪器仪表台班耗用量与施工仪器仪表台班单价的乘积表示，施工仪器仪表台班单价由折旧费、维护费、校验费和动力费组成：

$$仪器仪表使用费＝\sum(仪器仪表台班消耗量×仪器仪表台班单价)$$

施工仪器仪表台班单价由工程造价管理机构按《建设工程施工仪器仪表台班费用编制规则》及市场调查分析确定。

（六）其他直接费是指为完成建设工程施工，发生于该工程施工前和施工过程中的按综合计费形式表现的措施费用，内容包括冬雨季施工增加费、夜间施工增加费、二次搬运费、检验试验费、工程定位复测费、工程点交费、场地清理费、特殊地区施工增加费、文明（绿色）施工费、施工现场环境保护费、临时设施费、工地转移费、已完工程及设备保护费、安全生产费等。其他直接费费率：

1. 冬雨季施工增加费：冬雨季施工增加费＝计算基数×冬雨季施工增加费费率（％）

2. 夜间施工增加费：夜间施工增加费＝计算基数×夜间施工增加费费率（％）

3. 二次搬运费：二次搬运费＝计算基数×二次搬运费费率（％）

4. 检验试验费：检验试验费＝计算基数×检验试验费费率（％）

5. 工程定位复测费：工程定位复测费＝计算基数×工程定位复测费费率（％）

6. 工程点交费：工程点交费＝计算基数×工程点交费费率（％）

7. 场地清理费：场地清理费＝计算基数×场地清理费费率（％）

8. 特殊地区施工增加费：特殊施工增加费＝计算基数×特殊施工增加费费率（％）

9. 已完工程及设备保护费：

已完工程及设备保护费＝计算基数×已完工程及设备保护费费率（％）

10. 安全生产费：安全生产费＝计算基数×安全生产费费率（％）

11. 文明（绿色）施工费：文明施工费＝计算基数×文明施工费费率（％）

12. 施工现场环境保护费：

施工现场环境保护费＝计算基数×施工现场环境保护费费率（％）

13. 临时设施费：临时设施费＝计算基数×临时设施费费率（％）

14. 工地转移费：工地转移费＝计算基数×工地转移费费率（％）

上述其他直接费项目费率由工程造价管理机构根据各专业工程特点和调查资料综合分析后确定。

（七）间接费是指施工企业为完成承包工程而组织施工生产和经营管理所发生的费用。内容包括管理人员薪酬、办公费、差旅交通费、施工单位进退场费、非生产性固定资产使用费、工具用具使用费、劳动保护费、财务费、税金以及其他管理性的费用。间接费费率：

间接费＝计算基数×间接费费率（％）

工程造价管理机构在确定上述费率时，应根据历年工程造价积累的资料，辅以调查数据确定。

（八）利润是指企业完成承包工程所获得的盈利：

利润＝计算基数×利润率（％）

1. 施工企业根据企业自身需求并结合建筑市场实际自主确定利润，列入报价中。

2. 工程造价管理机构在确定利润率时，应根据历年工程造价积累的资料，并结合建筑市场实际确定。

（九）设备购置费是指购置或自制的达到固定资产标准的设备、工器具及生产家具等所需的费用。设备购置费分为外购设备费和自制设备费：外购设备是指设备生产厂制造，符合规定标准的设备。自制设备是指按订货要求，并根据具体的设计图纸自行制造的设备。

1. 国产设备购置费

（1）外购设备购置费：

外购设备购置费＝Σ（设备数量×设备单价）设备单价＝设备原价＋设备运杂费＋备品备件费

（2）自制设备购置费：

$$自制设备购置费＝Σ（设备数量×设备单价）$$

设备单价＝材料费＋加工费＋检测费＋专用工具费＋外购配套件费＋包装费＋利润＋非标准设备设计费＋运杂费

2. 进口设备购置费

$$进口设备购置费＝Σ（设备数量×设备单价）$$

$$设备单价＝设备抵岸价＋设备国内运杂费＋备品备件费$$

$$设备抵岸价＝设备到岸价＋进口设备从属费用$$

$$设备到岸价＝离岸价＋国际运费＋运输保险费$$

$$进口设备从属费用＝外贸手续费＋关税＋消费税＋增值税＋车辆购置税$$

三、工程建设其他费用

工程建设其他费用是指建设期发生的与土地使用权取得整个工程项目建设以及未来生产经营有关的，除工程费用、预备费、增值税、资金筹措费、流动资金以外的费用。主要包括土地使用费和其他补偿费、建设管理费、可行性研究费、专项评价费、研究试验费、勘察设计费、场地准备费和临时设施费、引进技术和进口设备材料其他费、工程保险费、联合试运转费、特殊设备安全监督检验费、市政公用配套设施费、专利及专有技术使用费、生产准备费等。按国家、行业或项目所在地相关规定计算，有合同或协议的按合同或协议计列。

（一）土地使用费和其他补偿费

1. 土地使用费是指建设项目使用土地应支付的费用，包括建设用地费和临时土地使用费，以及由于使用土地发生的其他有关费用，如水土保持补偿费等。

（1）建设用地费是指为获得工程项目建设用地的使用权而在建设期内发生的费用。取得土地使用权的方式有出让、划拨和转让三种方式。

（2）临时土地使用费是指临时使用土地发生的相关费用，包括地上附着物和青苗补偿费、土地恢复费以及其他税费等。

2. 其他补偿费是指项目涉及对房屋、市政、铁路、公路、管道、通信、电力、河道、水利、厂区、林区、保护区、矿区等不附属于建设用地的相关建构筑物或设施的补偿费用。

（二）建设管理费是指为组织完成工程项目建设在建设期内发生的各类管理性质费用，包括建设单位管理费、代建管理费、工程监理费、监造费、招标投标费、设计评审费、特殊项目定额研究及测定费、其他咨询费、印花税等。

（三）可行性研究费是指在工程项目投资决策阶段，对有关建设方案、技术方案或生产经营方案进行的技术经济论证，以及编制、评审可行性研究报告等所需的费用。

（四）专项评价费是指建设单位按照国家规定委托有资质的单位开展专项评价及有关验收工作发生的费用，包括环境影响评价及验收费、安全预评价及验收费、职业病危害预评价及控制效果评价费、地震安全性评价费、地质灾害危险性评价费、水土保持评价及验收费、压覆矿产资源评价费、节能评估费、危险与可操作性分析及安全完整性评价费以及其他专项评价及验收费。

（五）研究试验费是指为建设项目提供和验证设计参数、数据、资料等进行必要的研究和试验，以及设计规定在施工中必须进行试验、验证所需要费用，包括自行或委托其他部门的专题研究、试验所需人工费、材料费、试验设备及仪器使用费等。

（六）勘察设计费

1. 勘察费是指勘察人根据发包人的委托，收集已有资料、现场踏勘、制定勘察纲要，进行勘察作业，以及编制工程勘察文件和岩土工程设计文件等收取的费用。

2. 设计费是指设计人根据发包人的委托，提供编制建设项目初步设计文件、施工图设计文件、非标准设备设计文件、竣工图文件等服务所收取的费用。

（七）场地准备费和临时设施费

1. 场地准备费是指为使工程项目的建设场地达到开工条件，由建设单位组织进行的场地平整等准备工作而发生的费用。

2. 临时设施费是指建设单位为满足施工建设需要而提供的未列入工程费用的临时水、电、路、讯、气等工程和临时仓库等建（构）筑物的建设、维修、拆除、摊销费用或租赁费用，以及铁路、码头租赁等费用。

（八）引进技术和进口设备材料其他费

引进技术和进口设备材料其他费是指引进技术和设备发生的但未计入引进技术费和设备材料购置费的费用，包括图纸资料翻译复制费、备品备件测绘费、出国人员费用、来华人员费用、银行担保及承诺费、进口设备材料国内检验费等。

（九）特殊设备安全监督检验费是指对在施工现场安装的列入国家特种设备范围内的设备（设施）检验检测和监督检查所发生的应列入项目开支的费用。

（十）市政公用配套设施费是指使用市政公用设施的工程项目，按照项目所在地政府有关规定建设或缴纳的市政公用设施建设配套费用。

（十一）联合试运转费是指新建或新增生产能力的工程项目，在交付生产前按照批准的设计文件规定的工程质量标准和技术要求，对整个生产线或装置进行负荷联合试运转所发生的费用净支出，包括试运转所需材料、燃料及动力消耗、低值易耗品、其他物料消耗、机械使用费、联合试运转人员工资、施工单位参加试运转人工费、专家指导费，以及必要的工业炉烘炉费。

（十二）工程保险费是指在建设期内对建筑工程、安装工程、机械设备和人身安全进行投保而发生的费用，包括建筑安装工程一切险、工程质量保险、进口设备财产保险和人身意外伤害险等。

（十三）专利及专有技术使用费是指在建设期内取得专利、专有技术、商标、商誉和特许经营的所有权或使用权发生的费用，包括工艺包费、设计及技术资料费、有效专利、专有技术使用费、技术保密费和技术服务费等；商标权、商誉和特许经营权费；软件费等。

（十四）生产准备费是指在建设期内，建设单位为保证项目正常生产而发生的人员培训、提前进厂费，以及投产使用必备的办公、生活家具用具及工器具等的购置费用。

（十五）其他费用指以上费用之外，根据工程建设需要必须发生的其他费用。

四、预备费

预备费是指在建设期内因各种不可预见因素的变化而预留的可能增加的费用，包括基本预备费和价差预备费。

1. 基本预备费

基本预备费＝(工程费用＋工程建设其他费用)×基本预备费费率

基本预备费费率由工程造价管理机构根据项目特点综合分析后确定。

2. 价差预备费，一般按下式计算：

$$P = \sum_{t=1}^{n} I_t \left[(1+f)^m (1+f)^{0.5} (1+f)^{t-1} - 1 \right]$$

式中　　P——价差预备费；

n——建设期年份数；

I_t——建设期第 t 年的投资计划额，包括工程费用、工程建设其他费用及基本预备费，即第 t 年的静态投资计划额；

f——投资价格指数；

t——建设期第 t 年；

m——建设前期年限（从编制概算到开工建设年数）。

价差预备费中的投资价格指数按国家颁布的计取，当前暂时为零，计算式中 $(1+f)^{0.5}$ 表示建设期第 t 年当年投资分期均匀投入考虑涨价的幅度，对设计建设周期较短的项目价差预备费计算公式可简化处理。特殊项目或必要时可进行项目未来价差分析预测，确定各时期投资价格指数。

第二节　建设项目工程总承包费用项目组成

一、建设项目工程总承包

建设项目工程总承包是指从事工程总承包的企业按照与建设单位签订的合同，对工程项目的设计、采购、施工等实行全过程的承包，并对工程的质量、安全、工期和造价等全面负责的承包方式。

二、建设单位费用项目发包

建设单位可以在建设项目的可行性研究批准立项后，或方案设计批准后，或初步设计批准后采用工程总承包的方式发包。建设单位应根据建设工程总承包项目发包的工程内容、工作范围，按照风险合理分担的原则确定具体费用项目及其范围。建设单位可以根据项目特点，在可行性研究、方案设计或者初步设计完成后，按照确定的建设规模、建设标准、功能需求、投资限额、工程质量和进度要求等进行工程总承包项目发包，其发包（招标）、承包（投标）、价款结算应符合现行合同法、招标投标法、建筑法等法律法规的相关规定。

建设单位可根据建设项目工程总承包的发包内容确定费用项目及其范围，按照规定编制最高投标限价，做好投资控制，依法必须招标的项目，应采用招标的方式，择优选择总承包单位。总承包单位应根据本企业专业技术能力和经营管理水平，自主决定报价，参与竞争，但其报价不得低于成本。确定的总承包单位应与建设单位签订工程总承包合同，建设单位与总承包单位的价款结算应按合同约定办理。

三、工程总承包模式

工程总承包一般采用设计—采购—施工总承包模式。建设单位也可以根据项目特点和实际需要采用设计—施工总承包或其他工程总承包模式。

四、工程总承包费用项目

建设项目工程总承包费用项目由建筑安装工程费、设备购置费、总承包其他费、暂列费用构成，详见表 2-1：

工程总承包费用构成参照表 表 2-1

费用名称	可行性研究	方案设计	初步设计
建筑安装工程费	√	√	√
设备购置费	√	√	√
勘察费	√	部分费用	—
设计费	√	除方案设计的费用	除方案设计、初步设计的费用
研究试验费	√	大部分费用	部分费用
土地租用及补偿费	根据工程建设期间是否需要定		
税费	根据工程具体情况列应由总承包单位缴纳的税费		
总承包项目建设管理费	大部分费用	部分费用	小部分费用
临时设施费	√	√	部分费用
招标投标费	大部分费用	部分费用	部分费用
咨询和审计费	大部分费用	部分费用	部分费用
检验检测费	√	√	√
系统集成费	√	√	√
财务费	√	√	√
专利及专有技术使用费	根据工程建设是否需要定		
工程保险费	根据发包范围定		
法律费	根据发包范围定		
暂列费用	根据发包范围定，进入合同，但由建设单位掌握使用		

注：表中"√"指由建设单位计算出的全部费用；"大部分费用""部分费用"指由建设单位参照现行规定或同类与类似工程计算出的费用扣除建设单位自留使用外的用于工程总承包的费用。

五、建筑安装工程费

建筑安装工程费指为完成建设项目发生的建筑工程和安装工程所需的费用，不包括应列入设备购置费的被安装设备本身的价值，该费用由建设单位按照合同约定支付给总承包单位。建设单位应根据建设项目工程发包在可行性研究或方案设计、初步设计后的不同要求和工作范围，分别按照现行的投资估算、设计概算或其他计价方法编制计列。

六、设备购置费

设备购置费指为完成建设项目，需要采购设备和为生产准备的不够固定资产标准的工具、器具的价款，不包括应列入安装工程费的工程设备（建筑设备）本身的价值，该费用由建设单位按照合同约定支付给总承包单位（不包括工程抵扣的增值税进项税额）。

建设单位应按照批准的设备选型，根据市场价格计列。批准采用进口设备的，包括相关进口、翻译等费用：

$$设备购置费＝设备价格＋设备运杂费＋备品备件费$$

七、总承包其他费

建设单位应根据建设项目工程发包在可行性研究或方案设计或初步设计后的不同要求和工作范围计列。总承包其他费指建设单位应当分摊计入工程总承包相关项目的各项费用和税金支出，并按照合同约定支付给总承包单位的费用，主要包括：

（一）勘察费、设计费、研究试验费：根据不同阶段的发包内容，参照同类或类似项目的勘察费、设计费、研究试验费计列。

（二）土地租用及补偿费：指建设单位按照合同约定支付给总承包单位在建设期间因需要而用于租用土地使用权而发生的费用以及用于土地复垦、植被恢复等的费用。土地租用费应参照工程所在地有权部门的规定计列；土地复垦费应按照《土地复垦条例》和《土地复垦条例实施办法》和工程所在地政府相关规定计列；植被恢复费应参照工程所在地有权部门的规定计列。

（三）税费：指建设单位按照合同约定支付给总承包单位的应由其缴纳的各种税费（如印花税、应纳增值税及其在此基础上计算的附加税等）。印花税按国家规定的印花税标准计列；增值税及附加税参照同类或类似项目的增值税及附加税计列。

（四）总承包项目建设管理费：指建设单位按照合同约定支付给总承包单位用于项目建设期间发生的管理性质的费用，包括：工作人员工资及相关费用、办公费、办公场地租用费、差旅交通费、劳动保护费、工具用具使用费、固定资产使用费、招募生产工人费、技术图书资料费（含软件）、业务招待费、施工现场津贴、竣工验收费和其他管理性质的费用。建设单位应按财政部财建〔2016〕504号文规定的项目建设管理费计算，按照不同阶段的发包内容计列，详见表2-2。

项目建设管理费总额控制数费率表　　　　　　　　　表2-2

工程总概算（万元）	费率（%）	算　例　单位：万元	
		工程总概算	项目建设管理费
1000以下	2	1000	1000×2％＝20
1001～5000	1.5	5000	20＋（5000～1000）×1.5％＝80
5001～10000	1.2	10000	80＋（10000～5000）×1.2％＝140
10001～50000	1	50000	140＋（50000～10000）×1％＝540
50001～100000	0.8	100000	540＋（100000～50000）×0.8％＝940
1000000以上	0.4	200000	940＋（200000～100000）×0.4％＝1340

（五）临时设施费：指建设单位按照合同约定支付给总承包单位用于未列入建筑安装工程费的临时水、电、路、讯、气等工程和临时仓库、生活设施等建（构）筑物的建造、维修、拆除的摊销或租赁费用，以及铁路码头租赁等费用，应根据建设项目特点，参照同类或类似工程的临时设施计列，不包括已列入建筑安装工程费用中的施工企业临时设施费。

（六）招标投标费：指建设单位按照合同约定支付给总承包单位用于材料、设备采购以及工程设计、施工分包等招标和总承包投标的费用，参照同类或类似工程的此类费用计列。

（七）咨询和审计费：指建设单位按照合同约定支付给总承包单位用于社会中介机构的工程咨询、工程审计等的费用。计算参照同类或类似工程的此类费用计列。

（八）检验检测费：指建设单位按照合同约定支付给总承包单位用于未列入建筑安装工程费的工程检测、设备检验、负荷联合试车费、联合试运转费及其他检验检测的费用。计算参照同类或类似工程的此类费用计列。

（九）系统集成费：指建设单位按照合同约定支付给总承包单位用于系统集成等信息工程的费用（如网络租赁、BIM、系统运行维护等），参照同类或类似工程的此类费用计列。

（十）其他专项费用：指建设单位按照合同约定支付给总承包单位使用的费用（如财务费、专利及专有技术使用费、工程保险费、法律费用等）。财务费是指在建设期内提供履约担保、预付款担保、工程款支付担保以及可能需要的筹集资金等所发生的费用。财务费用计算参照同类或类似工程的此类费用计列。专利及专有技术使用费：专利及专有技术使用费是指在建设期内取得专利、专有技术、商标以及特许经营使用权发生的费用。计算按专利使用许可或专有技术使用合同规定计列，专有技术的界定以省、部级鉴定批准为依据。工程保险费：工程保险费是指在建设期内对建筑工程、安装工程、机械设备和人身安全进行投保而发生的费用，包括建筑安装工程一切险、工程质量保险、人身意外伤害险等，不包括已列入建筑安装工程费中的施工企业的财产、车辆保险费，计算应按选择的投保品种，依据保险费率计算。法律费法律费是指在建设期内聘请法律顾问、可能用于仲裁或诉讼以及律师代理等费用，计算参照同类或类似工程的此类费用计列。

八、暂列费用

暂列费用指建设单位为工程总承包项目预备的用于建设期内不可预见的费用，包括基本预备费、价差预备费，根据工程总承包不同的发包阶段，分别参照现行估算或概算方法编制计列。对利率、汇率和价格等因素的变化，可按照风险合理分担的原则确定范围在合同中约定，约定范围内的不予调整。未在本项目组成列出，根据项目建设实际需要补充的项目，可分别列入其他专项费或暂列费用项目中。

（一）基本预备费是指在建设期内超过工程总承包发包范围增加的工程费用，以及一般自然灾害处理、地下障碍物处理、超规超限设备运输等，发生时按照合同约定支付给总承包单位的费用。

（二）价差预备费是指在建设期内超出合同约定风险范围外的利率、汇率或价格等因素变化而可能增加的，发生时按照合同约定支付给总承包单位的费用。

第三节 工程项目建设费用管理

一、工程项目建设费用管理的工作程序

在项目管理中，费用管理是和质量控制、进度控制、安全控制一起并称为项目的四大目标控制。这种目标控制是动态的，并且贯穿于工程项目实施的始终。

工程建设费用管理的工作程序如图 2-2 所示。

二、工程项目建设费用管理

建设项目费用管理是指以建设项目为对象，为在投资费用计划值内实现项目而对工程建设活动中的投资所进行的规划、控制和管理。费用管理的目的，就是在建设项目的实施阶段，通过投资规划与动态控制，将实际发生的投资额控制在投资的计划值以内，以使建设项目的投资目标尽可能地实现。在建设项目的建设前期，以投资的规划为主；在建设项目实施的中后期，投资的控制占主导地位。

（一）费用管理原理

"计划是相对的，变化是绝对的；静止是相对的，变化是绝对的"是建设项目管理的哲学，这并非是否定规划和计划的必需性，而是强调了变化的绝对性和目标控制的重要性。建设项目费用管理的成败与否，很大程度上取决于投资规划的科学性和目标控制的有效性。

1. 遵循动态控制原理：对计划的投资目标值的分析和论证；投资发生的实际数据的收集；投资目标值与实际值的比较；各类投资控制报告和报表的制定；投资偏差的分析；投资偏差纠正措施的采取。

2. 分阶段设置控制目标：费用的控制目标需按建设阶段分阶段设置，且每一阶段的控制目标值是相对而言的，随

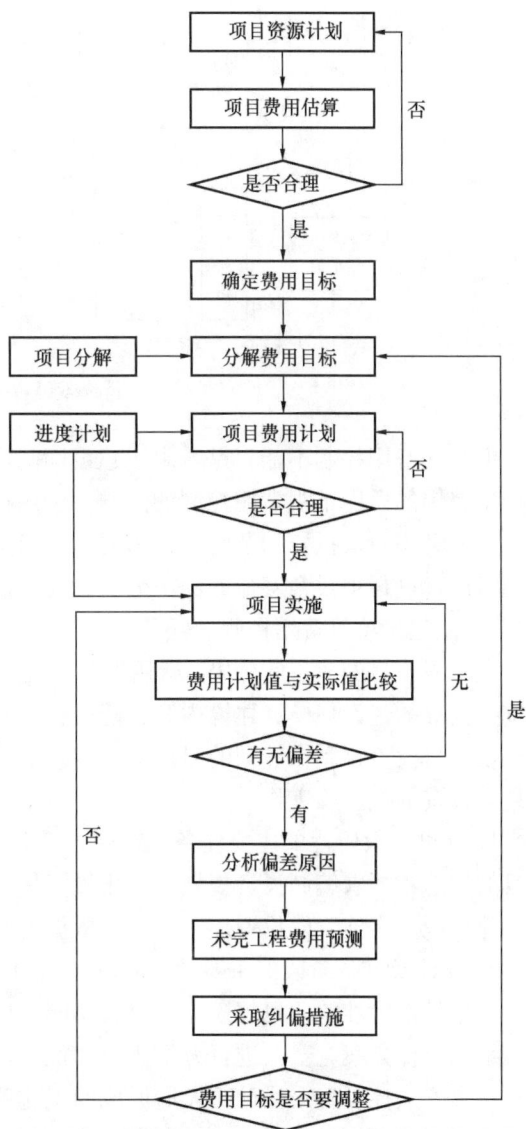

图 2-2　工程项目建设费用管理的工作程序

着工程项目建设的不断深入，费用控制目标也逐步具体和深化，如图所示 2-3 所示。

3. 注重积极能动的主动控制：在经常大量地运用投资被动控制方法的同时，也需要注重投资的主动控制问题，将投资控制立足于事先主动地采取控制措施，以尽可能地减少以至避免投资目标值与实际值的偏离。这是主动的和积极的投资控制方法，也就是说，在进行建设项目投资控制时，不仅需要运用被动的投资控制方法，更需要能动地影响建设项目的进展，时常分析投资发生偏离的可能性，采取积极和主动的控制措施，防止或避免投资发生偏差，主动地控制建设项目投资，将可能的损失降到最小。

4. 立足全寿命周期的控制：要有效地控制建设项目的费用，应从组织、技术、经济、合同与信息管理等多个方面采取措施，尤其是将技术措施与经济措施相结合，是控制建设项目投资最有效的手段。建设项目费用控制，主要是对建设阶段发生的一次性投资进行控

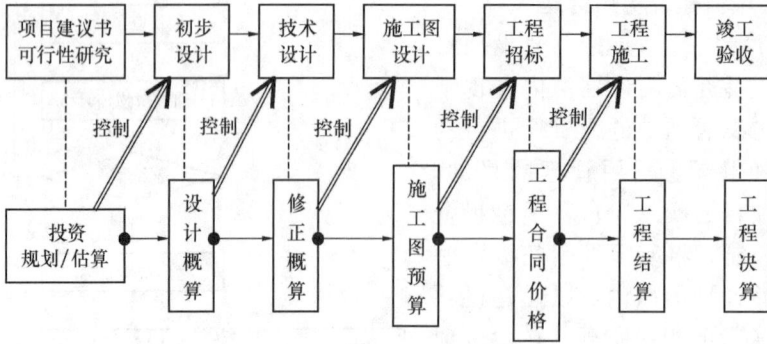

图 2-3 分阶段设置的费用控制目标

制。但是，费用控制不能只是着眼于建设期间产生的费用，更需要从建设项目全寿命周期内产生费用的角度审视费用控制的问题。费用控制，不仅仅是对工程项目建设直接投资的控制，只考虑一次投资的节约，还需要从项目建成以后使用和运行过程中可能发生的相关费用考虑，进行项目全寿命的经济分析，使建设项目在整个寿命周期内的总费用最小。

（二）建设项目费用控制的任务

在工程项目的建设实施中，费用控制的任务是对建设全过程的投资费用负责，是要严格按照批准的建设规模、建设内容、建设标准和相应的工程投资目标值等进行建设，努力把建设项目投资控制在计划的目标值以内。在工程项目的建设过程中，各阶段均有投资的规划与投资的控制等工作。

1. 立项决策阶段的主要任务：在建设项目的立项决策阶段，投资控制主要任务是按项目的构思和要求编制投资规划，深化投资估算，进行投资目标的分析、论证和分解，以作为建设项目实施阶段投资控制的重要依据。

2. 设计及准备阶段的主要任务：在建设项目的设计及准备阶段，投资控制的主要任务和工作是按批准的项目规模、内容、功能、标准和投资规划等指导和控制设计工作的开展，组织设计方案竞赛，进行方案比选和优化，编制及审查设计概算和施工图预算，采用各种技术方法控制各个设计阶段所形成的拟建项目的投资费用。

3. 实施阶段的主要任务：在建设项目的实施阶段，投资控制的任务和工作主要是以施工图预算或工程承包合同价格作为投资控制目标，控制工程实际费用的支出。

4. 竣工验收交付使用阶段的主要任务：在建设项目的竣工验收交付使用阶段，投资控制的任务和工作包括按有关规定编制项目竣工决算，计算确定整个建设项目从筹建到全部建成竣工为止的实际总投资，即归纳计算实际发生的建设项目投资。

三、各阶段的建设项目管理费用

不同阶段费用控制的工作内容与侧重点各不相同，各个阶段节约投资的可能性随着项目的建设逐渐衰弱。项目前期和设计阶段对建设项目投资具有决定作用，其影响程度也符合经济学中的"二八定律"。"二八定律"也叫帕累托定律，该定律认为，在任何一组东西中，最重要的只占其中小部分，约为20%；其余80%尽管是多数，却是次要的。

项目前期和设计阶段投资控制的重要作用，反映在建设项目前期工作和设计对投资费用的巨大影响上，这种影响也可以由两个"二八定理"来说明：建设项目规划和设计阶段已经决定了建设项目生命周期内 80％的费用；而设计阶段尤其是初步设计阶段已经决定了建设项目 80％的投资，如图 2-4 所示。

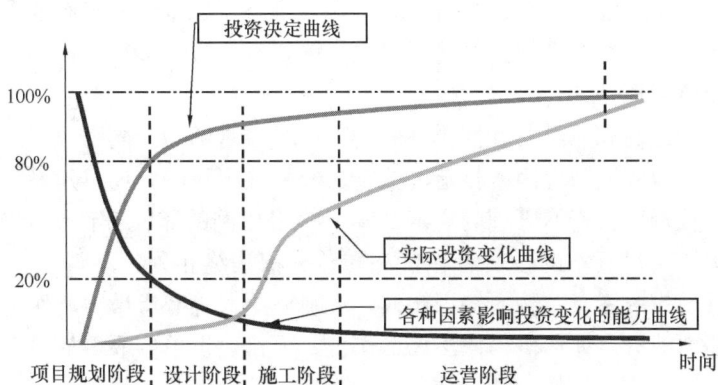

图 2-4　建设项目各阶段对费用的影响

第四节　基本建设项目建设财务管理

一、基本建设财务管理

基本建设是指以新增工程效益或者扩大生产能力为主要目的新建、续建、改扩建、迁建、大型维修改造工程及相关工作。基本建设财务管理应当严格执行国家有关法律、行政法规和财务规章制度，坚持勤俭节约、量力而行、讲求实效，正确处理资金使用效益与资金供给的关系。基本建设财务管理的主要任务：依法筹集和使用基本建设项目（以下简称项目）建设资金，防范财务风险；合理编制项目资金预算，加强预算审核，严格预算执行；加强项目核算管理，规范和控制建设成本；及时准确编制项目竣工财务决算，全面反映基本建设财务状况；加强对基本建设活动的财务控制和监督，实施绩效评价。

项目建设单位应当做好以下基本建设财务管理的基础工作：建立、健全本单位基本建设财务管理制度和内部控制制度；按项目单独核算，按照规定将核算情况纳入单位账簿和财务报表；按照规定编制项目资金预算，根据批准的项目概（预）算做好核算管理，及时掌握建设进度，定期进行财产物资清查，做好核算资料档案管理；按照规定向财政部门、项目主管部门报送基本建设财务报表和资料；及时办理工程价款结算，编报项目竣工财务决算，办理资产交付使用手续；财政部门和项目主管部门要求的其他工作。按照规定实行代理记账和项目代建制的，代理记账单位和代建单位应当配合项目建设单位做好项目财务管理的基础工作。

二、建设资金管理

建设资金是指为满足项目建设需要筹集和使用的资金，按照来源分为财政资金和自筹资金，其中，财政资金包括一般公共预算安排的基本建设投资资金和其他专项建设资金，政府性基金预算安排的建设资金，政府依法举债取得的建设资金，以及国有资本经营预算安排的基本建设项目资金。财政资金管理应当遵循专款专用原则，严格按照批准的项目预算执行，不得挤占挪用。财政资金的支付，按照国库集中支付制度有关规定和合同约定，综合考虑项目财政资金预算、建设进度等因素执行。项目建设单位应当根据批准的项目概（预）算、年度投资计划和预算、建设进度等控制项目投资规模。项目建设单位在决策阶段应当明确建设资金来源，落实建设资金，合理控制筹资成本。非经营性项目建设资金按照国家有关规定筹集；经营性项目在防范风险的前提下，可以多渠道筹集。

三、财政资金处理

具体项目的经营性和非经营性性质划分，由项目主管部门会同财政部门根据项目建设目的、运营模式和盈利能力等因素核定。核定为经营性项目的，项目建设单位应当按照国家有关固定资产投资项目资本管理的规定，筹集一定比例的非债务性资金作为项目资本。在项目建设期间，项目资本的投资者除依法转让、依法终止外，不得以任何方式抽走出资。经营性项目的投资者以实物、知识产权、土地使用权等非货币财产作价出资的，应当委托具有专业能力的资产评估机构依法评估作价。项目建设单位取得的财政资金，区分以下情况处理：

（一）经营性项目具备企业法人资格的，按照国家有关企业财务规定处理。不具备企业法人资格的，属于国家直接投资的，作为项目国家资本管理；属于投资补助的，国家拨款时对权属有规定的，按照规定执行，没有规定的，由项目投资者享有；属于有偿性资助的，作为项目负债管理。经营性项目取得的财政贴息，项目建设期间收到的，冲减项目建设成本；项目竣工后收到的，按照国家财务、会计制度的有关规定处理。

（二）非经营性项目取得的财政资金，按照国家行政、事业单位财务、会计制度的有关规定处理。项目收到的社会捐赠，有捐赠协议或者捐赠者有指定要求的，按照协议或者要求处理；无协议和要求的，按照国家财务、会计制度的有关规定处理。

四、项目预算管理

（一）项目建设单位编制项目预算应当以批准的概算为基础，按照项目实际建设资金需求编制，并控制在批准的概算总投资规模、范围和标准以内。项目建设单位应当细化项目预算，分解项目各年度预算和财政资金预算需求。涉及政府采购的，应当按照规定编制政府采购预算。项目资金预算应当纳入项目主管部门的部门预算或者国有资本经营预算统一管理。列入部门预算的项目，一般应当从项目库中产生。项目建设单位应当根据项目概算、建设工期、年度投资和自筹资金计划、以前年度项目各类资金结转情况等，提出项目财政资金预算建议数，按照规定程序经项目主管部门审核汇总报财政部门。项目建设单位根据财政部门下达预算控制数编制预算，由项目主管部门审核汇总报财政部门，经法定程序审核批复后执行。

（二）项目建设单位应当严格执行项目财政资金预算。对发生停建、缓建、迁移、合并、分立、重大设计变更等变动事项和其他特殊情况确需调整的项目，项目建设单位应当按照规定程序报项目主管部门审核后，向财政部门申请调整项目财政资金预算。财政部门应当加强财政资金预算审核和执行管理，严格预算约束。财政资金预算安排应当以项目以前年度财政资金预算执行情况、项目预算评审意见和绩效评价结果作为重要依据。项目财政资金未按预算要求执行的，按照有关规定调减或者收回。

（三）项目主管部门应当按照预算管理规定，督促和指导项目建设单位做好项目财政资金预算编制、执行和调整，严格审核项目财政资金预算、细化预算和预算调整的申请，及时掌握项目预算执行动态，跟踪分析项目进度，按照要求向财政部门报送执行情况。

五、建设成本管理

建设成本是指按照批准的建设内容由项目建设资金安排的各项支出，包括建筑安装工程投资支出、设备投资支出、待摊投资支出和其他投资支出。建筑安装工程投资支出是指项目建设单位按照批准的建设内容发生的建筑工程和安装工程的实际成本。设备投资支出是指项目建设单位按照批准的建设内容发生的各种设备的实际成本。待摊投资支出是指项目建设单位按照批准的建设内容发生的，应当分摊计入相关资产价值的各项费用和税金支出。其他投资支出是指项目建设单位按照批准的建设内容发生的房屋购置支出，基本畜禽、林木等的购置、饲养、培育支出，办公生活用家具、器具购置支出，软件研发和不能计入设备投资的软件购置等支出。项目建设单位应当严格控制建设成本的范围、标准和支出责任，以下支出不得列入项目建设成本：超过批准建设内容发生的支出；不符合合同协议的支出；非法收费和摊派；无发票或者发票项目不全、无审批手续、无责任人员签字的支出；因设计单位、施工单位、供货单位等原因造成的工程报废等损失，以及未按照规定报经批准的损失；项目符合规定的验收条件之日起 3 个月后发生的支出；其他不属于本项目应当负担的支出。财政资金用于项目前期工作经费部分，在项目批准建设后，列入项目建设成本。没有被批准或者批准后又被取消的项目，财政资金如有结余，全部缴回国库。

六、基建收入管理

基建收入是指在基本建设过程中形成的各项工程建设副产品变价收入、负荷试车和试运行收入以及其他收入。工程建设副产品变价收入包括矿山建设中的矿产品收入，油气、油田钻井建设中的原油气收入，林业工程建设中的路影材收入，以及其他项目建设过程中产生或者伴生的副产品、试验产品的变价收入。负荷试车和试运行收入包括水利、电力建设移交生产前的供水、供电、供热收入，原材料、机电轻纺、农林建设移交生产前的产品收入，交通临时运营收入等。其他收入包括项目总体建设尚未完成或者移交生产，但其中部分工程简易投产而发生的经营性收入等。符合验收条件而未按照规定及时办理竣工验收的经营性项目所实现的收入，不得作为项目基建收入管理。项目所取得的基建收入扣除相关费用并依法纳税后，其净收入按照国家财务、会计制度的有关规定处理。项目发生的各项索赔、违约金等收入，首先用于弥补工程损失，结余部分按照国家财务、会计制度的有关规定处理。

七、工程价款结算管理

工程价款结算是指依据基本建设工程发承包合同等进行工程预付款、进度款、竣工价款结算的活动。项目建设单位应当严格按照合同约定和工程价款结算程序支付工程款。竣工价款结算一般应当在项目竣工验收后 2 个月内完成，大型项目一般不得超过 3 个月。项目建设单位可以与施工单位在合同中约定按照不超过工程价款结算总额的 5% 预留工程质量保证金，待工程交付使用缺陷责任期满后清算。资信好的施工单位可以用银行保函替代工程质量保证金。项目主管部门应当会同财政部门加强工程价款结算的监督，重点审查工程招投标文件、工程量及各项费用的计取、合同协议、施工变更签证、人工和材料价差、工程索赔等。

八、竣工财务决算管理

项目竣工财务决算是正确核定项目资产价值、反映竣工项目建设成果的文件，是办理资产移交和产权登记的依据，包括竣工财务决算报表、竣工财务决算说明书以及相关材料。项目年度资金使用情况应当按照要求编入部门决算或者国有资本经营决算。项目建设单位在项目竣工后，应当及时编制项目竣工财务决算，并按照规定报送项目主管部门。项目设计、施工、监理等单位应当配合项目建设单位做好相关工作。建设周期长、建设内容多的大型项目，单项工程竣工具备交付使用条件的，可以编报单项工程竣工财务决算，项目全部竣工后应当编报竣工财务总决算。在编制项目竣工财务决算前，项目建设单位应当认真做好各项清理工作，包括账目核对及账务调整、财产物资核实处理、债权实现和债务清偿、档案资料归集整理等。在编制项目竣工财务决算时，项目建设单位应当按照规定将待摊投资支出按合理比例分摊计入交付使用资产价值、转出投资价值和待核销基建支出。财政部门和项目主管部门对项目竣工财务决算实行先审核、后批复的办法，可以委托预算评审机构或者有专业能力的社会中介机构进行审核。对符合条件的，应当在 6 个月内批复。

项目一般不得预留尾工工程，确需预留尾工工程的，尾工工程投资不得超过批准的项目概（预）算总投资的 5%。项目主管部门应当督促项目建设单位抓紧实施项目尾工工程，加强对尾工工程资金使用的监督管理。已具备竣工验收条件的项目，应当及时组织验收，移交生产和使用。项目隶属关系发生变化时，应当按照规定及时办理财务关系划转，主要包括各项资金来源、已交付使用资产、在建工程、结余资金、各项债权及债务等的清理交接。

九、资产交付管理

资产交付是指项目竣工验收合格后，将形成的资产交付或者转交生产使用单位的行为。交付使用的资产包括固定资产、流动资产、无形资产等。项目竣工验收合格后应当及时办理资产交付使用手续，并依据批复的项目竣工财务决算进行账务调整。

（一）非经营性项目发生的江河清障疏浚、航道整治、飞播造林、退耕还林（草）、封山（沙）育林（草）、水土保持、城市绿化、毁损道路修复、护坡及清理等不能形成资产的支出，以及项目未被批准、项目取消和项目报废前已发生的支出，作为待核销基建支出处理；形成资产产权归属本单位的，计入交付使用资产价值；形成资产产权不归属本单位的，作为转出投资处理。非经营性项目发生的农村沼气工程、农村安全饮水工程、农村危房改造工程、游牧民定居工程、渔民上岸工程等涉及家庭或者个人的支出，形成资产产权归属家庭或者个人的，作为待核销基建支出处理；形成资产产权归属本单位的，计入交付使用资产价值；形成资产产权归属其他单位的，作为转出投资处理。非经营性项目为项目配套建设的专用设施，包括专用道路、专用通信设施、专用电力设施、地下管道等，产权归属本单位的，计入交付使用资产价值；产权不归属本单位的，作为转出投资处理。非经营性项目移民安置补偿中由项目建设单位负责建设并形成的实物资产，产权归属集体或者单位的，作为转出投资处理；产权归属移民的，作为待核销基建支出处理。

（二）经营性项目发生的项目取消和报废等不能形成资产的支出，以及设备采购和系统集成（软件）中包含的交付使用后运行维护等费用，按照国家财务、会计制度的有关规定处理。经营性项目为项目配套建设的专用设施，包括专用铁路线、专用道路、专用通信设施、专用电力设施、地下管道、专用码头等，项目建设单位应当与有关部门明确产权关系，并按照国家财务、会计制度的有关规定处理。

十、结余资金管理

结余资金是指项目竣工结余的建设资金，不包括工程抵扣的增值税进项税额资金。经营性项目结余资金，转入单位的相关资产。非经营性项目结余资金，首先用于归还项目贷款。如有结余，按照项目资金来源属于财政资金的部分，应当在项目竣工验收合格后3个月内，按照预算管理制度有关规定收回财政。项目终止、报废或者未按照批准的建设内容建设形成的剩余建设资金中，按照项目实际资金来源比例确认的财政资金应当收回财政。

十一、绩效评价

项目绩效评价是指财政部门、项目主管部门根据设定的项目绩效目标，运用科学合理的评价方法和评价标准，对项目建设全过程中资金筹集、使用及核算的规范性、有效性，以及投入运营效果等进行评价的活动。项目绩效评价应当坚持科学规范、公正公开、分级分类和绩效相关的原则，坚持经济效益、社会效益和生态效益相结合的原则。项目绩效评价应当重点对项目建设成本、工程造价、投资控制、达产能力与设计能力差异、偿债能力、持续经营能力等实施绩效评价，根据管理需要和项目特点选用社会效益指标、财务效益指标、工程质量指标、建设工期指标、资金来源指标、资金使用指标、实际投资回收期指标、实际单位生产（营运）能力投资指标等评价指标。绩效评价结果作为项目财政资金预算安排和资金拨付的重要依据。建立具体的绩效评价指标体系，确定项目绩效目标，具体组织实施本部门或者本行业绩效评价工作，并向财政部门报送绩效评价结果。

十二、监督管理

项目监督管理主要包括对项目资金筹集与使用、预算编制与执行、建设成本控制、工程价款结算、竣工财务决算编报审核、资产交付等的监督管理。项目建设单位应当建立、健全内部控制和项目财务信息报告制度，依法接受财政部门和项目主管部门等的财务监督管理。财政部门和项目主管部门应当加强项目的监督管理，采取事前、事中、事后相结合，日常监督与专项监督相结合的方式，对项目财务行为实施全过程监督管理。财政部门应当加强对基本建设财政资金形成的资产的管理，按照规定对项目资产开展登记、核算、评估、处置、统计、报告等资产管理基础工作。经营性项目的项目资本中，财政资金所占比例未超过50％的，项目建设单位可以简化执行规则，但应当按照要求向财政部门、项目主管部门报送相关财务资料。

第五节　基本建设项目建设成本管理

一、建设项目工程投资支出

（一）建筑安装工程投资支出是指基本建设项目（以下简称项目）建设单位按照批准的建设内容发生的建筑工程和安装工程的实际成本，其中不包括被安装设备本身的价值，以及按照合同规定支付给施工单位的预付备料款和预付工程款。

（二）设备投资支出是指项目建设单位按照批准的建设内容发生的各种设备的实际成本（不包括工程抵扣的增值税进项税额），包括需要安装设备、不需要安装设备和为生产准备的不够固定资产标准的工具、器具的实际成本。需要安装设备是指必须将其整体或几个部位装配起来，安装在基础上或建筑物支架上才能使用的设备。不需要安装设备是指不必固定在一定位置或支架上就可以使用的设备。

（三）待摊投资支出是指项目建设单位按照批准的建设内容发生的，应当分摊计入相关资产价值的各项费用和税金支出，主要包括：勘察费、设计费、研究试验费、可行性研究费及项目其他前期费用；土地征用及迁移补偿费、土地复垦及补偿费、森林植被恢复费及其他为取得或租用土地使用权而发生的费用；土地使用税、耕地占用税、契税、车船税、印花税及按规定缴纳的其他税费；项目建设管理费、代建管理费、临时设施费、监理费、招标投标费、社会中介机构审查费及其他管理性质的费用；项目建设期间发生的各类借款利息、债券利息、贷款评估费、国外借款手续费及承诺费、汇兑损益、债券发行费用及其他债务利息支出或融资费用；工程检测费、设备检验费、负荷联合试车费及其他检验检测类费用；固定资产损失、器材处理亏损、设备盘亏及毁损、报废工程净损失及其他损失；系统集成等信息工程的费用支出；其他待摊投资性质支出。项目在建设期间的建设资金存款利息收入冲减债务利息支出，利息收入超过利息支出的部分，冲减待摊投资总支出。

二、项目建设管理费

（一）项目建设管理费是指项目建设单位从项目筹建之日起，至办理竣工财务决算之日止发生的管理性质的支出，包括：不在原单位发工资的工作人员工资及相关费用、办公费、办公场地租用费、差旅交通费、劳动保护费、工具用具使用费、固定资产使用费、招募生产工人费、技术图书资料费（含软件）、业务招待费、施工现场津贴、竣工验收费和其他管理性质开支。

（二）行政事业单位项目建设管理费实行总额控制，分年度据实列支。总额控制数以项目审批部门批准的项目总投资（经批准的动态投资，不含项目建设管理费）扣除土地征用、迁移补偿等为取得或租用土地使用权而发生的费用为基数分档计算。建设地点分散、点多面广、建设工期长以及使用新技术、新工艺等的项目，项目建设管理费确需超过上述开支标准的，中央级项目，应当事前报项目主管部门审核批准，并报财政部备案，未经批准的，超标准发生的项目建设管理费由项目建设单位用自有资金弥补；地方级项目，由同级财政部门确定审核批准的要求和程序。

（三）施工现场管理人员津贴标准比照当地财政部门制定的差旅费标准执行，一般不得发生业务招待费，确需列支的，项目业务招待费支出应当严格按照国家有关规定执行，并不得超过项目建设管理费的 5%。使用财政资金的国有和国有控股企业的项目建设管理费，比照上述规定执行。国有和国有控股企业经营性项目的项目资本中，财政资金所占比例未超过 50% 的项目建设管理费可不执行上述规定。

（四）政府设立（或授权）、政府招标产生的代建制项目，代建管理费由同级财政部门根据代建内容和要求，按照不高于本规定项目建设管理费标准核定，计入项目建设成本。实行代建制管理的项目，一般不得同时列支代建管理费和项目建设管理费，确需同时发生的，两项费用之和不得高于本规定的项目建设管理费限额。建设地点分散、点多面广以及使用新技术、新工艺等的项目，代建管理费确需超过本规定确定的开支标准的，行政单位和使用财政资金建设的事业单位中央项目，应当事前报项目主管部门审核批准，并报财政部备案；地方项目，由同级财政部门确定审核批准的要求和程序。

（五）代建管理费核定和支付应当与工程进度、建设质量结合，与代建内容、代建绩效挂钩，实行奖优罚劣，同时满足按时完成项目代建任务、工程质量优良、项目投资控制在批准概算总投资范围 3 个条件的，可以支付代建单位利润或奖励资金，代建单位利润或奖励资金一般不得超过代建管理费的 10%，需使用财政资金支付的，应当事前报同级财政部门审核批准；未完成代建任务的，应当扣减代建管理费。

三、项目单项工程报废

项目单项工程报废净损失计入待摊投资支出。单项工程报废应当经有关部门或专业机构鉴定。非经营性项目以及使用财政资金所占比例超过项目资本 50% 的经营性项目，发生的单项工程报废经鉴定后，报项目竣工财务决算批复部门审核批准。因设计单位、施工单位、供货单位等原因造成的单项工程报废损失，由责任单位承担。

四、其他投资支出

其他投资支出是指项目建设单位按照批准的项目建设内容发生的房屋购置支出，基本畜禽、林木等的购置和饲养、培育支出，办公生活用家具、器具购置支出，软件研发及不能计入设备投资的软件购置等支出。

第六节　中央预算内直接投资项目管理

一、中央预算内直接投资项目

中央预算内直接投资项目（以下简称直接投资项目或者项目），是指国家发展改革委安排中央预算内投资建设的中央本级（包括中央部门及其派出机构、垂直管理单位、所属事业单位）非经营性固定资产投资项目。

（一）直接投资项目实行审批制，包括审批项目建议书、可行性研究报告、初步设计。情况特殊、影响重大的项目，需要审批开工报告。国务院、国家发展改革委批准的专项规划中已经明确、前期工作深度达到项目建议书要求、建设内容简单、投资规模较小的项目，可以直接编报可行性研究报告，或者合并编报项目建议书。

（二）申请安排中央预算内投资 3000 万元及以上的项目，以及需要跨地区、跨部门、跨领域统筹的项目，由国家发展改革委审批或者由国家发展改革委委托中央有关部门审批，其中特别重大项目由国家发展改革委核报国务院批准，其余项目按照隶属关系，由中央有关部门审批后抄送国家发展改革委。按照规定权限和程序批准的项目，国家发展改革委在编制年度计划时统筹安排中央预算内投资。

（三）审批直接投资项目时，一般应当委托具备相应资质的工程咨询机构对项目建议书、可行性研究报告进行评估。特别重大的项目实行专家评议制度。直接投资项目在可行性研究报告、初步设计及投资概算的编制、审批以及建设过程中，应当符合国家有关建设标准和规范。发展改革委与财政、城乡规划、国土资源、环境保护、金融监管、行业管理等部门建立联动机制，实现信息共享。

二、项目决策

适宜编制规划的领域，国家发展改革委和中央有关部门应当编制专项规划。按照规定权限和程序批准的专项规划，是项目决策的重要依据。国家发展改革委会同有关部门建立项目储备库，作为项目决策和年度计划安排的重要依据。

（一）项目建议书要对项目建设的必要性、主要建设内容、拟建地点、拟建规模、投资匡算、资金筹措以及社会效益和经济效益等进行初步分析，并附相关文件资料。项目建议书的编制格式、内容和深度应当达到规定要求。由国家发展改革委负责审批的项目，其项目建议书应当由具备相应资质的甲级工程咨询机构编制。项目建议书编制完成后，由项目单位按照规定程序报送项目审批部门审批。项目审批部门对符合有关规定、确有必要建设的项目，批准项目建议书，并将批复文件抄送城乡规划、国土资源、环境保护等部门。项目审批部门可以在项目建议书批复文件中规定批复文件的有效期。

（二）项目单位依据项目建议书批复文件，组织开展可行性研究，并按照规定向城乡规划、国土资源、环境保护等部门申请办理规划选址、用地预审、环境影响评价等审批手续。项目审批部门在批准项目建议书之后，应当按照有关规定进行公示。公示期间征集到的主要意见和建议，作为编制和审批项目可行性研究报告的重要参考。

（三）项目建议书批准后，项目单位应当委托工程咨询机构编制可行性研究报告，对项目在技术和经济上的可行性以及社会效益、节能、资源综合利用、生态环境影响、社会稳定风险等进行全面分析论证，落实各项建设和运行保障条件，并按照有关规定取得相关许可、审查意见。可行性研究报告的编制格式、内容和深度应当达到规定要求。由国家发展改革委负责审批的项目，其可行性研究报告应当由具备相应资质的甲级工程咨询机构编制。

（四）项目可行性研究报告应当包含以下招标内容：项目的勘察、设计、施工、监理以及重要设备、材料等采购活动的具体招标范围（全部或者部分招标），拟邀请招标或自行招标的，应当按照国家有关规定提交书面材料。

（五）可行性研究报告编制完成后，由项目单位按照规定程序报送项目审批部门审批，并应当附文件：城乡规划行政主管部门出具的选址意见书；国土资源行政主管部门出具的用地预审意见；环境保护行政主管部门出具的环境影响评价审批文件；项目的节能评估报告书、节能评估报告表或者节能登记表（由中央有关部门审批的项目，须附国家发改委出具的节能审查意见）；根据有关规定应当提交的其他文件。

（六）项目审批部门对符合有关规定、具备建设条件的项目，批准可行性研究报告，并将批复文件抄送城乡规划、国土资源、环境保护等部门，同时，可以在可行性研究报告批复文件中规定批复文件的有效期。对于情况特殊、影响重大的项目，需要审批开工报告的，应当在可行性研究报告批复文件中予以明确。经批准的可行性研究报告是确定建设项目的依据。项目单位可以依据可行性研究报告批复文件，按照规定向城乡规划、国土资源等部门申请办理规划许可、正式用地手续等，并委托具有相应资质的设计单位进行初步设计。

（七）初步设计应当符合国家有关规定和可行性研究报告批复文件的有关要求，明确各单项工程或者单位工程的建设内容、建设规模、建设标准、用地规模、主要材料、设备规格和技术参数等设计方案，并据此编制投资概算。投资概算应当包括国家规定的项目建设所需的全部费用。由国家发改委负责审批的项目，其初步设计应当由具备相应资质的甲级设计单位编制。投资概算超过可行性研究报告批准的投资估算百分之十的，或者项目单位、建设性质、建设地点、建设规模、技术方案等发生重大变更的，项目单位应当报告项目审批部门。项目审批部门可以要求项目单位重新组织编制和报批可行性研究报告。初步设计编制完成后，由项目单位按照规定程序报送项目审批部门审批。法律法规对直接投资项目的初步设计审批权限另有规定的，从其规定。对于由国家发展改革委审批项目建议书、可行性研究报告的项目，其初步设计经中央有关部门审核后，由国家发展改革委审批或者经国家发展改革委核定投资概算后由中央有关部门审批。经批准的初步设计及投资概算应当作为项目建设实施和控制投资的依据。直接投资项目应当符合规划、产业政策、环境保护、土地使用、节约能源、资源利用等方面的有关规定。

三、建设管理

（一）对于项目单位缺乏相关专业技术人员和建设管理经验的直接投资项目，项目审批部门应当在批复可行性研究报告时要求实行代理建设制度，通过招标等方式选择具备工程项目管理资质的工程咨询机构，作为项目管理单位负责组织项目的建设实施。项目管理单位按照与项目单位签订的合同，承担项目建设实施的相关权利义务，严格执行项目的投资概算、质量标准和建设工期等要求，在项目竣工验收后将项目交付项目单位。

（二）直接投资项目应当依法办理相关手续，在具备国家规定的各项开工条件后，方可开工建设。对于按照可行性研究报告批复文件的规定需要审批开工报告的项目，应当在开工报告批准后方可开工建设。直接投资项目的招标采购，按照《招标投标法》等有关法律法规规定办理。从事直接投资项目招标代理业务的招标代理机构，应当具备中央投资项目招标代理资格。建立项目建设情况报告制度。项目单位应当按照规定向项目审批部门定期报告项目建设进展情况。项目由于政策调整、价格上涨、地质条件发生重大变化等原因确需调整投资概算的，由项目单位提出调整方案，按照规定程序报原概算核定部门核定。概算调增幅度超过原批复概算百分之十的，概算核定部门原则上先商请审计机关进行审计，并依据审计结论进行概算调整。建立健全直接投资项目的工程保险和工程担保制度，加强直接投资项目的风险管理。

（三）直接投资项目应当遵守国家档案管理的有关规定，做好项目档案管理工作。项目档案验收不合格的，应当限期整改，经复查合格后，方可进行竣工验收。直接投资项目竣工后，应当按照规定编制竣工决算。项目竣工决算具体审查和审批办法，按照国家有关规定执行。直接投资项目建成后，项目单位应当按照国家有关规定报请项目可行性研究报告审批部门组织竣工验收。直接投资项目建成运行后，项目审批部门可以依据有关规定，组织具备相应资质的工程咨询机构，对照项目可行性研究报告批复文件及批准的可行性研究报告的主要内容开展项目后评价，必要时应当参照初步设计文件的相关内容进行对比分析，进一步加强和改进项目管理，不断提高决策水平和投资效益。

第七节　中央预算内投资补助和贴息项目管理

一、投资补助和贴息方式项目管理

为规范中央预算内投资补助和贴息项目的管理，提高中央预算内投资补助和贴息资金的使用效益，其项目管理是指以投资补助和贴息方式安排中央预算内投资的项目管理。

（一）投资补助，是指国家发改委对符合条件的地方政府投资项目和企业投资项目给予的投资资金补助。

（二）贴息，是指国家发改委对符合条件，使用了中长期贷款的投资项目给予的贷款利息补贴。

二、投资补助和贴息资金

投资补助和贴息资金均为无偿投入。投资补助和贴息资金重点用于市场不能有效配置资源，需要政府支持的经济和社会领域，具体包括：社会公益服务和公共基础设施；农业和农村；生态环境保护和修复；重大科技进步；社会管理和国家安全；符合国家有关规定的其他公共领域。投资补助和贴息资金应当用于计划新开工或续建项目，原则上不得用于已完工项目。项目的投资补助和贴息金额原则上应当一次性核定，对于已经足额安排的项目，不得重复申请。同一项目原则上不得重复申请不同专项资金。

三、申报和审核

申请投资补助或者贴息资金的项目，应当列入三年滚动投资计划，并通过投资项目在线审批监管平台（以下简称"在线平台"）完成审批、核准或备案程序（地方政府投资项目应完成项目可行性研究报告或者初步设计审批），并提交资金申请报告。

（一）资金申请报告应当包括以下内容：项目单位的基本情况；项目的基本情况，包括在线平台生成的项目代码、建设内容、总投资及资金来源、建设条件落实情况等；项目列入三年滚动投资计划，并通过在线平台完成审批（核准、备案）情况；申请投资补助或者贴息资金的主要理由和政策依据；工作方案或管理办法要求提供的其他内容。项目单位应对所提交的资金申请报告内容的真实性负责。资金申请报告由需要申请投资补助或者贴息资金的项目单位提出，按程序报送项目汇总申报单位。项目汇总申报单位应当对资金申请报告提出审核意见，并汇总报送国家发展改革委。资金申请报告可以单独报送，或者与年度投资计划申请合并报送。各省、自治区、直辖市和计划单列市、新疆生产建设兵团发改委（以下简称省级发改委）、计划单列企业集团和中央管理企业等为项目汇总申报单位。

（二）项目汇总申报单位审核

项目汇总申报单位应当对资金申请报告的下列事项进行审核，并对审核结果和申报材料的真实性、合规性负责。符合规定的资金投向和申请程序；符合有关专项工作方案或管理办法的要求；项目的主要建设条件基本落实；项目已经列入三年滚动投资计划，并通过在线平台完成审批（核准、备案）。

四、批复和下达

（一）国家发改委批复。国家发改委受理资金申请报告后，视具体情况对相关事项进行审查，确有必要时可以委托相关单位进行评审。项目单位被列入联合惩戒合作备忘录黑名单的，国家发改委不予受理其资金申请报告。对于同意安排投资补助或者贴息资金的项目，国家发改委应当批复其资金申请报告。资金申请报告可以单独批复，或者在下达投资计划时合并批复。批复资金申请报告应当确定给予项目的投资补助或者贴息金额，并根据项目实施和资金安排情况，一次或者分次下达投资计划。

（二）国家发改委批复下达。采用贴息方式的，贴息资金总额根据项目符合贴息条件的贷款总额、当年贴息率和贴息年限计算确定。贴息率应当不高于当期银行中长期贷款利率的上限。对于补助地方的项目，数量多、范围广、单项资金少的和下达年度投资计划时无法明确到具体项目的，国家发改委可以打捆或切块下达年度投资计划。打捆下达的年度投资计划仅下达同意安排的项目数量、投资补助和贴息总额，由省级发改委负责分解。切块下达的年度投资计划，应当明确投资目标、建设任务、补助标准和工作要求等，由省级发改委负责安排具体项目。省级发改委应当对上述计划分解和安排的合规性负责，并在规定时限内通过在线平台报备相关项目信息。国家发改委应当加大监督检查工作力度。

五、项目实施管理

使用投资补助和贴息资金的项目，应当严格执行国家有关政策要求，不得擅自改变主要建设内容和建设标准，严禁转移、侵占或者挪用投资补助和贴息资金。项目汇总申报单位应当定期组织调度已下达投资补助和贴息项目的下列实施情况，并按时通过在线平台向国家发展改革委报告：项目实际开竣工时间；项目资金到位、支付和投资完成情况；项目的主要建设内容；项目工程形象进度；存在的问题。

因不能开工建设或者建设规模、标准和内容发生较大变化等情况，导致项目不能完成既定建设目标的，项目单位和项目汇总申报单位应当及时报告情况和原因，国家发改委可以根据具体情况进行相应调整。打捆和切块下达年度投资计划的项目由省级发改委调整，调整结果应当及时通过在线平台报备。国家发改委必要时可以对投资补助和贴息有关工作方案和政策等开展中期评估和后评价工作，并根据评估评价情况及时对有关工作方案和政策作出必要调整。投资补助和贴息项目的财务管理，按照财政部门的有关财务管理规定执行。

第八节　投资项目资金筹措和风险

城乡建设与社会经济发展密切相关。多年以来，投资项目建设资金来源一直主要依靠政府财政资金，但随着经济建设的发展，各地对市政设施和公用事业的需求增长迅速，仅靠政府财政资金已无法满足城乡建设的需要。建设资金的筹措已成为工程项目决策阶段必然着重考虑的问题，解决资金筹措的问题，一方面为工程项目的建设和投产提供保证，另一方面为社会经济的持续发展注入源源不断的动力。投资项目经济评价逻辑关系如图2-5所示。

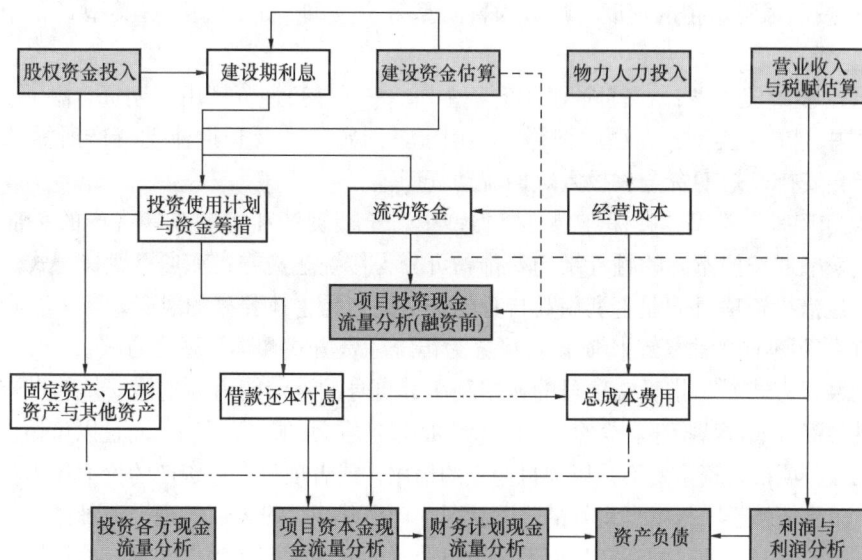

图2-5　投资项目经济评价逻辑关系

一、资金筹措的种类

在工程项目经济分析中，融资是为项目投资而进行的资金筹措行为或资金来源方式。

资金筹措的种类一般有以下几种：

（一）按照融资的期限，可分为长期融资和短期融资。

长期融资，是指企业因购建固定资产、无形资产或进行长期投资等资金需求而筹集的、使用期限在1年以上的融资。长期融资通常采用吸收直接投资、发行长期债券或进行长期借款等方式进行融资短期融资，是指企业因季节性或临时性资金需求而筹集的、使用年限在1年以内的融资。短期融资一般通过商业信用、短期借款和商业票据等方式进行融资权益融资，是指以所有者身份投入非负债性资金的方式进行融资。权益融资形成企业的"所有者权益"和项目的"资本金"。权益融资在我国项目资金筹措中具有强制性。

（二）按照融资的性质，可分为权益融资和负债融资。

1. 权益融资的特点：权益融资筹措的资金具有永久性特点，无到期日，不需归还。项目资本金是保证项目法人对资本的最低需求，是维持项目法人长期稳定发展的基本前提。没有固定的按期还本付息压力。股利的支付与否和支付多少，视项目投产运营后的实际运营效果而定，因此，项目法人财务负担相对较小，融资风险较小。权益融资是负债融资的基础。权益融资是项目法人最基本的资金来源，它体现着项目法人的实力，是其他融资方式的基础，尤其可为债权人提供保障，增强公司的举债能力。

2. 负债融资，是指通过负债方式筹集各种债务资金的融资形式。负债融资是工程项目资金筹措的重要形式。负债融资的特点主要体现在：筹集的资金在使用上具有时间限制，必须按期偿还。无论项目法人今后经营效果好坏，均需要固定支付债务利息，从而形成项目法人今后固定的财务负担。资金成本一般比权益融资低，且不会分散对项目未来权益的控制权根据工程项目负债融资所依托的信用基础的不同，负债融资可分为国家主权信用融资、企业信用融资和项目融资。

（三）按照风险承担的程度，可分为冒险型筹资类型、适中型筹资类型、保守型筹资类型。

1. 冒险型筹资类型：在冒险型筹资类型中，一部分长期资产由短期资金融通。

2. 适中型筹资类型：在适中型筹资类型中，固定资产及长期流动资产所需的资金均由长期资金安排。短期资金只投入短期流动资产。

3. 保守型筹资类型：在保守型筹资类型中，长期资产和短期流动资产的一部分采用长期资金来融通按照不同的融资结构安排，可分为传统融资方式和项目融资方式。传统融资方式，是指投资项目的业主利用其自身的资信能力为主体安排的融资。

（四）按照不同的融资结构安排，可分为传统融资方式和项目融资方式。

传统融资方式，是指投资项目的业主利用其自身的资信能力为主体安排的融资。

项目融资方式，特指某种资金需求量巨大的投资项目的筹资活动，而且以负债作为资金的主要来源。项目融资主要不是以项目业主的信用，或者项目有形资产的价值作为担保来获得贷款，而是依赖于项目本身良好的经营状况和项目建成、投入后的现金流量作为偿还债务的资金来源，同时将项目的资产，而不是项目业主的其他资产作为借人资金的抵押。

项目融资将归还贷款资金来源限定在特定项目的收益和资产范围之内的融资方式。

二、项目筹资的基本要求

合理确定资金需要量，力求提高筹资效果；认真选择资金来源，力求降低资金成本；适时取得资金，保证资金投放需要；适当维持自有资金比例，正确安排举债经营。

三、项目资本金制度

所谓投资项目资本金，是指在投资项目总投资中，由投资者认缴的出资额。对投资项目来说，属于非债务性资金，项目法人不承担这部分资金的任何利息和债务。投资者可按其出资的比例享有所有者权益，也可转让其出资，但不得以任何方式抽回。

（一）投资项目实行资本金制度的目的和作用，适应建立现代企业制度的要求；适应改革投资体制，建立投资风险约束机制的需要；实行投资项目资本金制度，有利于宏观调控，控制投资规模膨胀；有利于减轻企业债务负担，提高经济效益。

（二）投资项目资本金管理的主要内容、实施的范围：从通知发布开始，全社会各种经营性固定资产投资项目，包括国有单位的基本建设、技术改造、房地产项目和集体、个体投资项目，试行资本金制度。所有项目要首先落实资本金，然后才能进行建设。主要用财政预算内拨款投资建设的公益性项目不实行资本金制度。外商投资项目按现行有关法规执行。资本金的合法来源：国家出资、企业法人出资和个人出资的资金来源可以作为资本金的筹集渠道，而银行贷款、法人间拆借资金、非法向企业或个人集资、企业发行债券等不能充当资本金。这一规定不落实的，不得批准可行性研究报告。

（三）固定资产投资项目资本金调整

国务院自 2015 年 9 月 9 日起，对各行业固定资产投资项目的最低资本金比例调整，城市和交通基础设施项目：城市轨道交通项目由 25% 调整为 20%，港口、沿海及内河航运、机场项目由 30% 调整为 25%，铁路、公路项目由 25% 调整为 20%。房地产开发项目：保障性住房和普通商品住房项目维持 20% 不变，其他项目由 30% 调整为 25%。产能过剩行业项目：钢铁、电解铝项目维持 40% 不变，水泥项目维持 35% 不变，煤炭、电石、铁合金、烧碱、焦炭、黄磷、多晶硅项目维持 30% 不变，其他工业项目：玉米深加工项目由 30% 调整为 20%，化肥（钾肥除外）项目维持 25% 不变，电力等其他项目维持 20% 不变。

四、项目资金筹措的渠道与方式

项目的资金来源可分为投入资金和借入资金，前者形成项目的资本金，后者形成项目的负债，见表 2-3 所列。

项目资金筹措的渠道与方式　　　　　　　　　　　　　　　表 2-3

资金筹措类别		筹　措　渠　道	
项目资本金	国家预算内投资	包括：国家预算、地方财政、主管部门和国家专业投资拨给或委托银行贷给建设单位的基本建设拨款及中央基本建设基金，拨给企业单位的更新改造拨款，以及中央财政安排的专项拨款中用于基本建设的资金	
	自筹投资	建设项目自筹资金必须正当，应上缴财政的各项资金和国家有指定用途的专款，以及银行贷款、信托投资、流动资金不可用于自筹投资；自筹投资必须纳入国家计划，并控制在国家确定的投资总规模以内；自筹投资要符合一定时期国家确定的投资使用方向	
	发行股票	种类	优先股和普通股
		特点	是一种有弹性的融资方式，股票无到期日，可降低公司负债比率，资金成本高（股息和红利须在税后利润中支付），增发普通股须给新股东投票权和控制权
	吸收国外资本直接投资	主要包括与外商合资经营、合作经营、合作开发及外商独资经营等形式，其特点是：不发生债权债务关系，但要让出一部分管理权，并且要支付一部分利润	

资金筹措类别	筹 措 渠 道		
负债筹资	银行贷款	定义	项目银行贷款是银行利用信贷资金所发放的投资性贷款
		特别注意	银行资金的发放和使用应当遵循效益性、安全性和流动性的原则。效益性、安全性、流动性，既相互联系、相互依存，又相互制约、相互矛盾。一般来说，流动性越高，安全性越高，贷款的效益性就越低，相反，效益性越高，流动性和安全性就越低，这就是所谓的风险与收益的对称原则
	发行债券	定义与种类	债券是借款单位为筹集资金而发行的一种信用凭证，它证明持券人有权按期取得固定利息并到期收回本金。我国发行的债券又可分为国家债券、地方政府债券、企业债券和金融债券等
		特点	支出固定，企业控制权不变，少纳所得税（合理的债券利息可计入成本，实际上等于政府为企业负担了部分债券利息），固定利息支出会使企业承受一定的风险，发行债券会提高企业负债比率，债券合约的条款，常常对企业的经营管理有较多的限制
	设备租赁（方式）	融资租赁	融资租赁是设备租赁的重要形式，它将贷款、贸易与出租三者有机地结合在一起
		经营租赁	即出租人将自己经营的出租设备进行反复出租，直至设备报废或淘汰为止的租赁业务
		服务出租	主要用于车辆的租赁
	借用国外资金（途径）		外国政府贷款、国际金融组织贷款、国外商业银行贷款、在国外金融市场上发行债券、吸收外国银行、企业和私人存款、利用出口信贷

五、项目融资方式

项目融资的阶段与步骤：从项目的投资决策起，到选择项目融资方式为项目建设筹集资金，最后到完成该项目融资为止，大致上可以分为五个阶段，即投资决策分析、融资决策分析、融资结构分析、融资谈判和项目融资的执行阶段。项目融资的方式：

（一）BOT方式：即建设、经营和移交，代表着一个完整的项目融资的概念。BOT方式的特点：在BOT方式中，通常由项目东道国政府或其所属机构与项目公司签署协议，把项目建设及经营的特许权授予项目公司，项目公司在项目经营特许期内，利用项目收益偿还投资及营运支出，并获得利润，特许期满后，项目移交给东道国政府或其下属机构。BOT融资方式有时也被称为"公共工程特许权"。

（二）ABS方式：是一种以资产为支持发行债券的融资方式。具体讲，它是以目标项目所拥有的资产为基础，以该项目资产的未来收益为保证，通过在国际资本市场上发行债券筹集资金的一种项目融资方式。ABS方式特别适合大规模筹集资金。

（三）TOT方式：即移交—经营—移交，是项目融资的一种新兴方式，指通过出售现有投产项目在一定期限内的现金流量，从而获得资金来建设新项目的一种融资方式。

TOT方式具有适应目前我国基础设施建设现状的特点：有利于引进先进的管理方式，项目引资成功的可能性增加，使建设项目的建设和营运时间提前，融资对象更为广泛，具有很强的可操作性。

（四）PFI方式：即"私人主动融资"，是指由私营企业进行项目的建设与运营，从政府方或接受服务方收取费用以回收成本。通常有三种典型的类型：在经济上自立的项目、向公共部门出售服务的项目、合资经营。

六、资金筹措方式评估内容

分析资金来源是否正当、合理，是否符合国家政策规定；分析资金数额的落实情况；分析筹资结构是否合理；分析筹资成本是否低廉；分析判断项目筹资风险。如果利用外资项目，还需复核外汇来源和外汇额度是否落实和可靠，外汇数额是否满足项目的基本要求。

七、工程项目风险的分类

工程项目风险管理是指通过风险识别、风险分析、风险评价，去认识工程项目的风险，并以此为基础合理地使用各种风险应对措施、管理方法、技术和手段对项目的风险实行有效地控制，妥善处理风险事件造成的不利后果，以最少的成本保证项目总体目标实现的管理工作。因此，对工程项目的风险管理问题进行深入研究，努力探索规避和化解项目风险、降低风险损失的有效途径，非常具有现实指导意义。

（一）常见风险分类：为方便研究和风险管理，人们经常对社会生产和生活中遇见的风险进行分类。从不同角度或根据不同标准，可将风险分成不同的类型，表2-4是常见一般风险分类表。

一般风险分类 表2-4

分类方法或依据	风险类型	特点
按风险性质分类	纯粹风险	只会造成损失，而不会带来机会或收益
	投机风险	可能带来机会，获得利益，但又可能隐含威胁，造成损失
按风险来源分类	自然风险	由于自然力的作用，造成财产毁损或人员伤亡
	人为风险	由于人的活动而带来的风险是人为风险。人为风险又可以分为行为风险、经济风险、技术风险、政治风险和组织风险等
按风险事件主体的承受能力分类	可接受风险	低于一定限度的风险
	不可接受风险	超过所能承担的最大损失或和目标偏差巨大的风险
按风险对象分类	财产风险	财产所遭受的损害、破坏或贬值的风险
	人身风险	疾病、伤残、死亡所引起的风险
	责任风险	法人或自然人的行为违背了法律、合同或道义上的规定，给他人造成财产损失或人身伤害
按技术因素对风险影响分类	技术风险	由于技术原因形成的风险，属人为风险
	非技术风险	非技术原因而引起的风险

（二）工程项目风险分类：从工程项目风险管理需要出发，可将工程项目风险分为项

目外风险和项目内风险。工程项目外风险：即由工程项目建设环境（或条件）的不确定性而引起的风险，包括：政治风险、自然风险、经济风险等。工程项目内风险：根据技术因素的影响和工程项目目标实现程度又可对其进行分类。

1. 按技术因素对工程项目风险的影响，可将工程项目风险分为技术风险和非技术风险。工程项目技术风险是指技术条件的不确定而引起可能的损失或工程项目目标不能实现的可能性，如表 2-5 所示。工程项目非技术风险是指在计划、组织、管理、协调等非技术条件的不确定而引起工程项目目标不能实现的可能性，表 2-6 给出了非技术风险事件示例。

2. 根据工程项目目标的实现程度，可将工程项目风险分为进度、技术性能或质量以及费用风险。

技术风险事件示例表

表 2-5

风险因素	典 型 风 险 事 件
可行性研究	基础数据不完整、不可靠；分析模型不合理；预测结果不准等
设　计	设计内容不全；设计存在缺陷、错误和遗漏；规范、标准选择不当；安全系数选择不合理；有关地质的数据不足或不可靠；未考虑施工的可能性
施　工	施工工艺落后；不合理的施工技术和方案，施工安全措施不当；应用新技术、新方法失败；未考虑施工现场的实际情况
其　他	工艺设计未达到先进指标、工艺流程不合理、工程质量检验和工程验收未达到规定要求等

非技术风险事件示例表

表 2-6

风险因素	典 型 风 险 事 件
项目组织管理	缺乏项目管理能力；组织不适当，关键岗位人员经常更换；项目目标不适当，加之控制不力；不适当的项目规划或安排；缺乏项目管理协调
进度计划	管理不力造成工期滞后；进度调整规则不适当；劳动力缺乏或劳动生产率低下；材料供应跟不上；设计图纸供应滞后；不可预见的现场条件；施工场地太小或交通线路不满足要求
成本控制	工期的延误；不适当的工程变更；不适当的工程支付；承包人的索赔；预算偏低；管理缺乏经验；不适当的采购策略；项目外部条件发生变化
其他因素	施工干扰；资金短缺；无偿债能力

八、风险的特征

（一）风险的基本特征：客观实在性和普遍性；偶然性和规律性的辩证统一；可变性；多样性和多层次性。工程项目周期长、规模大、涉及范围广、风险因素数量多且种类繁杂，致使工程项目在整个寿命周期内面临的风险多种多样，而且大量风险因素之间的内在关系错综复杂，各风险因素与外界因素交叉影响又使风险显示出多层次性的特征。

（二）建设风险管理：风险管理是指对可能遇到的风险进行预测、识别、分析，并在此基础上有效地处置风险，以最低成本实现最大安全保障的科学管理方法。工程项目的风险管理就是对工程项目中的风险进行管理，以降低工程项目中风险发生的可能性，减轻或消除风险的影响，用最低成本取得对工程项目保障的满意结果。

九、工程项目风险管理程序

工程项目风险管理程序一般包括：工程项目风险的识别与预测、风险源排列分析、确定风险管理策略、制定风险管理计划、风险的测定与评估以及工程项目风险的防范与处置。在工程项目风险管理中依据工程项目的特点及其总体目标，通过程序化的决策，全面识别和衡量工程项目潜在的损失，从而制定一个与工程项目总体目标相一致的风险管理防范措施体系，是最大限度降低工程项目风险的最佳对策。项目风险管理流程如图 2-6 所示。

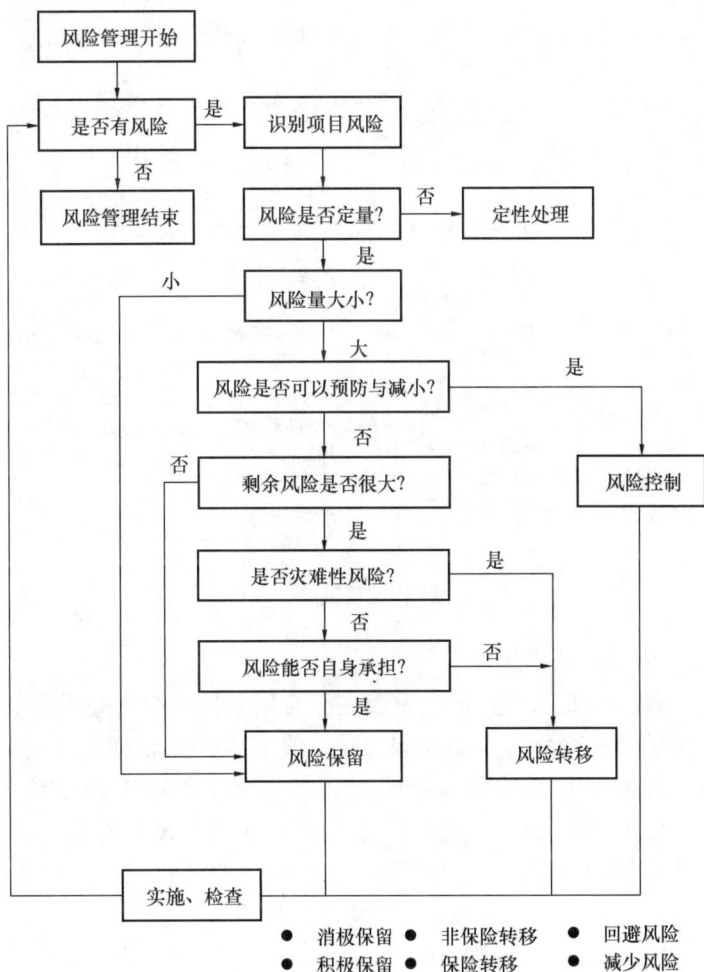

图 2-6　项目风险管理流程

十、加强工程项目风险管理的途径

（一）注重工程合同的风险管理

工程合同是工程项目全面风险管理的主要法律文件依据。工程项目的管理者必须学会从风险分析与风险管理的角度研究合同的每一个条款，对工程项目可能遇到的风险因素有全面深刻的了解，否则，风险将给工程项目带来巨大的损失。合同是合同主体各方应承担风险的一种界定，风险分配通常在合同与招标文件中定义。在 FIDIC 合同条件中，明确规定了业主与承包商之间的风险分配。如果合同条件与 FIDIC 合同条件不同，应进行逐条的对比研究，分析其中隐含的风险。根据工程项目的特点和实际，适当选择计价式合同的形式，以降低工程的合同风险。举例来说，作为承包单位，对于水文地质条件稳定且承包单位有类似施工经验的中小型工程项目，实际造价突破计划造价的可能性不大，其风险较小，可以采用自留加风险控制策略，用总价合同的报价方式；对于工程量变化的可能性及变化幅度均较大的工程项目，其风险较大，应采用风险转移策略，用单价合同报价方式，将工程量变化的风险全部转移给甲方；对于无法测算成本状况的工程，贸然估价将导致极大的风险，只能用成本加酬金合同，将工程风险全部转移给建设方。工程项目风险管理程序如图 2-7。

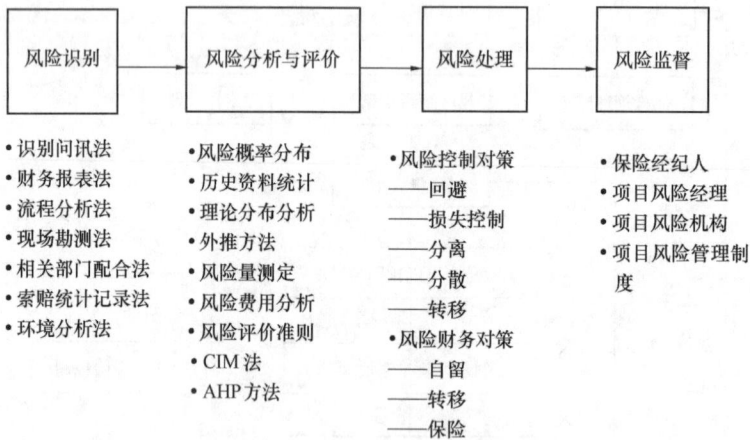

图 2-7　工程项目风险管理程序

（二）利用工程索赔降低风险损失

工程索赔是一种权利要求，其根本原因在于合同条件的变化和外界的干扰，这正是影响工程项目实施的众多变化因素的动态反映。没有索赔，合同就不能体现其公正性，因为索赔是合同主体对工程风险的重新界定。工程索赔贯穿工程项目实施的全过程，重点在施工阶段，涉及范围相当广泛，比如工程量变化、设计有误、加速施工、施工图变化、不利自然条件或非己方原因引起的施工条件的变化和工期延误等，这些都属于可计量风险的范畴。FIDIC 红皮书关于工程索赔的条款已由第三版的 1 个分条款增加为 5 个分条款，形成独立的主题。我国《建设工程施工合同示范文本》关于工程索赔也作了相应的明确规定。这些索赔条款可以作为处理工程索赔的原则和法律依据。利用工程合同条款或推断条款成功地进行工程索赔不仅是减少工程风险的基本手段，也反映了工程项目合同管理的水平。

（三）加强非计量型风险的防范与控制

非计量型风险指政治、经济及不可抗力风险。政治风险包括战争、动乱、政变、法律制度的变化等；经济风险包括外汇风险、通货膨胀、保护主义及税收歧视等。这些风险在国际工程项目中经常遇到。政治风险发生的概率较小，一旦发生将导致灾害性后果。经济风险一般不可避免，应进行定性与定量相结合的分析研究。不可抗力引起的风险主要包括超过合同规定等级的地震、风暴、雨、雪及海啸和特殊的未预测到的地质条件和泥石流、泉眼、流砂等。按照一般合同条件，这类风险应由合同主体共同承担。

（四）建立完善的工程风险管理机制培育工程保险和工程担保市场，建立起工程风险管理制度，推行工程担保与工程保险为核心的工程风险管理。

1. 工程保险：是指业主和承包商为了工程项目的顺利实施，向保险公司支付保险费，保险公司根据合同约定对在工程项目建设中可能产生的财产和人身伤害承担赔偿保险金责任。工程保险一般分为强制性保险和自愿保险两类。强制性的工程保险主要有以下几种：建筑工程一切险（附加第三者责任险）、安装工程一切险（附加第三者责任险）、社会保险（如人身意外险、雇主责任险和其他国家法令规定的强制保险）、机动车辆险、10 年责任险和 5 年责任险、专业责任险等。其中，建筑工程一切险和安装工程一切险是对工程项目在实施期间的所有风险提供全面的保险，即对施工期间工程本身、工程设备和施工机具以及其他物质所遭受的损失予以赔偿，也对因施工而给第三者造的人身伤亡和物质损失承担赔偿责任。在工业发达国家和地区，建筑师、结构工程师等设计、咨询专业人均要购买专业责任险，对由于他们的设计失误或工作疏忽给业主或承包商造成的损失，将由保险公司赔偿。

2. 工程担保：是指担保人应工程合同一方（申请人）的要求向另一方（债权人）作出的书面承诺。许多国家政府都在法规中规定要求进行工程担保，在标准合同中也含有关于工程担保的条款。常见的工程担保种类：投标担保指投标人在投标报价之前或同时，向业主提交投标保证金（俗称抵押金）或投标保函，保证一旦中标，则履行受标签约承包工程，一般投标保证金额为标价的 $0.5\%\sim5\%$。履约担保是为保障承包商履行承包合同所作的一种承诺，一旦承包商没能履行合同义务，担保人给予赔付，或者接收工程实施义务，而另觅经业主同意的其他承包商负责继续履行承包合同义务，这是工程担保中最重要的，也是担保金额最大的一种工程担保；预付款担保要求承包商提供，为保证工程预付款用于该工程项目，不准承包商挪作他用及卷款潜逃；维修担保是为保障维修期内出现质量缺陷时，承包商负责维修而提供的担保，维修担保可以单列，也可以包含在履约担保内，有些工程采取扣留合同价款的 5% 作为维修保证金。

十一、工程项目合同类型及其风险分配

工程项目的主体是业主/项目法人，但在工程项目实行施工承包一级委托设计和监理的情况下，工程项目实施中的风险并不全由业主/项目法人承担，而是借助于设计、施工或工程监理合同，对可能出现的风险在合同当事人之间进行分配。在施工承包中，选择什么类型合同，对项目风险的分配有影响。对各种风险，由合同哪一方承担，承担什么责任，是各类工程建设合同条款的核心内容。不同类型的工程合同，如工程设计合同、工程承包合同等，对工程承包合同，按合同范围又分为总包合同、分包合同等，按计价方式，可分为单价合同、总价合同等。不同类型合同，业主/项目法人与工程承包方或工程咨询方对合同风险的分担是有差别的。图 2-8 定性地描述了工程建设中常见合同中各方承担风险的情况。

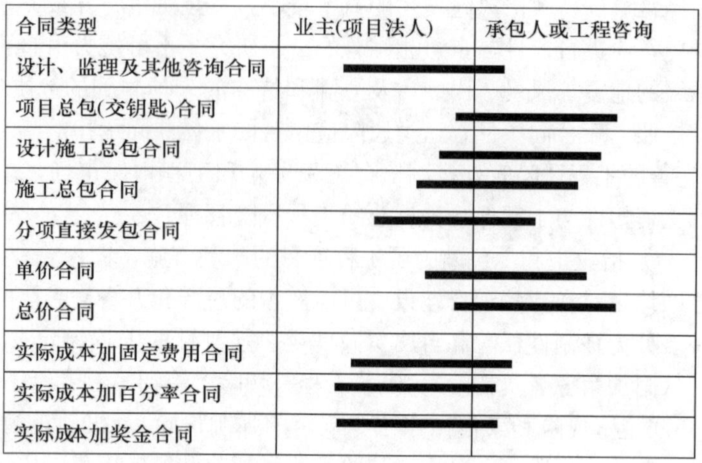

合同类型	业主(项目法人)	承包人或工程咨询
设计、监理及其他咨询合同		
项目总包(交钥匙)合同		
设计施工总包合同		
施工总包合同		
分项直接发包合同		
单价合同		
总价合同		
实际成本加固定费用合同		
实际成本加百分率合同		
实际成本加奖金合同		

图 2-8　不同类型合同风险承担情况

第三章 建设项目批准和实施领域管理

发改委简化项目立项工作，或向项目建设单位、管线单位和有关审批部门印发《建设项目前期工作函》，加快组织开展环境影响报告书（表）、社会稳定风险评估、可行性研究报告、规划土地手续、规划设计方案编制、勘察设计招标等前期工作，以及启动土地房屋征收腾地工作；对列入"重大工程政府投资项目前期推进计划"的建设项目，加快项目立项工作，加快办理项目选址意见书、建设项目用地预审等工作；建设项目取得立项或《建设项目前期工作函》后，规划国土资源部门依据控详规划（或专项规划）核发建设项目选址意见书，出具建设项目用地预审批复，提出建设工程设计方案审核意见。建设项目可以依据选址意见书、土地勘测定界初步报告等，提前启动土地、青苗、地上附着物及房屋调查工作，并编制征地"一书四方案"；依据建设工程设计方案审核意见组织开展有关工作，到有关部门办理审批手续；工程可行性研究报告经批准，并办理建设用地规划许可证后，可以办理农转用、土地征收和供地批文（含单独选址和分批次项目）。

第一节 重大建设项目批准和实施领域政府信息

一、重大建设项目

重大建设项目是指按照有关规定由政府审批或核准的，对经济社会发展、民生改善有直接、广泛和重要影响的固定资产投资项目（不包括境外投资项目和对外援助项目）。各省（区、市）政府、国务院有关部门应当根据区域、行业特点和工作侧重点，进一步明确本地区、本领域重大建设项目范围。在重大建设项目批准和实施过程中，重点公开批准服务信息、批准结果信息、招标投标信息、征收土地信息、重大设计变更信息、施工有关信息、质量安全监督信息、竣工有关信息等 8 类信息。

二、主要内容

（一）批准服务信息：申报要求、申报材料清单、批准流程、办理时限、受理机构联系方式、监督举报方式等。

（二）批准结果信息：项目建议书审批结果、可行性研究报告审批结果、初步设计文件审批结果、项目核准结果、节能审查意见、建设项目选址意见审批结果、建设项目用地（用海）预审结果、环境影响评价审批文件、建设用地规划许可审批结果、建设工程规划类许可审批结果、施工许可（开工报告）审批结果、招标事项审批核准结果、取水许可、水土保持方案、洪水影响评价等涉水事项审批结果等。

（三）招标投标信息：资格预审公告、招标公告、中标候选人公示、中标结果公示、合同订立及履行情况、招标投标违法处罚信息等。

（四）征收土地信息：征地告知书以及履行征地报批前程序的相关证明材料、建设项目用地呈报说明书、农用地转用方案、补充耕地方案、征收土地方案、供地方案、征地批后实施中征地公告、征地补偿安置方案公告等。

（五）重大设计变更信息：项目设计变更原因、主要变更内容、变更依据、批准单位、变更结果等。

（六）施工有关信息：项目法人单位及其主要负责人信息，设计、施工、监理单位及其主要负责人、项目负责人信息、资质情况，施工单位项目管理机构设置、工作职责、主要管理制度，施工期环境保护措施落实情况等。

（七）质量安全监督信息：质量安全监督机构及其联系方式、质量安全行政处罚情况等。

（八）竣工有关信息：竣工验收时间、工程质量验收结果，竣工验收备案时间、备案编号、备案部门、交付使用时间，竣工决算审计单位、审计结论、财务决算金额等。

三、信用信息平台

各级政府和有关部门要通过政府公报、政府网站、新媒体平台、新闻发布会等及时公开各类项目信息，充分利用全国投资项目在线审批监管平台、全国公共资源交易平台、"信用中国"网站等，推进重大建设项目批准和实施领域信息共享和公开。推动将重大建设项目批准和实施过程中产生的信用信息纳入全国信用信息共享平台，依法依规在各地区信用网站和"信用中国"网站公开。项目法人单位可利用现场公示、网站公布等多种渠道对项目信息进行公开，方便公众查询和社会监督。重大建设项目批准和实施过程中产生的政府信息，自政府信息形成或变更之日起 20 个工作日内予以公开；行政许可、行政处罚事项应自作出行政决定之日起 7 个工作日内上网公开。

第二节 公共资源配置领域政府信息

一、公共资源配置

公共资源配置主要包括保障性安居工程建设、保障性住房分配、国有土地使用权和矿业权出让、政府采购、国有产权交易、工程建设项目招标投标等社会关注度高，具有公有性、公益性，对经济社会发展、民生改善有直接、广泛和重要影响的公共资源分配事项。各地区、各部门要根据区域、行业特点，进一步明确本地区、本行业公共资源配置信息公开范围，细化公开事项、内容、时限、方式、责任主体、监督渠道等，纳入主动公开目录清单。

政府办公厅（室）作为组织协调部门，要会同发改、工信、财政、国土资源、环保、住建、交通运输、水利、农业、商务、卫生计生、审计、国有资产监督管理、税务、林业、铁路、民航等部门以及公共资源交易相关监管机构，贯彻落实创新、协调、绿色、开放、共享的发展理念，推进公共资源配置决策、执行、管理、服务、结果公开，扩大公众监督，增强公开实效，努力实现公共资源配置全流程透明化，不断提高公共资源使用效益，促进经济社会持续健康发展。

二、突出公开重点

（一）住房保障领域。在项目建设方面，主要公开城镇保障性安居工程规划建设方案、年度建设计划信息（包括建设计划任务量、计划项目信息、计划户型）、建设计划完成情况信息（包括计划任务完成进度、已开工项目基本信息、已竣工项目基本信息、配套设施建设情况）、农村危房改造相关政策措施执行情况信息（包括农村危房改造政策、对象认定过程、补助资金分配、改造结果）；在住房分配方面，主要公开保障性住房分配政策、分配对象、分配房源、分配程序、分配过程、分配结果等信息。

（二）国有土地使用权出让领域。主要公开土地供应计划、出让公告、成交公示、供应结果等信息。

（三）矿业权出让领域。主要公开出让公告公示、审批结果信息、项目信息等。

（四）政府采购领域。主要公开采购项目公告、采购文件、采购项目预算金额、采购结果、采购合同等采购项目信息，财政部门作出的投诉和监督检查等处理决定、对集中采购机构的考核结果，违法失信行为记录等监督处罚信息。

（五）国有产权交易领域。除涉及商业秘密外，主要公开产权交易决策及批准信息、交易项目信息、转让价格、交易价格、相关中介机构审计结果等信息。

（六）工程建设项目招标投标领域。主要公开依法必须招标项目的审批核准备案信息、市场主体信用等。除涉及国家秘密、商业秘密外，招标公告（包括招标条件、项目概况与招标范围、投标人资格要求、招标文件获取、投标文件递交等）、中标候选人（包括中标候选人排序、名称、投标报价、工期、评标情况、项目负责人、个人业绩、有关证书及编号、中标候选人在投标文件中填报的资格能力条件、提出异议的渠道和方式等）、中标结果、合同订立及履行等信息都应向社会公布。

三、明确公开主体

（一）按照"谁批准、谁公开，谁实施、谁公开，谁制作、谁公开"的原则，公共资源配置涉及行政审批的批准结果信息由审批部门负责公开；公共资源项目基本信息、配置（交易）过程信息、中标（成交）信息、合同履约信息由管理或实施公共资源配置的国家机关、企事业单位按照掌握信息的情况分别公开。此外，探索建立公共资源配置"黑名单"制度，逐步把骗取公共资源等不良行为的信息纳入"黑名单"，相关信息由负责管理的部门分别公开。

（二）拓宽公开渠道。充分发挥政府网站第一平台作用，及时发布公共资源配置领域各类信息，畅通依申请公开渠道。积极利用政务微博微信、新闻媒体、政务客户端等拓宽信息公开渠道，开展在线服务，提升用户体验。构建以全国公共资源交易平台为枢纽的公共资源交易数据共享平台体系，推动实现公共资源配置全流程透明化，各类依法应当公开的公共资源交易公告、资格审查结果、交易过程信息、成交信息、履约信息以及有关变更信息等在指定媒介发布后，要与相应的公共资源交易平台实现信息共享，并实时交互至全国公共资源交易平台汇总发布。公共资源配置领域的信用信息要同时交互至全国信用信息共享平台，并依托"信用中国"网站及时予以公开。要把公共资源交易平台与其他政务信息系统进行整合共享，实现公共资源配置信息与其他政务信息资源共享衔接。

（三）强化公开时效。坚持以公开为常态、不公开为例外，公共资源配置过程中产生的政府信息，除涉及国家秘密、商业秘密等内容外，应依法及时予以公开。确定为主动公开的信息，除法律法规另有规定外，要严格按照《政府信息公开条例》规定，自政府信息形成或变更之日起20个工作日内予以公开，行政许可、行政处罚事项应自作出行政决定之日起7个工作日内上网公开。对于政府信息公开申请，要严格按照法定时限和理由予以答复。

四、加强监督检查

（一）各级政府定期对公共资源配置领域政府信息公开工作进行检查，主要包括政府信息公开情况、公开时效、交易平台掌握信息报送和公开情况等。各有关部门每年要将本领域工作进展情况报同级政务公开主管部门，并在政府信息公开年度报告中公布，接受社会公众、新闻媒体的监督。

（二）做好考核评估。地方各级政府按照政务公开工作绩效考核相关规定，把公共资源配置领域政府信息公开工作纳入政务公开工作绩效考核范围，加大考核力度，并探索引入第三方评估机制，推动工作有效开展。

第三节　招标公告和公示信息发布管理

一、招标公告和公示信息

招标公告和公示信息是指招标项目的资格预审公告、招标公告、中标候选人公示、中标结果公示等信息。依法必须招标项目的招标公告和公示信息，除依法需要保密或者涉及商业秘密的内容外，应当按照公益服务、公开透明、高效便捷、集中共享的原则，依法向社会公开。国家发改委根据招标投标法律法规规定，对依法必须招标项目招标公告和公示信息发布媒介的信息发布活动进行监督管理。

二、资格预审公告和招标公告载明内容

依法必须招标项目的资格预审公告和招标公告，应当载明以下内容：招标项目名称、内容、范围、规模、资金来源；投标资格能力要求，以及是否接受联合体投标；获取资格预审文件或招标文件的时间、方式；递交资格预审文件或投标文件的截止时间、方式；招标人及其招标代理机构的名称、地址、联系人及联系方式；采用电子招标投标方式的，潜在投标人访问电子招标投标交易平台的网址和方法；其他依法应当载明的内容。

三、依法必须招标项目的中标候选人公示应当载明的内容

中标候选人排序、名称、投标报价、质量、工期（交货期）以及评标情况；中标候选人按照招标文件要求承诺的项目负责人姓名及其相关证书名称和编号；中标候选人响应招标文件要求的资格能力条件；提出异议的渠道和方式；招标文件规定公示的其他内容。

依法必须招标项目的中标结果公示应当载明中标人名称。依法必须招标项目的招标公告和公示信息应当根据招标投标法律法规，以及国家发改委会同有关部门制定的标准文件编制，实现标准化、格式化。

四、中国招标投标公共服务平台

依法必须招标项目的招标公告和公示信息应当在"中国招标投标公共服务平台"或者项目所在地省级电子招标投标公共服务平台（以下统一简称"发布媒介"）发布。省级电子招标投标公共服务平台应当与"中国招标投标公共服务平台"对接，按规定同步交互招标公告和公示信息。对依法必须招标项目的招标公告和公示信息，发布媒介应当与相应的公共资源交易平台实现信息共享。"中国招标投标公共服务平台"应当汇总公开全国招标公告和公示信息，按规定的发布媒介名称、网址、办公场所、联系方式等基本信息，及时维护更新，与全国公共资源交易平台共享，并归集至全国信用信息共享平台，按规定通过"信用中国"网站向社会公开。

五、拟发布的招标公告和公示信息文本要求

拟发布的招标公告和公示信息文本应当由招标人或其招标代理机构盖章，并由主要负责人或其授权的项目负责人签名。采用数据电文形式的，应当按规定进行电子签名。招标人或其招标代理机构发布招标公告和公示信息，应当遵守招标投标法律法规关于时限的规定。依法必须招标项目的招标公告和公示信息鼓励通过电子招标投标交易平台录入后交互至发布媒介核验发布，也可以直接通过发布媒介录入并核验发布。按照电子招标投标有关数据规范要求交互招标公告和公示信息文本的，发布媒介应当自收到起 12 小时内发布。采用电子邮件、电子介质、传真、纸质文本等其他形式提交或者直接录入招标公告和公示信息文本的，发布媒介应当自核验确认起 1 个工作日内发布。核验确认最长不得超过 3 个工作日。招标人或其招标代理机构应当对其提供的招标公告和公示信息的真实性、准确性、合法性负责。发布媒介和电子招标投标交易平台应当对所发布的招标公告和公示信息的及时性、完整性负责。发布媒介应当按照规定采取有效措施，确保发布招标公告和公示信息的数据电文不被篡改、不遗漏和至少 10 年内可追溯。

六、发布媒介发布信息要求

发布媒介应当免费提供依法必须招标项目的招标公告和公示信息发布服务，并允许社会公众和市场主体免费、及时查阅前述招标公告和公示的完整信息。发布媒介应当通过专门栏目发布招标公告和公示信息，并免费提供信息归类和检索服务，对新发布的招标公告和公示信息作醒目标识，方便市场主体和社会公众查阅。发布媒介应当设置专门栏目，方便市场主体和社会公众就其招标公告和公示信息发布工作反映情况、提出意见，并及时反馈。发布媒介应当实时统计本媒介招标公告和公示信息发布情况，及时向社会公布，并定期报送相应的省级以上发改部门或省级以上人民政府规定的其他部门。依法必须招标项目的招标公告和公示信息除在发布媒介发布外，招标人或其招标代理机构也可以同步在其他媒介公开，并确保内容一致。其他媒介可以依法全文转载依法必须招标项目的招标公告和公示信息，但不得改变其内容，同时必须注明信息来源。

七、招标公告和公示信息调整

依法必须招标项目的招标公告和公示信息有下列情形之一的，潜在投标人或者投标人可以要求招标人或其招标代理机构予以澄清、改正、补充或调整：资格预审公告、招标公告载明的事项不符合本办法第五条规定，中标候选人公示载明的事项不符合本办法第六条规定；在两家以上媒介发布的同一招标项目的招标公告和公示且信息内容不一致；招标公告和公示信息内容不符合法律法规规定。招标人或其招标代理机构应当认真核查，及时处理，并将处理结果告知提出意见的潜在投标人或者投标人。

第四节 建筑工程设计招标投标管理

一、建筑工程设计招标

建筑工程设计招标应当依法进行公开招标或者邀请招标。建筑工程设计招标可以采用设计方案招标或者设计团队招标，招标人可以根据项目特点和实际需要选择。一般市政公用工程及园林工程设计招标投标也可参照执行。

（一）设计方案招标，是指主要通过对投标人提交的设计方案进行评审确定中标人。

（二）设计团队招标，是指主要通过对投标人拟派设计团队的综合能力进行评审确定中标人。

二、不进行招标范围

建筑工程设计招标范围和规模标准按照国家有关规定执行，有下列情形之一的，可以不进行招标：

（一）采用不可替代的专利或者专有技术的；

（二）对建筑艺术造型有特殊要求，并经有关主管部门批准的；

（三）建设单位依法能够自行设计的；

（四）建筑工程项目的改建、扩建或者技术改造，需要由原设计单位设计，否则将影响功能配套要求的；

（五）国家规定的其他特殊情形。

三、公开（邀请）招标

公开招标的，招标人应当发布招标公告。邀请招标的，招标人应当向 3 个以上潜在投标人发出投标邀请书。招标公告或者投标邀请书应当载明招标人名称和地址、招标项目的基本要求、投标人的资质要求以及获取招标文件的办法等事项。

招标人一般应当将建筑工程的方案设计、初步设计和施工图设计一并招标。确需另行选择设计单位承担初步设计、施工图设计的，应当在招标公告或者投标邀请书中明确。鼓励建筑工程实行设计总包。实行设计总包的，按照合同约定或者经招标人同意，设计单位可以不通过招标方式将建筑工程非主体部分的设计进行分包。

四、招标文件

招标文件应当满足设计方案招标或者设计团队招标的不同需求，主要包括以下内容：

（一）项目基本情况；

（二）城乡规划和城市设计对项目的基本要求；

（三）项目工程经济技术要求；

（四）项目有关基础资料；

（五）招标内容；

（六）招标文件答疑、现场踏勘安排；

（七）投标文件编制要求；

（八）评标标准和方法；

（九）投标文件送达地点和截止时间；

（十）开标时间和地点；

（十一）拟签订合同的主要条款；

（十二）设计费或者计费方法；

（十三）未中标方案补偿办法。

五、招标人

（一）招标人应当在资格预审公告、招标公告或者投标邀请书中载明是否接受联合体投标。采用联合体形式投标的，联合体各方应当签订共同投标协议，明确约定各方承担的工作和责任，就中标项目向招标人承担连带责任。

（二）招标人可以对已发出的招标文件进行必要的澄清或者修改。澄清或者修改的内容可能影响投标文件编制的，招标人应当在投标截止时间至少 15 日前，以书面形式通知所有获取招标文件的潜在投标人，不足 15 日的，招标人应当顺延提交投标文件的截止时间。

（三）潜在投标人或者其他利害关系人对招标文件有异议的，应当在投标截止时间 10 日前提出。招标人应当自收到异议之日起 3 日内作出答复，作出答复前，应当暂停招标投标活动。

（四）招标人应当确定投标人编制投标文件所需要的合理时间，自招标文件开始发出之日起至投标人提交投标文件截止之日止，时限最短不少于 20 日。

六、投标人

投标人应当具有与招标项目相适应的工程设计资质。境外设计单位参加国内建筑工程设计投标的，按照国家有关规定执行。投标人应当按照招标文件的要求编制投标文件。投标文件应当对招标文件提出的实质性要求和条件作出响应。

七、评标委员会

评标由评标委员会负责。评标委员会由招标人代表和有关专家组成。评标委员会人数为 5 人以上单数，其中技术和经济方面的专家不得少于成员总数的 2/3。建筑工程设计方案评标时，建筑专业专家不得少于技术和经济方面专家总数的 2/3。评标专家一般从专家库随机抽取，对于技术复杂、专业性强或者国家有特殊要求的项目，招标人也可以直接邀请相应专业的中国科学院院士、中国工程院院士、全国工程勘察设计大师以及境外具有相应资历的专家参加评标。投标人或者与投标人有利害关系的人员不得参加评标委员会。有下列情形之一的，评标委员会应当否决其投标：

（一）投标文件未按招标文件要求经投标人盖章和单位负责人签字；

（二）投标联合体没有提交共同投标协议；

（三）投标人不符合国家或者招标文件规定的资格条件；

（四）同一投标人提交两个以上不同的投标文件或者投标报价，但招标文件要求提交备选投标的除外；

（五）投标文件没有对招标文件的实质性要求和条件作出响应；

（六）投标人有串通投标、弄虚作假、行贿等违法行为；

（七）法律法规规定的其他应当否决投标的情形。

八、评标

评标委员会应当按照招标文件确定的评标标准和方法，对投标文件进行评审。

（1）采用设计方案招标的，评标委员会应当在符合城乡规划、城市设计以及安全、绿色、节能、环保要求的前提下，重点对功能、技术、经济和美观等进行评审。

（2）采用设计团队招标的，评标委员会应当对投标人拟从事项目设计的人员构成、人员业绩、人员从业经历、项目解读、设计构思、投标人信用情况和业绩等进行评审。

（3）评标委员会应当在评标完成后，向招标人提出书面评标报告，推荐不超过 3 个中标候选人，并标明顺序。招标人应当公示中标候选人。

（4）采用设计团队招标的，招标人应当公示中标候选人投标文件中所列主要人员、业绩等内容。招标人根据评标委员会的书面评标报告和推荐的中标候选人确定中标人。招标人也可以授权评标委员会直接确定中标人。

（5）采用设计方案招标的，招标人认为评标委员会推荐的候选方案不能最大限度满足招标文件规定的要求的，应当依法重新招标。招标人应当在确定中标人后及时向中标人发出中标通知书，并同时将中标结果通知所有未中标人。

九、定标

招标人应当自确定中标人之日起 15 日内，向县级以上地方人民政府住房和城乡建设主管部门提交招标投标情况的书面报告。县级以上地方人民政府住房和城乡建设主管部门应当自收到招标投标情况的书面报告之日起 5 个工作日内，公开专家评审意见等信息，涉及国家秘密、商业秘密的除外。招标人和中标人应当自中标通知书发出之日起 30 日内，按照招标文件和中标人的投标文件订立书面合同。招标人、中标人使用未中标方案的，应当征得提交方案的投标人同意并付给使用费。

第五节　国家电子招标投标管理

一、电子招标投标活动平台

电子招标投标活动是指以数据电文形式，依托电子招标投标系统完成全部或者部分招标投标交易、公共服务和行政监督活动。数据电文形式与纸质形式的招标投标活动具有同等法律效力。电子招标投标系统根据功能的不同，分为交易平台、公共服务平台和行政监督平台。交易平台是以数据电文形式完成招标投标交易活动的信息平台。公共服务平台是满足交易平台之间信息交换、资源共享需要，并为市场主体、行政监督部门和社会公众提供信息服务的信息平台。行政监督平台是行政监督部门和监察机关在线监督电子招标投标活动信息平台。

二、电子招标投标交易平台

电子招标投标交易平台按照标准统一、互联互通、公开透明、安全高效的原则以及市场化、专业化、集约化方向建设和运营。依法设立的招标投标交易场所、招标人、招标代理机构以及其他依法设立的法人组织可以按行业、专业类别，建设和运营电子招标投标交易平台。电子招标投标交易平台具备下列主要功能：在线完成招标投标全部交易过程；编辑、生成、对接、交换和发布有关招标投标数据信息；提供行政监督部门和监察机关依法实施监督和受理投诉所需的监督通道；技术规范规定的其他功能。

电子招标投标交易平台应当按照技术规范规定，执行统一的信息分类和编码标准，为各类电子招标投标信息的互联互通和交换共享开放数据接口、公布接口要求。电子招标投标交易平台接口应当保持技术中立，与各类需要分离开发的工具软件相兼容对接，不得限制或者排斥符合技术规范规定的工具软件与其对接。电子招标投标交易平台应当允许社会公众、市场主体免费注册登录和获取依法公开的招标投标信息，为招标投标活动当事人、行政监督部门和监察机关按各自职责和注册权限登录使用交易平台提供必要条件。

电子招标投标交易平台运营机构应当是依法成立的法人，拥有一定数量的专职信息技术、招标专业人员。电子招标投标交易平台运营机构应当根据国家有关法律法规及技术规范，建立健全电子招标投标交易平台规范运行和安全管理制度，加强监控、检测，及时发现和排除隐患。电子招标投标交易平台运营机构应当采用可靠的身份识别、权限控制、加密、病毒防范等技术，防范非授权操作，保证交易平台的安全、稳定、可靠。电子招标投标交易平台运营机构应当采取有效措施，验证初始录入信息的真实性，并确保数据电文不被篡改、不遗漏和可追溯。电子招标投标交易平台运营机构不得以任何手段限制或者排斥潜在投标人，不得泄露依法应当保密的信息，不得弄虚作假、串通投标或者为弄虚作假、串通投标提供便利。

三、电子招标

招标人或者其委托的招标代理机构应当在其使用的电子招标投标交易平台注册登记，选择使用除招标人或招标代理机构之外第三方运营的电子招标投标交易平台的，还应当与电子招标投标交易平台运营机构签订使用合同，明确服务内容、服务质量、服务费用等权利和义务，并对服务过程中相关信息的产权归属、保密责任、存档等依法作出约定。电子招标投标交易平台运营机构不得以技术和数据接口配套为由，要求潜在投标人购买指定的工具软件。

（一）招标人或者其委托的招标代理机构应当在资格预审公告、招标公告或者投标邀请书中载明潜在投标人访问电子招标投标交易平台的网络地址和方法。依法必须进行公开招标项目的上述相关公告应当在电子招标投标交易平台和国家指定的招标公告媒介同步发布。

（二）招标人或者其委托的招标代理机构应当及时将数据电文形式的资格预审文件、招标文件加载至电子招标投标交易平台，供潜在投标人下载或者查阅。

（三）数据电文形式的资格预审公告、招标公告、资格预审文件、招标文件等应当标准化、格式化，并符合有关法律法规以及国家有关部门颁发的标准文本的要求。

（四）在投标截止时间前，电子招标投标交易平台运营机构不得向招标人或者其委托的招标代理机构以外的任何单位和个人泄露下载资格预审文件、招标文件的潜在投标人名称、数量以及可能影响公平竞争的其他信息。

（五）招标人对资格预审文件、招标文件进行澄清或者修改的，应当通过电子招标投标交易平台以醒目的方式公告澄清或者修改的内容，并以有效方式通知所有已下载资格预审文件或者招标文件的潜在投标人。

四、电子投标

（一）投标人应当在资格预审公告、招标公告或者投标邀请书载明的电子招标投标交易平台注册登记，如实递交有关信息，并经电子招标投标交易平台运营机构验证。

（二）投标人应当通过资格预审公告、招标公告或者投标邀请书载明的电子招标投标交易平台递交数据电文形式的资格预审申请文件或者投标文件。

（三）电子招标投标交易平台应当允许投标人离线编制投标文件，并且具备分段或者整体加密、解密功能。投标人应当按照招标文件和电子招标投标交易平台的要求编制并加密投标文件。投标人未按规定加密的投标文件，电子招标投标交易平台应当拒收并提示。

（四）投标人应当在投标截止时间前完成投标文件的传输递交，并可以补充、修改或者撤回投标文件。投标截止时间前未完成投标文件传输的，视为撤回投标文件。投标截止时间后送达的投标文件，电子招标投标交易平台应当拒收。

（五）电子招标投标交易平台收到投标人送达的投标文件，应当即时向投标人发出确认回执通知，并妥善保存投标文件。在投标截止时间前，除投标人补充、修改或者撤回投标文件外，任何单位和个人不得解密、提取投标文件。

资格预审申请文件的编制、加密、递交、传输、接收确认等，适用关于投标文件的规定。

五、电子开标、评标和中标

（一）电子开标应当按照招标文件确定的时间，在电子招标投标交易平台上公开进行，所有投标人均应当准时在线参加开标。开标时，电子招标投标交易平台自动提取所有投标文件，提示招标人和投标人按招标文件规定方式按时在线解密。解密全部完成后，应当向所有投标人公布投标人名称、投标价格和招标文件规定的其他内容。

（二）因投标人原因造成投标文件未解密的，视为撤销其投标文件；因投标人之外的原因造成投标文件未解密的，视为撤回其投标文件，投标人有权要求责任方赔偿因此遭受的直接损失。部分投标文件未解密的，其他投标文件的开标可以继续进行。招标人可以在招标文件中明确投标文件解密失败的补救方案，投标文件应按照招标文件的要求作出响应。

（三）电子招标投标交易平台应当生成开标记录并向社会公众公布，但依法应当保密的除外。电子评标应当在有效监控和保密的环境下在线进行。

（四）根据国家规定应当进入依法设立的招标投标交易场所的招标项目，评标委员会成员应当在依法设立的招标投标交易场所登录招标项目所使用的电子招标投标交易平台进行评标。评标中需要投标人对投标文件澄清或者说明的，招标人和投标人应当通过电子招标投标交易平台交换数据电文。评标委员会完成评标后，应当通过电子招标投标交易平台向招标人提交数据电文形式的评标报告。

（五）依法必须进行招标的项目中标候选人和中标结果应当在电子招标投标交易平台进行公示和公布。招标人确定中标人后，应当通过电子招标投标交易平台以数据电文形式向中标人发出中标通知书，并向未中标人发出中标结果通知书。

（六）招标人应当通过电子招标投标交易平台，以数据电文形式与中标人签订合同。鼓励招标人、中标人等相关主体及时通过电子招标投标交易平台递交和公布中标合同履行情况的信息。资格预审申请文件的解密、开启、评审、发出结果通知书等，适用关于投标文件的规定。投标人或者其他利害关系人依法对资格预审文件、招标文件、开标和评标结果提出异议，以及招标人答复，均应当通过电子招标投标交易平台进行。

（七）招标投标活动中的下列数据电文应当按照《电子签名法》和招标文件的要求进行电子签名并进行电子存档：资格预审公告、招标公告或者投标邀请书；资格预审文件、招标文件及其澄清、补充和修改；资格预审申请文件、投标文件及其澄清和说明；资格审查报告、评标报告；资格预审结果通知书和中标通知书；合同；国家规定的其他文件。

六、信息共享与公共服务

（一）电子招标投标交易平台应当依法及时公布下列主要信息：招标人名称、地址、联系人及联系方式；招标项目名称、内容范围、规模、资金来源和主要技术要求；招标代理机构名称、资格、项目负责人及联系方式；投标人名称、资质和许可范围、项目负责人；中标人名称、中标金额、签约时间、合同期限；国家规定的公告、公示和技术规范规定公布和交换的其他信息。

（二）鼓励招标投标活动当事人通过电子招标投标交易平台公布项目完成质量、期限、结算金额等合同履行情况。各级人民政府有关部门应当按照《政府信息公开条例》等规定，在本部门网站及时公布并允许下载下列信息：有关法律法规规章及规范性文件；取得相关工程、服务资质证书或货物生产、经营许可证的单位名称、营业范围及年检情况；取得有关职称、职业资格的从业人员的姓名、电子证书编号；对有关违法行为作出的行政处理决定和招标投标活动的投诉处理情况；依法公开的工商、税务、海关、金融等相关信息。

（三）电子招标投标公共服务平台应当按照规定，具备下列主要功能：链接各级人民政府及其部门网站，收集、整合和发布有关法律法规规章及规范性文件、行政许可、行政处理决定、市场监管和服务的相关信息；连接电子招标投标交易平台、国家规定的公告媒介，交换、整合和《电子招标投标办法》第四十一条规定的信息；连接依法设立的评标专家库，实现专家资源共享；支持不同电子认证服务机构数字证书的兼容互认；提供行政监督部门和监察机关依法实施监督、监察所需的监督通道；整合分析相关数据信息，动态反映招标投标市场运行状况、相关市场主体业绩和信用情况。

（四）电子招标投标公共服务平台应当按照规定，开放数据接口、公布接口要求，与电子招标投标交易平台及时交换招标投标活动所必需的信息，以及双方协商确定的其他信息。开放数据接口、公布接口要求，与上一层级电子招标投标公共服务平台连接并注册登记，及时交换规定的信息，以及双方协商确定的其他信息。电子招标投标公共服务平台应当允许社会公众、市场主体免费注册登录和获取依法公开的招标投标信息，为招标人、投标人、行政监督部门和监察机关按各自职责和注册权限登录使用公共服务平台提供必要条件。

第六节　机关团体建设楼堂馆所管理

一、楼堂馆所建设

楼堂馆所，是指办公用房以及培训中心等各类具有住宿、会议、餐饮等接待功能的场所和设施，机关、团体建设楼堂馆所，是指新建、扩建、改建、购置，包括财政给予经费保障的事业单位和人民团体以外的其他团体建设楼堂馆所。

建设办公用房应当遵循朴素、实用、安全、节能的原则，严格履行审批程序，严格执行办公用房建设标准，建设办公用房。机关、团体不得建设培训中心等各类具有住宿、会议、餐饮等接待功能的场所和设施。机关、人民团体、财政给予经费保障的事业单位和其他团体维修办公用房，应当严格履行审批程序，执行维修标准。

二、项目审批

建设办公用房的，应当向负责项目审批的机关（以下简称审批机关）报送项目建议书、可行性研究报告、初步设计；购置办公用房的，不报送初步设计。根据办公用房项目的具体情况，经审批机关同意，项目建议书、可行性研究报告、初步设计可以合并编制报送。审批机关应当严格审核办公用房项目，按照建设标准核定建设内容、建设规模和投资概算。对未经批准的办公用房项目，不得办理规划、用地、施工等相关手续，不得安排预算、拨付资金。办公用房项目应当按照审批机关核定的建设内容、建设规模和投资概算进行设计、施工。因国家政策调整、价格上涨、地质条件发生重大变化等原因确需增加投资概算的，应当经原审批机关批准。

三、建设资金

审批机关应当完善审批工作流程，建立健全审批工作责任制和内部监督机制。办公用房项目的建设资金由预算资金安排，按照国库集中支付制度的有关规定支付。办公用房项目竣工后，建设单位应当按照规定及时组织编报竣工财务决算，并及时办理固定资产入账手续。

四、监督检查

审批机关、财政部门、审计机关、监察机关（以下统称监督检查机关）应当按照各自的职责，加强对建设楼堂馆所活动的监督检查和绩效评价。监督检查机关应当密切配合，建立信息共享机制，并根据实际需要开展联合监督检查、专项监督检查。

五、建设单位

建设单位应当按照有关规定加强办公用房项目档案管理，将项目审批和实施过程中的有关文件、资料存档备查。下列信息应当通过政府网站公开：办公用房项目审批情况，包括建设单位名称、批准的理由以及建设内容、建设规模、投资概算等；增加投资概算的，还应当公开增加投资概算的情况和理由。监督检查情况，包括发现的违法建设楼堂馆所的单位名称、基本事实以及处理结果等。

六、党政机关办公用房管理

（一）党政机关办公用房

1. 党政机关，是指党的机关、人大机关、行政机关、政协机关、监察机关、审判机关、检察机关，以及工会、共青团、妇联等人民团体和参照公务员法管理的事业单位。

2. 办公用房，是指党政机关占有、使用或者可以确认属于机关资产的，为保障党政机关正常运行需要设置的基本工作场所，包括办公室、服务用房、设备用房和附属用房。

3. 中央和国家机关办公用房管理，由归口的机关事务管理部门负责规划、权属、调剂、使用监管、处置、维修等，国家发改委负责建设项目审批、建设标准制定以及投资安排等，财政部负责预算安排、指导开展资产管理等。中央和国家机关所属垂直管理机构、派出机构和参照公务员法管理的事业单位办公用房的权属、使用、维修等有关管理工作，由归口的机关事务管理部门委托行政主管部门负责。各级党政机关是办公用房的使用单位，负责本单位占有、使用办公用房的内部管理和日常维护。

（二）权属管理

党政机关办公用房的房屋所有权、土地使用权等不动产权利（以下统称办公用房权属），统一登记至本级机关事务管理部门名下。中央和国家机关所属垂直管理机构、派出机构和参照公务员法管理的事业单位办公用房权属应当登记在行政主管部门名下。使用单位应当建立本单位办公用房资产管理分台账，资产信息发生变更的，及时调整更新。使用单位应当加强本单位办公用房档案管理，及时归集权属、建设、维修等原始档案，并移交产权单位。产权单位应当加强办公用房档案的收集、保存和利用，确保档案完整。

（三）配置管理

党政机关办公用房配置应当严格执行相关标准，从严核定面积。国家发展改革委会同住房和城乡建设部、财政部，制定和完善党政机关办公用房建设标准，并实行标准动态调整。党政机关办公用房配置方式包括调剂、置换、租用和建设。使用单位需要配置办公用房的，由机关事务管理部门优先整合现有办公用房资源调剂解决。采取置换方式配置办公用房的，应当严格履行审批程序，执行新建办公用房各项标准，确保符合办公用房各类功能要求，并按规定组织资产评估，置换所得超出面积标准的办公用房由机关事务管理部门统一调剂，置换所得收益按照非税收入有关规定管理。置换旧房的，由机关事务管理部门会同发展改革、财政部门报同级人民政府审批；置换新房的，应当严格履行建设审批程序。不得以置换名义量身打造办公用房，不得以未使用政府预算建设资金、资产整合等名义规避审批。无法调剂或者置换解决办公用房的，可以面向市场租用，但应当严格按照规定履行审批程序。需租用办公用房的，由使用单位提出申请，经机关事务管理部门核准后，报财政部门审核安排预算；或者由机关事务管理部门统筹本级党政机关办公用房使用需求，制定租用方案，报财政部门审核安排预算后，统一租赁并统筹安排使用。

无法调剂、置换、租用办公用房，或者涉及国家秘密、国家安全等特殊情况的，可以采取建设方式解决，但应当按照国家有关政策从严控制，严格履行审批程序。党政机关办公用房建设包括新建、扩建、改建、购置。中共中央直属机关办公用房建设项目由归口的机关事务管理部门审核同意后统一申报，由国家发改委核报国务院审批。中央国家机关本级办公用房建设项目，由国家发改委核报国务院审批，申报前应当由归口的机关事务管理部门出具必要性审查意见。中央国家机关所属垂直管理机构、派出机构办公用房建设项目，厅（局）级及以上单位的项目由国家发改委审批，申报前应当由归口的机关事务管理部门出具必要性审查意见；厅（局）级以下单位的项目由行政主管部门审批，并报国家发改委和归口的机关事务管理部门备案。中央国家机关所属参照公务员法管理的事业单位的办公用房建设项目，由国务院、国家发改委和行政主管部门按照中央预算内投资审批权限分别负责审批，其中由国务院、国家发改委审批的项目，申报前应当由归口的机关事务管理部门出具必要性审查意见。省、自治区、直辖市及计划单列市本级党政机关办公用房建设项目，由国家发改委核报国务院审批；地方其他党政机关办公用房建设项目，由省级人民政府审批。县级党政机关直属单位和乡（镇）级党政机关办公用房建设项目，可以由省级人民政府根据实际情况委托市级人民政府审批。党政机关办公用房配置所需资金，应当通过政府预算安排，不得接受任何形式赞助或者捐款，不得搞任何形式集资或者摊派，不得向其他任何单位借款，不得让施工单位垫资，严禁挪用各类专项资金。土地收益和资产转让收益按照非税收入有关规定管理，不得直接用于办公用房配置。涉及新增资产的，应当向财政部门申报新增资产配置预算。

（四）使用管理

机关事务管理部门应当与使用单位签订办公用房使用协议，核发办公用房分配使用凭证。办公用房分配使用凭证可以按照有关规定用于办理使用单位法人登记、集体户籍、大中修项目施工许可等，不得用于出租、出借、经营。使用单位应当严格按照有关规定在核定面积内合理安排使用办公用房，不得擅自改变办公用房使用功能，不得调整给其他单位使用。办公用房安排使用情况应当按年度通过政务内网、公示栏等平台进行内部公示；领导干部办公用房配备情况应当按年度报机关事务管理部门备案，严禁超标准配备、使用办公用房。项目批复中已经明确和机关一并建设办公用房的事业单位，按照面积标准核定后可以继续无偿使用机关办公用房。公益一类事业单位已经占用的机关办公用房，按照面积标准核定后可以继续无偿使用。公益二类事业单位已经占用的机关办公用房，应当按照规定予以腾退，确有困难的，经机关事务管理部门批准，可以继续有偿使用，租金收益按照非税收入有关规定管理。事业单位已经新建、购置办公用房或者租用其他房屋办公的，应当在 6 个月内将原有办公用房腾退移交机关事务管理部门。生产经营类事业单位、国有企业和行业协会商会等社团组织，原则上不得占用党政机关办公用房。

建立健全政府向社会购买物业服务机制，逐步实现办公用房物业服务社会化、专业化，具备条件的逐步推进统一物业管理服务。机关事务管理部门应当会同有关部门，按照经济、适度的原则，制定本级党政机关办公用房物业服务内容、服务标准和费用定额。鼓励有条件地区探索试行办公用房租金制，逐步推进办公用房经费预算管理和实物资产管理相结合。

（五）维修管理

党政机关办公用房维修包括日常维修和大中修。中央和国家机关办公用房维修标准由归口的机关事务管理部门、财政部会同住建部制定，地方各级党政机关办公用房维修标准由各省、自治区、直辖市结合实际制定，并建立标准动态调整机制。使用单位负责办公用房的日常检查和维修，所需资金通过部门预算安排。党政机关办公用房因使用时间较长、设施设备老化、功能不全、存在安全隐患等原因需要大中修的，使用单位向机关事务管理部门提出申请；机关事务管理部门结合办公用房建筑年代、历史维修记录、老化损坏程度、单位建筑面积能耗水平和使用单位的实际需求，统筹安排办公用房大中修项目，报财政部门审核安排预算。办公用房大中修项目应当严格按照规定履行审批程序，未经审批的项目，不得安排预算。中央和国家机关本级办公用房大中修项目，由归口的机关事务管理部门审批。中央和国家机关所属垂直管理机构、派出机构和参照公务员法管理的事业单位办公用房大中修项目，机关事务管理部门委托行政主管部门审批，其中厅（局）级及以上单位办公用房大中修项目审批情况应当报归口的机关事务管理部门备案。地方各级党政机关办公用房大中修项目的审批程序，由各省、自治区、直辖市规定。

（六）处置利用管理

党政机关办公用房有下列情形之一闲置的，可以按照有关规定采取调剂使用、转换用途、置换、出租、拍卖、拆除等方式及时处置利用：同级党政机关办公用房总量满足使用需求，仍有余量的；因地理位置、周边环境、房屋结构等原因，不适合继续作为办公用房使用的；因城乡规划调整等需要拆迁的；经专业机构鉴定属于危房，且无加固改造价值的；其他原因导致办公用房闲置的。

处置利用党政机关办公用房涉及权属、用途等变更的，应当依法办理相关手续。同一区域内闲置办公用房具备条件的，应当加强跨系统、跨层级调剂使用。中央和国家机关所属垂直管理机构、派出机构之间调剂使用的，由行政主管部门审核提出意见，经归口的机关事务管理部门批准后实施，调剂使用情况报财政部备案。中央和国家机关所属垂直管理机构、派出机构与地方各级党政机关之间调剂使用的，由行政主管部门会同有关地方人民政府审核提出意见，经归口的机关事务管理部门会同财政部批准后实施。地方同级或者上下级党政机关之间，以及地方各级党政机关所属垂直管理机构、派出机构之间调剂使用的，参照前两款规定办理。具备条件的，机关事务管理部门可以商有关部门将闲置办公用房转为便民服务、社区活动等公益场所，或者按照有关规定置换为其他符合国家政策和需要的资产。机关事务管理部门可以通过公共资源交易平台统一招租，租金收益按照非税收入有关规定管理。党政机关如有需要，应当及时收回出租的办公用房，统筹调剂使用。使用单位不得擅自出租办公用房。闲置办公用房无法通过调剂使用、转换用途、置换、出租等方式处置利用的，机关事务管理部门报财政部门批准后，可以通过公共资源交易平台依法公开拍卖，拍卖收益按照非税收入有关规定管理。

党政机关本级的技术业务用房以及机关办公区内的技术业务用房，权属统一登记至本级机关事务管理部门名下，从严控制使用范围和用途，原则上不得调整用作办公用房。党政机关本级的技术业务用房建设项目以及机关办公区内的技术业务用房建设项目，应当严格按规定履行审批程序，项目申报前由机关事务管理部门出具土地、人防等审查意见。住建部会同国家发改委、有关业务主管部门，制定和完善各类技术业务用房建设标准，合理区分办公用房和技术业务用房。

第七节 党政机关办公用房建设指标

一、建筑分类与面积指标

（一）党政机关办公用房根据单位级别和性质分为五类，其适用对象见表 3-1。

党政机关办公用房类别划分 表 3-1

类别	适用对象
中央机关	中央部（委）级党的机关、人大机关、行政机关、政协机关、审判机关、检察机关，工会、共青团、妇联等人民团体机关，以及各机关派出机构和直属事业单位
省级机关	省（自治区、直辖市）级党的机关、人大机关、行政机关、政协机关、审判机关、检察机关，工会、共青团、妇联等人民团体机关，以及各机关的组成机构、直属机构、派出机构和直属事业单位
市级机关	市（地、州、盟）级党的机关、人大机关、行政机关、政协机关、审判机关、检察机关，工会、共青团、妇联等人民团体机关，以及各机关的组成机构、直属机构、派出机构和直属事业单位
县级机关	县（市、旗）级党的机关、人大机关、行政机关、政协机关、审判机关、检察机关，工会、共青团、妇联等人民团体机关，以及各机关的组成机构、直属机构、派出机构和直属事业单位
乡级机关	乡（镇、苏木）级党的机关、人大机关、行政机关及其他机关

（二）党政机关办公用房由基本办公用房（办公室、服务用房、设备用房）、附属用房两部分组成，并应符合表 3-2 的规定。

党政机关办公用房功能分类 表 3-2

办公用房		包括内容
基本办公用房	办公室	包括领导人员办公室和一般工作人员办公室
	服务用房	包括会议室、接待室、档案室、图书资料室、机关信息网络用房、机要保密室、文印室、收发室、医务室、值班室、储藏室、物业及工勤人员用房、开水间、卫生间等
	设备用房	包括变配电室、水泵房、水箱间、中水处理间、锅炉房（或热力交换站）、空调机房、通信机房、电梯机房、建筑智能化系统设备用房等
附属用房		包括食堂、停车库（汽车库，自行车库，电动车、摩托车库）、警卫用房、人防设施等

注：表中所称领导人员是指独立法人单位的领导班子成员。

（三）各级工作人员办公室使用面积不应超过表 3-3 的规定。

各级工作人员办公室使用面积　　　　　　　　　　表 3-3

类 别	适用对象	使用面积（平方米/人）
中央机关	部级正职	54
	部级副职	42
	正司（局）级	24
	副司（局）级	18
	处级	12
	处级以下	9
省级机关	省级正职	54
	省级副职	42
	正厅（局）级	30
	副厅（局）级	24
	正处级	18
	副处级	12
	处级以下	9
市级机关	市级正职	42
	市级副职	30
	正局（处）级	24
	副局（处）级	18
	局（处）级以下	9
县级机关	县级正职	30
	县级副职	24
	正科级	18
	副科级	12
	科级以下	9
乡级机关	乡级正职	由省级人民政府按照中央规定和精神自行做出规定，原则上不得超过县级副职
	乡级副职	
	乡级以下	

注：1. 副省级城市、副部级单位副职办公室面积指标按不超过省（部）级副职标准执行，其组成部门的正、副局（司）级人员办公面积指标按不超过省级机关或中央机关相应的正、副厅（局、司）级标准执行。副市（厅）、副县（处）级单位以此类推。

2. 中央机关司（局）级派出机构、事业单位按省级机关厅（局）级单位标准执行，处级派出机构、事业单位按市级机关局（处）级单位标准执行；省级机关处级直属机构、派出机构、事业单位按市级机关局（处）级单位标准执行，科级派出机构、事业单位按县级机关科级单位标准执行。其他以此类推。

3. 各级党政机关领导人员办公室可在上列规定的办公室使用面积范围内配备休息室。

4. 省部级领导人员、省（自治区、直辖市）所属厅（局）正职和市（地、州、盟）、县（市、区、旗）党政正职办公室可在上列规定的办公室使用面积范围内配备不超过 6 平方米的卫生间。

（四）服务用房使用面积不应超过表 3-4 的规定。

服务用房使用面积　　　　　　　　　　　　　表 3-4

表4服务用房编制定员人均使用面积 类 别	使用面积（平方米/人）	计算方法
中央机关 省级机关	7～9	200 人及以下取上限，400 人及以上取下限，中间值用公式（1100－x）/100 计算确定
市级机关	6～8	200 人及以下取上限，400 人及以上取下限，中间值用公式（1000－x）/100 计算确定
县级机关	6～8	100 人及以下取上限，200 人及以上取下限，中间值用公式（500－x）/50 计算确定
乡级机关	由省级人民政府按照中央规定和精神自行做出规定，原则上不得超过县级机关	—

注：表中 x 为编制定员。

设备用房使用面积应根据地理位置、建设规模以及相关设备需求确定，宜按办公室和服务用房使用面积之和的 9% 测算。党政机关办公用房应合理确定门厅、走廊、电梯厅等面积，提高使用面积系数。基本办公用房建筑总使用面积系数，多层建筑不应低于 65%，高层建筑不应低于 60%，附属用房建筑面积，不应超过下列规定：

1. 食堂：食堂餐厅及厨房建筑面积按编制定员计算，编制定员 100 人及以下的，人均建筑面积为 3.7 平方米；编制定员超过 100 人的，超出人员的人均建筑面积为 2.6 平方米。

2. 停车库：总停车位数应满足城乡规划建设要求，汽车库建筑面积指标为 40 平方米/辆，超出 200 个车位以上部分为 38 平方米/辆。

可设置新能源汽车充电桩；自行车库建筑面积指标为 1.8 平方米/辆；电动车、摩托车库建筑面积指标为 2.5 平方米/辆。

3. 警卫用房：宜按警卫编制定员及武警营房建筑面积标准计算，人均建筑面积为 25 平方米。

4. 人防设施：应按国家人防部门规定的设防范围和标准计列建筑面积，本着平战结合、充分利用的原则，在平时可以兼作地下车库、物品仓库等。

二、选址、布局与建设用地

（一）党政机关办公用房选址应符合当地土地利用总体规划和城乡规划的要求，在规划确定的城镇建设用地范围内，选择位置适合、交通便利、环境适宜、基础设施和地质条件良好、有利于安全保卫的地点。党政机关办公用房在城市中的布局宜相对集中。联合建设时，其设备用房和附属用房等应统一规划与建设。党政机关办公用房的建筑总平面布置应遵循功能组织合理、建筑组合紧凑、服务资源共享的原则，科学合理组织和利用地上、地下空间。

（二）党政机关办公用房建设用地包括：建筑主体及其附属建筑用地、道路及停车用地、绿化用地等。党政机关办公用房改建、扩建工程应充分利用原有场地和设施，减少新增用地。党政机关办公用房建设用地不得用于建造与办公无关的居住或商用建筑等，不得占用风景名胜资源。党政机关办公用房的建筑容积率不应小于表 3-5 的规定，并应满足所在地城乡规划与建设的相关控制要求。

建筑容积率指标 表 3-5

类别	容积率
中央机关	2.0
省级机关	2.0
市级机关	1.2
县级机关	1.0
乡级机关	由省级人民政府按照中央规定和精神自行做出规定

（三）党政机关办公用房总停车位数应满足当地城乡规划建设要求，地面停车场面积指标为：汽车 25 平方米/辆，自行车 1.2 平方米/辆，电动车、摩托车 1.8 平方米/辆。党政机关办公用房建设用地的绿地率不宜低于 30%，并应满足当地城乡规划和建设有关绿地的控制要求。绿化植被应采用本土植物，不得移栽大树、古树，以降低绿化成本。

三、建筑标准

（一）党政机关办公用房不宜建造一、二层的低层建筑，也不应建造超高层、超大体量的建筑。党政机关基本办公用房建筑面积小于（等于）表 3-6 的规定时，不宜单独建设。

建筑面积控制指标 表 3-6

类别	建筑面积（平方米）
中央机关	6000
省级机关	6000
市级机关	4000
县级机关	2000
乡级机关	—

（二）党政机关办公用房标准层每层建筑面积不应低于表 3-7 的规定：

标准层建筑面积 表 3-7

标准层建筑面积分类	建筑面积（平方米）
四层及以下办公用房	600
五层及以上多层办公用房	1000
高层办公用房	1200

（三）党政机关办公用房入口门厅高度不应超过两层，门厅的使用面积不应超过表 3-

8 的规定：

入口门厅的使用面积指标　　　　　　　　　　　　　　　　　表 3-8

入口门厅的使用面积指标类别	使用面积（平方米）
中央机关	300
省级机关	300
市级机关	240
县级机关	120
乡级机关	由省级人民政府按照中央规定和精神自行做出规定，原则上不得超过县级机关

（四）党政机关办公用房不得在办公区域内建设阶梯式和有舞台灯光音响、舞台机械、同声传译的会堂、报告厅、大型会议室。建筑物内不宜设置阳光房、采光中厅、室内花园、景观走廊等超出办公用房功能的其他空间或房间。党政机关办公用房标准层的层高应根据办公室净高要求、结构形式及设施情况确定，不得超越净高规定或结构及设施的合理技术条件加大层高。办公室的净高应符合下列规定：

1. 有集中空调设施并有吊顶的标准单间办公室宜为 2.5～2.7 米；

2. 无集中空调设施的标准单间办公室宜为 2.6～2.8 米；

3. 有集中空调设施并有吊顶的大空间办公室宜为 2.6～2.8 米；

4. 无集中空调设施的大空间办公室宜为 2.8～3.0 米。

（五）党政机关办公用房标准层的走道净宽应符合下列规定：

1. 走道长度≤40 米时，单面布房的走道净宽不宜小于 1.5 米且不宜大于 1.8 米，双面布房的走道净宽不宜小于 1.8 米且不宜大于 2.1 米。

2. 走道长度＞40 米时，单面布房的走道净宽不宜小于 1.5 米且不宜大于 2.1 米，双面布房的走道净宽不宜小于 1.8 米且不宜大于 2.5 米。

（六）五层及五层以上的党政机关办公用房应设置乘客电梯，办公用房的办公区域不应设置自动扶梯。

（七）党政机关办公用房应满足国家有关无障碍规范的要求。党政机关办公用房的建设应满足功能需求，党政机关一般工作人员办公室宜采用大开间，提高办公室利用率。党政机关办公用房建筑应符合国家有关建筑设计防火、抗震、节能规范等的规定，并确保建筑在设计使用年限期间能正常使用。

四、建筑装修

（一）党政机关办公用房装修设计应构造简洁、色彩适宜，营造庄重、实用、协调的装饰效果，因地制宜地选用节能环保装修材料或构配件。党政机关办公用房室内装修包括楼地面、墙面、柱面、天棚、内门窗、轻质隔墙、细部等，不包括活动家具、窗帘、饰物等。党政机关办公用房装修标准可分为基本装修、中级装修、中高级装修三类，并宜符合表 3-9 的规定。

（二）党政机关办公用房建筑装修应符合表 3-10 的规定。

（三）党政机关办公用房的办公室及办公区走廊等应采用普通灯具和高效节能型光源，会议室、接待室及主入口门厅可采用装饰性灯具，配用高效节能型光源，但不应选用豪华灯具。采暖地区一般工作人员办公室不应做装饰性暖气罩。党政机关办公用房室外装修包括墙面、柱面、外门窗、门头、台阶、坡道等。党政机关办公用房室外装修设计，应综合考虑所在地区传统文化特色、经济状况、城镇景观及周边建筑风貌，做到实用、协调、庄重。外墙面不宜大面积采用玻璃幕墙，主入口不应使用铜质门、豪华旋转门。

装修标准 表3-9

分类	装修要求
基本装修	选用建筑所在地区经济型普通装修材料或构配件。 楼地面可选用普通 PVC 地材、地砖、水泥砂浆等；墙、柱面选用普通涂料；天棚刷普通涂料或普通饰面板吊顶；门采用普通复合木门
中级装修	选用建筑所在地区中等价位的装修材料或构配件。 楼地面可选用中档复合木地板、PVC 地材、石材、地砖等；墙、柱面可选用中档饰面板、涂料或壁纸；天棚可做中档饰面板吊顶；门采用中档复合木门或玻璃门
中高级装修	选用建筑所在地区中等价位、局部选用中高价位的装修材料或构配件。 楼地面可选用中高档石材、木材、普通化纤地毯；墙、柱面可选用中档饰面板或涂料；天棚可做中高档饰面板吊顶；门采用中高档复合木门或玻璃门

注：同等档次室内装修材料，提倡采用新型环保节能材料。

装修选用标准 表3-10

类别房间或部位		中央机关、省级机关	市级机关	县级机关	乡级机关
办公室	一般工作人员办公室	基本	基本	基本	基本
	领导人员办公室	中高级	中级	中级或基本	基本
服务用房	会议室、接待室	中高级或中级	中级	中级或基本	基本
	其他用房	基本	基本	基本	基本
设备用房		基本	基本	基本	基本
附属用房		基本	基本	基本	基本
主入口门厅及电梯厅		中高级	中级	中级或基本	基本

（四）党政机关办公用房装修工程造价包括：室内装修工程、室外装修工程造价。装修工程造价占建筑安装工程费用的比例，不宜超过表3-11的规定。

装修工程造价占建筑安装工程费用的比例 表3-11

装修工程造价占建筑安装工程费用的比例 类别	比例（%）
中央机关	35
省级机关	35
市级机关	35
县级机关	30
乡级机关	25

五、室内环境与建筑设备

（一）党政机关办公用房室内环境应符合公共建筑节能设计标准的规定，其中，办公室冬季采暖设定温度不应高于 20℃，夏季制冷设定温度不应低于 26℃。

（二）党政机关办公用房的一个主立面朝向外窗的窗墙比不应大于 0.6，其余朝向外窗的窗墙比不应大于 0.4，并满足自然采光的要求。

（三）采用集中采暖、空调系统的办公用房，应设置分楼层或分室内区域或分用户的室温可调控装置，并按使用部门或耗能部门设置热、冷量分摊计量装置。

（四）党政机关办公用房的给水系统应充分利用城镇给水管网直接供水，其供水设备宜采用管网叠压供水设备。

（五）党政机关办公用房不得采用冲洗水量大于 9 升的便器及水箱，洗手（脸）盆宜采用感应式水嘴、延时自闭水嘴，便器采用感应式或延时自闭冲洗阀。卫生器具和配件均应采用节水型产品。

（六）各类用房或部位的照度标准值应符合表 3-12 的规定。

照度标准值 表 3-12

房间或部位	照度标准值（lx）
办公室、会议室、接待室、文印室、门厅等	300
档案室、资料室等	200

走廊、楼梯间、门厅等公共场所的照明，宜采用集中控制，并按建筑使用条件和天然采光状况采取分区、分组控制措施。

六、智能化系统

（一）党政机关办公用房智能化系统宜由智能化集成系统、信息设施系统、信息化应用系统、公共安全系统、建筑设备管理系统等构成，党政机关可根据各自需要和实际情况配置相应的办公用房智能化系统。

（二）中央机关、省级机关、市级机关办公用房宜设置智能化集成系统。智能化集成系统建设应根据办公用房规模、办公业务的综合性以及建筑设备的控制要求综合考虑确定。

（三）党政机关办公用房信息设施系统宜包括用户电话交换系统、信息网络系统、综合布线系统、有线电视系统、广播系统、会议系统等。系统配置标准宜符合表 3-13 的规定。

信息设施系统配置标准 表 3-13

信息设施系统	中央机关、省级机关	市级机关	县级机关	乡级机关
用户电话交换系统	●	●	●	○
信息网络系统	●	●	●	●
综合布线系统	●	●	●	●
有线电视系统	●	●	●	●
广播系统	●	●	○	○
会议系统	●	●	●	○

注：●表示可配置；○表示不宜配置

（四）党政机关办公用房信息化应用系统宜包括办公业务系统、物业运营管理系统、智能卡应用系统、信息安全管理系统等。系统配置标准宜符合表 3-14 的规定。

信息化应用系统配置标准   表 3-14

信息化应用系统	中央机关、省级机关	市级机关	县级机关	乡级机关
办公业务系统	●	●	●	○
物业运营管理系统	●	●	○	○
智能卡应用系统	●	●	○	○
信息安全管理系统	●	●	●	○

注：●表示可配置；○表示不宜配置

（五）党政机关办公用房公共安全系统宜包括火灾自动报警系统、安全技术防范系统及与政府职能相关的应急响应系统等。办公用房内（或部分区域）对安全技术防范具有其他特殊要求的范围，应实施符合特殊安全技术防范管理规定所要求的安全技术措施。系统配置标准宜符合表 3-15 的规定。

公共安全系统配置标准   表 3-15

公共安全系统		中央机关、省级机关	市级机关	县级机关	乡级机关
火灾自动报警系统		按国家现行有关标准进行配置			
安全技术防范系统	安全防范综合管理系统	●	●	○	○
	入侵（周界）报警系统	●	●	●	○
	视频安防监控系统	●	●	●	●
	出入口控制系统	●	●	●	○
	电子巡查管理系统	●	●	○	○
应急响应系统		应纳入国家各级行政区域应急体系			

注：●表示可配置；○表示不宜配置

党政机关办公用房综合布线系统建设，应根据各类机关办公工作业务和办公人员的岗位职能，配置相应的数据信息端口和电话通信端口。

第八节　住房和城乡建设部指导地方实施涉及建设项目部分事项

住房和城乡建设部指导地方实施涉及建设项目部分事项清单详见表 3-16。

住房和城乡建设部指导地方实施涉及建设项目部分事项清单   表 3-16

项目编码	地方实施许可名称	审批对象	审批层级和部门
D14018	超限高层建筑工程抗震设防审批	建设单位	住房和城乡建设部门（省）
D14019	建设用地（含临时用地）规划许可证核发	机关、事业单位、企业、个人	城乡规划主管部门（市、县）
D14020	建设工程（含临时建设）规划许可证核发	机关、事业单位、企业、个人	城乡规划主管部门（市、县）

续表

项目编码	地方实施许可名称	审批对象	审批层级和部门
D14022	建设项目选址意见书核发	建设单位	城乡规划主管部门 （省、市、县）
D14023	商品房预售许可	企业	房产管理部门 （市、县）
D14024	关闭、闲置、拆除城市环卫设施许可	建设单位	市容环境卫生行政主管部门 （市） （市）
D14027	城镇污水排入排水管网许可	企业、事业单位、个体工商户	直辖市、市、县人民政府城镇排水与污水处理主管部门
D14032	占用、挖掘城市道路审批	事业单位、企业	市政工程行政主管部门 （市、县）或县级以上城市人民政府
D14033	依附于城市道路建设各种管线、杆线等设施审批	企业、事业单位、机关、个人	市政工程行政主管部门 （市、县） （市）
D14036	夜间建筑施工许可	建筑施工企业	县级以上人民政府或者其有关主管部门
D14037	城市桥梁上架设各类市政管线审批	企业、事业单位、机关、个人	市政工程设施行政主管部门 （市） （市、县）
D14040	临时占用城市绿化用地审批	个人、企业、事业单位	城市绿化行政主管部门 （市、县）
D14041	改变绿化规划、绿化用地的使用性质审批	机关、事业单位、企业、个人	城市绿化行政主管部门 （市、县）
D14042	砍伐城市树木审批	个人、企业、事业单位	城市绿化行政主管部门 （市、县）
D14043	迁移古树名木审批	个人、企业、事业单位	城市绿化行政主管部门 （市、县）
D14044	历史建筑实施原址保护审批	建设单位	城乡规划主管部门 （市、县）
D14045	在历史文化名城、名镇、名村保护范围内进行相关活动方案的审批	法人、其他组织	城市、县人民政府城乡规划主管部门
D14046	历史文化街区、名镇、名村核心保护范围内拆除历史建筑以外的建筑物、构筑物或者其他设施审批	个人；法人；其他组织	城乡规划主管部门 （市、县）

项目编码	地方实施许可名称	审批对象	审批层级和部门
D14047	历史建筑外部修缮装饰、添加设施以及改变历史建筑的结构或者使用性质审批	个人；法人；其他组织	城乡规划主管部门（市、县）
D14048	在国家级风景名胜区内修建缆车、索道等重大建设工程项目选址方案核准	工程建设单位	省级人民政府住房城乡主管部门和直辖市人民政府风景名胜区主管部门
D14049	在风景名胜区内从事建设、设置广告、举办大型游乐活动以及其他影响生态和景观活动许可	自然人、法人或其他组织	风景名胜区管理机构

第二篇　项目投资决策

第四章　投资项目管理体制

投资是现代社会最常见、最重要的经济活动之一，为建造厂房、住宅、矿山、道路等土木工程，购置机械设备，以及增加存货等投入的资金作为投资。投资的范围是相当广泛的。工程项目建设使用的投资概念，在无特别声明的情况下，一般是作为固定资产投资的简称。投资建设是实现社会扩大再生产的根本途径，是保持经济和社会长期稳定发展的重要手段。深化投资体制改革就是按照完善社会主义市场经济体制的要求，在国家宏观调控下充分发挥市场配置资源的基础性作用，确立企业在投资活动中的主体地位，规范政府投资行为，保护投资者的合法权益，营造有利于各类投资主体公平、有序竞争的市场环境，促进生产要素的合理流动和有效配置，优化投资结构，提高投资效益，推动经济协调发展和社会全面进步。2017年施行《企业投资项目核准和备案管理条例》和《企业投资项目核准和备案管理办法》明确落实企业投资自主权，规范政府对企业投资项目的核准和备案行为，实现便利、高效服务和有效管理，依法保护企业合法权益。根据《国务院关于投资体制改革的决定》精神，国家发改委审批地方政府投资项目的规定：

（一）各级地方政府采用直接投资（含通过各类投资机构）或以资本金注入方式安排地方各类财政性资金，建设《政府核准的投资项目目录》范围内应由国务院或国务院投资主管部门管理的固定资产投资项目，需由省级投资主管部门报国家发改委同有关部门审批或核报国务院审批。省级投资主管部门，是指省级发改委和具有投资管理职能的经委（经贸委）。具有投资管理职能的省级经委（经贸委）应与发改委联合报送有关文件。

（二）需上报审批的地方政府投资项目，只需报批项目建议书。国家发改委主要从发展建设规划、产业政策以及经济安全等方面进行审查。项目建议书经国家发改委批准后，项目单位应当按照国家法律法规和地方政府的有关规定履行其他报批程序。

（三）地方政府投资项目申请中央政府投资补助、贴息和转贷的，按照国家发改委发布的有关规定报批资金申请报告，也可在向国家发改委报批项目建议书时，一并提出申请。

（四）规定范围以外的地方政府投资项目，按照地方政府的有关规定审批。

第一节　投 资 项 目 概 述

一、投资项目特点

在我国投资建设活动中，不同管理部门和项目管理阶段，对项目有不同的称谓，常用的有投资项目、建设项目、工程项目，它们之间既有相同的含义，又有一些区别。这里所指的投资项目，主要是指为某特定目的而进行投资建设并含有一定建筑安装工程，形成固定资产的项目。投资项目具有以下特性：

（一）投资项目的相对性。投资项目是一项任务，任务是相对于承担者而言的，不同的主体有不同的任务，例如政府、出资者、业主、承包商等的任务都是各不相同的。明确任务的相对性有助于界定项目的范围、目标和利益群体。

（二）投资项目的临时性。一般项目都是在一定时间内存在，是临时的。明确项目的临时性，有利于项目管理机制、机构、模式和手段的选择。

（三）投资项目的目标性。投资项目作为一项任务必须有明确的目标。目标往往是多层次的，但每个项目只能有一个统一的直接目的。明确项目的目的，有利于确定项目实施和管理的方向。

（四）投资项目的约束性。任何任务都是有限制条件的。项目的约束性包括投入要素（人、财、物等）方面的约束、时间的约束、外部条件的约束、政策法规的约束、机构制度的约束、环境保护的约束等等。明确项目的约束性，有利于分析项目的条件，更好地实施项目。

（五）投资项目的周期性。任何投资项目都有一个确定的开始和终结的周期性的过程，即项目周期。项目周期各个阶段的时点不同，工作任务不同。明确项目的周期性以及各个阶段的任务，有利于统筹安排，建立科学的管理体系。

二、固定资产投资

固定资产投资是指用于建设和形成固定资产的投资，即用于建立新的固定资产或更新改造原有固定资产的投资行为。

（一）固定资产投资额是指在一定时期内以货币形式表现的建造和购置固定资产的工作量，它反映的是固定资产投资规模、速度和投资比例关系的综合性指标，又是观察工程进度、检查投资计划和考核投资效果的重要依据。固定资产投资额是根据工程的实际进度按预算价格计算的工作量，不包括没有用到工程实体上的建筑材料、工程预付款和没有进行安装的需要安装的设备价值。固定资产投资额的三种不同性质的内容构成，即建筑安装工程，设备、工具、器具购置和其他费用。

（二）投资价格指数是反映固定资产投资额价格变动趋势和程度的相对数。固定资产投资额是由建筑安装工程投资完成额、设备、工器具购置投资完成额和其他费用投资完成额三部分构成。编制固定资产投资价格指数应先编制上述三部分投资的价格指数，然后采用加权算数平均法求出固定资产投资价格总指数。

三、全社会固定资产投资

投资活动的经济主体，简称投资主体或投资者。投资主体可以是有权代表国家投资的政府部门、机构，也可以是企业、事业或个人。投资活动是为了获得一定的投资效益。而投资效益可以体现在经济效益、社会效益和环境效益投资项目。固定资产投资是社会固定资产再生产的主要手段。通过建造和购置固定资产的活动，国民经济不断采用先进技术装备，建立新兴部门，进一步调整经济结构和生产力的地区分布，增强经济实力，为改善人民物质文化生活创造物质条件。全社会固定资产投资按资金来源分析详见表 4-1。

（一）国家预算内资金指中央财政和地方财政中由国家统筹安排的基本建设拨款和更新改造拨款，以及中央财政安排的专项拨款中用于基本建设的资金和基本建设拨款改贷款的资金等。

（二）国内贷款指报告期内企、事业单位向银行及非银行金融机构借入的用于固定资产投资的各种国内借款，包括银行利用自有资金及吸收的存款发放的贷款、上级主管部门拨入的国内贷款、国家专项贷款、地方财政专项资金安排的贷款、国内储备贷款、周转贷款等。

（三）利用外资指报告期内收到用于固定资产投资的国外资金，包括统借统还、自借自还的国外贷款，中外合资项目中的外资，以及对外发行债券和股票等。国家统借统还的外资指由我国政府出面同外国政府、团体或金融组织签订贷款协议并负责偿还本息的国外贷款。

（四）自筹资金指建设单位报告期内收到的，用于进行固定资产投资的上级主管部门、地方和企事业单位自筹资金。

（五）其他资金来源指报告期内收到除以上各种拨款、固定资产投资按国民经济行业分建设项目归哪个行业，按其建成投产后的主要产品或主要用途及社会经济活动性质来确定。

全社会固定资产投资按资金来源分析　单位：亿元　　　　　　　表 4-1

年份	总　计	国家预算内资金	国家贷款	利用外资	自筹和其他投资
1981～1985	7997.53	1717.53	1242.36	325.56	4712.08
1986～1990	20493.97	2143.30	4156.71	1170.28	13023.68
1991～1995	65098.85	2362.18	14797.10	5806.67	42132.90
1996～2000	140199.84	6481.60	27352.30	11750.50	94615.44
2001～2005	310806.01	15804.40	58250.27	13679.54	223071.80
2006～2010	988684.83	44182.29	152402.06	24106.31	767994.18
2011～2015	2374951.65	113776.91	283655.13	20757.52	1956762.15

四、基本建设投资

基本建设指企业、事业、行政单位以扩大生产能力或工程效益为主要目的的新建、扩建工程及有关工作，其综合范围为总投资 50 万元以上（含 50 万元，下同）的基本建设项目。基本建设投资的资金来源主要是国家预算内基建拨款及专项拨款，部门、地方和企业自筹资金以及国内基本建设贷款等，具体包括：列入中央和各级地方本年基本建设计划的建设项目，以及虽未列入本年基本建设计划，但使用以前年度基建计划内结转投资在本年继续施工的建设项目；本年基本建设计划内投资与更新改造计划内投资结合安排的新建项目和新增生产能力达到大中型项目标准的扩建项目，以及为改变生产力布局而进行的全厂性迁建项目；国有单位既未列入基建计划，也未列入更新改造计划的总投资在 50 万元以上的新建、扩建、恢复项目和为改变生产力布局而进行的全厂性迁建项目，以及行政、事业单位增建业务用房和行政单位增建生活福利设施的项目。

五、更新改造投资

更新改造指企业、事业单位对原有设施进行固定资产更新和技术改造，以及相应配套的工程和有关工作，其综合范围为总投资 50 万元以上的更新改造项目，具体包括：列入中央和各级地方本年更新改造计划的投资单位（项目）和虽未列入本年更新改造计划，但使用上年更新改造计划内结转的投资在本年继续施工的项目；本年更新改造计划内投资与基本建设计划内投资结合安排对企、事业单位原有设施进行技术改造或更新的项目和增建主要生产车间、分厂等其新增生产能力（或工程效益）未达到大中型项目标准的项目，以及由于城市环境保护和安全生产的需要而进行的迁建工程；国有企、事业单位既未列入基建计划也未列入更新改造计划，总投资在 50 万元以上的属于改建或更新改造性质的项目，以及环境保护和安全生产的需要而进行的迁建工程。

六、房地产开发投资

指房地产开发公司、商品房建设公司及其他房地产开发法人单位和附属于其他法人单位实际从事房地产开发或经营的活动单位统一开发的，包括统代建、拆迁还建的住宅、厂房、仓库、饭店、宾馆、度假村、写字楼、办公楼等房屋建筑物和配套的服务设施，土地开发工程的投资，不包括单纯的土地交易活动。

七、其他固定资产投资

指全社会固定资产投资中未列入基本建设、更新改造和房地产开发投资的建造和购置固定资产的活动，具体包括：国有单位按规定不纳入基本建设计划和更新改造计划管理，计划总投资（或实际需要总投资）在 50 万元以上的以下工程：用油田维护费和石油开发基金进行的油田维护和开发工程；煤炭、铁矿、森工等采掘采伐业用维简费进行的开拓延伸工程；交通部门用公路养路费对原有公路、桥梁进行改建的工程；商业部门用简易建筑费建造的仓库工程。城镇集体固定资产投资：指所有隶属城市、县城和经国务院及省、自治区、直辖市批准建制的镇领导的集体单位（乡镇企业局管理的除外）建造和购置固定资产计划总投资（或实际需要总投资）在 50 万元以上的项目。除上述以外的其他各种企、事业单位、个体建造和购置固定资产总投资在 50 万元以上的、未列入基本建设计划和更新改造计划的项目。

八、固定资产投资项目

新建、扩建、改建或更新改造项目固定资产投资按照建设项目的建设性质不同，可分为新建、扩建、改建或更新改造、迁建、恢复建设等项目的投资。固定资产投资按构成和建设性质分析详见表 4-2。

全社会固定资产投资按构成和建设性质分析　单位：亿元　　　表 4-2

年份	1996～2000	2001～2005	2006～2010	2011～2015
总　计	109206.60	245424.99	794922.73	2155852.55
建筑安装工程	67505.23	151467.01	487438.16	1441462.99
设备工器具购置	25173.05	51972.93	173691.16	437724.98
其他费用	16528.32	41985.04	133793.42	276664.58
新建	36084.12	98826.49	363057.76	1429301.33
扩建	29168.59	51026.41	124836.41	271909.57
改建	14029.71	28169.03	104897.48	309361.90

第二节 投资项目周期分析

每个投资项目从开始到结束都经历一个活动过程，这个过程又划分为若干时期或阶段。通常将这个发展过程称为项目周期。在国际上，由于各个国际组织、金融机构和一些国家的投资体制、投资运行模式和工作程序不同，对项目周期的阶段划分也不尽相同。

一、联合国工业发展组织投资项目周期划分

联合国工业发展组织从资金投入产出循环的角度，将项目周期划分为三个时期，见图 4-1。

二、我国投资项目周期划分

我国的投资项目周期划分为立项决策阶段、设计及准备阶段、实施阶段和竣工验收交付使用阶段四个阶段，以表 4-3 表示。

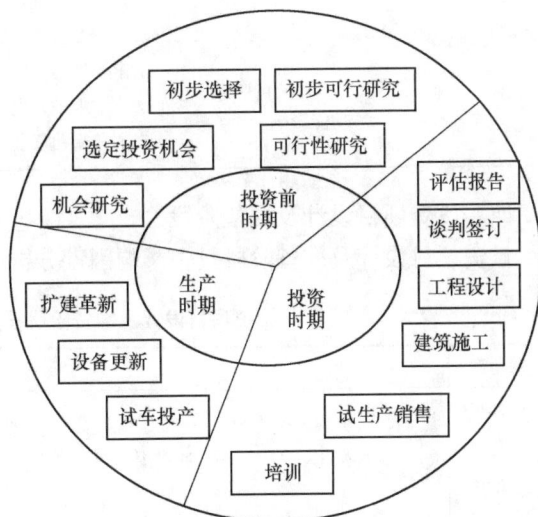

图 4-1 联合国工业发展组织投资项目周期划分

我国投资项目周期 表 4-3

周期阶段划分	工作类型与程序	阶段或工作间联系
立项决策阶段	投资意向；市场研究与投资机会分析；项目建议及可行性研究；决策立项	前后阶段、前后工作一般应顺序进行；各阶段任务的性质和特点有较大的区别，但相互补充；同一阶段内各工作性质相似，但可能有一定的交叉关系；前一阶段或前一项工作都是下一阶段或下一项工作的基础和依据，下一阶段或下一项工作是前面的具体化或落实
设计及准备阶段	设计任务书；方案设计；初步设计；建设准备；施工图设计	
实施阶段	施工组织设计；施工准备施工过程；生产准备；竣工验收	
竣工验收交付使用阶段	投产使用与投资回收；项目后评估	

三、投资项目立项决策阶段

投资项目立项决策阶段投资影响因素分析如表 4-4 所示。

投资项目决策阶段投资影响因素分析 表 4-4

影响角度	类型	主要影响工作范围	影响幅度
投入影响	工作费用（Ⅰ）	投资机会分析费；市场调查分析费；可行性研究费；决策费用	$Ⅰ \leqslant x\%$
	项目要素费用（Ⅱ）	一般没有要素投入	$Ⅱ = 0$

影响角度	类型	主要影响工作范围	影响幅度
产出影响	产出对总投资影响（Ⅲ）	建设用地费；建设项目资金成本；项目材料费；预备金；法定税费等	Ⅲ≈60%～70%
	产出对项目使用功能影响（Ⅳ）	市场销售额度和产品价格 技术水平、生产能力和规模（项目运营成本和流动资金需求）	Ⅳ≈70%～80%

四、投资项目设计及准备阶段

投资项目设计及准备阶段投资影响因素分析如表 4-5 所示。

投资项目设计及准备阶段投资影响因素分析表　　　　　　表 4-5

影响角度	类型	主要影响工作范围	影响幅度
投入影响	工作费用（Ⅰ）	方案设计费用；初步设计费用；施工图设计费用（市场价格调查费用、技术考察费用）	Ⅰ≈2%～10%
	项目要素费用（Ⅱ）	建设用地费用；特殊材料准备预订费	Ⅱ≈10%～20%
产出影响	产出对投资费用影响（Ⅲ）	项目材料设备费用与机械使用费；项目施工人工费；项目施工管理费；预备费	Ⅲ≈20%～30%
	产出对项目使用功能影响（Ⅳ）	技术水平、生产能力和规模（项目运营成本和流动资金需求）	Ⅳ≈10%～20%

五、投资项目实施阶段

投资项目实施阶段投资影响因素分析如表 4-6 所示。

投资项目实施阶段投资影响因素分析表　　　　　　表 4-6

影响角度	类型	主要影响工作范围	影响幅度
投入影响	工作费用（Ⅰ）	施工组织设计与施工准备费；投标费用；综合管理费用；现场管理费	Ⅰ≈10%～20%
	项目要素费用（Ⅱ）	项目施工管理费；项目施工材料费；项目施工机械使用费	Ⅱ≈50%～60%
产出影响	产出对投资费用影响（Ⅲ）	建筑施工管理费；小部分材料费；小部分人工费；小部分机械使用费	Ⅲ≈10%～15%
	产出对项目使用功能影响（Ⅳ）	生产质量与产品质量（项目运营成本和流动资金需求）	Ⅳ≈5%～10%

六、建设项目周期变化

建设项目周期投资影响因素如图 4-2 所示。

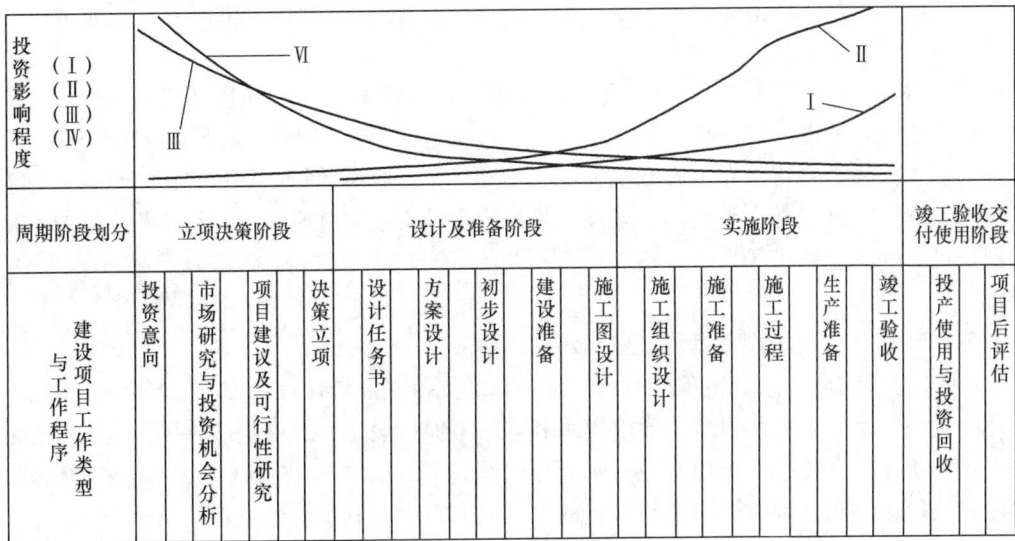

图 4-2 建设项目周期投资影响因素示意

第三节 社会投资项目投融资机制

一、社会投资创新总体要求

为使市场在资源配置中起决定性作用和更好发挥政府作用，打破行业垄断和市场壁垒，切实降低准入门槛，建立公平开放透明的市场规则，营造权利平等、机会平等、规则平等的投资环境，进一步鼓励社会投资特别是民间投资，盘活存量、用好增量，调结构、补短板，服务国家生产力布局，促进重点领域建设，增加公共产品有效供给。实行统一市场准入，创造平等投资机会；创新投资运营机制，扩大社会资本投资途径；优化政府投资使用方向和方式，发挥引导带动作用；创新融资方式，拓宽融资渠道；完善价格机制，发挥价格杠杆作用。

二、创新生态环保投资运营机制

（一）深化林业管理体制改革。推进国有林区和国有林场管理体制改革，完善森林经营和采伐管理制度，开展森林科学经营。深化集体林权制度改革，稳定林权承包关系，放活林地经营权，鼓励林权依法规范流转。鼓励荒山荒地造林和退耕还林林地林权依法流转。减免林权流转税费，有效降低流转成本。

（二）推进生态建设主体多元化。在严格保护森林资源的前提下，鼓励社会资本积极参与生态建设和保护，支持符合条件的农民合作社、家庭农场（林场）、专业大户、林业企业等新型经营主体投资生态建设项目。对社会资本利用荒山荒地进行植树造林的，在保障生态效益、符合土地用途管制要求的前提下，允许发展林下经济、森林旅游等生态产业。

（三）推动环境污染治理市场化。在电力、钢铁等重点行业以及开发区（工业园区）污染治理等领域，大力推行环境污染第三方治理，通过委托治理服务、托管运营服务等方式，由排污企业付费购买专业环境服务公司的治污减排服务，提高污染治理的产业化、专业化程度。稳妥推进政府向社会购买环境监测服务。建立重点行业第三方治污企业推荐制度。

（四）积极开展排污权、碳排放权交易试点。推进排污权有偿使用和交易试点，建立排污权有偿使用制度，规范排污权交易市场，鼓励社会资本参与污染减排和排污权交易。加快调整主要污染物排污费征收标准，实行差别化排污收费政策。加快在国内试行碳排放权交易制度，探索森林碳汇交易，发展碳排放权交易市场，鼓励和支持社会投资者参与碳配额交易，通过金融市场发现价格的功能，调整不同经济主体利益，有效促进环保和节能减排。

三、鼓励社会资本投资运营农业和水利工程

（一）培育农业、水利工程多元化投资主体。支持农民合作社、家庭农场、专业大户、农业企业等新型经营主体投资建设农田水利和水土保持设施。允许财政补助形成的小型农田水利和水土保持工程资产由农业用水合作组织持有和管护。鼓励社会资本以特许经营、参股控股等多种形式参与具有一定收益的节水供水重大水利工程建设运营。社会资本愿意投入的重大水利工程，要积极鼓励社会资本投资建设。

（二）保障农业、水利工程投资合理收益。社会资本投资建设或运营管理农田水利、水土保持设施和节水供水重大水利工程的，与国有、集体投资项目享有同等政策待遇，可以依法获取供水水费等经营收益；承担公益性任务的，政府可对工程建设投资、维修养护和管护经费等给予适当补助，并落实优惠政策。社会资本投资建设或运营管理农田水利设施、重大水利工程等，可依法继承、转让、转租、抵押其相关权益；征收、征用或占用的，要按照国家有关规定给予补偿或者赔偿。

（三）通过水权制度改革吸引社会资本参与水资源开发利用和保护。加快建立水权制度，培育和规范水权交易市场，积极探索多种形式的水权交易流转方式，允许各地通过水权交易满足新增合理用水需求。鼓励社会资本通过参与节水供水重大水利工程投资建设等方式优先获得新增水资源使用权。

（四）完善水利工程水价形成机制。深入开展农业水价综合改革试点，进一步促进农业节水。水利工程供非农业用水价格按照补偿成本、合理收益、优质优价、公平负担的原则合理制定，并根据供水成本变化及社会承受能力等适时调整，推行两部制水利工程水价和丰枯季节水价。价格调整不到位时，地方政府可根据实际情况安排财政性资金，对运营单位进行合理补偿。

四、推进市政基础设施投资运营市场化

（一）改革市政基础设施建设运营模式。推动市政基础设施建设运营事业单位向独立核算、自主经营的企业化管理转变。鼓励打破以项目为单位的分散运营模式，实行规模化经营，降低建设和运营成本，提高投资效益。推进市县、乡镇和村级污水收集和处理、垃圾处理项目按行业"打包"投资和运营，鼓励实行城乡供水一体化、厂网一体投资和运营。

（二）积极推动社会资本参与市政基础设施建设运营。通过特许经营、投资补助、政府购买服务等多种方式，鼓励社会资本投资城镇供水、供热、燃气、污水垃圾处理、建筑垃圾资源化利用和处理、城市综合管廊、公园配套服务、公共交通、停车设施等市政基础设施项目，政府依法选择符合要求的经营者。政府可采用委托经营或转让—经营—转让

（TOT）等方式，将已经建成的市政基础设施项目转交给社会资本运营管理。

（三）加强县城基础设施建设。按照新型城镇化发展的要求，把有条件的县城和重点镇发展为中小城市，支持基础设施建设，增强吸纳农业转移人口的能力。选择若干具有产业基础、特色资源和区位优势的县城和重点镇推行试点，加大对市政基础设施建设运营引入市场机制的政策支持力度。

（四）完善市政基础设施价格机制。加快改进市政基础设施价格形成、调整和补偿机制，使经营者能够获得合理收益。实行上下游价格调整联动机制，价格调整不到位时，地方政府可根据实际情况安排财政性资金对企业运营进行合理补偿。

五、改革完善交通投融资机制

（一）加快推进铁路投融资体制改革。用好铁路发展基金平台，吸引社会资本参与，扩大基金规模。充分利用铁路土地综合开发政策，以开发收益支持铁路发展。按照市场化方向，不断完善铁路运价形成机制。向地方政府和社会资本放开城际铁路、市域（郊）铁路、资源开发性铁路和支线铁路的所有权、经营权。按照构建现代企业制度的要求，保障投资者权益，推进蒙西至华中、长春至西巴彦花铁路等引进民间资本的示范项目实施。鼓励按照"多式衔接、立体开发、功能融合、节约集约"的原则，对城市轨道交通站点周边、车辆段上盖进行土地综合开发，吸引社会资本参与城市轨道交通建设。

（二）完善公路投融资模式。建立完善政府主导、分级负责、多元筹资的公路投融资模式，完善收费公路政策，吸引社会资本投入，多渠道筹措建设和维护资金。逐步建立高速公路与普通公路统筹发展机制，促进普通公路持续健康发展。

（三）鼓励社会资本参与水运、民航基础设施建设。探索发展"航电结合"等投融资模式，按相关政策给予投资补助，鼓励社会资本投资建设航电枢纽。鼓励社会资本投资建设港口、内河航运设施等。积极吸引社会资本参与盈利状况较好的枢纽机场、干线机场以及机场配套服务设施等投资建设，拓宽机场建设资金来源。

六、鼓励社会资本加强能源设施投资

（一）鼓励社会资本参与电力建设。在做好生态环境保护、移民安置和确保工程安全的前提下，通过业主招标等方式，鼓励社会资本投资常规水电站和抽水蓄能电站。在确保具备核电控股资质主体承担核安全责任的前提下，引入社会资本参与核电项目投资，鼓励民间资本进入核电设备研制和核电服务领域。鼓励社会资本投资建设风光电、生物质能等清洁能源项目和背压式热电联产机组，进入清洁高效煤电项目建设、燃煤电厂节能减排升级改造领域。

（二）鼓励社会资本参与电网建设。积极吸引社会资本投资建设跨区输电通道、区域主干电网完善工程和大中城市配电网工程。将海南联网Ⅱ回线路和滇西北送广东特高压直流输电工程等项目作为试点，引入社会资本。鼓励社会资本投资建设分布式电源并网工程、储能装置和电动汽车充换电设施。

（三）鼓励社会资本参与油气管网、储存设施和煤炭储运建设运营。支持民营企业、地方国有企业等参股建设油气管网主干线、沿海液化天然气（LNG）接收站、地下储气库、城市配气管网和城市储气设施，控股建设油气管网支线、原油和成品油商业储备库。鼓励社会资本参与铁路运煤干线和煤炭储配体系建设。国家规划确定的石化基地炼化一体化项目向社会资本开放。

（四）理顺能源价格机制。进一步推进天然气价格改革，实现存量气和增量气价格并轨，放开非居民用天然气气源价格，落实页岩气、煤层气等非常规天然气价格市场化政策。尽快出台天然气管道运输价格政策。按照合理成本加合理利润的原则，适时调整煤层气发电、余热余压发电上网标杆电价。推进天然气分布式能源冷、热、电价格市场化。完善可再生能源发电价格政策，研究建立流域梯级效益补偿机制，适时调整完善燃煤发电机组环保电价政策。

七、推进信息和民用空间基础设施投资主体多元化

（一）鼓励电信业进一步向民间资本开放。进一步完善法律法规，尽快修订电信业务分类目录。研究出台具体试点办法，鼓励和引导民间资本投资宽带接入网络建设和业务运营，大力发展宽带用户。推进民营企业开展移动通信转售业务试点工作，促进业务创新发展。

（二）吸引民间资本加大信息基础设施投资力度。支持基础电信企业引入民间战略投资者。推动中国铁塔股份有限公司引入民间资本，实现混合所有制发展。

（三）鼓励民间资本参与国家民用空间基础设施建设。完善民用遥感卫星数据政策，加强政府采购服务，鼓励民间资本研制、发射和运营商业遥感卫星，提供市场化、专业化服务。引导民间资本参与卫星导航地面应用系统建设。

八、鼓励社会资本加大社会事业投资力度

（一）加快社会事业公立机构分类改革。积极推进养老、文化、旅游、体育等领域符合条件的事业单位，以及公立医院资源丰富地区符合条件的医疗事业单位改制，为社会资本进入创造条件，鼓励社会资本参与公立机构改革。将符合条件的国有单位培训疗养机构转变为养老机构。

（二）鼓励社会资本加大社会事业投资力度。通过独资、合资、合作、联营、租赁等途径，采取特许经营、公建民营、民办公助等方式，鼓励社会资本参与教育、医疗、养老、体育健身、文化设施建设。尽快出台鼓励社会力量兴办教育、促进民办教育健康发展的意见。各地在编制城市总体规划、控制性详细规划以及有关专项规划时，要统筹规划、科学布局各类公共服务设施。各级政府逐步扩大教育、医疗、养老、体育健身、文化等政府购买服务范围，各类经营主体平等参与。将符合条件的各类医疗机构纳入医疗保险定点范围。

（三）完善落实社会事业建设运营税费优惠政策。进一步完善落实非营利性教育、医疗、养老、体育健身、文化机构税收优惠政策。对非营利性医疗、养老机构建设一律免征有关行政事业性收费，对营利性医疗、养老机构建设一律减半征收有关行政事业性收费。

（四）改进社会事业价格管理政策。民办教育、医疗机构用电、用水、用气、用热，执行与公办教育、医疗机构相同的价格政策。养老机构用电、用水、用气、用热，按居民生活类价格执行。除公立医疗、养老机构提供的基本服务按照政府规定的价格政策执行外，其他医疗、养老服务实行经营者自主定价。营利性民办学校收费实行自主定价，非营利性民办学校收费政策由地方政府按照市场化方向根据当地实际情况确定。

九、建立健全政府和社会资本合作（PPP）机制

（一）推广政府和社会资本合作（PPP）模式。认真总结经验，加强政策引导，在公共服务、资源环境、生态保护、基础设施等领域，积极推广PPP模式，规范选择项目合作伙伴，引入社会资本，增强公共产品供给能力。政府有关部门要严格按照预算管理有关法律法规，完善财政补贴制度，切实控制和防范财政风险。健全 PPP 模式的法规体系，保障项目顺利运行。鼓励通过 PPP 方式盘活存量资源，变现资金要用于重点领域建设。

（二）规范合作关系保障各方利益。政府有关部门要制定管理办法，尽快发布标准合同范本，对 PPP 项目的业主选择、价格管理、回报方式、服务标准、信息披露、违约处罚、政府接管以及评估论证等进行详细规定，规范合作关系。平衡好社会公众与投资者利益关系，既要保障社会公众利益不受损害，又要保障经营者合法权益。

（三）健全风险防范和监督机制。政府和投资者应对 PPP 项目可能产生的政策风险、商业风险、环境风险、法律风险等进行充分论证，完善合同设计，健全纠纷解决和风险防范机制。建立独立、透明、可问责、专业化的 PPP 项目监管体系，形成由政府监管部门、投资者、社会公众、专家、媒体等共同参与的监督机制。

（四）健全退出机制。政府要与投资者明确 PPP 项目的退出路径，保障项目持续稳定运行。项目合作结束后，政府应组织做好接管工作，妥善处理投资回收、资产处理等事宜。

十、充分发挥政府投资的引导带动作用

（一）优化政府投资使用方向。政府投资主要投向公益性和基础性建设。对鼓励社会资本参与的生态环保、农林水利、市政基础设施、社会事业等重点领域，政府投资可根据实际情况给予支持，充分发挥政府投资"四两拨千斤"的引导带动作用。

（二）改进政府投资使用方式。在同等条件下，政府投资优先支持引入社会资本的项目，根据不同项目情况，通过投资补助、基金注资、担保补贴、贷款贴息等方式，支持社会资本参与重点领域建设。抓紧制定政府投资支持社会投资项目管理办法，规范政府投资安排行为。

十一、创新融资方式拓宽融资渠道

（一）探索创新信贷服务。支持开展排污权、收费权、集体林权、特许经营权、购买服务协议预期收益、集体土地承包经营权质押贷款等担保创新类贷款业务。探索利用工程供水、供热、发电、污水垃圾处理等预期收益质押贷款，允许利用相关收益作为还款来源。鼓励金融机构对民间资本举办的社会事业提供融资支持。

（二）推进农业金融改革。探索采取信用担保和贴息、业务奖励、风险补偿、费用补贴、投资基金，以及互助信用、农业保险等方式，增强农民合作社、家庭农场（林场）、专业大户、农林业企业的贷款融资能力和风险抵御能力。

（三）充分发挥政策性金融机构的积极作用。在国家批准的业务范围内，加大对公共服务、生态环保、基础设施建设项目的支持力度。努力为生态环保、农林水利、中西部铁路和公路、城市基础设施等重大工程提供长期稳定、低成本的资金支持。

（四）鼓励发展支持重点领域建设的投资基金。大力发展股权投资基金和创业投资基金，鼓励民间资本采取私募等方式发起设立主要投资于公共服务、生态环保、基础设施、区域开发、战略性新兴产业、先进制造业等领域的产业投资基金。政府可以使用包括中央预算内投资在内的财政性资金，通过认购基金份额等方式予以支持。

（五）支持重点领域建设项目开展股权和债权融资。大力发展债权投资计划、股权投资计划、资产支持计划等融资工具，延长投资期限，引导社保资金、保险资金等用于收益稳定、回收期长的基础设施和基础产业项目。支持重点领域建设项目采用企业债券、项目收益债券、公司债券、中期票据等方式通过债券市场筹措投资资金。推动铁路、公路、机场等交通项目建设企业应收账款证券化。建立规范的地方政府举债融资机制，支持地方政府依法依规发行债券，用于重点领域建设。

第四节　投资项目核准备案管理

企业投资项目是指企业在中国境内投资建设的固定资产投资项目，包括企业使用自己筹措资金的项目，以及使用自己筹措的资金并申请使用政府投资补助或贷款贴息等的项目。项目申请使用政府投资补助、贷款贴息的，应在履行核准或备案手续后，提出资金申请报告。

一、企业投资项目目录分类管理

根据项目不同情况，企业投资项目分别实行核准管理或备案管理。对关系国家安全、涉及全国重大生产力布局、战略性资源开发和重大公共利益等项目，属行政许可事项实行核准管理。具体项目范围以及核准机关、核准权限，由国务院颁布的《政府核准的投资项目目录》确定，并根据情况适时调整。除国务院另有规定外，其他项目实行备案管理的按照属地原则备案。项目的市场前景、经济效益、资金来源和产品技术方案等，应当依法由企业自主决策、自担风险，项目核准、备案机关及其他行政机关应当遵循便民、高效原则，提高办事效率，提供优质服务；应当制定并公开服务指南，列明项目核准的申报材料及所需附件、受理方式、审查条件、办理流程、办理时限等；列明项目备案所需信息内容、办理流程等，提高工作透明度，为企业提供指导和服务。除涉及国家秘密的项目外，项目核准、备案通过全国投资项目在线审批监管平台实行网上受理、办理、监管和服务，实现核准、备案过程和结果的可查询、可监督。项目通过在线平台申报时，生成作为该项目整个建设周期身份标识的唯一项目代码。项目的审批信息、监管（处罚）信息，以及工程实施过程中的重要信息，统一汇集至项目代码，并与社会信用体系对接，作为后续监管的基础条件。公开项目核准、备案等事项的办理条件、办理流程、办理时限等。企业投资建设固定资产投资项目，应当遵守国家法律法规，符合国民经济和社会发展总体规划、专项规划、区域规划、产业政策、市场准入标准、资源开发、能耗与环境管理等要求，依法履行项目核准或者备案及其他相关手续，并依法办理城乡规划、土地（海域）使用、环境保护、能源资源利用、安全生产等相关手续，如实提供相关材料，报告相关信息。

项目单位应当通过在线平台如实报送项目开工建设、建设进度、竣工的基本信息。项目开工前，项目单位应当登录在线平台报备项目开工基本信息。项目开工后，项目单位应当按年度在线报备项目建设动态进度基本信息。项目竣工验收后，项目单位应当在线报备项目竣工基本信息。企业办理项目核准手续，应当按照国家有关要求编制项目申请报告，取得规定依法应当附具的有关文件后，按照规定程序报送。组织编制和报送项目申请报告的项目单位，应当对项目申请报告以及依法应当附具文件的真实性、合法性和完整性负责。

二、项目申请报告应当包括的主要内容

项目单位情况；拟建项目情况，包括项目名称、建设地点、建设规模、建设内容等；

项目资源利用情况分析以及对生态环境的影响分析；项目对经济和社会的影响分析。

项目申请报告通用文本由国务院投资主管部门会同有关部门制定，主要行业的项目申请报告示范文本由相应的项目核准机关参照项目申请报告通用文本制定，明确编制内容、深度要求等。项目申请报告可以由项目单位自行编写，也可以由项目单位自主委托具有相关经验和能力的工程咨询单位编写。项目单位或者其委托的工程咨询单位应当按照项目申请报告通用文本和行业示范文本的要求编写项目申请报告。工程咨询单位接受委托编制有关文件，应当做到依法、独立、客观、公正，对其编制的文件负责。

三、项目单位在报送项目申请报告时附具的文件

根据国家法律法规的规定应附具以下文件：城乡规划行政主管部门出具的选址意见书（仅指以划拨方式提供国有土地使用权的项目）；国土资源（海洋）行政主管部门出具的用地（用海）预审意见（国土资源主管部门明确可以不进行用地预审的情形除外）；法律、行政法规规定需要办理的其他相关手续。

四、项目核准的申请程序

地方企业投资建设应当分别由国务院投资主管部门、国务院行业管理部门核准的项目，可以分别通过项目所在地省级政府投资主管部门、行业管理部门向国务院投资主管部门、国务院行业管理部门转送项目申请报告。属于国务院投资主管部门核准权限的项目，项目所在地省级政府规定由省级政府行业管理部门转送的，可以由省级政府投资主管部门与其联合报送。国务院有关部门所属单位、计划单列企业集团、中央管理企业投资建设应当由国务院有关部门核准的项目，直接向相应的项目核准机关报送项目申请报告，并附行业管理部门的意见。企业投资建设应当由国务院核准的项目，按照规定向国务院投资主管部门报送项目申请报告，由国务院投资主管部门审核后报国务院核准。新建运输机场项目由相关省级政府直接向国务院、中央军委报送项目申请报告。企业投资建设应当由地方政府核准的项目，应当按照地方政府的有关规定，向相应的项目核准机关报送项目申请报告。

五、项目核准机关的受理

项目申报材料齐全、符合法定形式的，项目核准机关应当予以受理。申报材料不齐全或者不符合法定形式的，项目核准机关应当在收到项目申报材料之日起 5 个工作日内一次告知项目单位补充相关文件，或对相关内容进行调整。逾期不告知的，自收到项目申报材料之日起即为受理。项目核准机关受理或者不予受理申报材料，都应当出具加盖本机关专用印章并注明日期的书面凭证。对于受理的申报材料，书面凭证应注明项目代码，项目单位可以根据项目代码在线查询、监督核准过程和结果。项目核准机关在正式受理项目申请报告后，需要评估的，应在 4 个工作日内按照有关规定委托具有相应资质的工程咨询机构进行评估。项目核准机关在委托评估时，应当根据项目具体情况，提出评估重点，明确评估时限。

六、项目评估报告要求

除项目情况复杂的，评估时限不得超过30个工作日。接受委托的工程咨询机构应当在项目核准机关规定的时间内提出评估报告，并对评估结论承担责任。项目情况复杂的，履行批准程序后，可以延长评估时限，但延长的期限不得超过60个工作日。项目核准机关应当将项目评估报告与核准文件一并存档备查。评估费用由委托评估的项目核准机关承担。

七、项目核准机关的核准意见

项目涉及有关行业管理部门或者项目所在地方政府职责的，项目核准机关应当商请有关行业管理部门或地方人民政府在 7 个工作日内出具书面审查意见。有关行业管理部门或地方人民政府逾期没有反馈书面审查意见的，视为同意。项目建设可能对公众利益构成重大影响的，项目核准机关在作出核准决定前，应当采取适当方式征求公众意见。对于特别重大的项目，可以实行专家评议制度。除项目情况特别复杂外，专家评议时限原则上不得超过30个工作日。项目核准机关可以根据评估意见、部门意见和公众意见等，要求项目单位对相关内容进行调整，或者对有关情况和文件作进一步澄清、补充。

项目核准机关应当在正式受理申报材料后20个工作日内作出是否予以核准的决定，或向上级项目核准机关提出审核意见。项目情况复杂或者需要征求有关单位意见的，经本行政机关主要负责人批准，可以延长核准时限，但延长的时限不得超过40个工作日，并应当将延长期限的理由告知项目单位。项目核准机关需要委托评估或进行专家评议的，所需时间不计算在前款规定的期限内。项目核准机关应当将咨询评估或专家评议所需时间书面告知项目单位。项目符合核准条件的，项目核准机关应当对项目予以核准并向项目单位出具项目核准文件。属于国务院核准权限的项目，由国务院投资主管部门根据国务院的决定向项目单位出具项目核准文件或者不予核准的书面通知。项目核准机关出具项目核准文件或者不予核准的书面通知应当抄送同级行业管理、城乡规划、国土资源、水行政管理、环境保护、节能审查等相关部门和下级机关。

八、项目单位提出变更申请

取得项目核准文件的项目，有下列情形之一的，项目单位应当及时以书面形式向原项目核准机关提出变更申请，原项目核准机关应当自受理申请之日起20个工作日内作出是否同意变更的书面决定：建设地点发生变更的；投资规模、建设规模、建设内容发生较大变化的；项目变更可能对经济、社会、环境等产生重大不利影响的；需要对项目核准文件所规定的内容进行调整的其他重大情形。

项目自核准机关出具项目核准文件或同意项目变更决定 2 年内未开工建设，需要延期开工建设的，项目单位应当在 2 年期限届满的 30 个工作日前，向项目核准机关申请延期开工建设。项目核准机关应当自受理申请之日起 20 个工作日内，作出是否同意延期开工建设的决定，出具相应文件。开工建设只能延期一次，期限最长不得超过 1 年。在 2 年期限内未开工建设也未向项目核准机关申请延期的，项目核准文件或同意项目变更决定自动失效。

九、投资项目备案程序

实行备案管理的项目，项目单位应当在开工建设前通过在线平台将相关信息告知项目备案机关，依法履行投资项目信息告知义务，并遵循诚信和规范原则。项目备案机关应当制定项目备案基本信息格式文本，具体包括以下内容：项目单位基本情况；项目名称、建设地点、建设规模、建设内容；项目总投资额；项目符合产业政策声明。

项目单位应当对备案项目信息的真实性、合法性和完整性负责。项目备案机关收到规定的全部信息即为备案。项目备案信息不完整的，备案机关应当及时以适当方式提醒和指导项目单位补正。项目备案相关信息通过在线平台在相关部门之间实现互通共享。项目单位需要备案证明的，可以通过在线平台自行打印或者要求备案机关出具。项目备案后，项目法人发生变化，项目建设地点、规模、内容发生重大变更，或者放弃项目建设的，项目单位应当通过在线平台及时告知项目备案机关，并修改相关信息。实行备案管理的项目，项目单位在开工建设前还应当根据相关法律法规规定办理其他相关手续。

第五节　政府核准的投资项目清单

政府核准的投资项目清单（2016 年本）

一、农业水利

1. 农业：涉及开荒的项目由省级政府核准。

2. 水利工程：涉及跨界河流、跨省（区、市）水资源配置调整的重大水利项目由国务院投资主管部门核准，其中库容 10 亿立方米及以上或者涉及移民 1 万人及以上的水库项目由国务院核准。其余项目由地方政府核准。

二、能源

1. 水电站：在跨界河流、跨省（区、市）河流上建设的单站总装机容量 50 万千瓦及以上项目由国务院投资主管部门核准，其中单站总装机容量 300 万千瓦及以上或者涉及移民 1 万人及以上的项目由国务院核准。其余项目由地方政府核准。

2. 抽水蓄能电站：由省级政府按照国家制定的相关规划核准。

3. 火电站（含自备电站）：由省级政府核准，其中燃煤燃气火电项目应在国家依据总量控制制定的建设规划内核准。

4. 热电站（含自备电站）：由地方政府核准，其中抽凝式燃煤热电项目由省级政府在国家依据总量控制制定的建设规划内核准。

5. 风电站：由地方政府在国家依据总量控制制定的建设规划及年度开发指导规模内核准。

6. 核电站：由国务院核准。

7. 电网工程：涉及跨境、跨省（区、市）输电的 ±500 千伏及以上直流项目，涉及跨境、跨省（区、市）输电的 500 千伏、750 千伏、1000 千伏交流项目，由国务院投资主管部门核准，其中 ±800 千伏及以上直流项目和 1000 千伏交流项目报国务院备案；不涉及跨境、跨省（区、市）输电的 ±500 千伏及以上直流项目和 500 千伏、750 千伏、1000 千伏交流项目由省级政府按照国家制定的相关规划核准，其余项目由地方政府按照国家制定的相关规划核准。

8. 煤矿：国家规划矿区内新增年生产能力 120 万吨及以上煤炭开发项目由国务院行业管理部门核准，其中新增年生产能力 500 万吨及以上的项目由国务院投资主管部门核准并报国务院备案；国家规划矿区内的其余煤炭开发项目和一般煤炭开发项目由省级政府核准。国家规定禁止建设或列入淘汰退出范围的项目，不得核准。

9. 煤制燃料：年产超过 20 亿立方米的煤制天然气项目、年产超过 100 万吨的煤制油项目，由国务院投资主管部门核准。

10. 液化石油气接收、存储设施（不含油气田、炼油厂的配套项目）：由地方政府核准。

进口液化天然气接收、储运设施：新建（含异地扩建）项目由国务院行业管理部门核准，其中新建接收储运能力 300 万吨及以上的项目由国务院投资主管部门核准并报国务院备案。其余项目由省级政府核准。

11. 输油管网（不含油田集输管网）：跨境、跨省（区、市）干线管网项目由国务院投资主管部门核准，其中跨境项目报国务院备案。其余项目由地方政府核准。

12. 输气管网（不含油气田集输管网）：跨境、跨省（区、市）干线管网项目由国务院投资主管部门核准，其中跨境项目报国务院备案。其余项目由地方政府核准。

13. 炼油：新建炼油及扩建一次炼油项目由省级政府按照国家批准的相关规划核准。未列入国家批准的相关规划的新建炼油及扩建一次炼油项目，禁止建设。

变性燃料乙醇：由省级政府核准。

三、交通运输

1. 新建（含增建）铁路：列入国家批准的相关规划中的项目，中国铁路总公司为主出资的由其自行决定并报国务院投资主管部门备案，其他企业投资的由省级政府核准；地方城际铁路项目由省级政府按照国家批准的相关规划核准，并报国务院投资主管部门备案；其余项目由省级政府核准。

2. 公路：国家高速公路网和普通国道网项目由省级政府按照国家批准的相关规划核准，地方高速公路项目由省级政府核准，其余项目由地方政府核准。

3. 独立公（铁）路桥梁、隧道：跨境项目由国务院投资主管部门核准并报国务院备案。国家批准的相关规划中的项目，中国铁路总公司为主出资的由其自行决定并报国务院投资主管部门备案，其他企业投资的由省级政府核准；其余独立铁路桥梁、隧道及跨 10 万吨级及以上航道海域、跨大江大河（现状或规划为一级及以上通航段）的独立公路桥梁、隧道项目，由省级政府核准，其中跨长江干线航道的项目应符合国家批准的相关规划。其余项目由地方政府核准。

4. 煤炭、矿石、油气专用泊位：由省级政府按国家批准的相关规划核准。

5. 集装箱专用码头：由省级政府按国家批准的相关规划核准。

6. 内河航运：跨省（区、市）高等级航道的千吨级及以上航电枢纽项目由省级政府按国家批准的相关规划核准，其余项目由地方政府核准。

7. 民航：新建运输机场项目由国务院、中央军委核准，新建通用机场项目、扩建军民合用机场（增建跑道除外）项目由省级政府核准。

四、信息产业

电信：国际通信基础设施项目由国务院投资主管部门核准；国内干线传输网（含广播电视网）以及其他涉及信息安全的电信基础设施项目，由国务院行业管理部门核准。

五、原材料

1. 稀土、铁矿、有色矿山开发：由省级政府核准。

2. 石化：新建乙烯、对二甲苯（PX）、二苯基甲烷二异氰酸酯（MDI）项目由省级政府按照国家批准的石化产业规划布局方案核准。未列入国家批准的相关规划的新建乙烯、对二甲苯（PX）、二苯基甲烷二异氰酸酯（MDI）项目，禁止建设。

3. 煤化工：新建煤制烯烃、新建煤制对二甲苯（PX）项目，由省级政府按照国家批准的相关规划核准。新建年产超过 100 万吨的煤制甲醇项目，由省级政府核准。其余项目禁止建设。

4. 稀土：稀土冶炼分离项目、稀土深加工项目由省级政府核准。

5. 黄金：采选矿项目由省级政府核准。

六、机械制造

汽车：按照国务院批准的《汽车产业发展政策》执行。其中，新建中外合资轿车生产企业项目，由国务院核准；新建纯电动乘用车生产企业（含现有汽车企业跨类生产纯电动乘用车）项目，由国务院投资主管部门核准；其余项目由省级政府核准。

七、轻工

烟草：卷烟、烟用二醋酸纤维素及丝束项目由国务院行业管理部门核准。

八、高新技术

民用航空航天：干线支线飞机、6 吨/9 座及以上通用飞机和 3 吨及以上直升机制造、民用卫星制造、民用遥感卫星地面站建设项目，由国务院投资主管部门核准；6 吨/9 座以下通用飞机和 3 吨以下直升机制造项目由省级政府核准。

九、城建

1. 城市快速轨道交通项目：由省级政府按照国家批准的相关规划核准。

2. 城市道路桥梁、隧道：跨 10 万吨级及以上航道海域、跨大江大河（现状或规划为一级及以上通航段）的项目由省级政府核准。

3. 其他城建项目：由地方政府自行确定实行核准或者备案。

十、社会事业

1. 主题公园：特大型项目由国务院核准，其余项目由省级政府核准。

2. 旅游：国家级风景名胜区、国家自然保护区、全国重点文物保护单位区域内总投资 5000 万元及以上旅游开发和资源保护项目，世界自然和文化遗产保护区内总投资 3000 万元及以上项目，由省级政府核准。

3. 其他社会事业项目：按照隶属关系由国务院行业管理部门、地方政府自行确定实行核准或者备案。

十一、外商投资

《外商投资产业指导目录》中总投资（含增资）3 亿美元及以上限制类项目，由国务院投资主管部门核准，其中总投资（含增资）20 亿美元及以上项目报国务院备案。《外商投资产业指导目录》中总投资（含增资）3 亿美元以下限制类项目，由省级政府核准。前款规定之外的属于本目录第一至十条所列项目，按照本目录第一至十条的规定执行。

十二、境外投资

涉及敏感国家和地区、敏感行业的项目，由国务院投资主管部门核准。前款规定之外的中央管理企业投资项目和地方企业投资 3 亿美元及以上项目报国务院投资主管部门备案。

第六节　外商投资项目核准和备案管理

外商投资项目核准和备案管理是指中外合资、中外合作、外商独资、外商投资合伙、外商并购境内企业、外商投资企业增资及再投资项目等各类外商投资项目。外商投资项目管理分为核准和备案两种方式。

一、实行核准制的外商投资项目的范围

（一）《外商投资产业指导目录》中有中方控股（含相对控股）要求的总投资（含增资）3亿美元及以上鼓励类项目，总投资（含增资）5000万美元及以上限制类（不含房地产）项目，由国家发展和改革委员会核准。

（二）《外商投资产业指导目录》限制类中的房地产项目和总投资（含增资）5000万美元以下的其他限制类项目，由省级政府核准。《外商投资产业指导目录》中有中方控股（含相对控股）要求的总投资（含增资）3亿美元以下鼓励类项目，由地方政府核准。

（三）前两项规定之外的属于《政府核准的投资项目目录》第一至十一项所列的外商投资项目，按照《政府核准的投资项目目录》第一至十一项的规定核准。

（四）由地方政府核准的项目，省级政府可以根据本地实际情况具体划分地方各级政府的核准权限。由省级政府核准的项目，核准权限不得下放。项目核准机关，是指规定具有项目核准权限的行政机关。

上述范围以外的外商投资项目由地方政府投资主管部门备案。外商投资企业增资项目总投资以新增投资额计算，并购项目总投资以交易额计算。外商投资涉及国家安全的，应当按照国家有关规定进行安全审查。

二、项目核准

拟申请核准的外商投资项目应按国家有关要求编制项目申请报告。项目申请报告应包括以下内容：项目及投资方情况；资源利用和生态环境影响分析；经济和社会影响分析。

外国投资者并购境内企业项目申请报告应包括并购方情况、并购安排、融资方案和被并购方情况、被并购后经营方式、范围和股权结构、所得收入的使用安排等。对于应当由国家发改委核准或者审核后报国务院核准的项目，国家发改委制定并颁布《服务指南》，列明项目核准的申报材料和所需附件、受理方式、办理流程、办理时限等内容，为项目申报单位提供指导和服务。项目申请报告应附以下文件：

（一）中外投资各方的企业注册证明材料及经审计的最新企业财务报表（包括资产负债表、利润表和现金流量表）、开户银行出具的资金信用证明；

（二）投资意向书，增资、并购项目的公司董事会决议；

（三）城乡规划行政主管部门出具的选址意见书（仅指以划拨方式提供国有土地使用权的项目）；

（四）国土资源行政主管部门出具的用地预审意见（不涉及新增用地，在已批准的建设用地范围内进行改扩建的项目，可以不进行用地预审）；

（五）环境保护行政主管部门出具的环境影响评价审批文件；

（六）节能审查机关出具的节能审查意见；

（七）以国有资产出资的，需由有关主管部门出具的确认文件；

（八）根据有关法律法规的规定应当提交的其他文件。

按核准权限属于国家发改委核准的项目，由项目所在地省级发改部门提出初审意见后，向国家发改委报送项目申请报告；计划单列企业集团和中央管理企业可直接向国家发改委报送项目申请报告，并附项目所在地省级发改部门的意见。项目申报材料不齐全或者不符合有关要求的，项目核准机关应当在收到申报材料后 5 个工作日内一次告知项目申报单位补正。对于涉及有关行业主管部门职能的项目，项目核准机关应当商请有关行业主管部门在 7 个工作日内出具书面审查意见。有关行业主管部门逾期没有反馈书面审查意见的，视为同意。项目核准机关在受理项目申请报告之日起 4 个工作日内，对需要进行评估论证的重点问题委托有资质的咨询机构进行评估论证，接受委托的咨询机构应在规定的时间内提出评估报告。对于可能会对公共利益造成重大影响的项目，项目核准机关在进行核准时应采取适当方式征求公众意见。对于特别重大的项目，可以实行专家评议制度。项目核准机关自受理项目核准申请之日起 20 个工作日内，完成对项目申请报告的核准。如 20 个工作日内不能作出核准决定的，由本部门负责人批准延长 10 个工作日，并将延长期限的理由告知项目申报单位。规定的核准期限，委托咨询评估和进行专家评议所需的时间不计算在内。对予以核准的项目，项目核准机关出具书面核准文件，并抄送同级行业管理、城乡规划、国土资源、环境保护、节能审查等相关部门；对不予核准的项目，应以书面说明理由，并告知项目申报单位享有依法申请行政复议或者提起行政诉讼的权利。

三、项目备案

拟申请备案的外商投资项目需由项目申报单位提交项目和投资方基本情况等信息，并附中外投资各方的企业注册证明材料、投资意向书及增资、并购项目的公司董事会决议等其他相关材料；外商投资项目备案需符合国家有关法律法规、发展规划、产业政策及准入标准，符合《外商投资产业指导目录》、《中西部地区外商投资优势产业目录》。对不予备案的外商投资项目，地方投资主管部门应在 7 个工作日内出具书面意见并说明理由。

四、项目变更

经核准或备案的项目如出现下列情形之一的，需向原批准机关申请变更：项目地点发生变化；投资方或股权发生变化；项目主要建设内容发生变化；有关法律法规和产业政策规定需要变更的其他情况。变更核准和备案的程序比照上述有关规定执行。经核准的项目若变更后属于备案管理范围的，应按备案程序办理；予以备案的项目若变更后属于核准管理范围的，应按核准程序办理。

五、核准或备案有效期

核准或备案文件应规定文件的有效期。在有效期内未开工建设的，项目申报单位应当在有效期届满前 30 个工作日向原核准和备案机关提出延期申请。在有效期内未开工建设且未提出延期申请的，原核准文件期满后自动失效。

六、外商投资准入特别管理

《外商投资产业指导目录（2017 年修订）》鼓励外商投资产业目录（略），已经自 2017 年 7 月 28 日起施行。外商投资准入特别管理措施（外商投资准入负面清单）说明：

（一）外商投资准入特别管理措施（外商投资准入负面清单）统一列出股权要求、高管要求等外商投资准入方面的限制性措施。内外资一致的限制性措施以及不属于准入范畴的限制性措施，不列入外商投资准入特别管理措施（外商投资准入负面清单）。

（二）境外投资者不得作为个体工商户、个人独资企业投资人、农民专业合作社成员，从事经营活动。

（三）境外投资者不得从事外商投资准入特别管理措施（外商投资准入负面清单）中的禁止类项目；从事限制类有外资比例要求的项目，不得设立外商投资合伙企业。

（四）境内公司、企业或自然人以其在境外合法设立或控制的公司并购与其有关联关系的境内公司，涉及外商投资项目和企业设立及变更事项的，按现行规定办理。

（五）鼓励外商投资产业目录与外商投资准入特别管理措施（外商投资准入负面清单）重合的条目，享受鼓励类政策，同时须遵循相关准入规定。

（六）《内地与香港关于建立更紧密经贸关系的安排》及其补充协议和服务贸易协议、《内地与澳门关于建立更紧密经贸关系的安排》及其补充协议和服务贸易协议、《海峡两岸经济合作框架协议》及其后续协议、我国与有关国家签订的自由贸易区协议和投资协定、我国参加的国际条约、我国法律法规另有规定的，从其规定。

第七节 投资项目在线审批监管平台

一、全国投资项目在线审批监管平台

全国投资项目在线审批监管平台是指依托互联网和国家电子政务外网（以下简称"政务外网"）建设的固定资产投资项目（以下简称"项目"）综合管理服务平台。在线平台实现项目网上申报、并联审批、信息公开、协同监管，适用于各类项目建设实施全过程的审批、监管和服务，包括行政许可、政府内部审批、备案、评估评审、技术审查，项目实施情况监测，以及政策法规、规划咨询服务等。各级在线平台由互联网门户网站和政务外网审批监管系统构成。互联网门户网站是项目单位和社会公众网上申报、查询办理情况的统一窗口，提供办事指南、中介服务、政策信息等服务指引；审批监管系统是连接各级政府部门相关信息系统开展并联审批、电子监察、项目监管、数据分析的工作平台。

二、在线审批监管平台体系架构

在线平台由中央平台和地方平台组成。中央平台负责管理由国务院及其相关部门审批、核准和备案的项目（以下简称"中央项目"）。地方平台负责管理地方各级政府及其相关部门审批、核准和备案的项目（以下简称"地方项目"）。在线平台工作体系由综合管理部门、应用管理部门、建设运维部门共同组成。应用管理部门是指履行各类项目审批和监管职能，并通过在线平台办理和归集信息的部门。负责制定相关内部工作规则，编制完善、及时公开办事指南，包括审批依据、审批内容、受理条件、办理流程、办理时限、收费标准、监管要求、联系方式等；及时共享相关事项办理信息；为企业提供相关咨询服务；建设完善本部门与审批监管相关的业务系统，指导协调本系统在线平台建设和运行工作；督促项目单位通过在线平台及时报送项目开工建设、建设进度、竣工等基本信息，支撑协同监管。建设运维部门是指在线平台建设、运行维护和数据管理的部门。负责建设与完善在线平台功能，满足业务需要；制定运行维护细则、安全保障方案和安全防护策略，确保在线平台安全稳定运行。

三、在线审批监管平台项目代码

各类项目实行统一代码制度。项目代码是项目整个建设周期的唯一身份标识，一项一码。项目代码由在线平台生成，项目办理信息、监管（处罚）信息，以及工程实施过程中的重要信息，统一汇集至项目代码。编码规则由中央平台综合管理部门统一制定。项目应按照规定的隶属关系，分别由中央平台和地方平台赋码。项目已有非在线平台编码的，要按照在线平台统一规则赋予项目代码，并与原编码进行对应。项目延期或调整的，项目代

码保持不变；项目发生重大变化，需要重新审批、核准、备案的，应当重新赋码。应用管理部门要推行项目代码应用，审批文件、项目招标投标、信息公开等涉及使用项目名称时，应当同时标注项目代码。应用管理部门办理项目相关审批事项、下达资金等，要首先核验项目代码。

四、在线审批监管平台运行流程

项目单位在线申报，获取项目代码；各应用管理部门依责办理，优化服务。各级在线平台要强化技术手段，支持有关业务实现全程网上办理。项目单位在审批事项办结后，要按要求及时报送项目实施情况。

（一）项目申报。项目单位根据规定，通过相应的在线平台填报项目信息，获取项目代码。填报项目信息时，项目单位应当根据在线平台所公开的办事指南真实完整准确填报。在线平台应当根据办事指南和项目申报信息等，向项目单位告知应办事项，强化事前服务。项目单位凭项目代码根据平台所示的办事指南提交所需的申报材料。项目变更、中止，项目单位应当通过在线平台申请。

（二）项目受理。应用管理部门应当依据有关法律法规受理审批事项申请，接收申报材料应当核验项目代码，对未通过项目代码核验的，不得受理并告知项目单位。应用管理部门受理后，在线平台开始计时。

（三）项目办理。应用管理部门应当依据有关法律法规办理审批事项，通过在线平台及时交换审批事项的收件、受理、办理、办结等信息，并告知项目单位。

（四）事项办结。项目审批事项办结后，应用管理部门应当及时将办结意见及相关审批文件的文号、标题等相关信息交换至在线平台。

（五）项目实施情况监测。项目审批事项办结后，应用管理部门应定期监测项目实施情况，对于发现的问题要及时督促有关单位整改。

事前告知项目单位的应办事项全部办结后，由在线平台生成办结告知书并通知项目单位。在线平台根据应用管理部门相关事项办理时限要求，进行计时，并根据实际进度进行自动提示。不纳入审批事项办理时限的相关环节，在线平台根据应用管理部门提供的信息调整计时节点。应用管理部门在审批过程中需委托中介服务的，中介服务事项及其委托办理过程要纳入在线平台运行，接受监督。在线平台支持各级各部门纵横协同办理项目审批事项。涉及中央和地方需要交换的项目及审批事项信息，应当及时在中央平台和省级地方平台之间交换。项目审批信息、监管信息、处罚结果等要及时通过在线平台向社会公开。项目单位可凭项目代码查询项目办理过程及审批结果。全国信用信息共享平台、全国公共资源交易平台和招标投标公共服务平台、公共政务信息共享平台以及各级政府有关部门相关信息系统应当依据法律法规并按照权限与在线平台开展数据共享与交换。与统计部门的数据共享和交换，应当符合政府统计法律制度。

第八节 投资项目申请报告通用文本格式

为进一步完善企业投资项目核准制，指导企业做好项目申请报告的编写工作，规范项目核准机关对企业投资项目的核准行为，国家发改委编写项目申请报告通用文本格式。项目申请报告通用文本，是对项目申请报告编写内容及深度的一般要求；关于《项目申请报告通用文本》的说明，是对通用文本的详细解释和阐述。在编写、审核项目申请报告时，应同时借鉴和参考通用文本及说明的有关内容。企业在编写具体项目的申请报告时，可根据拟建项目的实际情况，对通用文本中所要求的内容进行适当调整。如果拟建项目不涉及其中有关内容，可以在说明情况后，不进行相关分析。

项目核准机关在核准企业投资项目时，应严格按照《国务院关于投资体制改革的决定》要求，主要从维护经济安全、合理开发利用资源、保护生态环境、优化重大布局、保障公共利益、防止出现垄断等方面进行审查。为了适应各行业的具体情况，将根据实际工作需要，在通用文本的基础上，逐步制定和完善特定行业的项目申请报告文本。行业文本的制定，既要遵循通用文本的一般要求，又要充分反映行业特殊情况，可根据实际需要对通用文本的内容进行适当增减。此次所发布的项目申请报告通用文本，适用于在我国境内建设的企业投资项目，包括外商投资项目。按照《国家发展改革委办公厅印发关于我委办理工程建设项目审批（核准）时核准招标内容的意见的通知》的要求，凡需报发改委核准招标内容的企业投资项目，应在项目申请报告中包括有关招标内容。项目申请报告通用文本格式：

第一章　申报单位及项目概况

一、项目申报单位概况。包括项目申报单位的主营业务、经营年限、资产负债、股东构成、主要投资项目、现有生产能力等内容。

二、项目概况。包括拟建项目的建设背景、建设地点、主要建设内容和规模、产品和工程技术方案、主要设备选型和配套工程、投资规模和资金筹措方案等内容。

第二章　发展规划、产业政策和行业准入分析

一、发展规划分析。拟建项目是否符合有关的国民经济和社会发展总体规划、专项规划、区域规划等要求，项目目标与规划内容是否衔接和协调。

二、产业政策分析。拟建项目是否符合有关产业政策的要求。

三、行业准入分析。项目建设单位和拟建项目是否符合相关行业准入标准的规定。

第三章　资源开发及综合利用分析

一、资源开发方案。资源开发类项目，包括对金属矿、煤矿、石油天然气矿、建材矿以及水（力）、森林等资源的开发，应分析拟开发资源的可开发量、自然品质、赋存条件、开发价值等，评价是否符合资源综合利用的要求。

二、资源利用方案。包括项目需要占用的重要资源品种、数量及来源情况；多金属、多用途化学元素共生矿、伴生矿以及油气混合矿等的资源综合利用方案；通过对单位生产能力主要资源消耗量指标的对比分析，评价资源利用效率的先进程度；分析评价项目建设是否会对地表（下）水等其他资源造成不利影响。

三、资源节约措施。阐述项目方案中作为原材料的各类金属矿、非金属矿及水资源节约的主要措施方案。对拟建项目的资源消耗指标进行分析，阐述在提高资源利用效率、降低资源消耗等方面的主要措施，论证是否符合资源节约和有效利用的相关要求。

第四章　节能方案分析

一、用能标准和节能规范。阐述拟建项目所遵循的国家和地方的合理用能标准及节能设计规范。

二、能耗状况和能耗指标分析。阐述项目所在地的能源供应状况，分析拟建项目的能

源消耗种类和数量。根据项目特点选择计算各类能耗指标，与国际国内先进水平进行对比分析，阐述是否符合能耗准入标准的要求。

三、节能措施和节能效果分析。阐述拟建项目为了优化用能结构、满足相关技术政策和设计标准而采用的主要节能降耗措施，对节能效果进行分析论证。

第五章　建设用地、征地拆迁及移民安置分析

一、项目选址及用地方案。包括项目建设地点、占地面积、土地利用状况、占用耕地情况等内容。分析项目选址是否会造成相关不利影响，如是否压覆矿床和文物，是否有利于防洪和排涝，是否影响通航及军事设施等。

二、土地利用合理性分析。分析拟建项目是否符合土地利用规划要求，占地规模是否合理，是否符合集约和有效使用土地的要求，耕地占用补充方案是否可行等。

三、征地拆迁和移民安置规划方案。对拟建项目的征地拆迁影响进行调查分析，依法提出拆迁补偿的原则、范围和方式，制定移民安置规划方案，并对是否符合保障移民合法权益、满足移民生存及发展需要等要求进行分析论证。

第六章　环境和生态影响分析

一、环境和生态现状。包括项目场址的自然环境条件、现有污染物情况、生态环境条件和环境容量状况等。

二、生态环境影响分析。包括排放污染物类型、排放量情况分析，水土流失预测，对生态环境的影响因素和影响程度，对流域和区域环境及生态系统的综合影响。

三、生态环境保护措施。按照有关环境保护、水土保持的政策法规要求，对可能造成的生态环境损害提出治理措施，对治理方案的可能性、治理效果进行分析论证。

四、地质灾害的项目，要阐述项目建设所在地的地质灾害情况，分析拟建项目诱发地质灾害的风险，提出防御的对策和措施。

五、特殊环境影响。分析拟建项目对历史文化遗产、自然遗产、风景名胜和自然景观等可能造成的不利影响，并提出保护措施。

第七章　经济影响分析

一、经济费用效益或费用效果分析。从社会资源优化配置的角度，通过经济费用效益或费用效果分析，评价拟建项目的经济合理性。

二、行业影响分析。阐述行业现状的基本情况以及企业在行业中所处地位，分析拟建项目对所在行业及关联产业发展的影响，并对是否可能导致垄断等进行论证。

三、区域经济影响分析。对于区域经济可能产生重大影响的项目，应从区域经济发展、产业空间布局、当地财政收支、社会收入分配、市场竞争结构等角度进行分析论证。

四、宏观经济影响分析。投资规模巨大、对国民经济有重大影响的项目，应进行宏观经济影响分析。涉及国家经济安全的项目，应分析拟建项目对经济安全的影响，提出维护经济安全的措施。

第八章　社会影响分析

一、社会影响效果分析。阐述拟建项目的建设及运营活动对项目所在地可能产生的社会影响和社会效益。

二、社会适应性分析。分析拟建项目能否为当地的社会环境、人文条件所接纳，评价该项目与当地社会环境的相互适应性。

三、社会风险及对策分析。针对项目建设所涉及的各种社会因素进行社会风险分析，提出协调项目与当地社会关系、规避社会风险、促进项目顺利实施的措施方案。

第九节　投资项目申请报告通用文本编制说明

为进一步完善企业投资项目核准机制，指导企业做好项目申请报告的编写工作，规范项目核准机关对企业投资项目的核准行为，国家发改委编写《项目申请报告通用文本》的编制说明，是对通用文本的详细解释和阐述。

一、编写项目申请报告通用文本的主要目的

为贯彻落实投资体制改革精神，进一步完善企业投资项目核准制，帮助和指导企业开展项目申请报告的编写工作，规范项目核准机关对企业投资项目的核准行为，根据《行政许可法》、《国务院关于投资体制改革的决定》、《企业投资项目核准暂行办法》、《外商投资项目核准暂行管理办法》和《国际金融组织和外国政府贷款投资项目管理暂行办法》等规定，特编写项目申请报告通用文本，供有关方面借鉴和参考。

项目申请报告通用文本是对项目申请报告编写内容及深度的一般要求。企业在编写具体项目的申请报告时，可结合项目自身的实际情况，对通用文本中所要求的内容进行适当调整；如果拟建项目不涉及其中有关内容，可以在说明情况后不再进行详细论证。为了更好地适应不同行业的具体情况和要求，行业文本将充分反映不同行业的特殊情况，并根据工作需要对通用文本的内容进行适当增减。

二、项目申请报告的性质及研究思路

按照投资体制改革的要求，政府不再审批企业投资项目的可行性研究报告，项目的市场前景、经济效益、资金来源、产品技术方案等都由企业自主决策。尽管不需再报政府审批，但为了防止和减少投资失误、保证投资效益，企业在进行自主决策时，仍应编制可行性研究报告，对上述内容进行分析论证，作为投资决策的重要依据。因此，投资体制改革之后，可行性研究报告的主要功能是满足企业自主投资决策的需要，其内容和深度可由企业根据决策需要和项目情况相应确定。

项目申请报告，是企业投资建设应报政府核准的项目时，为获得项目核准机关对拟建项目的行政许可，按核准要求报送的项目论证报告。项目申请报告应重点阐述项目的外部性、公共性等事项，包括维护经济安全、合理开发利用资源、保护生态环境、优化重大布局、保障公众利益、防止出现垄断等内容。编写项目申请报告时，应根据政府公共管理的要求，对拟建项目从规划布局、资源利用、征地移民、生态环境、经济和社会影响等方面进行综合论证，为有关部门对企业投资项目进行核准提供依据。至于项目的市场前景、经济效益、资金来源、产品技术方案等内容，不必在项目申请报告中进行详细分析和论证。

三、"申报单位及项目概况"的编写说明

全面了解和掌握项目申报单位及拟建项目的基本情况，是项目核准机关对拟建项目进行分析评价以决定是否予以核准的前提和基础。如果不能充分了解有关情况，就难以作出正确的核准决定。因此，对项目申报单位及拟建项目基本情况的介绍，在项目申请报告的编写中占有非常重要的地位。

通过对项目申报单位的主营业务、经营年限、资产负债、股东构成、主要投资项目情况和现有生产能力等内容的阐述，为项目核准机关分析判断项目申报单位是否具备承担拟建项目的资格、是否符合有关的市场准入条件等提供依据。

通过对项目的建设背景、建设地点、主要建设内容和规模、产品和工程技术方案、主要设备选型和配套工程、投资规模和资金筹措方案等内容的阐述，为项目核准机关对拟建项目的相关核准事项进行分析、评价奠定基础和前提。

四、"发展规划、产业政策和行业准入分析"的编写说明

发展规划、产业政策和行业准入标准等，是加强和改善宏观调控的重要手段，是核准企业投资项目的重要依据。本章编写的主要目的，是从发展规划、产业政策及行业准入的角度，论证项目建设的目标及功能定位是否合理，是否符合与项目相关的各类规划要求，是否符合相关法律法规、宏观调控政策、产业政策等规定，是否满足行业准入标准、优化重大布局等要求。

在发展规划方面，应阐述国民经济和社会发展总体规划、区域规划、城市总体规划、城镇体系规划、行业发展规划等各类规划中与拟建项目密切相关的内容，对拟建项目是否符合相关规划的要求、项目建设目标与规划内容是否衔接和协调等进行分析论证。

在产业政策方面，阐述与拟建项目相关的产业结构调整、产业发展方向、产业空间布局、产业技术政策等内容，分析拟建项目的工程技术方案、产品方案等是否符合有关产业政策、法律法规的要求，如贯彻国家技术装备政策提高自主创新能力的情况等。在行业准入方面，阐述与拟建项目相关的行业准入政策、准入标准等内容，分析评价项目建设单位和拟建项目是否符合相关规定。

五、"资源开发及综合利用分析"的编写说明

合理开发并有效利用资源，是贯彻落实科学发展观的重要内容。对于开发和利用重要资源的企业投资项目，要从建设节约型社会、发展循环经济等角度，对资源开发、利用的合理性和有效性进行分析论证。

对于资源开发类项目，要阐述资源储量和品质勘探情况，论述拟开发资源的可开发量、自然品质、赋存条件、开发价值等，分析评价项目建设方案是否符合有关资源开发利用的可持续发展战略要求，是否符合保护资源环境的政策规定，是否符合资源开发总体规划及综合利用的相关要求。在资源开发方案的分析评价中，应重视对资源开发的规模效益和使用效率分析，限制盲目开发，避免资源开采中的浪费现象；分析拟采用的开采设备和技术方案是否符合提高资源开发利用效率的要求；评价资源开发方案是否符合改善资源环境及促进相关产业发展的政策要求。

对于需要占用重要资源的建设项目，应阐述项目需要占用的资源品种和数量，提出资源供应方案；涉及多金属、多用途化学元素共生矿、伴生矿以及油气混合矿等情况的，应根据资源特征提出合理的综合利用方案，做到物尽其用；通过单位生产能力主要资源消耗量、资源循环再生利用率等指标的国内外先进水平对比分析评价拟建项目资源利用效率的先进性和合理性；分析评价资源综合利用方案是否符合发展循环经济、建设节约型社会的要求；分析资源利用是否会对地表（下）水等其他资源造成不利影响，以提高资源利用综合效率。

在资源利用分析中，应对资源节约措施进行分析评价。本章主要阐述项目方案中作为原材料的各类金属矿、非金属矿及水资源节约的主要措施方案，并对其进行分析评价。有

关节能的分析评价设专章单独阐述。对于耗水量大或严重依赖水资源的建设项目，以及涉及主要金属矿、非金属矿开发利用的建设项目，应对节水措施及相应的金属矿、非金属矿等原材料节约方案进行专题论证，分析拟建项目的资源消耗指标，阐述工程建设方案是否符合资源节约综合利用政策及相关专项规划的要求，就如何提高资源利用效率、降低资源消耗提出对策措施。

六、"节能方案分析"的编写说明

能源是制约我国经济社会发展的重要因素。解决能源问题的根本出路是坚持开发与节约并举、节约优先的方针，大力推进节能降耗，提高能源利用效率。为缓解能源约束，减轻环境压力，保障经济安全，实现可持续发展，必须按照科学发展观的要求，对企业投资涉及能源消耗的重大项目，尤其是钢铁、有色、煤炭、电力、石油石化、化工、建材等重点耗能行业及高耗能企业投资建设的项目，应重视从节能的角度进行核准，企业上报的项目申请报告应包括节能方案分析的相关内容。

用能标准和节能规范，应阐述项目所属行业及地区对节能降耗的相关规定，项目方案应遵循的国家和地方有关合理用能标准，以及节能设计规范。评价所采用的标准及规范是否充分考虑到行业及项目所在地区的特殊要求，是否全面和适宜。

能耗状况和能耗指标分析。应阐述项目所在地的能源供应状况，项目方案所采用的工艺技术、设备方案和工程方案对各类能源的消耗种类和数量，是否按照规范标准进行设计。应根据项目特点，选择计算单位产品产量能耗、万元产值能耗、单位建筑面积能耗、主要工序能耗等指标，并与国际国内先进水平进行对比分析，就是否符合国家规定的能耗准入标准进行阐述。

节能措施和节能效果分析。应根据国家有关节能工程实施方案及其他相关政策法规要求，分析项目方案在节能降耗方面存在的主要障碍，在优化用能结构、满足相关技术政策、设计标准及产业政策等方面所采取的节能降耗具体措施，并对节能效果进行分析论证。

七、"建设用地、征地拆迁及移民安置分析"的编写说明

土地是极其宝贵的稀缺资源，节约土地是我国的基本国策。项目选址和土地利用应严格贯彻国家有关土地管理的法律法规，切实做到依法、科学、合理、节约用地。因项目建设而导致的征地拆迁和移民安置人口，是项目建设中易受损害的社会群体。为有效使用土地资源，保障受征地拆迁影响的公众利益，应制定项目建设用地、征地拆迁及移民安置规划方案，并进行分析评价。

项目选址和用地方案，应阐述项目建设地点、场址土地权属类别、占地面积、土地利用状况、占用耕地情况、取得土地方式等内容，为项目用地的合理性分析和制定征地拆迁及移民安置规划方案提供背景依据。在选择项目场址时，还应考虑项目建设是否会对相关方面造成不利影响，对拟建项目是否压覆矿床和文物、是否影响防洪和排涝、是否影响通航、是否影响军事设施安全等进行分析论证，并提出解决方案。

土地利用合理性分析，应分析评价项目建设用地是否符合土地利用规划要求，占地规模是否合理，是否符合保护耕地的要求。耕地占用补充方案是否可行，是否符合因地制宜、集约用地、少占耕地、减少拆迁移民的原则，是否符合有关土地管理的政策法规的要求。

如果因项目建设用地需要进行征地拆迁，则应根据项目建设方案和土地利用方案，进行征地拆迁影响的相关调查分析，依法制定征地拆迁和移民安置规划方案。要简述征地拆迁和移民安置规划方案提出的主要依据，说明征地拆迁的范围及其确定的依据、原则和标准；提出项目影响人口和实物指标的调查结果，分析实物指标的合理性；说明移民生产安置、搬迁安置、收入恢复和就业重建规划方案的主要内容，并对方案的可行性进行分析评价；说明征地拆迁和移民安置补偿费用编制的依据和相关补偿政策；阐述地方政府对移民安置规划、补偿标准的意见。

八、"环境和生态影响分析"的编写说明

为保护生态环境和自然文化遗产，维护公共利益，对于可能对环境产生重要影响的企业投资项目，应从防治污染、保护生态环境等角度进行环境和生态影响的分析评价，确保生态环境和自然文化遗产在项目建设和运营过程中得到有效保护，并避免出现由于项目建设实施而引发的地质灾害等问题。

环境和生态现状。应通过阐述项目场址的自然环境条件、现有污染物情况、生态环境条件、特殊环境条件及环境容量状况等基本情况，为拟建项目的环境和生态影响分析提供依据。

拟建项目对生态环境的影响。应分析拟建项目在工程建设和投入运营过程中对环境可能产生的破坏因素以及对环境的影响程度，包括废气、废水、固体废弃物、噪声、粉尘和其他废弃物的排放数量，水土流失情况，对地形、地貌、植被及整个流域和区域环境及生态系统的综合影响等。

生态环境保护措施的分析。应从减少污染排放、防止水土流失、强化污染治理、促进清洁生产、保持生态环境可持续能力的角度，按照国家有关环境保护、水土保持的政策法规要求，对项目实施可能造成的生态环境损害提出保护措施，对环境影响治理和水土保持方案的工程可行性和治理效果进行分析评价。治理措施方案的制定，应反映不同污染源和污染排放物及其他环境影响因素的性质特点，所采用的技术和设备应满足先进性、适用性、可靠性等要求；环境治理方案应符合发展循环经济的要求，对项目产生的废气、废水、固体废弃物等，提出回收处理和再利用方案；污染治理效果应能满足达标排放的有关要求。涉及水土保持的建设项目，还应包括水土保持方案的内容。

对于建设在地质灾害易发区内或可能诱发地质灾害的项目，应结合工程技术方案及场址布局情况，分析项目建设诱发地质灾害的可能性及规避对策。通过工程实施可能诱发的地质灾害分析，评价项目实施可能导致的公共安全问题，是否会对项目建设地的公众利益产生重大不利影响。对依照国家有关规定需要编制的建设项目地质灾害及地震安全评价文件的主要内容，进行简要描述。

对于历史文化遗产、自然遗产、风景名胜和自然景观等特殊环境，应分析项目建设可能产生的影响，研究论证影响因素、影响程度，提出保护措施，并论证保护措施的可行性。

九、"经济影响分析"的编写说明

企业投资项目的财务评价，主要是进行财务盈利能力和债务清偿能力分析。而经济影响分析，则是对投资项目所耗费的社会资源及其产生的经济效果进行论证，分析项目对行业发展、区域和宏观经济的影响，从而判断拟建项目的经济合理性。

对于产出物不具备实物形态且明显涉及公众利益的无形产品项目，如水利水电、交通运输、市政建设、医疗卫生等公共基础设施项目，以及具有明显外部性影响的有形产品项目，如污染严重的工业产品项目，应进行经济费用效益或费用效果分析，对社会为项目的建设实施和运营所付出的各类费用以及项目所产生的各种效益，进行全面的识别和评价。如果项目的经济费用和效益能够进行货币量化，应编制经济费用效益流量表，计算经济净现值 ENPV、经济内部效益率 EIRR 等经济评价指标，评价项目投资的经济合理性。对于产出效果难以进行货币量化的项目，应尽可能地采用非货币的量纲进行量化，采用费用效果分析的方法分析评价项目建设的经济合理性。难以进行量化分析的，应进行定性分析描述。

对于在行业内具有重要地位、影响行业未来发展的重大投资项目，应进行行业影响分析，评价拟建项目对所在行业及关联产业发展的影响，包括产业结构调整、行业技术进步、行业竞争格局等主要内容，特别要对是否可能形成行业垄断进行分析评价。对区域经济可能产生重大影响的项目，应进行区域经济影响分析，重点分析项目对区域经济发展、产业空间布局、当地财政收支、社会收入分配、市场竞争结构等方面的影响，为分析投资项目与区域经济发展的关联性及融合程度提供依据。

对于投资规模巨大、可能对国民经济产生重大影响的基础设施、科技创新、战略性资源开发等项目，应从国民经济整体发展角度，进行宏观经济影响分析，如对国家产业结构调整和升级、重大产业布局、重要产业的国际竞争力以及区域之间协调发展的影响分析等。

对于涉及国家经济安全的重大项目，应从维护国家利益、保证国家产业发展及经济运行免受侵害的角度，结合资源、技术、资金、市场等方面的分析，进行投资项目的经济安全分析，内容包括：(1) 产业技术安全，分析项目采用的关键技术是否受制于人，是否拥有自主知识产权，在技术壁垒方面的风险等；(2) 资源供应安全，阐述项目所需要的重要资源来源，分析该资源受国际市场供求格局和价格变化的影响情况，以及现有垄断格局、运输线路安全保障等问题；(3) 资本控制安全，分析项目的股权控制结构，中方资本对关键产业的资本控制能力，是否存在外资的不适当进入可能造成的垄断、不正当竞争等风险；(4) 产业成长安全，结合我国相关产业发展现状，分析拟建项目是否有利于推动国家相关产业成长、提升国际竞争力、规避产业成长风险；(5) 市场环境安全，分析国外为了保护本地市场，采用反倾销等贸易救济措施和知识产权保护、技术性贸易壁垒等手段，对拟建项目相关产业发展设置障碍的情况；分析国际市场对相关产业生存环境的影响。

十、"社会影响分析"的编写说明

对于因征地拆迁等可能产生重要社会影响的项目，以及扶贫、区域综合开发、文化教育、公共卫生等具有明显社会发展目标的项目，应从维护公共利益、构建和谐社会、落实以人为本的科学发展观等角度，进行社会影响分析评价。

社会影响效果分析，应阐述与项目建设实施相关的社会经济调查内容及主要结论，分析项目所产生的社会影响效果的种类、范围、涉及的主要社会组织和群体等。重点阐述：(1) 社会影响区域范围的界定，社会评价的区域范围应能涵盖所有潜在影响的社会因素，不应受行政区划等因素的限制；(2) 影响区域内受项目影响的机构和人群的识别，包括各类直接或间接受益群体，也包括可能受到潜在负面影响的群体；(3) 分析项目可能导致的各种社会影响效果，包括直接影响效果和间接影响效果，如增加就业、社会保障、劳动力培训、卫生保健、社区服务等，并分析哪些是主要影响效果，哪些是次要影响效果。

社会适应性分析，应确定项目的主要利益相关者，分析利益相关者的需求，研究目标人群对项目建设内容的认可和接受程度，评价各利益相关者的重要性和影响力，阐述各利益相关者参与项目方案确定、实施管理和监测评价的措施方案，以提高当地居民等利益相关者对项目的支持程度，确保拟建项目能够为当地社会环境、人文条件所接纳，提高拟建项目与当地社会环境的相互适应性。社会风险及对策分析，应在确认项目有负面社会影响的情况下，提出协调项目与当地的社会关系，避免项目投资建设或运营管理过程中可能存在的冲突和各种潜在社会风险，解决相关社会问题，减轻负面社会影响的措施方案。

十一、关于利用外资项目申请报告的编写

外商投资项目申请报告的编写，按照《外商投资项目核准暂行管理办法》的规定，除遵循项目申请报告通用文本的一般要求外，在项目概况介绍中还应包括经营期限、产品目标市场、计划用工人数、涉及的公共产品或服务价格、出资方式、需要进口的设备及金额等内容，以满足项目核准机关对市场准入、资本项目管理等事项进行核准的需要。

对于外商并购境内企业项目，如不涉及扩大生产及投资规模，不新占用土地、能源和资源消耗，不形成对生态和环境新的影响，其项目申请报告可以适当简化，但应重点论述以下内容：境内企业情况（包括企业现状、财务状况、资产评估和确认情况，并购目的和选择外商情况等）；外商情况（包括近三年企业财务状况、在中国大陆投资情况及拥有实际控制权的同行业企业产品或服务的市场占有率、公司业绩等）；并购安排（包括职工安排、原企业债权债务处置）；并购后企业的经营方式、经营范围和股权结构；融资方案；中方通过并购所得收入的使用安排；有关法律规章要求的其他内容。

借用国际金融组织和外国政府贷款的项目申请报告的编写，按照《国际金融组织和外国政府贷款投资项目管理暂行办法》的规定，除遵循项目申请报告通用文本的一般要求外，在项目概况介绍中还应包括国外借款类别或国别、贷款规模、贷款用途、还款方案、申报情况等内容，以满足项目核准机关对外债管理等事项进行核准的需要。

第十节　投资项目核准文件格式文本

为贯彻落实投资体制改革精神，进一步完善企业投资项目核准制，规范项目核准机关对企业投资项目的核准行为，根据《行政许可法》《政府核准投资项目管理办法》及《外商投资项目核准和备案管理办法》等有关法律规章规定，核准文件格式文本适用于国家发改委核准的各类企业在我国境内投资建设的项目（包括外商投资项目）。其他项目核准机关核准企业投资项目时，可以参照本格式文本。国家发改委在核准企业投资项目时，将严格按照《国务院关于投资体制改革的决定》《政府核准投资项目管理办法》和《外商投资项目核准和备案管理办法》的有关要求，主要从维护经济安全、合理开发利用资源、保护生态环境、优化重大布局、保障公共利益、防止出现垄断等方面进行核准。对于外商投资项目，还要从市场准入、资本项目管理等方面进行核准。

企业投资项目的资金来源、市场前景、经济效益和产品技术方案等，由企业自主决策、自担风险。项目资本金占项目总投资的比例要符合国家有关规定。招标内容核准，应按照《国家发展改革委办公厅印发关于国家发改委办理工程建设项目审批（核准）时核准招标内容的意见的通知》《工程建设项目申报材料增加招标内容和核准招标事项暂行规定》等有关规定办理。

附件：核准文件格式文本

国家发展改革委关于　项目核准的批复

　　　：（项目核准批复应同时抄送项目单位）

报来（文件名及文号）及有关材料收悉。经研究，现就该项目核准事项批复如下：

一、为了　（阐述目的、意义），同意建设　项目。项目单位为　。

二、项目建设地点（起止路线等）为　。

三、项目的主要建设内容，建设规模，主要设备选型和技术标准（根据项目具体情况而定）。

四、项目总投资为　，其中项目资本金为　，项目资本金占项目总投资的比例为　％。

项目的股东构成及出资比例情况为　。

中方投资者　以　方式出资　，占项目资本金的比例为　％；外方投资者　以　方式出资　，占项目资本金的比例为　％。经营期限为　年。总投资与项目资本金的差额　，通过　方式解决（只针对外商投资新建项目，外资增资、并购等项目可根据具体情况对该部分内容作适当调整，外商投资鼓励类项目还应写明进口设备用汇数据）。

五、建设项目环保和资源利用等方面的要求（根据项目具体情况而定）。

六、招标内容。

七、核准项目的相关文件分别是　、　、　（包括城乡规划、用地预审、环评审批、节能审查等相关文件的名称和文号）。

八、如需对本项目核准文件所规定的有关内容进行调整，请按照《政府核准投资项目管理办法》和《外商投资项目核准和备案管理办法》的有关规定，及时以书面形式向我委提出调整申请，我委将根据项目具体情况，出具书面确认意见或者重新办理核准手续。

九、请　（项目单位）根据本核准文件，办理规划许可、土地使用、资源利用、安全生产等相关手续。

十、本核准文件自印发之日起有效期限2年。在核准文件有效期内未开工建设的，项目单位应在核准文件有效期届满前的30个工作日之前向我委申请延期。项目在核准文件有效期内未开工建设也未按规定申请延期的，或虽提出延期申请但未获批准的，本核准文件自动失效。

年　　　月　　　日

第五章　项目可行性研究

项目建议书、可行性研究报告都是建设项目前期投资决策阶段所形成的成果。根据《国务院关于投资体制改革的决定》，涉及政府投资的项目需编制项目建议书及工程可行性研究报告并报主管部门审批，企业投资不使用政府资金的项目适用于核准或备案制，因此，文中如提及项目建议书及工程可行性研究报告的审批，均针对政府投资项目。建设项目前期投资决策实际上是可行性研究的过程，它包括投资机会可行性研究、预（初步）可行性研究和可行性研究三个阶段。项目可行性研究最终形成项目建议书和可行性研究报告，可行性研究报告经有关部门批准，就标志着建设项目的确立，简称立项，其过程如图 5-1 所示。

可行性研究是一种包括机会研究、预可行性研究和可行性研究三个阶段的系统的投资决策分析，是在项目决策前，通过对与项目有关的工程、技术、经济等各方面条件和情况进行调查、研究、分析，对各种可能的建设方案进行比较论证，并对项目建成后的经济效益进行预测和评价的一种科学分析。它着重评价项目技术上的先进性和适用性，经济上的营利性和合理性，以及建设上的可能性和可行性。

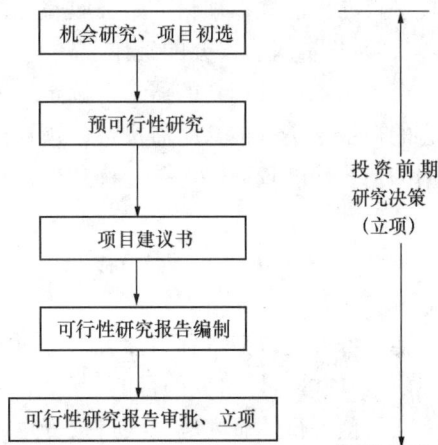

图 5-1　建设项目决策程序

第一节　投资项目机会研究

建设项目实施的第一步是选择投资机会。机会研究是在一定的范围内，寻求有价值的投资机会，对项目的投资方向提出设想的活动。投资机会研究应对若干个投资机会或项目意向进行选定。它包括一般性投资机会研究和特定项目的投资机会研究。

（一）一般性投资机会研究

一般性投资机会研究并不预先确定某种目的，研究只有机会普查性质，通常有三种方式：

1. 地区投资机会研究：设法选定一个特定地区，寻找并研究适合于投资方向的机会。

2. 行业研究：设法在一个特定的行业寻求适合于投资方向的机会，从行业特征方面进行机会研究。

3. 资源研究：设法利用自然资源、农业或工业产品，寻求适合于投资方向的机会。

（二）特定项目的投资机会研究

经过一般性投资机会研究后，确定初步的投资意向，随后要进行特定项目的机会研究。项目投资机会研究由专业人员负责，研究完成后应写出意向性的建议供主管部门作出决策。上级部门进行审查分析后，若作出投资初步意向决策，应组织专职班子进行预可行性研究。

（三）投资机会研究的内容

投资项目选择；投资机会的资金条件、自然资源条件和社会地理条件；项目在国民经济中的地位和对产业结构、生产力布局的影响；拟建项目产品在国内外市场上的需求量及替代进口的可能性；项目的财务收益和国民经济效益的大致预测；其他。

（四）投资机会研究的工作

市场调查，发现新的需求；确定投资方向；构思投资项目；选择投资方式；拟定项目实施的初步方案；估算所需投资；预算可能达到的目标。投资机会研究比较粗略，对基础数据的估算精度较低，误差允许达±30％。

第二节 初步可行性研究

初步可行性研究也称为预可行性研究。

（一）预可行性研究的目的

项目预可行性研究应对项目投资意向进行初步的估计，其主要目的：确定投资机会是否可行；确定项目范围是否值得通过可行性研究，作进一步详尽分析；确定项目中某些关键部分，是否有必要通过职能研究部门或辅助研究活动做进一步调查；确定机会研究资料是否对投资者有充分的吸引力，同时还应做哪些工作。

（二）辅助研究内容

预可行性研究是项目的机会研究与详细的可行性研究之间的中间阶段，常常需要进行辅助（或职能）研究，其主要内容：拟制造产品的市场研究，包括市场需求的规模以及进入市场的能力；原材料的投入研究；实验室的中间试验；建厂地区研究；规模的经济性研究；设备选择的研究。多数情况下，投资的辅助研究在可行性研究之前进行。

（三）预可行性研究的纲要

预可行性研究的纲要主要包含以下内容：实施纲要；项目背景和历史；市场和工厂生产能力；材料投入物；建厂地区及厂址；项目设计；工厂和组织机构及管理费用；人工；建设进度表；财务及经济估价。一旦预可行性研究的纲要制定完毕，业主单位即完成预可行性研究报告，经过审核决定投资意向后，就应着手向上级主管部门提出书面建议——项目建议书。

第三节 项目建议书编制和审批

从定性的角度来看，项目建议书是十分重要的，便于从总体上、宏观上对项目作出选择。

（一）项目建议书的作用

选择建设项目的依据，项目建议书批准后可进行可行性研究；利用外资的项目，只有在批准项目建议书后方可对外开展工作。

（二）项目建议书的编制方法

项目建议书的编制一般由业主或业主委托咨询机构负责完成，通过考察和分析提出项目的设想和对投资机会研究的评估，主要表现为以下内容：

1. 论证重点，是否符合国家宏观经济政策、产业政策和产品的结构、生产力布局要求。

2. 宏观信息，国家经济和社会发展规划、行业或地区规划、国家产业政策、技术政策、生产力布局、自然资源等宏观的信息。

3. 估算误差，项目建议书阶段的投资估算误差一般在±20%。

4. 最终结论，通过市场预测研究项目产出物的市场前景，利用静态分析指标进行经济分析，以便作出对项目的评价。项目建议书的最终结论，可以是项目投资机会研究有前途的肯定性推荐意见，也可以是项目投资机会研究不成立的否定性意见。

（三）项目建议书的主要内容

1. 一般项目建议书必须阐明以下主要内容：项目的提出背景；项目提出的依据，特别是政策依据；项目实施的基础及有利条件；项目实施可能受到的制约因素，改变制约因素的措施；项目的初步投资估算；项目的资金来源及筹措办法；项目的社会效益预估；项目的经济效益预估；项目产品的销售途径；项目的原料供应；项目的建造工期及投产预计时间；项目的发展远景；项目的选址；项目的规模；主要附件：预可行性研究报告，包括辅助（或职能）研究报告。

2. 基本建设项目的项目建议书的主要内容：建设项目提出的必要性和依据；产品方案，拟建规模和建设地点的初步设想；资源情况、建设条件、协作关系和引进国别、厂商的初步分析；投资估算和资金筹措设想；项目进度安排；经济效果和社会效益的初步估算。

（四）项目建议书的审查

业主在正式报送有关主管部门审批前，应首先对项目建议书进行审查（包含以下方面）：项目是否符合国家的建设方针和长期规划，以及产业结构调整的方向和范围；项目的产品符合市场需要的论证理由是否充分；项目建设地点是否合适，有无不合理的布局或重复建设；对项目的财务、经济效益和还款要求的估算是否合理，是否与业主的投资设想一致；对遗漏、论证不足的地方，要求咨询机构补充修改。

（五）项目建议书的报批

除属于核准或备案范围外，项目建议书审查完毕后，要按照国家颁布的有关文件规定、审批权限申请立项报批。审批权限按拟建项目的级别划分如下：

1. 大、中型及限额以上的工程项目：项目建议书的审批见表5-1。

2. 小型或限额以下的工程项目：项目建议书按隶属关系由各行业归口主管部门或省、自治区、直辖市的发改委审批。

大、中型及限额以上项目建议书的审批　　　　　　　　　　　表 5-1

审批程序	审批单位	审批内容	备注
初审	行业归口主管部门	资金来源；建设布局；资源合理利用；经济合理性；技术政策	

审批程序	审批单位	审批内容	备注
终审	国家发改委	建设总规模；生产力总布局；资源优化配置；资金供应可能性；外部协作条件	投资超过2亿元的项目，还需报国务院审批

第四节　项目可行性研究

一、可行性研究概述

（一）可行性研究的目的

项目建设的必要性；研究项目的技术方案及其可行性；研究项目生产建设的条件；进行财务和经济评价，解决项目建设的经济合理性。可行性研究阶段投资估算等误差一般在±10%左右。

（二）可行性研究的任务

1. 根据国民经济长期规划和地区规划、行业规划的要求，从市场需求的预测开始，通过多方案比较，论证项目建设规模、工艺技术方案、厂址选择的合理性，原材料、燃料动力、运输、资金等建设条件的可靠性。

2. 对项目的投资建设方案进行详细规划，最后通过计算，分析项目投资、生产经营成本、销售收入和一系列指标，评价项目在财务上的生存能力、盈利能力、偿还能力和经济合理性，提出项目可行与否的结论。

（三）可行性研究的作用

项目可行性研究是保证建设项目以最少的投资耗费取得最佳经济效果的科学手段，也是实现建设项目在技术上先进、经济上合理和建设上可行的科学分析方法，主要作用是：编制可行性研究报告，进行项目评估和投资决策的依据；筹集资金向银行和金融机构申请贷款的依据；项目部门商谈合同、签订协议的依据；项目进行工程设计、设备订货、施工准备等建设前期工作的依据；项目实施计划、施工材料采购的依据；项目采用新技术、新设备研制计划和补充地形、地质工作和工业性试验的依据；环保部门审查项目对环境影响的依据，亦是向项目建设所在政府和规划部门申请建设执照的依据；项目建成后，企业组织管理、机构设置、职工培训等工作的依据。

（四）可行性研究的内容

市场研究与需求分析；产品方案与建设规模；建厂条件与厂址选择；工艺技术方案设计与分析；项目的环境保护与劳动安全；项目实施进度安排；投资估算与资金筹措；财务效益和社会效益评估。

（五）可行性研究的步骤

委托与签订合同；组织人员和制定计划；调查研究与收集资料；方案设计与优选；经济分析和评价；投资估算与资金筹措，即项目全部投资估算的分段现值，资金来源、筹措方式及还贷计划（方式）等；效益分析与评价，即对项目建成投产后所产生的社会效益和经济效益进行分析评价；综合评价与结论，即可行性研究报告对诸项因素进行综合分析，权衡利弊，逐一分析比较方案，最后得出综合结论，并推荐一个以上的建议方案供业主审定；编写可行性研究报告；可行性研究报告的评估与审批。

二、可行性研究报告

可行性研究报告是可行性研究成果的真实反映，是客观的总结，是认真的分析和科学的推理，进而得出尽可能正确的结论，以作为投资活动的依据和要实现的目标。

（一）可行性研究报告基本内容

可行性研究报告一般由咨询机构负责撰写，其主要内容：总论，即项目概述（况）及工作范围；市场研究与分析，即市场形势和特点、市场需求与预测；建设方案设想，即项目选址及建设规模的理由和依据；项目所需资源及原材料的投入，即所需原材料的种类、数量、质量标准以及水、电、气等资源的需求及可行的供应方式（条件）；项目工程设计方案，即项目的组成部分及其布局多方案比较依据，环境保护、综合利用和"三废"处理、公共设施及绿化建议；运行管理方案，即项目建成并投产运行后的管理体制、机构设置及所需人员和费用的估算；项目实施计划，即项目从规划至投产运行全过程的计划安排，附上图表示。

（二）工业项目可行性研究报告的主要内容

按照国家发改委的规定，工业项目的可行性研究报告，一般要求具备以下主要内容：

1. 总论：项目提出的背景（改扩建项目要说明企业现有概况），投资的必要性和经济意义，研究工作的依据和范围。

2. 需求预测和拟建规模：国内外需求情况的预测，国内现有工厂生产能力的估计，销售预测、价格分析、产品竞争能力，进入国际市场的前景，拟建项目的规模、产品方案和发展方向的技术经济比较和分析。

3. 资源、原材料、燃料及公用设施情况：经过储量委员会正式批准的资源储量、品位、成分以及开采、利用条件的评述，原料、辅助材料、燃料的种类、数量、来源和供应可能，所需公用设施的数量、供应方式和供应条件。

4. 建厂条件和厂址方案：建厂的地理位置、气象、水文、地质、地形条件和社会经济现状，交通、运输及水、电、气的现状和发展趋势，厂址比较与选择意见。

5. 设计方案：项目的构成范围（指包括的主要单项工程）、技术来源和生产方法，主要技术工艺和设备选型方案的比较，引进技术；设备的来源国别，设备的国内或与外商合作制造所采用方式的设想。改扩建项目要说明对原有固定资产的利用情况，全厂布置方案的初步选择和土建工程量估算，公用辅助设施和厂内外交通运输方式的比较和初步选择。

6. 环境保护：调查环境现状，预测项目对环境的影响，提出环境保护和"三废"治理的初步方案。

7. 企业组织、劳动定员和人员培训估算。

8. 实施进度的建议。

9. 投资估算和资金筹措：项目建设和协作配套工程所需的投资，生产流动资金的估算，资金来源、筹措方式及贷款的偿付方式。

10. 社会及经济效果评价。

（三）联合国工业发展组织《工业可行性研究编制手册》规定的工业项目可行性研究报告的内容

第一章　实施纲要；第二章　项目的背景和历史；第三章　市场和工厂生产能力；第

四章　材料投入；第五章　建厂地区和厂址；第六章　工程设计；第七章　工厂组织和管理费用；第八章　人工；第九章　项目建设；第十章　财务和经济估价

建设项目投资决策（建议书、可行性研究报告）流程见图5-2。

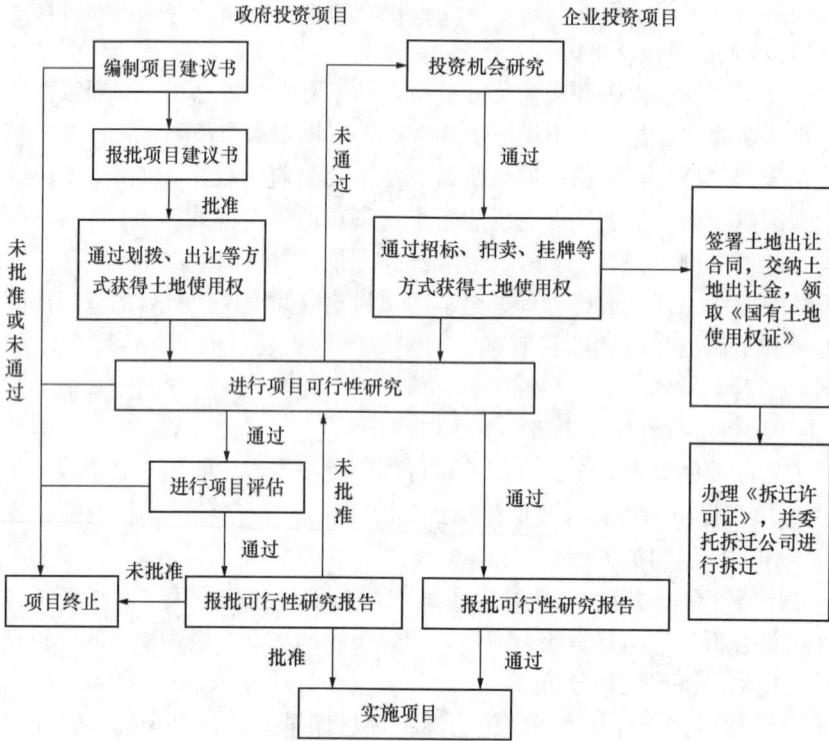

图5-2　建设项目投资决策（建议书、可行性研究报告）流程图

第五节　可行性研究报告的评价

咨询机构完成可行性研究工作后提出的可行性研究报告，是业主作出投资决策的依据，因此，要对该报告进行详细的评价。评价其内容是否确实、完整，分析和计算是否正确，最终确定投资机会的选择是否合理、可行。

一、对可行性研究报告的评价内容

（一）建设项目的必要性：从国民经济和社会发展等宏观角度评价建设项目是否符合国家的产业政策、行业规划和地区规划，是否符合经济和社会发展需要；分析市场预测是否准确，项目规模是否经济合理，产品的性能、品种、规格构成和价格是否符合国内外市场需求的趋势和有无竞争能力。

（二）建设条件与生产条件：项目所需资金能否落实，资金来源是否符合国家有关政策规定；分析选址是否合理，总体布置方案是否符合国土规划、城市规划、土地管理和文物保护的要求和规定；项目建设过程中和建成投产后原材料、燃料的供应条件，及供电、供水、供气、供热、交通运输等要求能否落实；项目的"三废"治理是否符合保护生态环境的要求。

（三）工艺、技术、设备：分析项目采用的工艺、技术、设备是否符合国家的技术发展政策和技术装备政策，是否可行、先进、适用、可靠，是否有利于资源的综合利用，有利于提高产品质量，降低消耗，提高劳动生产率；项目所采用的新工艺、新技术、新设备是否安全可靠；引进设备有无必要，是否符合国家有关规定和国情；能否与国内设备、零配件、工艺技术互相配套。

（四）建筑工程的方案和标准：建筑工程有无不同方案的比选，分析推荐的方案是否经济、合理；审核工程地质、水文、气象、地震等自然条件对工程的影响和采取的治理措施；建筑工程采用的标准是否符合国家的有关规定，是否贯彻了勤俭节约的方针。

（五）基础经济数据的测算：分析投资估算的依据是否符合国家或地区的有关规定，工程内容和费用是否齐全，有无高估冒算、任意提高标准、扩大规模，以及有无漏项、少算、压低造价等情况；资金筹措方式是否可行，投资计划安排是否得当；报告中的各项成本费用计算是否正确，是否符合国家有关成本管理的标准和规定；产品销售价格的确定是否符合实际情况和预测变化趋势，各种税金的计算是否符合国家规定的税种和税率；对预测的计算期内各年获得的利润额进行审核与分析；分析报告中确定的项目建设期、投产期、生产期等时间安排是否切实可行。

（六）财务效益：从项目本身出发，结合国家现行财税制度和现行价格，对项目的投入费用、产出效益、偿还贷款能力，以及外汇效益等财务状况进行评价，以判断项目财务上的可行性；评价效益指标主要是复核财务内部收益率、财务净现值、投资回报率、投资利润率、投资利税率和固定资产借款偿还期；涉外项目还应评价外汇净现值、财务换汇成本和财务节汇成本等指标。

（七）国民经济效益：国民经济效益评价是从国家、社会的角度，考虑项目需要国家付出的代价和给国民经济带来的效益；一般评价时用影子价格、影子工资、影子汇率和社会折现率等，分析项目给国民经济带来的净效益，以判别项目经济上的合理性；评价指标主要是产值计算的经济内部收益率、经济净现值、投资效益率等。

（八）社会效益：社会效益包括生态平衡、科技发展、就业效果、社会进步等方面，应根据项目的具体情况，分析和审查可能产生的主要社会效益。

（九）不确定性分析：评价不确定性分析一般应对报告中的盈亏平衡分析、敏感性进行分析，以确定项目在财务上、经济上的可靠性和抗风险能力。

业主对以上各方面进行审核后，对项目的投资机会进一步作出总的评价，进而作出投资决策。若认为推荐方案成立时，可就审查中所发现的问题，要求咨询单位对可行性研究报告进行修改、补充、完善，并提出结论性的意见，然后上报有关主管部门批准。

二、对工业建设项目可行性研究报告的评价要点

（一）市场调查：对咨询单位市场调查资料和结论的评价目的是分析拟建项目的必要性。

项目产出品的用途；产出品的目前生产能力和地区分布数量；产出品目前的产量和需求量；替代产品分析；目前产出品的价格；国外市场调查。

（二）市场预测：市场预测的目的是判断该项目的建设是否有前途，国内市场需求预测，判断市场需求与现有生产能力之间的差距，产出品出口或替代进口的可能性，价格预测。

（三）项目建筑规模：在对市场目前现状和前景预测的基础上，审查报告中建议的项目建设规模。项目产出品的年产量：项目产出品的年产量即为项目的设计生产能力，既包括主要产出品的年产量，也包括主要副产品的年产量，由此判别推荐建设规模的合理性。固定资产的建设规模依据设计生产能力，评价土建和设备选择的合理性和可能性。包括拟建工程的总量和总体布置、生产工艺流程的选择，以及主要的建筑物和设备装置的布置。评价项目推荐规模的合理性通过审查不同规模下项目效益与投资关系的比较，判定报告中推荐建设规模的合理性。分期建设的规模如果根据市场要求预测，拟分期逐步扩大规模的工程项目应审查各阶段的拟建规模、建设的主要内容、分期的预计时间，以及各阶段建设项目内容的相互关系和综合利用的效益。

（四）选址条件：工程项目的厂址选择是否合理，应根据资源条件、自然条件、社会条件、技术条件等因素，进行综合评价和比较后确定，因此，在评价报告的推荐项目地点时，应重点评价：资源条件是否合理可行；自然条件是否能满足项目需要；社会条件是否能满足要求；所需的外部配套基础设施条件在当地可利用的程度。

（五）项目厂址比较：可行性研究报告在所选定的地区内，应对若干个可建项目的厂址进行多方案比较，重点审查：地形、地貌、地质的比较；土地占用情况的比较；拆迁情况比较；各项费用比较。

（六）生产设计方案的审查：可行性研究报告应提供可选择的几种生产设计构想，在审查时应就其推荐方案与其他可供选择的方案进行几个方面的比较：产出品的质量标准与国家规定的标准或国际上常用的标准进行比较；不同生产方法对产出品在用途、质量、成本等方面所产生的利弊比较；主要技术参数和工艺流程的比较；主要生产设备的选型比较，包括国内不同厂家生产的设备或进口设备的综合比较，在该阶段主要是通过对主要原材料、燃料或动力等消耗指标，以及所需要的土建工程设施的计划指标来反映。

（七）工程项目的总体布置：总平面布置的合理性；与主要交通干线的运输连接方案；仓储方案；占地面积的比较和分析。

（八）土建工程：建筑物和构筑物的建造，在工程项目建设资金投入中所占比例较大，审查时应侧重以下方面：对报告中所提出建筑物、构筑物的建筑形式和标准，以及建筑材料的选用要求进行审查，还应考虑所推荐方案是否满足防腐、防火、隔声、隔热等特殊要求；对不良地质条件，重要建筑物与大型工艺设备所提出供选择的特殊基础工程处理方案的合理性和可行性进行审查；对主要建筑材料的需用量和可能供应量估计作评价；评价工程造价的估算。

（九）评价地震安全性：地震断层对建设场地的影响；抗震规划；抗震费用估算。

（十）对"三废"处理措施进行评价：对"三废"治理的措施是否有效。采用该项措施后，"三废"的排放能否满足国家有关法规的要求。处理"三废"工程所需要的投资估算。

（十一）项目建成后运行期间的管理方案：应结合项目规模、项目组成和工艺流程进行评价：生产管理的组织规模，主要指管理层次和组织机构设置的设想；劳动定员编制合理性。

（十二）投资估算：建设项目总投资由固定资产投资（项目建设投资）和项目建成投产后所需的流动资金两部分组成。固定资产投资应是动态的，包括项目建设的估算投资和动态投资。建设项目估算投资是指项目的建筑安装工程费、设备机具购置费、其他费用等；动态投资是指建设期贷款利息、汇率变动部分，以及建设项目需要缴纳的固定资产投资方向调节税、国家规定的其他税费和建设期价格变动引起的投资增加额。项目建成后运行期间的流动资金额，一般应根据资金周转天数和周转次数，按照行业惯例用评估或扩大指标估算法计算。各类费用的组成内容如表5-2所示。对投资估算进行评价时，应侧重以下方面：投资估算的费用组成是否完整，有无漏项少算；计算依据是否正确、合理，包括投资估算采用的方法是否正确；使用的标准、定额和费率是否恰当，有无高估冒算或压低工程造价等不正常现象；计算数据是否可靠，包括计算时所依据的工程量或设备数量是否准确；是否用动态方法进行的估算等。

投资估算的费用组成 表 5-2

费用组成		费用内容	备 注
固定资产投资	建设项目投资	建筑工程费	
		设备购置费	
		安装工程费	
		其他费用	建设单位管理费；职工培训费；土地征用费；办公、生活设施购置费；技术服务费；进口设备检验费；工程保险费；大件运输措施费；大型吊装机具费；项目前期工程费；设计费；其他等
	动态投资	税费	固定资产投资方向调节税；国家规定的各种税费
		建设期贷款利息	单利或复利计算
		建设期涨价预备费	
流动资金	生产前占用资金	储备资金	储备原材料、备件等占用资金
	生产中占用资金	生产资金	生产过程中占用的资金
	生产后占用资金	成品资金	产出品完成至销售前时间内占用的资金

（十三）资金筹措计划：该计划应包括资金筹措方案和投资使用计划两部分内容。资金筹措方案应对可利用的各种资金来源所组成的不同方案，进行筹资成本、资金使用条件、利率和汇率风险等方面的比较，经过综合研究后提出最适宜的筹资方案。可能的筹资渠道包括：国家开发银行贷款（或国家预算内拨款）；国内各商业银行贷款；国外资金（国际金融组织贷款、国外政府贷款、赠款、商业贷款、外商投资等）；自筹资金；其他资金来源（发行股票、债券等）。投资使用计划既要包括按项目实施进度的计划资金，还应包括借款偿还计划。在评价时，应侧重以下方面：资金的筹措方法是否正确，能否落实；资金的筹措和使用计划是否与项目的实施进度计划一致，有无脱节现象；利用外资来源是否可靠；利率是否优惠；有无其他附加条件或是否条件合理；偿还方式和条件是否有利；与其配套的国内资金筹措有无保障等；对各种筹资方案是否进行过经济论证和比较，所推荐的方案是否是最优选择。

（十四）财务效益评价：项目的财务效益评价是根据实际的市场环境和国家财税制度，在项目投入、产出估算的基础上，对项目的效益和费用作测算。从财务效益的角度判断项目的可行性和合理性，避免投资决策失误。可行性研究报告对财务效益的评价应采用动态分析与静态分析相结合，以动态分析为主的方法进行。评价指标主要应包括：财务内部收益率、投资回收期、贷款偿还期、财务净现值、投资利润率等。审查的重点是建设期、投产期和达产期的确定是否合理。主要产出品的产量、生产成本、销售收入等基本数据的选项是否可靠。主要指标的计算是否正确，是否符合有关行业的规定和要求。所推荐的方案是否为最佳方案。各种财务效益指标计算中，采用的贴现率、汇率、税率、利率等参数的选用是否合理。对改、扩建项目，原有企业效益与新增企业效益的划分和界限是否清楚，算法是否正确，有无夸大或缩小原有企业效益的不合理情况。

（十五）国民经济效益评价：对建设项目国民经济效益的评价应采用费用与效益分析的方法，运用影子价格、影子汇率、影子工资和社会折现率等经济参数，计算项目对国民经济的净贡献，评价项目经济上的合理性。所谓影子价格是指当社会经济处于某种最优状态时，能够反映社会劳动消耗、资金稀缺程度和对产出品需求的价格，也就是说，影子价格是认为确定的、比交换价格（市场价格）更为合理的价格。从定价原则来看，影子价格能更好地反映产品的价值、市场供求情况和资金稀缺程度；从价格产出的效果来看，可以使资源配置向优化方向发展。根据国家规定，国民经济效益评价的主要指标有经济内部收益率和经济净现值或经济净现值率。可行性研究报告也可以采用投资净效益率等静态指标。

（十六）社会效益评价：我国现行的建设项目经济评价指标体系中还规定了社会效益评价指标。社会效益评价以定性为主，主要分析项目建成投产后，对环境保护和生态平衡的影响，对提高地区和部门科学技术水平的影响，对提供就业机会的影响，对提高人民物质文化生活及社会福利的影响，对城市整体改造的影响，对提高资源综合利用率的影响等，此外，还应计算相关工程发生费用，以及项目建设后产生的负效益。

（十七）不确定性分析：可行性研究对项目评价所采用的数据，大部分来自预测和估算，由于未来情况是不断变化的，预测和估算的数据总会存在一些不确定因素，不可能与实际情况完全相同。为了解除不确定因素对经济效益评价指标的影响，还需要进行不确定性分析。不确定性分析是通过主要经济因素变化对经济效益带来的影响，预测项目抗风险能力的大小，分析项目在财务和经济上的可靠性。不确定性分析包括盈亏平衡分析、敏感性分析和概率分析等。盈亏平衡分析只用于财务效益评价；敏感性分析和概率分析可同时用于财务评价和国民经济评价。在可行性研究中，一般都要进行盈亏平衡分析、敏感性分析和概率分析，具体进行可视项目不同情况而定。评价重点内容是所考虑的不确定影响因素是否全面；项目盈亏平衡点的计算内容、方向和结果是否正确。

第六节 项目可行性研究报告审批

一、可行性研究报告的审批权限按拟建项目的级别划分

（一）大、中型及限额以上的工程项目：大、中型及限额以上的工程项目的可行性研究报告，需经过行业归口主管部门和国家发改委审批。

（二）小型或限额以下的工程项目：小型或限额以下的工程项目的可行性研究报告，按隶属关系，由各行业归口主管部门或省、自治区、直辖市的发改委审批。

二、可行性研究报告申报

由项目建设单位委托有资质的单位编制可行性研究报告，附上齐全的资料：

（一）一般报批资料：可行性研究报告的上报文；可行性研究报告（含设计方案）；项目建议书批复文件；法人证明；规划意见的项目选址意见书/建设工程规划设计要求；建设项目用地预审意见（招拍挂取得土地的证明文件/土地使用权出让协议/房地产权证）；环境影响审批意见；项目资本金证明，银行贷款承诺函/其他来源资金证明；能耗情况汇总表。

（二）如有必要，应提供以下资料：市政配套初步意见；政府有关部门（如绿化、卫生防疫、消防、市政、安全生产等）的初步意见；有关业务主管部门意见；设计方案审核意见。

（三）其他有关国家法律法规要求提供的资料。

三、审批条件

符合法律法规及有关规定；符合国民经济和社会发展规划、行业规划、产业政策、行业准入标准和土地利用总体规划；符合国家宏观调控政策；符合本市城市总体规划和地区发展规划；未影响经济安全；合理有效利用土地、水、电、气等资源；生态环境和自然文化遗产得到有效保护；对公众利益，特别是项目建设地的公众利益未产生重大不利影响；符合项目建议书批复意见。

四、办理程序

（一）市级政府性资金投资的项目，由市发改委负责审批。市级政府投资机构投资、并由市发改委通过市级政府性资金平衡的项目由市发改委审批；由市、区（县）政府联合投资的项目，由市发改委负责审批。以区（县）投资为主，由市级政府投资给予投资补助、贷款贴息的项目，按有关规定办理；列入目录范围内，由市发改委管理的政府投资项目，由市发改委负责审批；属于国家审批权限的项目，经市发改委初审后报国家发改委。

（二）如有必要需经符合资质要求的咨询机构评审。

（三）市发改委根据可行性研究报告具备的条件及项目的实际情况，会同市有关部门研究审核，批复项目可行性研究报告。

第七节　固定资产投资项目节能审查

一、投资项目节能审查

节能审查是指根据节能法律法规、政策标准等，对项目节能情况进行审查并形成审查意见的行为。适用于各级人民政府投资主管部门管理的在我国境内建设的固定资产投资项目。固定资产投资项目节能审查意见是项目开工建设、竣工验收和运营管理的重要依据。政府投资项目，建设单位在报送项目可行性研究报告前，需取得节能审查机关出具的节能审查意见。企业投资项目，建设单位需在开工建设前取得节能审查机关出具的节能审查意见。未按规定进行节能审查，或节能审查未通过的项目，建设单位不得开工建设，已经建成的不得投入生产、使用。

二、投资项目节能审查意见

国家发改委核报国务院审批以及国家发改委审批的政府投资项目，建设单位在报送项目可行性研究报告前，需取得省级节能审查机关出具的节能审查意见。国家发改委核报国务院核准以及国家发改委核准的企业投资项目，建设单位需在开工建设前取得省级节能审查机关出具的节能审查意见。

（一）年综合能源消费量5000吨标准煤以上（改扩建项目按照建成投产后年综合能源消费增量计算，电力折算系数按当量值，下同）的固定资产投资项目，其节能审查由省级节能审查机关负责，其他固定资产投资项目，其节能审查管理权限由省级节能审查机关依据实际情况自行决定。

（二）年综合能源消费量不满1000吨标准煤，且年电力消费量不满500万千瓦时的固定资产投资项目，以及用能工艺简单、节能潜力小的行业（具体行业目录由国家发改委制定并公布）的固定资产投资项目应按照相关节能标准、规范建设，不再单独进行节能审查。

三、投资项目节能报告

建设单位应编制固定资产投资项目节能报告。项目节能报告应包括下列内容：分析评价依据；项目建设方案的节能分析和比选，包括总平面布置、生产工艺、用能工艺、用能设备和能源计量器具等方面；选取节能效果好、技术经济可行的节能技术和管理措施；项目能源消费量、能源消费结构、能源效率等方面的分析；对所在地完成能源消耗总量和强度目标、煤炭消费减量替代目标的影响等方面的分析评价。

四、投资项目节能报告评审

节能审查机关受理节能报告后，应委托有关机构进行评审，形成评审意见，作为节能审查的重要依据。节能审查应依据项目是否符合节能有关法律法规、标准规范、政策；项目用能分析是否客观准确，方法是否科学，结论是否准确；节能措施是否合理可行；项目的能源消费量和能效水平是否满足本地区能源消耗总量和强度"双控"管理要求等对项目节能报告进行审查。节能审查机关应在法律规定的时限内出具节能审查意见。节能审查意见自印发之日起2年内有效。

五、节能审查变更申请

通过节能审查的固定资产投资项目，建设内容、能效水平等发生重大变动的，建设单位应向节能审查机关提出变更申请。

六、节能审查意见验收

固定资产投资项目投入生产、使用前，应对其节能审查意见落实情况进行验收。固定资产投资项目节能审查应纳入投资项目在线审批监管平台统一管理，实行网上受理、办理、监管和服务，实现审查过程和结果的可查询、可监督。

七、不单独进行节能审查的行业目录

（一）为进一步深化"放管服"改革，根据《节约能源法》《固定资产投资项目节能审查办法》，国家发改委公布《不单独进行节能审查的行业目录》，其要求：对于本目录中的项目，建设单位可不编制单独的节能报告，可在项目可行性研究报告或项目申请报告中对项目能源利用情况、节能措施情况和能效水平进行分析。节能审查机关对本目录中的项目不再单独进行节能审查，不再出具节能审查意见。建设单位投资建设本目录中的项目应按照相关节能标准、规范建设，采用节能技术、工艺和设备，加强节能管理，不断提高项目能效水平。各地节能管理部门应依据《节约能源法》《固定资产投资项目节能审查办法》和《节能监察办法》，对本目录中项目进行监督管理，对违反节能法律法规、标准规范的项目进行处罚。年综合能源消费量不满1000吨标准煤，且年电力消费量不满500万千瓦时的固定资产投资项目，以及涉及国家秘密的项目参照以上规定。

（二）不单独进行节能审查的行业目录

风电站；光伏电站（光热）；生物质能；地热能；核电站；水电站；抽水蓄能电站；电网工程；输油管网、输气管网；水利；铁路（含独立铁路桥梁、隧道）；公路；城市道路；内河航运；信息（通信）网络（不含数据中心）、电子政务；卫星地面系统。

八、工业固定资产投资项目节能评估和审查

（一）加强高能耗和产能过剩行业建设项目节能评估工作。根据《国务院批转发展改革委等部门关于抑制部分行业产能过剩和重复建设引导产业健康发展若干意见的通知》和《国务院关于进一步加强淘汰落后产能工作的通知》的相关要求，需加强钢铁、水泥、平板玻璃、煤化工、多晶硅、电解铝、氧化铝、铁合金、电石、焦炭、合成氨、氯碱等产能过剩或"两高"行业扩大产能类的固定资产投资项目节能评估和审查工作。

（二）节能评估报告的内容深度。项目节能评估报告应包括评估依据、项目概况、项目能源消耗品种及数量、项目采用的工艺、设备对能源效率的影响分析、项目主要能耗指标先进性分析、项目合理用能与节能措施、企业能源计量、统计及节能管理、主要结论等内容。

（三）严格节能评估报告审查。节能评估报告审查应全面、客观、依据充分，确保有效遏制高能耗和产能过剩项目盲目建设，指导和优化建设项目合理用能，提高能源利用效率。节能评估报告的审查重点应包括：节能评估报告的内容及深度是否符合要求，项目能源消费量及能源消费结构是否合理，项目采用的工艺、设备是否先进，是否符合强制性节能标准规范，项目节能措施是否合理、先进、可行，企业能源计量、统计及管理制度能否满足节能管理要求等。

（四）提高节能评估和审查工作质量。在开展工业固定资产投资项目节能评估和审查工作中应当遵循公开、公平、公正的原则，规范审查程序，提高办事效率，为企业提供优质服务。项目主要工艺路线、主体设备等建设内容及能源消耗量发生重大变更时，应重新进行节能评估和审查。

（五）坚持节能评估及审查的独立性和前置性。建设单位在申报工业固定资产投资项目可行性研究报告、核准申请报告或项目备案之前，应委托节能评估机构编制独立的项目节能评估报告，报送省级工业节能主管部门审查，取得节能审查批复意见。节能审查批复意见作为项目审批、核准或备案以及开工建设的必备条件。

（六）加强项目节能评估后评价工作。工业和信息化主管部门应对建设项目节能评估报告审查意见的执行情况进行跟踪检查，要督促项目建设单位将节能评估报告及审查意见落实到项目节能设计和施工中，完善合理用能方案及节能措施。项目建成后，应及时组织开展项目节能单项验收或能评后评价，确保节能措施和节能标准得到落实。

第八节　重大固定资产投资项目社会稳定风险评估

为促进科学决策、民主决策、依法决策，预防和化解社会矛盾，建立和规范重大固定资产投资项目社会稳定风险评估机制，国家发展改革委审批、核准或者核报国务院审批、核准的在我国境内建设实施的固定资产投资项目进行社会稳定风险评估。

一、重大项目前期工作

项目单位在组织开展重大项目前期工作时，应当对社会稳定风险进行调查分析，征询相关群众意见，查找并列出风险点、风险发生的可能性及影响程度，提出防范和化解风险的方案措施，提出采取相关措施后的社会稳定风险等级建议。社会稳定风险分析应当作为项目可行性研究报告、项目申请报告的重要内容并设独立篇章。

二、社会稳定风险等级

重大项目社会稳定风险等级分为三级：

（一）高风险：大部分群众对项目有意见、反应特别强烈，可能引发大规模群体性事件。

（二）中风险：部分群众对项目有意见、反应强烈，可能引发矛盾冲突。

（三）低风险：多数群众理解支持但少部分人对项目有意见，通过有效工作可防范和化解矛盾。

三、社会稳定风险分析

由项目所在地人民政府或其有关部门指定的评估主体组织对项目单位作出的社会稳定风险分析开展评估论证，根据实际情况可以采取公示、问卷调查、实地走访和召开座谈会、听证会等多种方式听取各方面意见，分析判断并确定风险等级，提出社会稳定风险评估报告。评估报告的主要内容为项目建设实施的合法性、合理性、可行性、可控性，可能引发的社会稳定风险，各方面意见及其采纳情况，风险评估结论和对策建议，风险防范和化解措施以及应急处置预案等内容。

四、社会稳定风险评估意见

国务院有关部门、省级发改部门、中央管理企业在向国家发改委报送项目可行性研究报告、项目申请报告的申报文件中，应当包含对该项目社会稳定风险评估报告的意见，并附社会稳定风险评估报告。

五、评估报告咨询意见

国家发改委在委托工程咨询机构评估项目可行性研究报告、项目申请报告时，可以根据情况在咨询评估委托书中要求对社会稳定风险分析和评估报告提出咨询意见。

六、社会稳定风险评估报告

评估主体作出的社会稳定风险评估报告是国家发改委审批、核准或者核报国务院审批、核准项目的重要依据。评估报告认为项目存在高风险或者中风险的，国家发改委不予审批、核准和核报；存在低风险但有可靠防控措施的，国家发改委可以审批、核准或者核报国务院审批、核准，并应在批复文件中对有关方面提出切实落实防范、化解风险措施的要求。

第九节 企业投资项目咨询评估报告要求

（一）企业投资项目咨询评估报告，是指符合资质要求的工程咨询评估机构，根据项目核准机关的委托要求，对企业报送的项目申请报告进行评估论证后编写的作为项目核准时重要参考依据的咨询评估报告。

（二）根据《国务院关于投资体制改革的决定》，企业投资建设《政府核准的投资项目目录》内的项目时，应按照有关要求编写项目申请报告，并报送项目核准机关申请核准。项目核准机关根据项目具体情况，决定是否需要委托工程咨询机构进行评估，并可根据需要，在委托评估时提出评估重点。

（三）工程咨询机构承担项目申请报告的核准评估工作后，要按照委托方的要求，重点从维护经济安全、合理开发利用资源、保护生态环境、优化重大布局、保障公共利益、防止出现垄断和不正当竞争等角度进行评估论证，编写企业投资项目咨询评估报告，报送委托机关，作为核准项目时的重要参考依据。

（四）在企业投资项目咨询评估报告的开头部分，应编写内容提要，扼要介绍报告正文的核心内容，主要包括评估的基本背景、主要评估内容及重要评估结论和建议。

（五）在企业投资项目咨询评估报告的正文部分，应根据项目自身情况、行业特点和委托方的具体要求，有选择地确定咨询评估报告的内容和论述重点。咨询评估报告正文通常包括内容：申报单位及项目概况；发展规划、产业政策和行业准入评估；资源开发及综合利用评估；节能方案评估；建设用地、征地拆迁及移民安置评估；环境和生态影响评估；经济影响评估；社会影响评估；主要风险及应对措施评估；主要结论和建议。

（六）企业投资项目咨询评估报告原则上应对项目是否具备各项核准条件进行全面、系统分析。项目核准机关认为相关专项审查内容不需要进行详细评估，应在委托要求中予以注明。

（七）为了全面、清晰地表达咨询评估报告的相关内容，应重视有关附件、附图及附表的编写，作为咨询评估报告的重要组成部分。

（八）企业投资项目咨询评估报告的具体章节安排，应结合项目自身情况及行业特点进行设置。如果拟建项目不涉及其中有关内容，可以在说明情况后不再进行详细评估。对于行业需要特别关注的核准内容，可不受本编写大纲的章节限制，根据需要设专门章节进行评估论证，以反映行业特殊性要求。

第十节　企业投资项目咨询评估报告编写大纲

一、申报单位及项目概况

（一）项目申报单位概况。通过对项目申报单位的主要经营范围、基本财务指标、股东构成、股权结构比例、以往投资相关项目情况、已有生产能力等的核查分析，提出申报单位的申报资格以及是否具备承担拟建项目投资建设的基本条件等评估意见。

（二）项目概况。通过对项目建设背景、建设地点、建设年限、建设内容、建设规模、产品及工程技术方案、主要设备选型、上下游配套工程情况、投资规模、资金筹措方案等方面的阐述，为拟建项目的核准咨询评估相关章节编写提供项目背景基础。

二、发展规划、产业政策和行业准入评估

（一）发展规划评估。通过分析与拟建项目有关的国民经济和社会发展总体规划、区域规划和专项规划，以及城乡规划等各类规划的相关内容，评估拟建项目是否符合各类规划要求，提出拟建项目与有关规划内容的衔接性及目标的一致性等评估结论。

（二）产业政策评估。分析有关产业结构调整、产业空间布局、产品发展方向、产业技术创新等政策对项目方案的要求，评估拟建项目的工程技术方案、产品方案等是否符合

有关产业政策、法律法规等的要求。

（三）行业准入评估。分析有关行业准入的法律、法规、规章和国家有关规定对拟建项目的要求，评估拟建项目和项目建设单位是否符合有关行业准入标准的规定。

（四）自主创新和采用先进技术评估。对于采用先进技术和科技创新的企业投资项目，分析拟建项目产品技术方案的技术创新水平、先进技术的采用情况、技术路线的先进性、技术装备国产化或本土化程度，评估是否符合增强自主创新能力、建设创新型国家的发展战略要求，是否符合国家科技发展规划要求。

（五）项目建设必要性评估。在发展规划、产业政策、行业准入等分析评估的基础上，评估拟建项目目标及功能定位是否合理，是否符合与项目相关的各类规划要求，是否符合相关法律法规、宏观调控政策、产业政策等规定，是否满足行业准入标准、重大布局优化、自主创新和采用先进技术等要求，对项目建设的必要性提出评估结论。

三、资源开发及综合利用评估

（一）资源开发方案评估。对于资源开发类项目，通过拟开发利用资源的可开发量、自然品质、赋存条件、开发价值等的分析评估，对开发方案是否符合资源开发利用的可持续发展战略要求、是否符合保护资源环境的政策规定、是否符合资源开发总体规划及综合利用的相关要求等提出评估意见。

（二）资源利用方案评估。对于需要占用重要资源的拟建项目，从发展循环经济、建设资源节约型社会等角度，对主要资源占用品种、数量、来源情况、综合利用方案的合理性进行分析评估；通过对单位生产能力主要资源消耗量指标与国内外水平的对比分析，对资源利用效率的先进程度提出评估论证意见；评估拟建项目是否会对地下水等其他资源造成不利影响。

（三）资源节约措施评估。对项目申请报告中提出的作为原材料的各类金属矿、非金属矿及水资源节约措施方案的合理性提出评估意见；对拟建项目采取资源节约措施后的资源消耗指标进行对比分析，评估项目方案是否符合国家有关资源节约及有效利用的相关政策要求；对于在提高资源利用效率、降低水资源消耗及主要金属矿、非金属矿等资源消耗方面所采取的措施是否可行提出咨询评估意见。

四、节能方案评估

（一）用能标准和节能规范评估。评估项目建设方案所遵循的国家和地方有关合理用能标准、节能设计规范的选择是否恰当，是否充分考虑到行业及项目所在地的特殊要求，内容是否全面、标准选择是否适宜。

（二）能耗状况和能耗指标分析。根据项目所在地的能源供应状况，通过能耗指标与国际国内先进水平的对比分析，评估项目建设方案所提出的能源消耗种类和数量是否可靠，分析项目方案所采用的能耗指标选择是否恰当。

（三）节能措施和节能效果分析。对优化用能结构、满足相关技术政策、设计标准及节能减排政策要求等方面所采用的主要节能降耗措施是否可行提出评估论证意见。对项目方案的节能效果提出评估意见。

五、建设用地、征地拆迁及移民安置评估

（一）项目选址及用地方案评估。通过对项目建设地点、场址土地权属类别及占地面积、土地利用状况、占用耕地情况、取得土地方式等方面的分析，对项目选址和用地方案是否符合有关法律法规要求提出评估意见；对项目选址是否压覆矿床和文物、是否影响防洪、通航及军事设施安全等其他不利影响及其处理方案的合理性提出评估意见。

（二）土地利用合理性评估。对项目用地是否符合有关土地管理的政策法规的要求，是否符合土地利用规划要求，占地规模是否合理，是否符合保护耕地要求，耕地占用补充方案是否可行、是否符合因地制宜、节约用地、少占耕地、减少拆迁移民等原则要求，提出评估论证意见。

（三）征地拆迁和移民安置规划方案评估。对于涉及征地拆迁的项目，应结合项目选址和土地利用方案的评估情况，分析论证征地拆迁范围的确定是否合理；通过对生产生活安置方案、征地补偿原则、范围和方式的分析论证，评估安置补偿方案是否符合国家有关政策法规规定及当地的实际情况；从受影响人群原有收入水平，征地拆迁后对受影响人群收入的影响程度，采取的收入恢复措施是否切实可行，实施后的效果等方面进行分析，评估移民生产安置、生活安置、收入恢复和就业重建等措施方案的可行性；评估方案制定过程中的公众参与、申诉机制、实施组织机构及监督机制等规划方案是否完善，以及地方政府对移民安置规划、补偿标准的接受程度；对移民安置补偿费用估算结果、资金来源的可靠性及资金平衡状况提出评估意见。

六、环境和生态影响评估

（一）环境和生态影响程度评估。通过对项目场址的自然环境条件、现有污染情况、生态环境条件、特殊环境条件和环境容量状况以及拟建项目的排放污染物类型及排放情况分析，水土流失预测分析，评估项目对其所在地生态环境的影响程度，以及对整个流域及区域生态系统的综合影响后果。

（二）生态环境保护措施评估。通过对生态环境保护及污染治理措施的可行性分析，评估拟建项目能否满足达标排放、保护环境和生态、水土保持等政策法规的要求，对生态环境保护措施是否合理和可行提出评估意见。

（三）地质灾害影响评估。在地质灾害易发区建设的项目和易诱发地质灾害的建设项目，要结合有关部门提出的地质灾害、地震安全等方面的专题论证结论，评估项目是否可能诱发地质灾害、存在地震安全隐患，对所提出的防御措施和对策是否可行提出评估意见。

（四）特殊环境影响评估。对于涉及历史文化遗产、自然遗产、风景名胜、自然景观和自然保护区等特殊环境保护的建设项目，评估拟建项目的环保措施是否符合相关政策法规规定，对所提出保护措施是否可行提出评估意见。

七、经济影响评估

（一）经济费用效益或费用效果分析的评估。对于产出物不具备实物形态，且明显涉及公众利益的无形产品项目，如水利水电、交通运输、市政建设、医疗卫生等公共基础设施项目，以及具有明显外部性影响的有形产品项目，如污染严重工业产品项目，应从社会资源优化配置的角度，进行经济费用效益、费用效果分析或定性经济分析；要评估经济费用、效益的识别计算是否恰当，所采用的分析方法是否恰当；对拟建项目的经济合理性提出评估意见。

（二）行业影响评估。对于在行业内具有重要地位、对行业未来发展方向具有重要影响的建设项目，应对拟建项目对行业发展可能产生的影响进行分析评估，论证拟建项目对所在行业及关联产业发展的影响，并对是否可能形成行业垄断进行分析，对如何发挥拟建项目对行业发展的正面影响效果提出评估意见。

（三）区域经济影响评估。对区域经济可能产生重大影响的项目，应从拟建项目对区域经济发展、产业空间布局、当地财政收支、社会收入分配、市场竞争结构等方面影响的角度，评估拟建项目对区域经济所产生的影响，对如何协调项目与区域经济发展之间关系，如何发挥项目对区域经济发展的正面影响效果，以及是否可能导致当地市场垄断等提出评估意见。

（四）宏观经济影响评估。对于投资规模巨大的特大型项目，以及可能对国民经济产生重大影响的基础设施、科技创新、战略性资源开发等项目，应从国民经济整体发展角度，分析拟建项目对国家产业结构调整升级、重大产业优化布局、重要产业国际竞争力培育以及区域之间协调发展等方面的影响。对于涉及国家经济安全的重大项目，应结合资源、技术、资金、市场等方面的分析，评估项目建设和运营对国家产业技术安全、资源供应安全、资本控制安全、产业成长安全、市场环境安全等方面的影响，提出评估意见和建议。

八、社会影响评估

（一）社会影响效果评估。通过对有关社会经济调查及统计资料的分析，评估拟建项目对就业、减轻贫困、社区发展等方面的影响，包括正面和负面影响效果。

（二）社会适应性评估。通过调查分析拟建项目利益相关者的需求，目标人群对项目建设内容的认可和接受程度，分析预测拟建项目能否为当地的社会环境、人文条件所接纳，当地居民支持拟建项目的程度，对拟建项目与当地社会环境的相互适应性提出评估意见。

（三）社会风险及对策措施评估。在确认项目可能存在负面社会影响的情况下，提出协调项目与当地的社会关系，避免项目投资建设或运营管理过程中可能存在的冲突和各种潜在社会风险因素，对解决相关社会问题、减轻负面社会影响的措施方案提出评估意见。

九、主要风险及应对措施评估

（一）主要风险综述。在前述评估论证的基础上，总结论述项目在维护经济安全、合理开发利用资源、保护生态环境、优化重大布局、保护公共利益、防止出现垄断等方面可能存在的主要风险。

（二）风险影响程度评估。对拟建项目可能存在的重要风险因素，对其性质特征、未来变化趋势及可能造成的影响后果进行分析评估。对于需要进行经济费用效益分析的项目，还应通过敏感性分析或风险概率分析，对拟建项目的风险因素进行定量分析评估。

（三）风险应对措施评估。对于可能严重影响项目投资建设及运营效果的风险因素，提出风险应对措施，并对相关措施方案的合理性及可行性提出咨询评估意见。

十、主要结论和建议

（一）主要评估结论。在前述评估论证的基础上，提出核准咨询评估的主要结论，并对拟建项目是否符合核准条件提出明确的咨询评估意见。

（二）主要措施建议。对评估中发现的拟建项目可能存在的各种问题，提出解决的对策措施建议。

十一、利用外资项目核准评估的特殊要求

（一）对于外商投资项目，按照《外商投资项目核准暂行管理办法》的规定，除论述以上内容外，还应在市场准入、资本项目管理等方面提出咨询评估意见，为核准机关对项目审核提供参考依据。

（二）对于外商并购境内企业的投资建设项目，原则上应遵循企业投资项目核准评估的一般要求进行评估论证。对于不涉及扩大生产及投资规模，不新占用土地、能源和资源消耗，不形成对生态和环境新的影响，其核准评估内容可以适当简化，应重点对境内企业情况及是否符合外商准入政策规定，并购企业职工及债权债务安排情况，并购后企业的经营方式、范围和股权结构、融资方案，中方通过并购所得收入的使用方式及其合理性进行评估论证。在经济影响分析中，应强调分析论证外商并购对国家经济安全、行业及区域市场垄断等方面的影响，对所采取的对策措施及其可行性提出咨询评估意见。

（三）借用国际金融组织和外国政府贷款项目的核准咨询评估，按照《国际金融组织和外国政府贷款投资项目管理暂行办法》的规定，除应遵循企业投资项目核准评估的一般要求外，还应阐述国外借款类别或国别、贷款规模、贷款用途、还款方案、申报情况等内容，对使用外债的必要性、可能面临的风险及规避措施提出咨询评估意见，为项目核准机关对外债管理等事项进行审核提供依据。

第六章　政府和社会资本合作项目管理

政府和社会资本合作（简称 PPP）PPP 模式适用范围为能源、交通运输、水利、环境保护、农业、林业、重大市政工程、科技、保障性安居工程、医疗、卫生、养老、教育、体育、旅游、文化等领域政府负有提供责任且适宜市场化运作的项目。鼓励逐步提高新建项目使用 PPP 模式的比例。已定性为政府债务中的存量项目，经评估符合条件的，鼓励采用 PPP 模式引入社会资本。

第一节　政府和社会资本合作项目财政管理

一、政府和社会资本合作项目

政府和社会资本合作项目财政管理适用于中华人民共和国境内能源、交通运输、市政公用、农业、林业、水利、环境保护、保障性安居工程、教育、科技、文化、体育、医疗卫生、养老、旅游等公共服务领域开展的各类 PPP 项目。各级财政部门应当会同相关部门，统筹安排财政资金、国有资产等各类公共资产和资源与社会资本开展平等互惠的PPP 项目合作，切实履行项目识别论证、政府采购、预算收支与绩效管理、资产负债管理、信息披露与监督检查等职责，保证项目全生命周期规范实施、高效运营。

二、项目识别论证

（一）各级财政部门应当加强与行业主管部门的协同配合，共同做好项目前期的识别论证工作。政府发起 PPP 项目的，应当由行业主管部门提出项目建议，由县级以上人民政府授权的项目实施机构编制项目实施方案，提请同级财政部门开展物有所值评价和财政承受能力论证。社会资本发起 PPP 项目的，应当由社会资本向行业主管部门提交项目建议书，经行业主管部门审核同意后，由社会资本编制项目实施方案，由县级以上人民政府授权的项目实施机构提请同级财政部门开展物有所值评价和财政承受能力论证。

（二）新建、改扩建项目的项目实施方案应当依据项目建议书、项目可行性研究报告等前期论证文件编制；存量项目实施方案的编制依据还应包括存量公共资产建设、运营维护的历史资料以及第三方出具的资产评估报告等。项目实施方案应当包括项目基本情况、风险分配框架、运作方式、交易结构、合同体系、监管架构等内容。项目实施机构可依法通过政府采购方式委托专家或第三方专业机构，编制项目物有所值评价报告。受托专家或第三方专业机构应独立、客观、科学地进行项目评价、论证，并对报告内容负责。

（三）各级财政部门应当会同同级行业主管部门根据项目实施方案共同对物有所值评价报告进行审核。物有所值评价审核未通过的，项目实施机构可对实施方案进行调整后重新提请本级财政部门和行业主管部门审核。经审核通过物有所值评价的项目，由同级财政部门依据项目实施方案和物有所值评价报告组织编制财政承受能力论证报告，统筹本级全部已实施和拟实施 PPP 项目的各年度支出责任，并综合考虑行业均衡性和 PPP 项目开发计划后，出具财政承受能力论证报告审核意见。各级财政部门应当建立本地区 PPP 项目开发目录，将经审核通过物有所值评价和财政承受能力论证的项目纳入 PPP 项目开发目录管理。

三、项目政府采购管理

（一）对于纳入 PPP 项目开发目录的项目，项目实施机构应根据物有所值评价和财政承受能力论证审核结果完善项目实施方案，报本级人民政府审核。本级人民政府审核同意后，由项目实施机构按照政府采购管理相关规定，依法组织开展社会资本方采购工作。项目实施机构可以依法委托采购代理机构办理采购。项目实施机构应当优先采用公开招标、竞争性谈判、竞争性磋商等竞争性方式采购社会资本方，鼓励社会资本积极参与、充分竞争。根据项目需求必须采用单一来源采购方式的，应当严格符合法定条件和程序。项目实施机构应当根据项目特点和建设运营需求，综合考虑专业资质、技术能力、管理经验和财务实力等因素合理设置社会资本的资格条件，保证国有企业、民营企业、外资企业平等参与。项目实施机构应当综合考虑社会资本竞争者的技术方案、商务报价、融资能力等因素合理设置采购评审标准，确保项目的长期稳定运营和质量效益提升。参加采购评审的社会资本所提出的技术方案内容最终被全部或部分采纳，但经采购未中选的，财政部门应会同行业主管部门对其前期投入成本予以合理补偿。

（二）各级财政部门应当加强对 PPP 项目采购活动的支持服务和监督管理，依托政府采购平台和 PPP 综合信息平台，及时充分向社会公开 PPP 项目采购信息，包括资格预审文件及结果、采购文件、响应文件提交情况及评审结果等，确保采购过程和结果公开、透明。采购结果公示结束后、PPP 项目合同正式签订前，项目实施机构应将 PPP 项目合同提交行业主管部门、财政部门、法制部门等相关职能部门审核后，报本级人民政府批准。PPP 项目合同审核时，应当对照项目实施方案、物有所值评价报告、财政承受能力论证报告及采购文件，检查合同内容是否发生实质性变更，并重点审核合同是否满足要求：合同应当根据实施方案中的风险分配方案，在政府与社会资本双方之间合理分配项目风险，并确保应由社会资本方承担的风险实现了有效转移；合同应当约定项目具体产出标准和绩效考核指标，明确项目付费与绩效评价结果挂钩；合同应当综合考虑项目全生命周期内的成本核算范围和成本变动因素，设定项目基准成本；合同应当根据项目基准成本和项目资本金财务内部收益率，参照工程竣工决算合理测算确定项目的补贴或收费定价基准。项目收入基准以外的运营风险由项目公司承担；合同应当合理约定项目补贴或收费定价的调整周期、条件和程序，作为项目合作期限内行业主管部门和财政部门执行补贴或收费定价调整的依据。

四、项目财政预算管理

（一）行业主管部门应当根据预算管理要求，将 PPP 项目合同中约定的政府跨年度财政支出责任纳入中期财政规划，经财政部门审核汇总后，报本级人民政府审核，保障政府在项目全生命周期内的履约能力。本级人民政府同意纳入中期财政规划的 PPP 项目，由行业主管部门按照预算编制程序和要求，将合同中符合预算管理要求的下一年度财政资金收支纳入预算管理，报请财政部门审核后纳入预算草案，经本级政府同意后报本级人民代表大会审议。行业主管部门应按照预算编制要求，编报 PPP 项目收支预算：

1. 收支测算。每年 7 月底之前，行业主管部门应按照当年 PPP 项目合同约定，结合本年度预算执行情况、支出绩效评价结果等，测算下一年度应纳入预算 PPP 项目收支数额。

2. 支出编制。行业主管部门应将需要从预算中安排的 PPP 项目支出责任，按照相关政府收支分类科目、预算支出标准和要求，列入支出预算。

3. 收入编制。行业主管部门应将政府在 PPP 项目中获得的收入列入预算。

4. 报送要求。行业主管部门应将包括所有 PPP 项目全部收支在内的预算，按照统一的时间要求报同级财政部门。

（二）财政部门应对行业主管部门报送的 PPP 项目财政收支预算申请进行认真审核，充分考虑绩效评价、价格调整等因素，合理确定预算金额。PPP 项目中的政府收入，包括政府在 PPP 项目全生命周期过程中依据法律和合同约定取得的资产权益转让、特许经营权转让、股息、超额收益分成、社会资本违约赔偿和保险索赔等收入，以及上级财政拨付的 PPP 专项奖补资金收入等。

（三）PPP 项目中的政府支出，包括政府在 PPP 项目全生命周期过程中依据法律和合同约定需要从财政资金中安排的股权投资、运营补贴、配套投入、风险承担，以及上级财政对下级财政安排的 PPP 专项奖补资金支出。行业主管部门应当会同各级财政部门做好项目全生命周期成本监测工作。每年一季度前，项目公司（或社会资本方）应向行业主管部门和财政部门报送上一年度经第三方审计的财务报告及项目建设运营成本说明材料。项目成本信息要通过 PPP 综合信息平台对外公示，接受社会监督。各级财政部门应当会同行业主管部门开展 PPP 项目绩效运行监控，对绩效目标运行情况进行跟踪管理和定期检查，确保阶段性目标与资金支付相匹配，开展中期绩效评估，最终促进实现项目绩效目标。监控中发现绩效运行与原定绩效目标偏离时，应及时采取措施予以纠正。社会资本方违反 PPP 项目合同约定，导致项目运行状况恶化，危及国家安全和重大公共利益，或严重影响公共产品和服务持续稳定供给的，本级人民政府有权指定项目实施机构或其他机构临时接管项目，直至项目恢复正常经营或提前终止。临时接管项目所产生的一切费用，根据合作协议约定，由违约方单独承担或由各责任方分担。

（四）各级财政部门应当会同行业主管部门在 PPP 项目全生命周期内，按照事先约定的绩效目标，对项目产出、实际效果、成本收益、可持续性等方面进行绩效评价，也可委托专业机构提出评价意见。各级财政部门应依据绩效评价结果合理安排财政预算资金。对于绩效评价达标的项目，财政部门应当按照合同约定，向项目公司或社会资本方及时足额安排相关支出。对于绩效评价不达标的项目，财政部门应当按照合同约定扣减相应费用或补贴支出。

五、项目资产负债管理

（一）各级财政部门应会同相关部门加强 PPP 项目涉及的国有资产管理，督促项目实施机构建立 PPP 项目资产管理台账。政府在 PPP 项目中通过存量国有资产或股权作价入股、现金出资入股或直接投资等方式形成的资产，应作为国有资产在政府综合财务报告中进行反映和管理。存量 PPP 项目中涉及存量国有资产、股权转让的，应由项目实施机构会同行业主管部门和财政部门按照国有资产管理相关办法，依法进行资产评估，防止国有资产流失。

（二）PPP 项目中涉及特许经营权授予或转让的，应由项目实施机构根据特许经营权未来带来的收入状况，参照市场同类标准，通过竞争性程序确定特许经营权的价值，以合理价值折价入股、授予或转让。项目实施机构与社会资本方应当根据法律法规和PPP项目合同约定确定项目公司资产权属。对于归属项目公司的资产及权益的所有权和收益权，经行业主管部门和财政部门同意，可以依法设置抵押、质押等担保权益，或进行结构化融资，但应及时在财政部PPP综合信息平台上公示。项目建设完成进入稳定运营期后，社会资本方可以通过结构性融资实现部分或全部退出，但影响公共安全及公共服务持续稳定提供的除外。

（三）各级财政部门应当会同行业主管部门做好项目资产移交工作。项目合作期满移交的，政府和社会资本双方应按合同约定共同做好移交工作，确保移交过渡期内公共服务的持续稳定供给。项目合同期满前，项目实施机构或政府指定的其他机构应组建项目移交工作组，对移交资产进行性能测试、资产评估和登记入账，项目资产不符合合同约定移交标准的，社会资本应采取补救措施或赔偿损失。项目因故提前终止的，除履行上述移交工作外，如因政府原因或不可抗力原因导致提前终止的，应当依据合同约定给予社会资本相应补偿，并妥善处置项目公司存续债务，保障债权人合法权益；如因社会资本原因导致提前终止的，应当依据合同约定要求社会资本承担相应赔偿责任。各级财政部门应当会同行业主管部门加强对PPP项目债务的监控。PPP项目执行过程中形成的负债，属于项目公司的债务，由项目公司独立承担偿付义务。项目期满移交时，项目公司的债务不得移交给政府。

第二节　政府和社会资本合作模式操作指南

一、政府和社会资本合作基本概念

1. 全生命周期，是指项目从设计、融资、建造、运营、维护至终止移交的完整周期。

2. 产出说明，是指项目建成后项目资产所应达到的经济、技术标准，以及公共产品和服务的交付范围、标准和绩效水平等。

3. 物有所值（VFM），是指一个组织运用其可利用资源所能获得的长期最大利益。VFM评价是国际上普遍采用的一种评价传统上由政府提供的公共产品和服务是否可运用政府和社会资本合作模式的评估体系，旨在实现公共资源配置利用效率最优化。

4. 公共部门比较值（PSC），是指在全生命周期内，政府采用传统采购模式提供公共产品和服务的全部成本的现值，主要包括建设运营净成本、可转移风险承担成本、自留风险承担成本和竞争性中立调整成本等。

5. 使用者付费，是指由最终消费用户直接付费购买公共产品和服务。

6. 可行性缺口补助，是指使用者付费不足以满足社会资本或项目公司成本回收和合理回报，而由政府以财政补贴、股本投入、优惠贷款和其他优惠政策的形式，给予社会资本或项目公司的经济补助。

7. 政府付费，是指政府直接付费购买公共产品和服务，主要包括可用性付费、使用量付费和绩效付费。政府付费的依据主要是设施可用性、产品和服务使用量和质量等要素。

8. 委托运营（O&M），是指政府将存量公共资产的运营维护职责委托给社会资本或项目公司，社会资本或项目公司不负责用户服务的政府和社会资本合作项目运作方式。政府保留资产所有权，只向社会资本或项目公司支付委托运营费。合同期限一般不超过 8 年。

9. 管理合同（MC），是指政府将存量公共资产的运营、维护及用户服务职责授权给社会资本或项目公司的项目运作方式。政府保留资产所有权，只向社会资本或项目公司支付管理费。管理合同通常作为转让—运营—移交的过渡方式，合同期限一般不超过 3 年。

10. 建设—运营—移交（BOT），是指由社会资本或项目公司承担新建项目设计、融资、建造、运营、维护和用户服务职责，合同期满后项目资产及相关权利等移交给政府的项目运作方式。合同期限一般为 20～30 年。

11. 建设—拥有—运营（BOO），由 BOT 方式演变而来，二者区别主要是 BOO 方式下社会资本或项目公司拥有项目所有权，但必须在合同中注明保证公益性的约束条款，一般不涉及项目期满移交。

12. 转让—运营—移交（TOT），是指政府将存量资产所有权有偿转让给社会资本或项目公司，并由其负责运营、维护和用户服务，合同期满后资产及其所有权等移交给政府的项目运作方式。合同期限一般为 20～30 年。

13、改建—运营—移交（ROT），是指政府在 TOT 模式的基础上，增加改扩建内容的项目运作方式。合同期限一般为 20～30 年。

14. 社会资本

社会资本是指已建立现代企业制度的境内外企业法人，但不包括本级政府所属融资平台公司及其他控股国有企业。

《政府和社会资本合作模式操作指南》适用于规范政府、社会资本和其他参与方开展政府和社会资本合作项目的识别、准备、采购、执行和移交等活动。各参与方应按照公平、公正、公开和诚实信用的原则，依法、规范、高效实施政府和社会资本合作项目。政府和社会资本合作项目操作流程详见图 6-1。

二、项目识别

投资规模较大、需求长期稳定、价格调整机制灵活、市场化程度较高的基础设施及公共服务类项目，适宜采用政府和社会资本合作模式。政府和社会资本合作项目由政府或社会资本发起，以政府发起为主。为确保财政中长期可持续性，财政部门应根据项目全生命周期内的财政支出、政府债务等因素，对部分政府付费或政府补贴的项目，开展财政承受能力论证，每年政府付费或政府补贴等财政支出不得超出当年财政收入的一定比例。通过物有所值评价和财政承受能力论证的项目，可进行项目准备。

三、项目准备

项目实施机构应组织编制项目实施方案：

（一）项目概况：主要包括基本情况、经济技术指标和项目公司股权情况等。

（二）风险分配基本框架：按照风险分配优化、风险收益对等和风险可控等原则，项目设计、建造、财务和运营维护等商业风险由社会资本承担，法律、政策和最低需求等风险由政府承担，不可抗力等风险由政府和社会资本合理共担。

（三）项目运作方式：主要包括委托运营、管理合同、建设—运营—移交、建设—拥有—运营、转让—运营—移交和改建—运营—移交等。

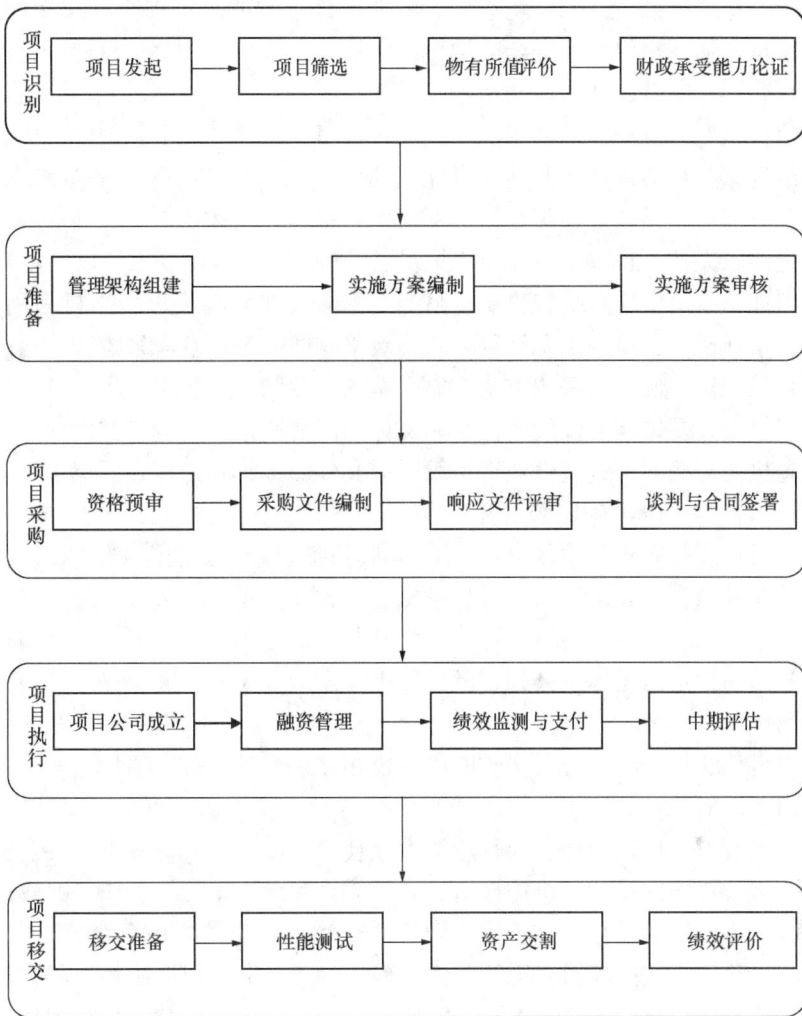

图 6-1　政府和社会资本合作项目操作流程

（四）交易结构主要包括项目投融资结构、回报机制和相关配套安排。

（五）合同体系：主要包括项目合同、股东合同、融资合同、工程承包合同、运营服务合同、原料供应合同、产品采购合同和保险合同等。项目合同是其中最核心的法律文件。

（六）监管架构主要包括授权关系和监管方式。授权关系主要是政府对项目实施机构的授权，以及政府直接或通过项目实施机构对社会资本的授权；监管方式主要包括履约管理、行政监管和公众监督等。

（七）采购方式选择：项目采购应根据《政府采购法》及相关规章制度执行，采购方式包括公开招标、竞争性谈判、邀请招标、竞争性磋商和单一来源采购。

四、项目采购

项目采购文件应包括采购邀请、竞争者须知（包括密封、签署、盖章要求等）、竞争者应提供的资格、资信及业绩证明文件、采购方式、政府对项目实施机构的授权、实施方

157

案的批复和项目相关审批文件、采购程序、响应文件编制要求、提交响应文件截止时间、开启时间及地点、强制担保的保证金交纳数额和形式、评审方法、评审标准、政府采购政策要求、项目合同草案及其他法律文本等。

采用竞争性谈判或竞争性磋商采购方式的，项目采购文件除上款规定的内容外，还应明确评审小组根据与社会资本谈判情况可能实质性变动的内容，包括采购需求中的技术、服务要求以及合同草案条款。评审小组由项目实施机构代表和评审专家共 5 人以上单数组成，其中评审专家人数不得少于评审小组成员总数的 2/3。评审专家可以由项目实施机构自行选定，但评审专家中应至少包含 1 名财务专家和 1 名法律专家。项目采用公开招标、邀请招标、竞争性谈判、单一来源采购方式开展采购的，按照政府采购法律法规及有关规定执行。项目采用竞争性磋商采购方式开展采购的，按照下列基本程序进行：采购公告发布及报名；资格审查及采购文件发售；采购文件的澄清或修改；响应文件评审。

项目实施机构应按照采购文件规定组织响应文件的接收和开启。评审小组对响应文件进行两阶段评审：第一阶段确定最终采购需求方案；第二阶段综合评分。确认谈判完成后，项目实施机构应与中选社会资本签署确认谈判备忘录，并将采购结果和根据采购文件、响应文件、补遗文件和确认谈判备忘录拟定的合同文本进行公示，公示期不得少于 5 个工作日。项目实施机构应在项目合同签订之日起 2 个工作日内，将项目合同在省级以上人民政府财政部门指定的媒体上公告，但合同中涉及国家秘密、商业秘密的内容除外。

五、项目执行

社会资本可依法设立项目公司。政府可指定相关机构依法参股项目公司。项目实施机构和财政部门（政府和社会资本合作中心）应监督社会资本按照采购文件和项目合同约定，按时足额出资设立项目公司。项目融资由社会资本或项目公司负责。社会资本或项目公司应及时开展融资方案设计、机构接洽、合同签订和融资交割等工作。财政部门（政府和社会资本合作中心）和项目实施机构应做好监督管理工作，防止企业债务向政府转移。社会资本或项目公司未按照项目合同约定完成融资的，政府可提取履约保函直至终止项目合同；遇系统性金融风险或不可抗力的，政府、社会资本或项目公司可根据项目合同约定协商修订合同中相关融资条款。当项目出现重大经营或财务风险，威胁或侵害债权人利益时，债权人可依据与政府、社会资本或项目公司签订的直接介入协议或条款，要求社会资本或项目公司改善管理等。在直接介入协议或条款约定期限内，重大风险已解除的，债权人应停止介入。在项目合同执行和管理过程中，项目实施机构应重点关注合同修订、违约责任和争议解决等工作。

项目实施机构应每 3～5 年对项目进行中期评估，重点分析项目运行状况和项目合同的合规性、适应性和合理性；及时评估已发现问题的风险，制订应对措施，并报财政部门（政府和社会资本合作中心）备案。社会资本或项目公司应披露项目产出的数量和质量、项目经营状况等信息。政府应公开不涉及国家秘密、商业秘密的政府和社会资本合作项目合同条款、绩效监测报告、中期评估报告和项目重大变更或终止情况等。

六、项目移交

项目移交时，项目实施机构或政府指定的其他机构代表政府收回项目合同约定的项目资产。项目合同中应明确约定移交形式、补偿方式、移交内容和移交标准。移交形式包括期满终止移交和提前终止移交；补偿方式包括无偿移交和有偿移交；移交内容包括项目资产、人员、文档和知识产权等；移交标准包括设备完好率和最短可使用年限等指标。采用有偿移交的，项目合同中应明确约定补偿方案；没有约定或约定不明的，项目实施机构应按照"恢复相同经济地位"原则拟定补偿方案，报政府审核同意后实施。

项目实施机构或政府指定的其他机构应组建项目移交工作组，根据项目合同约定与社会资本或项目公司确认移交情形和补偿方式，制定资产评估和性能测试方案。项目移交工作组应委托具有相关资质的资产评估机构，按照项目合同约定的评估方式，对移交资产进行资产评估，作为确定补偿金额的依据。项目移交工作组应严格按照性能测试方案和移交标准对移交资产进行性能测试。性能测试结果不达标的，移交工作组应要求社会资本或项目公司进行恢复性修理、更新重置或提取移交维修保函。

项目移交完成后，财政部门（政府和社会资本合作中心）应组织有关部门对项目产出、成本效益、监管成效、可持续性、政府和社会资本合作模式应用等进行绩效评价，并按相关规定公开评价结果。评价结果作为政府开展政府和社会资本合作管理工作决策参考依据。

第三节　鼓励民间资本参与政府和社会资本合作项目

一、创造民间资本参与 PPP 项目

不断加大基础设施领域开放力度，除国家法律法规明确禁止准入的行业和领域外，不得以任何名义、任何形式限制民间资本参与 PPP 项目。在制定 PPP 政策、编制 PPP 规划、确定 PPP 项目实施方案时，注重听取民营企业的意见，充分吸收采纳民营企业的合理建议。对民间资本主导或参与的 PPP 项目，鼓励开通前期工作办理等方面的"绿色通道"。

二、分类施策支持民间资本参与 PPP 项目

针对不同 PPP 项目投资规模、合作期限、技术要求、运营管理等特点，采取多种方式积极支持民间资本参与，充分发挥民营企业创新、运营等方面的优势。对商业运营潜力大、投资规模适度、适合民间资本参与的 PPP 项目，积极支持民间资本控股，提高项目运营效率。对投资规模大、合作期限长、工程技术复杂的项目，鼓励民营企业相互合作，或与国有企业、外商投资企业等合作，通过组建投标联合体、成立混合所有制公司等方式参与，充分发挥不同企业比较优势。鼓励民间资本成立或参与投资基金，将分散的资金集中起来，由专业机构管理并投资 PPP 项目，获取长期稳定收益。

三、鼓励民营企业运用 PPP 模式盘活存量资产

积极采取转让—运营—移交（TOT）、改扩建—运营—移交（ROT）等多种运作方式，规范有序盘活存量资产，吸引民间资本参与，避免项目规划选址、征地拆迁等比较复杂的前期工作由民营企业承担。盘活资产回收的资金主要用于补短板项目建设，形成新的优质资产，实现投资良性循环。对适宜采取 PPP 模式的存量项目，鼓励多采用转让项目的经营权、收费权等方式盘活存量资产，降低转让难度，提高盘活效率。对已经采取 PPP 模式的存量项目，经与社会资本方协商一致，在保证有效监管的前提下，可通过股权转让等多种方式，将政府方持有的股权部分或全部转让给民营企业。对在建的政府投资项目，积极探索、规范有序推进 PPP 模式，吸引民间资本参与。

四、持续做好民营企业 PPP 项目推介

依托全国投资项目在线审批监管平台建立的 PPP 项目库，对入库项目定期进行梳理，规范有序开展推介工作，适时选择回报机制明确、运营收益潜力大、前期工作成熟的 PPP 项目，向民营企业推介。重点推介以使用者付费为主的特许经营类项目，审慎推介完全依靠政府付费的 PPP 项目，以降低地方政府支出压力，防范地方债务风险。通过多种方式推介优质项目、介绍典型案例，使民营企业更好地参与 PPP 项目。

五、科学合理设定社会资本方选择标准

严格按照《招标投标法》和《政府采购法》规定，通过公开招标等竞争性方式选择 PPP 项目的社会资本方。合理确定社会资本方资格，不得设置超过项目实际需要的注册资本金、资产规模、银行存款证明或融资意向函等条件，不得设置与项目投融资、建设、运营无关的准入条件。规范投标保证金设置，除合法合规的投标保证金外，不得以任何其他名义设置投标担保要求，推行以银行保函方式缴纳保证金。科学设置评标标准，综合考虑投标人的工程技术、运营水平、投融资能力、投标报价等因素。鼓励通过组建高质量的 PPP 项目特殊目的载体（SPV）等方式，整合各方资源，完善项目治理结构，提高专业化运作能力。支持民间资本股权占比高的社会资本参与 PPP 项目，调动民间资本积极性。同等条件下，优先选择运营经验丰富、商业运作水平高、创新创造能力强的民营企业。

六、依法签订规范、有效、全面的 PPP 项目合同

在与民营企业充分协商、利益共享、风险共担的基础上，客观合理、全面详尽地订立 PPP 项目合同。明确各方责权利和争议解决方式，合理确定价格调整机制，科学设定运营服务绩效标准，有效设置排他性条款，保障项目顺利实施。PPP 项目合同既要规范民营企业投资行为，确保项目持续稳定运行，也要保证当政府方不依法履约时，民营企业可以及时获得合理补偿乃至合法退出。要依据相关法律法规和合同约定，对 PPP 项目进行全生命周期监管。

七、加大民间资本 PPP 项目融资支持力度

鼓励政府投资通过资本金注入、投资补助、贷款贴息等方式支持民间资本 PPP 项目，鼓励各级政府出资的 PPP 基金投资民间资本 PPP 项目。鼓励各类金融机构发挥专业优势，大力开展 PPP 项目金融产品创新，支持开展基于项目本身现金流的有限追索融资，有针对性为民间资本 PPP 项目提供优质金融服务。积极推进符合条件民间资本 PPP 项目发行债券、开展资产证券化，拓宽项目融资渠道。按照统一标准对参与 PPP 项目的民营企业等各类社会资本方进行信用评级，引导金融市场和金融机构根据评级结果等加大对民营企业的融资支持力度。

八、提高咨询机构的 PPP 业务能力

咨询机构要坚持"合法、合规、专业、自律"的原则，深入研究民间资本参与 PPP 项目咨询服务新要求，加强 PPP 项目策划、论证、建设、运营阶段管理能力建设，准确把握民间资本参与 PPP 项目的商业诉求，提高项目全过程咨询服务能力。健全行业自律管理体系，通过 PPP 咨询机构论坛等多种形式，加强同业交流与合作。制定和完善 PPP 咨询业务操作标准规范，着力解决 PPP 项目工程技术、招投标、投融资、项目管理、法律和财务等方面难题，为民间资本 PPP 项目提供优质高效的咨询服务。

九、评选民间资本 PPP 项目典型案例

在已经引入民间资本的 PPP 项目中，适时评选在项目运作规范、交易结构合理、运营持续稳定、商业模式创新、回报机制明确等方面具有参考示范价值的典型案例，发挥示范效应。国家发改委将会同有关行业主管部门组织专家对各地报送的案例进行评审和筛选，优先推荐发行 PPP 项目资产证券化产品。在安排 PPP 项目前期工作中央预算内投资时予以倾斜支持。

十、加强政府和社会资本合作诚信体系建设

建立健全 PPP 项目守信践诺机制，准确记录并客观评价政府方和民营企业在 PPP 项目实施过程中的履约情况。政府方要严格履行各项约定义务，作出履约守信表率，坚决杜绝"新官不理旧账"现象。民营企业也要认真履行合同，持续稳定提供高质量且成本合理的公共产品和服务。将 PPP 项目各方信用记录，纳入全国信用信息共享平台供各部门、各地区共享，并依法通过"信用中国"网站公示。将严重失信责任主体纳入黑名单，并开展联合惩戒。

第四节　传统基础设施领域实施政府和社会资本合作项目

一、适用范围

按照国务院确定的部门职责分工，传统基础设施领域实施政府和社会资本合作项目适用于在能源、交通运输、水利、环境保护、农业、林业以及重大市政工程等传统基础设施领域采用 PPP 模式的项目，具体项目范围参见《国家发改委关于切实做好传统基础设施领域政府和社会资本合作有关工作的通知》。

二、实施方式

政府和社会资本合作模式包括特许经营和政府购买服务。新建项目优先采用建设—运营—移交（BOT）、建设—拥有—运营—移交（BOOT）、设计—建设—融资—运营—移交（DBFOT）、建设—拥有—运营（BOO）等方式。存量项目优先采用改建—运营—移交（ROT）方式。

三、项目储备

各级发改部门要会同有关行业主管部门，在投资项目在线审批监管平台（重大建设项目库）基础上，建立各地区各行业传统基础设施 PPP 项目库，并统一纳入国家发展改革委传统基础设施 PPP 项目库，建立贯通各地区各部门的传统基础设施 PPP 项目信息平台。列入各地区各行业传统基础设施 PPP 项目库的项目，实行动态管理、滚动实施、分批推进。对于需要当年推进实施的 PPP 项目，应纳入各地区各行业 PPP 项目年度实施计划。需要使用各类政府投资资金的传统基础设施 PPP 项目，应当纳入三年滚动政府投资计划。对于列入年度实施计划的 PPP 项目，应根据项目性质和行业特点，由当地政府行业主管部门或其委托的相关单位作为 PPP 项目实施机构，负责项目准备及实施等工作。鼓励地方政府采用资本金注入方式投资传统基础设施 PPP 项目，并明确政府出资人代表，参与项目准备及实施工作。

四、项目论证

（一）PPP 项目实施方案编制：纳入年度实施计划的 PPP 项目，应编制 PPP 项目实

施方案。PPP项目实施方案由实施机构组织编制，内容包括项目概况、运作方式、社会资本方遴选方案、投融资和财务方案、建设运营和移交方案、合同结构与主要内容、风险分担、保障与监管措施等。为提高工作效率，对于一般性政府投资项目，各地可在可行性研究报告中包括PPP项目实施专章，内容可以适当简化，不再单独编写PPP项目实施方案。实施方案编制过程中，应重视征询潜在社会资本方的意见和建议。要重视引导社会资本方形成合理的收益预期，建立主要依靠市场的投资回报机制。如果项目涉及向使用者收取费用，要取得价格主管部门出具的相关意见。

（二）项目审批、核准或备案：政府投资项目的可行性研究报告应由具有相应项目审批职能的投资主管部门等审批。可行性研究报告审批后，实施机构根据经批准的可行性研究报告有关要求，完善并确定PPP项目实施方案。重大基础设施政府投资项目，应重视项目初步设计方案的深化研究，细化工程技术方案和投资概算等内容，作为确定PPP项目实施方案的重要依据。实行核准制或备案制的企业投资项目，应根据《政府核准的投资项目目录》及相关规定，由相应的核准或备案机关履行核准、备案手续。项目核准或备案后，实施机构依据相关要求完善和确定PPP项目实施方案。纳入PPP项目库的投资项目，应在批复可行性研究报告或核准项目申请报告时，明确规定可以根据社会资本方选择结果依法变更项目法人。

（三）PPP项目实施方案审查审批：鼓励地方政府建立PPP项目实施方案联审机制。按照"多评合一，统一评审"的要求，由发展改革部门和有关行业主管部门牵头，会同项目涉及的财政、规划、国土、价格、公共资源交易管理、审计、法制等政府相关部门，对PPP项目实施方案进行联合评审。必要时可先组织相关专家进行评议或委托第三方专业机构出具评估意见，然后再进行联合评审。一般性政府投资项目可行性研究报告中的PPP项目实施专章，可结合可行性研究报告审批一并审查。通过实施方案审查的PPP项目，可以开展下一步工作；按规定需报当地政府批准的，应报当地政府批准同意后开展下一步工作。未通过审查的，可在调整实施方案后重新审查；经重新审查仍不能通过的，不再采用PPP模式。

（四）合同草案起草：PPP项目实施机构依据审查批准的实施方案，组织起草PPP合同草案，包括PPP项目主合同和相关附属合同（如项目公司股东协议和章程、配套建设条件落实协议等）。PPP项目合同内容参考国家发改委发布的《政府和社会资本合作项目通用合同指南》。

五、社会资本方选择

（一）社会资本方遴选：依法通过公开招标、邀请招标、两阶段招标、竞争性谈判等方式，公平择优选择具有相应投资能力、管理经验、专业水平、融资实力以及信用状况良好的社会资本方作为合作伙伴，其中，拟由社会资本方自行承担工程项目勘察、设计、施工、监理以及与工程建设有关的重要设备、材料等采购的，必须按照《招标投标法》的规定，通过招标方式选择社会资本方。在遴选社会资本方资格要求及评标标准设定等方面，要客观、公正、详细、透明，禁止排斥、限制或歧视民间资本和外商投资。鼓励社会资本方成立联合体投标。鼓励设立混合所有制项目公司。社会资本方遴选结果要及时公告或公示，并明确申诉渠道和方式。各地要积极创造条件，采用多种方式保障PPP项目建设用地。

（二）PPP 合同确认谈判：PPP 项目实施机构根据需要组织项目谈判小组，必要时邀请第三方专业机构提供专业支持。谈判小组按照候选社会资本方的排名，依次与候选社会资本方进行合同确认谈判，率先达成一致的即为中选社会资本方。项目实施机构应与中选社会资本方签署确认谈判备忘录，并根据信息公开相关规定，公示合同文本及相关文件。

（三）PPP 项目合同签订：PPP 项目实施机构应按相关规定做好公示期间异议的解释、澄清和回复等工作。公示期满无异议的，由项目实施机构会同当地投资主管部门将 PPP 项目合同报送当地政府审核。政府审核同意后，由项目实施机构与中选社会资本方正式签署 PPP 项目合同。需要设立项目公司的，待项目公司正式设立后，由实施机构与项目公司正式签署 PPP 项目合同，或签署关于承继 PPP 项目合同的补充合同。

六、项目执行

（一）项目公司设立：社会资本方可依法设立项目公司。政府指定了出资人代表的，项目公司由政府出资人代表与社会资本方共同成立。项目公司应按照 PPP 合同中的股东协议、公司章程等设立。项目公司负责按 PPP 项目合同承担设计、融资、建设、运营等责任，自主经营，自负盈亏。除 PPP 项目合同另有约定外，项目公司的股权及经营权未经政府同意不得变更。

（二）项目法人变更：PPP 项目法人选择确定后，如与审批、核准、备案时的项目法人不一致，应按照有关规定依法办理项目法人变更手续。

（三）项目融资及建设：PPP 项目融资责任由项目公司或社会资本方承担，当地政府及其相关部门不应为项目公司或社会资本方的融资提供担保。项目公司或社会资本方未按照 PPP 项目合同约定完成融资的，政府方可依法提出履约要求，必要时可提出终止 PPP 项目合同。

PPP 项目建设应符合工程建设管理的相关规定。工程建设成本、质量、进度等风险应由项目公司或社会资本方承担。政府方及政府相关部门应根据 PPP 项目合同及有关规定，对项目公司或社会资本方履行 PPP 项目建设责任进行监督。

（四）运营绩效评价：PPP 项目合同中应包含 PPP 项目运营服务绩效标准。项目实施机构应会同行业主管部门，根据 PPP 项目合同约定，定期对项目运营服务进行绩效评价，绩效评价结果应作为项目公司或社会资本方取得项目回报的依据。项目实施机构应会同行业主管部门，自行组织或委托第三方专业机构对项目进行中期评估，及时发现存在的问题，制订应对措施，推动项目绩效目标顺利完成。

（五）项目临时接管和提前终止：在 PPP 项目合作期限内，如出现重大违约或者不可抗力导致项目运营持续恶化，危及公共安全或重大公共利益时，政府要及时采取应对措施，必要时可指定项目实施机构等临时接管项目，切实保障公共安全和重大公共利益，直至项目恢复正常运营。不能恢复正常运营的，要提前终止，并按 PPP 合同约定妥善做好后续工作。

（六）项目移交：对于 PPP 项目合同约定期满移交的项目，政府应与项目公司或社会资本方在合作期结束前一段时间（过渡期）共同组织成立移交工作组，启动移交准备工作。移交工作组按照 PPP 项目合同约定的移交标准，组织进行资产评估和性能测试，保证项目处于良好运营和维护状态。项目公司应按 PPP 项目合同要求及有关规定完成移交工作并办理移交手续。

（七）PPP项目后评价：项目移交完成后，地方政府有关部门可组织开展PPP项目后评价，对PPP项目全生命周期的效率、效果、影响和可持续性等进行评价。评价结果应及时反馈给项目利益相关方，并按有关规定公开。

七、传统基础设施领域推广PPP模式重点项目

（一）能源领域。电力及新能源类：供电/城市配电网建设改造、农村电网改造升级、资产界面清晰的输电项目、充电基础设施建设运营、分布式能源发电项目、微电网建设改造、智能电网项目、储能项目、光伏扶贫项目、水电站项目、热电联产、电能替代项目等；石油和天然气类：油气管网主干/支线、城市配气管网和城市储气设施、液化天然气（LNG）接收站、石油和天然气储备设施等项目；煤炭类：煤层气输气管网、压缩/液化站、储气库、瓦斯发电等项目。

（二）交通运输领域。铁路运输类：列入中长期铁路网规划、国家批准的专项规划和区域规划的各类铁路项目，重点鼓励社会资本投资建设和运营城际铁路、市域（郊）铁路、资源开发性铁路以及支线铁路，鼓励社会资本参与投资铁路客货运输服务业务和铁路"走出去"项目；道路运输类：公路建设、养护、运营和管理项目，城市地铁、轻轨、有轨电车等城市轨道交通项目；水上运输类：港口码头、航道等水运基础设施建设、养护、运营和管理等项目；航空运输类：民用运输机场、通用机场及配套基础设施建设等项目；综合类：综合运输枢纽、物流园区、运输站场等建设、运营和管理项目，交通运输物流公共信息平台等项目。

（三）水利领域。引调水工程、水生态治理工程、供水工程、江河湖泊治理工程、灌区工程、农业节水工程、水土保持等项目。

（四）环境保护领域。水污染治理项目、大气污染治理项目、固体废物治理项目、危险废物治理项目、放射性废物治理项目、土壤污染治理项目；湖泊、森林、海洋等生态建设、修复及保护项目。

（五）农业领域。高标准农田、种子工程、易地扶贫搬迁、规模化大型沼气等三农基础设施建设项目；现代渔港、农业废弃物资源化利用、示范园区、国家级农产品批发市场等项目；旅游农业、休闲农业基础设施建设等项目。

（六）林业领域。京津风沙源治理工程、岩溶地区石漠化治理工程、重点防护林体系建设、国家储备林、湿地保护与修复工程、林木种质资源保护、森林公园等项目。

（七）重大市政工程领域。采取特许经营方式建设的城市供水、供热、供气、污水垃圾处理、地下综合管廊、园区基础设施、道路桥梁以及公共停车场等项目。

第五节 政府和社会资本合作建设重大水利工程项目

一、重大水利工程项目

政府和社会资本合作建设重大水利工程项目操作指南适用于指引政府负有提供责任、需求长期稳定和较适宜市场化运作、采用PPP模式建设运营的重大水利工程项目（以下简称水利PPP项目）操作，包括重点水源工程、重大引调水工程、大型灌区工程、江河湖泊治理骨干工程等。采用PPP模式建设的其他水利工程可参照做好相关工作。除特殊情形外，水利工程建设运营一律向社会资本开放，原则上优先考虑由社会资本参与建设运

营。水利 PPP 项目实施程序主要包括项目储备、项目论证、社会资本方选择、项目执行等。各参与方按照依法合规、诚信守约、利益共享、风险共担、合理收益、公众受益的原则，规范、务实、高效实施水利 PPP 项目。地方各级发改、水行政主管部门会同有关部门统筹做好水利 PPP 项目实施协调工作，包括加强规划引导、指导项目策划、组织 PPP 实施方案评估论证、给予政策支持、开展项目实施监督与绩效评价等。

二、项目储备

水利 PPP 项目需具备相关规划依据。地方各级水行政主管部门汇总整理本地区水利 PPP 项目，并依托投资项目在线审批监管平台（国家重大项目库），建立本地统一、共享的 PPP 项目库，及时向社会发布相关信息，做好项目储备、动态管理、滚动推进、实施监测等工作。项目合作期低于 10 年及没有现金流，或通过保底承诺、回购安排等方式违法违规融资、变相举债的项目，不纳入 PPP 项目库。对列入 PPP 项目库的水利 PPP 项目，计划当年推进实施的，需纳入本地 PPP 项目年度实施计划。使用各类政府投资资金的水利 PPP 项目，需纳入三年滚动政府投资计划。水利 PPP 项目由项目所在地县级以上人民政府授权的部门或单位作为实施机构。项目实施机构在授权范围内负责水利 PPP 项目实施方案编制、社会资本方选择、项目合同签署、项目组织实施和合作期满项目移交等工作。

三、项目论证

（一）水利 PPP 项目实施方式根据各项目情况合理选择，灵活运用。对新建项目，其中经济效益较好，能够通过使用者付费方式平衡建设经营成本并获取合理收益的经营性水利工程，一般采用特许经营合作方式。社会效益和生态效益显著，向社会公众提供公共服务为主的公益性水利工程，可通过与经营性较强项目组合开发、授予与项目实施相关的资源开发收益权、按流域或区域统一规划项目实施等方式，提高项目综合盈利能力，吸引社会资本参与工程建设与管护。既有显著的社会效益和生态效益，又具有一定经济效益的准公益性水利工程，一般采用政府特许经营附加部分投资补助、运营补贴或直接投资参股的合作方式，也可按照模块化设计的思路，在保持项目完整性、连续性的前提下，将主体工程、配套工程等不同建设内容划分为单独的模块，根据各模块的主要功能和投资收益水平，相应采用适宜的合作方式。对已建成项目，可通过项目资产转让、改建、委托运营、股权合作等方式将项目资产所有权、股权、经营权、收费权等全部或部分转让给社会资本，规范有序盘活基础设施存量资产，提高项目运营管理效率和效益。对在建项目，也可积极探索引入社会资本负责项目投资、建设、运营和管理。对拟采用 PPP 模式的政府或企业投资新建重大水利工程项目，要将项目是否适用 PPP 模式的论证纳入项目可行性研究或项目申请报告论证和决策。对拟采用 PPP 模式的已建成项目和在建项目，涉及新增投资建设的，应依法依规履行投资管理程序。要充分考虑项目的战略价值、功能定位、预期收益、可融资性以及管理要求，科学分析项目采用 PPP 模式的必要性和可行性。当前，优先选择以使用者付费为主的特许经营项目和盘活存量资产的已建成项目，严格防范地方政府债务风险。政府采用直接投资、资本金注入方式参与的新建水利 PPP 项目，按政府投资项目进行审批，由具有相应审批权限的发改部门审批可行性研究报告。企业使用自己筹措资金建设，以及使用自己筹措的资金并申请使用政府投资补助或贷款贴息等的新建水利 PPP 项目，按企业投资项目履行核准制，由相应的核准机关办理核准手续。纳入 PPP

项目库及年度实施计划的水利 PPP 项目，由实施机构组织编制 PPP 项目实施方案。实施方案可以单独编制，也可在项目可行性研究报告或项目申请报告中包括 PPP 项目实施专章。

（二）水利 PPP 项目实施方案编制需符合相关法律法规、技术标准和政策文件要求，与项目可行性研究报告或项目申请报告等相衔接，采用最新、统一的数据，主要包括以下内容：

1. 项目概况。工程主要任务、建设规模、经济技术指标、征地移民数量、项目投资以及其他需要说明的情况等。

2. 实施方式。根据项目类型、收费定价机制、投资收益水平、融资需求等情况，合理确定水利 PPP 项目合作方式和期限。

3. 社会资本方选择方案。根据项目合作方式，明确社会资本方在资质、资本金、企业信用、项目实施经验等方面的准入要求，以及遴选的原则、程序和方法。

4. 投融资和财务方案。分析项目的投融资结构、主要融资方式和财务方案，初步明确项目产品（供水、发电等）的议定价格，以及政府投资补助、运营补贴和其他承诺支持事项等。鼓励符合条件的项目建设运营主体通过 IPO（首次公开发行股票并上市）、增发、资产证券化、企业债券、项目收益债券、公司债券、中期票据等市场化方式进行融资。鼓励各类投资基金、社保资金和保险资金按照市场化原则，创新运用债权投资计划、股权投资计划、项目资产支持计划等多种方式参与项目建设与运营。

5. 建设运营和移交方案。明确项目建设运营中的资产产权关系、责权利关系、建设运营要求、合作期限、服务标准和监管要求、收入来源及投资回报方式、项目移交安排等。

6. 合同体系和主要内容。提出政府和社会资本方合作的合同体系与主要内容，主要包括各方权利义务、资金投入与项目实施要求、投入回报机制、监管机制与违约责任等。

7. 风险识别与分担。分析识别合作周期内各阶段风险因素，遵循责、权、利对等和动态防控原则，在政府和社会资本方之间合理分配分担风险。原则上，项目建设、运营等商业风险由社会资本方承担，法律和政策调整风险由政府承担，自然灾害等不可抗力风险由双方共同承担。

8. 保障措施与监管架构。包括合作期内合同履约管理、行政监管、公众监督、退出机制等。

水利 PPP 项目实施方案编制过程中，可视情况以发布公告等方式征询潜在社会资本方的意见和建议，引导社会资本方形成合理的收益预期，建立主要依靠市场的投资回报机制。涉及政府定价管理、投资补助、政府付费等事项的，应当征求相关主管部门的意见。水利 PPP 项目实施方案编制完成后，可由项目所在地发改部门和同级水行政主管部门牵头，按照"多评合一、统一评审"的要求，会同项目涉及的同级财政、规划、国土、价格、国有资产管理、公共资源交易管理、审计、法制等政府相关部门，对 PPP 项目实施方案进行联合评审。项目可行性研究报告或项目申请报告中包含 PPP 项目实施专章的，可结合项目审批或核准一并审查。初审未通过的水利 PPP 项目，可进一步优化调整实施方案，重新报审。经重新报审仍不能通过的，原则上不再采用 PPP 模式。通过审查的水利 PPP 项目实施方案，应按程序报项目所在地政府审批。

（三）水利 PPP 项目实施机构依据经批准的实施方案，组织起草 PPP 项目合同草案。项目实施机构拟与中选社会资本方签署的 PPP 项目合同。主要确认双方的合作意向、内容和方式，约定项目公司组建、投资及实施主要事项，并明确项目实施机构与项目公司后续签署的 PPP 项目合同生效后是否承继该合同。政府参股项目公司的，需约定政府持有股份享有的分配权益和股东代表在公司法人治理结构中的安排，如是否享有与其他股东同等权益，是否在利润分配顺序上予以优先安排，是否在特定事项上拥有否决权等。项目实施机构拟与项目公司签署的 PPP 项目合同。约定各方的责任、权利和义务，明确政府和社会资本合作的内容、期限、履约担保、分年度投资计划及融资方案、风险分担、项目建设和运营管理、回报方式、项目移交、违约处理、信息披露等事项。根据水利 PPP 项目特点，PPP 项目合同通常包括以下关键条款和内容：

1. 项目股权和资产处置。在合作期内，未经项目公司董事会研究并经项目实施机构同意，项目公司不得变更公司股权及经营权，不得自行处置和出让、转让、拍卖、质押项目任何重要资产。为合作项目融资而抵押或担保项目资产的，对外抵押和担保期限不得超出合作期限。

2. 风险管理。针对不同阶段的主要风险因素，明确防控措施，通过加强工程建设和运营管理、优化资本结构、多元融资、建立项目最低需求照付不议机制、投资包干机制、完工担保机制、保险和专业机构增信机制等方式，最大限度控制、缓释和降低风险发生，减少风险损失。

3. 排他性约定。对区域供水项目，如有必要，可作出合作期间的排他性约定，同时，明确项目公司承担相应的供水普遍服务义务，保证向特许经营区域内所有愿意接受服务并愿意支付服务价格的人提供连续、充足和符合水质要求的供水服务。

4. 回报机制。明确项目收入范围、计算及结算方法，项目收费定价或财政补贴的调整周期、条件、触发机制和程序等，约定项目具体产出标准和绩效考核指标，明确项目付费与绩效评价结果挂钩等要求。对有经营现金流的项目，区别风险情况，合理确定预期投资回报率，既保障社会资本合理收益，又要防止不合理让利或利益输送。相关财政支出事项，需足额纳入预算，按照规定程序批准后，及时支付资金。

5. 债务性质。水利 PPP 项目融资及偿债责任由项目公司或社会资本方承担，当地政府及其相关部门不能违规提供担保。

6. 退出机制。针对不可抗力、违约、主动退出等社会资本方各种中途退出情形，区别实行不同的退出方式，明确相应的预案和应急接管流程及赔偿、清算措施。

7. 其他相关承诺。如政府承诺负责协调落实工程外部建设条件，保障项目无开发权争议，负责工程移民安置规划组织实施，依法进行监管等。

四、社会资本方选择

（一）项目实施机构可依法采用公开招标、邀请招标、竞争性谈判等方式，综合考虑投资能力、管理经验、专业水平、融资实力以及信用状况等因素，公开、公平、公正择优选择社会资本方作为水利 PPP 项目合作伙伴，其中，拟由社会资本方自行承担工程项目勘察、设计、施工、监理以及与工程建设有关的重要设备、材料等采购的，按照《招标投标法》规定，必须通过招标的方式选择社会资本方。项目实施机构根据水利 PPP 项目实施方案和项目合同草案，准备社会资本方遴选的相关法律文本，包括资格预审文件、招标文件等。在社会资本方资格要求及评标标准设定等方面，需客观、公正、详细、透明，禁止排斥、限制或歧视民间资本和外商投资。对于具有较好投资收益的项目，在招标约定收入计算及价格机制等条件下，可将不同投标人项目收益等利益分享承诺作为主要评标因素；对于需要政府投资补助或运营补贴等政策支持的项目，可将不同投标人对支持政策的需求要价作为主要评标因素。

（二）项目实施机构可根据需要组织资格预审，验证项目能否获得社会资本响应和实现充分竞争，并将资格预审结果提交项目主管部门。预审合格社会资本方数量不满足相关法律法规规定的，可依法调整实施方案确定的社会资本方选取方式。项目实施机构可根据需要，在招标文件中明确项目公司组建、投资及实施等主要事项，作为社会资本方投标时必须响应的内容。开标、评标后，实施机构可组织项目谈判小组，与评标委员会推荐排名第一的中标候选人，进行确认谈判；中标候选人提出的主要条款与招标文件、中标人的投标文件内容不一致的，可终止其谈判资格并没收投标保证金，然后与评标委员会推荐排名第二的中标候选人进行确认谈判，依次类推。确认谈判完成后，项目实施机构与谈判确认的社会资本方签署确认谈判备忘录，并根据信息公开相关规定公示招标结果和拟与社会资本方签署的项目合同文本及相关文件，明确相关申诉渠道和方式。

（三）项目实施机构按相关规定做好公示期间异议的解释、澄清和回复等工作。公示期满无异议的，由项目实施机构将项目合同报经当地政府或其授权的部门和单位审核同意后，与谈判确认的社会资本方正式签署水利 PPP 项目合同。项目可行性研究报告或项目申请报告批复、核准时已明确项目法人的，可以根据社会资本方选择结果依法变更。

五、项目执行

（一）社会资本方与项目实施机构签署水利 PPP 项目合同后，按约定在规定期限内成立项目公司，负责项目建设与运营管理。项目公司可由社会资本方单独出资组建，也可由政府授权单位（不包括项目实施机构）与社会资本方共同出资组建，作为水利 PPP 项目的直接实施主体。项目公司成立后，由项目实施机构与项目公司签署水利 PPP 项目合同，或签署关于承继此前 PPP 项目合同的补充合同。对项目合同与项目实施方案核心内容有重大变更的，项目实施机构需报项目实施方案批准机构审核同意后再签署。

（二）项目公司按照项目合同，履行约定的义务和职责，依法开展项目建设、经营和管理活动，自主经营、自负盈亏。按约定和相关法律法规要求接受项目实施机构、政府相关部门的监管，定期报告项目进展情况。项目实施机构、相关政府部门根据水利 PPP 项目合同和有关规定，对项目公司履行 PPP 项目建设与运行管理责任进行监管。

（三）水利 PPP 项目合作期满后，如需继续合作的，原合作方有优先续约权。合同约定期满移交的，及时组织开展项目移交工作，由项目公司按照约定的形式、内容和标准，将项目资产无偿移交指定的政府部门。除另有约定外，合同期满前 12 个月为项目公司向政府移交项目的过渡期，项目实施机构或政府指定的其他机构与社会资本方在过渡期内共同组建项目移交工作组，启动移交准备工作。移交工作组按合同约定的移交标准，组织进行资产评估和性能测试，确保项目处于良好状态。经评估和性能测试，项目状况符合约定的移交条件和标准的，项目公司按合同要求及有关规定完成移交工作并办理移交手续；项目状况不符合约定的移交条件和标准的，项目公司按要求出具移交维修保函，对相关设施进行恢复性修理、更新重置，在满足移交条件和标准后，及时办理移交手续。水利 PPP

项目移交完成后，政府有关主管部门可组织对项目开展后评价，对项目全生命周期的效率、效果、影响和可持续性等进行评价。评价结果及时反馈给项目利益相关方，并按有关规定公开。除涉及国家秘密、商业秘密外，地方政府相关部门依法公开水利 PPP 项目入库、社会资本方选择、项目合同订立、工程建设进展、运营绩效等信息。

第六节　政府和社会资本合作项目政府采购

一、PPP 项目采购

PPP 项目采购，是指政府为达成权利义务平衡、物有所值的 PPP 项目合同，遵循公开、公平、公正和诚实信用原则，按照相关法规要求完成 PPP 项目识别和准备等前期工作后，依法选择社会资本合作者的过程。PPP 项目实施机构（采购人）在项目实施过程中选择合作社会资本（供应商）。PPP 项目实施机构可以委托政府采购代理机构办理 PPP 项目采购事宜。PPP 项目咨询服务机构从事 PPP 项目采购业务的，应当按照政府采购代理机构管理的有关要求及时进行网上登记。

二、采购方式

PPP 项目采购方式包括公开招标、邀请招标、竞争性谈判、竞争性磋商和单一来源采购。项目实施机构应当根据 PPP 项目的采购需求特点，依法选择适当的采购方式。公开招标主要适用于采购需求中核心边界条件和技术经济参数明确、完整、符合国家法律法规及政府采购政策，且采购过程中不作更改的项目。

三、资格预审

PPP 项目采购应当实行资格预审。项目实施机构应当根据项目需要准备资格预审文件，发布资格预审公告，邀请社会资本和与其合作的金融机构参与资格预审，验证项目能否获得社会资本响应和实现充分竞争。资格预审公告应当在省级以上人民政府财政部门指定的政府采购信息发布媒体上发布。资格预审合格的社会资本在签订 PPP 项目合同前资格发生变化的，应当通知项目实施机构。资格预审公告应当包括项目授权主体、项目实施机构和项目名称、采购需求、对社会资本的资格要求、是否允许联合体参与采购活动、是否限定参与竞争的合格社会资本的数量及限定的方法和标准以及社会资本提交资格预审申请文件的时间和地点。提交资格预审申请文件的时间自公告发布之日起不得少于 15 个工作日。

四、评审小组与资格预审

项目实施机构、采购代理机构应当成立评审小组，负责 PPP 项目采购的资格预审和评审工作。评审小组由项目实施机构代表和评审专家共 5 人以上单数组成，其中评审专家人数不得少于评审小组成员总数的 2/3。评审专家可以由项目实施机构自行选定，但评审专家中至少应当包含 1 名财务专家和 1 名法律专家。项目实施机构代表不得以评审专家身份参加项目的评审。项目有 3 家以上社会资本通过资格预审的，项目实施机构可以继续开展采购文件准备工作；项目通过资格预审的社会资本不足 3 家的，项目实施机构应当在调整资格预审公告内容后重新组织资格预审；项目经重新资格预审后合格社会资本仍不够 3 家的，可以依法变更采购方式。资格预审结果应当告知所有参与资格预审的社会资本，并将资格预审的评审报告提交财政部门（政府和社会资本合作中心）备案。

五、项目采购文件

项目采购文件应当包括采购邀请、竞争者须知（包括密封、签署、盖章要求等）、竞争者应当提供的资格、资信及业绩证明文件、采购方式、政府对项目实施机构的授权、实施方案的批复和项目相关审批文件、采购程序、响应文件编制要求、提交响应文件截止时间、开启时间及地点、保证金交纳数额和形式、评审方法、评审标准、政府采购政策要求、PPP项目合同草案及其他法律文本、采购结果确认谈判中项目合同可变的细节以及是否允许未参加资格预审的供应商参与竞争并进行资格后审等内容。项目采购文件中还应当明确项目合同必须报请本级人民政府审核同意，在获得同意前项目合同不得生效。采用竞争性谈判或者竞争性磋商采购方式的，项目采购文件除上款规定的内容外，还应当明确评审小组根据与社会资本谈判情况可能实质性变动的内容，包括采购需求中的技术、服务要求以及项目合同草案条款。

六、项目实施机构

项目实施机构应当在资格预审公告、采购公告、采购文件、项目合同中列明采购本国货物和服务、技术引进和转让等政策要求，以及对社会资本参与采购活动和履约保证的担保要求。项目实施机构应当组织社会资本进行现场考察或者召开采购前答疑会，但不得单独或者分别组织只有一个社会资本参加的现场考察和答疑会。项目实施机构可以视项目的具体情况，组织对符合条件的社会资本的资格条件进行考察核实。

七、评审小组成员评审

评审小组成员应当按照客观、公正、审慎的原则，根据资格预审公告和采购文件规定的程序、方法和标准进行资格预审和独立评审。已进行资格预审的，评审小组在评审阶段可以不再对社会资本进行资格审查。允许进行资格后审的，由评审小组在响应文件评审环节对社会资本进行资格审查。评审小组成员应当在资格预审报告和评审报告上签字，对自己的评审意见承担法律责任。对资格预审报告或者评审报告有异议的，应当在报告上签署不同意见，并说明理由，否则视为同意资格预审报告和评审报告。评审小组发现采购文件内容违反国家有关强制性规定的，应当停止评审并向项目实施机构说明情况。

八、采购谈判工作组

PPP项目采购评审结束后，项目实施机构应当成立专门的采购结果确认谈判工作组，负责采购结果确认前的谈判和最终的采购结果确认工作。采购结果确认谈判工作组成员及数量由项目实施机构确定，但应当至少包括财政预算管理部门、行业主管部门代表，以及财务、法律等方面的专家。涉及价格管理、环境保护PPP项目，谈判工作组还应当包括价格管理、环境保护行政执法机关代表。评审小组成员可以作为采购结果确认谈判工作组成员参与采购结果确认谈判。采购结果确认谈判工作组应当按照评审报告推荐的候选社会资本排名，依次与候选社会资本及与其合作的金融机构就项目合同中可变的细节问题进行项目合同签署前的确认谈判，率先达成一致的候选社会资本即为预中标、成交社会资本。确认谈判不得涉及项目合同中不可谈判的核心条款，不得与排序在前但已终止谈判的社会资本进行重复谈判。

九、谈判备忘录与公示

项目实施机构应当在预中标、成交社会资本确定后10个工作日内，与预中标、成交社会资本签署确认谈判备忘录，并将预中标、成交结果和根据采购文件、响应文件及有关补遗文件和确认谈判备忘录拟定的项目合同文本在省级以上人民政府财政部门指定的政府采购信息发布媒体上进行公示，公示期不得少于 5 个工作日。项目合同文本应当将预中标、成交社会资本响应文件中的重要承诺和技术文件等作为附件。项目合同文本涉及国家秘密、商业秘密的内容可以不公示。项目实施机构应当在公示期满无异议后 2 个工作日内，将中标、成交结果在省级以上人民政府财政部门指定的政府采购信息发布媒体上进行公告，同时发出中标、成交通知书。

十、成交公告和合同

中标、成交结果公告内容应当包括：项目实施机构和采购代理机构的名称、地址和联系方式；项目名称和项目编号；中标或者成交社会资本的名称、地址、法人代表；中标或者成交标的名称、主要中标或者成交条件（包括但不限于合作期限、服务要求、项目概算、回报机制）等；评审小组和采购结果确认谈判工作组成员名单。项目实施机构应当在中标、成交通知书发出后 30 日内，与中标、成交社会资本签订经本级人民政府审核同意的 PPP 项目合同。需要为 PPP 项目设立专门项目公司的，待项目公司成立后，由项目公司与项目实施机构重新签署 PPP 项目合同，或者签署关于继承 PPP 项目合同的补充合同。项目实施机构应当在 PPP 项目合同签订之日起 2 个工作日内，将 PPP 项目合同在省级以上人民政府财政部门指定的政府采购信息发布媒体上公告，但 PPP 项目合同中涉及国家秘密、商业秘密的内容除外。项目实施机构应当在采购文件中要求社会资本交纳参加采购活动的保证金和履约保证金。社会资本应当以支票、汇票、本票或者金融机构、担保机构出具的保函等非现金形式交纳保证金。参加采购活动的保证金数额不得超过项目预算金额的 2%。履约保证金的数额不得超过 PPP 项目初始投资总额或者资产评估值的 10%，无固定资产投资或者投资额不大的服务型 PPP 项目，履约保证金的数额不得超过平均 6 个月服务收入额。

第七节　中央企业 PPP 业务风险管控

PPP（政府与社会资本合作）模式是我国基础设施和公共服务供给机制的重大创新，对于推进供给侧结构性改革、创新投融资机制、提升公共服务的供给质量和效率具有重要意义。中央企业主动适应改革要求，努力拓展市场，为贯彻新发展理念，提高中央企业境内 PPP 业务经营管理水平，有效防范经营风险，实现规范有序可持续发展，在推动自身业务快速发展的同时，有力支持了地方经济发展，取得了良好成效。

一、坚持战略引领，强化集团管控

中央企业要紧密围绕企业发展战略和规划，建立健全本企业 PPP 业务管控体系，稳妥开展 PPP 业务。加强战略引领。立足企业功能界定与分类定位，结合企业战略和发展方向，充分考虑企业财务资源和业务能力，规划本企业 PPP 业务发展。PPP 业务较为集中的企业应编制 PPP 业务专项规划，优化 PPP 业务布局和结构。完善全过程管控体系。建立健全 PPP 项目管理制度，从预算约束、事前可研决策、事中项目实施管理、事后投资评价等方面细化管控流程，构建权责明晰的管理机制，加强企业投资、财务、法务、审计等部门的协同配合，形成管控合力。加强集团管控。明确集团对 PPP 业务管控的主体责任和各级子企业的具体管理责任，由集团总部（含整体上市的上市公司总部）负责统一审批 PPP 业务。依法依规操作。加强投标管理及合同谈判，严格执行合规审查程序，切实防范 PPP 业务中的违法违规风险，妥善处理并及时报备重大法律纠纷案件。

二、严格准入条件，提高项目质量

中央企业要将源头管控作为加强 PPP 业务管理的重中之重，细化 PPP 项目选择标准，优中选优，规范有序参与市场竞争，有效应对项目占用资金规模大、回报周期长带来潜在风险。聚焦主业。根据项目投资、建设、运营等环节特征准确界定集团主业投资领域，认真筛选符合集团发展方向、具备竞争优势的项目。将 PPP 项目纳入企业年度投资计划管理，严控非主业领域 PPP 项目投资。坚持"事前算赢"原则，在项目决策前充分开展可行性分析，参考本企业平均投资回报水平合理设定 PPP 投资财务管控指标，投资回报率原则上不应低于本企业相同或相近期限债务融资成本，严禁开展不具备经济性的项目，严厉杜绝盲目决策，坚决遏制短期行为。认真评估 PPP 项目中合作各方的履约能力。在通过财政承受能力论证的项目中，优先选择发展改革、财政等部门入库项目，不得参与付费来源缺乏保障的项目。

三、严格规模控制，防止推高债务风险

中央企业要高度关注业务对企业财务结构平衡的影响，综合分析本企业长期盈利能力、偿债能力、现金流量和资产负债状况等，量力而行，对 PPP 业务实行总量管控，从严设定 PPP 业务规模上限，防止过度推高杠杆水平。纳入中央企业债务风险管控范围的企业集团，累计对 PPP 项目的净投资（直接或间接投入的股权和债权资金、由企业提供担保或增信的其他资金之和，减去企业通过分红、转让等收回的资金）原则上不得超过上一年度集团合并净资产的 50%，不得因开展 PPP 业务推高资产负债率。集团要做好内部风险隔离，明确相关子企业 PPP 业务规模上限；资产负债率高于 85% 或近 2 年连续亏损的子企业不得单独投资 PPP 项目。集团应加强对非投资金融类子企业管控，严格执行国家有关监管政策，不得参与仅为项目提供融资、不参与建设或运营的项目。

四、优化合作安排，实现风险共担

中央企业在 PPP 项目中应充分发挥项目各合作方在融资、建设、运营等方面的比较优势，合理确定股权比例、融资比例，努力降低综合融资成本，切实做好项目运营合作安排，实现合作共赢。落实股权投资资金来源。各企业要严格遵守国家重大项目资本金制度，合理控制杠杆比例，做好拟开展 PPP 项目的自有资金安排，根据项目需要积极引入优势互补、协同度高的其他非金融投资方，吸引各类股权类受托管理资金、保险资金、基本养老保险基金等参与投资，多措并举加大项目资本金投入，但不得通过引入"名股实债"类股权资金或购买劣后级份额等方式承担本应由其他方承担的风险。优化债权资金安排。积极与各类金融机构建立 PPP 业务合作关系，争取长期低成本资金支持，匹配好债务融资与项目生命周期。规范融资增信。在 PPP 项目股权合作中，不得为其他方股权出资提供担保、承诺收益等；项目债务融资需要增信的，原则上应由项目自身权益、资产或股权投资担保，确需股东担保的应由各方股东按照出资比例共同担保。做好运营安排，探索多元化的项目回报机制。结合企业发展需要，不断提高 PPP 项目专业化运营管理能力，对于尚不具备专业化运营管理能力的项目，通过合资合作、引入专业化管理机构等措施，确保项目安全高效运管。积极盘活存量投资，完善退出机制。根据自身和项目需要，持续优化资金安排，积极通过出让项目股份、增资扩股、上市融资、资产证券化等多渠道盘活

资产、收回资金，实现 PPP 业务资金平衡和良性循环。

五、规范会计核算，准确反映 PPP 业务状况

中央企业应当根据《企业会计准则》相关规定规范 PPP 业务会计核算。规范界定合并范围。根据股权出资比例、合作方投资性质、与合作方关联关系（如合营、担保、提供劣后级出资等），对项目融资、建设和运营的参与程度，风险回报分担机制，合作协议或章程约定等，按照"实质重于形式"原则综合判断对 PPP 项目的控制程度，规范界定合并范围；对确属无控制权的 PPP 项目，应当建立单独台账，动态监控项目的经营和风险状况，严防表外业务风险。足额计提资产减值准备。定期对 PPP 项目长期股权投资、取得的收费权、股东借款等资产进行减值测试，重点关注实际运营情况与项目可研预期差距较大、合作方付款逾期等减值迹象，及时足额计提减值准备，防范资产价值不实。规范核算项目收益。同时参与 PPP 项目投资、建设或运营的企业，应当合理划分和规范核算各阶段收益。

六、严肃责任追究，防范违规经营投资行为

中央企业要切实承担起对 PPP 业务管控的主体责任，加强对全集团 PPP 业务的审计与监督检查，不断提高 PPP 业务投资经营管理水平。要对 PPP 业务经营投资责任实施规范化、科学化、全周期管理，完善决策事项履职记录。中央企业要全面梳理已签约 PPP 项目，根据发现的风险和问题，及时完善制度，加强管控，提出应对措施。对存在瑕疵的项目，要积极与合作方协商完善；对不具备经济性或存在其他重大问题的项目，要逐一制定处置方案，风险化解前，该停坚决停止，未开工项目不得开工。

第八节　PPP 项目全生命周期咨询业务要旨

一、PPP 项目咨询任务、内容和阶段划分

PPP 项目咨询的任务是咨询企业依据国家有关规定、按照合同约定为项目提供咨询服务。PPP 项目全生命周期咨询服务可划分为立项、识别、准备、采购、执行、移交六个咨询服务阶段。

（一）立项阶段，咨询企业可开展下列咨询业务：编写项目建议书；进行项目可行性研究；编制和审核可行性研究报告、投资估算、经济评价。

（二）识别阶段，咨询企业可开展下列咨询业务：项目发起与筛选；项目实施的尽职调查；项目初步实施方案的编制；物有所值评价；财政承受能力论证。

（三）准备阶段，咨询企业可开展下列咨询业务：项目实施方案的编制；项目实施方案的评审。

（四）采购阶段，咨询企业可开展下列咨询业务：资格预审文件编制和协助资格预审；采购文件编制与评审；协助社会资本方编制项目响应文件；组织采购和响应文件的评审；协助合同谈判和签署。

（五）执行阶段，咨询企业可开展下列咨询业务：协助设立项目公司；融资咨询；设计文件的适配性与经济性评价；项目概算编制及评审；协助项目公司进行项目建设全过程造价咨询；代表政府方对项目总投资进行全过程监管；项目竣工结（决）算编制与审计；项目绩效监管与支付评审；项目中期评价；项目再谈判的相关咨询。

（六）移交阶段，咨询企业可开展下列咨询业务：项目移交（终止）方案编制；资产清查、性能测试及估值；项目后评价。

二、项目组织与实施

（一）咨询企业PPP项目咨询业务实施主要包括以下基本程序：接受PPP项目相关方的委托，签订PPP项目咨询合同；成立PPP项目咨询项目组；制定PPP项目咨询方案；通过案卷研究、政策分析、数据填报、实地调研、座谈会及问卷调查等方法收集相关业务数据及资料；对数据及资料进行甄别、汇总和分析；编制成果文件，包括报告、方案、咨询意见或建议书等；与委托方就PPP项目成果文件进行充分沟通，并根据委托方的合理意见对成果文件进行完善；咨询企业内部对成果文件进行审核；提交PPP项目成果文件，根据政府及财政部门的评审意见进行修改；咨询文件归档；客户回访与评价。

（二）咨询企业承担PPP项目咨询业务后，应根据项目特点和PPP项目咨询合同等编制咨询方案。咨询方案的内容应包括项目概况、咨询服务范围和要求、工作组织、工作程序、工作方法、进度计划、人员安排、技术方案、质量管理、后续服务等。

（三）咨询企业应按PPP项目咨询合同的要求制定详细的工作进度计划，各类咨询成果文件的提交时间应与总体进度相协调，咨询的工作进度计划除应服从咨询合同的要求外，还应满足各类咨询成果文件编制的合理工期要求。

（四）咨询企业应建立咨询项目组织机构，明确咨询项目工作人员的职责。PPP项目咨询的工作人员应包括工程技术、工程经济、项目管理、法律、金融、财务、采购、资产评估的编制、审核等相关专业人员。各类咨询人员的安排除应符合PPP项目咨询合同要求外，还应符合项目质量管理和档案管理等其他方面的要求。同时应完善PPP项目咨询业务的流程管理。

（五）咨询企业应建立有效的内部组织管理和外部组织协调体系，并应符合下列规定：内部组织管理体系应包括承担咨询项目的管理模式、企业各级组织管理的职责与分工、现场管理和非现场管理的协调方式，项目负责人和各专业负责人的职责等；外部组织协调体系应以咨询合同约定的服务内容为核心，明确协调人员，在确保PPP项目参与各方权利与义务的前提下，协调好与委托方及参与各方的关系，促进咨询工作的顺利实施。

三、合同管理

（一）由于PPP项目的复杂性、长期性和多变性，需要建立复杂而全面的合同体系，咨询企业通过合同管理旨在加强对PPP合同的起草、谈判、履行、变更、解除、转让、移交（终止）的全过程管理，更好地支持PPP的实际运作。

（二）咨询企业应针对PPP项目咨询的业务特点和委托内容，建立全面的合同管理和评价体系，并应通过流程控制、企业标准等措施来保证咨询质量，使项目运行顺畅，达到PPP项目物有所值、物超所值的目标。

（三）PPP项目合同管理应遵行以下原则：平等合作：政府方与社会资本方是基于PPP项目合同的平等法律主体，双方应在充分协商、互利互惠的基础上订立合同，并依法平等地主张合同权利、履行合同义务；维护公益：PPP项目合同中除应规定社会资本方的绩效监测和质量控制等义务外，还应保证政府方合理的监督权和介入权，以加强对社会资本方的履约管理，优先保障公共安全和公共利益；诚实守信：政府方和社会资本方应在PPP项目合同中明确界定双方在项目融资、建设、运营、移交等全生命周期内的权利义务，并在合同管理的全过程中真实表达意思表示，认真恪守合同约定，妥善履行合同义务，依法承担违约责任；公平效率：在 PPP 项目合同中要始终贯彻物有所值原则，在风险分担和利益分配方面兼顾公平与效率，既要通过在政府方和社会资本方之间合理分配项目风险，实现公共服务供给效率和资金使用效益的提升，又要在设置合作期限、方式和投资回报机制时，统筹考虑社会资本方的合理收益预期、政府方的财政承受能力以及使用者的支付能力，防止任何一方因此过分受损或超额获益；兼顾灵活：鉴于 PPP 项目的生命周期通常较长，在合同订立时既要充分考虑项目全生命周期内的实际需求，保证合同内容的完整性和相对稳定性，也要合理设置一些关于期限变更（延期和提前终止）、内容变更（产出标准调整、价格调整等）、主体变更（合同转让）的灵活调整机制，为未来可能长达20～30 年的合同执行期预留调整和变更空间。

（四）PPP 项目合同管理要关注以下几个方面：根据政府的实际履约能力作出明确的可执行的操作模式；为便于项目的实施与运营，需要确保合同主体的稳定性；对投资规模、投资计划与资金到位方案等进行系统、科学的核算和评估；针对特许经营权，要强化监管措施，防止垄断利益损害；拥有有效地争议解决机制。

四、信息管理

（一）信息管理应包括 PPP 项目全生命周期各个阶段的信息数据库的建立、项目管理软件的使用及咨询企业管理系统的建设，利用计算机网络通信技术、建筑信息模型（BIM）技术等为 PPP 项目提供全生命周期的信息化管理服务。

（二）信息管理应贯穿 PPP 项目咨询的全过程，信息管理的内容主要包括项目融资、运作方式、交易结构、回报机制、风险管理、合同及履约监管、投资估算、设计概算、施工图预算、合同价款确定、工程计量与支付及竣工结（决）算、项目运营维护、资产管理、移交管理等，并对过程中收集的工程造价信息资料应及时处理。

（三）咨询企业应利用现代化的信息管理手段，自行建立或利用相关工程信息资料、各类典型项目数据库，以及在 PPP 项目咨询业务中积累的数据，建立并完善 PPP 项目咨询数据库。咨询企业应逐步建立项目管理系统和企业管理系统，项目管理系统涉及咨询合同管理、咨询业务管理等。企业管理系统在项目管理系统基础上，考虑自动化办公（OA）、人力资源及财务管理等内容。

五、质量管理

（一）咨询企业应针对 PPP 项目咨询的业务特点建立质量管理和评价体系，并应通过流程控制、企业标准等措施来保证咨询质量。咨询企业提交的各类成果文件应由项目组成员编制，并应由审核人、审定人进行审核和审定。承担咨询业务的编制人应审核委托人提供书面资料的完整性、有效性、合规性，并应对自身所收集的 PPP 项目基础资料、编制依据和方法参数的全面性、真实性和适用性负责，按照相关规范和 PPP 项目咨询合同的要求，编制工程咨询成果文件，并整理过程文件。

（二）承担咨询业务的审核人应审核委托人提供书面资料的完整性、有效性、合规性，应审核编制人所收集的 PPP 项目基础资料、编制依据和方法参数的全面性、真实性和适用性，并对编制人的过程文件及成果文件进行复核。承担咨询业务的审定人应审核委托人提供书面资料的完整性、有效性、合规性，应审核编制人及审核人所使用基础资料、编制依据和方法参数的全面性、真实性和适用性，并应依据规范和咨询的要求，重点审核咨询的方法和过程是否科学合理，项目实施方案内容是否完整，交易边界、产出范围及绩效标准是否清晰，风险识别和分配是否充分、合理，利益共享机制能否实现激励相容，运作方式及采购方式选择是否合理、合规、合法，合同体系、监管架构是否健全等，对PPP项目咨询质量进行整体控制。

六、风险管理

咨询企业应建立包括风险识别、风险估测、风险评价和风险应对在内的企业风险管理体系。咨询企业应采用系统的、科学的方法对PPP项目咨询各类风险进行识别和分析，明确全面的风险管理范围，围绕全生命周期开展风险控制和管理。咨询企业要将风险应对措施落实到企业的制度、组织、流程和职能当中，开展全程的风险管理。咨询企业要采用积极的措施来控制PPP项目咨询风险。制定切实可行的风险防范预案，最大限度地对PPP项目咨询所面临的风险作好充分的准备，严格按风险防范预案实施，将PPP项目咨询风险降至最低。

七、档案管理

（一）咨询企业应依照《档案法》和《建设工程造价咨询规范》的有关规定，建立、健全档案管理的各项规章制度，包括：档案收集制度、统计制度、保密制度、借阅制度、库房管理制度以及档案管理人员守则等。

（二）PPP项目全生命周期技术档案可分为过程文件和成果文件。过程文件一般包括：项目合同、股东合同、融资合同、工程承包合同、运营服务合同、原料供应合同、产品采购合同和保险合同、工程施工合同或协议书、补充合同或补充协议书；投标文件及其附件、招标文件及招标补遗文件；竣工验收报告及完整的竣工验收资料；工程结算书及完整的结算资料、图纸会审记录、工程的洽商、变更、会议纪要等书面协议或文件、施工过程中项目公司确认的材料、设备价款、甲供材料、设备清单、承包人的营业执照及资质等级证书等。成果文件一般包括：项目建议书、项目可行性研究报告、投资估算、工程概算、工程预算、工程量清单、招标控制价、工程计量支付文件、工程索赔处理报告、工程结算、PPP项目初步实施方案、物有所值评价、物有所值专家评分表和专家意见表、财政承受能力论证、PPP项目实施方案、实施方案论证专家意见表、实施方案的批复、财务测算表等。

（三）PPP项目全生命周期技术档案应按委托服务合同建立，按服务项目分类整理归纳。PPP项目全生命周期成果文件保存期应符合相关行政管理部门的有关规定。咨询企业应加强咨询档案现代化管理，运用计算机对档案进行编目、检索、借阅管理和综合利用，为PPP项目咨询工作提供准确、方便和快捷的信息与服务。

八、项目立项阶段

（一）咨询企业在项目立项阶段咨询业务范围主要包括：项目建议书；项目可行性研究。

项目立项阶段流程和主要工作内容如图6-2所示：

（二）项目立项阶段咨询企业接受政府部门的委托开展咨询业务，通常需要关注下列事项：

1. 项目建议书是为项目筹建单位或项目法人根据国民经济的发展、国家和地方中长期规划、产业政策、生产力布局、国内外市场、所在地的内外部条件，提出的具体项目建

图 6-2　项目立项阶段流程和主要工作内容图

议文件，是专门对拟建项目提出的框架性总体设想。编制时要从宏观上论述项目设立的必要性和可能性，把项目投资的设想变为概略的投资建议，深度上要可以供项目审批机关作出初步决策，进而减少项目选择的盲目性，同时为下一步项目可行性研究打下基础。

2. 项目可行性研究是建设项目的首要环节，对投资建设项目能否取得预期的经济、社会效益起着关键作用，决定投资项目的具体建设规模、项目方案、建设方式，决定采用何种建设形式和标准，以及建设哪些主体工程和配套工程、建设进度安排、资金筹措等事项，其中任何一项决策的失误，都有可能导致项目的失败。

3. 项目可行性研究应对项目的市场前景、建设规模、工艺路线、设备选型、环境影响、资金筹措、盈利前期等方面进行研究，应从技术、经济、工程等角度对项目进行调查研究和分析比较，应对拟建项目进行全面技术经济分析的科学论证工作，才能为项目决策提供咨询意见。项目可行性研究报告编制的优劣将直接关系到整个项目建设的盈利水平，甚至关系到项目的最终成败。项目可行性研究应具有公正性、可靠性、科学性、预见性的特点。

4. 项目可行性研究的主要咨询工作一般包括：建设项目投资策划、编制建设项目投资估算及建设项目财务评价报告等，目的是对拟建项目的必要性和可行性进行技术、经济论证，对不同建设方案进行技术、经济比选，并最终作出判断和决定。

5. PPP 项目可行性研究与传统可行性研究比较，其区别主要体现在：PPP 项目可行性研究需要为是否采用 PPP 模式提出指导意见；PPP 项目可行性研究侧重运营维护成本的测算；PPP 项目可行性研究需要对未来的市场及盈利进行更严谨的预测。

6. 立项阶段咨询业务的要求一般包括：经济论证充分，确保其科学性和真实性；工程经济效益、社会效益、环境效益分析方法得当、符合实际，内容达到现行的规定与要求；客观的建设方案技术、经济比选；投资估算项目齐全、有深度、指标得当、计算正确；计价依据使用得当，附表、附图完整；报告编制内容、依据、深度、格式等要求应符合现行国家发展改革委等部门的规定。

（三）以城市设施为例，项目建议书的主要内容包括：总论；市场预测；建设规模；项目选址；技术方案、设备方案和工程方案；投资估算及资金筹措；效益分析；结论。咨询企业接受政府相关部门及项目实施机构的委托对项目进行初步可行性评估，应涵盖 PPP 项目前期、设计、融资、建造、运营、维护至终止移交的全生命周期的各个阶段。PPP 项目建设投资估算包括项目建设总投资（如建设投资、工程建设其他费用、建设期贷款利息等）、政府方在项目前期筹划的费用以及政府方投资人在项目管理过程中发生的各项投资费用（包括不能从项目公司收益中获得补偿的费用）。

（四）可行性研究报告属于新建或改建项目必须提交的资料，项目初步实施方案和产出说明的编写应以可行性研究报告或预可行性研究报告为依据。项目可行性研究报告的主要内容包括：总论；项目背景和发展概况；市场分析与建设规模；建设条件与地址选择；工程技术方案；环境保护与劳动安全；企业组织和劳动定员；项目实施进度安排；投资估算与资金筹措；财务、经济和社会效益评价；可行性研究结论与建议。PPP 项目实施方案，内容主要包括：项目概况；运作方式；社会资本方遴选方案；投融资和财务方案；建设运营和移交方案；合同结构与主要内容；风险分担；保障与监管措施等。

九、项目识别阶段

（一）咨询企业在项目识别阶段咨询业务范围主要包括：项目发起与筛选；项目实施的尽职调查；编制项目初步实施方案；物有所值评价；财政承受能力论证。项目识别阶段流程和主要工作内容如图 6-3 所示。

（二）项目发起与筛选：PPP 项目按发起人不同可以分为由政府方发起和社会资本方发起两种形式，但通常以政府方发起为主。该阶段的主要工作是组织完成 PPP 储备项目的立项、用地、环评审批、核准、备案。咨询企业该阶段的咨询工作是协助政府方或社会资本方发起项目。

（三）PPP 项目筛选路径：项目需求初步分析、投资区域全面调研、项目资料准备。

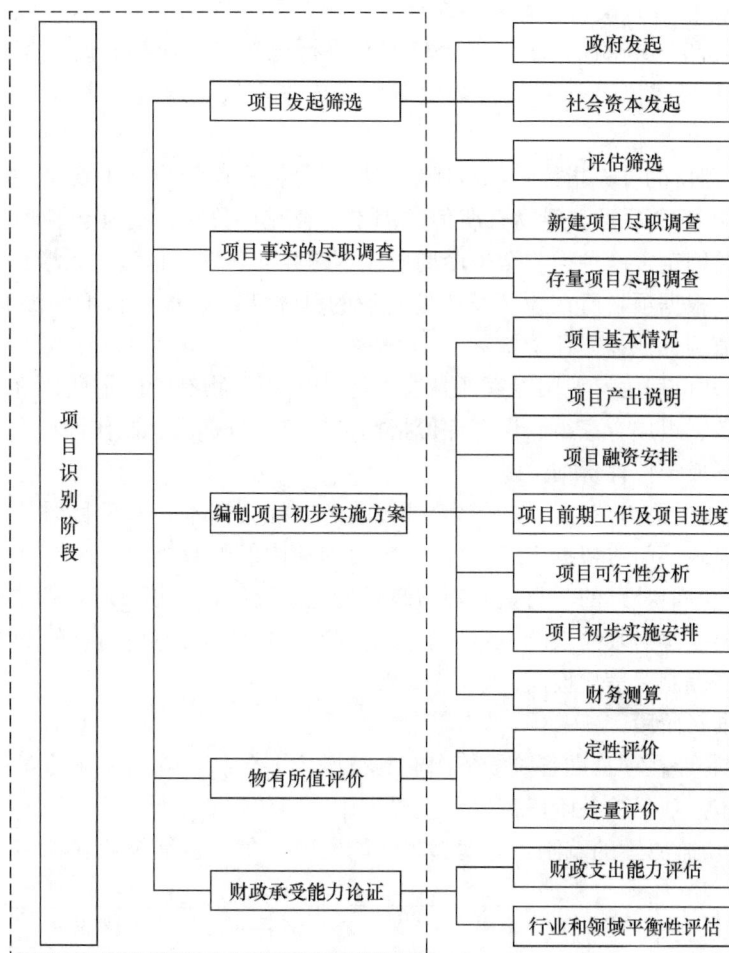

图 6-3 项目识别阶段流程和主要工作内容图

适宜采用 PPP 模式的项目现行主要有以下 19 个行业：能源、交通运输、水利建设、生态建设和环境保护、市政工程、片区开发、农业、林业、科技、保障性安居工程、旅游、医疗卫生、养老、教育、文化、体育、社会保障、政府基础设施和其他。

（四）项目实施的尽职调查：在 PPP 项目实施过程中，常见的尽职调查通常包括新建项目尽职调查、存量项目（包括改建或扩建等）尽职调查及社会资本尽职调查三种形式。

（五）尽职调查小组应当对政府承诺的内容、提供相应的配套投入进行调查和明确，在防止国有资产恶意流失、确保资产保值增值、人民群众利益不受损失的前提下，审核各类政府承诺及配套投入的合法合规性。

（六）编制项目初步实施方案：咨询企业接受政府相关部门或社会资本的委托，通过收集相关法律法规、发展规划、批文、规划方案、可行性研究报告等相关资料，编制项目初步实施方案。项目初步实施方案一般要求内容完整、结论合理、语言简明扼要。

（七）物有所值评价：物有所值评价方法包括定性评价法和定量评价法。物有所值定性评价，一般采用专家评判法，按评价准备、组成专家组、设置评价指标、拟定评分标准、制作评价会议材料、召开专家组会议、形成定性评价结论等步骤实施。物有所值定量评价是在假定采用 PPP 模式与政府传统模式产出绩效相同的前提下，对政府方净成本的现值（PPP 值）和公共部门比较值（PSC 值）进行比较，形成物有所值量值、物有所值指数。判断 PPP 模式能否降低项目全生命周期成本，认定通过或者未通过的定量评价方法。

（八）定性评价的补充指标：物有所值定性评价补充评价指标主要是基本评价指标未涵盖的其他影响 PPP 项目实现物有所值的因素。补充评价指标通常包括项目规模、预期使用寿命、主要固定资产种类、全生命周期成本测算准确性、运营收入增长潜力以及行业示范性，也可以根据项目所在地区及所处行业的具体情况设置有利于评价 PPP 项目是否能实现物有所值的其他补充评价指标。

（九）定性评价程序：采用专家评判法进行 PPP 项目物有所值定性评价，评价过程主要包括评价准备、组成专家组、设置评价指标、拟定评分标准、制作评价会议材料、召开专家组会议、形成定性评价结论等。

（十）财政承受能力论证：按照财政部《政府和社会资本合作项目财政承受能力论证指引》要求，财政部门应根据 PPP 项目全生命周期内的财政支出、政府债务等因素，对部分政府付费或政府补贴的项目，开展财政承受能力论证，每年政府付费或政府补贴等财政支出不得超出当年财政收入的一定比例。财政承受能力论证包括责任识别、支出测算、能力评估、报告编制及信息披露。

十、项目准备阶段

（一）咨询企业在项目准备阶段咨询业务范围主要包括：项目实施方案的编制；项目实施方案的评审。项目准备阶段流程和主要工作内容如图 6-4 所示：

（二）项目实施方案的编制：方案编写前的资料收集，咨询企业在编写实施方案时通

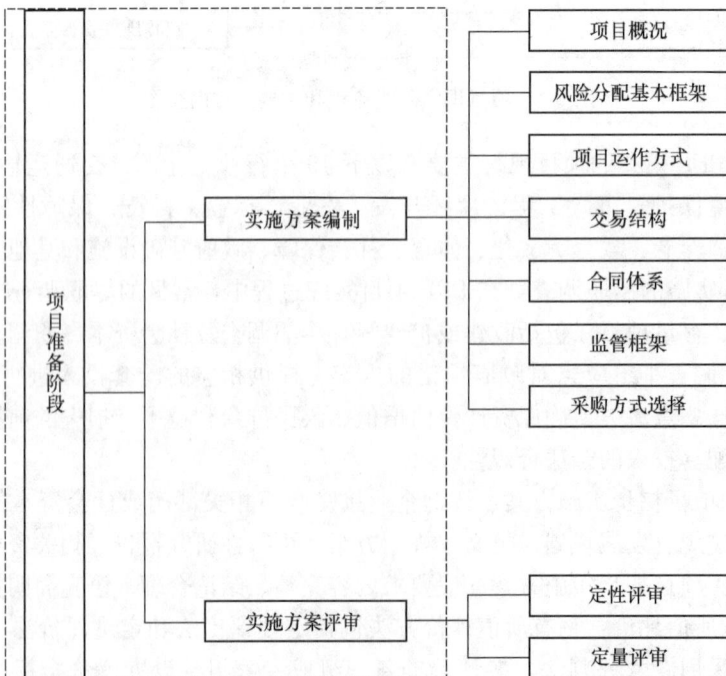

图 6-4　项目准备阶段流程和主要工作内容图

常包括以下内容：项目概况；风险分配基本框架；项目运作方式；交易结构；合同体系；监管架构；采购方式选择及财务测算。项目实施方案需要以项目建议书、可行性研究报告和初步实施方案为基础进行编制。

（三）项目实施方案的评审：咨询企业接受政府相关部门、项目实施机构或社会资本的委托，对 PPP 项目实施方案进行评审。评审应对项目实施方案进行物有所值和财政承受能力验证，通过验证的，由项目实施机构报政府审核；未通过验证的，可在实施方案调整后重新验证；经重新验证仍不能通过的，不再采用 PPP 模式。通过验证的实施方案经项目实施机构报地方政府进行方案审核，经过审批后才能组织实施。地方政府或授权的 PPP 项目工作小组可邀请相关部门和行业专家、法律专家、财务专家对实施方案进行审核，并按照要求对实施方案进行公示。

十一、项目采购阶段

（一）咨询企业在项目采购阶段咨询业务范围主要包括：资格预审文件编制和协助资格预审；采购文件编制与评审（采购控制价）；响应文件的编制（为社会资本服务）；组织采购和响应文件的评审；合同文件设计、协助谈判和签署。项目采购阶段流程和主要工作内容如图 6-5 所示：

（二）PPP 项目采购方式包括公开招标、邀请招标、竞争性谈判、竞争性磋商和单一来源采购。项目实施机构应当根据 PPP 项目的采购需求特点，依法选择适当的采购方式。公开招标主要适用于采购需求中核心边界条件和技术经济参数明确、完整、符合国家法律法规及政府采购政策，且采购过程中不作更改的项目。PPP 项目实施机构可以委托政府采购代理机构办理 PPP 项目采购事宜。PPP 项目咨询服务机构从事 PPP 项目采购业务的，应当按照政府采购代理机构管理的有关要求及时进行网上登记。

（三）资格预审文件编制。资格预审文件的主要内容包括：项目授权主体；项目实施机构和项目名称；采购需求；对社会资本的资格要求；是否允许联合体参与；拟确定参与竞争的合格社会资本的数量和确定方法；社会资本提交资格预审申请文件的时间和地点等。

（四）资格预审评审阶段需要考察投标人的技术能力与财务能力。资格预审评审报告中需要写明项目的概况、资格预审文件发售及递交情况、资格预审审查情况、资格预审审查结果。其他相关信息，如项目实施负责人、招标代理确认等可作为附件。

（五）采购文件编制：采购文件的内容应完整、文字应清楚、准确、精练。采购文件一般按下列部分编写：采购邀请；投标人须知；PPP 项目合同（草案）；项目采购需求；评审方法；投标文件格式。采用竞争性谈判或者竞争性磋商采购方式的，项目采购文件除上款规定的内容外，还应当明确评审小组根据与社会资本谈判情况可能实质性变动的内容，包括采购需求中的技术、服务要求以及项目合同草案条款。采用单一来源采购方式的应说明采用此方式的理由。

（六）采购文件评审：咨询企业协助政府或项目实施机构审核项目采购文件时，应当依据《政府采购法》、《政府采购法实施条例》等的具体要求，结合项目实施方案、物有所值评价报告及财政承受能力论证报告等具体内容进行评审。广泛开展市场分析和调研，并依据项目可行性研究报告、项目实施方案、项目规划及物有所值评价报告、财政承受能力论证报告等资料，对项目投资回报（收益）进行分析测算，对采购清单及控制价的编制进

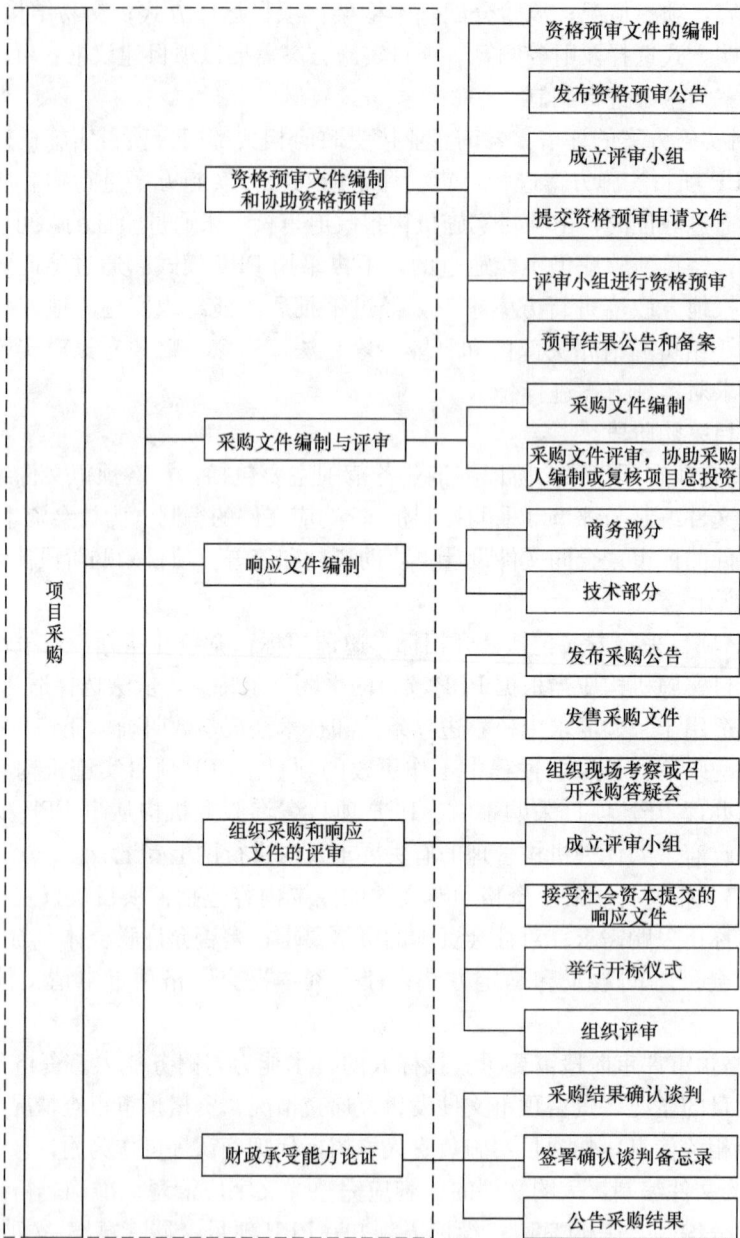

图 6-5　项目采购阶段流程和主要工作内容图

行审核，为采购人设定采购底价提供参考。

（七）响应文件的编制：响应文件需要内容完整，通常包含全部采购文件要求的资料，其分为商务部分和技术部分。咨询企业要重点协助社会资本对项目总投资审核和复核，要广泛开展市场调研，建立技术经济评价模型对项目投资回报（收益）及其风险进行多因素分析测算，为社会资本投标决策提供相关数据。协助社会资本编制项目响应文件时，重点要关注下列事项：对采购文件响应程度和对评分标准的满足程度；响应文件需要客观体现社会资本的实力和信誉状况、竞争优势；投标报价要经过充分测算，极具竞争力。

（八）组织采购和响应文件的评审；发布采购公告；发售采购文件；组织现场考察或召开采购答疑会；成立评审小组；接收社会资本提交的响应文件；组织开标；组织评审。

（九）采购结果确认谈判。评审结束后，进行采购结果确认谈判，经谈判后再确定中标、成交候选社会资本，是 PPP 项目区别于一般政府采购项目的另一特点。签署确认谈判备忘录；公告采购结果。项目实施机构应当在中标、成交通知书发出后 30 日内，与中标、成交社会资本签订经本级人民政府审核同意的 PPP 项目合同。

十二、项目执行阶段

（一）咨询企业在项目执行阶段咨询业务范围主要包括：协助设立项目公司；融资咨询；设计文件的适配性与经济性评价；项目概算编制及评审；项目建设的全过程造价咨询；项目建设的全过程项目监管；项目竣工决算编制与审计；项目绩效监管与支付评审；项目中期评价；项目再谈判的相关咨询。项目执行阶段流程和主要工作内容如图 6-6 所示。

（二）项目公司是依法设立的自主运营、自负盈亏的具有独立法人资格的经营实体。PPP 项目执行时，社会资本可依法设立项目公司，政府相关部门可指定相关机构依法参股项目公司，但政府在项目公司中的持股比例应当低于 50%且不具有实际控制力及管理权。咨询企业在协助设立项目公司时，应重点关注下列事项：股东协议；公司章程；内控制度体系。

（三）PPP 项目主要融资方式包括：银行融资、产业投资基金、保险和信托资金、融资租赁、发行专项债券以及资产证券化等。咨询企业为项目实施机构或社会资本提供融资咨询服务，主要任务是制定融资策划方案。融资策划方案主要包括项目概况、融资组织与机构、融资方式、资金来源以及融资监管，融资策划方案应保证公平性、融资效率、风险可接受性。

（四）咨询企业接受政府相关部门或社会资本委托对项目的设计文件进行适配性评价，可通过对设计文件与可行性研究报告、采购文件、PPP 合同文件适配性的审查，对设计文件的适配性作出评价。设计文件的经济性评价应执行国家发改委、住房和城乡建设部发布的《建设项目经济评价方法和参数》的有关规定，主要内容为财务评价。财务评价的内容应包括财务分析与财务评价两个部分，财务分析与评价工作包括盈利能力分析、清偿能力分析和不确定性分析。

（五）项目概算编制及评审

项目概算的建设项目总投资包括建设投资、建设期利息及流动资金。建设投资应包括工程费用、工程建设其他费用和预备费。工程费用应由建筑工程费、设备购置费、安装工程费组成。项目概算的编制应符合《建设项目设计概算编审规程》（CECA/GC2），并根据项目情况具体确定。概算审核的主要内容包括：概算的编制依据是否符合法律、法规及其他规定要求；概算的编制方法是否正确；概算所反映的建设规模、建设标准、建设内容是否与设计内容、可行性研究报告及项目合同相符；设备规格、数量和配置是否和设计要求一致；概算定额、概算指标、各项费用定额及取费标准是否符合相关规定；概算是否超规模、超标准或存在多项、漏项等；严格审查概算的真实性和准确性。

（六）项目建设的全过程造价咨询：咨询企业接受项目公司（SPV 公司）等的委托开展全过程造价咨询，应符合《建设项目全过程造价咨询规程》（CECAGC4）、《建设工程

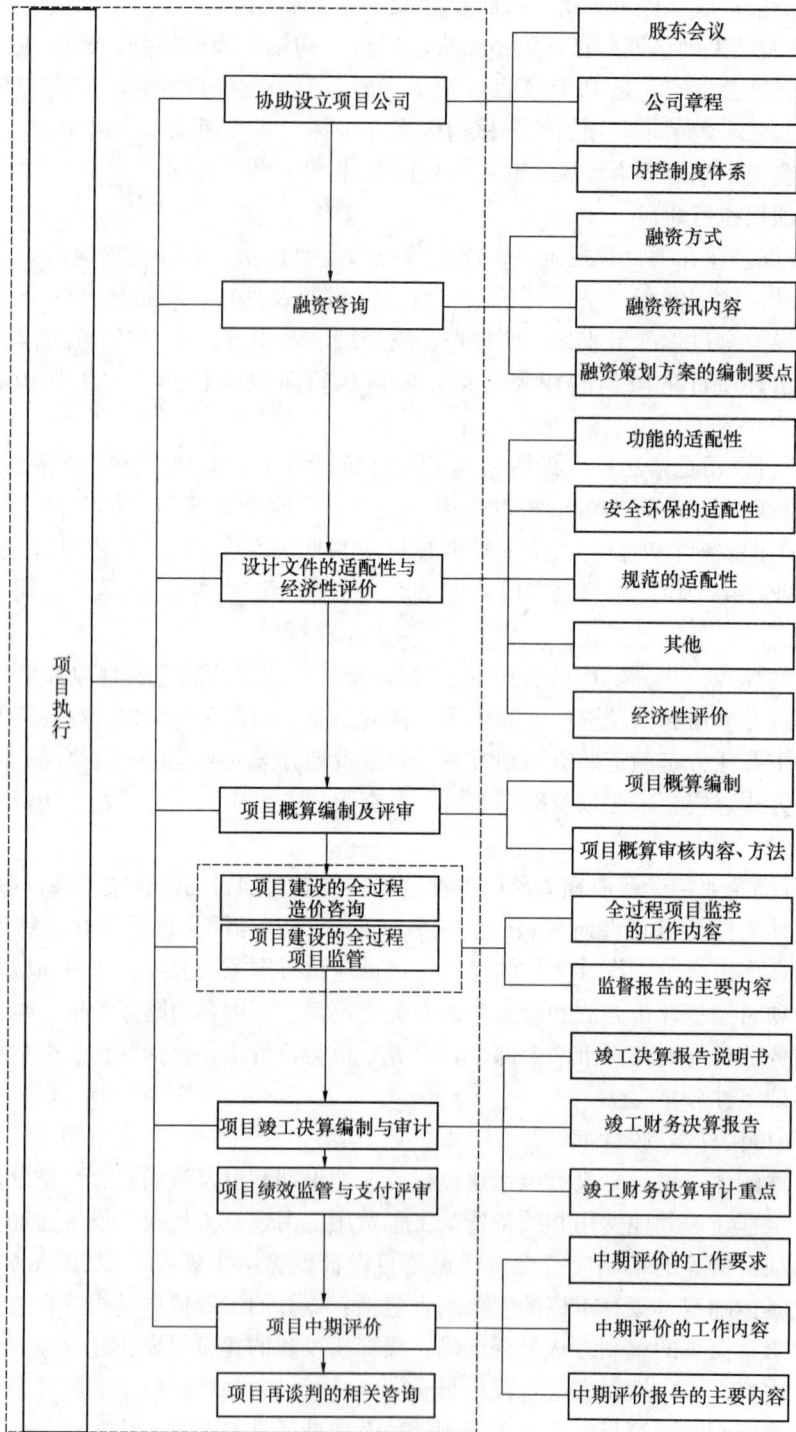

图 6-6 项目执行阶段流程和主要工作内容图

造价咨询规范》(GB/T 51095)等法律、法规、规章和规范性文件的要求。咨询企业根据咨询合同约定及自身条件，负责或参与PPP项目建设阶段全过程造价咨询的工作内容一般包括：投资估算；设计概算；施工图预算的编制或审核；工程招标文件的编制；施工合同的相关造价条款的拟定；各类招标项目投标价合理性的分析；建设项目工程造价相关合同履行过程的管理；工程计量支付的确定，审核工程款支付申请，提出资金使用计划建议；施工过程的设计变更、工程签证和工程索赔的处理；提出工程设计、施工方案的优化建议，负责各方案工程造价的编制与比选；协助建设单位进行设计阶段投资分析及控制（估算及概算编制或审核、总体方案技术经济比较）、投资分析、风险控制，提出融资方案的建议；各类工程的竣工结算审核；竣工决算的编制与审核；运营及维护绩效考评；建设项目后评价；建设单位委托的其他工作。

咨询企业承担PPP项目建设阶段全过程造价咨询服务应树立以价值管理为核心的项目管理理念，发挥造价管理的核心作用；应针对PPP项目的交易、实施、结算、决算等不同阶段，依据相关标准编制各阶段的工程造价成果文件，真实反映各阶段的工程造价；咨询企业应主动地配合项目管理人员和设计人员通过方案比选、优化设计等手段，进行工程造价控制与分析，确保PPP项目在经济合理的前提下技术先进。

（七）项目建设的全过程项目监管：咨询企业接受政府部门的委托，开展项目建设阶段的全过程监管，主要涵盖PPP项目从开工建设到竣工整个过程的监管。咨询企业开展建设全过程项目监管的主要工作内容包括：对PPP项目合同及其相关合同的执行情况进行监管；设计方案和设计文件的适配监管；施工图预算的审批监管；对发包和招投标进行监管，防范转包和违法分包；对成本、质量和进度进行监管，对工程款支付和工程造价的跟踪监管；竣工工程结算监管，审核工程结算的真实性、合规性、准确性；项目竣工验收的监管；对建设期项目公司的财务状况进行监管。

项目建设期重点监管内容是工程进度、建设质量和资金使用。咨询企业在对项目进度进行监管时，可以要求项目公司定期提交《建设工程进度报告》，确保项目施工进度与合同中约定进程安排的相一致。在工程质量和资金监管方面，要求项目公司委托的监理和咨询企业定期向监管单位提交相关报告。负责PPP项目监管的咨询企业应定期向政府方提交PPP项目监管报告。

（八）项目竣工决算编制与审计：工程竣工决算应综合反映竣工项目从筹建开始到项目竣工交付使用为止的全部建设费用、投资效果，正确核定新增资产价值。竣工决算的内容。主要内容包括：竣工决算报告说明书；竣工财务决算报表。项目竣工财务决算审计重点：竣工决算编制依据；项目建设及概算执行情况；交付使用财产和在建工程；转出投资、应核销投资及应核销其他支出；尾项工程；结余资金；基建收入；投资包干结余；竣工决算报表；审查报表的真实性、完整性、合规性；投资效益评价；其他专项审计，可视项目特点确定。

（九）项目绩效监管与支付评审：项目绩效监管是指咨询企业接受政府相关单位的委托并根据PPP项目合同所约定的绩效目标，对项目产出、实际效果、成本收益、可持续性等方面进行评价，并出具绩效监管报告。支付评审是根据PPP项目合同约定及绩效监管结果对项目公司或社会资本方提出的支付申请进行评审，并出具支付建议，其中：对于绩效监管结果达标的项目，建议政府相关部门按照合同约定，向项目公司或社会资本方及时足额安排相关支出；对于绩效监管结果不达标的项目，建议政府相关部门按照合同约定扣减相应费用或补贴支出。

（十）项目中期评价：中期评价的工作要求 PPP 项目中期评估包括了较为广泛的内容。中期评价需要严格执行规定的程序，按照科学可行的要求，采用定量与定性分析相结合的方法。中期评价的工作内容为需要重点分析项目运行状况和项目合同的合规性、适应性和合理性。中期评价报告的主要内容：项目概况；项目财务投资情况；项目管理情况；项目产出与效果；存在的问题以及原因分析；相关建议。

十三、项目移交阶段

（一）咨询企业在项目移交阶段业务范围主要包括：项目移交方案编制；资产评估、性能测试及估值；绩效评价。项目移交阶段流程和主要工作内容如图 6-7 所示。

（二）项目移交（终止）方案编制：咨询企业在 PPP 项目移交阶段，根据资产清查及评估结果、项目相关合同及约定、绩效评价结果、相关法律法规等资料协助政府、项目实施机构、社会资本方或项目公司制定项目移交（终止）方案。

（三）项目移交的范围通常包括：项目设施，项目土地使用权及项目用地相关的其他

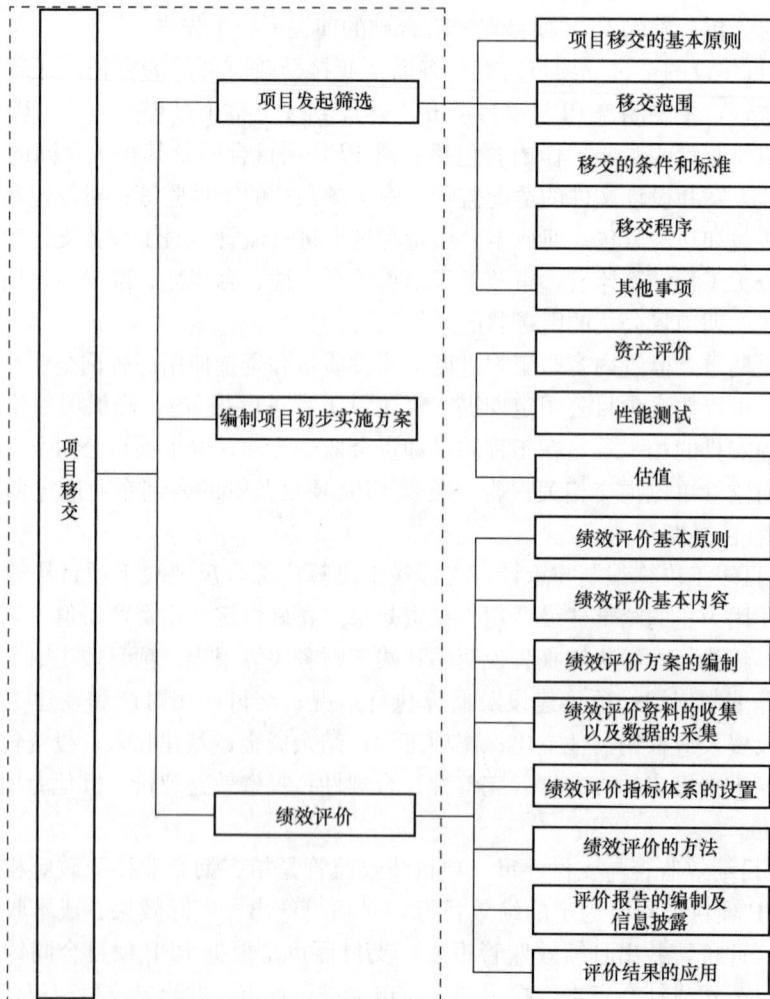

图 6-7 项目移交阶段流程和主要工作内容图

权利，与项目设施相关的设备、机器、装置、零部件、备品备件以及其他动产，项目实施相关人员，运营维护项目设施所要求的技术信息，与项目设施有关的手册、图纸、文件和资料（书面文件和电子文档），移交项目所需的其他文件。

（四）移交程序：评估和测试；移交手续办理；移交费用（含税费）承担；因为一方违约导致项目终止并需要提前移交时，政府或项目实施机构按照协议要求收购项目公司的资产，移交方案中通常还包含补偿原则及标准。

（五）资产评估及性能测试：资产评估旨在确定项目的经济价值，为项目移交至政府公共部门提供决策依据。资产评估应由项目移交工作组委托咨询企业，按照合同约定的评价方法对项目的设施质量和资产的完好程度进行评价和验收，合理确定资产转让范围及转让数额。项目实施机构或政府指定的其他机构应组建项目移交工作组，移交工作组负责项目的性能测试。性能测试应明确项目各设备和功能的运行状况，了解目前所处的状态是否能够达到《PPP 项目合同》运行标准或国家有关规定的性能标准。性能测试方案包括测试目的、测试依据、测试范围、测试内容、测试流程、测试实施与记录、结果分析、处理意见等内容。

（六）项目后评价：咨询企业受委托开展 PPP 项目后评价工作时，应当结合 PPP 项目的特点，对项目绩效进行科学、客观、公正的评价。绩效评价工作通常结合 PPP 项目预先设定的绩效目标，运用科学的评价标准、指标和方法开展评价。项目绩效评价通常以项目目标为导向，对项目全过程进行综合评价，全面考察项目的设计、实施、管理、结果及影响，旨在为改进项目设计、完善项目管理、提升项目绩效、优化政府决策和有效推广 PPP 模式提供信息。

（七）绩效评价基本内容：项目立项，是指项目目标与国家、行业和所在区域的发展战略、政策重点以及需求的相符程度；成本效益，是指项目投入和产出的对比关系，即能否以更低的成本或者更快的速度取得预计产出；监管成效，是指项目管理和内部控制能否确保项目有效实施；项目产出，是指项目预期产出的完成程度，包括数量、质量和时效；项目效果，是指实际产生的效果和相关目标群体的获益程度；可持续性，是指项目实施完工后，其独立运行的能力和产生效益的持续性；物有所值，是指与政府提供公共产品或者公共服务的传统模式相比，PPP 模式能否促使项目真正达到物有所值；PPP 模式应用，是指政府和社会资本合作模式应用情况，以及此类项目在行业内的示范性和可推广性。

（八）绩效评价的方法：绩效评价方法主要采用成本效益分析法、比较法、因素分析法、最低成本法、公众评判法等。绩效评价方法的选用，需要坚持定量优先、简便有效的原则。确实不能以客观的量化指标评价的，可以在定性分析的基础上，根据绩效情况予以评价，以提高绩效评价质量。根据评价对象的具体情况，可以采用一种或者多种方法进行绩效评价。

（九）评价报告的编制及信息披露：评价报告包括摘要、评价报告正文、相关附件三部分，绩效评价结果可作为科学安排预算、调整支出结构、完善财政政策、加强制度建设、实施绩效监督的重要依据，也可作为 PPP 项目移交阶段支付对价的重要支撑。PPP 项目的评价结果可为政府开展政府和社会资本合作管理工作决策提供参考，能够有效地促进政府更加合理与完善地加强 PPP 项目的管理。

十四、参考模板

（一）PPP 项目产出说明。产出说明是指项目建成后项目资产所应达到的经济、技术标准，以及公共产品和服务的交付范围、标准和绩效水平等。PPP项目产出说明由项目发起人按照经财政部门（政府和社会资本合作中心）要求编写，包括：项目资产的标准（经济标准、技术标准）；公共产品和服务的交付标准（产品和服务的质量、产品和服务的数量、产品和服务的价格、特许经营期限、项目的可持续性、政府方的收益）。

（二）物有所值评价，PPP项目物有所值评价包括定性分析和定量分析，其中，物有所值定性分析只需在项目识别阶段开展，而物有所值定量分析贯穿于项目立项、识别、准备、采购、执行和移交阶段。财政部门（或政府和社会资本合作中心，PPP中心）会同行业主管部门，利用第三方专业机构开展物有所值评价工作，包括：物有所值定性论证、物有所值定量论证、附表。

（三）财政承受能力论证报告：PPP项目财政承受能力论证包括责任识别、支出测算、能力评估以及信息披露。财政部门（或政府和社会资本合作中心，PPP中心）会同行业主管部门，共同开展PPP项目财政承受能力论证工作，必要时可通过政府采购方式聘请专业中介机构协助。为了科学评价项目实施对当前及今后年度财政收支平衡状况的影响，并为PPP项目财政预算管理提供依据，需要对项目的各项财政支出责任清晰的识别和测算，包括：序言；基本概况；责任识别；支出测算。

第九节　经济建设与国防密切相关的建设项目目录

导　则

一、根据《国防动员法》，制定本目录。

二、本目录中的建设项目，主要功能是实现经济社会目标，同时通过采取必要的工程技术措施可兼顾特定国防需求。

三、本目录中的"与国防相关的主要建设内容及要求"，是通用性、一般性要求。各相关领域贯彻国防要求的实施细则和工程技术标准，由军地相关主管部门另行制定。

四、本目录中贯彻国防要求的建设内容，一般采用民用标准和技术规范。民用标准规范不能满足国防要求的，按国家军用标准规范执行。

五、建设项目贯彻国防要求的内容，应当按照自主可控的原则实施，确保仪器设备、材料、软件等可靠使用。

六、本目录为2016年版。目录范围包括交通运输、通信信息、信息资源、频谱管理、人防工程五个方面22类建设项目。按照滚动编制、逐步完善的原则，目录每2年更新一次，并适时充实与国防密切相关的重要产品相关内容。

七、本目录自颁布之日起实施。

Ⅰ　交　通　运　输

一、铁路

与国防相关的主要建设内容及要求：对于规划需要贯彻国防要求的铁路，应根据项目运输和沿线经济社会发展需要统筹考虑，对网络布局、相关线路走向、铁路枢纽、站点布设、系统选型、安全防护进行总体布局和工程设计。

二、公路

与国防相关的主要建设内容及要求：根据国防需要在部分路段，采取设置出入口、超宽超限通道、桥涵加高加宽、加强桥梁载荷、隧道局部加宽等措施；高等级公路建设紧急起降跑道；保护沿途重要国防设施。

三、机场

与国防相关的主要建设内容及要求：在需要贯彻国防要求的新建或改扩建民用机场，净空满足规定要求，总图布局要规划预留满足国防需求的空间，兼顾油料、抢修、装备与物资器材及人员投送；进出机场道路、桥梁要适应国防要求。

四、港口码头航道

与国防相关的主要建设内容及要求：对于需要贯彻国防要求的民用港口，在民用港口码头同等吃水的范围内，针对军用舰船和兼顾国防要求的民用船舶靠泊、补给、装卸载、维修保障等不同需求，对码头、装卸、油水电暖等设备设施进行建设；疏港道路要满足部队车辆和装备通行等条件。航道、跨航道建筑物要兼顾军用舰船通航需要。

五、成品油管道与国防相关的主要建设内容及要求：在国家统筹建设成品油管道时，充分考虑国防需求，以便在管道设计和建设的适当位置预留分输口或结合已有站场建设分输设施。

Ⅱ　通　信　信　息

六、移动通信

（一）移动通信系统

与国防相关的主要建设内容及要求：根据国防需要，信道资源为军用预留专用信道；网络建设时，预留与军队互联互通的接口等。

（二）集群通信网

与国防相关的主要建设内容及要求：根据国防需要，互联网关预留与军队互联互通和安全保密的接口，军民共建必要的信息系统等。

七、固定电话网与国防相关的主要建设内容及要求：干线网规划和建设应兼顾特定区域的国防要求；交换站应满足军用通信容量的需求；线路做必要的延长等。

八、卫星通信

（一）移动通信

与国防相关的主要建设内容及要求：卫星及运控系统，军民统筹规划、统筹布局，推进资源共享；民用信关站和地面基站系统建设，兼顾国防需求。

（二）固定通信

与国防相关的主要建设内容及要求：根据国防需要，民用卫星地面应用系统预留接口、提供相关服务等。

九、广播电视网

（一）电视网与国防相关的主要建设内容及要求：根据国防需要，有线电视、地面数字电视预留接口、提供相关服务等。

（二）广播网与国防相关的主要建设内容及要求：根据国防需要，预留同步、控制技术、应急广播接口等。

十、互联网

与国防相关的主要建设内容及要求：根据国防需要，网络基础设施及网络设备中的警用接口可向军队开放。

十一、光缆传输网

（一）海底光缆与国防相关的主要建设内容及要求：对于需要贯彻国防要求的海底光缆，预留接口；预留设备及海缆资源应考虑岛上驻军日常及紧急传输需要。

（二）陆地光缆网

与国防相关的主要建设内容及要求：对于需要贯彻国防要求的陆地光缆，预留接口。

十二、物流网

与国防相关的主要建设内容及要求：对于需要贯彻国防要求的民用专业物流网及局域网、医疗资源的业务平台，预留必要的接口；建立必要的信息交换平台等。

十三、应急通信系统

与国防相关的主要建设内容及要求：应急通信系统应根据国防需求，建立共享信息系统及机制，预留技术接口等。

Ⅲ　信 息 资 源

十四、大数据

与国防相关的主要建设内容及要求：政府有关部门建设的各类大数据中心或数据交换平台，根据国防需求，应预留必要的接口。

十五、测绘地理信息

（一）基础测绘与地理信息系统与国防相关的主要建设内容及要求：重大基础测绘项目要兼顾军事需求，共享测绘数据；统一地理信息标准，建立军地共享的地理信息系统和数据库；根据国防需求，民用地理信息系统预留接口等。

（二）应急地理信息系统

与国防相关的主要建设内容及要求：地方建设抢险救灾应急地理信息系统时，建立共享信息系统，为军队预留技术接口等。

（三）交通运输信息系统

与国防相关的主要建设内容及要求：根据国防需要，地方建设铁路、公路、水路、航空信息系统时，为军队应用系统预留技术接口，共享数据库和专题信息等。

十六、气象水文海洋与空间天气

（一）气象、海洋卫星探测

与国防相关的主要建设内容及要求：气象、海洋卫星探测、接收处理与应用系统和信息传输共享网络，根据国防需要预留接口。

（二）气象观测、探测与信息保障系统

与国防相关的主要建设内容及要求：根据国防需要，相应区域的观测探测网、预报保障系统建设兼顾国防需求；天气会商和信息传输系统预留接口。

（三）陆地水文、海洋环境

与信息保障系统与国防相关的主要建设内容及要求：军民共建基础性、通用性的陆地水文、海洋环境数据库和信息系统，信息传输共享、预留接口。

（四）空间天气监测与信息保障系统

与国防相关的主要建设内容及要求：军民共建共用重大空间天气地基、天基探测网络和信息系统等基础设施。

Ⅳ　频　谱　管　理

十七、频谱规划

与国防相关的主要建设内容及要求：军地合理配置频率资源，避免相互干扰。

十八、超短波监测测向网系

与国防相关的主要建设内容及要求：各级监测中心监测数据共享；预备役频管部队建设应考虑遂行军事任务需要。

十九、航天器频率监测与干扰定位系统与国防相关的主要建设内容及要求：预备役频管部队建设应考虑遂行军事任务需要。

二十、频管指挥信息系统与国防相关的主要建设内容及要求：军地频管指挥信息系统应满足互联互通的要求和数据交互共享。

Ⅴ　人　防　工　程

二十一、重要经济目标防护

与国防相关的主要建设内容及要求：新建（或改扩建）重要经济目标的布局、选址应符合人民防空要求，办公、居住场所和厂房等建筑物配套建设防空地下室。

二十二、城市地下空间开发利用

与国防相关的主要建设内容及要求：城市地下交通、商业、仓储等设施建设应兼顾人民防空要求，兼顾人防要求部分与基础设施同步规划、设计、施工。地下轨道交通设施应按车站设置防护单元，安装必要的防护设备，区间线具备一定的防护功能；大型地下空间应划分防护单元并安装必需的防护设备，或按一定比例配套修建人防工程；公路、铁路隧道口部按人民防空要求设置必需的防护设备；城市水、电、气、通信等管线共同沟（或地下管廊）建设同步落实防护。

第三篇　项目规划与用地

第七章 建设项目规划审批

住房和城乡建设部指定地方涉及房屋和市政设施项目审批实施行政许可事项清单：建设项目选址意见书核发、建设用地（含临时用地）规划许可证核发、建设工程（含临时建设）规划许可证核发、乡村建设规划许可证核发；超限高层建筑工程抗震设防审批；建筑施工许可；改变绿化规划、绿化用地的使用性质审批；历史建筑实施原址保护审批；历史文化街区、名镇、名村核心保护范围内拆除历史建筑以外的建筑物、构筑物或者其他设施审批；历史建筑外部修缮装饰、添加设施以及改变历史建筑的结构或者使用性质审批。本章介绍城乡规划管理、城市紫线（黄线、蓝线、绿线）管理、建设项目选址意见书核发、建设用地规划许可证核发、建设工程规划许可证核发。

第一节 城 乡 规 划 管 理

一、城乡规划建设要求

城乡规划，包括城镇体系规划、城市规划、镇规划、乡规划和村庄规划。城市规划、镇规划分为总体规划和详细规划。详细规划分为控制性详细规划和修建性详细规划。城市新区的开发和建设，应当合理确定建设规模和时序，充分利用现有市政基础设施和公共服务设施，严格保护自然资源和生态环境，体现地方特色。在城市总体规划、镇总体规划确定的建设用地范围以外，不得设立各类开发区和城市新区。旧城区的改建，应当保护历史文化遗产和传统风貌，合理确定拆迁和建设规模，有计划地对危房集中、基础设施落后等地段进行改建。历史文化名城、名镇、名村的保护以及受保护建筑物的维护和使用，应当遵守有关法律、行政法规和国务院的规定。城乡建设和发展，应当依法保护和合理利用风景名胜资源，统筹安排风景名胜区及周边乡、镇、村庄的建设。城市地下空间的开发和利用，应当与经济和技术发展水平相适应，遵循统筹安排、综合开发、合理利用的原则，充分考虑防灾减灾、人民防空和通信等需要，并符合城市规划，履行规划审批手续。建设规划应当以重要基础设施、公共服务设施和中低收入居民住房建设以及生态环境保护为重点内容，明确建设的时序、发展方向和空间布局。建设规划的期限为五年。城乡规划确定的铁路、公路、港口、机场、道路、绿地、输配电设施及输电线路走廊、通信设施、广播电视设施、管道设施、河道、水库、水源地、自然保护区、防汛通道、消防通道、核电站、垃圾填埋场及焚烧厂、污水处理厂和公共服务设施的用地以及其他需要依法保护的用地，禁止擅自改变用途。

二、申请核发选址意见书

按照国家规定需要有关部门批准或者核准的建设项目，以划拨方式提供国有土地使用权的，建设单位在报送有关部门批准或者核准前，应当向城乡规划主管部门申请核发选址意见书。

三、建设用地规划许可证

在城市、镇规划区内以划拨方式提供国有土地使用权的建设项目，经有关部门批准、核准、备案后，建设单位应当向城市、县人民政府城乡规划主管部门提出建设用地规划许可申请，由城市、县人民政府城乡规划主管部门依据控制性详细规划核定建设用地的位置、面积、允许建设的范围，核发建设用地规划许可证。建设单位在取得建设用地规划许可证后，方可向县级以上地方人民政府土地主管部门申请用地，经县级以上人民政府审批后，由土地主管部门划拨土地。在城市、镇规划区内以出让方式提供国有土地使用权的，在国有土地使用权出让前，城市、县人民政府城乡规划主管部门应当依据控制性详细规划，提出出让地块的位置、使用性质、开发强度等规划条件，作为国有土地使用权出让合同的组成部分。未确定规划条件的地块，不得出让国有土地使用权。以出让方式取得国有土地使用权的建设项目，在签订国有土地使用权出让合同后，建设单位应当持建设项目的批准、核准、备案文件和国有土地使用权出让合同，向城市、县人民政府城乡规划主管部门领取建设用地规划许可证。

四、建设工程规划许可证

在城市、镇规划区内进行建筑物、构筑物、道路、管线和其他工程建设的，建设单位或者个人应当向城市、县人民政府城乡规划主管部门或者省、自治区、直辖市人民政府确定的镇人民政府申请办理建设工程规划许可证。申请办理建设工程规划许可证，应当提交使用土地的有关证明文件、建设工程设计方案等材料。需要建设单位编制修建性详细规划的建设项目，还应当提交修建性详细规划。对符合控制性详细规划和规划条件的，由城市、县人民政府城乡规划主管部门或者省、自治区、直辖市人民政府确定的镇人民政府核发建设工程规划许可证。城市、县人民政府城乡规划主管部门或者省、自治区、直辖市人民政府确定的镇人民政府应当依法将经审定的修建性详细规划、建设工程设计方案的总平面图予以公布。

五、规划条件变更

建设单位应当按照规划条件进行建设，确需变更的，必须向城市、县人民政府城乡规划主管部门提出申请。变更内容不符合控制性详细规划的，城乡规划主管部门不得批准。城市、县人民政府城乡规划主管部门应当及时将依法变更后的规划条件通报同级土地主管部门并公示。建设单位应当及时将依法变更后的规划条件报有关人民政府土地主管部门备案。

六、城市、镇规划区内临时建设

在城市、镇规划区内进行临时建设的，应当经城市、县人民政府城乡规划主管部门批准。临时建设影响建设规划或者控制性详细规划的实施以及交通、市容、安全等的，不得批准。临时建设应当在批准的使用期限内自行拆除。

七、规划条件竣工验收

县级以上地方人民政府城乡规划主管部门按照国务院规定对建设工程是否符合规划条件予以核实。未经核实或者经核实不符合规划条件的，建设单位不得组织竣工验收。建设单位应当在竣工验收后六个月内向城乡规划主管部门报送有关竣工验收资料。

第二节 城市紫线管理

一、城市紫线

为了加强对城市历史文化街区和历史建筑的保护，城市紫线是指国家历史文化名城内的历史文化街区和省、自治区、直辖市人民政府公布的历史文化街区的保护范围界线，以及历史文化街区外经县级以上人民政府公布保护的历史建筑的保护范围界线。

二、城市规划要求

在编制城市规划时应当划定保护历史文化街区和历史建筑的紫线。国家历史文化名城的城市紫线由城市人民政府在组织编制历史文化名城保护规划时划定。其他城市的城市紫线由城市人民政府在组织编制城市总体规划时划定。划定保护历史文化街区和历史建筑的紫线应当遵循下列原则：历史文化街区的保护范围应当包括历史建筑物、构筑物和其风貌环境所组成的核心地段，以及为确保该地段的风貌、特色完整性而必须进行建设控制的地区。历史建筑的保护范围应当包括历史建筑本身和必要的风貌协调区。控制范围清晰，附有明确的地理坐标及相应的界址地形图。城市紫线范围内文物保护单位保护范围的划定，依据国家有关文物保护的法律、法规。编制历史文化名城和历史文化街区保护规划，应当包括征求公众意见的程序。审查历史文化名城和历史文化街区保护规划，应当组织专家进行充分论证，并作为法定审批程序的组成部分。历史文化名城和历史文化街区保护规划一经批准，原则上不得调整。因改善和加强保护工作的需要，确需调整的，由所在城市人民政府提出专题报告，经省、自治区、直辖市人民政府城乡规划行政主管部门审查同意后，方可组织编制调整方案。调整后的保护规划在审批前，应当将规划方案公示，并组织专家论证。审批后应当报历史文化名城批准机关备案，其中国家历史文化名城报国务院建设行政主管部门备案。

三、城市紫线范围内要求

历史文化街区内的各项建设必须坚持保护真实的历史文化遗存，维护街区传统格局和风貌，改善基础设施、提高环境质量的原则。历史建筑的维修和整治必须保持原有外形和风貌，保护范围内的各项建设不得影响历史建筑风貌的展示。在城市紫线范围内确定各类建设项目，必须先由市、县人民政府城乡规划行政主管部门依据保护规划进行审查，组织专家论证并进行公示后核发选址意见书。在城市紫线范围内进行新建或者改建各类建筑物、构筑物和其他设施，对规划确定保护的建筑物、构筑物和其他设施进行修缮和维修以及改变建筑物、构筑物的使用性质，应当依照相关法律、法规的规定，办理相关手续后方可进行。

四、城市紫线范围内各类建设备案

城市紫线范围内各类建设的规划审批，实行备案制度。省、自治区、直辖市人民政府公布的历史文化街区，报省、自治区人民政府建设行政主管部门或者直辖市人民政府城乡规划行政主管部门备案，其中国家历史文化名城内的历史文化街区报国务院建设行政主管部门备案。

第三节 城市黄线管理

一、城市黄线

为了加强城市基础设施用地管理，保障城市基础设施的正常、高效运转，保证城市经济、社会健康发展，城市黄线是指对城市发展全局有影响的、城市规划中确定的、必须控制的城市基础设施用地的控制界线。城市基础设施包括：城市公共汽车首末站、出租汽车停车场、大型公共停车场；城市轨道交通线、站、场、车辆段、保养维修基地；城市水运码头，机场，城市交通综合换乘枢纽；城市交通广场等城市公共交通设施；取水工程设施（取水点、取水构筑物及一级泵站）和水处理工程设施等城市供水设施；排水设施，污水处理设施，垃圾转运站、垃圾码头、垃圾堆肥厂、垃圾焚烧厂、卫生填埋场（厂），环境卫生车辆停车场和修造厂，环境质量监测站等城市环境卫生设施；城市气源和燃气储配站等城市供燃气设施；城市热源、区域性热力站、热力线走廊等城市供热设施；城市发电厂、区域变电所（站）、市区变电所（站）、高压线走廊等城市供电设施；邮政局、邮政通信枢纽、邮政支局，电信局、电信支局，卫星接收站、微波站，广播电台、电视台等城市通信设施；消防指挥调度中心、消防站等城市消防设施；防洪堤墙、排洪沟与截洪沟、防洪闸等城市防洪设施；避震疏散场地、气象预警中心等城市抗震防灾设施；其他对城市发展全局有影响的城市基础设施。

二、城市黄线规划

城市黄线应当在制定城市总体规划和详细规划时划定。城市黄线的划定，应当遵循以下原则：与同阶段城市规划内容及深度保持一致；控制范围界定清晰；符合国家有关技术标准、规范。

编制城市总体规划，应当根据规划内容和深度要求，合理布置城市基础设施，确定城市基础设施的用地位置和范围，划定其用地控制界线。编制控制性详细规划，应当依据城市总体规划，落实城市总体规划确定的城市基础设施的用地位置和面积，划定城市基础设施用地界线，规定城市黄线范围内的控制指标和要求，并明确城市黄线的地理坐标。修建性详细规划应当依据控制性详细规划，按不同项目具体落实城市基础设施用地界线，提出城市基础设施用地配置原则或者方案，并标明城市黄线的地理坐标和相应的界址地形图。

三、城市黄线审批

城市黄线应当作为城市规划的强制性内容，与城市规划一并报批。城市黄线上报审批前，应当进行技术经济论证，并征求有关部门意见。城市黄线经批准后，应当与城市规划一并由直辖市、市、县人民政府予以公布，但法律、法规规定不得公开的除外。城市黄线一经批准，不得擅自调整。因城市发展和城市功能、布局变化等，需要调整城市黄线的，应当组织专家论证，依法调整城市规划，并相应调整城市黄线。调整后的城市黄线，应当随调整后的城市规划一并报批。

四、城市黄线内建设要求

在城市黄线内进行建设活动，应当贯彻安全、高效、经济的方针，处理好近远期关系，根据城市发展的实际需要，分期有序实施。在城市黄线内进行建设，应当符合经批准的城市规划。在城市黄线内新建、改建、扩建各类建筑物、构筑物、道路、管线和其他工程设施，应当依法向建设主管部门（城乡规划主管部门）申请办理城市规划许可，并依据有关法律、法规办理相关手续。

迁移、拆除城市黄线内城市基础设施的，应当依据有关法律、法规办理相关手续。因建设或其他特殊情况需要临时占用城市黄线内土地的，应当依法办理相关审批手续。

第四节　城市蓝线管理

一、城市蓝线

为了加强对城市水系的保护与管理，保障城市供水、防洪防涝和通航安全，改善城市人居生态环境，提升城市功能，促进城市健康、协调和可持续发展，城市蓝线是指城市规划确定的江、河、湖、库、渠和湿地等城市地表水体保护和控制的地域界线。

二、城市蓝线规划

编制各类城市规划，应当划定城市蓝线。城市蓝线由直辖市、市、县人民政府在组织编制各类城市规划时划定。城市蓝线应当与城市规划一并报批。划定城市蓝线，应当遵循以下原则：统筹考虑城市水系的整体性、协调性、安全性和功能性，改善城市生态和人居环境，保障城市水系安全；与同阶段城市规划的深度保持一致；控制范围界定清晰；符合法律、法规的规定和国家有关技术标准、规范的要求。在城市总体规划阶段，应当确定城市规划区范围内需要保护和控制的主要地表水体，划定城市蓝线，并明确城市蓝线保护和控制的要求。在控制性详细规划阶段，应当依据城市总体规划划定的城市蓝线，规定城市蓝线范围内的保护要求和控制指标，并附有明确的城市蓝线坐标和相应的界址地形图。城市蓝线一经批准，不得擅自调整。因城市发展和城市布局结构变化等原因，确实需要调整城市蓝线的，应当依法调整城市规划，并相应调整城市蓝线。调整后的城市蓝线，应当随调整后的城市规划一并报批。

三、城市蓝线内建设要求

在城市蓝线内进行各项建设，必须符合经批准的城市规划。在城市蓝线内新建、改建、扩建各类建筑物、构筑物、道路、管线和其他工程设施，应当依法向建设主管部门（城乡规划主管部门）申请办理城市规划许可，并依照有关法律、法规办理相关手续。需要临时占用城市蓝线内的用地或水域的，应当报经直辖市、市、县人民政府建设主管部门（城乡规划主管部门）同意，并依法办理相关审批手续；临时占用后，应当限期恢复。

第五节　城市绿线管理

一、城市绿线

为建立并严格实行城市绿线管理制度，加强城市生态环境建设，创造良好的人居环境，促进城市可持续发展，城市绿线是指城市各类绿地范围的控制线。城市是指国家按行政建制设立的直辖市、市、镇。

二、城市绿线规划

城市规划、园林绿化等行政主管部门应当密切合作，组织编制城市绿地系统规划。城市绿地系统规划是城市总体规划的组成部分，应当确定城市绿化目标和布局，规定城市各类绿地的控制原则，按照规定标准确定绿化用地面积，分层次合理布局公共绿地，确定防护绿地、大型公共绿地等的绿线。控制性详细规划应当提出不同类型用地的界线、规定绿化率控制指标和绿化用地界线的具体坐标。修建性详细规划应当根据控制性详细规划，明确绿地布局，提出绿化配置的原则或者方案，划定绿地界线。城市绿线的审批、调整，按照《城市规划法》、《城市绿化条例》的规定进行。

三、城市绿线范围内建设要求

城市绿线范围内的公共绿地、防护绿地、生产绿地、居住区绿地、单位附属绿地、道路绿地、风景林地等，必须按照《城市用地分类与规划建设用地标准》、《公园设计规范》等标准，进行绿地建设。城市绿线内的用地，不得改作他用，不得违反法律法规、强制性标准以及批准的规划进行开发建设。因建设或者其他特殊情况，需要临时占用城市绿线内用地的，必须依法办理相关审批手续。在城市绿线范围内，不符合规划要求的建筑物、构筑物及其他设施应当限期迁出。近期不进行绿化建设的规划绿地范围内的建设活动，应当进行生态环境影响分析，并按照《城市规划法》的规定，予以严格控制。居住区绿化、单位绿化及各类建设项目的配套绿化都要达到《城市绿化规划建设指标的规定》的标准。各类建设工程要与其配套的绿化工程同步设计，同步施工，同步验收。达不到规定标准的，不得投入使用。

第六节 城市设计管理

一、城市设计

城市设计是落实城市规划、指导建筑设计、塑造城市特色风貌的有效手段，贯穿于城市规划建设管理全过程。通过城市设计，从整体平面和立体空间上统筹城市建筑布局、协调城市景观风貌，体现地域特征、民族特色和时代风貌。开展城市设计，应当符合城市（县人民政府所在地建制镇）总体规划和相关标准；尊重城市发展规律，坚持以人为本，保护自然环境，传承历史文化，塑造城市特色，优化城市形态，节约集约用地，创造宜居公共空间；根据经济社会发展水平、资源条件和管理需要，因地制宜，逐步推进。

二、城市设计管理

国务院城乡规划主管部门负责指导和监督全国城市设计工作。省、自治区城乡规划主管部门负责指导和监督本行政区域内城市设计工作。城市、县人民政府城乡规划主管部门负责本行政区域内城市设计的监督管理。城市、县人民政府城乡规划主管部门，应当充分利用新技术开展城市设计工作。有条件的地方可以建立城市设计管理辅助决策系统，并将城市设计要求纳入城市规划管理信息平台。

三、城市设计分类

城市设计分为总体城市设计和重点地区城市设计。总体城市设计应当确定城市风貌特色，保护自然山水格局，优化城市形态格局，明确公共空间体系，并可与城市（县人民政府所在地建制镇）总体规划一并报批。下列区域应当编制重点地区城市设计：

（一）城市核心区和中心地区；

（二）体现城市历史风貌的地区；

（三）新城新区；

（四）重要街道，包括商业街；

（五）滨水地区，包括沿河、沿海、沿湖地带；

（六）山前地区；

（七）其他能够集中体现和塑造城市文化、风貌特色，具有特殊价值的地区。

四、重点地区城市设计

（一）重点地区城市设计应当塑造城市风貌特色，注重与山水自然的共生关系，协调市政工程，组织城市公共空间功能，注重建筑空间尺度，提出建筑高度、体量、风格、色彩等控制要求。

（二）历史文化街区和历史风貌保护相关控制地区开展城市设计，应当根据相关保护规划和要求，整体安排空间格局，保护延续历史文化，明确新建建筑和改扩建建筑的控制要求。

（三）重要街道、街区开展城市设计，应当根据居民生活和城市公共活动需要，统筹交通组织，合理布置交通设施、市政设施、街道家具，拓展步行活动和绿化空间，提升街道特色和活力。

城市设计重点地区范围以外地区，可以根据当地实际条件，依据总体城市设计，单独或者结合控制性详细规划等开展城市设计，明确建筑特色、公共空间和景观风貌等方面的要求。

五、城市设计编制

编制城市设计时，组织编制机关应当通过座谈、论证、网络等多种形式及渠道，广泛征求专家和公众意见。审批前应依法进行公示，公示时间不少于 30 日。城市设计成果应当自批准之日起 20 个工作日内，通过政府信息网站以及当地主要新闻媒体予以公布。

六、城市设计要求

（一）重点地区城市设计的内容和要求应当纳入控制性详细规划，并落实到控制性详细规划的相关指标中。重点地区的控制性详细规划未体现城市设计内容和要求的，应当及时修改完善。

（二）单体建筑设计和景观、市政工程方案设计应当符合城市设计要求。

（三）出让方式提供国有土地使用权，以及在城市、县人民政府所在地建制镇规划区内的大型公共建筑项目，应当将城市设计要求纳入规划条件。

七、城市设计审批

城市、县人民政府城乡规划主管部门负责组织编制本行政区域内总体城市设计、重点地区的城市设计，并报本级人民政府审批。城市、县人民政府城乡规划主管部门组织编制城市设计所需的经费，应列入城乡规划的编制经费预算。

八、城市设计监督

城市、县人民政府城乡规划主管部门开展城乡规划监督检查时，应当加强监督检查城市设计工作情况。国务院和省、自治区人民政府城乡规划主管部门应当定期对各地的城市设计工作和风貌管理情况进行检查。城市、县人民政府城乡规划主管部门进行建筑设计方案审查和规划核实时，应当审核城市设计要求落实情况。城市、县人民政府城乡规划主管部门开展城市规划实施评估时，应当同时评估城市设计工作实施情况。

第七节　建设项目选址意见书审批

《建设项目选址意见书》审批适用于本市《建设项目选址意见书》的申请与办理。涉及新办、选址用地合并办理；依申请变更；延续；补证；依申请注销；配套制度（依职权注销、依职权撤销、主动变更和撤回）。

一、办理机构权限

《上海市建设工程规划管理市、区（县）分工实施意见》中要求下列建设工程由市规划行政管理部门负责管理：历史文化风貌区内建设项目和文物保护单位、优秀历史建筑；文物保护单位和优秀历史建筑变动主体承重结构的建筑大修工程；文物保护单位和优秀历史建筑的保护范围和建设控制范围内，建筑面积500平方米以上的新建、扩建、改建等建设项目；中心城历史文化风貌区范围内，建筑面积500平方米以上的新建、扩建、改建等建设项目。

黄浦江和苏州河两岸（中心城内区段）、淀山湖风景区内的建设项目：中心城以内（除世博会规划红线范围外）按批准的规划确定的沿岸及规划有建筑物所在的第一街坊，如沿岸及规划有公共绿地的，则范围扩至公共绿地后的第一街坊。目前尚无批准的控制性详细规划的，按两岸结构规划范围内沿两岸各200米范围控制。淀山湖两岸的具体范围以批准的规划范围为准，按照沪青平公路以北、淀山湖、元荡湖周边离湖岸线500米范围控制。世博会规划红线范围内建设项目：按照批准的控制性详细规划所划定的红线范围5.28平方公里和规划控制范围1.4平方公里。全市性、系统性的市政建设工程：对外交通系统建设工程；市域交通系统建设工程；与总体规划相同层次的市政基础设施建设工程。市政建设工程的具体分工范围和管理要求，按市规划行政管理部门制定的专项办法执行。保密工程、军事工程等建设工程：包括国家级、市级党政机关、部门和国家级对外接待场所；重大地下工程和人防工程、部队营地和军事项目；安全保障设施；保密项目等。人民政府制定的其他建设工程。前款规定范围以外建设工程，由市规划行政管理部门区受理点、市规划行政管理部门派出机构、根据市政府有关文件接受委托的市级管委会及区规划行政管理部门负责管理。

二、审批内容

建设项目拟选位置、拟建设用地面积、拟建设用地性质、拟建设工程性质、规模及其他规划条件。未取得《建设项目选址意见书》及核定的规划条件的，有关部门不予以批准或者核准该建设项目。设计单位必须按照规划行政管理部门提出的规划条件进行建设工程设计。审批对象：按照国家规定需要有关部门批准或者核准的建设项目，以划拨方式提供国有土地使用权的建设单位。

三、审批条件

准予批准的条件：建设项目应当符合经批准的控制性详细规划、专项规划或者村庄规划。建设项目应当符合规划管理技术规范和标准的要求。在历史文化风貌区内进行建设活动，应当符合历史文化风貌区保护规划。文物保护单位、优秀历史建筑的大修及立面改造工程，应当符合保护技术规定的要求。

四、申请材料

申请材料目录见表7-1。

1. 新办

申请材料目录   表 7-1

序号	提交资料名称	原件/复印件	份数	纸质/电子	要　　求
1	《上海市建设项目选址意见书申请表》	原件	1	纸质	登录"上海规划和国土资源管理局"网站,按规定填写完整,网上填报后打印出书面,申请单位盖章
2	建设项目承诺书	原件	1	纸质	登录"上海规划和国土资源管理局"网站,按规定填写完整,网上填报后打印出书面,申请单位盖章
3	1/500 或 1/1000(郊区 1/2000)地形图	原件	电子 1 份;纸质 3 份	电子和纸质	1. 其中一份纸质地形图上应用红色虚线(铅笔)标明选址意向范围; 2. 选址意向范围应与上传电子地形图一致; 3. 市政管线和市政交通工程,还应注明起止点及经由点的位置和道路、管线等的走向及范围
4	项目建议书批复或者有关计划部门出具的立项文件	原件及复印件	1	纸质	真实有效,原件核对后退回
5	属原址改建需改变土地性质的,须加送土地、房产权属证件(可选)	原件及复印件	1	纸质	真实有效,原件核对后退回
6	需要使用其他单位土地的,须加送土地使用相关证明(市政工程视情况定)(可选)	原件及复印件	1	纸质	真实有效,原件核对后退回
7	文管、房屋等有关行政管理部门的批准文件,反映建筑及周围环境风貌特色的照片或图片资料(可选)	原件	1	纸质	涉及文物保护单位或优秀历史建筑的大修工程、立面改造工程以及历史文化风貌区、文物保护单位或优秀历史建筑保护和建设控制范围内建设工程
8	因建设项目的特殊性需要提交的其他相关材料(可选)				

2. 选址用地合并办理

序号	提交资料名称	原件/复印件	份数	纸质/电子	要　　求
1	《上海市建设项目选址意见书申请表》及《上海市建设用地规划许可证申请表》	原件	各 1 份	纸质	登录"上海规划和国土资源管理局"网站,按规定填写完整,网上填报后打印出书面,申请单位盖章

序号	提交资料名称	原件/复印件	份数	纸质/电子	要　　求
2	建设项目承诺书	原件	1	纸质	登录"上海规划和国土资源管理局"网站，按规定填写完整，网上填报后打印出书面，申请单位盖章
3	1/500 或 1/1000（郊区 1/2000）地形图	原件	电子1份；纸质6份	电子和纸质	1. 其中纸质地形图上应用红色虚线（铅笔）标明选址意向范围； 2. 选址意向范围应与上传电子地形图一致； 3. 市政管线和市政交通工程，还应注明起止点及经由点的位置和道路、管线等的走向及范围
4	项目建议书批复或者有关计划部门出具的立项文件	原件及复印件	1	纸质	真实有效，原件核对后退回
5	属原址改建需改变土地性质的，须加送土地、房产权属证件（可选）	原件及复印件	1	纸质	真实有效，原件核对后退回
6	需要使用其他单位土地的，须加送土地使用相关证明（市政工程视情况定）（可选）	原件及复印件	1	纸质	真实有效，原件核对后退回
7	文管、房屋等有关行政管理部门的批准文件，反映建筑及周围环境风貌特色的照片或图片资料（可选）	原件	1	纸质	涉及文物保护单位或优秀历史建筑的大修工程、立面改造工程以及历史文化风貌区、文物保护单位或优秀历史建筑保护和建设控制范围内建设工程
8	因建设项目的特殊性需要提交的其他相关材料（可选）				

3. 依申请变更

序号	提交资料名称	原件/复印件	份数	纸质/电子	要　　求
1	建设项目选址意见书变更申请报告	原件	1	纸质	申请单位盖章
2	原核发的《建设项目选址意见书》通知及附图	原件	1	纸质	

序号	提交资料名称	原件/复印件	份数	纸质/电子	要　　求
3	建设项目承诺书（可选）	原件	1	纸质	登录"上海规划和国土资源管理局"网站，按规定填写完整，网上填报后打印出书面后申请单位盖章
4	1/500 或 1/1000（郊区 1/2000）地形图（可选）	原件	电子1份；纸质3份	电子和纸质	1. 其中一份纸质地形图上应用红色虚线（铅笔）标明拟变更后选址意向范围； 2. 选址意向范围应与上传电子地形图一致； 3. 市政管线和市政交通工程，还应注明起止点及经由点的位置和道路、管线等的走向及范围
5	项目建议书批复或者有关计划部门出具的立项文件（可选）	原件及复印件	1	纸质	真实有效，原件核对后退回
6	属原址改建需改变土地性质的，须加送土地、房产权属证件（可选）	原件及复印件	1	纸质	真实有效，原件核对后退回
7	需要使用其他单位土地的，须加送土地使用相关证明（可选）	原件及复印件	1	纸质	真实有效，原件核对后退回
8	文管、房屋等有关行政管理部门的批准文件，反映建筑及周围环境风貌特色的照片或图片资料（可选）	原件	1	纸质	涉及文物保护单位或优秀历史建筑的大修工程、立面改造工程以及历史文化风貌区、文物保护单位或优秀历史建筑保护和建设控制范围内建设工程
9	因建设项目的特殊性需要提交的其他相关材料（可选）				

4. 延续、补证、撤销、注销

序号	提交资料名称	原件/复印件	份数	纸质/电子	要　　求
1	建设项目选址意见书延期、补证、注销申请报告	原件	1	纸质	申请单位盖章
2	《建设项目选址意见书》通知及附图（可选）	原件或复印件	1	纸质	

第八节　核定规划条件

核定规划条件适用于本市核定规划条件审批咨询、申请、受理、审查与许可决定、送达与公开，以及诚信档案、投诉举报等的申请与办理。涉及新办；依申请变更；延续；依申请注销；配套制度（依职权注销、依职权撤销、主动变更和撤回）。

一、办理权限

《上海市建设工程规划管理市、区（县）分工实施意见》同本章第七节。

二、审批内容

建设项目位置、建设用地面积、建设用地性质、建设工程性质、规模及其他规划条件。设计单位必须按照规划行政管理部门提出的规划条件进行建设工程方案设计。审批对象：需要变动主体承重结构的建筑物或者构筑物的大修工程；市人民政府确定的区域内的房屋立面改造工程；在已取得土地使用权的划拨国有土地上新建、改建、扩建工程；在已有建制镇个人住房、棚户简屋用地范围内的改建、扩建工程；在集体土地上进行的新建、改建、扩建工程。

三、审批条件

准予批准的条件：建设项目应当符合经批准的控制性详细规划、专项规划或村庄规划，但近期无规划实施计划，原建筑解危改建的情形除外。建设项目应当符合规划管理技术规范和标准的要求。在历史文化风貌区内进行建设活动，还应当符合历史文化风貌区保护规划。文物保护单位、优秀历史建筑的大修及立面改造工程，应当符合保护技术规定的要求。

四、申请材料

行政审批申请材料目录见表 7-2。

1. 新办

行政审批申请材料目录 表 7-2

序号	提交资料名称	原件/复印件	份数	纸质/电子	要　求
1	《上海市建设工程规划设计要求申请表》	原件	1	纸质	登录"上海市规划和国土资源管理局"网站，按规定填写完整，网上填报后打印出书面，申请单位盖章
2	建设项目承诺书	原件	1	纸质	登录"上海市规划和国土资源管理局"网站，按规定填写完整，网上填报后打印出书面，申请单位盖章
3	1/500 或 1/1000（郊区 1/2000）地形图	原件	各1	电子和纸质	纸质地形图上应用≤0.3mm 的红或蓝色实线（铅笔）标明拟建工程用地位置、建设基地的用地边界，并应与电子地形图一致；市政管线和市政交通工程，还应注明起止点及经由点的位置和道路、管线等的走向及范围

序号	提交资料名称	原件/复印件	份数	纸质/电子	要 求
4	建设项目建议书批复文件（审批制）或建设项目备案文件（备案制）	原件及复印件	1	纸质	真实有效，原件核对后退回
5	房屋土地权属证明及附图	原件及复印件	1	纸质	市政工程视情况定
6	应拆房屋的权属证明及附图（可选）	原件及复印件	1	纸质	原有基地拆房的
7	土地使用权属共有人的同意证明（可选）	原件	1	纸质	涉及土地使用权属共有的
8	产权单位（人）同意建设的书面意见（可选）	原件	1	纸质	涉及非自有产权房屋的
9	危房鉴定报告（可选）	原件	1	纸质	属危房翻建的
10	文管、房屋等有关行政管理部门的批准文件，反映建筑及周围环境风貌特色的照片或图片资料（可选）	原件	1	纸质	涉及文物保护单位或优秀历史建筑的装修工程大修工程、立面改造工程以及历史文化风貌区、文物保护单位或优秀历史建筑保护和建设控制范围内建设工程
11	因建设项目的特殊性需要提交的其他相关材料（可选）				

2. 依申请变更

序号	提交资料名称	原件/复印件	份数	纸质/电子	要 求
1	建设工程规划设计要求变更申请报告	原件	1	纸质	申请单位盖章
2	原核发的《建设工程规划设计要求通知单》及附图	原件	1	纸质	
3	建设项目承诺书（可选）	原件	1	纸质	登录"上海市规划和国土资源管理局"网站，按规定填写完整，网上填报后打印出书面，申请单位盖章
4	1/500 或 1/1000（郊区 1/2000）地形图（可选）	原件	各1	电子和纸质	纸质地形图上应用≤0.3mm 的红或蓝色实线（铅笔）标明拟建工程用地位置、建设基地的用地边界，并应与电子地形图一致；市政管线和市政交通工程，还应注明起止点及经由点的位置和道路、管线等的走向及范围

续表

序号	提交资料名称	原件/ 复印件	份数	纸质/ 电子	要　　求
5	建设项目建议书批复文件（审批制）或建设项目备案文件（备案制）（可选）	原件及复印件	1	纸质	真实有效，原件核对后退回
6	房屋土地权属证明及附图（可选）	原件及复印件	1	纸质	市政工程视情况定
7	应拆房屋的权属证明及附图（可选）	原件及复印件	1	纸质	原有基地拆房的
8	土地使用权属共有人的同意证明（可选）	原件	1	纸质	涉及土地使用权属共有的
9	产权单位（人）同意建设的书面意见	原件	1	纸质	涉及非自有产权房屋的
10	危房鉴定报告（可选）	原件	1	纸质	属危房翻建的
11	文管、房屋等有关行政管理部门的批准文件，反映建筑及周围环境风貌特色的照片或图片资料（可选）	原件	1	纸质	涉及文物保护单位或优秀历史建筑的装修工程、大修工程、立面改造工程以及历史文化风貌区、文物保护单位或优秀历史建筑保护和建设控制范围内建设工程
12	因建设项目的特殊性需要提交的其他相关材料（可选）				

3. 延续、注销

序号	提交资料名称	原件/ 复印件	份数	纸质/ 电子	要　　求
1	建设工程规划设计要求延期、注销申请报告	原件	1	纸质	申请单位盖章
2	《建设工程规划设计要求通知单》及附图	原件或复印件	1	纸质	

第九节 《建设用地规划许可证》审批

《建设用地规划许可证》审批适用于本市《建设用地规划许可证》的申请与受理、审查与许可决定、送达与公开的申请与办理。分项：新办；依申请变更；补发证明；依申请注销；配套制度（依职权注销、依职权撤销、主动变更和撤回）。

一、办理权限

《上海市建设工程规划管理市、区（县）分工实施意见》同本章第七节。

二、审批内容：

建设项目用地位置、用地面积、用地性质、建设规模及其他规划条件。建设单位在取得《建设用地规划许可证》后，方可向县级以上地方人民政府土地主管部门申请用地。审批对象：以划拨方式提供国有土地使用权的建设项目；以出让方式取得国有土地使用权的建设项目。

三、审批条件

准予批准的条件：符合《建设项目选址意见书》或《国有土地使用权出让（转让）合同》以及关于审定《建设工程设计方案》的决定内容的。

四、申请材料目录

申请材料目录见表7-3。

1. 新办

申请材料目录

表 7-3

序号	提交资料名称	原件/复印件	份数	纸质/电子	要　求
1	《上海市建设用地规划许可证申请表》	原件	1	纸质	登录"上海市规划和国土资源管理局"网站，按规定填写完整，网上填报后打印出书面，申请单位盖章
2	建设项目承诺书	原件	1	纸质	登录"上海市规划和国土资源管理局"网站，按规定填写完整，网上填报后打印出书面，申请单位盖章
3	1/500 或 1/1000（郊区 1/2000）地形图	原件	电子1份；纸质6份（市政类4份）	电子和纸质	纸质地形图上应用红色实线（铅笔）标明用地位置地界，并范围应与上传电子地形图一致（出让地块免于报送），市政管线和市政交通工程，还应注明起止点及经由点的位置和道路、管线等的走向及范围
4	可行性研究报告批准文件（审批制）或建设项目核准文件（核准制）	原件及复印件	1	纸质	
5	《建设项目选址意见书》的通知及附图或《国有土地使用权出让（转让）合同》文本及附图	原件及复印件	1	纸质	真实有效，原件核对后退回
6	《建设工程设计方案》批复及附图（可选）	复印件	1	纸质	方案已批复的

续表

序号	提交资料名称	原件/复印件	份数	纸质/电子	要　　求
7	土地使用权属的有关文件（可选）	原件及复印件	1	纸质	建设项目因施工需要临时使用基地以外土地的，建设单位（个人）在申请建设用地时应一并提出申请，其中： 1. 使用本单位（个人）土地的
8	相关的土地权属文件和与土地权属签订的临时使用土地协议（可选）	原件及复印件	1	纸质	2. 使用本单位（个人）以外土地的
9	土地管理部门的批准文件（可选）	原件及复印件	1	纸质	3. 使用带征土地的
10	因建设项目的特殊性需要提交的其他材料（可选）				

2. 依申请变更

序号	提交资料名称	原件/复印件	份数	纸质/电子	要　　求
1	建设用地规划许可证变更申请报告	原件	1	纸质	申请单位盖章
2	原核发的《建设用地规划许可证》通知及附图	原件	1	纸质	
3	建设项目承诺书（可选）	原件	1	纸质	登录"上海市规划和国土资源管理局"网站，按规定填写完整，网上填报后打印出书面，申请单位盖章
4	1/500 或 1/1000（郊区 1/2000）地形图（可选）	原件	3	电子1份；纸质6份（市政类4份）	纸质地形图上应用红色实线（铅笔）标明用地位置地界，并范围应与上传电子地形图一致（出让地块免于报送），市政管线和市政交通工程，还应注明起止点及经由点的位置和道路、管线等的走向及范围
5	可行性研究报告批准文件（审批制）或建设项目核准文件（核准制）（可选）	原件及复印件	1	纸质	

序号	提交资料名称	原件/复印件	份数	纸质/电子	要　　求
6	《建设项目选址意见书》通知及附图或《国有土地使用权出让（转让）合同》文本及附图（可选）	原件及复印件	1	纸质	真实有效，原件核对后退回
7	《建设工程设计方案》批复及附图（可选）	复印件	1	纸质	方案已批复的
8	土地使用权属的有关文件（可选）	原件及复印件	1	纸质	建设项目因施工需要临时使用基地以外土地的，建设单位（个人）在申请建设用地时应一并提出申请，其中： 1. 使用本单位（个人）土地的
9	相关的土地权属文件和与土地权属签订的临时使用土地协议（可选）	原件及复印件	1	纸质	2. 使用本单位（个人）以外土地的
10	土地管理部门的批准文件（可选）	原件及复印件	1	纸质	3. 使用带征土地的
11	因建设项目的特殊性需要提交的其他材料（可选）				

3. 补证

序号	提交资料名称	原件/复印件	份数	纸质/电子	要　　求
1	建设用地规划许可证补证、注销申请报告	原件	1	纸质	申请单位盖章

4. 依申请注销

序号	提交资料名称	原件/复印件	份数	纸质/电子	备　　注
1	建设用地规划许可证注销申请报告	原件	1	纸质	申请单位盖章
2	《建设用地规划许可证》及通知、附图（可选）	原件或复印件	1	纸质	

第十节 建设工程设计方案审批

《建设工程设计方案》审批适用于本市《建设工程设计方案》咨询、并联审批的申请与受理、审查与许可决定、送达与公开。分项名称：新办；依申请变更；有效期的延续；依申请注销；配套制度（依职权注销、依职权撤销、主动变更和撤回）。

一、办理权限

《上海市建设工程规划管理市、区（县）分工实施意见》同本章第七节。

二、审批内容

建设项目位置，建设用地面积，建设用地性质，建设工程性质、规模、容积率、建筑高度、建筑间距、退界及其他规划条件。建设单位或者个人应当根据经审定的建设工程设计方案编制建设项目施工图设计文件，并在建设工程设计方案审定后六个月内，将施工图设计文件的规划部分提交规划行政管理部门，申请办理《建设工程规划许可证》。下列建设项目，建设单位或者个人应当按规定申请办理建设工程规划许可证或者乡村建设规划许可证的，应当审核建设工程设计方案：新建、改建、扩建建筑物、构筑物、道路或者管线工程；需要变动主体承重结构的建筑物或者构筑物的大修工程；市人民政府确定的区域内的房屋立面改造工程。下列建设项目免予建设工程设计方案审核：建筑面积 500 平方米以下建设项目，可能严重影响居民生活的建设项目除外；工业园区内的标准厂房，普通仓库工程；变动主体承重结构的建筑物或者构筑物大修工程，文物保护单位和优秀历史建筑除外；法律、法规、规章规定可以免予建设工程设计方案审核的其他建设项目。

三、审批条件

准予批准的条件：建设项目应当符合经批准的控制性详细规划、专项规划或者村庄规划。建设项目应当符合规划管理技术规范和标准的要求。在历史文化风貌区内进行建设活动，还应当符合历史文化风貌区保护规划。文物保护单位、优秀历史建筑的大修及立面改造工程，应当符合保护技术规定的要求。建设项目应当符合《建设项目选址意见书》或《建设工程规划设计要求通知单》或《国有土地使用权出让（转让）合同》的内容；建设项目应当符合各并联审批部门的审理意见。

四、申请材料

申请材料目录见表 7-4。

1. 新办

申请材料目录 表 7-4

序号	提交资料名称	原件/复印	份数	纸质/电子	要　　求
1	《上海市建设工程规划设计方案申请表》及各并联审批部门申请表格	原件	1	纸质	登录"上海市规划和国土资源管理局"网站，按规定填写完整，网上填报后打印出书面并盖章
2	建设项目承诺书	原件	1	纸质	登录"上海规划和国土资源管理局"网站，按规定填写完整，网上填报后打印出书面，申报主体、设计单位、日照分析编制单位盖章

序号	提交资料名称	原件/复印	份数	纸质/电子	要　求
3	1/500 或 1/1000 建筑设计方案总平面图以及 1/500 或 1/1000（郊区 1/2000）地形图	原件	图纸 2 份、电子盘片 1 份	电子和纸质	总平面图上应标明以下内容：建设基地用地界限；周边地形；各项规划控制线；拟建建筑位置（包括地下和地上建筑）、建筑物角点轴线标号；基地内外的建筑距离、建筑退界距离、后退控制线距离、建筑物层数、绿化、车位、道路交通等；图纸应符合国家和本市方案出图标准，并加盖设计单位和设计方案出图章和设计负责人、注册建筑师印章；总平面图需在有市测绘院提供的电子地形图上划示，标注单位为米，坐标系为上海城市坐标
4	建筑设计方案图（含平面、立面、剖面）及设计说明文本	原件	3	电子和纸质	图纸应符合国家和本市设计方案出图、文本制作标准，并加盖建筑设计方案出图章和设计负责人、注册设计师印章
5	分层面积表	原件	2	纸质	
6	除总平面图外，须加送横断面、纵断面图（可选）	原件	2	纸质	属市政交通、市政管线工程的
7	按有关规定加送有乙级规划资质以上部门编制的日照分析报告（可选）	原件	1	电子和纸质	属高层建筑项目，周边有住宅文教卫生建筑的提供，具体要求参照（沪规法〔2004〕0302号）文
8	可行性研究报告批准文件（审批制）或建设项目核准文件（核准制）或建设项目备案文件	原件及复印件	1	纸质	
9	《建设项目选址意见书》或《建设工程规划设计要求通知单》或《国有土地使用权出让（转让）合同》文本及附图	复印件	1	纸质	
10	《建设项目选址意见书》或《建设工程规划设计要求通知单》或《国有土地使用权有偿出让合同》等文件中，要求申报主体送审的其他相关文件、图纸（可选）	原件	1	纸质	

续表

序号	提交资料名称	原件/复印	份数	纸质/电子	要　求
11	文管、房管等有关行政管理部门的批准文件	原件	1	纸质	涉及文物保护单位或优秀历史建筑的大修工程、立面改造工程以及历史文化风貌区、文物保护单位或优秀历史建筑保护和建设控制范围内的建设工程
12	各并联审批部门所需要的提交的申请材料（详见《建设工程设计方案并联审批部门申请材料告知单》）				
13	因建设项目的特殊性需要提交的其他相关材料（可选）				

2. 依申请变更

序号	提交资料名称	原件/复印件	份数	纸质/电子	要　求
1	建设工程设计方案变更申请报告及各并联审批部门申请表格	原件	1	纸质	申请单位盖章
2	原核发的关于审定《建设工程设计方案》的决定及附图	原件	1	纸质	
3	建设项目承诺书（可选）	原件	1	纸质	登录"上海规划和国土资源管理局"网站，按规定填写完整，网上填报后打印出书面，申报主体、设计单位、日照分析编制单位盖章
4	1/500 或 1/1000 建筑设计方案总平面图以及 1/500 或 1/1000（郊区 1/2000）地形图（可选）	原件	图纸 2 份、电子盘片 1 份	电子和纸质	总平面图上应标明以下内容：建设基地用地界限；周边地形；各项规划控制线；拟建建筑位置（包括地下和地上建筑）、建筑物角点轴线标号；基地内外的建筑距离、建筑退界距离、后退控制线距离、建筑物层数、绿化、车位、道路交通等；图纸应符合国家和本市方案出图标准，并加盖设计单位和设计方案出图章和设计负责人、注册建筑师印章；总平面图需在有市测绘院提供的电子地形图上划示，标注单位为米，坐标系为上海城市坐标系
5	建筑设计方案图（含平面、立面、剖面）及设计说明文本（可选）	原件	3	电子和纸质	图纸应符合国家和本市设计方案出图、文本制作标准，并加盖建筑设计方案出图章和设计负责人、注册设计师印章
6	分层面积表（可选）	原件	2	纸质	
7	除总平面图外，须加送横断面、纵断面图（可选）	原件	2	纸质	属市政交通、市政管线工程的

续表

序号	提交资料名称	原件/复印件	份数	纸质/电子	要　　求
8	按有关规定加送有乙级规划资质以上部门编制的日照分析报告（可选）	原件	各1	电子和纸质	属高层建筑项目，周边有住宅文教卫生建筑的提供，具体要求参照（沪规法〔2004〕0302号）文
9	可行性研究报告批准文件（审批制）或建设项目核准文件（核准制）或建设项目备案文件（可选）	原件及复印件	1	纸质	
10	《建设项目选址意见书》或《建设工程规划设计要求通知单》或《国有土地使用权出让（转让）合同》文本及附图（可选）	复印件	1	纸质	
11	《建设项目选址意见书》或《建设工程规划设计要求通知单》或《国有土地使用权有偿出让合同》等文件中，要求申报主体送审的其他相关文件、图纸（可选）	原件	1	纸质	
12	文管、房管等有关行政管理部门的批准文件	原件	1	纸质	涉及文物保护单位或优秀历史建筑的大修工程、立面改造工程以及历史文化风貌区、文物保护单位或优秀历史建筑保护和建设控制范围内的建设工程
13	各并联审批部门所需要的提交的申请材料（详见《建设工程设计方案并联审批部门申请材料告知单》）（可选）				
14	因建设项目的特殊性需要提交的其他相关材料（可选）				

3. 延续、依申请注销

序号	提交资料名称	原件/复印件	份数	纸质/电子	要　　求
1	建设工程设计方案延期、注销申请报告	原件	1	纸质	申请单位盖章
2	关于审定《建设工程设计方案》的决定及附图	原件或复印件	1	纸质	

第十一节 《建设工程规划许可证》审批

《建设工程规划许可证》审批适用于本市《建设工程规划许可证》的申请与受理、审查与许可决定、送达与公开的申请与受理。分项名称：新办；依申请变更；延续；补证；依申请撤销；配套制度（依职权注销、依职权撤销、主动变更和撤回）。

一、办理权限

《上海市建设工程规划管理市、区（县）分工实施意见》同本章第七节。

二、审批内容

建设项目位置、建设用地面积、建设用地性质、建设工程性质、规模、容积率、建筑高度、建筑间距、退界及其他规划条件。施工单位必须按照建设工程规划许可证及附图、附件的内容施工。未取得建设工程规划许可证或者未按照建设工程规划许可证的规定进行建设的，由规划行政管理部门责令停止建设；尚可采取改正措施消除对规划实施的影响的，限期改正，处建设工程造价百分之五以上百分之十以下的罚款；无法采取改正措施消除影响的，限期拆除，不能拆除的，没收实物或者违法收入，可以并处建设工程造价百分之十以下的罚款。下列建设项目，建设单位或者个人应当按规定申请办理建设工程规划许可证：新建、改建、扩建建筑物、构筑物、道路或者管线工程；需要变动主体承重结构的建筑物或者构筑物的大修工程；市人民政府确定区域内的房屋立面改造工程。

三、审批条件

准予批准的条件：建设项目应当符合核定的建设工程设计方案；建设项目应当符合经批准的控制性详细规划；建设项目应当符合规划管理技术规范和标准的要求；在历史文化风貌区内进行建设活动，还应当符合历史文化风貌区保护规划。文物保护单位、优秀历史建筑的大修及立面改造工程，应当符合保护技术规定的要求。

四、申请材料

申请材料目录见表7-5。

1. 新办

申请材料目录 表 7-5

序号	提交资料名称	原件/复印件	份数	纸质/电子	要　　求
1	《上海市建设工程规划许可证申请表》	原件	1	纸质	登录"上海规划和国土资源管理局"网站，按规定填写完整，网上填报后打印出书面，申请单位盖章
2	建设项目承诺书	原件	1	纸质	登录"上海规划和国土资源管理局"网站，按规定填写完整，网上填报后打印出书面，申请单位盖章

续表

序号	提交资料名称	原件/复印件	份数	纸质/电子	要　求
3	1/500 或 1/1000 建筑施工总平面图以及 1/500 或 1/1000（郊区 1/2000）地形图	原件	图纸 3 份电子文件 1 份	电子和纸质	总平面图上应标明以下内容并盖章：建设基地用地界限；周边地形；各项规划控制线；拟建建筑位置（包括地下和地上建筑）、建筑物角点轴线标号；基地内外的建筑间距、建筑退界距离、后退建筑控制线距离、建筑物层数、绿化、车位、道路交通等；图纸应符合国家和本市施工图出图标准，并加盖建筑设计单位"工程施工图设计出图"专用章和设计负责人、注册建筑师印章、施工图审查公司审核章；总平面图需在有市测绘院提供的电子地形图上划示，标注单位为米，坐标系为上海城市坐标系
4	建筑施工图（平、立、剖面图和图纸目录）	原件	纸质 3 套电子文件 1 套	电子和纸质	图纸须符合国家和本市施工图出图标准，并加盖设计单位"工程施工图设计出图"专用章和设计负责人、注册建筑师印章、施工图审查公司审核章
5	建筑面积分层面积表	原件	2	纸质	须加盖设计单位图章
6	基础施工平面图、基础详图及桩位平面布置图	原件	纸质 2 套电子文件 1 套	电子和纸质	图纸须加盖设计单位"工程施工图设计出图"专用章和设计负责人、注册结构工程师印章、施工图审查公司审核章
7	用于项目公示的建设工程平面图示意图	原件	3	电子纸质	要求详见沪规土资建规（2014）383 号
8	按有关规定加送有乙级规划资质以上部门编制的日照分析报告	原件	2	电子和纸质	属高层建筑项目，周边有住宅文教卫生建筑的提供，具体要求参照（沪规法〔2004〕0302 号）文
9	公建配套协议	原件	1	纸质	属住宅建设项目的提供
10	建筑工程概预算书	原件及复印件	1	纸质	设计单位编制
11	建设项目计划批准文件	原件及复印件	1	纸质	
12	《建设工程规划设计方案批复》及附总平面图	复印件	1	纸质	
13	设计文件审查备案意见和审图合格书	原件	各 1 份	纸质	

续表

序号	提交资料名称	原件/复印件	份数	纸质/电子	要　　求
14	《地质灾害危险性评估报告专家审查意见》或《建设项目地质灾害防治承诺书》	原件	1	纸质	
15	因建设项目的特殊性需要提交的相关材料				

2. 依申请变更

序号	提交资料名称	原件/复印件	份数	纸质/电子	要　　求
1	建设工程规划许可证变更申请报告	原件	1	纸质	申请单位盖章
2	建设项目承诺书	原件	1	纸质	登录"上海规划和国土资源管理局"网站，按规定填写完整，网上填报后打印出书面，申请单位盖章
3	1/500 或 1/1000 建筑施工总平面图以及 1/500 或 1/1000（郊区 1/2000）地形图（可选）	原件	图纸3份电子文件1份	电子和纸质	总平面图上应标明以下内容并盖章：建设基地用地界限；周边地形；各项规划控制线；拟建建筑位置（包括地下和地上建筑）、建筑物角点轴线标号；基地内外的建筑间距、建筑退界距离、后退建筑控制线距离、建筑物层数、绿化、车位、道路交通等；图纸应符合国家和本市施工图出图标准，并加盖建筑设计单位"工程施工图设计出图"专用章和设计负责人、注册建筑师印章、施工图审查公司审核章；总平面图需在有市测绘院提供的电子地形图上划示，标注单位为米，坐标系为上海城市坐标系
4	建筑施工图（平、立、剖面图和图纸目录）（可选）	原件	纸质3套电子文件1套	电子和纸质	图纸须符合国家和本市施工图出图标准，并加盖设计单位"工程施工图设计出图"专用章和设计负责人、注册建筑师印章、施工图审查公司审核章
5	建筑面积分层面积表（可选）	原件	2	纸质	须加盖设计单位图章
6	基础施工平面图、基础详图及桩位平面布置图（可选）	原件	纸质2套电子文件1套	电子和纸质	图纸须加盖设计单位"工程施工图设计出图"专用章和设计负责人、注册结构工程师印章、施工图审查公司审核章

续表

序号	提交资料名称	原件/复印件	份数	纸质/电子	要　求
7	用于项目公示的建设工程平面图示意图（可选）	原件	3	电子纸质	要求详见沪规土资建规（2014）383号
8	按有关规定加送有乙级规划资质以上部门编制的日照分析报告	原件	2	电子和纸质	属高层建筑项目，周边有住宅文教卫生建筑的属高层建筑项目，周边有住宅文教卫生建筑的提供，具体要求参照（沪规法〔2004〕0302号）文
9	公建配套协议	原件	1	纸质	属住宅建设项目的
10	建筑工程概预算书（可选）	原件及复印件	1	纸质	设计单位编制
11	建设项目计划批准文件	原件及复印件	1	纸质	
12	《建设工程规划设计方案批复》及附图（可选）	复印件	1	纸质	
13	设计文件审查备案意见和审图合格书（可选）	原件	各1	纸质	
14	《地质灾害危险性评估报告专家审查意见》或《建设项目地质灾害防治承诺书》	原件	1	纸质	
15	因建设项目的特殊性需要提交的相关材料（可选）				

3. 延续、补证、依申请注销

序号	提交资料名称	原件/复印件	份数	纸质/电子	要　求
1	建设工程规划许可证延期、补证、注销申请报告	原件	1	纸质	申请单位盖章
2	《建设工程规划许可证》及附图（可选）	原件或复印件	1	纸质	

第十二节　建设项目开工放样复验审批

建设项目开工放样复验审批适用于本市建设项目开工放样复验灰线审批事项的咨询、申请、受理、审理、许可决定、送达与公开，以及诚信档案、投诉举报等的管理。

一、办理权限

市规土局负责审核市规土局核发《建设工程规划许可证》的新建、改建、扩建项目的开工放样复验。派出机构负责审核派出机构核发《建设工程规划许可证》的新建、改建、扩建项目的开工放样复验。建设项目开工放样灰线经复验符合行政许可要求的，方可准予开工建设。审批对象：新建、改建、扩建建设项目。但根据简化行政审批要求，实施开工放样告知承诺并可自主选择开工放样复验的建设项目不在开工放样复验审批范畴（此类建设项目开工将施行开工放样备案管理）。

二、审批条件

审批事项准予批准的条件：应当委托具备相应资质的测绘单位现场放样灰线进行检测，并出具《上海市建设工程开工放样复验检测成果报告书》，其形式、内容应当符合要求；灰线放样应当遵守"零误差"原则，即建筑工程放样灰线与建设基地以外相邻建筑的建筑间距、与建设基地内拟建建筑的建筑间距以及退批准用地范围、道路红线等规划控制线距离均应符合行政许可要求；建设工程尚未开工建设；涉及道路、河流两侧的建设项目应完成道路规划红线、河道规划蓝线等规划控制线的现场定界；完成地质资料汇交工作；建设基地现场设置规划许可公告牌。

三、申请材料

建设工程申请开工复验灰线应提交的资料目录见表7-6。

建设工程申请开工复验灰线应提交的资料
表7-6

序号	提交资料名称	性质	数量	分类
1	《上海市建设工程规土管理开工放样复验申请表》	原件	1	纸质、电子
2	涉及道路规划红线、河道规划蓝线等规划控制线的相关定界报告资料	原件	1	纸质
3	《建设用地定界资料或建设用地权属资料》	复印件	1	纸质、电子
4	《上海市建设工程开工放样复验检测成果报告书》	原件	1	纸质、电子
5	地质资料汇交凭证或成果地质资料	复印件	1	纸质（核原件）
6	建设单位签订的《依法建设责任书》	原件	1	纸质
7	施工单位签订的《依法施工责任书》	原件	1	纸质

注：1. 复印件应逐件加盖申请单位公章，或装订后加盖骑缝章。

2. 涉及市政道路工程无须提交申请材料第5项；

3. 涉及市政管线工程无须提交申请材料第2、3、4、5项，但应提交《上海市地下管线跟踪测量合同》。

四、开工放样复验备案

（一）根据简化行政审批要求，下列建设项目应当进行开工放样复验备案：本市104产业区块内非居住类工程，建设单位选择自主开工放样复验的；其他实行自主开工放样复验的建设项目。备案要求：应当委托本市有测绘资质的测绘机构进行现场检测；开工放样灰线检测结论符合行政许可要求；涉及道路规划红线、河道规划蓝线等规划控制线的，应当完成相关定界报告资料；完成地质资料汇交；建设基地现场设置规划许可公告牌；

（二）备案材料：《上海市建设工程放样备案表》《上海市建设工程开工放样检测成果报告书》；涉及道路、河流两侧的建设项目应完成道路规划红线、河道规划蓝线等规划控制线的现场定界；地质资料汇交凭证；其他相关备案材料。

（三）备案期限：建设单位选择自主开工放样复验的，应当在取得《建设工程规划许可证》后六个月内向市或区规划管理部门进行建设项目开工放样复验备案。

（四）备案凭证：市或区规划管理部门在收到建设单位提交的备案材料后，经审查符合备案收件形式要求的，应当场出具《建设项目自主开工放样复验备案登记凭证》。

第十三节　建设工程竣工规划验收

建设工程竣工规划验收适用于本市建设工程竣工规划验收审核事项的咨询、申请、受理、审理、许可决定、送达与公开，以及诚信档案、投诉举报等的管理。

一、办理权限

市规土局负责审核市局核发《建设工程规划许可证》的新建、改建、扩建项目（含修缮工程）的竣工规划验收。派出机构负责审核其所辖范围内核发《建设工程规划许可证》的新建、改建、扩建项目（含修缮工程）的竣工规划验收。确认建设单位（个人）已经按照规划许可的要求全面完成建设基地内建筑、道路、绿化、公共设施等各项建设内容，并已拆除基地内临时建筑和不准予保留的旧建筑。已经依法取得《建设工程规划许可证》的新建、改建、扩建建设项目（含修缮工程）。

二、审批条件

审批事项准予批准的条件：

（一）建筑类项目申请竣工规划验收：按照《建设工程规划许可证》及附图许可的要求，全面完成基地内建筑、道路、绿化、公共设施等各项建设；基地内临时建筑和不准予保留的旧建筑已经拆除；按照《地名批准书》要求使用和设置地名；按照档案管理要求编制建设项目档案资料；完成地质勘探资料汇交及落实地质灾害防治措施。

（二）市政交通类项目申请竣工规划验收：严格按照规划道路红线、河道蓝线等规划控制线要求实施，不得超越规划道路红线控制范围；建设位置、长度、宽度、道路横断面布置、桥梁净空高度、人行道设置等建设内容应当符合《建设工程规划许可证》及附图许可的要求；市政交通类工程批准建设范围内的不予保留建筑及为建设需要搭建的施工用房等临时建筑应当拆除；其他规划许可要求。

（三）市政管线类项目申请竣工规划验收：严格按照规划道路红线、河道蓝线等规划控制线要求实施，不得超越规划道路红线控制范围；市政管线工程的建设位置、长度、规格、导管孔数、管顶标高等建设内容应当符合《建设工程规划许可证》及附图许可的要求；市政管线类工程批准建设范围内的不予保留建筑及为建设需要搭建的施工用房等临时建筑应当拆除；其他规划许可要求。

（四）分期规划验收：部分建设项目因前期动迁等原因造成规划许可内容未全部建成，

无法一次申请竣工规划验收，经规划管理部门审核确认可申请分期验收。

（五）申请补证：建设单位（或个人）遗失或损毁《建设工程竣工规划验收合格证》情况属实，申请补发《建设工程竣工规划验收合格证》，系属于本规划行政管理部门负责审批的建设项目。

三、申请材料

申请材料目录见表7-7、表7-8、表7-9。

申请建筑类项目竣工规划验收应提交的资料 表 7-7

序号		提交资料名称	形式	数量	载体
		《上海市建设工程规土管理综合验收申请表（建筑工程）》（外网申报）	原件	1	纸质
		附件资料	—	—	—
其中	1	《上海市建设工程竣工检测成果报告书》	原件	1	纸质、电子
	2	《建设工程规划许可证》	复印件	1	纸质
	3	建设单位签订的诚信承诺书	原件	1	纸质
	4	工程变更部位竣工图及施工图（需加盖审图章）	原件	1	纸质
	5	《建设工程竣工档案结论单》	复印件	1	纸质
	6	消防部门验收意见	复印件	1	纸质
	7	住宅类项目，需提交绿化部门验收意见	复印件	1	纸质
	8	因建设项目的特殊性需要提交的其他材料	复印件	1	纸质

注：复印件应逐件加盖申请单位公章，或装订后加盖骑缝章。

申请市政交通类项目竣工规划验收应提交的资料 表 7-8

序号		提交资料名称	形式	数量	载体
		《上海市建设工程规土管理竣工综合验收申请表（市政交通）》（外网申报）	原件	1	纸质
		附件资料	—	—	—
其中	1	《上海市建设工程竣工检测成果报告书》	原件	1	纸质、电子
	2	《建设工程规划许可证》	复印件	1	纸质
	3	《建设工程竣工档案结论单》	复印件	1	纸质
	4	因建设项目的特殊性需要提交的其他材料	复印件	1	纸质

注：复印件应逐件加盖申请单位公章，或装订后加盖骑缝章。

申请市政管线类项目竣工规划验收应提交的资料 表 7-9

序号		提交资料名称	形式	数量	载体
		《上海市建设工程规土管理综合验收申请表（市政管线）》（外网申报）	原件	1	纸质
其中		附件资料	—	—	—

序号		提交资料名称	形式	数量	载体
其中	1	《上海市管线工程跟踪测量成果报告书》	原件	1	纸质、电子
	2	《建设工程规划许可证》	复印件	1	纸质
	3	《建设工程竣工档案结论单》	复印件	1	纸质
	4	《管线监督检验产品质量合格通知书》	复印件	1	纸质

注：复印件应逐件加盖申请单位公章，或装订后加盖骑缝章。

第十四节　国有建设用地土地核验

国有建设用地土地核验适用于本市国有建设用地土地核验审核事项的咨询、申请、受理、审理、许可决定、送达与公开，以及诚信档案、投诉举报等的管理。

一、办理权限

市规土局审批由市规土局签订土地出让合同、租赁合同或核发划拨决定书的建设项目的土地核验申请。市规土局派出机构审批由市规土局授权派出机构签订土地出让合同、租赁合同或核发划拨决定书的建设项目的土地核验申请。确认用地单位（个人）依法用地和符合土地出让合同、租赁合同或划拨决定书要求的用地和建设条件。已经签订土地出让合同、租赁合同或划拨决定书且建设项目已竣工的用地单位（个人）。

二、审批条件

审批事项准予批准的条件：

（一）新建项目申请土地核验：用地主体符合土地出让合同或划拨决定书、租赁合同的要求；用地范围、用地面积、土地用途等土地使用情况符合土地出让合同或划拨决定书、租赁合同的要求；土地价款的交纳情况符合土地出让合同或划拨决定书、租赁合同的要求；建筑面积、建筑容积率、建筑密度、开工时间、竣工时间、地上主体建筑物性质等建设基本情况符合土地出让合同或划拨决定书、租赁合同的要求；经济适用住房的建设情况，经营类用地的住宅、办公、商业（娱乐）建筑面积及比例，工业企业内部行政、办公及生活设施用地比例及建筑面积，工业项目固定资产总投资额、投资强度等建设项目特定要求的履行情况符合土地出让合同或租赁合同的要求；土地出让合同或划拨决定书、租赁合同载明的其他条件符合土地出让合同或划拨决定书、租赁合同的要求。

（二）续建项目申请土地核验：用地主体符合土地出让合同或划拨决定书、租赁合同及规划部门批准项目建设的许可文件的要求；用地范围、用地面积、土地用途等土地使用情况符合土地出让合同或划拨决定书、租赁合同及规划部门批准项目建设的许可文件的要求；土地价款的交纳情况符合土地出让合同或划拨决定书、租赁合同的要求；建筑面积、建筑容积率、建筑密度、地上主体建筑物性质等建设基本情况符合土地出让合同或划拨决定书、租赁合同及规划部门批准项目建设的许可文件的要求；经营类用地的住宅、办公、商业（娱乐）建筑面积及比例，工业企业内部行政、办公及生活设施用地比例及建筑面积等建设项目特定要求的履行情况符合土地出让合同或租赁合同及规划部门批准项目建设的许可文件的要求；土地出让合同或划拨决定书、租赁合同载明的其他条件符合土地出让合同或划拨决定书、租赁合同的要求。

（三）转让项目申请土地核验：用地主体符合土地出让合同、转让合同及规划部门批准项目建设的许可文件的要求；用地范围、用地面积、土地用途等土地使用情况符合土地出让合同、转让合同及规划部门批准项目建设的许可文件的要求；土地价款的交纳情况符合土地出让合同、转让合同的要求；建筑面积、建筑容积率、建筑密度、地上主体建筑物性质等建设基本情况符合土地出让合同、转让合同及规划部门批准项目建设的许可文件的要求；经营类用地的住宅、办公、商业（娱乐）建筑面积及比例，工业企业内部行政、办公及生活设施用地比例及建筑面积，工业项目固定资产总投资额、投资强度等建设项目特定要求的履行情况符合土地出让合同、转让合同及规划部门批准项目建设的许可文件的要求；土地出让合同、转让合同载明的其他条件符合土地出让合同、转让合同的要求。

（四）申请补证：建设单位（或个人）遗失或损毁《上海市国有建设用地土地核验合格证明》情况属实；申请补发《上海市国有建设用地土地核验合格证明》，系属于本规划行政管理部门负责审批的建设项目。

三、申请材料

申请材料目录见表 7-10、表 7-11、表 7-12。

申请新建类项目土地核验应提交的资料　　　　　　　　表 7-10

序号		提交资料名称	形式	数量	载体
		《上海市建设工程竣工综合验收申请表（建筑工程）》（外网申报）	原件	1	纸质
		附件资料	—	—	—
其中	1	《上海市建设工程竣工检测成果报告书》	原件	1	纸质、电子
	2	单位（个人）的证明材料	复印件	1	纸质
	3	土地出让合同或划拨决定书、租赁合同	复印件	1	纸质
	4	《上海市房地产权证》	复印件	1	纸质
	5	固定资产总投资预算报告中载有项目名称、建设单位名称、报告编制单位以及总投资额的页面（对投资有要求的工业项目）	复印件	1	纸质

注：复印件应逐件加盖申请单位公章，或装订后加盖骑缝章。

申请续建类项目土地核验应提交的资料　　　　　　　　表 7-11

序号		提交资料名称	形式	数量	载体
		《上海市建设工程竣工综合验收申请表（建筑工程）》（外网申报）	原件	1	纸质
		附件资料	—	—	—
其中	1	《上海市建设工程竣工检测成果报告书》	原件	1	纸质、电子
	2	单位（个人）的证明材料	复印件	1	纸质
	3	土地出让合同或划拨决定书、租赁合同	复印件	1	纸质
	4	《上海市房地产权证》	复印件	1	纸质
	5	固定资产总投资预算报告中载有项目名称、建设单位名称、报告编制单位以及总投资额的页面（对投资有要求的工业项目）	复印件	1	纸质

注：复印件应逐件加盖申请单位公章，或装订后加盖骑缝章。

申请转让类项目土地核验应提交的资料 表 7-12

序号		提交资料名称	形式	数量	载体
		《上海市建设工程竣工综合验收申请表（建筑工程）》（外网申报）	原件	1	纸质
		附件资料	—	—	—
其中	1	《上海市建设工程竣工检测成果报告书》	原件	1	纸质、电子
	2	单位（个人）的证明材料	复印件	1	纸质
	3	土地出让合同	复印件	1	纸质
	4	土地转让合同	复印件	1	纸质
	5	《上海市房地产权证》	复印件	1	纸质
	6	固定资产总投资预算报告中载有项目名称、建设单位名称、报告编制单位以及总投资额的页面（对投资有要求的工业项目）	复印件	1	纸质

注：复印件应逐件加盖申请单位公章，或装订后加盖骑缝章。

第八章　建设项目用地和不动产登记审批

为进一步简化建设用地审批程序，减少审批要件，提高审批效率，国土资源部对《建设用地审查报批管理办法》（国土资源部令第 3 号）作出修改，自 2017 年 1 月 1 日起施行，同时，《不动产登记暂行条例》（国务院令第 656 号）和《不动产登记暂行条例实施细则》（国土资源部令第 63 号）已经颁布施行。

第一节　建设用地审查报批管理

（一）在建设项目审批、核准、备案阶段，建设单位应当向建设项目批准机关的同级国土资源主管部门提出建设项目用地预审申请。受理预审申请的国土资源主管部门应当依据土地利用总体规划、土地使用标准和国家土地供应政策，对建设项目的有关事项进行预审，出具建设项目用地预审意见。

（二）建设单位提出用地申请时，应当填写《建设用地申请表》，并附具下列材料：建设项目用地预审意见；建设项目批准、核准或者备案文件；建设项目初步设计批准或者审核文件。建设项目拟占用耕地的，还应当提出补充耕地方案；建设项目位于地质灾害易发区的，还应当提供地质灾害危险性评估报告。

（三）国家重点建设项目中的控制工期的单体工程和因工期紧或者受季节影响急需动工建设的其他工程，可以由省、自治区、直辖市国土资源主管部门向国土资源部申请先行用地。申请先行用地，应当提交下列材料：省、自治区、直辖市国土资源主管部门先行用地申请；建设项目用地预审意见；建设项目批准、核准或者备案文件；建设项目初步设计批准文件、审核文件或者有关部门确认工程建设的文件；国土资源部规定的其他材料。经批准先行用地的，应当在规定期限内完成用地报批手续。

（四）报国务院批准的城市建设用地，农用地转用方案、补充耕地方案和征收土地方案可以合并编制，一年申报一次；国务院批准城市建设用地后，由省、自治区、直辖市人民政府对设区的市人民政府分期分批申报的农用地转用和征收土地实施方案进行审核并回复。

（五）农用地转用方案，应当包括占用农用地的种类、面积、质量等，以及符合规划计划、基本农田占用补划等情况。补充耕地方案，应当包括补充耕地的位置、面积、质量，补充的期限，资金落实情况等，以及补充耕地项目备案信息。征收土地方案，应当包括征收土地的范围、种类、面积、权属，土地补偿费和安置补助费标准，需要安置人员的安置途径等。供地方案，应当包括供地方式、面积、用途等。

（六）未按规定缴纳新增建设用地土地有偿使用费的，不予批复建设用地，其中，报国务院批准的城市建设用地，省、自治区、直辖市人民政府在设区的市人民政府按照有关规定缴纳新增建设用地土地有偿使用费后办理回复文件。

（七）征收土地公告和征地补偿、安置方案公告，按照《征收土地公告办法》的有关规定执行。

（八）建设项目施工期间，建设单位应当将《建设用地批准书》公示于施工现场。

第二节　分批次农转用征地项目审批

农转用征地项目审批适用于上海市分批次农转用征地项目审批的申请与办理。

一、办理权限

1. 征收审批权限：征收下列土地的，由国务院批准：基本农田；基本农田以外的耕地超过 35 公顷的；其他土地超过 70 公顷的。

2. 农转用审批权限：根据项目立项区分：国务院（含国务院有关部门、国家计划单列企业）批准的建设项目，市人民政府批准的道路、管线工程和大型基础设施建设项目，涉及农用地转为建设用地的，由国务院批准。

根据土地利用规划区分：在本市中心城建设用地范围内（外环线以内），涉及农转用的，由国务院批准；占用未利用土地：国家重点建设项目和军事设施等项目只占用国家未利用地，应当报国务院批准。

3. 农用地转用审批与征收土地审批的关系：若农转用审批权限属国务院，则农转用和土地征收由国务院同时审批；若农转用审批权限属市政府，而土地征收权限属国务院，则农转用先由省政府审批，农转用批准后土地征收再报国务院审批。上述除国务院批准的外，均由省级人民政府负责审批。在本市城镇村庄建设用地规模范围内，涉及农用地转用（含未利用地转为建设用地）征收，且符合省级人民政府审批权限的，分批次逐级上报市人民政府审批，其中，超出市人民政府征用土地批准权限的，应当报国务院审批。

二、审批条件

准予批准的条件：报审要件真实、有效；用地范围符合《上海市土地利用总体规划》和各区县土地利用总体规划，应在集中建设区范围内；涉及农用地、未利用地转为建设用地的，应符合土地利用年度计划中确定的新增建设用地指标；涉及占用耕地的，应符合土地利用年度计划中的耕地占补平衡指标；项目不在国土资源部发布的《限制用地项目目录（2012 年本）》和《禁止用地项目目录（2012 年本）》目录范围；建设项目的供应方式正确：划拨用地项目应符合《划拨用地目录（2001 年国土资源部令第 9 号）》；协议出让的应符合《协议出让国有土地使用权规定（2003 年国土资源部令第 21 号）》；六类经营性项目及工业用地均需招拍挂。涉及需要带征的（不含规划确定需要带征），区县上报材料必须说明原因，带征规划红线外土地（除撤村、撤队带征），需取得集体经济组织同意征收的书面意见。取得规土部门核发的规划选址意见书。对于非储备项目需取得规土部门核发的建设项目用地预审意见。取得投资部门核发的项目立项批复；涉及征地的，完成征地批前告知程序，张贴《拟征地告知书》的有关证明材料；区县人民政府上报的"一书四方案"（即建设用地呈报说明书、农用地转用方案、补充耕地方案、征用土地方案、供地方案），其中涉及国有农用地的，不拟定征用土地方案。收到耕地开垦费缴纳通知书七日内完成交纳耕地开垦费的。

三、申请材料

行政审批申请材料目录见表 8-1。

行政审批申请材料目录 表 8-1

序号	提交资料名称	原件/复印件	份数	纸质/电子报件	要求
1	建设用地行政事务审批申请表	原件	1	纸质	填写准确、字迹清晰，图章有效
2	关于农转用征地审批有关事项的请示	原件	1	纸质	字迹清晰，图章有效
3	建设单位法人代码证	复印件	1	纸质	与申请书，以及原件一致，并通过年检
4	法人委托书	原件	1	纸质	字迹清晰，图章有效
5	投资部门核发的项目立项批复	原件	1	纸质	真实有效，与原件一致
6	规划部门核发的选址意见书	复印件	1	纸质	真实有效，与原件一致
7	土地行政管理部门核发的建设项目用地预审意见	复印件	1	纸质	真实有效，与原件一致
8	建设用地项目呈报材料"一书四方案"，包括建设用地项目呈报说明书、农转用方案、补充耕地方案、征地方案、供地方案	原件	1	纸质和电子报件	填写准确、字迹清晰，图章有效
9	建设拟征（占）地土地权属情况汇总表	原件	1	纸质和电子报件（JPG 格式）	填写准确、字迹清晰，图章有效
10	具备房屋权属调查资质的机构出具的房屋权属调查报告书（勘测定界）和勘测定界图，含建设拟征（占）地土地权属情况汇总表	原件	1	纸质和电子报件	填写准确、字迹清晰，图章有效
11	地籍图	原件	4	纸质和电子报件（JPG 格式）	真实有效
12	土地所在区县人民政府征询意见回复（说明建设项目是否在"圈内""区内"以外；征前告知的情况；应说明是否存在权属争议、纠纷，司法或行政强制以及违法用地等情况的说明；国有土地原取得方式、房地产抵押情况；带征地的带征原因；项目涉及的农用地是否在圈内）	原件	1	纸质和电子报件	字迹清晰，图章有效

序号	提交资料名称	原件/复印件	份数	纸质/电子报件	要　求
13	涉及带征规划红线外土地（除撤村、撤队带征）的，需提交集体经济组织出具的同意征收的书面意见，加盖集体经济组织公章；	原件	1	纸质	字迹清晰，图章有效
14	涉及农转用的，应提交新增建设用地计划指标单和市规土局核发的补充耕地验收文件	原件	1	纸质	真实有效

注：复印件应逐件加盖申请单位公章，或装订后加盖骑缝章。

第三节　建设项目用地预审

建设项目用地预审审批适用于建设项目用地预审的申请和办理，属前审后批。

一、审批依据

（一）《土地管理法》第52条：建设项目可行性研究论证时，土地行政主管部门可以根据土地利用总体规划、土地利用年度计划和建设用地标准，对建设用地有关事项进行审查，并提出意见。

（二）《土地管理法实施条例》（国务院令第256号）第22条：具体建设项目需要占用土地利用总体规划确定的城市建设用地范围内的国有建设用地的，按照下列规定办理：建设项目可行性研究论证时，由土地行政主管部门对建设项目用地有关事项进行审查，提出建设项目用地预审报告；可行性研究报告报批时，必须附具土地行政主管部门出具的建设项目用地预审报告；第23条：具体建设项目需要使用土地的，必须依法申请使用土地利用总体规划确定的城市建设用地范围内的国有建设用地。能源、交通、水利、矿山、军事设施等建设项目确需使用土地利用总体规划确定的城市建设用地范围外的土地，涉及农用地的，按照下列规定办理：建设项目可行性研究论证时，由土地行政主管部门对建设项目用地有关事项进行审查，提出建设项目用地预审报告；可行性研究报告报批时，必须附具土地行政主管部门出具的建设项目用地预审报告。

（三）《国务院关于深化改革严格土地管理的决定》第二条第九款：项目建设单位向发展改革等部门申报核准或审批建设项目时，必须附国土资源部门预审意见；没有预审意见或预审未通过的，不得核准或批准建设项目。

（四）《建设项目用地预审管理办法》（国土资源部令第68号）。

二、申请条件

建设项目用地符合国家供地政策和土地管理法律、法规规定的条件。建设项目选址符合土地利用总体规划，属《土地管理法》第二十六条规定情形，建设项目用地需修改土地利用总体规划的，规划修改方案符合法律、法规的规定。建设项目用地规模符合有关土地使用标准的规定；对国家和地方尚未颁布土地使用标准和建设标准的建设项目，以及确需突破土地使用标准确定规模和功能分区的建设项目，国土资源主管部门已组织开展建设项目节地评价并出具评审论证意见。占用基本农田或占用其他耕地规模较大的建设项目，国土资源主管部门已组织踏勘论证。建设项目占用耕地和涉及征地补偿、土地复垦的，建设单位需承诺将补充耕地、征地补偿、土地复垦等相关费用纳入工程概算。

三、申请材料

申请材料目录见表 8-2。

申请材料目录 表 8-2

序号	材料名称	原件/复印件	份数	纸质/电子	要求	备　注
1	建设项目用地预审申请表	原件	1	纸质、电子	数据库表，PDF	数据库表统一申请表格式；PDF 带红章的页要求原件彩色扫描
2	建设项目用地预审申请报告	原件	1	纸质、电子	电子件为 PDF 格式	带红章的页要求原件彩色扫描
3	省级国土资源主管部门初审意见	原件	1	纸质、电子	电子件为 PDF 格式	带红章的页要求原件彩色扫描
4	项目建设依据	复印件	1	纸质、电子	电子件为 PDF 格式	带红章的页要求原件彩色扫描
5	标注项目用地范围的土地利用总体规划图及相关图件	复印件	1	纸质、电子	电子件为 PDF 格式	
6	建设项目用地需要修改土地利用总体规划的，应提供土地利用总体规划修改方案	原件或复印件	1	纸质、电子	电子件为 PDF 格式	带红章的页要求原件彩色扫描
7	项目用地边界拐点坐标表（1980 国家大地坐标系）		否	纸质、电子	数据库表	

四、报国土资源部建设项目用地预审

建设单位申请文本格式

＊＊（项目建设单位）文件

＊＊＊＊（文号）签发人：

关于申请办理＊＊项目用地预审的报告

国土资源部：

根据《建设项目用地预审管理办法》（国土资源部令第 68 号）的要求，现将申请办理

＊＊项目用地预审的报告报上，请予审查。

一、项目建设背景

〔项目建设目的〕该项目建设是为了解决＊＊问题/应对＊＊需求等。〔项目建设依据〕项目已列入＊＊规划（文号）（如《国家公路网规划（2013年-2030年）》、《国家中长期铁路网规划》等）/经国家发展改革委（或国务院其他部门）批复项目建议书（文号）/同意立项（文号）/同意开展前期工作（文号）。〔项目建设意义〕项目建设对＊＊具有重要意义，项目建设符合国家产业政策和供地政策。按照＊＊规定，该项目应由＊＊部门审批/核准（或已经＊＊部门同意备案），按照"同级审查"的原则，向国土资源部申请办理用地预审。

二、项目基本情况

〔项目建设地点〕该项目建设地点涉及＊＊省（区、市）＊＊市（盟）＊＊县（市、区、旗）（如涉及跨省，增加表述为：和＊＊省（区、市）＊＊市（盟）＊＊县（市、区、旗））。项目在选址过程中，依据《＊＊项目建设用地指标》（文号），坚持节约集约用地原则，尽量与当地土地利用总体规划和城市规划相衔接，通过多个方案的比选，最终确定选择本方案。

〔项目建设内容〕项目主要建设内容为＊＊（举例如新建铁路项目，表述为＊＊线路起自＊＊省（区、市）＊＊市（盟）＊＊县（市、区、旗），终至＊＊省（区、市）＊＊市（盟）＊＊县（市、区、旗），沿线途经＊＊省（区、市）＊＊市（盟）＊＊县（市、区、旗）。正线线路全长＊＊公里，其中桥梁长度为＊＊公里，路基长度为＊＊公里，隧道长度为＊＊公里；全线设置车站＊＊座。铁路主要技术标准为：＊＊）。〔项目投资总额〕该项目总投资约为＊＊亿元。

三、项目申请用地情况

〔项目用地现状分类〕该项目用地总规模＊＊公顷，土地利用现状情况为农用地＊＊公顷（耕地＊＊公顷，含基本农田＊＊公顷），建设用地＊＊公顷，未利用地＊＊公顷，围填海＊＊公顷（或项目不涉及围填海）。（涉及跨省项目，增加表述为：其中，＊＊省（区、市）境内总用地面积＊＊公顷，农用地＊＊公顷（耕地＊＊公顷，含基本农田＊＊公顷），建设用地＊＊公顷，未利用地＊＊公顷，围填海＊＊公顷/或项目不涉及围填海；＊＊省（区、市）境内总用地面积＊＊公顷，农用地＊＊公顷（耕地＊＊公顷，含基本农田＊＊公顷），建设用地＊＊公顷，未利用地＊＊公顷，围填海＊＊公顷/或项目不涉及围填海。……）

〔项目用地符合规划情形〕该项目用地符合＊＊省（区、市）＊＊市（盟）＊＊县（市、区、旗）土地利用总体规划/已列入＊＊省（区、市）＊＊市（盟）＊＊县（市、区、旗）土地利用总体规划重点建设项目清单，不占用基本农田。

〔项目用地不符合规划情形〕该项目用地不符合＊＊省（区、市）＊＊市（盟）＊＊县（市、区、旗）土地利用总体规划/或已列入＊＊省（区、市）＊＊市（盟）＊＊县（市、区、旗）土地利用总体规划，但涉及占用＊＊市（盟）＊＊县（市、区、旗）境内基本农田＊＊公顷，相关县（市、区、旗）已按规定编制土地利用总体规划修改方案。

〔项目需要踏勘论证情形〕（占用耕地规模较大的建设项目，包括线性工程占用耕地100公顷以上、块状工程70公顷以上或占用耕地达到用地总面积50％以上，不包括水库类用地项目）该项目占用耕地＊＊公顷，按照有关要求，已请＊＊省（区、市）国土资源主管部门组织开展踏勘论证。

〔项目用地功能分区〕该项目总用地规模为＊＊公顷，其中各功能分区用地面积分别为＊＊（各功能分区面积情况，以及与土地使用标准对比情况）。如该项目为工业项目，须按照《国土资源部关于发布和实施〈工业项目建设用地控制指标〉的通知》（国土资发〔2008〕24号）的要求，说明是否符合投资强度、容积率、行政办公及生活服务设施用地、建筑系数、绿地率等五项控制指标情况。

〔项目用地规模符合土地使用标准情况〕该项目申请用地总面积和各功能分区用地面积均符合《＊＊项目建设用地控制指标》的规定。或：该项目用地规模超过《＊＊项目建设用地控制指标》的规定（或该类型项目未颁布土地使用标准），说明超标准及用地规模确定的依据。

四、其他情况

我单位已按规定将补充耕地、征地补偿安置、土地复垦等相关费用足额纳入项目工程概算。

五、小结

综上，根据《建设项目用地预审管理办法》（国土资源部令第＊＊号）规定，为确保项目按期推进，特向贵部申请办理＊＊项目用地预审手续，请给予审查批复。

联系人及电话：（姓名）（电话）

（公章）

年月日

第四节　国有土地划拨审批

国有土地划拨审批适用于上海市国有土地划拨审批的申请与办理。

一、办理权限

上海市人民政府（具体工作由上海市规划和国土资源管理局（以下简称市规土局）承办）。有下列情形之一的，由市规划土地管理部门审查，拟订供地方案，报市人民政府审批：

1. 城市规划确定的本市重要地区和重要道路两侧的建设用地（市规划土地管理部门核发规划许可的建设项目，原则上由市规划土地管理部门办理用地审批）；

2. 国务院、国务院有关部门、国家计划单列企业和市人民政府批准的建设项目；

3. 跨区的建设项目；

4. 其他需要由市人民政府批准的建设用地。

二、审批条件

1. 报审要件真实、有效；

2. 审核建设项目用地应符合城乡规划、土地利用总体规划（由大机系统自动判读）；

3. 审核建设项目应经投资部门批准、核准或备案；

4. 审核建设项目用地应办理土地预审；

5. 审核建设项目用地应取得规划用地规划许可证；

6. 土地不存在权属争议、纠纷，司法或行政强制以及违法用地等情况；

7. 项目不在国土资源部发布的《限制用地项目目录（2012 年本）》和《禁止用地项目目录（2012 年本）》目录范围；

8. 项目应符合《划拨用地目录（2001 年国土资源部令第 9 号）》；

9. 涉及征收国有土地上房屋的，应已完成国有土地房屋征收程序。

三、申请材料

行政审批申请材料目录详见表 8-3。

行政审批申请材料目录　　　　　　　　　　　　表 8-3

序号	提交资料名称	原件/复印件	份数	纸质/电子报件	要　　求
1	上海市建设用地行政事务审批申请表	原件	1	纸质	填写准确、字迹清楚、图章有效
2	关于用地审批有关事项的申请	原件	1	纸质	字迹清楚、图章有效
3	建设单位营业执照或法人代码证	复印件	1	纸质	真实有效，与原件一致
4	投资部门批准、核准或备案意见	原件	1	纸质	真实有效
5	建设用地规划许可证通知及附图	原件	1	纸质	真实有效
6	具备房屋土地权属调查资质机构作出的、并经测绘成果管理部门确认的房屋土地权属调查报告书附勘测定界图	原件	1	纸质	真实有效
7	经测绘成果管理部门确认的地籍图	原件	4	纸质	真实有效
8	土地所在区县人民政府征询意见回复	原件	1	纸质	真实有效
9	上海市建设项目用地预审意见	原件	1	纸质	真实有效
10	涉及征收国有土地上房屋的，须提交规土部门出具的收地审核意见书和人民政府作出的房屋征收决定	复印件	1	纸质	真实有效，与原件一致

第五节　建设用地批准书核发

建设用地批准书核发适用于上海市建设用地批准书核发的申请与办理。

一、办理权限

市办理建设项目供地的土地，由市规划和国土资源局核发建设用地批准书；区办理建设项目供地的土地，由区规划土地管理部门核发建设用地批准书。对已实施供地的建设项目，条件具备的，核发建设用地批准书。凭《建设用地批准书》的内容，办理项目供地手续。

二、审批条件

本审批事项准予批准的条件：报审要件真实、有效。审核建设项目用地已取得市人民政府核发的建设用地批准文件。出让项目应缴清出让价款。涉及征收集体土地的，应完成征地补偿；涉及征收耕地的，应完成劳动力安置或社会保障；涉及占用耕地的，应缴清耕地占用税；涉及收回国有土地的，应完成收地补偿或收地公告程序；涉及征收国有土地上房屋的，应完成房屋征收程序。

三、申请材料

行政审批申请材料目录见表8-4。

行政审批申请材料目录　　　　　　　　　　　　　　　表8-4

序号	提交资料名称	原件/复印件	份数	纸质/电子报件	要　　求
1	上海市建设用地行政事务审批申请表	原件	1	纸质	填写准确、字迹清楚、图章有效
2	人民政府核发的项目用地批文	复印件	1	纸质	真实有效，与原件一致
3	出让项目须提供出让合同和出让价款缴款凭证	复印件	1	纸质	真实有效，与原件一致
4	划拨项目须提供划拨决定书	复印件	1	纸质	真实有效，与原件一致
5	涉及征收集体土地的，须提交征地结案表；涉及征收耕地的，须提交社保部门劳动力安置证明	复印件	1	纸质	真实有效，与原件一致
6	涉及占用耕地的，须提交耕地占用税完税凭证	复印件	1	纸质	真实有效，与原件一致
7	涉及收回国有土地的，须提交补偿协议或公告期限届满的收地公告；涉及征收国有土地上房屋的，须提交房屋征收公告期限届满的房屋征收决定	复印件	1	纸质	真实有效，与原件一致
8	具备房屋土地权属调查资质机构作出的、并经测绘成果管理部门确认的地籍图	原件	4	纸质	真实有效

说明：在申领批准书时，测绘报告的面积与原批准用地文件面积不一致的，但范围一致的，以原批准用地面积为准。

第六节　建设用地批准文件调整审批

建设用地批准文件调整审批适用于上海市国有建设用地批准文件调整审批的申请与办理。

一、办理权限

建设项目需要调整原建设用地批文的，由建设用地单位向原批准用地机关提出调整事项申请。建设项目用地调整主要包含三种类型的调整：

1. 原划拨土地使用权调整范围、面积、用途、建设主体；

2. 原划拨土地使用权上的建设项目调整为有偿使用；

3. 出让土地上的建设项目调整范围、面积、用途以及调整建设主体。凭《关于批准建设工程调整用地范围的通知》、《上海市国有建设用地使用权出让合同》，办理相关用地手续，原以划拨方式取得的，除调整建设用地批文外，还应当同时换发《国有土地划拨决定书》；以出让方式取得的，还应当重新签订《上海市国有建设用用地使用权出让合同》。

二、审批条件

审批事项准予批准的条件：报审要件真实、有效；审核建设项目用地应符合城乡规划、土地利用总体规划（由大机系统自动判读）。涉及调整建设单位的，应取得投资部门（发改委、商务委、经信委）关于调整主体的批准、核准或备案意见以及规划部门批准同意调整主体的意见；涉及调整用地面积与范围、土地用途的，应取得投资部门（发改委、商务委、经信委）关于调整用地面积与范围、土地用途的批准、核准或备案意见以及规划部门批准同意调整用地面积与范围、土地用途的意见；涉及出让土地需扩大用地的，须审核是否符合扩大用地的标准，即扩大的地块应为根据规划方案确定不能独立开发或经前置性审批条件明确不能独立开发的地块；涉及原划拨用地扩大用地的，应通过建设用地预审；土地不存在权属争议、纠纷，司法或行政强制以及违法用地等情况。项目不在国土资源部发布的《限制用地项目目录（2012年本）》和《禁止用地项目目录（2012年本）》目录范围。划拨用地项目应符合《划拨用地目录（2001年国土资源部令第9号）》。

三、申请材料

需调整原批准的建设用地批文的建设用地单位行政审批申请材料目录见表8-5。

行政审批申请材料目录　　　　　　　　　　　　表8-5

序号	提交资料名称	原件/复印件	份数	纸质/电子报件	要　　求
1	上海市建设用地行政事务审批申请表	原件	1	纸质	填写准确、字迹清楚、图章有效
2	关于调整建设用地有关事项的请示	原件	1	纸质	字迹清楚、图章有效
3	建设单位营业执照、法人代码证	复印件	1	纸质	实有效，与原件一致
4	原用地批文及附图	复印件	1	纸质	实有效，与原件一致
5	投资主管部门关于建设项目调整的批准文件（便函或计划书）	复印件	1	纸质	实有效，与原件一致
6	规划部门关于建设项目调整的批准文件或建设用地规划许可证	复印件	1	纸质	实有效，与原件一致
7	国有建设用地使用权出让合同（原出让地块）	复印件	1	纸质	真实有效，与原件一致
8	具备房屋土地权属调查资质机构作出的、并经测绘成果管理部门确认的房屋土地权属调查报告书附勘测定界图	复印件	1	纸质	真实有效

续表

序号	提交资料名称	原件/ 复印件	份数	纸质/ 电子报件	要　　求
9	经测绘成果管理部门确认的地籍图	原件	4	纸质	真实有效
10	土地所在区县人民政府征询意见回复 （仅调整建设单位的不提交）	原件	1	纸质	真实有效

第七节　单独选址项目审批（市批）

单独选址项目审批适用于上海市单独选址项目审批（市批）的申请与办理。

一、办理权限

1. 征收审批权限（征收下列土地的，由国务院批准）：基本农田；基本农田以外的耕地超过 35 公顷的；其他土地超过 70 公顷的。

2. 农转用审批权限根据项目立项区分：国务院（含国务院有关部门、国家计划单列企业）批准的建设项目，市人民政府批准的道路、管线工程和大型基础设施建设项目，涉及农用地转为建设用地的，由国务院批准；根据土地利用规划区分：在本市中心城建设用地范围内（外环线以内），涉及农转用的，由国务院批准；占用未利用土地：国家重点建设项目和军事设施等项目只占用国家未利用地，应当报国务院批准。

3. 农用地转用审批与征收土地审批的关系，若农转用审批权限属国务院，则农转用和土地征收由国务院同时审批；若农转用审批权限属市政府，而土地征收权限属国务院，则农转用先由市政府审批，农转用批准后土地征收再报国务院审批。上述除国务院批准的外，均由上海市人民政府负责审批。

4. 单独选址项目〔即"圈内"（上海市土地利用总体规划确定的城市建设用地范围内）和"区内"（区、县土地利用总体规划确定的村庄、集镇建设用地范围内）以外的建设项目〕，涉及农转用（含未利用土地转建设用地）、征收集体土地时，符合上海市人民政府审批权限的，上报市人民政府审批。"区内"涉及农转用（含未利用土地转建设用地）、征收的以及"圈内"涉及征收的，且该项目的供地审批权限属市人民政府的建设项目，列入市重大工程的可参照单独选址的审批方式报批。跨土地利用总体规划确定的城市建设用地范围（部分在圈内、部分在圈外）的大中型基础设施建设项目用地，可按单独选址建设项目用地报批，其中，超出市人民政府征用土地批准权限的，应当报国务院审批。

5. 农用地转用方案、补充耕地方案、征用土地方案和供地方案经批准后，由市、县人民政府组织实施，向建设单位颁发建设用地批准书。有偿使用国有土地的，由市、县人民政府土地行政主管部门与土地使用者签订国有土地有偿使用合同；划拨使用国有土地的，由市、县人民政府土地行政主管部门向土地使用者核发国有土地划拨决定书。

二、审批条件

准予批准的条件：用地范围符合《上海市土地利用总体规划》和各区县土地利用总体规划，应在集中建设区范围内；涉及农用地、未利用地转为建设用地的，应符合土地利用年度计划中确定的新增建设用地指标；涉及占用耕地的，应符合土地利用年度计划中的耕地占补平衡指标；项目不在国土资源部发布的《限制用地项目目录（2012 年本）》和《禁止用地项目目录（2012 年本）》目录范围；取得规划部门核发的建设用地规划许可证；取得投资部门核发的项目立项批复及工程可行性批复；取得土地行政管理部门核发的建设项目用地预审意见；涉及征地的，完成征地批前告知程序，张贴《拟征地告知书》的有关证明材料；区县人民政府上报的"一书四方案"（即建设用地呈报说明书、农用地转用方案、补充耕地方案、征用土地方案、供地方案），其中涉及国有农用地的，不拟定征用土地方案。涉及需要带征的（不含规划确定需要带征），区县上报材料必须说明原因，带征规划红线外土地（除撤村、撤队带征），需取得集体经济组织同意征收的书面意见；收到耕地开垦费缴纳通知书七日内完成交纳耕地开垦费的。

三、申请材料

行政审批申请材料目录见表 8-6。

行政审批申请材料目录 表 8-6

序号	提交材料名称	原件/复印件	份数	纸质/电子报件	要　　求
1	上海市建设用地行政事务审批申请表	原件	1	纸质	填写准确、字迹清晰，图章有效
2	关于农转用征地审批有关事项的请示	原件	1	纸质	字迹清晰，图章有效
3	建设单位营业执照或法人代码证	复印件	1	纸质	与申请书，以及原件一致，并通过年检
4	法人委托书	原件	1	纸质	字迹清晰，图章有效
5	投资部门核发的项目立项批复及工程可行性批复	原件	1	纸质	真实有效，与原件一致
6	规划部门核发的建设用地规划许可证	复印件	1	纸质	真实有效，与原件一致
7	土地行政管理部门核发的建设项目用地预审意见	复印件	1	纸质	真实有效，与原件一致
8	建设用地项目呈报材料"一书四方案"，包括建设用地项目呈报说明书、农转用方案、补充耕地方案、征地方案、供地方案	原件	1	纸质和电子报件	填写准确、字迹清晰，图章有效
9	具备房屋权属调查资质的机构出具的房屋权属调查报告书（勘测定界）和勘测定界图，含建设拟征（占）地土地权属情况汇总表	原件	1	纸质和电子报件	填写准确、字迹清晰，图章有效
10	地籍图	原件	4	纸质和电子报件	真实有效
11	土地所在区县人民政府征询意见回复（说明建设项目是否在"圈内""区内"以外；征前告知的情况；应说明是否存在权属争议、纠纷，司法或行政强制以及违法用地等情况的说明；国有土地原取得方式、房地产抵押情况；带征地的带征原因；项目涉及的农用地是否在圈内）	原件	1	纸质	字迹清晰，图章有效

续表

序号	提交材料名称	原件/复印件	份数	纸质/电子报件	要　　求
12	涉及带征规划红线外土地（除撤村、撤队带征）的，需提交集体经济组织出具的同意征收的书面意见，加盖集体经济组织公章；	原件	1	纸质	字迹清晰，图章有效
13	涉及农转用的，应提交新增建设用地计划指标单和市规土局核发的补充耕地验收文件	原件	1	纸质	真实有效

第八节　协议出让用地审批

协议出让用地审批适用于本市协议出让用地审批的申请与办理。对法律、法规规定的符合协议出让的建设用地（除六类经营性项目与工业用地以及同一地块有两个或两个以上意向用地者外），意向用地者应向有审批权限的市或区县规划土地管理部门提出用地申请。上海市或区县规划土地管理部门应根据出让计划、城市规划和意向用地者申请的用地类型、规模等，对项目用地进行审查，进行出让公示拟订供地方案（协议出让），报人民政府批准。

一、审批权限

有下列情形之一的，由市规划土地管理部门审查，拟订供地方案，报市人民政府审批：城市规划确定的本市重要地区和重要道路两侧的建设用地（市规划土地管理部门核发规划许可的建设项目，由市规土局办理用地审批）；国务院、国务院有关部门、国家计划单列企业和市人民政府批准的建设项目；跨区（县）的建设项目；其他需要由市人民政府批准的建设用地。

除以上之外的，由区县办规划土地管理部门审查，拟订供地方案，报同级人民政府审批。对法律、法规规定的符合协议出让的建设用地（除六类经营性项目与工业用地以及同一地块有两个或两个以上意向用地者外），意向用地者应向有审批权限的市规划土地管理部门提出用地申请。市规土管理部门应根据出让计划、城市规划和意向用地者申请的用地类型、规模等，对项目用地进行审查，进行出让公示拟订供地方案（协议出让），报人民政府批准。凭市、区县政府批准的供地方案，办理协议出让用地手续

二、审批条件

准予批准的条件：符合《协议出让国有土地使用权规范（试行）》、《协议出让国有土地使用权规定》且符合《上海市土地利用总体规划》和各区县土地利用总体规划，应在集中建设区范围内。不在国土部发布的《限制用地项目目录（2012年本）》和《禁止用地项目目录（2012年本）》供地目录范围。审核项目不属于住宅、金融、办公、商业、娱乐、旅游服务六类经营性项目或工业用地项目取得规划部门核提的出让地块的规划条件取得产业或者行业主管部门对项目的建设要求的文件协议出让的地价，不得低于出让地块所在级

别基准地价的70％。

三、申请材料

行政审批申请材料目录见表8-7。

行政审批申请材料目录　　　　　　　　　　　　　　　　　　　　表8-7

序号	提交材料名称	原件/复印件	份数	纸质/电子报件	要 求
1	上海市建设用地行政事务审批申请表（文本格式）	原件	1	纸质	
2	申请单位营业执照或法人代码证	复印件	1	纸质	
3	发改委等投资部门批准、核准或备案意见	原件	1	纸质	
4	规划部门核发的建设用地规划许可证通知及附图	原件	1	纸质	
5	具备房屋土地权属调查资质机构作出的房屋土地权属调查报告书附勘测定界图	原件	1	纸质	
6	经测绘成果管理部门确认的地籍图	原件	4	纸质	
7	土地所在区县人民政府对出让事项征询意见回复（市批）	原件	1	纸质	
8	上海市建设项目用地预审意见	原件	1	纸质	
9	原房地产权属情况说明或房地产权证（或用地批文）复印件	原件	1	纸质	
10	建设单位与原用地单位拆迁补偿安置协议或意向书	复印件	1	纸质	
11	具备土地评估资质机构作出的土地使用权评估报告（含技术报告）	原件	1	纸质	

第九节　土地租赁用地审批

土地租赁用地审批适用于土地租赁用地审批的咨询、申请、受理、书面审查、实地核查、集体审查、决定、送达、归档、依申请变更、补证、注销、歇业、依职权撤销的办理，以及书面检查、实地检查、诚信档案、投诉举报。

一、审批权限

有下列情形之一的，由上海市规划土地管理部门审查、拟定租赁方案，报市人民政府审批：城市规划确定的本市重要地区和重要道路两侧的建设用地；国务院、国务院有关部门、国家计划单列企业和市人民政府批准的建设项目；跨区（县）的建设项目；其他需要由市人民政府批准的建设用地。

除以上之外的，由区（县）办理、审批。对法律、法规规定的符合租赁供地的建设用地，使用存量国有建设用地或新增建设用地的，由规划土地管理部门对项目用地进行审查，拟订协议租赁供地方案与租赁方案，报人民政府批准。凭市政府批准的协议租赁供地方案与租赁方案，办理土地租赁用地手续。

二、审批条件

准予批准的条件：报审要件真实、有效；项目用地范围符合《上海市土地利用总体规划》和各区县土地利用总体规划，应在集中建设区范围内；项目不在国土资源部发布的《限制用地项目目录（2012 年本）》和《禁止用地项目目录（2012 年本）》目录范围；项目不属于商品房项目；取得规划部门核提的租赁地块规划条件；取得投资、产业或者行业主管部门核提的项目建设要求文件；租赁土地的租金应当符合市场价格水平。

三、申请材料

行政审批申请材料目录见表 8-8。

行政审批申请材料目录

表 8-8

序号	提交材料名称	原件/复印件	份数	纸质/电子报件	要　　求
1	上海市建设用地行政事务审批申请表（文本格式）	原件	1	纸质	填写准确、字迹清楚、图章有效
2	申请单位营业执照或法人代码证	复印件	1	纸质	字迹清楚、原件一致
3	发改委等投资部门批准、核准或备案意见	原件	1	纸质	真实有效
4	规划部门核发的建设用地规划许可证通知及附图	原件	1	纸质	真实有效
5	具备房屋土地权属调查资质机构作出的房屋土地权属调查报告书附勘测定界图	原件	1	纸质	真实有效
6	经测绘成果管理部门确认的地籍图	原件	4	纸质	真实有效
7	土地所在区县人民政府对出让事项征询意见回复（市批）	原件	1	纸质	真实有效
8	上海市建设项目用地预审意见	原件	1	纸质	
9	原房地产权属情况说明或房地产权证（或用地批文）复印件	原件	1	纸质	真实有效
10	建设单位与原用地单位拆迁补偿安置协议或意向书	复印件	1	纸质	真实有效
11	具备土地评估资质机构作出的土地使用权评估报告（含技术报告）	原件	1	纸质	真实有效

注：复印件应逐件加盖申请单位公章，或装订后加盖骑缝章。

第十节　招标、拍卖、挂牌用地审批

招标、拍卖、挂牌用地审批适用于上海市招标、拍卖、挂牌用地审批的申请与办理。

一、办理权限

有下列情形之一的，由市规土部门审查，拟订供地方案，报市人民政府审批：城市规划确定的本市重要地区和重要道路两侧的建设用地：（市规划土地管理部门核发规划许可的建设项目，原则上由市规划土地管理部门办理用地审批）；国务院、国务院有关部门、国家计划单列企业和市人民政府批准的建设项目；跨区（县）的建设项目；其他需要由市人民政府批准的建设用地。除上述情形外均由区县局办理。市规土局委托区县局或市派出机构办理的，可由受委托的区县局、派出机构规土部门办理。商业、旅游、娱乐、金融、服务业和商品住宅等各类经营性土地以及工业用地，其他土地供地计划公布后同一宗地有两个或者两个以上意向用地者的在采用公开招标、拍卖、挂牌方式出让或出租土地使用权前，由市或区（县）土地招拍挂办公室（或储备机构）报规土管理部门审查，经人民政府批准收回土地使用权后，实施公开出让。凭《关于批准收回××××地块实施公开出让的通知》和供地方案，方可进行土地招拍挂出让。

二、审批条件

准予批准的条件：报审要件真实、有效；用地范围符合《上海市土地利用总体规划》和各区县土地利用总体规划，应在集中建设区范围内；项目不在国土资源部发布的《限制用地项目目录（2012年本）》和《禁止用地项目目录（2012年本）》目录范围；土地已由土地储备机构实施收储。项目属于商品住宅、金融、办公、商业、娱乐、旅游服务六类经营性项目或工业用地项目；取得投资（发改委）、产业（经信委）、规土、房管、环保、建管、交通、卫生、水务、绿化、民防、文物部门核提的项目建设要求文件。

三、申请材料

行政审批申请材料目录见表8-9。

行政审批申请材料目录　　　　　　　　　　　　　　　　　　表8-9

序号	提交材料名称	原件/复印件	份数	纸质/电子报件	要　　求
1	上海市建设用地行政事务审批申请表	原件	1	纸质	填写准确、字迹清楚、图章有效
2	建设单位营业执照或法人代码证及法定代表人委托书	复印件	1	纸质	字迹清楚、图章有效
3	具备房屋土地权属调查资质机构作出的，并经测绘成果管理部门确认的房屋土地权属调查报告书附勘测定界图	原件	1	纸质	真实有效
4	经测绘成果管理部门确认的地籍图	原件	1	纸质	真实有效
5	征询投资、产业、规土、房管、环保、建管、交通、卫生、水务、绿化、民防、文物部门核提的项目建设要求的意见回函	复印件	1	纸质	真实有效，原件核
6	征询其他管理部门意见回函（如涉及军事、保密项目等）	复印件	1	纸质	真实有效，原件核对后退回

注：复印件应逐件加盖申请单位公章，或装订后加盖骑缝章。

第十一节　划拨决定书核发、补发

划拨决定书核发、补发适用于本市国有建设用地划拨决定书核发、补发的申请与办理。

一、办理权限

下列建设用地，经县级以上人民政府依法批准，可以以划拨方式取得：国家机关用地和军事用地；城市基础设施用地和公益事业用地；国家重点扶持的能源、交通、水利等基础设施用地；法律、行政法规规定的其他用地。凡由市审批供地方案的项目，由市规划土地管理部门核发划拨决定书。由区县审批供地方案的项目，由区县规划土地管理部门核发划拨决定书。经人民政府批准，以划拨方式取得国有土地使用权的建设项目，由土地管理部门核发国有土地划拨决定书。凭《国有土地划拨决定书》的内容，办理建设项目手续。

二、审批条件

准予批准的条件：报审要件真实、有效；项目用地已取得供地批准文件。涉及征收集体土地的，应完成征地补偿取得征地结案表；涉及征收耕地的，应完成劳动力安置；涉及占用耕地的，应缴纳耕地占用税；涉及收回国有土地的，应签订补偿协议或公告期限届满的收地公告；涉及征收国有土地上房屋的，应完成房屋征收程序；列入经市人代会审议通过的市重大工程项目可不需要提交已完成房屋土地征收补偿、社保手续的凭证，直接凭供地批准文件办理划拨决定书。

三、申请材料

行政审批申请材料目录见表8-10。

行政审批申请材料目录　　　　　　　　　表8-10

序号	提交材料名称	原件/复印件	份数	纸质/电子报件	要　　求
1	上海市建设用地行政事务审批申请表	原件	1	纸质	填写准确、字迹清楚、图章有效
2	人民政府核发的该项目的用地批文	复印件	1	纸质	真实有效，与原件一致
3	涉及征收集体土地的，须提交征地结案表；涉及征收耕地的，须提交社保部门劳动力安置证明	复印件	1	纸质	真实有效，与原件一致
4	涉及占用耕地的，须提交耕地占用税完税凭证	复印件	1	纸质	真实有效，与原件一致
5	涉及收回国有土地的，须提交补偿协议或公告期限届满的收地公告；涉及征收国有土地上房屋的，须提交房屋征收公告期限届满的房屋征收决定，和规土部门出具的收地审核意见	原件	1	纸质	真实有效
6	具备房屋土地权属调查资质机构作出的；并经测绘成果管理部门确认的地籍图	原件	3	纸质	真实有效

注：复印件应逐件加盖申请单位公章，或装订后加盖骑缝章。

第十二节　中央国家机关现有土地开发利用审批

中央国家机关现有土地开发利用审批事项正履行新设行政许可程序，适用于中央国家机关现有土地开发利用审批事项的申请和办理，属前审后批。

一、办理依据

1.《城乡规划法》（主席令第 74 号）第二十三条："首都的总体规划、详细规划应当统筹考虑中央国家机关用地布局和空间安排的需要"。

2.《机关事务管理条例》（国务院令第 621 号）第二十条："县级以上人民政府应当对本级政府机关用地实行统一管理。城镇总体规划、详细规划应当统筹考虑政府机关用地布局和空间安排的需要。县级以上人民政府机关事务主管部门应当统筹安排机关用地，集约节约利用土地"。

3.《不动产登记暂行条例》（国务院令第 656 号）第七条："……中央国家机关使用的国有土地等不动产由国土资源主管部门会同有关部门规定"。

4.《不动产登记暂行条例实施细则》第六条："在京中央国家机关使用的国有土地等不动产登记依照《在京中央国家机关用地土地登记办法》等有关规定办理"。

5.《在京中央国家机关用地土地登记办法》（国土资源部令第 6 号）第七条："在京中央国家机关用地单位申请土地登记时，应当提交《土地登记规则》规定的文件资料和有关机关事务管理局出具的土地登记申请审核意见"。第十一条："在京中央国家机关用地变更的，申请办理土地登记时，应当提交有关机关事务管理局出具的同意变更的意见"。

6.《国务院关于中央在京党和国家机关使用土地管理问题的批复》（国函〔1995〕24号）："中央在京党和国家机关的土地使用权，在国家土地管理局的指导下，分别由中直管理局和国管局等部门实行归口管理"；"中央在京党和国家机关使用的土地，原则上不得改变其用途。如确需改变，必须符合《北京市总体规划》要求，报经其机关事务主管部门审查同意"；"北京市人民政府按照城市总体规划进行城市建设确需动迁属中央在京党和国家机关所有的房产时，要事先商得其机关事务主管部门同意"；"中央在京党和国家机关以及机关事务分别属于中直管理局和国管局等部门管理的各企事业单位使用的土地，未经批准，禁止以任何形式与其以外的其他单位合作使用"。

7.《国务院办公厅转发国管局中直管理局关于进一步加强和改进中央单位用地管理工作意见的通知》（国办发〔2006〕84 号）："国务院机关事务管理局……分别负责本系统、本部门中央单位土地使用权的归口管理以及建设用地规划的编制与实施工作，严格土地利用活动的监督和管理，强化中央单位用地的调整与处置"；"通过规划引导和控制中央单位用地布局，逐步实现办公、居住用地合理布局。严格中央单位建设用地规划实施程序"；"中央单位利用划拨土地规划建设各项设施的，需经国管局和中直管理局等部门审核同意。北京市人民政府在编制及实施城市总体规划时确需占用中央单位用地时，应征得中央单位及其机关事务主管部门的同意"；"国管局和中直管理局……逐步调整、处置中央单位用地。中央单位之间的用地调整，需经国管局和中直管理局等部门分别审核同意"；"中央单位改变土地用途、转移土地使用权等，需经国管局和中直管理局等部门审核同意后，依法按照有关规定程序办理"；"对符合规划适于办公、住宅等用途的中央单位土地，国管局和中直管理局等部门可优先调配安排用于中央单位特别是中央在京党和国家机关的建设。中央单位土地使用权出让、转让、出租、占用补偿等所获得的收入（按规定应交地方人民政府的土地出让金和市政基础设施配套费除外），应按'收支两条线'的要求上缴中央国库"。

8. 《关于印发在京中央单位利用划拨土地开发建设管理暂行办法的通知》（国管房地〔2003〕193 号）。

9. 《关于转发北京市规划委员会关于控规调整论证报告需补充相关管理部门意见通知的通知》（国管房地〔2003〕12 号）。

10. 《关于印发〈中央国家机关在京单位土地处置管理暂行规定〉的通知》（国管房地〔2008〕8 号）。

11. 《关于严格中央国家机关在京单位用地管理有关问题的通知》（国管房地〔2011〕391 号）。

12. 其他有关的法律、法规、规章及办法等。

二、办事条件

中央国家机关、中央在京企业及所属单位，申报条件：具备合法用地权属。具备主体资格。已申报当年度土地利用计划。土地权属资料及相关信息已报录中央单位用地数据库。

三、基本流程

中央国家机关现有土地开发利用审批事项包括材料初审和补正—受理审查—结果送达等流程。

四、申请材料

（一）土地规划利用事项：项目立项批准文件。项目设计方案（由申请单位自行编制或自行委托专业机构编制）。规划部门的正式意见。未取得规划部门正式意见的，需按有关规定和程序申办规划条件（或选址意见书）。国土部门的用地预审意见。申请单位身份证明材料：企业法人，提交《企业法人营业执照》；不具备企业独立法人资格的，提交其上级单位出具的书面授权证明和申请人的营业执照或登记证书等材料。非企业法人，提交《组织机构代码证》；不具备独立非企业法人资格的，提交其上级单位出具的书面授权证明和申请人的《组织机构代码证》。法定代表人身份证明书和身份证。委托办理的，提交授权委托书和受托人的身份证。其他相关材料。

（二）土地处置事项：上级主管部门批复文件。土地评估报告（由审批单位委托专业机构编制）。申请单位身份证明材料（同土地利用事项）。其他相关材料。

（三）告知内容：所有申报材料均需提供纸质版。对可提交复印件的材料，申请单位应出示原件，以供核对，并在复印件加注"此件复印内容与原件内容核对无误"字样，加盖用地单位印章。申请人对申请材料实质内容的真实性负责。

第十三节　在京中央国家机关不动产登记审批

在京中央国家机关不动产登记适用于在京中央国家机关不动产登记的申请和办理，属前审后确认行政许可事项。

一、审批依据

（一）《土地管理法》第十一条第三款："中央国家机关使用的国有土地的具体登记发证机关，由国务院确定。"

（二）《土地管理法实施条例》第五条第一款："中央国家机关使用的国有土地的登记发证，由国务院土地行政主管部门负责，具体登记办法由国务院土地行政主管部门会同国务院机关事务管理局等有关部门制定。"

（三）《不动产登记暂行条例》第七条："中央国家机关使用的国有土地等不动产登记，由国务院国土资源主管部门会同有关部门规定。"

（四）《在京中央国家机关用地土地登记办法》第三条："国土资源部委托北京市国土资源和房屋管理局直接办理在京中央单位国家机关用地的土地登记和发证。"

二、申请条件

申请人具有中华人民共和国法人资格。具备或符合如下条件的，准予批准：取得主管机关事务管理局核准登记的证明文件（《在京中央国家机关用地土地登记办法》第7条）；取得合法土地权属来源证明材料或权利证明书（《不动产登记暂行条例》第16条）。

三、申请材料

申请材料目录见表8-11。

申请材料目录　　　　　　　　　　　　　　　　　　表 8-11

序号	提交材料名称	原件/复印件	分数	纸质/电子	要求	备注
1	不动产登记申请书	原件	1	纸质		
2	权籍调查成果： （1）权籍调查成果确认单； （2）宗地界址点成果表； （3）宗地图。	原件	1	纸质		
3	土地权属来源证明文件	原件	1	纸质		
4	核发过土地权利证书的提交土地权利证书	原件	1	纸质		
5	有地上建筑物的提交《房屋所有权证》，尚未取得《房屋所有权证》的提交《建设工程规划许可证》、建设工程规划核验合格证明、工程竣工验收合格证明、门楼牌编号证明信等地上物权属证明文件	原件/复印件	1	纸质		
6	申请人身份证明文件： （1）企业法人，提交《企业法人营业执照》；不具备企业独立法人资格，提交其上级单位出具的书面授权证明和申请人的营业执照或登记证书等材料；属于境内金融企业法人、保险企业法人设立的非法人分支机构，提交营业执照或登记证书、金融许可证、保险许可证等材料。 （2）非企业法人，提交《组织机构代码证》；不具备独立非企业法人资格，提交其上级单位出具的书面授权证明和申请人的《组织机构代码证》； （3）法定代表人身份证； （4）委托办理的，提交不动产登记授权委托书和受托人的身份证。	原件/复印件	1	纸质		
7	主管机关事务管理局核准登记的证明文件	原件	1	纸质		

第十四节　一般工程项目不动产登记

《不动产登记暂行条例》和《不动产登记暂行条例实施细则》，对不动产登记、不动产登记机构、不动产登记簿、登记程序、不动产权利登记、登记信息查询与保护等作出规定。

一、不动产登记概述

不动产，是指土地、海域以及房屋、林木等定着物。不动产登记是指不动产登记机构依法将不动产权利归属和其他法定事项记载于不动产登记簿的行为。不动产首次登记、变更登记、转移登记、注销登记、更正登记、异议登记、预告登记、查封登记等。下列不动产权利，依照规定办理登记：集体土地所有权；房屋等建筑物、构筑物所有权；森林、林木所有权；耕地、林地、草地等土地承包经营权；建设用地使用权；宅基地使用权；海域使用权；地役权；抵押权；法律规定需要登记的其他不动产权利。房屋等建筑物、构筑物和森林、林木等定着物应当与其所依附的土地、海域一并登记，保持权利主体一致。

二、不动产登记簿

不动产单元，是指权属界线封闭且具有独立使用价值的空间，不动产单元具有唯一编码。没有房屋等建筑物、构筑物以及森林、林木定着物的，以土地、海域权属界线封闭的空间为不动产单元。有房屋等建筑物、构筑物以及森林、林木定着物的，以该房屋等建筑物、构筑物以及森林、林木定着物与土地、海域权属界线封闭的空间为不动产单元。前款所称房屋，包括独立成幢、权属界线封闭的空间，以及区分套、层、间等可以独立使用、权属界线封闭的空间。不动产登记簿以宗地或者宗海为单位编成，一宗地或者一宗海范围内的全部不动产单元编入一个不动产登记簿。不动产以不动产单元为基本单位进行登记。不动产登记机构应当按照国务院国土资源主管部门的规定设立统一的不动产登记簿。不动产登记簿应当记以下事项：不动产的坐落、界址、空间界限、面积、用途等自然状况；不动产权利的主体、类型、内容、来源、期限、权利变化等权属状况；涉及不动产权利限制、提示的事项；其他相关事项。不动产登记簿应当采用电子介质，暂不具备条件的，可以采用纸质介质。不动产登记机构应当明确不动产登记簿唯一、合法的介质形式。不动产登记簿采用电子介质的，应当定期进行异地备份，并具有唯一、确定的纸质转化形式。不动产登记簿由不动产登记机构永久保存。不动产登记簿损毁、灭失的，不动产登记机构应当依据原有登记资料予以重建。行政区域变更或者不动产登记机构职能调整的，应当及时将不动产登记簿移交相应的不动产登记机构。

三、登记程序

（一）申请不动产登记的，申请人应当填写登记申请书，并提交身份证明以及相关申请材料。申请材料应当提供原件。因特殊情况不能提供原件的，可以提供复印件，复印件应当与原件保持一致。处分共有不动产申请登记的，应当经占份额三分之二以上的按份共有人或者全体共有人共同申请，但共有人另有约定的除外。按份共有人转让其享有的不动产份额，应当与受让人共同申请转移登记。申请登记的事项记载于不动产登记簿前，全体申请人提出撤回登记申请的，登记机构应当将登记申请书以及相关材料退还申请人。因继承、受遗赠取得不动产，当事人申请登记的，应当提交死亡证明材料、遗嘱或者全部法定继承人关于不动产分配的协议以及与被继承人的亲属关系材料等，也可以提交经公证的材料或者生效的法律文书。不动产登记机构受理不动产登记申请后，还应当对下列内容进行查验：申请人、委托代理人身份证明材料以及授权委托书与申请主体是否一致；权属来源材料或者登记原因文件与申请登记的内容是否一致；不动产界址、空间界限、面积等权籍调查成果是否完备，权属是否清楚、界址是否清晰、面积是否准确；法律、行政法规规定的完税或者缴费凭证是否齐全。因买卖、设定抵押权等申请不动产登记的，应当由当事人双方共同申请。属于下列情形之一的，可以由当事人单方申请：尚未登记的不动产首次申请登记的；继承、接受遗赠取得不动产权利的；人民法院、仲裁委员会生效的法律文书或者人民政府生效的决定等设立、变更、转让、消灭不动产权利的；权利人姓名、名称或者自然状况发生变化，申请变更登记的；不动产灭失或者权利人放弃不动产权利，申请注销登记的；申请更正登记或者异议登记的；法律、行政法规规定可以由当事人单方申请的其他情形。申请人应当提交下列材料，并对申请材料的真实性负责：登记申请书；申请人、代理人身份证明材料、授权委托书；相关的不动产权属来源证明材料、登记原因证明文件、不动产权属证书；不动产界址、空间界限、面积等材料；与他人利害关系说明材料；法律、行政法规以及条例实施细则规定的其他材料。不动产登记机构收到不动产登记申请材料，应当分别按照下列情况办理：属于登记职责范围，申请材料齐全、符合法定形式，或者申请人按照要求提交全部补正申请材料的，应当受理并书面告知申请人；申请材料存在可以当场更正的错误的，应当告知申请人当场更正，申请人当场更正后，应当受理并书面告知申请人；申请材料不齐全或者不符合法定形式的，应当当场书面告知申请人不予受理，并一次性告知需要补正的全部内容；申请登记的不动产不属于本机构登记范围的，应当当场书面告知申请人不予受理，并告知申请人向有登记权的机构申请。不动产登记机构未当场书面告知申请人不予受理的，视为受理。不动产登记机构受理不动产登记申请的，应当按照下列要求进行查验：不动产界址、空间界限、面积等材料与申请登记的不动产状况是否一致；有关证明材料、文件与申请登记的内容是否一致；登记申请是否违反法律、行政法规规定。属于下列情形之一的，不动产登记机构可以对申请登记的不动产进行实地重点查看下列情况：房屋等建筑物、构筑物所有权首次登记，查看房屋坐落及其建造完成等情况；在建建筑物抵押权登记，查看抵押的在建建筑物坐落及其建造等情况；因不动产灭失导致的注销登记，查看不动产灭失等情况。不动产登记机构认为需要实地查看的其他情形。对可能存在权属争议，或者可能涉及他人利害关系的登记申请，不动产登记机构可以向申请人、利害关系人或者有关单位进行调查。不动产登记机构进行实地查看或者调查时，申请人、被调查人应当予以配合。不动产登记机构应当自受理登记申请之日起 30 个工作日内办结不动产登记手续，法律另有规定的除外。登记事项自记载于不动产登记簿时完成登记。不动产登记机构完成登记，应当依法向申请人核发不动产权属证书或者登记证明。

（二）不动产登记机构应当在登记事项记载于登记簿前进行公告。有下列情形之一的，但涉及国家秘密的除外：政府组织的集体土地所有权登记；宅基地使用权及房屋所有权，集体建设用地使用权及建筑物、构筑物所有权，土地承包经营权等不动产权利的首次登记；依职权更正登记；依职权注销登记；法律、行政法规规定的其他情形。公告应当在不动产登记机构门户网站以及不动产所在地等指定场所进行，公告期不少于 15 个工作日。公告所需时间不计算在登记办理期限内。公告期满无异议或者异议不成立的，应当及时记载于不动产登记簿。不动产登记公告的主要内容包括：拟予登记的不动产权利人的姓名或者名称；拟予登记的不动产坐落、面积、用途、权利类型等；提出异议的期限、方式和受理机构；需要公告的其他事项。

（三）当事人可以持人民法院、仲裁委员会的生效法律文书或者人民政府的生效决定单方申请不动产登记。有下列情形之一的，不动产登记机构直接办理不动产登记：人民法院持生效法律文书和协助执行通知书要求不动产登记机构办理登记的；人民检察院、公安机关依据法律规定持协助查封通知书要求办理查封登记的；人民政府依法做出征收或者收回不动产权利决定生效后，要求不动产登记机构办理注销登记的；法律、行政法规规定的其他情形。不动产登记机构认为登记事项存在异议的，应当依法向有关机关提出审查建议。

（四）不动产登记机构应当根据不动产登记簿，填写并核发不动产权属证书或者不动产登记证明。除办理抵押权登记、地役权登记和预告登记、异议登记，向申请人核发不动产登记证明外，不动产登记机构应当依法向权利人核发不动产权属证书。不动产权属证书和不动产登记证明，应当加盖不动产登记机构登记专用章。申请共有不动产登记的，不动产登记机构向全体共有人合并发放一本不动产权属证书；共有人申请分别持证的，可以为共有人分别发放不动产权属证书。共有不动产权属证书应当注明共有情况，并列明全体共有人。

（五）不动产权属证书或者不动产登记证明污损、破损的，当事人可以向不动产登记机构申请换发。符合换发条件的，不动产登记机构应当予以换发，并收回原不动产权属证书或者不动产登记证明。不动产权属证书或者不动产登记证明遗失、灭失，不动产权利人申请补发的，由不动产登记机构在其门户网站上刊发不动产权利人的遗失、灭失声明 15 个工作日后，予以补发。不动产登记机构补发不动产权属证书或者不动产登记证明的，应当将补发不动产权属证书或者不动产登记证明的事项记载于不动产登记簿，并在不动产权属证书或者不动产登记证明上注明"补发"字样。因不动产权利灭失等情形，不动产登记机构需要收回不动产权属证书或者不动产登记证明的，应当在不动产登记簿上将收回不动产权属证书或者不动产登记证明的事项予以注明；确实无法收回的，应当在不动产登记机构门户网站或者当地公开发行的报刊上公告作废。

四、不动产权利登记

（一）一般规定

不动产首次登记，是指不动产权利第一次登记。未办理不动产首次登记的，不得办理不动产其他类型登记，但法律、行政法规另有规定的除外。市、县人民政府可以根据情况对本行政区域内未登记的不动产，组织开展集体土地所有权、宅基地使用权、集体建设用地使用权、土地承包经营权的首次登记。

1. 下列情形之一的，不动产权利人可以向不动产登记机构申请变更登记：权利人的姓名、名称、身份证明类型或者身份证明号码发生变更的；不动产的坐落、界址、用途、面积等状况变更的；不动产权利期限、来源等状况发生变化的；同一权利人分割或者合并不动产的；抵押担保的范围、主债权数额、债务履行期限、抵押权顺位发生变化的；最高额抵押担保的债权范围、最高债权额、债权确定期间等发生变化的；地役权的利用目的、方法等发生变化的；共有性质发生变更的；法律、行政法规规定的其他不涉及不动产权利转移变更情形。

2. 因下列情形导致不动产权利转移的，当事人可以向不动产登记机构申请转移登记：买卖、互换、赠予不动产的；以不动产作价出资（入股）的；法人或者其他组织因合并、分立等原因致使不动产权利发生转移的；不动产分割、合并导致权利发生转移的；继承、受遗赠导致权利发生转移的；共有人增加或者减少以及共有不动产份额变化的；因人民法院、仲裁委员会的生效法律文书导致不动产权利发生转移的；因主债权转移引起不动产抵押权转移的；因需役地不动产权利转移引起地役权转移的；法律、行政法规规定的其他不动产权利转移情形。

3. 有下列情形之一的，当事人可以申请办理注销登记：不动产灭失的；权利人放弃不动产权利的；不动产被依法没收、征收或者收回的；人民法院、仲裁委员会的生效法律文书导致不动产权利消灭的；法律、行政法规规定的其他情形。不动产上已经设立抵押权、地役权或者已经办理预告登记，所有权人、使用权人因放弃权利申请注销登记的，申请人应当提供抵押权人、地役权人、预告登记权利人同意书面材料。

（二）集体土地所有权登记

集体土地所有权登记，依照下列规定提出申请：土地属于村农民集体所有的，由村集体经济组织代为申请，没有集体经济组织的，由村民委员会代为申请；土地分别属于村内两个以上农民集体所有的，由村内各集体经济组织代为申请，没有集体经济组织的，由村民小组代为申请；土地属于乡（镇）农民集体所有的，由乡（镇）集体经济组织代为申请。申请集体土地所有权首次登记的，应当提交下列材料：土地权属来源材料；权籍调查表、宗地图以及宗地界址点坐标；其他必要材料。农民集体因互换、土地调整等原因导致集体土地所有权转移，申请集体土地所有权转移登记的，应当提交下列材料：不动产权属证书；互换、调整协议等集体土地所有权转移的材料；本集体经济组织三分之二以上成员或者三分之二以上村民代表同意的材料；其他必要材料。申请集体土地所有权变更、注销登记的，应当提交下列材料：不动产权属证书；集体土地所有权变更、消灭的材料；其他必要材料。

（三）国有建设用地使用权及房屋所有权登记

依法取得国有建设用地使用权，可以单独申请国有建设用地使用权登记。依法利用国有建设用地建造房屋的，可以申请国有建设用地使用权及房屋所有权登记。申请国有建设用地使用权首次登记，应当提交下列材料：土地权属来源材料；权籍调查表、宗地图以及宗地界址点坐标；土地出让价款、土地租金、相关税费等缴纳凭证；其他必要材料。前款规定的土地权属来源材料，根据权利取得方式的不同，包括国有建设用地划拨决定书、国有建设用地使用权出让合同、国有建设用地使用权租赁合同以及国有建设用地使用权作价出资（入股）、授权经营批准文件。申请在地上或者地下单独设立国有建设用地使用权登记的，按照规定办理。申请国有建设用地使用权及房屋所有权首次登记的，应当提交下列材料：不动产权属证书或者土地权属来源材料；建设工程符合规划的材料；房屋已经竣工的材料；房地产调查或者测绘报告；相关税费缴纳凭证；其他必要材料。

1. 办理房屋所有权首次登记时，申请人应当将建筑区划内依法属于业主共有的道路、绿地、其他公共场所、公用设施和物业服务用房及其占用范围内的建设用地使用权一并申请登记为业主共有。业主转让房屋所有权，其对共有部分享有的权利依法一并转让。申请国有建设用地使用权及房屋所有权变更登记的，应当根据不同情况，提交下列材料：不动产权属证书；发生变更的材料；有批准权的人民政府或者主管部门的批准文件；国有建设用地使用权出让合同或者补充协议；国有建设用地使用权出让价款、税费等缴纳凭证；其他必要材料。

2. 申请国有建设用地使用权及房屋所有权转移登记的，应当根据不同情况，提交下列材料：不动产权属证书；买卖、互换、赠予合同；继承或者受遗赠的材料；分割、合并协议；人民法院或者仲裁委员会生效的法律文书；有批准权的人民政府或者主管部门的批准文件；相关税费缴纳凭证；其他必要材料。不动产买卖合同依法应当备案的，申请人申请登记时须提交经备案的买卖合同。具有独立利用价值的特定空间以及码头、油库等其他建筑物、构筑物所有权的登记，按照实施细则中房屋所有权登记有关规定办理。

（四）宅基地使用权及房屋所有权登记

依法取得宅基地使用权，可以单独申请宅基地使用权登记。依法利用宅基地建造住房及其附属设施的，可以申请宅基地使用权及房屋所有权登记。申请宅基地使用权及房屋所有权首次登记的，应当根据不同情况，提交下列材料：申请人身份证和户口簿；不动产权属证书或者有批准权的人民政府批准用地的文件等权属来源材料；房屋符合规划或者建设的相关材料；权籍调查表、宗地图、房屋平面图以及宗地界址点坐标等有关不动产界址、面积等材料；其他必要材料。因依法继承、分家析产、集体经济组织内部互换房屋等导致宅基地使用权及房屋所有权发生转移申请登记的，申请人应当根据不同情况，提交下列材料：不动产权属证书或者其他权属来源材料；依法继承材料；分家析产的协议或者材料；集体经济组织内部互换房屋的协议；其他必要材料。申请宅基地等集体土地上的建筑物区分所有权登记的，参照国有建设用地使用权及建筑物区分所有权规定办理登记。

（五）集体建设用地使用权及建筑物、构筑物所有权登记

依法取得集体建设用地使用权，可以单独申请集体建设用地使用权登记。依法利用集体建设用地兴办企业、建设公共设施、从事公益事业等的，可以申请集体建设用地使用权及地上建筑物、构筑物所有权登记。申请集体建设用地使用权及建筑物、构筑物所有权首次登记的，申请人应当根据不同情况提交下列材料：有批准权的人民政府批准用地的文件等土地权属来源材料；建设工程符合规划的材料；权籍调查表、宗地图、房屋平面图以及宗地界址点坐标等有关不动产界址、面积等材料；建设工程已竣工的材料；其他必要材料。集体建设用地使用权首次登记完成后，申请人申请建筑物、构筑物所有权首次登记的，应当提交享有集体建设用地使用权的不动产权属证书。申请集体建设用地使用权及建筑物、构筑物所有权变更登记、转移登记、注销登记的，申请人应当根据不同情况提交下列材料：不动产权属证书；集体建设用地使用权及建筑物、构筑物所有权变更、转移、消灭的材料；其他必要材料。因企业兼并、破产等原因致使集体建设用地使用权及建筑物、构筑物所有权发生转移的，申请人应当持相关协议及有关部门批准文件等相关材料，申请

不动产转移登记。

（六）土地承包经营权登记

承包农民集体所有的耕地、林地、草地、水域、滩涂以及荒山、荒沟、荒丘、荒滩等农用地，或者国家所有依法由农民集体使用的农用地从事种植业、林业、畜牧业、渔业等农业生产的，可以申请土地承包经营权登记；地上有森林、林木的，应当在申请土地承包经营权登记时一并申请登记。依法以承包方式在土地上从事种植业或者养殖业生产活动的，可以申请土地承包经营权的首次登记。以家庭承包方式取得的土地承包经营权的首次登记，由发包方持土地承包经营合同等材料申请。以招标、拍卖、公开协商等方式承包农村土地的，由承包方持土地承包经营合同申请土地承包经营权首次登记。已经登记的土地承包经营权有下列情形之一的，承包方应当持原不动产权属证书以及其他证实发生变更事实的材料，申请土地承包经营权变更登记：权利人的姓名或者名称等事项发生变化的；承包土地的坐落、名称、面积发生变化的；承包期限依法变更的；承包期限届满，土地承包经营权人按照国家有关规定继续承包的；退耕还林、退耕还湖、退耕还草导致土地用途改变的；森林、林木的种类等发生变化的；法律、行政法规规定的其他情形。

1. 已经登记的土地承包经营权发生下列情形之一的，当事人双方应当持互换协议、转让合同等材料，申请土地承包经营权的转移登记：互换；转让；因家庭关系、婚姻关系变化等原因导致土地承包经营权分割或者合并的；依法导致土地承包经营权转移的其他情形。以家庭承包方式取得的土地承包经营权，采取转让方式流转的，还应当提供发包方同意的材料。

2. 已经登记的土地承包经营权发生下列情形之一的，承包方应当持不动产权属证书、证实灭失的材料等，申请注销登记：承包经营的土地灭失的；承包经营的土地被依法转为建设用地的；承包经营权人丧失承包经营资格或者放弃承包经营权的；法律、行政法规规定的其他情形。以承包经营以外的合法方式使用国有农用地的国有农场、草场，以及使用国家所有的水域、滩涂等农用地进行农业生产，申请国有农用地的使用权登记的，参照实施细则有关规定办理。国有农场、草场申请国有未利用地登记的，依照前款规定办理。国有林地使用权登记，应当提交有批准权的人民政府或者主管部门的批准文件，地上森林、林木一并登记。

（七）海域使用权登记

依法取得海域使用权，可以单独申请海域使用权登记。依法使用海域，在海域上建造建筑物、构筑物的，应当申请海域使用权及建筑物、构筑物所有权登记。申请无居民海岛登记的，参照海域使用权登记有关规定办理。申请海域使用权首次登记的，应当提交下列材料：项目用海批准文件或者海域使用权出让合同；宗海图以及界址点坐标；海域使用金缴纳或者减免凭证；其他必要材料。

1. 有下列情形之一的，申请人应当持不动产权属证书、海域使用权变更的文件等材料，申请海域使用权变更登记：海域使用权人姓名或者名称改变的；海域坐落、名称发生变化的；改变海域使用位置、面积或者期限的；海域使用权续期的；共有性质变更的；法律、行政法规规定的其他情形。

2. 有下列情形之一的，申请人可以申请海域使用权转移登记：因企业合并、分立或者与他人合资、合作经营、作价入股导致海域使用权转移的；依法转让、赠与、继承、受遗赠海域使用权的；因人民法院、仲裁委员会生效法律文书导致海域使用权转移的；法律、行政法规规定的其他情形。

3. 申请海域使用权转移登记的，申请人应当提交下列材料：不动产权属证书；海域使用权转让合同、继承材料、生效法律文书等材料；转让批准取得的海域使用权，应当提交原批准用海的海洋行政主管部门批准转让的文件；依法需要补交海域使用金的，应当提交海域使用金缴纳的凭证；其他必要材料。

4. 申请海域使用权注销登记的，申请人应当提交下列材料：原不动产权属证书；海域使用权消灭的材料；其他必要材料。因围填海造地等导致海域灭失的，申请人应当在围填海造地等工程竣工后，依照本实施细则规定申请国有土地使用权登记，并办理海域使用权注销登记。

（八）地役权登记

按照约定设定地役权，当事人可以持需役地和供役地的不动产权属证书、地役权合同以及其他必要文件，申请地役权首次登记。

1. 经依法登记的地役权发生下列情形之一的，当事人应当持地役权合同、不动产登记证明和证实变更的材料等必要材料，申请地役权变更登记：地役权当事人的姓名或者名称等发生变化；共有性质变更的；需役地或者供役地自然状况发生变化；地役权内容变更的；法律、行政法规规定的其他情形。供役地分割转让办理登记，转让部分涉及地役权的，应当由受让人与地役权人一并申请地役权变更登记。已经登记的地役权因土地承包经营权、建设用地使用权转让发生转移的，当事人应当持不动产登记证明、地役权转移合同等必要材料，申请地役权转移登记。申请需役地转移登记的，或者需役地分割转让，转让部分涉及已登记的地役权的，当事人应当一并申请地役权转移登记，但当事人另有约定的除外。当事人拒绝一并申请地役权转移登记的，应当出具书面材料。不动产登记机构办理转移登记时，应当同时办理地役权注销登记。

2. 已经登记的地役权，有下列情形之一的，当事人可以持不动产登记证明、证实地役权发生消灭的材料等必要材料，申请地役权注销登记：地役权期限届满；供役地、需役地归于同一人；供役地或者需役地灭失；人民法院、仲裁委员会的生效法律文书导致地役权消灭；依法解除地役权合同；其他导致地役权消灭的事由。地役权登记，不动产登记机构应当将登记事项分别记载于需役地和供役地登记簿。供役地、需役地分属不同不动产登记机构管辖的，当事人应当向供役地所在地的不动产登记机构申请地役权登记。供役地所在地不动产登记机构完成登记后，应当将相关事项通知需役地所在地不动产登记机构，并由其记载于需役地登记簿。地役权设立后，办理首次登记前发生变更、转移的，当事人应当提交相关材料，就已经变更或者转移的地役权，直接申请首次登记。

（九）抵押权登记

对下列财产进行抵押的，可以申请办理不动产抵押登记：建设用地使用权；建筑物和其他土地附着物；海域使用权；以招标、拍卖、公开协商等方式取得的荒地等土地承包经营权；正在建造的建筑物；法律、行政法规未禁止抵押的其他不动产。以建设用地使用权、海域使用权抵押的，该土地、海域上的建筑物、构筑物一并抵押；以建筑物、构筑物抵押的，该建筑物、构筑物占用范围内的建设用地使用权、海域使用权一并抵押。自然人、法人或者其他组织为保障其债权的实现，依法以不动产设定抵押的，可以由当事人持不动产权属证书、抵押合同与主债权合同等必要材料，共同申请办理抵押登记。抵押合同可以是单独订立的书面合同，也可以是主债权合同中的抵押条款。同一不动产上设立多个抵押权的，不动产登记机构应当按照受理时间的先后顺序依次办理登记，并记载于不动产登记簿。当事人对抵押权顺位另有约定的，从其规定办理登记。

1. 有下列情形之一的，当事人应当持不动产权属证书、不动产登记证明、抵押权变更等必要材料，申请抵押权变更登记：抵押人、抵押权人的姓名或者名称变更的；被担保的主债权数额变更的；债务履行期限变更的；抵押权顺位变更的；法律、行政法规规定的其他情形。因被担保债权主债权的种类及数额、担保范围、债务履行期限、抵押权顺位发生变更申请抵押权变更登记时，如果该抵押权的变更将对其他抵押权人产生不利影响的，还应当提交其他抵押权人书面同意的材料与身份证或者户口簿等材料。因主债权转让导致抵押权转让的，当事人可以持不动产权属证书、不动产登记证明、被担保主债权的转让协议、债权人已经通知债务人的材料等相关材料，申请抵押权的转移登记。

2. 有下列情形之一的，当事人可以持不动产登记证明、抵押权消灭的材料等必要材料，申请抵押权注销登记：主债权消灭；抵押权已经实现；抵押权人放弃抵押权；法律、行政法规规定抵押权消灭的其他情形。设立最高额抵押权的，当事人应当持不动产权属证书、最高额抵押合同与一定期间内将要连续发生的债权的合同或者其他登记原因材料等必要材料，申请最高额抵押权首次登记。当事人申请最高额抵押权首次登记时，同意将最高额抵押权设立前已经存在的债权转入最高额抵押担保的债权范围的，还应当提交已存在债权的合同以及当事人同意将该债权纳入最高额抵押权担保范围的书面材料。

3. 有下列情形之一的，当事人应当持不动产登记证明、最高额抵押权发生变更的材料等必要材料，申请最高额抵押权变更登记：抵押人、抵押权人的姓名或者名称变更的；债权范围变更的；最高债权额变更的；债权确定的期间变更的；抵押权顺位变更；法律、行政法规规定的其他情形。因最高债权额、债权范围、债务履行期限、债权确定的期间发生变更申请最高额抵押权变更登记时，如果该变更将对其他抵押权人产生不利影响的，当事人还应当提交其他抵押权人的书面同意文件与身份证或者户口簿等。当发生导致最高额抵押权担保的债权被确定的事由，从而使最高额抵押权转变为一般抵押权时，当事人应当持不动产登记证明、最高额抵押权担保的债权已确定的材料等必要材料，申请办理确定最高额抵押权的登记。最高额抵押权发生转移的，应当持不动产登记证明、部分债权转移的材料、当事人约定最高额抵押权随同部分债权的转让而转移的材料等必要材料，申请办理最高额抵押权转移登记。债权人转让部分债权，当事人约定最高额抵押权随同部分债权的转让而转移的，应当分别申请下列登记：当事人约定原抵押权人与受让人共同享有最高额抵押权的，应当申请最高额抵押权的转移登记；当事人约定受让人享有一般抵押权、原抵押权人就扣减已转移的债权数额后继续享有最高额抵押权的，应当申请一般抵押权的首次登记以及最高额抵押权的变更登记；当事人约定原抵押权人不再享有最高额抵押权的，应当一并申请最高额抵押权确定登记以及一般抵押权转移登记。最高额抵押权担保的债权确定前,债权人转让部分债权的,除当事人另有约定外,不动产登记机构不得办理最高额抵押权转移登记。以建设用地使用权以及全部或者部分在建建筑物设定抵押的,应当一并申请建设用地使用权以及在建建筑物抵押权的首次登记。当事人申请在建建筑物抵押权首次登记时,抵押财产不包括已经办理预告登记的预购商品房和已经办理预售备案的商品房。前款规定的在建建筑物,是指正在建造、尚未办理所有权首次登记的房屋等建筑物。

4. 申请在建建筑物抵押权首次登记的,当事人应当提交下列材料:抵押合同与主债权合同;享有建设用地使用权的不动产权属证书;建设工程规划许可证;其他必要材料。在建建筑物抵押权变更、转移或者消灭的,当事人应当提交下列材料:申请变更登记、转移登记、注销登记;不动产登记证明;在建建筑物抵押权发生变更、转移或者消灭的材料;其他必要材料。在建建筑物竣工,办理建筑物所有权首次登记时,当事人应当申请将在建建筑物抵押权登记转为建筑物抵押权登记。申请预购商品房抵押登记,应当提交下列材料:抵押合同与主债权合同;预购商品房预告登记材料;其他必要材料。预购商品房办理房屋所有权登记后,当事人应当申请将预购商品房抵押预告登记转为商品房抵押权首次登记。

五、其他登记

(一) 更正登记

权利人、利害关系人认为不动产登记簿记载的事项有错误,可以申请更正登记。权利人申请更正登记的,应当提交下列材料:不动产权属证书;证实登记确有错误的材料;其他必要材料。利害关系人申请更正登记的,应当提交利害关系材料、证实不动产登记簿记载错误的材料以及其他必要材料。不动产权利人或者利害关系人申请更正登记,不动产登记机构认为不动产登记簿记载确有错误的,应当予以更正;但在错误登记之后已经办理了涉及不动产权利处分的登记、预告登记和查封登记的除外。不动产权属证书或者不动产登记证明填制错误以及不动产登记机构在办理更正登记中,需要更正不动产权属证书或者不动产登记证明内容的,应当书面通知权利人换发,并把换发不动产权属证书或者不动产登记证明的事项记载于登记簿。不动产登记簿记载无误的,不动产登记机构不予更正,并书面通知申请人。不动产登记机构发现不动产登记簿记载的事项错误,应当通知当事人在30个工作日内办理更正登记。当事人逾期不办理的,不动产登记机构应当在公告15个工作日后,依法予以更正;但在错误登记之后已经办理了涉及不动产权利处分的登记、预告登记和查封登记的除外。

(二) 异议登记

利害关系人认为不动产登记簿记载的事项错误,权利人不同意更正的,利害关系人可以申请异议登记。利害关系人申请异议登记的,应当提交下列材料:证实对登记的不动产权利有利害关系的材料;证实不动产登记簿记载的事项错误的材料;其他必要材料。不动产登记机构受理异议登记申请的,应当将异议事项记载于不动产登记簿,并向申请人出具异议登记证明。异议登记申请人应当在异议登记之日起15日内,提交人民法院受理通知书、仲裁委员会受理通知书等提起诉讼、申请仲裁的材料;逾期不提交的,异议登记失效。异议登记失效后,申请人就同一事项以同一理由再次申请异议登记的,不动产登记机构不予受理。异议登记期间,不动产登记簿上记载的权利人以及第三人因处分权利申请登记的，不动产登记机构应当书面告知申请人该权利已经存在异议登记有关事项。申请人申请继续办理，应当予以办理，但申请人应当提供知悉异议登记存在并自担风险的书面承诺。

（三）预告登记

1. 有下列情形之一的，当事人可以按照约定申请不动产预告登记：商品房等不动产预售的；不动产买卖、抵押的；以预购商品房设定抵押权的；法律、行政法规规定的其他情形。预告登记生效期间，未经预告登记的权利人书面同意，处分该不动产权利申请登记的，不动产登记机构应当不予办理。预告登记后，债权未消灭且自能够进行相应的不动产登记之日起3个月内，当事人申请不动产登记的，不动产登记机构应当按照预告登记事项办理相应登记。

2. 申请预购商品房的预告登记，应当提交下列材料：已备案的商品房预售合同；当事人关于预告登记的约定；其他必要材料。预售人和预购人订立商品房买卖合同后，预售人未按照约定与预购人申请预告登记，预购人可以单方申请预告登记。预购人单方申请预购商品房预告登记，预售人与预购人在商品房预售合同中对预告登记附有条件和期限的，预购人应当提交相应材料。申请预告登记的商品房已经办理在建建筑物抵押权首次登记的，当事人应当一并申请在建建筑物抵押权注销登记，并提交不动产权属转移材料、不动产登记证明。不动产登记机构应当先办理在建建筑物抵押权注销登记，再办理预告登记。申请不动产转移预告登记的，当事人应当提交下列材料：不动产转让合同；转让方的不动产权属证书；当事人关于预告登记的约定；其他必要材料。抵押不动产，申请预告登记的，当事人应当提交下列材料：抵押合同与主债权合同；不动产权属证书；当事人关于预告登记约定；其他必要材料。

3. 预告登记未到期，有下列情形之一的，当事人可以持不动产登记证明、债权消灭或者权利人放弃预告登记的材料，以及法律、行政法规规定的其他必要材料申请注销预告登记：预告登记的权利人放弃预告登记的；债权消灭的；法律、行政法规规定的其他情形。

（四）查封登记

人民法院要求不动产登记机构办理查封登记的，应当提交下列材料：人民法院工作人员的工作证；协助执行通知书；其他必要材料。两个以上人民法院查封同一不动产的，不动产登记机构应当为先送达协助执行通知书的人民法院办理查封登记，对后送达协助执行通知书的人民法院办理轮候查封登记。轮候查封登记的顺序按照人民法院协助执行通知书送达不动产登记机构的时间先后进行排列。查封期间，人民法院解除查封的，不动产登记机构应当及时根据人民法院协助执行通知书注销查封登记。动产查封期限届满，人民法院未续封的，查封登记失效。人民检察院等其他国家有权机关依法要求不动产登记机构办理查封登记的，参照规定办理。

六、不动产登记资料的查询、保护和利用

（一）国务院国土资源主管部门应当会同有关部门建立统一的不动产登记信息管理基础平台。各级不动产登记机构登记的信息应当纳入统一的不动产登记信息管理基础平台，确保国家、省、市、县四级登记信息的实时共享。不动产登记有关信息与住房和城乡建设、农业、林业、海洋等部门审批信息、交易信息等应当实时互通共享。不动产登记机构能够通过实时互通共享取得的信息，不得要求不动产登记申请人重复提交。国土资源、公安、民政、财政、税务、工商、金融、审计、统计等部门应当加强不动产登记有关信息互通共享。权利人、利害关系人可以依法查询、复制不动产登记资料，不动产登记机构应当提供。有关国家机关可以依照法律、行政法规的规定查询、复制与调查处理事项有关的不动产登记资料。

（二）不动产登记资料包括：不动产登记簿等不动产登记结果；不动产登记原始资料，包括不动产登记申请书、申请人身份材料、不动产权属来源、登记原因、不动产权籍调查成果等材料以及不动产登记机构审核材料。不动产登记资料由不动产登记机构管理。不动产登记机构应当建立不动产登记资料管理制度以及信息安全保密制度，建设符合不动产登记资料安全保护标准的不动产登记资料存放场所。不动产登记资料中属于归档范围的，按照相关法律、行政法规的规定进行归档管理，具体由国土资源部会同国家档案主管部门制定。不动产登记机构应当加强不动产登记信息化建设，按照统一的不动产登记信息管理基础平台建设要求和技术标准，做好数据整合、系统建设和信息服务等工作，加强不动产登记信息产品开发和技术创新，提高不动产登记的社会综合效益。各级不动产登记机构应当采取措施保障不动产登记信息安全。任何单位和个人不得泄露不动产登记信息。

（三）不动产登记机构、不动产交易机构建立不动产登记信息与交易信息互联共享机制，确保不动产登记与交易有序衔接。不动产交易机构应当将不动产交易信息及时提供给不动产登记机构。不动产登记机构完成登记后，应当将登记信息及时提供给不动产交易机构。国家实行不动产登记资料依法查询制度。权利人、利害关系人按照《条例》规定依法查询、复制不动产登记资料的，应当到具体办理不动产登记的不动产登记机构申请。权利人可以查询、复制其不动产登记资料。因不动产交易、继承、诉讼等涉及的利害关系人可以查询、复制不动产自然状况、权利人及其不动产查封、抵押、预告登记、异议登记等状况。人民法院、人民检察院、国家安全机关、监察机关等可以依法查询、复制与调查和处理事项有关的不动产登记资料。其他有关国家机关执行公务依法查询、复制不动产登记资料的，依照规定办理。

（四）权利人、利害关系人申请查询、复制不动产登记资料应当提交下列材料：查询申请书；查询目的的说明；申请人的身份材料；利害关系人查询的，提交证实存在利害关系的材料。权利人、利害关系人委托他人代为查询的，还应当提交代理人的身份证明材料、授权委托书。权利人查询其不动产登记资料无需提供查询目的的说明。有关国家机关查询的，应当提供本单位出具的协助查询材料、工作人员的工作证。有下列情形之一的，不动产登记机构不予查询，并书面告知理由：申请查询的不动产不属于不动产登记机构管辖范围的；查询人提交的申请材料不符合规定的；申请查询的主体或者查询事项不符合规定的；申请查询的目的不合法的；法律、行政法规规定的其他情形。对符合规定的查询申请，不动产登记机构应当当场提供查询；因情况特殊，不能当场提供查询的，应当在5个工作日内提供查询。查询人查询不动产登记资料，应当在不动产登记机构设定的场所进行。不动产登记原始资料不得带离设定的场所。查询人在查询时应当保持不动产登记资料的完好，严禁遗失、拆散、调换、抽取、污损登记资料，也不得损坏查询设备。查询人可以查阅、抄录不动产登记资料。查询人要求复制不动产登记资料的，不动产登记机构应当提供复制。查询人要求出具查询结果证明的，不动产登记机构应当出具查询结果证明。查询结果证明应注明查询目的及日期，并加盖不动产登记机构查询专用章。

七、现房买卖及其他转移登记

现房买卖及其他转移登记提交材料详见表 8-12。

现房买卖及其他转移登记提交材料　　　　　　　　　　　　表 8-12

提交材料＼登记种类	新建商品房买卖	新建经济适用住房买卖	预购商品房或经济适用住房	存量房买卖	交换	赠与	抵债	继承遗嘱	判决裁定调解裁决或者人民政府生效的决定	共有人发生增减	按份共有份额转让	共同共有和不等额按份共有互相转化	公有住房出售
上海市不动产登记申请书（原件）	★	★	★	★	★	★	★	★	★	★	★	★	★
当事人身份证明（原件及复印件）	★	★	★	★	★	★	★	★	★	★	★	★	★
委托人（原件）及代理人身份证明（原件及复印件）	★	★	★	★	★	★	★	★	★	★	★	★	★
不动产权证书（原件）				★	★	★	★	★	★	★	★	★	★
*房屋平面图（原件二份）	★	★	★	★	★	★	★	★	★	★	★	★	★
*地籍图（原件二份）	★	★	★	★	★	★	★	★	★	★	★	★	★
契税完税证明（原件）	★	★	★	★	★	★	★	★	★	★	★	★	★
维修基金交款凭证	★	★	★										
商品房或经济适用住房预售合同（预告登记证明）及房屋交接书（原件）	★ 2选1	★ 2选1											
商品房或经济适用住房出售合同（原件）													

续表

登记种类／提交材料	新建商品房买卖	新建经济适用住房买卖	预购商品房或经济适用住房	存量房买卖	交换	赠与	抵债	继承遗嘱	判决裁定调解裁决或者人民政府生效的决定	共有人发生增减	按份共有份额转让	共同共有和不等额按份共有相互转化	公有住房出售
选房确认书（原件）		★											
预购商品房预告登记的登记证明或预购经济适用住房预告登记的登记证明及房屋交接书（原件）			★										
房地产买卖合同（原件）				★									
房地产交换合同（原件）					★								
赠与书和受赠书，或赠与合同（原件）						★							
房地产抵债合同（原件）							★						
继承、受遗嘱的应当提交享有继承权的证明文件，受遗嘱的还应提交受遗嘱人表示同意接受遗嘱的声明、全部法定继承人认可该房地产遗赠行为的声明（原件）								★					
人民法院、仲裁机构已发生法律效力的判决、裁定、调解、裁决书或者人民政府生效的决定（原件）									★				

续表

提交材料 \ 登记种类	新建商品房买卖	新建经济适用住房买卖	预购商品房或经济适用住房	存量房买卖	交换	赠与	抵债	继承遗嘱	判决裁定调解裁决或者人民政府生效的决定	共有人发生增减	按份共有份额转让	共同共有和不等额按份共有互相转化	公有住房出售
房地产共有人增加或减少的合同或其他证明文件										★			
房地产按份共有份额转让的合同（若将份额转让给共有人之外的其他人，还应提交其他人在登记中心现场签署的放弃优先购买权的证明或证明的公证文书）（原件）											★		
共同共有和不等额按份共有相互转化的协议（原件）												★	
公有住房出售合同、购房付款凭证、购房人缴付费用计算表、公有住房价格出售计算表（原件）													★

八、首次、转移、变更、注销登记

首次、转移、变更、注销登记提交材料详见表8-13。

首次、转移、变更、注销登记提交材料 　　　　　表8-13

提交材料 \ 登记种类	首次登记	转移登记		变更登记		注销登记（国家征收集体土地）
		调换集体土地	行政村建制撤销将集体土地归入镇农民集体	国家征收集体土地	集体土地所有权人名称变更	
上海市不动产登记申请书（原件）	★	★	★	★	★	★

259

登记种类 ＼ 提交材料	首次登记	转移登记		变更登记		注销登记（国家征收集体土地）
		调换集体土地	行政村建制撤销将集体土地归入镇农民集体	国家征收集体土地	集体土地所有权人名称变更	
当事人身份证明（原件及复印件）	★	★	★	★	★	★
委托书（原件）及代理人身份证明（原件及复印件）	★	★	★	★	★	★
不动产权证书（原件）		★	★	★	★	★
不动产权属调查报告（土地）（原件）	★	★				
土地所有权界限协议书（原件）	★	★				
集体土地所有权调查成果征询意见反馈表（原件）	★	★				
登记申请人证明文件（原件）【集体土地属于村农民集体所有的，证明文件为村民会议或者村民代表会议关于委托集体土地所有权登记申请人的授权决议；集体土地属于镇（乡）农民集体所有的，证明文件为镇（乡）人民政府出具的登记申请人证明文件】	★					
调换土地的协议（原件）		★				
区（县）级以上人民政府批准文件（原件）		★				
集体资产划转的批准文件（原件）			★			
农民集体名称变更证明（复印件）					★	

九、预购商品房（变更）、预购经济适用住房（变更）、不动产转让

预购商品房（变更）、预购经济适用住房（变更）、不动产转让等提交材料详见表8-14。

预购商品房（变更）、预购经济适用住房（变更）、不动产转让等提交材料　　表 8-14

登记种类 提交材料	预购商品房	预购商品房变更	预购经济适用住房	预购经济适用住房变更	不动产转让等
上海市不动产登记申请书（原件）	★	★	★	★	★
当事人身份证明（原件及复印件）	★	★	★	★	★
委托书（原件）及代理人身份证明（原件及复印件）	★	★	★	★	★
上海市商品房预售合同（原件）	★				
预购商品房预告登记证明（原件）		★			
预购商品房变更事实的有关证明文件（原件）		★			
预购经济适用住房预告登记证明（原件）				★	
预购经济适用住房变更事实的有关证明文件（原件）				★	
选房确认书（原件）			★		
上海市经济适用住房预售合同（原件）			★		
住房保障机构出具的相关书面意见				★	
不动产转让等的合同（原件）					★

十、房地产转移登记（主要用于单位）

房地产转移登记（主要用于单位）提交材料详见表 8-15。

房地产转移登记（主要用于单位）提交材料　　表 8-15

登记种类 提交材料	成片开发建设用地使用权转让	房屋建设工程转让	作价出资	企业兼并合并	企业分立	国有企业改制、机关事业单位机构改革等
上海市不动产登记申请书（原件）	★	★	★	★	★	★
当事人身份证明（原件及复印件）	★	★	★	★	★	★

登记种类 提交材料	成片开发建设用地使用权转让	房屋建设工程转让	作价出资	企业兼并合并	企业分立	国有企业改制、机关事业单位机构改革等
委托书（原件）及代理人身份证明（原件及复印件）	★	★	★	★	★	★
不动产权证书（原件）	★	★	★	★	★	★
＊房屋平面图（原件二份）			★	★	★	★
＊地籍图（原件二份）	★	★	★	★	★	★
不动产权属调查报告（土地）（原件）	★		★			
契税完税证明（原件）	★	★		★	★	★
建设用地使用权转让合同（原件）	★					
规土部门出具的已形成建设用地条件的证明文件及确认土地用途的文件（原件）	★					
房屋建设工程转让合同（原件）		★				
建设工程规划许可证（附建筑工程项目表、建筑工程总平面图等附图）（原件）		★				
有资质的审价机构出具的开发投资总额已完成25％以上的证明文件或预售许可证（原件）		★				
作价出资、合作合同（原件及复印件）、企业章程、验资报告或评估报告（复印件）			★			
企业兼并、合并的证明文件（原件）及企业章程（复印件）				★		
企业分立的证明文件（原件）、企业章程（复印件）					★	
国资管理部门改制批准文件或者政府对机关事业单位机构改革的批准文件（含确认不动产归属内容）（原件）						★

十一、房地产注销登记

房地产注销登记提交材料详见表 8-16。

房地产注销登记提交材料　　　　表 8-16

登记种类 / 提交材料	房屋倒塌灭失	建设用地使用权终止	建设用地使用权、房屋所有权抛弃	行政机关、人民法院终止建设用地使用权、房屋所有权	注销不动产抵押权	注销预告登记						注销房屋租赁合同文件登记
						预购商品房抵押权	预购经济适用住房抵押权	预购商品房	预购经济适用住房	生效法律文书	不动产转让等	
上海市不动产登记申请书（原件）	★	★	★		★	★	★	★	★	★	★	★
当事人身份证明（原件及复印件）	★	★	★		★	★	★	★	★	★	★	★
委托书（原件）及代理人身份证明（原件及复印件）	★	★	★	★	★	★	★	★	★	★	★	★
不动产权证书（原件）	★	★	★									
房屋所在地的区（县）房屋、规土管理部门出具的房屋倒塌、拆除等灭失证明文件（原件）	★											
规土管理部门出具的建设用地使用权依法终止的证明文件（原件）		★										
已生效的因征收、收回、没收等行为而终止建设用地使用权、房屋使用权的文件（原件）			★									
不动产登记证明（原件）					★	★	★					

续表

提交材料＼登记种类	房屋倒塌灭失	建设用地使用权终止	建设用地使用权、房屋所有权抛弃	行政机关、人民法院终止建设用地使用权、房屋所有权	注销不动产抵押权	注销预告登记						注销房屋租赁合同文件登记
						预购商品房抵押权	预购经济适用住房抵押权	预购商品房	预购经济适用住房	生效法律文书	不动产转让等	
不动产抵押权终止的证明文件（原件）					★	★	★					
预购商品房预告登记证明及商品房预售合同终止的证明文件（原件）								★				
预购经济适用住房预告登记证明及经济适用住房预售合同终止的证明文件（原件）									★			
人民法院、仲裁机构已经发生法律效力的文件（原件）										★		
不动产转让等的预告登记证明（原件）											★	
房屋租赁合同登记证明（原件）												★

十二、房地产首次登记

房地产首次登记提交材料详见表 8-17。

房地产首次登记提交材料　　　　　　　　　表 8-17

提交材料＼登记种类	出让建设用地使用权	租赁建设用地使用权	划拨建设用地使用权	集体建设用地使用权	新建商品房（包括动迁安置房）	新建非商品房	新建经济适用住房	个人自建房屋
上海市不动产登记申请书（原件）	★	★	★	★	★	★	★	★

续表

提交材料 \ 登记种类	出让建设用地使用权	租赁建设用地使用权	划拨建设用地使用权	集体建设用地使用权	新建商品房(包括动迁安置房)	新建非商品房	新建经济适用住房	个人自建房屋
当事人身份证明（原件及复印件）	★	★	★	★	★	★	★	★
委托书（原件）及代理人身份证明（原件及复印件）	★	★	★	★	★	★	★	★
不动产权属调查报告（土地）（原件）	★	★	★	★				
不动产权属调查报告（房屋）（原件）					★	★	★	★
＊地籍图（原件二份）	★	★	★	★	★	★	★	★
契税完税证明（原件）	★							
建设用地使用权出让合同（原件）	★							
已付清建设用地使用权出让金的证明（原件及复印件）	★							
建设用地使用权租赁合同		★						
市或区、县人民政府建设用地批准文件及建设用地批准书（原件）			★	★				
记载建设用地使用权状况的不动产权证书（原件）					★	★	★	★
建设工程规划许可证（附建筑工程项目表、建筑工程总平面图等附图）（原件）					★	★	★	★
竣工验收证明（建设工程竣工验收备案证明、建设工程竣工规划验收合格证、建设用地核验合格证明）（原件）					★	★	★	

续表

提交材料 ＼ 登记种类	出让建设用地使用权	租赁建设用地使用权	划拨建设用地使用权	集体建设用地使用权	新建商品房(包括动迁安置房)	新建非商品房	新建经济适用住房	个人自建房屋
住宅交付使用许可证（原件）					★	★	★	
公安部门出具的编制门牌号批复（复印件）					★	★	★	★
房地产开发企业住宅维修基金交款凭证（原件）					★		★	
经市或区县房管部门备案的销售方案（保留自有和用于销售部分）（原件）					★			
区县房管部门出具业主共有房地产的证明文件（原件）					★		★	
区县房管部门出具的公益性公共服务设施的证明文件（原件）					★		★	
与市或区县房管、规土部门签订的建设项目协议书（动迁安置房）（原件）					★			
民防建设工程竣工验收备案证明（原件）					★	★	★	

十三、房地产变更登记

房地产变更登记提交材料详见表 8-18。

房地产变更登记提交材料 表 8-18

提交材料 ＼ 登记种类	建设用地用途变更	房屋用途变更	权利人姓名或者名称变更	面积增减	分割合并	配偶之间变更	房地产共有关系变化	建设用地受让人变更为其项目公司	"九四年方案"已购公有住房的权利人增加购房时同住成年人为权利人
上海市不动产登记申请书（原件）	★	★	★	★	★	★	★	★	★

登记种类 提交材料	建设用地用途变更	房屋用途变更	权利人姓名或者名称变更	面积增减	分割合并	配偶之间变更	房地产共有关系变化	建设用地受让人变更为其项目公司	"九四年方案"已购公有住房的权利人增加购房时同住成年人为权利人
当事人身份证明（原件及复印件）	★	★	★	★	★	★	★	★	★
委托书（原件）及代理人身份证明（原件及复印件）	★	★	★	★	★	★	★	★	★
不动产权证明书（原件）	★	★	★	★	★	★	★	★	★
*房屋平面图（原件二份）		★	★	★	★	★			★
*地籍图（原件二份）	★	★	★	★	★	★		★	
不动产权属调查报告（土地）（原件）				★	★				
不动产权属调查报告（房屋）（原件）				★	★				
建设用地用途变更的批准文件（原件）	★								
房屋用途变更的批准文件（原件）		★							
由公安、工商、民政或技监等部门出具的权利人姓名或者名称变更的相关证明文件（原件）			★						
房屋、规土管理部门的批准或证明文件（原件）				★					
竣工验收证明（建设工地竣工验收备案证明、规划和用地状况的核验意见）（原件，个人自建房屋除外）				★					
证明发生分割、合并事实的文件（原件）					★				
婚姻关系证明文件（复印件），境外婚姻关系证明文件需公正（要求同委托书）						★			

续表

登记种类／提交材料	建设用地用途变更	房屋用途变更	权利人姓名或者名称变更	面积增减	分割合并	配偶之间变更	房地产共有关系变化	建设用地受让人变更为其项目公司	"九四年方案"已购公有住房的权利人增加购房时同住成年人为权利人
房产证等额按份共有转为共同共有的协议或房地产共有转为等额按份共有的协议（原件）							★		
建设用地使用权出让合同的补充合同（原件）								★	
职工家庭购买公有住房协议书的查阅证明（原件）									★

十四、不动产抵押权登记

不动产抵押权登记提交材料详见表 8-19。

不动产抵押权登记提交材料　　　　　　　　表 8-19

登记种类／提交材料	出让建设用地使用权抵押	经济适用住房划拨建设用地使用权抵押	公共租赁住房划拨建设用地使用权抵押	现房抵押	房屋建设工程抵押	其他不动产抵押	不动产抵押权转移、变更	预购商品房抵押	预购经济适用住房抵押
上海市不动产登记申请书（原件）	★	★	★	★	★	★	★	★	★
当事人身份证明（原件及复印件）	★	★	★	★	★	★	★	★	★
委托书（原件）及代理人身份证明（原件及复印件）	★	★	★	★	★	★	★	★	★
不动产权证书（原件）	★	★	★	★	★	★			
抵押担保的主债权合同及抵押合同（原件）	★	★	★	★	★	★		★	★
不动产登记证明（原件）							★		
确认经济适用住房项目的有关文件（复印件）		★							
公共租赁住房项目认定文件（复印件）			★						

续表

登记种类／提交材料	出让建设用地使用权抵押	经济适用住房划拨建设用地使用权抵押	公共租赁住房划拨建设用地使用权抵押	现房抵押	房屋建设工程抵押	其他不动产抵押	不动产抵押权转移、变更	预购商品房抵押	预购经济适用住房抵押
不动产抵押权转让或者变更的证明文件（原件）							★		
预购商品房预告登记证明（复印件）								★	
预购经济适用住房预告登记证明（复印件）									★
建设工程规划许可证（原件）					★				

注：单位产权的住房申请抵押登记时，当事人除了提交上述材料外，还应当提交由区县房屋管理部门出具的《已出租公有住房征询表》。

十五、补证、换证或更正登记、异议登记、登记撤回

补证、换证或更正登记、异议登记、登记撤回提交材料详见表 8-20。

补证、换证或更正登记、异议登记、登记撤回提交材料　　　　表 8-20

登记种类／提交材料	补证	换证	登录更正	权利归属更正（原权利人同意）	权利归属更正（持生效法律文件单方申请）	异议登记	登记撤回
上海市不动产登记申请书（原件）	★	★	★	★	★	★	★
当事人身份证明（原件及复印件）	★	★	★	★	★	★	★
委托书（原件）及代理人身份证明（原件及复印件）	★	★	★	★	★	★	★
*权证附图（原件二份）	★	★					
不动产登记簿查阅证明（原件）	★						
委托登记中心在门户网站上刊登灭失、遗失声明的书面文件（原件）	★						
不动产权证书或者登记证明（原件）		★	★	★			

续表

提交材料 ＼ 登记种类	补证	换证	登录更正	权利归属更正（原权利人同意）	权利归属更正（持生效法律文件单方申请）	异议登记	登记撤回
证明不动产登记簿登录错误的文件（原件）			★				
证明不动产登记簿记载的权利归属错误的文件（原件）				★			
不动产登记簿记载的权利人同意更正的书面文件（原件）				★			
确认不动产权利归属的行政机关、人民法院、仲裁机构已经发生法律效力的文件（原件）					★		
证明不动产登记簿记载的权利人等事项可能存在错误、申请人对该不动产可能拥有物权的有关文件（原件）						★	
原登记申请的收件收据（原件）							★

十六、不动产登记资料查询

不动产登记资料查询提交材料详见表 8-21。

不动产登记资料查询提交材料　　　　　　　表 8-21

提交材料 ＼ 查阅种类	单位或者个人查阅登记簿	查阅原始凭证							
		不动产权利人查阅	不动产抵押权、典权、租赁权等其他权利的当事人查阅	不动产权利的继承人、受赠人、受遗人查阅	国家安全机关、公安机关、检查机关、审判机关、纪检监察部门和证券监管部门指定查阅人查阅	公证机构、仲裁机构指定查阅人查阅	仲裁、诉讼案件的当事人查阅	不动产权属争议的当事人查阅	律师查阅
查阅申请表	★	★	★	★	★	★	★	★	★
当事人身份证件	★	★	★				★	★	

续表

查阅种类 / 提交材料	单位或者个人查阅登记簿	查阅原始凭证							
		不动产权利人查阅	不动产抵押权、典权、租赁权等其他权利的当事人查阅	不动产权利的继承人、受赠人、受赠人查阅	国家安全机关、公安机关、检查机关、审判机关、纪检监察部门和证券监管部门指定查阅人查阅	公证机构、仲裁机构指定查阅人查阅	仲裁、诉讼案件的当事人查阅	不动产权属争议的当事人查阅	律师查阅
不动产能权利人的身份证件		★							
不动产权利发生继承、赠与的证明				★					
不动产权利的继承人、受赠人本人身份证件				★					
国家安全机关、公安机关、检察机关、审判机关、纪检监察部门和证券监管部门县级以上所在机关、部门出具的查阅证明					★				
指定查阅人的工作证件					★	★			
公证机构、仲裁机构出具的证明，当事人申请公证或仲裁的证明						★			
仲裁机构或者审判机关受理案件的证明							★		
市或者区、县房地部门出具的房地产权属争议认定证明								★	
法院调查令及本人律师证									★
代理证明和代理人身份证件		★	★	★			★	★	

注：提交资料均为原件，经核实查阅人身份证件后，提供查阅。

不动产登记工作程序：办理契税——取号——受理——缴纳登记费用——领取收件收据——记载公示——缮证——领证，带"＊"的资料由不动产登记中心代为配制。

第四篇　投资项目国家审批与核准

第九章　政府出资的投资项目审批

为深入推进行政审批制度改革，向社会公开国务院各部门目前保留的行政审批事项清单，根据《国务院办公厅关于公开国务院各部门行政审批事项等相关工作的通知》要求，国务院审改办在中国机构编制网公开国务院各部门行政审批事项汇总清单。公开的汇总清单涵盖了 60 个有行政审批事项的国务院部门，各部门目前正在实施的行政审批事项共1235 项。公开内容包括：项目编码、审批部门、项目名称、设定依据、审批对象，以及对进一步取消和下放行政审批项目意见的具体方式等。

第一节　监管监察能力建设重大项目审批

申请安排中央预算内投资 3000 万元及以上的安全生产监管部门和煤矿安全监察机构监管监察能力建设重大项目受理、核准的审批。

一、申报依据

（一）《国务院关于投资体制改革的决定》（国发〔2004〕20 号）。

（二）《中央预算内直接投资项目管理办法》（国家发改委令 2014 年第 7 号）。

（三）《固定资产投资项目节能审查办法》（国家发改委令 2016 年第 44 号）。

（四）中央编办《关于国家发展和改革委员会有关职责和机构编制调整的通知》（中央编办发〔2013〕144 号）。

（五）《安全生产监管部门和煤矿安全监察机构监管监察能力建设规划（2011-2015年）》（发改投资〔2012〕611 号）。

（六）《招标投标法》第三条；《招标投标法实施条例》第七条。

二、申报材料

（一）项目建议书阶段：

1. 安全生产监管总局，或会同省级政府、中央管理企业关于审批项目建议书的函。

2. 项目建议书及相关文件资料。

（二）可行性研究报告阶段：

1. 安全生产监管总局，或会同省级政府、中央管理企业关于审批项目可行性研究报告的函。

2. 项目可行性研究报告。

3. 根据国家法律法规规定，附送以下文件：

（1）城乡规划行政主管部门出具的选址意见书（仅指以划拨方式提供国有土地使用权的项目）。

（2）国土资源部行政主管部门出具的用地预审意见（不涉及新增用地，在已批准的建设用地范围内进行改扩建的项目，可以不进行用地预审）。

（3）地方节能审查机关出具的节能审查意见（根据国家或地方相关规定不需要进行节能审查的项目，建设单位应出具说明，列明项目年综合能源消费量、年电力消费量及不需要进行节能审查所依据的文件条款，并加盖公章）。

（4）安全生产监管总局，或会同省级政府、中央管理企业出具的可行性研究报告文件应当包含对项目社会稳定风险评估报告的意见，并附其认定的《项目社会稳定风险评估报告》。

（5）项目招标内容。

（三）初步设计及投资概算阶段：

1. 安全生产监管总局，或会同省级政府、中央管理企业关于审批初步设计及投资概算的正式申报文件。

2. 具有相应资质的甲级设计单位编制的项目初步设计（含概算投资）。

第二节　国家电子政务工程项目审批

国家统一电子政务网络、国家基础信息资源库、国家网络与信息安全基础设施、重点业务信息系统、政府数据中心以及电子政务相关支撑体系等使用中央财政性资金建设的政务信息化工程建设项目受理、核准的审批。

一、申报依据

（一）《中央预算内直接投资项目管理办法》（国家发改委令 2014 年第 7 号）。

（二）《国家电子政务工程建设项目管理暂行办法》（国家发改委令 2007 年第 55 号）。

（三）《固定资产投资项目节能审查办法》（国家发展改革委令 2016 年第 44 号）。

（四）《关于加强和完善国家电子政务工程建设管理的意见》（发改高技〔2013〕266号）。

（五）《关于进一步加强政务部门信息共享建设管理的指导意见》（发改高技〔2013〕733 号）。

（六）《关于进一步加强国家电子政务网络建设和管理的通知》（发改高技〔2012〕1986 号）。

（七）《招标投标法》第三条；《招标投标法实施条例》第七条。

二、申报材料

（一）项目建议书阶段：

1. 项目建设单位关于审批项目建议书的函。

2. 项目建议书。

3. 接入电子政务内网的审核意见（使用国家电子政务内网）。

4. 涉密信息系统保密审查意见（涉密项目）。

5. 非涉密系统安全等级保护备案证明（非涉密项目）。

6. 依托电子政务外网开展业务应用协议（使用国家电子政务外网）。

7. 信息共享协议、共享信息目录（跨部门共建共享项目）。

8. 地方资金承诺函（中央地方共建项目）。

（二）可行性研究报告阶段：

1. 项目建设单位关于审批可行性研究报告的函。

2. 可行性研究报告。

3. 地方节能审查机关出具的节能审查意见（根据国家或地方相关规定不需要进行节能审查的项目，建设单位应出具说明，列明项目年综合能源消费量、年电力消费量及不需要进行节能审查所依据的文件条款，并加盖公章）。

4. 招标基本情况表。

5. 信息共享协议、共享信息目录（跨部门共建共享项目）。

（三）初步设计及投资概算阶段：

1. 中央部门关于审批初步设计及投资概算的正式申报文件。

2. 附送具有相应资质的甲级设计单位编制的项目初步设计总说明书和概算书。

第三节　国家民用空间基础设施项目审批

根据《国家民用空间基础设施中长期发展规划（2015-2025 年）》的任务部署及国家发改委的有关规划，国务院有关部门、中央企业、省级发改委上报的国家民用空间基础设施实施方案，主要包括业务卫星生产发射项目（含卫星、运载火箭、发射场、测控等系统）、地面系统建设项目、共性应用支撑平台建设项目等受理、核准的审批。

一、申报依据

（一）《国家民用空间基础设施中长期发展规划（2015-2025 年）》（国办发〔2015〕39 号）。

（二）《中央预算内直接投资项目管理办法》（国家发改委令 2014 年第 7 号）。

（三）《固定资产投资项目节能审查办法》（国家发改委令 2016 年第 44 号）。

（四）《中央政府投资的国家民用空间基础设施业务卫星项目暂行管理办法》（发改高技〔2015〕3213 号）。

二、申报材料

（一）项目建议书阶段：

1. 项目主管部门关于国家民用空间基础设施项目建议书的请示。

2. 项目建议书：卫星生产发射项目建议书应包含主报告和卫星、运载火箭、发射场、测控等各系统承担单位编制的系统分报告，并附有关用户部门确认的卫星使用要求；地面系统建设项目建议书应包含建设方案，附经用户部门确认的地面系统建设和运行服务要求。

3. 根据国家法律法规规定，附送地方或部门配套资金证明或意向（根据项目实际情况）。

（二）可行性研究报告阶段：

1. 项目主管部门关于国家民用空间基础设施可行性研究报告的请示。

2. 可行性研究报告卫星生产发射项目应包含主报告和卫星、运载火箭、发射场、测控等各系统承担单位编制的系统分报告，直接编报可行性研究报告的项目，应附有关用户部门确认的卫星使用要求；直接编报可行性研究报告的地面系统建设项目，除主报告外，还应附经有关用户部门确认的地面系统建设和运行服务要求。

3. 根据国家法律法规规定，附送以下文件：

（1）省、自治区、直辖市、计划单列市人民政府城乡规划行政主管部门核发的选址意见书（仅指以划拨方式提供国有土地使用权的项目）（卫星生产发射项目除外）。

（2）国土资源行政主管部门出具的用地预审意见（不涉及新增用地，在已批准的建设用地范围内进行改扩建的项目，可以不进行用地预审）或土地所有权证明。

（3）地方节能审查机关出具的节能审查意见（根据国家或地方相关规定不需要进行节能审查的项目，建设单位应出具说明，列明项目年综合能源消费量、年电力消费量及不需要进行节能审查所依据的文件条款，并加盖公章）。

（4）地方或部门配套资金证明（根据项目实际情况）。

（三）初步设计及投资概算阶段：

1. 项目主管部门关于审批投资概算的正式申报文件。

2. 附送具有相应资质的甲级设计单位编制的项目概算书。

第四节　国家石油储备基地工程项目审批

新建国家石油储备基地设施工程项目受理、核准的审批。

一、申报依据

（一）《国务院关于投资体制改革的决定》（国发〔2004〕20号）。

（二）《中央预算内直接投资项目管理办法》（国家发改委令第7号）。

（三）《国家发展改革委重大固定资产投资项目社会稳定风险评估暂行办法》（发改投资〔2012〕2492号）。

（四）《固定资产投资项目节能审查办法》（国家发改委令2016年第44号）。

二、申报材料

（一）可行性研究报告阶段：

1. 计划单列企业集团、中央管理企业上报的可行性研究报告请示文件，并附项目所在地省级发展改革部门意见。

2. 可行性研究报告，根据国家法律法规规定附送以下文件：

（1）城乡规划行政主管部门出具的选址意见书。

（2）国土资源行政主管部门出具的用地预审意见。

（3）地方节能审查机关出具的节能审查意见（根据国家或地方相关规定不需要进行节能审查的项目，建设单位应出具说明，列明项目年综合能源消费量、年电力消费量及不需要进行节能审查所依据的文件条款，并加盖公章）。

（4）项目所在地人民政府或其有关部门认定的《项目社会稳定风险评估报告》及项目所在地省级发改部门对项目社会稳定风险评估报告的意见。

（二）初步设计及概算阶段：

1. 项目所在地省级发改部门关于审批初步设计及投资概算的正式申报文件（地方项目）；中央部门关于审批初步设计及投资概算的正式申报文件（中央项目）。

2. 初步设计及概算。

第五节　国家重大科技基础设施项目审批

国家发改委根据有关规划及部署，按照"成熟一项、启动一项"的原则，组织设施建设项目的受理、核准的审批。

一、申报依据

（一）《国家重大科技基础设施建设中长期规划（2012-2030年）》（国发〔2013〕8号）。

（二）《中央预算内直接投资项目管理办法》（国家发改委令2014年第7号）。

（三）《国家重大科技基础设施管理办法》（发改高技〔2014〕2545号）。

（四）《固定资产投资项目节能审查办法》（国家发改委令2016年第44号）。

（五）《招标投标法》第三条；《招标投标法实施条例》第七条。

二、申报材料

（一）项目建议书阶段：

1. 项目主管部门关于国家重大科技基础设施项目建议书的请示。

2. 项目建议书（编制机构应具备甲级工程咨询资质；应对设施建设的必要性、科学目标、用户需求、投资匡算、开放共享措施以及经济社会效益等进行分析）。

（二）可行性研究报告阶段：

1. 项目主管部门关于国家重大科技基础设施可行性研究报告的请示。

2. 可行性研究报告（应对实现科学目标的可行性、项目建设方案的合理性、开放共享的条件和机制、土地落实情况、验收指标等进行全面分析论证）。

3. 根据国家法律法规规定，附送以下文件：

（1）省、自治区、直辖市、计划单列市人民政府城乡规划行政主管部门核发的选址意见书（仅指以划拨方式提供国有土地使用权的项目）。

（2）国土资源部出具的用地预审意见（不涉及新增用地，在已批准的建设用地范围内进行改扩建的项目，可以不进行用地预审）或土地所有权证明。

（3）地方节能审查机关出具的节能审查意见（根据国家或地方相关规定不需要进行节能审查的项目，建设单位应出具说明，列明项目年综合能源消费量、年电力消费量及不需要进行节能审查所依据的文件条款，并加盖公章）。

（4）项目所在地人民政府或其有关部门认定的《项目社会稳定风险评估报告》及项目所在地省级发改部门对项目社会稳定风险评估报告的意见。

（5）招标基本情况表。

（6）地方或部门配套资金证明（根据项目实际情况）。

（三）初步设计及投资概算阶段：

1. 中央和国家机关及事业单位关于审批初步设计及投资概算的正式申报文件。

2. 附送具有相应资质的甲级设计单位编制的项目概算书。

第六节 食品药品监管、高技术等领域项目审批（政府内部审批）

申请安排中央预算内投资 3000 万元及以上的政府出资的食品药品、高技术等领域项目受理、核准的审批。

一、办理依据

（一）《国务院关于投资体制改革的决定》（国发〔2004〕20 号）。

（二）《中央预算内直接投资项目管理办法》（国家发改委令 2014 年第 7 号）。

（三）《固定资产投资项目节能审查办法》（国家发改委令 2016 年第 44 号）。

（四）《招标投标法》第三条；《招标投标法实施条例》第七条。

二、申报材料

（一）项目建议书阶段：

1. 部门或有关单位关于报送项目建议书的正式申报文件。

2. 项目建议书及相关文件资料。

（二）可行性研究报告阶段：

1. 部门或有关单位关于报送项目可行性研究报告的正式申报文件。

2. 项目可行性研究报告。

3. 可行性研究报告应包含或单独附送以下文件：

（1）省级城乡规划行政主管部门出具的选址意见书（仅指以划拨方式提供国有土地使用权的项目）。

（2）国土资源部出具的用地预审意见（不涉及新增用地，在已批准的建设用地范围内进行改扩建的项目，可以不进行用地预审）。

（3）地方节能审查机关出具的节能审查意见（根据国家或地方相关规定不需要进行节能审查的项目，建设单位应出具说明，列明项目年综合能源消费量、年电力消费量及不需要进行节能审查所依据的文件条款，并加盖公章）。

（4）部门或有关单位出具的可行性研究报告文件应当包含对项目社会稳定风险评估报告的意见，并附其认定的《项目社会稳定风险评估报告》。

（5）项目招标内容。

（三）初步设计及投资概算阶段：

1. 部门或有关单位关于报送初步设计及投资概算的正式申报文件。

2. 具有相应资质的甲级设计单位编制的项目初步设计（含概算投资）。

第七节 政府出资的水电站项目审批

使用中央预算内投资 5 亿元及以上，或使用中央预算内投资的总投资 50 亿元及以上的水电站项目受理、核准的审批。

一、申报依据

（一）《国务院关于投资体制改革的决定》（国发〔2004〕20 号）。

（二）《关于印发国家发展改革委核报国务院核准或审批的固定资产投资项目目录（试

行）的通知》（发改投资〔2004〕1927 号）。

（三）《产业结构调整指导目录》（国家发改委令 2011 年第 9 号、2013 年第 21 号）。

（四）《固定资产投资项目节能审查办法》（国家发改委令 2016 年第 44 号）。

（五）《招标投标法》第三条；《招标投标法实施条例》第七条。

二、申报材料

（一）省级发改部门出具的项目可行性研究报告审批请示，涉及计划单列企业集团、中央管理企业投资建设的，与项目所在地省级发改部门分别报送项目可行性研究报告审批请示（一式 3 份）。

（二）项目可行性研究报告。

（三）根据国家法律法规规定，附送以下文件，并要确保相关要件在法定审查期限内保持有效：

1. 省、自治区、直辖市、计划单列市人民政府城乡规划行政主管部门核发的选址意见书（仅指以划拨方式提供国有土地使用权的项目）。

2. 国土资源部出具的用地预审意见（不涉及新增用地，在已批准的建设用地范围内进行改扩建的项目，可以不进行用地预审）。

3. 地方节能审查机关出具的节能审查意见（根据国家或地方相关规定不需要进行节能审查的项目，建设单位应出具说明，列明项目年综合能源消费量、年电力消费量及不需要进行节能审查所依据的文件条款，并加盖公章）。

4. 项目所在地人民政府或其有关部门认定的《项目社会稳定风险评估报告》及项目所在地省级发改部门对项目社会稳定风险评估报告的意见。

5. 省级人民政府移民管理机构出具的移民安置规划审核意见及规划文本。

6. 航道通航条件影响评价（不通航河流上建设的水电站项目、现有水电站项目的水毁修复、除险加固、不涉及通航建筑物和不改变航道原通航条件的更新改造等不影响航道通航条件的工程除外）。

7. 项目招标内容。

第八节　中国科学院科教基础设施项目审批

列入中国科学院科教基础设施建设规划的固定资产投资项目受理、核准的审批。

一、申报依据

（一）经国务院审批同意的中国科学院科教基础设施建设方案。

（二）《中央预算内直接投资项目管理办法》（国家发改委令 2014 年第 7 号）。

（三）《固定资产投资项目节能审查办法》（国家发改委令 2016 年第 44 号）。

（四）《招标投标法》第三条；《招标投标法实施条例》第七条。

二、申报材料

（一）可行性研究报告阶段：

1. 中国科学院关于科教基础设施可行性研究报告的请示。

2. 可行性研究报告应对项目在技术和经济上的可行性以及社会效益、节能、资源综合利用、生态环境影响、社会稳定风险等进行全面分析论证，落实各项建设和运行保障条件。

3. 根据国家法律法规规定，附送以下文件：

（1）省、自治区、直辖市、计划单列市人民政府城乡规划行政主管部门核发的选址意见书（仅指以划拨方式提供国有土地使用权的项目）。

（2）国土资源部出具的用地预审意见（不涉及新增用地，在已批准的建设用地范围内进行改扩建的项目，可以不进行用地预审）或土地所有权证明。

（3）地方节能审查机关出具的节能审查意见（根据国家或地方相关规定不需要进行节能审查的项目，建设单位应出具说明，列明项目年综合能源消费量、年电力消费量及不需要进行节能审查所依据的文件条款，并加盖公章）。

（4）项目所在地人民政府或其有关部门认定的《项目社会稳定风险评估报告》及项目所在地省级发改部门对项目社会稳定风险评估报告的意见。

（5）招标基本情况表。

（6）地方或部门配套资金证明（根据项目实际情况）。

（二）初步设计及投资概算阶段：

1. 项目所在地省级发展改革部门关于审批初步设计及投资概算的正式申报文件（地方项目）；中央部门关于审批初步设计及投资概算的正式申报文件（中央项目）。

2. 附送具有相应资质的甲级设计单位编制的项目初步设计总说明书和概算书。

第九节　中央和国家机关及事业单位自身能力建设重大项目审批

申请安排中央预算内投资3000万元及以上的中央和国家机关及事业单位自身能力建设重大项目受理、核准的审批。

一、申报依据

（一）《国务院关于投资体制改革的决定》（国发〔2004〕20号）。

（二）《中央预算内直接投资项目管理办法》（国家发改委令2014年第7号）。

（三）《固定资产投资项目节能审查办法》（国家发改委令2016年第44号）。

（四）《招标投标法》第三条；《招标投标法实施条例》第七条。

二、申报材料

（一）项目建议书阶段：

1. 中央和国家机关及事业单位关于报送项目建议书的正式申报文件。

2. 附送项目建议书。

3. 附送以下材料：项目责任人。涉密项目，需附送国家保密行政主管部门的批准文件。

（二）可行性研究报告阶段：

1. 中央和国家机关及事业单位关于报送项目可行性研究报告的正式申报文件。

2. 附送可行性研究报告。

3. 可行性研究报告应包含或单独附送以下文件：

（1）省级城乡规划行政主管部门出具的选址意见书（仅指以划拨方式提供国有土地使用权的项目）。

（2）国土资源部出具的用地预审意见（在自有建设用地范围内建设的，可以不进行用地预审，但需附送土地使用权证）。

（3）地方节能审查机关出具的节能审查意见（根据国家或地方相关规定不需要进行节能审查的项目，建设单位应出具说明，列明项目年综合能源消费量、年电力消费量及不需要进行节能审查所依据的文件条款，并加盖公章）。

（4）项目所在地人民政府或其有关部门认定的《项目社会稳定风险评估报告》及项目所在地省级发改部门对项目社会稳定风险评估报告的意见。

（5）项目招标内容。

（6）如为涉密项目，需附送国家保密行政主管部门的批准文件（项目建议书阶段已附送的除外）。

（三）初步设计及投资概算阶段：

1. 中央和国家机关及事业单位关于报送初步设计及投资概算的正式申报文件。

2. 附送具有相应资质的甲级设计单位编制的项目初步设计总说明和概算书。

第十节　中央直属棉花储备库项目审批

《中央直属棉花储备库建设规划方案》确定的实施主体项目受理、核准的审批。

一、申报依据

（一）《国务院关于投资体制改革的决定》（国发〔2004〕20号）。

（二）《中央预算内直接投资项目管理办法》（国家发改委令第7号）。

（三）《国家发改委重大固定资产投资项目社会稳定风险评估暂行办法》（发改投资〔2012〕2492号）。

（四）《国家发改委关于印发50万吨中央直属棉花储备库建设规划方案的通知》（发改经贸〔2010〕1360号）。

（五）《国家发改委关于调整50万吨中央直属棉花储备库建设规划方案的通知》（发改经贸〔2014〕1861号）。

二、申报材料

（一）可行性研究报告阶段：

1. 中国储备棉管理总公司上报的可行性研究报告请示文件。

2. 项目可行性研究报告，根据国家法律法规规定附送以下文件：

（1）城乡规划行政主管部门出具的选址意见书。

（2）国土资源部出具的用地预审意见。

（3）项目所在地人民政府或其有关部门认定的《项目社会稳定风险评估报告》及项目所在地省级发改部门对项目社会稳定风险评估报告的意见。

（二）初步设计及概算阶段：

1. 中国储备棉管理总公司关于审批初步设计及投资概算的正式申报文件。

2. 附送具有相应资质的甲级设计单位编制的项目初步设计总说明和概算书。

第十一节 教育领域中央本级固定资产投资项目审批

教育领域中央本级（包括中央部门及其派出机构、垂直管理单位、所属事业单位、社会团体）固定资产投资项目受理、核准的审批。

一、申报依据

（一）《中央预算内直接投资项目管理办法》（国家发改委令 2014 年第 7 号）。

（二）《中央预算内投资补助和贴息项目管理暂行办法》（国家发改委令 2013 年第 3 号）。

（三）《固定资产投资项目节能审查办法》（国家发改委令 2016 年第 44 号）。

二、申报材料

（一）项目建议书阶段：

1. 中央部门关于审批项目建议书的函。

2. 项目单位所属中央部门向国家发展改革委报送项目建议书要对项目单位情况、项目建设必要性、主要建设内容、投资匡算、资金筹措、资源利用和生态环境影响分析、经济和社会影响分析等进行分析。项目建议书编制格式、内容和深度应当达到规定要求。

3. 项目初步选址所在地省级政府（或规划部门）对项目选址的意见。

（二）可行性研究报告阶段：

1. 中央部门关于审批项目可行性研究报告的函。

2. 项目单位所属中央部门向国家发展改革委报送可行性研究报告应当对项目在技术和经济上的可行性以及社会效益、节能、资源综合利用、生态环境影响、社会稳定风险等进行分析论证。可行性研究报告编制格式、内容和深度应当达到规定要求，并应当根据国家法律法规规定附送以下文件：

（1）项目所在地省级（省级政府城乡规划行政主管部门出具的选址意见书）。

（2）国土资源部出具的用地预审意见（不涉及新增用地，在已批准的建设用地范围内进行改扩建的项目，可以不进行用地预审）。

（3）地方节能审查机关出具的节能审查意见（根据国家或地方相关规定不需要进行节能审查的项目，建设单位应出具说明，列明项目年综合能源消费量、年电力消费量及不需要进行节能审查所依据的文件条款，并加盖公章）。

（4）项目所在地人民政府或其有关部门认定的《项目社会稳定风险评估报告》及项目所在地省级发改部门对项目社会稳定风险评估报告的意见。

（三）初步设计及投资概算阶段：

1. 中央部门关于审批初步设计及投资概算的正式申报文件。

2. 附送具有相应资质的甲级设计单位编制的项目初步设计总说明和概算书。

第十二节 民政残疾人老龄领域中央本级固定资产投资项目审批

民政残疾人老龄领域中央本级（包括中央部门及其派出机构、垂直管理单位、所属事业单位、社会团体）固定资产投资项目受理、核准的审批。

一、申报依据

（一）《中央预算内直接投资项目管理办法》（国家发改委令 2014 年第 7 号）。

（二）《中央预算内投资补助和贴息项目管理办法》（国家发改委令 2016 年第 45 号令）。

（三）《固定资产投资项目节能审查办法》（国家发改委令 2016 年第 44 号）。

二、申报材料

（一）项目建议书阶段：

1. 中央部门关于审批项目建议书的函。

2. 项目单位所属中央部门向国家发展改革委报送项目建议书要对项目单位情况、项目建设必要性、主要建设内容、投资匡算、资金筹措、资源利用和生态环境影响分析、经济和社会影响分析等进行分析。项目建议书编制格式、内容和深度应当达到规定要求。

3. 项目初步选址所在地省级政府（或规划部门）对项目选址的意见。

（二）可行性研究报告阶段：

1. 中央部门关于审批项目可行性研究报告的函。

2. 项目单位所属中央部门向国家发展改革委报送可行性研究报告应当对项目在技术和经济上的可行性以及社会效益、节能、资源综合利用、生态环境影响、社会稳定风险等进行分析论证。可行性研究报告编制格式、内容和深度应当达到规定要求，并应当根据国家法律法规规定附送以下文件：

（1）项目所在地省级政府规划部门出具的选址意见书。

（2）国土资源部出具的用地预审意见（不涉及新增用地，在已批准的建设用地范围内进行改扩建的项目，可以不进行用地预审）。

（3）地方节能审查机关出具的节能审查意见（根据国家或地方相关规定不需要进行节能审查的项目，建设单位应出具说明，列明项目年综合能源消费量、年电力消费量及不需要进行节能审查所依据的文件条款，并加盖公章）。

（4）项目所在地人民政府或其有关部门认定的《项目社会稳定风险评估报告》及项目所在地省级发改部门对项目社会稳定风险评估报告的意见。

（三）初步设计及投资概算阶段：

1. 中央部门关于审批初步设计及投资概算的正式申报文件。

2. 附送具有相应资质的甲级设计单位编制的项目初步设计总说明和概算书。

第十三节　体育领域中央本级固定资产投资项目审批

体育领域中央本级（包括中央部门及其派出机构、垂直管理单位、所属事业单位、社会团体）固定资产投资项目受理、核准的审批。

一、申报依据

（一）《中央预算内直接投资项目管理办法》（国家发改委令 2014 年第 7 号）。

（二）《中央预算内投资补助和贴息项目管理办法》（国家发改委令 2016 年第 45 号）。

（三）《固定资产投资项目节能审查办法》（国家发改委令 2016 年第 44 号）。

二、申报材料

（一）项目建议书阶段：

1.中央部门关于审批项目建议书的函。

2.项目单位所属中央部门向国家发展改革委报送项目建议书要对项目单位情况、项目建设必要性、主要建设内容、投资匡算、资金筹措、资源利用和生态环境影响分析、经济和社会影响分析等进行分析。项目建议书编制格式、内容和深度应当达到规定要求。

3.项目初步选址所在地省级政府（或规划部门）对项目选址的意见。

（二）可行性研究报告阶段：

1.中央部门关于审批项目可行性研究报告的函。

2.项目单位所属中央部门向国家发展改革委报送可行性研究报告应当对项目在技术和经济上的可行性以及社会效益、节能、资源综合利用、生态环境影响、社会稳定风险等进行分析论证。可行性研究报告编制格式、内容和深度应当达到规定要求，并应当根据国家法律法规规定附送以下文件：

（1）项目所在地省级政府规划部门出具的选址意见书。

（2）国土资源部出具的用地预审意见（不涉及新增用地，在已批准的建设用地范围内进行改扩建的项目，可以不进行用地预审）。

（3）地方节能审查机关出具的节能审查意见（根据国家或地方相关规定不需要进行节能审查的项目，建设单位应出具说明，列明项目年综合能源消费量、年电力消费量及不需要进行节能审查所依据的文件条款，并加盖公章）。

（4）项目所在地人民政府或其有关部门认定的《项目社会稳定风险评估报告》及项目所在地省级发改部门对项目社会稳定风险评估报告的意见。

（三）初步设计及投资概算阶段：

1.中央部门关于审批初步设计及投资概算的正式申报文件。

2.附送具有相应资质的甲级设计单位编制的项目初步设计总说明和概算书。

第十四节　卫生领域中央本级固定资产投资项目审批

卫生领域中央本级（包括中央部门及其派出机构、垂直管理单位、所属事业单位、社会团体）固定资产投资项目受理、核准的审批。

一、申报依据

（一）《中央预算内直接投资项目管理办法》（国家发改委令2014年第7号）。

（二）《中央预算内投资补助和贴息项目管理办法》（国家发改委令2016年第45号令）。

（三）《固定资产投资项目节能审查办法》（国家发改委令2016年第44号）。

二、申报材料

（一）项目建议书阶段：

1.中央部门关于审批项目建议书的函。

2.项目申请单位向国家发改委报送项目建议书。项目建议书主要包括项目单位情况、拟建项目情况、资源利用和生态环境影响分析、经济和社会影响分析等内容。项目立项建议书应依据国家发改委颁布的通用文本编制。根据国家法律法规规定，附送以下文件：项目符合国家相关规划的依据；医疗卫生机构设置的依据文件；行业管理部门同意设立项目的文件；支持项目建设内容、建设规模的依据文件。

（二）可行性研究报告阶段：

1. 中央部门关于审批项目可行性研究报告的函。

2. 项目申请单位向国家发展改革委报送可行性研究报告。可行性研究报告主要包括项目单位情况、拟建项目情况、资源利用和生态环境影响分析、经济和社会影响分析等内容。可行性研究报告应依据国家发改委颁布的通用文本编制，附送以下文件：

（1）省、自治区、直辖市、计划单列市人民政府城乡规划行政主管部门出具的选址意见书。

（2）国土资源部出具的用地预审意见（不涉及新增用地，在已批准的建设用地范围内进行改扩建的项目，可以不进行用地预审）。

（3）地方节能审查机关出具的节能审查意见（根据国家或地方相关规定不需要进行节能审查的项目，建设单位应出具说明，列明项目年综合能源消费量、年电力消费量及不需要进行节能审查所依据的文件条款，并加盖公章）。

（4）项目所在地人民政府或其有关部门认定的《项目社会稳定风险评估报告》及项目所在地省级发展改革部门对项目社会稳定风险评估报告的意见。

（三）初步设计及投资概算阶段：

1. 中央部门关于审批初步设计及投资概算的正式申报文件。

2. 附送具有相应资质的甲级设计单位编制的项目初步设计总说明和概算书。

三、审批对象和审查内容

（一）审批对象：

项目所属国务院部门提出初审意见后，向国家发改委报送项目建议书（可行性研究报告）。

（二）审查内容：

符合国家法律、国民经济和社会发展规划以及土地、环保、节能等宏观调控政策；未影响国家安全、经济安全；未对公众利益，特别是项目建设地的公众利益产生重大不利影响。

第十五节　中央本级文化旅游类固定资产投资项目审批

中央本级（包括中央部门及其派出机构、垂直管理单位、所属事业单位、社会团体）文化旅游类固定资产投资项目受理、核准的审批。

一、申报依据

（一）《国务院关于投资体制改革的决定》（国发〔2004〕20 号）。

（二）《中央预算内直接投资项目管理办法》（国家发改委令 2014 年第 7 号）。

（三）《固定资产投资项目节能审查办法》（国家发改委令 2016 年第 44 号）。

二、申报材料

（一）项目建议书阶段：

1. 中央部门关于审批项目建议书的函。

2. 项目单位投资建设应当由国务院或国家发改委审批项目建议书的文化旅游项目，向国家发改委报送项目建议书主要包括项目单位情况、拟建项目内容和选址、经济和社会影响分析等内容。项目申请报告应依据国家发改委颁布的项目建议书通用文本编制。

3. 项目初步选址所在地省级政府（或规划部门）对该项目选址的意见。

（二）可行性研究报告阶段：

1. 中央部门关于审批项目可行性研究报告的函。

2. 项目单位投资建设应当由国务院或国家发展改革委审批可行性研究报告的文化旅游项目，向国家发展改革委报送可行性研究报告主要包括项目单位情况、项目建设必要性和可行性、拟建项目内容及依据、建成后的运营管理情况、资源利用和生态环境影响分析、经济和社会影响分析、预期建设成效等内容。项目申请报告应依据国家发改委颁布的可行性研究报告通用文本编制。

3. 项目单位在向国家发改委报送可行性研究报告时，应当附送以下文件：

（1）项目所在地省级政府规划部门出具的选址意见书。

（2）国土资源部出具的用地预审意见。

（3）地方节能审查机关出具的节能审查意见（根据国家或地方相关规定不需要进行节能审查的项目，建设单位应出具说明，列明项目年综合能源消费量、年电力消费量及不需要进行节能审查所依据的文件条款，并加盖公章）。

（4）项目所在地人民政府或其有关部门认定的《项目社会稳定风险评估报告》及项目所在地省级发改部门对项目社会稳定风险评估报告的意见。

（5）涉及全国重点文物保护单位核心区和建设控制地带的项目，需由国家文物局出具的建设内容同意函。

（6）涉及历史文化街区、名镇、名村核心保护范围的项目，需符合保护规划要求，并由城市、县人民政府城乡规划主管部门出具意见（建设工程规划许可证、乡村建设规划许可证这两项证件应在可研批准之后）。

（7）在国家级风景名胜区内修建缆车、索道等重大建设工程，应由国务院建设主管部门出具项目选址方案的核准意见。

（三）初步设计及投资概算阶段：

1. 中央部门关于审批初步设计及投资概算的正式申报文件。

2. 附送具有相应资质的甲级设计单位编制的项目初步设计总说明和概算书。

第十六节　使用中央投资 5 亿元及以上、使用中央投资且总投资 50 亿元及以上的公路项目审批（国家高速公路网改扩建项目，普通国省道建设项目除外）

使用中央投资 5 亿元及以上、使用中央投资且总投资 50 亿元及以上的公路项目（国家高速公路网改扩建项目，普通国省道建设项目除外）。国家批准规划中明确列入规划视同立项的项目，直接审批可行性研究报告受理、核准的审批。

一、申报依据

（一）《国务院关于投资体制改革的决定》（国发〔2004〕20 号）。

（二）《关于印发国家发展改革委核报国务院核准或审批的固定资产投资项目目录（试行）的通知》（发改投资〔2004〕1927号）。

（三）《国家发展改革委关于下放部分交通项目审批权和简化审批程序的通知》（发改基础〔2015〕2933号）。

（四）《关于印发〈国家发展改革委关于改进和完善报请国务院审批或核准投资项目的管理办法〉的通知》（发改投资〔2005〕76号）。

（五）《国务院关于调整和完善固定资产投资项目资本金制度的通知》（国发〔2015〕51号）。

（六）《国务院办公厅关于加强和规范新开工项目管理的通知》（国办发〔2007〕64号）。

（七）《固定资产投资项目节能审查办法》（国家发改委令2016年第44号）。

（八）中央预算内直接投资项目管理办法（国家发改委令第7号）。

（九）《关于印发国家发改委重大固定资产投资项目社会稳定风险评估暂行办法的通知》（发改投资〔2012〕2492号）。

（十）《招标投标法》第三条；《招标投标法实施条例》第七条。

二、申报材料

（一）项目建议书阶段：

1. 项目所在地省级发改部门报送项目建议书的请示（交通运输部直属单位项目由交通运输部报送项目建议书，并附项目所在地省级发改部门初审意见）。

2. 预可行性研究报告。

3. 根据国家法律法规和相关规定，附送以下文件：

资金筹措初步方案，包括有关政府部门、企业出具的资金或资本金来源渠道、银行贷款意向等；跨境桥梁项目，需提供两国相关地区签订的建桥协议；涉军方项目，需提供军队有关部门出具的意见。

（二）可行性研究报告阶段：

1. 项目所在地省级发改部门报送工程可行性研究报告的请示（交通运输部直属单位项目由交通运输部报送工程可行性研究报告，并附项目所在地省级发改部门意见）。

2. 项目工程可行性研究报告。

3. 根据国家法律法规和相关规定，附送以下文件：

（1）省、自治区、直辖市、计划单列市人民政府城乡规划行政主管部门核发的选址意见书（仅指以划拨方式提供国有土地使用权的项目）。

（2）国土资源部出具的用地预审意见（不涉及新增用地，在已批准的建设用地范围内进行改扩建的项目，可以不进行用地预审）。

（3）地方节能审查机关出具的节能审查意见（根据国家或地方相关规定不需要进行节能审查的项目，建设单位应出具说明，列明项目年综合能源消费量、年电力消费量及不需要进行节能审查所依据的文件条款，并加盖公章）。

（4）项目所在地人民政府或其有关部门认定的《项目社会稳定风险评估报告》及项目所在地省级发改部门对项目社会稳定风险评估报告的意见。

（5）投资方出具的资本金承诺函、银行贷款承诺函。

（6）项目招投标方案及相关资质材料。

（7）跨境、跨10万吨级及以上航道海域、跨大江大河（现状或规划为一级及以上通航段）的独立公路桥梁、隧道项目，需提供有权限的交通运输部门出具的通航安全影响论证审查意见。

（8）涉海项目，需提供国家海洋局出具的用海预审意见。

（9）跨境桥梁项目，需提供两国政府间签订的建桥协定。

（10）涉军方项目，需提供军队有关部门出具的意见。

（三）初步设计及投资概算阶段：

1. 项目所在地省级发展改革部门关于审批初步设计及投资概算的正式申报文件（地方项目）；中央部门关于审批初步设计及投资概算的正式申报文件（中央项目）。

2. 附送具有相应资质的甲级设计单位编制的项目初步设计总说明和概算书。

第十七节　使用中央投资5亿元及以上、使用中央投资且总投资50亿元及以上的国际国境河流航道建设项目审批

使用中央投资5亿元及以上、使用中央投资且总投资50亿元及以上的国际国境河流航道建设项目。国家批准规划中明确列入规划视同立项的项目，直接审批可行性研究报告受理、核准的审批。

一、申报依据

（一）《国务院关于投资体制改革的决定》（国发〔2004〕20号）。

（二）《关于印发国家发展改革委核报国务院核准或审批的固定资产投资项目目录（试行）的通知》（发改投资〔2004〕1927号）。

（三）《国家发展改革委关于下放部分交通项目审批权和简化审批程序的通知》（发改基础〔2015〕2933号）。

（四）《关于印发〈国家发展改革委关于改进和完善报请国务院审批或核准投资项目的管理办法〉的通知》（发改投资〔2005〕76号）。

（五）《国务院关于调整和完善固定资产投资项目资本金制度的通知》（国发〔2015〕51号）。

（六）《国务院办公厅关于加强和规范新开工项目管理的通知》（国办发〔2007〕64号）。

（七）《固定资产投资项目节能审查办法》（国家发改委令2016年第44号）。

（八）《中央预算内直接投资项目管理办法》（国家发改委令第7号）。

（九）《关于印发国家发展改革委重大固定资产投资项目社会稳定风险评估暂行办法的通知》（发改投资〔2012〕2492号）。

（十）《招标投标法》第三条；《招标投标法实施条例》第七条。

二、申报材料

（一）项目建议书阶段：

1. 项目所在地省级发展改革部门报送项目建议书的请示（交通运输部直属单位项目由交通运输部报送项目建议书）。

2. 预可行性研究报告。

3. 根据国家法律法规和相关规定，附送以下文件：

资金筹措初步方案，包括有关政府部门、企业出具的资金或资本金来源渠道、银行贷款意向等；涉军方项目，需提供军队有关部门出具的意见。

（二）可行性研究报告阶段：

1. 项目所在地省级发展改革部门报送工程可行性研究报告的请示（交通运输部直属单位项目由交通运输部报送工程可行性研究报告，并附项目所在地省级发改部门意见）。

2. 项目工程可行性研究报告。

3. 根据国家法律法规和相关规定，附送以下文件：

（1）省、自治区、直辖市、计划单列市人民政府城乡规划行政主管部门核发的选址意见书（仅指以划拨方式提供国有土地使用权的项目）。

（2）国土资源部出具的用地预审意见（不涉及新增用地，在已批准的建设用地范围内进行改扩建的项目，可以不进行用地预审）。

（3）地方节能审查机关出具的节能审查意见（根据国家或地方相关规定不需要进行节能审查的项目，建设单位应出具说明，列明项目年综合能源消费量、年电力消费量及不需要进行节能审查所依据的文件条款，并加盖公章）。

（4）项目所在地人民政府或其有关部门认定的《项目社会稳定风险评估报告》及项目所在地省级发改部门对项目社会稳定风险评估报告的意见。

（5）投资方出具的资本金承诺函、银行贷款承诺函。

（6）项目招投标方案及相关资质材料。

（7）需进行航运通航条件影响评价的项目，需提供交通运输部门的审核意见。

（8）涉海项目，需提供国家海洋局出具的用海预审意见。

（9）涉军方项目，需提供军队有关部门出具的意见。

（10）用于生产、存储、装卸危险物品的项目需提供由交通运输主管部门或安全生产管理部门出具的安全审查。

（三）初步设计及投资概算阶段：

1. 项目所在地省级发改部门关于审批初步设计及投资概算的正式申报文件（地方项目）；中央部门关于审批初步设计及投资概算的正式申报文件（中央项目）。

2. 附送具有相应资质的甲级设计单位编制的项目初步设计总说明和概算书。

第十八节　使用中央投资 5 亿元及以上、使用中央投资且总投资 50 亿元及以上的铁路项目审批

使用中央投资 5 亿元及以上、使用中央投资且总投资 50 亿元及以上的铁路项目（不含既有铁路增建单线项目）。符合国家相关规划的，直接审批可行性研究报告受理、核准的审批。

一、申报依据

（一）《国务院对确需保留的行政审批项目设定行政许可的决定》（国务院令第 412 号）。

（二）《国务院关于投资体制改革的决定》（国发〔2004〕20 号）。

（三）《关于印发国家发展改革委核报国务院核准或审批的固定资产投资项目目录（试行）的通知》（发改投资〔2004〕1927 号）。

（四）《关于印发〈国家发展改革委关于改进和完善报请国务院审批或核准投资项目的管理办法〉的通知》（发改投资〔2005〕76 号）。

（五）《国务院关于调整和完善固定资产投资项目资本金比例的通知》（国发〔2015〕51 号）。

（六）《国务院办公厅关于加强和规范新开工项目管理的通知》（国办发〔2007〕64 号）。

（七）《固定资产投资项目节能审查办法》（国家发改委令 2016 年第 44 号）。

（八）《中央预算内直接投资项目管理办法》（国家发改委令第 7 号）。

（九）《关于印发国家发展改革委重大固定资产投资项目社会稳定风险评估暂行办法的通知》（发改投资〔2012〕2492 号）。

（十）《国家发改委关于下放部分交通项目审批权和简化审批程序的通知》（发改基础〔2015〕2933 号）。

（十一）《招标投标法》第三条；《招标投标法实施条例》第七条。

二、申报材料

（一）项目建议书阶段：

1. 项目所在地省级发展改革部门初审意见。

2. 预可行性研究报告。

3. 根据国家法律法规和相关规定，附送以下文件：

（1）资金筹措初步方案（包括有关政府部门、企业出具的资金或资本金来源渠道等）。

（2）跨境桥梁项目，需提供两国相关地区签订的建桥协议。

（3）涉军方项目，需提供军队有关部门出具的意见。

（4）涉海项目，需提供国家海洋局出具的用海预审意见。

（二）可行性研究报告阶段：

1. 项目所在地省级发展改革部门初审意见。

2. 项目可行性研究报告。

3. 根据国家法律法规和相关规定，附送以下文件：

（1）省、自治区、直辖市、计划单列市人民政府城乡规划行政主管部门核发的选址意见书（仅指以划拨方式提供国有土地使用权的项目）。

（2）国土资源部出具的用地预审意见（不涉及新增用地，在已批准的建设用地范围内进行改扩建的项目，可以不进行用地预审）。

（3）地方节能审查机关出具的节能审查意见（根据国家或地方相关规定不需要进行节能审查的项目，建设单位应出具说明，列明项目年综合能源消费量、年电力消费量及不需要进行节能审查所依据的文件条款，并加盖公章）。

（4）项目所在地人民政府或其有关部门认定的《项目社会稳定风险评估报告》及项目所在地省级发改部门对项目社会稳定风险评估报告的意见。

（5）投资方出具的资本金承诺函。

（6）项目招投标方案及相关资质材料。

（7）跨境、跨10万吨级及以上航道海域、跨大江大河（现状或规划为一级及以上通航段）的独立铁路桥梁、隧道项目，需提供有权限的交通运输部门出具的通航安全影响论证审查意见。

（8）跨境桥梁项目，需提供两国政府间签订的建桥协定。

（9）涉海项目，需提供国家海洋局出具的用海预审意见（项目建议书阶段已提供的除外）。

（10）涉军方项目，需提供军队有关部门出具的意见。

（三）初步设计及投资概算阶段：

1. 项目所在地省级发改部门关于审批初步设计及投资概算的正式申报文件（地方项目）；中央部门关于审批初步设计及投资概算的正式申报文件（中央项目）。

2. 附送具有相应资质的甲级设计单位编制的项目初步设计总说明和概算书。

第十九节　使用中央投资5亿元及以上、使用中央投资且总投资50亿元及以上的增建跑道的机场改扩建项目审批

使用中央投资5亿元及以上或使用中央投资的总投资50亿元及以上的增建跑道的机场改扩建项目审批项目建议书和可行性研究报告受理、核准的审批。

一、申报依据

（一）《国务院关于投资体制改革的决定》（国发〔2004〕20号）。

（二）《关于印发国家发展改革委核报国务院核准或审批的固定资产投资项目目录（试行）的通知》（发改投资〔2004〕1927号）。

（三）《关于印发〈国家发展改革委关于改进和完善报请国务院审批或核准投资项目的管理办法〉的通知》（发改投资〔2005〕76号）。

（四）《国务院关于调整和完善固定资产投资项目资本金制度的通知》（国发〔2015〕51号）。

（五）《国务院办公厅关于加强和规范新开工项目管理的通知》（国办发〔2007〕64号）。

（六）《国务院办公厅、中央军委办公厅印发〈关于建设机场和合用机场审批程序若干规定〉的通知》（国办发〔1985〕49号）。

（七）《固定资产投资项目节能审查办法》（国家发改委令2016年第44号）。

（八）中央预算内直接投资项目管理办法（国家发改委令第7号）。

（九）《关于印发国家发改委重大固定资产投资项目社会稳定风险评估暂行办法的通知》（发改投资〔2012〕2492号）。

（十）《关于加强军民航空管工程前期工作和建设管理工作的通知》（发改基础〔2012〕2122号）。

（十一）《国家发改委关于下放部分交通项目审批权和简化审批程序的通知》（发改基础〔2015〕2933号）。

（十二）《招标投标法》第三条；《招标投标法实施条例》第七条。

二、申报材料

（一）项目建议书阶段：

1. 项目所在地省级发改部门初审意见（民航直属单位项目由民航局出具初审意见）。

2. 预可行性研究报告。

3. 根据国家法律法规和相关规定，附送以下文件：

（1）民航局出具的民航项目行业审查意见（民航直属单位项目除外）。

（2）资金筹措初步方案，包括有关政府部门、企业出具的资金或资本金来源渠道、银行贷款意向等。

（3）涉军方项目，需提供军队有关部门出具的意见。

（4）涉海项目，需提供国家海洋局出具的用海预审意见。

（二）可行性研究报告阶段：：

1. 项目所在地省级发改部门初审意见（民航直属单位项目由民航局出具初审意见，军航空管项目由国家空管委办公室出具初审意见）。

2. 项目可行性研究报告。

3. 根据国家法律法规和相关规定，附送以下文件：

（1）民航局出具的行业审查意见（民航直属单位项目和军航空管项目除外）。

（2）省、自治区、直辖市、计划单列市人民政府城乡规划行政主管部门核发的选址意见书（仅指以划拨方式提供国有土地使用权的项目；建设地点在军事用地范围内的不改变原规划的军航空管项目，由总参谋部作战部报经总参谋部同意后出具的建设地点批复，可不办理建设项目选址意见书）。

（3）国土资源部出具的用地预审意见（不涉及新增用地，在已批准的建设用地范围内进行改扩建的项目，可以不进行用地预审，但占军事用地的军航空管项目应提供军以上后勤机关对用地情况的说明）。

（4）地方节能审查机关出具的节能审查意见（根据国家或地方相关规定不需要进行节能审查的项目，建设单位应出具说明，列明项目年综合能源消费量、年电力消费量及不需要进行节能审查所依据的文件条款，并加盖公章）。

（5）省（区、市）发改委对项目社会稳定风险评估报告的意见（民航直属单位项目由民航局出具意见，军航空管项目由国家空管委办公室出具意见），并附其认定的《项目社会稳定风险评估报告》。

（6）投资方出具的资本金承诺函、银行贷款承诺函。

（7）项目招投标方案及相关资质材料。

（8）涉河项目，需提供水利部门审查意见。

（9）涉海项目，需提供国家海洋局出具的用海预审意见（项目建议书阶段已提供的除外）。

（10）涉军方项目，需提供军队有关部门出具的意见。

（三）初步设计及投资概算阶段：

1. 国家空管委办公室出具的申请核定初步设计概算投资文件。

2. 具有相应资质的甲级设计单位编制的项目初步设计（含概算投资）。

第二十节　申请安排中央预算内投资 3000 万元及以上的邮政寄递渠道安全监管项目审批

使用中央预算内投资 3000 万元及以上的邮政寄递渠道安全监管项目受理、核准的审批。

一、申报依据

（一）《国务院对确需保留的行政审批项目设定行政许可的决定》（国务院令第 412 号）。

（二）《国务院关于投资体制改革的决定》（国发〔2004〕20 号）。

（三）《关于印发国家发展改革委核报国务院核准或审批的固定资产投资项目目录（试行）的通知》（发改投资〔2004〕1927 号）。

（四）《关于印发〈国家发展改革委关于改进和完善报请国务院审批或核准投资项目的管理办法〉的通知》（发改投资〔2005〕76 号）。

（五）《国务院关于调整和完善固定资产投资项目资本金制度的通知》（国发〔2015〕51 号）。

（六）《国务院办公厅关于加强和规范新开工项目管理的通知》（国办发〔2007〕64 号）。

（七）《中央预算内直接投资项目管理办法》（国家发改委令 2014 年第 7 号）。

（八）《固定资产投资项目节能审查办法》（国家发改委令 2016 年第 44 号）。

（九）《关于印发国家发展改革委重大固定资产投资项目社会稳定风险评估暂行办法的通知》（发改投资〔2012〕2492 号）。

（十）《国家发展改革委关于下放部分交通项目审批权和简化审批程序的通知》（发改基础〔2015〕2933 号）。

（十一）《中共中央国务院关于深化投融资体制改革的意见》（中发〔2016〕18 号）。

（十二）《招标投标法》第三条；《招标投标法实施条例》第七条。

二、申报材料

（一）项目建议书阶段：

1. 中央部门关于审批项目建议书的正式申报文件。

2. 预可行性研究报告。

（二）可行性研究报告阶段：

1. 中央部门关于审批可行性研究报告的正式申报文件。

2. 项目可行性研究报告。

3. 根据国家法律法规和相关规定，附送以下文件：

（1）省、自治区、直辖市、计划单列市人民政府城乡规划行政主管部门核发的选址意见书（仅指以划拨方式提供国有土地使用权的项目）。

（2）国土资源部出具的用地预审意见（不涉及新增用地，在已批准的建设用地范围内进行改扩建的项目，可以不进行用地预审）。

（3）地方节能审查机关出具的节能审查意见（根据国家或地方相关规定不需要进行节

能审查的项目，建设单位应出具说明，列明项目年综合能源消费量、年电力消费量及不需要进行节能审查所依据的文件条款，并加盖公章）。

（4）项目所在地人民政府或其有关部门认定的《项目社会稳定风险评估报告》及项目所在地省级发改部门对项目社会稳定风险评估报告的意见。

（5）招标基本情况表。

（三）初步设计及投资概算阶段：

1. 中央部门关于审批初步设计及投资概算的正式申报文件。

2. 附送具有相应资质的甲级设计单位编制的项目初步设计。

第二十一节　使用中央预算内投资 3000 万元及以上的长江干线航道建设等中央本级非经营性水运项目审批

使用中央预算内投资 3000 万元及以上的长江干线航道建设等中央本级非经营性水运项目。国家批准规划中明确列入规划视同立项的项目，直接审批可行性研究报告受理、核准的审批。

一、申报依据

（一）《国务院关于投资体制改革的决定》（国发〔2004〕20 号）。

（二）《关于印发国家发展改革委核报国务院核准或审批的固定资产投资项目目录（试行）的通知》（发改投资〔2004〕1927 号）。

（三）《国家发展改革委关于下放部分交通项目审批权和简化审批程序的通知》（发改基础〔2015〕2933 号）。

（四）《关于印发〈国家发展改革委关于改进和完善报请国务院审批或核准投资项目的管理办法〉的通知》（发改投资〔2005〕76 号）。

（五）《国务院关于调整和完善固定资产投资项目资本金制度的通知》（国发〔2015〕51 号）。

（六）《国务院办公厅关于加强和规范新开工项目管理的通知》（国办发〔2007〕64 号）。

（七）《固定资产投资项目节能审查办法》（国家发改委令 2016 年第 44 号）。

（八）《中央预算内直接投资项目管理办法》（国家发改委令第 7 号）。

（九）《关于印发国家发改委重大固定资产投资项目社会稳定风险评估暂行办法的通知》（发改投资〔2012〕2492 号）。

（十）《招标投标法》第三条；《招标投标法实施条例》第七条。

二、申报材料

（一）项目建议书阶段：

1. 项目所在地省级发展改革部门报送项目建议书的请示（交通运输部直属单位项目由交通运输部报送项目建议书）。

2. 预可行性研究报告。

3. 根据国家法律法规和相关规定，附送以下文件：

（1）资金筹措初步方案，包括有关政府部门、企业出具的资金或资本金来源渠道、银行贷款意向等。

（2）涉军方项目，需提供军队有关部门出具的意见。

（二）可行性研究报告阶段：

1. 项目所在地省级发展改革部门报送工程可行性研究报告的请示（交通运输部直属单位项目由交通运输部报送工程可行性研究报告，并附项目所在地省级发展改革部门意见）。

2. 项目工程可行性研究报告。

3. 根据国家法律法规和相关规定，附送以下文件：

（1）省、自治区、直辖市、计划单列市人民政府城乡规划行政主管部门核发的选址意见书（仅指以划拨方式提供国有土地使用权的项目）。

（2）国土资源部出具的用地预审意见（不涉及新增用地，在已批准的建设用地范围内进行改扩建的项目，可以不进行用地预审）。

（3）地方节能审查机关出具的节能审查意见（根据国家或地方相关规定不需要进行节能审查的项目，建设单位应出具说明，列明项目年综合能源消费量、年电力消费量及不需要进行节能审查所依据的文件条款，并加盖公章）。

（4）项目所在地人民政府或其有关部门认定的《项目社会稳定风险评估报告》及项目所在地省级发改部门对项目社会稳定风险评估报告的意见。

（5）投资方出具的资本金承诺函、银行贷款承诺函。

（6）项目招投标方案及相关资质材料。

（7）需进行航运通航条件影响评价的项目，需提供交通运输部门的审核意见。

（8）涉海项目，需提供国家海洋局出具的用海预审意见。

（9）涉军方项目，需提供军队有关部门出具的意见。

（10）用于生产、存储、装卸危险物品的项目需提供由交通运输主管部门或安全生产管理部门出具的安全审查。

（三）初步设计及投资概算阶段：

1. 项目所在地省级发改部门关于审批初步设计及投资概算的正式申报文件（地方项目）；中央部门关于审批初步设计及投资概算的正式申报文件（中央项目）。

2. 附送具有相应资质的甲级设计单位编制的项目初步设计总说明和概算书。

第二十二节　使用中央预算内投资 3000 万元及以上的中央本级非经营性公路项目审批

使用中央预算内投资 3000 万元及以上的中央本级非经营性项目。国家批准规划中明确列入规划视同立项的项目，直接审批可行性研究报告受理、核准的审批。

一、申报依据

（一）《国务院关于投资体制改革的决定》（国发〔2004〕20 号）。

（二）《关于印发国家发展改革委核报国务院核准或审批的固定资产投资项目目录（试行）的通知》（发改投资〔2004〕1927 号）。

（三）《国家发展改革委关于下放部分交通项目审批权和简化审批程序的通知》（发改

基础〔2015〕2933 号）。

（四）《关于印发〈国家发展改革委关于改进和完善报请国务院审批或核准投资项目的管理办法〉的通知》（发改投资〔2005〕76 号）。

（五）《国务院关于调整和完善固定资产投资项目资本金制度的通知》（国发〔2015〕51 号）。

（六）《国务院办公厅关于加强和规范新开工项目管理的通知》（国办发〔2007〕64 号）。

（七）《固定资产投资项目节能审查办法》（国家发改委令 2016 年第 44 号）。

（八）《中央预算内直接投资项目管理办法》（国家发改委令第 7 号）。

（九）《关于印发国家发展改革委重大固定资产投资项目社会稳定风险评估暂行办法的通知》（发改投资〔2012〕2492 号）。

（十）《招标投标法》第三条；《招标投标法实施条例》第七条。

二、申报材料

（一）项目建议书阶段：

1. 项目所在地省级发展改革部门报送项目建议书的请示（交通运输部直属单位项目由交通运输部报送项目建议书，并附项目所在地省级发展改革部门初审意见）。

2. 预可行性研究报告。

3. 根据国家法律法规和相关规定，附送以下文件：

（1）资金筹措初步方案，包括有关政府部门、企业出具的资金或资本金来源渠道、银行贷款意向等。

（2）跨境桥梁项目，需提供两国相关地区签订的建桥协议。

（3）涉军方项目，需提供军队有关部门出具的意见。

（二）可行性研究报告阶段：

1. 项目所在地省级发改部门报送工程可行性研究报告的请示（交通运输部直属单位项目由交通运输部报送工程可行性研究报告，并附项目所在地省级发改部门意见）。

2. 项目工程可行性研究报告。

3. 根据国家法律法规和相关规定，附送以下文件：

（1）省、自治区、直辖市、计划单列市人民政府城乡规划行政主管部门核发的选址意见书（仅指以划拨方式提供国有土地使用权的项目）。

（2）国土资源部出具的用地预审意见（不涉及新增用地，在已批准的建设用地范围内进行改扩建的项目，可以不进行用地预审）。

（3）地方节能审查机关出具的节能审查意见（根据国家或地方相关规定不需要进行节能审查的项目，建设单位应出具说明，列明项目年综合能源消费量、年电力消费量及不需要进行节能审查所依据的文件条款，并加盖公章）。

（4）项目所在地人民政府或其有关部门认定的《项目社会稳定风险评估报告》及项目所在地省级发改部门对项目社会稳定风险评估报告的意见。

（5）投资方出具的资本金承诺函、银行贷款承诺函。

（6）项目招投标方案及相关资质材料。

（7）跨境、跨 10 万吨级及以上航道海域、跨大江大河（现状或规划为一级及以上通航段）的独立公路桥梁、隧道项目，需提供有权限的交通运输部门出具的通航安全影响论证审查意见。

（8）涉海项目，需提供国家海洋局出具的用海预审意见。

（9）跨境桥梁项目，需提供两国政府间签订的建桥协定。

（10）涉军方项目，需提供军队有关部门出具的意见。

（三）初步设计及投资概算阶段：

1. 项目所在地省级发改部门关于审批初步设计及投资概算的正式申报文件（地方项目）；中央部门关于审批初步设计及投资概算的正式申报文件（中央项目）。

2. 附送具有相应资质的甲级设计单位编制的项目初步设计总说明和概算书。

第二十三节　使用中央预算内投资 3000 万元及以上的中央本级非经营性铁路项目审批

使用中央预算内投资 3000 万元及以上的中央本级非经营性铁路项目。符合国家相关规划的，直接审批可行性研究报告受理、核准的审批。

一、申报依据

（一）《国务院对确需保留的行政审批项目设定行政许可的决定》（国务院令第 412 号）。

（二）《国务院关于投资体制改革的决定》（国发〔2004〕20 号）。

（三）《关于印发国家发展改革委核报国务院核准或审批的固定资产投资项目目录（试行）的通知》（发改投资〔2004〕1927 号）。

（四）《关于印发〈国家发展改革委关于改进和完善报请国务院审批或核准投资项目的管理办法〉的通知》（发改投资〔2005〕76 号）。

（五）《国务院关于调整和完善固定资产投资项目资本金比例的通知》（国发〔2015〕51 号）。

（六）《国务院办公厅关于加强和规范新开工项目管理的通知》（国办发〔2007〕64 号）。

（七）《固定资产投资项目节能审查办法》（国家发改委令 2016 年第 44 号）。

（八）《中央预算内直接投资项目管理办法》（国家发改委令第 7 号）。

（九）《关于印发国家发展改革委重大固定资产投资项目社会稳定风险评估暂行办法的通知》（发改投资〔2012〕2492 号）。

（十）《国家发展改革委关于下放部分交通项目审批权和简化审批程序的通知》（发改基础〔2015〕2933 号）。

（十一）《招标投标法》第三条；《招标投标法实施条例》第七条。

二、申报材料

（一）项目建议书阶段：

1. 项目所在地省级发展改革部门初审意见；

2. 预可行性研究报告；

3. 根据国家法律法规和相关规定，附送以下文件：

（1）资金筹措初步方案，包括有关政府部门、企业出具的资金或资本金来源渠道等。

（2）跨境桥梁项目，需提供两国相关地区签订的建桥协议。

（3）涉军方项目，需提供军队有关部门出具的意见。

（4）涉海项目，需提供国家海洋局出具的用海预审意见。

（二）可行性研究报告阶段：

1. 项目所在地省级发改部门初审意见。

2. 项目可行性研究报告。

3. 根据国家法律法规和相关规定，附送以下文件：

（1）省、自治区、直辖市、计划单列市人民政府城乡规划行政主管部门核发的选址意见书（仅指以划拨方式提供国有土地使用权的项目）。

（2）国土资源部出具的用地预审意见（不涉及新增用地，在已批准的建设用地范围内进行改扩建的项目，可以不进行用地预审）。

（3）地方节能审查机关出具的节能审查意见（根据国家或地方相关规定不需要进行节能审查的项目，建设单位应出具说明，列明项目年综合能源消费量、年电力消费量及不需要进行节能审查所依据的文件条款，并加盖公章）。

（4）项目所在地人民政府或其有关部门认定的《项目社会稳定风险评估报告》及项目所在地省级发改部门对项目社会稳定风险评估报告的意见。

（5）投资方出具的资本金承诺函。

（6）项目招投标方案及相关资质材料。

（7）跨境、跨10万吨级及以上航道海域、跨大江大河（现状或规划为一级及以上通航段）的独立铁路桥梁、隧道项目，需提供有权限的交通运输部门出具的通航安全影响论证审查意见。

（8）跨境桥梁项目，需提供两国政府间签订的建桥协定。

（9）涉海项目，需提供国家海洋局出具的用海预审意见（项目建议书阶段已提供的除外）。

（10）涉军方项目，需提供军队有关部门出具的意见。

（三）初步设计及投资概算阶段：

1. 中央部门关于审批初步设计及投资概算的正式申报文件。

2. 附送具有相应资质的甲级设计单位编制的项目初步设计总说明和概算书。

第二十四节　使用中央预算内投资 3000 万元及以上的中央本级非经营性项目审批

使用中央预算内投资 3000 万元及以上的中央本级非经营性项目。符合国家相关规划的项目，直接审批可行性研究报告受理、核准的审批。

一、申报依据

（一）《国务院关于投资体制改革的决定》（国发〔2004〕20 号）。

（二）《关于印发国家发展改革委核报国务院核准或审批的固定资产投资项目目录（试行）的通知》（发改投资〔2004〕1927 号）。

（三）《关于印发〈国家发展改革委关于改进和完善报请国务院审批或核准投资项目的管理办法〉的通知》（发改投资〔2005〕76号）。

（四）《国务院关于调整和完善固定资产投资项目资本金制度的通知》（国发〔2015〕51号）。

（五）《国务院办公厅关于加强和规范新开工项目管理的通知》（国办发〔2007〕64号）。

（六）《国务院办公厅、中央军委办公厅印发〈关于建设机场和合用机场审批程序若干规定〉的通知》（国办发〔1985〕49号）。

（七）《固定资产投资项目节能审查办法》（国家发改委令2016年第44号）。

（八）《中央预算内直接投资项目管理办法》（国家发改委令第7号）。

（九）《关于印发国家发展改革委重大固定资产投资项目社会稳定风险评估暂行办法的通知》（发改投资〔2012〕2492号）。

（十）《关于加强军民航空管工程前期工作和建设管理工作的通知》（发改基础〔2012〕2122号）。

（十一）《国家发展改革委关于下放部分交通项目审批权和简化审批程序的通知》（发改基础〔2015〕2933号）。

（十二）《招标投标法》第三条；《招标投标法实施条例》第七条。

二、申报材料

（一）项目建议书阶段：

1. 项目所在地省级发改部门初审意见（民航直属单位项目由民航局出具初审意见）。

2. 预可行性研究报告。

3. 根据国家法律法规和相关规定，附送以下文件：

（1）民航局出具的民航项目行业审查意见（民航直属单位项目除外）。

（2）资金筹措初步方案，包括有关政府部门、企业出具的资金或资本金来源渠道、银行贷款意向等。

（3）涉军方项目，需提供军队有关部门出具的意见。

（4）涉海项目，需提供国家海洋局出具的用海预审意见。

（二）可行性研究报告阶段：

1. 项目所在地省级发改部门初审意见（民航直属单位项目由民航局出具初审意见，军航空管项目由国家空管委办公室出具初审意见）。

2. 项目可行性研究报告。

3. 根据国家法律法规和相关规定，附送以下文件：

（1）民航局出具的行业审查意见（民航直属单位项目和军航空管项目除外）。

（2）省、自治区、直辖市、计划单列市人民政府城乡规划行政主管部门核发的选址意见书（仅指以划拨方式提供国有土地使用权的项目；建设地点在军事用地范围内的不改变原规划的军航空管项目，由总参谋部作战部报经总参谋部同意后出具的建设地点批复，可不办理建设项目选址意见书）。

（3）国土资源部出具的用地预审意见（不涉及新增用地，在已批准的建设用地范围内进行改扩建的项目，可以不进行用地预审，但占军事用地的军航空管项目应提供军以上后勤机关对用地情况的说明）。

（4）地方节能审查机关出具的节能审查意见（根据国家或地方相关规定不需要进行节能审查的项目，建设单位应出具说明，列明项目年综合能源消费量、年电力消费量及不需要进行节能审查所依据的文件条款，并加盖公章）。

（5）省（区、市）发改委对项目社会稳定风险评估报告的意见（民航直属单位项目由民航局出具意见，军航空管项目由国家空管委办公室出具意见），并附其认定的《项目社会稳定风险评估报告》。

（6）投资方出具的资本金承诺函、银行贷款承诺函。

（7）项目招投标方案及相关资质材料。

（8）涉河项目，需提供水利部门审查意见。

（9）涉海项目，需提供国家海洋局出具的用海预审意见（项目建议书阶段已提供的除外）。

（10）涉军方项目，需提供军队有关部门出具的意见。

（三）初步设计及投资概算阶段：

1. 国家空管委办公室出具的申请核定初步设计概算投资文件。

2. 具有相应资质的甲级设计单位编制的项目初步设计（含概算投资）。

第二十五节　限额以上政府出资的地方林业及生态建设项目审批

跨地区、跨行业、跨领域和涉及综合平衡、重大布局的地方政府出资的林业及生态建设项目，由国家发展改革委审批；使用中央预算内投资、中央专项建设基金、中央统还国外贷款 5 亿元及以上林业及生态建设项目，使用中央预算内投资、中央专项建设基金、统借自还国外贷款的总投资 50 亿元及以上林业及生态建设项目，由国家发展改革委核报国务院批准。

一、申报依据

（一）《城乡规划法》第三十六条。

（二）《节约能源法》第十五条。

（三）《招标投标法》第三条；《招标投标法实施条例》第七条。

（四）《土地管理法》第五十二条。

（五）《森林法实施条例》第十八条。

（六）《国务院关于投资体制改革的决定》（国发〔2004〕20 号）。

（七）《国务院关于取消非行政许可审批事项的决定》（国发〔2015〕27 号）附件 2 第 1 项。

（八）《国务院办公厅关于保留部分非行政许可审批项目的通知》（国办发〔2004〕62 号）。

（九）《国务院办公厅关于印发国家林业局主要职责内设机构和人员编制规定的通知》（国办发〔2008〕93 号）。

（十）《固定资产投资项目节能审查办法》（国家发改委令 2016 年第 44 号）。

（十一）《中央预算内投资补助和贴息项目管理办法》（国家发改委令 2016 年第 45 号）

第九条。

（十二）《中央预算内直接投资项目管理办法》（国家发改委令 2014 年第 7 号）第四条。

（十三）中央编办《关于国家发展和改革委员会有关职责和机构编制调整的通知》（中央编办发〔2013〕144 号）。

（十四）《关于印发国家发展改革委核报国务院核准或审批的固定资产投资项目目录（试行）的通知》（发改投资〔2004〕1927 号）目录第二部分。

（十五）《国家发展改革委关于印发国家发展改革委重大固定资产投资项目社会稳定风险评估暂行办法的通知》（发改投资〔2012〕2492 号）。

二、申报材料

（一）可行性研究报告阶段：

1. 项目所在地省级发改部门关于审批项目可行性研究报告的请示及初审意见（地方项目）；中央部门关于审批项目可行性研究报告的函（中央统筹实施项目）。

2. 项目可行性研究报告。

3. 中央部门行业审查意见（地方项目）。

4. 地方配套投资承诺函（说明资金来源）。

5. 根据国家法律法规规定，附送以下文件：

（1）省、自治区、直辖市、计划单列市人民政府城乡规划行政主管部门核发的选址意见书（仅指以划拨方式提供国有土地使用权的项目）。

（2）国土资源部出具的用地预审意见（不涉及新增用地，在已批准的建设用地范围内进行改扩建的项目，可以不进行用地预审；森林经营单位在所经营的林地范围内修筑直接为林业生产服务的工程设施，需要占用林地的，提供县级以上人民政府林业主管部门批准文件即可）。

（3）地方节能审查机关出具的节能审查意见（根据国家或地方相关规定不需要进行节能审查的项目，建设单位应出具说明，列明项目年综合能源消费量、年电力消费量及不需要进行节能审查所依据的文件条款，并加盖公章）。

（4）项目所在地人民政府或其有关部门认定的《项目社会稳定风险评估报告》及项目所在地省级发改部门对项目社会稳定风险评估报告的意见。

（5）项目招标内容。

第二十六节　限额以上政府出资的中央本级林业及
生态建设项目审批

申请安排中央预算内投资 3000 万元及以上和需要跨地区、跨部门、跨领域统筹的中央预算内直接投资林业及生态建设项目，以及政府出资的其他中央本级重大林业及生态建设项目，由国家发改委审批；其中特别重大项目由国家发改委核报国务院批准。

"中央预算内直接投资项目"是指国家发展改革委安排中央预算内投资建设的中央本级（包括中央部门及其派出机构、垂直管理单位、所属事业单位）非经营性固定资产投资项目。

一、申报依据

（一）《城乡规划法》第三十六条。

（二）《节约能源法》第十五条。

（三）《招标投标法》第三条；《招标投标法实施条例》第七条。

（四）《土地管理法》第五十二条。

（五）《森林法实施条例》第十八条。

（六）《国务院关于投资体制改革的决定》（国发〔2004〕20号）。

（七）《国务院关于取消非行政许可审批事项的决定》（国发〔2015〕27号）附件2第1项。

（八）《国务院办公厅关于保留部分非行政许可审批项目的通知》（国办发〔2004〕62号）。

（九）《国务院办公厅关于印发国家林业局主要职责内设机构和人员编制规定的通知》（国办发〔2008〕93号）。

（十）《固定资产投资项目节能审查办法》（国家发改委令2016年第44号）。

（十一）《中央预算内投资补助和贴息项目管理办法》（国家发改委令2016年第45号）第九条。

（十二）《中央预算内直接投资项目管理办法》（国家发改委令2014年第7号）第四条。

（十三）中央编办《关于国家发展和改革委员会有关职责和机构编制调整的通知》（中央编办发〔2013〕144号）。

（十四）《关于印发国家发展改革委核报国务院核准或审批的固定资产投资项目目录（试行）的通知》（发改投资〔2004〕1927号）目录第二部分。

（十五）《国家发展改革委关于印发国家发展改革委重大固定资产投资项目社会稳定风险评估暂行办法的通知》（发改投资〔2012〕2492号）。

二、申报材料

（一）可行性研究报告阶段：

1. 中央部门关于审批项目可行性研究报告的函。

2. 项目可行性研究报告。

3. 中央部门行业审查意见。

4. 配套投资承诺函（说明资金来源）。

5. 根据国家法律法规规定，附送以下文件：

（1）省、自治区、直辖市、计划单列市人民政府城乡规划行政主管部门核发的选址意见书（仅指以划拨方式提供国有土地使用权的项目）。

（2）国土资源部出具的用地预审意见（不涉及新增用地，在已批准的建设用地范围内进行改扩建的项目，可以不进行用地预审；森林经营单位在所经营的林地范围内修筑直接为林业生产服务的工程设施，需要占用林地的，提供县级以上人民政府林业主管部门批准文件即可）。

（3）地方节能审查机关出具的节能审查意见（根据国家或地方相关规定不需要进行节能审查的项目，建设单位应出具说明，列明项目年综合能源消费量、年电力消费量及不需要进行节能审查所依据的文件条款，并加盖公章）。

（4）项目所在地人民政府或其有关部门认定的《项目社会稳定风险评估报告》及项目所在地省级发改部门对项目社会稳定风险评估报告的意见。

（5）项目招标内容。

（二）初步设计及概算阶段：

1. 中央部门关于审批初步设计及投资概算的正式申报文件。

2. 附送具有相应资质的甲级设计单位编制的项目初步设计总说明和概算书。

第二十七节　限额以政府出资的中央本级农业项目审批

申请安排中央预算内投资 3000 万元及以上和需要跨地区、跨部门、跨领域统筹的中央预算内直接投资农业项目，以及政府出资的其他中央本级重大农业项目，由国家发改委审批；其中特别重大项目由国家发改委核报国务院批准。"中央预算内直接投资项目"是指国家发改委安排中央预算内投资建设的中央本级（包括中央部门及其派出机构、垂直管理单位、所属事业单位）非经营性固定资产投资项目。

一、申报依据

（一）《城乡规划法》第三十六条。

（二）《节约能源法》第十五条。

（三）《招标投标法》第三条；《招标投标法实施条例》第七条。

（四）《土地管理法》第五十二条。

（五）《国务院关于投资体制改革的决定》（国发〔2004〕20 号）。

（六）《国务院关于取消非行政许可审批事项的决定》（国发〔2015〕27 号）附件 2 第1 项。

（七）《国务院办公厅关于保留部分非行政许可审批项目的通知》（国办发〔2004〕62号）。

（八）《固定资产投资项目节能审查办法》（国家发改委令 2016 年第 44 号）。

（九）《中央预算内投资补助和贴息项目管理办法》（国家发改委令 2016 年第 45 号令）。

（十）《中央预算内直接投资项目管理办法》（国家发改委令 2014 年第 7 号）。

（十一）中央编办《关于国家发展和改革委员会有关职责和机构编制调整的通知》（中央编办发〔2013〕144 号）。

（十二）《关于印发国家发展改革委核报国务院核准或审批的固定资产投资项目目录（试行）的通知》（发改投资〔2004〕1927 号）。

（十三）《国家发展改革委关于印发国家发展改革委重大固定资产投资项目社会稳定风险评估暂行办法的通知》（发改投资〔2012〕2492 号）。

二、申报材料

（一）项目建议书阶段：

1. 中央部门关于审批项目建议书的函。

2. 项目建议书。

（二）可行性研究报告阶段：

1. 中央部门关于审批项目可行性研究报告的函。

2. 项目可行性研究报告。

3. 配套投资承诺函（说明资金来源）。

4. 根据国家法律法规规定，附送以下文件：

（1）城乡规划行政主管部门核发的选址意见书（仅指以划拨方式提供国有土地使用权的项目）。

（2）国土资源部门出具的用地预审意见（不涉及新增用地，在已批准的建设用地范围内进行改扩建的项目，可以不进行用地预审）。

（3）地方节能审查机关出具的节能审查意见（根据国家或地方相关规定不需要进行节能审查的项目，建设单位应出具说明，列明项目年综合能源消费量、年电力消费量及不需要进行节能审查所依据的文件条款，并加盖公章）。

（4）项目所在地人民政府或其有关部门认定的《项目社会稳定风险评估报告》及项目所在地省级发改部门对项目社会稳定风险评估报告的意见。

（5）项目招标内容。

（三）初步设计及概算阶段：

1. 中央部门关于审批初步设计及投资概算的正式申报文件。

2. 附送具有相应资质的甲级设计单位编制的项目初步设计总说明和概算书。

第二十八节　限额以上政府出资的地方农业项目审批

跨地区、跨行业、跨领域和涉及综合平衡、重大布局的地方政府出资的农业项目，由国家发改委审批；使用中央预算内投资、中央专项建设基金、中央统还国外贷款 5 亿元及以上的农业项目，使用中央预算内投资、中央专项建设基金、统借自还国外贷款的总投资 50 亿元及以上的农业项目，由国家发改委核报国务院批准。

一、申报依据

（一）《城乡规划法》第三十六条。

（二）《节约能源法》第十五条。

（三）《招标投标法》第三条；《招标投标法实施条例》第七条。

（四）《土地管理法》第五十二条。

（五）《国务院关于投资体制改革的决定》（国发〔2004〕20 号）。

（六）《国务院关于取消非行政许可审批事项的决定》（国发〔2015〕27 号）附件 2 第 1 项。

（七）《国务院办公厅关于保留部分非行政许可审批项目的通知》（国办发〔2004〕62 号）。

（八）《固定资产投资项目节能审查办法》（国家发改委令 2016 年第 44 号）。

（九）《中央预算内投资补助和贴息项目管理办法》（国家发改委令 2016 年第 45 号令）。

（十）《中央预算内直接投资项目管理办法》（国家发改委令 2014 年第 7 号）。

（十一）中央编办《关于国家发展和改革委员会有关职责和机构编制调整的通知》（中央编办发〔2013〕144号）。

（十二）《关于印发国家发展改革委核报国务院核准或审批的固定资产投资项目目录（试行）的通知》（发改投资〔2004〕1927号）。

（十三）《国家发展改革委关于印发国家发展改革委重大固定资产投资项目社会稳定风险评估暂行办法的通知》（发改投资〔2012〕2492号）。

二、申报材料

（一）项目建议书阶段：

1. 项目所在地省级发展改革部门关于审批项目建议书的请示及初审意见。

2. 项目建议书。

3. 中央部门行业审查意见。

（二）可行性研究报告阶段：

1. 项目所在地省级发展改革部门关于审批项目可行性研究报告的请示及初审意见。

2. 项目可行性研究报告。

3. 中央部门行业审查意见。

4. 地方配套投资承诺函（说明资金来源）。

5. 根据国家法律法规规定，附送以下文件：

（1）城乡规划行政主管部门核发的选址意见书（仅指以划拨方式提供国有土地使用权的项目）。

（2）国土资源部门出具的用地预审意见（不涉及新增用地，在已批准的建设用地范围内进行改扩建的项目，可以不进行用地预审）。

（3）地方节能审查机关出具的节能审查意见（根据国家或地方相关规定不需要进行节能审查的项目，建设单位应出具说明，列明项目年综合能源消费量、年电力消费量及不需要进行节能审查所依据的文件条款，并加盖公章）。

（4）项目所在地人民政府或其有关部门认定的《项目社会稳定风险评估报告》及项目所在地省级发改部门对项目社会稳定风险评估报告的意见。

（5）项目招标内容。

第二十九节　限额以上政府出资的中央水利项目审批

申请安排中央预算内投资3000万元及以上，和需要跨地区、跨部门、跨领域统筹的中央预算内直接投资水利项目，以及政府出资的其他中央本级重大水利项目，由国家发展改革委审批或者由国家发改委委托中央有关部门审批，其中特别重大项目由国家发改委核报国务院审批。"中央预算内直接投资项目"是指国家发改委安排中央预算内投资建设的中央本级（包括中央部门及其派出机构、垂直管理单位、所属事业单位）非经营性固定资产投资水利项目。以上项目凡在国务院或国家发改委批准的水利发展建设规划中明确工程建设必要性和开发任务的，原则上不再审批项目建议书，直接审批可行性研究报告。

一、申报依据

（一）项目建议书阶段：

1.《国务院关于投资体制改革的决定》（国发〔2004〕20 号）第三部分第（四）条。

2.《国务院关于取消非行政许可审批事项的决定》（国发〔2015〕27 号）附件 2 第 1 项。

3.《国务院批转国家计委、财政部、水利部、建设部关于加强公益性水利工程建设管理若干意见的通知》（国发〔2000〕20 号）第二部分第（二）条、第（四）条。

4.《中央预算内直接投资项目管理办法》（国家发改委令 2014 年第 7 号）。

（二）可行性研究报告阶段：

1.《城乡规划法》第三十六条。

2.《航道法》第二十八条。

3.《节约能源法》第十五条。

4.《招标投标法》第三条；《招标投标法实施条例》第七条。

5.《防震减灾法》第三十五条。

6.《海洋环境保护法》第四十七条。

7.《取水许可和水资源费征收管理条例》第二十一条。

8.《大中型水利水电工程建设征地补偿和移民安置条例》第十条、第十五条。

9.《河道管理条例》第十一条。

10.《地质灾害防治条例》第二十一条第一款。

11.《地震安全性评价管理条例》第十九条。

12.《土地管理法实施条例》第二十二条。

13.《国务院关于投资体制改革的决定》（国发〔2004〕20 号）第三部分第（四）条。

14.《国务院关于取消非行政许可审批事项的决定》（国发〔2015〕27 号）附件 2 第 1 项。

15.《国务院关于调整和完善固定资产投资项目资本金制度的通知》（国发〔2015〕51 号）。

16.《中央预算内直接投资项目管理办法》（国家发改委令 2014 年第 7 号）。

17.《固定资产投资项目节能审查办法》（国家发改委令 2016 年第 44 号）。

18.《国家发展改革委关于印发国家发展改革委核报国务院核准或审批的固定资产投资项目目录（试行）的通知》（发改投资〔2004〕1927 号）。

19.《国家发展改革委关于改进和完善报请国务院审批或核准投资项目的管理办法》（发改投资〔2005〕76 号）。

20.《国家发展改革委关于印发国家发展改革委重大固定资产投资项目社会稳定风险评估暂行办法的通知》（发改投资〔2012〕2492 号）。

21.《国家发展改革委关于精简重大水利建设项目审批程序的通知》（发改农经〔2015〕1860 号）。

（三）初步设计及投资概算阶段：

1.《国务院关于投资体制改革的决定》（国发〔2004〕20 号）。

2.《中央预算内直接投资项目管理办法》（国家发改委令 2014 年第 7 号）。

二、申报材料

（一）项目建议书阶段：

1. 水利部关于审批项目建议书的函及审查意见。

2. 项目建议书报告（不包括设计图集）。

（二）可行性研究报告阶段：

1. 水利部关于审批工程可行性研究报告的函及审查意见。

2. 项目可行性研究报告（不包括设计图集）。

3. 根据国家法律法规规定，附送以下文件：

（1）省、自治区、直辖市、计划单列市人民政府城乡规划行政主管部门核发的选址意见书（仅指以划拨方式提供国有土地使用权的项目）。

（2）国土资源部出具的用地预审意见（不涉及新增用地，在已批准的建设用地范围内进行改扩建的项目，可以不进行用地预审）。

（3）地方节能审查机关出具的节能审查意见（根据国家或地方相关规定不需要进行节能审查的项目，建设单位应出具说明，列明项目年综合能源消费量、年电力消费量及不需要进行节能审查所依据的文件条款，并加盖公章）。

（4）项目所在地人民政府或其有关部门认定的《项目社会稳定风险评估报告》及项目所在地省级发改部门对项目社会稳定风险评估报告的意见。

（5）项目招标内容。

（6）项目建设资金筹措方案及有关证明文件，项目单位（投资方）出具的资本金承诺函。

（7）根据行业特点需要附送的其他文件：

① 省级人民政府移民管理机构或者国务院移民管理机构出具的工程移民安置规划审核意见及规划文本（仅指需要编制移民安置规划的大中型水利水电工程）。

② 交通运输主管部门或者航道管理机构出具的航道通航条件影响评价审核文件（仅指涉及航道的部分工程）。

③ 有关海洋行政主管部门核准的海洋环境影响报告书（仅指涉及海洋工程的建设项目）。

④ 地质灾害危险性评估结果（仅指在地质灾害易发区内的建设项目）。

（三）初步设计及投资概算阶段：

1. 水利部关于审批初步设计及投资概算的正式申报文件。

2. 附送具有相应资质的甲级设计单位编制的项目初步设计总说明和概算书。

第三十节　限额以上政府出资的地方水利项目审批

新建大型水库、大型引调水、大江大河（大湖）干流重点河段治理、重要蓄滞洪区建设、跨省（区）市需要全国统筹安排或者总量控制，以及申请使用中央预算内投资、中央专项建设基金、中央统还国外贷款 5 亿元及以上的项目和使用中央预算内投资、中央专项建设基金、统借自还国外贷款的总投资 50 亿元及以上水利项目由国家发改委审批，其中重大项目国家发改委核报国务院审批。以上项目凡在国务院或国家发改委批准的水利发展建设规划中明确工程建设必要性和开发任务的，原则上不再审批项目建议书，直接审批可行性研究报告。

一、申报依据

（一）项目建议书阶段：

1.《国务院关于投资体制改革的决定》（国发〔2004〕20号）第三部分第（四）条。

2.《国务院关于取消非行政许可审批事项的决定》（国发〔2015〕27号）附件2第1项。

3.《国务院批转国家计委、财政部、水利部、建设部关于加强公益性水利工程建设管理若干意见的通知》（国发〔2000〕20号）第二部分第（二）条、第（四）条。

4.《中央预算内直接投资项目管理办法》（国家发改委令2014年第7号）。

（二）可行性研究报告阶段：

1《城乡规划法》第三十六条。

2.《航道法》第二十八条。

3.《节约能源法》第十五条。

4.《招标投标法》第三条；《招标投标法实施条例》第七条。

5.《海洋环境保护法》第四十七条。

6.《大中型水利水电工程建设征地补偿和移民安置条例》第十条、第十五条。

7.《河道管理条例》第十一条。

8.《地质灾害防治条例》第二十一条第一款。

9.《土地管理法实施条例》第二十二条。

10.《国务院关于投资体制改革的决定》（国发〔2004〕20号）第三部分第（四）条。

11.《国务院关于取消非行政许可审批事项的决定》（国发〔2015〕27号）附件2第1项。

12.《国务院关于调整和完善固定资产投资项目资本金制度的通知（国发〔2015〕51号）》。

13.《中央预算内直接投资项目管理办法》（国家发改委令2014年第7号）。

14.《固定资产投资项目节能审查办法》（国家发改委令2016年第44号）。

15.《国家发展改革委关于印发国家发改委核报国务院核准或审批的固定资产投资项目目录（试行）的通知》（发改投资〔2004〕1927号）。

16.《国家发展改革委关于改进和完善报请国务院审批或核准投资项目的管理办法》（发改投资〔2005〕76号）。

17.《国家发展改革委关于印发国家发展改革委重大固定资产投资项目社会稳定风险评估暂行办法的通知》（发改投资〔2012〕2492号）。

18.《国家发展改革委关于精简重大水利建设项目审批程序的通知》（发改农经〔2015〕1860号）。

二、申报材料

（一）项目建议书阶段：

1.项目所在地省级发改部门关于审批项目建议书的请示。

2.项目建议书报告（不包括设计图集）。

3.水利部出具的对项目建议书的审查意见。

（二）可行性研究报告阶段：

1. 项目所在地省级发改部门关于审批可行性研究报告的请示及初审意见。

2. 项目可行性研究报告（不包括设计图集）。

3. 水利部出具的对可行性研究报告的审查意见。

4. 根据国家法律法规规定，附送以下文件：

（1）省、自治区、直辖市、计划单列市人民政府城乡规划行政主管部门核发的选址意见书（仅指以划拨方式提供国有土地使用权的项目）。

（2）国土资源部出具的用地预审意见（不涉及新增用地，在已批准的建设用地范围内进行改扩建的项目，可以不进行用地预审）。

（3）地方节能审查机关出具的节能审查意见（根据国家或地方相关规定不需要进行节能审查的项目，建设单位应出具说明，列明项目年综合能源消费量、年电力消费量及不需要进行节能审查所依据的文件条款，并加盖公章）。

（4）项目所在地人民政府或其有关部门认定的《项目社会稳定风险评估报告》及项目所在地省级发改部门对项目社会稳定风险评估报告的意见。

（5）项目招标内容。

（6）项目建设资金筹措方案及有关证明文件，项目单位（投资方）出具的资本金承诺函。

（7）根据行业特点需要附送的其他文件：省级人民政府移民管理机构或者国务院移民管理机构出具的工程移民安置规划审核意见及规划文本（仅指需要编制移民安置规划的大中型水利水电工程）；交通运输部门或者航道管理机构出具的航道通航条件影响评价审核文件（仅指涉及航道的部分工程）；海洋行政主管部门核准的海洋环境影响报告书（仅指涉及海洋工程的建设项目）；地质灾害危险性评估结果（仅指在地质灾害易发区内的建设项目）。

第三十一节 限额以上政府出资的气象基础设施项目审批

申请安排中央预算内投资 3000 万元及以上以及需要跨地区、跨部门、跨领域统筹的中央预算内直接投资气象基础设施项目，政府出资的其他重大气象基础设施项目，由国家发改委审批或者由国家发改委委托中央有关部门审批，其中特别重大项目由国家发改委核报国务院批准。

一、申报依据

（一）《气象法》第十条。

（二）《国务院关于投资体制改革的决定》（国发〔2004〕20 号）。

（三）《国务院关于取消非行政许可审批事项的决定》（国发〔2015〕27 号）附件 2 第 1 项。

（四）《中央预算内直接投资项目管理办法》（国家发改委令 2014 年第 7 号）。

（五）《固定资产投资项目节能审查办法》（国家发改委令 2016 年第 44 号）。

（六）《招标投标法》第三条；《招标投标法实施条例》第七条。

二、申报材料

（一）项目建议书阶段：

1. 中国气象局关于审批项目建议书的函及初审意见。

2. 项目建议书报告。

（二）可行性研究报告阶段：

1. 中国气象局关于审批项目可行性研究报告的函及初审意见。

2. 项目可行性研究报告。

3. 根据国家法律法规规定，附送以下文件：

（1）省、自治区、直辖市、计划单列市人民政府城乡规划行政主管部门核发的选址意见书（仅指以划拨方式提供国有土地使用权的项目）。

（2）国土资源部出具的用地预审意见（不涉及新增用地，在已批准的建设用地范围内进行改扩建的项目，可以不进行用地预审）。

（3）地方节能审查机关出具的节能审查意见（根据国家或地方相关规定不需要进行节能审查的项目，建设单位应出具说明，列明项目年综合能源消费量、年电力消费量及不需要进行节能审查所依据的文件条款，并加盖公章）。

（4）项目所在地人民政府或其有关部门认定的《项目社会稳定风险评估报告》及项目所在地省级发改部门对项目社会稳定风险评估报告的意见。

（5）项目招标内容。

（三）初步设计及概算阶段：

1. 项目所在地省级发改部门关于审批初步设计及投资概算的正式申报文件（地方项目）；中央部门关于审批初步设计及投资概算的正式申报文件（中央项目）。

2. 附送具有相应资质的甲级设计单位编制的项目初步设计总说明和概算书。

第三十二节　由中央统借统还的利用国际金融组织和外国政府贷款农业综合开发项目审批

列入我国利用国际金融组织贷款备选项目规划的项目受理、核准的审批。

一、申报依据

（一）《城乡规划法》第三十六条。

（二）《节约能源法》第十五条。

（三）《招标投标法》第三条；《招标投标法实施条例》第七条。

（四）《土地管理法》第五十二条。

（五）《国务院关于投资体制改革的决定》（国发〔2004〕20号）。

（六）《国务院办公厅关于保留部分非行政许可审批项目的通知》（国办发〔2004〕62号）。

（七）《固定资产投资项目节能审查办法》（国家发改委令2016年第44号）。

（八）《国际金融组织和外国政府贷款投资项目管理暂行办法》（国家发改委2005年第28号令）。

（九）《中央预算内直接投资项目管理办法》（国家发改委2014年第7号令）。

（十）中央编办《关于国家发展和改革委员会有关职责和机构编制调整的通知》（中央编办发〔2013〕144号）。

（十一）《关于印发国家发展改革委核报国务院核准或审批的固定资产投资项目目录（试行）的通知》（发改投资〔2004〕1927号）。

（十二）《国家发展改革委关于印发国家发展改革委重大固定资产投资项目社会稳定风险评估暂行办法的通知》（发改投资〔2012〕2492号）。

二、申报材料

（一）可行性研究报告阶段：

1. 财政部关于审批项目可行性研究报告的函。

2. 项目可行性研究报告。

3. 水利部、农业部、国家林业局、环保部、国土部等部门的行业审查意见。

4. 根据国家法律法规规定，附送以下文件：

（1）城乡规划行政主管部门核发的选址意见书（仅指以划拨方式提供国有土地使用权的项目）。

（2）国土资源部门出具的用地预审意见（不涉及新增用地，在已批准的建设用地范围内进行改扩建的项目，可以不进行用地预审）。

（3）地方节能审查机关出具的节能审查意见（根据国家或地方相关规定不需要进行节能审查的项目，建设单位应出具说明，列明项目年综合能源消费量、年电力消费量及不需要进行节能审查所依据的文件条款，并加盖公章）。

（4）项目所在地人民政府或其有关部门认定的《项目社会稳定风险评估报告》及项目所在地省级发改部门对项目社会稳定风险评估报告的意见。

（5）项目招标内容。

第三十三节 中央或地方政府投资的新建运输机场项目审批

中央或地方政府投资的新建运输机场项目审批项目建议书、可行性研究报告（新建民用运输机场项目建议书由国家发改委、总参谋部核报国务院、中央军委审批。新建民用运输机场可行性研究报告由国家发改委审批）。

一、申报依据

（一）《国务院关于投资体制改革的决定》（国发〔2004〕20号）。

（二）《关于印发国家发展改革委核报国务院核准或审批的固定资产投资项目目录（试行）的通知》（发改投资〔2004〕1927号）。

（三）《关于印发〈国家发展改革委关于改进和完善报请国务院审批或核准投资项目的管理办法〉的通知》（发改投资〔2005〕76号）。

（四）《国务院关于调整和完善固定资产投资项目资本金制度的通知》（国发〔2015〕51号）。

（五）《国务院办公厅关于加强和规范新开工项目管理的通知》（国办发〔2007〕64号）。

（六）《国务院办公厅、中央军委办公厅印发〈关于建设机场和合用机场审批程序若干规定〉的通知》（国办发〔1985〕49号）。

（七）《固定资产投资项目节能审查办法》（国家发改委令2016年第44号）。

（八）《中央预算内直接投资项目管理办法》（国家发改委令第 7 号）。

（九）《关于印发国家发展改革委重大固定资产投资项目社会稳定风险评估暂行办法的通知》（发改投资〔2012〕2492 号）。

（十）《关于加强军民航空管工程前期工作和建设管理工作的通知》（发改基础〔2012〕2122 号）。

（十一）《国家发展改革委关于下放部分交通项目审批权和简化审批程序的通知》（发改基础〔2015〕2933 号）。

（十二）《招标投标法》第三条；《招标投标法实施条例》第七条。

二、申报材料

（一）项目建议书阶段：

1. 项目所在地省级发改部门初审意见（民航直属单位项目由民航局出具初审意见）新建运输机场项目由所在省（区、市）人民政府向国务院、中央军委报送审批项目建议书的请示，由国务院办公厅批转我委办理。

2. 预可行性研究报告。

3. 根据国家法律法规和相关规定，附送以下文件：

（1）民航局出具的民航项目行业审查意见（民航直属单位项目除外）。

（2）资金筹措初步方案，包括有关政府部门、企业出具的资金或资本金来源渠道、银行贷款意向等。

（3）涉军方项目，需提供军队有关部门出具的意见。

（4）涉海项目，需提供国家海洋局出具的用海预审意见。

（二）可行性研究报告阶段：

1. 项目所在地省级发改部门初审意见（民航直属单位项目由民航局出具初审意见，军航空管项目由国家空管委办公室出具初审意见）。

2. 项目可行性研究报告。

3. 根据国家法律法规和相关规定，附送以下文件：

（1）民航局出具的行业审查意见（民航直属单位项目和军航空管项目除外）。

（2）省、自治区、直辖市、计划单列市人民政府城乡规划行政主管部门核发的选址意见书（仅指以划拨方式提供国有土地使用权的项目；建设地点在军事用地范围内的不改变原规划的军航空管项目，由总参谋部作战部报经总参谋部同意后出具的建设地点批复，可不办理建设项目选址意见书）。

（3）国土资源部出具的用地预审意见（不涉及新增用地，在已批准的建设用地范围内进行改扩建的项目，可以不进行用地预审，但占军事用地的军航空管项目应提供军以上后勤机关对用地情况的说明）。

（4）地方节能审查机关出具的节能审查意见（根据国家或地方相关规定不需要进行节能审查的项目，建设单位应出具说明，列明项目年综合能源消费量、年电力消费量及不需要进行节能审查所依据的文件条款，并加盖公章）。

（5）省（区、市）发改委对项目社会稳定风险评估报告的意见（民航直属单位项目由民航局出具意见，军航空管项目由国家空管委办公室出具意见），并附其认定的《项目社会稳定风险评估报告》。

（6）投资方出具的资本金承诺函、银行贷款承诺函。

（7）项目招投标方案及相关资质材料。

（8）涉河项目，需提供水利部门审查意见。

（9）涉海项目，需提供国家海洋局出具的用海预审意见（项目建议书阶段已提供的除外）。

（10）涉军方项目，需提供军队有关部门出具的意见。

（三）初步设计及投资概算阶段：

1. 国家空管委办公室出具的申请核定初步设计概算投资文件。

2. 具有相应资质的甲级设计单位编制的项目初步设计（含概算投资）。

第三十四节　国家铁路网中除干线以外的铁路项目备案

一、办理依据

（一）《国务院关于投资体制改革的决定》（国发〔2004〕20号）。

（二）《国务院关于发布政府核准的投资项目目录（2014年本）的通知》（国发〔2014〕53号）。

二、申报材料

（一）中国铁路总公司报送的项目申请备案报告，主要包括项目基本情况、主要技术标准、建设规模、总投资等内容。

（二）同时应当附送项目批复文件。

第十章 企事业（团体）出资的
投资项目审批

企业、事业单位、社会团体等投资建设的固定资产投资项目核准属前审后批行政许可，无数量限制，按照申请材料目录准备材料，齐全后即可进行申报。本章介绍一般由国家发改委组织受理、核准的审批。一般其办理基本流程：申请人登录全国投资项目在线审批监管平台选择相应事项按要求登记项目信息。获取项目代码后，申请人按办事指南要求，将申请材料准备齐全后，登录国家发改委网上政务服务大厅进行网上登记。网上登记完成后，申请人可选择将申请材料邮寄或现场报送至政务服务大厅。政务服务大厅收到申请材料后，窗口工作人员对申请材料进行形式审查，审查合格的予以接收。承办司局收到申请材料后，对申请材料进行复审，审查合格的予以受理。受理后，承办司局将申请材料转到第三方评估机构进行委托评估。第三方评估机构形成评估意见，报承办司局。承办司局办理并作出核准决定。如有需要，征求国务院相关部门意见。核准文件通过机要渠道送至来文单位，政务服务大厅将核准结果信息通过短信、邮件形式告知申请人。办结时限为20个工作日。项目情况复杂或者需要征求有关单位意见的，可以延长核准期限，但延长的期限不得超过40个工作日（委托评估时间除外）。办理进程查询事项办理进展信息及结果信息将以短信、邮件的形式告知申请人。申请人也可以登录国家发改委网上政务服务大厅、政务服务大厅微信公众号查询，向政务服务大厅电话咨询或到政务服务大厅现场咨询。结果送达项目核准结果信息通过短信、邮件形式告知，核准文件通过机要渠道送至来文单位。事项办理结果信息在国家发展改革委门户网站、网上政务服务大厅、政务服务大厅微信公众号公开。

第一节 核电站项目核准（核报国务院）

核电站项目核准（核报国务院），适用于在我国境内建设的核电站项目核准。

一、审批依据

（一）《行政许可法》。

（二）《国务院对确需保留的行政审批项目设定行政许可的决定》（国务院令第412号）。

（三）《企业投资项目核准和备案管理条例》（国务院令第673号）。

（四）《国务院关于投资体制改革的决定》（国发〔2004〕20号）。

（五）《国务院关于调整和完善固定资产投资项目资本金制度的通知》（国发〔2015〕51号）。

（六）《国务院关于发布政府核准的投资项目目录（2016年本）的通知》（国发〔2016〕72号）。

（七）《国务院办公厅关于印发精简审批事项规范中介服务实行企业投资项目网上并联核准制度工作方案的通知》（国办发〔2014〕59号）。

（八）《企业投资项目核准和备案管理办法》（国家发改委2017年第2号）。

（九）《外商投资项目核准和备案管理办法》（国家发改委令2014年第12号）。

（十）《关于修改〈境外投资项目核准和备案管理办法〉和〈外商投资项目核准和备案管理办法〉有关条款的决定》（国家发改委令2014年第20号）。

（十一）《外商投资产业指导目录（2015年修订）》（国家发改委、商务部令2015年第22号）。

（十二）《国务院关于第二批取消152项中央指定地方实施行政审批事项的决定》（国发〔2016〕9号）。

（十三）《招标投标法》第三条；《招标投标法实施条例》第七条。

（十四）《国家发展改革委关于印发国家发展改革委重大固定资产投资项目社会稳定风险评估暂行办法的通知》（发改投资〔2012〕2492号）。

二、决定机构

核电站项目由国家发改委审核后报国务院核准。外商投资：《外商投资产业指导目录》中总投资（含增资）3亿美元及以上限制类项目由国家发改委核准，其中总投资（含增资）20亿美元及以上项目报国务院备案。

三、申请材料目录

申请项目核准的请示（附项目所在地省级发改部门意见）；项目申请报告；外国投资者并购境内企业项目申请报告应包括并购方情况、并购安排、融资方案和被并购方情况、被并购后经营方式、范围和股权结构、所得收入的使用安排等。根据国家法律法规规定，附送以下文件：省、自治区、直辖市、计划单列市人民政府城乡规划行政主管部门核发的选址意见书（仅指以划拨方式提供国有土地使用权的项目）；国土资源部出具的用地预审意见（不涉及新增用地，在已批准的建设用地范围内进行改扩建的项目，可以不进行用地预审）；项目所在地人民政府或其有关部门认定的《项目社会稳定风险评估报告》及项目所在地省级发改部门对项目社会稳定风险评估报告的意见；项目招标内容；地震行政主管部门对可研阶段地震安全性评价报告的批复；水利行政主管部门对项目取水许可申请和水土保持方案的批复；海洋行政主管部门对核电项目建设用海预审的意见；军事设施主管部门出具的军事设施影响审查意见；根据核电行业特点需要附送的其他文件：核安全主管部门对厂址安全分析报告（选址阶段）的批复；国家核应急办对核电项目应急预案的意见；省政府对厂址周围规划限制区的批复。外商投资项目还应附送以下文件：中外投资各方的企业注册证明材料及经审计的最新企业财务报表（包括资产负债表、利润表和现金流量表）；投资意向书或增资、并购项目的公司董事会决议等相关文件；以国有资产出资的，需由有关主管部门出具的确认文件。

核电站项目核准办理流程详见图10-1。

申请人	政务服务大厅	委内	国务院

投资项目在线审批监管平台申请获取项目代码

网上政务服务大厅登记提交打印登记信息单

报送申材料现场/邮寄/机

接受申请材料

补充完善 ← 否

材料齐全

是

材料接收单

备注1

不予受理决定书

不予受理

不通过

承办司局复审

材料退回（大厅现场领取或机要送至来文单位）

受理告知单 ← 确认受理

委托评估

如有需要，征求国务院相关部门意见

审核决定

领取核准文件（机要送至来文单位）

核准文件

国务院核准

通过

不通过

领取退回文件（大厅现场）

不予行政许可决定书

作出不予核准决定

备注1：此事项因审查过程比较复杂，无法当场受理

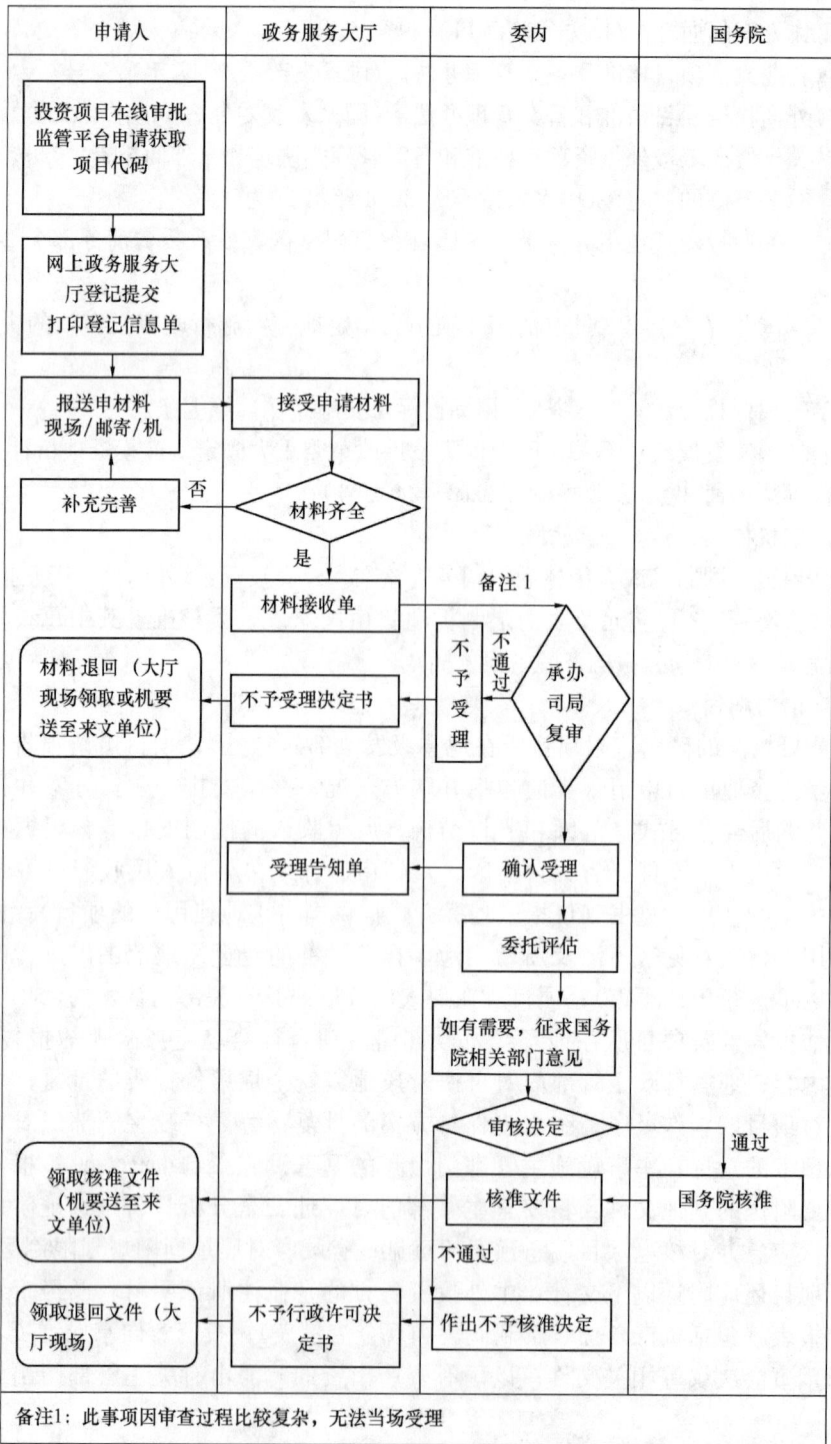

图 10-1 核电站项目核准办理流程

第二节　新建运输机场项目核准（核报国务院、中央军委）

新建运输机场项目核准（核报国务院、中央军委），适用于在我国境内建设的新建运输机场项目核准。运输机场是指为从事旅客、货物运输等公共航空运输活动的民用航空器提供起飞、降落等服务，并开行点对点定期航班的机场。

一、审批依据

（一）《行政许可法》。

（二）《国务院对确需保留的行政审批项目设定行政许可的决定》（国务院令第412号）。

（三）《企业投资项目核准和备案管理条例》（国务院令第673号）。

（四）《国务院关于投资体制改革的决定》（国发〔2004〕20号）。

（五）《国务院关于调整和完善固定资产投资项目资本金制度的通知》（国发〔2015〕51号）。

（六）《国务院关于发布政府核准的投资项目目录（2016年本）的通知》（国发〔2016〕72号）。

（七）《国务院办公厅关于加强和规范新开工项目管理的通知》（国办发〔2007〕64号）。

（八）《国务院办公厅关于印发精简审批事项规范中介服务实行企业投资项目网上并联核准制度工作方案的通知》（国办发〔2014〕59号）。

（九）《企业投资项目核准和备案管理办法》（国家发改委令2017年第2号）。

（十）《外商投资项目核准和备案管理办法》（国家发改委令2014年第12号）。

（十一）《关于修改〈境外投资项目核准和备案管理办法〉和〈外商投资项目核准和备案管理办法〉有关条款的决定》（国家发改委令2014年第20号）。

（十二）《外商投资产业指导目录（2015年修订）》（国家发改委、商务部令2015年第22号）。

（十三）《国家发展改革委关于印发国家发展改革委重大固定资产投资项目社会稳定风险评估暂行办法的通知》（发改投资〔2012〕2492号）。

（十四）《国务院关于第二批取消152项中央指定地方实施行政审批事项的决定》（国发〔2016〕9号）。

（十五）《招标投标法》第三条；《招标投标法实施条例》第七条。

二、决定机构

新建运输机场由国家发改委、中央军委联合参谋部核报国务院、中央军委核准。外商投资：《外商投资产业指导目录》中总投资（含增资）3亿美元及以上限制类项目，由国家发改委核准，其中总投资（含增资）20亿美元及以上项目报国务院备案。

三、申请材料目录

项目所在地省级发改部门出具的转报文件；项目申请报告由项目所在省（区、市）人民政府或国务院有关部门向国务院、中央军委报送项目申请报告，由国务院办公厅批转我委办理。外国投资者并购境内企业项目申请报告应包括并购方情况、并购安排、融资方案和被并购方情况、被并购后经营方式、范围和股权结构、所得收入的使用安排等。根据国家法律法规规定，附送以下文件：省、自治区、直辖市、计划单列市人民政府城乡规划行政主管部门核发的选址意见书（仅指以划拨方式提供国有土地使用权的项目）；国土资源部出具的用地预审意见（不涉及新增用地，在已批准的建设用地范围内进行改扩建的项目，可以不进行用地预审）；项目所在地人民政府或其有关部门认定的《项目社会稳定风险评估报告》及项目所在地发改部门对项目社会稳定风险评估报告的意见；项目招标内容；根据行业特点需要附送的文件：国务院有关部门、计划单列企业集团、中央管理企业直接报送项目申请报告，需附项目所在地省级政府发改部门的意见；属于取消省级发改部门初审的项目，可以直接申报；投资方和项目法人的营业执照副本复印件；涉海项目需提供国家海洋局出具的用海预审意见；涉军方项目需提供军队有关部门出具的意见；涉河项目需水利部门审查意见。外商投资项目还应附送以下文件：中外投资各方的企业注册证明材料及经审计的最新企业财务报表（包括资产负债表、利润表和现金流量表）；投资意向书或增资、并购项目的公司董事会决议等相关文件；中方以国有资产出资的，需由有关主管部门出具的确认文件。

第三节 特大型主题公园项目核准（核报国务院）

特大型主题公园项目核准（核报国务院），适用于在我国境内新建、扩建的规划（或实际）总占地面积 2000 亩及以上或规划（或实际）总投资 50 亿元及以上的主题公园项目核准。

一、审批依据

（一）《行政许可法》。

（二）《国务院对确需保留的行政审批项目设定行政许可的决定》（国务院令第 412 号）。

（三）《企业投资项目核准和备案管理条例》（国务院令第 673 号）。

（四）《国务院关于投资体制改革的决定》（国发〔2004〕20 号）。

（五）《国务院关于调整和完善固定资产投资项目资本金制度的通知》（国发〔2015〕51 号）。

（六）《国务院关于发布政府核准的投资项目目录（2016 年本）的通知》（国发〔2016〕72 号）。

（七）《国务院办公厅关于印发精简审批事项规范中介服务实行企业投资项目网上并联核准制度工作方案的通知》（国办发〔2014〕59 号）。

（八）《企业投资项目核准和备案管理办法》（国家发改委令 2017 年第 2 号）。

（九）《外商投资项目核准和备案管理办法》（国家发改委令 2014 年第 12 号）。

（十）《关于修改〈境外投资项目核准和备案管理办法〉和〈外商投资项目核准和备案管理办法〉有关条款的决定》（国家发改委令 2014 年第 20 号）。

（十一）《外商投资产业指导目录（2015 年修订）》（国家发改委、商务部令 2015 年第 22 号）。

（十二）《关于规范主题公园发展的若干意见》（发改社会〔2013〕439 号）。

（十三）《国务院关于第二批取消 152 项中央指定地方实施行政审批事项的决定》（国发〔2016〕9 号）。

（十四）《招标投标法》第三条；《招标投标法实施条例》第七条。

二、决定机构

规划（或实际）总占地面积 2000 亩及以上或规划（或实际）总投资 50 亿元及以上的，为特大型主题公园，新建、扩建时由国家发改委审核后报国务院核准。

外商投资：《外商投资产业指导目录》中总投资（含增资）3 亿美元及以上限制类项目由国家发改委核准，其中总投资（含增资）20 亿美元及以上项目报国务院备案。

三、申请材料目录

项目所在地省级发改部门出具的转报文件；项目申请报告项目单位情况（外商投资项目需提供投资方情况）；项目情况；资源利用和生态环境影响分析；经济和社会影响分析。外国投资者并购境内企业项目申请报告应包括并购方情况、并购安排、融资方案和被并购方情况、被并购后经营方式、范围和股权结构、所得收入的使用安排等。根据国家法律法规规定，附送以下文件：国土资源（海洋）行政主管部门出具的用地（用海）预审意见（国土资源主管部门明确可以不进行用地预审的情形除外）。外商投资项目还应附送以下文件：中外投资各方的企业注册证明材料及经审计的最新企业财务报表（包括资产负债表、利润表和现金流量表）；投资意向书或增资、并购项目的公司董事会决议等相关文件；中方以国有资产出资的，需由有关主管部门出具确认文件。

第四节　在跨界河流、跨省（区、市）河流上建设的单站总装机容量 300 万千瓦及以上或者涉及移民 1 万人及以上的水电站项目核准（核报国务院）

在跨界河流、跨省（区、市）河流上建设的单站总装机容量 300 万千瓦及以上或者涉及移民 1 万人及以上水电站项目核准（核报国务院），适用于在跨界河流、跨省（区、市）河流上建设的单站总装机容量 300 万千瓦及以上或者涉及移民 1 万人及以上水电站项目核准。

一、审批依据

（一）《行政许可法》。

（二）《国务院对确需保留的行政审批项目设定行政许可的决定》（国务院令第 412 号）。

（三）《企业投资项目核准和备案管理条例》（国务院令第 673 号）。

（四）《国务院关于投资体制改革的决定》（国发〔2004〕20 号）。

（五）《国务院关于发布政府核准的投资项目目录（2016 年本）的通知》（国发〔2016〕72 号）。

（六）《国务院办公厅关于印发精简审批事项规范中介服务实行企业投资项目网上并联核准制度工作方案的通知》（国办发〔2014〕59 号）。

（七）《企业投资项目核准和备案管理办法》（国家发改委令 2017 年第 2 号）。

（八）《产业结构调整指导目录》（国家发改委令 2011 年第 9 号、2013 年第 21 号）。

（九）《外商投资项目核准和备案管理办法》（国家发改委令 2014 年第 12 号）。

（十）《关于修改〈境外投资项目核准和备案管理办法〉和〈外商投资项目核准和备案管理办法〉有关条款的决定》（国家发改委令 2014 年第 20 号）。

（十一）《外商投资产业指导目录（2015 年修订）》（国家发改委、商务部令 2015 年第 22 号）。

（十二）《国务院关于第二批取消 152 项中央指定地方实施行政审批事项的决定》（国发〔2016〕9 号）。

（十三）《国务院关于印发清理规范投资项目报建审批事项实施方案的通知》（国发〔2016〕29 号）。

（十四）《招标投标法》第三条；《招标投标法实施条例》第七条。

（十五）《国家发展改革委关于印发国家发展改革委重大固定资产投资项目社会稳定风险评估暂行办法的通知》（发改投资〔2012〕2492 号）。

二、决定机构

涉及跨界河流、跨省（区、市）水资源配置调整的库容 10 亿立方米及以上或者涉及移民 1 万人及以上的水库项目由国家发改委审核后报国务院核准。

外商投资：《外商投资产业指导目录》中总投资（含增资）3 亿美元及以上限制类项目，由国家发改委核准，其中总投资（含增资）20 亿美元及以上项目报国务院备案。

三、申请材料目录

省级发改部门转报的项目核准请示，涉及计划单列企业集团、中央管理企业投资建设的，与项目所在地省级发改部门分别报送项目核准请示；项目申请报告；外国投资者并购境内企业项目申请报告应包括并购方情况、并购安排、融资方案和被并购方情况、被并购后经营方式、范围和股权结构、所得收入的使用安排等。根据国家法律规定，附送以下文件，并确保相关要件在法定审查期限内保持有效：省、自治区、直辖市、计划单列市人民政府城乡规划行政主管部门核发的选址意见书（仅指以划拨方式提供国有土地使用权的项目）；国土资源部出具的用地预审意见（不涉及新增用地，在已批准的建设用地范围内进行改扩建的项目，可以不进行用地预审）；项目所在地人民政府或其有关部门认定的《项目社会稳定风险评估报告》及项目所在地省级发改部门对项目社会稳定风险评估报告的意见；流域管理机构出具的取水许可申请的批复；省级人民政府移民管理机构出具的移民安置规划审核意见及规划文本；项目招标内容。外商投资项目还应附送以下文件：中外投资各方的企业注册证明材料及经审计的最新企业财务报表（包括资产负债表、利润表和现金流量表）；投资意向书或增资、并购项目的公司董事会决议等相关文件；以国有资产出资的，需由有关主管部门出具的确认文件。

第五节　在跨界河流、跨省（区、市）河流上建设的库容 10 亿立方米及以上或者涉及移民 1 万人及以上的水库项目核准（核报国务院）

在跨界河流、跨省（区、市）河流上建设的库容 10 亿立方米及以上或者涉及移民 1 万人及以上的水库项目核准（核报国务院），适用在我国境内建设的涉及跨界河流、跨省（区、市）水资源配置调整的库容 10 亿立方米及以上或者涉及移民 1 万人及以上的水库项目核准。"跨界河流"是指跨国界河流。

一、审批依据

（一）《行政许可法》。

（二）《城乡规划法》第三十六条。

（三）《招标投标法》第三条、《招标投标法实施条例》第七条。

（四）《企业投资项目核准和备案管理条例》（国务院令第 673 号）。

（五）《大中型水利水电工程建设征地补偿和移民安置条例》第十条、第十五条。

（六）《土地管理法实施条例》第二十二条。

（七）《国务院对确需保留的行政审批项目设定行政许可的决定》（国务院令第 412 号）。

（八）《国务院关于投资体制改革的决定》（国发〔2004〕20 号）。

（九）《国务院关于调整和完善固定资产投资项目资本金制度的通知》（国发〔2015〕51 号）。

（十）《国务院关于发布政府核准的投资项目目录（2016 年本）的通知》（国发〔2016〕72 号）。

（十一）《外商投资项目核准和备案管理办法》（国家发改委令 2014 年第 12 号）。

（十二）《关于修改〈境外投资项目核准和备案管理办法〉和〈外商投资项目核准和备案管理办法〉有关条款的决定》（国家发改委令 2014 年第 20 号）。

（十三）《外商投资产业指导目录（2015 年修订）》（国家发改委、商务部令 2015 年第 22 号）。

（十四）《中西部地区外商投资优势产业目录（2013 年修订）》（国家发改委、商务部令 2013 年第 1 号）。

（十五）《国家发展改革委关于印发国家发展改革委重大固定资产投资项目社会稳定风险评估暂行办法的通知》（发改投资〔2012〕2492 号）。

二、决定机构

涉及跨界河流、跨省（区、市）水资源配置调整的库容 10 亿立方米及以上或者涉及移民 1 万人及以上的水库项目由国家发改委审核后报国务院核准。

外商投资：《外商投资产业指导目录》中总投资（含增资）3 亿美元及以上限制类项目由国家发改委核准，其中总投资（含增资）20 亿美元及以上项目报国务院备案。

三、申请材料目录

项目所在地省、自治区、直辖市和计划单列市人民政府发改部门出具的转报文件或企业报送的项目核准申请文件；项目申请书（附全套完整资料）；外国投资者并购境内企业项目申请报告应包括并购方情况、并购安排、融资方案和被并购方情况、被并购后经营方式、范围和股权结构、所得收入的使用安排等。根据国家法律法规规定，附送以下文件：省、自治区、直辖市、计划单列市人民政府城乡规划行政主管部门核发的选址意见书（仅指以划拨方式提供国有土地使用权的项目）；国土资源部出具的用地预审意见（不涉及新增用地，在已批准的建设用地范围内进行改扩建的项目，可以不进行用地预审）；项目所在地人民政府或其有关部门认定的《项目社会稳定风险评估报告》及项目所在地省级发改部门对项目社会稳定风险评估报告的意见；项目招标内容。根据行业特点需要附送的其他文件：省级人民政府移民管理机构或者国务院移民管理机构出具的工程移民安置规划审核意见及规划文本（仅指需要编制移民安置规划的大中型水利水电工程）；地质灾害危险性评估报告（仅指选址位于地质灾害防治规划确定的地质灾害易发区内的建设项目）。外商投资项目还应附送以下文件：中外投资各方的企业注册证明材料及经审计的最新企业财务报表（包括资产负债表、利润表和现金流量表）；投资意向书或增资、并购项目的公司董事会决议等相关文件；以国有资产出资的，需提供有关主管部门出具的确认文件。

第六节　新建中外合资轿车项目核准（核报国务院）

新建中外合资轿车项目核准（核报国务院），适用于新建中外合资轿车生产企业项目核准。

一、审批依据

（一）《行政许可法》。

（二）《国务院办公厅关于印发国家能源局主要职责内设机构和人员编制规定的通知》（国办发〔2013〕51号）。

（三）《企业投资项目核准和备案管理条例》（国务院令第673号）。

（四）《国务院关于投资体制改革的决定》（国发〔2004〕20号）。

（五）《国务院关于调整和完善固定资产投资项目资本金制度的通知》（国发〔2015〕51号）。

（六）《国务院关于发布政府核准的投资项目目录（2016年本）的通知》（国发〔2016〕72号）。

（七）《国务院办公厅关于印发精简审批事项规范中介服务实行企业投资项目网上并联核准制度工作方案的通知》（国办发〔2014〕59号）。

（八）《企业投资项目核准和备案管理办法》（国家发改委令2017年第2号）。

（九）《外商投资项目核准和备案管理办法》（国家发改委令2014年第12号）。

（十）《关于修改〈境外投资项目核准和备案管理办法〉和〈外商投资项目核准和备案管理办法〉有关条款的决定》（国家发改委令2014年第20号）。

（十一）《外商投资产业指导目录（2015年修订）》（国家发改委、商务部令2015年第22号）。

（十二）《产业结构调整指导目录》（国家发改委令2011年第9号、2013年第21号）。

（十三）《汽车产业发展政策》（国家发改委令2004年第8号，工业和信息化部、国家发改委令2009年第10号），其中对跨类生产项目有关企业资产负债表、银行信用等级、税后利润的要求等指标不再作为项目核准前置条件。

（十四）《国家发展改革委关于汽车工业结构调整意见的通知》（发改工业〔2006〕2882号）。

（十五）《国家发改委中央编办关于一律不得将企业经营自主权事项作为企业投资项目核准前置条件的通知》（发改投资〔2014〕2999号）。

（十六）《国务院关于第二批取消152项中央指定地方实施行政审批事项的决定》（国发〔2016〕9号）。

（十七）《国家发展改革委关于印发国家发展改革委重大固定资产投资项目社会稳定风险评估暂行办法的通知》（发改投资〔2012〕）。

二、决定机构

新建中外合资轿车生产企业项目由国家发改委审核后报国务院核准。数量限制：

1.《汽车产业发展政策》、《关于完善汽车投资项目管理的意见》：同一家外商可在国内建立两家（含两家）以下生产同类（乘用车类、商用车类、摩托车类）整车产品的合资企业，如与中方合资伙伴联合兼并国内其他汽车生产企业可不受两家的限制。境外具有法人资格的企业相对控股另一家企业，则视为同一家外商。以上对中外合资企业数目的规定仅适用于传统燃油汽车。

2.《国务院关于发布政府核准的投资项目目录（2016年本）的通知》（国发〔2016〕72号）、《关于完善汽车投资项目管理的意见》：原则上不再核准以下新建传统燃油汽车企业投资项目，一是新建独立法人传统燃油汽车整车企业投资项目；二是现有汽车整车企业跨乘用车、商用车类别投资项目；三是已停产半停产、连年亏损、资不抵债、靠政府补贴和银行续贷存在的现有汽车整车企业跨省、自治区、直辖市迁址新建投资项目。

三、申请材料目录

项目所在地省级发展改革部门出具的转报文件；项目申请报告。外国投资者并购境内企业项目申请报告应包括并购方情况、并购安排、融资方案和被并购方情况、被并购后经营方式、范围和股权结构、所得收入的使用安排等。根据国家法律法规规定，附送以下文件：省、自治区、直辖市、计划单列市人民政府城乡规划行政主管部门核发的选址意见书（仅指以划拨方式提供国有土地使用权的项目）；国土资源部出具的用地预审意见（不涉及新增用地，在已批准的建设用地范围内进行改扩建的项目，可以不进行用地预审）；项目所在地人民政府或其有关部门认定的《项目社会稳定风险评估报告》及项目所在地省级发改部门对项目社会稳定风险评估报告的意见。外商投资项目还应附送以下文件：中外投资各方的企业注册证明材料及经审计的最新企业财务报表（包括资产负债表、利润表和现金流量表）；投资意向书或增资、并购项目的公司董事会决议等相关文件；以国有资产出资的，需由有关主管部门出具的确认文件。

第七节　涉及跨界河流、跨省（区、市）水资源配置调整的重大水利项目核准

涉及跨界河流、跨省（区、市）水资源配置调整的重大水利项目核准，适用于在我国境内建设的涉及跨界河流、跨省（区、市）水资源配置调整的重大水利项目（不含库容10亿立方米及以上或者涉及移民1万人及以上的水库项目）核准。"跨界河流"是指跨国界河流。

一、审批依据

（一）《行政许可法》。

（二）《城乡规划法》第三十六条。

（三）《招标投标法》第三条、《招标投标法实施条例》第七条。

（四）《企业投资项目核准和备案管理条例》（国务院令第673号）。

（五）《大中型水利水电工程建设征地补偿和移民安置条例》第十条、第十五条。

（六）《土地管理法实施条例》第二十二条。

（七）《国务院对确需保留的行政审批项目设定行政许可的决定》（国务院令第 412 号）。

（八）《国务院关于投资体制改革的决定》（国发〔2004〕20 号）。

（九）《国务院关于调整和完善固定资产投资项目资本金制度的通知》（国发〔2015〕51 号）。

（十）《国务院关于发布政府核准的投资项目目录（2016 年本）的通知》（国发〔2016〕72 号）。

（十一）《外商投资项目核准和备案管理办法》（国家发改委令 2014 年第 12 号）。

（十二）《关于修改〈境外投资项目核准和备案管理办法〉和〈外商投资项目核准和备案管理办法〉有关条款的决定》（国家发改委令 2014 年第 20 号）。

（十三）《外商投资产业指导目录（2015 年修订）》（国家发改委、商务部令 2015 年第 22 号）。

（十四）《中西部地区外商投资优势产业目录（2013 年修订）》（国家发改委、商务部令 2013 年第 1 号）。

（十五）《国家发展改革委关于印发国家发展改革委重大固定资产投资项目社会稳定风险评估暂行办法的通知》（发改投资〔2012〕2492 号）。

二、决定机构

涉及跨界河流、跨省（区、市）水资源配置调整的重大水利项目（不含库容 10 亿立方米及以上或者涉及移民 1 万人及以上的水库项目）由国家发改委核准。外商投资：《外商投资产业指导目录》中总投资（含增资）3 亿美元及以上限制类项目由国家发改委核准，其中总投资（含增资）20 亿美元及以上项目报国务院备案。

三、申请材料目录

项目所在地省、自治区、直辖市和计划单列市人民政府发改部门出具的转报文件或企业报送的项目核准申请文件；项目申请报告（附全套完整资料）。外国投资者并购境内企业项目申请报告应包括并购方情况、并购安排、融资方案和被并购方情况、被并购后经营方式、范围和股权结构、所得收入的使用安排等。根据国家法律法规规定，附送以下文件：省、自治区、直辖市、计划单列市人民政府城乡规划行政主管部门核发的选址意见书（仅指以划拨方式提供国有土地使用权的项目）；国土资源部出具的用地预审意见（不涉及新增用地，在已批准的建设用地范围内进行改扩建的项目，可以不进行用地预审）；项目所在地人民政府或其有关部门认定的《项目社会稳定风险评估报告》及项目所在地省级发改部门对项目社会稳定风险评估报告的意见；项目招标内容。根据行业特点需要附送的其他文件：省级人民政府移民管理机构或者国务院移民管理机构出具的工程移民安置规划审核意见及规划文本（仅指需要编制移民安置规划的大中型水利水电工程）；地质灾害危险性评估报告（仅指选址位于地质灾害防治规划确定的地质灾害易发区内的建设项目）。外商投资项目还应附送以下文件：中外投资各方的企业注册证明材料及经审计的最新企业财务报表（包括资产负债表、利润表和现金流量表）；投资意向书或增资、并购项目的公司董事会决议等相关文件；以国有资产出资的，需提供有关主管部门出具的确认文件。

第八节　在跨界河流、跨省（区、市）河流上建设的单站总装机容量50—300万千瓦水电站项目核准

在跨界河流、跨省（区、市）河流上建设的单站总装机容量50—300万千瓦水电站项目核准，适用于在跨界河流、跨省（区、市）河流上建设的单站总装机容量50—300万千瓦且涉及移民1万人以下的水电站项目核准。

一、审批依据

（一）《行政许可法》。

（二）《国务院对确需保留的行政审批项目设定行政许可的决定》（国务院令第412号）。

（三）《企业投资项目核准和备案管理条例》（国务院令第673号）。

（四）《国务院关于投资体制改革的决定》（国发〔2004〕20号）。

（五）《国务院关于发布政府核准的投资项目目录（2016年本）的通知》（国发〔2016〕72号）。

（六）《国务院办公厅关于印发精简审批事项规范中介服务实行企业投资项目网上并联核准制度工作方案的通知》（国办发〔2014〕59号）。

（七）《企业投资项目核准和备案管理办法》（国家发改委令2017年第2号）。

（八）《产业结构调整指导目录》（国家发改委令2011年第9号、2013年第21号）。

（九）《外商投资项目核准和备案管理办法》（国家发改委令2014年第12号）。

（十）《关于修改〈境外投资项目核准和备案管理办法〉和〈外商投资项目核准和备案管理办法〉有关条款的决定》（国家发改委令2014年第20号）。

（十一）《外商投资产业指导目录（2015年修订）》（国家发改委、商务部令2015年第22号）。

（十二）《国务院关于第二批取消152项中央指定地方实施行政审批事项的决定》（国发〔2016〕9号）。

（十三）《国务院关于印发清理规范投资项目报建审批事项实施方案的通知》（国发〔2016〕29号）。

（十四）《招标投标法》第三条；《招标投标法实施条例》第七条。

（十五）《国家发展改革委关于印发国家发展改革委重大固定资产投资项目社会稳定风险评估暂行办法的通知》（发改投资〔2012〕2492号）。

二、决定机构

在跨界河流、跨省（区、市）河流上建设的单站总装机容量50—300万千瓦且涉及移民1万人以下的水电站项目由国家发改委核准。

外商投资：《外商投资产业指导目录》中总投资（含增资）3亿美元及以上限制类项目由国家发改委核准，其中总投资（含增资）20亿美元及以上项目报国务院备案。

三、申请材料目录

省级发改部门转报的项目核准请示，涉及计划单列企业集团、中央管理企业投资建设的，与项目所在地省级发改部门分别报送项目核准请示；项目申请报告。外国投资者并购

境内企业项目申请报告应包括并购方情况、并购安排、融资方案和被并购方情况、被并购后经营方式、范围和股权结构、所得收入的使用安排等。根据国家法律规定，附送以下文件，并确保相关要件在法定审查期限内保持有效：省、自治区、直辖市、计划单列市人民政府城乡规划行政主管部门核发的选址意见书（仅指以划拨方式提供国有土地使用权的项目）；国土资源部出具的用地预审意见（不涉及新增用地，在已批准的建设用地范围内进行改扩建的项目，可以不进行用地预审）；项目所在地人民政府或其有关部门认定的《项目社会稳定风险评估报告》及项目所在地省级发改部门对项目社会稳定风险评估报告的意见；省级人民政府移民管理机构出具的移民安置规划审核意见及规划文本；项目招标内容。外商投资项目还应附送以下文件：中外投资各方的企业注册证明材料及经审计的最新企业财务报表（包括资产负债表、利润表和现金流量表）；投资意向书或增资、并购项目的公司董事会决议等相关文件；以国有资产出资的，需由有关主管部门出具的确认文件。

第九节　跨境、跨省（区、市）±500千伏及以上直流电网工程项目和跨境、跨省（区、市）500千伏、750千伏、1000千伏交流电网工程项目核准

跨境、跨省（区、市）±500千伏及以上直流电网工程项目和跨境、跨省（区、市）500千伏、750千伏、1000千伏交流电网工程项目核准，适用于涉及跨境、跨省（区、市）输电的±500千伏及以上直流项目，涉及跨境、跨省（区、市）输电的500千伏、750千伏、1000千伏交流项目核准。

一、审批依据

（一）《行政许可法》。

（二）《国务院对确需保留的行政审批项目设定行政许可的决定》（国务院令第412号）。

（三）《企业投资项目核准和备案管理条例》（国务院令第673号）。

（四）《国务院关于投资体制改革的决定》（国发〔2004〕20号）附件第二款第（一）条。

（五）《国务院关于调整和完善固定资产投资项目资本金制度的通知》（国发〔2015〕51号）。

（六）《国务院关于发布政府核准的投资项目目录（2016年本）的通知》（国发〔2016〕72号）。

（七）《国务院办公厅关于印发精简审批事项规范中介服务实行企业投资项目网上并联核准制度工作方案的通知》（国办发〔2014〕59号）。

（八）《企业投资项目核准和备案管理办法》（国家发改委令2017年第2号）。

（九）《土地管理法》第五十二条。

（十）《建设项目用地预审管理办法》（国土资源部令2008年第42号）第四条、第五条、第六条。

（十一）《城乡规划法》第三十六条、第三十七条。

（十二）《建设项目选址规划管理办法》（建规〔1991〕583号）第七条。

（十三）《关于印发国家发展改革委重大固定资产投资项目社会稳定风险评估暂行办法的通知》（发改投资〔2012〕2492号）附件第二条、第三条、第六条。

（十四）《外商投资项目核准和备案管理办法》（国家发改委令2014年第12号）。

（十五）《关于修改〈境外投资项目核准和备案管理办法〉和〈外商投资项目核准和备案管理办法〉有关条款的决定》（国家发改委令2014年第20号）。

（十六）《外商投资产业指导目录（2015年修订）》（国家发改委、商务部令2015年第22号）。

（十七）《国务院关于第二批取消152项中央指定地方实施行政审批事项的决定》（国发〔2016〕9号）。

二、决定机构

涉及跨境、跨省（区、市）输电的±500千伏及以上直流项目，涉及跨境、跨省（区、市）输电的500千伏、750千伏、1000千伏交流项目，由国家发改委核准，其中±800千伏及以上直流项目和1000千伏交流项目由国家发改委核准后报国务院备案。

外商投资：《外商投资产业指导目录》中总投资（含增资）3亿美元及以上限制类项目，由国家发改委核准，其中总投资（含增资）20亿美元及以上项目报国务院备案。

三、申请材料目录

计划单列企业集团、中央管理企业上报、省级发改部门转报的项目核准请示文件；项目申请报告。外国投资者并购境内企业项目申请报告应包括并购方情况、并购安排、融资方案和被并购方情况、被并购后经营方式、范围和股权结构、所得收入的使用安排等。根据国家法律法规规定，附送以下文件：省、自治区、直辖市、计划单列市人民政府城乡规划行政主管部门核发的选址意见书（仅指以划拨方式提供国有土地使用权的项目）；国土资源部出具的用地预审意见（不涉及新增用地，在已批准的建设用地范围内进行改扩建的项目，可以不进行用地预审）；项目所在地人民政府或其有关部门认定的《项目社会稳定风险评估报告》及项目所在地省级发改部门对项目社会稳定风险评估报告的意见；计划单列企业集团、中央管理企业单独上报的项目应附项目所在地省级政府发改部门意见。外商投资项目还应附送以下文件：中外投资各方的企业注册证明材料及经审计的最新企业财务报表（包括资产负债表、利润表和现金流量表）；投资意向书或增资、并购项目的公司董事会决议等相关文件；以国有资产出资的，需由有关主管部门出具的确认文件。

第十节　年产超过20亿立方米的煤制天然气项目和年产超过100万吨的煤制油项目核准

年产超过20亿立方米的煤制天然气项目和年产超过100万吨的煤制油项目核准，适用于以煤炭为原料生产天然气，且年生产能力超过20亿立方米的项目；以煤炭为原料生产油品（汽油、煤油、柴油、航煤、石脑油、液化石油气以及成品油调和组分等），且年生产能力超过100万吨的项目核准。

一、审批依据

（一）《行政许可法》。

（二）《国务院对确需保留的行政审批项目设定行政许可的决定》（国务院令第412

号）。

（三）《企业投资项目核准和备案管理条例》（国务院令第 673 号）。

（四）《国务院关于投资体制改革的决定》（国发〔2004〕20 号）。

（五）《国务院关于调整和完善固定资产投资项目资本金制度的通知》（国发〔2015〕51 号）。

（六）《国务院关于发布政府核准的投资项目目录（2016 年本）的通知》（国发〔2016〕72 号）。

（七）《国务院办公厅关于印发精简审批事项规范中介服务实行企业投资项目网上并联核准制度工作方案的通知》（国办发〔2014〕59 号）。

（八）《企业投资项目核准和备案管理办法》（国家发改委令 2017 年第 2 号）。

（九）《外商投资项目核准和备案管理办法》（国家发改委令 2014 年第 12 号）。

（十）《关于修改〈境外投资项目核准和备案管理办法〉和〈外商投资项目核准和备案管理办法〉有关条款的决定》（国家发改委令 2014 年第 20 号）。

（十一）《外商投资产业指导目录（2015 年修订）》（国家发改委、商务部令 2015 年第 22 号）。

（十二）《国务院关于第二批取消 152 项中央指定地方实施行政审批事项的决定》（国发〔2016〕9 号）。

（十三）《招标投标法》第三条；《招标投标法实施条例》第七条。

（十四）《国家发展改革委关于印发国家发展改革委重大固定资产投资项目社会稳定风险评估暂行办法的通知》（发改投资〔2012〕2492 号）。

（十五）《国家能源局关于印发〈煤炭深加工产业示范"十三五"规划〉的通知》（国能科技〔2017〕43 号）。

二、决定机构

以煤炭为原料生产天然气，且年生产能力超过 20 亿立方米的项目；以煤炭为原料生产油品（汽油、煤油、柴油、航煤、石脑油、液化石油气以及成品油调和组分等），且年生产能力超过 100 万吨的项目，由国家发改委核准。

外商投资：《外商投资产业指导目录》中总投资（含增资）3 亿美元及以上限制类项目，由国家发改委核准，其中总投资（含增资）20 亿美元及以上项目报国务院备案。

三、申请材料目录

项目所在地省级发改部门出具的转报文件；项目申请报告。外国投资者并购境内企业项目申请报告应包括并购方情况、并购安排、融资方案和被并购方情况、被并购后经营方式、范围和股权结构、所得收入的使用安排等。根据国家法律法规规定，附送以下文件：省、自治区、直辖市、计划单列市人民政府城乡规划行政主管部门核发的选址意见书（仅指以划拨方式提供国有土地使用权的项目）；国土资源部出具的用地预审意见（不涉及新增用地，在已批准的建设用地范围内进行改扩建的项目，可以不进行用地预审，但须提供已有土地使用权证复印件）；项目所在地人民政府或其有关部门认定的《项目社会稳定风险评估报告》及项目所在地省级发展改革部门对项目社会稳定风险评估报告的意见；水行政主管部门出具的水资源论证报告批复意见；项目招标内容。外商投资项目还应附送以下文件：中外投资各方的企业注册证明材料及经审计的最新企业财务报表（包括资产负债表、利润表和现金流量表）；投资意向书或增资、并购项目的公司董事会决议等相关文件；以国有资产出资的，需由有关主管部门出具的确认文件。

第十一节 跨境、跨省（区、市）干线输油管网（不含油田集输管网）项目核准及该行业外商投资项目核准

一、审批范围

跨境、跨省（区、市）干线输油管网（不含油田集输管网）项目由国家发改委核准，其中跨境项目由国家发改委核准后报国务院备案。

外商投资：《外商投资产业指导目录》中有中方控股（含相对控股）要求的总投资（含增资）10 亿美元及以上鼓励类项目，总投资（含增资）1 亿美元及以上限制类项目由国家发改委核准，其中总投资（含增资）20 亿美元及以上项目报国务院备案。

二、办理依据

（一）《行政许可法》。

（二）《国务院对确需保留的行政审批项目设定行政许可的决定》（国务院令第 412 号）（备注 1）。

（三）《国务院关于投资体制改革的决定》（国发〔2004〕20 号）。

（四）《国务院关于发布政府核准的投资项目目录（2014 年本）的通知》（国发〔2014〕53 号）。

（五）《国务院办公厅关于印发精简审批事项规范中介服务实行企业投资项目网上并联核准制度工作方案的通知》（国办发〔2014〕59 号）。

（六）《政府核准投资项目管理办法》（国家发改委令 2014 年第 11 号）。

（七）《外商投资项目核准和备案管理办法》（国家发改委令 2014 年第 12 号）。

（八）《关于修改〈境外投资项目核准和备案管理办法〉和〈外商投资项目核准和备案管理办法〉有关条款的决定》（国家发改委令 2014 年第 20 号）。

（九）《外商投资产业指导目录（2015 年修订）》（国家发改委、商务部令 2015 年第 22 号）。

（十）《国家发改委重大固定资产投资项目社会稳定风险评估暂行办法》（发改投资〔2012〕2492 号）。

（十一）《国务院关于第二批取消 152 项中央指定地方实施行政审批事项的决定》（国发〔2016〕9 号）。

（十二）《招标投标法》第七条；《招标投标法实施条例》第七条。

三、申报材料目录

计划单列企业集团、中央管理企业上报、省级发改部门转报项目核准请示文件；项目申请报告。外国投资者并购境内企业项目申请报告应包括并购方情况、并购安排、融资方案和被并购方情况、被并购后经营方式、范围和股权结构、所得收入的使用安排等。根据国家法律法规规定，附送以下文件：省、自治区、直辖市、计划单列市人民政府城乡规划行政主管部门核发的选址意见书（仅指以划拨方式提供国有土地使用权的项目）；国土资源部出具的用地预审意见；位于我国境内的项目需项目所在地人民政府或其有关部门认定

的《项目社会稳定风险评估报告》；项目招标内容；计划单列企业集团、中央管理企业单独上报的项目应附项目所在地省级政府发改部门意见。外商投资项目还应附送以下文件：中外投资各方的企业注册证明材料及经审计的最新企业财务报表（包括资产负债表、利润表和现金流量表）；投资意向书或增资、并购项目的公司董事会决议等相关文件；以国有资产出资的，需提供有关主管部门出具的确认文件。

第十二节　跨境、跨省（区、市）干线输气管网
（不含油气田集输管网）项目核准

跨境、跨省（区、市）干线输气管网（不含油气田集输管网）项目核准，适用于跨境、跨省（区、市）干线输气管网（不含油气田集输管网）项目核准。

一、审批依据

（一）《行政许可法》。

（二）《国务院对确需保留的行政审批项目设定行政许可的决定》（国务院令第412号）。

（三）《企业投资项目核准和备案管理条例》（国务院令第673号）。

（四）《国务院关于投资体制改革的决定》（国发〔2004〕20号）。

（五）《国务院关于发布政府核准的投资项目目录（2016年本）的通知》（国发〔2016〕72号）。

（六）《国务院办公厅关于印发精简审批事项规范中介服务实行企业投资项目网上并联核准制度工作方案的通知》（国办发〔2014〕59号）。

（七）《企业投资项目核准和备案管理办法》（国家发改委令2017年第2号）。

（八）《外商投资项目核准和备案管理办法》（国家发改委令2014年第12号）。

（九）《关于修改〈境外投资项目核准和备案管理办法〉和〈外商投资项目核准和备案管理办法〉有关条款的决定》（国家发改委令2014年第20号）。

（十）《外商投资产业指导目录（2015年修订）》（国家发展改革委、商务部令2015年第22号）。

（十一）《国家发展改革委重大固定资产投资项目社会稳定风险评估暂行办法》（发改投资〔2012〕2492号）。

（十二）《国务院关于第二批取消152项中央指定地方实施行政审批事项的决定》（国发〔2016〕9号）。

（十三）《招标投标法》第三条；《招标投标法实施条例》第七条。

二、决定机构

跨境、跨省（区、市）干线输气管网（不含油气田集输管网）项目由国家发改委核准，其中跨境项目由国家发改委核准后报国务院备案。

外商投资：《外商投资产业指导目录》中总投资（含增资）3亿美元及以上限制类项目，由国家发改委核准，其中总投资（含增资）20亿美元及以上项目报国务院备案。

三、申请材料目录

计划单列企业集团、中央管理企业上报、省级发改部门转报的项目核准请示文件；项

目申请报告。外国投资者并购境内企业项目申请报告应包括并购方情况、并购安排、融资方案和被并购方情况、被并购后经营方式、范围和股权结构、所得收入的使用安排等。根据国家法律法规规定，附送以下文件：地方人民政府城乡规划行政主管部门核发的选址意见书（仅指以划拨方式提供国有土地使用权的项目）；国土资源部出具的用地预审意见；位于我国境内的项目需项目所在地人民政府或其有关部门认定的《项目社会稳定风险评估报告》及对项目社会稳定风险评估报告的意见；项目招标内容；计划单列企业集团、中央管理企业单独上报的项目应附项目所在地省级政府发改部门意见。外商投资项目还应附送以下文件：中外投资各方的企业注册证明材料及经审计的最新企业财务报表（包括资产负债表、利润表和现金流量表）；投资意向书或增资、并购项目的公司董事会决议等相关文件；以国有资产出资的，需提供有关主管部门出具的确认文件。

第十三节　跨境独立公（铁）路桥梁、隧道项目核准

跨境独立公（铁）路桥梁、隧道项目核准，适用于跨境独立公（铁）路桥梁、隧道项目核准。

一、审批依据

（一）《行政许可法》。

（二）《国务院对确需保留的行政审批项目设定行政许可的决定》（国务院令第412号）。

（三）《企业投资项目核准和备案管理条例》（国务院令第673号）。

（四）《国务院关于投资体制改革的决定》（国发〔2004〕20号）。

（五）《国务院关于调整和完善固定资产投资项目资本金制度的通知》（国发〔2015〕51号）。

（六）《国务院关于发布政府核准的投资项目目录（2016年本）的通知》（国发〔2016〕72号）。

（七）《国务院办公厅关于加强和规范新开工项目管理的通知》（国办发〔2007〕64号）。

（八）《国务院办公厅关于印发精简审批事项规范中介服务实行企业投资项目网上并联核准制度工作方案的通知》（国办发〔2014〕59号）。

（九）《企业投资项目核准和备案管理办法》（国家发改委令2017年第2号）。

（十）《外商投资项目核准和备案管理办法》（国家发改委令2014年第12号）。

（十一）《关于修改〈境外投资项目核准和备案管理办法〉和〈外商投资项目核准和备案管理办法〉有关条款的决定》（国家发改委令2014年第20号）。

（十二）《外商投资产业指导目录（2015年修订）》（国家发改委、商务部令2015年第22号）。

（十三）《关于印发国家发展改革委重大固定资产投资项目社会稳定风险评估暂行办法的通知》（发改投资〔2012〕2492号）。

（十四）《国务院关于第二批取消152项中央指定地方实施行政审批事项的决定》（国发〔2016〕9号）。

（十五）《招标投标法》第三条；《招标投标法实施条例》第七条。

二、决定机构

跨境独立公（铁）路桥梁、隧道项目由国家发改委核准并报国务院备案。

外商投资：《外商投资产业指导目录》中总投资（含增资）3 亿美元及以上限制类项目，由国家发改委核准，其中总投资（含增资）20 亿美元及以上项目报国务院备案。

三、申请材料目录

项目所在地省级发改部门出具的转报文件；项目申请报告。外国投资者并购境内企业项目申请报告应包括并购方情况、并购安排、融资方案和被并购方情况、被并购后经营方式、范围和股权结构、所得收入的使用安排等。根据国家法律法规规定，附送以下文件：省、自治区、直辖市、计划单列市人民政府城乡规划行政主管部门核发的选址意见书（仅指以划拨方式提供国有土地使用权的项目）；国土资源部出具的用地预审意见（不涉及新增用地，在已批准的建设用地范围内进行改扩建的项目，可以不进行用地预审）；项目所在地人民政府或其有关部门认定的《项目社会稳定风险评估报告》及项目所在地发改部门对项目社会稳定风险评估报告的意见；项目招标内容。根据行业特点需要附送的文件：国务院有关部门、计划单列企业集团、中央管理企业直接报送项目申请报告，需附项目所在地省级政府发改部门的意见；属于取消省级发改部门初审的项目，可以直接申报。投资方和项目法人的营业执照副本复印件；涉军方项目需提供军队有关部门出具的意见；跨境桥梁项目，需提供两国政府间签订的建桥协定。外商投资项目还应附送以下文件：中外投资各方的企业注册证明材料及经审计的最新企业财务报表（包括资产负债表、利润表和现金流量表）；投资意向书或增资、并购项目的公司董事会决议等相关文件；中方以国有资产出资的，需由有关主管部门出具的确认文件。

第十四节　国际通信基础设施项目核准

国际通信基础设施项目核准，适用于新建及改扩建国际通信海缆项目；新建及改扩建国际通信路缆项目；新建及改扩建国际通信业务局项目；其他国际通信基础设施项目（包括行业类专用国际通信网络建设项目等）。

一、审批依据

（一）《行政许可法》。

（二）《电信条例》第四十八条。

（三）《国务院对确需保留的行政审批项目设定行政许可的决定》（国务院令第 412 号）。

（四）《企业投资项目核准和备案管理条例》（国务院令第 673 号）。

（五）《国务院关于投资体制改革的决定》（国发〔2004〕20 号）。

（六）《国务院关于发布政府核准的投资项目目录（2016 年本）的通知》（国发〔2016〕72 号）。

（七）《国务院办公厅关于印发精简审批事项规范中介服务实行企业投资项目网上并联核准制度工作方案的通知》（国办发〔2014〕59 号）。

（八）《国际通信设施管理规定》（原信息产业部、原国家计委令 2002 年 23 号）第十条。

（九）《电信建设管理办法》（原信息产业部、原国家计委令 2002 年 20 号）。

（十）《外商投资项目核准和备案管理办法》（国家发改委令 2014 年第 12 号）。

（十一）《关于修改〈境外投资项目核准和备案管理办法〉和〈外商投资项目核准和备案管理办法〉有关条款的决定》（国家发改委令 2014 年第 20 号）。

（十二）《外商投资产业指导目录（2015 年修订）》（国家发改委、商务部令 2015 年第 22 号）。

（十三）《招标投标法》第三条；《招标投标法实施条例》第七条。

二、决定机构

国际通信基础设施项目由国家发改委核准。

外商投资：《外商投资产业指导目录》中总投资（含增资）3 亿美元及以上限制类项目，由国家发改委核准，其中总投资（含增资）20 亿美元及以上项目报国务院备案。

三、申请材料目录

项目所在地省级发改部门或中央管理企业出具的转报文件；国际通信基础设施建设项目申请报告。外国投资者并购境内企业项目申请报告应包括并购方情况、并购安排、融资方案和被并购方情况、被并购后经营方式、范围和股权结构、所得收入的使用安排等。根据国家法律法规规定，附送以下文件：省、自治区、直辖市、计划单列市人民政府城乡规划行政主管部门核发的选址意见书（仅指以划拨方式提供国有土地使用权的项目）；电信业务经营许可证书（仅限电信业务经营类项目）；与国际电信运营商签署的合作协议（仅限国际通信海缆、路缆项目）；国土资源部出具的用地预审意见或土地所有权证明（不涉及新增用地，在已批准的建设用地范围内进行改扩建的项目，可以不进行用地预审）；项目招标内容。外商投资项目还应附送以下文件：中外投资各方的企业注册证明材料及经审计的最新企业财务报表（包括资产负债表、利润表和现金流量表）；投资意向书或增资、并购项目的公司董事会决议等相关文件；以国有资产出资的，需由有关主管部门出具的确认文件。

第十五节　新建纯电动乘用车生产企业（含现有汽车企业跨类生产纯电动乘用车）项目核准

新建纯电动乘用车生产企业（含现有汽车企业跨类生产纯电动乘用车）项目核准，适用于新建纯电动乘用车生产企业（含现有汽车企业跨类生产纯电动乘用车）项目核准。"跨类生产"是指现有商用车生产企业跨类生产纯电动乘用车。（"商用车"细分为客车类和半挂牵引车及货车类两类，详见《汽车产业发展政策》附件一名词解释。"纯电动乘用车"详见《新建纯电动乘用车企业管理规定》第三条。）

一、审批依据

（一）《行政许可法》。

（二）《国务院对确需保留的行政审批项目设定行政许可的决定》（国务院令第 412 号）。

（三）《企业投资项目核准和备案管理条例》（国务院令第 673 号）。

（四）《国务院关于投资体制改革的决定》（国发〔2004〕20号）。

（五）《国务院关于调整和完善固定资产投资项目资本金制度的通知》（国发〔2015〕51号）。

（六）《国务院关于发布政府核准的投资项目目录（2016年本）的通知》（国发〔2016〕72号）。

（七）《国务院办公厅关于印发精简审批事项规范中介服务实行企业投资项目网上并联核准制度工作方案的通知》（国办发〔2014〕59号）。

（八）《企业投资项目核准和备案管理办法》（国家发改委令2017年第2号）。

（九）《外商投资项目核准和备案管理办法》（国家发改委令2014年第12号）。

（十）《关于修改〈境外投资项目核准和备案管理办法〉和〈外商投资项目核准和备案管理办法〉有关条款的决定》（国家发改委令2014年第20号）。

（十一）《外商投资产业指导目录（2015年修订）》（国家发改委、商务部令2015年第22号）。

（十二）《产业结构调整指导目录》（国家发改委令2011年第9号、2013年第21号）。

（十三）《汽车产业发展政策》（国家发改委令2004年第8号，工业和信息化部、国家发改委令2009年第10号）。

（十四）《国家发展改革委工业和信息化部关于完善汽车投资项目管理的意见》（发改产业〔2017〕1055号）。

（十五）《新建纯电动乘用车企业管理规定》（国家发改委、工业和信息化部令2015年第27号）。

（十六）《国家发展改革委关于汽车工业结构调整意见的通知》（发改工业〔2006〕2882号）。

（十七）《国家发展改革委中央编办关于一律不得将企业经营自主权事项作为企业投资项目核准前置条件的通知》（发改投资〔2014〕2999号）。

（十八）《国务院关于第二批取消152项中央指定地方实施行政审批事项的决定》（国发〔2016〕9号）。

（十九）《国家发展改革委关于印发国家发展改革委重大固定资产投资项目社会稳定风险评估暂行办法的通知》（发改投资〔2012〕2492号）。

二、决定机构

新建纯电动乘用车生产企业（含现有汽车企业跨类生产纯电动乘用车）项目由国家发改委核准。

三、申请材料目录

项目所在地省级发改部门出具的转报文件；项目申请报告。外国投资者并购境内企业项目申请报告应包括并购方情况、并购安排、融资方案和被并购方情况、被并购后经营方式、范围和股权结构、所得收入的使用安排等。根据国家法律法规规定，附送以下文件：省、自治区、直辖市、计划单列市人民政府城乡规划行政主管部门核发的选址意见书（仅指以划拨方式提供国有土地使用权的项目）；国土资源部出具的用地预审意见（不涉及新增用地，在已批准的建设用地范围内进行改扩建的项目，可以不进行用地预审）；项目所在地人民政府或其有关部门认定的《项目社会稳定风险评估报告》及项目所在地省级发改部门对项目社会稳定风险评估报告的意见。外商投资项目还应附送以下文件：中外投资各方的企业注册证明材料及经审计的最新企业财务报表（包括资产负债表、利润表和现金流量表）；投资意向书或增资、并购项目的公司董事会决议等相关文件；以国有资产出资的，需由有关主管部门出具的确认文件。新建纯电动乘用车企业的投资主体还应提供投资项目申请企业的企业概况、基础能力、试制样车说明及证明材料，见《新建纯电动乘用车企业管理规定》附件一。

第十六节 干线支线飞机、6吨/9座及以上通用飞机和3吨及以上直升机制造、民用卫星制造、民用遥感卫星地面站建设项目核准

干线支线飞机、6吨/9座及以上通用飞机和3吨及以上直升机制造、民用卫星制造、民用遥感卫星地面站建设项目核准，适用于制造采用中国民用航空规章第25部、23部、29部和27部作为适航标准的固定翼飞机和直升机项目，委托国内或国外制造商制造卫星，并发射、运营服务的项目，以及建设用于接收和处理在轨民用遥感卫星下传数据的固定式或移动式地面系统项目。

一、审批依据

（一）《行政许可法》。

（二）《国务院对确需保留的行政审批项目设定行政许可的决定》（国务院令第412号）。

（三）《企业投资项目核准和备案管理条例》（国务院令第673号）。

（四）《国务院关于投资体制改革的决定》（国发〔2004〕20号）。

（五）《国务院关于调整和完善固定资产投资项目资本金制度的通知》（国发〔2015〕51号）。

（六）《国务院关于发布政府核准的投资项目目录（2016年本）的通知》（国发〔2016〕72号）。

（七）《国务院办公厅关于印发精简审批事项规范中介服务实行企业投资项目网上并联核准制度工作方案的通知》（国办发〔2014〕59号）。

（八）《建立卫星通信网和设置使用地球站管理规定》（工业和信息化部令2009年第7号）第五条至第七条。

（九）《设置卫星网络空间电台管理规定》（信部无〔1999〕835号）第五条至第九条、第十二条至二十二条。

（十）《民用航天发射项目许可证管理暂行办法》（国防科工委令2002年第12号）第二条、第三条、第五条、第六条。

（十一）《外商投资项目核准和备案管理办法》（国家发改委令2014年第12号）。

（十二）《关于修改〈境外投资项目核准和备案管理办法〉和〈外商投资项目核准和备案管理办法〉有关条款的决定》（国家发改委令2014年第20号）。

（十三）《外商投资产业指导目录（2015年修订）》（国家发改委、商务部令2015年第22号）。

（十四）《国务院关于第二批取消 152 项中央指定地方实施行政审批事项的决定》（国发〔2016〕9 号）。

二、决定机构

干线支线飞机、6 吨/9 座及以上通用飞机和 3 吨及以上直升机制造、民用卫星制造、民用遥感卫星地面站建设项目由国家发改委核准。

外商投资：《外商投资产业指导目录》中总投资（含增资）3 亿美元及以上限制类项目由国家发改委核准，其中总投资（含增资）20 亿美元及以上项目报国务院备案。

三、申请材料目录

项目所在地省级发改部门出具的转报文件；项目申请报告（符合民用航空航天项目申请报告编制规范）。外国投资者并购境内企业项目申请报告应包括并购方情况、并购安排、融资方案和被并购方情况、被并购后经营方式、范围和股权结构、所得收入的使用安排等。根据国家法律法规规定，附送以下文件：省、自治区、直辖市、计划单列市人民政府城乡规划行政主管部门核发的选址意见书（仅指以划拨方式提供国有土地使用权的项目）；国土资源部出具的用地预审意见（不涉及新增用地，在已批准的建设用地范围内进行改扩建的项目，可以不进行用地预审）。根据行业（产品）特点需要附送的其他文件：国外适航证和已向国内适航当局提出的型号认可申请（国外引进类民用飞机制造项目）、型号合格审定申请（国内研发类民用飞机制造项目）；保密承诺函（卫星制造项目，遥感卫星地面站项目）；向国家无线电管理机构提出卫星轨道和频率申请相关材料（利用我国卫星轨道和频率资源的卫星制造项目）。外商投资项目还应附送以下文件：中外投资各方的企业注册证明材料及经审计的最新企业财务报表（包括资产负债表、利润表和现金流量表）；投资意向书或增资、并购项目的公司董事会决议等相关文件；以国有资产出资的，需由有关主管部门出具的确认文件。

第十七节　新建 300 万吨及以上进口液化天然气接收、储运设施项目核准

新建 300 万吨及以上进口液化天然气接收、储运设施项目核准，适用于新建接收、储运能力 300 万吨及以上的进口液化天然气设施项目。

一、审批依据

（一）《行政许可法》。

（二）《国务院对确需保留的行政审批项目设定行政许可的决定》（国务院令第 412 号）。

（三）《国务院关于投资体制改革的决定》（国发〔2004〕20 号）。

（四）《国务院关于发布政府核准的投资项目目录（2016 年本）的通知》（国发〔2016〕72 号）。

（五）《国务院办公厅关于印发精简审批事项规范中介服务实行企业投资项目网上并联核准制度工作方案的通知》（国办发〔2014〕59 号）。

（六）《企业投资项目核准和备案管理办法》（国家发改委令 2017 年第 2 号）。

（七）《外商投资项目核准和备案管理办法》（国家发改委令 2014 年第 12 号）。

（八）《关于修改〈境外投资项目核准和备案管理办法〉和〈外商投资项目核准和备案管理办法〉有关条款的决定》（国家发改委令 2014 年第 20 号）。

（九）《外商投资产业指导目录（2015 年修订）》（国家发改委、商务部令 2015 年第 22 号）。

（十）《港口岸线使用审批管理办法》（交通部、国家发改委令 2012 年第 6 号）。

（十一）《国家发展改革委关于印发国家发展改革委重大固定资产投资项目社会稳定风险评估暂行办法的通知》（发改投资〔2012〕2492 号）。

（十二）《国务院关于第二批取消 152 项中央制定地方实施行政审批事项的决定》（国发〔2016〕9 号）。

二、决定机构

新建接收储运能力 300 万吨及以上的项目由国家发改委核准并报国务院备案。

外商投资：《外商投资产业指导目录》中总投资（含增资）3 亿美元及以上限制类项目，由国家发改委核准，其中总投资（含增资）20 亿美元及以上项目报国务院备案。

三、申请材料目录

计划单列企业集团、中央管理企业上报、省级发改部门转报的项目核准请示文件；项目申请报告。外国投资者并购境内企业项目申请报告应包括并购方情况、并购安排、融资方案和被并购方情况、被并购后经营方式、范围和股权结构、所得收入的使用安排等。根据国家法律法规规定，附送以下文件：地方人民政府城乡规划行政主管部门核发的选址意见书（仅指以划拨方式提供国有土地使用权的项目）；国土资源行政主管部门出具的用地预审意见（不涉及新增用地，在已批准的建设用地范围内进行改扩建的项目，可以不进行用地预审）；海域行政主管部门出具的用海预审意见（如有用海）；位于我国境内的项目需项目所在地人民政府或其有关部门认定的《项目社会稳定风险评估报告》及对项目社会稳定风险评估报告的意见；交通运输部出具的配套码头、港口深水岸线使用等意见；项目招标内容；计划单列企业集团、中央管理企业单独上报的项目应附项目所在地省级发改或能源行业管理部门意见。外商投资项目还应附送以下文件：中外投资各方的企业注册证明材料及经审计的最新企业财务报表（包括资产负债表、利润表和现金流量表）；投资意向书或增资、并购项目的公司董事会决议等相关文件；以国有资产出资的，需提供有关主管部门出具的确认文件。

第十八节 新增年生产能力 500 万吨及以上煤矿项目核准

新增年生产能力 500 万吨及以上煤矿项目核准，适用于国家规划矿区内新增年生产能力 500 万吨及以上的煤矿项目，包括新建、改扩建、技术改造等类型。

一、审批依据

（一）《行政许可法》。

（二）《国务院办公厅关于印发国家能源局主要职责内设机构和人员编制规定的通知》（国办发〔2013〕51 号）。

（三）《企业投资项目核准和备案管理条例》（国务院令第 673 号）。

（四）《国务院关于投资体制改革的决定》（国发〔2004〕20 号）。

（五）《国务院关于发布政府核准的投资项目目录（2016 年本）的通知》（国发〔2016〕72 号）。

（六）《企业投资项目核准和备案管理办法》（国家发改委令 2017 年第 2 号）。

（七）《国务院关于调整和完善固定资产投资项目资本金制度的通知》（国发〔2015〕51 号）。

（八）《工程建设项目申报材料增加招标内容和核准招标事项暂行规定》（原国家计委 2001 年第 9 号令发布，国家发改委 2013 年第 23 号令修正）。

（九）《招标投标法》第三条；《招标投标法实施条例》第七条。

（十）《国家发展改革委关于印发国家发展改革委重大固定资产投资项目社会稳定风险评估暂行办法的通知》（发改投资〔2012〕2492 号）。

二、决定机构

国家规划矿区内新增年生产能力 500 万吨及以上的项目由国家发改委核准并报国务院备案。

外商投资：《外商投资产业指导目录》中总投资（含增资）3 亿美元及以上限制类项目，由国家发改委核准，其中总投资（含增资）20 亿美元及以上项目报国务院备案。

三、申请材料目录

省级发展改革部门（或省级政府指定的煤炭投资主管部门）转报或计划单列企业集团、中央管理企业报送的项目核准请示文件（包含对该项目社会稳定风险评估报告的意见，并附社会稳定风险评估报告）；项目申请报告（符合项目申请报告编制规范，并按照《工程建设项目申报材料增加招标内容和核准招标事项暂行规定》要求包括招标内容）。根据国家法律法规规定，附送以下文件：省、自治区、直辖市、计划单列市人民政府城乡规划行政主管部门出具的选址意见书（仅指以划拨方式提供国有土地使用权的项目）；国土资源部出具的用地预审意见（不涉及新增用地，在已批准的建设用地范围内进行改扩建的项目，可以不进行用地预审）。外商投资项目还应附送以下文件：中外投资各方的企业注册证明材料及经审计的最新企业财务报表（包括资产负债表、利润表和现金流量表）；投资意向书或增资、并购项目的公司董事会决议等相关文件；以国有资产出资的，需由有关主管部门出具的确认文件。

第十九节　总投资（含增资）3 亿美元及以上
限制类外商投资项目核准

《外商投资产业指导目录》中总投资（含增资）3 亿美元及以上限制类外商投资项目核准，适用于《外商投资产业指导目录》中总投资（含增资）3 亿美元及以上限制类项目，不包括《政府核准的投资项目目录》第一至十条所列项目。

一、审批依据

（一）《行政许可法》。

（二）《国务院对确需保留的行政审批项目设定行政许可的决定》（国务院令第 412 号）。

（三）《指导外商投资方向规定》（国务院令第 346 号）。

（四）《企业投资项目核准和备案管理条例》（国务院令第 673 号）。

（五）《国务院关于投资体制改革的决定》（国发〔2004〕20 号）第二部分第（一）、（二）：对于企业不使用政府投资建设的项目，一律不再实行审批制。其中，政府仅对重大项目和限制类项目从维护社会公共利益角度进行核准。

（六）《国务院关于调整和完善固定资产投资项目资本金制度的通知》（国发〔2015〕51 号）。

（七）《国务院关于发布政府核准的投资项目目录（2016 年本）的通知》（国发〔2016〕72 号）。

（八）《国务院办公厅关于印发精简审批事项规范中介服务实行企业投资项目网上并联核准制度工作方案的通知》（国办发〔2014〕59 号）。

（九）《外商投资项目核准和备案管理办法》（国家发改委令 2014 年第 12 号）。

（十）《关于修改〈境外投资项目核准和备案管理办法〉和〈外商投资项目核准和备案管理办法〉有关条款的决定》（国家发改委令 2014 年第 20 号）。

（十一）《外商投资产业指导目录（2015 年修订）》（国家发改委、商务部令 2015 年第 22 号）。

（十二）《国家发展改革委中央编办关于一律不得将企业经营自主权事项作为企业投资项目核准前置条件的通知》（发改投资〔2014〕2999 号）。

（十三）《国务院关于第二批取消 152 项中央指定地方实施行政审批事项的决定》（国发〔2016〕9 号）。

二、决定机构

《外商投资产业指导目录》中总投资（含增资）3 亿美元及以上限制类项目，由国家发改委核准，其中总投资（含增资）20 亿美元及以上项目报国务院备案。上述规定之外的属于《政府核准的投资项目目录》第一至十条所列项目，按照《政府核准的投资项目目录》第一至十条的规定核准。

三、申请材料目录

项目所在地省级发改部门出具的转报文件；项目申请报告，应包括项目及投资方情况、资源利用和生态环境影响分析、经济和社会影响分析等方面内容。境外投资者并购境内企业项目申请报告应包括并购方情况、并购安排、融资方案和被并购方情况、被并购后经营方式、范围和股权结构、所得收入的使用安排等。根据国家法律法规规定，附送以下文件：中外投资各方的企业注册证明材料及经审计的最新企业财务报表（包括资产负债表、利润表和现金流量表）；投资意向书，增资、并购项目的公司董事会决议；省、自治区、直辖市、计划单列市人民政府城乡规划行政主管部门核发的选址意见书（仅指以划拨方式提供国有土地使用权的项目）；国土资源部出具的用地预审意见（不涉及新增用地，在已批准的建设用地范围内进行改扩建的项目，可以不进行用地预审）；以国有资产出资的，需由有关主管部门出具的确认文件。

第五篇　国家专业部局核准与备案

第十一章　国家环保和抗震及气象项目审批

国务院审改办对照国务院各部门行政许可事项服务平台，按照《国务院办公厅关于公开国务院各部门行政审批事项等相关工作的通知》要求，将国务院各部门行政审批事项予以公开，均为目前各部门正在行使的行政许可事项。为方便企业办事，对国务院各部门行政许可事项，逐项列明了服务指南、审批流程图、承诺时限等。本章主要介绍投资项目涉及环保和抗震及气象事项的部局级审批。

第一节　环境影响评价概述

为了实施可持续发展战略，预防因规划和建设项目实施后对环境造成不良影响，促进经济、社会和环境的协调发展，国家颁发《环境影响评价法》和《建设项目环境影响评价条例》。建设产生污染的建设项目，必须遵守污染物排放的国家标准和地方标准；在实施重点污染物排放总量控制的区域内，还必须符合重点污染物排放总量控制的要求。工业建设项目应当采用能耗物耗小、污染物产生量少的清洁生产工艺，合理利用自然资源，防止环境污染和生态破坏。改建、扩建项目和技术改造项目必须采取措施，治理与该项目有关的原有环境污染和生态破坏。

一、环境影响评价

环境影响评价是指对规划和建设项目实施后可能造成的环境影响进行分析、预测和评估，提出预防或者减轻不良环境影响的对策和措施，进行跟踪监测的方法与制度。

二、规划的环境影响评价

国务院有关部门、设区的市级以上地方人民政府及其有关部门，对其组织编制的土地利用的有关规划，区域、流域、海域的建设、开发利用规划，应当在规划编制过程中组织进行环境影响评价，编写该规划有关环境影响的篇章或者说明。规划有关环境影响的篇章或者说明，应当对规划实施后可能造成的环境影响作出分析、预测和评估，提出预防或者减轻不良环境影响的对策和措施，作为规划草案的组成部分一并报送规划审批机关。对其组织编制的工业、农业、畜牧业、林业、能源、水利、交通、城市建设、旅游、自然资源开发的有关专项规划（以下简称专项规划），应当在该专项规划草案上报审批前，组织进行环境影响评价，并向审批该专项规划的机关提出环境影响报告书。

三、专项规划的环境影响报告书

专项规划的环境影响报告书应当包括下列内容：

（一）实施该规划对环境可能造成影响的分析、预测和评估；

（二）预防或者减轻不良环境影响的对策和措施；

（三）环境影响评价的结论。

专项规划的编制机关对可能造成不良环境影响并直接涉及公众环境权益的规划，应当在该规划草案报送审批前，举行论证会、听证会，或者采取其他形式，征求有关单位、专家和公众对环境影响报告书草案的意见，但是，国家规定需要保密的情形除外。编制机关应当认真考虑有关单位、专家和公众对环境影响报告书草案的意见，并应当在报送审查的环境影响报告书中附具对意见采纳或者不采纳的说明。

四、专项规划的审批

（一）专项规划的编制机关在报批规划草案时，应当将环境影响报告书一并附送审批机关审查；未附送环境影响报告书的，审批机关不予审批。设区的市级以上人民政府在审批专项规划草案，作出决策前，应当先由人民政府指定的环境保护行政主管部门或者其他部门召集有关部门代表和专家组成审查小组，对环境影响报告书进行审查。审查小组应当提出书面审查意见。

（二）由省级以上人民政府有关部门负责审批的专项规划，其环境影响报告书的审查办法，由国务院环境保护行政主管部门会同国务院有关部门制定。审查小组提出修改意见的，专项规划的编制机关应当根据环境影响报告书结论和审查意见对规划草案进行修改完善，并对环境影响报告书结论和审查意见的采纳情况作出说明；不采纳的，应当说明理由。

（三）设区的市级以上人民政府或者省级以上人民政府有关部门在审批专项规划草案时，应当将环境影响报告书结论以及审查意见作为决策的重要依据。在审批中未采纳环境影响报告书结论以及审查意见的，应当作出说明，并存档备查。对环境有重大影响的规划实施后，编制机关应当及时组织环境影响的跟踪评价，并将评价结果报告审批机关；发现有明显不良环境影响的，应当及时提出改进措施。

五、建设项目的环境影响评价文件

国家根据建设项目对环境的影响程度，对建设项目的环境影响评价实行分类管理。建设单位应当按照下列规定组织编制环境影响报告书、环境影响报告表或者填报环境影响登记表（以下统称环境影响评价文件）：

（一）可能造成重大环境影响的，应当编制环境影响报告书，对产生的环境影响进行全面评价；

（二）可能造成轻度环境影响的，应当编制环境影响报告表，对产生的环境影响进行分析或者专项评价；

（三）对环境影响很小、不需要进行环境影响评价的，应当填报环境影响登记表。

建设项目的环境影响评价分类管理名录，由国务院环境保护行政主管部门制定并公布。

六、建设项目的环境影响报告书包括的内容

（一）建设项目概况；

（二）建设项目周围环境现状；

（三）建设项目对环境可能造成影响的分析、预测和评估；

（四）建设项目环境保护措施及其技术、经济论证；

（五）建设项目对环境影响的经济损益分析；

（六）对建设项目实施环境监测的建议；

（七）环境影响评价的结论。

七、建设项目的环境影响评价审批

（一）建设项目的环境影响评价，应当避免与规划的环境影响评价相重复。作为一项整体建设项目的规划，按照建设项目进行环境影响评价，不进行规划的环境影响评价。已经进行了环境影响评价的规划包含具体建设项目的，规划的环境影响评价结论应当作为建设项目环境影响评价的重要依据，建设项目环境影响评价的内容应当根据规划的环境影响评价审查意见予以简化。建设项目的环境影响报告书、报告表，由建设单位按照国务院的规定报有审批权的环境保护行政主管部门审批。审批部门应当自收到环境影响报告书之日起 60 日内，收到环境影响报告表之日起 30 日内，分别作出审批决定并书面通知建设单位。

（二）国家对环境影响登记表实行备案管理。审核、审批建设项目环境影响报告书、报告表以及备案环境影响登记表，不得收取任何费用。

八、环境影响评价文件管理

（一）建设项目的环境影响评价文件经批准后，建设项目的性质、规模、地点、采用的生产工艺或者防治污染、防止生态破坏的措施发生重大变动的，建设单位应当重新报批建设项目的环境影响评价文件。建设项目的环境影响评价文件自批准之日起超过 5 年，方决定该项目开工建设的，其环境影响评价文件应当报原审批部门重新审核；原审批部门应当自收到建设项目环境影响评价文件之日起 10 日内，将审核意见书面通知建设单位。建设项目的环境影响评价文件未依法经审批部门审查或者审查后未予批准的，建设单位不得开工建设。

（二）建设项目建设过程中，建设单位应当同时实施环境影响报告书、环境影响报告表以及环境影响评价文件审批部门审批意见中提出的环境保护对策措施。在项目建设、运行过程中产生不符合经审批的环境影响评价文件的情形的，建设单位应当组织环境影响的后评价，采取改进措施，并报原环境影响评价文件审批部门和建设项目审批部门备案；原环境影响评价文件审批部门也可以责成建设单位进行环境影响的后评价，采取改进措施。

（三）环境保护行政主管部门对建设项目投入生产或者使用后所产生的环境影响进行跟踪检查，对造成严重环境污染或者生态破坏的，应当查清原因、查明责任。

第二节　建设项目环境影响保护管理

一、环境影响评价分类管理

国家实行建设项目环境影响评价制度。国家根据建设项目对环境的影响程度，按照下列规定对建设项目的环境保护实行分类管理：

（一）建设项目对环境可能造成重大影响的，应当编制环境影响报告书，对建设项目产生的污染和对环境的影响进行全面、详细的评价；

（二）建设项目对环境可能造成轻度影响的，应当编制环境影响报告表，对建设项目产生的污染和对环境的影响进行分析或者专项评价；

（三）建设项目对环境影响很小，不需要进行环境影响评价的，应当填报环境影响登记表。

建设项目环境影响评价分类管理名录（限于篇幅，略），由国务院环境保护行政主管部门在组织专家进行论证和征求有关部门、行业协会、企事业单位、公众等意见的基础上制定并公布。建设单位应当按照名录的规定，分别组织编制环境影响报告书、环境影响报告表或者填报环境影响登记表。名录所称环境敏感区，是指依法设立的各级各类自然、文化保护地，以及对建设项目的某类污染因子或者生态影响因子特别敏感的区域，主要包括：

（一）自然保护区、风景名胜区、世界文化和自然遗产地、饮用水水源保护区；

（二）基本农田保护区、基本草原、森林公园、地质公园、重要湿地、天然林、珍稀濒危野生动植物天然集中分布区、重要水生生物的自然产卵场、索饵场、越冬场和洄游通道、天然渔场、资源性缺水地区、水土流失重点防治区、沙化土地封禁保护区、封闭及半封闭海域、富营养化水域；

（三）以居住、医疗卫生、文化教育、科研、行政办公等为主要功能的区域，文物保护单位，具有特殊历史、文化、科学、民族意义的保护地。

建设项目所处环境的敏感性质和敏感程度，是确定建设项目环境影响评价类别的重要依据。涉及环境敏感区的建设项目，应当严格按照本名录确定其环境影响评价类别，不得擅自提高或者降低环境影响评价类别。环境影响评价文件应当就该项目对环境敏感区的影响作重点分析。跨行业、复合型建设项目，其环境影响评价类别按其中单项等级最高的确定。名录未作规定的建设项目，其环境影响评价类别由省级环境保护行政主管部门根据建设项目的污染因子、生态影响因子特征及其所处环境的敏感性质和敏感程度提出建议，报国务院环境保护行政主管部门认定。

二、建设项目环境影响报告书

建设项目环境影响报告书，应当包括下列内容：

（一）建设项目概况；

（二）建设项目周围环境现状；

（三）建设项目对环境可能造成影响的分析和预测；

（四）环境保护措施及其经济、技术论证；

（五）环境影响经济损益分析；

（六）对建设项目实施环境监测的建议；

（七）环境影响评价结论。

三、建设项目环境影响报告表审批

（一）建设项目环境影响报告表、环境影响登记表的内容和格式，由国务院环境保护行政主管部门规定。依法应当编制环境影响报告书、环境影响报告表的建设项目，建设单位应当在开工建设前将环境影响报告书、环境影响报告表报有审批权的环境保护行政主管部门审批；建设项目的环境影响评价文件未依法经审批部门审查或者审查后未予批准的，建设单位不得开工建设。环境保护行政主管部门审批环境影响报告书、环境影响报告表，应当重点审查建设项目的环境可行性、环境影响分析预测评估的可靠性、环境保护措施的有效性、环境影响评价结论的科学性等，并分别自收到环境影响报告书之日起 60 日内、收到环境影响报告表之日起 30 日内，作出审批决定并书面通知建设单位。

（二）环境保护行政主管部门可以组织技术机构对建设项目环境影响报告书、环境影响报告表进行技术评估，并承担相应费用；技术机构应当对其提出的技术评估意见负责，不得向建设单位、从事环境影响评价工作的单位收取任何费用。依法应当填报环境影响登记表的建设项目，建设单位应当按照国务院环境保护行政主管部门的规定将环境影响登记表报建设项目所在地县级环境保护行政主管部门备案。环境保护行政主管部门应当开展环境影响评价文件网上审批、备案和信息公开。

四、建设项目环境影响报告表审批分工

国务院环境保护行政主管部门负责审批下列建设项目环境影响报告书、环境影响报告表：

（一）核设施、绝密工程等特殊性质的建设项目；

（二）跨省、自治区、直辖市行政区域的建设项目；

（三）国务院审批的或者国务院授权有关部门审批的建设项目。

前款规定以外的建设项目环境影响报告书、环境影响报告表的审批权限，由省、自治区、直辖市人民政府规定。建设项目造成跨行政区域环境影响，有关环境保护行政主管部门对环境影响评价结论有争议的，其环境影响报告书或者环境影响报告表由共同上一级环境保护行政主管部门审批。建设项目有下列情形之一的，环境保护行政主管部门应当对环境影响报告书、环境影响报告表作出不予批准的决定：

（一）建设项目类型及其选址、布局、规模等不符合环境保护法律法规和相关法定规划；

（二）所在区域环境质量未达到国家或者地方环境质量标准，且建设项目拟采取的措施不能满足区域环境质量改善目标管理要求；

（三）建设项目采取的污染防治措施无法确保污染物排放达到国家和地方排放标准，或者未采取必要措施预防和控制生态破坏；

（四）改建、扩建和技术改造项目，未针对项目原有环境污染和生态破坏提出有效防治措施；

（五）建设项目的环境影响报告书、环境影响报告表的基础资料数据明显不实，内容存在重大缺陷、遗漏，或者环境影响评价结论不明确、不合理。

五、建设项目环境影响报告表重新审核

建设项目环境影响报告书、环境影响报告表经批准后，建设项目的性质、规模、地点、采用的生产工艺或者防治污染、防止生态破坏的措施发生重大变动的，建设单位应当重新报批建设项目环境影响报告书、环境影响报告表。建设项目环境影响报告书、环境影响报告表自批准之日起满 5 年，建设项目方开工建设的，其环境影响报告书、环境影响报告表应当报原审批部门重新审核。原审批部门应当自收到建设项目环境影响报告书、环境影响报告表之日起 10 日内，将审核意见书面通知建设单位；逾期未通知的，视为审核同意。审核、审批建设项目环境影响报告书、环境影响报告表及备案环境影响登记表，不得收取任何费用。

建设单位可以采取公开招标的方式，选择从事环境影响评价工作的单位，对建设项目进行环境影响评价。任何行政机关不得为建设单位指定从事环境影响评价工作的单位，进行环境影响评价。建设单位编制环境影响报告书，应当依照有关法律规定，征求建设项目所在地有关单位和居民的意见。

六、环境保护设施建设

（一）建设项目需要配套建设的环境保护设施，必须与主体工程同时设计、同时施工、同时投产使用。建设项目的初步设计，应当按照环境保护设计规范的要求，编制环境保护篇章，落实防治环境污染和生态破坏的措施以及环境保护设施投资概算。建设单位应当将环境保护设施建设纳入施工合同，保证环境保护设施建设进度和资金，并在项目建设过程中同时组织实施环境影响报告书、环境影响报告表及其审批部门审批决定中提出的环境保护对策措施。编制环境影响报告书、环境影响报告表的建设项目竣工后，建设单位应当按照国务院环境保护行政主管部门规定的标准和程序，对配套建设的环境保护设施进行验收，编制验收报告。建设单位在环境保护设施验收过程中，应当如实查验、监测、记载建设项目环境保护设施的建设和调试情况，不得弄虚作假。除按照国家规定需要保密的情形外，建设单位应当依法向社会公开验收报告。

（二）分期建设、分期投入生产或者使用的建设项目，其相应的环境保护设施应当分期验收。编制环境影响报告书、环境影响报告表的建设项目，其配套建设的环境保护设施经验收合格，方可投入生产或者使用；未经验收或者验收不合格的，不得投入生产或者使用。前款规定的建设项目投入生产或者使用后，应当按照国务院环境保护行政主管部门的规定开展环境影响后评价。

（三）环境保护行政主管部门应当对建设项目环境保护设施设计、施工、验收、投入生产或者使用情况，以及有关环境影响评价文件确定的其他环境保护措施的落实情况，进行监督检查。环境保护行政主管部门应当将建设项目有关环境违法信息记入社会诚信档案，及时向社会公开违法者名单。

第三节　建设项目环境影响登记表备案管理

一、环境影响登记表备案

依据《环境影响评价法》和《建设项目环境保护管理条例》，建设项目环境影响登记表（详见表11-1）适用于按照《建设项目环境影响评价分类管理名录》规定应当填报环境影响登记表的建设项目。填报环境影响登记表的建设项目，建设单位应当依照规定，办理环境影响登记表备案手续。填报环境影响登记表的建设项目应当符合法律法规、政策、标准等要求。建设单位对其填报的建设项目环境影响登记表内容的真实性、准确性和完整性负责。

二、备案管理

县级环境保护主管部门负责本行政区域内的建设项目环境影响登记表备案管理。按照国家有关规定，县级环境保护主管部门被调整为市级环境保护主管部门派出分局的，由市级环境保护主管部门组织所属派出分局开展备案管理。建设项目的建设地点涉及多个县级行政区域的，建设单位应当分别向各建设地点所在地的县级环境保护主管部门备案。

三、备案方式

建设项目环境影响登记表备案采用网上备案方式。对国家规定需要保密的建设项目，建设项目环境影响登记表备案采用纸质备案方式。环境保护部统一布设建设项目环境影响登记表网上备案系统（以下简称网上备案系统）。省级环境保护主管部门在本行政区域内组织应用网上备案系统，通过提供地址链接方式，向县级环境保护主管部门分配网上备案系统使用权限。县级环境保护主管部门应当向社会公告网上备案系统地址链接信息。各级环境保护主管部门应当将环境保护法律、法规、规章以及规范性文件中与建设项目环境影响登记表备案相关的管理要求，及时在其网站的网上备案系统中公开，为建设单位办理备案手续提供便利。

四、建设单位

（一）建设单位应当在建设项目建成并投入生产运营前，登录网上备案系统，在网上备案系统注册真实信息，在线填报并提交建设项目环境影响登记表。建设单位在办理建设项目环境影响登记表备案手续时，应当认真查阅、核对《建设项目环境影响评价分类管理名录》，确认其备案的建设项目属于按照《建设项目环境影响评价分类管理名录》规定应当填报环境影响登记表的建设项目。对按照《建设项目环境影响评价分类管理名录》规定应当编制环境影响报告书或者报告表的建设项目，建设单位不得擅自降低环境影响评价等级，应填报环境影响登记表并办理备案手续。

（二）建设单位填报建设项目环境影响登记表时，应当同时就其填报的环境影响登记表内容的真实、准确、完整作出承诺，并在登记表中的相应栏目由该建设单位的法定代表人或者主要负责人签署姓名。建设单位在线提交环境影响登记表（表11-1）后，网上备案系统自动生成备案编号和回执，该建设项目环境影响登记表备案即为完成。建设单位可以自行打印留存其填报的建设项目环境影响登记表及建设项目环境影响登记表备案回执。建设项目环境影响登记表备案回执是环境保护主管部门确认收到建设单位环境影响登记表的证明。

（三）建设项目环境影响登记表备案完成后，建设单位或者其法定代表人或者主要负责人在建设项目建成并投入生产运营前发生变更的，建设单位应当依照规定再次办理备案手续。建设项目环境影响登记表备案完成后，建设单位应当严格执行相应污染物排放标准及相关环境管理规定，落实建设项目环境影响登记表中填报的环境保护措施，有效防治环境污染和生态破坏。建设项目环境影响登记表备案完成后，县级环境保护主管部门通过其网站的网上备案系统同步向社会公开备案信息，接受公众监督。对国家规定需要保密的建设项目，县级环境保护主管部门严格执行国家有关保密规定，备案信息不公开。县级环境保护主管部门根据国务院关于加强环境监管执法的有关规定，将其完成备案的建设项目纳入有关环境监管网格管理范围。

建设项目环境影响登记　　　　　　　　　　　　　　　　　表 11-1

填报日期：

项目名称			
建设地点		占地（建筑、营业）面积 （m²）	
建设单位		法定代表人或者 主要负责人	
联系人		联系电话	
项目投资（万元）		环保投资（万元）	
拟投入生产运营日期			

续表

项目性质	□新建　　□改建　　□扩建		
备案依据	该项目属于《建设项目环境影响评价分类管理名录》中应当填报环境影响登记表的建设项目，属于第××类××项中××		
建设内容及规模	□工业生产类项目□生态影响类项目□餐饮类项目□畜禽养殖类项目□核工业类项目（核设施的非放射性和非安全重要建设项目）□核技术利用类项目□电磁辐射类项目		
主要环境影响	□废气 □废水： 　□生活污水 　□生产废水 □固废 □噪声 □生态影响 □辐射环境影响	采取的环保措施及排放去向	□无环保措施： 　____直接通过_____排放至_____。 □有环保措施： 　□____采取____措施后通过____排放至____。 　□其他措施：____

承诺：××（建设单位名称及法定代表人或者主要负责人姓名）承诺所填写各项内容真实、准确、完整，建设项目符合《建设项目环境影响登记表备案管理办法》的规定。如存在弄虚作假、隐瞒欺骗等情况及由此导致的一切后果由××（建设单位名称及法定代表人或者主要负责人姓名）承担全部责任。

法定代表人或者主要负责人签字：

备案回执

该项目环境影响登记表已经完成备案，备案号：×××××××。

第四节　建设项目竣工环境保护验收

一、建设项目竣工环境保护验收依据

建设项目竣工环境保护验收的主要依据包括：

（一）建设项目环境保护相关法律、法规、规章、标准和规范性文件；

（二）建设项目竣工环境保护验收技术规范；

（三）建设项目环境影响报告书（表）及审批部门审批决定。

二、建设单位实施环境保护设施竣工验收

（一）根据《建设项目环境保护管理条例》，为规范建设项目环境保护设施竣工验收的程序和标准，强化建设单位环境保护主体责任，环保部《建设项目竣工环境保护验收暂行办法》适用于编制环境影响报告书（表）并根据环保法律法规的规定由建设单位实施环境保护设施竣工验收的建设项目及相关监督管理。

（二）建设单位是建设项目竣工环境保护验收的责任主体，应当按照规定的程序和标准，组织对配套建设的环境保护设施进行验收，编制验收报告，公开相关信息，接受社会监督，确保建设项目需要配套建设的环境保护设施与主体工程同时投产或者使用，并对验收内容、结论和所公开信息的真实性、准确性和完整性负责，不得在验收过程中弄虚作假。

（三）环境保护设施是指防治环境污染和生态破坏以及开展环境监测所需的装置、设备和工程设施等。验收报告分为验收监测（调查）报告、验收意见和其他需要说明的事项等三项内容。

三、验收的程序和内容

（一）建设项目竣工后，建设单位应当如实查验、监测、记载建设项目环境保护设施的建设和调试情况，编制验收监测（调查）报告。以排放污染物为主的建设项目，参照《建设项目竣工环境保护验收技术指南污染影响类》编制验收监测报告；主要对生态造成影响的建设项目，按照《建设项目竣工环境保护验收技术规范生态影响类》编制验收调查报告；火力发电、石油炼制、水利水电、核与辐射等已发布行业验收技术规范的建设项目，按照该行业验收技术规范编制验收监测报告或者验收调查报告。

（二）建设单位不具备编制验收监测（调查）报告能力的，可以委托有能力的技术机构编制。建设单位对受委托的技术机构编制的验收监测（调查）报告结论负责。建设单位与受委托的技术机构之间的权利义务关系，以及受委托的技术机构应当承担的责任，可以通过合同形式约定。

（三）需要对建设项目配套建设的环境保护设施进行调试的，建设单位应当确保调试期间污染物排放符合国家和地方有关污染物排放标准和排污许可等相关管理规定。环境保护设施未与主体工程同时建成的，或者应当取得排污许可证但未取得的，建设单位不得对该建设项目环境保护设施进行调试。调试期间，建设单位应当对环境保护设施运行情况和建设项目对环境的影响进行监测。验收监测应当在确保主体工程调试工况稳定、环境保护设施运行正常的情况下进行，并如实记录监测时的实际工况。国家和地方有关污染物排放标准或者行业验收技术规范对工况和生产负荷另有规定的，按其规定执行。建设单位开展验收监测活动，可根据自身条件和能力，利用自有人员、场所和设备自行监测，也可以委托其他有能力的监测机构开展监测。

（四）验收监测（调查）报告编制完成后，建设单位应当根据验收监测（调查）报告结论，逐一检查是否存在验收不合格的情形，提出验收意见。存在问题的，建设单位应当进行整改，整改完成后方可提出验收意见。验收意见包括工程建设基本情况、工程变动情况、环境保护设施落实情况、环境保护设施调试效果、工程建设对环境的影响、验收结论和后续要求等内容，验收结论应当明确该建设项目环境保护设施是否验收合格。建设项目配套建设的环境保护设施经验收合格后，其主体工程方可投入生产或者使用；未经验收或者验收不合格的，不得投入生产或者使用。

四、建设单位不得提出验收合格的意见

建设项目环境保护设施存在下列情形之一的，建设单位不得提出验收合格的意见：

（一）未按环境影响报告书（表）及其审批部门审批决定要求建成环境保护设施，或者环境保护设施不能与主体工程同时投产或者使用的；

（二）污染物排放不符合国家和地方相关标准、环境影响报告书（表）及其审批部门审批决定或者重点污染物排放总量控制指标要求的；

（三）环境影响报告书（表）经批准后，该建设项目的性质、规模、地点、采用的生产工艺或者防治污染、防止生态破坏的措施发生重大变动，建设单位未重新报批环境影响报告书（表）或者环境影响报告书（表）未经批准的；

（四）建设过程中造成重大环境污染未治理完成，或者造成重大生态破坏未恢复的；

（五）纳入排污许可管理的建设项目，无证排污或者不按证排污的；

（六）分期建设、分期投入生产或者使用依法应当分期验收的建设项目，其分期建设、分期投入生产或者使用的环境保护设施防治环境污染和生态破坏的能力不能满足其相应主体工程需要的；

（七）建设单位因该建设项目违反国家和地方环境保护法律法规受到处罚，被责令改正，尚未改正完成的；

（八）验收报告的基础资料数据明显不实，内容存在重大缺项、遗漏，或者验收结论不明确、不合理的；

（九）其他环境保护法律法规规章等规定不得通过环境保护验收的。

五、建设单位组织验收

为提高验收的有效性，在提出验收意见的过程中，建设单位可以组织成立验收工作组，采取现场检查、资料查阅、召开验收会议等方式，协助开展验收工作。验收工作组可以由设计单位、施工单位、环境影响报告书（表）编制机构、验收监测（调查）报告编制机构等单位代表以及专业技术专家等组成，代表范围和人数自定。建设单位在"其他需要说明的事项"中应当如实记载环境保护设施设计、施工和验收过程简况、环境影响报告书（表）及其审批部门审批决定中提出的除环境保护设施外的其他环境保护对策措施的实施情况，以及整改工作情况等。相关地方政府或者政府部门承诺负责实施与项目建设配套的防护距离内居民搬迁、功能置换、栖息地保护等环境保护对策措施的，建设单位应当积极配合地方政府或部门在所承诺的时限内完成，并在"其他需要说明的事项"中如实记载前述环境保护对策措施的实施情况。除按照国家需要保密的情形外，建设单位应当通过其网站或其他便于公众知晓的方式，向社会公开下列信息：

（一）建设项目配套建设的环境保护设施竣工后，公开竣工日期；

（二）对建设项目配套建设的环境保护设施进行调试前，公开调试的起止日期；

（三）验收报告编制完成后 5 个工作日内，公开验收报告，公示的期限不得少于 20 个工作日。

建设单位公开上述信息的同时，应当向所在地县级以上环境保护主管部门报送相关信息，并接受监督检查。除需要取得排污许可证的水和大气污染防治设施外，其他环境保护设施的验收期限一般不超过 3 个月；需要对该类环境保护设施进行调试或者整改的，验收期限可以适当延期，但最长不超过 12 个月。验收期限是指自建设项目环境保护设施竣工之日起至建设单位向社会公开验收报告之日止的时间。验收报告公示期满后 5 个工作日内，建设单位应当登录全国建设项目竣工环境保护验收信息平台，填报建设项目基本信息、环境保护设施验收情况等相关信息，环境保护主管部门对上述信息予以公开。建设单位应当将验收报告以及其他档案资料存档备查。纳入排污许可管理的建设项目，排污单位应当在项目产生实际污染物排放之前，按照国家排污许可有关管理规定要求，申请排污许可证，不得无证排污或不按证排污。建设项目验收报告中与污染物排放相关的主要内容应当纳入该项目验收完成当年排污许可证执行年报。

六、监督管理

各级环境保护主管部门按照《建设项目环境保护事中事后监督管理办法（试行）》等

规定，通过"双随机一公开"抽查制度，强化建设项目环境保护事中事后监督管理。要充分依托建设项目竣工环境保护验收信息平台，采取随机抽取检查对象和随机选派执法检查人员的方式，同时结合重点建设项目定点检查，对建设项目环境保护设施"三同时"落实情况、竣工验收等情况进行监督性检查，监督结果向社会公开。需要配套建设的环境保护设施未建成、未经验收或者经验收不合格，建设项目已投入生产或者使用的，或者在验收中弄虚作假的，或者建设单位未依法向社会公开验收报告的，县级以上环境保护主管部门应当依照《建设项目环境保护管理条例》的规定予以处罚，并将建设项目有关环境违法信息及时记入诚信档案，及时向社会公开违法者名单。

七、验收现行有效的法律关于竣工环保验收的具体规定

（一）《水污染防治法》（2008 年版）第十七条"水污染防治设施应当经过环境保护主管部门验收，验收不合格的，该建设项目不得投入生产或者使用"。2018 年 1 月 1 日起实施《水污染防治法》（2017 修订版），其中已取消涉及验收的相关条文。

（二）《环境噪声污染防治法》（1997 年版）第十四条"建设项目在投入生产或者使用之前，其环境噪声污染防治设施必须经原审批环境影响报告书的环境保护行政主管部门验收"。

（三）《固体废物污染环境防治法》（2004 修订版）第十四条"固体废物污染环境防治设施必须经原审批环境影响评价文件的环境保护行政主管部门验收合格后，该建设项目方可投入生产或者使用"。

八、建设单位建设期和运营期的环境管理

（一）建设项目的设计和施工中严格落实"三同时"制度。建设项目环境影响报告书、环境影响报告表经批准后，应严格按照国家以及地方有关法规、标准以及环评文件和批复要求落实建设项目的环保要求，配套的环境保护设施必须与主体工程同时设计、同时施工、同时投产使用，以保障建设项目运行符合环保要求。

（二）建立企业自主环保竣工验收制度。自 2017 年 10 月 1 日起，取消建设项目竣工环保验收行政审批。建设单位应按照国家及地方有关法律法规、建设项目竣工环境保护验收技术规范、建设项目环境影响报告书（表）和审批决定等要求，自主开展相关验收工作。建设项目配套建设的环境保护设施经验收合格，方可投入生产或者使用；未经验收或者验收不合格的，不得投入生产或者使用。

（三）落实建设项目变更重新报批环境影响评价文件制度。建设项目环境影响报告书、环境影响报告表经批准后，建设项目的性质、规模、地点、采用的生产工艺或者防治污染、防止生态破坏的措施发生变动的，应按照《环境影响评价法》以及国家及地方关于建设项目重大变动的有关规定，重新报批环评文件或者开展非重大变动环境影响分析工作。

（四）建立环境影响后评价制度。建设项目投入生产或者使用后，建设单位应当按照《建设项目环境影响后评价管理办法（试行）》的规定开展环境影响后评价工作。

第五节　建设项目环境影响后评价管理

一、环境影响后评价

环境影响后评价是指编制环境影响报告书的建设项目在通过环境保护设施竣工验收且

稳定运行一定时期后，对其实际产生的环境影响以及污染防治、生态保护和风险防范措施的有效性进行跟踪监测和验证评价，并提出补救方案或者改进措施，提高环境影响评价有效性的方法与制度。

二、环境影响后评价建设项目

下列建设项目运行过程中产生不符合经审批的环境影响报告书情形的，应当开展环境影响后评价：

（一）水利、水电、采掘、港口、铁路行业中实际环境影响程度和范围较大，且主要环境影响在项目建成运行一定时期后逐步显现的建设项目，以及其他行业中穿越重要生态环境敏感区的建设项目；

（二）冶金、石化和化工行业中有重大环境风险，建设地点敏感，且持续排放重金属或者持久性有机污染物的建设项目；

（三）审批环境影响报告书的环境保护主管部门认为应当开展环境影响后评价的其他建设项目。

三、环境影响后评价管理

环境影响后评价应当遵循科学、客观、公正的原则，全面反映建设项目的实际环境影响，客观评估各项环境保护措施的实施效果。建设项目环境影响后评价的管理，由审批该建设项目环境影响报告书的环境保护主管部门负责。环境保护部组织制定环境影响后评价技术规范，指导跨行政区域、跨流域和重大敏感项目的环境影响后评价工作。

四、环境影响后评价备案

建设单位或者生产经营单位负责组织开展环境影响后评价工作，编制环境影响后评价文件，并对环境影响后评价结论负责。建设单位或者生产经营单位可以委托环境影响评价机构、工程设计单位、大专院校和相关评估机构等编制环境影响后评价文件。编制建设项目环境影响报告书的环境影响评价机构，原则上不得承担该建设项目环境影响后评价文件的编制工作。建设单位或者生产经营单位应当将环境影响后评价文件报原审批环境影响报告书的环境保护主管部门备案，并接受环境保护主管部门的监督检查。

五、建设项目环境影响后评价文件

建设项目环境影响后评价文件应当包括以下内容：

（一）建设项目过程回顾。包括环境影响评价、环境保护措施落实、环境保护设施竣工验收、环境监测情况及公众意见收集调查情况等。

（二）建设项目工程评价。包括项目地点、规模、生产工艺或者运行调度方式，环境污染或者生态影响的来源、影响方式、程度和范围等。

（三）区域环境变化评价。包括建设项目周围区域环境敏感目标变化、污染源或者其他影响源变化、环境质量现状和变化趋势分析等。

（四）环境保护措施有效性评估。包括环境影响报告书规定的污染防治、生态保护和风险防范措施是否适用、有效，能否达到国家或者地方相关法律、法规、标准的要求等。

（五）环境影响预测验证。包括主要环境要素的预测影响与实际影响差异，原环境影响报告书内容和结论有无重大漏项或者明显错误，持久性、累积性和不确定性环境影响的表现等。

（六）环境保护补救方案和改进措施。

（七）环境影响后评价结论。

六、建设项目环境影响后评价开展

建设项目环境影响后评价应当在建设项目正式投入生产或者运营后三至五年内开展。原审批环境影响报告书的环境保护主管部门也可以根据建设项目的环境影响和环境要素变化特征，确定开展环境影响后评价的时限。建设单位或者生产经营单位可以对单个建设项目进行环境影响后评价，也可以对在同一行政区域、流域内存在叠加、累积环境影响的多个建设项目开展环境影响后评价。

建设单位或者生产经营单位完成环境影响后评价后，应当依法公开环境影响评价文件，接受社会监督。对未按规定要求开展环境影响后评价，或者不落实补救方案、改进措施的建设单位或者生产经营单位，审批该建设项目环境影响报告书的环境保护主管部门应当责令其限期改正，并向社会公开。环境保护主管部门可以依据环境影响后评价文件，对建设项目环境保护提出改进要求，并将其作为后续建设项目环境影响评价管理的依据。

第六节　建设项目环境影响评价审批

建设项目环境影响评价审批（前审后批）适用于核与辐射以外的建设项目环境影响评价审批的申请和办理。

一、办理依据

1.《环境保护法》（2014 年）第十九条。

2.《环境影响评价法》（2003 年）第十六条、第二十二条、第二十三条、第二十四条。

3.《水污染防治法》（2008 年）第十七条。

4.《大气污染防治法》（2015 年）第十八条。

5.《环境噪声污染防治法》（1997 年）第十三条。

6.《固体废物污染环境防治法》（2005 年）第十三条。

7.《海洋环境保护法》（2000 年）第四十三条。

8.《建设项目环境保护管理条例》（1998 年）（国务院令第 253 号）第六条、第九条、第十条、第十一条、第十二条。

9.《防治海岸工程建设项目污染损害海洋环境管理条例》（2008 年）（国务院令第 507 号）第七条、第八条。

10.《国家环境保护总局建设项目环境影响评价文件审批程序规定》（2006 年）（原国家环保总局令第 29 号）。

11.《建设项目环境影响评价文件分级审批规定》（2009 年）（环境保护部令第 5 号）。

12.《建设项目环境影响评价分类管理名录》（2015 年）（环境保护部令第 33 号）。

二、办事条件

（一）申请条件：根据《建设项目环境影响评价分类管理名录》规定，建设单位组织编制的环境影响评价文件，属于《环境保护部审批环境影响评价文件的建设项目目录

（2015 年本）》中规定由环境保护部审批的项目提出申请。

（二）具备或符合如下条件的，准予批准：

1. 符合环境保护相关法律法规。建设项目涉及依法划定的自然保护区、风景名胜区、生活饮用水水源保护区及其他需要特别保护的区域的，应当符合国家有关法律法规关于该区域内建设项目环境管理的规定。

2. 符合国家产业政策和清洁生产标准或者要求。

3. 建设项目选址、选线、布局符合区域、流域规划、城市总体规划及有关规划环评。

4. 项目所在区域环境质量满足相应环境功能区划和生态功能区划标准或要求。

5. 拟采取的污染防治措施能确保污染物排放达到国家和地方规定的排放标准，满足污染物总量控制要求；涉及可能产生放射性污染的，拟采取的防治措施能有效预防和控制放射性污染。

6. 公众参与程序符合环境影响评价公众参与相关规定要求。

7. 拟采取的生态保护措施能有效预防和控制生态破坏。

三、申请材料

（一）申请材料清单：根据《国家环境保护总局建设项目环境影响评价文件审批程序规定》、《环境保护部审批环境影响评价文件的建设项目目录（2015 年本）》，应由环境保护部审批的建设项目环境影响评价文件，建设单位应当向环境保护部提出申请，提交下列材料：建设单位出具的申请书；建设项目环境影响评价文件纸质版、电子版；关于环境影响评价文件中删除不宜公开信息说明；根据有关法律法规应提交的其他文件。

（二）申请材料提交：建设单位可从环境保护部网站首页登录"建设项目环评、验收及资质申报系统"提交申请材料电子版。建设单位将该项目相关纸质材料提交至环境保护部行政审批大厅或环境影响评价司相关项目环评处。

（三）建设项目环境影响评价文件示范文本。

×××环境影响报告书

概述

简要说明建设项目的特点、环境影响评价的工作过程、关注的主要环境问题及环境影响、环境影响评价的主要结论。

第一章　总则

总则应包括编制依据、评价因子与评价标准、评价工作等级和评价范围、相关规划及环境功能区划、主要环境保护目标等。

第二章　建设项目工程分析

本章应包括建设项目的概况、影响因素分析，对以污染影响为主的建设项目还应该包含源强核算内容。

第三章　环境现状调查与评价

根据区域环境特征、建设项目特点和专题评价设置情况，从自然环境、环境质量和区域污染源等方面选择相应内容进行现状调查与评价。

第四章　环境影响预测与评价

结合建设项目特点和所在区域环境的特征，根据环境质量标准、环境要素或专题评价技术导则等相关要求，给出预测时段、预测内容、预测范围、预测方法、参数选择及预测结果，对建设项目的环境影响进行评价。环境风险评价应根据专题技术导则要求，明确危险源、风险类型、扩散途径、与环境保护目标相对位置关系等，预测影响的范围和程度。

第五章　环境保护措施及其可行性论证

明确提出建设项目各阶段拟采取的具体污染防治、生态保护与恢复、环境风险防范及应急处置等环境保护措施。结合环境影响预测与评价结论，分析论证拟采取措施的技术可行性、经济合理性、长期稳定运行和达标排放的可靠性，满足环境质量改善和排污许可要求的可行性。根据同类或相同措施的实际运行效果，说明各类措施的有效性。给出各项污染防治、生态保护等环境保护措施和环境风险防范及应急处置措施的具体内容、责任主体、实施时段、环境保护投资及资金来源等。

第六章　环境影响经济损益分析

从环境要素、资源类别等方面筛选出需要或者可能进行经济评价的环境影响因子，以定性与定量相结合的方式，估算建设项目所引起环境影响的经济价值，重点核算虚拟治理成本以及生态保护与恢复措施的费用。

第七章　环境管理与监测计划

根据建设项目环境影响情况，针对建设项目建设、生产运行、服务期满（可根据项目情况选择）等不同阶段，有针对性提出具有可操作性的环境监理要求、环境监测计划等环境管理要求。

第八章　环境影响评价结论

对建设项目的建设概况、环境质量现状、污染物排放情况、主要环境影响、公众意见采纳情况、环境保护措施、环境影响经济损益分析、环境管理与监测计划等内容进行概括总结，结合环境质量目标要求，明确给出建设项目的环境影响可行性结论。

对存在重大环境制约因素、环境影响不可接受或环境风险不可控、环境保护措施经济技术不满足长期稳定达标及生态保护要求、区域环境问题突出且整治计划不落实或不能满足环境质量改善目标的建设项目，应提出环境影响不可行的结论。

第七节　核动力厂和研究堆环境影响评价审批

核动力厂和研究堆环境影响评价审批适用于核动力厂和研究堆选址、建造、运行阶段环境影响评价审批的申请和办理。

一、办理依据

（一）《环境保护法》第十三条、第十九条。

（二）《环境影响评价法》第二十二条、第二十三条、第二十四条。

（三）《放射性污染防治法》第十八条、第二十条。

（四）《建设项目环境保护管理条例》第十一条、第十二条。

（五）《环境保护部审批环境影响评价文件的建设项目目录（2015年本）》。

二、办事条件

（一）申请条件：根据《建设项目环境影响评价分类管理名录》（环境保护部令第33号）规定，建设单位组织编制的环境影响评价文件，属于《环境保护部审批环境影响评价文件的建设项目目录》中规定由环保部审批的项目，向环保部提出申请。

（二）具备或符合如下条件的，准予批准：

1. 符合环境保护相关法律法规。建设项目涉及依法划定的自然保护区、风景名胜区、生活饮用水水源保护区及其他需要特别保护的区域的，应当符合国家法律法规关于该区域内建设项目环境管理的规定。

2. 建设项目选址、布局符合区域规划等有关规划环评。

3. 拟采取的污染防治措施能确保流出物排放达到国家和地方规定的排放标准，满足流出物总量控制要求；拟采取的防治措施能有效预防和控制放射性污染。

三、申请材料

（一）申请材料清单：依据《放射性污染防治法》有关规定，核设施营运单位应当在办理核设施选址审批手续或申请领取核设施建造、运行许可证前，编制环境影响评价文件，向环境保护部提出申请，提交下列材料：申请书原件；纸质复印件；电子环境影响评价文件原件；纸质格式与内容要求见《核电厂环境影响报告书的格式和内容》（HJ 808—2016）。如不能全本公开，应提供公开版以及删除全本中不宜公开信息的说明。公开版提交纸质版和电子版。注：上述文件的电子版均不含涉密内容。除上述文件外，申请人应提交根据有关法律法规应提交的其他文件。

（二）申请材料提交：申请人可通过环境保护部政府网站核与辐射项目行政审批事项申报系统（涉密项目除外）、行政审批大厅窗口报送或信函邮寄方式提交材料。

第八节　建设工程地震安全性评价结果的审定及抗震设防要求的确定审批

一、地震安全性评价的范围和要求

新建、扩建、改建建设工程，依照《防震减灾法》的规定，需要进行地震安全性评价的，必须严格执行国家地震安全性评价的技术规范，确保地震安全性评价的质量。

下列建设工程必须进行地震安全性评价：

（一）国家重大建设工程；

（二）受地震破坏后可能引发水灾、火灾、爆炸、剧毒或者强腐蚀性物质大量泄露或者其他严重次生灾害的建设工程，包括水库大坝、堤防和贮油、贮气，贮存易燃易爆、剧毒或者强腐蚀性物质的设施以及其他可能发生严重次生灾害的建设工程；

（三）受地震破坏后可能引发放射性污染的核电站和核设施建设工程；

（四）省、自治区、直辖市认为对本行政区域有重大价值或者有重大影响的其他建设工程。

二、地震安全性评价报告

地震安全性评价单位对建设工程进行地震安全性评价后，应当编制该建设工程的地震安全性评价报告。地震安全性评价报告应当包括下列内容：

（一）工程概况和地震安全性评价的技术要求；

（二）地震活动环境评价；

（三）地震地质构造评价；

（四）设防烈度或者设计地震动参数；

（五）地震地质灾害评价；

（六）其他有关技术资料。

三、地震安全性评价报告的审定

国务院地震工作主管部门负责下列地震安全性评价报告的审定：

（一）国家重大建设工程；

（二）跨省、自治区、直辖市行政区域的建设工程；

（三）核电站和核设施建设工程。

省、自治区、直辖市人民政府负责管理地震工作的部门或者机构负责除前款规定以外的建设工程地震安全性评价报告的审定。国务院地震工作主管部门和省、自治区、直辖市人民政府负责管理地震工作的部门或者机构，应当自收到地震安全性评价报告之日起15日内进行审定，确定建设工程的抗震设防要求。

国务院地震工作主管部门或者省、自治区、直辖市人民政府负责管理地震工作的部门或者机构，在确定建设工程抗震设防要求后，应当以书面形式通知建设单位，并告知建设工程所在地的市、县人民政府负责管理地震工作的部门或者机构。省、自治区、直辖市人民政府负责管理地震工作的部门或者机构应当将其确定的建设工程抗震设防要求报国务院地震工作主管部门备案。

四、监督管理

（一）县级以上人民政府负责项目审批的部门，应当将抗震设防要求纳入建设工程可行性研究报告的审查内容。对可行性研究报告中未包含抗震设防要求的项目，不予批准。

（二）国务院建设行政主管部门和国务院铁路、交通、民用航空、水利和其他有关专业主管部门制定的抗震设计规范，应当明确规定按照抗震设防要求进行抗震设计的方法和措施。

（三）建设工程设计单位应当按照抗震设防要求和抗震设计规范，进行抗震设计。

（四）国务院地震工作主管部门和县级以上地方人民政府负责管理地震工作的部门或者机构，应当会同有关专业主管部门，加强对地震安全性评价工作的监督检查。

五、办理依据

建设工程地震安全性评价适用于建设工程地震安全性评价结果的审定及抗震设防要求的确定审批事项的申请和办理，其办理依据如下：

（一）《防震减灾法》。

（二）《地震安全性评价管理条例》（国务院令第323号）。

（三）《建设工程抗震设防要求管理规定》（中国地震局令第7号）。

（四）《关于印发〈建设工程地震安全性评价结果审定及抗震设防要求确定行政许可实施细则〉的通知》（中震发防〔2005〕51号）。

六、申请材料

申请材料清单见表11-2。

申请材料清单　　　　　　　　　　　　　　　　　　　　表 11-2

序号	提交材料名称	原件/复印件	份数	纸质/电子	要求	备注
1	建设工程地震安全性评价结果审定及抗震设防要求确定行政许可申请表	原件	1份	纸质		
2	地震安全性评价单位法人营业执照或者事业单位法人证书	复印件	1份	纸质	加盖单位公章	
3	建设工程批准立项相关证明文件	原件或复印件	1份	纸质	复印件加盖单位公章	
4	项目信息表	原件	1份	纸质	针对在国家发改委核准目录内的项目提交此表	

其他注意事项：1. 所有复印件需加盖单位公章。2. 所有报送中国地震局审批的安评项目，需首先明确建设项目是否在国家发改委核准目录内。填写项目登记表，打印出含项目编码的纸质版项目登记表为安评审批受理的必要材料。

第九节　建设工程避免危害气象探测环境审批

新建、扩建、改建建设工程避免危害气象探测环境审批适用于在大气本底站、国家基准气候站、国家基本气象站、国家一般气象站、高空气象观测站、天气雷达站、气象卫星地面站气象探测环境保护范围内实施新建、扩建、改建建设工程避免危害气象探测环境审批的申请和办理。

一、办理依据

1.《气象法》第二十一条："新建、扩建、改建建设工程，应当避免危害气象探测环境；确实无法避免的，建设单位应当事先征得省、自治区、直辖市气象主管机构的同意，并采取相应的措施后，方可建设"。

2.《气象设施和气象探测环境保护条例》第十七条："在气象台站探测环境保护范围内新建、改建、扩建建设工程，应当避免危害气象探测环境；确实无法避免的，建设单位应当向省、自治区、直辖市气象主管机构报告并提出相应的补救措施，经省、自治区、直辖市气象主管机构书面同意。未征得气象主管机构书面同意或者未落实补救措施的，有关部门不得批准其开工建设"。

3.《新建扩建改建建设工程避免危害气象探测环境行政许可管理办法》（中国气象局令第 29 号）。

二、办事条件

（一）申请人条件：依据《气象法》第二十一条、《气象设施和气象探测环境保护条例》第十七条、《新建扩建改建建设工程避免危害气象探测环境行政许可管理办法》第二条规定，在气象台站探测环境保护范围内的建设且可能影响气象探测环境的新建、扩建、改建建设工程的法人、其他组织或公民。

（二）同时符合下列行政法规和标准要求的，准予批准：

1. 符合《气象设施和气象探测环境保护条例》的有关要求。

2. 符合《气象探测环境保护规范 大气本底站》(标准编号：GB 31224—2014)、《气象探测环境保护规范 地面气象观测站》(标准编号：GB 31221—2014)、《气象探测环境保护规范 高空气象观测站》(标准编号：GB 31222—2014)、《气象探测环境保护规范 天气雷达站》(标准编号：GB 31223—2014)、《地球站电磁环境保护要求》(GB 13615—2009)等标准要求的。

三、申请材料清单

见表 11-3。

申请人为法人或其他组织的申请材料清单　　　　　　　表 11-3

序号	提交材料名称	原件/复印件	份数	纸质/电子	要求	备注
1	新建、扩建、改建建设工程避免危害气象探测环境行政许可申请表	原件	2	纸质和扫描成 pdf 格式的电子版	内容应符合填表说明的要求，填写内容正确、完整；申请表封面应加盖申请单位公章，单位名称应与公章上的名称相一致，与营业执照或组织机构代码证上名称相一致	电子版材料应为原件扫描件
2	事业单位法人证书、企业法人营业执照正、副本（或机关组织机构代码证）	复印件（核对原件）	2	纸质和扫描成 pdf 格式的电子版	事业单位法人证书、企业法人营业执照正、副本复印件应加盖单位印章	电子版材料应为原件扫描件
3	新建、改建、扩建建设工程概况和规划总平面图	复印件（核对原件）	2	纸质和扫描成 pdf 格式的电子版	1. 应标注各建筑物的大地坐标、地平高度、建筑物名称、所用坐标系。 2. 小型建设工程，可不要求	电子版材料应为原件扫描件；图纸较大，无法扫描时可提供电子版高清照片
4	新建、扩建、改建建设工程与气象探测设施或观测场的相对位置示意图	原件	2	纸质和扫描成 pdf 格式的电子版	应标注建筑物名称、高度、建设工程到气象探测设施或观测场地距离、正北方向	电子版材料应为原件扫描件；不要求专业部门设计；建设工程与气象探测设施或观测场地距离超过 2 千米的，不要求提供此图
5	委托代理的，应出具委托协议	原件	2	纸质和扫描成 pdf 格式的电子版	委托协议上应有委托单位公章和委托人签字	电子版材料应为原件扫描件

第十节　国家气象局防雷装置设计和竣工验收审核

防雷装置设计和竣工验收审核适用于防雷装置设计审核和竣工验收的申请和办理。

一、办理依据

（一）《气象灾害防御条例》（国务院令第 570 号）第二十三条：各类建（构）筑物、场所和设施安装雷电防护装置应当符合国家有关防雷标准的规定。

对新建、改建、扩建建（构）筑物设计文件进行审查，应当就雷电防护装置的设计征求气象主管机构的意见；对新建、改建、扩建建（构）筑物进行竣工验收，应当同时验收雷电防护装置并有气象主管机构参加。雷电易发区内的矿区、旅游景点或者投入使用的建（构）筑物、设施需要单独安装雷电防护装置的，雷电防护装置的设计审核和竣工验收由县级以上地方气象主管机构负责。

（二）《防雷减灾管理办法（修订）》（气象局令第 24 号）第十五条：防雷装置的设计实行审核制度。

县级以上地方气象主管机构负责本行政区域内的防雷装置的设计审核。符合要求的，由负责审核的气象主管机构出具核准文件；不符合要求的，负责审核的气象主管机构提出整改要求，退回申请单位修改后重新申请设计审核。未经审核或者未取得核准文件的设计方案，不得交付施工。

（三）《防雷装置设计审核和竣工验收规定》（气象局令第 21 号）第四条：下列建（构）筑物、场所和设施的防雷装置应当经过设计审核和竣工验收：

1. 《建筑物防雷设计规范》规定的第一、二、三类防雷建筑物；

2. 油库、气库、加油加气站、液化天然气、油（气）管道站场、阀室等爆炸和火灾危险环境及设施；

3. 邮电通信、交通运输、广播电视、医疗卫生、金融证券、文化教育、不可移动文物、体育、旅游、游乐场所等社会公共服务场所和设施以及各类电子信息系统；

4. 按照有关规定应当安装防雷装置的其他场所和设施。

第七条：防雷装置设计实行审核制度。建设单位应当向气象主管机构提出申请，填写《防雷装置设计审核申报表》。

建设单位申请新建、改建、扩建建（构）筑物设计文件审查时，应当同时申请防雷装置设计审核。

（四）省、自治区、直辖市人大或政府出台的地方性气象法规、政府规章。

二、办事条件

（一）申请人条件：下列建（构）筑物、场所和设施的防雷装置应当经过设计审核和竣工验收：《建筑物防雷设计规范》规定的第一、二、三类防雷建筑物；油库、气库、加油加气站、液化天然气、油（气）管道站场、阀室等爆炸和火灾危险环境及设施；邮电通信、交通运输、广播电视、医疗卫生、金融证券、文化教育、不可移动文物、体育、旅游、游乐场所等社会公共服务场所和设施以及各类电子信息系统；按照有关规定应当安装防雷装置的其他场所和设施。

（二）同时具备或符合如下条件的，准予批准：申请事项属于本行政机关职权范围；

设计单位和人员取得国家规定的资质、资格；申请单位提交的申请材料齐全且符合法定形式。

三、申请材料

申请材料清单见表11-4、表11-5。

1. 防雷装置初步设计审核申请材料清单　　　　　　　　　　　　　表11-4

序号	提交材料名称	原件/复印件	份数	纸质/电子	要求	备注
1	防雷装置设计审核申请书	原件		纸质和电子		
2	总规划平面图	原件		纸质和电子		
3	设计人员资格证书	复印件		纸质和电子		
4	防雷装置初步设计说明书、初步设计图纸及相关资料	原件		纸质和电子		

注：材料份数按当地气象主管机构行政审批要求提供。

2. 防雷装置施工图设计审核申请材料清单　　　　　　　　　　　　表11-5

序号	提交材料名称	原件/复印件	份数	纸质/电子	要求	备注
1	防雷装置设计审核申请书	原件		纸质和电子		
2	设计人员资格证书	复印件		纸质和电子		
3	防雷装置施工图设计说明书、施工图设计图纸及相关资料	原件		纸质和电子		
4	防雷装置未经过初步设计的，应当提交总规划平面图；经过初步设计的，应当提交防雷装置初步设计核准意见书	原件		纸质和电子		
5	设计中所采用的防雷产品相关资料	原件		纸质和电子		

注：材料份数按当地气象主管机构行政审批要求提供。

第十一节　国家气象台站迁建审批

气象台站迁建审批适用于因国家重点工程建设或者城市（镇）总体规划变化，确实无法避免影响气象探测环境，且无法采取补救措施，需要迁建气象台站的申请和办理。

一、办理依据

（一）《气象法》第十二条：未经依法批准，任何组织或者个人不得迁移气象台站；确因实施城市规划或者国家重点工程建设，需要迁移国家基准气候站、基本气象站的，应当报经国务院气象主管机构审批；需要迁移其他气象台站的，应当报经省、自治区、直辖市气象主管机构审批。迁建费用由建设单位承担。

（二）《气象设施和气象探测环境保护条例》第十八条：气象台站站址应当保持长期稳定，任何单位或者个人不得擅自迁移气象台站。因国家重点工程建设或者城市（镇）总体规划变化，确需迁移气象台站的，建设单位或者当地人民政府应当向省、自治区、直辖市气象主管机构提出申请，由省、自治区、直辖市气象主管机构组织专家对拟迁新址的科学性、合理性进行评估，符合气象设施和气象探测环境保护要求的，在纳入城市（镇）控制性详细规划后，按照先建站后迁移的原则进行迁移。申请迁移大气本底站、国家基准气候站、国家基本气象站的，由受理申请的省、自治区、直辖市气象主管机构签署意见并报送国务院气象主管机构审批；申请迁移其他气象台站的，由省、自治区、直辖市气象主管机构审批，并报送国务院气象主管机构备案。气象台站迁移、建设费用由建设单位承担。

（三）《气象设施和气象探测环境保护条例》第二十条：迁移气象台站的，应当按照国务院气象主管机构的规定，在新址与旧址之间进行至少 1 年的对比观测。迁移的气象台站经批准、决定迁移的气象主管机构验收合格，正式投入使用后，方可改变旧址用途。

（四）《气象台站迁建行政许可管理办法》（气象局令第 30 号）。

二、办事条件

（一）申请迁建条件：

1. 需要迁移的气象台站必须是因国家重点工程建设或者城市（镇）总体规划变化，确实无法避免影响气象探测环境，且无法采取补救措施的。

2. 申请迁建气象台站的，应当由建设单位或者县级以上地方人民政府向本省、自治区、直辖市气象主管机构提出申请。

3. 拟迁站址必须同时满足以下要求：能够代表现址所在区域的天气气候特征；符合全国气象观测站网布局；符合法律、法规、标准和国务院气象主管机构对气象探测环境的技术规范和管理规定；占地面积满足观测场地、探测设施、业务用房和辅助用房以及配套设施的布局要求，并预留与气象台站功能相适应的业务发展空间；具备必要的供电、供水、交通、通信等基础条件；涉及无线电业务的，符合《中华人民共和国无线电管理条例》的相关规定。

（二）同时具备或符合以下条件的，准予批准：申请人和申请理由符合要求；经技术审查，申请材料齐全、格式规范、数据准确、内容完整；经现场踏勘，申请材料真实、拟迁站址气象探测环境符合要求、建设用地和建设资金落实、建设条件具备；经专家论证，迁建气象台站必要（申请迁站的理由是否合法充分，拟迁站址用地是否符合土地、规划等法律法规的要求，是否必须迁移气象站等），拟迁站址合理（站网布局是否合理，站内规划建筑布局是否符合国家标准等）、科学（是否能代表该站所在区域的天气气候特征，是否会对天气、气候、服务、资料业务产生影响等）、可行（建设内容是否与业务需求相一致，占地面积是否与建设内容相适应，投资资金是否能满足建设需要，道路、交通、供水、供电、通信等基础设施能否满足建设需要和今后的业务需求等）。满足国务院气象主管机构对迁建气象台站的其他要求。

三、申请材料

申请材料清单见表 11-6。

申请材料清单　　　　　　　　　　　　　　　　　　　表 11-6

序号	提交材料名称	原件/复印件	份数	纸质/电子	要求	备注
1	气象台站迁建申请表	原件	3 份	纸质和扫描成 pdf 的电子版	内容应符合填表说明的要求，填写内容正确、完整；申请表封面应加盖申请单位公章，单位名称应与公章上的名称相一致，与营业执照或组织机构代码证上名称相一致	电子版材料应为原件扫描件
2	气象台站选址报告书	原件	3 份	纸质和扫描成 pdf 的电子版		电子版材料应为原件扫描件
3	拟迁新址的土地使用权证	复印件（核对原件）	3 份	纸质和扫描成 pdf 的电子版	未取得土地使用权证的应当提供当地规划、国土资源部门有关迁移气象台站新址用地的意见和当地国土资源部门出具的办理新址土地证的意见	电子版材料应为原件扫描件
4	当地人民政府编制拟迁新址的气象探测环境保护专项规划并纳入城市（镇）控制性详细规划的相关文件	复印件（核对原件）	3 份	纸质和扫描成 pdf 的电子版	未制定拟迁新址的气象探测环境保护专项规划并纳入城市（镇）控制性详细规划的，应当提供当地人民政府的承诺文件	电子版材料应为原件扫描件
5	落实迁建立项批复或所需经费的相关文件	复印件（核对原件）	3 份	纸质和扫描成 pdf 的电子版		电子版材料应为原件扫描件
6	现址气象探测环境保护工作情况报告	原件	3 份	纸质和扫描成 pdf 的电子版		电子版材料应为原件扫描件
7	已批准或正在实施的拟迁新址所在地的城市（镇）总体规划图及其批复文件，或国家重点工程建设项目实施方案及其批复文件	复印件（核对原件）	3 份	纸质和扫描成 pdf 的电子版		电子版材料应为原件扫描件
8	事业单位法人证书或企业法人营业执照正、副本（或机关组织机构代码证）	复印件（核对原件）	3 份	纸质和扫描成 pdf 的电子版	事业单位法人证书、企业法人营业执照正、副本复印件应加盖单位印章	电子版材料应为原件扫描件

序号	提交材料名称	原件/复印件	份数	纸质/电子	要求	备注
9	委托代理的，应出具代理委托函	原件	3份	纸质和扫描成 pdf 的电子版	委托协议上应有委托单位公章和委托人签字	电子版材料应为原件扫描件
10	委托代理的，应出具代理人的事业单位法人证书或企业法人营业执照正、副本（或机关组织机构代码证）	复印件（核对原件）	3份	纸质和扫描成 pdf 的电子版	事业单位法人证书、企业法人营业执照正、副本复印件应加盖单位印章	电子版材料应为原件扫描件
11	办理（联系）人的身份证	复印件（核对原件）	3份	纸质和扫描成 pdf 的电子版		电子版材料应为原件扫描件
12	申请人对所提供材料真实性负责的承诺	原件	3份	纸质和扫描成 pdf 的电子版		电子版材料应为原件扫描件

第十二章 国家交通和铁路项目建设审批

国家发改委关于进一步下放政府投资交通项目审批权，明确下放政府投资交通项目审批事项，同时加强规划管理和事中事后监管。

（一）列入国家批准的相关规划中非跨省的新建（含增建双线）普通铁路项目，铁路总公司投资为主的由铁路总公司自行决定，地方和社会投资为主的由省级政府审批可行性研究报告，均通过投资项目在线审批监管平台报国务院投资主管部门备案。

（二）列入国家批准的相关规划中的新建高速公路项目，由省级政府审批可行性研究报告，通过投资项目在线审批监管平台报国务院投资主管部门备案。

（三）列入国家批准的相关规划中的跨10万吨级及以上航道海域、跨大江大河（现状或规划为一级及以上通航段）的独立公（铁）路桥梁（隧道）项目，由省级政府审批可行性研究报告，通过投资项目在线审批监管平台报国务院投资主管部门备案。

（四）列入国家批准的相关规划中的交通行业直属院校、科研机构等中央本级非经营项目（使用中央预算内投资5000万元及以上项目除外），由行业部门审批可行性研究报告，通过投资项目在线审批监管平台报国务院投资主管部门备案。

第一节 公路建设市场管理

一、公路建设市场准入管理

公路建设项目依法实行项目法人负责制。项目法人可自行管理公路建设项目，也可委托具备法人资格的项目建设管理单位进行项目管理。项目法人或者其委托的项目建设管理单位的组织机构、主要负责人的技术和管理能力应当满足拟建项目的管理需要，符合国务院交通运输主管部门有关规定的要求。收费公路建设项目法人和项目建设管理单位进入公路建设市场实行备案制度。收费公路建设项目可行性研究报告批准或依法核准后，项目投资主体应当成立或者明确项目法人。项目法人应当按照项目管理的隶属关系将其或者其委托的项目建设管理单位的有关情况报交通运输主管部门备案。

二、公路建设项目法人管理

（一）公路建设项目法人负责组织有关专家或者委托有相应工程咨询或者设计资质的单位，对施工图设计文件进行审查。主要内容包括：是否采纳工程可行性研究报告、初步设计批复意见；是否符合公路工程强制性标准、有关技术规范和规程要求；施工图设计文件是否齐全，是否达到规定的技术深度要求；工程结构设计是否符合安全和稳定性要求。

（二）申请施工图设计文件审批应当向相关的交通运输主管部门提交以下材料：施工图设计的全套文件；专家或者委托的审查单位对施工图设计文件的审查意见；项目法人认为需要提交的其他说明材料。

（三）交通运输主管部门应当自收到完整齐备的申请材料之日起20日内审查完毕。经审查合格的，批准使用，并将许可决定及时通知申请人。公路建设项目依法实行施工许可制度。国家和国务院交通运输主管部门确定的重点公路建设项目的施工许可由省级人民政府交通运输主管部门实施，其他公路建设项目的施工许可按照项目管理权限由县级以上地方人民政府交通运输主管部门实施。项目施工应当具备以下条件：项目已列入公路建设年度计划；施工图设计文件已经完成并经审批同意；建设资金已经落实，并经交通运输主管部门审计；征地手续已办理，拆迁基本完成；施工、监理单位已依法确定；已办理质量监督手续，已落实保证质量和安全的措施。

（四）项目法人在申请施工许可时应当向相关的交通运输主管部门提交以下材料：施工图设计文件批复；交通运输主管部门对建设资金落实情况的审计意见；国土资源部门关于征地的批复或者控制性用地的批复；建设项目各合同段的施工单位和监理单位名单、合同价情况；应当报备的资格预审报告、招标文件和评标报告；已办理的质量监督手续材料；保证工程质量和安全措施的材料。

交通运输主管部门应当自收到完整齐备的申请材料之日起 20 日内作出行政许可决定。予以许可的，应当将许可决定及时通知申请人。

三、公路建设从业单位管理

（一）公路建设从业单位应当按照合同约定全面履行义务：项目法人应当按照合同约定履行相应的职责，为项目实施创造良好的条件；勘察、设计单位应当按照合同约定，按期提供勘察设计资料和设计文件。工程实施过程中，应当按照合同约定派驻设计代表，提供设计后续服务；施工单位应当按照合同约定组织施工，管理和技术人员及施工设备应当及时到位，以满足工程需要。要均衡组织生产，加强现场管理，确保工程质量和进度，做到文明施工和安全生产；监理单位应当按照合同约定配备人员和设备，建立相应的现场监理机构，健全监理管理制度，保持监理人员稳定，确保对工程的有效监理；设备和材料供应单位应当按照合同约定，确保供货质量和时间，做好售后服务工作；试验检测单位应当按照试验规程和合同约定进行取样、试验和检测，提供真实、完整的试验检测资料。

（二）公路建设项目法人应当合理确定建设工期，严格按照合同工期组织项目建设。公路建设项目法人、监理单位和施工单位对勘察设计中存在的问题应当及时提出设计变更的意见，并依法履行审批手续。设计变更应当符合国家制定的技术标准和设计规范要求。项目法人应当按照交通部《公路工程竣（交）工验收办法》的规定及时组织项目的交工验收，并报请交通运输主管部门进行竣工验收。

第二节　国家港口建设管理和设计审批

一、港口建设管理

港口建设项目在中华人民共和国境内新建、扩建、改建港口建设项目（包括与其他建设项目配套建设的港口建设项目）及其配套设施的建设活动，应当按照国家有关规定实行项目法人责任制度、招标投标制度、工程监理制度和合同管理制度。政府投资的港口建设项目的项目建议书和可行性研究报告实行审批制，企业投资的港口建设项目的项目申请报告、备案文件分别实行核准制、备案制。政府投资的港口建设项目，按照以下建设流程执行：开展工程预可行性研究，编制项目建议书；根据批准的项目建议书，进行工程可行性研究，编制可行性研究报告；根据批准的可行性研究报告，编制初步设计文件；根据批准的初步设计，编制施工图设计文件；根据批准的施工图设计，组织项目监理、施工招标；根据国家有关规定，进行施工前准备工作，并向港口行政管理部门办理开工备案手续；备案后组织工程实施；工程完工后，编制竣工材料，进行工程竣工验收的各项准备工作；港口行政管理部门按权限组织竣工验收。

二、港口项目建设程序

（一）企业投资的港口建设项目，按照以下建设程序执行：开展工程可行性研究，编制工程可行性研究报告；根据工程可行性研究报告，编制项目申请报告或者备案文件，履行核准或者备案手续；根据核准或者备案的项目申请报告或者备案文件，编制初步设计文件；根据批准的初步设计，编制施工图设计文件；根据批准的施工图设计，组织项目监理、施工招标；根据国家有关规定，进行施工前准备工作，并向港口行政管理部门办理开工备案手续；备案后组织工程实施；工程完工后，编制竣工验收材料，进行工程竣工验收的各项准备工作；港口行政管理部门按权限组织竣工验收。

（二）实行审批制的港口建设项目的项目建议书应当符合以下基本要求：开展了港口建设项目工程预可行性研究；建设方案符合港口规划；符合有关编制水运工程预可行性研究、项目建议书的深度要求；符合国家和行业的有关规定。

（三）申请港口建设项目的项目建议书审批，应当提供以下材料：申请文件；项目建议书和相应的电子版本；工程预可行性研究报告和相应的电子版本；审批部门根据项目需要要求提供的其他材料。

（四）实行审批制的港口建设项目可行性研究报告应当符合以下基本要求：符合港口规划；符合经批准的项目建议书；符合有关编制水运工程可行性研究报告的深度要求；符合国家和行业的有关规定和技术标准、规范。

（五）申请港口建设项目可行性研究报告审批，应当提供以下材料：申请文件（含可行性研究报告）；工程可行性研究报告和相应的电子版本；有关规定所要求的相关单位的许可、承诺、证明或者评估意见；根据项目需要要求提供的其他材料。

（六）实行核准制的港口建设项目的项目申请报告应包括以下内容：项目申报单位情况；拟建项目情况；相关规划与建设用地；资源利用和能源耗用分析；生态环境影响分析；经济和社会效果分析。

（七）申请港口建设项目的项目申请报告核准，应当提供以下材料：项目申请报告和相应的电子版本；建设项目工程可行性研究报告和相应的电子版本；城市规划行政主管部门出具的城市规划意见；国土资源行政主管部门出具的项目用地预审意见；环境保护行政主管部门出具的环境影响评价文件的审批意见；根据有关法律法规应提交的其他文件。

港口岸线实行行政许可制度。港口深水岸线由交通部会同国家发改委批准；港口非深水岸线由港口行政管理部门批准。国家发改委批准建设的港口建设项目使用港口岸线，不再另行办理使用港口岸线的审批手续。港口工程设计实行行政许可制度。港口工程设计分为初步设计和施工图设计两个阶段。港口工程初步设计按照规定的权限由相应的港口行政管理部门审批，施工图设计由港口所在地港口行政管理部门审批。

（八）港口工程初步设计应当符合以下基本要求：建设方案符合经审批机关批准的港口总体规划；项目建设主要内容、规模及标准等符合经审批机关批准的可行性研究报告或者经核准、备案的项目申请报告或者备案文件；符合国家和行业现行的有关技术标准；符合港口工程初步设计文件编制规定的要求。

（九）项目法人报批初步设计时应当提供以下材料：申请文件；初步设计文件和相应的电子版本；港口建设项目批准或者核准、备案文件（包括工程可行性研究报告）。

（十）由港口所在地港口行政管理部门负责审批的初步设计文件，项目法人直接向港口所在地港口行政管理部门提出申请，报送相关材料。由省级交通主管部门负责审批的初步设计文件，项目法人向港口所在地港口行政管理部门报送相关材料，由港口所在地港口行政管理部门向省级交通主管部门转报相关材料。由交通部负责审批的初步设计文件，项目法人向港口所在地港口行政管理部门报送相关材料，港口所在地港口行政管理部门向省级交通主管部门报送，省级交通主管部门再向交通部转报相关材料。转报机关收到初步设计的申请材料后，应当在5个工作日内完成转报工作。港口行政管理部门在审批初步设计时，应当按照规定委托不低于原初步设计文件编制单位资质等级的另一设计单位对初步设计文件进行技术审查咨询。审查咨询单位在完成审查咨询工作后，出具审查咨询报告报港口行政管理部门。港口行政管理部门应当根据审查咨询报告、其他相关文件和有关部门的意见在法定期限内批复初步设计文件。初步设计审查咨询工作的主要内容：对于政府投资的建设项目，应当进行全面的技术（包括概算）审查，并提出设计方案的优化措施；对于企业投资的建设项目，主要对涉及公共利益、公众安全、工程强制性标准、主体结构安全稳定性等内容及工程概算的编制依据和方法进行复核审查，并提出合理化建议。

（十一）港口工程施工图设计应当符合以下基本要求：符合经审批机关批准的初步设计；符合国家和行业现行的有关技术标准及规范；工程主体结构和地基基础稳定性计算正确；指导性施工方案合理；图纸、施工说明表述清晰、完整。

（十二）项目法人报批施工图设计文件时应当提供以下材料：申请文件；施工图设计文件；经批准的初步设计文件。

（十三）审批部门对符合要求的施工图设计文件，应当作出予以批准的决定；对不符合要求的施工图设计文件，应当作出不予批准的决定并说明理由。在审批前，审批部门应当委托不低于原施工图编制单位资质等级的另一设计单位，对施工图设计文件中关于结构安全、稳定、耐久性的内容进行审查。港口工程设计经批准后，应当严格遵照执行，不得擅自修改、变更。如确有必要对已批准的建设规模、标准、内容、工程概算及设计方案、主体结构、主要工艺流程或者主要设备等进行重大调整的，应当报原审批机关批准后方可实施。港口行政管理部门依法对港口建设项目的招标投标工作进行监督管理。港口项目的项目法人应当按项目管理权限将招标文件、资格预审结果、评标结果报港口行政管理部门备案。港口建设项目开工应当具备以下条件：施工图设计文件已经完成并经审查批准；建设资金已经落实；征地手续已办理，拆迁基本完成；施工、监理单位已确定；已办理质量监督手续。

（十四）项目法人在开工前应当按照项目管理权限向港口行政管理部门提交以下材料予以备案：施工图设计批复文件；控制性用地的批复；与施工单位和监理单位签订的合同；质量监督手续材料。港口建设项目完工后，应当按照交通部《港口工程竣工验收办法》的有关规定进行竣工验收。港口建设项目经竣工验收合格后，方可交付使用。

三、港口建设市场管理

（一）港口工程实行政府监督、法人管理、社会监理、企业自检的质量保证体系。参加港口建设的勘察、设计、施工、监理等从业单位应当诚实守信，依法取得相应资质后，方可进入港口建设市场。港口工程实行项目法人责任制度。项目法人对建设项目的策划、资金筹措、建设实施、生产经营、债务偿还和资产保值增值负责，依照国家有关规定对工程建设项目实行全过程管理。港口工程实行招标投标制度，项目法人应当按照公开、公平、公正、诚实信用的原则，按照《招标投标法》和交通部颁布的有关勘察设计、施工、施工监理招标投标管理工作的规定，依法对建设项目勘察、设计、施工、监理以及重要设备、材料的采购等进行招标。任何单位和个人不得将依法必须进行招标的建设项目化整为零或者以其他任何方式规避招标、虚假招标。

（二）港口工程实行合同管理制度。项目法人应当按照招标文件和中标人的投标文件与中标人订立书面合同。项目法人和中标人不得再行订立背离合同实质性内容的其他协议。按规定应当签订廉政合同的，项目法人应当与施工、监理单位签订廉政合同，并将廉政合同执行情况纳入建设考核范围。港口工程实行工程监理制度，监理单位应当依照法律、法规及有关技术标准、规范和文件，代表建设单位对工程质量、安全、进度和工程投资进行监控，对合同、信息与资料进行管理，协调有关单位间的关系。港口工程勘察必须由具备相应资质的单位承担。执行国家和交通部的有关规定，符合国家和行业有关强制性标准、规范，满足不同阶段工程设计和施工需要。勘察单位对勘察成果的质量负责，所提供的地质、测量、水文等勘察成果必须真实、准确、完整。港口工程设计必须由具备相应资质的单位承担，设计单位对设计成果的质量负责。设计文件应当符合国家规定的设计深度要求，注明工程合理使用年限。设计单位应当做好设计交底工作，并按要求在施工现场派驻设计代表，及时提供设计后续服务。

（三）施工单位对工程的施工质量负责。施工单位应当建立质量责任制，确定项目经理、技术负责人和施工管理负责人。施工单位的有关人员应根据国家有关规定持证上岗。施工单位必须按照设计要求、技术标准和合同约定，精心组织施工，不得擅自修改工程设计，不得偷工减料。施工单位应当建立健全各项质量检验制度，检验应当有书面记录和专人签字。

（四）监理单位和监理人员应当全面履行监理的权利和义务。监理单位对施工质量承担监理责任。未经施工监理人员签认，不得进行下一道工序施工。监理工作实行总监理工程师负责制。监理单位应当选派具备相应执业资格的总监理工程师，并根据工作需要，配备总监理工程师代表、专业监理工程师、监理员、测量和试验专业人员等。监理人员应当按照监理规范要求，采取旁站、巡视和平行检验等形式对工程实施监理。

（五）港口工程项目法人、勘察单位、设计单位、施工单位、监理单位及与建设工程安全生产有关的单位，严格执行国家安全生产法律、法规，建立健全安全生产规章制度，项目法人、施工单位、监理单位应当制定安全应急预案，落实安全生产责任人，并依法承担建设工程安全生产责任。港口工程实行质量、安全监督管理制度。港口行政管理部门及其委托的质量监督机构应当依据有关法律、法规、规章、技术标准和规范，实行质量、安全生产监督管理。项目法人应当在施工前向交通质量监督机构办理质量监督手续。

第三节　国家重点公路工程设计审批

国家重点公路工程设计审批的申请和办理，属前审后批。

一、审批依据

1.《建设工程质量管理条例》（国务院令 2000 年第 279 号）。

2.《建设工程勘察设计管理条例》（国务院令 2000 年第 293 号）。

3.《公路建设监督管理办法》（交通部令 2006 年第 6 号）。

二、申请条件

项目可行性研究报告（核准报告）已经批复；初步设计文件已经编制完成，并经申请人内部审查，认为满足法律、法规和相关标准规范的要求。项目管理机构已经建立，具备履行项目管理工作的能力。

三、申请材料目录

省交通运输厅的预审意见。初步设计文件（包括附件）。可行性研究报告（项目核准）批复及可研阶段各类专题批复。建设管理单位机构设置及主要管理人员情况。审批部门根据项目特点和实际情况，要求提供的其他材料。

四、办理基本流程

申请人提出申请。省级交通运输主管部门初审，符合法定形式且材料齐全的，形成初审意见报交通运输部。资料不全或不符合要求时，应在初次接收材料 5 日内要求转让方补正所需材料，并出具一次性书面告知书，由申请人补正材料后予以受理，同时出具行政许可事项受理单。在全国投资项目在线审批监管平台提交申请。交通运输部组织专家审查，根据专家技术咨询意见审批并作出许可决定。准予许可的，颁发纸质《交通运输部行政许可决定书》，并加盖公章。

第四节　国家重点水运建设项目设计文件审查

经国家发改委审批、核准或经交通运输部审批的国家重点水运建设项目的初步设计文件审查，属前审后批。

一、审批依据

（一）《港口法》第十五条："按照国家规定须经有关机关批准的港口建设项目，应当按照国家有关规定办理审批手续"。

《航道法》第十条："新建航道以及为改善航道通航条件而进行的航道工程建设，应当遵守法律、行政法规关于建设工程质量管理、安全管理和生态环境保护的规定，符合航道规划，执行有关的国家标准、行业标准和技术规范，依法办理相关手续。"

（二）《建设工程质量管理条例》（国务院令第 279 号）第十一条："建设单位应当将施工图设计文件报县级以上人民政府建设行政主管部门或者其他有关部门审查。施工图设计文件未经审查批准的，不得使用。"

（三）《建设工程勘察设计管理条例》（国务院令第 293 号）第二十六条："编制初步设计文件，应当满足编制施工招标文件、主要设备材料订货和编制施工图设计文件的需要；

编制施工图设计文件，应当满足设备材料采购、非标准设备制作和施工的需要，并注明建设工程合理使用年限。"第二十八条："建设工程勘察、设计文件内容需要做重大修改的，建设单位应当报经原审批机关批准后，方可修改。"第三十三条："县级以上人民政府建设行政主管部门或者交通、水利等有关部门应当对施工图设计文件中涉及公共利益、公众安全、工程建设强制性标准的内容进行审查。施工图设计文件未经审查批准的，不得使用。"

（四）《港口建设管理规定》（交通部令2007年第5号）第三条"交通部负责全国港口建设的行业管理工作，并具体负责经国家发展和改革委员会审批、核准和经交通部审批的港口建设项目的建设管理工作。"第十八条"港口工程设计实行行政许可制度。港口工程设计分为初步设计和施工图设计两个阶段。港口工程初步设计按照第三条规定的权限由相应的港口行政管理部门审批。"第二十一条："由交通部负责审批的初步设计文件，项目法人向港口所在地港口行政管理部门报送相关材料，港口所在地港口行政管理部门向省级交通主管部门报送，省级交通主管部门再向交通部转报相关材料。"

（五）《航道建设管理规定》（交通部令2007年第3号）第三条："交通部负责全国航道建设的行业管理。具体负责国家发改委批准或核准以及交通部批准可行性研究报告的航道建设项目的设计文件审批、开工备案、竣工验收以及招标投标等项目实施过程中的监督管理工作。"第二十条："由交通部负责审批的初步设计文件，应当向航道建设项目所在地省级交通主管部门提出申请，但是位于长江干线的航道建设项目应当向长江航务管理局或者长江口航道管理局提出申请，并报送相关材料。省级交通主管部门、长江航务管理局、长江口航道管理局应当在收到上述申请材料后进行符合性审查，提出初步意见，并在收到申请材料之日起7日内将有关材料和处理意见报送交通部。"

二、申请条件

（一）港口工程：建设方案符合经审批机关批准的港口总体规划；项目建设主要内容、规模及标准等符合经审批机关批准的可行性研究报告或者经核准、备案的项目申请报告或者备案文件；符合国家和行业现行的有关技术标准；符合港口工程初步设计文件编制规定要求。

（二）航道工程：建设方案符合航道规划要求；建设规模、标准及内容等符合经批准的可行性研究报告或者经核准的项目申请报告；符合国家和行业的有关技术标准；符合有关编制水运工程初步设计文件的要求。

三、申请材料目录

申请文件（行政许可申请书）原件；初步设计文件原件和相应的电子版本。

四、办理基本流程

（一）申报港口工程初步设计审查的，申请人向港口所在地港口行政管理部门报送相关材料，港口所在地港口行政管理部门向省级交通主管部门报送，省级交通主管部门再向交通运输部转报相关材料，转报时间不超过5天。申报航道工程初步设计审查的，申请人向航道建设项目所在地省级交通主管部门提出申请，但是位于长江干线的航道建设项目应当向长江航务管理局或者长江口航道管理局提出申请，并报送相关材料。省级交通主管部门、长江航务管理局、长江口航道管理局应当在收到上述申请材料后进行符合性审查，提出初步意见，并在收到申请材料之日起7日内将有关材料和处理意见报送交通运输部。

（二）申请材料齐全且符合法定形式的，交通运输部收到申请材料后当即出具受理单；申请材料不齐全或不符合法定形式的，交通运输部收到申请材料后当即或 5 个工作日内出具一次性书面告知书，由申请人补正后予以受理；对逾期未补全或修改不完善的材料，交通运输部不予受理，并出具不予受理通知书。

（三）对受理的材料，由交通运输部委托技术咨询机构开展技术咨询工作，并将咨询意见反馈给申请人，由申请人研究落实咨询意见。

（四）进行专家评审，专家评审通过的，申请人根据专家评审意见对设计文件进行修改完善并报交通运输部；专家评审未通过的，申请人应根据评审意见重新编制设计文件并报交通运输部，交通运输部重新进行评审。

（五）交通运输部作出准予许可书面决定的，书面决定通过受理单上的批准文书发放方式送达申请人；交通运输部作出不予许可书面决定的，在决定中说明不予许可理由，并告知申请人享有依法申请行政复议或提起行政诉讼的权利。

（六）交通运输部自受理之日起 20 个工作日内办结（技术审查、专家评审及设计文件修改等时间不计算在内）。准予行政许可的颁发行政许可决定书。不予许可的颁发不予许可决定书，并说明理由，告知相关权利。作出行政决定后，应在 10 个工作日内，通过邮寄的方式将行政许可决定书送达。

第五节　国家公路水运投资项目立项审批

公路水运投资项目立项审批适用于西藏自治区公路建设项目及国边防项目审批的申请和办理，属先审后批。

一、审批依据

（一）《国务院对确需保留的行政审批项目设定行政许可的决定》（国务院令第 412 号）第 137 项：项目名称：公路、水运投资项目立项审批，实施机关：交通部。

（二）《关于印发国家发展改革委核报国务院核准或审批的固定资产投资项目目录（试行）的通知》（发改投资〔2004〕1927 号）。

二、申请条件

项目已列入部相关五年规划，前期工作达到立项深度，并提供省级主管部门签署的项目立项请示文件、工程可行性研究报告以及法律、法规规定的其他材料。

三、申请材料目录

西藏自治区交通运输厅关于建设项目请求予以审批的上报函；建设项目可行性研究报告；有效期内的土地预审函；有效期内的环境影响评价报告批复；有效期内的项目选址意见书；法律、法规规定的其他材料。

四、办理基本流程

西藏自治区交通运输厅前往交通运输部综合规划司现场办理，或通过机要渠道交换给交通运输部综合规划司。西藏自治区交通运输厅初审，合格的报交通运输部。交通运输部依据《综合规划司建设项目委托咨询评估内部工作规则》受理。交通运输部审批并核发《交通运输部行政许可决定》。交通运输部应当在收到请求予以审批的上报函及相关材料后的 25 个工作日内完成委托咨询评估工作（不含评估要求补充资料时间）；交通运输部应当在收到咨询评估报告且申请材料齐备有效后 20 个工作日内完成项目审批文件的办理。准予许可的，颁发纸质《交通运输部行政许可决定书》，并加盖公章。

第六节　国家港口深水岸线使用审批

港口深水岸线使用审批适用于在港口总体规划区内建设码头等港口设施使用港口深水岸线审批的申请和办理，属先审后批。岸线的范围如下：

（一）沿海港口岸线和内河港口岸线的范围

沿海港口岸线的范围是指沿海、长江南京长江大桥以下、珠江黄浦以下河段及各入海口门、其他主要入海河流感潮河段等水域内的港口岸线。内河港口岸线是指除沿海港口岸线以外的河流、湖泊、水库等水域内的港口岸线。

（二）港口深水岸线和非深水岸线划分标准

港口深水岸线是指适宜建设一定吨级以上泊位的港口岸线，按照所在水域分为沿海港口深水岸线和内河港口深水岸线，其中，沿海港口深水岸线是指适宜建设各类型万吨级及以上泊位的沿海港口岸线（含维持其正常运营所需的相关水域和陆域），内河港口深水岸线是指适宜建设千吨级及以上泊位的内河港口岸线（含维持其正常运营所需的相关水域和陆域）。

一、审批依据

1.《港口法》第十三条：在港口总体规划区内建设港口设施，使用港口深水岸线的，由国务院交通主管部门会同国务院经济综合宏观调控部门批准。

2.《港口岸线使用审批管理办法》（交通运输部、国家发改委令 2012 年第 6 号）。

3.《关于发布港口深水岸线标准的公告》（2004 年交通部公告第 5 号），沿海港口深水岸线是指适宜建设各类型万吨级及以上泊位的沿海港口岸线、内河港口深水岸线是指适宜建设千吨级及以上泊位的内河港口岸线。

二、申请条件

申请材料符合《港口岸线使用审批管理办法》的有关规定。

三、申请材料目录

港口岸线使用申请表；申请人情况及相关证明材料（营业执照、公司章程）；建设项目工程可行性研究报告或者项目申请报告；海事、航道部门关于建设项目的意见；法律、法规规定的其他材料。

四、办理基本流程

申请人向港口所在地港口行政管理部门提出港口深水岸线使用申请。港口所在地港口行政管理部门收到申请材料后，对申请材料符合法定形式的，应当当场受理；对申请材料不齐全或者不符合法定形式的，应当当场或者在 5 个工作日内一次告知申请人需要补正的全部内容。使用港口深水岸线的，港口所在地港口行政管理部门收到申请后，应当对申请使用的岸线进行现场核查，核实申请材料，转报至省级港口行政管理部门。省级交通运输主管部门收到港口岸线使用申请材料后，应当组织专家评审，并征求省级发展改革部门意见后，提出初审意见，连同申请材料报交通运输部。交通运输部收到申请材料和初审意见后，进行审查，会同国家发改委作出批准或者不予批准的决定。

五、办结时限

申请使用港口深水岸线的，港口所在地港口行政管理部门和省级人民政府港口行政管理部门应当在收到港口岸线使用申请材料后 20 个工作日内完成现场核查、初审、转报工作；交通运输部应当在收到港口岸线使用申请后 20 个工作日内完成审查，并会同国家发展改革委作出审批决定。20 个工作日内不能办结的，经负责人批准，可以延长 10 个工作日。

第七节　国家重点公路建设项目竣工验收审查

国家重点公路建设项目竣工验收是指国家重点公路建设项目中 100 公里以上的高速公路、独立特大型桥梁和特长隧道工程竣工验收，属前审后批。

一、审批依据

（一）《公路法》第三十三条：公路建设项目应当按照国家有关规定进行验收；未经验收或者验收不合格的，不得交付使用。

（二）《公路建设市场管理办法》（交通运输部令 2015 年第 11 号）第四十一条规定：项目法人应当按照交通部《公路工程竣（交）工验收办法》的规定及时组织项目的交工验收，并报请交通运输主管部门进行竣工验收。

（三）《国务院办公厅关于印发交通运输部主要职责内设机构和人员编制规定的通知》（国办发〔2009〕18 号）规定：交通运输部承担国家重点公路工程竣工验收工作。

（四）《公路工程竣（交）工验收办法》（交通部令 2004 年第 3 号）第四条、第六条：公路工程验收分交工验收和竣工验收两个阶段。交工验收由项目法人负责。竣工验收由交通主管部门按项目管理权限负责。交通部负责重点公路工程项目中 100 公里以上的高速公路、独立特大型桥梁和特长隧道工程的竣工验收工作；其他项目由省级交通主管部门确定。

二、申请条件

通车试运营 2 年以上。交工验收提出的工程质量缺陷等遗留问题已全部处理完毕，并经项目法人验收合格。工程决算编制完成，竣工决算已经审计，并经交通运输主管部门或其授权单位认定。竣工文件已完成"公路工程项目文件归档范围"的全部内容。档案、环保等单项验收合格，土地使用手续已办理。各参建单位完成工作总结报告。质量监督机构对工程质量检测鉴定合格，并形成工程质量鉴定报告。

三、申请材料目录

竣工验收申请文件。交工验收报告、项目执行报告、设计工作报告、施工总结报告和监理工作报告。项目基本建设程序的有关批复文件。档案、环保等单项验收意见，土地使用证或建设用地批复文件。竣工决算的核备意见、审计报告及相关部门认定意见。质量监督机构出具的工程质量鉴定报告。审批部门根据项目特点和实际情况，要求提供的其他必要材料。

四、办理基本流程

申请人前往省级交通运输主管部门现场提交相关纸质材料，省级交通运输主管部门完成初审后报交通运输部。申请人向省级交通运输主管部门提出申请。省级交通运输主管部门初审，合格后报交通运输部。交通运输部在接到申请后 5 个工作日内做出是否受理决定。交通运输部依据《公路工程竣（交）工验收办法》（交通部令 2004 年第 3 号）等有关规定进行审核并组织竣工验收。交通运输部自受理之日起 20 个工作日内做出行政许可决定（专家审核时间除外）。予以许可的，印发项目竣工验收鉴定书。交通运输部在受理申请后 20 个工作日内办结，其中，办理过程中所需的听证、专家咨询、现场检验等，不计入时限。

第八节　铁路建设项目国家验收

国家发改委审批、组织验收或委托国家铁路局组织验收的政府投资铁路项目，实施国家验收应严格执行验收条件、验收程序，认真审查相关资料，听取建设单位、参建单位和运营单位意见。

一、验收范围、依据和条件

铁路建设项目国家验收工程范围为批准可行性研究报告（含补充报告）确定的工程范围。

（一）铁路建设项目国家验收依据：国家有关法律、法规及规章；国家批准的可行性研究报告（含补充报告）；国家其他有关规定。

（二）铁路建设项目申请国家验收应具备下列条件：批准可行性研究报告（含补充报告）确定的工程全部建成且质量合格；初步验收合格且初期运营一年以上（初期运营满 5 年应申报国家验收），状态良好，发现问题整改完毕；环境保护、水土保持、消防、档案等专项验收经相应行政主管部门验收合格；建设用地手续齐全并领取《国有土地使用证》，铁路线路安全保护区标桩设立完毕；铁路与道路立体交叉设施及其附属安全设施已移交完毕；竣工决算已经社会中介机构审计或经项目管理部门内审，无遗留问题；档案移交工作已经完成。

二、验收准备

建设项目管理部门要积极组织做好国家验收准备工作，使建设项目尽快达到国家验收条件后，向国家发改委申请国家验收，同时提供下列情况报告：批准可行性研究报告（含补充报告）；批准可行性研究报告（含补充报告）执行情况；初步验收报告；初验问题整改和遗留工程完成及验收情况；动态验收报告及最近一次动态检测资料；安全评估结论及问题整改情况；初期运营及安全情况；环保、水保、消防、档案等专项验收完成情况；铁路与道路立体交叉设施及其附属安全设施移交情况，安全保护区设立情况；建设用地手续办理及《国有土地使用证》领取情况，辅助工程及文件移交情况；工程概算执行、竣工决算审查情况；档案移交情况；其他需要说明的情况。

三、验收审核

国家发改委收到国家验收申请后，对照国家验收条件，审核建设项目管理部门提供的铁路建设项目国家验收材料，对不符合国家验收条件的，国家发改委在 5 个工作日内书面通知建设项目管理部门。国家发改委同意开展国家验收的铁路建设项目，委托国家铁路局组织验收，其中特别重大项目由国家发改委组织验收。委托组织国家验收的，采取按项目委托的方式办理委托手续并指导验收工作。

四、验收实施

铁路建设项目国家验收一般按下列程序进行：召开验收委员会第一次会议。验收委员会主任主持，宣布铁路建设项目国家验收委员会组成、验收范围、验收程序和验收要求，根据项目情况和部门职责确定验收分组；集中听取建设项目建设及国家验收准备情况、初期运营情况汇报。现场检查。验收委员会赴现场进行检查，查看建设情况，检查环保、水保、消防、档案等专项验收整改情况。分组查看验收资料。验收委员会分组审查建设项目管理部门提供的验收资料。召开验收委员会第二次会议。验收委员会主任主持，对建设项目进行总体评价，讨论并决定是否通过《国家验收证书》，对存在问题在验收证书中载明并责成建设单位或建设项目管理部门整改，验收委员会成员在审定通过的《国家验收证书》上签字。对影响国家验收正常进行的问题，验收委员会应研究提出处理意见，必要时可中止验收。

五、国家验收证书

《国家验收证书》主要包括建设依据、工程概况、验收范围、建设经过、开通及初期运营情况、建设投资情况、验收经过、验收结论和有关要求等内容，具体格式见附件。验收组织部门起草《国家验收证书》（征求意见稿），征求国家相关部门意见修改后提交验收委员会审定。验收应在确认验收条件之后3个月完成。

验收结束后，验收组织部门组织印制《国家验收证书》，其中正本由国家发改委、国家铁路局、建设项目管理部门和建设单位保管；副本分发验收委员会成员单位，以及与建设单位签订勘察设计、施工、监理合同的参建单位。委托组织国家验收的，国家铁路局应在验收结束后向国家发改委报告建设项目国家验收实施情况。

第十三章　国家水利水电项目建设审批

根据国务院关于推进简政放权放管结合职能转变工作有关要求，以及国务院发布的《关于取消非行政许可审批事项的决定》（国发〔2015〕27 号），为进一步规范审批，加快推进重大水利工程建设，国家发改委和水利部精简重大水利建设项目审批程序。

第一节　国家水利项目建设审批

（一）减少中央审批事项。除新建大型水库、大型引调水、大江大河（大湖）干流重点河段治理、重要蓄滞洪区建设，跨省（区、市）、需要全国统筹安排或者总量控制及按照投资管理有关规定应由国家发改委审批或国家发改委核报国务院审批的重大水利项目外，其他重大水利项目由地方审批并报国家发改委核备。

（二）简化项目审批环节。对按规定由国家发改委审批或国家发改委核报国务院审批的重大水利项目，凡在国务院或国家发改委批准的水利发展建设规划中明确工程建设必要性和开发任务的，原则上不再审批项目建议书，直接审批可行性研究报告（代项目建议书）。

（三）下放初步设计审批权限。对按规定由国家发改委审批或国家发改委核报国务院审批的地方重大水利项目，除库容大于 2 亿立方米或坝高大于 70 米的大型水库、大型引调水工程和涉及跨省（区、市）水事协调的工程由水利部审批初步设计外，其他项目初步设计原则上由地方负责审批，具体审批方式在可行性研究报告审批时确定。已出具技术审查意见且符合要求的项目，水利部或地方原则上要在 20 个工作日内完成初步设计审批工作。

第二节　国家水利工程建设程序管理

一、水利建设市场管理

水利工程建设程序按《水利工程建设项目管理规定（试行）》，推进项目法人责任制、建设监理制、招标投标制的实施，水利工程建设程序一般分为：项目建议书、可行性研究报告、施工准备、初步设计、建设实施、生产准备、竣工验收、后评价等阶段。由国家投资、中央和地方合资、企事业单位独资或合资及其他投资方式兴建的防洪、除涝、灌溉、发电、供水、围垦等大中小型（包括新建、续建、改建、加固、修复）工程建设项目。利用外资项目的建设程序，同时还应执行有关外资项目管理的规定。

二、项目建议书阶段

项目建议书应根据国民经济和社会发展长远规划、流域综合规划、区域综合规划、专业规划，按照国家产业政策和国家有关投资建设方针进行编制，是对拟进行建设项目的初步说明。项目建议书应按照《水利水电工程项目建议书编制暂行规定》编制。项目建议书编制一般由政府委托有相应资格的设计单位承担，并按国家现行规定权限向主管部门申报审批。项目建议书被批准后，由政府向社会公布，若有投资建设意向，应及时组建项目法人筹备机构，开展下一建设程序工作。

三、可行性研究报告阶段

可行性研究应对项目进行方案比较，在技术上是否可行和经济上是否合理进行科学的分析和论证。经过批准的可行性研究报告，是项目决策和进行初步设计的依据。可行性研究报告，由项目法人（或筹备机构）组织编制。可行性研究报告应按照《水利水电工程可行性研究报告编制规程》编制。可行性研究报告，按国家现行规定的审批权限报批。申报项目可行性研究报告，必须同时提出项目法人组建方案及运行机制、资金筹措方案、资金结构及回收资金的办法，并依照有关规定附具有管辖权的水行政主管部门或流域机构签署的规划同意书、对取水许可预申请的书面审查意见。审批部门要委托有项目相应资格的工程咨询机构对可行性报告进行评估，并综合行业归口主管部门、投资机构（公司）、项目法人（或项目法人筹备机构）等方面的意见进行审批。可行性研究报告经批准后，不得随意修改和变更，在主要内容上有重要变动，应经原批准机关复审同意。项目可行性报告批准后，应正式成立项目法人，并按项目法人责任制实行项目管理。

四、施工准备阶段

（一）项目可行性研究报告已经批准，年度水利投资计划下达后，项目法人即可开展施工准备工作，其主要内容包括：施工现场的征地、拆迁；完成施工用水、电、通信、路和场地平整等工程；必须的生产、生活临时建筑工程；实施经批准的应急工程、试验工程等专项工程；组织招标设计、咨询、设备和物资采购等服务；组织相关监理招标，组织主体工程招标准备工作。

（二）工程建设项目施工，除某些不适应招标的特殊工程项目外（须经水行政主管部门批准），均须实行招标投标。水利工程建设项目的招标投标，按有关法律、行政法规和《水利工程建设项目招标投标管理规定》等规章规定执行。

五、初步设计阶段

初步设计是根据批准的可行性研究报告和必要而准确的设计资料，对设计对象进行通盘研究，阐明拟建工程在技术上的可行性和经济上的合理性，规定项目的各项基本技术参数，编制项目的总概算。初步设计任务应择优选择有项目相应资格的设计单位承担，依照有关初步设计编制规定进行编制。初步设计报告应按照《水利水电工程初步设计报告编制规程》编制。初步设计文件报批前，一般须由项目法人委托有相应资格的工程咨询机构或组织行业各方面（包括管理、设计、施工、咨询等方面）的专家，对初步设计中的重大问题，进行咨询论证。设计单位根据咨询论证意见，对初步设计文件进行补充、修改、优化。初步设计由项目法人组织审查后，按国家现行规定权限向主管部门申报审批。设计单位必须严格保证设计质量，承担初步设计的合同责任。初步设计文件经批准后，主要内容不得随意修改、变更，并作为项目建设实施的技术文件基础。如有重要修改、变更，须经原审批机关复审同意。

六、建设实施阶段

建设实施阶段是指主体工程的建设实施，项目法人按照批准的建设文件，组织工程建设，保证项目建设目标的实现；水利工程具备《水利工程建设项目管理规定（试行）》规定的开工条件后，主体工程方可开工建设。项目法人或者建设单位应当自工程开工之日起

15 个工作日内，将开工情况的书面报告报项目主管单位和上一级主管单位备案。项目法人要充分发挥建设管理的主导作用，为施工创造良好的建设条件。项目法人要充分授权工程监理，使之能独立负责项目的建设工期、质量、投资的控制和现场施工的组织协调。监理单位选择必须符合《水利工程建设监理规定》的要求；要按照"政府监督、项目法人负责、社会监理、企业保证"的要求，建立健全质量管理体系，重要建设项目，须设立质量监督项目站，行使政府对项目建设的监督职能。

七、生产准备阶段

（一）生产准备是项目投产前所要进行的一项重要工作，是建设阶段转入生产经营的必要条件。项目法人应按照建管结合和项目法人责任制的要求，适时做好有关生产准备工作。生产准备应根据不同类型的工程要求确定，一般应包括如下主要内容：生产组织准备。建立生产经营的管理机构及相应管理制度；招收和培训人员；按照生产运营的要求，配备生产管理人员，并通过多种形式的培训，提高人员素质，使之能满足运营要求；生产管理人员要尽早介入工程的施工建设，参加设备的安装调试，熟悉情况，掌握好生产技术和工艺流程，为顺利衔接基本建设和生产经营阶段做好准备。

（二）生产技术准备，主要包括技术资料的汇总、运行技术方案的制定、岗位操作规程制定和新技术准备；生产的物资准备，主要是落实投产运营所需要的原材料、协作产品、工器具、备品备件和其他协作配合条件的准备；正常的生活福利设施准备。

（三）及时具体落实产品销售合同协议的签订，提高生产经营效益，为偿还债务和资产的保值增值创造条件。

八、竣工验收

（一）竣工验收是工程完成建设目标的标志，是全面考核基本建设成果、检验设计和工程质量的重要步骤。竣工验收合格的项目即从基本建设转入生产或使用。当建设项目的建设内容全部完成，并经过单位工程验收（包括工程档案资料的验收），符合设计要求并按《水利基本建设项目（工程）档案资料管理暂行规定》的要求完成了档案资料的整理工作；完成竣工报告、竣工决算等必须文件的编制后，项目法人按《水利工程建设项目管理规定（试行）》规定，向验收主管部门提出申请，根据国家和部颁验收规程，组织验收。

（二）竣工决算编制完成后，须由审计机关组织竣工审计，其审计报告作为竣工验收的基本资料。工程规模较大、技术较复杂的建设项目可先进行初步验收。不合格的工程不予验收；有遗留问题的项目，对遗留问题必须有具体处理意见，且有限期处理的明确要求并落实责任人。

九、后评价

（一）建设项目竣工投产后，一般经过 1 至 2 年生产运营后，要进行一次系统的项目后评价，主要内容包括：影响评价——项目投产后对各方面的影响进行评价；经济效益评价——项目投资、国民经济效益、财务效益、技术进步和规模效益、可行性研究深度等进行评价；过程评价——对项目的立项、设计施工、建设管理、竣工投产、生产运营等全过程进行评价。

（二）项目后评价一般按三个层次组织实施，即项目法人的自我评价、项目行业的评价、计划部门（或主要投资方）的评价。建设项目后评价工作必须遵循客观、公正、科学的原则，作到分析合理、评价公正。通过建设项目的后评价以达到肯定成绩、总结经验、研究问题、吸取教训、提出建议、改进工作，不断提高项目决策水平和投资效果的目的。

第三节 国家河道管理范围内建设项目管理

一、河道管理范围

为确保江河防洪安全，在河道管理范围内进行建设的管理，适用于在河道（包括河滩地、湖泊、水库、人工水道、行洪区、蓄洪区、滞洪区）管理范围内新建、扩建、改建的建设项目，包括开发水利（水电）、防治水害、整治河道的各类工程，跨河、穿河、穿堤、临河的桥梁、码头、道路、渡口、管道、缆线、取水口、排污口等建筑物，厂房、仓库、工业和民用建筑及其他公共设施（以下简称建设项目）。

二、建设项目审批

河道管理范围内的建设项目，必须按照河道管理权限，经河道主管机关审查同意后，方可按照基本建设程序履行审批手续。以下河道管理范围内的建设项目由水利部所属的流域机构（以下简称流域机构）实施管理，或者由所在的省、自治区、直辖市的河道主管机关根据流域统一规划实施管理：

（一）在长江、黄河、松花江、辽河、海河、淮河、珠江主要河段的河道管理范围内兴建的大中型建设项目，主要河段的具体范围由水利部划定；

（二）在省际边界河道和国境边界的河道管理范围内兴建的建设项目；

（三）在流域机构直接管理的河道、水库、水域管理范围内兴建的建设项目；

（四）在太湖、洞庭湖、鄱阳湖、洪泽湖等大湖、湖滩地兴建的建设项目。

其他河道范围内兴建的建设项目由地方各级河道主管机关实施分级管理。分级管理的权限由省、自治区、直辖市水行政主管部门会同计划主管部门规定。

河道管理范围内建设项目必须符合国家规定的防洪标准和其他技术要求，维护堤防安全，保持河势稳定和行洪、航运通畅。

三、项目申请审查

（一）建设单位编制立项文件时必须按照河道管理权限，向河道主管机关提出申请，申请时应提供以下文件：申请书；建设项目所依据的文件；建设项目涉及河道与防洪部分的初步方案；占用河道管理范围内土地情况及该建设项目防御洪涝的设防标准与措施；说明建设项目对河势变化、堤防安全，河道行洪、河水水质的影响以及拟采取的补救措施。

（二）对于重要的建设项目，建设单位还应编制更详尽的防洪评价报告。在河道管理范围内修建未列入国家基建计划的各种建筑物，应在申办建设许可证前向河道主管机关提出申请。河道主管机关接到申请后，应及时进行审查，审查主要内容为：是否符合江河流域综合规划和有关的国土及区域发展规划，对规划实施有何影响；是否符合防洪标准和有关技术要求；对河势稳定、水流形态、水质、冲淤变化有无不利影响；是否妨碍行洪、降低河道泄洪能力；对堤防、护岸和其他水工程安全的影响；是否妨碍防汛抢险；建设项目防御洪涝的设防标准与措施是否适当；是否影响第三人合法的水事权益；是否符合其他有关规定和协议。

（三）流域机构在对重大建设项目进行审查时，还应征求有关省、自治区、直辖市的意见。河道主管机关应在接到申请之日起 60 日内将审查意见书面通知申请单位，同意兴建的，应发给审查同意书，并抄送上级水行政主管部门和建设单位的上级主管部门。建设单位在报送项目立项文件时，必须附有河道主管机关的审查同意书，否则计划主管部门不予审批。审查同意书可以对建设项目设计、施工和管理提出有关要求。

（四）河道主管机关对建设单位的申请进行审查后，作出不同意建设的决定，或者要求就有关问题进一步修改补充后再行审查的，应当在批复中说明理由和依据。建设单位对批复持有异议的，可在接到通知书之日起 30 日内向作出决定的机关的上级水行政主管部门提出复议申请，由被申请复议机关会同同级计划主管部门商处。计划主管部门在审批项目时，如对建设项目的性质、规模、地点作较大变动时，应事先征得河道主管机关的同意。建设单位应重新办理审查同意书。

四、项目开工竣工

（一）建设项目经批准后，建设单位必须将批准文件和施工安排送河道主管机关审核后，方可办理开工手续。施工安排应包括施工占用河道管理范围内土地的情况和施工期防汛措施。建设项目施工期间，河道主管机关应对其是否符合同意书要求进行检查，被检查单位应如实提供情况。如发现未按审查同意书或经审核的施工安排的要求进行施工的，或者出现涉及江河防洪与建设项目防汛安全方面的问题，应及时提出意见，建设单位必须执行；遇重大问题，应同时抄报上级水行政主管部门。

（二）河道管理范围内的建筑物和设施竣工后，应经河道主管机关检验合格后方可启用。建设单位应在竣工验收 6 个月内向河道主管机关报送有关竣工资料。河道主管机关应定期对河道管理范围内的建筑物和设施进行检查，凡不符合工程安全要求的，应提出限期改建的要求，有关单位和个人应当服从河道主管机关的安全管理。

（三）国务院《大中型水利水电工程建设征地补偿和移民安置条例》将大中型水利水电工程建设征收土地的土地补偿费和安置补助费，实行与铁路等基础设施项目用地同等补偿标准，按照被征收土地所在省、自治区、直辖市规定的标准执行。被征收土地上的零星树木、青苗等补偿标准，按照被征收土地所在省、自治区、直辖市规定的标准执行。被征收土地上的附着建筑物按照其原规模、原标准或者恢复原功能的原则补偿；对补偿费用不足以修建基本用房的贫困移民，应当给予适当补助。使用其他单位或者个人依法使用的国有耕地，参照征收耕地的补偿标准给予补偿；使用未确定给单位或者个人使用的国有未利用地，不予补偿。移民远迁后，在水库周边淹没线以上属于移民个人所有的零星树木、房屋等应当分别依照规定的标准给予补偿。

第四节　国家水利基建项目初步设计文件审批

水利基建项目初步设计文件审批的申请和办理，属前审后批。

一、审批依据

（一）《国务院对确需保留的行政审批项目设定行政许可的决定》（国务院令第 412 号）第 172 项。

（二）《水利基本建设投资计划管理暂行办法》（水规计〔2003〕344 号）。

二、申请条件

（一）申请人条件（受理条件）：水利工程建设项目主管部门或项目业主；由水利部负

责批复初步设计的项目；申请项目的可行性研究报告已经国家主管部门批复，且批准时间未超过 3 年；申请材料齐全（申请材料清单见第八条）；初步设计报告编制单位的资质符合《工程设计资质标准》和《工程勘察资质标准》规定；初步设计报告章节及附图、附件的完整性符合《水利水电工程初步设计报告编制规程》（SL 619—2013）要求。符合以上全部条件项目，符合性审查合格，予以受理。

（二）具备或符合如下全部条件的，准予批准：符合有关法律、法规、规章和规范性文件；符合流域综合规划和相关专项规划；工程建设任务与可行性研究批复文件一致，工程建设规模无重大变化；初步设计报告技术深度满足现行水利水电工程勘测设计各专业相关规范和《工程建设标准强制性条文（水利工程部分）》及其他技术标准的要求，通过技术审查；初步设计核定概算静态工程投资（剔除政策性价格调整增加的投资）不超过可行性研究批复估算静态工程投资 15％（含 15％）。

三、申请材料

申请材料目录见表 13-1。

申请材料目录 表 13-1

序号	提交材料名称	原件/复印件	纸质/电子	要求
1	初步设计审批申请函	原件	3 份纸质、1 份电子档	A4 纸，电子 PDF 格式。
2	初步设计报告及相关附件	原件/复印件	初设报告 20 份纸质、1 份电子档；附件 6 份纸质、1 份电子档	附件： 1.《水利水电工程初步设计报告编制规程》中要求的工程地质勘察报告、工程概算等有关专项报告和图件； 2. 项目开工前应完成的前置要件：环境影响评价报告书、水土保持方案报告书及审查批复意见，移民安置规划及审核意见，资金筹措文件、项目建设及建成投入使用后的管理机构批复文件、管理维护经费承诺文件；建设用地预审批复文件、取水许可文件（涉及取水的项目）、林业、压矿、地质灾害评估及地震安全评价等审批文件等。 3. 格式要求：报告要求提供原件，批复文件可提供复印件。报告 A4 纸，有关附件纸质装订成册，电子 PDF 格式。

注：所需材料、份数可视项目情况以及技术审查要求增减。

第五节 国家非防洪建设项目洪水影响评价报告审批

非防洪建设项目洪水影响评价报告审批的申请和办理，属先审后批。

一、审批依据

（一）《防洪法》第三十三条第一款：在洪泛区、蓄滞洪区内建设非防洪建设项目，应当就洪水对建设项目可能产生的影响和建设项目对防洪可能产生的影响作出评价，编制洪水影响评价报告，提出防御措施。洪水影响评价报告未经有关水行政主管部门审查批准的，建设单位不得开工建设。

（二）《水利部关于加强洪水影响评价管理工作的通知》（水汛〔2013〕404号）第四条第二款：国务院或国家防汛抗旱总指挥部决策运用的蓄滞洪区、洪泛区内的大中型建设项目以及跨流域的建设项目的洪水影响评价报告由水利部负责审批。依据《水利部关于高速公路涉水行政审批改革的通知》（水政法〔2015〕431号）和《水利部简化整合投资项目涉水行政审批实施办法（试行）》（水规计〔2016〕22号）相关规定由流域管理机构审批的建设项目除外。

二、申请条件

（一）申请人条件：行政机关、事业单位、企业、社团组织及公民个人对建设项目申请：长江流域荆江分洪区，黄河流域北金堤分洪区，淮河流域蒙洼、城西湖、洪泽湖周边圩区（含鲍集圩），海河流域永定河泛区、小清河分洪区、东淀、文安洼、贾口洼、团泊洼、恩县洼内，并且按照《水利部关于高速公路涉水行政审批改革的通知》（水政法〔2015〕431号）和《水利部简化整合投资项目涉水行政审批实施办法（试行）》（水规计〔2016〕22号）审批权限属于水利部的大中型非防洪建设项目。

（二）具备或符合如下条件的，准予批准：符合相关江河流域综合规划和防洪规划、区域防洪规划、蓄滞洪区建设与管理规划、山洪灾害防治规划、河流治理规划等规划要求；符合洪水调度安排，满足防御洪水方案、洪水调度方案和相关防洪应急预案等要求；符合建设项目防洪安全等级等与防洪有关的技术标准等要求；对河流岸线、河势稳定、水流形态、冲刷淤积、行洪排涝等无不利影响，或者虽有影响但采取措施后可以达到防洪要求；对防洪排涝工程体系的整体布局、防洪工程的安全、蓄滞洪区的运用以及防汛抢险等无不利影响，或者虽有影响但采取措施后可以达到防洪要求；建设项目应对洪水的淹没、冲刷等影响以及长期维修养护的措施能够满足自身防洪安全要求；洪水影响评价技术路线、评价方法正确，消除或者减轻洪水影响的措施合理可行；满足当地具体条件的防洪减灾其他规定和要求。

三、申请材料

申请材料目录见表13-2。

申请材料目录

表13-2

序号	提交材料名称	原件/复印件	份数	纸质/电子	要求
1	洪水影响评价报告审批申请表	原件	2	纸质2份/电子1份	格式见附表
2	洪水影响评价报告	原件	20	纸质20份/电子1份	依据《洪水影响评价报告编制导则》编制
3	建设项目可行性研究报告或初步设计报告（项目申请报告、备案材料）	复印件	2	纸质2份/电子1份	如有工程建设方案另报
4	与第三者达成的协议或有关文件	复印件	2	纸质2份/电子1份	

第六节　国家水利水电建设项目环境影响报告预审

一、审批依据

（一）《环境影响评价法》。

（二）《建设项目环境保护管理条例》。

（三）《建设项目环境影响评价文件分级审批规定》（环境保护总局令第 15 号）。

（四）《国家环境保护总局建设项目环境影响评价文件审批程序规定》（环境保护总局令第 29 号）。

（五）《水行政许可实施办法》（水利部令第 23 号）。

二、审批权限

（一）中央财政性投资预算内总投资 2 亿元及以上的水利水电建设项目。

（二）中央财政性投资总投资 2 亿元及以上的专项水利基金项目。

（三）非政府财政性投资总投资 10 亿元及以上的重大水利水电工程。

（四）非政府财政性投资的本期装机 10 万千瓦及以上的水电站。

（五）跨省、自治区、直辖市界区的水利水电建设项目。

（六）中方境外投资中方投资 3000 万美元及以上的水利水电建设项目。

三、审批条件

（一）申请人范围：承担水利水电建设项目的建设单位。

（二）准予行政许可的条件：符合环境保护相关法律法规。建设项目涉及依法划定的自然保护区、风景名胜区、生活饮用水水源保护区及其他需要特别保护的区域的，应当符合国家有关法律法规该区域内建设项目环境管理的规定；建设项目选址、选线、布局符合相关流域、区域规划；项目所在区域环境质量满足相应水功能区划标准或要求；建设项目环境影响预测与评价准确、可信；拟采取的污染防治措施能确保污染物排放达到国家和地方规定的排放标准，满足污染物总量控制要求；涉及可能产生放射性污染的，拟采取的防治措施能否有效预防和控制放射性污染；拟采取的生态保护措施能有效预防和控制生态破坏。

四、需要提交的全部材料目录

申请水利水电建设项目环境影响报告书（表）预审的建设单位，应当提交以下材料：关于审查水利水电建设项目环境影响报告书（表）的请示（正式文件形式）（抄水利水电规划设计总院）；水利水电建设项目环境影响报告书（表）（报水利部，抄水利水电规划设计总院）。

五、办理流程

建设单位向水利部提出关于审查水利水电建设项目环境影响报告书（表）的请示文件；水利部组织召开预审会；预审后，水利水电建设项目环境影响报告书（表）如需修改补充，建设单位应重新报送水利水电建设项目环境影响报告书（表）修订上报本；水利部作出正式预审意见。

第七节 国家开发建设项目水土保持方案验收审批

一、审批依据

（一）《水土保持法》第十九条。

（二）《水土保持法实施条例》第十四条。

（三）《开发建设项目水土保持方案管理办法》（水利部、国家计委、国家环保局水保〔1994〕513号）第五条。

（四）《开发建设项目水土保持设施验收管理办法》（水利部令第16号，根据《水利部关于修改部分水利行政许可规章的决定》修改）。

（五）《水行政许可实施办法》（水利部令第23号）。

二、审批条件

（一）申请人范围：由水利部审批水土保持方案的开发建设项目的建设单位。

（二）准予行政许可的条件：开发建设项目水土保持方案审批手续完备，水土保持工程设计、施工、监理、财务支出、水土流失监测报告等资料齐全；水土保持设施按批准的水土保持方案报告书和设计文件的要求建成，符合主体工程和水土保持的要求；治理程度、拦渣率、植被恢复率、水土流失控制量等指标达到了批准的水土保持方案和批复文件的要求及国家和地方的有关技术标准；水土保持设施具备正常运行条件，且能持续、安全、有效运转，符合交付使用要求。水土保持设施的管理、维护措施落实。

三、需要提交的全部材料目录

开发建设单位正式申请公文；水土保持方案实施工作总结报告；水土保持设施验收技术评估报告；水土保持监测报告；水土保持监理报告；审批机关要求提供的其他材料。

四、办理流程

建设单位对水土保持设施完成情况进行检查，编制水土保持方案实施工作总结报告。承担技术评估的机构进行技术评估，提出评估意见和改进要求，并根据改进情况提出技术评估报告。建设单位根据评估和改进意见改进、完善有关工作，并向水利部提出验收申请，提交所需全部材料。水利部组织有关单位的代表和专家组成验收组，依据验收申请、有关成果和资料，检查建设现场，提出验收意见。水利部印发验收意见。

第十四章　国家民航和消防项目建设审批

国务院审改办对照国务院各部门行政许可事项服务平台，按照《国务院办公厅关于公开国务院各部门行政审批事项等相关工作的通知》要求，将国务院各部门行政审批事项予以公开，均为目前各部门正在行使的行政许可事项，以及国务院各部门下放给实行垂直管理的派出机构或分支机构的事项。为方便企业办事，对国务院各部门行政许可事项，逐项列明服务指南、审批流程图、承诺时限等。本章主要介绍投资项目涉及民航和消防事项的部局级审批。

第一节　国家民用机场建设管理

为加强民用机场建设监督管理，规范建设程序，保证工程质量和机场运行安全，维护建设市场秩序，有关部门制定《民用航空法》《民用机场管理条例》《国务院对确需保留的行政审批项目设定行政许可的决定》《民用机场建设管理规定》等法律、法规。

一、民用机场建设程序

民用机场分为运输机场和通用机场，民用机场建设监督管理适用于民用机场（包括军民合用机场民用部分）及相关空管工程的规划与建设。

（一）运输机场工程建设程序一般包括：新建机场选址、预可行性研究、可行性研究（或项目核准）、总体规划、初步设计、施工图设计、建设实施、验收及竣工财务决算等。

（二）空管工程建设程序一般包括：预可行性研究、可行性研究、初步设计、施工图设计、建设实施、验收及竣工财务决算等。

（三）运输机场工程按照机场飞行区指标划分为 A 类和 B 类。A 类工程是指机场飞行区指标为 4E（含）以上的工程。B 类工程是指机场飞行区指标为 4D（含）以下的工程。

二、运输机场选址

（一）运输机场选址报告应当由具有相应资质的单位编制。选址报告应当符合《民用机场选址报告编制内容及深度要求》。运输机场场址应当符合下列基本条件：机场净空、空域及气象条件能够满足机场安全运行要求，与邻近机场无矛盾或能够协调解决，与城市距离适中，机场运行和发展与城乡规划发展相协调，飞机起落航线尽量避免穿越城市上空；场地能够满足机场近期建设和远期发展的需要，工程地质、水文地质、电磁环境条件良好，地形、地貌较简单，土石方量相对较少，满足机场工程的建设要求和安全运行要求；具备建设机场导航、供油、供电、供水、供气、通信、道路、排水等设施、系统的条件；满足文物保护、环境保护及水土保持等要求；节约集约用地，拆迁量和工程量相对较小，工程投资经济合理。

（二）运输机场选址报告应当按照运输机场场址的基本条件提出两个或三个预选场址，

并从中推荐一个场址。预选场址应征求有关军事机关、地方人民政府城乡规划、市政交通、环保、气象、文物、国土资源、地震、无线电管理、供电、通信、水利等部门的书面意见。运输机场选址审批应当履行以下程序：拟选场址由省、自治区、直辖市人民政府主管部门向所在地民航地区管理局提出审查申请，并同时提交选址报告。民航地区管理局对选址报告进行审核，并在20日内向民航局上报场址审核意见及选址报告。民航局对选址报告进行审查，对预选场址组织现场踏勘。选址报告应当由具有相应资质的评审单位进行专家评审。申请人应当与评审单位依法签订技术服务合同，明确双方的权利义务。申请人组织编制单位根据各方意见对选址报告进行修改和完善。评审单位在完成评审工作后应当提出评审报告。专家评审期间不计入审查时限。民航局在收到评审报告后20日内对场址予以批复。

三、运输机场总体规划

（一）运输机场总体规划应当由运输机场建设项目法人（或机场管理机构）委托具有相应资质的单位编制。未在我国境内注册的境外设计咨询机构不得独立承担运输机场总体规划的编制，但可与符合资质条件的境内单位组成联合体承担运输机场总体规划的编制。运输机场总体规划应当符合《民用机场总体规划编制内容及深度要求》。新建运输机场总体规划应当依据批准的可行性研究报告或核准的项目申请报告编制。改建或扩建运输机场应当在总体规划批准后方可进行项目前期工作。运输机场总体规划应当遵循"统一规划、分期建设，功能分区为主、行政区划为辅"的原则。规划设施应当布局合理，各设施系统容量平衡，满足航空业务量发展需求。运输机场总体规划目标年近期为10年、远期为30年。运输机场总体规划应当符合下列基本要求：适应机场定位，满足机场发展需要；飞行区设施和净空条件符合安全运行要求。飞行区构型、平面布局合理，航站区位置适中，具备分期建设的条件；空域规划及飞行程序方案合理可行，目视助航、通信、导航、监视和气象设施布局合理、配置适当，塔台位置合理，满足运行及通视要求；航空器维修、货运、供油等辅助生产设施及消防、救援、安全保卫设施布局合理，直接为航空器运行、客货服务的设施靠近飞行区或站坪；供水、供电、供气、排水、通信、道路等公用设施与城市公用设施相衔接，各系统规模及路由能够满足机场发展要求；机场与城市间的交通连接顺畅、便捷；机场内供旅客、货运、航空器维修、供油等不同使用要求的道路设置合理，避免相互干扰；对机场周边地区的噪声影响小，并应编制机场噪声相容性规划。机场噪声相容性规划应当包括：针对该运输机场起降航空器机型组合、跑道使用方式、起降架次、飞行程序等提出控制机场噪声影响的比较方案和噪声暴露地图；对机场周边受机场噪声影响的建筑物提出处置方案，并对机场周边土地利用提出建议；结合场地、地形条件进行规划、布局和竖向设计；统筹考虑公用设施管线，建筑群相对集中，充分考虑节能、环保；在满足机场运行和发展需要的前提下，节约集约用地。

（二）运输机场总体规划审批应当履行以下程序：机场飞行区指标为4E（含）以上、4D（含）以下的运输机场总体规划由运输机场建设项目法人（或机场管理机构）分别向民航局、所在地民航地区管理局提出申请，同时提交机场总体规划，向地方人民政府提交机场总体规划。民航局或民航地区管理局（以下统称民航管理部门）会同地方人民政府组织对机场总体规划进行联合审查。机场总体规划应当由具有相应资质的评审单位进行专家评审。申请人应当与评审单位依法签订技术服务合同，明确双方的权利义务。申请人应当根据各方意见对总体规划进行修改和完善。评审单位在完成评审工作后应当提出评审报告。专家评审期间不计入审查期限。民航管理部门在收到评审报告后20日内作出许可决定，符合条件的，由民航管理部门在机场总体规划文本及图纸上加盖印章予以批准；不符合条件的，民航管理部门应当作出不予许可决定，并将总体规划及审查意见退回申请人。申请人应当自机场总体规划批准后10日内分别向民航局、所在地民航地区管理局、所在地民用航空安全监督管理局提交加盖印章的机场总体规划及其电子版本各1份，向地方人民政府有关部门提交加盖印章的机场总体规划及其电子版本。

（三）运输机场建设项目法人（或机场管理机构）应当依据批准的机场总体规划组织编制机场近期建设详细规划，并报送所在地民航地区管理局备案。运输机场内的建设项目应当符合运输机场总体规划。任何单位和个人不得在运输机场内擅自新建、改建、扩建建筑物或者构筑物。运输机场建设项目法人（或机场管理机构）应当依据批准的机场总体规划对建设项目实施规划管理，并为各驻场单位提供公平服务。运输机场范围内的建设项目，包括建设位置、高度等内容的建设方案应在预可行性研究报告报批前报民航地区管理局备案。具体备案程序如下：属于驻场单位的建设项目，驻场单位应当就建设方案事先征求机场管理机构意见。机场管理机构依据批准的机场总体规划及机场近期建设详细规划对建设方案进行审核，在10日内提出书面意见。驻场单位应当将机场管理机构书面意见及建设方案一并报送所在地民航地区管理局备案；属于运输机场建设项目法人（或机场管理机构）的建设项目，运输机场建设项目法人（或机场管理机构）应当将建设方案报送所在地民航地区管理局备案；属于民航地区管理局的建设项目，其建设方案应当由民航地区管理局征求机场管理机构的意见后，报民航局备案；备案机关应当对备案材料进行审查。对于不符合机场总体规划的建设项目，应当在收到备案文件15日内责令改正。运输机场建设项目法人（或机场管理机构）应当对机场总体规划的实施情况进行经常性复核，根据机场的实际发展状况，适时组织修编机场总体规划。

四、运输机场工程初步设计

（一）运输机场工程初步设计应当由运输机场建设项目法人委托具有相应资质的单位编制。运输机场工程初步设计应当符合以下基本要求：建设方案符合经民航管理部门批准的机场总体规划；项目内容、规模及标准等符合经审批机关批准的可行性研究报告或经核准的项目申请报告；符合《民用机场工程初步设计文件编制内容及深度要求》等国家和行业现行的有关技术标准及规范；符合《民航建设工程概算编制办法》。

（二）中央政府直接投资、资本金注入或以资金补助方式投资的运输机场工程，其初步设计概算不得超出批准的可行性研究报告总投资。如实际情况确实需要部分超出的，必须说明超出原因并落实超出部分的资金来源；当超出幅度在10%以上时，应当按有关规定重新报批可行性研究报告。中央政府直接投资、资本金注入或以资金补助方式投资的运输机场工程初步设计审批应当履行以下程序：A类工程、B类工程的初步设计分别由运输机场建设项目法人向民航局、所在地民航地区管理局提出审批申请，并同时提交初步设计文件和相应的电子版本。民航管理部门组织对初步设计文件进行审查，并提出审查意见。初步设计文件应当经过专家评审。技术复杂的工程项目应当由具有相应资质的评审单位进行专家评审。运输机场建设项目法人应当与具有相应资质的评审单位依法签订技术服务合同，明确双方的权利义务；技术简单的工程项目可以由民航管理部门选择专家征求评审意见。评审单位或者专家在完成评审工作后应当提出评审报告。申请人应当组织设计单位根据各方意见对初步设计进行修改、补充和完善，并向民航管理部门提交初步设计补充材料和相应的电子版本。专家评审期间不计入审查期限。民航管理部门收到评审报告后 20 日内作出许可决定。符合条件的，民航管理部门应当作出准予许可的书面决定；不符合条件的，民航管理部门应当作出不予许可决定，并说明理由。对于非中央政府直接投资、资本金注入或以资金补助方式投资的运输机场工程，如含有运输机场专业工程项目，其初步设计亦应当履行规定的程序，由民航管理部门对运输机场专业工程初步设计出具行业意见。运输机场工程的初步设计原则上一次报审，对于新建机场工程的初步设计可视情分两次报审。

（三）运输机场建设项目法人报审运输机场工程初步设计时应当提交以下材料：审批申请文件；初步设计文件、资料清单、设计说明书（设计总说明书和各专业设计说明书）、设计图纸、主要工程量表、主要设备及材料表、工程概算书等；初步设计项目、规模及汇总概算与批准的可行性研究报告（或核准的项目申请报告）项目、规模及投资对照表及其说明，有关附件等；有关批准文件。包括：预可行性研究报告、可行性研究报告（或项目申请报告）、环境评价、土地预审、通信、导航、监视、气象台（站）址等的批准（或核准）文件；相应的工程勘察、地震评估、环境评价以及工程试验等报告书。运输机场工程初步设计一经批准，应严格遵照执行，未经批准不得擅自修改、变更。如确有必要对已批准的初步设计进行变更或调整概算，应严格执行《民航建设工程设计变更及概算调整管理办法》。

五、运输机场工程施工图设计

（一）运输机场工程施工图设计应当由运输机场建设项目法人委托具有相应资质的单位编制。运输机场工程施工图设计应当符合以下基本要求：符合经民航管理部门批准的初步设计；符合《民用机场工程施工图设计文件编制内容及深度要求》等国家和行业现行的有关技术标准及规范。

（二）下列运输机场工程应由运输机场建设项目法人按照国家有关规定委托具有相应资质的单位进行施工图审查，并将审查报告报工程质量监督机构备案：飞行区土石方、地基处理、基础、道面、排水、桥梁、涵隧、消防管网、管沟（廊）等工程；航管楼、塔台、雷达塔的土建部分，以及机场通信、导航、气象工程中层数为 2 层及以上的其他建（构）筑物的土建部分；飞行区内地面设备加油站、机坪输油管线、机场油库、中转油库工程（不含土建工程）。上述运输机场工程未经施工图审查合格的，不得实施。

（三）运输机场工程施工图设计的审查内容主要包括：建筑物和构筑物的稳定性、安全性审查，包括地基基础和主体结构体系是否安全、可靠；是否满足飞行安全与正常运行的要求；是否符合国家和行业现行的有关强制性标准及规范；是否符合批准的初步设计文件；是否达到规定的施工图设计深度要求。

（四）施工图设计审查报告应当包括以下内容：审查工作概况；审查依据和采用的标准及规范；审查意见；与运输机场建设项目法人、设计单位协商的情况；有关问题及建议；审查结论意见。

六、运输机场建设实施

运输机场工程的建设实施应当执行国家规定的市场准入、招标投标、监理、质量监督等制度。运输机场工程的招标活动按照国家有关法律、法规执行。承担运输机场工程建设的施工单位应当具有相应的资质等级。运输机场工程的监理单位应当具有相应的资质等级。民航专业工程质量监督机构负责运输机场专业工程项目的质量监督工作。属于运输机场专业工程的，运输机场建设项目法人应当在工程开工前向民航专业工程质量监督机构申报质量监督手续。在机场内进行不停航施工，由机场管理机构负责统一向机场所在地民航地区管理局报批，未经批准不得在机场内进行不停航施工。

七、运输机场工程验收

（一）运输机场工程竣工后，运输机场建设项目法人应当组织勘察、设计、施工、监理等有关单位进行竣工验收。工程质量监督机构应当对竣工验收进行监督。运输机场工程竣工验收应当具备下列条件：完成建设工程设计和合同约定的各项内容；有完整的技术档案和施工管理资料；有工程使用的主要建筑材料、建筑构配件和设备的进场试验报告；有勘察、设计、施工、监理等单位分别签署的质量合格文件；有施工单位签署的工程保修书。

（二）对于规定要求需进行飞行校验的通信、导航、监视、助航等设施设备，运输机场建设项目法人必须按规定办理飞行校验手续，并取得飞行校验结果报告。对于规定要求需进行试飞的新建运输机场工程或飞行程序有重大变更的改建、扩建运输机场工程，在竣工验收和飞行校验合格后，运输机场建设项目法人必须按有关规定办理试飞手续，并取得试飞总结报告。运输机场专业工程应当履行行业验收程序。运输机场专业工程行业验收应当具备下列条件：竣工验收合格；已完成飞行校验；试飞合格；民航专业弱电系统经第三方检测符合设计要求；涉及机场安全及正常运行的项目存在的问题已整改完成；环保、消防等专项验收合格、准许使用或同意备案；民航专业工程质量监督机构已出具同意提交行业验收的工程质量监督报告。

（三）运输机场建设项目法人在申请运输机场专业工程行业验收时，应当报送以下材料：竣工验收报告，内容包括：工程项目建设过程及竣工验收工作概况；工程项目内容、规模、技术方案和措施、完成的主要工程量和安装的设备等；资金到位及投资完成情况；竣工验收整改意见及整改工作完成情况；竣工验收结论；工程竣工项目一览表。飞行校验结果报告；试飞总结报告；运输机场专业工程设计、施工、监理、质监等单位的工作报告；环保、消防等主管部门的验收合格意见、准许使用意见或备案文件；运输机场专业工程有关项目的检测、联合试运转情况；有关批准文件。

（四）运输机场专业工程行业验收应当履行以下程序：A类工程、B类工程的行业验收由运输机场建设项目法人向所在地民航地区管理局提出申请。对于具备行业验收条件的运输机场工程，民航管理部门在受理运输机场建设项目法人的申请后20日内组织完成行业验收工作，并出具行业验收意见。

（五）运输机场专业工程行业验收的内容包括：工程项目是否符合批准的建设规模、标准；工程质量是否符合国家和行业现行的有关标准及规范；工程主要设备的安装、调试、检测及联合试运转情况；航站楼工艺流程是否符合有关规定、满足使用需要；工程是否满足机场运行安全和生产使用需要；运输机场工程档案收集、整理和归档情况；有中央政府直接投资、资本金注入或以资金补助方式投资的工程的概算执行情况。

（六）非运输机场专业工程应当按国家有关规定履行验收程序。运输机场建设项目法人应当按国家、民航及地方人民政府有关规定及时移交运输机场工程档案资料。未经行业验收合格的运输机场专业工程，不得投入使用。运输机场建设项目法人应当在运输机场工程竣工后三个月内完成竣工财务决算的编制工作，并按有关规定及时上报。

八、空管建设工程管理

（一）空管工程预可行性研究、可行性研究应当按照国家及民航局的有关规定执行。空管工程初步设计应当由项目法人委托具有相应资质的单位编制。空管工程初步设计应当符合以下基本要求：项目内容、规模及标准等符合经审批机关批准的可行性研究报告；符合《民航建设工程概算编制办法》等国家和行业现行的有关技术标准及规范。

（二）空管工程在相应的通信、导航、监视、气象等的台（站）址得到批复后方可报审初步设计。空管工程初步设计概算不得超出批准的可行性研究报告中的总投资。如实际情况确实需要部分超出的，必须说明超出原因并落实超出部分的资金来源；当超出幅度在10％以上时，应当按有关规定重新报批可行性研究报告。项目法人报批空管工程初步设计时应当报送以下资料：审批申请文件；初步设计文件、资料清单、设计说明书（设计总说明书和各专业设计说明书）、设计图纸、主要工程量表、主要设备及材料表、工程概算书等；初步设计项目、规模及汇总概算与批准的可行性研究报告项目、规模及投资对照表及其说明，有关附件等；有关批准文件。包括：预可行性研究报告，可行性研究报告，环境评价，土地预审，通信、导航、监视、气象台（站）址等的批准文件；相应的工程勘察、地震评估、环境评价以及工程试验等报告书。

（三）空管工程初步设计审批应当履行以下程序：空管工程初步设计由项目法人向民航管理部门提出审批申请，并同时提交初步设计文件（视工程技术复杂程度由民航管理部门确定）和相应的电子版本。民航管理部门组织对初步设计文件进行审查，并提出审查意见。

初步设计文件应当经过专家评审。技术复杂的工程项目应当由具有相应资质的评审单位进行专家评审。空管工程项目法人应当与具有相应资质的评审单位依法签订技术服务合同，明确双方的权利义务；技术简单的工程项目可以由民航管理部门选择专家征求评审意见。评审单位或者专家在完成评审工作后应当提出评审报告。申请人应当组织设计单位根据各方意见对初步设计进行修改、补充和完善，并向民航管理部门提交初步设计补充材料和相应的电子版本。专家评审期间不计入审查期限。民航管理部门在收到评审报告后20日内予以批准。

（四）空管工程初步设计未经批准的，不得实施。空管工程初步设计一经批准，应严格遵照执行，不得擅自修改、变更。如确有必要对已批准的初步设计进行变更或概算调整，应严格执行《民航建设工程设计变更及概算调整管理办法》。空管工程施工图设计应当由项目法人委托具有相应资质的单位编制。空管工程施工图设计应当符合以下基本要求：符合经民航管理部门批准的初步设计；符合国家和行业现行的有关技术标准和规范。

（五）空管工程中的土建部分应由项目法人按照国家有关规定委托具有相应资质的单位进行施工图审查，并将审查报告报工程质量监督机构备案。上述工程未经施工图审查合格的，不得实施。空管工程施工图设计的审查内容主要包括：建筑物和构筑物的稳定性、安全性审查，包括地基基础和主体结构体系是否安全、可靠；是否满足安全与正常使用的要求；是否符合国家和行业现行的有关强制性标准、规范；是否符合批准的初步设计文件。

（六）审查报告应当包括以下内容：审查工作概况；审查依据和采用的标准及规范；审查意见；与项目法人、设计单位协商的情况；有关问题及建议；审查结论意见。

（七）空管工程的建设实施应当执行国家规定的市场准入、招标投标、监理、质量监督等制度。承担空管工程建设的施工单位应当具有相应的资质等级。空管工程的监理单位应当具有相应的资质等级。空管工程项目法人应在工程开工前向工程质量监督机构申报质量监督手续。机场工程配套的空管工程可与机场工程采用建设集中管理模式，统一组建工程建设指挥部，统一开展整体工程项目申报、用地预审、规划选址、环境影响评价、节能评估、征地拆迁、招投标等工作，统一组织工程建设。空管工程竣工后，项目法人应当组织勘察、设计、施工、监理等有关单位进行竣工验收。工程质量监督机构应当对竣工验收进行监督。空管工程竣工验收应当具备下列条件：完成建设工程设计和合同约定的各项内容；有完整的技术档案和施工管理资料；有工程使用的主要建筑材料、建筑构配件和设备的进场试验报告；有勘察、设计、施工、监理等单位分别签署的质量合格文件；有施工单位签署的工程保修书。

（八）对于规定要求需进行飞行校验的通信、导航、监视等设施设备，项目法人必须按有关规定办理飞行校验手续，并取得飞行校验结果报告。空管工程经过民航管理部门验收后，方可投入使用。项目法人向民航管理部门申请验收空管工程应当具备下列条件：竣工验收合格；已完成飞行校验；主要工艺设备经检测符合设计要求；涉及安全及正常使用的项目存在的问题已整改完成；环保、消防等专项验收合格、准许使用或同意备案；工程质量监督机构已出具同意提交验收的工程质量监督报告。

（九）项目法人向民航管理部门申请验收空管工程，应当报送以下材料：竣工验收报告，内容包括：工程项目建设过程及竣工验收工作概况；工程项目内容、规模、技术方案和措施、完成的主要工程量和安装设备等；资金到位及投资完成情况；竣工验收整改意见及整改工作完成情况；竣工验收结论；工程竣工项目一览表。飞行校验结果报告；空管工程设计、施工、监理、质监等单位的工作报告；环保、消防等主管部门的验收合格意见、准许使用意见或备案文件；主要工艺设备的检测情况；有关批准文件。

（十）下列空管工程由民航局组织验收：民航局空管局为项目法人的建设工程；批准的可行性研究报告总投资2亿元（含）以上的民航地区空管局或空管分局（站）为项目法人的建设工程。

（十一）其他空管工程由所在地民航地区管理局组织验收。民航管理部门验收空管工程应当履行以下程序：由项目法人向民航管理部门提出验收申请；对于具备验收条件的空管工程，民航管理部门在收到项目法人的申请后20日内组织完成验收工作，并出具验收意见。

（十二）民航管理部门验收空管工程的内容包括：工程项目是否符合批准的建设规模、标准；工程质量是否符合国家和行业现行的有关标准及规范；主要工艺设备的安装、调试、检测情况；工程是否满足运行安全和生产使用需要；工程档案收集、整理和归档情况；工程概算执行情况。

（十三）项目法人应当按国家、民航有关规定及时移交空管工程档案资料。未经验收合格的空管工程，不得投入使用。空管工程项目法人应在空管工程竣工后 3 个月内完成竣工财务决算的编制工作，并上报主管部门。空管工程建设信息应当包括以下内容：项目概况，包括的项目基本信息、项目审批情况、工程规模、主要建设内容和技术方案、资金来源、总体实施计划、建设单位基本信息、其他情况；当前动态，包括的形象进度、资金到位及投资完成情况、工程质量情况、招标工作情况、配套工程进展情况、其他情况；存在的主要问题。

第二节　限额以下外商投资民航项目建议书和可行性研究报告审批

民航项目投资适用于限额以下外商投资民航项目建议书和可行性研究报告审批，属行政审批事项。

一、行政许可依据

1.《行政许可法》（中华人民共和国主席令第 7 号公布，自 2004 年 7 月 1 日起施行）。

2.《国务院关于投资体制改革的决定》（国发〔2004〕20 号）。

3.《国务院关于发布政府核准的投资项目目录（2016 年本）的通知》（自 2016 年 12 月 12 日起执行）。

4.《外商投资项目核准和备案管理办法》（自 2014 年 6 月 17 起执行）。

5.《外商投资产业指导目录（2015 年修订）》（自 2015 年 4 月 10 日起执行）。

6.《外商投资民用航空业规定》及补充规定。

二、申请条件

（一）根据《外商投资产业指导目录》、《外商投资民用航空业规定》及其补充规定等法规，属我局核准权限及职责范围内的外商投资项目。

（二）已成立合资公司但需变更经营范围等内容的项目，申请人应为合资公司；新成立合资公司项目，申请人应为其中一家内资企业，国有企业优先；外商独资项目，申请人应为外国投资者。

三、申请材料目录

加盖公章的合资项目申请文件及申请报告；项目及投资方情况；资源利用和生态环境分析；经济、社会以及民航行业发展影响分析；相关附件：中外投资各方的企业注册证（营业执照）、商务登记证及经审计的最新企业财务报表（包括资产负债表、损益表和现金流量表）、开户银行出具的资金信用证明；投资意向书，增资、并购项目的公司董事会决议；城乡规划行政主管部门出具的选址意见书（仅指以划拨方式提供国有土地使用权的项目）；国土资源行政主管部门出具的用地预审意见（不涉及新增用地，在已批准的建设用地范围内进行改扩建项目，可以不进行用地预审）；节能审查机关出具的节能审查意见；以国有资产出资的，需由有关主管部门出具的确认文件；根据有关法律法规的规定应当提交的其他文件。

如上述外商投资中不涉及新增用地，或在已批准的建设用地范围内进行改扩建的项目，不涉及土建等内容的建设项目，可以不提供附件。

四、办理基本流程

将加盖公章的合资项目申请文件及申请报告报送中国民用航空局、抄送所在民航地区管理局。民航局在受理项目申请报告后，对需要进行评估论证的重点问题委托有资质的咨询机构进行评估论证，接受委托的咨询机构应在规定的时间内提出评估报告。民航地区管理局出具初步审查意见。待项目申请文件、民航地区管理局审查意见等材料齐全或符合要求后，民航局完成对项目申请报告的核准。经核准的项目如出现项目地点、主要建设内容、投资方或股权等变化时，需报原批准机关申请变更，具体核准程序比照前述有关规定。

第三节　规定权限内对新建、改建和扩建民用机场的审批和审核

新建（改扩建）运输机场项目适用于新建运输机场、改扩建运输机场项目的项目建议书和可行性研究报告的审批和审核，属政府内部审批和审核事项。

一、审批和审核依据

1.《国务院关于投资体制改革的决定》（国发〔2004〕20号）。

2.《国务院关于发布政府核准的投资项目目录（2016年本）的通知》（自2016年12月12日起执行）。

3.《关于印发民航固定资产投资项目管理暂行规定的通知》（自2016年4月25日起执行）。

二、申请条件

申报的新建、改建和扩建民用机场项目应当符合国民经济和社会发展规划，符合民航行业发展规划。项目建议书、可行性研究报告，内容和深度应当达到国家和民航行业的有关要求。按照审批权限，由地方政府按程序上报项目建议书、可行性研究报告。涉及规划、土地的项目在审批可行性研究报告前，项目单位应提交规划、国土部门的意见。

三、申请材料目录

（一）申请项目建议书的审批和审核：地方政府出具的申请项目建议书审批或审核的文件。立项报告。飞行程序报告。飞机性能分析报告。

（二）可行性研究报告的审批和审核：地方政府出具的申请项目建议书审批或审核的文件。可行性研究报告。飞行程序报告。飞机性能分析报告。地方政府出具的资金承诺函。

四、办理基本流程

（一）民航局审核项目：由国务院或国家发改委审批项目，申报单位应将上报的项目建议书、可行性研究报告或核准项目申请报告等文件抄送民航局及所属民航地区管理局。由民航局委托咨询机构进行评估，并由咨询机构提交项目评估报告或意见（国家发改委已委托咨询机构评估的项目，民航局视情可不单独委托咨询机构评估）。民航地区管理局审核项目建议书、可行性研究报告及相应项目评估报告，并向民航局上报审查意见。待收到项目评估报告、民航地区管理局审查意见、地方政府资金承诺函等前置审批文件后，我局将向国家发改委报送该项目行业意见。

（二）民航局审批项目：由民航局审批项目，由省级投资主管部门向民航局报送项目建议书、可行性研究报告，抄送所属民航地区管理局。由民航局委托咨询机构对项目进行评估，并由咨询机构提交项目评估报告或意见。民航地区管理局审核项目建议书、可行性

研究报告及相应项目评估报告，并向民航局上报审查意见。待收到项目评估报告、民航地区管理局审查意见、地方政府资金承诺函等前置审批文件后，我局将向项目申报单位出具批复文件。

第四节　民用机场场址及总体规划审批（场址）

民用机场场址及总体规划审批（场址）适用于新建或迁建民用运输机场场址的审查。运输机场海拔高度不应超过 4420 米，属前审后批。

一、行政许可依据

1. 国务院对确需保留的行政审批项目设定行政许可的决定（国务院令第 412 号）。

2. 《民用机场管理条例》（国务院令第 553 号）。

3. 《民用机场建设管理规定》（交通运输部令 2016 年第 47 号）。

4. 《民用运输机场场址审查办法》（AP—158—CA—2014—01—R1，2014 年 6 月 20 日印发）。

二、申请条件

机场建设项目符合国家和民航有关规划及文件要求。原则上应由一家具有民航行业工程设计甲级资质或民航机场总体规划工程专业甲级资质，或工程咨询民航专业甲级资质的单位编制，特殊情况下，可选择具有相应职责或具备相应分析研究实力的单位编写航行服务研究章节，由具有资质的单位统筹编制报告。预选场址应征求地方人民政府及其有关部门（包括：城乡规划、交通、市政、环保、气象、文物、国土资源、地震、无线电管理、供电、通信、水利等）的书面意见。选址报告应装订成册，附编制人员名单及加盖公章的报告编制单位资质证书。选址报告分册装订时，在主报告中应由其他分册报告的主要研究内容和结论。

三、申请材料目录

场址审查申请原件和申请书。选址报告文本和电子版。

四、办理基本流程

拟选场址由省、自治区、直辖市人民政府主管部门向民航局提出审查申请，并同时提交选址报告。机场司书面委托通过公开招投标确定的具有工程咨询民航专业甲级资质的评审单位对选址报告进行评审，并组织各有关司局进行会商。评审单位收到委托后，对申请单位提交材料内容的完整性和深度进行审核，组织有关单位和专家进行现场踏勘，对选址报告进行评审，征求地方人民政府及其有关部门（包括：城乡规划、交通、市政、环保、气象、文物、国土资源、地震、无线电管理、供电、通信、水利等）及航油供应部门的意见和建议，并在审查会结束后向申请单位和编制单位提交专家书面意见。选址报告存在重大技术问题的，评审单位根据需要组织开展专题论证，并形成评审意见。申请单位和编制单位根据专家意见（评审意见）及会商意见对选址报告进行修改和完善，评审单位对修改后的选址报告进行复核。复核合格后，出具评审报告并连同选址报告审定稿一并报机场司。收到评审报告后，民航局作出准予许可或不予许可决定。准予许可的，出具批复意见。

第五节　民航专业工程及含有中央投资的
民航建设项目初步设计审批

民航专业工程及含有中央投资的民航建设项目初步设计审批适用于民用运输机场（含军民合用机场民用部分）工程、空管工程及其他民航直属单位建设工程等初步设计审查，属前审后批。

一、行政许可依据

1.《国务院对确需保留的行政审批项目设定行政许可的决定》（国务院令第 412 号）。

2.《民用机场管理条例》（国务院令第 553 号）。

3.《民用机场建设管理规定》（交通运输部令 2016 年第 47 号）。

4.《民航建设工程初步设计审查暂行办法》（AP—158—CA—2013—03，2013 年 6 月 18 日印发）。

5.《关于下放民航建设项目初步设计审批事项的通知》（民航发〔2016〕97 号）。

二、申请条件

工程可行性研究报告已获批或项目申请报告已核准，新建民用运输机场总体规划已获批。民航建设工程初步设计应由项目法人委托具有相应资质的设计单位编制，具有工程设计综合甲级资质的企业可以按照规定承担相应的民航行业工程设计业务。具有民航建设工程设计行业甲级资质的企业可以承担各类民航建设工程设计业务，具有民航建设工程设计行业乙级资质的企业可以承担飞行区指标 4C 及以下机场工程以及其他民航建设工程设计业务。具有化工石化医药行业石油及化工产品储运专业资质的企业可以承接民航供油工程设计业务。

三、申请材料目录

请示公文及申请书。初步设计文件包括：资料清单、设计说明书（设计总说明书和各专业设计说明书）、主要设备及材料表、设计图纸、工程概算书等（视工程技术复杂程度由民航管理部门确定）和相应的电子版本。有关批准文件包括：预可行性研究报告、可行性研究报告（或项目申请报告）、机场总体规划、环境影响评价、土地预审以及通信、导航、监视、气象等台（站）址的批准（或核准）的文件。相应的工程勘察、地震评估、环境评价以及工程试验等报告书。申请初步设计行业审查可不提供工程概算书，技术简单的民航建设工程可不提供工程试验报告书。

四、办理基本流程

民航地区管理局为项目法人的民航建设项目和民航局空管局为项目法人且建设内容跨地区的空管工程的初步设计由项目法人向民航局提出审批申请，其他民航专业工程及含有中央投资的民航建设项目初步设计由项目法人向所在地民航地区管理局提出审批申请。民航管理部门书面委托通过公开招投标确定的具有工程咨询民航专业甲级资质的评审单位对初步设计进行评审。评审单位收到委托后，对初步设计报审材料内容的完整性及深度进行审核，组织相关单位和专家对初步设计文件进行评审，并综合各方意见和建议，形成评审意见，评审过程中，评审单位如发现初步设计存在重大问题或较大争议，应报告民航管理部门并组织专项评审，若经专项论证认定报审的设计方案不可行，项目法人应当组织设计单位对相应部分重新设计，并按规定重新报审。项目法人组织设计单位根据评审意见及专项论证结论对初步设计文件进行修改和完善，并向评审单位提交修改完善的初步设计文件以及相应的电子版本。评审单位对修改后的初步设计文件进行复核，复核合格后出具评审报告上报民航管理部门，并抄送相关单位。收到评审报告后，民航管理部门做出准予许可或不予许可决定。准予许可的，民航管理部门做出批复。对于非中央政府直接投资、资本金注入或以资金补助方式投资的民航建设项目，如含有民航专业工程，准予许可的，由民航管理部门对民航专业工程初步设计出具行业意见，不予许可的，出具不予许可通知书。

第六节　运输机场专业工程验收许可

运输机场专业工程验收许可适用于民用运输机场专业工程的行业验收，属前审后批。

一、行政许可依据

1.《民用机场管理条例》（国务院令第 553 号）。

2.《民用机场建设管理规定》（交通运输部令 2016 年第 47 号）。

3.《民航建设工程行业验收暂行办法》（AP—158—CA—2013—04，2013 年 8 月 12 日印发）。

4.《国务院关于取消和调整一批行政审批项目等事项的决定》（国发〔2014〕50 号）。

二、申请条件

（一）运输机场工程：竣工验收合格。已完成飞行校验。试飞合格。民航专业弱电系统需经第三方检测并符合设计要求。竣工验收时提出的问题已全部整改完成。环保、消防等专项验收合格、准许使用或同意备案。民航专业工程质量监督机构已出具同意提交行业验收的工程质量监督报告。

（二）空管工程：竣工验收合格。已完成飞行校验。主要工艺设备经检测符合设计要求。竣工验收时提出的问题已全部整改完成。环保、消防等专项验收合格、准许使用或同意备案。民航专业工程质量监督机构已出具同意提交行业验收的工程质量监督报告。建设项目主体未完工，无法满足使用要求。

三、申请材料目录

（一）运输机场工程：请示公文及申请书。竣工验收报告，文本及电子版本。飞行校验结果报告。试飞总结报告。运输机场专业工程设计、施工、监理、质量监督等单位的工作报告，文本及电子版。环保、消防等主管部门的验收合格意见、准许使用意见或备案文件。运输机场专业工程有关项目的检测、联合试运转情况。有关批准文件，包括：工程预可行性研究报告、可行性研究报告（或项目申请报告）、总体规划、初步设计及概算、相关调整文件（总规调整、初设变更、概算调整等）、环境评价、水土保持方案、土地预审、提前投入使用项目的验收意见或相关批复。

（二）空管工程：请示公文及申请书。竣工验收报告，文本及电子版本。飞行校验结果报告。运输机场专业工程设计、施工、监理、质量监督等单位的工作报告，文本及电子版本。环保、消防等主管部门的验收合格意见、准许使用意见或备案文件。主要工艺设备的检测情况。有关批准文件，包括：工程可行性研究报告、可行性研究报告、初步设计及概算、相关调整文件（初设变更、概算调整等）、环境评价、水土保持方案、土地预审、提前投入使用项目的验收意见或相关批复。

四、办理基本流程

行业验收由民航管理部门组织，工程建设、设计、监理、施工、检测、质量监督、项目法人单位及运行管理部门参加。民航建设工程项目法人向所在地民航地区管理局提出验收申请，并报送相关材料。民航地区管理局对材料的完整性进行审核。审核不合格的，建设项目法人应按要求进行补充完善。民航地区管理局组织召开行业验收预备会，研究确定行业验收委员会的组成和行业验收方案，行业验收方案主要包括行业验收的分组、各组人员组成及验收范围。民航地区管理局组织召开行业验收动员大会，大会主要内容包括：工程建设情况汇报（包括建设、勘察设计、施工、监理、质量监督单位的汇报），宣布验收工作安排、验收委员会人员组成、各专业验收组人员组成及各专业验收组验收范围等事项。各专业验收组根据工程的实际情况制定各组的行业验收方案及验收检查单，并据此进行工程现场检查，形成各专业验收组书面检查意见。民航地区管理局组织召开验收委员会会议，会议主要内容包括：各专业验收组长向验收委员会汇报现场检查情况，讨论并形成行业验收意见。民航地区管理局组织召开行业验收总结大会，并宣读行业验收意见。

第七节　国家建设工程消防监督管理

一、建设工程消防监督管理

消防监督适用于新建、扩建、改建（含室内外装修、建筑保温、用途变更）等建设工程的消防监督管理。不适用住宅室内装修、村民自建住宅、救灾和其他非人员密集场所的临时性建筑的建设活动。建设、设计、施工、工程监理等单位应当遵守消防法规、建设工程质量管理法规和国家消防技术标准，对建设工程消防设计、施工质量和安全负责。建设工程的消防设计、施工必须符合国家工程建设消防技术标准。公安机关消防机构依法实施建设工程消防设计审核、消防验收和备案、抽查，对建设工程进行消防监督。

二、消防设计、施工的质量责任

建设单位承担下列消防设计、施工的质量责任：

（一）依法申请建设工程消防设计审核、消防验收，依法办理消防设计和竣工验收消防备案手续并接受抽查；建设工程内设置的公众聚集场所未经消防安全检查或者经检查不符合消防安全要求的，不得投入使用、营业；

（二）实行工程监理的建设工程，应当将消防施工质量一并委托监理；

（三）选用具有国家规定资质等级的消防设计、施工单位；

（四）选用合格的消防产品和满足防火性能要求的建筑构件、建筑材料及装修材料；

（五）依法应当经消防设计审核、消防验收的建设工程，未经审核或者审核不合格的，不得组织施工；未经验收或者验收不合格的，不得交付使用。

设计单位应当承担下列消防设计的质量责任：

（一）根据消防法规和国家工程建设消防技术标准进行消防设计，编制符合要求的消防设计文件，不得违反国家工程建设消防技术标准强制性要求进行设计；

（二）在设计中选用的消防产品和具有防火性能要求的建筑构件、建筑材料、装修材料，应当注明规格、性能等技术指标，其质量要求必须符合国家标准或者行业标准；

（三）参加建设单位组织的建设工程竣工验收，对建设工程消防设计实施情况签字确认。

施工单位应当承担下列消防施工的质量和安全责任：

（一）按照国家工程建设消防技术标准和经消防设计审核合格或者备案的消防设计文件组织施工，不得擅自改变消防设计进行施工，降低消防施工质量；

（二）查验消防产品和具有防火性能要求的建筑构件、建筑材料及装修材料的质量，使用合格产品，保证消防施工质量；

（三）建立施工现场消防安全责任制度，确定消防安全负责人。加强对施工人员的消防教育培训，落实动火、用电、易燃可燃材料等消防管理制度和操作规程。保证在建工程竣工验收前消防通道、消防水源、消防设施和器材、消防安全标志等完好有效。

工程监理单位应当承担下列消防施工的质量监理责任：

（一）按照国家工程建设消防技术标准和经消防设计审核合格或者备案的消防设计文件实施工程监理；

（二）在消防产品和具有防火性能要求的建筑构件、建筑材料、装修材料施工、安装前核查产品质量证明文件，不得同意使用或者安装不合格的消防产品和防火性能不符合要求的建筑构件、建筑材料、装修材料；

（三）参加建设单位组织的建设工程竣工验收，对建设工程消防施工质量签字确认。

社会消防技术服务机构应当依法设立，社会消防技术服务工作应当依法开展。为建设工程消防设计、竣工验收提供图纸审查、安全评估、检测等消防技术服务的机构和人员，应当依法取得相应的资质、资格，按照法律、行政法规、国家标准、行业标准和执业准则提供消防技术服务，并对出具的审查、评估、检验、检测意见负责。

三、消防设计审核

对具有下列情形之一的人员密集场所，建设单位应当向公安机关消防机构申请消防设计审核，并在建设工程竣工后向出具消防设计审核意见的公安机关消防机构申请消防验收：

（一）建筑总面积大于二万平方米的体育场馆、会堂，公共展览馆、博物馆的展示厅；

（二）建筑总面积大于一万五千平方米的民用机场航站楼、客运车站候车室、客运码头候船厅；

（三）建筑总面积大于一万平方米的宾馆、饭店、商场、市场；

（四）建筑总面积大于二千五百平方米的影剧院，公共图书馆的阅览室，营业性室内健身、休闲场馆，医院的门诊楼，大学的教学楼、图书馆、食堂，劳动密集型企业的生产加工车间，寺庙、教堂；

（五）建筑总面积大于一千平方米的托儿所、幼儿园的儿童用房，儿童游乐厅等室内儿童活动场所，养老院、福利院，医院、疗养院的病房楼，中小学校的教学楼、图书馆、食堂，学校的集体宿舍，劳动密集型企业的员工集体宿舍；

（六）建筑总面积大于五百平方米的歌舞厅、录像厅、放映厅、卡拉 OK 厅、夜总会、游艺厅、桑拿浴室、网吧、酒吧，具有娱乐功能的餐馆、茶馆、咖啡厅。

对具有下列情形之一的特殊建设工程，建设单位应当向公安机关消防机构申请消防设计审核，并在建设工程竣工后向出具消防设计审核意见的公安机关消防机构申请消防验收：设有规定的人员密集场所的建设工程；国家机关办公楼、电力调度楼、电信楼、邮政楼、防灾指挥调度楼、广播电视楼、档案楼；规定以外的单体建筑面积大于四万平方米或者建筑高度超过五十米的公共建筑；国家标准规定的一类高层住宅建筑；城市轨道交通、隧道工程，大型发电、变配电工程；生产、储存、装卸易燃易爆危险物品的工厂、仓库和专用车站、码头，易燃易爆气体和液体的充装站、供应站、调压站。

建设单位申请消防设计审核应当提供下列材料：建设工程消防设计审核申报表；建设单位的工商营业执照等合法身份证明文件；设计单位资质证明文件；消防设计文件；法律、行政法规规定的其他材料。

依法需要办理建设工程规划许可的，应当提供建设工程规划许可证明文件；依法需要城乡规划主管部门批准的临时性建筑，属于人员密集场所的，应当提供城乡规划主管部门批准的证明文件。具有下列情形之一的，建设单位除提供上述规定所列材料外，应当同时提供特殊消防设计文件，或者设计采用的国际标准、境外消防技术标准的中文文本，以及其他有关消防设计的应用实例、产品说明等技术资料：国家工程建设消防技术标准没有规定的；消防设计文件拟采用的新技术、新工艺、新材料可能影响建设工程消防安全，不符合国家标准规定的；拟采用国际标准或者境外消防技术标准的。

公安机关消防机构应当自受理消防设计审核申请之日起 20 日内出具书面审核意见。但是依照本规定需要组织专家评审的，专家评审时间不计算在审核时间内。公安机关消防机构应当依照消防法规和国家工程建设消防技术标准对申报的消防设计文件进行审核。对符合下列条件的，公安机关消防机构应当出具消防设计审核合格意见；对不符合条件的，应当出具消防设计审核不合格意见，并说明理由：设计单位具备相应的资质；消防设计文件的编制符合公安部规定的消防设计文件申报要求；建筑的总平面布局和平面布置、耐火等级、建筑构造、安全疏散、消防给水、消防电源及配电、消防设施等的消防设计符合国家工程建设消防技术标准；选用的消防产品和具有防火性能要求的建筑材料符合国家工程建设消防技术标准和有关管理规定。

对具有上述规定情形之一的建设工程，公安机关消防机构应当在受理消防设计审核申请之日起 5 日内将申请材料报送省级人民政府公安机关消防机构组织专家评审。省级人民政府公安机关消防机构应当在收到申请材料之日起 30 日内会同同级住房和城乡建设行政主管部门召开专家评审会，对建设单位提交的特殊消防设计文件进行评审。参加评审的专家应当具有相关专业高级技术职称，总数不应少于 7 人，并应当出具专家评审意见。评审专家有不同意见的，应当注明。

省级人民政府公安机关消防机构应当在专家评审会后五日内将专家评审意见书面通知报送申请材料的公安机关消防机构，同时报公安部消防局备案。对三分之二以上评审专家同意的特殊消防设计文件，可以作为消防设计审核的依据。

四、建设单位消防验收

建设单位申请消防验收应当提供下列材料：建设工程消防验收申报表；工程竣工验收报告和有关消防设施的工程竣工图纸；消防产品质量合格证明文件；具有防火性能要

求的建筑构件、建筑材料、装修材料符合国家标准或者行业标准的证明文件、出厂合格证；消防设施检测合格证明文件；施工、工程监理、检测单位的合法身份证明和资质等级证明文件；建设单位的工商营业执照等合法身份证明文件；法律、行政法规规定的其他材料。

公安机关消防机构应当自受理消防验收申请之日起 20 日内组织消防验收，并出具消防验收意见。公安机关消防机构对申报消防验收的建设工程，应当依照建设工程消防验收评定标准对已经消防设计审核合格的内容组织消防验收。对综合评定结论为合格的建设工程，公安机关消防机构应当出具消防验收合格意见；对综合评定结论为不合格的，应当出具消防验收不合格意见，并说明理由。

五、消防设计和竣工验收的备案

对规定以外的建设工程，建设单位应当在取得施工许可、工程竣工验收合格之日起 7 日内，通过省级公安机关消防机构网站进行消防设计、竣工验收消防备案，或者到公安机关消防机构业务受理场所进行消防设计、竣工验收消防备案。建设单位在进行建设工程消防设计或者竣工验收消防备案时，应当分别向公安机关消防机构提供备案申报表、规定的相关材料及施工许可文件复印件或者规定的相关材料。按照住房和城乡建设行政主管部门的有关规定进行施工图审查的，还应当提供施工图审查机构出具的审查合格文件复印件。依法不需要取得施工许可的建设工程，可以不进行消防设计、竣工验收消防备案。

公安机关消防机构收到消防设计、竣工验收消防备案申报后，对备案材料齐全的，应当出具备案凭证；备案材料不齐全或者不符合法定形式的，应当当场或者在 5 日内一次告知需要补正的全部内容。公安机关消防机构应当在已经备案的消防设计、竣工验收工程中，随机确定检查对象并向社会公告。对确定为检查对象的，公安机关消防机构应当在 20 日内按照消防法规和国家工程建设消防技术标准完成图纸检查，或者按照建设工程消防验收评定标准完成工程检查，制作检查记录。检查结果应当向社会公告，检查不合格的，还应当书面通知建设单位。建设、设计、施工单位不得擅自修改已经依法备案的建设工程消防设计。确需修改的，建设单位应当重新申报消防设计备案。

第八节　国家建筑工程消防设计审核备案

一、办理依据

《消防法》第十条。

二、办理内容

按照国家工程建设消防技术标准需要进行消防设计的建筑工程，建设单位应当将建筑工程的消防设计图纸及有关资料报送公安消防机构审核。

三、申请条件

按照国家工程建设消防技术标准需要进行消防设计的建筑工程。

四、申请材料

《建筑消防设计防火审核申报表》、《自动消防设施设计防火审核申报表》或《建筑内部装修防火审核申报表》，新建、改建、扩建、建筑内部装修以及用途变更工程项目的消防设计图纸和资料。

五、办理程序

建设单位向公安消防机构申报，公安消防机构对申请材料进行审查后作出是否受理的决定；公安消防机构对送审的建筑工程消防设计进行审核后，作出是否同意的决定并签发《建筑工程消防设计审核意见书》。

六、建设工程消防设计备案

对审核范围以外的新建、扩建、改建的建设工程，以及原符合办理简易审批的室内装修工程，建设单位应当在取得施工许可之日起 7 日内向所属公安机关消防机构办理消防设计备案手续。建设工程备案抽查的消防设计文件是指建设工程的施工图纸。

第九节　国家建筑工程消防安全验收备案

一、办理依据

《消防法》第十条。

二、办理内容

按照国家工程建筑消防技术标准需要进行消防设计的建筑工程竣工时，应当经公安消防机构进行消防验收。

三、申请条件

按照国家工程建筑消防技术标准需要进行消防设计的建筑工程。

四、申请材料

《建筑消防验收申报表》，建筑工程消防设计审查资料；竣工图纸及隐蔽工程监理记录资料，建筑工程消防设施技术测试报告，消防产品质量合格证明文件，建筑内部装修材料见证取样、抽样检验报告及其他燃烧性能证明材料，阻燃制品的燃烧性能证明材料，以及其他需要审查的内容。

五、办理程序

建设单位向公安消防机构申报，公安消防机构对申请材料进行审查后作出是否受理的决定；公安消防机构受理后 10 日内组织建筑工程消防验收，验收后 7 日内签发《建筑工程消防验收意见书》。

六、消防备案

对验收范围外的其他建设工程，建设单位应当在工程竣工验收合格之日起 7 日内向所属公安机关消防机构办理竣工消防备案手续。

第十节　核电站建设消防设计、变更、验收审批

核电站建设消防设计、变更、验收审批核电站初步设计消防专篇，作为核电站主体工程施工的必要条件；对核电站进行消防竣工验收，作为核电站工程验收的必要条件。

一、办理依据

（一）《消防法》。

（二）《国务院对确需保留的行政审批项目设定行政许可的决定》（国务院令 412 号）。

二、申报材料

（一）申请核电站建设消防设计审批需提交：核电站初步设计消防专篇审查申请书；核电站初步设计消防专篇；与核电站消防设计有关的初步设计图纸等其他资料；核电站消防设计所依据的国外消防技术标准、规范文本（核电站核岛、常规岛工程由国外合作方设计的需提供）。

（二）申请核电站建设消防验收审批需提交：核电站消防验收申请书；核电站消防竣工验收报告。

第十五章　国家能源和安全项目建设审批

国务院审改办要求严格落实行政许可法和有关法律法规，规范行政审批受理、审查、决定、送达等各环节，确保行政审批全过程依法有序进行。依法全面公开行政审批信息，切实保障申请人知情权，规范行政裁量权，实行"阳光审批"。减少审批环节，简化审批程序，优化审批流程，依法限时办结，进一步缩短办理时间，加快审批进程，提高审批效率。

承担行政审批职能的部门要将审批事项集中到"一个窗口"受理，申请量大的要安排专门场所，积极推行网上集中预受理和预审查，创造条件推进网上审批。各有关部门对申请材料符合规定的，要予以受理并出具受理单；对申请材料不齐全或者不符合法定形式的，要当场或者在五个工作日内一次性书面告知申请人需要补正的全部内容。依法应当先经下级行政机关审查后报国务院部门决定的行政审批，不得要求申请人重复提供申请材料。各有关部门要依法依规明确办理时限，在法定期限内对申请事项作出决定，不得以任何理由自行延长审批时限；依法可延长审批时限的，要按程序办理。建立审批时限预警制，针对审批事项办理进度，实行分级预警提醒。提高审批效率，对政府鼓励的事项建立"绿色通道"，进一步压缩审批时限。对批准的事项，要在法定期限内向申请人送达批准文书；不予批准的，要在法定期限内出具书面决定并告知理由。各有关部门要对承担的每项行政审批事项编制服务指南，列明设定依据、申请条件、申请材料、基本流程、审批时限、收费依据及标准、审批决定证件、年检要求、注意事项等内容。各有关部门要对承担的审批事项制定审查工作细则，逐项细化明确审查环节、审查内容、审查标准、审查要点、注意事项及不当行为需要承担的后果等，对于多部门共同审批事项，进行流程再造，明确一个牵头部门，实行"一个窗口"受理、"一站式"审批；确需实行并联审批的，不得互为前置条件。

第一节　全国性信息网络工程或者国家规定限额以上建设项目的公用电信网、专用电信网、广播电视传输网建设审核

全国性信息网络工程或者国家规定限额以上建设项目的公用电信网、专用电信网、广播电视传输网建设项目行政许可，属前审后批型。

一、设定依据

设立和规范项目实施的法律、法规及规范性文件：《国电信条例》第四十四条。

二、申请条件

（一）企业投资建设全国性信息网络工程（含国内跨省一级干线传输网、国际通信基础设施）以及限额以上的专用电信网、广播电视网等项目须按本行政许可履行审查手续，有基础电信业务经营许可的电信运营企业；专用电信网建设企业；广播电视传输网建设

企业。

（二）申请条件包括：获得基础电信业务经营许可（限公用电信网）；国家法律法规；行业发展规划、产业政策、技术政策和准入标准；国家宏观调控政策；是否影响国家安全、经济安全和生态安全；是否对公众利益，特别是项目建设地的公众利益产生重大不利影响。

三、申请材料

（一）以传输网滚动专题规划形式申请审核的，应提交下列材料（含电子文档）：项目申报单位情况；申请人传输网现状（包括路由图、上一年度传输网建设项目完成情况）；本年度传输网项目建设计划（含路由、距离、容量、投资以及资金来源等）；本年度传输网建设路由图；滚动规划期末传输网发展思路、目标及建设项目框架。

（二）未纳入传输网滚动专题规划的项目应提交：基础电信业务经营许可证（限公用电信网）；项目申报单位情况；项目申请报告（可以用可行性研究报告代替）。附送有关法律法规的规定的其他文件。

第二节　国内干线传输网（含广播电视网）以及其他涉及信息安全的电信基础设施项目核准

国内干线传输网（含广播电视网）以及其他涉及信息安全的电信基础设施项目核准，属前审后批型。

一、设定依据

设立和规范项目实施的法律、法规及规范性文件：《国务院关于发布政府核准的投资项目目录（2016年本）的通知》（国发〔2016〕72号）第四条。

二、申请条件

（一）有基础电信业务经营许可的电信运营企业；专用电信网建设企业；广播电视传输网建设企业；其他与涉及信息安全的电信基础设施相关的企业。上述企业投资建设国内干线传输网项目和涉及信息安全的电信基础设施建设项目。

（二）申请条件包括：获得基础电信业务经营许可（限公用电信网）；符合国家法律法规；行业发展规划、产业政策、技术政策和准入标准；国家宏观调控政策；是否影响国家安全、经济安全和生态安全；是否对公众利益，特别是项目建设地公众利益产生重大不利影响。

三、申请材料

（一）国内干线传输网项目核准应提交下列材料（含电子文档）：项目申报单位情况；申请人传输网现状（包括路由图、上一年度传输网建设项目完成情况）；本年度传输网项目建设计划（含路由、距离、容量、投资以及资金来源等）；本年度传输网建设路由图；国内干线传输网三年滚动规划。

（二）涉及信息安全的电信基础设施项目核准应提交下列材料（含电子文档）：项目申报单位情况；所报项目建设方案（项目申请报告），此外，应根据国家法律法规的规定附送以下文件：城乡规划行政主管部门出具的选址意见书（仅指以划拨方式提供国有土地使用权的项目）；国土资源行政主管部门出具的项目用地预审意见（不涉及新增用地，在已批准的建设用地范围内进行改扩建的项目，可以不进行用地预审）；节能审查机关出具的节能审查意见；根据有关法律法规的规定应当提交的其他文件。

第三节　国家规划矿区内新增年生产能力 120 万吨及以上、500 万吨以下煤炭开发项目核准

国家规划矿区内煤炭开发项目适用于国家规划矿区内新增年生产能力 120 万吨及以上、500 万吨以下的煤炭开发项目，包括新建、改扩建、技术改造等类型，属前审后批。

一、审批依据

（一）《行政许可法》。

（二）《企业投资项目核准和备案管理条例》（国务院令第 673 号）。

（三）《国务院办公厅关于印发国家能源局主要职责内设机构和人员编制规定的通知》（国办发〔2013〕51 号）。

（四）《国务院关于投资体制改革的决定》（国发〔2004〕20 号）。

（五）《国务院关于发布政府核准的投资项目目录（2016 年本）的通知》（国发〔2016〕72 号）。

（六）《企业投资项目核准和备案管理办法》（国家发展改革委 2017 年第 2 号令）。

（七）《国务院关于调整和完善固定资产投资项目资本金制度的通知》（国发〔2015〕51 号）。

（八）《工程建设项目申报材料增加招标内容和核准招标事项暂行规定》（国家发改委 2013 年第 23 号令修正）。

（九）《招标投标法》第三条；《招标投标法实施条例》第七条。

（十）《国家发展改革委关于印发国家发展改革委重大固定资产投资项目社会稳定风险评估暂行办法的通知》（发改投资〔2012〕2492 号）。

二、申请条件

按照申请材料目录准备材料，齐全后即可进行申报。到国家能源局申请项目核准，具体的申报流程：获取项目代码；登录全国投资项目在线审批监管平台，选择相应事项，按要求登记项目信息，将在 3 至 5 个工作日拿到项目代码；获取项目代码后，在网上政务服务大厅登记；按办事指南要求，将申请材料准备齐全后，登录国家发改委网上政务服务大厅进行网上登记；提交纸质材料；申请材料可邮寄或现场提交至政务服务大厅。

第四节　新建（含异地扩建）300 万吨以下进口液化天然气接收、储运设施项目核准

新建（含异地扩建）进口液化天然气接收、储运设施项目范围是指新建（含异地扩建）300 万吨以下进口液化天然气接收、储运设施项目由国家能源局核准。

一、办理依据

（一）《行政许可法》。

（二）《国务院对确需保留的行政审批项目设定行政许可的决定》（国务院令第 412

号）。

（三）《国务院关于投资体制改革的决定》（国发〔2004〕20 号）。

（四）《国务院关于发布政府核准的投资项目目录（2016 年本）的通知》（国发〔2016〕72 号）。

（五）《国务院办公厅关于印发精简审批事项规范中介服务实行企业投资项目网上并联核准制度工作方案的通知》（国办发〔2014〕59 号）。

（六）《企业投资项目核准和备案管理办法》（国家发改委 2017 年第 2 号）。

（七）《外商投资项目核准和备案管理办法》（国家发改委 2014 年第 12 号）。

（八）《关于修改〈境外投资项目核准和备案管理办法〉和〈外商投资项目核准和备案管理办法〉有关条款的决定》（国家发改委令 2014 年第 20 号）。

（九）《外商投资产业指导目录（2015 年修订）》（国家发改委、商务部令 2015 年第 22 号）。

（十）《港口岸线使用审批管理办法》（交通部、国家发改委令 2012 年第 6 号）。

（十一）《国家发展改革委关于印发国家发展改革委重大固定资产投资项目社会稳定风险评估暂行办法的通知》（发改投资〔2012〕2492 号）。

（十二）《国务院关于第二批取消 152 项中央制定地方实施行政审批事项的决定》（国发〔2016〕9 号）。

二、申报材料

计划单列企业集团、中央管理企业上报、省级发改或能源行业管理部门转报的项目核准请示文件（附该项目社会稳定风险评估报告及项目所在地政府或其部门对项目社会稳定分析评估报告的意见，交通运输部对项目配套码头、港口深水岸线使用等意见）；项目申请报告；根据国家法律法规规定，附送文件：地方人民政府城乡规划行政主管部门核发的选址意见书（仅指以划拨方式提供国有土地使用权的项目）；国土资源行政主管部门出具的用地预审意见（不涉及新增用地，在已批准的建设用地范围内进行改扩建的项目，可以不进行用地预审）；海域行政主管部门出具的用海预审意见（如有用海）；项目招标内容；计划单列企业集团、中央管理企业单独上报的项目附项目所在地省级发改部门或能源行业管理部门意见。

第五节　海上油气田废弃处置预备方案备案

国内自营开发油气区块（含页岩气区块）产能建设项目备案是指海上油气田生产设施废弃处置预备方案由国家能源主管部门备案。

一、办理依据

（一）《海洋环境保护法》。

（二）《海洋倾废管理条例》。

（三）《国务院对确需保留的行政审批项目设定行政许可的决定》（国务院令第 412 号）。

（四）《企业投资项目核准和备案管理条例》（国务院令第 673 号）。

（五）《防治海洋工程建设项目污染损害海洋环境管理条例》（国务院令第 475 号）。

（六）《国务院关于投资体制改革的决定》（国发〔2004〕20号）。

（七）《国务院关于发布政府核准的投资项目目录（2016年本）的通知》（国发〔2016〕72号）。

（八）《对外合作开采海洋石油资源条例》（国家发改委令2014年第11号）。

（九）《海上油气生产设施废弃处置管理暂行规定》（发改能源〔2010〕1305号）。

（十）《国家能源局关于简化和规范国内自营开发油气区块产能建设项目及油气田废弃处置预备方案备案程序有关事项的通知》（国能油气〔2014〕409号）。

二、办理方式

请各公司于每年4月前报送本年度弃置预备方案，原则上一年备案一次，特殊的可临时提出备案申请。海上油气田废弃处置预备方案备案可与产能建设项目备案合并办理。

第六节　国内自营开发油气区块（含页岩气区块）产能建设项目备案

国内自营开发油气区块（含页岩气区块）产能建设项目备案是指原油、天然气开发项目由具有开采权的企业自行决定，并报国务院行业管理部门备案，其中，中央管理企业实施的产能建设项目由集团公司或总公司向国家能源局报送备案申请，地方企业实施的产能建设项目由省级发展改革委或能源局向国家能源局报送备案申请。

一、办理依据

（一）《国务院对确需保留的行政审批项目设定行政许可的决定》（国务院令第412号）。

（二）《国务院关于投资体制改革的决定》（国发〔2004〕20号）。

（三）《国务院关于发布政府核准的投资项目目录（2016年本）的通知》（国发〔2016〕72号）。

（四）《企业投资项目核准和备案管理条例》（国务院令第673号）。

（五）《国家能源局关于简化和规范国内自营开发油气区块产能建设项目及油气田废弃处置预备方案备案程序有关事项的通知》（国能油气〔2014〕409号）。

二、办理方式

请各公司于每年4月前报送本年度产能建设项目，原则上一年备案一次，特殊的可临时提出备案申请。页岩气自营开发项目可按区块单独办理。

第七节　非煤矿山建设项目安全设施设计审查

非煤矿山建设项目安全设施设计审查适用于以下高风险非煤矿山建设项目安全设施设计审查：稀土矿山开发项目、铀矿山建设项目、已探明工业储量5000万吨及以上规模的铁矿建设项目，海洋石油天然气建设项目，企业投资年产100万吨及以上的陆上新油田开发项目，企业投资年产20亿立方米及以上的陆上新气田开发项目，新建项目一次或者经改扩建后年产300万吨及以上或者最大开采深度1000米及以上的金属非金属地下矿山建设项目，年产1000万吨及以上或者边坡高度200米及以上的金属非金属露天矿山建设项目，总库容1亿立方米及以上或者总坝高200米及以上的尾矿库建设项目。

一、办理依据

1.《安全生产法》第三十条。

2.《建设项目安全设施"三同时"监督管理办法》（国家安全监管总局令第36号）。

3.《国家安全监管总局办公厅关于切实做好国家取消和下放投资审批有关建设项目安全监管工作的通知》（安监总厅政法〔2013〕120号）。

二、申请材料

申请材料清单见表15-1。

申请材料清单　　　　　　　　　　　　　　　　　　　　　　　　表15-1

序号	提交材料名称	原件/复印件	份数	纸质/电子	要求	备注
1	采矿许可证	复印件	1	纸质		
2	建设项目安全设施设计审查申请	原件	2	纸质		
3	设计单位的设计资质证明文件	复印件	1	纸质		
4	建设项目安全设施设计	复印件	1	纸质		
5	建设项目安全预评价报告	复印件	1	纸质		

三、办理程序

国家安全安监总局政策法规司行政审批处对申请人提交的材料进行初审，材料齐全、符合要求的予以受理。国家安全生产监督管理总局监管一司对材料进行审查，报请分管领导同意后办理批件。国家安全生产监督管理总局政策法规司行政审批处向申请人送达审批文书。

第八节　跨省运营的陆上石油天然气长输管道建设
项目安全设施设计审查

陆上石油天然气长输管道建设项目安全设施设计审查适用于跨省运营的陆上石油天然气长输管道建设项目安全设施设计审查的申请和办理。

一、办理依据

1.《安全生产法》（2014年）第三十条"用于生产、储存、装卸危险物品的建设项目的安全设施设计应当按照国家有关规定报经有关部门审查，审查部门及其负责审查的人员对审查结果负责"。

2.《危险化学品建设项目安全监督管理办法》（国家安全监管总局令第45号）第二条"中华人民共和国境内新建、改建、扩建危险化学品生产、储存的建设项目以及伴有危险化学品产生的化工建设项目（包括危险化学品长输管道项目，以下统称建设项目），其安全管理及其监督管理，适用本办法。第四条"国家安全生产监督管理总局指导、监督全国建设项目安全审查和建设项目安全设施竣工验收的实施工作，并负责实施下列建设项目的安全审查：国务院审批（核准、备案）的；跨省、自治区、直辖市的。"第六条"负责实施建设项目安全审查的安全生产监督管理部门根据工作需要，可以将其负责实施的建设项目安全审查工作，委托下一级安全生产监督管理部门实施。"

二、申请材料

申请材料清单见表 15-2。

申请材料清单　　　　　　　　　　　　　　　　　　　　表 15-2

序号	提交材料名称	原件/复印件	份数	纸质/电子	要求	备注
1	建设项目安全设施设计审查申请书及文件	原件	3	纸质	《国家安全监管总局办公厅关于印发危险化学品建设项目安全审查文书的通知》（安监总厅管三）〔2012〕132 号	
2	设计单位的设计资质证明文件	复制件	3	纸质	《陆上石油天然气长输管道建设项目安全设施设计专篇编制导则（试行）》	
3	建设项目安全设施设计专篇	原件	3	纸质	《建设项目安全设施"三同时"监督管理办法》（国家安全监管总局令第 36 号）、《危险化学品建设项目安全监督管理办法》（国家安全监管总局令第 45 号）《陆上石油天然气长输管道建设项目安全设施设计专篇编制导则（试行）》	

三、办理程序

国家安全安监总局政策法规司行政审批处对申请人提交的材料进行初审，材料齐全符合要求的予以受理。国家安全生产监督管理总局监管三司进行审查。国家安全生产监督管理总局政策法规司行政审批处向申请人送达审批文书。

第九节　金属冶炼建设项目安全设施设计审查

金属冶炼建设项目安全设施设计审查适用于国务院及其有关主管部门审批（核准、备案）的金属冶炼建设项目安全设施设计审批事项的申请和办理。

一、办理依据

《安全生产法》第 30 条第 2 款：矿山、金属冶炼建设项目和用于生产、储存、装卸危险物品的建设项目的安全设施设计应当按照国家有关规定报经有关部门审查，审查部门及其负责审查的人员对审查结果负责。

二、申请材料

申请材料清单见表 15-3。

申请材料清单 表 15-3

序号	提交材料名称	原件/复印件	份数	纸质/电子	要求	备注
1	建设项目审批、核准或者备案的文件	复印件	1	纸质		
2	建设项目安全设施设计审查申请	原件	4	纸质	……	
3	设计单位的设计资质证明文件	复印件	1	纸质	如有多个设计单位,提供每个设计单位资质证明	
4	建设项目安全设施设计	原件	1	纸质/电子		
5	建设项目初步设计	复印件	1	纸质		作为审查参考依据
6	建设项目安全预评价报告及相关文件资料	原件	1	纸质/电子		
7	法律、行政法规、规章规定的其他文件资料					

三、办理程序

国家安全安监总局政策法规司行政审批处对申请人提交的材料进行初审,材料齐全符合要求的予以受理。国家安全生产监督管理总局监管四司进行审查。国家安全生产监督管理总局政策法规司行政审批处向申请人送达审批文书。

第十节 跨省运营的陆上石油天然气长输管道建设项目安全条件审查

陆上石油天然气长输管道建设项目安全条件审查适用于跨省运营的陆上石油天然气长输管道建设项目安全条件审查行政许可的申请和办理。

一、办理依据

《危险化学品安全管理条例》(国务院令第 591 号)第十二条"新建、改建、扩建生产、储存危险化学品建设项目,应当由安全生产监督管理部门进行安全条件审查"。

《危险化学品建设项目安全监督管理办法》(国家安全监管总局令第 45 号)第二条"中华人民共和国境内新建、改建、扩建危险化学品生产、储存的建设项目以及伴有危险化学品产生的化工建设项目(包括危险化学品长输管道项目,以下统称建设项目),其安全管理及其监督管理,适用本办法。第四条"国家安全生产监督管理总局指导、监督全国建设项目安全审查和建设项目安全设施竣工验收的实施工作,并负责实施下列建设项目的安全审查:国务院审批(核准、备案)的;跨省、自治区、直辖市的。"第六条"负责实施建设项目安全审查的安全生产监督管理部门根据工作需要,可以将其负责实施的建设项目安全审查工作,委托下一级安全生产监督管理部门实施。委托实施安全审查的,审查结果由委托的安全生产监督管理部门负责。跨省、自治区、直辖市的建设项目和生产剧毒化学品的建设项目,不得委托实施安全审查。建设项目有下列情形之一的,不得委托县级人民政府安全生产监督管理部门实施安全审查：涉及国家安全生产监督管理总局公布的重点监管危险化工工艺的；涉及国家安全生产监督管理总局公布的重点监管危险化学品中的有毒气体、液化气体、易燃液体、爆炸品，且构成重大危险源的。接受委托的安全生产监督管理部门不得将其受托的建设项目安全审查工作再委托其他单位实施。"

二、申请材料

申请材料清单见表 15-4。

申请材料清单 表 15-4

序号	提交材料名称	原件/复印件	份数	纸质/电子	要求	备注
1	建设项目安全条件审查申请书及文件	原件	3	纸质	《国家安全监管总局办公厅关于印发危险化学品建设项目安全审查文书的通知》（安监总厅管三）〔2012〕132 号	
2	建设项目安全评价报告	原件	3	纸质	《建设项目安全设施"三同时"监督管理办法》（国家安全监管总局令第 36 号）、《危险化学品建设项目安全监督管理办法》（国家安全监管总局令第 45 号）	
3	建设项目批准、核准或者备案文件和规划相关文件（复制件）	复印件	3	纸质	《危险化学品建设项目安全监督管理办法》（国家安全监管总局令第 45 号）	
4	工商行政管理部门颁发的企业营业执照或者企业名称预先核准通知书	复印件	3	纸质	《危险化学品建设项目安全监督管理办法》（国家安全监管总局令第 45 号）	

三、办理程序

国家安全安监总局政策法规司行政审批处对申请人提交的材料进行初审，材料齐全符合要求的予以受理。国家安全生产监督管理总局监管三司进行审查。国家安全生产监督管理总局政策法规司行政审批处向申请人送达审批文书。

第十六章　国家农林和重点文物项目审批

国务院审改办关于保留为国务院部门行政审批必要条件的中介服务事项汇总清单的说明：为深入推进行政审批制度改革，优化行政审批环节，规范国务院部门行政审批中介服务事项，经与有关部门核实，国务院审改办汇总形成了保留为国务院部门行政审批必要条件的中介服务事项清单，共130项。本章主要介绍国家农林和重点文物事项的部局级审批。

第一节　国家建设工程征占用林地审核

一、依据

（一）《森林法》。

（二）《森林法实施条例》。

（三）《占用征用林地审核审批管理办法》（国家林业局令第2号）。

（四）《国家林业局关于印发〈占用征用林地审核审批管理规范〉的通知》（林资发〔2003〕139号）。

二、条件

（一）申请人资格条件：占用重点林区的林地的，占用或征用其他地区防护林林地或特种用途林林地面积10公顷以上，用材林、经济林、薪炭林林地及其采伐迹地面积35公顷以上，其他林地面积70公顷以上的公民、法人或其他组织。

（二）申请人需提交的材料：占用征用林地建设单位法人证明，建设单位或其法定代表人变更的，要有变更证明；使用林地申请表；项目批准文件（审批制的建设项目，提交可行性研究报告批复和初步设计批复；核准制、备案制的建设项目，提交核准、备案的确认文件。城市规划区内为实施城市规划的建设项目征占用林地的，提交建设用地规划许可证。勘查、开采矿藏项目，提交勘查许可证、采矿许可证和其他相关批准文件。其他建设项目，提交相关行政主管部门的批准文件）；被占用或被征用林地的权属证明材料；有资质的设计单位作出的项目使用林地可行性报告；建设单位与被占用征用林地单位或个人签订的林地、林木补偿协议、安置补助费协议，由县级以上地方人民政府统一制定补偿、补助方案的，要有该人民政府制定的方案；征占用自然保护区、森林公园、风景名胜区林地的，提交相关行政主管部门同意的意见。

（三）有关林业主管部门需提交的材料：现场查验报告；省级林业主管部门用正式文件上报的审查意见。

三、程序

建设单位向县级林业行政主管部门或重点林区国有林业局申请；地方各级林业行政主管部门受理申请后，在规定时限内提出具体明确的审查意见，按规定逐级上报国家林业局；审核同意的，按照规定预收森林植被恢复费，由国家林业局向申请人核发《使用林地审核同意书》；审核不同意的，由国家林业局书面通知申请人并说明理由，告知复议或诉讼权利。

四、收费标准和依据

建设工程占用征用林地收取森林植被恢复费。

（一）收费标准：

1. 用材林林地、经济林林地、薪炭林林地、苗圃地，每平方米收取 6 元。

2. 未成林造林地，每平方米收取 4 元。

3. 防护林和特种用途林林地，每平方米收取 8 元；国家重点防护林和特种用途林林地，每平方米收取 10 元。

4. 疏林地、灌木林地，每平方米收取 3 元。

5. 宜林地、采伐迹地、火烧迹地，每平方米收取 2 元。城市及城市规划区的林地，可按照上述规定标准 2 倍收取。

（二）收费依据：《森林法》；《森林法实施条例》；《财政部、国家林业局关于印发〈森林植被恢复费征收使用管理暂行办法〉的通知》（财综〔2002〕73 号）。

第二节　矿藏开采、工程建设征收、征用或者使用 70 公顷以上草原审批

矿藏开采、工程建设征收、征用或者使用 70 公顷以上草原审批为农业部负责草原审批的审批依据、申请条件、办理流程、办理时限等内容。本事项审批对象为企业，属前审后批。

一、审批依据

1.《草原法》。

2.《草原征占用审核审批管理办法》。

二、申请条件

获得省级以上相关部门关于项目建设的批复意见或颁发的项目建设登记备案证。获得省级以上环境保护部门关于项目环境影响报告的批复意见，材料中需包含对项目地草原的影响评价。获得省级农业、农牧或畜牧等相关草原行政主管部门关于项目征占用草原的审查意见。申请材料需加盖单位公章。

三、申请材料目录

《草原征占用申请表》（需带有通过农业部行政审批综合系统网上生成的流水号和二维码）；申请单位法人证明材料或个人身份证；项目批准文件；草原权属证明材料；与草原所有权者、使用者或者承包经营者签订的草原补偿费等补偿协议；拟征收使用草原的区域坐标图；拟征收使用草原自然保护区的，需提供相关行政主管部门同意征收使用草原的批复文件。

四、草原征占用审核

为了保护草原资源和环境，维护农牧民的合法权益，加强草原征占用的监督管理，规范草原征占用的审核审批，适用于下列情形：矿藏开采和工程建设等需要征用、使用草原

的审核；临时占用草原的审核；在草原上修建直接为草原保护和畜牧业生产服务的工程设施使用草原的审批。矿藏开采、工程建设和修建工程设施应当不占或少占草原，除国家重点工程项目外，不得占用基本草原。矿藏开采和工程建设确需征用或使用草原的，依照下列规定的权限办理：征用、使用草原超过 70 公顷的，由农业部审核；征用、使用草原 70 公顷及其以下的，由省级人民政府草原行政主管部门审核。

五、临时占用草原

临时占用草原的期限不得超过 2 年，并不得在临时占用的草原上修建永久性建筑物、构筑物；占用期满，使用草原的单位或个人应当恢复草原植被并及时退还。

六、为草原保护和畜牧业生产服务的工程设施

（一）在草原上修建直接为草原保护和畜牧业生产服务的工程设施确需使用草原的，依照下列规定的权限办理：使用草原超过 70 公顷的，由省级人民政府草原行政主管部门审批；使用草原 70 公顷及其以下的，由县级以上地方人民政府草原行政主管部门依据所在省、自治区、直辖市确定的审批权限审批。

（二）直接为草原保护和畜牧业生产服务的工程设施，是指生产、贮存草种和饲草饲料的设施；牲畜圈舍、配种点、剪毛点、药浴池、人畜饮水设施；科研、试验、示范基地；草原防火和灌溉设施。

七、草原征占用条件

草原征占用应当符合下列条件：符合国家的产业政策，国家明令禁止的项目不得征占用草原；符合所在地县级草原保护建设利用规划，有明确的使用面积或临时占用期限；对所在地生态环境、畜牧业生产和农牧民生活不会产生重大不利影响；征占用草原应当征得草原所有者或使用者的同意；征占用已承包经营草原的，还应当与草原承包经营者达成补偿协议；临时占用草原的，应当具有恢复草原植被的方案；申请材料齐全、真实；法律、法规规定的其他条件。

八、草原征占用申请

草原征占用单位或个人应当向具有审核审批权限的草原行政主管部门提出草原征占用申请。矿藏开采和工程建设等确需征用、使用草原的单位或个人，应当填写《草原征占用申请表》，同时提供下列材料：项目批准文件；草原权属证明材料；有资质的设计单位做出的包含环境影响评价内容的项目使用草原可行性报告；与草原所有权者、使用者或承包经营者签订的草原补偿费和安置补助费等补偿协议。临时占用草原的，应当提供规定的材料、草原植被恢复方案以及与草原所有者、使用者或承包经营者签订的草原补偿费等补偿协议。修建直接为草原保护和畜牧业生产服务的工程设施使用草原的，应当提供规定的材料。

九、草原征用使用审核

草原行政主管部门应当自受理申请之日起 20 个工作日内完成审核或者审批工作。20 个工作日内不能完成的，经本部门负责人批准，可延长 10 个工作日，并告知申请人延长的理由。草原行政主管部门应当组织对被申请征用、使用的草原进行现场查验，核查草原面积等情况，并填写《草原征用使用现场查验表》。被申请征用、使用草原的摄像或照片资料和地上建筑、基础设施建设的视听资料，可以作为《草原征用使用现场查验表》的附属材料。现场查验人员应当在《草原征占用申请表》上签署查验意见，并将《草原征用使

用现场查验表》连同其他相关资料报送草原行政主管部门审查。矿藏开采和工程建设等确需征用、使用草原的申请，经审查同意的，草原行政主管部门应当向申请人发放《草原征用使用审核同意书》，并按照《草原法》的规定，预收草原植被恢复费；经审查不同意的，应当在《草原征占用申请表》中说明不同意的理由，并书面告知申请人。

申请人凭《草原征用使用审核同意书》依法向土地管理部门申请办理建设用地审批手续。建设用地申请未获批准的，草原行政主管部门应当将预收的草原植被恢复费全部退还申请人。临时占用草原或修建直接为草原保护和畜牧业生产服务的工程设施需要使用草原的申请，经审核审批同意的，草原行政主管部门应当以文件形式通知申请人。草原征用、使用、临时占用单位或个人应当按照批准的面积征用、使用、临时占用，不得擅自扩大面积。确需扩大面积的，应当依照的规定重新申请。

第三节　建设项目使用林地保护区建设审批

建设项目使用林地及在林业部门管理的自然保护区、沙化土地封禁保护区建设审批（核），包括：勘查、开采矿藏和各项建设工程使用林地审核；在林业部门管理的国家级自然保护区建立机构和修筑设施审批；在沙化土地封禁保护区范围内进行修建铁路、公路等建设活动审批，属行政许可。适用于勘查、开采矿藏和各项建设工程使用林地审核事项，在林业部门管理的国家级自然保护区建立机构和修筑设施审批事项，以及在沙化土地封禁保护区范围内进行修建铁路、公路等建设活动审批的申请和办理。

一、办理依据

（一）设定依据：

1.《森林法》第十八条第一款：进行勘查、开采矿藏和各项建设工程，应当不占或者少占林地；必须占用或者征收、征用林地的，经县级以上人民政府林业主管部门审核同意后，依照有关土地管理的法律、行政法规办理建设用地审批手续，并由用地单位依照国务院有关规定缴纳森林植被恢复费。

2.《森林法实施条例》第十六条：勘查、开采矿藏和修建道路、水利、电力、通讯等工程，需要占用或者征收、征用林地的，必须遵守下列规定：用地单位应当向县级以上人民政府林业主管部门提出用地申请，经审核同意后，按照国家规定的标准预交森林植被恢复费，领取使用林地审核同意书。用地单位凭使用林地审核同意书依法办理建设用地审批手续。占用或者征收、征用林地未经林业主管部门审核同意的，土地行政主管部门不得受理建设用地申请。占用或者征收、征用防护林林地或者特种用途林林地面积10公顷以上的，用材林、经济林、薪炭林林地及其采伐迹地面积35公顷以上的，其他林地面积70公顷以上的，由国务院林业主管部门审核；占用或者征收、征用林地面积低于上述规定数量的，由省、自治区、直辖市人民政府林业主管部门审核。占用或者征收、征用重点林区的林地的，由国务院林业主管部门审核。

3.《森林和野生动物类型自然保护区管理办法》第十一条：自然保护区的自然环境和自然资源，由自然保护区管理机构统一管理。未经林业部或省、自治区、直辖市林业主管部门批准，任何单位和个人不得进入自然保护区建立机构和修筑设施。

4.《防沙治沙法》第二十二条第三款：未经国务院或者国务院指定的部门同意，不得在沙化土地封禁保护区范围内进行修建铁路、公路等建设活动。

（二）实施依据

1. 《建设项目使用林地审核审批管理办法》（国家林业局令第 35 号）。

2. 国家林业局关于印发《建设项目使用林地审核审批管理规范》和《使用林地申请表》、《使用林地现场查验表》的通知（林资发〔2015〕122 号）。

3. 《建设项目使用林地可行性报告编制规范》（LY/T 2492—2015）。

4. 《国家林业局 国务院三峡工程建设委员会办公室关于转发国法秘函〔2003〕260 号文的通知》（林资发〔2004〕140 号）。

5. 《国家林业局关于从严控制矿产资源开发等项目占用东北、内蒙古重点国有林区林地的通知》（林资发〔2013〕4 号）。

6. 《国家林业局关于光伏电站建设使用林地有关问题的通知》（林资发〔2015〕153 号）。

7. 《关于进一步加强涉及自然保护区开发建设活动监督管理的通知》（环发〔2015〕57 号）。

二、办事条件

（一）申请人条件：

子项 1：使用防护林林地或者特种用途林林地面积 10 公顷以上的，用材林、经济林、薪炭林林地及其采伐迹地面积 35 公顷以上的，其他林地面积 70 公顷以上的公民、法人或者其他组织。使用重点国有林区林地的公民、法人或者其他组织。

子项 2：拟在林业部门管理的国家级自然保护区内建立机构或修筑设施的公民、法人或者其他组织。

子项 3：已经取得在沙化土地封禁保护区内修建铁路、公路等项目建议书批复的单位。

同时申请子项 1、2 或 3 的，应当同时具备各相应子项的申请人条件。

（二）符合如下条件的，准予批准：

子项 1：建设项目使用林地，符合林地保护利用规划，合理和节约集约利用林地。建设项目限制使用生态区位重要和生态脆弱地区的林地，限制使用天然林和单位面积蓄积量高的林地，限制经营性建设项目使用林地。建设项目使用林地应当遵守林地分级管理的规定：各类建设项目不得使用Ⅰ级保护林地。国务院批准、同意的建设项目，国务院有关部门和省级人民政府及其有关部门批准的基础设施、公共事业、民生建设项目，可以使用Ⅱ级及其以下保护林地。国防、外交建设项目，可以使用Ⅱ级及其以下保护林地。县（市、区）和设区的市、自治州人民政府及其有关部门批准的基础设施、公共事业、民生建设项目，可以使用Ⅱ级及其以下保护林地。战略性新兴产业项目、勘查项目、大中型矿山、符合相关旅游规划的生态旅游开发项目，可以使用Ⅱ级及其以下保护林地。其他工矿、仓储建设项目和符合规划的经营性项目，可以使用Ⅲ级及其以下保护林地。符合城镇规划的建设项目和符合乡村规划的建设项目，可以使用Ⅱ级及其以下保护林地。符合自然保护区、森林公园、湿地公园、风景名胜区等规划的建设项目，可以使用自然保护区、森林公园、湿地公园、风景名胜区范围内Ⅱ级及其以下保护林地。公路、铁路、通讯、电力、油气管线等线性工程和水利水电、航道工程等建设项目配套的采石（沙）场、取土场使用林地按照主体建设项目使用林地范围执行，但不得使用Ⅱ级保护林地中的有林地。其中，在重点国有林区内，不得使用Ⅲ级以上保护林地中的有林地。上述建设项目以外的其他建设项目可以使用Ⅳ级保护林地。符合国家供地政策，对生态环境不会造成重大影响。

子项2：符合《国务院办公厅关于转发国土资源部等部门找矿突破战略行动纲要（2011—2020年）的通知》（国办发〔2011〕57号）的文件精神，对保护区的主要保护对象及其栖息地环境造成负面影响轻微的或可控制；建设项目符合自然保护区主体功能定位。

子项3：铁路、公路等建设活动在国民经济和社会发展、国家安全等方面地位极其重要，意义重大，且不可避免地需要占用沙化土地封禁保护区，有下列情况之一的：出于国防建设的需要；为改善沙区群众生产、生活条件的需要；出于发展地方经济的需要，如果不占用沙化土地封禁保护区有可能造成资源浪费，甚至失去了修建铁路、公路等建设活动本来意义的；其他意义极为重大的公路、铁路等建设活动。建设项目占用沙化土地封禁保护区方案科学、合理，体现了尽量少占沙化土地封禁保护区，保护生态，以保证沙化土地封禁保护区完整性、连续性的目的。防沙治沙方案科学、合理、可行，预防土地沙化和治理沙化土地措施得力，符合国家和省级防沙治沙规划，不会导致沙化扩展和生态恶化的。

三、申请材料

申请材料子项1、子项2、子项3清单见表16-1

申请材料清单
表16-1

子项1：

序号	提交材料名称	原件/复印件	份数	纸质/电子	要求	备注
1	《使用林地申请表》	原件	1	纸质/电子	国家林业局统一规定式样的《使用林地申请表》	以县为单位
2	用地单位的资质证明或者个人的身份证明	复印件	1	纸质/电子	营业执照，事业单位法人证明，组织机构代码证或个人身份证等	
3	建设项目有关批准文件	原件或复印件	1	纸质/电子	1. 审批制、核准制的建设项目，提供项目可行性研究报告批复、核准批复等；备案制的建设项目，提供备案确认文件，其他批准文件包括：需审批初步设计的建设项目应当提供初步设计批复；符合城镇规划的建设项目应当提供建设用地规划许可证或者建设项目选址意见书。 2. 乡村建设项目，按照有关地方规定提供项目批准文件，其中，符合乡村规划的建设项目，应当提供乡村规划许可证或者县级城乡规划主管部门出具的符合乡村规划的证明文件。 3. 批次用地项目，提供有关人民政府同意的批次用地说明书，内容包括用地范围、用地面积、开发用途（具体建设内容）、符合城镇总体规划或近期建设规划情况或乡村规划情况。 4. 勘查、开采矿藏项目，提供勘查许可证、采矿许可证和项目批准文件。 5. 宗教、殡葬设施等建设项目，提供相关行政主管部门的批准文件	

续表

序号	提交材料名称	原件/复印件	份数	纸质/电子	要求	备注
4	拟使用林地的有关材料	原件或复印件	1	纸质/电子	林地权属证书、林地权属证书明细表或者林地证明（没有权属证书的林地或者政府统一征地的，可以由县级人民政府林业主管部门出具林地权属证书明细表，或者由县级人民政府林业主管部门依据经批准的县级林地保护利用规划出具林地证明，其中，出具林地权属证书明细表的，有关林地权属证书应在县级人民政府林业主管部门存档；出具林地证明的，国有林地应当明确到具体的经营单位，集体林地应当明确到具体的村（组）；涉及使用国有林场等国有林业企事业单位经营的国有林地，提供其所属主管部门的意见材料及用地单位与其签订的使用林地补偿协议；属于符合自然保护区、森林公园、湿地公园、风景名胜区等规划的建设项目，提供相关规划或者相关管理部门出具的符合规划的证明材料，其中，涉及自然保护区和森林公园的林地，提供其主管部门或者机构的意见材料）	依据国家林业局令第35号和林资发〔2015〕122号文
5	建设项目使用林地可行性报告或者林地现状调查表	原件	1	纸质/电子	符合《建设项目使用林地可行性报告编制规范》（LY/T 2492—2015号）要求	
6	省、市、县级林业主管部门的初步审查意见	原件	1	纸质/电子	需要报上级人民政府林业主管部门审核和审批的建设项目，下级人民政府林业主管部门应当将初步审查意见报上级人民政府林业主管部门	
7	有关林业主管部门出具的现场查验表	原件	1	纸质/电子	县级人民政府林业主管部门对材料齐全、符合条件的使用林地申请，指派2名以上工作人员进行现场查验。重点国有林区省级林业主管部门应当对建设项目使用林地进行现场查验	

子项2：

序号	提交材料名称	原件/复印件	份数	纸质/电子	要求	备注
1	拟建立机构或修筑设施的单位或个人的申请文件	原件	1	纸质/电子		
2	拟建机构或设施的规划或工程设计文件	原件/复印件	1	纸质/电子		

续表

序号	提交材料名称	原件/复印件	份数	纸质/电子	要求	备注
3	县级以上人民政府及有关部门批准建立机构或修筑设施的文件	复印件	1	纸质/电子		
4	保护、管理、补偿等协议	复印件	1	纸质/电子		如涉及保护区社区的，还应有与社区签署的补偿、安置等协议，以及协议公证书
5	拟建机构或修筑设施对自然保护区自然资源、自然生态系统和主要保护对象的影响的评价报告	原件	1	纸质/电子	包括影响及减轻影响、生态恢复措施等，并附专家论证意见	
6	公示材料	复印件	1	纸质/电子	在当地公开发行的日报上对拟建机构或修筑设施进行公示	附相关公示材料和公示结果
7	省级林业行政主管部门意见	原件	1	纸质/电子		

子项3：

序号	提交材料名称	原件/复印件	份数	纸质/电子	要求	备注
1	在沙化土地封禁保护区范围内进行铁路、公路等建设活动的申请表	原件	1	纸质/电子		
2	项目批准文件	复印件	1	纸质/电子	经项目主管部门审核的项目批准文件	
3	建设项目可行性研究报告	原件	1	纸质/电子	从技术、经济、社会发展、环境保护等方面对项目设立的必要性、可行性及相关配套措施进行全面、系统的分析论证	
4	建设项目占用沙化土地封禁保护区方案	原件	1	纸质/电子	具体阐述占用沙化土地封禁保护区对生态环境的保护措施、资金安排、进度安排、预期效果等	

序号	提交材料名称	原件/复印件	份数	纸质/电子	要求	备注
5	建设项目环境影响评价报告中有关防沙治沙的内容	原件	1	纸质/电子		参见《中华人民共和国防沙治沙法》、《国务院关于进一步加强防沙治沙工作的决定》（国发〔2005〕29号）及《国家林业局关于做好沙区开发建设项目环评中防沙治沙内容评价工作的意见》（林沙发〔2013〕136号）的相关规定

第四节　全国重点文物保护单位建设控制地带内建设工程设计方案审批

对建设控制地带内建设工程项目属全国重点文物保护单位建设控制地带内建设工程设计方案审批，实施前审后批制度。

一、办理依据

《文物保护法》第十八条：在文物保护单位的建设控制地带内进行建设工程，不得破坏文物保护单位的历史风貌；工程设计方案应当根据文物保护单位的级别，经相应的文物行政部门同意后，报城乡建设规划部门批准。

二、申请条件和材料目录

申请书，内容包括：建设单位名称及法人登记证明；文物名称；工程名称、地点、规模。建设工程的规划、设计方案，内容包括：1/500 或者 1/2000 现状地形图（标出涉及的文物保护单位），建设工程设计方案还需上报相关建筑的总平面图、平面、立面、剖面图。工程对文物可能产生破坏或影响的评估报告及为保护文物安全及历史、自然环境所采用的相关措施设计。省级文物行政部门制定的该文物保护单位的具体保护措施；涉及世界文化遗产的，需提供申报文本或有关说明材料，涉及地下埋藏文物的，须提供考古勘探发掘资料。省级文物行政部门的意见。

三、办理基本流程

由省级文物行政部门通过国家文物局网报网审平台上传申请材料——受理申请材料——组织专业机构或者专家评审（必要时组织实地核查）——审核申请材料——提出审查意见及理由——局内审核——作出准予许可或者不予许可的决定。

第五节　全国重点文物保护单位修缮审批

一、依据

《文物保护法》第二十一条。

二、许可程序

由国家文物局秘书处决定是否受理；由文物保护与考古司相关处室负责人审查，拟定准予或不予行政许可的决定；由文物保护与考古司负责人审核后报局领导批准；由秘书处将行政许可决定送达申请人。

三、申请人需要提交的材料目录

申请书内容包括：申请人名称及相关证明材料；工程名称、位置、类别和规模；国家文物局批准该修缮项目设计方案的文件。

第六节　全国重点文物保护单位原址保护措施审批

一、依据

《文物保护法》第二十条。

二、许可程序

由国家文物局秘书处决定是否受理；由文物保护与考古司相关处室负责人审查，拟定准予或不予行政许可的决定；由文物保护与考古司负责人审核后报局领导批准；由秘书处将行政许可决定送达申请人。

三、申请人需要提交的材料目录

申请书，内容包括：申请人名称及相关证明材料；保护措施名称、理由及主要内容；建设工程选址批准文件；保护措施具体方案；保护措施具体方案中涉及文物保护工程的，应附国家文物局批准该工程方案的文件。

第七节　省级文物保护单位的迁移或拆除审批

一、依据

《文物保护法》第二十条。

二、许可程序

由秘书处决定是否受理；由文物保护与考古司相关处室负责人审查，拟定准予或不予行政许可的决定；由文物保护与考古司负责人审核后报局领导批准；由秘书处将行政许可决定送达申请人。

三、申请人需要提交的材料目录

省级人民政府的征求意见文件；必须迁移或拆除文物保护单位的理由及论证评估材料；迁移或拆除文物保护单位的具体方案。

第八节　在宗教活动场所内改建或者新建建筑物审批

一、行政许可依据

《宗教事务条例》第二十五条。

二、行政许可条件

1. 宗教活动场所管理组织集体研究同意。

2.拟改建或者新建的建筑物符合该宗教的建筑规制，与该场所的环境相协调。

3.符合国家有关规划、文物、建设、消防、环保等方面的规定。

4.施工期间能够基本保证信教群众开展宗教活动。

5.有必要的建设资金。

三、申请材料

申请书，内容包括拟改建或者新建建筑物的项目说明及理由等；宗教活动场所管理组织集体研究同意的书面材料；拟改建或者新建建筑物的设计草图、位置图、效果图及可行性报告；规划、文物、建设、消防、环保等部门的审核意见；有权改建或者新建建筑物的相关证明；保证宗教活动正常开展的情况说明；建设资金证明。

四、行政许可程序

拟改建或者新建的建筑物不影响宗教活动场所现有布局和功能的，由宗教活动场所向所在地县级人民政府宗教事务部门提出申请，县级人民政府宗教事务部门作出许可决定；拟改建或者新建的建筑物改变宗教活动场所现有布局和功能的，由宗教活动场所向所在地县级人民政府宗教事务部门提出申请，县级人民政府宗教事务部门提出审核意见后，属寺院、宫观、清真寺、教堂的，经设区的市级人民政府宗教事务部门审核，报省级人民政府宗教事务部门作出许可决定；属其他固定宗教活动处所的，报设区的市级人民政府宗教事务部门作出许可决定。

五、行政许可办理期限

县级人民政府宗教事务部门自受理申请之日起 20 日内，作出许可决定或者提出审核意见。设区的市级人民政府宗教事务部门自收到县级人民政府宗教事务部门的审核意见和材料之日起 20 日内，作出许可决定或者提出审核意见。省级人民政府宗教事务部门自收到设区的市级人民政府宗教事务部门的审核意见和材料之日起 20 日内，作出许可决定。

第六篇　建设项目地方审批备案

第十七章　房屋和市政设施项目审批

住房和城乡建设部指定地方涉及房屋和市政设施项目审批实施行政许可事项清单：建设项目选址意见书核发、建设用地（含临时用地）规划许可证核发、建设工程（含临时建设）规划许可证核发、乡村建设规划许可证核发；超限高层建筑工程抗震设防审批；建筑施工许可；改变绿化规划、绿化用地的使用性质审批；历史建筑实施原址保护审批；历史文化街区、名镇、名村核心保护范围内拆除历史建筑以外的建筑物、构筑物或者其他设施审批；历史建筑外部修缮装饰、添加设施以及改变历史建筑的结构或者使用性质审批。本章介绍超限高层建筑工程抗震设防审批；建筑施工许可；改变绿化规划、绿化用地的使用性质审批；历史建筑实施原址保护审批；历史文化街区、名镇、名村核心保护范围内拆除历史建筑以外的建筑物、构筑物或者其他设施审批；历史建筑外部修缮装饰、添加设施以及改变历史建筑的结构或者使用性质审批。

第一节　房屋拆迁许可审批（期限延长）

房屋拆迁许可审批（期限延长）适用于本市行政区域内拆迁期限累计超过一年的房屋拆迁许可审批（期限延长）的申请与办理。

一、办理机构

上海市住房保障和房屋管理局负责对区住房保障和房屋管理局报送的拆迁期限累计超过一年的延期拆迁申请进行审批。

二、审批条件

准予批准的条件：拆迁人应当在拆迁期限内完成拆迁。确需延长拆迁期限的，应当在拆迁期限届满日的 15 日前，向区县住房保障和房屋管理局提出延长期拆迁申请，区县住房保障和房屋管理局应当在收到延期拆迁申请之日起 10 日内给予答复。拆迁期限累计超过一年的，延期拆迁申请由区县住房保障和房屋管理局报经市住房保障和房屋管理局审核后给予答复。房屋拆迁期限延长，应当符合下列条件：取得房屋拆迁许可证的基地；调整房屋拆迁期限的情况说明；非首次申请的提供前一次批复的延长通知。

三、申请材料

房屋拆迁许可审批（期限延长）行政审批申请材料目录见表 17-1。

房屋拆迁许可审批（期限延长）行政审批申请材料目录　　　　　　表 17-1

序号	提交资料名称	性质	数量	报件格式	要求
1	区县住房保障和房屋管理局申请	原件	1	纸质	
2	拆迁人关于调整房屋拆迁期限的情况说明	原件	1	纸质	
3	前一次批复的延长通知	原件	1	纸质	非首次申请的需提交

续表

序号	提交资料名称	性质	数量	报件格式	要求
4	房屋拆迁许可证	复印件	1	纸质	
5	区县住房保障和房屋管理局出具的行政处罚单	原件	1	纸质	超过延长期限的需提交

第二节　优秀历史建筑改变（调整）使用性质及内部设计使用功能和修缮（装修改造）审批

优秀历史建筑改变（调整）审批适用于本市行政区域内的优秀历史建筑改变（调整）使用性质及内部设计使用功能和修缮（装修改造）审批的申请与办理。

一、审批条件

优秀历史建筑改变（调整）使用性质及内部设计使用功能和修缮（装修改造）审批，应当符合下列条件：由产权人申请的，申请人与产权证所示产权人应一致；由受托使用管理人申请的，应提供产权人同意文件，申请人与产权人委托的应一致，产权人同意文件落款与产权证所示产权人应一致。检测报告应在有效期内，并通过专家评审。优秀历史建筑改变（调整）使用性质及内部设计使用功能和修缮（装修改造）设计、施工方案应通过专家评审。

二、申请材料

优秀历史建筑改变（调整）行政审批申请材料目录见表17-2。

1. 新办

优秀历史建筑改变（调整）行政审批申请材料目录 表17-2

序号	提交资料名称	性质	数量	报件格式	要求
1	优秀历史建筑审批申请表	原件	1	纸质	
2	保护要求告知单	原件	1	纸质	市历保中心出具
3	房屋质量检测报告及专家审查意见（保护要求告知单中明确要求检测的优秀历史建筑修缮工程申请）	原件	1	纸质	
4	房屋质量检测或者查勘报告（保护要求告知单中未要求检测的优秀历史建筑修缮工程申请，如进行过专家评审还应当提供专家评审意见）	原件	1	纸质	
5	优秀历史建筑修缮工程设计方案专家评审会议纪要	原件	1	纸质	市历保中心出具
6	根据专家评审会议纪要修改完善的优秀历史建筑修缮设计方案（纸质一份、电子版一份）及修缮设计方案专家评审后的修改说明材料	原件	1	纸质电子版	

2. 期限延长（原认定过期）：优秀历史建筑改变（调整）使用性质及内部设计使用功能和修缮（装修改造）审批自发出之日起有效期限为 1 年，如要素和审批条件未变，可申请延期，延期需至市房屋管理部门办理相关审核手续，原申请人应提交延期申请及原批复文件；如要素和审批条件有变化，应按照新办要求重新申请。

3. 变更：申请人提出对原批复文件的建设单位、项目名称、项目地址、楼幢（门牌）及其有关内容的变更。地址变迁、建设项目内容变化的，不属于变更范畴，按新办要求办理。申请人应提交变更申请（包括变更的主要内容和主要理由）、变更内容相应的证明材料。

第三节 新建住宅市政（公建）配套工程项目建议书审批

新建住宅市政（公建）配套工程项目建议书审批适用于本市行政区域内的新建住宅市政（公建）配套工程项目建议书审批的申请与办理。

一、办理机构

上海市住房保障和房屋管理局是本市新建住宅市政（公建）配套工程项目建议书审批的主管部门，负责审批区县住房保障和房屋管理部门申报的新建住宅市政（公建）配套工程项目建议书，对全市新建住宅市政配套工程项目建设管理进行协调和监管。

二、审批条件

准予批准的条件：符合城市、市政交通、配套设施建设总体规划；核对是否属于周边新建住宅区住宅市政配套设施项目；明确配套项目建设范围、内容、规模、标准；明确投资匡算和建设资金筹措意向；项目周边相关住宅的建设进度、规模、配套范围等情况；周边配套费征收和使用情况测算（收支平衡测算）。

三、申请材料

行政审批申请材料目录见表 17-3。

行政审批申请材料目录　　　　　　　　　　　　　　　　　表 17-3

序号	提交资料名称	性质	数量	报送格式	要求
1	关于送审项目建议书的请示	原件	1	纸质	单位盖公章
2	项目建议书	原件	1	纸质	
3	周边项目情况分析表	复印件	1	纸质	
4	项目总平面简图	复印件	1	纸质	
5	区域性详细规划	复印件	1	纸质	
6	相关管理部门提供的住宅项目雨、污水排放方案（或专业规划）	原件	1	纸质	

第四节 新建住宅市政（公建）配套工程可行性研究报告审批

新建住宅市政（公建）配套工程可行性研究报告审批适用于本市行政区域内的新建住

宅市政（公建）配套工程可行性研究报告审批的申请与办理。

一、办理机构

上海市住房保障和房屋管理局是本市新建住宅市政（公建）配套工程可行性研究报告审批的主管部门，负责审批区县住房保障和房屋管理部门申报的新建住宅市政（公建）配套工程可行性研究报告，对全市新建住宅市政配套工程建设管理进行协调和监管。

二、审批条件

准予批准的条件：在项目建议书批复的有效期内（一年）完成可行性研究报告；可行性研究报告内容与项目建议书批复要求基本一致；可行性研究报告经过评审，并取得评估报告；有关专业部门（单位）出具征询意见复函；通过市（区）规土部门的用地预审；工程建设范围、内容、标准和投资估算；投资渠道的明确意见（或会议纪要）文件；相关配套的搬迁费用及其资金筹措意向（投资渠道意见）；投资（预计）超过批准概算较多或涉及工程范围、方案、标准重大调整的项目，应编制工程可行性研究报告（调整）；工程可行性研究报告（调整）的调整依据和内容满足充分、完整、齐全、清晰的要求。

三、申请材料

新建住宅市政（公建）配套工程可行性研究报告行政审批申请材料目录见表17-4。

新建住宅市政（公建）配套工程可行性研究报告行政审批申请材料目录　　表17-4

序号	提交材料名称	性质	数量	报送格式	要求
1	关于送审工程可行性研究报告的请示	原件	1	纸质	单位盖公章
2	工程可行性研究报告	原件	1	纸质	
3	工程可行性研究报告评估报告	复印件	1	纸质	
4	行业意见（市政、水务）征询复函	复印件	1	纸质	
5	用地预审意见（规土部门）	复印件	1	纸质	

第五节　新建住宅市政（公建）配套工程初步设计审批

新建住宅市政（公建）配套工程初步设计审批适用于本市行政区域内的新建住宅市政（公建）配套工程初步设计审批的申请与办理。

一、办理机构

上海市住房保障和房屋管理局是本市新建住宅市政（公建）配套工程初步设计审批的主管部门，负责审批区县住房保障和房屋管理部门申报的新建住宅市政（公建）配套工程初步设计，对全市新建住宅市政（公建）配套项目建设管理进行协调和监管。

二、审批条件

准予批准的条件：按要求提供齐全、规范的有关设计依据和有关部门批准文件（工可批复等）；依据专家评审意见（评审报告）选择技术措施；工程可行性报告批复中的技术经济指标在本阶段设计中的落实情况；概算内容的依据和深度满足完整、齐全、清晰的要求；概算超过工程可行性研究报告批准估算10％时，应分析投资变化的原因；总投资小于500万元的项目可简化为项建书和工可两阶段工作，可不申报初步设计审批；投资（预计）超过批准概算较多或涉及工程范围、方案、标准重大调整的项目，应重新编制初步设计（调整）；初步设计（调整）的调整依据和内容满足充分、完整、齐全、清晰的要求。

三、申请材料

新建住宅市政（公建）配套工程初步设计行政审批申请材料目录见表17-5。

新建住宅市政（公建）配套工程初步设计行政审批申请材料目录   表 17-5

序号	提交材料名称	性质	数量	报送格式	要求
1	关于送审工程初步设计审批的请示	原件	1	纸质	单位盖公章
2	项目的初步设计	复印件	1	纸质	
3	项目初步设计评审报告	复印件	1	纸质	
4	行业意见（市政、水务）征询复函（初步设计方案与工可报告方案相比，有重大改变时，需重新征询）	复印件	1	纸质	

第六节 城市基础设施配套费包干或免缴审核

城市基础设施配套费包干或免缴审核适用于本市行政区域内的城市基础设施配套费包干或免缴审核的申请与办理。

一、办理机构

上海市住房保障和房屋管理局是本市城市基础设施配套费征收使用的主管部门，对全市配套费包干使用审核实施管理和监督。市住房保障和房屋管理局负责对在城市基础设施配套费统征区域内的住宅项目以及大型居住社区的配套费包干审批；负责对全市经济适用住房、公共租赁住房等项目配套费免缴审批。区县住房保障和房屋管理局（浦东、嘉定、金山、青浦、松江、崇明、奉贤、宝山及闵行外环线以外部分）审核辖区内申请配套费包干使用的住宅项目，业务上接受市住房保障和房屋管理局的指导。

二、审批条件

准予批准的条件：申请配套费包干或免缴的住宅项目应符合配套费免缴或包干的有关政策，例如经济适用住房（共有产权房）项目、公共租赁房项目；属于新一轮旧区改造的地块、大型居住社区、部队经济适用住房等，以及市政府有关文件明确可以实行配套费免缴或包干使用的住宅项目。申请配套费免缴或包干的住宅项目，其需包干建设的市政、公建配套设施中，市政设施需符合已批准的区域性市政基础设施专业规划或者有关管理部门批准的市政基础设施建设方案；公建设施需符合有关规划和当地政府部门明确要求建设的内容、规模。

三、申请材料

城市基础设施配套费包干或免缴审核行政审批申请材料目录见表17-6。

城市基础设施配套费包干或免缴审核行政审批申请材料目录   表 17-6

1. 新办城市基础设施配套费包干申请材料

序号	提交资料名称	性质	数量	报送格式	要求
1	区住房保障和房屋管理局关于项目包干的申请	原件	1	纸质	单位盖公章

续表

序号	提交资料名称	性质	数量	报送格式	要求
2	适用包干的有关材料	复印件	1	纸质	
3	立项批复	复印件	1	纸质	区发改委文件或备案意见
4	用地批文（建设用地批准书）	复印件	1	纸质	区政府土地管理专用章
5	扩初批复（总体设计文件征询意见函）	复印件	1	纸质	
6	建设工程规划许可证及附表或经规划管理部门批准的大型居住社区规划方案批复	复印件	1	纸质	
7	市政配套专业规划（中心城区内项目具备相关专业部门（单位）出具的方案）	复印件	1	纸质	控制性详规或周边市政设施工程可行性研究报告
8	市政、公建包干项目明细表（规划管理部门及地区认定的公建内容）及建设费用测算（包干基地公建基本配置情况表）	原件	1	纸质	所在街道、区房管局盖章
9	住宅包干项目明细表（上海市住宅建设配套费申报计划项目表）	原件	1	纸质	填报单位盖章
10	总平面图	原件	1	纸质	含技术经济指标
11	相关市政道路、管线图	原件	1	纸质	
12	新建住宅包干配套设施项目审核流转表	原件	1	纸质	申报单位盖章
13	新建住宅包干市政配套项目申请技术审核表格	原件	1	纸质	区房管局盖章

2. 城市基础设施配套费免缴申请材料

序号	提交资料名称	性质	数量	报送格式	要求
1	区住房保障和房屋管理局关于项目免缴配套费的申请	原件	1	纸质	单位盖公章
2	经济适用住房、公共租赁房等认定批文或立项批复	复印件	1	纸质	商品房配建5%保障房的不需要提供
3	土地划拨决定书或土地出让合同（含保障房项目建设协议书）	复印件	1	纸质	
4	建设工程规划许可证	复印件	1	纸质	
5	总平面图	原件	1	纸质	
6	市政、公建配套设施项目表	原件	1	纸质	

第七节　新建住宅交付使用许可

新建住宅交付使用许可适用于本市行政区域内由市人民政府批准的建设用地的新建住

宅交付使用许可的申请与办理。

一、办理机构

上海市住房保障和房屋管理局是本市新建住宅交付使用许可的主管部门，对全市新建住宅交付使用实施监督管理。市住房保障和房屋管理局负责核发由市人民政府批准的建设用地的新建住宅交付使用许可证。

二、审批条件

准予批准的条件：住宅生活用水纳入城乡自来水管网。住宅用电按照电力部门的供电方案，纳入城市供电网络，不使用临时施工用电。住宅的雨水、污水排放纳入永久性城乡雨水、污水排放系统；确因客观条件所限需采取临时性排放措施的，应当经水务、环保部门审核同意，并确定临时排放的期限。住宅小区附近有燃气管网的，完成住宅室内、室外燃气管道的敷设并与燃气管网镶接；住宅小区附近没有燃气管网的，完成住宅室内燃气管道的敷设，并负责落实燃气供应渠道。住宅小区内电话通信线、有线电视线和宽带数据传输信息端口敷设到户。住宅小区与城市道路或者公路之间有直达的道路相连。住宅小区按照规划要求配建的公共交通站点暂未开通公共交通线路，且住宅小区与已开通的公共汽车和电车、轨道交通站点距离均超过2公里的，住宅建设单位应当配备短途交通车辆通达公共汽车、电车或者轨道交通站点。按照规划要求完成教育、医疗保健、环卫、邮政、菜场及其他商业服务、社区服务和管理等公共服务设施的配建。由于住宅建设工程分期建设，上述设施尚未建成的，应当有可供过渡使用的相应公共服务设施。按照本市住宅设计标准预留设置空调器外机和冷凝水排放管的位置。完成住宅小区内的绿化建设。住宅建设工程分期建设的，建成的住宅周边场地清洁、道路平整，与施工工地有明显有效的隔离措施。

三、申请材料

新建住宅交付使用许可行政审批申请材料目录见表17-7。

1. 新办新建住宅建设工程竣工并经有关部门验收合格后，住宅建设单位应向市住房保障和房屋管理局申请新建住宅交付使用许可，取得《上海市新建住宅交付使用许可证》后，方可交付使用。提交申请材料如表17-7：

新建住宅交付使用许可行政审批申请材料目录　　　　　　　表17-7

序号	提交资料名称	性质	数量	报件格式	要求
1	上海市新建住宅交付使用申请表（受理窗口领取）	原件	1	纸质（A3）	单位盖公章
2	上海市新建住宅交付使用申请表（申报系统下载，有预约号）	原件	1	纸质	单位盖公章
3	建设用地批准书（土地出让合同或者国有土地划拨决定书）及房地产权证	复印件	1	纸质	单位盖公章
4	项目规划建设方案批复及附图	复印件	1	纸质	单位盖公章
5	建设工程规划许可证及所附建筑工程项目表、总平面图	复印件	1	纸质	单位盖公章
6	住宅项目建设工程竣工验收备案文件和独立公共服务设施竣工验收备案文件（复印件）。与住宅项目同步竣工的非公益性设施，未能与住宅项目同步完成建设工程竣工备案的，出具建设工程竣工报告	复印件	1	纸质	单位盖公章

序号	提交资料名称	性质	数量	报件格式	要求
7	供水、供电、供气、有线电视、电话通信和宽带数据传输信息端口敷设到户的配套建设验收合格证明	原件	1	纸质	
8	雨污水排放须出具相关主管部门的批准文件；确因客观条件所限需采取临时性排放措施的，应当提供由水务、环保部门出具的审核同意并明确临时性排放期限的文件	复印件	1	纸质	单位盖公章
9	住宅建设配套费缴清收据或住宅建设配套费项目包干使用证明	复印件	1	纸质	单位盖公章
10	建设工程竣工规划验收合格证明，但新建住宅建设工程未全部竣工的除外	复印件	1	纸质	单位盖公章
11	编订（变更）门弄（楼）号牌通知（未标注具体门号与楼号的，提供加盖公安部门公章的门牌号批件附图）（复印件）	复印件	1	纸质	单位盖公章
12	房屋土地权属调查报告书（其中房屋共有部位建筑面积分摊说明及房屋分层平面图无需提供）	复印件	1	纸质	单位盖公章
13	根据申请交付使用的高层、多层、低层不同住宅类型，分别提供《上海市新建住宅质量保证书》和《新建住宅使用说明书》	原件	1	纸质	单位盖公章
14	分期开发建设、分期交付使用的新建住宅项目，提交配套设施主管部门出具的可供过渡使用的公益性设施证明文件	原件	1	纸质	单位盖公章

2. 依申请变更：原交付使用许可证的建设单位、项目名称、项目地址、楼幢（门牌）及其有关内容发生变化的，建设单位向市住房保障和房屋管理局申请变更，需提交变更申请以及变更内容相应的证明材料。项目地址变迁、建设项目内容变化的，不属于变更范畴，按新办要求办理。

3. 补证：包括遗失补证和未办补证。遗失补证需提交遗失补证申请及登报挂失证明；未办补证原则上按新办办理，对于因历史遗留原因未办、有关申请材料已无法办齐的，需提交有关管理部门的证明材料。

第八节　建筑工程初步（总体）设计文件抗震设防审查

一、建筑工程抗震设防审查

建筑工程是指建设工程中的各类房屋建筑及其附属构筑物设施，包括新建、改建、扩建的民用建筑、工业建筑和构筑物工程以及既有建筑抗震加固等工程。凡在本市行政区域内建造的各类建筑工程均属抗震设防审查范围；文物建筑按照有关规定执行。本市建筑工程设计文件的抗震设防审查工作纳入建设工程设计审查程序；初步（总体）设计文件抗震设防审查意见应作为有关部门审批初步设计文件，或总体设计文件征询意见汇总的依据之一，并作为施工图设计及审查的依据之一。

二、申报抗震设防审查提交材料

建设单位申报建筑工程初步（总体）设计文件抗震设防审查时，应提交下列材料：

（一）所需提交的程序性文件：对实施初步设计审批的建设项目，应提交市、区建设主管部门或有关部门签发的初步设计文件审查意见征询单；对实施总体设计文件征询的建设项目，应提交市、区建设主管部门或有关部门签发的总体设计文件征询联系单，或建设单位的总体设计文件抗震设防审查申请表；有关部门针对建设项目的立项批准文件，或核准（备案）文件，或可行性研究报告的批复文件；规划部门针对建设项目规划设计方案的批准文件。

（二）所需提交的技术性文件：建设项目的初步设计文件或总体设计文件（应包含建筑和结构专业的设计说明和图纸，设计文件编制深度应符合抗震设防审查送审文件编制要求）；结构计算书（包括各单体建筑的抗震分析主要计算结果的汇总表）；岩土工程勘察报告（详勘）；规划部门批准的建设项目规划总平面图；抗震鉴定报告（既有建筑改扩建、改变使用功能、变动原有结构、既有建筑抗震加固等工程应提供）。优秀历史建筑修缮、未抗震设防既有建筑的改扩建或抗震加固、特种结构及复杂的改造结构等项目，应提供抗震鉴定报告、结构修缮或抗震加固方案的专项论证报告；续建工程（含烂尾楼工程）应提供相应的抗震能力复核报告、抗震加固方案的专项论证报告；有关法律法规、规章所规定的其他材料。

三、抗震设防审查内容

建筑工程初步（总体）设计文件抗震设防审查工作的主要内容如下：建设单位所提交审查材料的合法合规性、有效性；初步（总体）设计文件内容与建设项目立项或核准（备案）或工程可行性研究、规划设计方案等批准文件的相符性；初步（总体）设计文件中抗震设计内容编制的完整性和深度是否满足审查要求（详见附件）；注册建筑师章、注册结构师章、上海市初步（总体）设计出图专用章和出图负责人章等盖章、签字的完备性。结构计算书内容的完整性，注册结构师章、上海市初步（总体）设计出图专用章和出图负责人章等盖章、签字的完备性。岩土工程勘察报告内容与项目拟建场地位置的相符性，注册土木工程师（岩土）专用章、勘察报告发出专用章和发出负责人章等盖章、签字的完备性。抗震设计的依据，以及所采用技术标准的有效性；抗震设防标准及其设计地震动参数确定的正确性；场地地震效应评价的正确性，抗地基液化措施、地基与基础设计方案的可行性；结构抗震体系选型的可行性和结构布置的合理性；建筑形体及其构件布置的规则性判别；高层建筑的结构高度和规则性超限判别；特殊类型高层建筑和屋盖超限空间结构的判别；建筑抗震概念设计和结构薄弱部位抗震（构造）措施的合理性；设计采用的楼面活荷载标准值、抗震分析主要参数的正确性；抗震分析的主要计算结果是否符合相关规范（程）的控制要求；抗震鉴定报告内容的完整性和正确性、抗震加固方法的可行性；设计参照使用的国外有关抗震设计标准、工程实例与震害资料以及计算软件的合法有效性。

四、抗震设防审查意见主要内容

建设单位所提交的材料符合要求受理后，建设行政主管部门应在规定的工作日内完成抗震设防审查，并出具书面审查意见。出具的抗震设防审查意见应包含下列主要内容：工程概况：包括项目位置、用地面积、总建筑面积、单体组成；各单体平面尺寸、层高、主屋面高度，结构体系、柱网尺寸，防震缝和上部结构嵌固端设置，地基基础、持力层，场地液化性等；总体评价：对抗震设防标准、设计地震动参数、结构体系、抗震分析结果和抗震措施等作出简要评定（应明确符合与否，或可行与否的结论）；建筑结构规则性的判定结论（应指明特别不规则多层建筑和超限高层建筑的楼号或名称）；修改完善意见：对抗震设计不尽合理、影响结构安全或抗震性能的问题应提出修改、调整意见，尽可能提出便于施工图审查机构审查的主要控制指标；对政府投资项目的设计可提出经济性合理化建议。

五、市抗震办抗震设防专项审查

下列情况的建筑工程，建设单位应按住房和城乡建设部、市住房城乡建设管理委的有关规定，报送市抗震办进行抗震设防专项审查。超限高层建筑工程；采用可能影响主体结构抗震性能的新技术、新材料、新结构体系，或超出现行技术规范（程）设计的建筑工程。体型特别不规则的多层建筑工程，设计单位应进行抗震设防的专门研究或论证，采取特别的加强措施，并应提交专篇报告；建设单位应组织不少于3名工程抗震专家对抗震设防进行专项论证；专项论证意见应作为施工图设计及审查的依据之一。抗震设防审查应以国家、本市有关抗震设防的法律法规、规章和强制性技术标准作为审查依据，对设计文件应进行认真审查；对审查中有重大争议的技术问题，可申请上级建设行政主管部门组织复审。建筑工程初步（总体）设计文件经抗震设防审查通过后，建设单位不得随意变更设计；建筑工程设计变更后，建设单位应重新申报抗震设防审查。

六、超限高层建筑工程抗震设防审批

（一）超限高层建筑的界定：超限高层建筑工程是指超出国家现行规范、规程所规定的适用高度和适用结构类型的高层建筑工程，体型特别不规则的高层建筑工程，以及有关规范、规程规定明确应专门研究的新建、改建、扩建及进行抗震加固的高层建筑工程，应当进行抗震专项审查的高层建筑工程。超限高层建筑工程的抗震设防应当采取有效的抗震措施，确保超限高层建筑工程达到规范规定的抗震设防目标。超限高层建筑的界定见表17-8。

1. 建筑高度超过表17-8高度限值（单位：米）的高层建筑。

超限高层建筑的界定 表17-8

结构体系		抗震设防烈度		
		6度	7度	8度
钢筋混凝土框架		60	55	45
钢筋混凝土短肢剪力墙		100	100	60
钢筋混凝土框架—剪力墙		130	120	100
钢筋混凝土剪力墙	全部落地剪力墙	140	120	100
	部分框支剪力墙	120	100	80
钢筋混凝土筒体	框架—筒	150	130	100
	筒中筒	180	150	120
钢筋混凝土板柱—剪力墙		40	35	30
钢结构框架		110	110	90
钢结构框架—支撑（抗震墙板）		220	220	200

结构体系	抗震设防烈度		
	6 度	7 度	8 度
钢结构筒体（框筒、筒中筒、桁架筒、束筒）和巨型框架	300	300	260
钢框架—钢筋混凝土筒体	220	190	150
钢筋混凝土错层结构	100	80	60

2. 同时具有下述三项及其以上不规则的高层建筑：

楼层的最大弹性水平位移（或层间位移）大于该楼层两端弹性水平位移（或层间位移）平均值的 1.2 倍；建筑平面长宽比抗震设防烈度 7 度大于 6.0，抗震设防烈度 8 度大于 5.0；结构平面凹进或凸出的一侧尺寸（从抗侧力构件截面中心算起）大于相应投影方向总尺寸的 30%；结构平面突出部分长度超过连接宽度；楼板的尺寸和平面刚度急剧变化，例如，有效楼板宽度小于该层楼板典型宽度的 50%，或开洞面积大于该层楼面面积的 30%；等效剪切刚度小于相邻上层的 70%，或小于其上相邻三个楼层等效剪切刚度平均值的 80%；除顶层或裙房（辅楼）高度小于主楼 20% 外，局部收进的水平向尺寸大于相邻下一层的 25%；下部楼层水平尺寸小于上部楼层水平尺寸的 0.9 倍，或整体外挑尺寸大于 4m；带转换层（抗震设防 7 度转换层位于 5 层以下，抗震设防烈度 8 度转换层位于 3 层以下）、加强层或错层（错层高度≥600mm 或梁高）等复杂结构的高层建筑（任一类型按一项不规则计）；抗侧力结构的层间受剪承载力小于相邻上一层的 80%。

3. 不规则程度为下列情况之一的高层建筑：

结构平面凹进或凸出的一侧尺寸（从抗侧力构件截面中心算起）大于相应投影方向总尺寸的 40%；结构平面突出长度超过连接宽度抗震设防烈度 7 度时为 2 倍，抗震设防烈度 8 度时为 1.5 倍；结构平面为角部重叠的平面图形或细腰形平面图形，其中角部重叠面积小于较小图形的 25%，细腰形平面中部两侧收进超过平面宽度 50%；楼板的尺寸和平面刚度急剧变化，例如，有效楼板宽度小于该层楼板典型宽度的 40%，或开洞面积大于该层楼面面积的 35%（包括错层）；等效剪切刚度小于相邻上层的 60%，或小于其上相邻三个楼层平均值的 70%；除顶层或裙房（辅楼）高度小于主楼 20% 外，局部收进的水平向尺寸大于相邻下一层的 30%；下部楼层水平尺寸小于上部楼层水平尺寸的 0.8 倍，或整体外挑尺寸大于 5m；转换层位置超过《高规》规定的高位转换层的结构（即抗震设防烈度 7 度：5 层及其以上，抗震设防烈度 8 度：3 层及其以上）；错层结构（错层高度≥1200mm）、连体结构或多塔楼高层建筑；抗侧力结构的层间受剪承载力小于相邻上一层的 65%；塔楼位置明显偏置的大底盘（裙房）高层建筑；厚板转换的高层建筑；巨型结构的高层建筑；单跨框架结构的高层建筑；超出规范规定的混合结构体系（如下部为钢筋混凝土结构、上部为钢结构）的高层建筑。

4. 采用新的结构材料、新的结构体系或新的结构抗震技术的高层建筑。

（二）超限高层建筑工程抗震设防的管理：上海市住建委负责本市超限高层建筑工程抗震设防的管理工作，上海市工程抗震办公室负责本市超限高层建筑工程抗震设防管理工作的具体实施。设计单位应对超限高层建筑予以判定，在初步设计阶段由初步设计主审部门征询上海市工程抗震办公室意见，上海市工程抗震办公室负责超限高层建筑初步设计抗震设防专项审查。上海市建设工程抗震设防审查专家委员会由高层建筑工程抗震的勘察、设计、科研和管理专家组成，由上海市住建委聘任，对抗震设防专项审查意见承担相应的审查责任。

1. 超限高层建筑工程抗震设防的审查流程

上海市建设工程抗震设防审查专家委员会组织专家进行审查，提出书面审查意见，上海市工程抗震办公室应当自接受超限高层建筑初步设计抗震设防专项审查全部申报材料之日起 20 个工作日内，将审查意见提交初步设计主审部门。审查难度大或审查意见难以统一的超限高层建筑工程，可由上海市工程抗震办公室邀请有关专家参加审查，或委托全国超限高层建筑工程抗震设防审查专家委员会进行审查，提出专项审查意见，并报国务院建设行政主管部门备案。

2. 超限高层抗震设防专项审查材料

建设单位申报超限高层建筑工程的抗震设防专项审查时，应当提供以下材料：超限高层建筑工程抗震设防专项审查表；设计的主要内容、技术依据、可行性论证及主要抗震措施；工程勘察报告；结构设计计算的主要结果；结构抗震薄弱部位的分析和相应措施；初步设计文件；设计时参照使用的国外有关抗震设计标准、工程和震害资料及计算机程序；对要求进行模型抗震性能试验研究的，应当提供抗震试验研究报告。

3. 抗震设防专项审查要求

建设行政主管部门应当自接到抗震设防专项审查全部申报材料之日起 25 日内，组织专家委员会提出书面审查意见，并将审查结果通知建设单位。超限高层建筑工程抗震设防专项审查费用由建设单位承担。超限高层建筑工程的勘察、设计、施工、监理，应当由具备甲级（一级及以上）资质的勘察、设计、施工和工程监理单位承担，其中建筑设计和结构设计应当分别由具有高层建筑设计经验的一级注册建筑师和一级注册结构工程师承担。建设单位、勘察单位、设计单位应当严格按照抗震设防专项审查意见进行超限高层建筑工程的勘察、设计。建设单位提交的超限高层建筑工程初步设计抗震设防专项审查资料，应当符合超限高层建筑初步设计抗震设防专项审查送审文件的要求。超限高层建筑初步设计抗震设防专项审查送审文件要求：工程项目的基本情况：包括建设单位、工程名称、建设地点、建筑面积、勘察单位及资质、设计单位及资质、联系人和联系方式；设计依据：包括采用的规范、规程及其版本；岩土工程勘察报告基本数据：包括场地类别、液化指数和判别、土层剖面、土层主要物理力学指标及结构时程分析的地震动参数等；抗震设防标准：包括抗震设防类别、抗震设防烈度或设计地震动参数；各主要部位设计使用荷载的选用；地基基础设计概况：包括基础类型、持力层、基础埋深、地下室底板和顶板的主要截面、桩型和单桩承载力、承台或底板的主要截面、地基的沉降计算量；建筑结构布置和选型：包括主楼高度和层数、出屋面高度和层数、裙房高度和层数、结构高宽比、防震缝的设置（类型、位置和净宽）；结构体系的选择；建筑超限情况的判别：包括建筑高度超限、结构平面和竖向不规则程度，以及复杂结构情况等；结构分析输入和输出数据：包括两个以上计算软件及其版本、结构分析输入的地震动参数（抗震设防烈度、设计基本地震动加速度、建设场地设计特征周期）、结构阻尼比、结构构件材料强度、混凝土结构抗震等级、周期折减系数、地震作用修正系数、内力调整系数、输入地震动时程曲线名称和频谱特征曲线、楼层质量、各楼层质量中心与刚度中心的偏心率、裙房与塔楼质心的偏心、结构总重力和总地震作用、各楼层侧向刚度与其相邻上部楼层侧向刚度及与其相邻上部三层平均侧向刚度之比、结构分析采用的振型数、质量参与比、各振型特征的判断及以扭转为主振型周期与以平动为主振型周期的比值、各楼层最大层间位移与层高的比值、各楼层最大水平位移（层间位移）与该楼层平均水平位移（层间位移）的比值、计算简图、计算单元划分及弹性楼板区域的选定、墙体承担的倾覆力矩比、柱和剪力墙最大轴压比、梁最大剪压比；计算结果的分析，时程分析与反应谱法的结果比较，结构抗震薄弱部位的分析和相应措施；初步设计文件及基本抗震构造，包括建筑平面（含总平面）、立面、剖面图，基础平面图和结构布置图，混凝土和钢材的强度等级（品种），楼、屋面板厚度，关键部位梁柱的截面尺寸、配筋率和配箍率，墙体和筒体的厚度，边缘构件配筋，短柱分布范围和数量，错层、连体、转换构件和加强层的主要构造；设计参照使用的国外有关抗震设计标准、工程实例与震害资料及计算程序；送审设计文件和资料均应由设计人员签章，并加盖设计单位初步设计出图章和一级注册结构工程师注册章。按规定要求进行抗震试验研究的，应提供抗震试验研究报告。

（三）超限高层抗震设防专项审查内容：超限高层建筑工程的抗震设防专项审查内容包括：建筑抗震设防设计依据、抗震设防分类、抗震设防烈度（或者设计地震动参数）、场地勘察成果和抗震性能评价、地基和基础的设计方案、建筑结构的抗震概念设计、主要结构布置、建筑设计与结构设计的协调、采用的计算程序、结构总体计算和关键部位的计算结果和分析判断、薄弱部位的抗震措施，以及可能存在的结构抗震安全问题等。

（四）参与各方要求：超限高层建筑工程抗震设防专项审查费用（包括组织审查、结构分析及试验等）由建设单位承担。超限高层建筑工程的勘察、设计、施工、监理，应当由具备甲级（一级）及以上资质的勘察、设计、施工和工程监理单位承担，其中建筑设计和结构设计应当分别由一级注册建筑师和一级注册结构工程师承担。超限高层建筑工程的施工图设计文件审查应当由具有超限高层建筑工程施工图设计审查资格的施工图设计文件审查机构承担。建设单位、勘察单位、设计单位应当按照超限高层建筑初步设计抗震设防专项审查意见进行超限高层建筑工程的勘察、设计。施工图设计文件审查时应当检查设计是否执行抗震设防专项审查意见和采取相应的抗震措施，未执行专项审查意见的，施工图设计文件审查不予通过。

七、施工程施工图设计文件审查

为了加强对房屋建筑工程、市政基础设施工程施工图设计文件审查的管理，提高工程勘察设计质量，在中华人民共和国境内从事房屋建筑工程、市政基础设施工程施工图设计文件审查和实施监督管理的，国家实施施工图设计文件（含勘察文件，以下简称施工图）审查制度。施工图审查，是指施工图审查机构（以下简称审查机构）按照有关法律、法规，对施工图涉及公共利益、公众安全和工程建设强制性标准的内容进行的审查。施工图审查应当坚持先勘察、后设计的原则。建设单位应当将施工图送审查机构审查，但审查机构不得与所审查项目的建设单位、勘察设计企业有隶属关系或者其他利害关系。建设单位不得明示或者暗示审查机构违反法律法规和工程建设强制性标准进行施工图审查，不得压缩合理审查周期、压低合理审查费用。建设单位应当向审查机构提供下列资料并对所提供资料的真实性负责：作为勘察、设计依据的政府有关部门的批准文件及附件；全套施工图；其他应当提交的材料。

八、审查机构审查内容和时限

（一）审查机构应当对施工图审查下列内容：是否符合工程建设强制性标准；地基基础和主体结构的安全性；是否符合民用建筑节能强制性标准，对执行绿色建筑标准的项目，还应当审查是否符合绿色建筑标准；勘察设计企业和注册执业人员以及相关人员是否按规定在施工图上加盖相应的图章和签字；法律、法规、规章规定必须审查的其他内容。

（二）施工图审查原则上不超过下列时限：大型房屋建筑工程、市政基础设施工程为15个工作日，中型及以下房屋建筑工程、市政基础设施工程为10个工作日。工程勘察文件，甲级项目为7个工作日，乙级及以下项目为5个工作日。以上时限不包括施工图修改时间和审查机构的复审时间。

（三）审查机构对施工图进行审查后，应当根据下列情况分别作出处理：审查合格的，审查机构应当向建设单位出具审查合格书，并在全套施工图上加盖审查专用章。审查合格书应当有各专业的审查人员签字，经法定代表人签发，并加盖审查机构公章。审查机构应当在出具审查合格书后5个工作日内，将审查情况报工程所在地县级以上地方人民政府住房城乡建设主管部门备案。审查不合格的，审查机构应当将施工图退建设单位并出具审查意见告知书，说明不合格原因。同时，应当将审查意见告知书及审查中发现的建设单位、勘察设计企业和注册执业人员违反法律、法规和工程建设强制性标准的问题，报工程所在地县级以上地方人民政府住房城乡建设主管部门。施工图退建设单位后，建设单位应当要求原勘察设计企业进行修改，并将修改后的施工图送原审查机构复审。

九、施工图各方责任

勘察设计企业应当依法进行建设工程勘察、设计，严格执行工程建设强制性标准，并对建设工程勘察、设计的质量负责。审查机构对施工图审查工作负责，承担审查责任。施工图经审查合格后，仍有违反法律、法规和工程建设强制性标准的问题，给建设单位造成损失的，审查机构依法承担相应的赔偿责任。审查机构应当建立、健全内部管理制度。施工图审查应当有经各专业审查人员签字的审查记录。审查记录、审查合格书、审查意见告知书等有关资料应当归档保存。按规定应当进行审查的施工图，未经审查合格的，住房城乡建设主管部门不得颁发施工许可证。

第十八章 民防工程项目审批

根据住房和城乡建设部和国家人防办要求，本章介绍结合民用建筑修建防空地下室等民防工程项目地方审批。

第一节 结合民用建筑修建防空地下室审核（方案阶段）

结合民用建筑修建防空地下室审核（方案阶段）适用于本市范围内申请城市新建建筑项目（由市规土部门办理规划审批手续的建设项目）。

一、办理依据

1.《人民防空法》第三章第二十二条：城市新建民用建筑，按照国家有关规定修建战时可用于防空的地下室。

2.《上海市民防条例》第六章第三十六条：建设单位新建民用建筑，应当按照国家和本市有关规定，结合修建战时可用于防空的地下室。第三十七条：结合民用建筑修建防空地下室的，规划管理部门在审批规划方案时，应当征求市或者区县民防办的意见。

3.《上海市民防工程建设和使用管理办法》第二章第九条：城市新建民用建筑，应当按照国家有关规定，结合修建战时可用于防空的地下室。

4.《上海市建设工程行政审批管理程序改革方案》（沪府办发〔2010〕46号）。第二条第四款：土地使用权获得和核定规划条件、设计方案审核环节由规划土地部门牵头组织，设计文件审查、竣工验收环节由建设管理部门牵头组织，相关部门配合。

5.《上海市人民政府关于公布本市第七批取消和调整行政审批事项目录的通知》（沪府发〔2014〕5号）第四十七条第一款：结合民用建筑修建防空地下室审核（方案阶段）（在受理审查材料时，对可研报告批文（或发展改革部门核准、备案文件）、土地出让（转让）合同实行"告知承诺"）。

6.《上海市民防办公室〈关于调整本市建设工程民防部门审查程序有关事项的通知〉》第二条在受理审查材料时，对项目应予以提交的前期文件〔可研报告批文（或发展改革部门核准、备案文件）、土地出让（转让）合同〕可实行"告知承诺"。

7.《上海市民防结建审批管理实施细则》（沪民防〔2007〕105号）第一条第一款：本市中心城、新城、新市镇和各类产业园区（含开发区、工业园区、保税区）范围内新建民用建筑，应当按照国家和本市有关规定，结合修建民防工程；不宜修建的，建设单位应当按照规定缴纳民防工程建设费。

二、办理机构

上海市民防办公室办理由市规土部门办理规划审批手续建设项目的结合民用建筑修建防空地下室并联审批。审批内容：对申请城市新建建筑的建设单位所申报的资料进行审查。方案阶段：获得审批通过的，可向规土部门办理规划设计方案审批手续。

三、审批条件

（一）材料内容符合要求：《民防部门审查（方案阶段）申请表》；项目可研报告批文或核准备案文件；土地出让（转让）合同（复印件）；设计方案总平面图（加盖设计出图章）；设计方案文本；建筑分层面积表（加盖设计出图章和申请单位公章），其中，二、三项材料，申请单位可在申报时签署受理承诺书后进行缺项申报。承诺内容：申请单位须承诺在获取发改部门项目立项批复或核准备案文件，规土部门土地出让（转让）合同后，应及时补送民防审查部门，以换取民防部门审查意见单。

（二）民防工程配建标准：申请单位应按《上海市结建审批管理实施细则》所确定的标准计算建筑面积配建结建民防工程。10 层（含）以上的民用建筑按首层建筑面积配建；9 层（含）以下的民用建筑，基础埋深大于 3 米（含）的按首层建筑面积配建，基础埋深小于 3 米的按地上总建筑面积的 2％配建。地上建筑面积在 7000 平方米以上的民用建筑建设项目应按规定或规划要求结合修建抗力等级为五级（含）以下的民防工程。

四、申请材料

方案阶段申请材料目录见表 18-1。

方案阶段申请材料目录 表 18-1

序号	提交材料名称	原件/复印件	份数	纸质/电子报件	要求
1	民防部门审查（方案阶段）申请表〔申请缴费的应增加缴费申请表，按规定可以减免民防工程建设费的同时填报减免申请表〕	原件	3	纸质	加盖申请单位公章
2	发改部门项目立项批复或核准备案文件，规土部门土地出让（转让）合同（实行告知承诺，建设单位按要求承诺后，上述材料可缓交）	复印件	1	纸质	加盖申请单位公章
3	项目设计方案总平面图	蓝图	1	纸质	加盖设计出图章，要求标明建设基地界限、地上和地下拟建建筑位置、建筑层数、技术经济指标
4	项目设计方案文本	原件	1	纸质	加盖设计出图章
5	项目建筑分层面积表	原件	1	纸质	加盖设计出图章和申请单位公章，要求将不同性质的建筑面积在表中分别列出
6	因项目特殊性需要增加的其他报审资料	原件或复印件	1	纸质	加盖申请单位公章

第二节 结合民用建筑修建防空地下室审核（初步设计阶段）

一、适用范围

结合民用建筑修建防空地下室审核（初步设计阶段）适用于本市范围内申请城市新建建筑项目（由市规土部门办理规划审批手续的建设项目）。

一、办理依据

1. 《人民防空法》第三章第二十二条：城市新建民用建筑，按照国家有关规定修建战时可用于防空的地下室。

2. 《上海市民防条例》第六章第三十六条：建设单位新建民用建筑，应当按照国家和本市有关规定，结合修建战时可用于防空的地下室。第三十七条：结合民用建筑修建防空地下室的，规划管理部门在审批规划方案时，应当征求市或者区县民防办的意见。

3. 《上海市民防工程建设和使用管理办法》第二章第九条：城市新建民用建筑，应当按照国家有关规定，结合修建战时可用于防空的地下室。

4. 《上海市建设工程行政审批管理程序改革方案》（沪府办发〔2010〕46号）。第二条第四款：土地使用权获得和核定规划条件、设计方案审核环节由规划土地部门牵头组织，设计文件审查、竣工验收环节由建设管理部门牵头组织，相关部门配合。

5. 《上海市人民政府关于公布本市第七批取消和调整行政审批事项目录的通知》（沪府发〔2014〕5号）第四十七条第一款：结合民用建筑修建防空地下室审核（方案阶段）（在受理审查材料时，对可研报告批文（或发展改革部门核准、备案文件）、土地出让（转让）合同实行"告知承诺"）。

6. 《上海市民防办公室〈关于调整本市建设工程民防部门审查程序有关事项的通知〉》第二条在受理审查材料时，对项目应予以提交的前期文件〔可研报告批文（或发展改革部门核准、备案文件）、土地出让（转让）合同〕可实行"告知承诺"。

7. 《上海市民防结建审批管理实施细则》（沪民防〔2007〕105号）第一条第一款：本市中心城、新城、新市镇和各类产业园区（含开发区、工业园区、保税区）范围内新建民用建筑，应当按照国家和本市有关规定，结合修建民防工程；不宜修建的，建设单位应当按照规定缴纳民防工程建设费。

三、办理机构

上海市民防办公室办理由市规土部门办理规划审批手续建设项目的结合民用建筑修建防空地下室并联审批，审批内容：对申请城市新建建筑的建设单位所申报的资料进行审查。初步设计阶段（总体设计文件审查阶段）：获得审批通过的，可向建设交通部门办理初步设计（总体设计文件）审批手续；向规土部门办理申领建设工程规划许可证手续。

四、审批条件

1. 材料内容符合要求：《民防部门审查（初步设计阶段）申请表》（《民防部门审查（总体设计文件阶段）申请表》）；规土部门的建设工程设计方案批复（复印件）；初步（总体）设计总平面图（加盖设计出图章）；初步（总体）设计总平面图（加盖设计出图章）；初步（总体）设计方案文本；建筑分层面积表（加盖设计出图章和申请单位公章）；缴纳民防工程建设费项目：缴费账号。

2. 配建民防工程的，设计民防工程建筑面积符合计算标准，防护等级、战时用途符合审核要求。10层（含）以上的民用建筑按首层建筑面积配建；9层（含）以下的民用建筑，基础埋深大于3米（含）的按首层建筑面积配建，基础埋深小于3米的按地上总建筑面积的2%配建。地上建筑面积在7000平方米以上的民用建筑建设项目应按规定或规划要求结合修建抗力等级为五级（含）以下的民防工程。因建设项目施工图设计发生变更，地上总建筑面积超出初步设计审查阶段（总体设计文件审查阶段）地上总建筑面积3%

的，或基础埋深发生改变，埋深在 3 米界限上下变动的，申请人应在申领建设工程规划许可证前，重新申报。

五、申请材料

初步设计阶段（总体设计文件审查阶段）申请材料清单见表 18-2。

初步设计阶段（总体设计文件审查阶段）申请材料清单　　　　　　　　　表 18-2

序号	提交材料名称	原件/复印件	份数	纸质/电子报件	要　求
1	民防部门审查（初步设计阶段）申请表［或民防部门审查（总体设计文件阶段）申请表］［申请缴费的前阶段未提交缴费申请表的，应提交缴费申请表，按规定可以减免民防工程建设费的同时填报减免申请表］	原件	3	纸质	加盖申请单位公章
2	规土部门的建设工程设计方案批复	复印件	1	纸质	加盖申请单位公章
3	项目初步设计总平面图（或总体设计文件总平面图）	蓝图	1	纸质	加盖设计出图章，要求标明建设基地界限、地上和地下拟建建筑位置、建筑层数、技术经济指标
4	项目初步设计文本（或总体设计文件）	原件	1	纸质	加盖设计出图章，应包括民防工程设计内容
5	项目建筑分层面积表	原件	1	纸质	加盖设计出图章和申请单位公章，要求将不同性质的建筑面积在表中分别列出
6	申请缴费的提供缴费银行账号	原件或复印件	1	纸质	
7	因项目特殊性需要增加的其他报审资料	原件或复印件	1	纸质	加盖申请单位公章

第三节　结合民用建筑修建防空地下室施工图审查

结合民用建筑修建防空地下室施工图审查适用于本市范围内进行新建、扩建、改建的各类民防工程的建设单位。

申办材料

（一）新建工程应报送以下材料：民防部门审查（总体设计文件阶段）意见单（或其他初步设计阶段批准文件），并加盖建设单位公章；上海市民防工程施工图报审表原件，并加盖建设单位公章；设计单位设计资质证书，并加盖设计单位公章；建设项目建筑总平面图和民防工程战时建筑平面图；民防工程施工图（包括建筑总平面图及建筑、结构、通风、给排水、电气专业的全套图纸），若有平战转换工作内容的民防工程还需提供的材料：

《民防工程平战转换工作量概况表》，并加盖建设单位和设计单位公章，各类临战转换措施须在施工图中作详细表述（不得仅标注参照某图集），若为附建式民防工程还需提供的材料：地面建筑底层平面图，地面建筑立面图、剖面图，与民防工程竖井有关的剖面图，与民防工程出入口有关的剖面图，地面建筑底层给排水平面布置图及相应的透视图，若民防工程战时、平时使用分由两家设计单位设计需提供的材料：民防工程委托设计合同原件一份，并加盖签约双方公章，民防工程平时使用功能全套设计施工图，民防工程所在层地下室建筑平面图 CAD 电子文档，并在光盘上加盖设计单位出图章。审查通过但因重大修改需重新提交复审的项目，设计单位应出具修改内容的说明、建设单位应出具修改原因的说明（原件加盖建设单位和设计单位公章），并需经项目民防审批部门盖章认可。

（二）改建工程应报送以下材料："上海市民防工程施工图报审表"；设计单位设计资质证书（并由设计单位加盖公章）；民防工程原竣工图纸，民防工程改建图纸两套及五个专业战时平面图（包括建筑专业的地下室战时建筑平面图、结构专业的地下室人防墙体布置图、通风专业的地下室战时通风总平面图、给排水专业的地下室人防给排水平面图及消防平面图、电气专业的地下室战时照明平面图），建设单位和设计单位共同出具施工图纸和五个专业战时平面图内容均一致的书面承诺，民防工程改建内容说明书；改建设计含有平战转换工作内容的还需提供：《民防工程平战转换工作量概况表》，改建部分各类临战封堵（平时使用的出入口、通风口和防护单元隔墙连通口、风管穿墙孔以及上下防护单元相邻楼板孔洞等）的详图及材料表（不得仅标注参照某图集），如建设单位委托其他单位代为进行施工图设计文件报审，报送时必须出具相关书面委托材料。

第四节 民防工程安全质量监督申报

民防工程安全质量监督申报适用于国家、上海市、各区（县）及市属管委会民防管理部门审批立项的，在本市行政区域内的各类新建和已建以提高人民防空功能为目的加固改建的民防工程建设单位。

一、办理依据

1.《建设工程质量管理条例》（国务院令第 279 号）。

2.《上海市建设工程质量和安全管理条例》（市人大常委会公告第 42 号）。

3.《上海市民防工程建设和使用管理办法》（市政府令第 129 号）。

4.《上海市建筑垃圾和工程渣土处置管理规定》（市政府令第 50 号）。

5.《人民防空工程质量监督管理规定》（国人防〔2010〕288 号）。

6.《关于进一步完善本市建设工程管理分工的指导意见》（沪府办〔2012〕69 号）。

7.《关于进一步做好危险性较大的分部分项工程安全管理工作的通知》（沪建交〔2009〕1731 号）。

8.《关于加强本市民防工程建设监理工作的通知》（沪民防〔2009〕137 号）。

9.《关于进一步明确上海市民防工程安全质量监督业务的通知》（沪建安质监〔2012〕106 号）。

二、申办资料

（一）现场申报：工程项目 IC 卡或《上海市建设工程报建表》；上海市民防建设工程

安全质量监督申报表（原件）；民防部门审查（总体设计文件阶段）意见单或民防部门审查（初步设计阶段）意见单；民防工程施工图审查意见书及民防工程平战转换工作量概况表；民防施工图审查意见设计修改通知单；施工中标通知书（按招投标规定无须进行施工招投标的工程提交施工合同）；监理中标通知书（按招投标规定无须进行监理招投标的工程提交监理合同）；民防工程监理资质证书及副本；建设工程安全质量人员从业资格审查表；《民防工程建筑施工平面图》（盖审图章的蓝图）；地面总体平面图（蓝图）；《危险性较大分部分项工程清单申报表》；建筑垃圾和工程渣土处置证（原件及复印件，仅限单建式民防工程）。

（二）网上申报：上海市民防建设工程安全质量监督申报表；民防施工图审查意见设计修改通知单；建设工程安全质量人员从业资格审查表；危险性较大分部分项工程清单申报表；建筑垃圾和工程渣土处置证（原件及复印件，仅限单建式民防工程）。

第五节　民防工程竣工验收申报

民防工程竣工验收申报适用于国家、上海市、各区（县）及市属管委会民防管理部门审批立项的，在本市行政区域内的各类新建和已建以提高人民防空功能为目的加固改建的民防工程建设单位

一、申报竣工验收的条件

申报竣工验收的条件：完成工程设计和合同约定的各项内容，达到竣工标准；施工单位在工程完工后，对工程质量进行了全面检查，确认工程质量符合法律、法规和工程建设强制性标准规定，符合设计文件及合同要求，并提出工程竣工报告（合格证明书）；勘察、设计单位对勘察、设计文件及施工过程中由设计单位参加签署的设计变更文件进行了检查，确认勘察、设计符合国家规范、标准要求，施工单位的工程质量达到设计要求，并提出工程质量检查报告（合格证明书）；监理单位在施工单位自评合格，勘察、设计单位认可的基础上，对竣工工程质量进行了检查并核定质量等级，提出工程质量评估报告（合格证明书）；有完整的工程项目建设全过程竣工档案资料；建设单位已按合同约定支付工程款，有工程款支付证明；施工单位和建设单位签署了工程质量保修书；市民防建设工程质量监督站要求整改的质量问题全部整改完毕。

二、申报竣工验收需提交的资料

申报竣工验收需提交的资料：建设单位竣工验收通知单；施工单位的工程质量竣工报告（合格证明书）；勘察单位的工程质量检查报告（合格证明书）（仅涉及工程内部改建的民防工程除外）；设计单位的工程质量检查报告（合格证明书）；监理单位的工程质量评估报告（合格证明书）；工程质量保修书；工程支付款证明；民防工程竣工监理评估报告；单位工程质量验收记录表；单位工程质量控制资料记录表；单位工程观感质量检查记录表；民防工程主体结构分部质量验收证明书；《上海市民防建设工程竣工档案验收意见书》（已由民防档案部门盖章）；防护（含防化）设备产品质量终身负责承诺书（门类、阀门类、过滤吸收器类）（由建设单位向生产企业索取）；《民防工程维护管理使用手册》。

三、办理依据

1. 《建设工程质量管理条例》（国务院令第 279 号）。

2.《上海市民防条例》市人大常委会第 14 号公告。

3.《人民防空工程质量监督管理暂行办法》（〔2001〕国人防办字第 11 号）。

4.《关于印发〈上海市人防工程质量监督业务具体规定〉的通知》（沪建质监总〔1999〕第 019 号）。

5.《关于印发〈房屋建筑工程和市政基础设施工程竣工验收暂行规定〉的通知》（建设部建建〔2000〕142 号）。

6.《关于本市民防建设工程试行竣工验收备案制度的通知》（沪民防〔2001〕107 号）。

7.《关于调整本市民防建设工程竣工验收备案有关事项的通知》（沪民防〔2004〕第 47 号）。

8.《上海市城乡建设和交通委员会关于转发〈住房和城乡建设部关于印发《房屋建筑和市政基础设施工程竣工验收规定》的通知〉的通知》（沪建交〔2014〕31 号）。

9.《上海市民防办公室关于增加〈民防工程维护管理使用手册〉作为民防工程竣工验收内容的通知》（沪民防〔2013〕147 号）。

第六节 民防建设工程竣工验收备案

民防建设工程竣工验收备案适用于本市范围内新建、改建、扩建的市民防办办理核准建设手续（市批）的各类民防工程的竣工验收备案。

一、办理依据

1.《建设工程质量管理条例》（国务院令〔2000〕第 279 号）第四十九条规定：建设单位应自建设工程竣工验收合格之日起 15 日内，将建设工程竣工验收报告和规划、公安消防、环保等部门出具认可文件或者准许使用文件报建设行政主管部门或者其他有关部门备案。

2.《上海市民防条例》第三十八条规定：单独修建的民防工程竣工验收后，建设单位应当向市民防办办理备案手续。结合民用建筑修建防空地下室的工程竣工验收后，建设单位应当向市或者区、县民防办办理该工程的防空地下室的备案手续。

3.《上海市民防工程建设和使用管理办法》（市政府令〔2010〕第 52 号）第十四条规定：单独修建的民防工程竣工验收后，建设单位应当向市民防办办理竣工验收备案手续。结建民防工程竣工验收后，建设单位应当按照建设项目的规划审批权限向市或者区、县民防办办理竣工验收备案手续。

二、办理机构

上海市民防办公室负责竣工验收备案工作，市民防办行政受理总窗口（以下简称总窗口）受上海市民防办公室委托具体负责实施。审批内容：竣工验收备案申报手续是否齐全，建设单位组织的竣工验收结论意见与质量监督部门的监督意见是否一致，实体质量是否符合要求。任何单位和个人不得出租或使用未经验收或验收不合格的民防工程。申请人领取《民防建设工程竣工验收备案证书》后可向市或区（县）建设管理部门、房地管理部门办理建设项目的相关手续。

三、审批条件

准予批准的条件，应同时满足以下条件：市民防安质监站出具了《建设工程质量监督报告》；竣工验收小组的验收意见与市民防安质监站的监督意见一致；《民防建设工程竣工验收备案申请表》中的信息与《建设工程质量监督报告》中的信息一致；申报时间离竣工验收时间不超过 15 天。

四、申请材料

行政审批申请材料目录见表 18-3。

行政审批申请材料目录 表 18-3

序号	提交材料名称	原件/复印件	份 数	纸质/电子报件	要求
1	民防建设工程竣工验收备案申请表	原件	一份	纸质	
2	民防建设工程竣工验收报告	原件	一式两份	纸质	
3	施工单位的工程质量竣工报告（合格证明书）	原件	一式两份	纸质	加盖施工单位公章
4	勘察单位的工程质量检查报告（合格证明书）	原件	一式两份	纸质	加盖勘察单位公章，仅涉及内部改造的工程不须提供
5	设计单位的工程质量检查报告（合格证明书）	原件	一式两份	纸质	加盖设计单位公章
6	监理单位的工程质量评估报告（合格证明书）	原件	一式两份	纸质	加盖监理单位公章
7	规划部门出具的认可文件或者准许使用文件	复印件	一份	纸质	如有其他非民防的建筑物，可提供建设单位承诺书，仅涉及内部改造的工程不须提供
8	公安消防部门出具的认可文件或者准许使用文件	复印件	一份	纸质	如有其他有消防要求的建筑物，可提供建设单位承诺书
9	环保部门出具的认可文件或者准许使用文件	复印件	一份	纸质	如有其他非民防的建筑物，可提供建设单位承诺书，仅涉及内部改造的工程不须提供
10	民防工程档案管理机构出具的认可文件	复印件	一份	纸质	
11	电梯分部工程质量验收证明书	复印件	一份	纸质	如没有电梯则不需要提供，仅涉及内部改造的工程不须提供
12	上海市地下工程基本信息登记表	原件	一份	纸质	加盖建设单位公章
13	建设单位关于提交规划验收、消防验收或环保验收的承诺书	原件	一份	纸质	加盖建设单位公章，仅涉及内部改造的工程不须提供

第七节　民防工程档案报送

一、申办对象

民防工程档案报送适用于新建、改建和扩建的各类单建式和附建式民防工程的建设单位〔民防建筑面积 500 平方米以上民防工程档案报送上海市民防办公室，民防建筑面积 500 平方米以下（含 500 平方米）民防工程档案报送区（县）民防办公室〕。

二、报送要求

报送的民防工程档案：由建设单位系统整理、编制目录、详细核对、装订成卷、标明密级和保管期限，按照技术责任制进行审核签字，组成符合要求的案卷。报送的民防工程竣工图应当做到图物相符、图形清晰、字迹工整、加盖"竣工图章"，符合有关规范、标准和要求。民防工程档案报送范围以民防网上发布为准。鼓励建设单位采用现代信息技术管理归档电子文件。

三、办理依据

1.《档案法》（主席令第七十一号）。

2.《建设工程质量管理条例》（国务院令第 279 号）。

3.《科学技术档案工作条例》（国发（1980）第 302 号）。

4.《上海市档案条例》（十届市人大第四十次会议修正）。

5.《上海市民防工程建设和使用管理办法》（市政府 129 号令）。

6.《上海市民防工程档案管理规定》（沪民防〔2009〕3 号）。

第八节　民防工程档案验收

民防工程档案验收适用于新建、改建和扩建的各类单建式和附建式民防工程的建设单位（民防建筑面积 500 平方米以上民防工程档案验收由上海市民防办公室负责，民防建筑面积 500 平方米以下（含 500 平方米）民防工程档案验收由区民防办公室负责）。

一、验收条件及验收内容

（一）验收条件：民防工程建成并满足平时和战时使用要求；完成民防工程全过程文件材料的收集、整理与归档工作；项目建设单位（法人）已组织项目设计、施工、监理等方面负责人以及有关人员，根据档案工作的相关要求进行全面自检，符合要求。

（二）验收内容：民防工程档案验收内容包括工程全过程文件材料的形成、收集、整理与归档情况；竣工图的编制质量及情况；档案的完整性、准确性、系统性情况；防护设施质保资料齐全完整情况；包括平战转换详细预案和实施计划可行性文件等。

二、办理程序

民防工程已建成，建设单位组织竣工验收前，至上海市民防办公室行政受理总窗口办理档案验收手续。重要民防工程：如指挥工程、医疗救护工程、防空专业队伍工程、区域电站、区域供水站、核生化检测中心等重要民防工程，由市民防工程档案室派人员在收到建设单位提交的申办资料后 5 个工作日内审核验收申请条件并联系建设单位安排现场验收。档案验收合格后，由上海市民防工程档案室在 5 个工作日内签发《上海市民防建设工程竣工档案验收意见书》。其他民防工程：建设单位提交申办资料后，由行政受理总窗口当场审核，审核通过后签发。签发的《上海市民防建设工程竣工档案验收意见书》由建设单位在民防大厦一楼行政受理总窗口领取。

三、申办资料

申办材料：上海市民防建设工程竣工档案验收意见书；建设单位合法资质证明（单位营业执照或社团法人证书或工商执照等复印件）；如法人委托代表人签字，应提供法人授权委托书原件及委托代表人身份证复印件。提供经办人的法人授权委托书原件及经办人身份证复印件。民防工程技术档案质量审查表原件。

四、办理依据

1.《档案法》（主席令第七十一号）。

2.《建设工程质量管理条例》（国务院令第 279 号）。

3.《科学技术档案工作条例》（国发〔1980〕第 302 号）。

4.《上海市档案条例》（十届市人大第四十次会议修正）。

5.《上海市民防工程建设和使用管理办法》（市政府 129 号令）。

6.《上海市民防工程档案管理规定》（沪民防〔2009〕3 号）。

第十九章　建设项目配套市容绿化审批

住建部指定地方涉及房屋和市政设施项目审批实施行政许可事项清单：改变绿化规划、绿化用地的使用性质审批；历史建筑实施原址保护审批；历史文化街区、名镇、名村核心保护范围内拆除历史建筑以外的建筑物、构筑物或者其他设施审批；历史建筑外部修缮装饰、添加设施以及改变历史建筑的结构或者使用性质审批。本章介绍改变建设项目配套设施绿化规划、绿化用地的使用性质审批。

第一节　对建设项目配套绿化方案的意见征询

建设项目配套绿化方案的意见征询适用于建设项目配套绿化方案的意见征询的审批咨询，以及新办审批办理、实地检查、投诉举报和监督检查。

一、办理机构

市规划管理部门审批的建设项目，应当报上海市绿化和市容管理局（以下简称"市绿化市容局"）审批（依法委托审批部门管辖范围除外），区规划管理部门审批的建设项目，报区县绿化管理部门审批（依法委托审批部门管辖范围除外）。在依法委托审批部门管辖范围内的建设项目，由依法委托审批部门受理和办理。本市范围内由市规划土地管理部门审批的建设项目配套绿化方案意见征询的申请，经审批获得建设项目配套绿化方案意见征询同意意见的，方可进行施工。

二、审批条件

建设项目配套绿化方案审核应满足办理依据的同时，对其他审核条件作如下要求：

（一）绿地内应以植物造景为主，绿化种植面积应当不少于绿地总面积的百分之七十。构筑物的占地面积不得超过绿地总面积的百分之二。有技术规范的，按照有关技术规范执行。

（二）绿化种植的地下空间顶板标高应当低于地块周边道路地坪最高点标高 1.0 米以下，地下空间顶板上覆土厚度应当不低于 1.5 米，确保符合植物种植条件。

（三）建筑基地内的集中绿地：建筑基地内的集中绿地面积，在居住用地中应不少于用地总面积的百分之十，在体育、医疗卫生和教育科研设计用地中应符合有关专业规定，在其他类别用地中应不少于百分之五。重要地区和主要景观道路两侧建设项目的集中绿地，应当沿道路一侧设置。居住区内每块集中绿地的面积不小于 400 平方米，且至少有三分之一的绿地面积在规定的建筑间距范围之外。沿城市道路两侧的公共绿地或绿化隔离带，不在建筑基地范围内的，不得作为居住区集中绿地计算。一个街区内的集中绿地可按规定的指标进行统一规划、统一设计、统一建设、综合平衡。在符合整个集中绿地指标的前提下，可不在每块建设基地内平均分布。

（四）建筑基地内的水体，按以下标准计算绿地面积：非硬质材料铺装水底的，水体

455

不通航、岸边可以种植水生植物的，水体计入绿地面积；非硬质材料铺装水底的，水体通航的，水体不计入绿地面积。

（五）以植草砖铺设的用地，不计入绿地面积。

（六）大型购物（娱乐中心、宾馆、商住等附属经营性停车场地内，种植胸径在 8 厘米以上树木的，按每株 1 平方米计入绿地面积）。

（七）位于浦西内环线以内的建筑基地，确实难以达到绿化指标的，可将屋面地栽绿化面积（每块面积不得小于 100 平方米）折算成地面绿地面积，其折算公式：$F = M \times N$ 式中 F——地面绿地面积；M——屋面地栽绿化面积；N——有效系数。详见表 19-1。

屋面标高与基地地面的高差有效系数表 表 19-1

屋面标高与基地地面的高差（单位：米）	有效系数（N）	屋面标高与基地地面的高差（单位：米）	有效系数（N）
小于等于 1.5	0.70	大于 5.0，小于等于 12.0	0.30
大于 1.5 小于等于 5.0	0.50	大于 12.0	0

三、申请材料

建设项目配套绿化方案意见征询许可事项申请人应按表 19-2 要求提供申请材料。

对建设项目配套绿化方案意见征询的申请材料目录 表 19-2

序号	提交申请材料名称		原件/复印件	份数	文件	要求
1	规划部门文件：选址意见书、土地出让合同（包括要求、附图）或设计要求批复及附图		复印件	1	纸质	完整填写，包括签名、公章、日期
2	设计总平面图		复印件或原件	1	纸质	盖设计章、出图章
3	绿化分析图		复印件或原件	1	纸质	标明每块绿地面积、范围，盖设计章、出图章
4	地形图		复印件或原件	1	纸质	测绘图 1：500
5	建设项目绿地下有地库的	方案文本、地库剖面图	复印件或原件	1	纸质	盖设计章、出图章
6	因市政道路方案	市测绘院道路红线图	复印件或原件	1	纸质	
7		市城市规划院的道路综合管线剖面图	复印件或原件	1	纸质	需加盖公章

第二节　对配套绿化工程竣工图和验收结果的审查

对配套绿化工程竣工图和验收结果审查适用于建设项目对配套绿化工程竣工图和验收

结果审查的审批咨询和监督检查。

一、办理机构权限

（一）办理机构名称及权限：10000平方米以上（含）的建设项目，应当报上海市绿化和市容管理局（以下简称"市绿化市容局"）审批（依法委托审批部门管辖范围除外）；10000平方米以下的建设项目，应当报区县绿化行政主管部门审批（依法委托审批部门管辖范围除外）。

（二）审批内容

审批对象是建设项目配套绿化工程已通过建设工程竣工验收合格的建设单位，本市范围内市规划土地部门审批的建设项目配套绿化工程竣工图和验收结果审查的申请，经审批获得《建设项目配套绿化工程竣工图和验收结果审查意见书》的，方可交付使用。

二、审批条件

符合以下条件即可通过审查：符合核发建设项目配套绿化审核意见，绿化部门竣工验收书面意见，配套绿化工程的设计、施工、监理，应当符合国家和本市有关设计、施工、监理的技术标准和规范，并由具有相应资质的单位承担，配套绿化工程质量监督报告的，绿化面积测绘报告，盖有竣工图章的绿化竣工图。

三、申请材料

对配套绿化工程竣工图和验收结果审查行政审批申请材料目录详见表19-3。

对配套绿化工程竣工图和验收结果审查申请材料目录　　　　表 19-3

序号	提交申请材料名称	原件/复印件	份数	文件	要求
1	对配套绿化工程竣工图和验收结果的审查申请表（含条形码）	原件	1	纸质	完整填写，盖公章、法人章
2	上海市园林绿化工程质量监督报告（原件）	原件	1	纸质	
3	建设工程竣工验收报告	原件	1	纸质	盖公章
4	绿化管理部门或甲方上级主管部门出具的配套绿化竣工验收意见	原件	1	纸质	盖绿化管理部门或甲方上级主管部门公章
5	测绘部门出具的测绘报告（须含绿化平面图）	原件复核	1	纸质	有资质的测绘部门（绿地、公园、厂房、改建等项目无需提供）
6	绿化管理部门出具的项目审核意见	原件复核	1	纸质	绿化管理部门或规划出具（绿地、公园、厂房、改建等项目无需提供）

第三节　对调整已建成公共绿地内部布局的许可

对占用已建成绿地和调整公共绿地内部布局、服务设施设置的许可适用于本市对调整已建成公共绿地内部布局的许可申请与办理。

一、办理机构

办理机构名称及权限调整已建成公共绿地内部布局，应当报市绿化行政主管部门审批。审批内容：审批对象是需调整已建成公共绿地内部布局的具有独立法人资格的单位，本市范围内调整已建成公共绿地内部布局的行为，经审批获得准许调整已建成公共绿地内部布局的行政许可决定的，才可以调整已建成公共绿地内部布局。

二、审批条件

调整公共绿地内部布局是指公共绿地内部布局的优化与完善，内容包括：内部绿化、建筑物、构筑物、园路和铺装场地等用地比例的变化；内部游憩、服务、公用和管理等设施规模和位置的变化；原有的游憩、服务、公用和管理等设施、建筑的功能变化。

三、申请材料

对调整已建成公共绿地内部布局行政审批申请材料目录详见表19-4。

对调整已建成公共绿地内部布局的许可申请材料目录　　　　表 19-4

序号	提交申请材料名称		原件/复印件	份数	纸质/电子文件	要求
1	对调整已建成公共绿地内部布局的行政许可事项申请表		原件	1	纸质	完整填写，包括签名、公章、日期
2	已建成公共绿地现状图		原件	2	纸质	1：500（1000）测绘图，标明调整范围、项目位置及面积等
3	布局调整设计方案文本		原件	2	纸质	调整内容、范围，调整前后内部用地比例表等
4	调整方案公示、公开征求社会市民意见及采纳情况		原件	1	纸质	公示、征求的主要意见建议采纳情况等
5	新增、调整或更新游乐设施时，还需提供的材料	游乐区内设施布局图	原件	1	纸质	标明游乐区域范围、游乐项目及附属设施的位置
6		游乐设施设置方案	原件	1	纸质	说明设置的原因，游乐项目内容、占地面积及游乐设施主要情况等

第四节　对占用已建成绿地的许可

对占用已建成绿地的许可适用于占用已建成绿地的审批咨询，以及审批办理、实地检查、投诉举报和监督检查等。

一、办理机构

对占用已建成绿地的许可，应当报市绿化管理部门审批。审批内容：本市范围内占用已建成绿地的申请。经审批获得准予行政许可决定的，才可以占用已建成绿地。

二、审批条件

占用已建成绿地的审批应符合下列条件：市政道路拓宽；公共设施建设；人行道、机非隔离带上开设通道；其他因城市规划调整或者城市基础设施建设确需占用绿地的，其中符合前款条件的，占用绿地面积应符合：单向车行通道，占用绿地宽度不得大于6米；双向车行通道，占用绿地宽度不得大于10米；人行通道，占用绿地宽度不得大于5米。

占用公共绿地，应当在本区域内或者相邻街区内补建不少于被占用绿地面积的绿地，其中，因市政道路、轨道交通建设需要占用已建成绿地的，确实无条件在本区域或者相邻街区内补建的，可以在全市范围内补建不少于被占用绿地面积的绿地。

三、申请材料

占用已建成绿地的许可事项申请人应按表19-5要求提供申请材料。

占用已建成绿地的许可申请材料目录　　　　　　　　表19-5

序号	提交申请材料名称		原件/复印件	份数	纸质/电子文件	要求
1	对占用已建成绿地的行政许可事项申请表、苗木表		原件	1	纸质	完整填写，包括签名、公章、日期
2	标明占用已建成绿地位置的地形图（测绘图）		原件	1	纸质	
3	绿地补偿措施		原件	1	纸质	需加盖公章、写明日期
4	因建设项目需占用已建成绿地的，需提供建设项目的相关文件	规划用地许可证（包括通知、附图）或设计要求批复及附图	复印件或原件	1	纸质	
5		扩初总平面图	复印件或原件	1	纸质	
6		扩初设计批复	复印件或原件	1	纸质	
7	因道路拓宽需占用已建成绿地的，需提供的相关文件	规划用地许可证（包括通知、附图）	复印件或原件	1	纸质	
8		市测绘院道路红线图	复印件或原件	1	纸质	
9		市城市规划院的道路综合管线剖面图	复印件或原件	1	纸质	
10		道路设计平面图、断面图	复印件或原件	1	纸质	
11		立项批复	复印件或原件	1	纸质	

续表

序号	提交申请材料名称		原件/复印件	份数	纸质/电子文件	要求
12	权属人的意见		原件	1	纸质	需加盖公章、写明日期
13	占用公共绿地，内环线内超过500平方米，外环线内超过2000平方米的	征询社会公众意见表	原件	1	纸质	需加盖公章、写明日期

第五节　对建设项目配套绿化竣工验收

对建设项目配套绿化竣工验收适用于本市对建设项目配套绿化竣工验收的申请与办理。

一、办理机构

市规划管理部门审批的建设项目，应当报上海市绿化和市容管理局（以下简称"市绿化市容局"）审批（依法委托审批部门管辖范围除外）。区规划管理部门审批的建设项目，报区县绿化管理部门审批（依法委托审批部门管辖范围除外）。在依法委托审批部门管辖范围内的建设项目，由依法委托审批部门受理和办理。本市范围内市规划土地部门审批的建设项目配套绿化竣工验收的申请，经审批获得建设项目配套绿化竣工验收同意的，方可交付使用。

二、审批条件

符合核发的建设项目配套绿化审核意见的，配套绿化工程的设计、施工、监理，应当符合国家和本市有关设计、施工、监理的技术标准和规范，并由具有相应资质的单位承担。配套绿化工程获得园林绿化工程质量监督报告的，绿化面积经有资质测绘单位测绘的，盖有竣工图章的绿化竣工图。

三、申请材料

对建设项目配套绿化竣工验收的许可事项申请人应按表 19-6 要求提供申请材料。

对建设项目配套绿化竣工验收的申请材料目录 表 19-6

序号	提交申请材料名称	原件/复印件	份数	文件	要求
1	对建设项目配套绿化竣工验收申请表	原件	1	纸质	完整填写，包括签名、公章、日期
2	建设项目配套绿化方案的审核意见	复印件	1	纸质	
3	绿化竣工图	原件	1	纸质	盖竣工图章
4	园林绿化工程质量监督报告	复印件	1	纸质	
5	测绘成果报告书	复印件	1	纸质	有资质的测绘部门

第六节　对公共绿地建设工程的竣工验收

对公共绿地建设工程的竣工验收适用于公共绿地建设工程的竣工验收的审批咨询，以及新办审批办理、实地检查、投诉举报和监督检查。

一、办理机构

市绿化市容管理部门负责市发改委立项的公共绿地建设工程竣工验收工作，区绿化市容管理部门负责区（县）发改委立项的公共绿地建设工程竣工验收工作。对公共绿地建设工程的竣工验收的申请，经过审批获得公共绿地建设工程的竣工验收许可的才可以移交使用。

二、审批条件

竣工图和绿化面积测绘成果基本符合绿化设计文件要求，绿化工程质量符合要求的公共绿地建设工程。

三、申请材料

对公共绿地建设工程的竣工验收的许可事项申请人应按表19-7要求提供申请材料。

对公共绿地建设工程的竣工验收的许可申请材料目录　　　　表19-7

序号	提交申请材料名称	性质	数量	分类	要求
1	对公共绿地建设工程的竣工验收的许可事项申请表	原件	2份	纸质	完整填写，包括签名、公章、日期
2	公共绿地项目的立项批复和初步设计批复	原件	2份	纸质	需加盖公章、写明日期
3	绿化施工图、绿化竣工图	原件	2份	纸质	需加盖公章、写明日期
4	质量监督报告	原件	2份	纸质	需加盖公章、写明日期
5	绿化面积测绘成果	复印件或原件	2份	纸质	复印件需加盖公章、写明日期

第七节　对迁移树木的许可

对迁移树木的许可适用于本市对迁移树木的许可申请与办理。

一、办理机构

迁移下列树木，应当向市绿化管理部门提出申请（依法委托审批部门管辖范围除外）：公共绿地上胸径在25厘米及以上的树木，其他绿地上胸径在45厘米及以上的树木；10株及以上或单株胸径在25厘米及以上的行道树。迁移上述两种情形以外树木的，向区、县绿化管理部门提出申请（依法委托审批部门管辖范围除外）。在依法委托审批部门管辖范围内，对迁移树木的许可由依法委托审批部门受理和办理。铁路、河道管理范围内树木的迁移，分别由铁路、水务管理部门按照规定审批。本市范围内迁移绿地和道路上树木的申请。经审批获得准许迁移树木的行政许可决定的，才可以迁移树木。

二、审批条件

（一）除杨树、构树、泡桐等速生树种外，树龄在80年以下且胸径在25厘米以上树木的迁移，按照以下要求审核：因建设项目的主体结构无法避让而确需迁移的，可以迁移；属于行道树的，道路拓宽时，位于规划车行道上的行道树，可以迁移；在人行道上开设宽度不超过6米的单向车行通道，应当避让，确实无法避让的，可以迁移一株；在人行道上开设宽度在6米以上10米以内的双向车行通道，可以迁移2株以下；开设与人行道交叉的人行通道时，应当避让；对因通透交通指示标识、建筑立面、商店招牌等需要提出的树木迁移申请，不予批准，以疏枝、修剪为主；对人身安全或者其他设施构成威胁的，可以迁移。

（二）对杨树、构树、泡桐等速生树种，以及胸径在25厘米以下树木，按照以下要求审核：位于建筑物、构筑物建设范围内，且无法避让的，可以迁移；位于新建道路红线范围内的，可以迁移；属于行道树的，道路拓宽时，位于规划车行道上的行道树，可以迁移；位于道路红线范围内但可辟为绿化隔离带的行道树，应当保留；在人行道上开设车行通道，可以迁移；开设与人行道交叉的人行通道时，应当避让；对因通透交通指示标识、建筑立面、商店招牌等需要提出的树木迁移申请，不予批准，以疏枝、修剪为主。但位于道路弯道处、交叉道口以及衔接道路的各种出入口，且严重影响交通信号灯与交通标志视线的，可以迁移；对人身安全或者其他设施构成威胁的，可以迁移。

（三）居住区的树木，符合下列条件之一的，可提出树木迁移的申请：房屋四周乔木树冠外缘距住宅楼阳台或窗户（指主要采光面）2米以内，或能承受人体重量的距外墙面或窗户1.5米以内的主干或主干枝，易造成攀登入室等安全隐患的；受台风等影响，树木已发生或易发生倒伏或倾斜影响居民生命和财产安全的；植物生长影响房屋安全、社会治安和其他设施的正常使用和运行的情况的。

三、申请材料

对迁移树木的许可事项申请人应按表19-8要求提供申请材料。

对迁移树木的许可申请材料目录

表 19-8

序号	提交申请材料名称		原件/复印件	份数	纸质/电子文件	要求
1	对迁移树木的行政许可事项申请表、苗木表		原件	1	纸质	完整填写，包括签名、公章、日期
2	标明迁移树木位置的地形图（测绘图）		原件	1	纸质	
3	因建设项目需迁移树木的，需提供建设项目的相关文件	规划用地许可证（包括通知、附图）或设计要求批复及附图	复印件或原件	1	纸质	
4		扩初总平面图	复印件或原件	1	纸质	
5		扩初设计批复	复印件或原件	1	纸质	

序号	提交申请材料名称		原件/复印件	份数	纸质/电子文件	要求
6	因道路拓宽需迁移树木的，需提供的相关文件	规划用地许可证（包括通知、附图）	复印件或原件	1	纸质	
7		市测绘院道路红线图	复印件或原件	1	纸质	
8		市城市规划院的道路综合管线剖面图	复印件或原件	1	纸质	
9		道路设计平面图、断面图	复印件或原件	1	纸质	
10		立项批复	复印件或原件	1	纸质	
11	权属人的意见		原件	1	纸质	需加盖公章、写明日期
12	树木迁移方案和技术措施要素细化		原件	1	纸质	需加盖公章、写明日期

第八节 对配套建设的环境卫生设施规划、设计方案审批

对配套建设的环境卫生设施规划、设计方案的审批适用于配套建设的环境卫生设施规划设计方案审批的咨询，以及新办审批办理、实地检查、投诉举报和监督检查。

一、办理机构

市规划管理部门审批的建设项目，应当报上海市绿化和市容管理局（以下简称"市绿化市容局"）审批（依法委托审批部门管辖范围除外）；区规划管理部门审批的建设项目，报区县绿化市容管理部门审批（依法委托审批部门管辖范围除外）。在依法委托审批部门管辖范围内的建设项目，由依法委托审批部门受理和办理。

审批对象是需有建设项目的建设单位或者业主。本市范围内由市规划土地管理部门审批的配套建设的环境卫生设施规划设计方案审核的申请。经审批获得配套建设的环境卫生设施规划设计方案审核意见，方可进行施工。

二、申请材料

对配套建设的环境卫生设施规划设计方案行政审批申请材料目录详见表19-9。

对配套建设的环境卫生设施规划设计方案审核申请材料目录　　表19-9

序号	提交申请材料名称	原件/复印件	份数	纸质/电子文件	要求
1	规划部门文件：选址意见书、土地出让合同（包括要求、附图）或设计要求批复及附图	复印件	1	纸质	完整填写，包括签名、公章、日期

续表

序号	提交申请材料名称	原件/复印件	份数	纸质/电子文件	要求
2	有关规划设计图纸	复印件或原件	1	纸质	盖设计章、出图章

第九节 对关闭、闲置、拆除或者迁移、改建环境卫生设施的审批

对关闭、闲置、拆除或者迁移、改建环境卫生设施的审批适用于市级环境卫生设施或者垃圾处理场（厂）设立、关闭等的许可的申请与办理。

一、办理机构

对关闭、闲置、拆除或者迁移、改建市级环境卫生设施的，应当报上海市绿化和市容管理局审批（依法委托审批部门管辖范围除外）。审批对象是需有建设项目的建设单位或者业主。本市范围内市级环境卫生设施关闭、闲置、拆除或者迁移、改建的申请，经审批获得市级环境卫生设施关闭、闲置、拆除或者迁移、改建审核意见的，方可进行施工。

二、审批条件

市级环境卫生设施关闭、闲置、拆除或者迁移、改建设计方案应符合有关设计规划要求。

三、申请材料

关闭、闲置、拆除或者迁移、改建环境卫生设施的行政审批申请材料目录详见表19-10。

关闭、闲置、拆除或者迁移、改建环境卫生设施的审批申请材料目录　　表19-10

序号	提交申请材料名称	原件/复印件	份数	纸质/电子文件	要求
1	关闭、闲置、拆除或者迁移、改建环境卫生设施的审批申请表	原件	1	纸质	完整填写
2	设施关闭、闲置、拆除或者迁移、改建环境卫生设施方案	原件	1	纸质	可行性方案、公章、日期
3	有关选址意见书、土地出让合同（包括要求、附图）或设计要求批复及附图	复印件	1	纸质	完整填写，包括签名、公章、日期
4	有关规划设计图纸	复印件或原件	1	纸质	盖设计章、出图章

第十节 对设立生活垃圾处理场（厂）或者设置处理设施的审批

对设立生活垃圾处理场（厂）或者设置处理设施的审批适用于市级环境卫生设施或者

垃圾处理场（厂）设立、关闭等的许可的申请与办理。

一、办理机构

市规划管理部门审批的建设项目，应当报上海市绿化和市容管理局审批（依法委托审批部门管辖范围除外）。审批对象是需有建设项目的建设单位或者业主。本市范围内由市规划土地管理部门审批的设立生活垃圾处理场（厂）或者设置处理设施的审批，经审批获得设立生活垃圾处理场（厂）或者设置处理设施的审批意见，方可进行施工。

二、审批条件

设立生活垃圾处理场（厂）或者设置处理设施应符合有关设计规划的要求。

三、申请材料

设立生活垃圾处理场（厂）或者设置处理设施的行政审批申请材料目录详见表19-11。

设立生活垃圾处理场（厂）或者设置处理设施的审批申请材料目录　　表 19-11

序号	提交申请材料名称	原件/复印件	份数	纸质/电子文件	要求
1	规划部门文件：选址意见书、土地出让合同（包括要求、附图）或设计要求批复及附图	复印件	1	纸质	完整填写，包括签名、公章、日期
2	有关规划设计图纸	复印件或原件	1	纸质	盖设计章、出图章

第十一节　对在林业系统国家级自然保护区建立机构和修筑设施的许可

对在林业系统国家级自然保护区建立机构和修筑设施的许可适用于对在林业系统国家级自然保护区建立机构和修筑设施的审核咨询，以及审核办理、实地检查、投诉举报和监督检查。

一、办理机构

本市范围内对在林业系统国家级自然保护区建立机构和修筑设施的许可事项由上海市林业局依法审核，交国家林业局审批。审核对象是需在林业系统国家级自然保护区建立机构和修筑设施的公民、法人或其他组织。本市范围内对在林业系统国家级自然保护区建立机构和修筑设施的许可的申请，经过审批获得准许在林业系统国家级自然保护区建立机构和修筑设施的行政许可决定的才可以在林业系统国家级自然保护区指定区域建立机构和修筑设施。

二、审批条件

符合国家法律法规及有关政策规定，不得危害国家生态安全；申请人提供的材料真实有效；在自然保护区的核心区和缓冲区内，不得建设任何生产设施；在自然保护区的实验区内，不得建设污染环境、破坏资源或者景观的生产设施；建立机构和修筑设施的项目，其污染排放不得超过国家和地方规定的污染物排放标准；建立机构和修筑设施的项目不得导致保护区主要保护对象主要栖息地数量和质量的下降；不得导致保护区主要保护对象种类和数量的下降；不得导致保护区生态系统退化或有退化的趋势；不得导致保护区自然环境发生不良的改变或有不良改变的趋势；建立机构和修筑设施的项目对保护区主要保护对象、生态系统和自然环境影响的消除、减少和补偿措施或方案需经过省级林业主管部门组织专家论证；建立机构和修筑设施的项目不得妨碍或影响自然保护区管理机构统一管理自然保护区的自然环境和自然资源；建立机构和修筑设施的项目涉及保护区社区及相关利益方的，还应有与社区或相关利益方签署的补偿、安置等协议。

三、申请材料

对在林业系统国家级自然保护区建立机构和修筑设施的审批申请材料详见表19-12。

对在林业系统国家级自然保护区建立机构和修筑设施的许可申请材料目录　表19-12

序号	提交申请材料名称	性质	数量	分类	要求
1	对在林业系统国家级自然保护区建立机构和修筑设施的行政许可事项申请表	原件	份	纸质	完整填写，包括签名、公章、日期
2	拟建机构或设施的规划或工程设计文件	原件	份	纸质	需具有合法资质的规划设计单位编制的规划或工程设计
3	环境影响评价文件及其审批文件	原件或复印件	份	纸质	县级以上环境保护主管部门出具的环评文件
4	县级以上人民政府及有关部门批准设立机构或修筑设施的文件	复印件或原件	份	纸质	
5	有关国家级自然保护区管理机构对拟建机构或设施的意见及与建设设施单位达成的保护、管理、补偿等协议，如涉及保护区社区的，还应有与社区签署的补偿、安置等协议，以及协议公证书	原件或复印件		纸质	保护区同意并签署协议社区签署的同意协议
6	由具有甲级咨询资格单位编制、省级林业主管部门组织专家论证通过的拟建机构或修筑设施对自然保护区自然资源、自然生态系统和主要保护对象的影响的评价报告，包括减轻影响、生态恢复措施等	原件		纸质	专家论证通过
7	省级林业主管部门在当地公开发行的日报上对拟建机构或修筑设施进行公示，征求相关利益群体的意见，并上报相关材料和公示结果	复印件或原件		纸质	
8	省级林业行政主管部门的审核意见	原件	份	纸质	
9	有关部门的审查、审批文件	复印件或原件	份	纸质	根据法律法规规定的，建设机构和设施所必需的其他有关部门的审查、审批文件

第十二节　对建设工程征占用林地审核

对建设工程征占用林地的审核适用于本市对建设工程征占用林地审核申请与办理。

一、办理机构

占用公益林地的，应当向市林业主管部门提出申请；占用用材林地的，应当向区、县林业主管部门提出申请；占用经济林地的，用地单位或者个人应当在使用前 30 日，将临时使用经济林地的具体地点、面积书面告知区林业主管部门。对于上述中涉及占用 10 公顷（含）以上公益林地、35 公顷（含）以上用材林地和经济林地的，按照《占用征用林地审核审批管理办法》（国家林业局 2001 年第 2 号令）规定，由市林业主管部门依法报国务院林业主管部门审批，并依法预交森林植被恢复费。因工程建设确需占用商品林地的，土地行政主管部门在办理建设用地审批手续时，应当书面征求市林业主管部门的意见。审批对象是需要征占用林地的建设单位、养护单位或者业主。本市范围内建设工程征占用林地的申请，经过审批获得准许建设工程征占用林地行政许可决定的才可以征占用林地。

二、审批条件

市林业主管部门根据国家有关要求，实行林地占用定额管理，在经审定的年度定额指标内对林地占用申请进行审批。除下列城市基础设施建设外，其他项目建设不得占用公益林地。能源设施：包括电力、煤气、天然气、液化石油气和暖气等；供、排水设施：包括水资源保护、自来水厂、供水管网、排水和污水处理等；交通设施：分为对外交通设施和对内交通设施，前者包括航空、铁路、航运、长途汽车和高速公路，后者包括道路、桥梁、隧道、地铁、轻轨高架、公共交通、出租汽车、轮渡等；邮电通信设施：包括邮政、电报、固定电话、移动电话、互联网、广播电视等；环保设施：包括垃圾收集与处理、污染治理等；防灾设施：包括消防、防汛、防震、防台风、防风沙、防地面沉降、防空等。涉及规划调整的，因工程建设确需占用商品林地的，土地行政主管部门在办理建设用地审批手续时，应当书面征求市林业主管部门的意见。

三、申请材料

对占用林地的行政审批申请材料目录详见表 19-13。

对占用林地的许可申请材料目录　　　　　　　　　　　　　表 19-13

序号	提交申请材料名称	性质	数量	分类	要求
1	填写《占用林地审核审批申请表》，需报国务院林业主管部门审批的，还应填写《征占用林地审核审批县级信息登记表》、《林权证（明）明细表》、《补偿补助协议费用情况明细表》、《补偿补助标准明细表》、《保护区域明细表》、《其他需说明情况明细表》，其中涉及林木迁移和采伐的，应当在申请时一并提出	原件	1 份	纸质	完整填写，包括签名、公章、日期
2	占用林地的建设单位法人证明，法人代表变更的，要有变更证明	复印件或原件	1 套	纸质	

序号	提交申请材料名称	性质	数量	分类	要求
3	建设项目批件。工程建设项目要有区县级以上项目主管部门可行性报告的批复：1. 大中型建设项目，要有可行性研究报告批复和初步设计批复；2. 小型建设项目，要有选址和用地规模的批准文件；3. 勘查、开采矿藏项目，要有勘查许可证、采矿许可证和其他相关批准文件；市规划和土地主管部门的建设用地预审批复，并附市规划和土地主管部门征询市林业主管部门的意见征询单	复印件或原件	1套	纸质	
4	被占用林地的权属人意见。申请占用的林地，已发放林权证的，要提交林权证复印件；未发放林权证的，要提交乡镇级以上人民政府出具的权属清楚的证明；有林权争议的，要提交乡镇级以上人民政府作出的调解协议、人民法院的调解协议或判决；占用保护区范围内林地的，要提交有关保护区行政主管部门同意项目建设的证明材料，其中，占用国家级自然保护区、森林公园、风景名胜区林地的，要提交国务院有关行政主管部门同意的意见；占用省级自然保护区、森林公园、风景名胜区林地的，要提交省级有关行政主管部门同意的意见	复印件或原件	1套	纸质	需加盖公章、写明日期
5	占用已解决农民"镇保"的公益林地，应当提供所在区县人民政府同意的函，以及解决农民"镇保"或补偿区县人民政府"镇保"费用的相关凭证或承诺书	复印件或原件	1套	纸质	需加盖公章、写明日期
6	补偿协议。建设单位与被使用林地单位或个人签订的林地、林木补偿和安置补助协议	原件	1份	纸质	需加盖公章、写明日期
7	《补建林地承诺书》，或与区县林业主管部门签署补建林地合同	原件	2份	纸质	有坐标定位，需加盖公章、写明日期
8	项目使用林地可行性报告	原件	1份	纸质	需加盖编制单位公章、写明日期

注：如需报国务院林业主管部门审批的，上述材料的数量均需3份。

第二十章　建设项目预防性卫生和安全项目审查

住房和城乡建设部指定地方涉及房屋和市政设施项目审批实施行政许可事项清单，本章介绍建设项目预防性卫生审核办理项目和建设项目职业危害"三同时"审查审批。

第一节　建设项目预防性卫生审核办理项目（预防性审核）

一、设定依据

1.《传染病防治法》第二十八条。

2.《职业病防治法》第八十九条。

3.《公共场所卫生管理条例》第四条。

4.《医疗机构管理条例实施细则》第十八条。

5.《上海市集中空调通风系统卫生管理办法》第四条。

6.《上海市生活饮用水卫生监督管理办法》第三十三条（预防性卫生审核）。

7.《放射诊疗建设项目卫生审查管理规定》第十一条。

二、受理条件

建设项目设计应符合《图书馆、博物馆、美术馆、展览馆卫生标准》、《文化娱乐场所卫生标准》、《旅店业卫生标准》、《医院候诊室卫生标准》、《理发店、美容店卫生标准》、《公共浴室卫生标准》、《公共交通等候室卫生标准》、《游泳场所卫生标准》、《公共游泳场所卫生管理规范》、《公共场所集中空调通风系统卫生规范》、《集中空调通风系统卫生管理规范》、《生活饮用水集中式供水单位卫生规范》、《生活饮用水卫生标准》、《二次供水设施卫生规范》、《普通幼儿园建设标准》、《托儿所、幼儿园建筑设计规范》、《中小学校设计规范》、《综合医院建筑设计规范》、《医院隔离技术规范》、《医院洁净手术部建筑技术规范》、《医院消毒卫生标准》、《上海市医疗废物卫生管理规范》、《医疗机构水污染物排放标准》、《实验室生物安全通用要求》、《生物安全实验室建筑技术规范》、《放射性同位素与射线装置放射防护条例》、《电离辐射防护与辐射源安全基本标准》、《住宅设计标准》、《上海市日照分析规划管理办法》等相关卫生规范、标准的要求。

三、受理范围

除通用厂房、通用仓库、纯住宅、纯办公以外新建、改建、扩建的建设项目，均需提供资料（并按下列顺序排列，所附材料必须加盖公章）。

（一）选址阶段：建设项目预防性卫生审核申请表；主管部门批准文件；项目建议书或申请报告；地形图、总平面图等资料。

（二）方案设计或可行性研究阶段：建设项目预防性卫生审核申请表；选址卫生审核批件；主管部门项目批准文件；方案设计文件或可行性研究报告（地形图，日照分析，建筑平面图、立面图、剖面图）；涉及放射性职业病危害的医疗机构项目，应提供由具有资质的放射卫生技术服务机构出具的职业病危害预评价报告。

（三）扩大初步设计阶段（非并联审批项目）：建设项目预防性卫生审核申请表；方案设计卫生审核批件；主管部门方案批准文件；规划部门方案设计审核意见书；扩大初步设计文件。

（四）总体设计阶段（并联审批项目）：建设项目预防性卫生审核申请表；方案设计卫生审核批件；规划部门方案设计审核意见书；总体设计文件；涉及集中空调通风系统的项目，应提供由具有相应专业技术能力的卫生学评价机构出具的卫生学评价报告。

（五）施工设计阶段（非并联审批项目）：建设项目预防性卫生申请表；扩初设计卫生审核批件；主管部门扩初批准文件；施工设计文件（总平面、建筑、暖通、给水排水等）；涉及集中空调通风系统的项目，应提供由具有相应专业技术能力的卫生学评价机构出具的卫生学评价报告。

（六）竣工验收阶段：建设项目竣工验收申请书；施工设计卫生审核决定；涉及集中空调通风系统的项目，应提供由具有相应专业技术能力的卫生学评价机构出具的卫生学评价报告；涉及放射性职业病危害的医疗机构项目，应提供由具有资质的放射卫生技术服务机构出具的职业病危害控制效果评价报告。经卫生计生部门资质认定的检测单位出具的检测报告（水、微小气候、空气、噪声等）。

四、行使内容

涉及集中空调通风系统的、公共场所、供水单位、医疗机构（含放射性职业病危害）以及其他类新建、扩建、改建建设项目（以下统称建设项目）选址、可行性研究报告（方案、项目申请报告）、总体设计阶段（初步设计、施工图设计）、竣工验收。权限划分上海市卫生和计划生育委员会负责下列新建、扩建、改建建设项目选址、可行性研究报告（方案、项目申请报告）、总体设计文件（初步设计、施工图设计）以及项目竣工验收的审核：市规划土地管理部门直接受理的建设项目（浦东新区除外）。无须规划土地管理部门审核的，但由市建设管理部门受理和审核的建设项目（浦东新区除外）。

五、办理时限和流程

受理后 20 个工作日内作出审核决定。总体设计阶段自受理后 7 个工作日内作出审核决定。办理流程：申请→受理→审核批准→制证→发证。

第二节　建设项目职业危害"三同时"审查（建设项目职业病防护设施设计审查）

建设项目职业危害"三同时"审查适用于建设项目职业危害"三同时"审查（建设项目职业病防护设施设计审查）的办理。

一、准予批准的条件

申报材料齐全；设计单位资质符合《建设工程勘察设计资质管理规定》（建设部令第160 号）等国家关于工程设计资质的相关规定；职业病防护设施设计专篇符合如下要求：职业病防护设施设计专篇内容齐全，符合相关法律、法规和技术标准的要求；所设计的职业病防护设施和有关防控措施及其控制性能合理、可行，满足强制性标准、规范的要求；辅助用室及卫生设施的设计情况符合相关标准、规范要求；提出的职业病防治管理措施全面、合理、可行，满足相关规定的要求；职业病防护设施投资预算满足要求；提出的预防及应急措施具有可行性和针对性；职业病防护设施设计方案预期效果及评价客观、正确。

二、申请材料

建设项目安全和职业病防护设施设计审查行政审批申请材料目录详见表20-1。

提交材料申请材料目录 表 20-1

序号	提交材料名称	原件/复印件	份数	纸质/电子报件	要求
1	建设项目安全和职业病防护设施设计审查申请书	原件	2	纸质材料电子报件	1. 完整填写《申请书》各栏的具体信息； 2. 有相关负责人签名，并加盖有关单位公章
2	建设项目职业病防护设施设计专篇	原件	2	纸质材料电子报件	1. 有关项目的基本信息应与《申请书》一致； 2. 专篇封面不存在"机密"、"保密"、"秘密"等标注； 3. 有编制人员签名，加盖编制单位、建设单位公章
3	职业卫生专家对职业病防护设施设计专篇的审查意见	原件	2	纸质材料电子报件	审查意见应包括专家审查意见和同意专篇修改意见两部分： 1.《专家审查意见》有关项目的基本信息应与《申请书》及《设计专篇》一致，有落款时间、专家签名。 2.《同意专篇修改意见》有落款时间、专家签名
4	建设单位对职业病防护设施设计专篇的评审意见	原件	2	纸质材料电子报件	1. 有关项目的基本信息应与《申请书》及《设计专篇》一致； 2. 明确表示同意设计专篇； 3. 有落款时间，加盖建设单位公章
5	建设主管部门核发的工程设计资质证明	复印件	2	纸质材料电子报件	1. 相关信息与《申请书》及《设计专篇》一致； 2. 在有效期内，加盖建设单位公章
6	安全监管部门核发的建设项目职业病危害预评价报告审核文件	复印件	2	纸质材料电子报件	1. 有关项目的基本信息与《申请书》及《设计专篇》一致； 2. 有审核部门公章，复印件应加盖建设单位公章

三、申报材料目录

（一）危险化学品建设项目：以下材料纸质文本、电子文本通过上海安全生产信息网报送：建设项目安全和职业病防护设施设计审查申请书；设计单位的设计资质证明文件；

建设项目安全设施设计专篇；建设项目职业病防护设施设计专篇；建设单位对职业病防护设施设计专篇的评审意见；危险化学品建设项目安全条件和职业病危害预评价审查批复文件。

（二）非危险化学品建设项目：以下材料纸质文本、电子文本通过上海安全生产信息网报送：建设项目安全和职业病防护设施设计审查申请书；建设项目职业病防护设施设计专篇；建设单位对职业病防护设施设计专篇的评审意见；建设项目职业病防护设施设计单位的资质证明；建设项目职业病危害预评价报告审核的批复文件。

第三节　建设项目职业危害"三同时"审查（建设项目职业病危害预评价报告审核和备案）

建设项目职业病危害"三同时"审查适用于建设项目职业病危害"三同时"审查（建设项目职业病危害预评价报告审核和备案）的办理。

一、准予批准的条件

（一）职业病危害一般的建设项目：申报材料齐全；职业卫生技术服务机构资质符合《职业卫生技术服务机构监督管理暂行办法》（国家安全监管总局令第 50 号）要求；职业病危害预评价报告对建设项目职业病危害类型判定准确。

（二）职业病危害较重、严重的建设项目：申报材料齐全；职业卫生技术服务机构资质符合《职业卫生技术服务机构监督管理暂行办法》（国家安全监管总局令第 50 号）要求；职业病危害预评价报告符合如下要求：职业病危害预评价报告内容齐全，符合相关法律、法规和技术标准的要求；建设项目职业病危害因素及对劳动者健康危害程度的分析和评价全面、客观、准确；建设项目职业病危害类型判定准确；对拟设置的职业病防护设施和个体防护用品分析与评价正确；对职业卫生管理机构设置和职业卫生管理人员配置及有关制度建设的建议符合要求；提出的职业病防护措施和建议合理、可行，符合各种强制性标准、规范的要求；结论正确。

二、行政审批申请材料目录

提交材料目录详见表 20-2。

提交材料目录 表 20-2

序号	提交材料名称	原件/复印件	份数	纸质/电子报件	要求
1	建设项目安全条件和职业病危害预评价审查申请书	原件	2	纸质材料电子报件	1. 完整填写《申请书》各栏的具体信息； 2. 有相关负责人签名，并加盖有关单位公章
2	建设项目职业病危害预评价报告	原件	2	纸质材料电子报件	1. 有关项目的基本信息应与《申请书》一致； 2. 报告封面不存在"机密"、"保密"、"秘密"等标注； 3. 有编制人员签名，加盖编制单位、建设单位公章

续表

序号	提交材料名称	原件/复印件	份数	纸质/电子报件	要求
3	职业卫生专家对职业病危害预评价报告的审查意见	原件	2	纸质材料电子报件	审查意见应包括专家审查意见和同意报告修改意见两部分： 1.《专家审查意见》有关项目的基本信息应与《申请书》及《评价报告》一致，有落款时间、专家签名。 2.《同意报告修改意见》有落款时间、专家签名
4	建设单位对职业病危害预评价报告的评审意见	原件	2	纸质材料电子报件	1. 有关项目的基本信息应与《申请书》及《评价报告》一致； 2. 明确表示同意预评价报告； 3. 有落款时间，加盖建设单位公章
5	职业病危害预评价报告编制机构的资质证明	复印件	2	纸质材料电子报件	1. 相关信息与《申请书》及《评价报告》一致； 2. 在有效期内，加盖建设单位公章
6	涉及放射性的，提交建设项目放射防护预评价报告	原件	2	纸质材料电子报件	1. 要求同《建设项目职业病危害预评价报告》； 2. 不涉及的，应提交不涉及放射性职业病危害因素的承诺说明
7	建设项目批准、核准或者备案文件	复印件	2	纸质材料电子报件	1. 有关项目的基本信息与《申请书》及《评价报告》一致； 2. 在有效期内，一般不超过2年，超过2年的补充提交原审批部门的确认文件； 3. 有投资主管部门公章，复印件应加盖建设单位公章

三、申报材料目录

（一）危险化学品建设项目：以下材料纸质文本、电子文本通过上海安全生产信息网报送：建设项目安全条件和职业病危害预评价审查申请书；工商行政管理部门颁发的企业营业执照或者企业名称预先核准通知书；建设项目安全条件论证报告；建设项目安全评价报告；建设项目批准、核准或者备案文件和规划相关文件；建设项目职业病危害预评价报告；建设单位对职业病危害预评价报告的评审意见；职业卫生专家对职业病危害预评价报告的审查意见；职业病危害预评价机构的资质证明；涉及放射性职业病危害因素的建设项目，需提交建设项目放射防护预评价报告。

（二）非危险化学品建设项目

以下材料纸质文本、电子文本通过上海安全生产信息网报送：建设项目安全条件和职业病危害预评价审查申请书；建设项目职业病危害预评价报告；建设单位对职业病危害预评价报告的评审意见；职业卫生专家对职业病危害预评价报告的审查意见；职业病危害预评价机构的资质证明；涉及放射性职业病危害因素的建设项目，提交建设项目放射防护预评价报告；建设项目批准、核准或者备案文件。

第四节　危险化学品建设项目安全设施设计审查

危险化学品建设项目安全设施设计审查适用于危险化学品建设项目安全设施设计审查的办理。

一、准予批准的条件

准予批准的条件：设计单位资质符合相关规定；安全设施设计专篇符合导则的要求；按照有关安全生产的法律、法规、规章和国家标准、行业标准的规定进行设计；对未采纳建设项目安全评价报告中的安全对策和建议，作充分论证说明。

二、申报材料目录

（一）危险化学品建设项目：以下材料纸质文本、电子文本通过上海安全生产信息网报送：建设项目安全和职业病防护设施设计审查申请书；设计单位的设计资质证明文件；建设项目安全设施设计专篇；建设项目职业病防护设施设计专篇；建设单位对职业病防护设施设计专篇的评审意见；危险化学品建设项目安全条件和职业病危害预评价审查批复文件。

（二）非危险化学品建设项目：以下材料纸质文本、电子文本通过上海安全生产信息网报送：建设项目安全和职业病防护设施设计审查申请书；建设项目职业病防护设施设计专篇；建设单位对职业病防护设施设计专篇的评审意见；建设项目职业病防护设施设计单位的资质证明；建设项目职业病危害预评价报告审核的批复文件。

第五节　危险化学品建设项目安全条件审查

危险化学品建设项目安全条件审查适用于危险化学品建设项目安全条件审查的办理。

一、准予批准的条件

准予批准的条件：安全条件论证报告或者安全评价报告符合国家有关标准规范的要求；建设项目与周边场所、设施的距离或者拟建场址自然条件符合有关安全生产法律、法规、规章和国家标准、行业标准的规定；主要技术、工艺符合有关安全生产法律、法规、规章和国家标准、行业标准的规定的；涉及国内首次使用的化工工艺，经省级人民政府有关部门组织的安全可靠性论证；对安全设施设计提出的对策与建议符合法律、法规、规章和国家标准、行业标准的规定。

二、申报材料目录

（一）危险化学品建设项目：以下材料纸质文本、电子文本通过上海安全生产信息网报送：建设项目安全条件和职业病危害预评价审查申请书；工商行政管理部门颁发的企业营业执照或者企业名称预先核准通知书；建设项目安全条件论证报告；建设项目安全评价报告；建设项目批准、核准或者备案文件和规划相关文件；建设项目职业病危害预评价报告；建设单位对职业病危害预评价报告的评审意见；职业卫生专家对职业病危害预评价报告的审查意见；职业病危害预评价机构的资质证明；涉及放射性职业病危害因素的建设项目，需提交建设项目放射防护预评价报告。

（二）非危险化学品建设项目：以下材料纸质文本、电子文本通过上海安全生产信息网报送：建设项目安全条件和职业病危害预评价审查申请书；建设项目职业病危害预评价报告；建设单位对职业病危害预评价报告的评审意见；职业卫生专家对职业病危害预评价报告的审查意见；职业病危害预评价机构的资质证明；涉及放射性职业病危害因素的建设项目，提交建设项目放射防护预评价报告；建设项目批准、核准或者备案文件。

第六节　新建、扩建、改建监控化学品生产设施的初审

新建、扩建、改建监控化学品生产设施的初审适用于新建、扩建、改建监控化学品生产设施初审的申请与办理。

一、新办（首次）

准予批准的条件：必须有完整的企业基本情况资料（按附件要求填报）；必须持有工商行政管理部门核发的营业执照；产品质量必须达到国家标准或地业（部颁）标准（尚未制定国家或部颁标准的产品，暂按企业标准执行）；必须具备标准的计量与检测设备；有完整的环境保护设施，所排放的"三废"必须达到国家规定的标准；生产、储存现场无事故隐患；生产、储存、销售有标准、完整的台账；国家其他管理部门颁发生产许可证所规定的批准文件和证书，以及生产该品种所必需的其他有关证件；必须具有熟悉监控化学品数据统计的专职或兼职管理人员以及相应的管理制度；必须具备国家履行《禁止化学武器公约》事务主管部门要求的标准设施位置图、工艺流程草图、设备布置图、关键设备一览表、生产记录样张、产品销售记录样张等有关文件；企业法人代表必须了解《条例》和《禁止化学武器公约》有关企业活动的规定。

二、提交材料

提交材料目录详见表 20-3。

提交材料目录 表 20-3

序号	提交材料名称	原件份数	复印件份数	纸质/电子报件	要求
1	监控化学品生产设施建设申请书	3		纸质和电子	加盖企业公章
2	企业营业执照		3	纸质	
3	安全生产许可证		3	纸质	
4	环保部门出具的环评报告		3	纸质	
5	企业地理位置及交通图		3	纸质	
6	厂区平面位置图		3	纸质	
7	车间设备平面布置图		3	纸质	
8	产品工艺流程简图		3	纸质	
9	可行性研究报告		3	纸质	

附件：企业地理位置图及交通图；企业厂区平面位置图；车间设备平面布置图；产品工艺流程简图；可行性研究报告（由甲级资质单位出具）；县级以上环保部门同意建设的文件；新建监控化学品生产设施企业应提供工商行政管理部门核发的《预注册通知书》；扩建或改建监控化学品生产设施企业应提供工商行政管理部门核发的营业执照（副本）；安监部门同意建设的文件。

第二十一章　建设项目水务和海洋审批

根据国家水利工程审批职责范围，本章介绍涉及地方审批水务和海洋工程项目。

第一节　办理水利工程开工备案

水利工程开工备案适用于本市行政区域内建设的水利工程。

一、办理机构

市水务局委托市水务建设工程安全质量监督中心站受理；区县水务安全质量监督站负责安全质量监督的水利工程开工备案。

二、审批条件

水利工程具备开工条件后，由项目法人自主确定开工日期后报送。

三、上海市水利工程开工备案

上海市水利工程开工备案详见表21-1。

上海市水利工程开工备案表　　　　　　　　　　　　　　表21-1

报备单位：（盖章）			报备日期：年　月　日	
工程名称				
工程地址				
工程建设内容概况				
项目法人批复文件				
初步设计批复文号		批复总投资		
施工详图设计满足主体工程施工情况				
建设资金落实情况				
主要设备和材料落实情况				
征地移民工作情况				
"三通一平"情况				
计划开工日期		计划竣工日期		
项目法人	单位名称			
	单位在沪地址			
	单位法人		联系方式	
代建单位（如有）	单位名称			
	单位在沪地址			
	项目负责人		联系方式	

续表

设计单位	单位名称			
	单位在沪地址			
	资质等级		证书编号	
	项目负责人		证书编号	
监理单位	单位名称			
	单位在沪地址			
	资质等级		证书编号	
	总监理工程师		证书编号	
	发包形式		中标通知书编号	
	中标金额		合同价	
施工单位	单位名称			
	单位在沪地址			
	单位法人		联系方式	
	资质等级		证书编号	
	技术负责人		职称	
	专职安全员		证书编号	
	发包形式		中标通知书编号	
	中标金额		合同价	
安全质量监督机构				
报监单编号				
备案	1. 本备案表适用于由市水务安全质量监督中心站负责安全质量监督的水利工程开工备案工作，区县可参照执行； 2. 本备案表由备案受理单位统一编号； 3. 报备人须按本表要求逐项填报有关内容，并对填报内容的真实性负责，如无相应工作内容，直接填写"无"； 4. 本备案表填写一式三份，备案受理单位、报备人、市水务局建管处各一份			

备注：报备单位为建设单位。

第二节　办理河道管理范围内建设项目的审核

河道管理范围内建设项目的审核适用于本市河道管理范围内建设项目审核的申请与办理。

一、办理机构

上海市水务局负责本市河道管理范围内建设项目的审核，包括受理、审查、决定。获得河道管理范围内建设项目批准文件的，申请人可以根据批准文件规定的建设内容、建设规模、建设标准以及管理要求执行建设项目方案。审批对象：在本市市管河道管理范围内实施跨河、穿河、临河的桥梁、码头、道路、渡口、管线、缆线、排（取）水等工程的单位或者个人。

二、审批条件

（一）新办准予批准的条件：符合本市防汛和河道专业规划要求；维护河道堤防安全，

保持河势稳定，不影响河道行洪、输水通畅和河道水质；不应对河道日常管理、景观、环境产生影响。同时符合以上审批条件的，行政机关予以批准。

（二）依申请变更准予批准的条件：已获得《河道管理范围内建设项目的审核》批复未实施；符合本市防汛和河道专业规划要求；维护河道堤防安全，保持河势稳定，不影响河道行洪、输水通畅和河道水质；不应对河道日常管理、景观、环境产生影响。同时符合以上审批条件的，行政机关予以批准。

三、申请材料

行政审批申请材料目录详见表21-2。

行政审批申请材料目录　　　　表21-2

序号	提交申请材料名称	原件/复印件	份数	纸质/电子报件	要求	新办	变更
1	河道管理范围内建设项目申请表	原件	1	纸质	完整填写，包括签名、公章、日期	√	√
2	河道管理范围内建设项目变更申请表	原件	1	纸质	完整填写，包括签名、公章、日期		√
3	申请人法定身份证明材料（①申请人为单位的：营业执照或者组织机构代码证复印件、法定代表人或负责人身份证明原件；②申请人为个人的：申请人身份证复印件；③如单位或个人委托他人代理的，还需提供委托书原件及委托代理人个人身份证复印件）	原件或复印件	1	纸质	与申请表中填写申请人、法人一致，除身份证复印件外均须加盖公章	√	√
4	变更说明	原件	1	纸质	对变更情况作简要说明并加盖申请人公章		√
5	建设项目批准文件（如立项、规划选址意见书、扩初设计批复等）	复印	1	纸质	与申请项目相符，真实有效	√	√
6	建设项目涉及河道部分的初步方案（包括平面布置图、结构图、河道蓝线等）	原件	3	纸质	河道蓝线图应当在有效期内，并加盖划示单位公章；设计图应加盖设计单位出图章	√	√
7	建设项目对河势稳定、堤防和护岸等水工程安全、河道行洪排涝、排水和水质的影响以及拟采取的补救措施	原件	1	纸质	由具有水工资质的设计单位编制，应包含建设项目实施前后所涉及河道防汛设施的安全稳定复核，并提出相应的保护或补救措施	√	√
8	建设单位与防汛墙养护责任单位签订的施工期间防汛责任书（黄浦江）	原件	1	纸质	建设单位与养护责任单位双方均签字盖章	√	√

续表

序号	提交申请材料名称	原件/复印件	份数	纸质/电子报件	要求	新办	变更
涉及设置或者扩大排水（污）口的，除以上材料还应当提交以下材料：							
1	排水（污）口设置论证报告或者简要分析材料	原件	1	纸质	设置或者扩大排水（污）口对水功能区影响明显轻微的，经同意可不编制排水（污）口设置论证报告，只提交对水功能区影响的简要分析材料	✓	✓

第三节　办理河道管理范围内建设项目施工方案的审核

河道管理范围内建设项目施工方案的审核适用于本市河道管理范围内建设项目施工方案审核的申请与办理。

一、办理机构

上海市水务局负责本市河道管理范围内建设项目施工方案的审核，包括受理、审查、决定。审批内容：已获得河道管理范围内建设项目行政许可批准文件的建设单位申请河道管理范围内建设项目施工方案的审核。获得河道管理范围内建设项目施工方案的批准文件的，申请人可以根据批准文件规定的建设内容、建设规模、实施期限以及管理要求执行。

二、审批条件

（一）新办准予批准的条件：符合本市防汛和河道专业规划要求；维护河道堤防安全，保持河势稳定，不影响河道行洪、输水通畅和河道水质；不应对河道日常管理、景观、环境产生影响。同时符合以上审批条件的，行政机关予以批准。

（二）延续准予批准的条件：已获得《河道管理范围内建设项目施工方案的审核》批复未实施完毕且方案未作调整，原批复工期届满前一个月；符合本市防汛和河道专业规划要求；维护河道堤防安全，保持河势稳定，不影响河道行洪、输水通畅和河道水质；不应对河道日常管理、景观、环境产生影响。同时符合以上审批条件的，行政机关予以批准。

三、申请材料

行政审批申请材料目录详见表 21-3。

行政审批申请材料目录　　　　　　　　　　　　　　　　表 21-3

序号	提交材料名称	原件/复印件	份数	纸质/电子报件	要求	新办	延续
1	河道管理范围内建设项目施工方案申请表	原件	1	纸质	完整填写，包括签名、公章、日期	✓	✓
2	上海市水务局行政许可延续申请表	原件	1	纸质	完整填写，包括签名、公章、日期		✓

序号	提交材料名称	原件/复印件	份数	纸质/电子报件	要求	新办	延续
3	申请人法定身份证明材料（①申请人为单位的：营业执照或者组织机构代码证复印件、法定代表人或负责人身份证明原件；②申请人为个人的：申请人身份证复印件；③如单位或个人委托他人代理的，还需提供委托书原件及委托代理人个人身份证复印件）	原件或复印件	1	纸质	与申请表中填写申请人、法人一致，除身份证复印件外均须加盖公章	✓	✓
4	原行政许可批复证件	原件或复印件	1	纸质	真实有效		✓
5	延续说明	原件	1	纸质	对延续情况做简要说明并加盖申请人公章		✓
6	建设项目涉及河道部分的最终设计和施工方案	原件	1	纸质	由具有水工资质的设计院编制或者复核并加盖其公章，应含有工程对周边防汛设施的影响分析、相关资料图纸、设计图纸并提出相关的防汛设施的监测、保护措施、临时工程的拆除方案。临时工程如可能影响河道行洪、输水通畅的，应提交专门的防洪影响评价说明。施工方案须经建设单位认可	✓	✓
7	占用河道管理范围内堤防等水工程设施及水域情况	原件	1	纸质	与申请内容相符	✓	✓
8	施工期间的防汛、排水措施等	原件	1	纸质	加盖建设单位公章	✓	✓

第四节　办理填堵河道的审批

填堵河道的审批适用于本市填堵河道审批的申请与办理。

一、办理机构

上海市水务局负责本市填堵河道的审批，包括受理、审查、决定。审批内容：在本市行政区域内地块开发中涉及现有河道填堵的单位或者个人申请填堵河道的审批。获得河道管理范围内建设项目批准文件的，申请人可以根据批准文件规定的建设内容、建设规模、建设标准以及管理要求执行建设项目方案。

二、审批条件

（一）新办准予批准的条件：符合本市防汛安全（含过渡期间排水安全）要求；符合河道专业规划或区域水系调整要求；为保证地区的防汛除涝安全，填堵河道的审批报批前，建设单位应委托有相应资质的水利规划设计单位编制填河论证技术报告（含相应的水功能补偿措施或者水系调整方案、临时和永久排水方案等），明确新开（拓宽）和填埋河道水系的位置、规模、面积、责任主体及实施（开工、竣工）时间计划安排等资料。同时符合以上审批条件的，行政机关予以批准。

（二）依申请变更准予批准的条件：变更的必要性和理由充分；变更后的开填河方案应满足规划水面积动态平衡要求；不应对本市防汛安全（含周边地区排水安全）产生影响；不应对河道日常管理、景观、环境等产生影响；变更后的开河方案能够实施落地。同时符合以上审批条件的，行政机关予以批准。

三、申请材料

行政审批申请材料目录详见表21-4。

行政审批申请材料目录　　　　　　　　　　　表 21-4

序号	提交申请材料名称	原件/复印件	份数	纸质/电子文件	要求	新办	变更
1	填堵河道审批申请表	原件	1	纸质	填写完整，包括签名、公章、日期；若中心城区外的，还应有相应区（县）水务局的审核意见	✓	
2	申请人法定身份证明材料（①申请人为单位的：营业执照或者组织机构代码证复印件、法定代表人身份证明复印件；②申请人为个人的：身份证复印件；③如委托他人代理的，提供委托书原件及代理人身份证复印件）	原件、复印件	1	纸质	与申请表中填写申请人、法人一致，除身份证复印件外均须加盖公章	✓	✓
3	上海市水务局行政许可变更申请表	原件	1	纸质	填写的项目名称、地址、变更事项、变更理由等信息与所附材料一致。填写完整，包括签名、公章、日期；若中心城区外的，还应有相应区（县）水务局的审核意见		✓
4	项目的立项批件和城市规划、土地使用等相关资料	复印件	1	纸质	复印清晰	✓	✓
5	水系调整情况说明	原件	1	纸质	明确责任主体、计划安排等	✓	✓

序号	提交申请材料名称	原件/复印件	份数	纸质/电子文件	要求	新办	变更
6	水系变更情况说明	原件	1	纸质	变更理由充分，明确责任主体、计划安排等		√
7	填堵河道审批行政许可决定书	复印件	1	纸质	复印清晰		√
8	所涉及的测绘地形图等资料	原件	1	纸质	标示出地块四至范围、涉及开填河道的具体位置、长度等	√	√
9	相应资质的勘察设计（水利工程）或工程咨询单位技术论证报告（含相应的水功能补偿措施或者水系调整建设方案、临时和永久排水方案）	原件	1	纸质	由具有相应资质的勘察设计（水利工程）或工程咨询单位编制	√	√

第五节　办理在堤防上建设工程验收的审批

在堤防上建设工程验收的审批适用于本市在堤防上建设工程验收审批的申请与办理。

一、办理机构

上海市水务局负责本市在堤防上建设工程验收的审批，包括受理、审查、决定。审批内容：在市级河道堤防上提出需要进行建设工程验收的行政许可相对人。在堤防上建设工程验收的审批。获得批准文件的堤防上建设工程可以投入使用。

二、审批条件

新办准予批准的条件：建设工程由相应资质单位承担并按照有关技术规程设计和施工；有关技术档案和施工管理资料齐全；符合防汛安全要求。同时符合以上审批条件的，行政机关予以批准。

三、申请材料

行政审批申请材料目录见表21-5。

行政审批申请材料目录　　　　　　　　　　　　　　　　表 21-5

序号	提交申请材料名称	原件/复印件	份数	纸质/电子报件	要求
1	在堤防上建设工程验收申请表	原件	1	纸质	完整填写，包括签名、公章、日期
2	申请人法定身份证明材料（①申请人为单位的：营业执照或者组织机构代码证复印件、法定代表人或负责人身份证明原件；②申请人为个人的：申请人身份证复印件；③如单位或个人委托他人代理的，还需提供委托书原件及委托代理人个人身份证复印件）	原件及复印件	1	纸质	与申请表中填写申请人、法人一致，除身份证复印件外均须加盖公章

续表

序号	提交申请材料名称	原件/复印件	份数	纸质/电子报件	要求
3	市河道管理部门对在堤防上建设工程的批准文件	原件	1	纸质	与申请材料相符，真实有效
4	建设工程竣工图	原件	1	纸质	加盖建设单位公章，真实有效
5	防汛及安全措施方案	原件	1	纸质	申请人编制并加盖公章

第六节　办理河道管理范围内树木迁移的审批

河道管理范围内树木迁移审批适用于本市河道管理范围内树木迁移审批的申请与办理。

一、办理机构

上海市水务局负责本市河道管理范围内树木迁移的审批，包括受理、审查、决定。审批内容：需要迁移市管河道及海塘管理范围内树木的单位或个人。需要迁移本市市管河道及海塘管理范围内树木的行为。获得河道管理范围内树木迁移批准文件，申请人方可进行树木的迁移工作。

二、审批条件

（一）新办准予批准的条件：有正当的迁移理由；符合防汛安全要求；有符合要求的迁移树木的技术方案；征得绿化权属人的同意。同时符合以上审批条件，行政机关予以批准。

（二）延续准予批准的条件：已获得树木迁移行政许可批复未能在批复工期内实施迁移；申请延长工期为适合树木生长的季节。同时符合以上审批条件的，行政机关予以批准。

三、申请材料

行政审批申请材料目录详见表21-6。

行政审批申请材料目录　　　　　　　　　　　　　　　　　　　　表21-6

序号	提交材料名称	原件/复印件	份数	纸质/电子报件	要求	新办	延续
1	河道管理范围内树木迁移申请表	原件	1	纸质	完整填写，包括签名、公章、日期	√	√
2	上海市水务局行政许可延续申请表	原件	1	纸质	完整填写，包括签名、公章、日期		√

序号	提交材料名称	原件/复印件	份数	纸质/电子报件	要求	新办	延续
3	申请人法定身份证明材料（①申请人为单位的：营业执照或者组织机构代码证复印件、法定代表人或负责人身份证明原件；②申请人为个人的：申请人身份证复印件；③如单位或个人委托他人代理的，还需提供委托书原件及委托代理人个人身份证复印件）	原件或复印件	1	纸质	与申请表中填写申请人、法人一致，除身份证复印件外均须加盖公章	√	√
4	延续说明	原件	1	纸质	申请人加盖公章		√
5	迁移树木位置平面图（迁入、迁出）	原件	1	纸质	1∶500	√	√
6	苗木清单	原件	1	纸质	申请人加盖公章	√	√
7	市或者区（县）河道（海塘）管理部门对建设项目的书面审核意见	复印	1	纸质	真实有效	√	√
8	树木权属人书面意见	原件	1	纸质	书面权属人加盖公章	√	√
9	树（林）木迁移施工单位的园林绿化施工资质证明文件	复印	1	纸质	真实有效	√	√
10	树木迁移技术方案	原件	1	纸质	迁移100株以上、胸径25厘米的树木的应由施工单位编制该方案并加盖公章	选	选

第七节　办理建设项目水土保持方案、保持设施验收审批

一、适用范围

建设项目水土保持方案、保持设施验收审批适用于建设项目水土保持方案、保持设施验收审批的申请与办理。

二、办理机构

上海市水务局负责对建设项目水土保持方案、保持设施验收的审批，包括受理、审查、决定。审批内容：建设项目水土保持方案、建设项目水土保持设施验收。建设项目水土保持方案获得批准后，方可办理建设阶段其他审批手续（如申报可行性研究报告等）。在建设项目水土保持设施通过验收后，主体工程设施才能投入生产经营活动。审批对象：中央立项，征占地面积不足50公顷且挖填土石方不足50万立方米的开发建设项目（限额以上的由水利部审批）；由市立项，征占地面积1公顷以上或者挖填土石方1万立方米以上的开发建设项目（限额以下的和区县立项的由区县水行政主管部门审批）；水土保持设施完成施工后应按以上1、2之规定报相应的水行政主管部门验收。

三、审批条件

（一）新办准予批准的条件（建设项目水土保持方案审批）：符合水土保持规划的要求；符合建设项目水土保持的技术标准、规范的要求；拟建的水土保持设施符合主体工程和水土保持的要求。同时符合以上审批条件的，行政机关予以批准。

（二）依申请变更准予批准的条件（建设项目水土保持方案审批）：属于市水务局审批的水土保持方案申报范围；提供合法有效的变更登记证明及文件；无违法行为尚未处理或者正在处理的。同时符合以上审批条件的，行政机关予以批准。

（三）新办准予批准的条件（建设项目水土保持设施验收审批）：水土保持设施符合主体工程和水土保持的要求；水土保持设施正常运行，管理和维护措施落实。同时符合以上审批条件的，行政机关予以批准。

（四）依申请变更准予批准的条件（建设项目水土保持设施验收审批）：属于市水务局审批的水土保持设施验收范围；提供合法有效的变更登记证明及文件；无违法行为尚未处理或者正在处理的。同时符合以上审批条件的，行政机关予以批准。

四、申请材料

行政审批申请材料目录详见表21-7。

行政审批申请材料目录　　　　　　　　　　　　　表 21-7

序号	提交材料名称	原件/复印件	份数	纸质/电子报件	要求	新办	变更
1	建设项目水土保持方案审批申请表	原件	1	纸质	完整填写	✓	
2	上海市水务局行政许可变更申请表	原件	1	纸质	完整填写，包括签名、公章、日期、变更事项、变更理由		✓
3	申请人法定身份证明材料（①申请人为单位的：营业执照或者组织机构代码证复印件、法定代表人或负责人身份证明原件；②申请人为个人的：申请人身份证复印件；③如单位或个人委托他人代理的，还需提供委托书原件及委托代理人个人身份证复印件）	原件或复印件	1	纸质	与申请表中填写的申请人、法人一致	✓	✓
4	水土保持方案报告（征占地面积在1公顷以上或者挖填土石方总量在1万立方米以上的开发建设项目，应当编报水土保持方案报告书；其他开发建设项目应当编报水土保持方案报告表）	原件	6	纸质	应由具有水土保持方案编制资质机构编制	✓	
5	上海市水务局准予行政许可决定书	原件	1	纸质	合法有效		✓
6	有关证明文件（转让协议、继承证明、调解书、更址更名证明等）	原件	1	纸质	能作为变更证明		✓

第八节　办理水利基建项目初步设计文件审批

水利基建项目初步设计文件审批适用于本市水利基建项目初步设计文件审批的申请与办理。

一、办理机构

上海市水务局负责本市水利基建项目初步设计文件的审批，包括受理、审查、决定。审批内容：本市申请水利基建项目初步设计文件审批的单位。水利基建项目初步设计文件审批。获得水利基建项目初步设计文件审批行政许可决定书的，方可进行初步设计。

二、审批条件

新办准予批准的条件：项目法人（或项目建设责任主体）已经设立，项目组织管理机构和规章制度健全，项目法定代表人和管理机构成员已经到位；项目可行性研究报告已经批准；详细的地质勘测资料报告已完成；初步设计报告已按国家有关编制规程完成；勘测及初步设计单位满足国家相关资质要求；初步设计报告通过相关咨询评估机构的审查，设计单位根据审查意见已修改好初步设计报告。同时符合以上审批条件的，行政机关予以审批。

三、申请材料

行政审批申请材料目录详见表 21-8。

行政审批申请材料目录　　　　　　　　　　　　　　　　　表 21-8

序号	提交申请材料名称	原件/复印件	份数	纸质/电子文件	要求
1	水利基建项目初步设计文件审批申请表	原件	1	纸质	填写完整，包括签名、公章、日期
2	申请人法定身份证明材料（①申请人为单位的：营业执照或者组织机构代码证复印件、法定代表人身份证明复印件；②申请人为个人的：身份证复印件；③如委托他人代理的，提供委托书原件及代理人身份证复印件）	原件、复印件	1	纸质	与申请表中填写申请人、法人一致，除身份证复印件外均须加盖公章
3	项目法人组建批准文件	原件	1	纸质	真实有效
4	可行性研究、批准文件	原件、复印件	1	纸质	真实有效
5	具有相应资质的勘测定位编制的地质勘测报告	原件	1	纸质	真实有效
6	具有相应资质的设计单位编制的初步设计报告	原件、复印件	1	纸质	真实有效
7	初步设计咨询评估报告	原件、复印件	1	纸质	真实有效

第九节　办理供水工程建设审批

供水工程建设审批适用于本市供水工程建设审批的申请与办理。

一、办理机构

上海市水务局负责对上海城投原水有限公司、上海市自来水市南有限公司、上海市自来水市北有限公司、上海浦东威立雅自来水有限公司及其供水管网到达范围内的供水工程新建、改建、扩建的审批，包括受理、审查、决定。审批内容：供水工程建设审批。获得供水工程建设审批批准文件的，申请人可以根据批准文件的规定，按照事先确定的设计方案实施。在项目实施过程中，加强与市水务局相关部门（单位）的联系，及时进行信息反馈，确保供水安全运行。审批对象：市水务局负责上海城投原水有限公司、市自来水市南有限公司、市自来水市北有限公司、上海浦东威立雅自来水有限公司及其供水管网到达范围内的供水工程新建、改建、扩建的审批。本许可事项所指的供水工程包括自来水处理厂、供水企业专用的取水口、水库、水池、深井、引水管渠、直径 800 毫米以上的输配管网、泵站等。

二、审批条件

新办准予批准的条件：符合本市供水发展规划及其年度建设计划；符合水功能区划的要求；供水工程的设计、施工符合有关技术标准和规范。同时符合以上审批条件的，行政机关予以批准。

三、申请材料

行政审批申请材料目录详见表 21-9。

行政审批申请材料目录　　　　　　　　　　　　　　　　　表 21-9

序号	提交材料名称	原件/复印件	份数	纸质/电子报件	要求	新办
1	供水工程建设审批申请表	原件	1	纸质	完整填写，包括签名、公章、日期	√
2	申请人法定身份证明材料（申请人为单位的：营业执照或者组织机构代码证复印件、法定代表人或负责人身份证明原件；申请人为个人的：申请人身份证复印件；如单位或个人委托他人代理的，还需提供委托书原件及委托代理人个人身份证复印件）	原件、复印件	1	纸质	与申请表中填写申请人、法人一致	√
3	建设项目的批文	复印件	1	纸质	与申请项目一致	√
4	可行性研究报告或项目总体设计方案及设计图纸、资料	原件	1	纸质	与申请项目一致	√

第十节　办理建设项目节水设施设计方案的审核

建设项目节水设施设计方案的审核适用于本市建设项目节水设施设计方案审核的申请与办理。

一、办理机构

上海市水务局负责对市属供水企业自来水管网到达区域内，月均用水量 5000 立方米以上用水户的建设项目节水设施设计方案进行审核，包括受理、审查、决定。审批内容：建设项目节水设施设计方案的审核。获得节水设施设计方案的审核批准文件后，申请人可以根据批准文件的规定，向当地自来水公司申请接水；严格按照节水设施的设计方案进行施工，并通过节水设施"三同时"竣工验收的，可以向水行政主管部门申请发放取水许可证和排水许可证，并申请用水计划。审批对象：在本市市属供水企业自来水管网到达区域的服务范围内（市自来水市南、市北有限公司和上海浦东威立雅自来水有限公司供水范围），月均用水量 5000 立方米以上的用水户（除机关、事业、团体、普通中小学、部队和民政福利机构以外）。

二、审批条件

（一）新办准予批准的条件：符合《城市节约用水管理规定》《城市中水设施管理暂行办法》《上海市供水管理条例》《上海市节约用水管理办法》《上海市节约用水"三同时、四到位"管理规定》等国家及地方相关法律、法规和规范性文件。符合本市水务及供水、节水等规划要求，同时可满足建设项目用水需求且对周边供水及今后用水发展无影响。符合国家、行业及本市现行的有关技术规范、规程、标准。节水设施评估报告由工程咨询（给水排水）或节能评估资质的第三方中介机构编制，内容全面、采集或引用数据可靠、合理，分析方法正确，评估意见为合理。

（二）依申请变更准予批准的条件：变更项目建设主体的，经原项目批准行政管理部门同意；建设项目变更后的节水设施设计符合规定的条件，原评估单位对变更设计部分出具的评估意见为合理。

三、申请材料

申请材料目录详见表 21-10。

申请材料目录　　　　　　　　　　　　　　　　　　　　　表 21-10

序号	提交材料名称	原件/复印件	份数	纸质/电子报件	要求	新办	变更
1	建设项目节水设施设计方案审核申请表	原件	1	纸质	完整填写，包括签名、公章、日期	✓	
2	上海市水务局行政许可变更申请表	原件	1	纸质	完整填写，包括签名、公章、日期		✓
3	申请人法定身份证明材料（申请人为单位的：营业执照或者组织机构代码证复印件、法定代表人或负责人身份证明原件；申请人为个人的：申请人身份证复印件；如单位或个人委托他人代理的，还需提供委托书原件及委托代理人个人身份证复印件）	原件或复印件	1	纸质	与申请表中填写申请人、法人一致，除身份证复印件外均须加盖公章	✓	✓
4	原行政许可决定书	复印件	1	纸质			✓

续表

序号	提交材料名称	原件/复印件	份数	纸质/电子报件	要求	新办	变更
5	建设项目初步设计中关于节水设施设计部分的资料	复印件	1	纸质	设计单位符合相应资质	√	√
6	节水设施评估报告	原件	1	纸质	具有工程咨询或节能评估资质的中介机构编制	√	√
7	给水排水平面图	原件	1	纸质	设计单位提供的蓝图	√	√
8	总平面图	原件	1	纸质	设计单位提供的蓝图	√	√
备注		如依申请变更只涉及主体变更，仅需提供2、3、4项申请材料。					

第十一节　办理核发《排水许可证》

核发《排水许可证》适用于本市《排水许可证》的申请与办理。

一、办理机构

上海市水务局负责对向市属公共排水管网排放雨、污水的排水户核发《排水许可证》，包括受理、审查、决定。审批内容：《排水许可证》的核发。获得《排水许可证》的排水户，可以向城镇排水管网排放经许可的雨、污水。审批对象：在本市行政区域内需要向市属公共排水管网排放雨、污水的排水户，包括本市中心城区、宝山区及浦东新区、闵行区、嘉定区的部分区域。

二、审批条件

（一）新办准予批准的条件（新、改、扩建项目）：

1. 初审阶段：符合排水专业规划的要求；符合排水管网现状的要求；符合相关排水水质标准的要求；排水水质标准：上海市地方标准《污水排入城镇下水道水质标准》（GB/T 31962—2015）、国家标准《医疗机构水污染物排放标准》（GB 18466—2016）及其他排放标准。符合室内外排水设计规范要求。

2. 审批阶段：符合排水专业规划的要求；符合排水管网现状的要求；符合室内外排水设计规范要求；已按规定建设相应的污水处理设施；已在排放口设置专用检测井，格栅间隙≤15毫米；符合初审决定要求。

《排水许可证》有效期已届满项目准予批准的条件：《排水许可证》有效期已届满；符合相关排水水质标准的要求。

（二）依申请变更准予批准的条件：

1. 初审阶段：涉及排水主体名称变更，必须经过主管部门批准同意；符合排水专业规划的要求；符合排水管网现状的要求；符合相关排水水质标准的要求；符合室内外排水设计规范要求。

2. 审批阶段：涉及排水主体名称变更，必须经过主管部门批准同意，或已经原地名办行政管理部门批准同意；符合排水专业规划的要求；符合排水管网现状的要求；符合相关排水水质标准的要求；符合室内外排水设计规范要求；已按规定建设相应的污水处理设施；已在排放口设置专用检测井，格栅间隙不大于 15 毫米。

（三）延续准予批准的条件：《排水许可证》有效期届满三个月前；符合相关排水水质标准的要求；原排水主体及排水许可内容无变化的。

（四）补证准予批准的条件：《排水许可证》在有效期内损毁、遗失的；无违反相关管理规定，或违反相关管理规定已接受处理的。如证件被依法查收的，应及时接受处罚，不得申请补证。

三、申请材料

申请材料目录详见表 21-11。

申请材料目录   表 21-11

序号	提交材料名称	原件/复印件	份数	纸质/电子报件	要求	新办				依申请变更				延续	补证
						新、改、扩建项目的审批		老项目的审批	《排水许可证》有效期届满项目的审批	变更排水主体		变更许可内容			
						初审	审批			初审	审批	初审	审批		
1	排水许可申请表	原件	1	纸质	完整填写，包括签名、公章、日期	✓		✓	✓						
2	申请人法定身份证明材料	原件/复印件	1	纸质	① 申请人为单位的：营业执照或者组织机构代码证复印件、法定代表人或负责人身份证明原件；② 申请人为个人的：申请人身份证复印件；③ 如单位或个人委托他人代理的，还需提供委托书原件及委托代理人个人身份证复印件）④ 与申请表中填写申请人、法人一致	✓	✓	✓	✓	✓	✓	✓	✓	✓	✓
3	建设项目批准文件（扩初设计批复或立项批文或规划选址意见书）及环保部门意见等	复印件	1	纸质	批准文件有效	✓									

续表

序号	提交材料名称	原件/复印件	份数	纸质/电子报件	要求	新办				依申请变更				延续	补证
						新、改、扩建项目的审批		老项目的审批	《排水许可证》有效期届满项目的审批	变更排水主体		变更许可内容			
						初审	审批			初审	审批	初审	审批		
4	初步设计文本节选	原件/复印件	1	纸质	节选主要包括：设计依据、项目概况、给排水篇、环保篇，项目总平面图和给排水总平面图等	✓									
5	排水接纳方案	原件	1	纸质	真实有效，编制单位盖章	✓									
6	地形图(1/500)	原件	1	纸质		✓									
7	地下综合管线图(1/500)	原件	1	纸质		✓									
8	上海市水务局准予行政许可决定书(初审)	复印件	1	纸质	与申请项目一致		✓								
9	建设项目排水许可接管流转单	原件	1	纸质	建设单位盖章、排水科盖章、养护维修责任单位盖章		✓								
10	排水总平面图(竣工图)	原件	1	纸质	蓝图(1/500)		✓								
11	排水专用检测井竣工验收单	原件	1	纸质	建设单位盖章、排水专用检测井施工单位盖章		✓	✓					✓		
12	《排水检测水质化验报告》(连续)	原件	1	纸质	由经国家计量认证的水质检测机构出具、近3个月内、检测内容符合申请项目排水性质			✓	✓				✓	✓	

续表

序号	提交材料名称	原件/复印件	份数	纸质/电子报件	要求	新办				依申请变更				延续	补证
						新、改、扩建项目的审批		老项目的审批	《排水许可证》有效期届满项目的审批	变更排水主体		变更许可内容			
						初审	审批			初审	审批	初审	审批		
13	地名使用批准文件	复印件	1	纸质	由市、区地名办公室出具的	✓					✓				
14	排水平面图	原件/复印件	1	纸质	图纸清晰	✓	✓								✓
15	油水分离器或隔油池图纸	复印件	1	纸质	有餐饮的申请单位需提供	✓	✓		✓			✓	✓		
16	近三个月的水费单	复印件	1	纸质	真实有效	✓	✓								✓
17	申请项目的情况说明	原件	1	纸质	项目概况、申请理由等，并附合法的产权证明材料	✓									
18	原《排水许可证》	原件	1	纸质	原《排水许可证》若遗失，申请人须提供书面遗失说明。				✓		✓	✓		✓	
19	上海市水务局行政许可变更申请表	原件	1	纸质	完整填写，包括签名、公章、日期					✓	✓	✓	✓		
20	申请单位变更事项的情况说明	原件	1	纸质	变更的原因符合相关规定，加盖公章					✓	✓	✓	✓		
21	原准予行政许可决定书(初审)	原件	1	纸质							✓		✓		
22	相关行政管理部门变更名称核准文件	复印件	1	纸质	文件在有效期内					✓	✓				

续表

序号	提交材料名称	原件/复印件	份数	纸质/电子报件	要求	新办				依申请变更				延续	补证
						新、改、扩建项目的审批		老项目的审批	《排水许可证》有效期届满项目的审批	变更排水主体		变更许可内容			
						初审	审批			初审	审批	初审	审批		
23	与申请变更事项有关的证明材料（如：合同、租赁、协议、批文等）	原件/复印件	1	纸质	提供的证明材料在有效期内					✓	✓	✓	✓		
24	原《排水许可证》（原准予行政许可决定书）	原件	1	纸质	证件在有效期内						✓		✓		
25	设计单位排水量设计依据	原件/复印件	1	纸质	设计单位具有相应资质，盖章确认							✓	✓		
26	变更的排水平面图及设计修改文本	原件/复印件	1	纸质	设计单位具有相应资质，有效期内，盖章确认							✓	✓		
27	环保部门意见	复印件	1	纸质	批复中有增设餐饮的内容，有效期内，盖章确认							✓	✓		
28	排水设施养护维修责任单位书面意见材料	原件	1	纸质	有效期内，盖章确认								✓		
29	上海市水务局行政许可延续申请表（核发《排水许可证》）	原件	1	纸质	完整填写，包括签名、公章、日期									✓	

序号	提交材料名称	原件/复印件	份数	纸质/电子报件	要求	新办				依申请变更				延续	补证
						新、改、扩建项目的审批		老项目的审批	《排水许可证》有效期届满项目的审批	变更排水主体		变更许可内容			
						初审	审批			初审	审批	初审	审批		
30	上海市水务局《排水许可证》补证申请表	原件	1	纸质	完整填写，包括签名、公章、日期										✓

第十二节　办理自建排水设施接入公共排水系统建设计划的审批

自建排水设施接入公共排水系统建设计划的审批适用于本市自建排水设施接入公共排水系统建设计划审批的申请与办理。

一、办理机构

上海市水务局负责本市自建排水设施接入市属公共排水系统和中心城区内的自建排水设施建设计划的审批，包括受理、审查、决定。审批内容：自建排水设施接入市属公共排水系统建设计划的审批。获得《自建排水设施接入公共排水系统建设计划的审批》批准文件的，申请人可以根据批准文件规定的内容将自建排水设施接入市属公共排水系统。审批对象：在本行政区域内需要接入市属公共排水系统的自建排水设施。市属公共排水系统服务范围包括：本市中心城区、宝山区，以及浦东新区、闵行区、嘉定区的部分区域。

二、审批条件

新办准予批准的条件：自建排水设施的建设计划符合所在地详细规划和经审核的排水系统规划；自建排水设施的建设计划纳入所在区综合开发计划或者住宅配套建设计划。同时符合以上审批条件的，行政机关予以批准。

三、申请材料

申请材料目录详见表 21-12。

申请材料目录

表 21-12

序号	提交材料名称	原件/复印件	份数	纸质/电子报件	要求
1	自建排水设施接入公共排水系统建设计划申请表	原件	1	纸质	完整填写，包括签名、公章、日期
2	申请人法定身份证明材料（①申请人为单位的：营业执照或者组织机构代码证复印件、法定代表人或负责人身份证明原件；②申请人为个人的：申请人身份证复印件；③如单位或个人委托他人代理的，还需提供委托书原件及委托代理人个人身份证复印件）	原件、复印件	1	纸质	与申请表中填写申请人、法人一致

续表

序号	提交材料名称	原件/复印件	份数	纸质/电子报件	要求
3	接入公共排水系统的规划依据文件	复印件	1	纸质	经市（区）政府批准的控制性详细规划，或市水务局审核同意的建设项目所在区域的排水系统专业规划的文件名和文号
4	自建排水设施工程可行性研究报告	原件	1	纸质	由具有给排水工程咨询设计资质的单位编制或者复核并加盖公章，编制内容包含与已批准排水系统规划相符性的论证、自建排水设施工程建设计划、自建排水设施接入公共排水系统项目的设计方案（含应急方案、输送泵站和施工配合方案）等相关内容

第十三节　办理海洋工程建设项目环境影响报告书核准

海洋工程建设项目环境影响报告书核准适用于海洋工程建设项目环境影响报告书核准的申请与办理。

一、办理机构

上海市海洋局负责对海洋工程建设项目环境影响报告书进行核准，包括受理、审查、决定。审批内容：海洋工程建设项目环境影响报告书核准。申请人在获得准予行政许可决定后，方可进行项目报批手续。审批对象：以开发、利用、保护、恢复海洋资源为目的，并且工程主体位于海岸线向海一侧的新建、改建、扩建工程。

二、审批条件

新办准予批准的条件：符合城市总体规划、海洋功能区划的要求；建设项目作到污染物排放达标，符合国家和本市规定的污染物排海总量控制要求；符合国家和本市关于环境保护标准和规范。

三、申请材料

申请材料目录详见表21-13。

申请材料目录 表21-13

序号	提交材料名称	原件/复印件	份数	纸质/电子报件	要求
1	海洋工程建设项目环境影响评价申请书	原件	1	纸质	完整填写
2	申请人法定身份证明材料（①申请人为单位的：营业执照或者组织机构代码证复印件、法定代表人或负责人身份证明原件；②申请人为个人的：申请人身份证复印件；③如单位或个人委托他人代理的，还需提供委托书原件及委托代理人个人身份证复印件）	复印件	1	纸质	与申请表中填写申请人、法定代表人一致

续表

序号	提交材料名称	原件/复印件	份数	纸质/电子报件	要求
3	环境影响评价单位的资质和资格证明文件	复印件	1	纸质	真实有效
4	工程建设项目环境影响报告书或者报告表	原件	10	纸质	针对该工程的环境影响报告书

第十四节 办理海洋工程建设项目试运行检查批准

海洋工程建设项目试运行检查批准适用于海洋工程建设项目试运行检查批准的申请与办理。

一、办理机构

上海市海洋局负责对海洋工程建设项目试运行检查进行批准，包括受理、审查、决定。审批内容：海洋工程建设项目试运行检查批准。申请人在获得《上海市海洋局准予行政许可决定书》后，方可进行建设项目试运行。审批对象：已完成海洋工程建设项目及其环境保护设施，申请进行建设项目试运行的。

二、审批条件

新办准予批准的条件：已完成海洋工程建设项目，已建成海洋工程建设项目的环境保护设施；符合海洋工程建设项目有关技术规范和标准。

三、申请材料

申请材料目录申请材料目录详见表21-14。

申请材料目录 表 21-14

序号	提交材料名称	原件/复印件	份数	纸质/电子报件	要求
1	海洋工程建设项目试运行检查批准申请书	原件	1	纸质	完整填写
2	申请人法定身份证明材料（①申请人为单位的：营业执照或者组织机构代码证复印件、法定代表人或负责人身份证明原件；②申请人为个人的：申请人身份证复印件；③如单位或个人委托他人代理的，还需提供委托书原件及委托代理人个人身份证复印件）	复印件	1	纸质	与申请表中填写申请人、法人一致
3	海洋工程建设项目建设情况说明（附图纸）	原件	1	纸质	真实有效
4	海洋工程建设项目环境保护设施完工情况说明（附图纸）	原件	1	纸质	真实有效

第十五节 办理海洋工程建设项目环境保护设施验收

海洋工程建设项目环境保护设施验收适用于海洋工程建设项目环境保护设施验收的申请与办理。

一、办理机构

上海市海洋局负责对海洋工程建设项目环境保护设施进行验收。审批内容：海洋工程建设项目环境保护设施验收。申请人在获得准予行政许可决定后，建设项目方可投入运行。审批对象：已完成海洋工程建设项目前期施工或者已投入试运行，申请海洋工程建设项目环境保护设施验收。

二、审批条件

新办准予批准的条件：已完成海洋工程建设项目前期施工或者已投入试运行；已完成海洋工程建设项目环境保护设施。

三、申请材料

申请材料目录详见表 21-15。

申请材料目录   表 21-15

序号	提交材料名称	原件/复印件	份数	纸质/电子报件	要求
1	海洋工程建设项目环境保护设施验收申请书	原件	1	纸质	完整填写
2	申请人法定身份证明材料（①申请人为单位的：营业执照或者组织机构代码证复印件、法定代表人或负责人身份证明原件；②申请人为个人的：申请人身份证复印件；③如单位或个人委托他人代理的，还需提供委托书原件及委托代理人个人身份证复印件）	复印件	1	纸质	与申请表中填写申请人、法人一致
3	海洋工程建设项目环境保护设施完工情况说明（附图纸）	原件	1	纸质	真实有效
4	海洋工程建设项目试运行情况报告	原件	1	纸质	真实有效

第二十二章　建设项目轨道交通和港口航道设施项目审批

根据交通部、住房和城乡建设部对建设项目审批职责分工，本章介绍属地方审批的涉及轨道交通和港口航道设施项目。

第一节　办理港口工程初步设计审批

港口工程初步设计审批适用于上海市港口工程初步设计审批的申请与办理。

一、办理依据

1.《建设工程勘察设计管理条例》第二十六条、第二十八条；

2.《港口建设管理规定》第三条、第十八条。

二、办理机构

上海市交通委负责市管港区、市管航道范围内的港口工程初步设计审批；区交通行政管理部门负责本区内除市管港区、市管航道以外的港口工程初步设计审批。初步设计文件获得批复后，方可进行施工图设计文件的编制；港口工程设计经批准后，应当严格遵照执行，不得擅自修改、变更。如确有必要对已批准建设规模、标准、内容、工程概算及设计方案、主体结构、主要工艺流程或者主要设备等进行重大调整的，应当重新报原审批部门批准后方可实施。

三、审批条件

1. 建设项目可行性研究报告已经批准或项目已经核准。

2. 必须按照项目可批复或核准的文件要求，确定工程项目的建设地点、建设规模、建设标准、设计能力。

3. 要进行两个以上设计方案比选，各方案要达到同等深度。

4. 要确定工程的总平面布置方案、工艺设计、港口码头、航运枢纽、过船设施、航道整治等主要建筑物的结构型式、建筑面积、总占地面积、设备数量、主要工程量等，并满足编制施工招标文件及主要设备材料订货的需要。

5. 尽量采用成熟的新技术、新材料、新工艺和新设备。

6. 按照规定委托不低于原初步设计文件编制单位资质等级的另一设计单位对初步设计文件进行技术审查咨询，审查咨询单位在完成审查咨询工作后，出具了审查咨询报告。

7. 完成了相关的环境评价报告、航道通航条件影响评价、行洪论证报告、港口危险货物建设项目安全条件审查等。

8. 办理了土地规划认可手续等。

9. 已办理岸线使用证或岸线使用批复。

10. 有如下重大变更的，应当经原审批部门批准后方可修改：改变主体工程建设位置；改变工程总平面布置；改变主要建筑物结构形式；改变主要工艺及设备配置。

第二节 办理港口工程施工图设计审批

港口工程施工图设计审批适用于上海市港口工程施工图设计审批的申请与办理。

一、办理依据

1. 《建设工程勘察设计管理条例》第二十八条、第三十三条；

2. 《建设工程质量管理条例》第十一条；

3. 《港口建设管理规定》第三条、第十八条。

二、办理机构

上海市交通委负责市管港区、市管航道范围内的港口工程施工图设计审批；区交通行政管理部门负责本区内除市管港区、市管航道的港口工程施工图设计审批。未经审查或者经审查不符合强制性标准的施工图设计文件不得使用，交通行政管理部门不予办理港口设施建设工程施工许可手续；港口工程设计经批准后，应当严格遵照执行，不得擅自修改、变更。如确有必要对已批准的建设规模、标准、内容、工程概算及设计方案、主体结构、主要工艺流程或者主要设备等进行重大调整的，应当重新报原审批部门批准后方可实施。

三、审批条件

1. 必须按批准的《初步设计》进行编制，能据以编制招标文件。

2. 符合国家和行业现行的有关技术标准及规范，并通过第三方审图。

3. 能安排材料、设备和非标设备的订货。

4. 能进行施工和安装，并满足施工进度要求。

5. 有如下重大变更的，应当经原审批部门批准后方可修改：改变主体工程建设位置；改变工程总平面布置；改变主要建筑物结构型式；改变主要工艺及设备配置。

第三节 办理航道工程设计审批

航道工程设计审批适用于上海市航道工程设计审批的申请与办理。

一、办理依据

1. 《建设工程勘察设计管理条例》第三十三条；

2. 《航道建设管理规定》第二十二条、第二十三条、第二十四条、第二十五条。

二、办理机构

上海市交通委员会负责市管航道范围内的航道工程施工图设计审批；区交通主管部门负责本区内除市管航道外的航道工程施工图设计审批。未经审查或者经审查不符合强制性标准的航道工程施工图设计文件不得使用，不予办理航道工程开工备案手续；航道工程设计经批准后，应当严格遵照执行，不得擅自修改、变更，如确有必要对已批准的建设规模、标准、内容、工程概算及设计方案、主体结构、主要工艺流程或者主要设备等进行重大调整的，应当经原审批部门批准后方可修改。

三、审批条件

1. 施工图文件编制符合有关水运工程施工图设计文件的深度要求，符合已批准的初步设计文件技术要求，并能据以编制施工、监理招标文件。

2. 经不低于原设计单位设计资质的第三方审查单位审查。

3. 施工图设计文件应当集中报审。对于工期长、涉及专业多、需分期实施的航道工程项目，可以分期报审。但一个单位工程的施工图设计必须一次报审，满足单位工程施工、安装以及进度要求，并据此安排材料和设备订货。

4. 有如下重大变更的，应当经原审批部门批准后方可修改：改变主体工程建设位置；改变工程总平面布置；改变主要建筑物结构形式；改变主要工艺及设备配置；工程造价超过已批准的概算。

第四节 办理港口工程竣工验收

港口工程竣工验收适用于本市港口工程竣工验收的申请与办理。

一、办理依据

1.《港口法》第十九条；

2.《港口工程竣工验收办法》第三条、第六条；

3.《上海港口条例》第十六条第二款。

二、办理机构

上海市交通委负责国务院投资主管部门、市投资主管部门审批、核准的港口工程以及市管港区、市管航道范围内的港口工程竣工验收。区交通行政管理部门负责本区内除市管港区、市管航道范围外的港口工程竣工验收。港口工程竣工后，应当按照国家有关规定验收合格后方可正式投入使用。港口工程未经竣工验收或者竣工验收不合格的，不得正式投入使用。

三、审批条件

准予批准条件：

1. 港口工程有关合同约定的各项内容已基本完成，申请竣工验收的建设项目有尾留工程的，尾留工程不得影响建设项目的投产使用，尾留工程投资额可根据实际测算投资额或按照工程概算所列的投资额列入竣工决算报告，但不得超过工程总投资的 5%。施工单位对工程质量自检合格，监理工程师对工程质量评定合格，项目法人组织设计、施工、监理、工程质量监督等单位进行的交工验收合格。

2. 主要工艺设备或设施通过调试具备生产条件。

3. 港口工程需要试运行的，经试运行符合设计要求。

4. 环境保护设施、安全设施、职业病防护设施、消防设施已按照有关部门规定通过专项验收或者备案；航标设施以及其他辅助性设施已按照《港口法》的规定，与港口同时建设，并保证按期投入使用。

5. 竣工档案资料齐全，并通过专项验收。

6. 竣工决算报告编制完成，并通过审计（审价）。

7. 廉政建设合同已履行。

第五节　办理在公路上增设改造平面交叉道口许可

在公路上增设改造平面交叉道口许可适用于建设单位在公路上增设或改造平面交叉道口，申请办理在公路上增设平面交叉道口的行政许可。

一、办理依据

1.《公路法》第五十五条；

2.《公路安全保护条例》第二十七条第六项；

3.《路政管理规定》第十五条。

二、办理机构

上海市路政局负责在公路上增设或改造平面交叉道口的许可。对在公路上增设或改造平面交叉道口的申请事项实施书面审查、实地踏勘、许可决定、监督检查等。在本机构管辖的公路范围内，被许可人按照被许可事项的时间、地点、期限和内容，从事在公路上增设或改造平面交叉道口的施工活动。

三、许可条件

准予许可的条件：符合公路的远景发展和有关技术标准、规范要求的设计和施工方案；技术评价报告认为设计和施工方案能够保障公路、公路附属设施质量和安全；处置施工险情和意外事故的应急预案有效可行。许可证件为上海市路政管理《行政许可证》，根据施工具体情况，证件有效期各有不同。延续行政许可的有效期：被许可人需要延续依法取得的上海市路政管理《行政许可证》有效期的，应当在上海市路政管理《行政许可证》有效期届满三十日前向上海市路政局提出申请。

第六节　办理配建机动车停车场（库）审核

配建机动车停车场（库）审核适用于上海市建设项目配建机动车停车场（库）审核的申请与办理。配建机动车停车场（库）设计审核（含设计方案审核和设计文件审核）；配建机动车停车场（库）竣工验收。

一、办理依据

1.《上海市停车场（库）管理办法》第八条、第九条、第十条、第十一条、第十二条；

2.市政府办公厅《关于进一步加强本市停车规划、建设和管理的若干意见》第二条第二款；

3.《关于进一步完善本市建设工程配建机动车停车场（库）行政审批管理机制的通知》。

二、办理机构

上海交通委负责市规划、建设行政管理部门以及受其委托的市政府派出机构牵头并联征询意见的配建机动车停车场（库）项目设计方案、设计文件审核，并对前期已出具设计文件审核意见的项目实施配建机动车停车场（库）竣工验收。各区县交通行政主管部门负责区县规划、建设行政管理部门以及受其委托的区（县）政府派出机构牵头并联征询意见的配建机动车停车场（库）项目设计方案、设计文件审核，并对前期已出具设计文件审核意见的项目实施配建机动车停车场（库）竣工验收。

审查配建机动车停车场（库）设计方案、设计文件（总体设计和初步设计）审核，配建机动车停车场（库）竣工验收。通过配建机动车停车场（库）设计方案、设计文件（总体设计和初步设计）审核的，可以作为建设项目取得设计方案或设计文件批复的必要条件之一。通过配建机动车停车场（库）竣工验收的，可投入正常使用，并作为建设项目通过规划验收、办理房产测绘和产权登记、办理公共停车场（库）经营备案的必要条件之一。

三、审批条件

（一）配建机动车停车场（库）设计审核：配建机动车停车场（库）的泊位类型及数量符合要求。按照上海市工程建设规范《建筑工程交通设计及停车库（场）设置标准》《无障碍设施设计标准》中有关停车泊位类型及数量的配置指标，并结合项目相关的城市规划（详细规划、城市设计等）或专项规划的要求、交通影响评价结论及其专家评审意见要求，建设项目配建机动车停车场（库）中配置的小型客车泊位、无障碍泊位、大型客车泊位、货运车装卸泊位的数量应当符合相关技术要求。配建机动车停车场（库）交通设计符合要求。按照上海市工程建设规范《建筑工程交通设计及停车库（场）设置标准》《无障碍设施设计标准》《机械式停车库（场）设计规程》有关机动车停车场（库）交通设计要求，机动车停车场（库）出入口、内部通道和坡道宽度、停车方式、各类型泊位尺寸及平面布局、主要通道的转弯半径（内径）、坡道纵坡及缓坡设置、净空高度等主要设计指标以及其他相关设计应当符合相关技术要求；机动车停车场（库）内各类型泊位设置应避免与消防、民防、市政（集水井、排水沟等）以及其他设备设施相互占用和影响使用。

（二）配建机动车停车场（库）竣工验收：落实建设项目配建机动车停车场（库）设计审核要求。经第三方规划验收测绘单位出具测绘报告，配建机动车停车场（库）的泊位类型、数量及有关交通设计应当落实建设项目设计文件批复及施工图审图相关要求。配建机动车停车场（库）交通设施符合要求。按照上海市地方标准《停车场（库）标志设置规范》，停车场（库）出入口标志、车行道标志、停车区域标志、人行通道标志等基础标志以及其他标志等交通设施的设计、安装应当符合相关技术要求。

第七节　办理公共交通基础设施总体设计文件审核

公共交通基础设施总体设计文件审核适用于上海市公共交通基础设施总体设计文件审核的申请与办理。

一、办理依据

1.《上海市公共汽车和电车客运管理条例》第三十四条、第三十五条、第三十六条；

2.《上海市人民政府批转市建设交通委等十部门关于优先发展上海城市公共交通意见的通知》；

3.上海市工程建设规范《公共汽车和电车首末站、枢纽站建设标准》；

4.《上海市出租汽车管理条例》第二十一条、第二十二条第一款；

5.上海市工程建设规范《出租汽车站点设置规范》。

二、办理机构

上海市交通委员会负责涉及由市规划国土资源局、市住房城乡建设管理委以及虹桥商务区管委会等市级派出机构牵头审批的建设项目和区规划、建设职能部门牵头审批的中心城区内建设项目（含公交枢纽或者公交首末站建设项目）的公共交通基础设施总体（初步）设计文件审核，以及轨道交通安全保护区范围内的综合开发项目配套公交枢纽工程总体（初步）设计文件审核。区交通行政管理部门负责本行政区内上述项目范围之外的公共交通基础设施总体（初步）设计文件审核。公共交通基础设施总体（初步）设计文件审核通过后，方可进行施工图的编制。

三、审批条件

申报项目应符合相关城市规划（详细规划、城市设计等）、专项规划以及土地出让合同约定的要求，应开展交通影响评价，公交枢纽和首末站以及出租汽车候客站点建设应满足上海市工程建设规范《公共汽车和电车首末站枢纽站建设标准》《出租汽车站点设置规范》《建筑工程交通设计及停车库（场）设置标准》《无障碍设施设计标准》等规范要求。

第八节　办理公共交通基础设施竣工验收备案

公共交通基础设施竣工验收备案适用于本市公共交通基础设施（交）竣工验收备案的申请与办理。

一、办理依据

1.《上海市人民政府办公厅关于印发上海市住房和城乡建设管理委员会主要职责内设机构和人员编制规定的通知》（沪府办发〔2015〕48 号）第五项 其他事项 第（三）款；

2.《上海市公共汽车和电车客运管理条例》第三十五条；

3.《房屋建筑和市政基础设施工程竣工验收规定》第三条、第九条；

4.《房屋建筑工程和市政基础设施工程竣工验收备案管理暂时办法》第四条、第七条、第八条。

二、办理机构

上海市交通委员会负责市级管理部门立项或批准的公共交通基础设施（含公交枢纽或者公交首末站建设项目）建设、维护项目的竣工验收备案，以及在总体设计阶段由市级交通部门出具审查意见或者轨道交通安全保护区范围内的综合开发项目配套公交枢纽工程专项竣工验收备案。区交通行政管理部门负责本行政区内上述项目范围之外的公共交通基础设施的竣工验收备案。公共交通基础设施竣工验收备案后，方可投入使用。

三、审批条件

1. 公共交通基础设施工程有关合同约定的各项内容已基本完成，施工单位对工程质量自检合格，监理工程师对工程质量评定合格，项目法人组织设计、施工、监理、工程质量监督等单位进行的交工验收合格；

2. 主要设施或工艺设备通过调试具备运行条件，附属设施已按照设计要求与主体工程同时建成；

3. 竣工档案资料齐全，并通过有关部门的专项验收，按规定应当由环保、消防、卫生、交警、档案等部门出具的认可文件或者准许使用文件；

4. 竣工决算报告编制完成。

第九节 办理轨道交通项目竣工验收备案

轨道交通项目竣工验收备案适用于本市新建、扩建、改建轨道交通项目竣工验收备案的申请与办理。

一、办理依据

1.《上海市人民政府办公厅关于印发上海市住房和城乡建设管理委员会主要职责内设机构和人员编制规定的通知》(沪府办发〔2015〕48 号)第五项 其他事项 第（三）款；

2.《城市轨道交通建设工程验收管理暂行办法》(建质〔2014〕42 号)第二十条、第二十三条；

3.《上海市轨道交通管理条例》第十五条 第三款；

4.《房屋建筑和市政基础设施工程竣工验收备案管理办法》第八条。

二、办理机构

上海市交通委负责本市范围内的新建、扩建、改建的轨道交通建设工程竣工验收备案。项目工程验收合格后，建设单位应组织不载客试运行，试运行三个月、并通过全部专项验收后，方可组织竣工验收；竣工验收合格后，城市轨道交通建设工程可履行相关试运营手续。建设单位应在竣工验收合格之日起 15 个工作日内，将竣工验收报告和相关文件，报城市建设主管部门备案。

三、审批条件

1. 工程竣工验收合格。

2. 工程竣工验收报告完成。

3. 有完整的技术档案和施工管理资料。

4. 试运行过程中发现的问题已整改完毕，有试运行总结报告。

5. 已通过规划部门对建设工程是否符合规划条件的核实和全部专项验收，并取得相关验收或认可文件；暂时甩项的，应经相关部门同意。

6. 工程质量监督机构出具验收监督意见。

第十节 办理城市道路项目竣工验收备案

城市道路项目竣工验收备案适用于本市城市道路建设工程竣工验收备案的申请与办理。

一、办理依据

1.《建设工程质量管理条例》第四十九条第一款；

2.《房屋建筑工程和市政基础设施工程竣工验收备案管理办法》第四条、第八条。

二、办理机构

上海市交通委负责本市范围内的城市道路建设工程竣工验收备案；区交通行政管理部门负责本区内除市管城市道路范围外的道路建设工程竣工验收备案。建设单位应当自建设工程竣工验收合格之日起 15 日内，将建设工程竣工验收报告和规划、公安消防、环保等部门出具的认可文件或者准许使用文件报建设行政主管部门或者其他有关部门备案。

三、审批条件

1. 工程已取得质监部门出具的工程质量监督报告。

2. 工程竣工验收合格。

3. 工程竣工验收报告完成。竣工验收报告应当包括工程报建日期，施工许可证号，施工图设计文件审查意见，勘察、设计、施工、工程监理等单位分别签署的质量合格文件及验收人员签署的竣工验收原始文件，市政基础设施的有关质量检测和功能性试验资料以及备案机关认为需要提供的有关资料。

4. 法律、行政法规规定应当由规划、公安消防、环保等部门出具的认可文件或者准许使用文件。

5. 施工单位签署的工程质量保修书。

6. 法规、规章规定必须提供的其他文件。

第二十三章 建设项目环保和气象及消防审批

根据国家环保部、国家气象局、公安部等部门对建设项目审批职责分工，本章介绍属地方审批备案的环保、气象、消防设施项目。

第一节 办理规划环境影响评价文件的审查

属上海市环保局审批权限的规划环境影响评价文件。规划环境影响评价文件编制必须符合《规划环境影响评价技术导则（试行）》。

一、工作依据

《规划环境影响评价条例》。

二、申请材料

（一）申请材料包括规划环境影响评价文件审查申请表；申请函；规划环境影响评价文件原件及电子文档，报告书应报送公众参与采纳情况说明和规划环评简本原件及电子文档；法人证书；规划文本及图件；相关政府批件；规划有行业主管部门的，应提供其预审意见（原件）；法律、法规、规章规定的其他证明材料。

（二）有关说明：规划环境影响评价文件：规划环境影响评价文件的内容应符合《规划环境影响评价条例》和《规划环境影响评价技术导则》（试行）；环评简本：该文本编制参照《关于发布〈建设项目环境影响报告书简本编制要求〉的公告》，以及《上海市环境保护局关于本市实施环境保护部〈关于发布〈建设项目环境影响报告书简本编制要求〉的公告〉有关事项的通知》，并加盖建设单位和环评单位公章。

三、办理程序

申请单位申报资料——→市环保局审查——→市环保局出具审查意见。自受理申请之日起60日内，作出审查意见。

第二节 办理建设项目环境影响评价文件审批

一、设立依据

1.《环境保护法》；

2.《环境影响评价法》；

3.《放射性污染防治法》；

4.《海洋环境保护法》；

5.《建设项目环境保护管理条例》；

6.《上海市环境保护条例》；

7.《上海市实施〈环境影响评价法〉办法》。

二、根据《环境保护部审批环境影响评价文件的建设项目目录（2015 年本）》和属市环保局审批权限的、列入《建设项目环境影响评价分类管理名录》内的建设项目

三、基本条件

1. 环境影响评价文件编制必须符合《环境影响评价技术导则》以及相关标准、技术规范的要求；

2. 建设项目必须符合区域开发建设规划和环境功能区划的要求；

3. 建设项目必须符合国家和本市产业政策；

4. 建设项目排放的污染物应符合现行的国家和本市的污染物总量控制要求；

5. 建设项目环境排放污染物必须达到国家、行业和本市的污染物排放标准；

6. 建设项目应当符合《清洁生产促进法》有关规定，优先采用原材料消耗低、污染物产生量少的清洁生产工艺，合理、节约利用自然资源，从源头上控制污染；

7. 改建、扩建项目的环境影响评价文件必须反映项目原有的环境状况，采取"以新带老"等措施，治理原有的污染源；

8. 建设项目必须符合法律、法规、规章、标准规定的各项环境保护要求。

四、申请材料

必须提交的材料：环评审批申请表（含相关承诺）；环评文件及电子文档；环评全本、主要环境影响和对策措施，及电子文档；删除内容说明报告；主动公开证明材料；建设项目环评审批基础信息表电子文档；营业执照或法人证书或企业名称预先核准通知书或个人身份证明材料。如涉及相关内容，必须提交的材料：总量来源证明；公众参与情况说明（包括公众意见采纳情况说明）及电子文档；公众参与情况说明全本及电子文档；删除内容说明报告；主动公开证明材料。申请方认为可以有利于证明项目相关情况的其他材料：项目环评审批权限情况的说明；项目相关房地产权属关系情况的说明。

五、办理程序（市环保局）

申请单位向市环保局行政许可受理窗口申报资料→市环保局审查→市环保局作出决定。审查阶段需进行公众参与和听证的，要求和程序参见相关规定。建设项目的环境影响评价文件自批准之日起超过 5 年，方决定该项目开工建设的，其环境影响评价文件应当报原审批部门重新审核。

第三节　办理建筑玻璃幕墙光反射影响论证申请

（一）本市行政区域内，向建设行政主管部门申请施工图设计文件审查的新建、改建、扩建工程中拟采用玻璃幕墙的建设工程，应按照《上海市建筑玻璃幕墙管理办法》的规定向环境保护行政主管部门申请组织建筑玻璃幕墙光反射影响论证。

（二）市、区两级环保部门负责组织各自管辖范围内的建筑玻璃幕墙光反射影响论证。市和区环保部门管辖范围划分原则参照《上海市建设项目环境影响评价分级管理规定》执行。按照市、区环保部门职责分工，建筑玻璃幕墙光反射影响论证工作费用由市、区环保部门分别向同级的财政部门申请安排。

（三）建设单位应委托独立的技术咨询机构，在施工图设计阶段编制建筑玻璃幕墙光反射影响分析报告（以下简称分析报告）。承担技术咨询的机构应具有社会区域类环境影响评价报告书编制资质。建筑玻璃幕墙光反射影响分析报告应按照《建筑玻璃幕墙光反射影响分析报告编制要求》的要求编写。

（四）建设单位编制完成建筑玻璃幕墙光反射影响分析报告后，可向相关环保部门申请对该分析报告组织论证。建设单位在申请对建筑玻璃幕墙光反射影响论证时，应提交建筑玻璃幕墙光反射影响论证申请表、建筑玻璃幕墙光反射影响分析报告，以及建筑玻璃幕墙方案、建设工程初步设计批件、工程设计方案批复等相关文件。

（五）环保部门收到建设单位的建筑玻璃幕墙光反射影响论证申请后，应当在 5 个工作日内完成对申报资料的审核，并一次性告知申请单位需补全的材料。对材料齐全的申请，环保部门委托上海市环境科学研究院或上海投资咨询公司组织对分析报告进行论证。

（六）技术论证单位一般应在 15 个工作日内完成建筑玻璃幕墙光反射影响专家论证，并形成论证意见。对情况复杂的项目经环保部门批准后可延长组织论证的时间，延长的情况应告知建设单位。

（七）建设单位可向环保部门申请组织建筑玻璃幕墙光反射影响论证。建设单位按照规定要求准备有关资料，到相应的市或区环保受理窗口递交申请。

（八）结合建筑玻璃幕墙光反射影响论证试行工作，市环保局将组织明确建筑玻璃幕墙光反射影响控制区域、制定配套相关技术规范，优化论证工作规程，不断强化相关管理要求。

第四节　办理防雷装置设计审核

防雷装置设计审核适用范围为上海市气象局对特定范围建设项目防雷装置设计审核行政审批事项。

一、办理依据

1. 《气象灾害防御条例》第二十三条；

2. 《上海市实施〈中华人民共和国气象法〉办法》第十七条；

3. 《国务院关于优化建设工程防雷行政许可的决定》（国发〔2016〕39 号）。

二、办理机构

（一）上海市气象局负责上海市特定范围内新建、改建、扩建建设项目防雷装置的设计审核行政许可工作，审批内容是建设项目总体设计文件（防雷装置部分）是否符合相关国家有关标准和技术规定的要求，是否可以交付施工。核发《上海市防雷装置设计审核意见书》。

（二）建设单位申请特定范围新建、改建、扩建建（构）筑物设计文件审查时，应当同时申请防雷装置设计审核。下列建（构）筑物、场所和设施的防雷装置设计文件应当在施工前经过设计审核：油库、气库、弹药库、化学品仓库、烟花爆竹、石化等易燃易爆建设工程和场所；雷电易发区内的矿区、旅游景点；投入使用的建（构）筑物、设施等需要单独安装雷电防护装置的场所；雷电风险高且没有防雷标准规范、需要进行特殊论证的大型项目。

三、审批期限

自收到全部申请材料之日起 5 个工作日内决定是否受理。上海市气象局自受理之日起

20 个工作日内完成审核，颁发《上海市建设项目防雷装置装置设计审核意见书》。

四、建设工程简易项目防雷装置总体设计文件审查

根据《上海市行政审批告知承诺办法》，建设工程简易项目防雷装置总体设计文件审查行政审批事项告知如下：

（一）审批依据

1.《气象灾害防御条例》第二十三条；

2.《上海市实施〈气象法〉办法》第十七条；

3.《国务院关于优化建设工程防雷行政许可的决定》；

4.《上海市产业项目行政审批流程优化方案》中规定。

（二）法定条件

本行政审批事项获得批准应当具备下列条件、标准和技术要求：申请材料合法，内容真实、完备；防雷装置的设计文件由符合相关资质要求的机构出具；设计的防雷装置符合气象主管机构规定的使用要求；设计文件的技术内容满足以下技术规范和规定的要求：《建筑物防雷设计规范》GB 50057—2010；《建筑物电子信息系统防雷技术规范》GB 50343—20012；《建筑物防雷工程施工与质量验收规范》GB 50601—2010；《建筑物电气装置第 5-53 部分第 534 节：过电压保护电器》GB 16895.22—2004；《民用建筑电气设计规范》JGJ 16—2016；《上海市建设项目防雷工程设计审核规定》；《防雷专业总体设计文件设计深度规定》；其他现行的国家标准和行业标准等。

（三）应当提交的材料

根据审批依据和法定条件，本行政审批事项获得批准，申请人应当提交下列材料：《上海市建设项目防雷总体（或扩初）设计审核申请表》；项目批复；总体规划平面图；总体设计文本（含相关设计说明、设计图纸、主要器材表及防雷计算书）；设计单位的设计资质。

（四）已经提交和需要提交的材料

1. 下列材料，申请人已经提交；

2. 下列材料，申请人应当在＿＿年＿＿月＿＿日前提交。

（五）承诺的期限和效力

申请人愿意作出承诺的，在收到本告知承诺书之日起 10 日内作出承诺。申请人作出符合上述申请条件的承诺，并提交签章的告知承诺书后，行政审批机关将当场作出行政审批决定。申请人逾期不作出承诺的行政审批机关将按照法律、法规和规章的有关规定实施行政审批。申请人作出不实承诺的，行政审批机关将依法作出处理，并由申请人依法承担相应的法律责任。

（六）监督和法律责任

申请人应当在本告知承诺书约定的期限内提交应补充的材料。未提交材料或者提交的材料不符合要求且无法补正的，将依法撤销行政审批决定。行政审批机关，将在作出准予行政审批决定后 2 个月内对申请人的承诺内容是否属实进行检查，发现申请人实际情况与承诺内容不符，行政审批机关将要求其限期整改；整改后仍不符合条件的，依法撤销行政审批决定。

（七）诚信管理

对申请人作出承诺后，未在承诺期限内提交材料的，将在行政审批机关的诚信档案系统留下记录，对申请人以后的同一行政审批申请，不再适用告知承诺的审批方式。

第五节　办理气象防雷装置竣工验收

气象防雷装置竣工验收适用于上海市气象局对特定项目建设项目防雷装置竣工验收行政审批事项的办理。

一、办理依据

1.《气象灾害防御条例》第二十三条；

2.《上海市实施〈气象法〉办法》第十七条；

3.《国务院关于优化建设工程防雷行政许可的决定》。

二、办理机构

上海市气象局负责上海市特定范围建设项目防雷装置的竣工验收行政许可工作，核发《上海市防雷装置竣工验收意见书》。审批内容对建设项目中安装的防雷装置是否符合国家有关标准规定的设计施工要求和国务院气象主管机构规定的使用要求，是否可以投入使用。特定范围新建、改建、扩建建（构）筑物竣工验收时，建设单位应当通知当地气象主管机构同时验收防雷装置。本市气象主管机构负责下列建设工程的防雷行政许可工作：油库、气库、弹药库、化学品仓库、烟花爆竹及石化等易燃易爆建设工程和场所；雷电易发区内的矿区、旅游景点；投入使用的建（构）筑物、设施等需要单独安装雷电防护装置的场所；雷电风险高且没有防雷标准规范、需要进行特殊论证的大型项目。

三、审批条件

准予批准的条件：提交的申请材料真实合法；安装的防雷装置符合国家有关标准规定的设计施工要求和国务院气象主管机构规定的使用要求；安装的防雷装置按照经气象主管部门核准的施工图施工完成。

四、审批期限

1. 申请人向上海市气象局行政服务窗口提交材料，5个工作日内决定是否受理。

2. 申请人提出申请时项目应具备防雷竣工检测条件，可以开展现场检测。

3. 上海市气象局委托检测机构对项目实施现场检测；检测时限不计入审批时限内。

4. 上海市气象局在收到检测机构出具的检测结论后，3个工作日内派员到项目现场进行验收。

5. 如项目现场存在问题，将当场开具《整改意见书》，申请人整改完毕后向主管机构申请复验；整改完毕需要复测的，由受理窗口重新委托检测。整改时限不计入审批时限。

6. 现场验收合格后，2个工作日内核发《上海市建设项目防雷装置竣工验收意见书》。

第六节　办理新建、扩建、改建建设工程
避免危害气象探测环境审批

一、法定依据

《气象法》第二十一条。

二、审批许可条件

新建、扩建、改建建设工程的建设单位具有合法的主体资格；拟建工程项目位于已建气象台站和设施附近，但符合气象探测环境的保护要求；拟建工程项目可能影响已建气象台站探测环境和设施，并确实无法避免，而且已采取相应的弥补措施的。

三、申报材料

项目建设单位的申请书；项目规划建设地形图和环境说明文件；相关部门关于项目同意建设的文件；项目选址意见书；建筑物剖面图及总平面图（应当能够反映具体的建筑物距离、高度等情况）。

四、办理程序

项目建设单位向上海市气象局提出申请。上海市气象局审查申请材料，对符合申请条件、申报材料齐全的予以受理。上海市气象局进行实地勘察，并提出勘察报告。上海市气象局按审批权限进行审批或上报国务院气象主管机构审批。

第七节 办理气象台站（国家基准气候站、基本气象站除外）的建设和迁移审批

一、法定依据

《气象法》第十二条。

二、审批许可条件

气象台站的建设和迁移必须具备下列条件：工程项目建设单位具有合法的主体资格；确因实施城市规划或者国家重点工程建设需要；当地规划、城建、国土部门已经落实迁移气象台站的新址建设用地；建设单位已将迁建气象台站所需费用列入工程预算安排。

三、申报材料

申请气象台站的建设和迁移，应当提交以下材料：项目建设单位或者项目建设单位上级主管机关的申请；城市规划文件或列入国家计划的国家重点建设工程项目的文件；迁移气象台站的新址规划地图和环境说明；迁移气象台站所需全部费用的预算安排意见；当地规划、城建、国土部门有关迁移气象台站新址用地的意见。

四、办理程序

项目建设单位向上海市气象局提出申请。上海市气象局审查申请材料，对符合申请条件、申报材料齐全的予以受理。上海市气象局进行实地勘察，并提出勘察报告。上海市气象局按审批权限进行审批。

第八节 办理建设工程消防设计备案手续

一、办理依据

《消防法》第十条。

二、办理范围

（一）下列新建、扩建建设工程，依法需取得施工许可但审图公司不予审查的，到工程管辖的公安消防支队窗口办理消防设计备案：

1. 设有建筑面积小于 15000 平方米的民用机场航站楼、客运车站候车室、客运码头候船厅的建筑；

2. 设有建筑面积小于 10000 平方米的宾馆、饭店、商场、市场的建筑；

3. 设有建筑面积小于 2500 平方米的影剧院，公共图书馆的阅览室，营业性室内健身、休闲场馆，医院的门诊楼，大学的教学楼、图书馆、食堂，劳动密集型企业的生产加工车间，寺庙、教堂的建筑；

4. 设有建筑面积小于 1000 平方米的托儿所、幼儿园的儿童用房、儿童游乐厅等室内儿童活动场所，养老院、福利院，医院、疗养院的病房楼，中小学校的教学楼、图书馆、食堂，学校的集体宿舍，劳动密集型企业的员工集体宿舍的建筑；

5. 设有建筑面积小于 500 平方米的歌舞厅、录像厅、放映厅、卡拉 OK 厅、夜总会、游艺厅、桑拿浴室、网吧、酒吧，具有娱乐功能的餐馆、茶馆、咖啡厅的建筑；

6. 单体建筑高度小于 50 米且建筑面积小于 40000 平方米的公共建筑；

7. 除一类高层住宅外的住宅建筑；

8. 丙、丁、戊类厂房，单栋占地面积小于 12000 平方米的丙类仓库，丁、戊类仓库；

9. 其他列在审核范围外的市政配套和管理服务用房等建设工程。

（二）对重大市政管线工程中涉及易燃易爆的管线工程到市消防局窗口进行备案。

（三）超出第（一）项范围的改建（含室内外装修、建筑保温、用途变更，下同）建设工程，当符合下列情形的，到工程管辖的公安消防支队窗口办理消防设计备案（属于市级消防安全重点单位的建设工程应当向市消防局申请）：经消防技术咨询机构审查通过并出具《建设工程内装修设计咨询报告》的室内装修工程；建筑面积小于等于 300 平方米的非公共娱乐场所的人员密集场所；建筑面积小于等于 1000 平方米的办公场所。

（四）符合上述第（一）项范围内的改建建设工程，依法需取得施工许可证后到工程管辖的公安消防支队窗口办理消防设计备案。依法不需要取得施工许可证的建设工程，建设单位可以不申报消防设计备案，建设单位自愿申报的，消防机构应当受理。

三、办理方式

依法取得施工许可之日起 7 日内，建设单位办理消防设计备案可采用以下两种方式：

1. 建设单位将备案所需的相关材料，报工程管辖的公安消防支队窗口，由窗口受理人员录入网上"消防办事大厅系统"，出具备案凭证并加盖公安机关消防机构受理专用印章。

2. 建设单位可通过上海市消防局网站的"消防办事大厅系统"进行消防设计网上备案，在 5 个工作日内将备案所需的相关材料递交所属公安机关消防机构窗口，由窗口受理人员出具备案凭证并加盖公安机关消防机构受理专用印章。对于逾期未交资料的将作虚假备案处理，后续备案列为抽查对象。

四、申报材料

1.《建设工程消防设计审核申报表》（建设单位加盖公章）；

2. 施工许可证明文件复印件（施工单位加盖公章）；

3. 建设单位的工商营业执照等合法身份证明文件复印件（建设单位加盖公章）；

4. 设计单位资质证明文件复印件（设计单位加盖公章）；

5. 消防设计文件（包括相关的原始建筑、消防设备等图纸）；

6. 网吧及属于文化娱乐场所的项目，需提供文化主管部门核发的预先设立（核准）

证明文件复印件（建设单位加盖公章）；

7. 法律、行政法规规定的其他材料。

五、办结时间

1. 对属于备案范围且备案材料齐全的，当场出具《建设工程消防设计备案凭证》。消防备案结果为"抽中"的向社会公告。

2. 对属于备案范围但备案材料不齐全或者不符合法定形式的，应当当场或者在 5 个工作日内一次告知需要补正的全部内容，并出具《建设工程消防设计备案材料补正通知书》。

3. 公安机关消防机构应当在收到建设工程消防设计备案抽查材料之日起 20 个工作日内审查完毕。

第九节　办理建设工程消防设计审核申报手续

一、办理依据

《消防法》第十一条。

二、办理范围

（一）下列新建、扩建建设工程的扩初设计应报市消防局审核：

1. 设有建筑面积大于 20000 平方米的人员密集场所的建筑；

2. 单体建筑面积大于 20000 平方米的国家机关办公楼、电力调度楼、电信楼、邮政楼、防灾指挥调度楼、广播电视楼、档案楼；

3. 单体建筑面积大于 40000 平方米的公共建筑；

4. 建筑高度超过 100 米的建筑；

5. 城市轨道交通、隧道工程，大型发电、变配电工程等重大市政工程；

6. 总投资超过 5000 万元的甲、乙类厂房、装置、储罐；单栋建筑面积大于 750 平方米的甲类仓库和单栋建筑面积大于 2000 平方米的乙类仓库；

7. 易燃易爆气体和液体的充装站、供应站、调压站；

8. 单栋占地面积大于 12000 平方米的丙类仓库；

9. 按照 119 号令第十六条规定，消防设计需经专家评审的建设工程；

10. 市建设行政主管部门认为需消防审批的其他重大项目或者重要工程。

（二）下列新建、扩建建设工程，市消防局委托具有资质的审图公司在施工图阶段进行审查，建设单位应当在工程施工图设计阶段将相关消防设计资料送审图公司审查：

1. 设有建筑面积大于 15000 平方米且小于等于 20000 平方米的民用机场航站楼、客运车站候车室、客运码头候船厅的建筑；

2. 设有建筑面积大于 10000 平方米且小于等于 20000 平方米的宾馆、饭店、商场、市场的建筑；

3. 设有建筑面积大于 2500 平方米且小于等于 20000 平方米的影剧院，公共图书馆的阅览室，营业性室内健身、休闲场馆，医院的门诊楼，大学的教学楼、图书馆、食堂，劳动密集型企业的生产加工车间，寺庙、教堂的建筑；

4. 设有建筑面积大于 1000 平方米且小于等于 20000 平方米的托儿所、幼儿园的儿童用房，儿童游乐厅等室内儿童活动场所，养老院、福利院，医院、疗养院的病房楼，中小学校的教学楼、图书馆、食堂，学校的集体宿舍，劳动密集型企业的员工集体宿舍的建筑；

5. 设有建筑面积大于 500 平方米且小于等于 20000 平方米的歌舞厅、录像厅、放映厅、卡拉 OK 厅、夜总会、游艺厅、桑拿浴室、网吧、酒吧，具有娱乐功能的餐馆、茶馆、咖啡厅的建筑；

6. 建筑面积小于等于 20000 平方米国家机关办公楼、电力调度楼、电信楼、邮政楼、防灾指挥调度楼、广播电视楼、档案楼；

7. 除市消防局审核范围外单体建筑高度超过 50 米但不超过 100 米，且建筑面积小于等于 40000 平方米的公共建筑；

8. 符合国家标准规定的一类高层住宅且建筑高度不超过 100 米的住宅建筑；

9. 除市消防局审核范围外生产、储存、装卸易燃易爆危险物品的工厂、仓库和专用车站、码头。

以上范围内的建设工程，经审图公司审查合格后出具《上海市建设工程施工图设计文件审查合格书》，不再另行办理消防设计审核手续。

（三）对下列情形之一的改建（含室内外装修、建筑保温、用途变更，下同）建设工程，建设单位到工程管辖的公安消防支队窗口申请消防设计审核（属于市级消防安全重点单位的建设工程应当向市消防局申请）：上述第（一）项、第（二）项范围的改建建设工程；总投资不超过 5000 万元的甲、乙类装置、储罐；审图公司不受理的人员密集场所的临时性建筑。

（四）上述第（三）项范围内的改建建设工程符合下列条件，可以办理消防备案：经消防技术咨询机构审查通过并出具《建设工程内装修设计咨询报告》的室内装修工程；建筑面积小于等于 300 平方米的非公共娱乐场所的人员密集场所；建筑面积小于等于 1000 平方米的办公场所。

三、申报材料

（一）申请单位（建设单位）办理新建、扩建工程消防申报需提供的材料：

1.《建设工程消防设计审核申报表》（建设单位加盖公章）；

2. 建设单位的工商营业执照等合法身份证明文件复印件（建设单位加盖公章）；

3. 建设工程规划许可证明文件复印件（建设单位加盖公章）；

4. 设计单位资质证明文件复印件（设计单位加盖公章）；

5. 建设工程消防设计文件（工程扩初文本、图纸和勘查地形图）和光盘；

6. 法律、行政法规规定的其他材料。

（二）申请单位（建设单位）办理改建工程消防申报需提供的材料：

1.《建设工程消防设计审核申报表》（建设单位加盖公章）；

2. 建设单位的工商营业执照等合法身份证明文件复印件（建设单位加盖公章）；

3. 设计单位资质证明文件复印件（设计单位加盖公章）；

4. 原建筑的《建设工程消防设计审核意见书》或《建设工程消防验收意见书》复印件；

5. 消防设计文件（包括相关的原始建筑、消防设备等图纸）；

6. 法律、行政法规规定的其他材料。

依法需要办理建设工程规划许可的，应当提供建设工程规划许可证明文件。既有建筑由于历史原因或者土地性质等问题，无法提供建设工程规划许可证明文件的改建建设工程，应当提供建筑房地产登记手续（土地使用权或房屋所有权证书）或者政府出具的同意该建筑使用的证明文件。

（三）按照 119 号令第十六条规定，消防设计需经专家评审的建设工程，建设单位除提供上述所列材料外，应当同时提供特殊消防设计的技术方案及说明，或者设计采用的国际标准、境外消防技术标准的中文文本，以及其他有关消防设计的应用实例、产品说明等技术资料。

（四）网吧及属于文化娱乐场所的项目，需提供文化主管部门核发的预先设立（核准）证明文件。根据沪文广影视〔2009〕33 号文规定，文化娱乐场所涉及以下场所：营业性舞厅、卡拉 OK 厅（餐厅卡拉 OK 厅）、卡拉 OK 包房（餐厅卡拉 OK 包房）、音乐茶座（音乐餐厅）、台球室、游艺机房、文化游乐场。

（五）部队出租房（未取得出租建筑土地使用权、房屋所有权证书或者在所属土地上建设用于向社会单位出租）办理消防手续时，无法提供建设工程规划许可证明文件的，应当提供土地或者出租建筑物的《军队房地产租赁许可证》。

四、办结时间

审核期限为 20 个工作日（需要消防设计专家评审的建设工程，专家评审时间不计算在审核时间内）。

第十节　办理建设工程消防验收申报手续

一、办理依据

《消防法》第十三条。

二、办理范围

（一）下列新建、扩建建设工程消防验收由市消防局接待窗口受理：

1. 设有建筑面积大于 20000 平方米的人员密集场所的建筑；

2. 单体建筑面积大于 20000 平方米的国家机关办公楼、电力调度楼、电信楼、邮政楼、防灾指挥调度楼、广播电视楼、档案楼；

3. 单体建筑面积大于 40000 平方米的公共建筑；

4. 建筑高度超过 100 米的建筑；

5. 城市轨道交通、隧道工程，大型发电、变配电工程等重大市政工程；

6. 总投资超过 5000 万元的甲、乙类厂房、装置、储罐；单栋建筑面积大于 750 平方米的甲类仓库和单栋建筑面积大于 2000 平方米的乙类仓库；

7. 易燃易爆气体和液体的充装站、供应站、调压站；

8. 单栋占地面积大于 12000 平方米的丙类仓库；

9. 按照 119 号令第十六条规定，消防设计需经专家评审的建设工程；

10. 市建设行政主管部门认为需消防审批的其他重大项目或者重要工程。

（二）下列新建、扩建建设工程消防验收由到工程管辖的公安消防支队窗口受理：

1. 设有建筑面积大于 15000 平方米且小于等于 20000 平方米的民用机场航站楼、客运车站候车室、客运码头候船厅的建筑；

2. 设有建筑面积大于 10000 平方米且小于等于 20000 平方米的宾馆、饭店、商场、市场的建筑；

3. 设有建筑面积大于 2500 平方米且小于等于 20000 平方米的影剧院，公共图书馆的阅览室，营业性室内健身、休闲场馆，医院的门诊楼，大学的教学楼、图书馆、食堂，劳动密集型企业的生产加工车间，寺庙、教堂的建筑；

4. 设有建筑面积大于 1000 平方米且小于等于 20000 平方米的托儿所、幼儿园的儿童用房，儿童游乐厅等室内儿童活动场所，养老院、福利院，医院、疗养院的病房楼，中小学校的教学楼、图书馆、食堂，学校的集体宿舍，劳动密集型企业的员工集体宿舍的建筑；

5. 设有建筑面积大于 500 平方米且小于等于 20000 平方米的歌舞厅、录像厅、放映厅、卡拉 OK 厅、夜总会、游艺厅、桑拿浴室、网吧、酒吧，具有娱乐功能的餐馆、茶馆、咖啡厅的建筑；

6. 建筑面积小于等于 20000 平方米国家机关办公楼、电力调度楼、电信楼、邮政楼、防灾指挥调度楼、广播电视楼、档案楼；

7. 除市消防局审核范围外单体建筑高度超过 50 米但不超过 100 米，且建筑面积小于等于 40000 平方米的公共建筑；

8. 符合国家标准规定的一类高层住宅且建筑高度不超过 100 米的住宅建筑；

9. 除市消防局审核范围外生产、储存、装卸易燃易爆危险物品的工厂、仓库和专用车站、码头。

（三）下列改建（含室内外装修、建筑保温、用途变更，下同）建设工程消防验收由到工程管辖的公安消防支队窗口受理（属于市级消防安全重点单位的建设工程应当向市消防局申请）：上述第（一）项、第（二）项范围的改建建设工程；总投资不超过 5000 万元的甲、乙类装置、储罐；审图公司不受理的人员密集场所的临时性建筑。

（四）上述第（三）项范围内的室内装修工程符合下列条件，可以办理消防备案：经消防技术咨询机构审查通过并出具《建设工程内装修设计咨询报告》的室内装修工程；建筑面积小于等于 300 平方米的非公共娱乐场所的人员密集场所；建筑面积小于等于 1000 平方米的办公场所。

三、申报材料

申请单位（建设单位）需提供的材料：

1. 《建设工程消防验收申报表》（建设单位加盖公章）。

2. 新建、扩建工程提供公安机关消防机构的《建设工程消防设计审核意见书》、《上海市建设工程施工图设计文件审查合格书》复印件。纳入验收范围的装修工程，应提供装修工程消防设计审核意见书复印件。

3. 工程竣工验收报告；建设单位应当组织设计、施工、监理等单位进行竣工消防验收，填写《工程竣工验收报告（消防）》，方可提请公安机关消防机构验收。

4. 消防设施的竣工图纸；取得建设工程规划许可的建设工程，应当将消防设施的工程竣工图纸按有关规定报城建档案管理部门存档，申报消防验收时可不提供竣工图纸。原有消防设施未做系统调整的改建建设工程，申报消防验收时可不提供竣工图纸。

5. 消防产品清单；填写内容包括消防产品和具有防火性能要求的建筑构件、建筑材料、装修材料等使用信息，由监理单位加盖单位公章、监理工程师签名，建设单位加盖单位公章、法人代表签名或盖章。具体消防产品和具有防火性能要求的建筑构件、建筑材料、装修材料符合国家规定的市场准入证明资料和产品合格证明装订成册，在消防验收现场备查。

6. 消防设施检测合格证明文件；属消防设施检测范围内的建设工程实施改建工程，如未对原消防设施作系统调整、未增加联动功能且系统整体功能未受影响的，竣工验收前可不进行消防设施检测，但应由物业单位出具证明并加盖物业公章。

7. 施工、工程监理、检测单位的合法身份证明和资质等级证明文件复印件（施工、监理、监测单位加盖公章）。

8. 建设单位的工商营业执照等合法身份证明文件复印件（建设单位加盖公章）。

9. 其他因项目特殊性需要增加的其他报审材料。

（1）《室内装修材料见证取样检验结果通知单》；符合室内装修材料见证取样检验范围的建设工程，应提交上海市消防产品质量监督检验站出具的《室内装修材料见证取样检验结果通知单》。需要进行室内装修材料见证取样检验的工程范围：地上建筑面积大于 3000 平方米的建设工程（除室内装修工程）；地下建筑面积大于 1000 平方米的建设工程（除室内装修工程）；建筑面积大于 300 平方米的公共娱乐场所室内装修工程和建筑面积大于 1000 平方米的其他室内装修工程；公安机关消防机构在监督检查中认为需要见证取样检验的材料。

（2）《钢结构防火喷涂工程施工质量检测报告》（涉及钢结构防火喷涂工程施工的建设工程）。

四、办结时间

审核期限为 20 个工作日。

第十一节　办理建设工程竣工验收消防备案手续

一、办理依据

《消防法》第十三条。

二、办理范围

（一）下列依法取得施工许可的新建、扩建建设工程，建设单位应在工程竣工后到工程管辖的公安消防支队窗口办理竣工验收消防备案：

1. 设有建筑面积小于 15000 平方米的民用机场航站楼、客运车站候车室、客运码头候船厅的建筑；

2. 设有建筑面积小于 10000 平方米的宾馆、饭店、商场、市场的建筑；

3. 设有建筑面积小于 2500 平方米的影剧院，公共图书馆的阅览室，营业性室内健身、休闲场馆，医院的门诊楼，大学的教学楼、图书馆、食堂，劳动密集型企业的生产加工车间，寺庙、教堂的建筑；

4. 设有建筑面积小于 1000 平方米的托儿所、幼儿园的儿童用房，儿童游乐厅等室内儿童活动场所，养老院、福利院，医院、疗养院的病房楼，中小学校的教学楼、图书馆、食堂，学校的集体宿舍，劳动密集型企业的员工集体宿舍的建筑；

5. 设有建筑面积小于 500 平方米的歌舞厅、录像厅、放映厅、卡拉 OK 厅、夜总会、游艺厅、桑拿浴室、网吧、酒吧，具有娱乐功能的餐馆、茶馆、咖啡厅的建筑；

6. 单体建筑高度小于 50 米且建筑面积小于 40000 平方米的公共建筑；

7. 除一类高层住宅外的住宅建筑；

8. 丙、丁、戊类厂房，单栋占地面积小于 12000 平方米的丙类仓库，丁、戊类仓库；

9. 其他列在审核范围外的市政配套和管理服务用房等建设工程。

（二）对重大市政管线工程中涉及易燃易爆的管线工程到市消防局窗口进行备案。

（三）超出第（一）项范围的改建（含室内外装修、建筑保温、用途变更，下同）建设工程，当符合下列情形的，到工程管辖的公安消防支队窗口办理竣工验收消防备案（属于市级消防安全重点单位的建设工程应当向市消防局申请）：经消防技术咨询机构审查通过并出具《建设工程内装修设计咨询报告》的室内装修工程；建筑面积小于等于 300 平方米的非公共娱乐场所的人员密集场所；建筑面积小于等于 1000 平方米的办公场所。

（四）符合上述第（一）项范围内的改建建设工程，依法需取得施工许可证后到工程管辖的公安消防支队窗口办理竣工验收消防备案。依法不需要取得施工许可证的建设工程，建设单位可以不申报竣工验收消防备案，建设单位自愿申报且完成消防设计备案的，消防机构应当受理。

三、办理方式

自工程竣工之日起 7 日内，建设单位办理竣工验收消防备案可采用以下两种方式：

1. 建设单位将备案所需的相关材料，报工程所属公安机关消防机构窗口，由窗口受理人员录入网上"消防办事大厅系统"，出具备案凭证并加盖公安机关消防机构受理专用印章；

2. 建设单位可通过上海市消防局网站的"消防办事大厅系统"进行消防设计网上备案，在 5 个工作日内将备案所需的相关材料递交所属公安机关消防机构窗口，由窗口受理人员出具备案凭证并加盖公安机关消防机构受理专用印章。对于逾期未交资料的将作虚假备案处理，后续备案列为抽查对象。

四、申报材料

1.《建设工程竣工验收消防备案申报表》（建设单位加盖公章）。

2.《建设工程消防设计备案凭证》复印件，新建、扩建工程提供《上海市建设工程施工图设计文件审查合格书》复印件（建设单位加盖公章）。

3. 工程竣工验收报告；建设单位应当组织设计、施工、监理等单位进行竣工消防验收，填写《工程竣工验收报告（消防）》，方可进行竣工验收消防备案。

4. 消防设施的竣工图纸；取得建设工程规划许可的建设工程，应当将消防设施的工程竣工图纸按有关规定报城建档案管理部门存档，申报消防验收时可不提供竣工图纸。原有消防设施未做系统调整的改建建设工程，申报消防验收时可不提供竣工图纸。

5. 消防产品清单；填写内容包括消防产品和具有防火性能要求的建筑构件、建筑材料、装修材料等使用信息，由监理单位加盖单位公章、监理工程师签名，建设单位加盖单位公章、法人代表签名或盖章。具体消防产品和具有防火性能要求的建筑构件、建筑材料、装修材料符合国家规定的市场准入证明资料和产品合格证明装订成册，在消防检查现场查验。

6. 消防设施检测合格证明文件；属消防设施检测范围内的建设工程实施改建工程，如未对原消防设施作系统调整、未增加联动功能且系统整体功能未受影响的，竣工验收前可不进行消防设施检测，但应由物业单位出具证明并加盖物业公章。

7. 施工、工程监理、检测单位的合法身份证明和资质等级证明文件复印件（施工、监理、检查单位加盖公章）。

8. 建设单位的工商营业执照等合法身份证明文件复印件（建设单位加盖公章）。

9. 其他因项目特殊性需要增加的其他报审材料。

（1）《室内装修材料见证取样检验结果通知单》；符合室内装修材料见证取样检验范围的建设工程，应提交上海市消防产品质量监督检验站出具的《室内装修材料见证取样检验结果通知单》。需要进行室内装修材料见证取样检验的工程范围：地上建筑面积大于 3000 平方米的建设工程（除室内装修工程）；地下建筑面积大于 1000 平方米的建设工程（除室内装修工程）；建筑面积大于 300 平方米的公共娱乐场所室内装修工程和建筑面积大于 1000 平方米的其他室内装修工程；公安机关消防机构在监督检查中认为需要见证取样检验的材料。

（2）《钢结构防火喷涂工程施工质量检测报告》（涉及钢结构防火喷涂工程施工的建设工程）。

（3）公安机关消防机构对被抽查建设单位送审的工程进行检查，检查结果发布网上公告。

五、办结时间

（一）公安机关消防机构对备案申请应当场办结。对属于备案范围但备案材料不齐全或者不符合法定形式的，应当当场或者在 5 个工作日内一次告知需要补正的全部内容，并出具《建设工程竣工消防验收备案材料补正通知书》。

（二）公安机关消防机构在收到竣工验收消防备案抽查材料之日起 20 个工作日内检查完毕。

第七篇　设计与开工准备

第二十四章 工程项目开工准备

投资项目报建审批事项，是投资项目申请报告核准或者可行性研究报告批复之后、开工建设之前，由相关部门和单位依据法律法规向项目单位作出的行政审批事项。按照国务院推进简政放权、放管结合、优化服务改革的重要内容，进一步简化、整合投资项目报建手续，打通投资项目开工、降低制度性交易成本、激发社会投资活力的重要举措。根据国家基本建设程序国家将进一步优化项目前期审批、优化建设项目立项、优化项目规划土地审批、优化项目招标投标、优化项目施工许可等手续。

招标人可以根据项目特点和实际需要，采用设计方案招标或者设计单位招标。在保证招标投标工作质量前提下，招标人可以在法定时限范围内确定与工程规模相匹配的投标文件编制时间。建设单位可以依据建设项目初步设计审查意见，办理招标手续。

在建设单位取得规划用地许可、用地批准手续、消防设计审核意见，以及依法确定施工单位、监理单位、施工现场具备施工条件的前提下，同步开展质量监督、安全监督等。建设单位凭建设工程设计方案审核意见，申请办理施工图审查等手续。

建设单位编制建设准备阶段管理工作计划，涉及工程项目各阶段设计、工程项目初步设计审查、建设工程报建、工程项目招标备案、委托采购设备服务协议、签订勘察设计工程承包合同、领取建筑工程施工许可等。工程项目建设准备工作流程如图24-1所示。

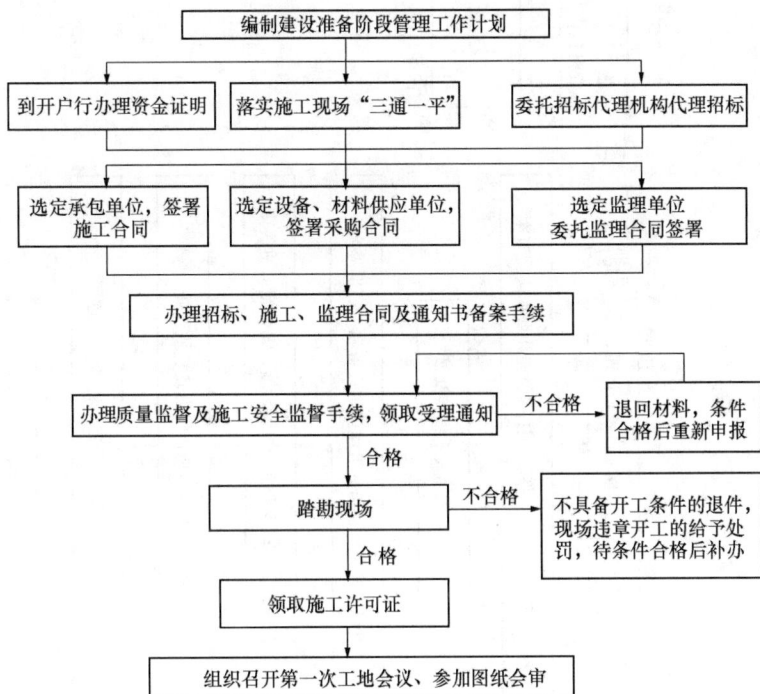

图 24-1 工程项目建设准备工作流程

施工准备流程如图 24-2 所示。
施工准备阶段监理工作流程如图 24-3 所示。

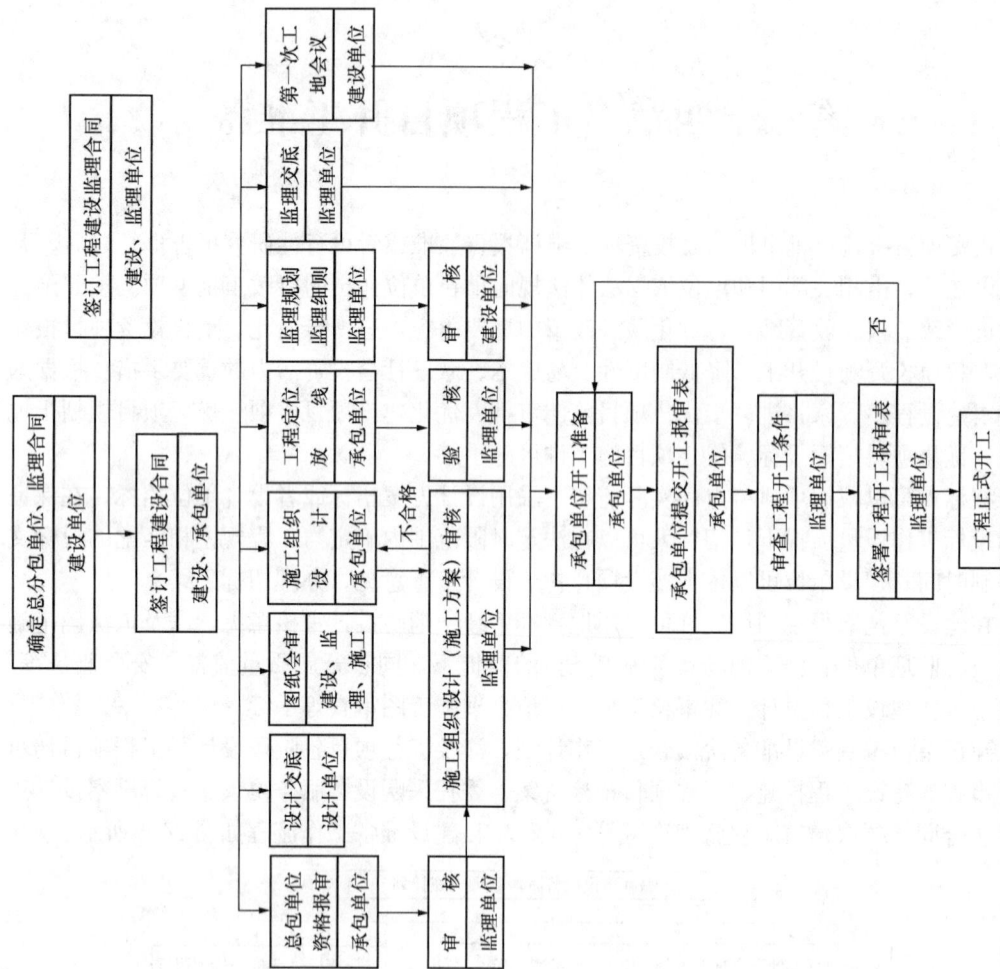

图 24-3 施工准备阶段监理工作流程

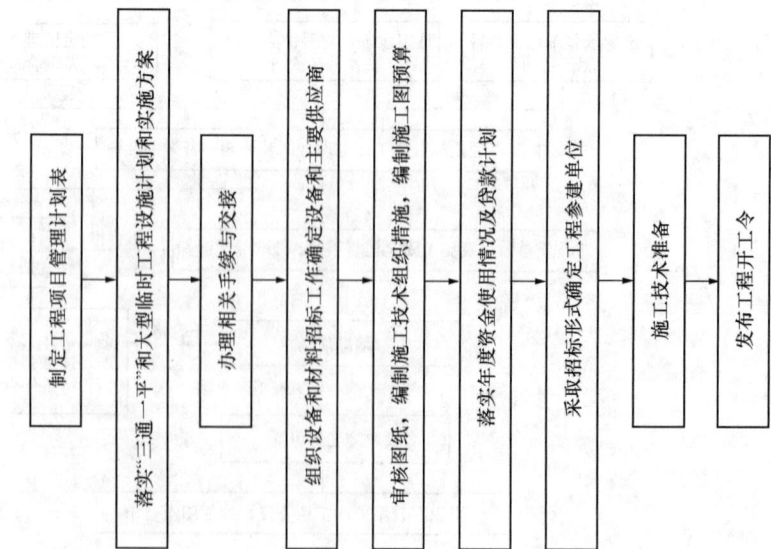

图 24-2 施工准备流程图

第一节　工程项目各阶段设计

建设项目的设计，我国目前一般分为两个阶段，即初步设计阶段和施工图设计阶段。但是对一些复杂的，采用新工艺、新技术的重大项目，在初步设计批准后做技术设计（此时施工图设计要以批准的技术设计为准），其内容与初步设计大致相同，而在技术表现上更为具体深化。对于一些特殊的大型工程，必要时在可行性研究阶段增加总体规划设计，作为可行性研究的一个内容和初步设计的依据。因此，从完整意义上将工程项目的设计包括：规划设计、初步设计、技术设计和施工图设计几个方面的内容。

一、工程项目规划设计

设计过程是指从项目选址，可行性研究开始，直到竣工验收、投产回访总结全过程，即设计贯穿于工程建设的全过程，而规划设计则是建设项目的计划思想的集中体现和形象表现，是项目建设的重要组成部分。

规划设计是项目建设过程的立项决策阶段，是介于从思想转变为物质从而为社会创造物质财富的枢纽环节。

（一）规划设计的原则：规划设计的基本目标是对使用、经济、安全、美观的追求；规划设计的过程，是对前期计划、可行性研究、项目选址的具体落实和核正过程；规划设计是对资源利用合理、布局得当和科学、环境保护增色及创造精神的集中体现；规划设计要求建设项目的社会效益、经济效益及环境效益得到充分合理的发挥，为下阶段初步设计提供依据。

规划设计是指一个大型综合性项目的总体设计，它往往是由若干个子项目所组成，包容了市政、交通、园林、消防、人防、环境设计等相对完善的各个相关部分，它是诸单项设计的指导性文件。规划设计的主要任务是具体落实一个生活区、一个居住小区、一个大专院校、一个大型联合企业或矿区的各单项工程的相对关系，具体体现拟建项目的设计原则；确定各单项设计的设计条件与原则要求。从而使整个工程项目能达到布置合理紧凑，工艺流程顺畅，生产与生活方便，经济上合理而节约，环境效益良好。

（二）规划设计的要求：规划原则得到正确落实。规划设计起始，应拟定一个设计的原则目标，该目标的实现往往又受到设计条件的限制。布局科学合理。一切规划文件，首要的一条是符合布局合理和科学。交通系统组织合理顺畅、经济。规划设计的交通组织起着提纲挈领的作用，在功能分区原则确定的前提下，对道路骨架安排起着沟通分区关系和具体对分区界限限定的作用。现状条件的利用合理而充分。在规划设计中对现状条件（自然条件、社会及人文历史情况）的掌握和认识深入是一个规划设计可行性的关键。有些现状条件，对规划起着决定性的制约作用，因此规划设计一定要切合实际，顺其自然。环境效益的优良程度。一个项目建设，是对大自然或现状的改善和事实，规划设计中的环境效益主要是指两方面：一个是环境保护，它要求空气、水、噪声、排放等诸项指标的落实；一个是环境艺术，它要求色彩、光线与材料的运用，建筑群体的空间组织，动与静的组织与导向，山、水、林、木、花卉的利用与配置等进行探讨。规划的创造性与现实性。规划设计的领域很多,我们不可能要求一个规划设计在方方面面都有所创新,但应要求其在总体上有创新且符合实际。技术经济指标的评比。规划设计的指标主要分为两大部分,一是用地指标;二是技术经济指标。

(三)规划设计深度

规划设计深度要求分为项目总体规划的深度和详细规划深度。

1. 项目总体规划的深度:总体规划图纸和说明书的详尽程度,应达到编制详细规划依据的要求;各项工程专业规划要基本上达到编制专业工程可行性研究的要求;

2. 详细规划深度:一般应满足房屋建筑和各单项工程编制扩初设计的需要。规划设计要求是在建设工程项目可行性研究报告批准后,规划部门按照城市总体规划的要求,项目建设地点的周边环境状况,对该项目的设计提出的规划要求,作为初步设计的法定依据。目前基本上分为建筑工程和市政工程两大类,分别按规定的程序申请取得规划设计要求。

(四)建筑工程规划设计要求的基本指标

1. 建筑容量控制指标

(1)建筑容积率指建筑物地面以上各层建筑面积的总和与建筑基地面积的比值。

(2)建筑密度指建筑物底层占地面积与建筑基地面积的比率(用百分比表示)。

2. 涉及建筑工程常用概念

(1)低层建筑,指高度小于、等于 10 米的建筑,低层居住建筑为 1~3 层。

(2)多层建筑,指高度大于 10 米,小于、等于 24 米的建筑,多层居住建筑为 4~8 层。

(3)高层建筑,指高度大于 24 米的建筑,高层居住建筑为 8 层以上(不含 8 层)。

(4)公寓式办公建筑,指单元式小空间划分,有独立卫生设备的办公建筑。

(5)办公建筑,指非单元式小空间划分,按层设置卫生设备的办公建筑。

(6)商业建筑,指综合百货商店、商场、经营各类商品的专业零售和批发商店,以及饮食等服务业的建筑。

(7)商住综合楼,指商业和居住混合的建筑。

(8)商办综合楼,指商业和办公混合的建筑。

(9)裙房,指与高层建筑紧密连接,组成一个整体的多、低层建筑。裙房的最大高度不超过 24 米,超过 24 米的,按高层建筑处理。

(10)公寓式酒店,指按公寓式(单元式)分隔出租的酒店,按旅馆建筑处理。

(11)酒店式公寓,指按酒店式管理的公寓,按居住建筑处理。

(12)旧住房综合改造,指旧住房平改坡、成套率等的综合改造。

(13)汽车停车率,指居住区内汽车的停车位数量与居住户数的比率。

(五)规划设计要求的基本内容

3. 建筑容量控制指标

(1)建筑基地面积大于 3 万平方米的成片开发地区,必须编制详细规划,经批准后实施;未编制详细规划的,不予审批。成片开发地区的详细规划,应先确定建筑总容量控制指标;在不超过建筑总容量控制指标的前提下,成片开发地区内各类建筑基地的建筑容量控制指标可参照《建筑密度和建筑容积率控制指标表》的规定作适当调整。

（2）建筑基地面积小于或等于 3 万平方米的高、多层居住建筑用地和公共建筑用地，其建筑容量控制指标在经批准的详细规划中已确定的，应按批准的详细规划执行。尚无经批准的详细规划的，其建筑密度控制指标应按《建筑密度和建筑容积率控制指标表》规定执行；其建筑容积率控制指标应按《建筑密度和建筑容积率控制指标表》的指标折减 5%～20% 执行。

（3）规定的指标为上限。单个建筑基地的具体建筑容量，城市规划管理部门应结合现状情况、服务区位、交通区位、环境区位和土地价值等因素，进行综合环境分析后确定。

（4）《建筑密度和建筑容积率控制指标表》适用于单一类型的建筑基地。对混合类型的建筑基地，其建筑容量控制指标应将建筑基地按使用性质分类划定后，按不同类型分别执行；对难以分类执行的建筑基地和综合楼基地，应按不同性质建筑的建筑面积比例和不同的建筑容量控制指标换算建筑容量综合控制指标。

（5）对未列入《建筑密度和建筑容积率控制指标表》的科研机构、大中专院校、中小学校、体育场馆以及医疗卫生、文化艺术、幼托等设施的建筑容量控制指标，应按经批准的详细规划和有关专业规定执行。

（6）建筑基地未达到下列最小面积的，不得单独建设：低层居住建筑为 500 平方米；多层居住建筑、多层公共建筑为 1000 平方米；高层居住建筑为 2000 平方米；高层公共建筑为 3000 平方米。

建筑基地未达到前款规定的最小面积，但有下列情况之一，且确定不妨碍城市规划实施的，城市规划管理部门可予核准建设：邻接土地已经完成建设或为既成道路、河道或有其他类似情况，确实无法调整、合并的；因城市规划街区划分、市政公用设施等的限制，确实无法调整、合并的；农村地区的村镇建设，因特殊情况，确实难以达到规定面积的。

（7）原有建筑的建筑容量控制指标已超出规定值的，不得在原有建筑基地范围内进行扩建、加层。

（8）中心城内的建筑基地为社会公众提供开放空间的，在符合消防、卫生、交通等有关规定的前提下，可按规定增加建筑面积。但增加的建筑面积总计不得超过核定建筑面积（建筑基地面积乘以核定建筑容积率）的 20%。

核定建筑容积率由城市规划管理部门按《建筑密度和建筑容积率控制指标表》和有关规定确定。开放空间的条件和计算方法由市城市规划管理部门另行制定。

（9）建筑物之间因公共交通需要，架设穿越城市道路的空中人行廊道的，应符合下列规定：廊道的净宽度不宜大于 6 米，廊道下的净空高度不小于 5.5 米；但穿越宽度小于 16 米且不通行公交车辆的城市支路的廊道下的净空高度可不小于 4.6 米。廊道内不得设置商业设施。凡符合前述规定的廊道，其建筑面积可计入建筑容量控制指标范围。

二、工程项目初步设计

初步设计是根据可行性研究报告的要求所做的具体实施方案，目的是为了阐明在指定的地点、时间和投资控制数额内，拟建项目在技术上的可能性和经济上的合理性，并通过对工程项目所作出的基本技术经济规定，编制项目总概算。初步设计不得随意改变被批准的可行性研究报告所确定的建设规模、产品方案、工程标准、建设地址和总投资等控制指标。如果初步设计提出的总概算超过可行性研究报告总投资的 5％以上或其他主要指标需要变更时，应说明原因和计算依据，并报可行性研究报告原审批单位同意。

（一）初步设计的必要条件：建设项目可行性研究报告经过审查，业主已获得可行性研究报告批准文件。已办理征地手续，并已取得规划和土地管理部门提供的建设用地规划许可证和建设用地红线图。已取得规划部门提供的规划设计条件通知书。

初步设计完成时的必备条件：在初步设计过程中，业主要办理各种外部协作条件的取证工作和完成科研、勘察任务，并转交设计单位，作为设计依据（工程设计和编制概算）。初步设计的原则要求，可作为委托书的附件，直接提交给设计承包商，作为设计条件之一。内容包括以下方面：建设项目远景与近期建设相结合，加快建设进度的要求。对资源和原材料充分利用和综合利用的要求。产量种类和质量方面的要求。装备水平、机械化程度和自动化程度的要求；采用先进技术、工艺、设备的要求。环保、安全、卫生、劳动保护的要求。合理布局和企业协作的要求。合理选用各种技术经济指标的要求。工业建筑、民用福利设施标准的要求。节约投资、降低生产成本的要求。建设项目扩建、预留发展场地的要求。贯彻上级或领导部门的有关指示。其他有关原则的要求。

（二）初步设计的深度：方案比较，在充分细致论证设计项目的经济效益、社会效益、环境效益的基础上，择优推荐设计方案。建设项目的单项工程要齐全，主要工程量误差应在允许范围以内。主要设备和材料明细表，要符合订货要求，可作为订货依据。总概算不应超过可行性研究估算投资总额。满足施工图设计的准备工作的要求。满足土地征用、投资包干，招标承包、施工准备、开展施工组织设计，以及生产准备等项工作的要求。

经批准的可行性研究报告中所确定的主要设计原则和方案，如建设地点、规模、产品方案、生产方法、工艺流程、主要设备、主要建筑标准等，在初步设计中不应有较大变动。若有重大变动或概算突破估算投资较大时，则要申明原因，报请原审批主管部门批准。

（三）初步设计的主要内容：设计原则为可行性研究报告及审批文件中的设计原则，设计中遵循的主要方针政策和设计的指导思想。建设规模，分期建设及远景规划，企业专业化协作和装备水平，建设地点，占地面积，征地数量，总平面布置和内外交通、外部协作条件。生产工艺流程，包括各专业主要设计方案和工艺流程。产品方案，主要产品和综合产品的数量、等级、规格、质量；原料、燃料、动力来源、用量、供应条件；主要材料用量；主要设备选型、数量、配置。新技术、新工艺、新设备采用情况。主要建筑物、构筑物，公用、辅助设施，生活区建设；抗震和人防措施。综合利用，环境保护和"三废"治理。生产组织，工作制度和劳动定员。各项技术经济指标。建设程序，建设期限。经济评价，成本、产值、税金、利润，投资回收期、贷款偿还期、净现值、投资收益率、盈亏平衡点、敏感性分析、资金筹措、综合经济评价等。总概算、附件、附表、附图，包括设计依据的文件批文，各项协议，主要设备表，主要材料明细表，劳动定员表等。

（四）初步设计文件的编排程序：封面：项目名称、编制单位、编制年月；扉页：编制单位法定代表人、技术总负责人、项目总负责人和各专业负责人的姓名，并经上述人员签署或授权盖章；设计文件目录；设计说明书；设计图纸（可单独成册）；概算书（应单独成册）。

三、工程项目施工图设计

施工图设计完整地表现建筑物的外形、内部空间分割、结构体系、构造状况以及建筑群的组成和周围环境的配合，具有详细的构造尺寸。它还包括各种运输、通信、管道系统、建筑设备的设计。在工艺方面，应具体确定各种设备的型号、规格及各种非标准设备的制造加工图。

（一）开展施工图设计的条件：初步设计已经审核批准。初步设计审查时提出的重大问题和初步设计的遗留问题，诸如补充勘探、勘察、试验、模型等已经解决；施工图阶段勘察及地形测绘图已经完成。外部协作条件，水、电、交通运输、征地、安置的各种协议已经签订或基本落实。主要设备订货基本落实，设备总装图、基础图资料已收集齐全，可满足施工图设计的要求。

（二）施工图设计依据：经批准的初步设计。批准的满足施工图勘察资料、地形地貌资料、建设地点的自然状况。有关部门及地方政府签订的外部条件的正式协议书。施工条件、地方材料和有关的建筑、设备的技术经济数据、资料。施工图设计应根据批准的初步设计编制，不得违反初步设计的设计原则和方案。如确因订货困难，致使主要设备有所改变或其他条件发生重要变化，需修改初步设计时，须呈报原初步审批机构批准。

（三）施工图设计深度：设备材料的安排。非标准设备和结构件的加工制作。编制施工图预算，并作为预算包干、工程结算的依据。施工组织设计的编制，应满足设备安装和土建施工的需要。

（四）施工图设计文件的组成及内容：工程安装、施工所需的全部图纸。其中施工总图（平、剖面图）上应有：设备、房屋或构筑物、结构，管线各部分的布置，以及它们的相互配合、标高、外形尺寸、坐标；设备和标准件清单；预制的建筑配构件明细表；在施工详图上应设计非标准详图，设备安装及工艺详图，设计建（构）筑物及一切配件和构件尺寸，连接、结构断面图，材料明细表及编制预算；图纸要按有关专业配套出齐，如主体工艺、水、暖、风、通信、运输、自动化、设备、机械制造、水工、土建等专业。重要施工、安装部位和生产环节的施工操作说明。施工图设计文件说明。预算书和设备、材料明细表。

（五）施工图设计文件总封面标识内容：

项目名称；设计单位名称；项目的设计编号；设计阶段；编制单位法定代表人、技术总负责人和项目总负责人的姓名及其签字或授权盖章；设计日期（即设计文件交付日期）。

四、工程设计阶段管理工作流程

工程设计阶段管理工作流程如图24-4所示。

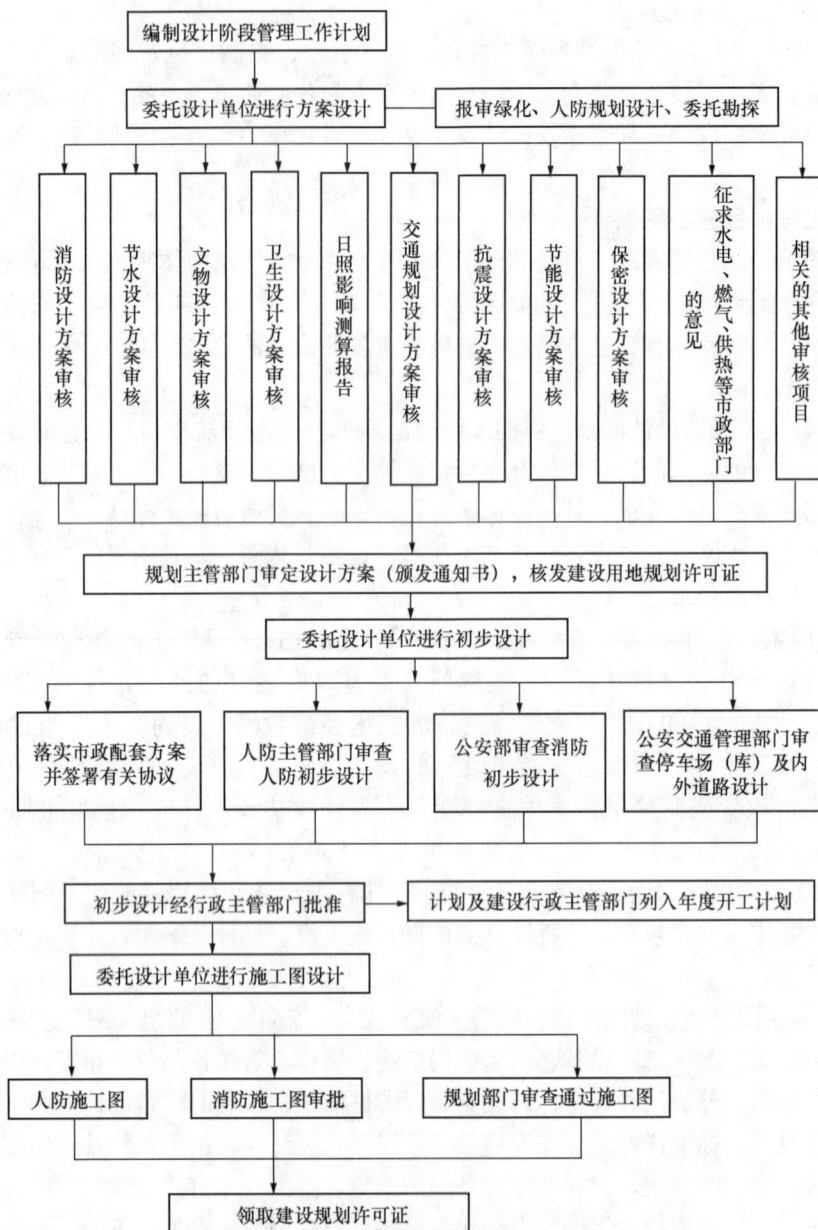

图 24-4 工程设计阶段管理工作流程

第二节 初步设计与施工图设计文件审查

初步设计是根据可行性研究报告的要求所作的具体实施方案，目的是为了阐明在指定的地点、时间和投资控制数额内，拟建项目在技术上的可能性和经济上的合理性，并通过对工程项目所作出的基本技术经济规定，编制项目总概算。工程建设项目初步设计审查是一项国家规定的，旨在促进设计进步，提高投资效益，提高建筑使用功能的城市环境水平的政府行政管理制度。

一、初步设计文件

初步设计文件，是根据批准的可行性研究报告、设计任务书、设计方案和可靠地设计基础资料进行编制的。初步设计文件应满足编制施工招标文件、主要设备材料订货和编制施工图设计文件的需要。初步设计和总概算经批准后，是确定建设项目的投资额，编制固定资产的投资计划，签订建设工程总包合同、贷款总合同，实行投资包干，控制建设工程拨款，住址主要设备的订货，进行施工准备以及编制技术设计文件（或是同图设计文件）等的依据。

二、初步设计的内容

初步设计的内容，一般包括以下方面的文字说明和图纸：设计依据；设计指导思想；建设规模；产品方案；原料、燃料、动力的用量和来源；工艺流程；主要设备选型及配置；总图运输；主要建筑物、构筑物；公用、辅助设施；新技术采用情况；主要材料用量；外部协作条件；占地面积和土地利用情况；综合利用和"三废"治理；生活区建设；抗震和人防措施；生产组织和劳动定员；各项技术经济指标；建设顺序和期限；总概算等。其设计深度应满足开发设计方案的比选和确定、主要设备材料订货、土地征用、基建投资的控制、施工图设计的编制、施工组织设计的编制、施工准备的生产准备等工作的要求。

三、初步设计审查

为了保证初步设计符合国家和当地有关技术标准、规范、规程及法规规定，总体布局符合城市整体规范要求，概算完整准确，初步设计文件必须进行审批。根据国家有关部门规定，工程建设项目的初步设计必须经国家有关部门和地方建设主管部门审批。初步设计批准后，项目方可列入年度计划。初步设计审查范围：新建、改建、扩建的工程建设项目。技术要求相对简单的民用建筑工程，经有关主管部门同意，且合同中没有做初步设计的约定，可在方案设计审批后直接进入施工图设计。

四、工程建设项目初步设计的审批机关

工程建设项目的设计审批，实行分级管理、分级审批的原则。市区建委和行业主管委办局是初步设计的审批机关。工程项目初步设计必须实行审批制度，审批的权限划分如下：由国家发改委批准立项的大中型建设项目，其初步设计由市建委和市发改委联合组织审查后报国家发改委审批。由国家有关部、委、办或外省市批准在沪建设投资的项目，由国家有关部、委、办或外省市会同当地建委、发改委审批。下列建设项目，其初步设计由当地建委组织有关部门审批：由当地财政性资金（预算内资金、由政府担保的国外政府贷款、城建资金等）投资的市政公用基础设施项目及其他项目（会同当地发改委审批）。由当地有关委、办批准立项的工业、民用及其他建设项目。上级机关制定或有关单位委托当地建委审批的项目。由行业主管部门批准立项的建设项目，其初步设计由当地行业主管部门组织审批，报建委、发改委、经委备案。由区、县批准立项的建设项目，其初步设计由区县建委（建设局）会同区（县）发改委审批，并报区县建委及有关委办备案。

五、送审条件

建设单位送审初步设计时，必须提交的文件资料：工程建设项目可行性研究报告的批注文件。规划部门签发的规划设计要求及设计方案审核意见。有设计资质的单位提供的全套初步设计文件。若为多家设计单位联合设计，应有由总设计单位负责汇总的资料。若为境外设计，须提交国内设计顾问单位的咨询意见。初步设计文件必须加盖统一颁发的出图

专用章。批租地块的使用有偿出让合同。相关土地批准文件。

六、审查内容

（一）初步设计应包含以下文件：设计说明书，包括设计总说明、各专业设计说明；有关专业的设计图纸；主要设备或材料表；工程概算书；有关专业计算书（计算书不属于必须交付的设计文件，但应按本规定相关条款的要求编制）。审批机关应当对初步设计是否符合国家及当地有关技术标准、规范、规程及综合管理部门的法规，总体布局是否合理，概算是否完整准确等设计内容负审查责任。

（二）总体审查内容：设计是否符合国家及当地有关技术标准、规范、规程、规定及综合管理部门的管理法规；设计主要指标是否符合被批准的可行性研究报告或土地批租合同的内容要求；总体布局是否合理及符合各项要求；工艺设计是否成熟、可靠，选用设备是否先进、合理；采用的新技术是否适用、可靠、先进；建筑设计是否适用、安全、美观，是否符合城市规划和功能使用要求；结构设计是否符合抗震要求，选型是否合理，基础处理是否安全、可靠、经济、合理；市政、公用设施配套是否落实；设计概算是否完整准确；各专业审查部门意见是否合理，相互之间是否协调。

（三）专业部门具体审查内容

1. 规划：对建筑物性质、用地范围、各类规划指标予以核定，如容积率、覆盖率、绿地率、道路率、建筑总高度、日照标准、高压走廊、出入口位置、停车泊位数等，以及对总平面布局、周围环境、空间处理、交通组织、环境保护、文物保护、分期建设等方面的特殊要求；并对各方建筑退界要求予以认可。对特殊环境，如重要地段、邻近保护建筑、航空港等，提出环境设计、群体城市设计、立面要求、高度控制等是否符合规划部门的要求。

2. 消防：对防火间距、耐火等级、配套工程（变电、锅炉、调压站）的防火措施予以核定。对消防道路是否环通、转弯半径、登高扑救面及场地是否能满足要求，消防水源落实方式（设消防水池还是两路市政管网供水）、建筑单体中防火分区、消防前室、消防中心位置、楼梯设置、防排烟措施、走廊环通、地下车库的单双通道、出口、消防设备、系统的选用，以及对特种场所的消防要求进行审查。

3. 交通：核定停车数量，对出入口的位置、路网结构、基地交通组织、消防车道及高层建筑消防扑救场地的布置、地面地下停车场安排或对特殊停车形式以及道路主要的设计技术条件（如主干道和次干道的路面宽度、路面类型、最大及最小纵坡等）进行审查。

4. 环保：根据所在地区的环境和总体环境功能、环境目标，核实项目的三废排放标准，对相应的三废治理的措施、排污能力及处理方案等进行审查。

5. 环卫垃圾清运方式，垃圾间大小、位置、高度及道路是否满足环卫车辆进出等进行审查。

6. 劳动保护：对锅炉压力容器的设置、特种设备及非标设备的安全性能、操作岗位的劳动职业保护、高层建筑的外墙清洗设施等进行审查。

7. 卫生防疫：对建筑物的日照、通风采光、餐饮工艺路线设计、污水消毒处理及职业卫生防治措施等进行审查。

8. 民防：按地区要求确定本工程是否要建民防工程以及民防建筑面积、抗力等级、平战结合的用途、连通口位置、民防工程设计技术是否符合要求等进行审查。供电对供电电源及电压等级及设计位置、性质、进线方式（架空、电缆）、总表设置、供电量，电能计量装置，电源容量及回路数，近远期发展情况，备用电源和应急电源容量及性能，变、配、发电站数量、容量和位置，自备应急电源的型式、电压等级、容量电能计量装置等进行审查。

9. 煤气：对煤气用气方式及性质、用气量、管网的走向、煤气调压站设置与否及调压形式的确定以及供气表房位置、煤气使用点安全措施等进行审查。

10. 上水：对供水来源、供水能力、水压、水管方位、管径及根数、可否形成环网、单体供水系统是否可行及用水量等方面进行审查；当建自备水源时，应对水源的水质、水温、水文地质及取水方式及净化处理工艺等方面进行审查。

11. 排水：对污水排放接管标准基础路进行审查。

12. 电话、电信：对电话总量、通讯要求、机房大小、电信进线方式及位置、附件的地区站能否满足项目要求及电讯体系是否符合规范和要求等方面进行审查。

13. 安保：涉外项目安保监视、防范、报警设计是否符合要求等进行审查。

14. 抗震：抗震烈度、结构体系及构造措施、自震周期、结构顶点位移及层间位移计算是否满足抗震规程要求进行审查。对超限高层建筑应由设计单位予以判定，在初步设计阶段由初步设计主审部门征询当地工程抗震办公室意见，工程抗震办公室负责超限高层建筑初步设计抗震设防专项审查。

15. 节能：设计单位应当依据国家和当地现行的建筑节能设计标准、规范及相关规定，编制民用建筑工程项目的初步设计方案建筑节能篇章。市或者区建设行政管理部门在初步设计方案审查时，应当按照《建设项目初步设计方案建筑节能审查要点》加强对建筑节能篇章的审查，对不符合建筑节能标准和规范的，不予审查通过。

16. 无障碍设施：新建、改建、扩建建设项目的建设单位应当按照规定的标准和要求配套建设无障碍设施，并须与建设工程同步设计、同步施工、同步交付使用。初步设计审查过程中有关管理部门对是否配套设计无障碍设施，是否执行设计规范和建设标准，以及是否在工程概算中包括无障碍设施费用等进行审查。

七、上海市建设工程初步设计审批

满足以下任何一项的建设项目：审批制建设项目；涉及全市综合平衡及政府定价的农业、能源、交通运输、轻工烟草、高新技术、城建、社会事业等领域核准建设项目；市政公用工程；政府有特殊要求的重大建设工程。

（一）办理依据

1. 《国务院关于投资体制改革的决定》（国发〔2004〕20号）。

2. 上海市人民政府印发《关于本市进一步深化投资体制改革的实施意见》的通知（沪府发〔2014〕15号）。

（二）办理机构

初步设计由上海市住房和城乡建设管理委员会会同上海市发展和改革委员会审批，投资概算由市发展改革委负责核定，委托初步设计审批部门在审批初步设计时一并受理和批复。

（三）审批对象

取得初步设计批准文件后，建设单位方可向建设管理部门办理施工招投标、施工图审查等报建手续。上海市住房和城乡建设管理委员会负责下列项目的初步设计审批。

国家和市级立项的新建、改建和扩建工程。文物工程、优秀历史建筑工程、保密工程。按照国家规定工程安全质量需要重点监管的区立项项目：超高（高度超过100米）超限、超深（深度为地下3层及以上）和单跨跨度超过60米的建设项目。单体建筑面积超过50000平方米（含地下室及地上最大一栋体量建筑面积）的建设项目。结合市政交通设施综合开发的建设项目。上述项目以外的建设项目由各区和特定地区管委会按照职责分工负责管理，并将初步设计审批季度和年度报表上报市建设管理委。

（四）审批条件

1. 建设单位向审查部门提交初步设计审批申请，并附送有关资料：前期审批文件和相关部门本阶段需要审查的材料。项目初步设计文件（含概算）。按规定由具备相应资质的咨询机构完成的专项审查、专项技术评审等评估、咨询报告。

2. 准予批准的条件：初步设计符合工程建设强制性标准；初步设计满足地基基础和主体结构的安全性；初步设计符合规划、消防、交通、卫生、绿化、气象以及节能、抗震等规范标准和管理规定；初步设计符合政府部门提出的技术参数、控制标准和管理要求；初步设计方案及概算具有的合理、经济性。法律、法规和规章规定必须审查的其他内容。

（五）申请材料

建设单位完成工程初步设计文件后，即可向建设主管部门申请初步设计文件审查，并提交以下资料：

1. 项目初步设计报批申请：申请应说明前期手续的办理情况、项目概况（工程地点、内容、规模、建设标准、总投资、建安费等）、建设单位、设计单位、项目所处阶段、需要特别说明的问题，并列出送审文件目录清单。

2. 项目可行性研究批复或备案、核准文件：批准文件应合法、有效；单位公章应和批准文件名称相同。

3. 规划设计方案的批准文件：包括所附规划总图、日照分析报告。

4. 项目方案阶段相关部门意见：包括消防、环评批复、卫生、劳动、交警等。

5. 土地批准文件。

6. 初步设计文本（含概算）：包括项目总概算，出图章，注册建筑师、结构工程师章。

7. 基坑安全评估报告：基坑深度超过3米应当提供基坑设计评估报告的审查意见。

8. 抗震超限报告市政类抗震专项论证或多层建筑的抗震专项论证：含超限高层建筑的项目，或属于需进行抗震专项论证的市政项目或需进行抗震专项论证的多层建筑，应当提供。

9. 玻璃幕墙安全技术报告：含玻璃幕墙的项目，应当提供。

10. 各专业技术评审（含概算）及对专家意见的回复：评估目录咨询单位进行评审。

11. 交通影响分析评估报告按相应规定要求，需交通影响评价的请提供。

12. 地下公共工程防汛影响专项论证。按规定要求，需进行防汛影响论证的项目请提供。

13. 法律法规规定应提交的其他相关文件。注：上述按照国家或本市规定进行专项审查和技术评审的建设项目，应当具有由相应资质的咨询机构完成咨询、评估报告。

（六）审查受理

1. 项目符合受理范围要求且通过发展改革部门可研报告审批和规划国土资源部门设

计方案审批，建设单位向初步设计行政审批窗口提交初步设计审批申请并附送相关资料。

2. 建设单位将相关管理部门征询所需审查材料分袋包装，市住房城乡建设管理委收件窗口一门式受理建设单位的送审资料。窗口收件人员对资料进行收件审核，符合条件的项目进行收件，并向建设单位出具收件通知单。

3. 市住房城乡建设管理委收件后，受理人员在 1 个工作日内向相关部门发出受理联系单及相关资料，相关部门在 3 个工作日出具同意受理、不予受理或补正材料意见。对需要补正材料的，市住房城乡建设管理委在 1 个工作日内向建设单位出具补正通知单。建设单位补正材料的时间，不计入受理期限。以上工作完成后，市住房城乡建设管理委在 1 个工作日内向建设单位出具受理通知单或不予受理通知单，并将建设单位提交的报批初步设计申请送市住房城乡建设管理委办公室进行收文程序。

（七）过程查询

1. 征询。建设管理部门对符合受理条件的项目出具项目征询单，组织建设、规土、卫生、交通、交警、消防、抗震、水务、民防、绿化市容、气象等相关管理部门以及供水、排水、供电、燃气、通信等配套部门对初步设计文件开展征询工作，提出征询意见。同时委托符合资质条件的专业咨询机构对初步设计和概算进行评审，专业咨询机构应在规定时间内出具初步设计评审报告，设计单位应对专家意见回复响应。各专项评审时间不计入审批期限。

2. 审查。市住房城乡建设管理委根据相关管理部门征询单意见和专业评审报告进行初步设计批复拟稿；市发展改革委同时进行概算核定工作。

3. 审核。初步设计批复报送委领导审核。

4. 决定。初步设计批复稿完成审核工作后，进行初步设计的文印、用印工作。

5. 自出具《上海市建设工程初步设计审查受理通知书》之日起，市建设管理委应在 20 个工作日，完成初步设计文件审查。

（八）结果反馈

初步设计批复文印结束后，网上上传，送达建设单位，同时在 1 个工作日内信件形式送达窗口，通过网上告知建设单位结果并通知建设单位窗口领取批复文件。以上环节建设单位可从网上查询：已受理、正在办理、已办结、批复文件。

八、建设工程设计、施工及竣工图纸数字化和白图交付

随着互联网和信息技术的发展，目前传统蓝图提交方式，已不能适应建筑业信息化的要求，为提高建设工程信息化水平和设计质量，根据住房和城乡建设部《关于推进建筑业发展和改革的若干意见》，上海市在房屋建筑和市政基础设施工程的规划、设计、施工和验收中，推行工程设计和竣工图纸数字化和白图交付。

（一）交付形式

1. 工程设计和竣工图纸数字化交付是指由 CAD 等软件制作，包含单位和个人数字签名的电子设计和竣工图纸文件（以下简称电子图纸）。电子图纸应当包含图纸、说明和计算书等文件，交付格式为 PDF 格式（符合 ISO 32000-1：2008 标准）。

2. 工程设计和竣工图纸白图交付是指电子图纸的纸质打印件（以下简称白图）。

3. 数字化设计图纸白图和数字化交付是指分别采用以上两种方式交付的设计成果。

4. 数字签名是指单位和个人使用上海市数字认证中心颁发企业和个人数字证书，对电子图纸进行数字签名。数字证书取得和使用按照数字证书有关规定和说明执行。

（二）交付要求

电子图纸和白图应当符合国家设计制图规范，具有设计单位和项目负责人数字签名。工程设计图纸采用电子图纸审查审批的，审查审批通过的电子图纸应当具有审查审批机构或机关的数字签名。采用白图审查审批的，应当盖审查审批机构或机关的印章。电子图纸报审、档案验收的要求和标准，按照相关规定和办事指南执行。规划方案、初步设计（总体设计）和施工图设计变更的，需要审查审批的，设计单位和项目负责人应该重新数字签名并报审；审查审批通过后的电子图纸，审查审批机构或机关应当重新进行数字签名；采用白图审查审批的，应当盖审查审批机构或机关的印章。无需审查审批的，设计图纸变更后，设计单位和项目负责人应当重新进行数字签名。交付城建档案馆归档的白图，纸张和油墨耐久性应当符合归档要求。鼓励建设、设计、施工等企业和相关管理部门，采用数字化交付和接收。

目前，上海市房屋建筑和市政基础设施工程设计图纸已全部采用数字化和白图交付。建设单位应当在合同中约定采用数字化交付，提交规划方案、施工图审查、规划许可、档案验收的，建设单位应当采用白图和电子设计文件提交审查、审批或归档。

（三）实施要点

1. 合同约定条款：在设计合同中，建设单位和设计单位应当约定，提交符合规定的 PDF 格式的方案设计、初步设计（总体设计）、施工图设计、竣工图（竣工图由施工单位编制的，在施工合同中明确）等设计成果的电子图纸（含资料）文件；需要报审或归档的，应当符合要点报审或归档的目录和文件命名规则。纸质图纸（白图）可根据需要约定提供份数，纸质图纸图和电子图纸内容应当一致。

2. 设计方案和规划许可：申请单位在办理设计方案和规划许可审批时，应当提交电子图纸和白图，白图和电子图纸内容应当一致，不再提交蓝图审批。

3. 初步设计审批和施工图审查：申请单位在申请初步设计审批或施工图审查时，应当提交电子图纸和白图，白图和电子图纸内容应当一致，不再提交蓝图审批。施工图审查机构应当对审查通过的电子图纸进行数字签名。新建房屋建筑工程（含民用、工业）项目申请施工图审查采用数字化审查方式的，只需提交电子图纸。

4. 监督检查：在工程质量安全等日常监督检查中，被检查单位应当提供带有电子签名和符合要求的白图或电子图纸。质量安全监督机构不再要求被检查单位提供蓝图。

5. 竣工资料归档：建设单位办理工程竣工资料归档时，按要求提供竣工图和电子图纸；经审查合格的施工图；施工单位或设计单位制作的竣工图。竣工图应当按照要点由施工单位及项目负责人、监理单位（如有）及总监理工程师、设计单位及项目负责人进行数字签名。施工单位和监理单位对按图施工和深化设计质量负责，设计单位对施工图质量负责。施工图审图机构不对竣工图进行审查和数字签名。

6. 电子图纸命名规则和介质：房屋建筑工程提交审批审查或竣工归档的电子图纸文件目录和文件名按《房屋建筑工程电子图纸目录和文件命名规则》命名和文件结构要求存储，其他工程参照执行。文件使用 U 盘或光盘或网上提交。提交白图的内容和份数，按照相应事项的办事指南执行。提交城建档案馆归档的，应当增 EXCEL 等格式的电子图纸文件目录清单，按项目总目录、单体建筑目录和专业目录的顺序，形成目录名和文件名。建设单位提交城建档案馆竣工归档的白图，并同时应当提交纸张和墨迹耐久性检测报告。

（四）电子图纸格式

电子图纸应当包含图纸、说明和计算书等文件，交付格式为 PDF 格式，考虑目前计算机辅助设计等软件的实际，宜采用 ISO 32000-1：2008（PDF1.7）格式，在确保导出的 PDF 电子图纸无信息丢失、无内容不一致等情况下，可使用 PDF1.4 及以上版本格式的电子图纸。相关管理部门可根据审查审批需要，规定提供其他格式的电子图纸文件。建设单位可在合同中约定增加提供其他格式电子图纸文件

（五）数字证书和签名

1. 单位和个人用于数字签名的证书应当办理和使用上海市数字证书认证中心颁发的企业和个人的数字证书。数字证书应当在企业资质和个人注册有效情况下使用。

2. 设计企业及其项目负责人用于工程图纸数字签名的数字证书应当办理电子出图章和电子个人执业章，不实行注册执业人员负责的项目负责人办理个人手写签名电子章。

3. 施工企业和监理企业用于竣工图数字签名的数字证书无需办理电子竣工图章，其注册建造师（施工企业项目负责人）和总监理工程师应当办理带个人手写签名电子章的个人数字证书。施工企业和监理企业在竣工图上数字签名后，电子图纸生成带单位名称的竣工图专用图签，施工单位项目负责人和监理单位总监理工程师使用个人数字证书签名，在竣工图图签上生成个人签名。

4. 电子出图章和个人执业章根据企业资质和个人执业注册等信息，系统按《企业和个人电子印章样式》生成。统一刻制的企业出图章和个人注册执业章不变，用于外省市以及未实施数字化交付的环节和工程项目。

5. 企业和个人可使用免费的数字签名软件进行数字签名。签名软件分工程设计、施工图审查和竣工图三个版本，分别用于工程设计、施工图审查、竣工图数字签名。设计企业、审图机构、施工企业和监理企业分别下载相应软件进行签名。企业使用签名软件前，应当正确设置电子印章（印签）位置，图纸上其他图签由企业按相关规定确定和签署。

九、工程项目施工图审查备案

为了加强对房屋建筑工程、市政基础设施工程施工图设计文件审查的管理，提高工程勘察设计质量，根据《建设工程质量管理条例》、《建设工程勘察设计管理条例》等行政法规，住建部制定了《房屋建筑和市政基础设施工程施工图设计文件审查办法》，国家实施施工图设计文件（含勘察文件，以下简称施工图）审查制度。施工图设计文件审查是指国务院建设行政主管部门和省、自治区、直辖市人民政府建设行政主管部门依法认定的设计审查机构，根据国家的法律、法规、技术标准与规范，对施工图设计文件进行结构安全和强制性标准、规范执行情况等进行的独立审查。建设单位应当将施工图设计文件报县级以上的政府建设行政部门或者交通、水利等有关部门审查备案。建设行政部门应对施工图设计文件中涉及公共利益、公共安全、工程建设强制性标准的内容进行审查；施工图设计文件未经审查和批准的，不得使用。

（一）施工图审查，是指施工图审查机构（以下简称审查机构）按照有关法律、法规，对施工图涉及公共利益、公众安全和工程建设强制性标准的内容进行的审查。施工图审查应当坚持先勘察、后设计的原则。施工图未经审查合格的，不得使用。建设单位应当将施工图送审查机构审查，但审查机构不得与所审查项目的建设单位、勘察设计企业有隶属关系或者其他利害关系。建设单位不得明示或者暗示审查机构违反法律法规和工程建设强制

性标准进行施工图审查，不得压缩合理审查周期、压低合理审查费用。建设单位应当向审查机构提供下列资料并对所提供资料的真实性负责：作为勘察、设计依据的政府有关部门的批准文件及附件；全套施工图；其他应当提交的材料。

（二）审查机构应当对施工图审查内容：是否符合工程建设强制性标准；地基基础和主体结构的安全性；是否符合民用建筑节能强制性标准，对执行绿色建筑标准的项目，还应当审查是否符合绿色建筑标准；勘察设计企业和注册执业人员以及相关人员是否按规定在施工图上加盖相应的图章和签字；法律、法规、规章规定必须审查的其他内容。施工图设计文件中涉及安全、公共利益和强制性标准、规范的内容外，其他有关设计的经济、技术合理性和设计优化等方面的问题，可以由建设单位通过方案竞选或设计咨询的途径解决。

（三）施工图审查原则上不超过下列时限：大型房屋建筑工程、市政基础设施工程为15个工作日，中型及以下房屋建筑工程、市政基础设施工程为10个工作日。工程勘察文件，甲级项目为7个工作日，乙级及以下项目为5个工作日。以上时限不包括施工图修改时间和审查机构的复审时间。

（四）审查机构对施工图进行审查后，应当根据下列情况分别作出处理：

1. 审查合格的，审查机构应当向建设单位出具审查合格书，并在全套施工图上加盖审查专用章。审查合格书应当有各专业的审查人员签字，经法定代表人签发，并加盖审查机构公章。审查机构应当在出具审查合格书后5个工作日内，将审查情况报工程所在地县级以上地方人民政府住房城乡建设主管部门备案。

2. 审查不合格的，审查机构应当将施工图退建设单位并出具审查意见告知书，说明不合格原因。同时，应当将审查意见告知书及审查中发现的建设单位、勘察设计企业和注册执业人员违反法律、法规和工程建设强制性标准的问题，报工程所在地县级以上地方人民政府住房城乡建设主管部门。

施工图退建设单位后，建设单位应当要求原勘察设计企业进行修改，并将修改后的施工图送原审查机构复审。任何单位或者个人不得擅自修改审查合格的施工图；确需修改的，凡涉及规定内容的，建设单位应当将修改后的施工图送原审查机构审查。勘察设计企业应当依法进行建设工程勘察、设计，严格执行工程建设强制性标准，并对建设工程勘察、设计的质量负责。审查机构对施工图审查工作负责，承担审查责任。按规定应当进行审查的施工图，未经审查合格的，住房城乡建设主管部门不得颁发施工许可证。

（五）绿色建筑施工图审查

各省、自治区、直辖市可根据实际情况，编制绿色建筑施工图审查要点，对辖区内审查机构的相关审查人员进行绿色建筑审查培训。执行绿色建筑设计标准的项目，建设单位送审时应当书面告知项目所执行的绿色建筑设计相关标准的等级。审查机构应当审查项目是否落实绿色建筑设计相关标准，并在审查合格书中注明。

（六）审查合格书和备案

审查机构应当在收到审查材料后完成审查工作，并提出审查报告；特级和一级项目以及重大及技术复杂项目的审查时间可根据国家或当地规定适当延长。施工图设计文件审查流程见下图24-5。审查合格的项目，由施工图审查机构向建设单位提交项目施工图审查报告，并将经审查机构盖章的全套施工图交还建设单位。审查合格书应当有各专业的审查人员签字，经法定代表人签发，并加盖审查机构公章，包括建设工程项目概况、勘察设计企业概况、施建设单位持手续：立项批文、工程规划许可证、设计单位资质证、建设单位签订的设计合同、区外设计单位办理入区手续、施工图四套及各专业计算书和节能报告

建设单位：补充资料更新重新报审

审查机构：登记、签订审查合同，接收审查资料，收取审查费用

通过

审查机构：核实建设工程基本情况，并进行政策性审查

通过

审查机构：由结构专业审查人员、建筑专业审查人员和设备专业审查人员等技术审查人员对施工图设计文件进行全面设计技术审查并出具各专业审查意见书。审查工作一般不超过7个工作日，复杂工程不得超过15个工作日

审查机构：由技术负责人对各专业出具的审查意见书进行审核，审核后的审查意见书由审查人员输入计算机供网上查阅，打印后通知建设单位

未通过

建设单位：取审意见书后送设计单位进行整改，设计单位按审查意见书的内容整改后，回复审查意见反馈单，并由建设单位报送审查机构。整改3～5个工作日内完成

通过

审查机构：对整改后回复的反馈意见进行审核。复审在3个工作日内完成

通过　　　　未通过

审查机构：撰写审查报告，填写审查合格
…………………………………………
…………………………………………
…………………………………………

建设单位：取审查意见后再次送设计单位继续进行整改，直到整改合格

审查机构：审查合格后的施工图设计文件一套，及其他相关资料、文件归档。其余三套审查合格的施工图（建设单位、监理单位、施工单位各一套）返回建设单位，并给建设单位出具审查报告和审查合格书

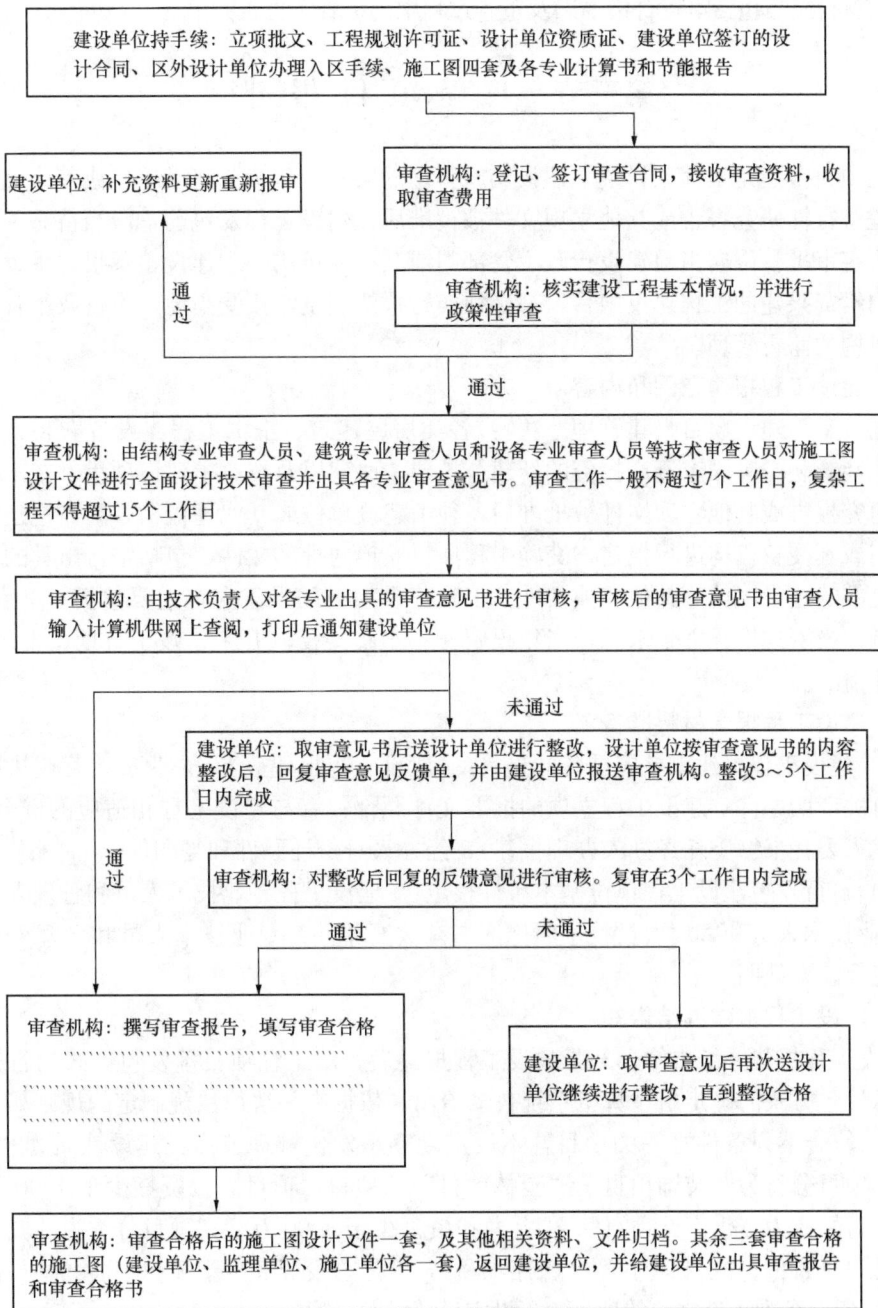

图 24-5　施工图设计文件审查流程

工图审查情况等。施工图一经审查批准，不得擅自进行原则性修改。如遇特殊情况，需要进行修改且涉及审查时，须重新审查。审查主要内容修改时，必须重新送回原施工图审查机构，由原施工图审查机构审查合格向有关行政主管部门备案后方可实施。审查合格书是证明施工图审查合格的法定文书，是建设单位申请领取施工许可证的必备条件。出具审查合格书后，审查机构向项目所在地县级以上地方人民政府住房城乡建设主管部门的备案为告知性备

案，备案材料应当包括审查合格书以及审查过程中的审查意见告知书。

第三节　工程项目报建

工程项目报建是工程项目纳入建设实施管理的第一个环节。建设单位或其代理机构在建设工程可行性研究报告或其他立项文件被批准后，建设工程发包前，应当持有关批准文件，按规定审批权限向当地建设行政主管部门或其授权机构办理建设工程报建手续。凡在我国境内投资兴建的工程建设项目，都必须实行报建制度，接受当地建设行政主管部门或其授权机构的监督管理。

一、建设工程报建范围和内容

根据《工程建设项目报建管理办法》：各类房屋建筑、土木工程、设备安装、管道线路敷设、装饰装修等固定资产投资的新建、扩建、改建以及技改等建设项目，在工程项目可行性研究报告或其他立项文件被批准后，须由建设单位或其代理机构，向当地建设行政主管部门或其授权机构进行报建，交验工程项目立项的批准文件，包括银行出具的资信证明以及批准的建设用地等其他有关文件。工程建设项目的报建内容主要包括：工程名称；建设地点；投资规模；资金来源；当年投资额；工程规模；开工、竣工日期；发包方式；工程筹建情况。

二、建设工程报建材料准备

（一）建设工程报建审核应准备的材料：《建设工程报建表》；企业法人营业执照（副本）及有关证明原件；建设工程立项的批准文件原件；有与建设工程相适应的资金证明；法定代表人委托书（委托经办人办理报建）、经办人身份证原件和复印件。

（二）自行发包建设工程单位基本条件核定：《建设工程专业技术人员和管理人员备案表》；专业技术人员和管理人员技术职称证书有效复印件；专业技术人员和管理人员公积金、养老保险金证明。

三、建设工程报建办结告知

《建设工程报建办结告知单》是建设工程报建后，对工程项目承发包方式的告知。工程项目承发包方式的确定由计算机系统自动给出。依据有关法律法规制定的规则如下：

（一）符合下列条件之一的项目，不设定勘察承发包管理节点：建设性质为"改建"的项目；项目分类为"装饰项目"、"园林项目"的项目；项目总投资额少于 1000 万元的项目；项目性质为"生产性项目"，但是总投资额少于 3000 万元；项目分类为"城市设施（市政设施）项目"、"水利项目"、"公路项目"，但是总投资额少于 3000 万元的项目；

（二）符合下列条件之一的项目，不设定设计承发包管理节点：项目总投资额 1000 万元的项目；项目性质为"生产性项目"，但是总投资额少于 3000 万元；项目分类为"城市设施（市政设施）项目"、"水利项目"、"公路项目"，但是总投资额少于 3000 万元的项目。

（三）项目总投资额少于 100 万元的项目，不设定施工承发包管理节点。

（四）符合下列条件之一的项目，不设定施工监理承发包管理节点：项目总投资额少于 3000 万元的项目；建设单位性质为"私（民）营企业"、"私（民）营资产控股企业"、"外商独资企业"、"外商资产控股企业"，且"项目分类"不符合能源项目、交通运输项目、邮电通信项目、水利项目、城市设施（市政设施）项目、生态环境保护项目、公共事业项目、商品住宅项目的项目。

符合承发包管理条件的项目，按照《招标投标法》的规定，分别确认是否公开招标、邀请招标、直接发包。项目立项批准文件有规定招标方式的从其规定。

四、上海市建设工程报建的许可

（一）受理依据：

1. 《上海市建筑市场管理条例》（上海市人民代表大会常务委员会公告第 16 号）。

2. 《上海市建设工程报建管理办法》（沪建交〔2011〕1034 号）。

3. 《上海市建设工程承发包管理办法》（上海市人民政府 37 号令）。

4. 《关于印发〈上海市建设工程承发包管理办法若干问题的解释〉的通知》（沪建建〔2004〕564 号）。

5. 《文物保护工程管理办法》（文化部令第 26 号）。

6. 《上海市文物保护条例》（上海市人民代表大会常务委员会公告第 12 号）。

7. 《上海市历史文化风貌区和优秀历史建筑保护条例》2010 年修正本（上海市人民代表大会常务委员会公告第 24 号）。

8. 相关的法律、行政法规及规范性文件。

（二）受理范围：在本市行政区域内总投资额 100 万元及其以上的建设工程，包括：新建、扩建、改建工程；装修或修缮工程；城市基础设施维修工程。

（三）办理机构：上海市城乡建设和管理委员会行政服务中心负责国家和本市立项或批准的建设工程，文物或优秀历史建筑工程、保密工程、跨区域工程的报建。区建设行政管理部门按照其职责权限，负责所属区立项或批准的建设工程，以及市或区立项或批准的所辖行政区域内装饰装修、房屋修缮工程的报建。市政府委托实施管理的管委会负责管理范围内的建设工程的报建。市绿化市容局负责行业范围内园林绿化项目的报建。

（四）需具备的条件：有建设工程立项的批准文件；有法人资格或者系依法成立的其他组织；有与建设工程相适应的资金或者资金来源。

（五）申请材料

1. 上海市建设工程报建表（附：《上海市建设工程报建表填表说明》）。

2. 企业法人营业执照（副本）及有关证明原件和复印件。

3. 建设单位组织机构代码证原件和复印件。

4. 建设工程立项的批准文件原件和复印件。

5. 建设单位设立工程建设账户证明原件和复印件。

6. 法定代表人委托书（委托经办人办理报建手续）。

7. 经办人身份证原件和复印件。

8. 保密工程还需提供上海市国家保密局等相关部门的文件原件和复印件。

9. 文物或优秀历史建筑项目还需提供相应文物或房管部门同意的相关文件。

10. 房屋装修或修缮项目提供《上海市房地产权证》或《不动产权证书》原件和复印件。

11. 依法必须进行招标发包的项目，建设单位自行组织招标的，应具有编制招标文件和组织评标的能力，具有与招标项目规模和复杂程度相适应的工程技术、概预算、财务和工程管理等方面专业技术力量。

（六）办理程序

建设单位使用上海市法人一证通数字证书，登陆上海市住房和城乡建设管理委员会→网上政务大厅建设管理→建设管理类项目→行政审批对建设工程项目报建的许可→网上申请，网上填报相关信息，上传相关文件扫描件，打印《上海市建设工程报建表》一式二份，加盖公章，法定代表人签章后，携带申请材料到相关部门办理。

第四节　工程项目招标与报监

为了规范工程项目建设招标投标活动，维护招标投标当事人的合法权益，依据《建筑法》、《招标投标法》等法律、行政法规对工程项目招投标进行管理。

《招标投标法》中规定："在中华人民共和国境内进行下列工程建设项目包括项目的勘察、设计、施工、监理以及与工程建设有关的重要设备、材料等的采购，必须进行招标：大型基础设施、公用事业等关系社会公共利益、公众安全的项目；全部或者部分使用国有资金投资或者国家融资的项目；使用国际组织或者外国政府贷款、援助资金的项目"，"任何单位和个人不得将依法必须进行招标的项目化整为零或者以其他任何方式规避招标。"《建筑法》要求："建筑工程依法实行招标发包，对不适于招标发包的可以直接发包"。工程招标管理工作流程如图 24-6。

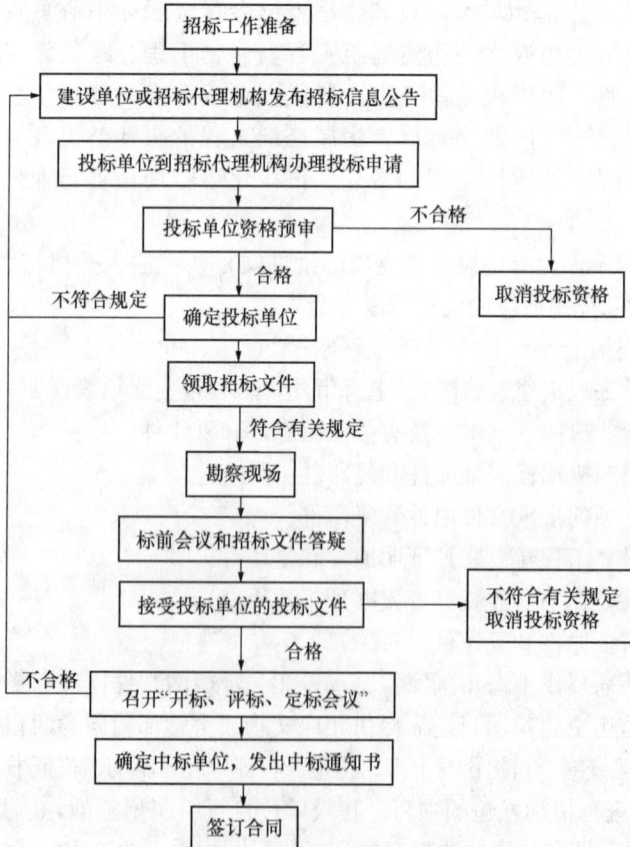

图 24-6　工程招标管理工作流程

一、工程项目勘察招标备案

需具备的招标条件：建设工程已报建；用地范围已经土地、规划管理部门核准；具备场地地形地貌图及相关地下管线、地下建（构）筑物分布图等资料。上海市建设工程勘察招标投标情况备案如下：

（一）法律依据

1.《招标投标法》。

2.《建筑法》。

3.《招标投标法实施条例》（国务院 613 号令）。

4.《上海市建筑市场管理条例》（市人大第 16 号公告）。

5.《评标专家和评标方法暂行规定》（7 部委 12 号令）。

6.《工程建设项目招标投标活动投诉处理办法》（7 部委局 11 号令）。

7.《工程建设项目勘察设计招标投标办法》（八部委局 2 号令）。

8.《上海市建设工程招标投标管理办法》（市政府 50 号令）。

9.《上海市建设工程招标投标管理办法实施细则》（沪建建管〔2017〕316 号）。

（二）备案内容

建设单位（招标人）或受其委托的招标代理单位，对本市建设工程勘察招标文件（补充招标文件）、招标投标情况书面报告备案。

1. 办理条件：已完成项目报建，并且报建告知单中发包方式为勘察公开招标或者邀请招标的；招标代理合同已完成信息报送（具备规定条件自行招标的，无此项内容）；所必需的勘察设计基础资料已经收集完成。

2. 网上自行报送材料：《选址意见书》或《国有建设用地使用出让合同》或《建设工程规划设计要求》；用地红线图或地形图；招标标段划分说明；其他需要上传的材料。

3. 办理要求：材料齐全，符合要求，网上自行报送，以 PDF 格式完成上传。政府投资的建设工程的招标人编制招标文件，应当使用国家的标准文本或者本市的示范文本。招标文件要素（如评标办法等）完备后，方可上传招标文件并发布招标公告，招标文件一般包括：投标人须知；投标文件格式及主要合同条款；项目说明书，包括资金来源情况；勘察范围，对勘察进度、阶段和深度要求；勘察基础资料；勘察费用支付方式，对未中标人是否给予补偿及补偿标准；投标报价要求；对投标人资格审查的标准；评标委员会人数及专业组成；评标标准和方法及投标有效期。

4. 招标公告或者投标邀请书应当至少载明下列内容：招标人的名称和地址；招标项目的性质、数量、实施地点和时间；投标截止时间；获取招标文件的时间、地址、联系人、联系电话；投标人资格条件；投标人筛选条件（如采用）。

5. 评标标准和办法应当明确以下内容：勘察评标一般采取综合评估法。评标委员会应当按照招标文件确定的评标标准和方法，结合招标文件，对投标人的业绩、信誉和勘察人员的能力以及勘察方案的优劣进行综合评定。评标委员会可以要求投标人对其技术文件进行必要的说明或介绍，但不得带有暗示性或诱导性的问题，也不得明确指出其投标文件中的遗漏和错误。

（三）招标投标情况书面报告备案

1. 办理条件：在上海市住房和城乡建设管理委员会网中标候选人公示、中标结果公告已完成，时间分别为 3 日；已确定中标人；不存在暂停招标投标活动的其他情况。

2. 提交备案材料：招标投标情况书面报告原件；《上海市建设工程勘察中标（交易成交）通知书》第 3 联原件；招标文件（补充招标文件）原件；中标单位的投标文件原件。

3. 备案要求：材料齐全，符合备案要求；招标投标情况书面报告，应包括内容：随机抽取的专家名单表或直接确定的专家名单表；招标人代表授权委托书、身份证复印件及职称证书复印件；评标报告；评标打分汇总表；专家个人选票或打分表及评审意见；勘察投标文件分析汇总表；投标人法人授权委托书、身份证复印件及本单位人员查询结果页面；中标人资质证书复印件；中标人项目负责人注册证书复印件；中标候选人公示、中标结果公告材料。

依法应当进行招标的工程，招标人应当自确定中标人之日起 15 日内，向市招标投标办、各区建设行政管理部门及市政府委托实施管理的管委会或市住建委派出机构提交招标投标情况的书面报告；进场交易的建设工程，在招标投标情况书面报告备案过程中如发现违法情况，建设行政管理部门可依法作出处理决定。

二、工程项目设计招标备案

建筑工程的设计，采用特定专利技术、专有技术，或者建筑艺术造型有特殊要求的，经有关部门批准，可以直接发包。工程设计招标通常只对设计方案进行招标，并把设计阶段划分为方案设计阶段、初步设计阶段和施工图设计阶段。需具备的招标条件：建设工程已报建；用地范围已经土地、规划管理部门核准；具备场地地形地貌图及相关地下管线、地下建（构）筑物分布图等资料。上海市建设工程设计招标投标情况备案如下：

（一）法律依据

1.《招标投标法》。

2.《建筑法》。

3.《招标投标法实施条例》（国务院 613 号令）。

4.《上海市建筑市场管理条例》（市人大第 73 号公告）。

5.《评标专家和评标方法暂行规定》（7 部委 12 号令）。

6.《工程建设项目招标投标活动投诉处理办法》（7 部委局 11 号令）。

7.《工程建设项目勘察设计招标投标办法》（八部委局 2 号令）。

8.《建筑工程设计招标投标管理办法》（住建部 33 号令）。

9.《上海市建设工程招标投标管理办法》（市政府 50 号令）。

10.《上海市建设工程招标投标管理办法实施细则》（沪建建管〔2017〕316 号）。

（二）备案内容

建设单位（招标人）对本市建设工程设计招标文件（补充招标文件）、招标投标情况书面报告备案。

1. 办理条件：已完成项目报建，并且报建告知单中发包方式为设计公开招标或者邀请招标的；或者在报建前提前启动设计招标，招标人自行承担招标失败的风险承诺。招标代理合同已完成信息报送（具备规定条件自行招标的，无此项内容）。所必需的勘察设计基础资料已经收集完成。

2. 网上自行报送材料：《选址意见书》或《国有建设用地使用权出让合同》或《建设工程规划设计要求》（报建前提前启动设计招标无此项内容）；招投标风险承诺书（报建后

启动设计招标的无此项内容）；用地红线图或地形图；招标标段划分说明；其他需要上传的材料。

3. 办理要求：材料齐全，符合要求，网上自行报送，以 PDF 格式完成上传。政府投资的建设工程的招标人编制招标文件，应当使用国家的标准文本或者本市的示范文本。招标文件要素（如评标办法等）完备后，方可上传招标文件并发布招标公告，招标文件一般包括：投标人须知；投标文件格式及主要合同条款；项目说明书，包括资金来源情况；设计范围，对设计进度、阶段和深度要求；设计基础资料；设计费用支付方式，对未中标人是否给予补偿及补偿标准；投标报价要求；对投标人资格审查的标准；评标委员会人数及专业组成；评标标准和方法及投标有效期。

4. 招标公告或者投标邀请书应当至少载明下列内容：招标人的名称和地址；招标项目的性质、数量、实施地点和时间；投标截止时间；获取招标文件的时间、地址、联系人、联系电话；投标人资格条件；投标人筛选条件（如采用）。

5. 评标标准和办法应当明确以下内容：设计评标一般采取综合评估法。评标委员会应当按照招标文件确定的评标标准和方法，结合招标文件，对投标人的业绩、信誉和设计人员的能力以及设计方案的优劣进行综合评定。评标委员会可以要求投标人对其技术文件进行必要的说明或介绍，但不得带有暗示性或诱导性的问题，也不得明确指出其投标文件中的遗漏和错误。

（三）招标投标情况书面报告备案

1. 办理条件：在上海市住房和城乡建设管理委员会网中标候选人公示、中标结果公告已完成，时间分别为 3 日；已确定中标人；不存在暂停招标投标活动的其他情况。

2. 提交备案材料：招标投标情况书面报告原件；《上海市建设工程设计中标（交易成交）通知书》第 3 联原件；招标文件（补充招标文件）原件；中标单位的投标文件原件。

3. 备案要求：材料齐全，符合备案要求；招标投标情况书面报告，应包括内容：随机抽取的专家名单表或直接确定的专家名单表；招标人代表授权委托书、身份证复印件及职称证书复印件；评标报告；评标打分汇总表；专家个人打分表及评审意见；设计投标文件分析汇总表；投标人法人授权委托书、身份证复印件及本单位人员查询结果页面；中标人资质证书复印件；中标人项目负责人注册证书复印件；中标候选人公示、中标结果公告材料。

依法应当进行招标的工程，招标人应当自确定中标人之日起 15 日内，向市招标投标办、各区建设行政管理部门及市政府委托实施管理的管委会或市住建委派出机构提交招标投标情况的书面报告；进场交易的建设工程，在招标投标情况书面报告备案过程中如发现违法情况，建设行政管理部门可依法作出处理决定。

三、工程项目监理招标备案

需具备的招标条件：建设工程已报建；勘察、设计已发包；初步设计及概算已批准（如有）；具备施工监理（设备监理）招标所需的图纸和技术资料。上海市建设工程监理招标投标情况备案如下：

（一）法律依据

1.《招标投标法》。

2.《建筑法》。

3.《招标投标法实施条例》（国务院 613 号令）。

4.《上海市建筑市场管理条例》（市人大第 73 号公告）。

5.《评标专家和评标方法暂行规定》（7 部委 12 号令）。

6.《工程建设项目招标投标活动投诉处理办法》（7 部委局 11 号令）。

7.《上海市建设工程监理管理办法》（市政府 72 号令）。

8.《上海市建设工程招标投标管理办法》（市政府 50 号令）。

9.《上海市建设工程招标投标管理办法实施细则》（沪建建管〔2017〕316 号）。

（二）备案内容

建设单位（招标人）对本市建设工程监理招标文件（补充招标文件）、招标投标情况书面报告备案。

1. 办理条件：已完成项目报建，并且报建告知单中发包方式为监理公开招标或者邀请招标的；勘察、设计已发包且相应合同已完成信息报送（无需办理勘察、设计的，无此项内容）；政府投资的建设工程监理招标应当具备经批准的初步设计文件；招标代理合同已完成信息报送（具备规定条件自行招标的，无此项内容）。

2. 网上自行报送材料：工程项目初步设计批复（政府投资的建设工程）；招投标风险承诺书（其他工程）；监理招标标段划分说明；监理招标所需的总平面图及技术资料。

3. 办理要求：材料齐全，符合条件，网上自行报送，以 PDF 格式完成上传。政府投资的建设工程的招标人编制监理招标文件，应当使用国家的标准文本或者本市的示范文本。招标文件要素（如评标办法等）完备后，方可上传招标文件并发布招标公告，招标文件一般包括：招标公告或者投标邀请函；投标人须知；发包人要求；评标标准与办法；合同条款与格式；适用的法规与技术标准；技术图纸与资料；投标文件格式。

4. 招标公告或者投标邀请书应当至少载明下列内容：招标人的名称和地址；招标项目的性质、数量、实施地点和时间；投标截止时间；获取招标文件的时间、地址、联系人、联系电话；投标人资格条件；投标人筛选条件（如采用）。

5. 评标标准和办法应当明确以下内容：以工程概况、监理大纲、监理人员资格（数量）、设施配备、企业业绩、社会信誉、企业诚信和监理服务承诺等作为主要评标内容；政府投资的重大工程，应将总监理工程师答辩的情况作为主要评审内容之一；政府及国有投资的项目评标办法须应将监理企业信用评价作为评审内容。

（三）招标投标情况书面报告备案

1. 办理条件：在上海市住房和城乡建设管理委员会网中标候选人公示、中标结果公告已完成，时间分别为 3 日；已确定中标人；不存在暂停招标投标活动的其他情况。

2. 提交备案材料：招标投标情况书面报告原件；《上海市建设工程监理中标（交易成交）通知书》第 3 联原件；招标文件（补充招标文件）原件；中标单位的投标文件原件。

3. 备案要求：材料齐全，符合备案要求；招标投标情况书面报告，应包括以下内容：随机抽取的专家名单表或直接确定的专家名单表；招标人代表授权委托书、身份证复印件及职称证书复印件；评标报告；评标打分汇总表；专家个人打分表及评审意见；施工监理投标文件分析汇总表；投标人法人授权委托书、身份证复印件及本单位人员查询结果页面；中标人资质证书复印件；中标人总监理工程师注册证书复印件；中标候选人公示、中标结果公告材料。

依法应当进行招标的工程，招标人应当自确定中标人之日起 15 日内，向市招标投标办、各区建设行政管理部门及市政府委托实施管理的管委会或市住建委派出机构提交招标投标情况的书面报告；进场交易的建设工程，在招标投标情况书面报告备案过程中如发现违法情况，建设行政管理部门可依法作出处理决定。

四、工程项目施工招标

《工程建设项目施工招标投标办法》规定："工程建设项目符合《工程建设项目招标范围和规模标准规定》规定的范围和标准的，必须通过招标选择施工单位"。需具备的招标条件：建设工程已报建；勘察、设计已发包；初步设计及概算已批准（如有）；有施工招标所需的图纸和技术资料；有相应的资金或资金来源已落实。上海市建设工程施工招标投标情况备案如下：

（一）法律依据

1.《招标投标法》。

2.《建筑法》。

3.《招标投标法实施条例》（国务院 613 号令）。

4.《上海市建筑市场管理条例》（市人大第 73 号公告）。

5.《评标专家和评标方法暂行规定》（7 部委 12 号令）。

6.《工程建设项目施工招标投标办法》（7 部委局 30 号令）。

7.《工程建设项目招标投标活动投诉处理办法》（7 部委局 11 号令）。

8.《上海市建设工程招标投标管理办法》（市政府 50 号令）。

9.《上海市建设工程招标投标管理办法实施细则》（沪建建管〔2017〕316 号）。

10.《上海市房屋建筑和市政工程施工招标评标办法》（沪建管〔2015〕321 号）。

11.《关于进一步规范本市房屋建筑工程施工招标标段划分的通知》（沪建建管〔2016〕279 号）。

（二）备案内容

建设单位（招标人）对本市建设工程施工资格预审文件、招标文件（补充招标文件）、招标投标情况书面报告备案。

1. 办理条件：已完成项目报建，并且报建告知单中发包方式为施工公开招标或者邀请招标的；勘察、设计已发包且相应合同已完成信息报送（无需办理勘察、设计的，无此项内容）；政府投资的建设工程施工招标应当具备施工图设计文件，其他投资性质的应提交招投标风险承诺书；招标代理合同已完成信息报送（具备规定条件自行招标的，无此项内容）。

2. 网上自行报送材料：工程项目初步设计及概算批复（政府投资）；招投标风险承诺书（其他投资性质）；资金落实证明；施工招标标段划分说明；施工招标所需的总平面图及技术资料；政府投资的还应报送施工图。

3. 备案要求：材料齐全，符合条件，网上自行报送，以 PDF 格式完成上传。政府投资的建设工程的招标人编制资格预审文件和招标文件，应当使用国家的标准文本或者本市的示范文本。招标文件要素（如评标办法、工程量清单等）完备后，方可上传招标文件并发布招标公告，招标文件一般包括：招标公告或投标邀请书；投标人须知；合同主要条款；投标文件格式；采用工程量清单招标的，应当按计价规范提供工程量清单；技术条款；设计图纸；评标标准和方法；投标辅助材料。

4. 招标公告或者投标邀请书应当至少载明下列内容：招标人的名称和地址；招标项目的性质、数量、实施地点和时间；投标截止时间；获取招标文件的时间、地址、联系人、联系电话；投标人资格条件；投标人筛选条件（如采用）。

（三）招标投标情况书面报告备案

1. 办理条件：在上海市住房和城乡建设管理委员会网中标候选人公示，中标结果公告已完成，时间分别为3日；已确定中标人；不存在暂停招标投标活动的其他情况。

2. 提交备案材料：招标投标情况书面报告原件；《上海市建设工程施工中标（交易成交）通知书》第3联原件；资格预审文件（如采用资格预审）、招标文件（补充招标文件）、最高投标限价文件原件；中标单位的投标文件原件。

3. 备案要求：材料齐全，符合备案要求；招标投标情况书面报告，应包括以下内容：随机抽取的专家名单表或直接确定的专家名单表；招标人代表授权委托书、身份证复印件及职称证书复印件；评标报告；评标打分汇总表；专家个人打分表及评审意见；施工投标文件回标分析汇总表；投标人法人授权委托书、身份证复印件及本单位人员查询结果页面；中标人资质证书复印件；中标人项目负责人建造师注册证书复印件；中标候选人公示、中标结果公告材料。

依法应当进行招标的工程，招标人应当自确定中标人之日起15日内，向市招标投标办、各区建设行政管理部门及市政府委托实施管理的管委会或市住建委派出机构提交招标投标情况的书面报告；进场交易的建设工程，在招标投标情况书面报告备案过程中如发现违法情况，建设行政管理部门可依法作出处理决定。

五、工程项目材料设备招标

（一）重要材料、设备招标：依法必须进行招标的建设工程项目，其有关的重要材料设备的采购必须按品种分别进行招标。必须进行招标的重要材料包括建筑钢材、水泥、各类墙体材料、预拌混凝土及外加剂、建筑门窗（幕墙）、建筑防水材料、建筑给排水管材及用水器具、建筑涂料及胶粘剂、散热器、建筑陶瓷（卫生陶瓷、内外墙、地砖）、建筑石材。必须进行招标的重要设备包括电梯、配电设备（含电缆）、防火消防设备、锅炉暖通及空调设备、给排水设备、楼宇自动化设备。

（二）招标文件编制主要内容：材料设备招标人编制的招标文件，应包括工程名称、所需材料设备名称、品种、规格、标准、数量、质量、价款、支付方式、供应时间、地点、供应方式以及合同争议解决途径等相关内容。材料设备采购招标人根据工程进度，需要分期、分批进行材料设备采购招标，招标总量须与施工承包合同确定的材料设备总量相符。材料设备投标人不受地域或部门的限制，应具备国家和招标文件规定的资格条件和材料供应能力。

六、上海市建设工程合同信息报送

（一）受理依据：《上海市建筑市场管理条例》（上海市人民代表大会常务委员会公告第16号）《上海市建设工程合同信息报送管理规定》（沪建管〔2015〕355号）。

（二）需具备的条件：建设工程已报建；需要办理发包手续的项目，发包已完成；合同已签订；分包合同信息报送须在总包合同信息报送完成后进行。注：非进场招标发包或直接发包交易登记和合同信息报送手续合并办理。

（三）报送范围：本市工程报建限额以上的建设工程合同。注：保密工程不办理合同信息报送。

（四）合同信息报送程序

1. 由发包单位或承包单位、委托人或被委托人使用本单位法人一证通登陆上海市住房和城乡建设管理委员会→网上政务大厅建设管理→建设管理类项目→行政审批建设工程合同信息报送→网上申请。

2. 填写《建设工程合同信息表》，合同双方分别在网上确认合同报送信息并进行数字签名。

（五）合同信息修改或变更

1. 由发包单位或承包单位、委托人或被委托人使用本单位法人一证通登陆上海市住房和城乡建设管理委员会→网上政务大厅建设管理→建设管理类项目→行政审批建设工程合同信息报送→网上申请，填报需要修改或变更的信息，打印《合同信息修改或变更申请单》。

2. 持《合同信息修改或变更申请单》、合同和补充协议副本及其他相关证明材料，到相关监管部门办理修改或变更手续。注：已报送合同信息中项目负责人变更，不作为合同信息变更的内容，按照项目负责人登记变更的有关规定执行。

（六）合同终止（废止）信息报送持建设工程合同终止（废止）情况说明、《建设工程合同终止（废止）协议书》及其他相关证明材料，到相关监管部门办理建设工程合同终止（废止）信息报送手续。

（七）合同发承包单位变更

1. 发承包单位名称变更由变更方使用本单位法人一证通登陆上海市住房和城乡建设管理委员会→网上政务大厅建设管理→建设管理类项目→行政审批建设工程合同信息报送→网上申请，填写变更信息，并由另一方进行数字签名确认后生效。

2. 因其他原因发生发承包单位变更持情况说明和相关证明材料，到相关监管部门办理建设工程合同发承包单位变更手续。

七、工程项目质量安全监督

为了加强房屋建筑和市政基础设施工程质量的监督，根据《建筑法》、《建设工程质量管理条例》等有关法律、行政法规，住房与城乡建设部制定了《房屋建筑和市政基础设施工程质量监督管理规定》。建设单位在领取施工许可证或者开工报告前，应当按照规定办理工程质量监督手续。建设工程质量监督申报：建设单位在工程项目开工前，必须按监督范围分工，向建设（专业）行政主管部门委托的建设工程质量监督机构申请办理建设工程质量监督手续。建设单位应完成从建设工程报建，勘察、设计、施工、监理承发包，初步设计审查、施工图审查等开工前的准备工作后，申请办理建设工程质量监督手续。

（一）工程质量监督管理

工程质量监督管理，是指主管部门依据有关法律法规和工程建设强制性标准，对工程实体质量和工程建设、勘察、设计、施工、监理单位（以下简称工程质量责任主体）和质量检测等单位的工程质量行为实施监督。工程实体质量监督，是指主管部门对涉及工程主体结构安全、主要使用功能的工程实体质量情况实施监督。工程质量行为监督，是指主管部门对工程质量责任主体和质量检测等单位履行法定质量责任和义务的情况实施监督。

国务院住房和城乡建设主管部门负责全国房屋建筑和市政基础设施工程（以下简称工

程）质量监督管理工作。县级以上地方人民政府建设主管部门负责本行政区域内工程质量监督管理工作。工程质量监督管理的具体工作可以由县级以上地方人民政府建设主管部门委托所属的工程质量监督机构（以下简称监督机构）实施对新建、扩建、改建房屋建筑和市政基础设施工程质量监督管理。

（二）工程质量监督管理应当包括下列内容：

1. 执行法律法规和工程建设强制性标准的情况；

2. 抽查涉及工程主体结构安全和主要使用功能的工程实体质量；

3. 抽查工程质量责任主体和质量检测等单位的工程质量行为；

4. 抽查主要建筑材料、建筑构配件的质量；

5. 对工程竣工验收进行监督；

6. 组织或者参与工程质量事故的调查处理；

7. 定期对本地区工程质量状况进行统计分析；

8. 依法对违法违规行为实施处罚。

（三）对工程项目实施质量监督，应当依照下列程序进行：

1. 受理建设单位办理质量监督手续；

2. 制订工作计划并组织实施；

3. 对工程实体质量、工程质量责任主体和质量检测等单位的工程质量行为进行抽查、抽测；

4. 监督工程竣工验收，重点对验收的组织形式、程序等是否符合有关规定进行监督；

5. 形成工程质量监督报告；

6. 建立工程质量监督档案。

工程竣工验收合格后，建设单位应当在建筑物明显部位设置永久性标牌，载明建设、勘察、设计、施工、监理单位等工程质量责任主体的名称和主要责任人姓名。

（四）建设工程安全现场监督，建设工程安全监督申报与质量监督申报合并，建设单位在工程项目开工前，必须按监督范围分工，向建设（专业）行政主管部门委托的建设工程质量监督机构申请办理建设工程质量监督手续的同时申报安全监督。建设工程安全现场监督：政府对建设项目的安全生产的监管方式，从重点监督检查企业施工过程实体安全，转变为重点监督检查企业安全责任制的建立和落实情况；从以告知性的检查为主，转变为以随机抽查及巡查为佳。同时，组织编制或修订各类应急救援预案，切实提高各级政府应对突发事件的能力。

（五）建设工程现场监督：建设工程质量监督书是监督机构报监部门将受监工程交由监督部门实施监督的凭证，由建设工程安全质量监督管理信息系统根据安全质量监督申报表的内容自动生成。监督部门接受建设工程质量监督书后，应开始对工程项目实施监督。监督的内容有主要开工前的质量监督：建设工程质量监督机构应委派有资格的质量监督工程师，负责工程项目的质量监督工作。质量监督工程师应根据国家及当地的有关法律、法规和工程建设强制性标准，针对工程项目的规模、结构施工特点、特定"质量监督方案"，将地基基础、主体结构和其他涉及结构安全的重要部位和关键工序作为监督重点，明确质量监督内容和监督方法。建设工程质量监督机构在工程开工前，应进行第一次监督检查。建设工程质量监督机构召开有工程项目建设参与各方参加的首次监督工作会议。施工过程中的质量监督；建设工程质量监督机构的检查内容为：工程建设参与各方的质量行为和质量责任制的履行情况，对实物质量、工程质量保证资料，每次检查均应有书面质量监督记录。建设工程质量监督机构应加大对工程质量事故、质量问题查处力度，对不同清洁的质量状况分别签发"质量问题整改通知单"、"局部暂停施工指令单"、"临时手脚资质证书通知书"等处理意见。设计暂扣、吊销资质证书，降低企业资质等级，经济处罚等行政处罚，应及时上报建设行政主管部门批准，按国家行政处罚规定进行处罚。竣工阶段质量监督：建设工程竣工质量验收，按照"企业自评、设计认可、监理核定、业主验收、政府监督"程序进行。建设工程竣工验收由建设单位负责组织实施。竣工验收条件、程序、要求、竣工验收报告、竣工验收备案，应符合有关规定。建设单位应提供：施工单位项目经理、质量负责人、技术负责人及法人代表审核签字的工程竣工报告；勘察、设计单位项目负责人及法人代表审核签字的工程质量勘察、设计检查报告；监理单位总监理工程师、技术负责人及法人代表审核签字的工程质量评估报告。质量监督机构对符合竣工验收标准的工程，应在工程竣工验收之日起 5 日内向备案部门提交单位工程质量监督报告；对不符合竣工验收规定的，责令改正，情节严重者，按有关规定进行处理，并向备案部门提出书面情况报告。

（六）主管部门实施监督检查时，有权采取下列措施：

1. 要求被检查单位提供有关工程质量的文件和资料；

2. 进入被检查单位的施工现场进行检查；

3. 发现有影响工程质量的问题时，责令改正。

县级以上地方人民政府建设主管部门应当根据本地区的工程质量状况，逐步建立工程质量信用档案，应当将工程质量监督中发现的涉及主体结构安全和主要使用功能的工程质量问题及整改情况，及时向社会公布。

第五节　工程项目建设开工施工许可

为了加强对建筑活动的监督管理，围护建筑市场秩序，保证建筑工程质量和安全，《建筑法》和国务院《建设工程质量管理条例》中都明确作出了规定：建筑工程必须取得施工许可证或按国务院规定的权限和程序批准的开工报告，方可施工。

一、建设工程大中型项目开工计划

（一）为了进一步加强基本建设大中型项目开工管理，严格开工条件，保证工程建设质量的工期，控制工程造价，提高投资效益，现对基本建设大中型项目的开工条件规定：

1. 项目法人已经设立；项目组织管理机构和规章制度健全；项目经理和管理机构成员已经到位；项目经理已经过培训，具备承担所任职工作的条件。

2. 项目初步设计及总概算已经批复，若项目总概算批复时间至项目申请开工时间超过两年以上（含两年），或自批复至开工期间，动态因素变化大，总投资超出原批准概算10％以上的，须重新核定项目总概算。

3. 项目资本金和其他建设资金已经落实，资金来源符合国家有关规定，承诺手续完备，并经审计部门认可。

4. 项目施工组织设计大纲已经编制完成。

5. 项目主体工程（或控制性工程）的施工单位已经通过招标选定，施工承包合同已经签订。

6. 项目法人与项目设计单位已签订设计图纸交付协议，项目主体工程（或控制性工程）的施工图纸至少可满足连续三个月施工的需要。

7. 项目施工监理单位已通过招标选定。

8. 项目征地、拆迁和施工场地"四通一平"（即供电、供水、运输、通信和场地平整）工作已经完成，有关外部配套生产条件已签订协议；项目主体工程（或控制性工程）施工准备工作已经做好，具备连续施工的条件。

9. 项目建设需要的主要设备和材料已经订货，项目所需建筑材料已落实来源和运输条件，并已备好连续施工三个月的材料用量；需要进行招标采购的设备、材料，其招标组织机构落实，采购计划与工程进度相衔接。

（二）建设工程大中型项目施工组织设计大纲主要内容与编制要求：建设工程大中型项目施工组织设计大纲是组织工程实施的指导性文件，也是严格建设标准，降低工程造价，保证工程质量，控制总概算，合理安排项目工期，制定投资计划的主要依据之一。施工组织设计大纲应在初步设计批准后编制，由项目法人或项目法人委托设计单位编制。大纲的主要内容一般应包括：前言、工程概况、与工程施工相关的周围环境（工、农业生产等）概况、工程施工所需配套设施、施工部署、施工准备与临建工程、施工总平面布置、施工总进度计划、资金分年安排、项目管理、问题与建议。

二、工程项目施工许可证

对建筑工程实行施工许可证制度，是由国家授权有关行政主管部门，在建筑工程施工开始以前，对该项工程是否符合法定的开工必备条件进行审查，对符合条件的建筑工程发给施工许可证，允许该工程开工建设的制度。在我国对有关建筑工程实行施工许可证制度，有利于保证开工建设的工程符合法定条件，在开工后能够顺利进行；同时也便于有关行政主管部门全面掌握和了解其管辖范围内有关建筑工程的数量、规模、施工队伍等基本情况，及时对各个建设工程依法进行监督和指导，保证建筑活动依法进行。

（一）实行施工许可的建筑工程的范围：住房和城乡建设部《建筑工程施工许可管理办法》明确规定：在中华人民共和国境内从事各类房屋建筑及其附属设施的建造、装修装饰和与其配套的线路、管道、设备的安装，以及城镇市政基础设施工程的施工，建设单位在开工前应当依照本办法的规定，向工程所在地的县级以上人民政府建设行政主管部门申请领取施工许可证。工程投资额在 30 万元以下或者建筑面积在 300 平方米以下的建筑工程，可以不申请办理施工许可证。省、自治区、直辖市人民政府建设行政主管部门可以根据当地的实际情况，对限额进行调整，并报国务院建设行政主管部门备案。按照国务院规定的权限和程序批准开工报告的建筑工程，不再领取施工许可证。

（二）需具备的条件：已经办理该建筑工程用地批准手续。办理用地批准手续是建筑工程依法取得土地使用权的必经程序，只有依法取得土地使用权，建筑工程才能开工。根据《城市房地产管理法》、《土地管理法》的规定，建设单位从国家手中取得建筑工程用地土地使用权，可以通过出让和划拨两种方式。建设单位取得由县级以上人民政府办法的土地使用权证书表明已经办理了该建筑工程用地批准手续。在城市规划区的建筑工程，已经取得建设工程规划许可证。这是在城市规划区内的建筑工程开工建设的前提条件。根据

《城乡规划法》的规定，在城市规划区内的建筑工程，建设单位在依法办理用地批准手续之前，还必须先取得该工程的建设用地规划许可证。这不仅可以确保该项工程的土地利用符合城市规划，而且还可以是建设单位按照规划使用土地的合法权益不受侵犯。施工场地已经基本具备施工条件，需要拆迁的，其拆迁进度符合施工要求。拆迁是指为了新建工程的需要，将该建筑工程区域内的原有建筑物、构筑物及其他附着物拆除和迁移。对在城市旧区进行建筑工程的新建、改建、扩建，拆迁时施工准备的一项重要任务。对成片进行综合开发的建筑工程，应根据建筑工程建设计划，在满足施工要求的前提下，分期分批进行拆迁。拆迁的进度必须符合工程开工的要求，这是保证该建筑工程正常施工的基本条件。已经确定施工企业，按照规定，在工程开工前，建设单位必须通过招标发包或直接发包的方式依法确定具备同该工程建设规模和技术要求等相适应的资质条件的建筑施工企业，并签订施工合同。应该招标的工程没有招标，应该公开招标的工程没有公开招标，或者肢解发包工程，以及将工程发包给不具备相应资质条件的，所确定的施工企业无效。有满足施工需要的施工图纸及技术资料，施工图设计文件已按规定进行了审查。施工图和技术资料是进行工程施工作业的技术依据，是在施工过程中保证建筑工程质量的重要因素。因此，为了保证工程质量，在开工前必须有满足施工需要并通过审查的施工图和技术资料。有保证工程质量和安全的具体措施，施工企业必须有建筑企业生产安全许可证。保证工程质量和安全的具体措施是施工组织设计的一项具体内容。施工企业编制的施工组织设计中有根据建筑工程特点制定的相应质量、安全技术措施，专业性较强的工程项目编制的专项质量、安全施工组织设计，并按照规定办理了工程质量、安全监督手续。按照规定应该委托监理的工程已委托监理，建设单位依据国家有关法律、法规，委托具有相应资质的监理单位对工程进行监督管理。必须进行实行施工监理的项目，应提供经监理登记的监理合同。建设资金已经落实，在建筑工程施工过程中必须拥有足够的建设资金，这是保证施工顺利进行的重要物质保障。申请领取施工许可证是必须有已经落实的建设资金，以避免在工程开工后因缺乏资金而使施工活动无法继续进行，同时还可以防止某些建设单位要求施工企业垫资或带资承包现象发生。建设工期不足一年的，到位资金原则上不得少于工程合同价的50%，建设工期超过一年的，到位资金原则上不得少于工程合同价的30%。建设单位应当提供银行出具的到位资金证明，有条件的可以实行银行付款保函或者其他第三方担保。法律、行政法规规定的其他条件。

（三）关于工程总承包项目施工许可：对采用工程总承包模式的工程建设项目，在施工许可证及其申请表中增加"工程总承包单位"和"工程总承包项目经理"栏目。各级住房城乡建设主管部门可以根据工程总承包合同及分包合同确定设计、施工单位，依法办理施工许可证。对在工程总承包项目中承担分包工作，且已与工程总承包单位签订分包合同的设计单位或施工单位，各级住房城乡建设主管部门不得要求其与建设单位签订设计合同或施工合同，也不得将上述要求作为申请领取施工许可证的前置条件。

（四）关于政府采购工程建设项目施工许可：对依法通过竞争性谈判或单一来源方式确定供应商的政府采购工程建设项目，应严格执行《建筑法》、《建筑工程施工许可管理办法》等规定，对符合申请条件的，应当颁发施工许可证。

三、延期、中止施工、变更等办理程序

（一）施工许可证延期建设单位自施工许可证发证之日起三个月内，因故不能按期开工的,应当在期满前向发证机关书面申请延期,延期手续持书面延续申请,到发证机关办理。延期以两次为限,每次不超过三个月。不开工又不按时申请延期或者超过延期次数、施工许可证自行废止,需重新申请办理施工许可证。

(二)中止和恢复施工:中止施工报告:在建的建筑工程因故中止施工的,建设单位自中止施工之日起一个月内应当持受监的质量安全监督机构认可的《建筑工程中止施工报告》,向发证机关报告。报告内容包括:中止施工的时间、原因、部位和维护管理措施等,报告应由建设单位、施工单位、监理单位和监督机构确认盖章。恢复施工报告:建筑工程恢复施工时,建设单位应当持受监的质量安全监督机构确认的《建筑工程恢复施工报告》,向发证机关报告。施工许可证核验:中止施工超过一年的建筑工程恢复施工前,建设单位应当向受监的质量安全监督机构申请现场质量安全现场措施审核,审核通过后,携带现场审核表和相关材料,向发证机关申请施工许可证核验。发证机关核验建设单位、施工单位和施工范围等内容一致性,通过核验的,发证机关确认核验通过,不通过核验的,建设单位应当重新申请办理施工许可证。

(三)施工许可证信息变更

参建单位名称变更:建设单位名称变更,建设单位先办理工程报建单位名称变更后,在网上自助办理施工许可证的单位名称变更确认,施工许可证相应信息同步变更,施工许可证不重新打印。其他参建单位名称变更:施工许可证上涉及的勘察、设计、监理和施工单位名称变更,企业先行办理企业资质中的名称变更后,由建设单位在网上自助办理参建企业名称变更确认,施工许可证相应信息同步变更,施工许可证不重新打印。其他证书内容变更:施工许可证中的建设规模、合同价、工期、工程明细等内容的变更,建设单位应当填写《上海市建筑工程施工许可证信息变更表》(网上下载表格),携带相关证明材料,向原发证机关办理信息变更手续,施工许可证相应信息同步变更,施工许可证不重新打印。参建单位项目负责人发生变更:网上自助办理项目负责人变更后,施工许可证项目负责人信息同步变更,施工许可证不重新打印。

(四)参建单位更换

建设单位或施工单位更换:建设单位应当在办理完成工程报建、相应的施工合同单位变更以及项目负责人变更后,按照施工许可证的申请流程重新申请施工许可证。其他单位更换。施工许可涉及的勘察、设计、监理单位更换的,在相应的合同单位变更后,建设单位在网上自助办理确认单位变更,施工许可证相应信息同步变更,施工许可证不重新打印。

四、上海市建筑工程施工许可

(一)受理依据

1.《中华人民共和国建筑法》(主席令第 91 号)。

2.《建筑工程施工许可管理办法》(住房和城乡建设部令第 18 号)。

3.《上海市建筑市场管理条例》(上海市人民代表大会常务委员会公告第 16 号)。

4.《上海市建筑工程施工许可管理实施细则》(沪建管【2015】377 号)。

(二)需具备的条件

1.依法应当办理用地批准手续的已办理,并取得用地批准文件。

2.依法应当办理建设工程规划许可手续的已办理,并取得建设工程规划许可证。

3. 施工场地已经基本具备施工条件，需要征收房屋的，其进度符合施工要求，有保证工程质量和安全的具体措施，施工质量安全措施经质量安全监督机构现场审核合格。

4. 依法已确定施工企业，按照规定应当招标的建筑工程没有招标，应当公开招标的工程没有公开招标，或者肢解发包工程，以及将建筑工程发包给不具备相应资质条件的企业的，所确定的施工企业无效。按照规定应当委托监理的建筑工程已委托监理。相应的勘察、设计、施工、监理合同应当完成信息报送。

5. 有满足施工需要的技术资料，依法应当进行施工图设计文件审查的已按规定审查合格，并取得经备案的《施工图设计文件审查合格证书》。

6. 建设资金已经落实，政府投资工程按财政部门支付要求落实资金。

7. 法律、法规、规章规定的其他条件。

（三）办理程序

按下列程序完成网上申请：

1. 填写申请表。网上填写《上海市建筑工程施工许可证申请表》和《上海市建筑工程质量安全措施现场审核表》，并确认申请表中每项工程明细与建设工程规划许可证相应的内容一致。

2. 申请表和承诺书签章。打印《上海市建筑工程施工许可证申请表》、《上海市建筑工程质量安全措施现场审核表》和五方责任主体项目负责人终身质量责任承诺书（含法定代表人授权书），按规定完成参建各方签章。

3. 扫描上传材料。扫描上传申请需要的相关证明文件、五方责任主体项目负责人终身质量责任承诺书和法定代表人授权书，其中《上海市建筑工程质量安全措施现场审核表》，在质量安全机构完成质量安全措施现场审核并签署审核意见后扫描上传。

4. 提交申请。注：保密工程书面填写申请表，携带资料到上海市城乡建设和管理委员会行政服务中心窗口申请，无需网上填报。

窗口办理及提交材料网上填报后，建设单位需携带以下书面材料，到工程报建告知单明确的施工许可证办理部门申请：《上海市建筑工程施工许可申请表》；建设用地批准书或房地产权证（或不动产权证）复印件（提供原件复核）；建设工程规划许可证复印件（提供原件复核）；建设资金已经落实的证明材料：建设单位支付给施工总包企业的不少于建筑工程合同价10％预付款的银行入账凭证复印件（提供原件复核）；《建设资金已落实及无拖欠工程款承诺书》；存在拖欠工程款情形的建设单位，提供银行付款保函或者其他第三方担保。政府投资工程按财政部门支付要求落实资金的凭证。

5.《上海市建筑工程质量安全措施现场审核表》。注：施工许可申请受理后，建设单位在质量安全监督机构完成现场审核并签署审核意见后提交。

6.《施工场地已经基本具备施工条件的承诺书》或者相关证明文件。

7. 法定代表人委托书（委托经办人办理施工许可手续），附：《法定代表人委托书（示范文本）》。

8. 经办人身份证原件和复印件。

9. 法律、法规、规章规定的其他文件。

注：保密工程除携带以上资料外，还应提供（勘察、设计、施工、监理）中标通知

书、合同副本，施工图审查合格证书复印件（提供原件复核）。

（四）质量安全措施现场审核

1. 质量安全监督机构自施工许可材料接收之日起，安排现场审核。

2. 按现场审核的要求，实施现场审核，在现场审核表中签署审核意见和信息系统中确认审核完成。注：已开工建筑工程的后续专业工程施工，不再进行现场审核。

（五）核发施工许可证

发证机关自现场审核通过之日起 10 个工作日内，对符合许可条件的，核发施工许可证。

第六节　建筑工程施工发包与承包计价

一、工程发承包计价

建筑工程是指房屋建筑和市政基础设施工程。工程发承包计价包括编制工程量清单、最高投标限价、招标标底、投标报价，进行工程结算，以及签订和调整合同价款等活动。建筑工程施工发包与承包价在政府宏观调控下，由市场竞争形成。工程发承包计价应当遵循公平、合法和诚实信用的原则。国家推广工程造价咨询制度，对建筑工程项目实行全过程造价管理。

二、工程量清单计价

全部使用国有资金投资或者以国有资金投资为主的建筑工程（以下简称国有资金投资的建筑工程），应当采用工程量清单计价；非国有资金投资的建筑工程，鼓励采用工程量清单计价。国有资金投资的建筑工程招标的，应当设有最高投标限价；非国有资金投资的建筑工程招标的，可以设有最高投标限价或者招标标底。最高投标限价及其成果文件，应当由招标人报工程所在地县级以上地方人民政府住房城乡建设主管部门备案。

工程量清单应当依据国家制定的工程量清单计价规范、工程量计算规范等编制。工程量清单应当作为招标文件的组成部分。最高投标限价应当依据工程量清单、工程计价有关规定和市场价格信息等编制。招标人设有最高投标限价的，应当在招标时公布最高投标限价的总价，以及各单位工程的分部分项工程费、措施项目费、其他项目费、规费和税金。招标标底应当依据工程计价有关规定和市场价格信息等编制。

三、投标报价

投标报价不得低于工程成本，不得高于最高投标限价。投标报价应当依据工程量清单、工程计价有关规定、企业定额和市场价格信息等编制。投标报价低于工程成本或者高于最高投标限价总价的，评标委员会应当否决投标人的投标。对是否低于工程成本报价的异议，评标委员会可以参照国务院住房城乡建设主管部门和省、自治区、直辖市人民政府住房城乡建设主管部门发布的有关规定进行评审。

四、订立合同

招标人与中标人应当根据中标价订立合同。不实行招标投标的工程由发承包双方协商订立合同。合同价款的有关事项由发承包双方约定，一般包括合同价款约定方式，预付工程款、工程进度款、工程竣工价款的支付和结算方式，以及合同价款的调整情形等。发承包双方在确定合同价款时，应当考虑市场环境和生产要素价格变化对合同价款的影响。实行工程量清单计价的建筑工程，鼓励发承包双方采用单价方式确定合同价款。建设规模较小、技术难度较低、工期较短的建筑工程，发承包双方可以采用总价方式确定合同价款。紧急抢险、救灾以及施工技术特别复杂的建筑工程，发承包双方可以采用成本加酬金方式确定合同价款。

五、合同价款调整

发承包双方应当在合同中约定，发生下列情形时合同价款的调整方法：法律、法规、规章或者国家有关政策变化影响合同价款的；工程造价管理机构发布价格调整信息的；经批准变更设计的；发包方更改经审定批准的施工组织设计造成费用增加的；双方约定的其他因素。

发承包双方应当根据国务院住房城乡建设主管部门和省、自治区、直辖市人民政府住房城乡建设主管部门的规定，结合工程款、建设工期等情况在合同中约定预付工程款的具体事宜。预付工程款按照合同价款或者年度工程计划额度的一定比例确定和支付，并在工程进度款中予以抵扣。承包方应当按照合同约定向发包方提交已完成工程量报告。发包方收到工程量报告后，应当按照合同约定及时核对并确认。发承包双方应当按照合同约定，定期或者按照工程进度分段进行工程款结算和支付。工程完工后，应当按照下列规定进行竣工结算：承包方应当在工程完工后的约定期限内提交竣工结算文件。国有资金投资建筑工程的发包方，应当委托具有相应资质的工程造价咨询企业对竣工结算文件进行审核，并在收到竣工结算文件后的约定期限内向承包方提出由工程造价咨询企业出具的竣工结算文件审核意见；逾期未答复的，按照合同约定处理，合同没有约定的，竣工结算文件视为已被认可。

非国有资金投资的建筑工程发包方，应当在收到竣工结算文件后的约定期限内予以答复，逾期未答复的，按照合同约定处理，合同没有约定的，竣工结算文件视为已被认可；发包方对竣工结算文件有异议的，应当在答复期内向承包方提出，并可以在提出异议之日起的约定期限内与承包方协商；发包方在协商期内未与承包方协商或者经协商未能与承包方达成协议的，应当委托工程造价咨询企业进行竣工结算审核，并在协商期满后的约定期限内向承包方提出由工程造价咨询企业出具的竣工结算文件审核意见。承包方对发包方提出的工程造价咨询企业竣工结算审核意见有异议的，在接到该审核意见后一个月内，可以向有关工程造价管理机构或者有关行业组织申请调解，调解不成的，可以依法申请仲裁或者向人民法院提起诉讼。发承包双方在合同中对期限没有明确约定的，应当按照国家有关规定执行；国家没有规定的，可认为其约定期限均为 28 日。

六、工程竣工结算

工程竣工结算文件经发承包双方签字确认的，应当作为工程决算的依据，未经对方同意，另一方不得就已生效的竣工结算文件委托工程造价咨询企业重复审核。发包方应当按照竣工结算文件及时支付竣工结算款。竣工结算文件应当由发包方报工程所在地县级以上地方人民政府住房城乡建设主管部门备案。造价工程师编制工程量清单、最高投标限价、招标标底、投标报价、工程结算审核和工程造价鉴定文件，应当签字并加盖造价工程师执业专用章。

第七节　政府采购货物和服务招标投标管理

一、招标采购单位

采购代理机构，是指集中采购机构和依法经认定资格的其他采购代理机构。采购人及采购代理机构（以下统称"招标采购单位"）进行政府采购货物或者服务（以下简称"货物服务"）招标投标活动，货物服务招标分为公开招标和邀请招标。

1. 公开招标，是指招标采购单位依法以招标公告的方式邀请不特定的供应商参加投标。

2. 邀请招标，是指招标采购单位依法从符合相应资格条件的供应商中随机邀请 3 家以上供应商，并以投标邀请书的方式，邀请其参加投标。

货物服务采购项目达到公开招标数额标准的，必须采用公开招标方式。招标采购单位不得将应当以公开招标方式采购的货物服务化整为零或者以其他方式规避公开招标采购。

二、招标

采购人可以依法委托采购代理机构办理货物服务招标事宜，也可以自行组织开展货物服务招标活动。集中采购机构应当依法独立开展货物服务招标活动，其他采购代理机构应当根据采购人的委托办理货物服务招标事宜。采购人符合下列条件的，可以自行组织招标：具有独立承担民事责任的能力；具有编制招标文件和组织招标能力，有与采购招标项目规模和复杂程度相适应的技术、经济等方面的采购和管理人员；采购人员经过省级以上人民政府财政部门组织的政府采购培训。采购人委托采购代理机构招标的，应当与采购代理机构签订委托协议，确定委托代理的事项，约定双方的权利和义务。

采用公开招标方式采购的，招标采购单位必须在财政部门指定的政府采购信息发布媒体上发布招标公告。公开招标公告应当包括以下主要内容：招标采购单位的名称、地址和联系方法；招标项目的名称、数量或者招标项目的性质；投标人的资格要求；获取招标文件的时间、地点、方式及招标文件售价；投标截止时间、开标时间及地点。

采用邀请招标方式采购的，招标采购单位应当在省级以上人民政府财政部门指定的政府采购信息媒体发布资格预审公告，公布投标人资格条件，资格预审公告的期限不得少于 7 个工作日。投标人应当在资格预审公告期结束之日起 3 个工作日前，按公告要求提交资格证明文件。招标采购单位从评审合格投标人中通过随机方式选择 3 家以上的投标人，并向其发出投标邀请书。采用招标方式采购的，自招标文件开始发出之日起至投标人提交投标文件截止之日止，不得少于 20 日。招标采购单位应当根据招标项目的特点和需求编制招标文件。招标文件包括以下内容：投标邀请；投标人须知（包括密封、签署、盖章要求等）；投标人应当提交的资格、资信证明文件；投标报价要求、投标文件编制要求和投标保证金交纳方式；招标项目的技术规格、要求和数量，包括附件、图纸等；合同主要条款及合同签订方式；交货和提供服务的时间；评标方法、评标标准和废标条款；投标截止时间、开标时间及地点；省级以上财政部门规定其他事项。招标人应当在招标文件中规定并标明实质性要求和条件。

招标采购单位应当制作纸质招标文件，也可以在财政部门指定的网络媒体上发布电子招标文件，并应当保持两者的一致。电子招标文件与纸质招标文件具有同等法律效力。招标采购单位可以要求投标人提交符合招标文件规定要求的备选投标方案，但应当在招标文件中说明，并明确相应的评审标准和处理办法。招标文件规定的各项技术标准应当符合国家强制性标准。招标采购单位可以根据需要，就招标文件征询有关专家或者供应商的意见。招标采购单位根据招标采购项目的具体情况，可以组织潜在投标人现场考察或者召开开标前答疑会，但不得单独或者分别组织只有 1 个投标人参加的现场考察。

开标前，招标采购单位和有关工作人员不得向他人透露已获取招标文件的潜在投标人的名称、数量以及可能影响公平竞争的有关招标投标的其他情况。招标采购单位对已发出的招标文件进行必要澄清或者修改的，应当在招标文件要求提交投标文件截止时间 15 日前，在财政部门指定的政府采购信息发布媒体上发布更正公告，并以书面形式通知所有招标文件收受人。该澄清或者修改的内容为招标文件的组成部分。招标采购单位可以视采购具体情况，延长投标截止时间和开标时间，但至少应当在招标文件要求提交投标文件的截止时间 3 日前，将变更时间书面通知所有招标文件收受人，并在财政部门指定的政府采购信息发布媒体上发布变更公告。

三、投标

投标人是响应招标并且符合招标文件规定资格条件和参加投标竞争的法人、其他组织或者自然人。投标人应当按照招标文件的要求编制投标文件。投标文件应对招标文件提出的要求和条件作出实质性响应。投标文件由商务部分、技术部分、价格部分和其他部分组成。

投标人应当在招标文件要求提交投标文件的截止时间前，将投标文件密封送达投标地点。招标采购单位收到投标文件后，应当签收保存，任何单位和个人不得在开标前开启投标文件。在招标文件要求提交投标文件的截止时间之后送达的投标文件，为无效投标文件，招标采购单位应当拒收。投标人在投标截止时间前，可以对所递交的投标文件进行补充、修改或者撤回，并书面通知招标采购单位。补充、修改的内容应当按招标文件要求签署、盖章，并作为投标文件的组成部分。投标人根据招标文件载明的标的采购项目实际情况，拟在中标后将中标项目的非主体、非关键性工作交由他人完成的，应当在投标文件中载明。2 个以上供应商可以组成 1 个投标联合体，以 1 个投标人的身份投标。以联合体形式参加投标的，联合体各方均应当符合政府采购法规定的条件。采购人根据采购项目的特殊要求规定投标人特定条件的，联合体各方中至少应当有一方符合采购人规定的特定条件。联合体各方之间应当签订共同投标协议，明确约定联合体各方承担的工作和相应的责任，并将共同投标协议连同投标文件一并提交招标采购单位。联合体各方签订共同投标协议后，不得再以自己名义单独在同一项目中投标，也不得组成新的联合体参加同一项目投标。

招标采购单位应当在招标文件中明确投标保证金的数额及交纳办法。招标采购单位规定的投标保证金数额，不得超过采购项目概算的 1％。投标人投标时，应当按招标文件要求交纳投标保证金。投标保证金可以采用现金支票、银行汇票、银行保函等形式交纳。投标人未按招标文件要求交纳投标保证金的，招标采购单位应当拒绝接收投标人的投标文件。联合体投标的，可以由联合体中的一方或者共同提交投标保证金，以一方名义提交投标保证金的，对联合体各方均具有约束力。招标采购单位应当在中标通知书发出后 5 个工作日内退还未中标供应商的投标保证金，在采购合同签订后 5 个工作日内退还中标供应商的投标保证金。招标采购单位逾期退还投标保证金的，除应当退还投标保证金本金外，还应当按商业银行同期贷款利率上浮 20％后的利率支付资金占用费。

四、开标、评标与定标

开标应当在招标文件确定的提交投标文件截止时间的同一时间公开进行；开标地点应当为招标文件中预先确定的地点。开标由招标采购单位主持，采购人、投标人和有关方面代表参加。开标时，应当由投标人或者其推选的代表检查投标文件的密封情况，也可以由招标人委托的公证机构检查并公证；经确认无误后，由招标工作人员当众拆封，宣读投标人名称、投标价格、价格折扣、招标文件允许提供的备选投标方案和投标文件的其他主要内容。开标时，投标文件中开标一览表（报价表）内容与投标文件中明细表内容不一致的，以开标一览表（报价表）为准。投标文件的大写金额和小写金额不一致的，以大写金额为准；总价金额与按单价汇总金额不一致的，以单价金额计算结果为准；单价金额小数点有明显错位的，应以总价为准，并修改单价；对不同文字文本投标文件的解释发生异议的，以中文文本为准。开标过程应当由招标采购单位指定专人负责记录，并存档备查。

评标工作由招标采购单位负责组织，具体评标事务由招标采购单位依法组建的评标委员会负责，并独立履行下列职责：审查投标文件是否符合招标文件要求，并作出评价；要求投标供应商对投标文件有关事项作出解释或者澄清；推荐中标候选供应商名单，或者受采购人委托按照事先确定的办法直接确定中标供应商；向招标采购单位或者有关部门报告非法干预评标工作的行为。评标委员会由采购人代表和有关技术、经济等方面的专家组成，成员人数应当为 5 人以上单数，其中，技术、经济等方面的专家不得少于成员总数的 2/3。采购数额在 300 万元以上、技术复杂的项目，评标委员会中技术、经济方面的专家人数应当为 5 人以上单数。招标采购单位就招标文件征询过意见的专家，不得再作为评标专家参加评标。采购人不得以专家身份参与本部门或者本单位采购项目的评标。采购代理机构工作人员不得参加由本机构代理的政府采购项目的评标。评标委员会成员应当履行下列义务：遵纪守法，客观、公正、廉洁地履行职责；按照招标文件规定的评标方法和评标标准进行评标，对评审意见承担个人责任；对评标过程和结果，以及供应商的商业秘密保密；参与评标报告的起草；配合财政部门的投诉处理工作；配合招标采购单位答复投标供应商提出的质疑。

货物服务招标采购的评标方法分为最低评标价法、综合评分法和性价比法。

1. 最低评标价法，是指以价格为主要因素确定中标候选供应商的评标方法，即在全部满足招标文件实质性要求前提下，依据统一的价格要素评定最低报价，以提出最低报价的投标人作为中标候选供应商或者中标供应商的评标方法。最低评标价法适用于标准定制商品及通用服务项目。

2. 综合评分法，是指在最大限度地满足招标文件实质性要求前提下，按照招标文件中规定的各项因素进行综合评审后，以评标总得分最高的投标人作为中标候选供应商或者中标供应商的评标方法。综合评分的主要因素是：价格、技术、财务状况、信誉、业绩、服务、对招标文件的响应程度，以及相应的比重或者权值等。上述因素应当在招标文件中事先规定。评标时，评标委员会各成员应当独立对每个有效投标人的标书进行评价、打分，然后汇总每个投标人每项评分因素的得分。采用综合评分法的，货物项目的价格分值占总分值的比重（即权值）为 30％～60％；服务项目的价格分值占总分值的比重（即权值）为 10%～30%。

3. 性价比法，是指按照要求对投标文件进行评审后，计算出每个有效投标人除价格因素以外的其他各项评分因素（包括技术、财务状况、信誉、业绩、服务、对招标文件的响应程度等）的汇总得分，并除以该投标人的投标报价，以商数（评标总得分）最高的投标人为中标候选供应商或者中标供应商的评标方法。

评标应当遵循下列工作程序：

（一）投标文件初审。初审分为资格性检查和符合性检查。

1. 资格性检查。依据法律法规和招标文件的规定，对投标文件中的资格证明、投标保证金等进行审查，以确定投标供应商是否具备投标资格。

2. 符合性检查。依据招标文件的规定，从投标文件的有效性、完整性和对招标文件的响应程度进行审查，以确定是否对招标文件的实质性要求作出响应。

（二）澄清有关问题。对投标文件中含义不明确、同类问题表述不一致或者有明显文字和计算错误的内容，评标委员会可以书面形式（应当由评标委员会专家签字）要求投标人作出必要的澄清、说明或者纠正。投标人的澄清、说明或者补正应当采用书面形式，由其授权的代表签字，并不得超出投标文件的范围或者改变投标文件的实质性内容。

（三）比较与评价。按招标文件中规定的评标方法和标准，对资格性检查和符合性检查合格的投标文件进行商务和技术评估，综合比较与评价。

（四）推荐中标候选供应商名单。中标候选供应商数量应当根据采购需要确定，但必须按顺序排列中标候选供应商。

1. 采用最低评标价法的，按投标报价由低到高顺序排列。投标报价相同的，按技术指标优劣顺序排列。评标委员会认为，排在前面的中标候选供应商的最低投标价或者某些分项报价明显不合理或者低于成本，有可能影响商品质量和不能诚信履约的，应当要求其在规定的期限内提供书面文件予以解释说明，并提交相关证明材料，否则，评标委员会可以取消该投标人的中标候选资格，按顺序由排在后面的中标候选供应商递补，以此类推。

2. 采用综合评分法的，按评审后得分由高到低顺序排列。得分相同的，按投标报价由低到高顺序排列。得分且投标报价相同的，按技术指标优劣顺序排列。

3. 采用性价比法的，按商数得分由高到低顺序排列。商数得分相同的，按投标报价由低到高顺序排列。商数得分且投标报价相同的，按技术指标优劣顺序排列。

（五）编写评标报告。评标报告是评标委员会根据全体评标成员签字原始评标记录和评标结果编写报告，其主要内容包括：招标公告刊登的媒体名称、开标日期和地点；购买招标文件的投标人名单和评标委员会成员名单；评标方法和标准；开标记录和评标情况及说明，包括投标无效投标人名单及原因；评标结果和中标候选供应商排序表；评标委员会授标建议。

在评标中，不得改变招标文件中规定的评标标准、方法和中标条件。投标文件属下列情况之一的，应当在资格性、符合性检查时按照无效投标处理：应交未交投标保证金的；未按照招标文件规定要求密封、签署、盖章的；不具备招标文件中规定资格要求的；不符合法律、法规和招标文件中规定的其他实质性要求的。

采购代理机构应当在评标结束后 5 个工作日内将评标报告送采购人。采购人应当在收到评标报告后 5 个工作日内，按照评标报告中推荐的中标候选供应商顺序确定中标供应商；也可以事先授权评标委员会直接确定中标供应商。采购人自行组织招标的，应当在评标结束后 5 个工作日内确定中标供应商。中标供应商因不可抗力或者自身原因不能履行政府采购合同的，采购人可以与排位在中标供应商之后第 1 位的中标候选供应商签订政府采购合同，以此类推。在确定中标供应商前，招标采购单位不得与投标供应商就投标价格、投标方案等实质性内容进行谈判。在发布公告的同时，招标采购单位应当向中标供应商发出中标通知书，中标通知书对采购人和中标供应商具有同等法律效力。采购人或者采购代理机构应当自中标通知书发出之日起 30 日内，按照招标文件和中标供应商投标文件的约定，与中标供应商签订书面合同。所签订的合同不得对招标文件和中标供应商投标文件作实质性修改。招标采购单位应当建立真实完整的招标采购档案，妥善保管每项采购活动的采购文件，保存期限为从采购结束之日起至少保存 15 年。

第八节　政府采购竞争性磋商采购

一、竞争性磋商采购方式

竞争性磋商采购方式，是指采购人、政府采购代理机构通过组建竞争性磋商小组（以下简称磋商小组）与符合条件的供应商就采购货物、工程和服务事宜进行磋商，供应商按照磋商文件的要求提交响应文件和报价，采购人从磋商小组评审后提出的候选供应商名单中确定成交供应商的采购方式。符合下列情形的项目，可以采用竞争性磋商方式开展采购：政府购买服务项目；技术复杂或者性质特殊，不能确定详细规格或者具体要求的；因艺术品采购、专利、专有技术或者服务的时间、数量事先不能确定等原因不能事先计算出价格总额的；市场竞争不充分的科研项目，以及需要扶持的科技成果转化项目；按照招标投标法及其实施条例必须进行招标的工程建设项目以外的工程建设项目。

二、磋商程序

达到公开招标数额标准的货物、服务采购项目，拟采用竞争性磋商采购方式的，采购人应当在采购活动开始前，报经主管预算单位同意后，依法向设区的市、自治州以上人民政府财政部门申请批准。采购人、采购代理机构应当按照政府采购法和有关规定组织开展竞争性磋商，并采取必要措施，保证磋商在严格保密的情况下进行。采购人、采购代理机构应当通过发布公告、从省级以上财政部门建立的供应商库中随机抽取或者采购人和评审专家分别书面推荐的方式邀请不少于 3 家符合相应资格条件的供应商参与竞争性磋商采购活动。采取采购人和评审专家书面推荐方式选择供应商的，采购人和评审专家应当各自出具书面推荐意见。采购人推荐供应商的比例不得高于推荐供应商总数的 50％。采用公告方式邀请供应商的，采购人、采购代理机构应当在省级以上人民政府财政部门指定的政府采购信息发布媒体发布竞争性磋商公告。竞争性磋商公告应当包括以下主要内容：采购人、采购代理机构的名称、地点和联系方法；采购项目的名称、数量、简要规格描述或项目基本概况介绍；采购项目的预算；供应商资格条件；获取磋商文件的时间、地点、方式及磋商文件售价；响应文件提交的截止时间、开启时间及地点；采购项目联系人姓名和电话。

竞争性磋商文件（以下简称磋商文件）应当根据采购项目的特点和采购人的实际需求制定，并经采购人书面同意。采购人应当以满足实际需求为原则，不得擅自提高经费预算和资产配置等采购标准。磋商文件不得要求或者标明供应商名称或者特定货物的品牌，不得含有指向特定供应商的技术、服务等条件。磋商文件应当包括供应商资格条件、采购邀请、采购方式、采购预算、采购需求、政府采购政策要求、评审程序、评审方法、评审标准、价格构成或者报价要求、响应文件编制要求、保证金交纳数额和形式以及不予退还保证金的情形、磋商过程中可能实质性变动的内容、响应文件提交的截止时间、开启时间及地点以及合同草案条款等。从磋商文件发出之日起至供应商提交首次响应文件截止之日止不得少于 10 日。磋商文件的发售期限自开始之日起不得少于 5 个工作日。

提交首次响应文件截止之日前，采购人、采购代理机构或者磋商小组可以对已发出的磋商文件进行必要的澄清或者修改，澄清或者修改的内容作为磋商文件的组成部分。澄清或者修改的内容可能影响文件编制的，采购人、采购代理机构应当在提交首次响应文件截止时间至少 5 日前，以书面形式通知所有获取磋商文件的供应商；不足 5 日的，采购人、采购代理机构应当顺延提交首次响应文件截止时间。采购人、采购代理机构可以要求供应商在提交响应文件截止时间之前交纳磋商保证金。磋商保证金应当采用支票、汇票、本票或者金融机构、担保机构出具的保函等非现金形式交纳。磋商保证金数额应当不超过采购项目预算的 2%。供应商应当按照磋商文件的要求编制响应文件，并对其提交的响应文件的真实性、合法性承担法律责任。供应商未按照磋商文件要求提交磋商保证金的，响应无效。供应商为联合体的，可以由联合体中的一方或者多方共同交纳磋商保证金，其交纳的保证金对联合体各方均具有约束力。供应商应当在磋商文件要求的截止时间前，将响应文件密封送达指定地点。在截止时间后送达的响应文件为无效文件，采购人、采购代理机构或者磋商小组应当拒收。供应商在提交响应文件截止时间前，可以对所提交的响应文件进行补充、修改或者撤回，并书面通知采购人、采购代理机构。补充、修改的内容作为响应文件的组成部分。补充、修改的内容与响应文件不一致的，以补充、修改的内容为准。

磋商小组由采购人代表和评审专家共 3 人以上单数组成，其中评审专家人数不得少于磋商小组成员总数的 2/3。采购人代表不得以评审专家身份参加本部门或本单位采购项目的评审。采购代理机构人员不得参加本机构代理的采购项目的评审。采用竞争性磋商方式的政府采购项目，评审专家应当从政府采购评审专家库内相关专业的专家名单中随机抽取。符合规定情形的项目，以及情况特殊、通过随机方式难以确定合适的评审专家的项目，经主管预算单位同意，可以自行选定评审专家。技术复杂、专业性强的采购项目，评审专家中应当包含 1 名法律专家。磋商小组在评审过程中发现供应商有行贿、提供虚假材料或者串通等违法行为的，应当及时向财政部门报告。磋商小组成员应当按照客观、公正、审慎的原则，根据磋商文件规定的评审程序、评审方法和评审标准进行独立评审。未实质性响应磋商文件的响应文件按无效响应处理，磋商小组应当告知提交响应文件的供应商。

采购人、采购代理机构不得向磋商小组中的评审专家作倾向性、误导性的解释或者说明。采购人、采购代理机构可以视采购项目的具体情况，组织供应商进行现场考察或召开磋商前答疑会，但不得单独或分别组织只有一个供应商参加的现场考察和答疑会。磋商小组在对响应文件的有效性、完整性和响应程度进行审查时，可以要求供应商对响应文件中含义不明确、同类问题表述不一致或者有明显文字和计算错误的内容等作出必要的澄清、说明或者更正。供应商的澄清、说明或者更正不得超出响应文件的范围或者改变响应文件的实质性内容。磋商小组要求供应商澄清、说明或者更正响应文件应当以书面形式作出。供应商的澄清、说明或者更正应当由法定代表人或其授权代表签字或者加盖公章。由授权代表签字的，应当附法定代表人授权书。供应商为自然人的，应当由本人签字并附身份证明。磋商小组所有成员应当集中与单一供应商分别进行磋商，并给予所有参加磋商的供应商平等的磋商机会。

在磋商过程中，磋商小组可以根据磋商文件和磋商情况实质性变动采购需求中的技术、服务要求以及合同草案条款，但不得变动磋商文件中的其他内容。实质性变动的内容，须经采购人代表确认。对磋商文件作出的实质性变动是磋商文件的有效组成部分，磋商小组应当及时以书面形式同时通知所有参加磋商的供应商。供应商应当按照磋商文件的变动情况和磋商小组的要求重新提交响应文件，并由其法定代表人或授权代表签字或者加盖公章。由授权代表签字的，应当附法定代表人授权书。供应商为自然人的，应当由本人签字并附身份证明。磋商文件能够详细列明采购标的的技术、服务要求的，磋商结束后，磋商小组应当要求所有实质性响应的供应商在规定时间内提交最后报价，提交最后报价的供应商不得少于 3 家。磋商文件不能详细列明采购标的的技术、服务要求，需经磋商由供应商提供最终设计方案或解决方案的，磋商结束后，磋商小组应当按照少数服从多数的原则投票推荐 3 家以上供应商的设计方案或者解决方案，并要求其在规定时间内提交最后报价。最后报价是供应商响应文件的有效组成部分。已提交响应文件的供应商，在提交最后报价之前，可以根据磋商情况退出磋商。采购人、采购代理机构应当退还退出磋商的供应商的磋商保证金。经磋商确定最终采购需求和提交最后报价的供应商后，由磋商小组采用综合评分法对提交最后报价的供应商的响应文件和最后报价进行综合评分。

综合评分法，是指响应文件满足磋商文件全部实质性要求且按评审因素的量化指标评审得分最高的供应商为成交候选供应商的评审方法。综合评分法评审标准中的分值设置应当与评审因素的量化指标相对应。磋商文件中没有规定的评审标准不得作为评审依据。评审时，磋商小组各成员应当独立对每个有效响应的文件进行评价、打分，然后汇总每个供应商每项评分因素的得分。综合评分法货物项目的价格分值占总分值的比重（即权值）为 30%～60%，服务项目的价格分值占总分值的比重（即权值）为 10%～30%。采购项目中含不同采购对象的，以占项目资金比例最高的采购对象确定其项目属性。综合评分法中的价格分统一采用低价优先法计算，即满足磋商文件要求且最后报价最低的供应商的价格为磋商基准价，其价格分为满分。其他供应商的价格分统一按照下列公式计算：

磋商报价得分 =（磋商基准价／最后磋商报价）× 价格权值 × 100

项目评审过程中，不得去掉最后报价中的最高报价和最低报价。

磋商小组应当根据综合评分情况，按照评审得分由高到低顺序推荐 3 名以上成交候选供应商，并编写评审报告。符合《电子招标投标办法》第二十一条第三款情形的，可以推荐 2 家成交候选供应商。评审得分相同的，按照最后报价由低到高的顺序推荐。评审得分且最后报价相同的，按照技术指标优劣顺序推荐。评审报告应当包括以下主要内容：邀请供应商参加采购活动的具体方式和相关情况；响应文件开启日期和地点；获取磋商文件的供应商名单和磋商小组成员名单；评审情况记录和说明，包括对供应商的资格审查情况、供应商响应文件评审情况、磋商情况、报价情况等；提出的成交候选供应商的排序名单及理由。

　　评审报告应当由磋商小组全体人员签字认可。磋商小组成员对评审报告有异议的，磋商小组按照少数服从多数的原则推荐成交候选供应商，采购程序继续进行。对评审报告有异议的磋商小组成员，应当在报告上签署不同意见并说明理由，由磋商小组书面记录相关情况。磋商小组成员拒绝在报告上签字又不书面说明其不同意见和理由的，视为同意评审报告。

　　采购代理机构应当在评审结束后2个工作日内将评审报告送采购人确认。采购人应当在收到评审报告后5个工作日内，从评审报告提出的成交候选供应商中，按照排序由高到低的原则确定成交供应商，也可以书面授权磋商小组直接确定成交供应商。采购人逾期未确定成交供应商且不提出异议的，视为确定评审报告提出的排序第一的供应商为成交供应商。

　　采购人或者采购代理机构应当在成交供应商确定后2个工作日内，在省级以上财政部门指定的政府采购信息发布媒体上公告成交结果，同时向成交供应商发出成交通知书，并将磋商文件随成交结果同时公告。成交结果公告应当包括以下内容：采购人和采购代理机构的名称、地址和联系方式；项目名称和项目编号；成交供应商名称、地址和成交金额；主要成交标的的名称、规格型号、数量、单价、服务要求；磋商小组成员名单。

　　采用书面推荐供应商参加采购活动的，还应当公告采购人和评审专家的推荐意见。采购人与成交供应商应当在成交通知书发出之日起30日内，按照磋商文件确定的合同文本以及采购标的、规格型号、采购金额、采购数量、技术和服务要求等事项签订政府采购合同。采购人不得向成交供应商提出超出磋商文件以外的任何要求作为签订合同的条件，不得与成交供应商订立背离磋商文件确定的合同文本以及采购标的、规格型号、采购金额、采购数量、技术和服务要求等实质性内容的协议。采购人或者采购代理机构应当在采购活动结束后及时退还供应商的磋商保证金，但因供应商自身原因导致无法及时退还的除外。未成交供应商的磋商保证金应当在成交通知书发出后5个工作日内退还，成交供应商的磋商保证金应当在采购合同签订后5个工作日内退还。有下列情形之一的，磋商保证金不予退还：供应商在提交响应文件截止时间后撤回响应文件的；供应商在响应文件中提供虚假材料的；除因不可抗力或磋商文件认可的情形以外，成交供应商不与采购人签订合同的；供应商与采购人、其他供应商或者采购代理机构恶意串通的；磋商文件规定的其他情形。

　　除资格性检查认定错误、分值汇总计算错误、分项评分超出评分标准范围、客观分评分不一致、经磋商小组一致认定评分畸高、畸低的情形外，采购人或者采购代理机构不得以任何理由组织重新评审。采购人、采购代理机构发现磋商小组未按照磋商文件规定的评审标准进行评审的，应当重新开展采购活动，并同时书面报告本级财政部门。采购人或者采购代理机构不得通过对样品进行检测、对供应商进行考察等方式改变评审结果。

　　成交供应商拒绝签订政府采购合同的，采购人可以按照规定的原则确定其他供应商作为成交供应商并签订政府采购合同，也可以重新开展采购活动。拒绝签订政府采购合同的成交供应商不得参加对该项目重新开展的采购活动。出现下列情形之一的，采购人或者采购代理机构应当终止竞争性磋商采购活动，发布项目终止公告并说明原因，重新开展采购活动：因情况变化，不再符合规定的竞争性磋商采购方式适用情形的；出现影响采购公正的违法、违规行为的；除规定的情形外，在采购过程中符合要求的供应商或者报价未超过采购预算的供应商不足3家的。在采购活动中因重大变故，采购任务取消的，采购人或者采购代理机构应当终止采购活动，通知所有参加采购活动的供应商，并将项目实施情况和采购任务取消原因报送本级财政部门。

第九节　政府采购非招标采购

一、非招标采购方式

非招标采购方式是指竞争性谈判、单一来源采购和询价采购方式，适用于采购人、采购代理机构采用非招标采购方式采购货物、工程和服务。

竞争性谈判是指谈判小组与符合资格条件的供应商就采购货物、工程和服务事宜进行谈判，供应商按照谈判文件的要求提交响应文件和最后报价，采购人从谈判小组提出的成交候选人中确定成交供应商的采购方式。

单一来源采购是指采购人从某一特定供应商处采购货物、工程和服务的采购方式。

询价是指询价小组向符合资格条件的供应商发出采购货物询价通知书，要求供应商一次报出不得更改的价格，采购人从询价小组提出的成交候选人中确定成交供应商的采购方式。

采购人、采购代理机构采购以下货物、工程和服务之一的，可以采用竞争性谈判、单一来源采购方式采购；采购货物的，还可以采用询价采购方式：依法制定的集中采购目录以内，且未达到公开招标数额标准的货物、服务；依法制定的集中采购目录以外、采购限额标准以上，且未达到公开招标数额标准的货物、服务；达到公开招标数额标准、经批准采用非公开招标方式的货物、服务；按照招标投标法及其实施条例必须进行招标的工程建设项目以外的政府采购工程。

达到公开招标数额标准的货物、服务采购项目，拟采用非招标采购方式的，采购人应当在采购活动开始前，报经主管预算单位同意后，向财政部门申请批准。采购人应当向财政部门提交以下材料并对材料的真实性负责：采购人名称、采购项目名称、项目概况等项目基本情况说明；项目预算金额、预算批复文件或者资金来源证明；拟申请采用的采购方式和理由。

政府采购公开招标采购方式流程图见图24-7。

二、竞争性谈判

竞争性谈判小组或者询价小组由采购人代表和评审专家共3人以上单数组成，其中评审专家人数不得少于竞争性谈判小组或者询价小组成员总数的2/3。采购人不得以评审专家身份参加本部门或本单位采购项目的评审。采购代理机构人员不得参加本机构代理的采购项目的评审。达到公开招标数额标准的货物或者服务采购项目，或者达到招标规模标准的政府采购工程，竞争性谈判小组或者询价小组应当由5人以上单数组成。

采用竞争性谈判、询价方式采购的政府采购项目，评审专家应当从政府采购评审专家库内相关专业的专家名单中随机抽取。技术复杂、专业性强的竞争性谈判采购项目，通过随机方式难以确定合适的评审专家的，经主管预算单位同意，可以自行选定评审专家。技术复杂、专业性强的竞争性谈判采购项目，评审专家中应当包含1名法律专家。竞争性谈判小组或者询价小组在采购活动过程中应当履行下列职责：确认或者制定谈判文件、询价通知书；从符合相应资格条件的供应商名单中确定不少于3家的供应商参加谈判或者询

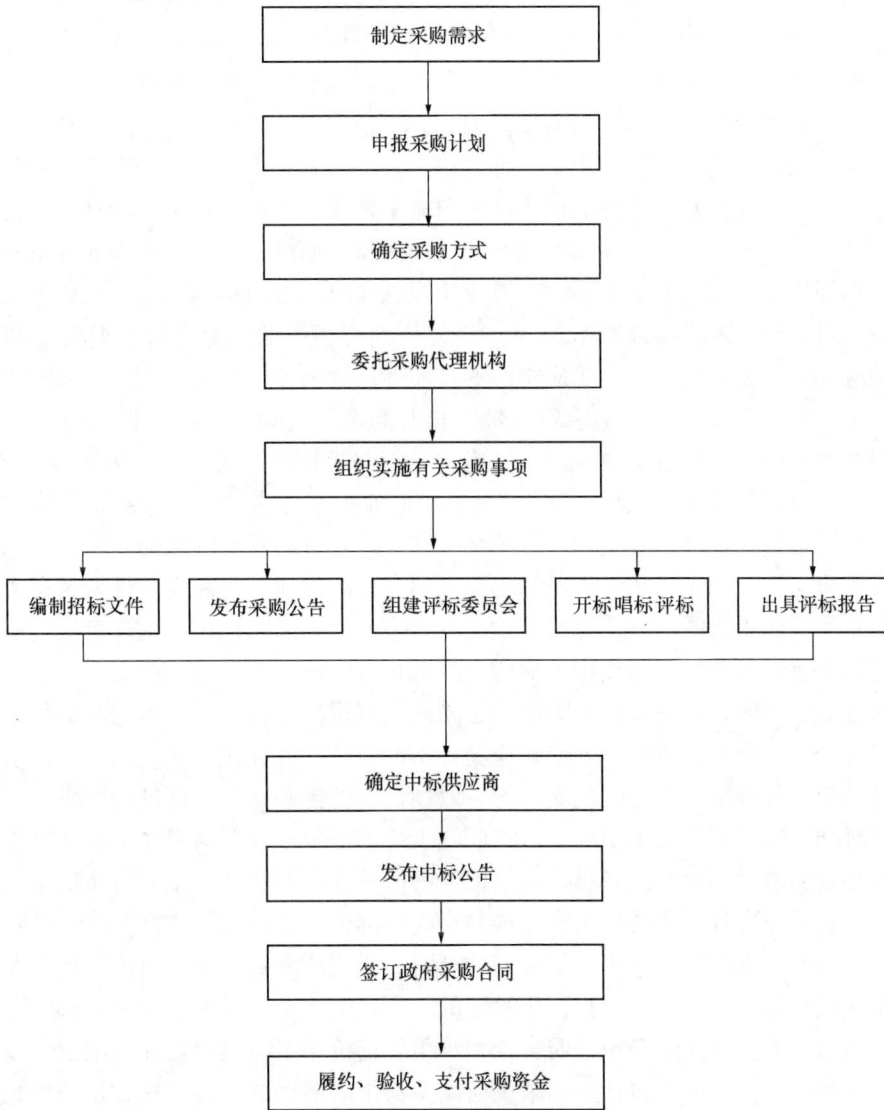

图 24-7　政府采购公开招标采购方式流程图

价；审查供应商的响应文件并作出评价；要求供应商解释或者澄清其响应文件；编写评审报告；告知采购人、采购代理机构在评审过程中发现的供应商的违法违规行为。

　　竞争性谈判小组或者询价小组成员应当履行下列义务：遵纪守法，客观、公正、廉洁地履行职责；根据采购文件的规定独立进行评审，对个人的评审意见承担法律责任；参与评审报告的起草；配合采购人、采购代理机构答复供应商提出的质疑；配合财政部门的投诉处理和监督检查工作。

　　谈判文件、询价通知书应当根据采购项目的特点和采购人的实际需求制定，并经采购人书面同意。采购人应当以满足实际需求为原则，不得擅自提高经费预算和资产配置等采购标准。谈判文件、询价通知书不得要求或者标明供应商名称或者特定货物的品牌，不得含有指向特定供应商的技术、服务等条件。谈判文件、询价通知书应当包括供应商资格条件、采购邀请、采购方式、采购预算、采购需求、采购程序、价格构成或者报价要求、响应文件编制要求、提交响应文件截止时间及地点、保证金交纳数额和形式、评定成交的标准等。还应当明确谈判小组根据与供应商谈判情况可能实质性变动的内容，包括采购需求中的技术、服务要求以及合同草案条款。采购人、采购代理机构应当通过发布公告、从省级以上财政部门建立的供应商库中随机抽取或者采购人和评审专家分别书面推荐的方式邀请不少于 3 家符合相应资格条件的供应商参与竞争性谈判或者询价采购活动。符合政府采购法规定条件的供应商可以在采购活动开始前加入供应商库。采取采购人和评审专家书面推荐方式选择供应商的，采购人和评审专家应当各自出具书面推荐意见。采购人推荐供应商的比例不得高于推荐供应商总数的 50%。供应商应当按照谈判文件、询价通知书的要求编制响应文件，并对其提交的响应文件的真实性、合法性承担法律责任。采购人、采购代理机构可以要求供应商在提交响应文件截止时间之前交纳保证金。保证金应当采用支票、汇票、本票、网上银行支付或者金融机构、担保机构出具的保函等非现金形式交纳。保证金数额应当不超过采购项目预算的 2%。供应商为联合体的，可以由联合体中的一方或者多方共同交纳保证金，其交纳的保证金对联合体各方均具有约束力。

供应商应当在谈判文件、询价通知书要求的截止时间前，将响应文件密封送达指定地点。在截止时间后送达的响应文件为无效文件，采购人、采购代理机构或者谈判小组、询价小组应当拒收。供应商在提交询价响应文件截止时间前，可以对所提交的响应文件进行补充、修改或者撤回，并书面通知采购人、采购代理机构。补充、修改的内容作为响应文件的组成部分。补充、修改的内容与响应文件不一致的，以补充、修改的内容为准。

谈判小组、询价小组在对响应文件的有效性、完整性和响应程度进行审查时，可以要求供应商对响应文件中含义不明确、同类问题表述不一致或者有明显文字和计算错误的内容等作出必要的澄清、说明或者更正。供应商的澄清、说明或者更正不得超出响应文件的范围或者改变响应文件的实质性内容。谈判小组、询价小组要求供应商澄清、说明或者更正响应文件应当以书面形式作出。供应商的澄清、说明或者更正应当由法定代表人或其授权代表签字或者加盖公章。由授权代表签字的，应当附法定代表人授权书。供应商为自然人的，应当由本人签字并附身份证明。谈判小组、询价小组应当根据评审记录和评审结果编写评审报告，其主要内容包括：邀请供应商参加采购活动的具体方式和相关情况，以及参加采购活动的供应商名单；评审日期和地点，谈判小组、询价小组成员名单；评审情况记录和说明，包括对供应商的资格审查情况、供应商响应文件评审情况、谈判情况、报价情况等；提出的成交候选人的名单及理由。

评审报告应当由谈判小组、询价小组全体人员签字认可。谈判小组、询价小组成员对评审报告有异议的，谈判小组、询价小组按照少数服从多数的原则推荐成交候选人，采购程序继续进行。对评审报告有异议的谈判小组、询价小组成员，应当在报告上签署不同意见并说明理由，由谈判小组、询价小组书面记录相关情况。谈判小组、询价小组成员拒绝在报告上签字又不书面说明其不同意见和理由的，视为同意评审报告。

采购人或者采购代理机构应当在成交供应商确定后 2 个工作日内，在省级以上财政部门指定的媒体上公告成交结果，同时向成交供应商发出成交通知书，并将竞争性谈判文件、询价通知书随成交结果同时公告。成交结果公告应当包括以下内容：采购人和采购代理机构的名称、地址和联系方式；项目名称和项目编号；成交供应商名称、地址和成交金额；主要成交标的的名称、规格型号、数量、单价、服务要求；谈判小组、询价小组成员名单及单一来源采购人员名单。

采用书面推荐供应商参加采购活动的，还应当公告采购人和评审专家的推荐意见。采购人与成交供应商应当在成交通知书发出之日起 30 日内，按照采购文件确定的合同文本以及采购标的、规格型号、采购金额、采购数量、技术和服务要求等事项签订政府采购合同。采购人不得向成交供应商提出超出采购文件以外的任何要求作为签订合同的条件，不得与成交供应商订立背离采购文件确定的合同文本以及采购标的、规格型号、采购金额、采购数量、技术和服务要求等实质性内容的协议。还应当在采购活动结束后及时退还供应商的保证金，但因供应商自身原因导致无法及时退还的除外。未成交供应商的保证金应当在成交通知书发出后 5 个工作日内退还，成交供应商的保证金应当在采购合同签订后 5 个工作日内退还。有下列情形之一的，保证金不予退还：供应商在提交响应文件截止时间后撤回响应文件的；供应商在响应文件中提供虚假材料的；除因不可抗力或谈判文件、询价通知书认可的情形以外，成交供应商不与采购人签订合同的；供应商与采购人、其他供应商或者采购代理机构恶意串通的；采购文件规定的其他情形。

除资格性审查认定错误和价格计算错误外，采购人或者采购代理机构不得以任何理由组织重新评审。采购人、采购代理机构发现谈判小组、询价小组未按照采购文件规定的评定成交的标准进行评审的，应当重新开展采购活动，并同时书面报告本级财政部门。除不可抗力等因素外，成交通知书发出后，采购人改变成交结果，或者成交供应商拒绝签订政府采购合同的，应当承担相应的法律责任。在采购活动中因重大变故，采购任务取消的，采购人或者采购代理机构应当终止采购活动，通知所有参加采购活动的供应商，并将项目实施情况和采购任务取消原因报送本级财政部门。采购人或者采购代理机构应当按照采购合同规定的技术、服务等要求组织对供应商履约的验收，并出具验收书。验收书应当包括每一项技术、服务等要求的履约情况。大型或者复杂的项目，应当邀请国家认可的质量检测机构参加验收。验收方成员应当在验收书上签字，并承担相应的法律责任。

采购人、采购代理机构应当妥善保管每项采购活动的采购文件。采购文件包括采购活动记录、采购预算、谈判文件、询价通知书、响应文件、推荐供应商的意见、评审报告、成交供应商确定文件、单一来源采购协商情况记录、合同文本、验收证明、质疑答复、投诉处理决定以及其他有关文件、资料。采购文件可以电子档案方式保存。采购活动记录至少应当包括下列内容：采购项目类别、名称；采购项目预算、资金构成和合同价格；采购方式，采用该方式的原因及相关说明材料；选择参加采购活动的供应商的方式及原因；评定成交的标准及确定成交供应商的原因；终止采购活动的，终止的原因。

符合下列情形之一的采购项目，可以采用竞争性谈判方式采购：招标后没有供应商投标或者没有合格标的，或者重新招标未能成立的；技术复杂或者性质特殊，不能确定详细规格或者具体要求的；非采购人所能预见的原因或者非采购人拖延造成采用招标所需时间不能满足用户紧急需要的；因艺术品采购、专利、专有技术或者服务的时间、数量事先不能确定等原因不能事先计算出价格总额的。

公开招标的货物、服务采购项目，招标过程中提交投标文件或者经评审实质性响应招标文件要求的供应商只有两家时，采购人、采购代理机构按照本办法第四条经本级财政部门批准后可以与该两家供应商进行竞争性谈判采购，采购人、采购代理机构应当根据招标文件中的采购需求编制谈判文件，成立谈判小组，由谈判小组对谈判文件进行确认。谈判小组应当对响应文件进行评审，并根据谈判文件规定的程序、评定成交的标准等事项与实质性响应谈判文件要求的供应商进行谈判。未实质性响应谈判文件的响应文件按无效处理，谈判小组应当告知有关供应商。在谈判过程中，谈判小组可以根据谈判文件和谈判情况实质性变动采购需求中的技术、服务要求以及合同草案条款，但不得变动谈判文件中的其他内容。实质性变动的内容，须经采购人代表确认。对谈判文件作出的实质性变动是谈判文件的有效组成部分，谈判小组应当及时以书面形式同时通知所有参加谈判的供应商。供应商应当按照谈判文件的变动情况和谈判小组的要求重新提交响应文件，并由其法定代表人或授权代表签字或者加盖公章。由授权代表签字的，应当附法定代表人授权书。供应商为自然人的，应当由本人签字并附身份证明。谈判文件能够详细列明采购标的技术、服务要求的，谈判结束后，谈判小组应当要求所有继续参加谈判的供应商在规定时间内提交最后报价，提交最后报价的供应商不得少于 3 家。谈判文件不能详细列明采购标的技术、服务要求，需经谈判由供应商提供最终设计方案或解决方案的，谈判结束后，谈判小组应当按照少数服从多数的原则投票推荐 3 家以上供应商的设计方案或者解决方案，并要求其在规定时间内提交最后报价。最后报价是供应商响应文件的有效组成部分。谈判小组应当从质量和服务均能满足采购文件实质性响应要求的供应商中，按照最后报价由低到高的顺序提出 3 名以上成交候选人，并编写评审报告。采购代理机构应当在评审结束后 2 个工作日内将评审报告送采购人确认。采购人应当在收到评审报告后 5 个工作日内，从评审报告提出的成交候选人中，根据质量和服务均能满足采购文件实质性响应要求且最后报价最低的原则确定成交供应商，也可以书面授权谈判小组直接确定成交供应商。采购人逾期未确定成交供应商且不提出异议的，视为确定评审报告提出的最后报价最低的供应商为成交供应商。

政府采购竞争性谈判采购方式流程图见图 24-8。

政府采购询价采购方式流程图见图 24-9。

三、单一来源采购

属于政府采购法第三十一条第一项情形，且达到公开招标数额的货物、服务项目，拟采用单一来源采购方式的，采购人、采购代理机构在按照规定报财政部门批准之前，应当在省级以上财政部门指定媒体上公示，并将公示情况一并报财政部门。公示期不得少于 5 个工作日，公示内容应当包括：采购人、采购项目名称和内容；拟采购的货物或者服务的说明；采用单一来源采购方式的原因及相关说明；拟定的唯一供应商名称、地址；专业人员对相关供应商因专利、专有技术等原因具有唯一性的具体论证意见，以及专业人员的姓名、工作单位和职称；公示的期限；采购人、采购代理机构、财政部门的联系地址、联系人和联系电话。

采用单一来源采购方式采购的，采购人、采购代理机构应当组织具有相关经验的专业人员与供应商商定合理的成交价格并保证采购项目质量。单一来源采购人员应当编写协商情况记录，主要内容包括：依据规定进行公示的，公示情况说明；协商日期和地点，采购人员名单；供应商提供的采购标的成本、同类项目合同价格以及相关专利、专有技术等情况说明；合同主要条款及价格商定情况。

协商情况记录应当由采购全体人员签字认可。对记录有异议的采购人员，应当签署不

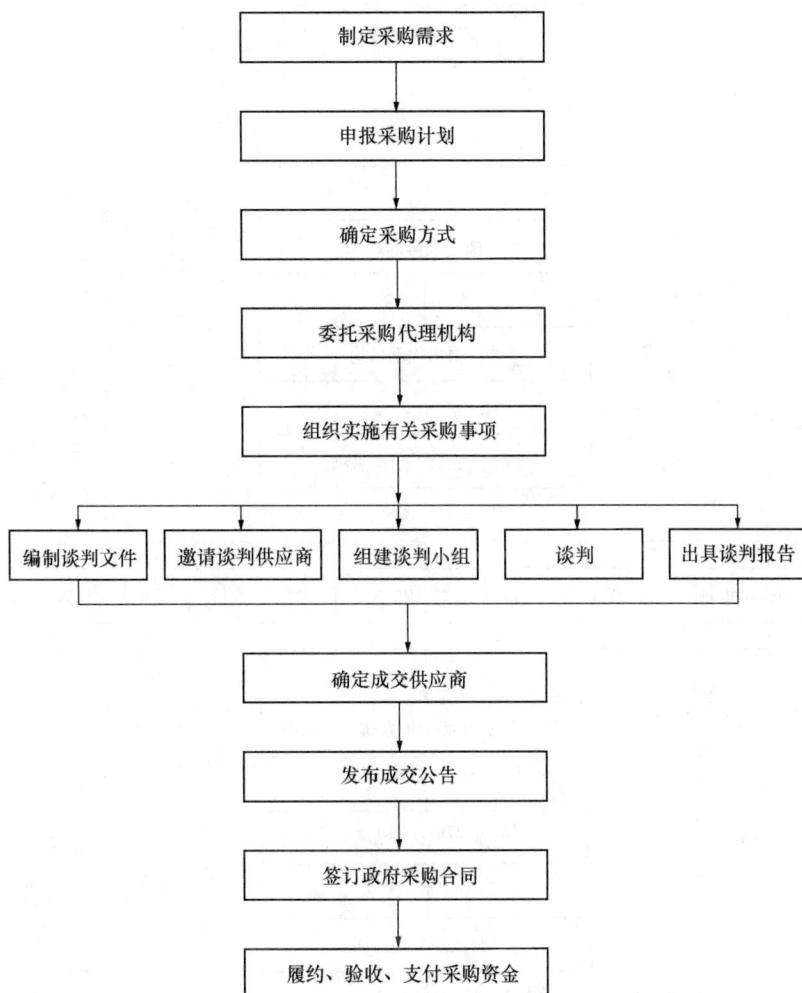

图 24-8 政府采购竞争性谈判采购方式流程图

同意见并说明理由。采购人员拒绝在记录上签字又不书面说明其不同意见和理由的，视为同意。出现下列情形之一的，采购人或者采购代理机构应当终止采购活动，发布项目终止公告并说明原因，重新开展采购活动：因情况变化，不再符合规定的单一来源采购方式适用情形的；出现影响采购公正的违法、违规行为的；报价超过采购预算的。

四、询价

询价采购需求中的技术、服务等要求应当完整、明确，符合相关法律、行政法规和政府采购政策的规定。从询价通知书发出之日起至供应商提交响应文件截止之日止不得少于3个工作日。提交响应文件截止之日前，采购人、采购代理机构或者询价小组可以对已发出的询价通知书进行必要的澄清或者修改，澄清或者修改的内容作为询价通知书的组成部分。澄清或者修改的内容可能影响响应文件编制的，采购人、采购代理机构或者询价小组应当在提交响应文件截止之日3个工作日前，以书面形式通知所有接收询价通知书的供应商，不足3个工作日的，应当顺延提交响应文件截止之日。询价小组在询价过程中，不得

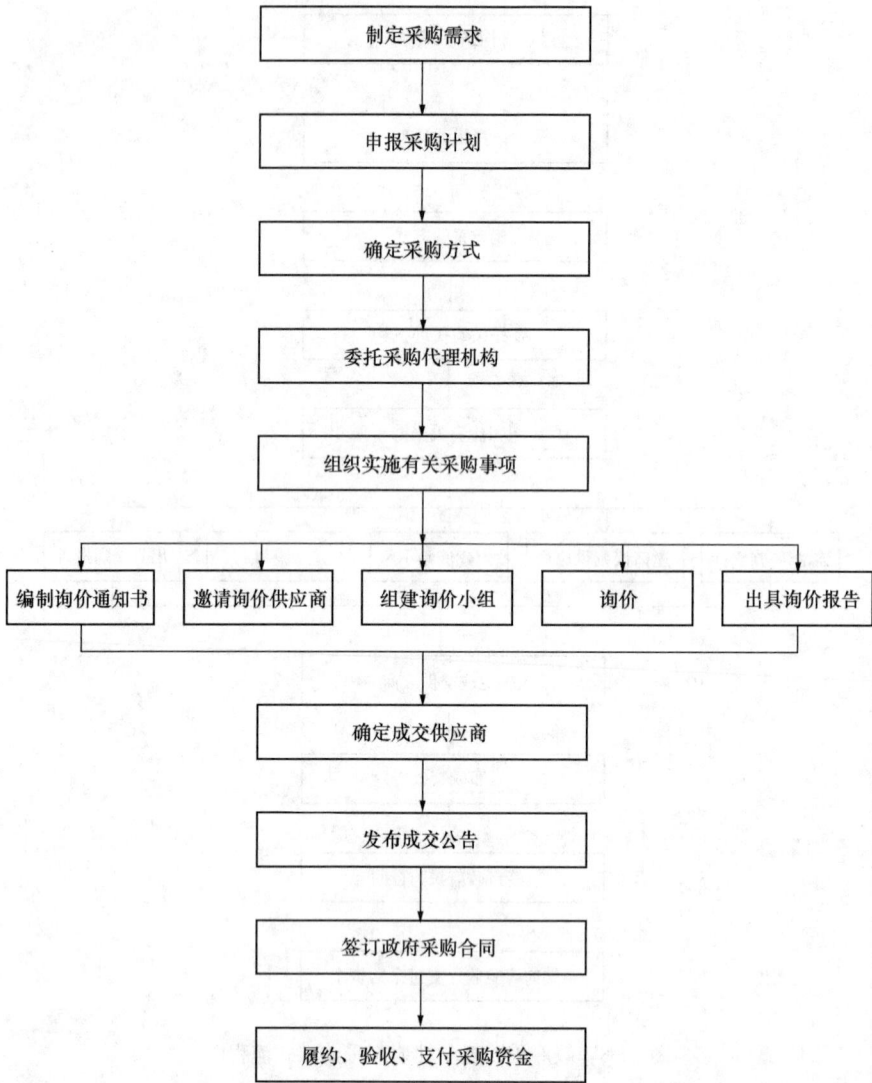

图 24-9　政府采购询价采购方式流程图

改变询价通知书所确定的技术和服务等要求、评审程序、评定成交的标准和合同文本等事项。参加询价采购活动的供应商，应当按照询价通知书的规定一次报出不得更改的价格。询价小组应当从质量和服务均能满足采购文件实质性响应要求的供应商中，按照报价由低到高的顺序提出 3 名以上成交候选人，并编写评审报告。采购代理机构应当在评审结束后 2 个工作日内将评审报告送采购人确认。采购人应当在收到评审报告后 5 个工作日内，从评审报告提出的成交候选人中，根据质量和服务均能满足采购文件实质性响应要求且报价最低的原则确定成交供应商，也可以书面授权询价小组直接确定成交供应商。采购人逾期未确定成交供应商且不提出异议的，视为确定评审报告提出的最后报价最低的供应商为成交供应商。出现下列情形之一的，采购人或者采购代理机构应当终止询价采购活动，发布项目终止公告并说明原因，重新开展采购活动：因情况变化，不再符合规定的询价采购方式适用情形的；出现影响采购公正的违法、违规行为的；在采购过程中符合竞争要求的供应商或者报价未超过采购预算的供应商不足 3 家的。

政府采购单一来源采购方式流程图见图 24-10。

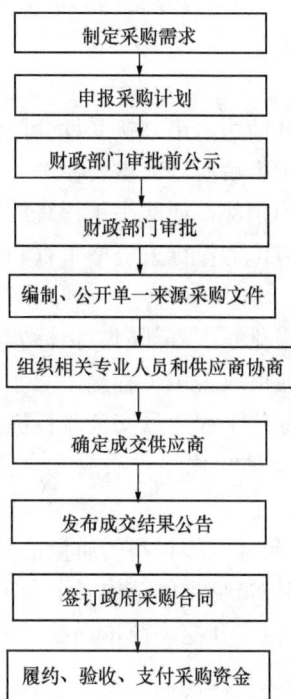

图 24-10　政府采购单一来源采购方式流程图

第十节　园林绿化工程招投标管理

一、园林绿化工程

园林绿化工程是指新建、改建、扩建公园绿地、防护绿地、广场用地、附属绿地、区域绿地，以及对城市生态和景观影响较大建设项目的配套绿化，主要包括园林绿化植物栽植、地形整理、园林设备安装及建筑面积 300 平方米以下单层配套建筑、小品、花坛、园路、水系、驳岸、喷泉、假山、雕塑、绿地广场、园林景观桥梁等施工。

二、园林绿化工程施工企业

园林绿化工程的施工企业应具备与从事工程建设活动相匹配的专业技术管理人员、技术工人、资金、设备等条件，并遵守工程建设相关法律法规。园林绿化工程施工实行项目负责人负责制，项目负责人应具备相应的现场管理工作经历和专业技术能力。

三、园林绿化工程招标文件内容

园林绿化工程招标文件中应明确内容：

（一）投标人应具有与园林绿化工程项目相匹配的履约能力；

（二）投标人及其项目负责人应具有良好的园林绿化行业从业信用记录；

（三）资格审查委员会、评标委员会中园林专业专家人数不少于委员会专家人数的 1/3；

（四）法律法规规定的其他要求。

综合性公园及专类公园建设改造工程、古树名木保护工程，以及含有高堆土（高度5米以上）、假山（高度3米以上）等技术较复杂内容的园林绿化工程招标时，可以要求投标人及其项目负责人具备工程业绩。

四、投标人公开信用承诺

投标人及其项目负责人应公开信用承诺，接受社会监督，信用承诺履行情况纳入园林绿化市场主体信用记录，作为事中事后监管的重要参考。鼓励园林绿化工程施工企业以银行或担保公司保函的形式提供履约担保，或购买工程履约保证保险。园林绿化市场信用信息系统中的市场主体信用记录，应作为投标人资格审查和评标的重要参考。

五、园林绿化工程监管

各级住房和城乡建设（园林绿化）主管部门、招标人不得将具备住房和城乡建设部门核发的原城市园林绿化企业资质或市政公用工程施工总承包资质等作为投标人资格条件。城镇园林绿化主管部门委托园林绿化工程质量安全监督机构具体实施绿化工程质量安全监督管理，应当加强对本行政区内园林绿化工程质量安全监督管理，重点对以下内容进行监管：

（一）苗木、种植土、置石等园林工程材料的质量情况；

（二）亭、台、廊、榭等园林构筑物主体结构安全和工程质量情况；

（三）地形整理、假山建造、树穴开挖、苗木吊装、高空修剪等施工关键环节质量安全管理情况。

六、园林绿化工程竣工验收

园林绿化工程竣工验收应通知项目所在地城镇园林绿化主管部门，城镇园林绿化主管部门或其委托的质量安全监督机构应按照有关规定监督工程竣工验收，出具《工程质量监督报告》，并纳入园林绿化市场主体信用记录。园林绿化工程施工合同中应约定施工保修养护期，一般不少于1年。保修养护期满，城镇园林绿化主管部门应监督做好工程移交，及时进行工程质量综合评价，评价结果应纳入园林绿化市场主体信用记录。

第十一节　国家公路工程建设项目招标投标

一、公路工程建设项目招标

公路工程建设项目招标人是提出招标项目、进行招标的项目法人或者其他组织。公路工程建设项目招标适用于境内从事公路工程建设项目勘察设计、施工、施工监理等的招标投标活动。公路工程建设项目的招标人或者其指定机构应当对资格审查、开标、评标等过程录音录像并存档备查。对于按照国家有关规定需要履行项目审批、核准手续的依法必须进行招标的公路工程建设项目，招标人应当按照项目审批、核准部门确定的招标范围、招标方式、招标组织形式开展招标。公路工程建设项目履行项目审批或者核准手续后，方可开展勘察设计招标；初步设计文件批准后，方可开展施工监理、设计施工总承包招标；施工图设计文件批准后，方可开展施工招标。施工招标采用资格预审方式的，在初步设计文件批准后，可以进行资格预审。有下列情形之一的公路工程建设项目，可以不进行招标：涉及国家安全、国家秘密、抢险救灾或者属于利用扶贫资金实行以工代赈、需要使用农民工等特殊情况；需要采用不可替代的专利或者专有技术；采购人自身具有工程施工或者提供服务的资格和能力，且符合法定要求；已通过招标方式选定的特许经营项目投资人依法能够自行施工或者提供服务；需要向原中标人采购工程或者服务，否则将影响施工或者功能配套要求；国家规定的其他特殊情形。招标人不得为适用前款规定弄虚作假，规避招标。

公路工程建设项目采用公开招标方式的，原则上采用资格后审办法对投标人进行资格审查。公路工程建设项目采用资格预审方式公开招标的，应当按照下列程序进行：编制资格预审文件；发布资格预审公告，发售资格预审文件，公开资格预审文件关键内容；接收资格预审申请文件；组建资格审查委员会对资格预审申请人进行资格审查，资格审查委员会编写资格审查报告；根据资格审查结果，向通过资格预审的申请人发出投标邀请书；向未通过资格预审的申请人发出资格预审结果通知书，告知未通过的依据和原因；编制招标文件；发售招标文件，公开招标文件的关键内容；需要时，组织潜在投标人踏勘项目现场，召开投标预备会；接收投标文件，公开开标；组建评标委员会评标，评标委员会编写评标报告、推荐中标候选人；公示中标候选人相关信息；确定中标人；编制招标投标情况的书面报告；向中标人发出中标通知书，同时将中标结果通知所有未中标的投标人；与中标人订立合同。采用资格后审方式公开招标的，在完成招标文件编制并发布招标公告后，按照前款程序进行。采用邀请招标的，在完成招标文件编制并发出投标邀请书后，按照前款程序进行。

国有资金占控股或者主导地位的依法必须进行招标的公路工程建设项目，采用资格预审的，招标人应当按照有关规定组建资格审查委员会审查资格预审申请文件。资格审查委员会的专家抽取以及资格审查工作要求，应当适用关于评标委员会的规定。资格预审审查办法原则上采用合格制。资格预审审查办法采用合格制的，符合资格预审文件规定审查标准的申请人均应当通过资格预审。资格预审审查工作结束后，资格审查委员会应当编制资格审查报告。资格审查报告应当载明下列内容：招标项目基本情况；资格审查委员会成员名单；监督人员名单；资格预审申请文件递交情况；通过资格审查的申请人名单；未通过资格审查的申请人名单以及未通过审查的理由；评分情况；澄清、说明事项纪要；需要说明的其他事项；资格审查附表。对依法必须进行招标的公路工程建设项目，招标人应当根据交通运输部制定的标准文本，结合招标项目具体特点和实际需要，编制资格预审文件和招标文件。资格预审文件和招标文件应当载明详细的评审程序、标准和方法，招标人不得另行制定评审细则。

二、招标人

招标人应当合理划分标段、确定工期，提出质量、安全目标要求，并在招标文件中载明。标段的划分应当有利于项目组织和施工管理、各专业的衔接与配合，不得利用划分标段规避招标、限制或者排斥潜在投标人。招标人可以实行设计施工总承包招标、施工总承包招标或者分专业招标。招标人结合招标项目的具体特点和实际需要，设定潜在投标人或者投标人的资质、业绩、主要人员、财务能力、履约信誉等资格条件，不得以不合理的条件限制、排斥潜在投标人或者投标人。招标人应当根据国家有关规定，结合招标项目的具体特点和实际需要，合理确定对投标人主要人员以及其他管理和技术人员的数量和资格要求。投标人拟投入的主要人员应当在投标文件中进行填报，其他管理和技术人员的具体人选由招标人和中标人在合同谈判阶段确定。对于特别复杂的特大桥梁和特长隧道项目主体工程和其他有特殊要求的工程，招标人可以要求投标人在投标文件中填报其他管理和技术人员。招标人可以自行决定是否编制标底或者设置最高投标限价。招标人不得规定最低投标限价。接受委托编制标底或者最高投标限价的中介机构不得参加该项目的投标，也不得为该项目的投标人编制投标文件或者提供咨询。招标人应当严格遵守有关法律、行政法规关于各类保证金收取的规定，在招标文件中载明保证金收取的形式、金额以及返还时间。招标人不得以任何名义增设或者变相增设保证金或者随意更改招标文件载明的保证金收取形式、金额以及返还时间。招标人不得在资格预审期间收取任何形式的保证金。招标人在招标文件中要求投标人提交投标保证金的，投标保证金不得超过招标标段估算价的2%。投标保证金有效期应当与投标有效期一致。依法必须进行招标的公路工程建设项目的投标人，以现金或者支票形式提交投标保证金的，应当从其基本账户转出。投标人提交的投标保证金不符合招标文件要求的，应当否决其投标。

招标人应当按照国家有关法律法规规定，在招标文件中明确允许分包的或者不得分包的工程和服务，分包人应当满足的资格条件以及对分包实施的管理要求。招标人不得在招标文件中设置对分包的歧视性条款。招标人有下列行为之一的，属于前款所称的歧视性条款：以分包的工作量规模作为否决投标的条件；对投标人符合法律法规以及招标文件规定的分包计划设定扣分条款；按照分包的工作量规模对投标人进行区别评分；以其他不合理条件限制投标人进行分包的行为。招标人应当在招标文件中合理划分双方风险，不得设置将应由招标人承担的风险转嫁给勘察设计、施工、监理等投标人的不合理条款。招标文件应当设置合理的价格调整条款，明确约定合同价款支付期限、利息计付标准和日期，确保双方主体地位平等。招标人应当根据招标项目的具体特点以及相关规定，在招标文件中合理设定评标标准和方法。评标标准和方法中不得含有倾向或者排斥潜在投标人的内容，不得妨碍或者限制投标人之间的竞争。禁止采用抽签、摇号等博彩性方式直接确定中标候选人。以暂估价形式包括在招标项目范围内的工程、货物、服务，属于依法必须进行招标的项目范围且达到国家规定规模标准的，应当依法进行招标。招标项目的合同条款中应当约定负责实施暂估价项目招标的主体以及相应的招标程序。

三、投标

投标人是响应招标、参加投标竞争的法人或者其他组织。投标人应当具备招标文件规定的资格条件，具有承担所投标项目的相应能力。投标人在投标文件中填报的资质、业绩、主要人员资历和目前在岗情况、信用等级等信息，应当与其在交通运输主管部门公路建设市场信用信息管理系统上填报并发布的相关信息一致。投标人应当按照招标文件要求装订、密封投标文件，并按照招标文件规定的时间、地点和方式将投标文件送达招标人。公路工程勘察设计和施工监理招标的投标文件应当以双信封形式密封，第一信封内为商务文件和技术文件，第二信封内为报价文件。对公路工程施工招标，招标人采用资格预审方式进行招标且评标方法为技术评分最低标价法的，或者采用资格后审方式进行招标的，投标文件应当以双信封形式密封，第一信封内为商务文件和技术文件，第二信封内为报价文件。投标文件按照要求送达后，在招标文件规定的投标截止时间前，投标人修改或者撤回投标文件的，应当以书面函件形式通知招标人。修改投标文件的函件是投标文件的组成部分，其编制形式、密封方式、送达时间等，适用对投标文件的规定。投标人在投标截止时间前撤回投标文件且招标人已收取投标保证金的，招标人应当自收到投标人书面撤回通知之日起 5 日内退还其投标保证金。投标截止后投标人撤销投标文件的，招标人可以不退还投标保证金。投标人根据招标文件有关分包的规定，拟在中标后将中标项目的部分工作进行分包的，应当在投标文件中载明。投标人在投标文件中未列入分包计划的工程或者服务，中标后不得分包，法律法规或者招标文件另有规定的除外。

四、开标、评标

开标应当在招标文件确定的提交投标文件截止时间的同一时间公开进行；开标地点应当为招标文件中预先确定的地点。投标人少于 3 个的，不得开标，投标文件应当当场退还给投标人；招标人应当重新招标。开标由招标人主持，邀请所有投标人参加。开标过程应当记录，并存档备查。投标人对开标有异议的，应当在开标现场提出，招标人应当当场作出答复，并制作记录。未参加开标的投标人，视为对开标过程无异议。投标文件按照招标文件规定采用双信封形式密封的，开标分两个步骤公开进行：第一步骤对第一信封内的商务文件和技术文件进行开标，对第二信封不予拆封并由招标人予以封存；第二步骤宣布通过商务文件和技术文件评审的投标人名单，对其第二信封内的报价文件进行开标，宣读投标报价。未通过商务文件和技术文件评审的，对其第二信封不予拆封，并当场退还给投标人；投标人未参加第二信封开标的，招标人应当在评标结束后及时将第二信封原封退还投标人。

招标人应当按照国家有关规定组建评标委员会负责评标工作。国家审批或者核准的高速公路、一级公路、独立桥梁和独立隧道项目，评标委员会专家应当由招标人从国家重点公路工程建设项目评标专家库相关专业中随机抽取；其他公路工程建设项目的评标委员会专家可以从省级公路工程建设项目评标专家库相关专业中随机抽取，也可以从国家重点公路工程建设项目评标专家库相关专业中随机抽取。对于技术复杂、专业性强或者国家有特殊要求，采取随机抽取方式确定的评标专家难以保证胜任评标工作的特殊招标项目，可以由招标人直接确定。评标委员会应当民主推荐一名主任委员，负责组织评标委员会成员开展评标工作。评标委员会主任委员与评标委员会的其他成员享有同等权利与义务。招标人应当向评标委员会提供评标所必需的信息，但不得明示或者暗示其倾向或者排斥特定投标人。评标所必需的信息主要包括招标文件、招标文件的澄清或者修改、开标记录、投标文件、资格预审文件。招标人可以协助评标委员会开展下列工作并提供相关信息：根据招标文件，编制评标使用的相应表格；对投标报价进行算术性校核；以评标标准和方法为依据，列出投标文件相对于招标文件的所有偏差，并进行归类汇总；查询公路建设市场信用信息管理系统，对投标人的资质、业绩、主要人员资历和目前在岗情况、信用等级进行核实。

招标人不得对投标文件作出任何评价，不得故意遗漏或者片面摘录，不得在评标委员会对所有偏差定性之前透露存有偏差的投标人名称。评标委员会应当根据招标文件规定，全面、独立评审所有投标文件，并对招标人提供的上述相关信息进行核查，发现错误或者遗漏的，应当进行修正。评标委员会应当按照招标文件确定的评标标准和方法进行评标。招标文件没有规定的评标标准和方法不得作为评标的依据。公路工程勘察设计和施工监理招标，应当采用综合评估法进行评标，对投标人的商务文件、技术文件和报价文件进行评分，按照综合得分由高到低排序，推荐中标候选人。评标价的评分权重不宜超过 10%，评标价得分应当根据评标价与评标基准价的偏离程度进行计算。

公路工程施工招标,评标采用综合评估法或者经评审的最低投标价法。综合评估法包括合理低价法、技术评分最低标价法和综合评分法。

1. 合理低价法,是指对通过初步评审的投标人,不再对其施工组织设计、项目管理机构、技术能力等因素进行评分,仅依据评标基准价对评标价进行评分,按照得分由高到低排序,推荐中标候选人的评标方法。

2. 技术评分最低标价法,是指对通过初步评审的投标人的施工组织设计、项目管理机构、技术能力等因素进行评分,按照得分由高到低排序,对排名在招标文件规定数量以内的投标人的报价文件进行评审,按照评标价由低到高的顺序推荐中标候选人的评标方法。招标人在招标文件中规定的参与报价文件评审的投标人数量不得少于 3 个。

3. 综合评分法,是指对通过初步评审的投标人的评标价、施工组织设计、项目管理机构、技术能力等因素进行评分,按照综合得分由高到低排序,推荐中标候选人的评标方法。其中评标价的评分权重不得低于 50%。

4. 经评审的最低投标价法,是指对通过初步评审的投标人,按照评标价由低到高排序,推荐中标候选人的评标方法。

公路工程施工招标评标,一般采用合理低价法或者技术评分最低标价法。技术特别复杂的特大桥梁和特长隧道项目主体工程,可以采用综合评分法。工程规模较小、技术含量较低的工程,可以采用经评审的最低投标价法。实行设计施工总承包招标的,招标人应当根据工程地质条件、技术特点和施工难度确定评标办法。设计施工总承包招标的评标采用综合评分法的,评分因素包括评标价、项目管理机构、技术能力、设计文件的优化建议、设计施工总承包管理方案、施工组织设计等因素,评标价的评分权重不得低于 50%。

五、评标委员会

评标委员会成员应当客观、公正、审慎地履行职责,遵守职业道德。评标委员会成员应当依据评标办法规定的评审顺序和内容逐项完成评标工作,对本人提出的评审意见以及评分的公正性、客观性、准确性负责。除评标价和履约信誉评分项外,评标委员会成员对投标人商务和技术各项因素的评分一般不得低于招标文件规定该因素满分值的 60%;评分低于满分值 60% 的,评标委员会成员应当在评标报告中作出说明。招标人应当对评标委员会成员在评标活动中的职责履行情况予以记录,并在招标投标情况的书面报告中载明。招标人应当根据项目规模、技术复杂程度、投标文件数量和评标方法等因素合理确定评标时间。超过三分之一的评标委员会成员认为评标时间不够的,招标人应当适当延长。评标委员会应当查询交通运输主管部门的公路建设市场信用信息管理系统,对投标人的资质、业绩、主要人员资历和目前在岗情况、信用等级等信息进行核实。若投标文件载明的信息与公路建设市场信用信息管理系统发布的信息不符,使得投标人的资格条件不符合招标文件规定的,评标委员会应当否决其投标。评标委员会发现投标人的投标报价明显低于其他投标人报价或者在设有标底时明显低于标底的,应当要求该投标人对相应投标报价作出书面说明,并提供相关证明材料。投标人不能证明可以按照其报价以及招标文件规定的质量标准和履行期限完成招标项目的,评标委员会应当认定该投标人以低于成本价竞标,并否决其投标。评标委员会对投标文件进行评审后,因有效投标不足 3 个使得投标明显缺乏竞争的，可以否决全部投标。未否决全部投标的，评标委员会应当在评标报告中阐明理由并推荐中标候选人。

投标文件按照招标文件规定采用双信封形式密封的，通过第一信封商务文件和技术文件评审的投标人在 3 个以上的，招标人应当按照本办法第三十七条规定的程序进行第二信封报价文件开标；在对报价文件进行评审后，有效投标不足 3 个，评标委员会应当按照规定执行。通过第一信封商务文件和技术文件评审的投标人少于 3 个的，评标委员会可以否决全部投标；未否决全部投标的，评标委员会应当在评标报告中阐明理由，招标人应当按照规定的程序进行第二信封报价文件开标，但评标委员会在进行报价文件评审时仍有权否决全部投标；评标委员会未在报价文件评审时否决全部投标的，应当在评标报告中阐明理由并推荐中标候选人。评标完成后，评标委员会应当向招标人提交书面评标报告。评标报告中推荐的中标候选人应当不超过 3 个，并标明排序。评标报告应当载明下列内容：招标项目基本情况；评标委员会成员名单；监督人员名单；开标记录；符合要求的投标人名单；否决的投标人名单以及否决理由；串通投标情形的评审情况说明；评分情况；经评审的投标人排序；中标候选人名单；澄清、说明事项纪要；需要说明的其他事项。

对评标监督人员或者招标人代表干预正常评标活动，以及对招标投标活动的其他不正当言行，评标委员会应当在评标报告内容中如实记录。除规定的内容外，评标委员会所有成员应当在评标报告上逐页签字。对评标结果有不同意见的评标委员会成员应当以书面形式说明其不同意见和理由，评标报告应当注明该不同意见。评标委员会成员拒绝在评标报告上签字又不书面说明其不同意见和理由的，视为同意评标结果。

六、中标

依法必须进行招标的公路工程建设项目，招标人应当自收到评标报告之日起 3 日内，在对该项目具有招标监督职责的交通运输主管部门政府网站或者其指定的其他网站上公示中标候选人，公示期不得少于 3 日，公示内容包括：中标候选人排序、名称、投标报价；中标候选人在投标文件中承诺的主要人员姓名、个人业绩、相关证书编号；中标候选人在投标文件中填报的项目业绩；被否决投标的投标人名称、否决依据和原因；招标文件规定公示的其他内容。投标人或者其他利害关系人对依法必须进行招标的公路工程建设项目的评标结果有异议的，应当在中标候选人公示期间提出。招标人应当自收到异议之日起 3 日内作出答复；作出答复前，应当暂停招标投标活动。除招标人授权评标委员会直接确定中标人外，招标人应当根据评标委员会提出的书面评标报告和推荐的中标候选人确定中标人。国有资金占控股或者主导地位的依法必须进行招标的公路工程建设项目，招标人应当确定排名第一的中标候选人为中标人。排名第一的中标候选人放弃中标、因不可抗力不能履行合同、不按照招标文件要求提交履约保证金，或者被查实存在影响中标结果的违法行为等情形，不符合中标条件的，招标人可以按照评标委员会提出的中标候选人名单排序依次确定其他中标候选人为中标人，也可以重新招标。

依法必须进行招标的公路工程建设项目，招标人应当自确定中标人之日起 15 日内，将招标投标情况的书面报告报对该项目具有招标监督职责的交通运输主管部门备案。前款所称书面报告至少应当包括下列内容：招标项目基本情况；招标过程简述；评标情况说明；中标候选人公示情况；中标结果；附件，包括评标报告、评标委员会成员履职情况说明等。有资格预审情况说明、异议及投诉处理情况和资格审查报告的，也应当包括在书面报告中。招标人应当及时向中标人发出中标通知书，同时将中标结果通知所有未中标的投标人。招标人和中标人应当自中标通知书发出之日起 30 日内，按照招标文件和中标人的投标文件订立书面合同，合同的标的、价格、质量、安全、履行期限、主要人员等主要条款应当与上述文件的内容一致。招标人和中标人不得再行订立背离合同实质性内容的其他协议。

招标人最迟应当在中标通知书发出后 5 日内向中标候选人以外的其他投标人退还投标保证金，与中标人签订书面合同后 5 日内向中标人和其他中标候选人退还投标保证金。以现金或者支票形式提交的投标保证金，招标人应当同时退还投标保证金的银行同期活期存款利息，且退还至投标人的基本账户。招标文件要求中标人提交履约保证金的，中标人应当按照招标文件的要求提交。履约保证金不得超过中标合同金额的 10%，招标人不得指定或者变相指定履约保证金的支付形式，由中标人自主选择银行保函或者现金、支票等支付形式。招标人应当加强对合同履行的管理，建立对中标人主要人员的到位率考核制度。各级交通运输主管部门应当建立健全公路工程建设项目招标投标信用体系，加强信用评价工作的监督管理，维护公平公正的市场竞争秩序。招标人应当将交通运输主管部门的信用评价结果应用于公路工程建设项目招标。鼓励和支持招标人优先选择信用等级高的从业企业。招标人对信用等级高的资格预审申请人、投标人或者中标人，可以给予增加参与投标的标段数量，减免投标保证金，减少履约保证金、质量保证金等优惠措施。优惠措施以及信用评价结果的认定条件应当在资格预审文件和招标文件中载明。资格预审申请人或者投标人的信用评价结果可以作为资格审查或者评标中履约信誉项的评分因素，各信用评价等级的对应得分应当符合省级人民政府交通运输主管部门有关规定，并在资格预审文件或者招标文件中载明。

第十二节　国家通信工程建设项目招标投标

一、通信工程建设项目招标

通信工程建设项目，是指通信工程以及与通信工程建设有关的货物、服务，其中，通信工程包括通信设施或者通信网络的新建、改建、扩建、拆除等施工；与通信工程建设有关的货物，是指构成通信工程不可分割的组成部分，且为实现通信工程基本功能所必需的设备、材料等；与通信工程建设有关的服务，是指为完成通信工程所需的勘察、设计、监理等服务。依法必须进行招标的通信工程建设项目的具体范围和规模标准，依据国家有关规定确定。鼓励按照《电子招标投标办法》进行通信工程建设项目电子招标投标。

国有资金占控股或者主导地位的依法必须进行招标的通信工程建设项目，应当公开招标；但有下列情形之一的，可以邀请招标：技术复杂、有特殊要求或者受自然环境限制，只有少量潜在投标人可供选择；采用公开招标方式的费用占项目合同金额的比例过大。

有前款第一项所列情形，招标人邀请招标的，应当向其知道或者应当知道的全部潜在投标人发出投标邀请书。采用公开招标方式的费用占项目合同金额的比例超过 1.5%，且采用邀请招标方式的费用明显低于公开招标方式的费用的，方可被认定为有第二项所列情形。

依法必须进行招标的通信工程建设项目的招标人自行办理招标事宜的，应当自发布招标公告或者发出投标邀请书之日起2日内通过"管理平台"向通信行政监督部门提交《通信工程建设项目自行招标备案表》。公开招标的项目，招标人采用资格预审办法对潜在投标人进行资格审查的，应当发布资格预审公告、编制资格预审文件。招标人发布资格预审公告后，可不再发布招标公告。依法必须进行招标的通信工程建设项目的资格预审公告和招标公告，除在国家发改委依法指定的媒介发布外，还应当在"管理平台"发布。在不同媒介发布的同一招标项目的资格预审公告或者招标公告的内容应当一致。资格预审公告、招标公告或者投标邀请书应当载明下列内容：招标人的名称和地址；招标项目的性质、内容、规模、技术要求和资金来源；招标项目的实施或者交货时间和地点要求；获取招标文件或者资格预审文件的时间、地点和方法；对招标文件或者资格预审文件收取的费用；提交资格预审申请文件或者投标文件的地点和截止时间。

招标人对投标人的资格要求，应当在资格预审公告、招标公告或者投标邀请书中载明。资格预审文件一般包括下列内容：资格预审公告；申请人须知；资格要求；业绩要求；资格审查标准和方法；资格预审结果的通知方式；资格预审申请文件格式。资格预审应当按照资格预审文件载明的标准和方法进行，资格预审文件没有规定的标准和方法不得作为资格预审的依据。招标人应当根据招标项目的特点和需要编制招标文件。招标文件一般包括下列内容：招标公告或者投标邀请书；投标人须知；投标文件格式；项目的技术要求；投标报价要求；评标标准、方法和条件；网络与信息安全有关要求；合同主要条款。招标文件应当载明所有评标标准、方法和条件，并能够指导评标工作，在评标过程中不得作任何改变。招标人应当在招标文件中以显著的方式标明实质性要求、条件以及不满足实质性要求和条件的投标将被否决的提示；对于非实质性要求和条件，应当规定允许偏差的最大范围、最高项数和调整偏差的方法。

勘察设计招标项目的评标标准一般包括下列内容：投标人的资质、业绩、财务状况和履约表现；项目负责人的资格和业绩；勘察设计团队人员；技术方案和技术创新；质量标准及质量管理措施；技术支持与保障；投标价格；组织实施方案及进度安排。

监理招标项目的评标标准一般包括下列内容：投标人的资质、业绩、财务状况和履约表现；项目总监理工程师的资格和业绩；主要监理人员及安全监理人员；监理大纲；质量和安全管理措施；投标价格。

施工招标项目的评标标准一般包括下列内容：投标人的资质、业绩、财务状况和履约表现；项目负责人的资格和业绩；专职安全生产管理人员；主要施工设备及施工安全防护设施；质量和安全管理措施；投标价格；施工组织设计及安全生产应急预案。

与通信工程建设有关的货物招标项目的评标标准一般包括下列内容：投标人的资质、业绩、财务状况和履约表现；投标价格；技术标准及质量标准；组织供货计划；售后服务。

评标方法包括综合评估法、经评审的最低投标价法或者法律、行政法规允许的其他评标方法。鼓励通信工程建设项目使用综合评估法进行评标。通信工程建设项目需要划分标段的，招标人应当在招标文件中载明允许投标人中标的最多标段数。通信工程建设项目已确定投资计划并落实资金来源的，招标人可以将多个同类通信工程建设项目集中进行招标。招标人进行集中招标的，应当遵守《招标投标法》、《招标投标法实施条例》和有关依法必须进行招标的项目的规定。招标人进行集中招标的，应当在招标文件中载明工程或者有关货物、服务的类型、预估招标规模、中标人数量及每个中标人对应的中标份额等；对与工程或者有关服务进行集中招标的，还应当载明每个中标人对应的实施地域。

招标人可以对多个同类通信工程建设项目的潜在投标人进行集中资格预审。招标人进行集中资格预审的，应当发布资格预审公告，明确集中资格预审的适用范围和有效期限，并且应当预估项目规模，合理设定资格、技术和商务条件，不得限制、排斥潜在投标人。招标人进行集中资格预审，应当遵守国家有关勘察、设计、施工、监理等资质管理的规定。集中资格预审后，通信工程建设项目的招标人应当继续完成招标程序，不得直接发包工程。招标人根据招标项目的具体情况，可以在发售招标文件截止之日后，组织潜在投标人踏勘项目现场和召开投标预备会。招标人组织潜在投标人踏勘项目现场或者召开投标预备会的，应当向全部潜在投标人发出邀请。投标人应当在招标文件要求提交投标文件的截止时间前，将投标文件送达投标地点。通信工程建设项目划分标段的，投标人应当在投标文件上标明相应的标段。

二、开标、评标和中标

通信工程建设项目投标人少于 3 个的，不得开标，招标人在分析招标失败的原因并采取相应措施后，应当依法重新招标。划分标段的通信工程建设项目某一标段的投标人少于 3 个的，该标段不得开标，招标人在分析招标失败的原因并采取相应措施后，应当依法对该标段重新招标。投标人认为存在低于成本价投标情形的，可以在开标现场提出异议，并在评标完成前向招标人提交书面材料。招标人应当及时将书面材料转交评标委员会。

招标人应当根据《招标投标法》和《招标投标法实施条例》的规定开标，记录开标过程并存档备查。招标人应当记录下列内容：开标时间和地点；投标人名称、投标价格等唱标内容；开标过程是否经过公证；投标人提出的异议。

开标记录应当由投标人代表、唱标人、记录人和监督人签字。因不可抗力或者其他特殊原因需要变更开标地点的，招标人应提前通知所有潜在投标人，确保其有足够的时间能够到达开标地点。评标由招标人依法组建的评标委员会负责。通信工程建设项目评标委员会的专家成员应当具备下列条件：从事通信相关领域工作满 8 年并具有高级职称或者同等专业水平。掌握通信新技术的特殊人才经工作单位推荐，可以视为具备本项规定的条件；熟悉国家和通信行业有关招标投标以及通信建设管理的法律、行政法规和规章，并具有与招标项目有关的实践经验；能够认真、公正、诚实、廉洁地履行职责；未因违法、违纪被取消评标资格或者未因在招标、评标以及其他与招标投标有关活动中从事违法行为而受过行政处罚或者刑事处罚；身体健康，能够承担评标工作。

依法必须进行招标的通信工程建设项目，评标委员会的专家应当从通信工程建设项目评标专家库内相关专业的专家名单中采取随机抽取方式确定；个别技术复杂、专业性强或者国家有特殊要求，采取随机抽取方式确定的专家难以保证胜任评标工作的招标项目，可以由招标人从通信工程建设项目评标专家库内相关专业的专家名单中直接确定。依法必须进行招标的通信工程建设项目的招标人应当通过"管理平台"抽取评标委员会的专家成员，通信行政监督部门可以对抽取过程进行远程监督或者现场监督。依法必须进行招标的通信工程建设项目技术复杂、评审工作量大，其评标委员会需要分组评审的，每组成员人数应为 5 人以上，且每组每个成员应对所有投标文件进行评审。评标委员会的分组方案应当经全体成员同意。评标委员会设负责人的，其负责人由评标委员会成员推举产生或者由招标人确定。评标委员会其他成员与负责人享有同等的表决权。评标委员会成员应当客观、公正地对投标文件提出评审意见，并对所提出的评审意见负责。招标文件没有规定的评标标准和方法不得作为评标依据。评标过程中，评标委员会收到低于成本价投标的书面质疑材料、发现投标人的综合报价明显低于其他投标报价或者设有标底时明显低于标底，认为投标报价可能低于成本的，应当书面要求该投标人作出书面说明并提供相关证明材料。招标人要求以某一单项报价核定是否低于成本的，应当在招标文件中载明。投标人不能合理说明或者不能提供相关证明材料的，评标委员会应当否决其投标。投标人以他人名义投标或者投标人经资格审查不合格的，评标委员会应当否决其投标。部分投标人在开标后撤销投标文件或者部分投标人被否决投标后，有效投标不足 3 个且明显缺乏竞争的，评标委员会应当否决全部投标。有效投标不足 3 个，评标委员会未否决全部投标的，应当在评标报告中说明理由。依法必须进行招标的通信工程建设项目，评标委员会否决全部投标的，招标人应当重新招标。

评标完成后，评标委员会应当根据《招标投标法》和《招标投标法实施条例》的有关规定向招标人提交评标报告和中标候选人名单。招标人进行集中招标的，评标委员会应当推荐不少于招标文件载明的中标人数量的中标候选人，并标明排序。评标委员会分组的，应当形成统一、完整的评标报告。评标报告应当包括下列内容：基本情况；开标记录和投标一览表；评标方法、评标标准或者评标因素一览表；评标专家评分原始记录表和否决投标的情况说明；经评审的价格或者评分比较一览表和投标人排序；推荐的中标候选人名单及其排序；签订合同前要处理的事宜；澄清、说明、补正事项纪要；评标委员会成员名单及本人签字、拒绝在评标报告上签字的评标委员会成员名单及其陈述的不同意见和理由。依法必须进行招标的通信工程建设项目的招标人应当自收到评标报告之日起 3 日内通过"管理平台"公示中标候选人，公示期不得少于 3 日。招标人应当根据《招标投标法》和《招标投标法实施条例》的有关规定确定中标人。招标人进行集中招标的，应当依次确定排名靠前的中标候选人为中标人，且中标人数量及每个中标人对应的中标份额等应当与招标文件载明的内容一致。招标人与中标人订立的合同中应当明确中标价格、预估合同份额等主要条款。中标人不能履行合同的，招标人可以按照评标委员会提出的中标候选人名单排序依次确定其他中标候选人为中标人，也可以对中标人的中标份额进行调整，但应当在招标文件中载明调整规则。确定中标人之前，招标人不得与投标人就投标价格、投标方案等实质性内容进行谈判。招标人不得向中标人提出压低报价、增加工作量、增加配件、增加售后服务量、缩短工期或其他违背中标人的投标文件实质性内容的要求。依法必须进行招标的通信工程建设项目的招标人应当自确定中标人之日起 15 日内，通过"管理平台"向通信行政监督部门提交《通信工程建设项目招标投标情况报告表》。

招标人应建立完整的招标档案，并按国家有关规定保存。招标档案应当包括下列内容：招标文件；中标人的投标文件；评标报告；中标通知书；招标人与中标人签订的书面合同；向通信行政监督部门提交的《通信工程建设项目自行招标备案表》、《通信工程建设项目招标投标情况报告表》；其他需要存档的内容。

招标人进行集中招标的，应当在所有项目实施完成之日起 30 日内通过"管理平台"向通信行政监督部门报告项目实施情况。通信行政监督部门对通信工程建设项目招标投标活动实施监督检查，可以查阅、复制招标投标活动中有关文件、资料，调查有关情况，相关单位和人员应当配合。必要时，通信行政监督部门可以责令暂停招标投标活动。

第十三节 标准建设工程招标文件使用说明

招投标基本流程见图 24-11。

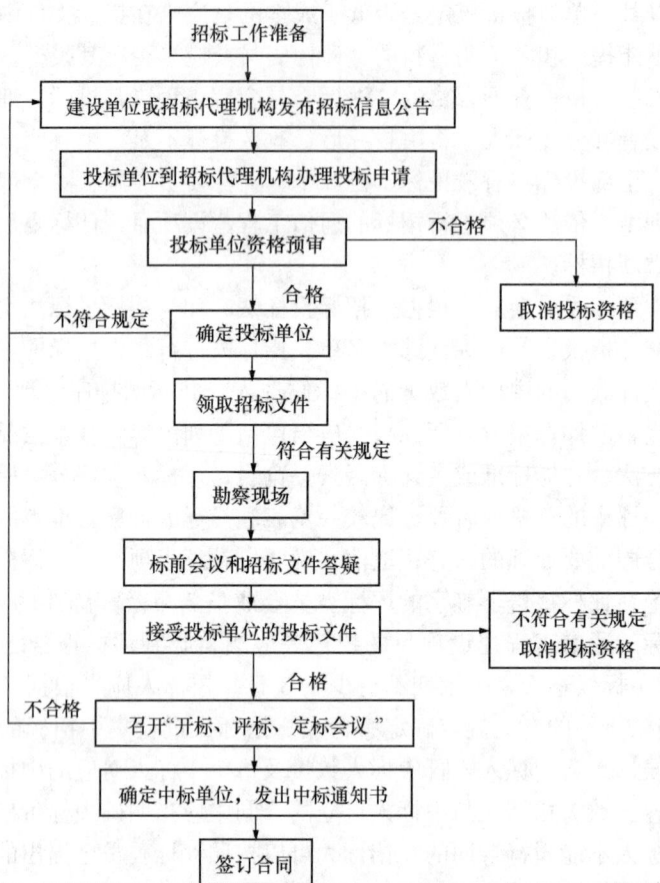

图 24-11 招投标基本流程

标准建设工程招标文件使用说明

国家发改委会同工信部、住房和城乡建设部、交通运输部、水利部、商务部、国家新闻出版广电总局、国家铁路局、中国民用航空局，为进一步完善标准文件编制规则，构建覆盖主要采购对象、多种合同类型、不同项目规模的标准文件体系，提高招标文件编制质量，促进招标投标活动的公开、公平和公正，营造良好市场竞争环境，编制了《标准设备采购招标文件》《标准材料采购招标文件》《标准勘察招标文件》《标准设计招标文件》《标准监理招标文件》（以下如无特别说明，统一简称为《标准文件》），自 2018 年 1 月 1 日起实施。

一、适用范围

本《标准文件》适用于依法必须招标的与工程建设有关的设备、材料等货物项目和勘察、设计、监理等服务项目。机电产品国际招标项目，应当使用商务部编制的机电产品国际招标标准文本（中英文）。工程建设项目，是指工程以及与工程建设有关的货物和服务。工程，是指建设工程，包括建筑物和构筑物的新建、改建、扩建及其相关的装修、拆除、修缮等。与工程建设有关的货物，是指构成工程不可分割的组成部分，且为实现工程基本功能所必需的设备、材料等。与工程建设有关的服务，是指为完成工程所需的勘察、设计、监理等。

二、应当不加修改地引用

《标准文件》的内容、《标准文件》中的"投标人须知"（投标人须知前附表和其他附表除外）、"评标办法"（评标办法前附表除外）、"通用合同条款"，应当不加修改地引用。

三、行业主管部门可以作出的补充规定

国务院有关行业主管部门可根据本行业招标特点和管理需要，对《标准设备采购招标文件》《标准材料采购招标文件》中的"专用合同条款""供货要求"，对《标准勘察招标文件》《标准设计招标文件》中的"专用合同条款""发包人要求"，对《标准监理招标文件》中的"专用合同条款""委托人要求"作出具体规定，其中，"专用合同条款"可对"通用合同条款"进行补充、细化，但除"通用合同条款"明确规定可以作出不同约定外，"专用合同条款"补充和细化的内容不得与"通用合同条款"相抵触，否则抵触内容无效。

四、招标人可以补充、细化和修改的内容

"投标人须知前附表"用于进一步明确"投标人须知"正文中的未尽事宜，招标人应结合招标项目具体特点和实际需要编制和填写，但不得与"投标人须知"正文内容相抵触，否则抵触内容无效。"评标办法前附表"用于明确评标的方法、因素、标准和程序。招标人应根据招标项目具体特点和实际需要，详细列明全部审查或评审因素、标准，没有列明的因素和标准不得作为评标的依据。招标人可根据招标项目的具体特点和实际需要，在"专用合同条款"中对《标准文件》中的"通用合同条款"进行补充、细化和修改，但不得违反法律、行政法规的强制性规定，以及平等、自愿、公平和诚实信用原则，否则相关内容无效。

标准设备采购招标文件（2017 版）使用说明

一、《标准设备采购招标文件》适用于设备采购招标。

二、《标准设备采购招标文件》用相同序号标示的章、节、条、款、项、目，供招标人和投标人选择使用；以空格标示的由招标人填写的内容，招标人应根据招标项目具体特点和实际需要具体化，确实没有需要填写的，在空格中用"/"标示。

三、招标人按照《标准设备采购招标文件》第一章的格式发布招标公告或发出投标邀请书后，将实际发布的招标公告或实际发出的投标邀请书编入出售的招标文件中，作为投标邀请。其中，招标公告应同时注明发布所在的所有媒介名称。

四、《标准设备采购招标文件》第三章"评标办法"分别规定综合评估法和经评审的最低投标价法两种评标方法，供招标人根据招标项目具体特点和实际需要选择适用。招标人选择适用综合评估法的，各评审因素的评审标准、分值和权重等由招标人自主确定。国务院有关部门对各评审因素的评审标准、分值和权重等有规定的，从其规定。

第三章"评标办法"前附表应列明全部评审因素和评审标准，并在本章前附表标明投标人不满足要求即否决其投标的全部条款。

五、《标准设备采购招标文件》第五章"供货要求"由招标人根据行业标准设备采购招标文件（如有）、招标项目具体特点和实际需要编制，并与"投标人须知"、"通用合同条款"、"专用合同条款"相衔接。

六、采用电子招标投标的，招标人应按照国家有关规定，结合项目具体情况，在招标文件中载明相应要求。

标准材料采购招标文件（2017版）使用说明

一、《标准材料采购招标文件》适用于材料采购招标。

二、《标准材料采购招标文件》用相同序号标示的章、节、条、款、项、目，供招标人和投标人选择使用；以空格标示的由招标人填写的内容，招标人应根据招标项目具体特点和实际需要具体化，确实没有需要填写的，在空格中用"/"标示。

三、招标人按照《标准材料采购招标文件》第一章的格式发布招标公告或发出投标邀请书后，将实际发布的招标公告或实际发出的投标邀请书编入出售的招标文件中，作为投标邀请。其中，招标公告应同时注明发布所在的所有媒介名称。

四、《标准材料采购招标文件》第三章"评标办法"分别规定综合评估法和经评审的最低投标价法两种评标方法，供招标人根据招标项目具体特点和实际需要选择适用。招标人选择适用综合评估法的，各评审因素的评审标准、分值和权重等由招标人自主确定。国务院有关部门对各评审因素的评审标准、分值和权重等有规定的，从其规定。

第三章"评标办法"前附表应列明全部评审因素和评审标准，并在本章前附表标明投标人不满足要求即否决其投标的全部条款。

五、《标准材料采购招标文件》第五章"供货要求"由招标人根据行业标准材料采购招标文件（如有）、招标项目具体特点和实际需要编制，并与"投标人须知"、"通用合同条款"、"专用合同条款"相衔接。

六、采用电子招标投标的，招标人应按照国家有关规定，结合项目具体情况，在招标文件中载明相应要求。

标准勘察招标文件（2017版）使用说明

一、《标准勘察招标文件》适用于工程勘察招标。

二、《标准勘察招标文件》用相同序号标示的章、节、条、款、项、目，供招标人和投标人选择使用；以空格标示的由招标人填写的内容，招标人应根据招标项目具体特点和实际需要具体化，确实没有需要填写的，在空格中用"/"标示。

三、招标人按照《标准勘察招标文件》第一章的格式发布招标公告或发出投标邀请书后，将实际发布的招标公告或实际发出的投标邀请书编入出售的招标文件中，作为投标邀请。其中，招标公告应同时注明发布所在的所有媒介名称。

四、《标准勘察招标文件》第三章"评标办法"规定综合评估法。各评审因素的评审标准、分值和权重等由招标人自主确定。国务院有关部门对各评审因素的评审标准、分值和权重等有规定的，从其规定。

第三章"评标办法"前附表应列明全部评审因素和评审标准，并在本章前附表标明投标人不满足要求即否决其投标的全部条款。

五、《标准勘察招标文件》第五章"发包人要求"由招标人根据行业标准勘察招标文件（如有）、招标项目具体特点和实际需要编制，并与"投标人须知"、"通用合同条款"、"专用合同条款"相衔接。

六、采用电子招标投标的，招标人应按照国家有关规定，结合项目具体情况，在招标文件中载明相应要求。

标准设计招标文件（2017 版）使用说明

一、《标准设计招标文件》适用于工程设计招标。

二、《标准设计招标文件》用相同序号标示的章、节、条、款、项、目，供招标人和投标人选择使用；以空格标示的由招标人填写的内容，招标人应根据招标项目具体特点和实际需要具体化，确实没有需要填写的，在空格中用"/"标示。

三、招标人按照《标准设计招标文件》第一章的格式发布招标公告或发出投标邀请书后，将实际发布的招标公告或实际发出的投标邀请书编入出售的招标文件中，作为投标邀请。其中，招标公告应同时注明发布所在的所有媒介名称。

四、《标准设计招标文件》第三章"评标办法"规定综合评估法。各评审因素的评审标准、分值和权重等由招标人自主确定。国务院有关部门对各评审因素的评审标准、分值和权重等有规定的，从其规定。

第三章"评标办法"前附表应列明全部评审因素和评审标准，并在本章前附表标明投标人不满足要求即否决其投标的全部条款。

五、《标准设计招标文件》第五章"发包人要求"由招标人根据行业标准设计招标文件（如有）、招标项目具体特点和实际需要编制，并与"投标人须知"、"通用合同条款"、"专用合同条款"相衔接。

六、采用电子招标投标的，招标人应按照国家有关规定，结合项目具体情况，在招标文件中载明相应要求。

标准监理招标文件（2017 版）使用说明

一、《标准监理招标文件》适用于工程监理招标。

二、《标准监理招标文件》用相同序号标示的章、节、条、款、项、目，供招标人和投标人选择使用；以空格标示的由招标人填写的内容，招标人应根据招标项目具体特点和实际需要具体化，确实没有需要填写的，在空格中用"/"标示。

三、招标人按照《标准监理招标文件》第一章的格式发布招标公告或发出投标邀请书后，将实际发布的招标公告或实际发出的投标邀请书编入出售的招标文件中，作为投标邀请。其中，招标公告应同时注明发布所在的所有媒介名称。

四、《标准监理招标文件》第三章"评标办法"规定综合评估法。各评审因素的评审标准、分值和权重等由招标人自主确定。国务院有关部门对各评审因素的评审标准、分值和权重等有规定的，从其规定。

第三章"评标办法"前附表应列明全部评审因素和评审标准，并在本章前附表标明投标人不满足要求即否决其投标的全部条款。

五、《标准监理招标文件》第五章"委托人要求"由招标人根据行业标准监理招标文件（如有）、招标项目具体特点和实际需要编制，并与"投标人须知"、"通用合同条款"、"专用合同条款"相衔接。

六、采用电子招标投标的，招标人应按照国家有关规定，结合项目具体情况，在招标文件中载明相应要求。

标准施工招标文件（2007 版）使用说明

一、《标准施工招标文件》适用于一定规模以上，且设计和施工不是由同一承包商承担的工程施工招标。

二、《标准施工招标文件》用相同序号标示的章、节、条、款、项、目，供招标人和投标人选择使用；以空格标示的由招标人填写的内容，招标人应根据招标项目具体特点和实际需要具体化，确实没有需要填写的，在空格中用"/"标示。

三、招标人按照《标准施工招标文件》第一章的格式发布招标公告或发出投标邀请书后，将实际发布的招标公告或实际发出的投标邀请书编入出售的招标文件中，作为投标邀请，其中，招标公告应同时注明发布所在的所有媒介名称。

四、《标准施工招标文件》第三章"评标办法"分别规定经评审的最低投标价法和综合评估法两种评标方法，供招标人根据招标项目具体特点和实际需要选择适用。招标人选择适用综合评估法的，各评审因素的评审标准、分值和权重等由招标人自主确定。国务院有关部门对各评审因素的评审标准、分值和权重等有规定的，从其规定。

第三章"评标办法"前附表应按试行规定要求列明全部评审因素和评审标准，并在本章（前附表及正文）标明投标人不满足其要求即导致废标的全部条款。

五、《标准施工招标文件》第五章"工程量清单"由招标人根据工程量清单的国家标准、行业标准，以及行业标准施工招标文件（如有）、招标项目具体特点和实际需要编制，并与"投标人须知"、"通用合同条款"、"专用合同条款"、"技术标准和要求"、"图纸"相衔接。本章所附表格可根据有关规定作相应的调整和补充。

六、《标准施工招标文件》第六章"图纸"由招标人根据行业标准施工招标文件（如有）、招标项目具体特点和实际需要编制，并与"投标人须知"、"通用合同条款"、"专用合同条款"、"技术标准和要求"相衔接。

七、《标准施工招标文件》第七章"技术标准和要求"由招标人根据行业标准施工招标文件（如有）、招标项目具体特点和实际需要编制。"技术标准和要求"中的各项技术标准应符合国家强制性标准，不得要求或标明某一特定的专利、商标、名称、设计、原产地或生产供应者，不得含有倾向或者排斥潜在投标人的其他内容。如果必须引用某一生产供应者的技术标准才能准确或清楚地说明拟招标项目的技术标准时，则应当在参照后面加上"或相当于"字样。

标准施工招标资格预审文件（2007 版）使用说明

一、《标准施工招标资格预审文件》（以下简称《标准资格预审文件》）用相同序号标示的章、节、条、款、项、目，供招标人和投标人选择使用；《标准资格预审文件》以空格标示的由招标人填写的内容，招标人应根据招标项目具体特点和实际需要具体化，确实没有需要填写的，在空格中用"/"标示。

二、招标人按照《标准资格预审文件》第一章"资格预审公告"的格式发布资格预审公告后，将实际发布的资格预审公告编入出售的资格预审文件中，作为资格预审邀请。资格预审公告应同时注明发布所在的所有媒介名称。

三、《标准资格预审文件》第三章"资格审查办法"分别规定合格制和有限数量制两种资格审查方法，供招标人根据招标项目具体特点和实际需要选择适用。如无特殊情况，鼓励招标人采用合格制。

第三章"资格审查办法"前附表应按试行规定要求列明全部审查因素和审查标准，并在本章（前附表及正文）标明申请人不满足其要求即不能通过资格预审的全部条款。

房屋建筑和市政工程标准施工招标文件（2010版）使用说明

一、《房屋建筑和市政工程标准施工招标文件》（以下简称"行业标准施工招标文件"）是《标准施工招标文件》（国家发展和改革委员会、财政部、原建设部等九部委56号令发布）的配套文件，适用于一定规模以上，且设计和施工不是由同一承包人承担的房屋建筑和市政工程的施工招标。

二、《标准施工招标文件》第二章"投标人须知"和第三章"评标办法"正文部分以及第四章第一节"通用合同条款"是《行业标准施工招标文件》的组成部分。《行业标准施工招标文件》的第二章"投标人须知"、第三章"评标办法"正文部分以及第四章第一节"通用合同条款"均直接引用《标准施工招标文件》相同序号的章节。

三、《行业标准施工招标文件》用相同序号标示的章、节、条、款、项、目，供招标人和投标人选择使用；以空格标示的由招标人填写的内容，招标人应根据招标项目具体特点和实际需要具体化，确实没有需要填写的，在空格中用"/"标示。

四、招标人按照《行业标准施工招标文件》第一章的格式发布招标公告或发出投标邀请书后，将实际发布的招标公告或实际发出的投标邀请书编入出售的招标文件中，作为投标邀请。其中，招标公告应同时注明发布所在的所有媒介名称。

五、《行业标准施工招标文件》第二章"投标人须知"正文和前附表，除以空格标示的由招标人填空的内容、选择性内容和可补充内容外，均应不加修改地直接引用。填空、选择和补充内容由招标人根据国家和地方有关法律法规的规定以及招标项目具体情况确定。

六、《行业标准施工招标文件》第三章"评标办法"分别规定了经评审的最低投标价法和综合评估法两种评标方法，供招标人根据招标项目具体特点和实际需要选择使用。招标人选择使用经评审的最低投标价法的，应当在招标文件中明确启动投标报价是否低于投标人成本评审程序的警戒线，以及评标价的折算因素和折算标准。招标人选择适用综合评估法的，各评审因素的评审标准、分值和权重等由招标人根据有关规定和招标项目具体情况确定。本章所附的各个附件属于示范性内容，提倡招标人根据实际需要作选择性引用。

第三章"评标办法"前附表应列明全部评审因素和评审标准，并在本章（前附表及正文）标明或者以附件方式在"评标办法"中集中列示投标人不满足其要求即导致废标的全部条款。

七、《行业标准施工招标文件》第四章第一节"通用合同条款"和第二节"专用合同条款"（除以空格标示的由招标人填空的内容和选择性内容外），均应不加修改地直接引用。填空内容由招标人根据国家和地方有关法律法规的规定以及招标项目具体情况确定。

八、《行业标准施工招标文件》第五章"工程量清单"是示范性内容，但是，除以空格标示的由招标人填空的内容外，提倡招标人不加修改地直接引用。招标人也可以根据本行业标准施工招标文件、《建设工程工程量清单计价规范》、招标项目具体特点和实际需要编制，但必须与"投标人须知"、"通用合同条款"、"专用合同条款"、"技术标准和要求"、"图纸"相衔接。

九、《行业标准施工招标文件》第六章"图纸"由招标人（或其委托的设计人）根据招标项目具体特点和实际需要编制，并与"投标人须知"、"通用合同条款"、"专用合同条款"、"技术标准和要求"相衔接。

十、《行业标准施工招标文件》第七章"技术标准和要求"也是示范性内容，但是，其第一节"一般要求"充分考虑了与第四章"通用合同条款"和"专用合同条款"的相互衔接，提倡招标人不加修改地直接引用，并在其基础上结合招标项目具体特点和实际需要进行补充，其中以空格标示的以及第二节和第三节由招标人根据本招标文件、招标项目具体特点和实际需要编制。"技术标准和要求"中的各项技术标准应符合国家强制性标准，不得要求或标明某一特定的专利、商标、名称、设计、原产地或生产供应者，不得含有倾向或者排斥潜在投标人的其他内容。如果必须引用某一生产供应者的技术标准才能准确或清楚地说明拟招标项目的技术标准时，则应当在参照后面加上"或相当于"字样。

房屋建筑和市政工程标准施工招标资格预审文件（2010 版）使用说明

一、《房屋建筑和市政工程标准施工招标资格预审文件》（以下简称《行业标准施工招标资格预审文件》）是《标准施工招标资格预审文件》（国家发展和改革委员会、财政部、原建设部等九部委 56 号令发布）的配套文件，适用于一定规模以上，且设计和施工不是由同一承包人承担的房屋建筑和市政工程施工招标的资格预审。

二、《标准施工招标资格预审文件》第二章"申请人须知"和第三章"资格审查办法"正文部分是《行业标准施工招标资格预审文件》的组成部分。《行业标准施工招标资格预审文件》的第二章"申请人须知"和第三章"资格审查办法"正文部分均直接引用《标准施工招标资格预审文件》相同序号的章节。

三、《行业标准施工招标资格预审文件》用相同序号标示的章、节、条、款、项、目，供招标人和资格预审申请人选择使用；《行业标准资格预审文件》以空格标示的由招标人填写的内容，招标人应根据招标项目具体特点和实际需要具体化，确实没有需要填写的，在空格中用"/"标示。

除选择性内容和以空格标示的由招标人填写和补充的内容外，《行业标准施工招标资格预审文件》第二章"申请人须知"（前附表及正文）及第三章"资格审查办法"正文部分应不加修改地直接引用。选择、填空和补充内容由招标人根据国家和地方有关法律法规及项目具体情况确定。

四、招标人按照《行业标准施工招标资格预审文件》第一章"资格预审公告"的格式发布资格预审公告后，将实际发布的资格预审公告编入出售的资格预审文件中，作为资格预审邀请。资格预审公告应同时注明发布该公告的所有媒介名称。

五、《行业标准施工招标资格预审文件》第三章"资格审查办法"分别规定合格制和有限数量制两种资格审查方法，供招标人根据招标项目具体特点和实际需要选择使用。如无特殊情况，鼓励招标人采用合格制。

第三章"资格审查办法"前附表应按试行规定要求列明全部审查因素和审查标准，并在本章（前附表及正文，包括前附表的附件和附表）标明申请人不满足其要求即不能通过资格预审的全部条款。

简明标准施工招标文件（2012 版）使用说明

一、《简明标准施工招标文件》适用于工期不超过 12 个月、技术相对简单、且设计和施工不是由同一承包人承担的小型项目施工招标。

二、《简明标准施工招标文件》用相同序号标示的章、节、条、款、项、目，供招标人和投标人选择使用；以空格标示的由招标人填写的内容，招标人应根据招标项目具体特点和实际需要具体化，确实没有需要填写的，在空格中用"/"标示。

三、招标人按照《简明标准施工招标文件》第一章的格式发布招标公告或发出投标邀请书后，将实际发布的招标公告或实际发出的投标邀请书编入出售的招标文件中，作为投标邀请，其中，招标公告应同时注明发布所在的所有媒介名称。

四、《简明标准施工招标文件》第三章"评标办法"分别规定经评审的最低投标价法和综合评估法两种评标方法，供招标人根据招标项目具体特点和实际需要选择适用。招标人选择适用综合评估法的，各评审因素的评审标准、分值和权重等由招标人自主确定。国务院有关部门对各评审因素的评审标准、分值和权重等有规定的，从其规定。

第三章"评标办法"前附表应列明全部评审因素和评审标准，并在本章前附表标明投标人不满足要求即否决其投标的全部条款。

五、《简明标准施工招标文件》第五章"工程量清单"，由招标人根据工程量清单的国家标准、行业标准，以及招标项目具体特点和实际需要编制，并与"投标人须知"、"通用合同条款"、"专用合同条款"、"技术标准和要求"、"图纸"相衔接。本章所附表格可根据有关规定作相应的调整和补充。

六、《简明标准施工招标文件》第六章"图纸"，由招标人根据招标项目具体特点和实际需要编制，并与"投标人须知"、"通用合同条款"、"专用合同条款"、"技术标准和要求"相衔接。

七、《简明标准施工招标文件》第七章"技术标准和要求"由招标人根据招标项目具体特点和实际需要编制。"技术标准和要求"中的各项技术标准应符合国家强制性标准，不得要求或标明某一特定的专利、商标、名称、设计、原产地或生产供应者，不得含有倾向或者排斥潜在投标人的其他内容。如果必须引用某一生产供应者的技术标准才能准确或清楚地说明拟招标项目的技术标准时，则应当在参照后面加上"或相当于"字样。

八、招标人可根据招标项目具体特点和实际需要，参照《标准施工招标文件》、行业标准施工招标文件（如有），对《简明标准施工招标文件》作相应的补充和细化。

九、采用电子招标投标的，招标人应按照国家有关规定，结合项目具体情况，在招标文件中载明相应要求。

标准设计施工总承包招标文件（2012 版）使用说明

一、《标准设计施工总承包招标文件》适用于设计施工一体化的总承包招标。

二、《标准设计施工总承包招标文件》用相同序号标示的章、节、条、款、项、目，供招标人和投标人选择使用；以空格标示的由招标人填写的内容，招标人应根据招标项目具体特点和实际需要具体化，确实没有需要填写的，在空格中用"/"标示。

三、招标人按照《标准设计施工总承包招标文件》第一章的格式发布招标公告或发出投标邀请书后，将实际发布的招标公告或实际发出的投标邀请书编入出售的招标文件中，作为投标邀请。其中，招标公告应同时注明发布所在的所有媒介名称。

四、《标准设计施工总承包招标文件》第三章"评标办法"分别规定综合评估法和经评审的最低投标价法两种评标方法，供招标人根据招标项目具体特点和实际需要选择适用。招标人选择适用综合评估法的，各评审因素的评审标准、分值和权重等由招标人自主确定。国务院有关部门对各评审因素的评审标准、分值和权重等有规定的，从其规定。

第三章"评标办法"前附表应列明全部评审因素和评审标准，并在本章前附表标明投标人不满足要求即否决其投标的全部条款。

五、《标准设计施工总承包招标文件》第五章"发包人要求"由招标人根据行业标准设计施工总承包招标文件（如有）、招标项目具体特点和实际需要编制，并与"投标人须知"、"通用合同条款"、"专用合同条款"相衔接。

六、采用电子招标投标的，招标人应按照国家有关规定，结合项目具体情况，在招标文件中载明相应要求。

浙江省建设工程咨询招标文件示范文本（2017 年版）使用说明

1. 本示范文本适用于为招标人的建设工程提供阶段性或全过程工程咨询服务的招标。

2. 招标人采用本示范文本时，应在招标文件的相关章节中对建设管理、各专业咨询服务的范围和内容作出具体规定。其中，建设管理是指工程咨询人受托承担的全部或部分项目业主在项目建设过程中的管理并承担相应工程咨询责任的活动，包括但不限于对项目策划、规划、设计、采购、施工、竣工、结（决）算、试运行过程及项目范围、质量（安全）、进度、费用、合同、信息等内容进行管理和控制；专业咨询服务是指工程咨询人受托承担的投资咨询、设计技术咨询、招标代理、造价咨询、工程施工监理等一项或多项专业化咨询服务。

3. 本示范文本中以《工程咨询合同（招标合同格式）》为合同主要条款，可在招标过程中由招标人拓展完善。

4. 本示范文本中，宜由招标人结合工程具体情况及委托工程咨询内容确定工程咨询收费项目（包括计费标准费率和投标报价合理范围）。收费项目包括但不限于建设管理费、投资咨询费、设计技术咨询费、招标代理费、造价咨询费、工程施工监理费、试运行管理费等。

5. 采用电子招标投标的，使用中宜结合当地电子招标投标应用情况自行调整相关条款。

6. 本示范文本适用于不同招标方式，但在资格预审上，没有提供单独的资格预审文件（示范文本）与之配套，由各地区自行完善或招标人参考评标办法的内容予以补充。

7. 本示范文本使用时应注意：

（1）以"□"前缀部分为选择性内容，在定稿的招标文件中招标（代理）人应删除未选择的内容。

（2）下划线和投标人须知前附表空格部分，由招标（代理）人根据招标项目实际情况和各地区有关规定进行填写；确实不需要填写具体内容的，用"/"标示。

（3）除可选择部分和下划线部分由招标（代理）人填写外，其他文字不宜改动。

（4）标注于下划线上括号内文字部分为提示性内容，招标（代理）人选择或填写相关内容后，在定稿的招标文件中应删除。

第十四节　建设工程合同使用说明

合同签订流程见图 24-12。

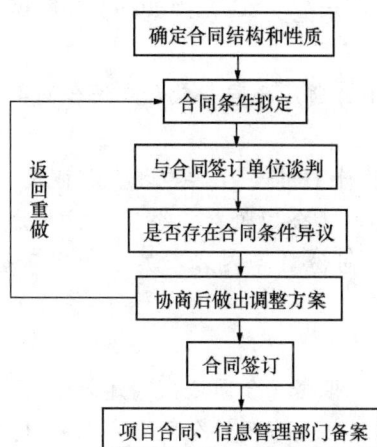

图 24-12　合同签订流程

国有土地使用权出让合同（示范文本）使用说明

一、《国有土地使用权出让合同》包括合同正文和附件《出让宗地界址图》。

二、本合同的出让人为有权出让国有土地使用权的人民政府土地行政主管部门。

三、合同第四条土地用途按《城镇地籍调查规程》规定的土地二级分类填写，属于综合用地的，应注明各类具体用途及其所占的面积比例

四、合同第五条中的土地条件按照双方实际约定选择和填写。属于原划拔土地使用权补办出让手续的，选择第三款；属于待开发建设的用地，应根据出让人承诺交地时的土地开发程度选择第一款或第二款，出让人承诺交付土地时完成拆迁和场地平整的，选择第一款，未完成拆迁和场地平整的，选择第二款，并注明地上待拆迁的建筑物和其他地上物面积等状况。基础设施条件按双方约定填定"七通"、"三通"等，并具体说明基础设施内容，如"通路、通电、通水"等。

五、合同第九条出让金支付方式的规定中，双方约定土地使用权出让金一次性付清的，选择第一款，分期支付的，选择第二款。

六、合同第二十条中，属于房屋开发的，选择第一款；属于土地成片开发的，选择第二款。

七、合同第四十条关于合同生效的规定中，宗地出让方案业经有权人民政府批准的，按照第一款规定生效；宗地出让方案未经有权人民政府批准的，按照第二款规定生效。

建设工程勘察合同（示范文本）使用说明

为了指导建设工程勘察合同当事人的签约行为，维护合同当事人的合法权益，依据《合同法》、《建筑法》、《招标投标法》等相关法律法规的规定，住房和城乡建设部、国家工商行政管理总局对《建设工程勘察合同（一）〔岩土工程勘察、水文地质勘察（含凿井）、工程测量、工程物探〕》（GF-2000-0203）及《建设工程勘察合同（二）〔岩土工程设计、治理、监测〕》（GF-2000-0204）进行修订，制定了《建设工程勘察合同（示范文本）》（以下简称《示范文本》）。

为了便于合同当事人使用《示范文本》，现就有关问题说明如下：

一、《示范文本》的组成

《示范文本》由合同协议书、通用合同条款和专用合同条款三部分组成。

（一）合同协议书

《示范文本》合同协议书共计12条，主要包括工程概况、勘察范围和阶段、技术要求及工作量、合同工期、质量标准、合同价款、合同文件构成、承诺、词语定义、签订时间、签订地点、合同生效和合同份数等内容，集中约定了合同当事人基本的合同权利义务。

（二）通用合同条款

通用合同条款是合同当事人根据《合同法》、《建筑法》、《招标投标法》等相关法律法规的规定，就工程勘察的实施及相关事项对合同当事人的权利义务作出的原则性约定。

通用合同条款具体包括一般约定、发包人、勘察人、工期、成果资料、后期服务、合同价款与支付、变更与调整、知识产权、不可抗力、合同生效与终止、合同解除、责任与保险、违约、索赔、争议解决及补充条款等共计17条。上述条款安排既考虑了现行法律法规对工程建设的有关要求，也考虑了工程勘察管理的特殊需要。

（三）专用合同条款

专用合同条款是对通用合同条款原则性约定的细化、完善、补充、修改或另行约定的条款。合同当事人可以根据不同建设工程的特点及具体情况，通过双方的谈判、协商对相应的专用合同条款进行修改补充。在使用专用合同条款时，应注意以下事项：

1. 专用合同条款编号应与相应的通用合同条款编号一致；

2. 合同当事人可以通过对专用合同条款的修改，满足具体项目工程勘察的特殊要求，避免直接修改通用合同条款；

3. 在专用合同条款中有横道线的地方，合同当事人可针对相应的通用合同条款进行细化、完善、补充、修改或另行约定；如无细化、完善、补充、修改或另行约定，则填写"无"或划"/"。

二、《示范文本》的性质和适用范围

《示范文本》为非强制性使用文本，合同当事人可结合工程具体情况，根据《示范文本》订立合同，并按照法律法规和合同约定履行相应的权利义务，承担相应的法律责任。

《示范文本》适用于岩土工程勘察、岩土工程设计、岩土工程物探/测试/检测/监测、水文地质勘察及工程测量等工程勘察活动，岩土工程设计也可使用《建设工程设计合同示范文本（专业建设工程）》（GF-2015-0210）。

建设工程设计合同示范文本（专业建设工程）使用说明

为了指导建设工程设计合同当事人的签约行为，维护合同当事人的合法权益，依据《合同法》、《建筑法》、《招标投标法》以及相关法律法规，住房和城乡建设部、国家工商行政管理总局对《建设工程设计合同（二）（专业建设工程设计合同）》（GF-2000-0210）进行了修订，制定了《建设工程设计合同示范文本（专业建设工程）》（GF-2015-0210）（以下简称《示范文本》）。为了便于合同当事人使用《示范文本》，现就有关问题说明如下：

一、《示范文本》的组成

《示范文本》由合同协议书、通用合同条款和专用合同条款三部分组成。

（一）合同协议书

《示范文本》合同协议书集中约定了合同当事人基本的合同权利义务。

（二）通用合同条款

通用合同条款是合同当事人根据《建筑法》、《合同法》等法律法规的规定，就工程设计的实施及相关事项，对合同当事人的权利义务作出的原则性约定。

通用合同条款既考虑了现行法律法规对工程建设的有关要求，也考虑了工程设计管理的特殊需要。

（三）专用合同条款

专用合同条款是对通用合同条款原则性约定的细化、完善、补充、修改或另行约定的条款。合同当事人可以根据不同建设工程的特点及具体情况，通过双方的谈判、协商对相应的专用合同条款进行修改补充。在使用专用合同条款时，应注意以下事项：

1. 专用合同条款的编号应与相应的通用合同条款的编号一致；

2. 合同当事人可以通过对专用合同条款的修改，满足具体建设工程的特殊要求，避免直接修改通用合同条款；

3. 在专用合同条款中有横道线的地方，合同当事人可针对相应的通用合同条款进行细化、完善、补充、修改或另行约定；如无细化、完善、补充、修改或另行约定，则填写"无"或划"/"。

二、《示范文本》的性质和适用范围

《示范文本》供合同双方当事人参照使用。

《示范文本》适用于房屋建筑工程以外各行业建设工程项目的主体工程和配套工程（含厂/矿区内的自备电站、道路、专用铁路、通信、各种管网管线和配套的建筑物等全部配套工程）以及与主体工程、配套工程相关的工艺、土木、建筑、环境保护、水土保持、消防、安全、卫生、节能、防雷、抗震、照明工程等工程设计活动。

房屋建筑工程以外的各行业建设工程统称为专业建设工程，具体包括煤炭、化工石化医药、石油天然气（海洋石油）、电力、冶金、军工、机械、商物粮、核工业、电子通信广电、轻纺、建材、铁道、公路、水运、民航、市政、农林、水利、海洋等工程。

建设工程施工合同示范文本使用说明

为了指导建设工程施工合同当事人的签约行为，维护合同当事人的合法权益，依据《合同法》、《建筑法》、《招标投标法》以及相关法律法规，住房和城乡建设部、国家工商行政管理总局对《建设工程施工合同（示范文本）》（GF-2013-0201）进行了修订，制定了《建设工程施工合同（示范文本）》（GF-2017-0201）（以下简称《示范文本》）。为了便于合同当事人使用《示范文本》，现就有关问题说明如下：

一、《示范文本》的组成

《示范文本》由合同协议书、通用合同条款和专用合同条款三部分组成。

（一）合同协议书

《示范文本》合同协议书共计13条，主要包括：工程概况、合同工期、质量标准、签约合同价和合同价格形式、项目经理、合同文件构成、承诺以及合同生效条件等重要内容，集中约定了合同当事人基本的合同权利义务。

（二）通用合同条款

通用合同条款是合同当事人根据《建筑法》、《合同法》等法律法规的规定，就工程建设的实施及相关事项，对合同当事人的权利义务作出的原则性约定。

通用合同条款共计20条，具体条款分别为：一般约定、发包人、承包人、监理人、工程质量、安全文明施工与环境保护、工期和进度、材料与设备、试验与检验、变更、价格调整、合同价格、计量与支付、验收和工程试车、竣工结算、缺陷责任与保修、违约、不可抗力、保险、索赔和争议解决。前述条款安排既考虑了现行法律法规对工程建设的有关要求，也考虑了建设工程施工管理的特殊需要。

（三）专用合同条款

专用合同条款是对通用合同条款原则性约定的细化、完善、补充、修改或另行约定的条款。合同当事人可以根据不同建设工程的特点及具体情况，通过双方的谈判、协商对相应的专用合同条款进行修改补充。在使用专用合同条款时，应注意以下事项：

1. 专用合同条款的编号应与相应的通用合同条款的编号一致；

2. 合同当事人可以通过对专用合同条款的修改，满足具体建设工程的特殊要求，避免直接修改通用合同条款；

3. 在专用合同条款中有横道线的地方，合同当事人可针对相应的通用合同条款进行细化、完善、补充、修改或另行约定；如无细化、完善、补充、修改或另行约定，则填写"无"或划"/"。

二、《示范文本》的性质和适用范围

《示范文本》为非强制性使用文本。《示范文本》适用于房屋建筑工程、土木工程、线路管道和设备安装工程、装修工程等建设工程的施工承发包活动，合同当事人可结合建设工程具体情况，根据《示范文本》订立合同，并按照法律法规规定和合同约定承担相应的法律责任及合同权利义务。

建设工程造价咨询合同（示范文本）使用说明

为了指导建设工程造价咨询合同当事人的签约行为，维护合同当事人的合法权益，依据《合同法》、《建筑法》、《招标投标法》以及相关法律法规，住房和城乡建设部、国家工商行政管理总局对《建设工程造价咨询合同（示范文本）》（GF-2002-0212）进行了修订，制定了《建设工程造价咨询合同（示范文本）》（GF-2015-0212）（以下简称《示范文本》）。为了便于合同当事人使用《示范文本》，现就有关问题说明如下：

一、《示范文本》的组成

《示范文本》由协议书、通用条件和专用条件三部分组成。

（一）协议书

《示范文本》协议书集中约定了合同当事人基本的合同权利义务。

（二）通用条件

通用条件是合同当事人根据《合同法》、《建筑法》等法律法规的规定，就工程造价咨询的实施及相关事项，对合同当事人的权利义务作出的原则性约定。

通用条件既考虑了现行法律法规对工程发承包计价的有关要求，也考虑了工程造价咨询管理的特殊需要。

（三）专用条件

专用条件是对通用条件原则性约定的细化、完善、补充、修改或另行约定的条件。合同当事人可以根据不同建设工程的特点及发承包计价的具体情况，通过双方的谈判、协商对相应的专用条件进行修改补充。在使用专用条件时，应注意以下事项：

1. 专用条件的编号应与相应的通用条件的编号一致；

2. 合同当事人可以通过对专用条件的修改，满足具体工程的特殊要求，避免直接修改通用条件；

3. 在专用条件中有横道线的地方，合同当事人可针对相应的通用条件进行细化、完善、补充、修改或另行约定；如无细化、完善、补充、修改或另行约定，则填写"无"或划"/"。

二、《示范文本》的性质和适用范围

《示范文本》供合同双方当事人参照使用，可适用于各类建设工程全过程造价咨询服务以及阶段性造价咨询服务的合同订立。合同当事人可结合建设工程具体情况，按照法律法规规定，根据《示范文本》的内容，约定双方具体的权利义务。

工程建设项目招标代理合同示范文本使用说明

为了加强工程建设项目招标代理市场监管，规范市场行为，根据《合同法》和《招标投标法》的规定，制定了《工程建设项目招标代理合同示范文本》（GF-2005-0215）（以下简称《示范文本》）。

一、凡在中华人民共和国境内开展工程建设项目招标代理业务，签订工程建设项目招标代理合同时，应参照《示范文本》订立合同，请各地区、各部门做好推行工作。

二、签订工程建设项目招标代理合同的受托人应当具有法人资格，并持有建设行政主管部门 GF-2005-0215 颁发的招标代理资质证书。

三、《示范文本》由《协议书》、《通用条款》和《专用条款》组成。

（一）《通用条款》应全文引用，不得删改。

（二）《专用条款》应根据工程建设项目的实际情况进行修改和补充，但不得违反公正、公平原则。

四、《示范文本》由住建部和国家工商行政管理总局负责解释。施行中有何意见和建议，请及时反馈给住建部建筑市场管理司和国家工商行政管理总局市场规范管理司。

建设工程监理合同（示范文本）使用说明

为规范建设工程监理活动，维护建设工程监理合同当事人的合法权益，住房和城乡建设部、国家工商行政管理总局对《建设工程委托监理合同（示范文本）》（GF-2000-2002）进行了修订，制定了《建设工程监理合同（示范文本）》（GF-2012-0202）。监理合同由三部分组成，第一部分协议书、第二部分通用条件、第三部分专用条件。

《水运工程施工监理合同范本》主要适用于全国水运工程（含合资或外资在国内建设的水运工程）的施工监理，包括港口、航道、船厂、防波堤、修造船建筑物、船闸、渠化及其配套工程。包括《合同协议书》，《合同通用条款》和《合同专用条款》三部分。

公路工程施工监理合同范本使用说明

一、公路工程施工监理合同通用条件第 1 条"定义与解释"，适用于《公路工程施工监理合同》中的全部文件，即：协议书、通用条件、专用条件、附件 A、附件 B、附件 C 以及其他补充文件或附件。

二、协议书由系列文件组成，其中的其他文件和其他附件是指签约双方一致同意增加列入监理合同的文件或附件，签约时必须在协议书中具体写明。

三、公路工程施工监理合同范本由通用条件、专用条件、合同附件 A、同附件 B、合同附件 C 组成。

第八篇　项目建设实施

第二十五章　工程项目建设实施

在工程项目建设中，有众多的单位或部门参与项目实施，形成了非常复杂的项目组织系统。各单位或部门都具有不同的职责、任务、目标和利益，在建设项目实施过程中，相互之间的工作既要紧密配合，又会因为利益而产生冲突，因此，为了保证建设项目的顺利实施，作为工程项目投资主体，应成立管理组织或委托有能力的项目管理公司对实施过程进行有效的协调和控制。

第一节　工程项目建设综合协调概述

一、工程项目建设综合协调概念

所谓综合协调是指在工程项目建设过程中，为了实现项目投资、质量、进度等目标，工程管理人员所进行的管理组织内部，参与单位之间以及管理组织与外部组织之间系统全面的沟通、协调和合作工作，实现工程项目有效管理。确定协调流程见图 25-1。

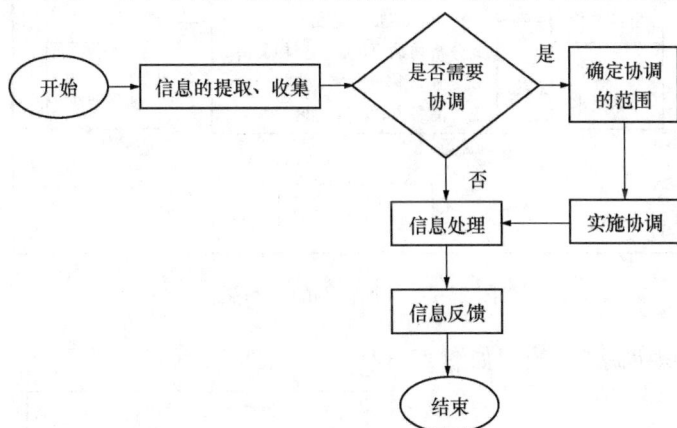

图 25-1　确定协调流程

二、工程项目建设综合协调分类

按照工程管理人员与被协调对象之间的组织关系的"远近"程度可分为三类："近层"协调即管理组织机构内部人与人、机构与机构之间的协调。"近外层"协调即管理组织与勘察设计单位、施工单位、监理单位、材料设备供应等参建单位之间的协调。"远外层"协调即管理组织与政府有关部门、社会团体、审计、物业管理、科研机构、工程毗邻等单位之间的协调。

三、工程项目建设综合协调管理的特性

工程项目建设的综合协调管理具有系统性和复杂性两大特性。系统性：项目的系统是开放性的复杂系统，涉及政治、经济、文化诸多方面，项目的综合协调管理应从整体利益

出发，系统全面的分析解决问题，进行有效的管理。复杂性：任何项目的建立与实施，都关系到大量的组织机构和单位。这决定项目外部关系的复杂性。另外，根据项目的组织形式，多数项目是临时组建而成，因此，项目综合协调管理必须协调内部与外部的各种关系，以确保项目的顺利完成。

四、工程项目建设综合协调的程序和工作流程

外部、内部沟通协调的基本流程可以用图 25-2 来简单地表示。

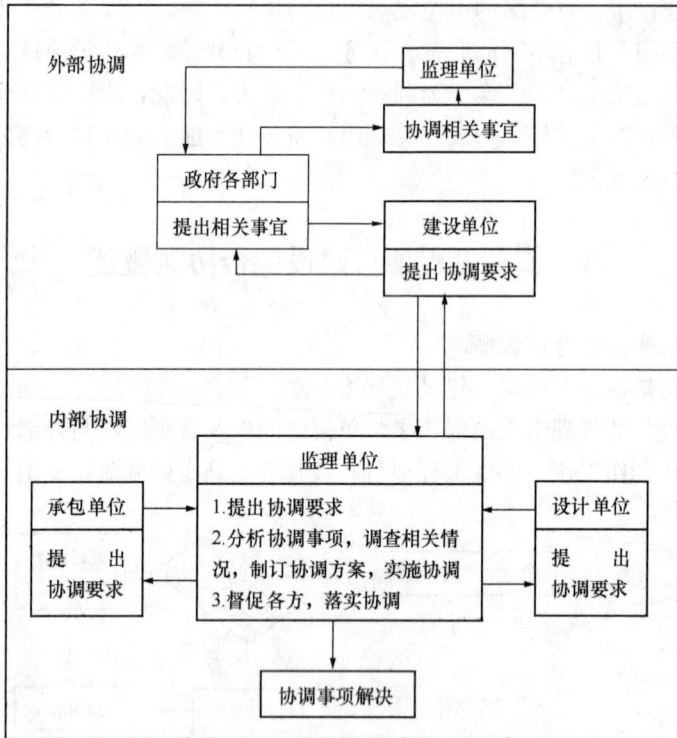

图 25-2 沟通协调的基本流程

建设项目组织协调工作流程如图 25-3 所示。

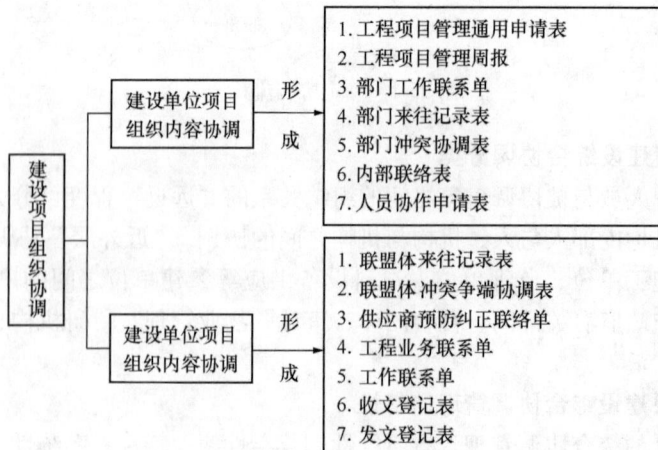

图 25-3 建设项目组织协调常用工作流程

五、工程项目建设综合协调的内容

（一）"近层"协调

项目公司（部）是项目组织的核心。通常项目公司（部）直接控制各类资源，项目公司（部）建立满足项目需要的组织结构，内部管理人员按职责分工具体实施资源控制。为实现项目目标，项目经理和管理人员必须充分沟通和协同工作。他们之间应该具有良好的工作关系和协同工作节奏，应经常进行沟通和协调。在项目部内部的沟通协调中，项目经理起着核心作用，如何进行沟通以及协调各职能工作，激励项目部成员，是项目经理的重要工作内容。通常情况下可从以下着手：项目经理与技术专家的沟通，应该积极引导，从全局的角度考虑，既发挥技术人员的作用，又能使方案在全局切实可行；建立完备的项目管理系统，明确划分各自的工作职责，设计比较完善的管理工作流程，明确规定项目中的正式沟通的方式、渠道和时间，使大家能够按程序、按规则办事；在项目组织内部建立公平、公正的考评工作业绩的方法、标准，并定期客观的对成员进行业绩考评，去除不可控制、不可预期的因素。

（二）"近外层"协调

"近外层"协调的对象通常是有直接合同关系的单位，他们必须接受项目管理者的领导、组织和协调、监督。具体协调的内容为：在技术交底以及整个项目实施过程中，项目管理者应该让各参建单位理解总目标、阶段目标以及各自的目标、项目的实施方案、各自的工作任务及职责等，并向他们解释清楚，作详细说明，增加项目的透明度；指导和培训各参建单位适应项目工作，向他们解释项目管理程序、沟通渠道与方法。经常对项目目标、合同、计划等进行解释，在发布命令后作出具体说明，有利于有效地消除对抗；项目管理者在观念上应该强调自己是提供服务、帮助，强调各方面利益的一致性和项目的总目标性；在招标、签订合同、工程施工中应让承包商掌握信息，了解情况，以作出正确的决策；为减少对抗、消除争执，取得更好的激励效果，项目管理者应该鼓励参建单位将项目实施状况的信息、实施结果及实施过程中遇到的困难等向项目管理者汇总和集中，寻找和发现对计划、控制有误解，或有对立情绪的承包商，以及可能存在的干扰。各方面了解越多，沟通越多，项目中存在的争执就越少。"近外层"协调过程中，通过工地会议形式进行沟通协调时，可用记录提示。

（三）"远外层"协调

"远外层"协调的对象通常没有直接的合同关系，主要为相关政府管理部门，办理相关证照，但他们在项目建设过程中起到了不可或缺的作用。主要协调事项：

1. 土地规划阶段：向规划土地部门申请，获得土地和规划许可证。

2. 立项阶段：向发改委或经委申请，获得项目立项批复或项目核准（备案表）。

3. 勘察、设计招投标阶段：向招投标监管部门办理招标过程相关环节备案。

4. 设计方案评审阶段：向规划部门申请（规划部门牵头建设、交通、发改、环保、水利、园林绿化、交警、消防、市政等部门会审），获取方案设计批复。

5. 扩初设计阶段：向建设管理等初步设计审查部门申请，协调比方案设计阶段更多的单位，水、电、煤、有线、通信、排水、环卫、卫生防疫等部门，获得初步设计批复。

6. 监理、施工招投标：向招投标监管部门办理招标过程相关环节备案。

7. 工程规划许可证阶段：向规划部门获取工程规划许可证。

8. 施工图阶段：协调施工图审图机构或部门，获取施工图审图通过证书。

9. 施工许可阶段：向建设行政管理部门申请，办理报监手续和获得建筑工程施工许可证。

10. 施工阶段：协调相关配套部门办理临水、临电、临排手续和接入工地，向规划部门申请验灰线（验红线及退界），向各个水电煤等配套单位申请配套及施工，接受质量监督机构和规划部门监督。

11. 竣工验收阶段：工程基本完工后先向水、电、煤、有线、通信、排水、环卫、卫生防疫、环保、水利、园林绿化、交警、消防、档案、规划部门申请办理竣工验收手续，然后组织竣工验收，向建设管理部门办理竣工备案手续。

12. 工程决算阶段：接受审计机关审计。

第二节　工程项目建设费用管理

一、工程项目建设费用管理的原理和流程

（一）工程项目建设费用管理的原理

在项目管理中，费用管理是和质量控制、进度控制、安全控制一起并称为项目的四大目标控制。如图 25-4 所示，这种目标控制是动态的，并且贯穿于工程项目实施的始终。

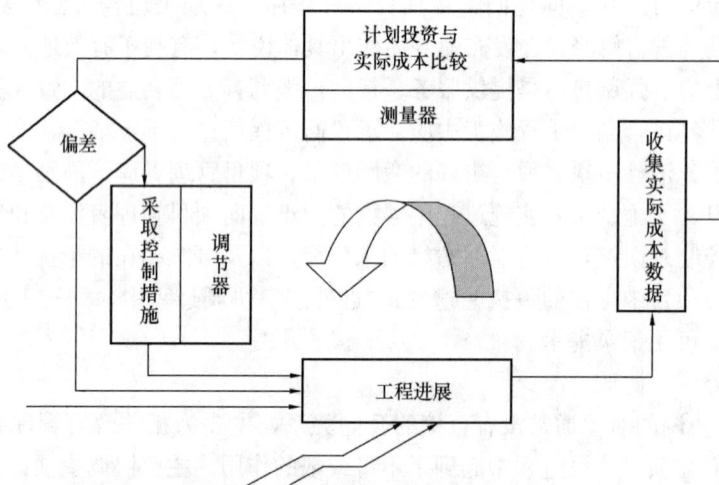

图 25-4　动态控制原理

（二）工程项目建设费用管理的流程

图 25-5 表示项目费用控制工作流程。

施工阶段工程投资控制流程如图 25-6 所示。

二、工程项目建设费用管理的任务和措施

投资随着工程建设阶段的进行不断累加（施工阶段迅速累加），而节约投资的可能性随着工程建设阶段的进行而不断降低（设计方案完成即迅速降低），所以投资控制要及早介入（最迟要从设计阶段开始），越早介入，节约投资的可能性就越大、效果越好。建设

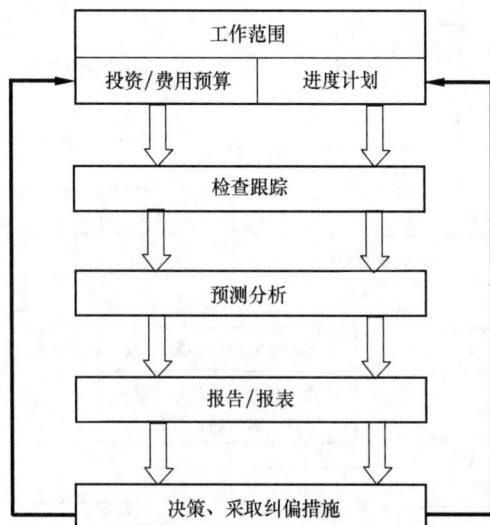

图 25-5　项目费用控制工作流程

工程各个阶段节约投资的可能性如表 25-1 所示，可以看出，在项目做出投资决策之后，投资控制的重点就在设计阶段，也就是说设计对工程投资的影响最大。

各个阶段节约投资的可能性　　　　　　　　　　　　　　表 25-1

建设阶段	可研阶段	初步设计阶段	技术设计阶段	施工图设计阶段	施工阶段
可能节约投资的比例	95%～100%	75%～95%	35%～75%	10%～35%	10%

（一）可研阶段

可行性研究阶段进行费用控制，主要应围绕对投资估算的审查和投资方案的分析、比选。

1. 对投资估算的审查：审查投资估算基础资料正确性；审查投资估算所采用方法合理性。

2. 对项目投资方案的审查：对项目投资方案的审查，主要是通过对拟建项目方案进行重新评价，看原可行性研究报告编制部门所确定的方案是否为最优方案。

（二）设计阶段

1. 设计阶段费用控制的任务：设计方案优化阶段编制设计方案优化要求文件中有关投资控制的内容；对设计单位方案优化提出投资评价建议；根据优化设计方案编制项目总投资修正估算；编制设计方案优化阶段资金使用计划并控制其执行；比较修正投资估算与投资估算，编制各种投资控制报表和报告。初步设计阶段编制、审核初步设计要求文件中有关投资控制的内容；审核项目设计总概算，并控制在总投资计划范围内；采用价值工程方法，挖掘节约投资的可能性；编制本阶段资金使用计划并控制其执行；比较设计概算与修正投资估算，编制各种投资控制报表和报告。施工图设计阶段根据批准的总投资概算，修正总投资规划，提出施工图设计的投资控制目标；编制施工图设计阶段资金使用计划并控制其执行，必要时对上述计划提出调整建议；跟踪审核施工图设计成果，对设计从施工、材料、设备等多方面作必要的市场调查和计划经济论证，并提出咨询报告，如发现设

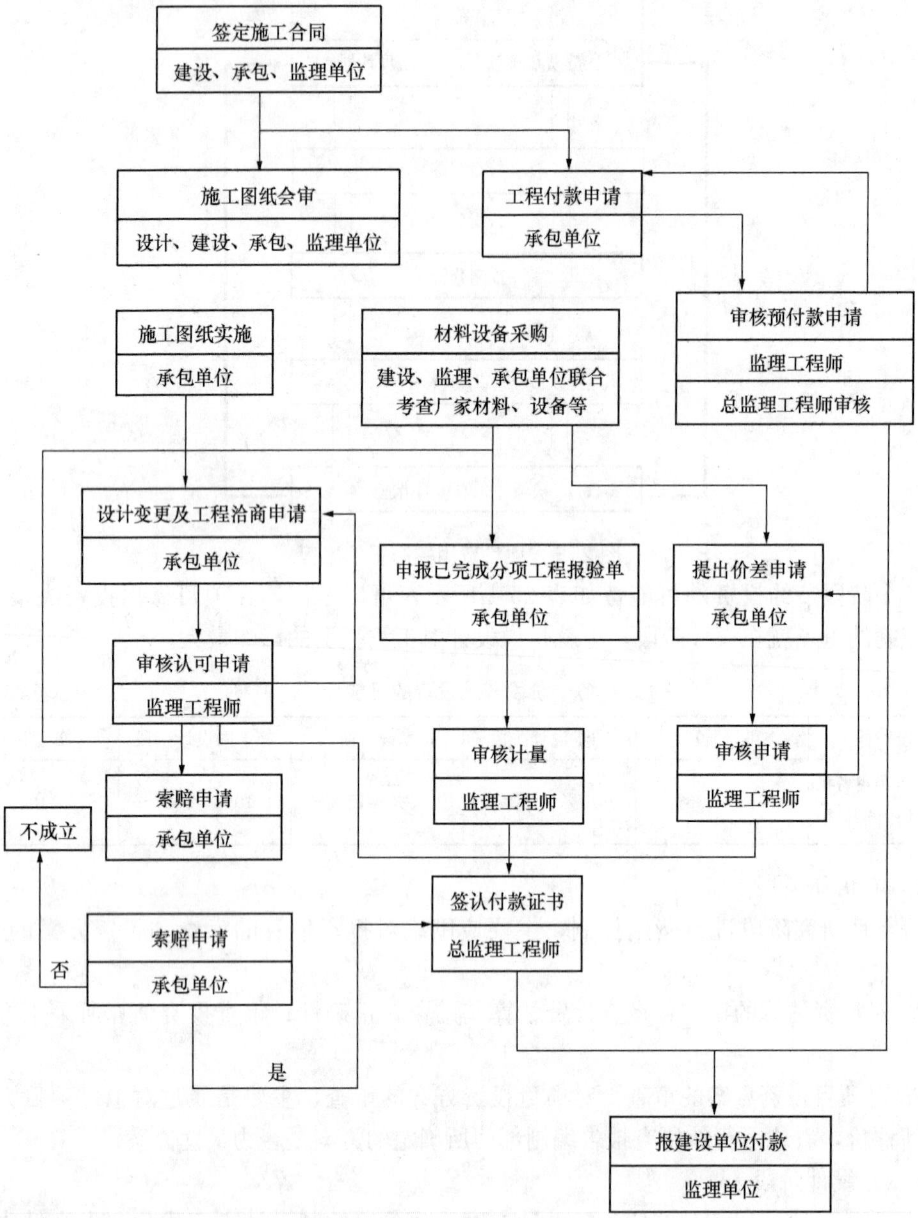

图 25-6　施工阶段工程投资控制流程

计可能会突破投资目标，则协助设计人员提出解决方法；审核施工图预算，如有必要调整总投资计划，采用价值工程的方法，在充分考虑满足项目功能的条件下进一步挖掘节约投资的可能性；比较施工图预算与投资概算，提交各种投资控制报表和报告；比较各种特殊专业设计的概算和预算，提交投资控制报表和报告；控制设计变更，注意审核设计变更的结构安全性、经济性等；编制施工图设计阶段投资控制总结报告；审核、分析各投标单位的投标报价；审核和处理设计过程中出现的索赔和与资金有关的事宜；审核招标文件和合同文件中有关投资控制的条款。

2. 设计阶段费用控制的方法：设计阶段的费用控制是建设全过程投资控制的重点。

设计阶段投资控制有以下方法：工程设计招标和方案优选，设计招标有利于设计方案的选择和竞争。限额设计在工程项目建设过程中采用投资限额设计，是我国工程建设领域控制投资支出、有效使用建设资金、保证投资一直处于监控中的有力措施。标准设计中优秀的设计标准和规范会带来经济效益是众所周知的，一个好的设计必须符合国情、符合设计和施工规范。价值工程以提高价值为目标，以建设单位要求为重点，以功能分析为核心，以集体智慧为依托，以创造精神为支柱，以系统观点为指针，以实现技术分析与经济分析的结合。

3. 设计阶段费用控制的措施：组织措施从投资控制角度落实进行设计跟踪的人员、具体任务及管理职能分工，具体包括：设计挖潜、设计审核，概、预算审核，付款复核（设计费复核），计划值与实际值比较及投资控制报表数据处理等。聘请专家作技术经济比较、设计挖潜。管理（合同）措施向设计单位说明在给定的投资范围内进行设计的要求，参与设计合同谈判。以合同措施鼓励设计单位在广泛调研和科学论证的基础上优化设计。经济措施对设计的进展进行投资跟踪（动态控制）。编制设计阶段详细的费用支出计划，并控制其执行。定期提供投资控制报表，以反映投资计划值和实际值的比较结果、投资计划值和已发生的资金支出值的比较结果。技术措施进行技术经济比较，通过比较寻求设计挖潜的可能。必要时组织专家论证，进行科学试验。

（三）施工阶段

1. 施工阶段费用控制的任务：编制资金使用计划，合理确定实际投资费用的支出。严格控制工程变更，合理确定工程变更价款。以施工图预算或工程合同价格为目标，通过工程计量，合理确定工程结算价款，控制工程进度款的支付。利用投资控制软件每月进行投资计划值与实际值的比较，并提供各种报表。对于建设单位内部而言，工程付款审核工程款支付申请报告表。对施工方案进行技术经济比较论证审核及处理各项施工索赔中与资金有关的事宜。

2. 施工阶段费用控制的措施：组织措施在项目管理班子中落实从投资控制角度进行施工跟踪的人员、具体任务（包括工程计量、付款复核、设计挖潜、索赔管理、计划值与实际值比较及投资控制报表数据处理、资金使用计划的编制及执行管理等）及管理职能分工。管理（合同）措施进行索赔管理。视需要，及时进行合同修改和补充工作，着重考虑它对投资控制的影响。经济措施对工程计量（已完成的实物工程量）复核。复核工程付款账单。编制施工阶段详细的费用支出计划，并控制其执行。技术措施对设计变更进行技术经济比较，寻求通过设计挖潜节约投资的可能。工程洽商控制及签证工作流程如图25-7所示。

（四）项目竣工验收阶段

编制本阶段资金使用计划，并控制其执行，必要时调整计划。进行投资计划值与实际值的比较，提交各种投资控制报告。审核本阶段各类付款。审核及处理施工综合索赔事宜。严格控制竣工决算，使得实际投资不超过设计概算。竣工决算是指在竣工验收、交付使用阶段，由建设单位编制的从建设项目筹建到竣工投产或使用全过程实际成本的经济文件。其内容由4部分组成：竣工财务决算报表、竣工财务决算说明、竣工工程平面示意图、工程造价比较分析。

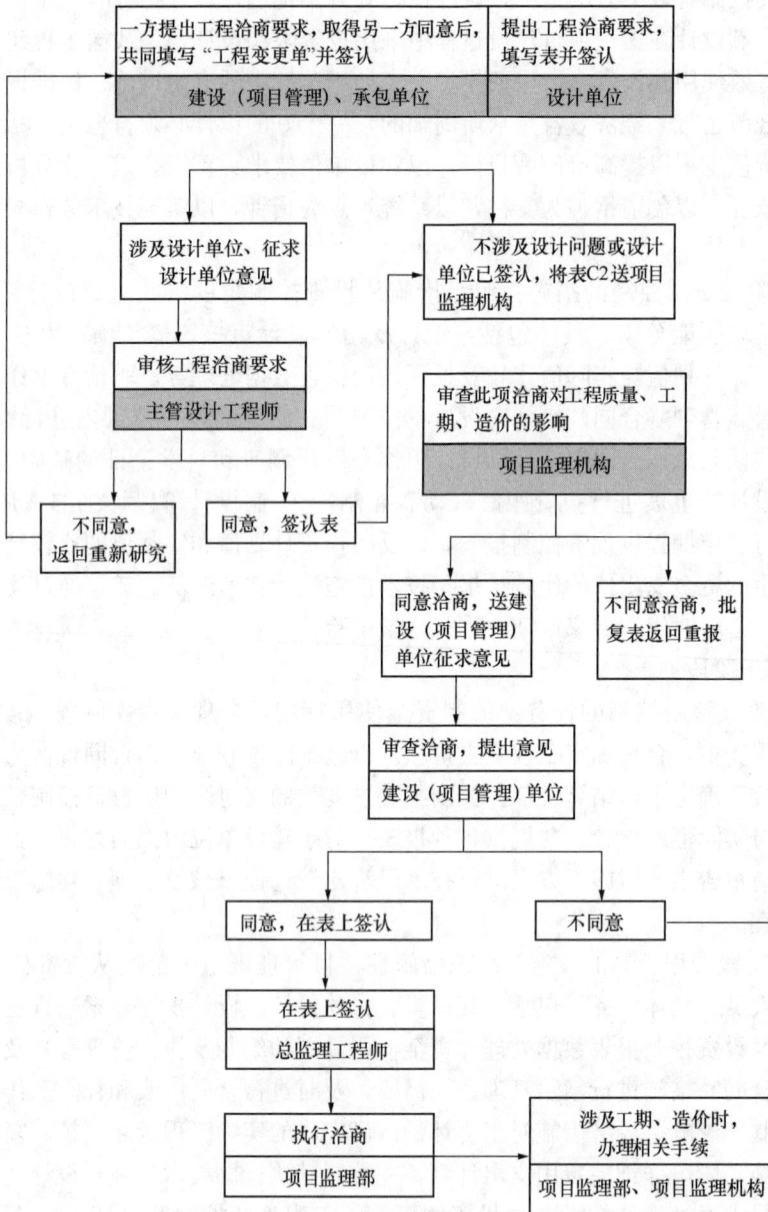

图 25-7　工程洽商控制及签证工作流程

第三节　工程项目建设进度控制

工程项目能否在预定的时间内交付使用，直接关系到项目经济效益的发挥。因此，通过对工程项目进度控制，可以有效地保证进度计划的落实与执行，使工程项目在计划时间内交付使用，达到预期的进度目标。建设项目实施计划编制如图 25-8 所示。

一、工程项目建设进度控制的基本概念

工程项目建设进度，即工程项目的建设活动或工作的进行速度。工程项目建设进度控

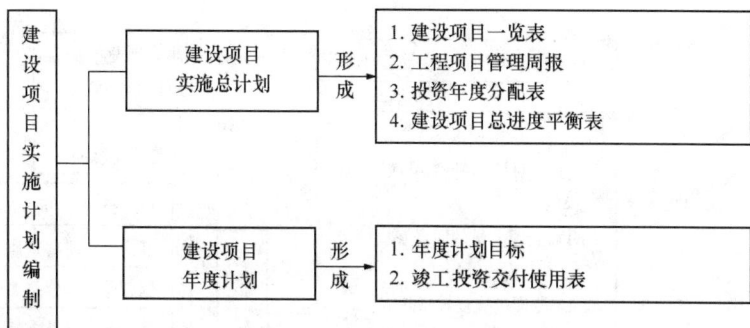

图 25-8 建设项目实施计划编制

制是在项目管理过程中，为确保项目按既定时间完成而开展的活动，包括确定进度目标、制定工程项目进度计划、进度优化，以及进度实施与控制等。

（一）工程项目进度计划

工程项目进度计划，是根据工期要求和资源供应条件，对工程项目从立项到工程竣工的全部过程在时间上和空间上进行的合理安排。制订进度计划的目的是保证工程按时完工。

（二）工程项目进度优化

工程项目进度计划解决了各项活动的时间安排问题，但这种安排是否合理，包括所确定的进度计划是否符合建设工期的要求，以及进度计划在经济上是否合理等，这些问题有待在进度计划编制的基础上，对其进行优化。优化的内容有工期优化、费用优化、资源优化等。

（三）工程项目进度控制

工程项目实施过程中存在着各种干扰因素，包括自然因素和社会因素。因此，不管进度计划如何周密，进度优化水平如何高，在进度计划实施过程中，不可避免的会出现计划与实际情况的偏差。工程项目进度控制是以项目工期为目标，按照项目进度计划及其实施要求，监督、检查项目实施过程中的动态变化，发现其产生偏差的原因，及时采取有效措施或修改原计划的综合管理过程。项目进度控制是项目施工中的重点控制目标之一，也是衡量项目管理水平的重要标志。

工程项目实施监理的总流程如图 25-9 所示。

二、工程项目建设进度控制的影响因素分析

工程项目的特点决定了在其实施过程中将受到多种因素的影响，其中大多对施工进度产生影响。为了有效地控制工程项目进度，必须充分认识和估计这些影响因素，以便事先采取措施消除其影响，使施工尽可能按进度计划进行。影响施工进度的主要因素有以下方面：

（一）内部因素：技术性失误。施工单位采用技术措施不当，施工方法选择或施工顺序安排有误，施工中发生技术事故，应用新技术、新工艺、新材料、新构造缺乏经验，不能保证工程质量等，都将影响施工进度。施工组织管理不力。对工程项目的特点和实现的条件判断失误、编制的施工进度计划不科学、贯彻进度计划不得力、流水施工组织不合理、劳动力和施工机具调配不当、施工平面布置及现场管理不严密、解决问题不及时等，都将影响施工进度计划的执行。

（二）外部因素：影响项目施工进度实施的单位主要是施工单位，但是建设单位、监理单位、设计单位、资金贷款单位、材料设备供应部门、运输部门、供水供电部门及政府

签订委托监理合同，接受监理工作

协助建设单位组织招标，评标、优选中标单位，签订施工合同

施工监理的前期准备工作：
1.成立项目监理机构、委派总监理工程师；
2.明确监理人员的职务及岗位责任；
3.配备监理设施及设备；
4.熟悉施工图纸、施工图纸会审；
5.分析研究委托监理合同及施工合同；
6.编制项目监理规划及实施细则

质量控制
审批分包单位
签认隐、预检工作
验收分项、分部工程
验收进场材料构配件设备
审签工程质量报表
参加质量事故的调查处理

监督承包单位技术管理及质量保证体系的落实

施工准备阶段的监理工作：
1.参与设计交底；
2.审定施工组织设计（施工方案）；
3.查验施工测量成果；
4.施工现场周围环境的调查

进度控制
审定工程总进度计划
审定工程年、季、月工程进度计划
加强进度计划的动态控制
对年、季、月进度计划提出修改意见

检查施工现场安全防护消防、环保卫生设施、文明施工，提出意见并监督执行

召开第一次工地会议，监理交底

造价控制
认定工程质量及进度
核定、会签工程变更文件
签发付款凭证

检查工程开工条件，核准开工

督促承包单位按照施工图纸、规范、管理程序及施工组织设计施工

合同控制
处理索赔事件
核定、会签工程变更文件
收集与监理有关的合同
对合同进行分析、研究并跟踪管理

1.组织对地基基础、主体工程、门窗工程、装饰工程、地面工程、水、暖、电、卫、煤气、电梯工程等分部工程及所属分项工程的验收及试运行；
2.监督检查承包单位的施工技术资料，整理监理资料

信息控制
监理例会、各种专业会议
利用监理月报、会议纪要、简报交流信息

总监理工程师组织建设单位、设计单位、承包单位进行竣工预检

总监理工程师组织监理人员对竣工工程进行预检准备

1.承包单位对预检结果需要整修处，由监理人员验收；
2.对承包单位的质量保证资料进行验收

正式验收合格，建设、设计、承包、监理单位在竣工文件上签字，对工程质量进行评估

建设（项目管理）单位组织竣工验收

总监理工程师编写工程竣工总结报告，监理资料归档

工程移交建设单位，建设、监理、承包单位办理交接手续，工程进入保修期

协调参建各方之间的关系

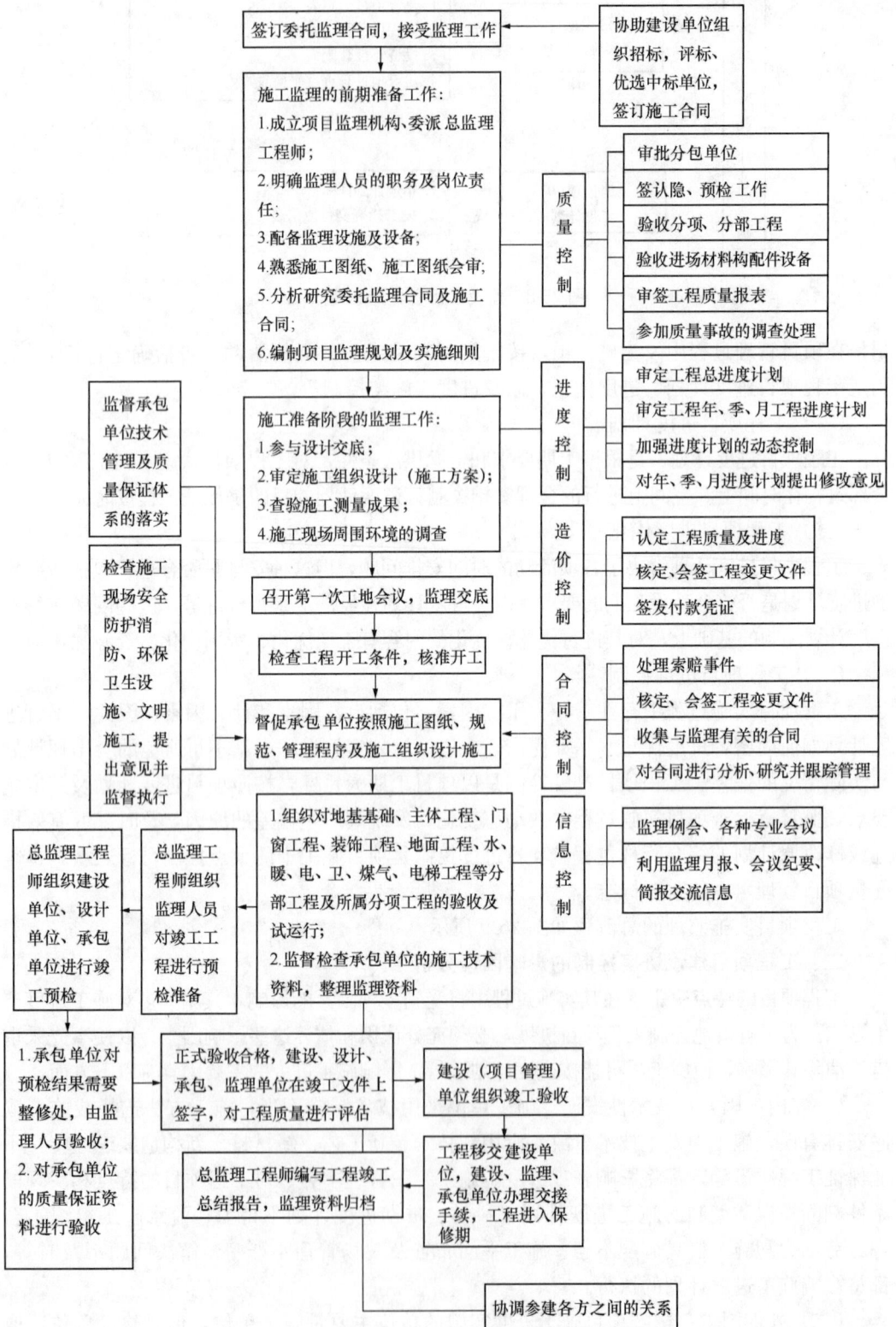

图 25-9 工程项目实施监理的总流程

的有关主管部门等，都可能给施工的某些方面造成困难而影响施工进度。如设计单位图纸供应不及时或有误；业主要求设计方案变更；材料和设备不能按期供应或质量、规格不符合要求；不能按期拨付工程款或在施工中资金短缺等。

（三）不可预见的因素：施工中如果出现意外的事件，如战争、严重自然灾害、火灾、重大工程事故、工人罢工、企业倒闭、社会动乱等，都会影响施工进度。

三、工程项目建设进度控制的措施

主要措施有组织措施、技术措施、合同措施、经济措施和信息管理措施等。

（一）组织措施：主要是指落实各层次的进度控制的人员、具体任务和工作职责，建立进度控制的组织体系；根据施工项目的进展阶段、结构层次、专业工种或合同结构等进行项目分解，确定其进度目标，建立控制目标体系；确定进度控制工作制度，如检查时间、方法、协调会议时间、参加人员等；对影响进度的因素进行分析和预测。

（二）技术措施：主要是指采用有利于加快施工进度的技术和方法，以保证在进度调整后仍能如期竣工。技术措施包含两方面内容：一是能保证质量、安全以及经济、快速的施工技术和方法，包括操作、机械设备、工艺等；另一方面是管理技术和方法，包括流水作业方法、网络计划技术。

（三）合同措施：是指以合同形式保证工期进度的实现，即保持总进度控制目标与合同总工期相一致；分包合同的工期与总包合同的工期相一致；供货、供电、运输、构配件加工等合同对施工项目提供服务配合的时间应与有关进度控制目标相一致、相协调。

（四）经济措施：是指实现进度计划的资金保证措施和有关进度控制的经济核算方法。

（五）信息管理措施：是指建立监测、分析、调整、反馈进度实施过程中的信息流动程序和信息管理工作制度，以实现连续的、动态的全过程进度目标控制。

四、工程项目建设进度控制需要做的工作

要搞好项目的进度控制，需要重点解决问题：建立项目管理的模式与组织结构。一个成功的项目，必然有一个成功的管理团队，一套规范的工作模式、操作程序、业务制度，一流的管理目标。建立一个严密的合同网络体系。一个较大的工程，是由很多的建设者参加的共同体，这就需要有一个严密的合同体系，调动大家的积极性。制订一个切实可行的三级工程计划。这一计划不仅要包含施工单位的工作，更重要的是包含业主的工作、设计单位的工作、监理的工作，以及充分考虑与施工密切相关的政府部门的工作的影响。设计单位的确定及设计合同的签订，以及设计质量、速度的检查、评审。设计的工作质量决定了项目施工能否顺利实施。施工单位的招标、评标及施工合同的签订，包含总包、分包单位的选择，材料、设备的供货合同的签订。工程前期政府手续的办理以及市政配套工程的安排。与政府机关的充分沟通和良好关系，是项目成功的保证。

五、进度计划体系的建立

进度计划是一个统筹管理的概念，必须针对项目的特点而制订。通常情况下可以制订以总进度目标为中心，各节点目标为重点，由前期进度计划体系和开工后进度计划体系所组成的进度计划体系，如图25-10所示。

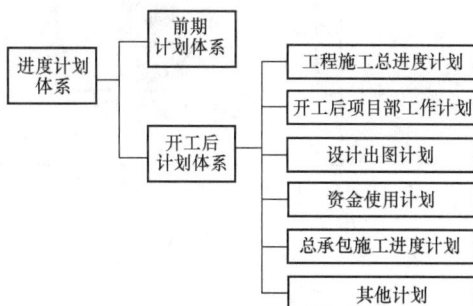

图 25-10　进度计划体系

611

六、前期计划体系

前期计划体系内主要包括招标、证照办理（立项及批文、选址及批文、规划许可等）及技术准备等工作计划，开工前准备工作的深度和质量对进度控制起关键性的作用。因此需注意以下方面的问题：按照项目建设程序，并考虑工作在时间上并行的可能，尽量优化计划。按照关键节点倒排，并考虑一些不确定因素，合理、严密地组织各项工作的搭接。

进度计划体系确定后，必须编制建设项目实施计划，编制工作流程如图 25-11 所示。

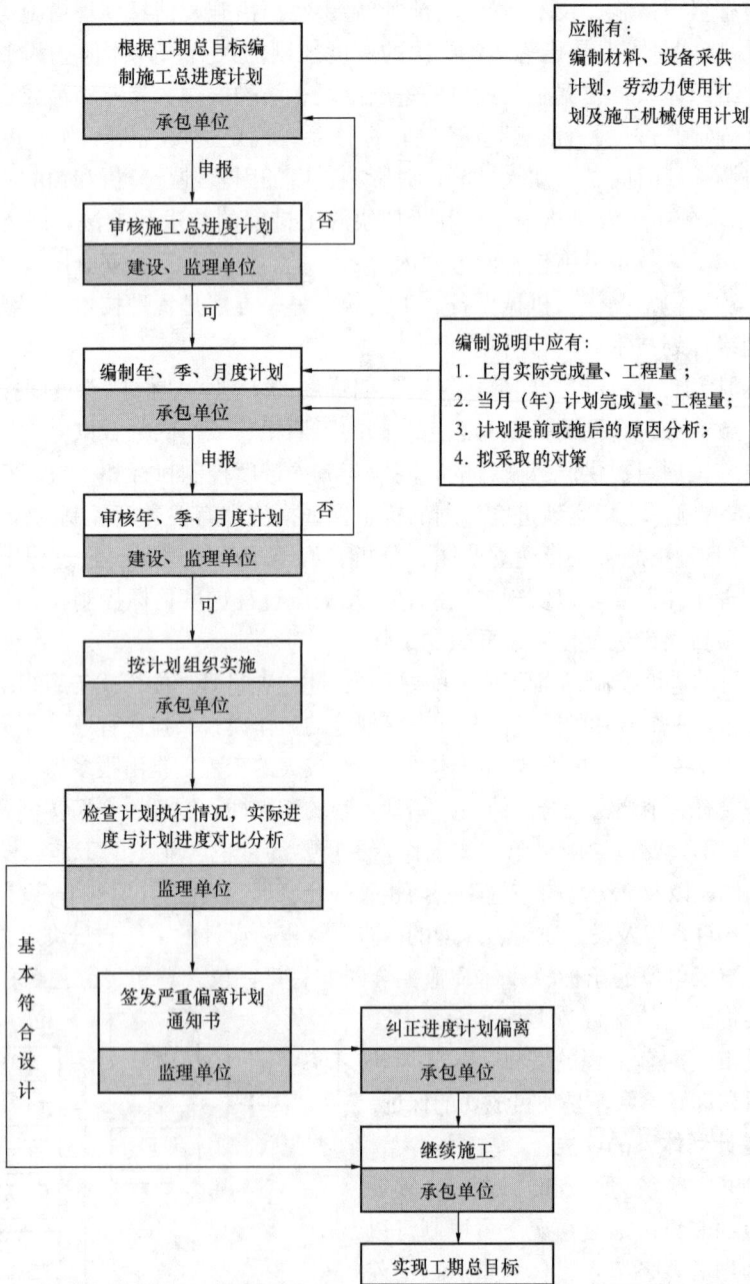

图 25-11　建设项目工程进度控制流程

七、开工后进度计划体系

开工后进度计划体系主要由 1 个大计划（施工总进度计划）、3 个小计划（开工后项目部工作计划、设计出图计划、资金使用计划）等组成。施工总进度计划是依据扩初设计、工程总进度目标及主要节点目标进行编制的，小计划主要围绕大计划而配备，主要是保证大计划的顺利实现。施工总进度计划是依据扩初设计和工程的总进度目标及主要节点目标进行编制的，其编制的思路是把所有工程统筹安排、在保证每个作业满足计划要求的前提下，科学、合理搭接。开工后项目部工作计划主要包括招标计划、各种手续证照办理计划及技术准备等工作计划。主要依据扩初设计及工程施工总进度计划进行编制。施工总进度计划和开工后项目部工作计划编制时，因无详细的图纸无法进行细致的安排，因此设计出图计划是工程能否按计划执行的关键。资金使用计划中资金的及时供应和合理使用是工程按计划顺利推进的基础，应结合工程的实际特点及进度计划体系，编制资金使用计划。

八、进度控制实施

建设项目进度控制实施和流程如图 25-12 所示。

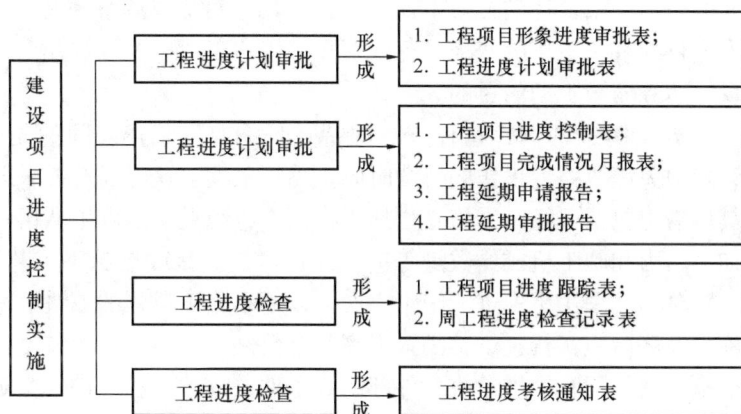

图 25-12 建设项目进度控制实施

九、进度计划的调整

（一）分析进度偏差的影响

在工程项目实施过程中，当通过实际进度与计划进度的比较，发现有进度偏差时，需要分析该偏差对后续工作及总工期的影响，从而采取相应的调整措施对原进度计划进行调整，以确保工期目标的顺利实现。进度偏差的大小及其所处的位置不同，对后续工作和总工期的影响程度是不同的，分析时需要利用网络计划中工作总时差和自由时差的概念进行判断。

1. 分析出现进度偏差的工作是否为关键工作：如果出现进度偏差的工作位于关键线路上，即该工作为关键工作，则无论其偏差有多大，都对后续工作和总工期产生影响，必须采取相应的调整措施；如果出现偏差的工作是非关键工作，则需要根据进度偏差值与总时差和自由时差的关系作进一步分析。

2. 分析进度偏差是否超过总时差：如果工作的进度偏差大于该工作的总时差，则进度偏差必将影响其后续工作和总工期，必须采取相应的调整措施；如果工作的进度偏差未超过该工作的总时差，则此进度偏差不影响总工期。至于对后续工作的影响程度，需要根据偏差值与其自由时差的关系作进一步分析。

3. 分析进度偏差是否超过自由时差：如果工作的进度偏差大于该工作的自由时差，则此进度偏差将对其后续工作产生影响，此时应根据后续工作的限制条件确定调整方法；如果工作的进度偏差未超过该工作的自由时差，则此进度偏差不影响后续工作，因此，原进度计划可以不作调整。

（二）施工项目进度计划的调整方法

通过调查分析，如果发现原有进度计划已不能适应实际情况时，为了确保进度控制目标的实现或需要确定新的计划目标，就必须对原有进度计划进行调整，以形成新的进度计划，作为进度控制的新依据。施工进度计划的调整方法主要有两种：一是改变某些工作间的逻辑关系；二是缩短某些工作的持续时间。在实际工作中应根据具体情况选用上述方法进行进度计划的调整。

1. 改变某些工作间的逻辑关系：若检查的实际施工进度产生的偏差影响了总工期，在工作之间的逻辑关系允许改变的条件下，改变关键线路和超过计划工期的非关键线路上的有关工作之间的逻辑关系，达到缩短工期的目的。用这种方法调整的效果是很显著的，例如可以把依次进行的有关工作改变为平行或互相搭接施工，以及分成几个施工段进行流水施工等，都可以达到缩短工期的目的。

2. 压缩关键工作的持续时间：这种方法的特点是不改变工作之间的先后顺序关系，通过缩短网络计划中关键线路上工作的持续时间来缩短工期，这时通常要采取一定的措施来达到目的。具体措施包括：组织措施是增加工作面，组织更多的施工队伍；增加每天的施工时间；增加劳动力和施工机械的数量等措施。技术措施是改进施工工艺和施工技术，缩短工艺技术间歇时间；采用更先进的施工方法，以减小施工过程的数量；采用更先进的施工机械等措施。经济措施实行包干奖励；提高奖金数额；对所采取的技术措施给予相应的经济补偿等措施。其他配套措施是改善外部配合条件；改善劳动条件；实施强有力的调度等措施。

一般来说，不管采取哪种措施，都会增加费用。因此，在调整施工进度计划时，应利用费用优化的原理选择费用增加量最小的关键工作作为压缩对象。除了分别采用上述两种方法来缩短工期外，有时由于工期拖延得太多，当采用某种方法进行调整，其可调整的幅度又受到限制时，还可以同时利用这两种方法对同一施工进度计划进行调整，以满足工期目标的要求。

十、工期延期

在建设工程施工过程中，其工期的延长分为工程延误和工程延期两种。由于承包单位自身的原因，使工程进度拖延，称为工程延误；由于承包单位以外的原因，使工程进度拖延，称为工程延期。虽然都是工程拖期，但由于性质不同，因而所承担的责任也有所不同。如果是工程延误，则由此造成的一切损失由承包单位承担，同时，业主还有权力对承包单位实行误期违约罚款。而如果是属于工程延期，则承包单位不仅有权要求延长工期，而且还有权向业主提出赔偿费用的要求以弥补由此造成的额外损失。

竣工验收工作流程如图 25-13、图 25-14 所示。

图 25-14　工程竣工验收工作流程

图 25-13　组织竣工验收工作流程

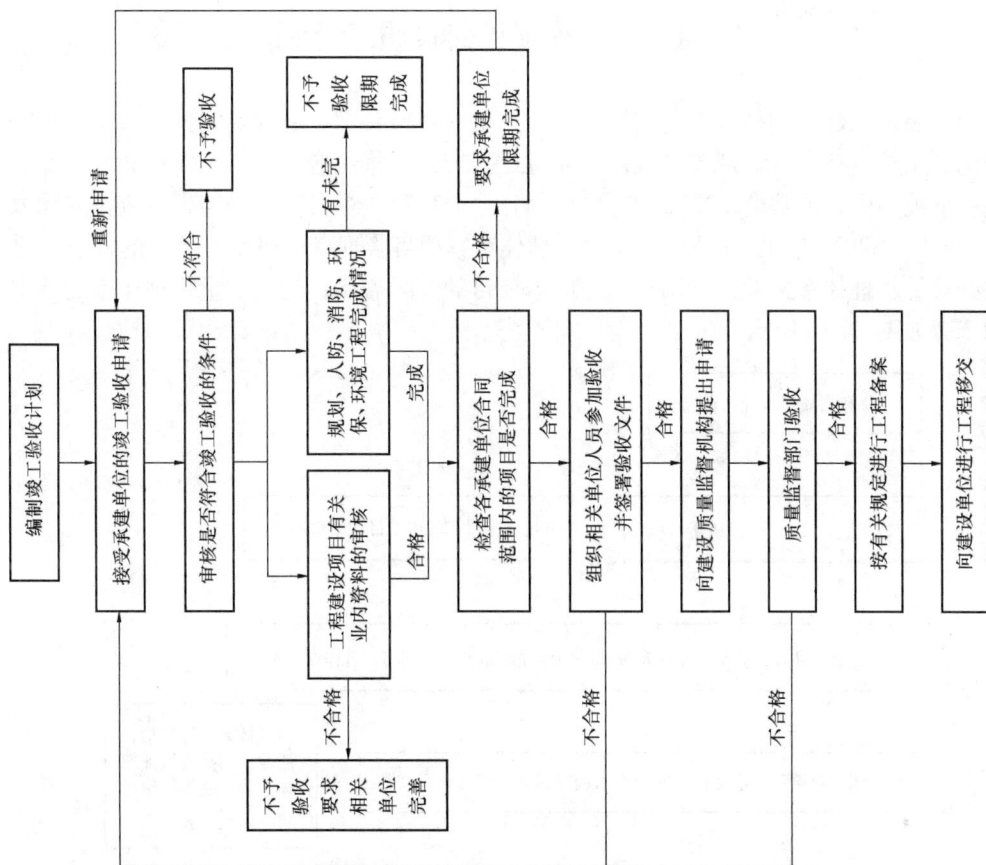

第四节　工程项目建设质量控制

项目质量是建筑产品和服务的特性符合给定的规格要求，通常是定量化要求。项目质量控制利用控制技术，识别质量偏差，通过过程控制，将建造过程每个作业和材料控制在规范要求范围内，消除产生质量问题的原因，保证项目质量目标得以实现。应按照国家规定的 GB/T 19001—2016 标准建立质量管理体系。项目管理者应根据本项目的特点，对本单位的质量管理体系文件进行调整，适应本项目的实际需要。建立质量管理体系的基本方法和步骤如图 25-15 所示。

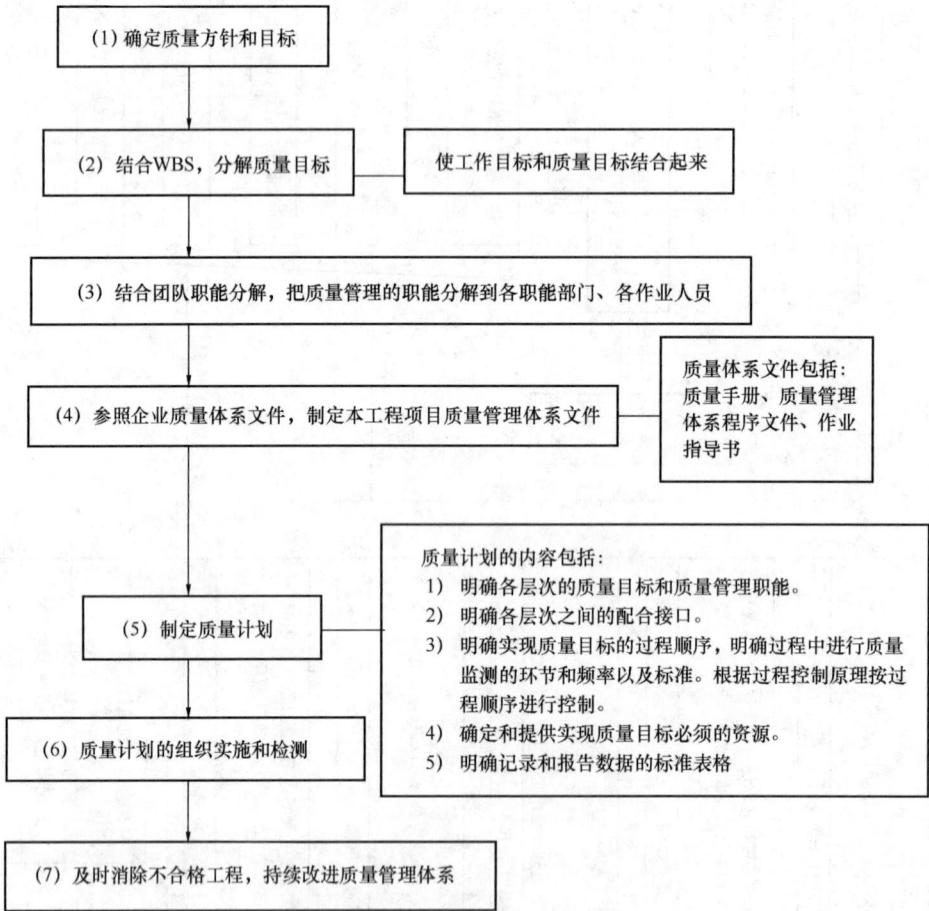

图 25-15　建立质量管理体系的基本方法

施工阶段工程质量控制流程如图 25-16 所示。

一、工程建设各参与方的质量责任

（一）建设单位的质量责任

根据《建设工程质量管理条例》规定建设单位的质量和义务如下：建设单位应当将工程发包给具有相应资质等级的单位。建设单位不得将建设工程肢解发包。建设单位应当依法对工程建设项目的勘察、设计、施工、监理以及与工程建设有关的重要设备、材料等的采购进

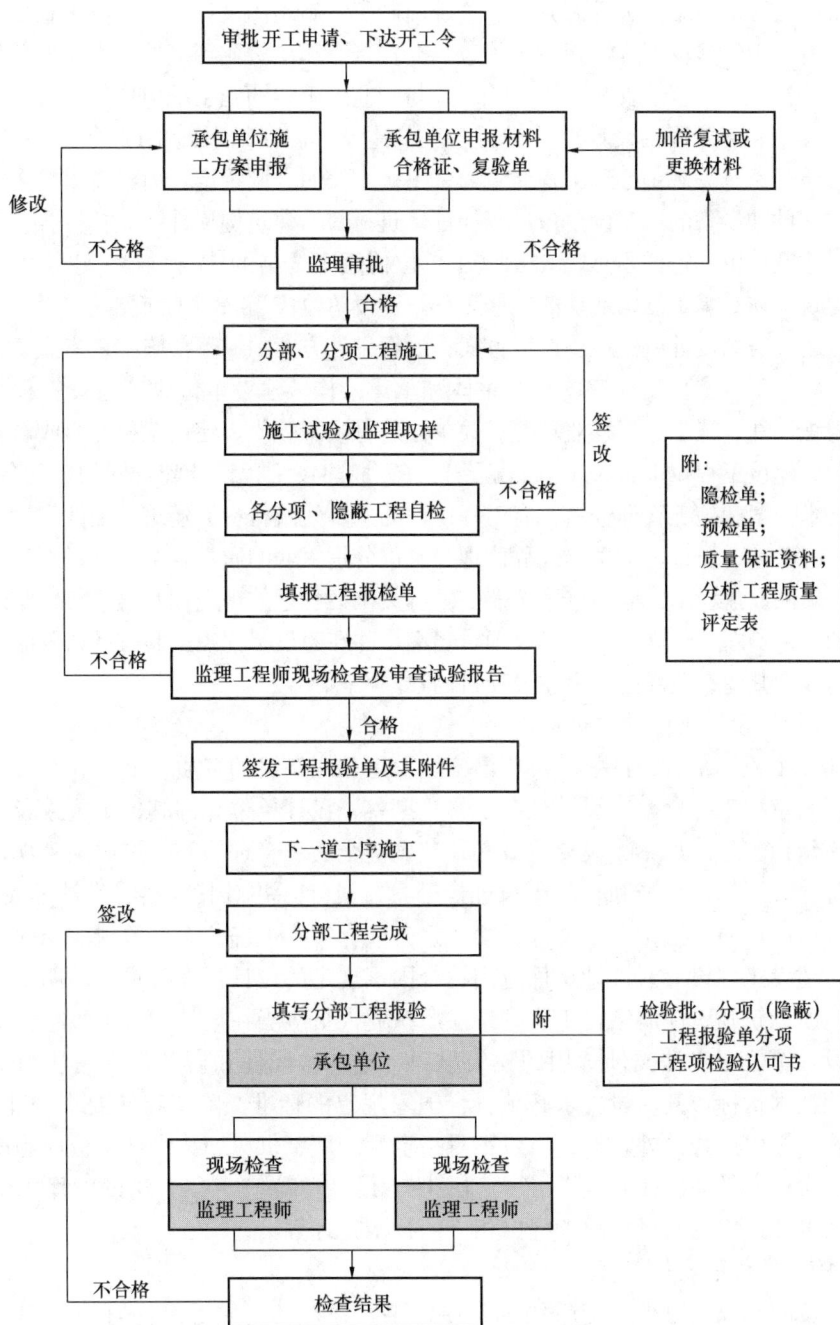

图 25-16　施工阶段工程质量控制流程

行招标。建设单位必须向有关的勘察、设计、施工、工程监理等单位提供与建设工程有关的原始资料。原始资料必须真实、准确、齐全。建设工程发包单位，不得迫使承包方以低于成本的价格竞标，不得任意压缩合理工期。建设单位不得明示或者暗示设计单位或者施工单位违反工程建设强制性标准，降低建设工程质量。建设单位应当将施工图设计文件报县级以上人民政府建设行政主管部门或者其他有关部门审查。施工图设计文件审查的具体办法，由国务院建设行政主管部门会同国务院其他有关部门制定。施工图设计文件未经审查批准的，不得使用。实行监理的建设工程，建设单位应当委托具有相应资质等级的工程监理单位进行监理，也可以委托具有工程监理相应资质等级并与被监理工程的施工承包单位没有隶属关系或者其他利害关系的该工程的设计单位进行监理。建设单位在领取施工许可证或者开工报告前，应当按照国家有关规定办理工程质量监督手续。按照合同约定，由建设单位采购建筑材料、建筑构配件和设备的，建设单位应当保证建筑材料、建筑构配件和设备符合设计文件和合同要求。建设单位不得明示或者暗示施工单位使用不合格的建筑材料、建筑构配件和设备。涉及建筑主体和承重结构变动的装修工程，建设单位应当在施工前委托原设计单位或者具有相应资质等级的设计单位提出设计方案；没有设计方案的，不得施工。房屋建筑使用者在装修过程中，不得擅自变动房屋建筑主体和承重结构。建设单位收到建设工程竣工报告后，应当组织设计、施工、工程监理等有关单位进行竣工验收。建设工程经验收合格的，方可交付使用。建设工程竣工验收应当具备条件：完成建设工程设计和合同约定的各项内容；有完整的技术档案和施工管理资料；有工程使用的主要建筑材料、建筑构配件和设备的进场试验报告；有勘察、设计、施工、工程监理等单位分别签署的质量合格文件；有施工单位签署的工程保修书。建设单位应当严格按照国家有关档案管理的规定，及时收集、整理建设项目各环节的文件资料，建立、健全建设项目档案，并在建设工程竣工验收后，及时向建设行政主管部门或者其他有关部门移交建设项目档案。

（二）勘察、设计单位的质量责任

从事建设工程勘察、设计的单位应当依法取得相应等级的资质证书，并在其资质等级许可的范围内承担工程勘察、设计任务。禁止勘察、设计单位允许其他单位或者个人以本单位的名义承揽工程。勘察、设计单位必须建立健全质量管理体系，按照国家现行的有关规定、工程建设强制性标准和合同要求进行勘察、设计，并对其勘察、设计的质量负责。勘察单位提供的地质、测量、水文等勘察成果必须真实、准确。设计单位应当根据勘察成果文件进行建设工程设计。设计文件应当符合国家规定的设计深度要求，注明工程合理使用年限。注册建筑师、注册结构工程师等注册执业人员应当在设计文件上签字，对设计文件负责。设计单位在设计文件选用的建筑材料、建筑构配件和设备，应当注明规格、型号、性能等技术指标，其质量要求必须符合国家规定的标准。除有特殊要求的建筑材料、专用设备、工艺生产线等外，设计单位不得指定生产厂、供应商。设计单位应当就审查合格的施工图设计文件向施工单位作出详细说明。设计单位应当参与建设工程质量事故分析，并对因设计造成的质量事故，提出相应的技术处理方案。

（三）施工单位的质量责任

施工单位应当依法取得相应等级的资质证书，并在其资质等级许可的范围内承揽工程。禁止施工单位超越本单位资质等级许可的范围或者以其他施工单位的名义承揽工程。禁止施工单位允许其他单位或者个人以本单位名义承揽工程。施工单位不得转包或者违法分包工程。施工单位对建设工程的施工质量负责。施工单位应当建立健全质量管理体系，落实质量责任制，确定工程项目的项目经理、技术负责人和施工管理负责人。建设工程实行总承包的，总承包单位应当对全部建设工程质量负责；建设工程勘察、设计、施工、设备采购的一项或者多项实行总承包的，总承包单位应当对其承包的建设工程或者采购的设备的质量负责。总承包单位依法将建设工程分包给其他单位的，分包单位应当按照分包合同的约定对其分包工程的质量向总承包单位负责，总承包单位与分包单位对分包单位的质量承担连带责任。施工单位必须按照工程设计图纸和施工技术规范标准组织施工，未经设计单位同意，不得擅自修改工程设计。施工单位在施工过程中发现设计文件和图纸有差错的，应当及时提出意见和建议。施工单位必须按照工程设计要求、施工技术标准和合同约定，对建筑材料、建筑构配件、设备和商品混凝土进行检验，检验应当有书面记录和专人签字；未经检验或者检验不合格的，不得使用。不符合设计和强制性技术标准要求的产品，不得使用。不得偷工减料。施工单位必须建立、健全施工质量的检验制度，严格工序管理，作好隐蔽工程的质量检查和记录。隐蔽工程在隐蔽前，施工单位应当通知建设单位和建设工程质量监督机构。施工人员对涉及结构及结构安全的试块、试件以及有关材料，应当在建设单位或者工程监理单位监督下现场取样，并送具有相应资质等级的质量检测单位进行检测。施工单位对施工中出现质量问题的建设工程或者竣工验收不合格的建设工程，应当负责返修，直到合格为止。

（四）工程监理单位的质量责任

工程监理单位应按其资质等级许可的范围承担工程监理任务，不许超越本单位资质等级许可的范围，不得转让工程监理业务，不许其他单位或者个人以本单位名义承担工程监理业务。应依照法律、法规以及有关技术标准、设计文件和工程承包合同，与建设单位签订监理合同，代表建设单位对工程质量实施监理并承担监理责任。

（五）咨询单位的质量责任

从事工程咨询工作的单位应当依法取得相应等级的工程咨询资格证书，并在其资质等级的范围内承担工程咨询任务。在工作中坚持客观、公正、科学、可靠的原则，认真贯彻国家政策要求，加强调查研究，判别、采用科学、可靠的数据，运用科学的分析方法进行多方面的分析研究，从实际情况出发，运用智慧和技能，在多方案比选的基础上，提出切实可行、保证项目符合宏观调控政策，可持续发展要求，质量优良、投资效益最好的建设方案。

二、工程项目前期准备阶段质量管理

（一）建立项目质量管理责任制：项目经理是工程项目质量的主要负责人，必须亲自抓质量工作。大型项目还可设项目质量经理协助工作。项目质量经理对质量的监督检查，不能代替项目各其他岗位的质量职责，项目各个经理、专业负责人、各专业人员均应完成自己的质量职责，项目质量才能得到保证。

（二）建立咨询工作成果的质量评审制度：工程咨询工作成果质量评审制度主要包括内部评审和外部评审。内部评审是依据项目质量要求，逐项进行自我检查，发现不符合质量要求的地方，要进行加工修正，达到标准要求。外部评审邀请社会上的专家、学者、行政领导，对咨询企业提供的咨询成果进行评审。特殊情况下，还可以邀请国外专家参加。评审的主要内容就是根据合同文件和国家一系列规定，审查咨询成果是否满足国家和投资的要求。

（三）工程咨询成果质量评价标准：《工程咨询成果质量评价办法》对建设项目可行性研究报告的评价目标、标准和方法作出了具体规定，要求工业建设项目可行性研究报告的质量评价目标至少包括贯彻宏观调控政策、市场调查分析、多方案比选、经济分析、风险分析、生态环境论证等 6 个方面的 27 个子目标。并对各个子目标按优秀、良好、合格、不合格 4 个质量等级制定了评价标准。其他行业的建设项目可行性研究报告的质量目标、子目标和评价标准，可根据行业情况进行增减。

三、工程项目设计阶段质量管理

（一）设计质量管理的要求：符合有关工程建设及质量管理方面的法律、法规。符合有关工程建设的技术标准和规范。符合经过批准的工程项目建议书、可行性研究报告、评估报告及选址报告内容要求。满足建设单位的建设意图和设计合同要求，满足施工要求，不影响工程进度和质量。反映建设过程中和建成后所需要的有关协议、数据和资料。设计图纸齐全，计算准确，技术要求明确。设计单位有义务帮助实施单位了解和掌握图纸要求和设计意图。

（二）设计评审：必须分阶段对设计成品进行评审，设计评审主要阶段如图 25-17 所示。

四、施工阶段的质量管理

（一）施工前准备阶段的质量管理

建设项目施工准备阶段质量管理工作流程如图 25-18 所示。

1. 对施工单位资质进行核查，使施工单位的资质等级与承揽的工程项目要求相一致；对施工人员素质和人员结构进行监控，使参与施工的人员技术水平与工程技术要求相适应。

2. 对施工组织设计和质量计划进行审查。施工组织设计，包括施工方案、施工方法、进度计划、施工措施、平面图布置等。施工组织设计是施工准备和施工全过程的指导性文件。为了确保工程质量，承包单位有的编制了专门的质量计划，有的在施工组织设计中加入了质量目标、质量管理、质量保证措施等质量计划的内容。对施工组织设计，着重审查方面：施工组织设计的编制、审查和批准应符合规定的程序；施工组织设计应符合国家的计划政策，充分考虑承包合同规定的条件、现场条件及法规条件的要求，始终把"质量第一"作为对工程项目质量管理的基本原则；施工组织设计要有较强的针对性；施工组织设计要有可操作性，即切实可行；技术方案先进性，即采用的技术方案和措施先进、适用、成熟；质量管理体系和技术管理体系健全完善；施工现场安全、环保、消防和文明施工符合规定；在满足合同和法规要求的前提下，在审查过程中要尊重施工单位的自主决策和自主管理权。

3. 对进场的原材料、构配件和设备的监控。进场的原材料、构配件和设备经施工单位自检后，监理单位按照规范要求进行审核验收。不合格的不能进入现场，更不得在施工中使用。

4. 对施工机械设备的监控：施工机械设备的选择，应考虑施工机械的技术性能、工作效率、工作质量、可靠性和维修难易、能源消耗，以及安全、灵活等方面对施工质量的影响与保证；审查施工机械设备的数量是否足够保证施工质量；审查所需的施工机械设备，是否按已批准的计划备妥，所准备的机械设备是否与审查认可的施工组织设计或施工计划中所列者相一致，所准备的施工机械设备是否处于完好的可用状态等。

5. 组织设计交底会议（设计交底记录表）。为了使施工单位了解设计意图，应组织由设计单位、施工单位和监理单位参加的设计交底和设计会审会议。同时，根据施工图和设计说明书中的要求，督促施工单位按时准备好技术标准、图册、规范、规程等一系列文件。

6. 对参建单位质量管理体系的检查。检查施工单位和监理单位是否建立和健全了质量管理体系，体系文件是否按照本工程项目的性质和特点，进行了整合和调整，对本工程质量起到控制作用。

（二）施工过程的质量控制

1. 对施工单位和监理单位质量管理体系的实施状况监控。施工单位和监理单位是否真正按质量管理体系文件执行，管理体系的运行是否发挥良好的作用，有何不足和问题。如果达不到质量目标的要求，对该体系要进行持续改进和调整。

工艺方案的评审　　　　　　　初步设计的评审　　　　　　施工图设计的评审

工艺方案的评审

工艺方案是决定设计质量和技术水平的关键。

工艺方案的评审需召开方案评审会。

时间：工艺设计阶段，在工艺发表前。

组织：成熟技术的工艺方案可由工艺专业组织评审。重大工艺技术方案或新工艺组织评审，由项目经理提出申请，由公司技术管理部门组织公司级有关专家和有关单位有关专家参加工艺方案评审。

过程要求：

1. 由工艺专业介绍方案比较情况及推荐的方案。

2. 主持人作出明确结论。

3. 会议纪要由会议各方负责人共同签署。

4. 评审会后，方案有重大变化，需由设计主管提出重新评审的申请和理由，并按照程序重新进行。如仅需对原评审意见进行局部修改，则按变更程序进行处理

初步设计的评审

时间：初步设计完成后，在进行复制之前。

组织：评审会由项目经理提出申请，公司技术管理部门负责组织。公司分管领导或总工程师主持。公司有关专业部室、专家参加。必要时请专利专家参加。

过程要求：

1. 评审会应形成会议纪要。会议纪要应由项目经理发送给相关专业，各专业按会议纪要内容进行修改。

2. 初步设计文件经修改完成校审和签署后，方可复制并发放给相关单位或部门

施工图设计的评审

时间：入库并复制发送给相关单位或部门间

组织：施工图设计按专业由专业部室组织评审，一般由评审人按照验证要求进行施工图设计的外部评审。

原建设部规定：

建设单位应将施工图报送建设主管部门，由其委托有关审查机构，对结构安全和强制性标准、规范执行情况等内容进行审查。审查不合格的，不发施工许可证。未经审查或审查不合格的，不得交付施工。审查机构不代替设计单位承担设计质量责任

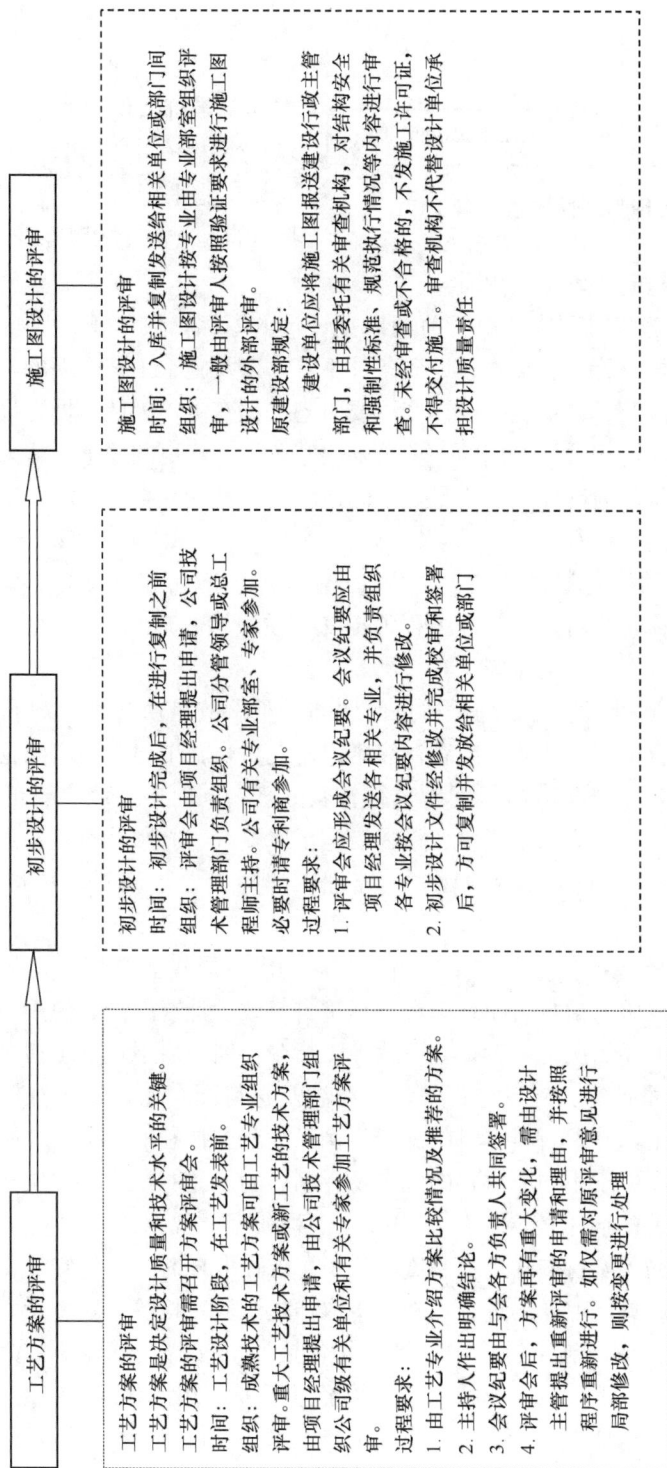

图 25-17　设计评审的主要阶段

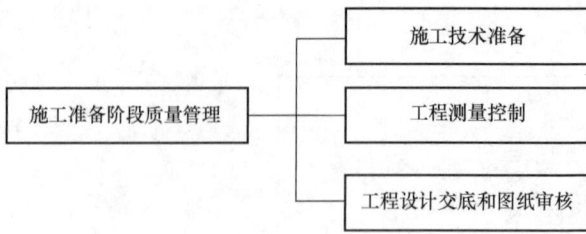

图 25-18　建设项目施工准备阶段质量管理工作流程

2. 对关键质量点跟踪监控。监督检查在工序施工过程中的施工人员、施工机械设备、材料、施工方法及工艺或操作是否处于良好状态，是否符合保证质量的要求。现场监督检查的方式，一是巡视检查，二是平行检查。对于重要的工序和部位、质量控制点，应在现场进行施工过程的监督与控制，确保工程质量。

3. 处理设计变更。施工过程中，由于前期勘察设计的原因，或由于外界自然条件的变化，探明的地下障碍物、管线、文物、地质条件不符，以及施工工艺方面的限制、建设单位要求的改变，均会涉及设计变更。设计变更要引起工程变更，因此，做好设计变更的控制工作，也是施工作业过程质量控制的一项重要内容。设计变更的要求可能来自建设单位、设计单位或施工单位。为确保工程质量，不同情况下，设计变更的实施、设计图纸的澄清、修改，具有不同的工作程序。

4. 做好施工过程中的检查验收工作。对于各工序的产出产品和重要的部位，先由施工单位按规定自检，自检合格后，向监理工程师提交"质量验收通知单"，经现场代表检验确认合格后，才能进入下一道工序施工。

5. 工程质量问题和质量事故的处理。质量问题和质量事故是由各种主观和客观原因造成的，工程上出现不合格产品或质量问题往往难以避免。当施工出现质量问题时，应立即向施工单位发出通知，要求其对质量问题进行补救处理，同时向上级主管部门进行报告。当出现不合格产品时，应要求施工单位采取措施予以整改，并跟踪检查，直到合格为止。交工后在质量责任期内出现质量问题时，监理工程师应要求施工单位进行修补或返工。

6. 下达停工和复工指令确保工程质量。当施工现场出现质量异常情况，又未采取有效措施；隐蔽作业未经检验而擅自封闭；未经同意擅自修改设计或图纸；使用不合格的原材料、构配件等，发现上述情况之一者，应下达停工指令，纠正后下达复工指令。

7. 材料配合比的质量控制。施工过程中，均会涉及材料配合比，不同材料的混合拌制作业。如混凝土工程中，砂、石料本身的配合比例，混凝土拌制的配合比；路面工程中沥青摊铺料的配合比等。由于不同原材料的配合及拌制后的产品对最终工程质量有重要的影响。因此，要做好相关的质量控制工作。为确保工程质量，要对工程材料、混凝土试块、砂浆试块、受力钢筋等实行取样送检制度。施工单位在取样时，要通知授权委托的见证人员，在其监督下完成见证取样的过程，然后将取样送试验室检验。

8. 计量工作的质量控制。施工过程中计量工作包括计量仪器、检测设备、称重衡器等。对于施工单位来说，从事计量作业的人员必须经过培训，并且具有一定的专业知识，操作方法得当，会处理和整理数据。要对操作人员技术水平进行审核，对计量作业结果进行评价和确认。

工程质量事故工作流程如图 25-19 所示。

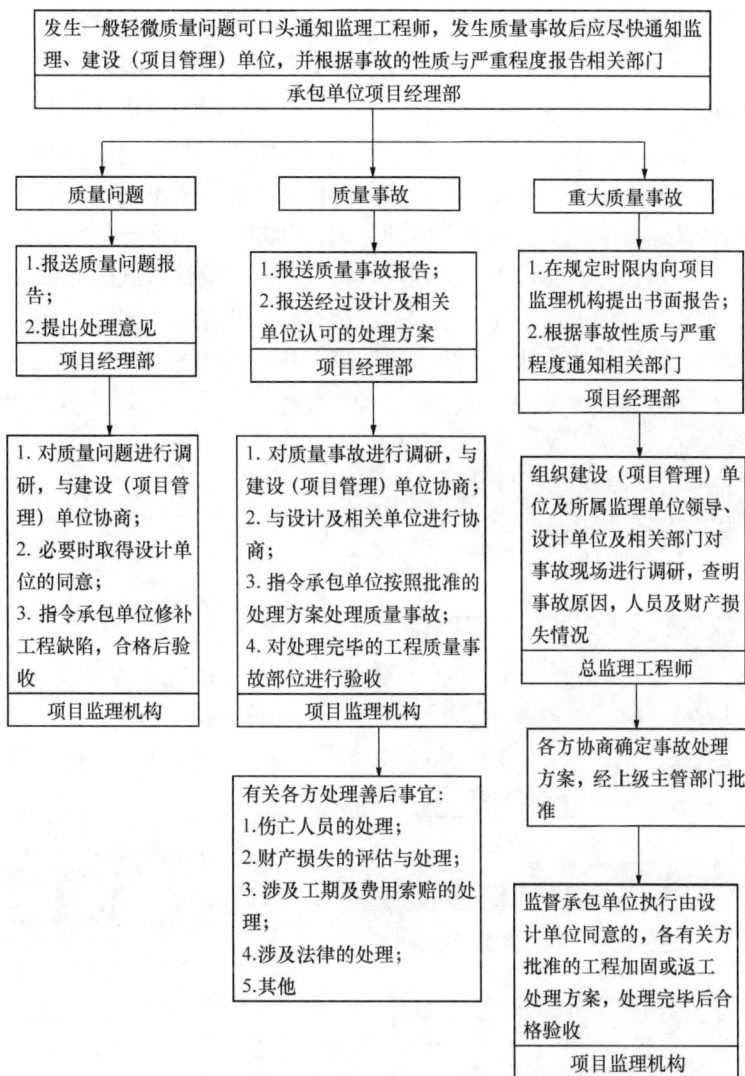

图 25-19 工程质量事故工作流程

五、试运行的质量管理

（一）试运行前的准备工作：试运行工作要有序进行。承包方负责编制试运行计划和操作手册，明确试运行过程的质量控制点和合格标准；建设单位负责提供试运行所需各种资源，编制试运行方案并取得承包方的确认后发布实施。承包方要负责试运行现场的各项准备工作。建设单位要落实负责供应的资源。做好安全保障工作。试运行范围内的安全设施由建设单位组织实施，承包方应指导、检查，确认其符合安全和其他规定。试运行岗位人员应按计划经过培训和考核合格。建设单位在承包方技术指导下组织进行试运行人员培训工作，进行考核，并颁发证书。操作人员持证上岗，运行前承包商要进行检查和验证。

（二）试运行工作中的质量要求：每项试运行工作都由建设单位组织和指挥操作人员进行。承包方应给予指导、监督，并确认试运行结果。试运行操作和合格标准应遵循和符合试运行方案的规定。试运行风险较大，必须将安全工作置于首位，循序渐进。在试运行过程中，当发生不正常情况时，试运行指导人员应作出调整工艺条件、减负荷、停止试运行的决定。处理后应及时向建设单位报告。在紧急情况下，岗位人员具有紧急停止试运行的权利。发生事故后，试运行指导人员进行果断处理，并由责任方按国家规定及时提出事故报告。

（三）试运行质量记录和总结：所有试运行项目均需填写试运行质量记录，并需承包方、建设单位的授权人员签字确认。建设单位应收集和保管试运行质量记录。承包方保存的试运行质量记录由项目试运行经理组织收集、整理、编目和归档。试运行总结报告由承包方试运行经理组织编制，经承包方、建设单位的授权人员共同签署确认。试运行总结报告内容应包括试运行项目、日期、参加人员、简要过程、试运行结论和存在的问题。总结报告的格式和份数由承包方提出，建设单位确认。保修阶段监理工作流程如图 25-20 所示。

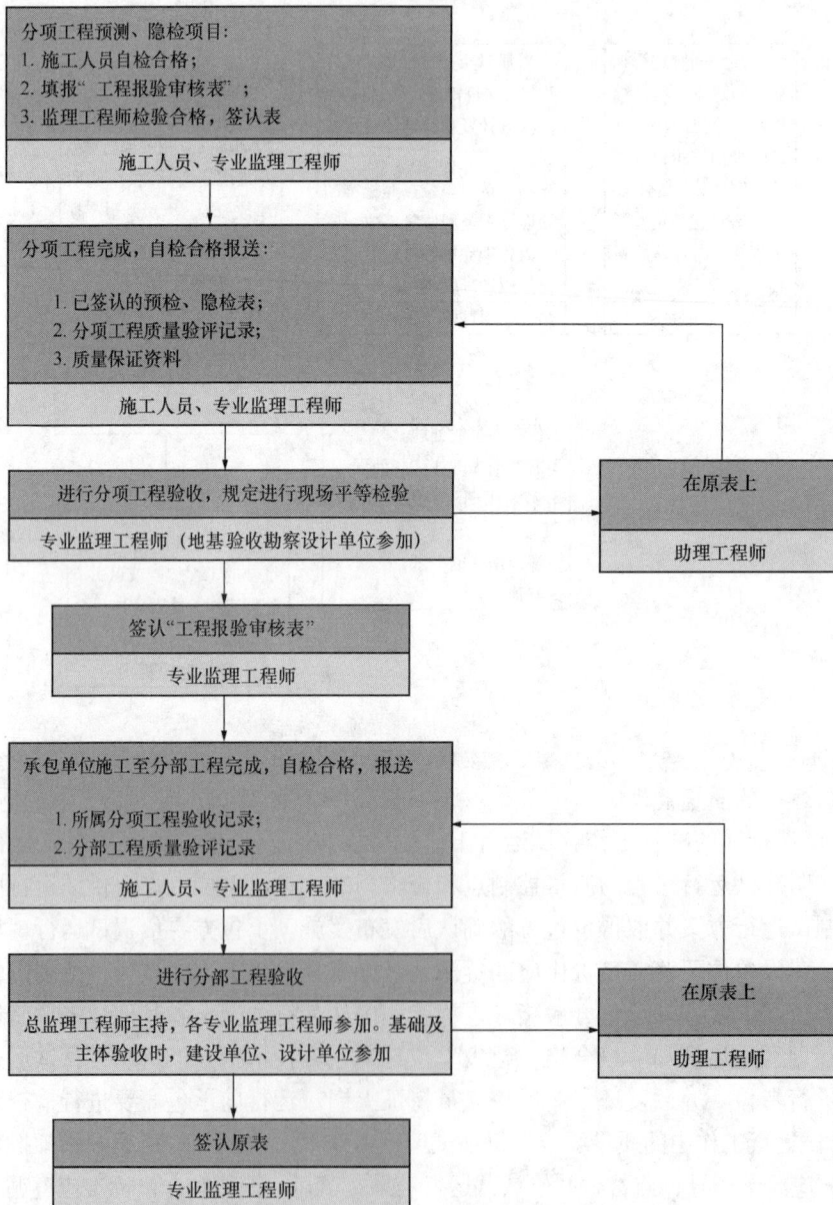

图 25-20　保修阶段监理工作流程

第五节　工程项目建设安全控制

随着我国经济持续健康、快速发展，建筑业在国民经济支柱产业中地位日益突出。但是，由于建设行业的特点，随着建筑队伍的急剧扩大，建筑施工一线施工管理和操作人员素质不高、项目复杂性增加，安全事故时有发生，人民的生命和财产受到损失，为保证项目建设安全，提高企业和从业人员的安全意识及防范知识，提高企业领导和安全管理人员管理水平，实现项目安全生产的目标。

一、工程项目建设安全控制的方针与目标

（一）安全控制的方针：工程项目建设安全控制的方针是"安全第一，预防为主"。

（二）安全控制的目标：工程项目建设安全控制的目标是减少和消除生产过程中的事故，保证人员健康安全和财产免受损失，图 25-21 为目标的分解。

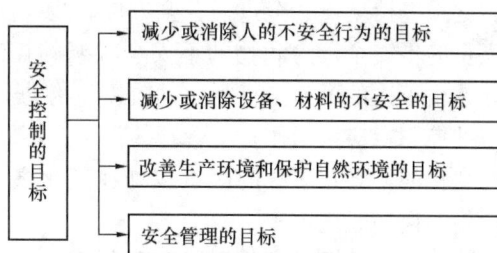

图 25-21　安全控制的目标分解

二、工程项目建设安全控制的特点

安全控制就是要求我们采取措施使项目在施工中没危险，不出事故。安全法规、安全技术和工业卫生是安全控制的三大主要措施。这三大措施与控制对象和控制内容的关系是：安全法规侧重于对劳动者的管理，约束劳动者的不安全行为，其主要内容是安全生产责任制、安全教育、事故的调查与处理。安全技术侧重于劳动对象各劳动手段的管理，消除、减弱物品不安全状态，其主要控制内容是安全检查及安全技术管理。工业卫生侧重于环境的管理，以形成良好的条件，主要控制内容也是安全检查和安全技术管理。人、物和环境这些控制对象构成了安全体系，安全控制要管人、管物、管环境。所以，安全控制的特点是：施工项目安全控制的难点多。这是由于施工环境变化大，施工受影响大，造成施工高处作业、地下作业多、大型机械使用多、用电多、用易燃易爆的化工用品多，因而使事故引发点多，控制难度大。安全控制的劳保责任重。由于建筑工程施工是劳动密集型，手工作业多、人员数量多、交叉作业多，使施工作业危险性大。因此，要通过安全劳动保护创造施工安全条件。施工项目安全控制是企业安全控制的组成部分。企业安全控制要靠施工项目安全控制来保证和实现，它包括安全组织系统、安全法规系统和安全技术系统。施工现场是安全控制的重点，现场是事故易发处。但概括起来讲人的不安全行为和物的不安全状态是酿成事故的直接原因。

三、工程项目建设安全控制的基本原则

管施工必须管安全。安全蕴于施工生产中，并对施工生产发挥作用，安全和施工管理的目标及目的有高度的一致性，安全管理是施工管理的重要组成部分。一切与施工生产有关的机构、人员都必须参与安全管理并承担安全责任。必须明确安全控制管理的目的。安全控制管理的目的是对施工过程中的人、物、环境因素状态的管理，有效地控制人的不安全行为和物的不安全状态，消除或避免事故，达到保护劳动者的安全与健康的目的。没有明确目的的安全控制管理，是一种盲目行为。必须贯彻预防为主的方针。安全生产的方针

是"安全第一，预防为主"。"安全第一"是从保护生产力的角度和高度来看的，表明在生产范围内安全与生产的关系，肯定安全在施工生产活动中的位置和重要性。在施工生产活动中进行安全管理，针对生产特点，对生产因素采取管理措施，有效地控制不安全因素，把可能发生的事故消灭在萌芽状态，以保证施工生产活动中人的安全与健康。贯彻"预防为主"，要端正对施工生产中不安全因素的认识，端正消除不安全因素的态度，选准消除不安全因素的时机。在安排与布置生产内容时，针对施工生产中可能出现的危险因素，采取措施，明确责任，尽快、坚决地消除事故隐患。坚持动态管理。安全管理不是少数人和安全机构的事，而是一切与施工生产有关的人共同的事。施工组织者在安全管理中的作用固然重要，但全体参与管理也不能缺乏。安全管理涉及生产活动的各个方面，涉及从开工到施工交付使用的全部过程，涉及全部生产时间和一切变化着的生产因素。因此，生产活动中必须坚持全员、全过程、全方位、全天候的动态安全管理。安全管理重在控制。对施工人员的不安全行为和物的不安全状态的控制，必须看作是动态的安全管理。事故的发生，是由于人的不安全行为运动轨迹与物的不安全状态活动轨迹交叉的结果。对生产因素状态的控制，应该当作安全管理的重点。不断提高安全管理水平。施工生产活动是不断发展与变化的，导致事故的因素也处在变化之中，因此要随生产的变化而改善安全管理工作，不断提高管理水平。

四、工程建设各参与方的安全责任

（一）建设单位的安全责任

根据《建设工程安全生产管理条例》规定建设单位的安全责任为：建设单位应当向施工单位提供施工现场及毗邻区域内供水、排水、供电、供气、供热、通信、广播电视等地下管线资料，气象和水文观测资料，相邻建筑物和构筑物、地下工程的有关资料，并保证资料的真实、准确、完整。建设单位因建设工程需要，向有关部门或者单位查询前款规定的资料时，有关部门或者单位应当及时提供。地上、地下管线及建构物资料移交单等。建设单位不得对勘察、设计、施工、工程监理等单位提出不符合建设工程安全生产法律、法规和强制性标准规定的要求，不得压缩合同约定的工期。建设单位在编制工程概算时，应当确定建设工程安全作业环境及安全施工措施所需费用。建设单位不得明示或者暗示施工单位购买、租赁、使用不符合安全施工要求的安全防护用具、机械设备、施工机具及配件、消防设施和器材。建设单位在申请领取施工许可证时，应当提供建设工程有关安全施工措施的资料。依法批准开工报告的建设工程，建设单位应当自开工报告批准之日起15日内，将保证安全施工的措施报送建设工程所在地的县级以上地方人民政府建设行政主管部门或者其他有关部门备案。建设单位应当将拆除工程发包给具有相应资质等级的施工单位。建设单位应当在拆除工程施工15日前，将下列资料报送建设工程所在地的县级以上地方人民政府建设行政主管部门或者其他有关部门备案：施工单位资质等级证明；拟拆除建筑物、构筑物及可能危及毗邻建筑的说明；拆除施工组织方案；堆放、清除废弃物的措施。实施爆破作业的，应当遵守国家有关民用爆炸物品管理的规定。

（二）勘察、设计、工程监理及其他有关单位的安全责任：勘察单位应当按照法律、法规和工程建设强制性标准进行勘察，提供的勘察文件应当真实、准确，满足建设工程安全生产的需要。勘察单位在勘察作业时，应当严格执行操作规程，采取措施保证各类管线、设施和周边建筑物、构筑物的安全。设计单位应当按照法律、法规和工程建设强制性标准进行设计，防止因设计不合理导致生产安全事故的发生。设计单位应当考虑施工安全操作和防护的需要，对涉及施工安全的重点部位和环节在设计文件中注明，并对防范生产安全事故提出指导意见。采用新结构、新材料、新工艺的建设工程和特殊结构的建设工程，设计单位应当在设计中提出保障施工作业人员安全和预防生产安全事故的措施建议。设计单位和注册建筑师等注册执业人员应当对其设计负责。工程监理单位应当审查施工组织设计中的安全技术措施或者专项施工方案是否符合工程建设强制性标准。工程监理单位在实施监理过程中，发现存在安全事故隐患的，应当要求施工单位整改；情况严重的，应当要求施工单位暂时停止施工，并及时报告建设单位。施工单位拒不整改或者不停止施工的，工程监理单位应当及时向有关主管部门报告。工程监理单位和监理工程师应当按照法律、法规和工程建设强制性标准实施监理，并对建设工程安全生产承担监理责任。为建设工程提供机械设备和配件的单位，应当按照安全施工的要求配备齐全有效的保险、限位等安全设施和装置。出租的机械设备和施工机具及配件，应当具有生产（制造）许可证、产品合格证。出租单位应当对出租的机械设备和施工机具及配件的安全性能进行检测，在签订租赁协议时，应当出具检测合格证明。禁止出租检测不合格的机械设备和施工机具及配件。在施工现场安装、拆卸施工起重机械和整体提升脚手架、模板等自升式架设设施，必须由具有相应资质的单位承担。安装、拆卸施工起重机械和整体提升脚手架、模板等自升式架设设施，应当编制拆装方案、制定安全施工措施，并由专业技术人员现场监督。施工起重机械和整体提升脚手架、模板等自升式架设设施安装完毕后，安装单位应当自检，出具自检合格证明，并向施工单位进行安全使用说明，办理验收手续并签字。施工起重机械和整体提升脚手架、模板等自升式架设设施的使用达到国家规定的检验检测期限的，必须经具有专业资质的检验检测机构检测。经检测不合格的，不得继续使用。检验检测机构对检测合格的施工起重机械和整体提升脚手架、模板等自升式架设设施，应当出具安全合格证明文件，并对检测结果负责。

（三）施工单位的安全责任：施工单位从事建设工程的新建、扩建、改建和拆除等活动，应当具备国家规定的注册资本、专业技术人员、技术装备和安全生产等条件，依法取得相应等级的资质证书，并在其资质等级许可的范围内承揽工程。施工单位主要负责人依法对本单位的安全生产工作全面负责。施工单位应当建立健全安全生产责任制度和安全生产教育培训制度，制定安全生产规章制度和操作规程，保证本单位安全生产条件所需资金的投入，对所承担的建设工程进行定期和专项安全检查，并做好安全检查记录。施工单位的项目负责人应当由取得相应执业资格的人员担任，对建设工程项目的安全施工负责，落实安全生产责任制度、安全生产规章制度和操作规程，确保安全生产费用的有效使用，并根据工程的特点组织制定安全施工措施，消除安全事故隐患，及时、如实报告生产安全事故。施工单位对列入建设工程概算的安全作业环境及安全施工措施所需费用，应当用于施工安全防护用具及设施的采购和更新、安全施工措施的落实、安全生产条件的改善，不得挪作他用。施工单位应当设立安全生产管理机构，配备专职安全生产管理人员。专职安全生产管理人员负责对安全生产进行现场监督检查。发现安全事故隐患，应当及时向项目负责人和安全生产管理机构报告；对违章指挥、违章操作的，应当立即制止。专职安全生产管理人员的配备办法由国务院建设行政主管部门会同国务院其他有关部门制定。建设工程实行施工总承包的，由总承包单位对施工现场的安全生产负总责。总承包单位应当自行完成建设工程主体结构的施工。总承包单位依法将建设工程分包给其他单位的，分包合同中应当明确各自的安全生产方面的权利、义务。总承包单位和分包单位对分包工程的安全生产承担连带责任。分包单位应当服从总承包单位的安全生产管理，分包单位不服从管理导致生产安全事故的，由分包单位承担主要责任。垂直运输机械作业人员、安装拆卸工、爆破作业人员、起重信号工、登高架设作业人员等特种作业人员，必须按照国家有关规定经过专门的安全作业培训，并取得特种作业操作资格证书后，方可上岗作业。施工单位应当在施工组织设计中编制安全技术措施和施工现场临时用电方案，对下列达到一定规模的危险性较大的分部分项工程编制专项施工方案，并附具安全验算结果，经施工单位技术负责人、总监理工程师签字后实施，由专职安全生产管理人员进行现场监督：基坑支护与降水工程；土方开挖工程；模板工程；起重吊装工程；脚手架工程；拆除、爆破工程；国务院建设行政主管部门或者其他有关部门规定的其他危险性较大的工程。对所列工程中涉及深基坑、地下暗挖工程、高大模板工程的专项施工方案，施工单位还应当组织专家进行论证、审查。建设工程施工前，施工单位负责项目管理的技术人员应当对有关安全施工的技术要求向施工作业班组、作业人员作出详细说明，并由双方签字确认。施工单位应当在施工现场入口处、施工起重机械、临时用电设施、脚手架、出入通道口、楼梯口、电梯井口、孔洞口、桥梁口、隧道口、基坑边沿、爆破物及有害危险气体和液体存放处等危险部位，设置明显的安全警示标志。安全警示标志必须符合国家标准。施工单位应当根据不同施工阶段和周围环境及季节、气候的变化，在施工现场采取相应的安全施工措施。施工现场暂时停止施工的，施工单位应当做好现场防护，所需费用由责任方承担，或者按照合同约定执行。施工单位应当将施工现场的办公、生活区与作业区分开设置，并保持安全距离；办公、生活区的选址应当符合安全性要求。职工的膳食、饮水、休息场所等应当符合卫生标准。施工单位不得在尚未竣工的建筑物内设置员工集体宿舍。施工现场临时搭建的建筑物应当符合安全使用要求。施工现场使用的装配式活动房屋应当具有产品合格证。施工单位对因建设工程施工可能造成损害的毗邻建筑物、构筑物和地下管线等，应当采取专项防护措施。施工单位应当遵守有关环境保护法律、法规的规定，在施工现场采取措施，防止或者减少粉尘、废气、废水、固体废物、噪声、振动和施工照明对人和环境的危害和污染。在城市市区内的建设工程，施工单位应当对施工现场实行封闭围挡。施工单位应当在施工现场建立消防安全责任制度，确定消防安全责任人，制定用火、用电、使用易燃易爆材料等各项消防安全管理制度和操作规程，设置消防通道、消防水源，配备消防设施和灭火器材，并在施工现场入口处设置明显标志。施工单位应当向作业人员提供安全防护用具和安全防护服装，并书面告知危险岗位的操作规程和违章操作的危害。作业人员有权对施工现场的作业条件、作业程序和作业方式中存在的安全问题提出批评、检举和控告，有权拒绝违章指挥和强令冒险作业。在施工中发生危及人身安全的紧急情况时，作业人员有权立即停止作业或者在采取必要的应急措施后撤离危险区域。作业人员应当遵守安全施工的强制性标准、规章制度和操作规程，正确使用安全防护用具、机械设备等。施工单位采购、租赁的安全防护用具、机械设备、施工机具及配件，应当具有生产（制造）许可证、产品合格证，并在进入施工现场前进行查验。施工现场的安全防护用具、机械设备、施工机具及配件必须由专人管理，定期进行检查、维修和保养，建立相应的资料档案，并按照国家有关规定及时报废。施工单位在使用施工起重机械和整体提升脚手架、模板等自升式架设设施前，应当组织有关单位进行验收，也可以委托具有相应资质的检验检测机构进行验收；使用承租的机械设备和施工机具及配件的，由施工总承包单位、分包单位、出租单位和安装单位共同进行验收。验收合格的方可使用。《特种设备安全监察条例》规定的施工起重机械，在验收前应当经有相应资质的检验检测机构监督检验合格。施工单位应当自施工起重机械和整体提升脚手架、模板等自升式架设设施验收合格之日起 30 日内，向建设行政主管部门或者其他有关部门登记。登记标志应当置于或者附着于该设备的显著位置。施工单位的主要负责人、项目负责人、专职安全生产管理人员应当经建设行政主管部门或者其他有关部门考核合格后方可任职。施工单位应当对管理人员和作业人员每年至少进行一次安全生产教育培训，其教育培训情况记入个人工作档案。安全生产教育培训考核不合格的人员，不得上岗。作业人员进入新的岗位或者新的施工现场前，应当接受安全生产教育培训。未经教育培训或者教育培训考核不合格的人员，不得上岗作业。施工单位在采用新技术、新工艺、新设备、新材料时，应当对作业人员进行相应的安全生产教育培训。施工单位应当为施工现场从事危险作业的人员办理意外伤害保险。意外伤害保险费由施工单位支付。实行施工总承包的，由总承包单位支付意外伤害保险费。意外伤害保险期限自建设工程开工之日起至竣工验收合格止。

五、安全控制的工作流程

建设工程安全控制的工作流程如图 25-22 所示。

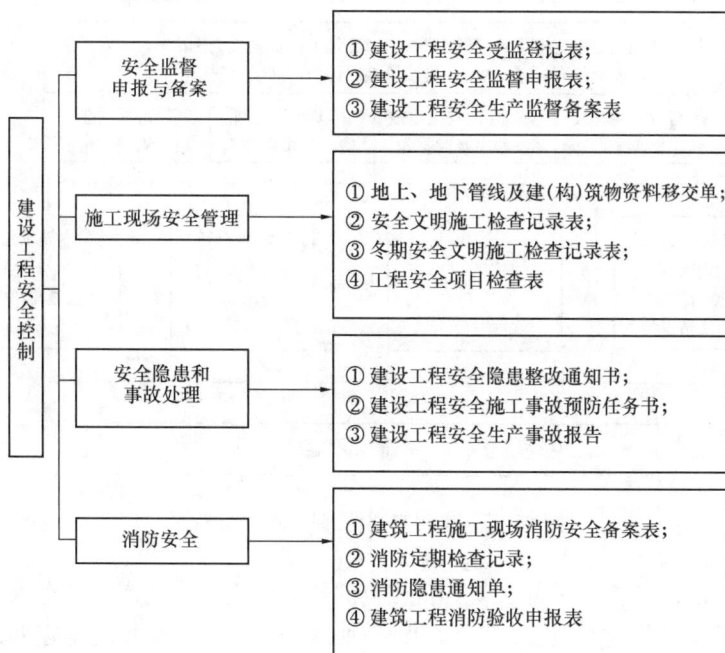

图 25-22　建设工程安全控制工作流程

工程安全监理控制工作流程如图 25-23 所示。

六、安全控制的基本要求

安全控制的基本要求：总承包商和每一个分包商都应持有安全行政主管部门核发的

```
┌─────────────────────────────────────────────────────┐        ┌──────────┐
│        审阅设计文件、参加设计交底                      │        │ 熟悉掌握 │
│ (确保主体结构、房屋功能和施工操作、使用中的安全)      │───────▶│ 施工现场 │
└─────────────────────────────────────────────────────┘        │ 内部、外 │
                                                                │ 部环境   │
┌─────────────────────────────────────────────────────┐        │          │
│ 审查《施工组织设计》、《专项安全施工方案》、《安全防范预案》、│───────▶│          │
│ 编制《监理细则》(落实《施工安全》的管理制度和技术措施)│        └──────────┘
└─────────────────────────────────────────────────────┘
```

```
┌──────────────────────────────────────────────────┐
│   审查入场施工 (分包) 单位与主要人员和设备的资质材料 │
├────────┬────────┬────────┬────────┬──────────────┤
│ 分包单位│ 管理人员│ 特种技工│ 机具设备│   安全器材    │
└────────┴────────┴────────┴────────┴──────────────┘
```

```
┌────────────────┐   ┌──────────┐   ┌──────────────────┐
│ 查明场地与周边之 │   │ 审核开工条件│   │《施工组织设计》与《专项安全施│
│ 地上,地下管线设 │──▶│ 下达开工令 │◀──│ 工方案》已审批、现场临设(房屋、│
│ 施已做好安全处理 │   │           │   │ 道路、水电等) 已完成        │
│ 与保护           │   └──────────┘   └──────────────────┘
└────────────────┘
```

```
┌──────────────┐  ┌──────────────┐  ┌──────────────────┐
│ 检查和验收施工 │  │ 检查主体支撑、 │  │《施工组织设计》与《专项 │
│ 设备(水电、器材)│  │ 安全防护系统的 │  │ 安全施工方案》已审批、现 │
│ 的安全装置质量 │  │ 器材质量与安装 │  │ 场临设(房屋、道路、水电 │
│ 并调试合格     │  │ 使用方法       │  │ 等) 已完成              │
└──────────────┘  └──────────────┘  └──────────────────┘
```

```
┌──────────────────────────────────────────────────────────┐
│ 按《建设工程安全生产管理条例》、《建筑工程安全检查标准》、《安全生│
│ 产监理细则》和《施工企业安全生产评价标准》对现场检查与评价       │
├──────────────┬──────────────┬──────────┬──────────────┤
│ 对安全隐患发  │ 对发生的安全事故│ 协助事故的调 │ 利用每周例会通 │
│ 出限期整改令  │ 按程序及时报告 │ 查、分析和处理│ 报一周安全情况 │
└──────────────┴──────────────┴──────────┴──────────────┘
```

```
┌──────────┐  ┌──────────┐  ┌──────────┐  ┌──────────┐
│ 审查重要、特│  │ 检查建安施工│  │ 检查装饰(修)│  │ 检查施工设 │
│ 种设备的拆除│  │ 对主体结构的│  │ 施工对主体结│  │ 施、器具拆除│
│ 方案、检查拆│  │ 影响        │  │ 构的影响    │  │ 的措施与落实│
│ 除措施的落实│  │            │  │            │  │ 情况       │
│ 情况       │  │            │  │            │  │            │
└──────────┘  └──────────┘  └──────────┘  └──────────┘
```

```
┌──────────────────────────────────────────────┐
│ 《监理工作总结》中对"安全监理"工作进行总结        │
└──────────────────────────────────────────────┘
```

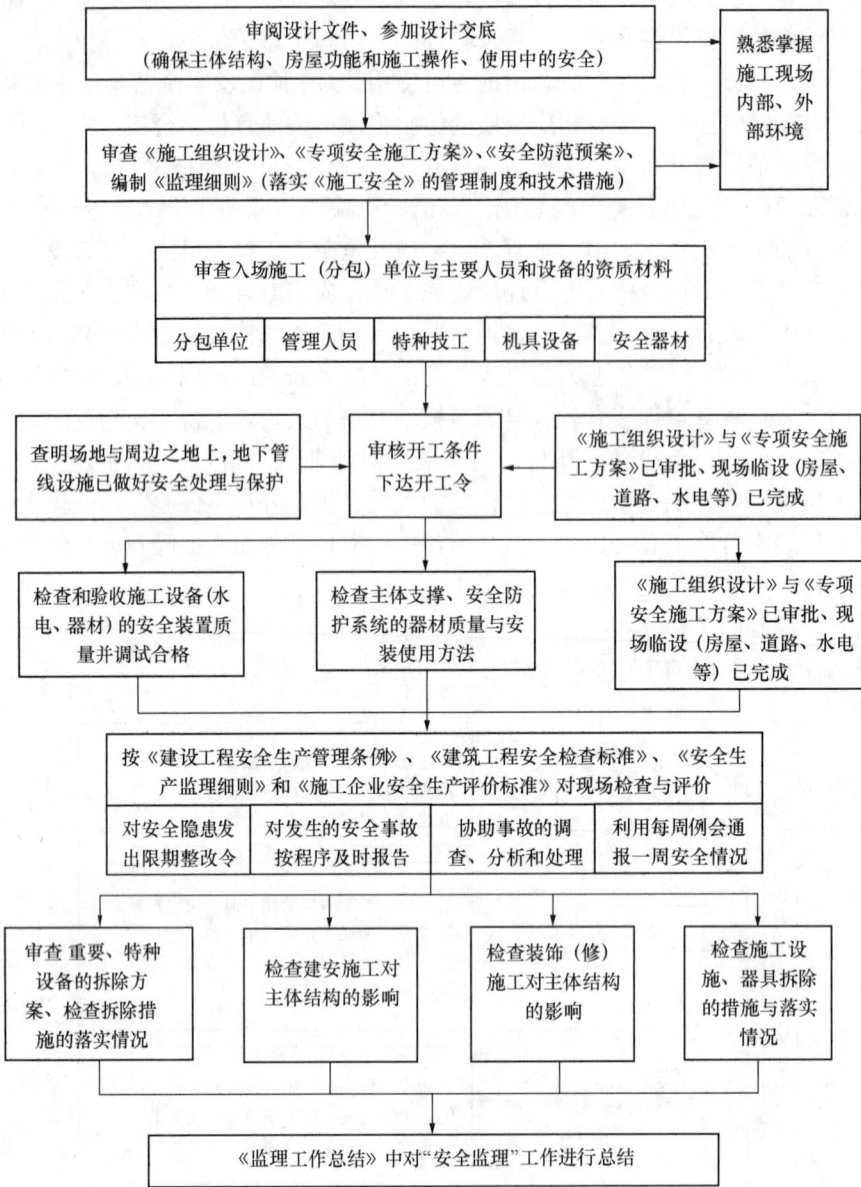

图 25-23　工程安全监理控制工作流程

《安全生产许可证》。各类人员都必须具备相应的执业资格才能上岗。所有人员都必须经过安全教育。特殊工种作业人员必须持有特种作业操作证,并严格按规定定期进行复查。对查出的安全隐患要做到"五定",即:定整改责任人;定整改措施;定整改完成时间;定整改完成人;定整改验收人。把好安全生产"六关",即:措施关、教育关、检查关、交底关、防护关、改进关。施工现场安全设施齐全,并符合国家及地方有关规定。施工机械必须经安全检查合格后方可使用,特别是现场安设的起重设备等。

工程安全事故处理工作流程如图 25-24 所示。

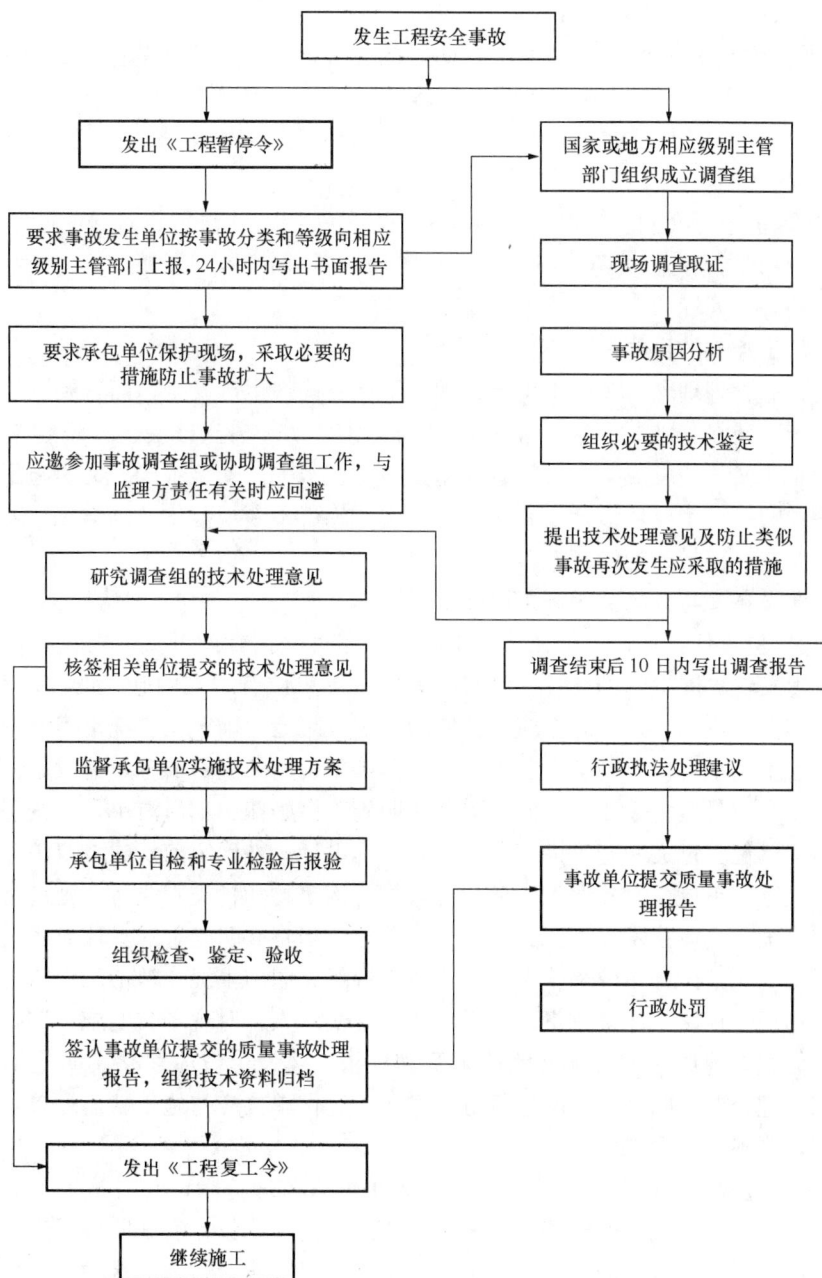

图 25-24　工程安全事故处理工作流程

第六节　工程项目建设文明施工控制

文明施工，是指在建设工程和房屋拆除等活动中，按照规定采取措施，保障施工现场作业环境、改善市容环境卫生和维护施工人员身体健康，并有效减少对周边环境影响的施工活动。

一、工程项目建设文明施工的概念

（一）现场文明施工是指保持施工现场良好的作业环境、卫生环境和工作秩序。主要包括以下方面的工作：规范施工现场的场容，保持作业环境的整洁卫生；科学地组织施工，使生产有序进行；减少施工对周围居民和环境的影响；保证职工的安全和身体健康。

（二）环境保护也是文明施工的重要内容之一，是按照法律法规、各级主管部门和企业的要求，保护和改善作业现场的环境，控制现场的各种粉尘、废水、废气、固体废弃物、噪声、振动等对环境的污染和危害。

二、文明施工控制的目的

按照现代企业管理理念，在施工生产过程中不但要确保生产安全，而且要围绕着"以人为本"改善施工现场作业的环境，丰富职工的文化生活，树立社会主义精神文明的风貌，充分展示企业文化建设成绩，展现企业形象与管理水平。安全生产、文明施工是建筑施工企业管理中的一个重要环节，只有安全生产文明施工不断规范化、科学化，才能确保安全生产，使企业获得最佳的经济效益。

三、工程建设各参与方的文明施工责任

（一）建设单位责任：建设单位在建设工程、房屋拆除招标或者直接发包时，应当在招标文件或者承发包合同中明确设计、施工或者监理等单位有关文明施工的要求和措施。建设单位在编制工程概算、预算时，应当按照国家有关规定，确定文明施工措施费用，并在招标文件或者工程承发包合同中，单独开列文明施工费用的项目清单。建设单位应当在办理建设工程安全质量监督手续时，同时提供文明施工措施费用项目清单，并按照合同约定，及时向施工单位支付文明施工措施费。建设工程设计文件确定前，建设单位应当组织设计单位和相关管线单位，对建设工程周边建筑物、构筑物和各类管线、设施进行现场调查，提出文明施工的具体技术措施和要求。建设单位应当将文明施工的具体技术措施和要求，以书面形式提交给设计单位和施工单位。负责现场文明施工综合整治工作的组织与协调，对工程现场扬尘控制工作负总责。建设单位应落实专人，对现场文明施工进行组织协调和检查，督促施工现场落实各项文明施工管理要求。建设单位应建立文明施工考核体系，对施工和监理企业文明施工情况进行月度考核。建设单位应与施工、监理单位签订文明施工责任书，明确管理要求与责任。

（二）监理单位责任：监理单位应当将文明施工纳入监理范围，并对施工单位落实文明施工措施、文明施工措施费的使用等情况进行监理。监理单位在实施监理过程中，发现施工单位有违反文明施工行为的，应当要求施工单位予以整改；情节严重的，应当要求施工单位暂停施工，并向建设单位报告。施工单位拒不整改或者不停止施工的，监理单位应当及时向建设行政管理部门报告。

（三）设计单位责任：设计单位编制设计文件时，应当根据建设工程勘察文件和建设单位提供的文明施工书面意见，对建设工程周边建筑物、构筑物和各类管线、设施提出保护要求，并优先选用有利于文明施工的施工技术、工艺和建筑材料。

（四）施工单位责任：施工单位对施工现场文明施工措施的落实负总责。施工单位应定期组织对现场文明施工实施公司级、项目部级和班组级的检查，督促现场落实相关管理要求。施工单位应成立现场文明施工管理机构，落实专人，做好文明施工的实施与管理。

施工单位应当建立文明施工责任制和考核制度，对现场文明施工实施考核。施工单位应当根据建设单位的文明施工书面意见，在施工组织设计文件中明确文明施工的具体措施，并予以实施。施工单位应当将文明施工措施费专款专用。施工单位应当在施工现场醒目位置，设置施工铭牌。施工单位在施工中应当遵守有关防治噪声和扬尘污染的法律、法规和规章。施工单位进行渣土处置或者房屋拆除作业时，应当遵守有关规定。施工单位进行电焊作业或者夜间施工使用灯光照明的，应当采取有效的遮蔽光照措施，避免光照直射居民住宅。施工单位应当对工地泥浆进行三级沉淀后予以排放，禁止直接将工地泥浆排入城市排水管网或者河道。建设工程竣工备案前，施工单位应当按照规定，及时拆除施工现场围挡和其他施工临时设施，平整施工工地，清除建筑垃圾、工程渣土及其他废弃物。

四、文明施工的组织和管理

施工现场应成立以总包项目经理为第一责任人的文明施工管理组织。分包单位应服从总包单位文明施工管理组织的统一管理，并接受监督检查。各项施工现场管理制度应有文明施工的规定。包括个人岗位责任制、经济责任制、安全检查制度、持证上岗制度、奖惩制度、竞赛制度和各项专业管理制度等。加强和落实现场文明检查、考核及奖惩管理，以促进施工文明管理工作质量的提高。检查范围和内容应全面周到，包括生产区、生活区、场容场貌、环境文明及制度落实等内容。

五、文明施工控制的基本要求

应合理安排工期，在文明施工管理中采用新技术、新材料、新工艺。创新土方开挖、管道安装、预制钢筋混凝土井、覆土等工序的无缝衔接，从施工方法上有效控制扬尘污染。施工单位应当在施工现场醒目位置，设置施工铭牌。施工铭牌应当标明下列内容：建设工程项目名称、工地四至范围和面积；建设单位、设计单位和施工单位的名称及工程项目负责人姓名；开工、竣工日期和监督电话；夜间施工时间和许可、备案情况；文明施工具体措施；其他依法应当公示的内容。除管线工程、水利工程以及非全封闭的城市道路工程、公路工程外，施工单位应当在施工现场四周设置连续、封闭的围挡。建设工程施工现场围挡的设置应当符合下列要求：采用符合规定强度的硬质材料，基础牢固，表面平整和清洁；内环线以内地区和内环线以外的居住密集区以及主要道路和景观区域的施工现场，围挡高度不低于2.5米；其他地区施工现场的围挡高度不低于2米；施工现场主要出入口的围挡大门符合有关规定；距离住宅、医院、学校等建筑物不足5米的施工现场，设置具有降噪功能的围挡；管线工程、水利工程以及非全封闭的城市道路工程、公路工程的施工现场，应当使用路拦式围挡。除管线工程以及爆破拆除作业外，施工现场脚手架外侧应当设置整齐、清洁的绿色密目式安全网。城市主要道路和景观区域两侧的施工现场，其脚手架外侧的安全网鼓励采用不透尘、色彩与周边环境相协调的材料。脚手架杆件应当涂装规定颜色的警示漆，并不得有明显锈迹。施工单位在施工中除应当遵守有关防治噪声和扬尘污染的法律、法规和规章外，还应当遵守以下规定：易产生噪声的作业设备，设置在施工现场中远离居民区一侧的位置，并在设有隔音功能的临房、临棚内操作；夜间施工不得进行捶打、敲击和锯割等作业；在施工现场不得进行敞开式搅拌预拌砂浆作业。施工单位进行渣土处置或者房屋拆除作业时，应当遵守以下规定：气象预报风速达到5级以上时，停止房屋爆破或者拆除房屋作业；拆除房屋或者进行房屋爆破时，对被拆除或者被爆破的房屋进行洒水或者喷淋；人工拆除房屋时，实行洒水或者喷淋措施可能导致房屋结构疏松而危及施工人员安全的除外；在施工工地内，设置车辆清洗设施以及配套的排水、泥浆沉淀设施；运输车辆在除泥、冲洗干净后，方可驶出施工工地；对建筑垃圾在 48 小时内不能完成清运的，采取遮盖、洒水等防尘措施；在施工现场处置工程渣土时进行洒水或者喷淋。城市道路工程或者管线工程施工，需要开挖沥青、混凝土等路面的，施工单位应当按照有关规定采用覆罩法作业方式。在城市道路上开挖管线沟槽、沟坑，当日不能完工且需要作为通行道路的，施工单位应当在该道路上覆盖钢板，并将钢板嵌入路面，使其与路面保持平整。施工单位进行电焊作业或者夜间施工使用灯光照明的，应采取有效地遮蔽光照措施，避免光照直射居民住宅。建设工程施工现场应当设置沉淀池和排水沟（管）网，确保排水畅通。施工单位应当对工地泥浆进行三级沉淀后予以排放，禁止直接将工地泥浆排入城市排水管网或者河道。建设工程施工现场堆放工程渣土的，堆放高度应当低于围挡高度，并且不得影响周边建筑物、构筑物和各类管线、设施的安全。除城市道路工程、管线工程施工以及抢修、抢险工程外，建设工程或者房屋拆除需要在夜间 22 时至次日凌晨 6 时施工的，施工单位应当根据《上海市环境保护条例》的有关规定，向环境保护管理部门办理夜间施工许可手续。除抢险、抢修外，城市道路工程、管线工程需要在夜间 22 时至次日凌晨 6 时施工的，施工单位应当事先向建设行政管理部门备案。建设工程项目的外立面紧邻人行道或者车行道的，施工单位应当在该道路上方搭建坚固的安全天棚，并设置必要的警示和引导标志。因建设工程施工需要，对道路实施全部封闭、部分封闭或者减少车行道，影响行人出行安全的，施工单位应当设置安全通道；临时占用施工工地以外的道路或者场地的，施工单位应当设置围挡予以封闭。施工现场设置生活区的，应当符合下列规定：生活区和作业区分隔设置；设置饮用水设施；设置盥洗池和淋浴间；设置水冲式或者移动式厕所，并由专人负责冲洗和消毒；设置密闭式垃圾容器，生活垃圾应当放置于垃圾容器内并做到日产日清。在生活区设置食堂的，应当依法办理餐饮服务许可手续，并遵守食品卫生管理的有关规定。在生活区设置宿舍的，应当安装可开启式窗户，每间宿舍人均居住面积不得低于 3 平方米。

第七节　工程项目建设合同管理

任何一项工程项目建设，涉及许多主体和建设内容，只有通过签订各类合同，将参加工程建设合同的各方有机结合起来，并使参加者的权利和义务得到法律上的保证和确认，保证当事人的合法权益，保证项目目标实现。

一、工程项目建设合同管理的基本原则

（一）符合法律规定的原则：合同当事人订立合同的内容、形式、程序以及合同当事人履行合同时要符合法律法规规定。

（二）平等资源的原则：必须体现签约各方完全平等法律地位，合同要订立在双方友好协商的基础上，不得强迫。

（三）公平原则：合同当事人应遵循公平原则确定各方的权利和义务，按照公平的观念设立、变更或取消民事法律关系。订立工程项目合同贯彻公平原则，反映了商品交换等价有偿的客观规律和要求。

（四）诚实信用原则：合同当事人要实事求是向对方介绍自己订立合同的条件、要求和履约能力，在拟定合同条款时，要充分考虑对方的合法权益和实际困难，以善意方式设定合同权利和义务。

（五）等价有偿的原则：这是《民法通则》的原则之一，也是订立合同的基本原则之一。

（六）不得损害公共利益和扰乱社会经济秩序原则

二、工程项目合同体系

（一）工程项目合同示范文本体系

由建设部和国家工商行政管理总局联合批准颁发的工程项目建设合同示范文本在我国陆续出台，初步形成了工程项目合同示范文本体系，包括：

1. 《建设工程勘察合同（示范文本)》（GF-2016-0203）；

2. 《建设工程设计合同示范文本（专业建设工程)》（GF-2015-0210）；

3. 《建设工程设计合同示范文本（房屋建筑工程)》（GF-2015-0209）；

4. 《建设工程委托监理合同（示范文本)》（GF-2012-0202）；

5. 《建设工程造价咨询合同（示范文本)》（GJ-2015-0212）；

6. 《工程建设项目招标代理合同（示范文本)》（GF-2005-0215）；

7. 《建设工程施工合同（示范文本)》（GF-2017-0201）；

8. 《建设工程施工专业分包合同（示范文本)》（GF-2003-0213）；

9. 《建设工程施工劳务分包合同（示范文本)》（GF-2003-0214）；

10. 《建设项目工程总承包合同（示范文本)》（GF-2011-0216）。

（二）工程项目合同体系

工程项目合同按建设程序中不同阶段划分，包括前期咨询合同、勘察设计合同、监理合同、招标代理合同、工程造价咨询合同、工程施工合同、材料设备采购合同、租赁合同、贷款合同等。其中建设工程施工合同，按承包序列划分，包括施工总承包合同、专业分包合同以及劳务分包合同。

1. 工程项目前期咨询合同：工程项目前期咨询合同是在投资建设的决策阶段，进行可行性研究与项目评价等咨询活动签订的合同，涉及投资决策的正确与否和工程项目的成败。咨询单位按合同规定开展工程项目的各项调查研究工作，按规定的数量按时向业主提供达到约定的标准和深度要求并且经过内外审之后的咨询成果，业主接受咨询成果，按约定支付咨询费用。

2. 勘察设计合同：发包人与承包人为完成一定的勘察、设计任务，明确双方权利义务的协议就是建设工程勘察设计合同。一般情况下，建设工程勘察合同与设计合同是两个合同，但这两个合同的特点和管理内容相似，因此，往往将这两个合同统称为建设工程勘察设计合同。勘察设计合同的发包人应是法人或自然人，承包人必须具有法人资格。发包人是建设单位或项目管理部门，承包人是持有建设行政主管部门颁发的工程勘察设计资质证书、工程勘察设计收费资格证书和工商行政管理部门核发的企业法人营业执照的工程勘察设计单位。《合同法》的有关规定是勘察设计合同的重要依据。《民法通则》对合同的有关规定也是规范勘察设计合同的原则规定。国务院发布的《建设工程勘察设计管理条例》和原建设部发布的《建设工程勘察设计合同管理办法》，都对勘察设计合同的管理作出了具体规定。

3. 工程监理合同：工程监理合同是指就委托的工程项目管理内容，委托人与监理人签订的明确双方权利义务的协议，是一种委托合同。工程委托监理的法律关系，指建设单位、监理单位以及第三人之间，依据国家法律、行政法规的规定和约定，相互之间形成的权利义务和责任的法律关系。监理合同的标的是服务，是以对工程项目实施控制和管理为主要内容，委托的工作内容须符合工程项目建设程序。依据法律规定和合同约定，委托人与监理人全面的、实际的履行委托监理合同的义务。

4. 工程施工合同：施工合同也叫建筑安装工程承包合同，是为完成商定的建筑安装工程，发包人和承包人明确相互权利义务关系的合同。按照施工合同，发包人应提供必要的施工条件并支付工程价款，承包人应完成一定的建设、安装工程任务。工程建设质量控制、进度控制、投资控制的主要依据就是施工合同。在建设领域加强施工合同的管理具有重要意义。

5. 货物采购合同：工程建设中涉及的重要设备材料的采购合同就是货物采购合同，是指平等主体的自然人、法人及其他组织之间，为实现工程项目货物买卖，设立、变更、终止相互权利义务关系的协议。货物采购包括材料采购和设备采购，相应的采购合同包括：材料采购合同的条款一般限于材料交货阶段，主要涉及交接程序、检验方式和质量要求、合同价款的支付等。大型设备的采购合同，除了交货阶段的工作外，往往还需包括设备生产阶段、设备安装调试阶段、设备试运行阶段、设备性能达标检验和保修等方面的条款约定。

项目合同管理是指对项目合同的签订、履行、变更和解除进行监督检查，对合同履行过程中发生的争议或纠纷进行处理，以确保合同依法订立和全面履行。项目合同管理贯穿于合同签订、履行、终结直至归档的全过程。

三、管理内容

对合同履行情况进行监督检查。通过检查，发现问题及时协调解决，提高合同履约率。主要包括：检查合同法及有关法规贯彻执行情况。检查合同管理办法及有关规定的贯彻执行情况。检查合同签订和履行情况，减少和避免合同纠纷的发生。经常对项目经理及有关人员进行合同法及有关法律知识教育，提升合同管理人员的素质。建立健全工程项目合同管理制度。包括项目合同归口管理制度；考核制度；合同用章管理制度；合同台账、统计及归档制度。对合同履行情况进行统计分析。包括工程合同份数、造价、履约率、纠纷次数、违约原因、变更次数及原因等。通过统计分析手段，发现问题，及时协调解决，提高利用合同进行生产经营的能力。组织和配合有关部门做好有关工程项目合同的鉴证、公正和调解、仲裁及诉讼活动。

四、管理目标

合同直接为项目总目标和企业总目标服务，保证它们的顺利实现。所以，项目合同管理不仅是项目管理的一部分，而且还是企业管理的一部分。具体地说，项目合同管理目标包括以下方面：使整个工程在预定的成本（投资）、预定的工期范围内完成，达到预定的质量和功能的要求。由于合同中包括了进度要求、质量标准、工程价格，以及双方的责权利关系，所以它贯穿了项目的三大目标。在一个建筑工程项目中，有几份、十几份甚至几十份互相联系、互相影响的合同，一份合同至少涉及两个独立的项目参加者。通过合同管理可以保证各方面都圆满的履行合同责任，进而保证项目的顺利实施。最终业主按计划获得一个合格的工程，实现投资目的，承包商获得合理的价格和利润。在工程结束时使双方都感到满意，合同争执较少，合同各方面能互相协调。业主要对工程、对承包商、对双方的合作感到满意，承包商不但取得了利润，而且赢得了信誉，建立了双方友好合作的关系。工程问题的解决公平合理，符合惯例。这是企业经营管理和发展战略对合同管理的要求。

五、管理程序

工程项目合同管理应遵循以下程序：

（一）合同评审和订立

审查合同主体是否合法。审查合同内容是否合法。审查合同意思表示的真实性。审查合同条款是否完备。审查合同的文字是否规范。审查合同签订的手续和形式是否完备。

项目合同审批与备案工作流程如图 25-25、图 25-26 所示。

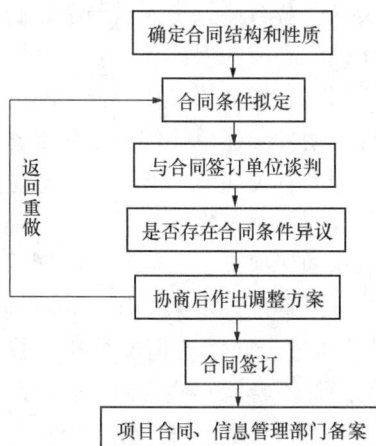

图 25-25　项目合同备案工作流程　　　　图 25-26　合同审批与备案流程

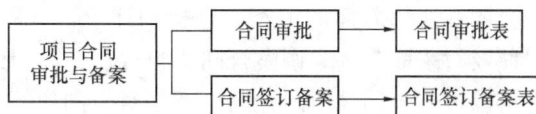

（二）合同实施计划编制

在工程合同签订后，承包商必须就合同履行作出具体安排，制定合同实施计划。承包商的工程施工项目的目标就是为了完成一份工程合同。所以从总体上说，承包商的工程项目实施规划就包括了合同实施计划。具体实施计划重点突出如下内容：合同实施的总体策略；分包策划；合同实施保证体系。合同实施总体策略是承包商按企业和工程具体情况确定的执行合同的基本方针，对合同的实施有总体指导作用。分包策划是承包商必须对工程项目范围内的工程、供应或工作的承担者作出安排。通常分为由承包商企业内单位承担和企业外承担。合同实施保证体系：将各种合同实施工作责任分解落实到各责任体。在合同实施前与其他相关的方面，召开协调会议，落实各种安排。合同责任的完成必须通过其他经济手段来保证。建立合同管理工作程序。

在工程实施过程中，合同管理的日常事务性工作很多。为了协调好各方面的工作，使合同管理工作程序化、规范化，应订立工作程序：定期和不定期的协商会办制度。建立合同实施工作程序。对于一些经常性工作应订立工作程序，使大家有章可循，合同管理人员也不必进行经常性的解释和指导，如图纸批准程序，工程变更程序，承包商的索赔程序，承包商的账单审查程序，材料、设备、隐蔽工程、已完工程的检查验收程序，工程进度付款账单的审查批准程序，工程问题的请示报告程序等，这些程序必须细化、具体化，并落实到具体人员。建立合同文档系统。合同管理人员负责各种合同资料和工程资料的收集、整理和保存工作。工程过程中严格的检查验收制度。合同管理人员应主动抓好工程或工作质量，做好全面质量管理工作，建立一整套质量检查和验收制度。建立报告和行文制度。各参建单位之间的沟通都应以书面形式进行，或以书面形式作为最终依据。这是合同的要求，也是法律的要求，也是工程管理的需要，报告和行文制度包括如下方面内容：定期的工作实施情况报告，如周报、月报等，应规定报告内容、格式、报告方式、时间以及负责人。工程过程中发生的特殊情况及处理的书面文件。工程中所有涉及双方的工程活动都应有相应的手续，应有签收证据。

（三）合同实施控制

在合同实施前，必须对项目管理人员和各工作负责人进行"合同交底"，把合同责任具体落实到各责任人和合同实施的具体工作上。合同实施监督合同管理人员与项目的其他职能人员一起落实合同实施计划，为各参建单位的工作提供必要的保证。在合同范围内协调各参建单位之间的工作关系，解决合同实施中出现的问题，如合同责任界面之间的争执等。对各参建单位进行工作指导，作经常性的合同解释，使各参建单位都有全局观念。对工程中发现的问题提出意见、建议或警告。会同项目管理的有关职能人员检查、监督各参建单位的合同实施情况，保证自己全面履行合同责任。合同管理工作一经开始，合同的任何变更都应由合同管理人员负责提出；对向参建单位下达的任何指令，都须经合同管理人员审查，并记录在案；任何争议的协商和解决都必须有合同管理人员的参与，并对解决结果进行合同和法律方面的审查、分析和评价。合同跟踪通过合同实施情况分析，找出偏离，以便及时采取措施，调整合同实施过程，达到合同目标。合同实施诊断在合同跟踪的基础上可以进行合同诊断。合同诊断是对合同执行情况的评价、判断和趋向分析、预测。合同变更是合同实施调整措施的综合体现。合同变更的范围很广，一般在合同签订后所有工程范围、进度、质量要求。合同变更应有一个正规的程序，应有一整套申请、审查、批准手续，如图25-27所示为合同变更的程序示意图。

（四）合同综合评价

1. 合同签订情况评价。包括：预定的合同战略和策划是否正确，是否已经顺利实现；招标文件分析和合同风险分析的准确程度；合同环境调查，实施方案，工程预算以及报价方面的问题及经验教训；合同谈判中的问题和经验教训，以后签订同类合同的注意点；各个相关合同之间的协调问题；

2. 合同签订情况评价。包括：合同执行战略是否正确，是否符合实际，是否达到预想的结果；合同执行过程中出现了哪些特殊情况，应采取什么措施防止、避免或减少损失；合同风险控制的利弊得失；各个相关合同在执行中协调的问题等。

3. 合同管理工作评价。这是合同管理本身，如工作职能、程序、工作成果的评价。

4. 对本项目有重大影响的合同条款的评价。要对合同的具体条款、特别对本工程有重大影响的合同条款的表达和执行利弊得失进行评价，对合同签订和执行过程中所遇到的特殊问题进行分析。指出对具体合同条款如何表达更为有利，以及哪些条款可以进行增补和缩减。

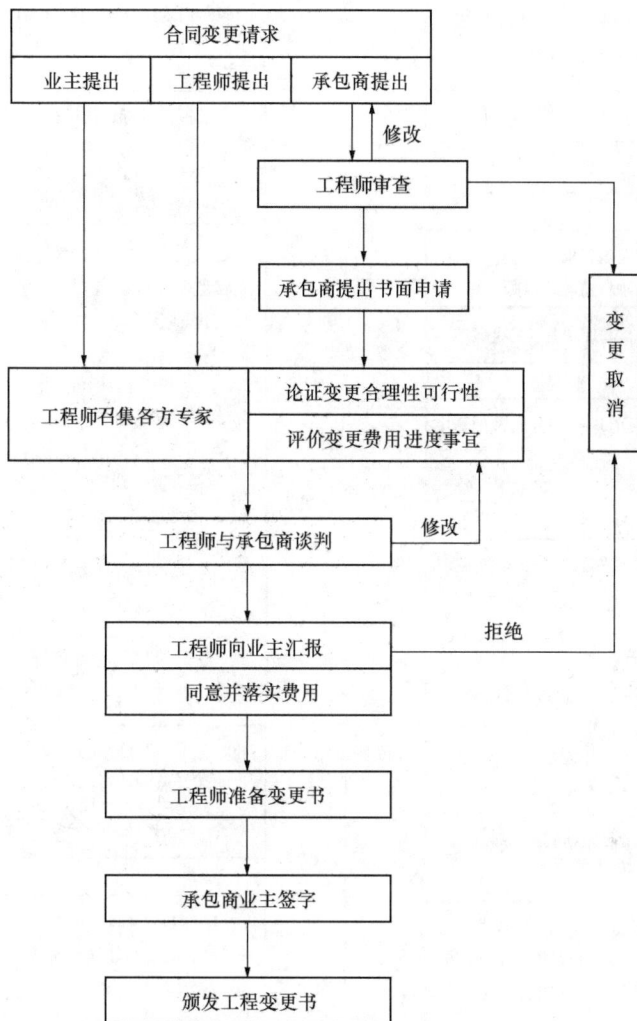

图 25-27 合同变更的程序示意图

六、注意事项

项目合同一经签署就对签约双方产生法律约束力，任何一方都应严肃、认真、积极地执行合同，否则将承担相应的违约责任。为此，在工程项目合同管理中应注意以下事项。签约前注意了解对方是否具有法人资格，对方的信誉如何及其他有关情况和资料。若有代理人签约时，则要了解是否具有法律效力的法人委托书。合同本身用词要准确，不能发生歧义，要符合国家有关法律法规的规定，要注意合同主要条款是否齐全，用词是否确切。合同签订后应按有关规定及时送交合同主管部门审查及向有关部门备案。有的合同必须经批准方能生效，要在规定的时间内完成。要主动及时的组织和督促各职能部门严格按合同规定履行义务。全部合同文件包括合同文本、附件及工程施工变更洽商等资料及涉及经济责任的会议纪要往来函电等，应由专人负责整理保管。坚决避免出现工程尚未完成，合同及有关洽商资料已散失的现象。项目合同的变更、解除应经过认真的调查研究，且不能违背法定的程序及企业的有关规定。利用合同进行及时合理的索赔。由于对方的过失或不可抗力因素发生，致使己方发生损失时，应不失时机地向对方要求索赔。工程合同管理控制流程如图 25-28 所示。

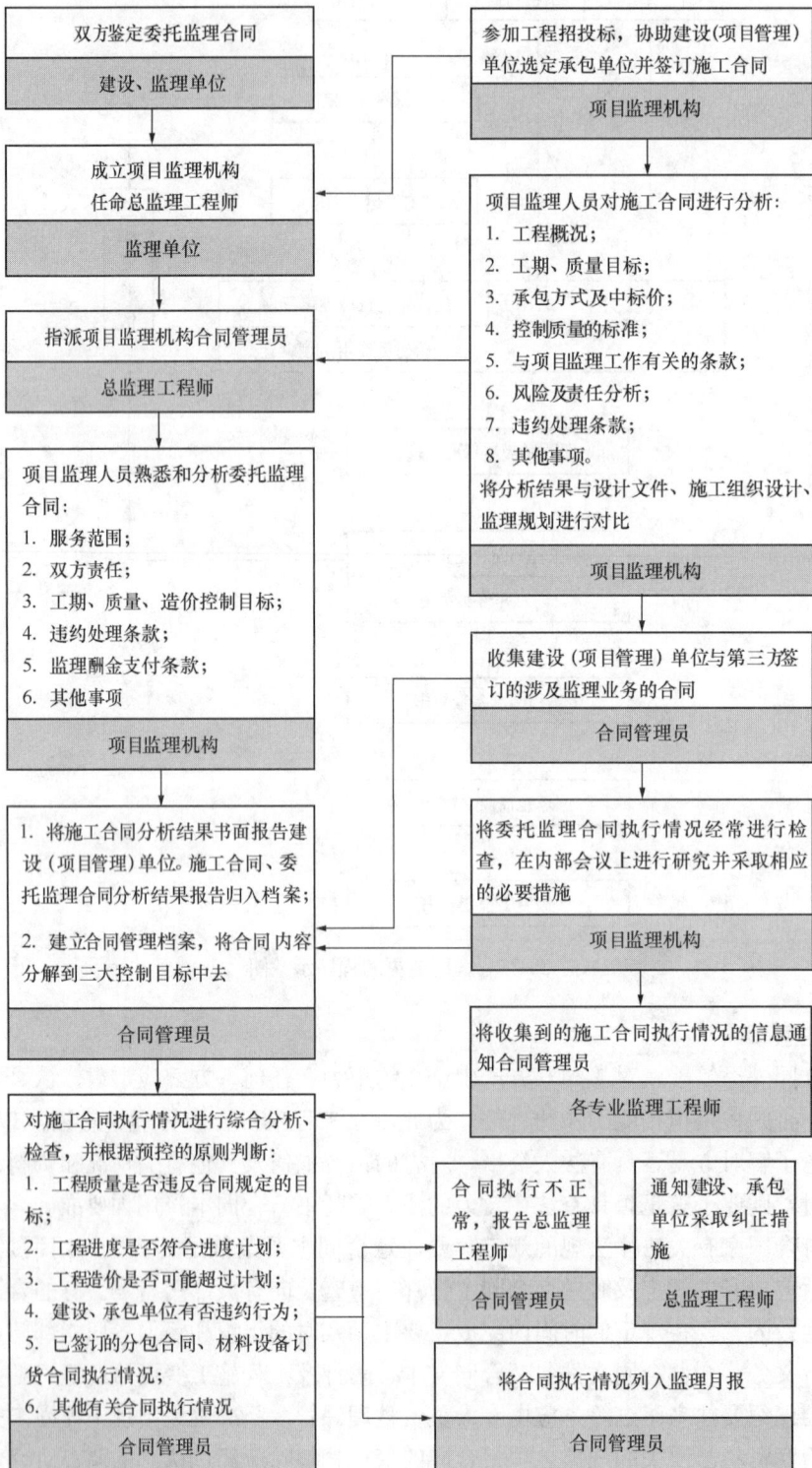

双方鉴定委托监理合同
建设、监理单位

参加工程招投标，协助建设(项目管理)单位选定承包单位并签订施工合同
项目监理机构

成立项目监理机构任命总监理工程师
监理单位

项目监理人员对施工合同进行分析： 1. 工程概况； 2. 工期、质量目标； 3. 承包方式及中标价； 4. 控制质量的标准； 5. 与项目监理工作有关的条款； 6. 风险及责任分析； 7. 违约处理条款； 8. 其他事项。 将分析结果与设计文件、施工组织设计、监理规划进行对比
项目监理机构

指派项目监理机构合同管理员
总监理工程师

项目监理人员熟悉和分析委托监理合同： 1. 服务范围； 2. 双方责任； 3. 工期、质量、造价控制目标； 4. 违约处理条款； 5. 监理酬金支付条款； 6. 其他事项
项目监理机构

收集建设（项目管理）单位与第三方签订的涉及监理业务的合同
合同管理员

1. 将施工合同分析结果书面报告建设（项目管理）单位。施工合同、委托监理合同分析结果报告归入档案； 2. 建立合同管理档案，将合同内容分解到三大控制目标中去
合同管理员

将委托监理合同执行情况经常进行检查，在内部会议上进行研究并采取相应的必要措施
项目监理机构

将收集到的施工合同执行情况的信息通知合同管理员
各专业监理工程师

对施工合同执行情况进行综合分析、检查，并根据预控的原则判断： 1. 工程质量是否违反合同规定的目标； 2. 工程进度是否符合进度计划； 3. 工程造价是否可能超过计划； 4. 建设、承包单位有否违约行为； 5. 已签订的分包合同、材料设备订货合同执行情况； 6. 其他有关合同执行情况
合同管理员

合同执行不正常，报告总监理工程师
合同管理员

通知建设、承包单位采取纠正措施
总监理工程师

将合同执行情况列入监理月报
合同管理员

图 25-28　工程合同管理控制流程

第八节　工程项目建设信息管理

信息是各项管理工作的基础和依据，没有及时、准确和满足需要的信息，管理工作就不能有效地起到计划、组织、控制和协调的作用，任务也越来越繁重，它成为现代工程项目管理中不可缺少的重要组成部分。

一、2017 建筑业 10 项新技术——信息化技术

（一）基于 BIM 的现场施工管理信息技术

基于 BIM 的现场施工管理信息技术是指利用 BIM 技术，并借助移动互联网技术实现施工现场可视化、虚拟化的协同管理。在施工阶段结合施工工艺及现场管理需求对设计阶段施工图模型进行信息添加、更新和完善，以得到满足施工需求的施工模型。依托标准化项目管理流程，结合移动应用技术，通过基于施工模型的深化设计，以及场布、施组、进度、材料、设备、质量、安全、竣工验收等管理应用，实现施工现场信息高效传递和实时共享，提高施工管理水平。

1. 技术内容：深化设计基于施工 BIM 模型结合施工操作规范与施工工艺，进行建筑、结构、机电设备等专业的综合碰撞检查，解决各专业碰撞问题，完成施工优化设计，完善施工模型，提升施工各专业的合理性、准确性和可校核性。场布管理基于施工 BIM 模型对施工各阶段的场地地形、既有设施、周边环境、施工区域、临时道路及设施、加工区域、材料堆场、临水临电、施工机械、安全文明施工设施等进行规划布置和分析优化，以实现场地布置科学合理。施组管理基于施工 BIM 模型，结合施工工序、工艺等要求，进行施工过程的可视化模拟，并对方案进行分析和优化，提高方案审核的准确性，实现施工方案的可视化交底。进度管理基于施工 BIM 模型，通过计划进度模型（可以通过 Project 等相关软件编制进度文件生成进度模型）和实际进度模型的动态链接，进行计划进度和实际进度的对比，找出差异，分析原因，BIM4D 进度管理直观的实现对项目进度的虚拟控制与优化。材料、设备管理基于施工 BIM 模型，可动态分配各种施工资源和设备，并输出相应的材料、设备需求信息，并与材料、设备实际消耗信息进行比对，实现施工过程中材料、设备的有效控制。质量、安全管理基于施工 BIM 模型，对工程质量、安全关键控制点进行模拟仿真以及方案优化。利用移动设备对现场工程质量、安全进行检查与验收，实现质量、安全管理的动态跟踪与记录。竣工管理基于施工 BIM 模型，将竣工验收信息添加到模型，并按照竣工要求进行修正，进而形成竣工 BIM 模型，作为竣工资料的重要参考依据。

2. 技术指标：基于 BIM 技术在设计模型基础上，结合施工工艺及现场管理需求进行深化设计和调整，形成施工 BIM 模型，实现 BIM 模型在设计与施工阶段的无缝衔接。运用的 BIM 技术应具备可视化、可模拟、可协调等能力，实现施工模型与施工阶段实际数据的关联，进行建筑、结构、机电设备等各专业在施工阶段的综合碰撞检查、分析和模拟。采用的 BIM 施工现场管理平台应具备角色管控、分级授权、流程管理、数据管理、模型展示等功能。通过物联网技术自动采集施工现场实际进度的相关信息，实现与项目计划进度的虚拟比对。利用移动设备，可即时采集图片、视频信息，并能自动上传到 BIM 施工现场管理平台，责任人员在移动端即时得到整改通知、整改回复的提醒，实现质量管理任务在线分配、处理

过程及时跟踪的闭环管理等的要求。运用 BIM 技术，实现危险源的可视标记、定位、查询分析。安全围栏、标识牌、遮拦网等需要进行安全防护和警示的地方在模型中进行标记，提醒现场施工人员安全施工。应具备与其他系统进行集成的能力。

3. 适用范围：适用于建筑工程项目施工阶段的深化、场布、施组、进度、材料、设备、质量、安全等业务管理环节的现场协同动态管理。

（二）基于大数据的项目成本分析与控制信息技术

基于大数据的项目成本分析与控制信息技术，是利用项目成本管理信息化和大数据技术更科学和有效地提升工程项目成本管理水平和管控能力的技术。通过建立大数据分析模型，充分利用项目成本管理信息系统积累的海量业务数据，按业务板块、地区、重大工程等维度进行分类、汇总，对"工、料、机"等核心成本要素进行分析，挖掘出关键成本管控指标并利用其进行成本控制，从而实现工程项目成本管理的过程管控和风险预警。

1. 技术内容：项目成本管理信息化主要技术内容：项目成本管理信息化技术是要建设包含收入管理、成本管理、资金管理和报表分析等功能模块的项目成本管理信息系统。收入管理模块应包括业主合同、验工计价、完成产值和变更索赔管理等功能，实现业主合同收入、验工收入、实际完成产值和变更索赔收入等数据的采集。成本管理模块应包括价格库、责任成本预算、劳务分包、专业分包、机械设备、物资管理、其他成本和现场经费管理等功能，具有按总控数量对"工、料、机"的业务发生数量进行限制，按各机构、片区和项目限价对"工、料、机"采购价格进行管控的能力，能够编制预算成本和采集劳务、物资、机械、其他、现场经费等实际成本数据。资金管理模块应包括债务支付集中审批、支付比例变更、财务凭证管理等功能，具有对项目部资金支付的金额和对象进行管控的能力，实现应付和实付资金数据的采集。报表分析应包括"工、料、机"等各类业务台账和常规业务报表，并具备对劳务、物资、机械和周转料的核算功能，能够实时反映施工项目的总体经营状态。成本业务大数据分析技术的主要技术内容：建立项目成本关键指标关联分析模型。实现对"工、料、机"等工程项目成本业务数据按业务板块、地理区域、组织架构和重大工程项目等分类的汇总和对比分析，找出工程项目成本管理的薄弱环节。实现工程项目成本管理价格、数量、变更索赔等关键要素的趋势分析和预警。采用数据挖掘技术形成成本管理的"量、价、费"等关键指标，通过对关键指标的控制，实现成本的过程管控和风险预警。应具备与其他系统进行集成的能力。

2. 技术指标：采用大数据采集技术，建立项目成本数据采集模型，收集成本管理系统中存储的海量成本业务数据。采用数据挖掘技术，建立价格指标关联分析模型，以地区、业务板块和业务发生时点为主要维度，结合政策调整、价格变化等相关社会经济指标，对劳务、物资和机械等成本价格进行挖掘，提取适合各项目的劳务分包单价、物资采购价格、机械租赁单价等数据，并输出到成本管理系统中作为项目成本的控制指标。采用可视化分析技术，建立项目成本分析模型，从收入与产值、预算成本与实际成本、预计利润与实际利润等多个角度对项目成本进行对比分析，对成本指标进行趋势分析和预警。采用分布式系统架构设计，降低并发量提高系统可用性和稳定性。采用 B/S 和 C/S 模式相结合的技术，Web 端实现业务单据的流转审批，使用离线客户端实现数据的便捷、快速处理。通过系统的权限控制体系限定用户的操作权限和可访问的对象。系统应具备身份鉴别、访问控制、会话安全、数据安全、资源控制、日志与审计等功能，防止信息在传输过程中被抓包窜改。

3. 适用范围：适用于加强项目成本管控的工程建设项目。

（三）基于云计算的电子商务采购技术

基于云计算的电子商务采购技术是指通过云计算技术与电子商务模式的结合，搭建基于云服务的电子商务采购平台，针对工程项目的采购寻源业务，统一采购资源，实现企业集约化、电子化采购，创新工程采购的商业模式。平台功能主要包括：采购计划管理、互联网采购寻源、材料电子商城、订单送货管理、供应商管理、采购数据中心等。通过平台应用，可聚合项目采购需求，优化采购流程，提高采购效率，降低工程采购成本，实现阳光采购，提高企业经济效益。

1. 技术内容：采购计划管理系统可根据各项目提交的采购计划，实现自动统计和汇总，下发形成采购任务。互联网采购寻源采购方可通过聚合多项目采购需求，自动发布需求公告，并获取多家报价进行优选，供应商可进行在线报名响应。材料电子商城采购方可以针对项目大宗材料、设备进行分类查询，并直接下单。供应商可通过移动终端设备获取订单信息，进行供货。订单送货管理供应商可根据物资送货要求，进行物流发货，并可以通过移动端记录物流情况。采购方可通过移动端实时查询到货情况。供应商管理提供合格供应商的审核和注册功能，并对企业基本信息、产品信息及价格信息进行维护。采购方可根据供货行为对供应商进行评价，形成供应商评价记录。采购数据中心提供材料设备基本信息库、市场价格信息库、供应商评价信息库等的查询服务。通过采购业务数据的积累，对以上各信息库进行实时自动更新。

2. 技术指标：通过搭建云基础服务平台，实现系统负载均衡、多机互备、数据同步及资源弹性调度等机制。具备符合要求的安全认证、权限管理等功能，同时提供工作流引擎，实现流程的可配置化及与表单的可集成化。应提供规范统一的材料设备分类与编码体系、供应商编码体系和供应商评价体系。可通过统一信用代码校验及手机号码校验，确认企业及用户信息的一致性和真实性。云平台需通过数字签名系统验证用户登录信息，对用户账户信息及投标价格信息进行加密存储，通过系统日志自动记录采购行为，以提高系统安全性及法律保障。应支持移动终端设备实现供应商查询、在线下单、采购订单跟踪查询等应用。应实现与项目管理系统需求计划、采购合同的对接，以及与企业 OA 系统的采购审批流程对接。还应提供与其他相关业务系统的标准数据接口。

3. 适用范围：适用于建筑工程实施过程中的采购业务环节。

（四）基于互联网的项目多方协同管理技术

基于互联网的项目多方协同管理技术是以计算机支持协同工作（CSCW）理论为基础，以云计算、大数据、移动互联网和 BIM 等技术为支撑，构建的多方参与的协同工作信息化管理平台。通过工作任务协同管理、质量和安全协同管理、图档协同管理、项目成果物的在线移交和验收管理、在线沟通服务，解决项目图档混乱、数据管理标准不统一等问题，实现项目各参与方之间信息共享、实时沟通，提高项目多方协同管理水平。

1. 技术内容：工作任务协同。在项目实施过程中，将总包方发布的任务清单及工作任务完成情况的统计分析结果实时分享给投资方、分包方、监理方等项目相关参与方，实现多参与方对项目施工任务的协同管理和实时监控。质量和安全管理协同。能够实现总包方对质量、安全的动态管理和限期整改问题自动提醒。利用大数据进行缺陷事件分析，通过订阅和推送的方式为多参与方提供服务。项目图档协同。项目各参与方基于统一的平台进行图档审批、修订、分发、借阅，施工图纸文件与相应 BIM 构件进行关联，实现可视化管理。对图档文件进行版本管理，项目相关人员通过移动终端设备可以随时随地查看最新的图档。项目成果物的在线移交和验收。各参与方在项目设计、采购、实施、运营等阶段通过协同平台进行成果物的在线编辑、移交和验收，并自动归档。在线沟通服务。利用即时通讯工具，增强各参与方沟通能力。

2. 技术指标：采用云模式及分布式架构部署协同管理平台，支持基于互联网的移动应用，实现项目文档快速上传和下载。应具备即时通讯功能，统一身份认证与访问控制体系，实现多组织、多用户的统一管理和权限控制，提供海量文档加密存储和管理能力。针对工程项目的图纸、文档等进行图形、文字、声音、照片和视频的标注。应提供流程管理服务，符合业务流程与标注（BPMN）2.0 标准。应提供任务编排功能，支持父子任务设计，方便逐级分解和分配任务，支持任务推送和自动提醒。应提供大数据分析功能，支持质量、安全缺陷事件的分析，防范质量、安全风险。应具备与其他系统进行集成的能力。

3. 适用范围：适用于工程项目多参与方的跨组织、跨地域、跨专业的协同管理。

（五）基于移动互联网的项目动态管理信息技术

基于移动互联网的项目动态管理信息技术是指综合运用移动互联网技术、全球卫星定位技术、视频监控技术、计算机网络技术，对施工现场的设备调度、计划管理、安全质量监控等环节进行信息即时采集、记录和共享，满足现场多方协同需要，通过数据的整合分析实现项目动态实时管理，规避项目过程各类风险。

1. 技术内容：设备调度运用移动互联网技术，通过对施工现场车辆运行轨迹、频率、卸点位置、物料类别等信息的采集，完成路径优化，实现智能调度管理。计划管理根据施工现场的实际情况，对施工任务进行细化分解，并监控任务进度完成情况，实现工作任务合理在线分配及施工进度的控制与管理。安全质量管理利用移动终端设备，对质量、安全巡查中发现的质量问题和安全隐患进行影音数据采集和自动上传，整改通知、整改回复自动推送到责任人员，实现闭环管理。数据管理通过信息平台准确生成和汇总施工各阶段工程量、物资消耗等数据，实现数据自动归集、汇总、查询，为成本分析提供及时、准确数据。

2. 技术指标：应用移动互联网技术，实现在移动端对施工现场设备进行安全、高效的统一调配和管理。结合 LBS 技术通过对移动轨迹采集和定位，实现移动端自动采集现场设备工作轨迹和工作状态。建立协同工作平台，实现多专业数据共享，实现安全质量标准化管理。具备与其他管理系统进行数据集成共享的功能。系统应符合《计算机信息系统安全保护等级划分准则》GB 17859 第二级的保护要求。

3. 适用范围：适用于施工作业设备多、生产和指挥管理复杂、难度大的建设项目。

（六）基于物联网的工程总承包项目物资全过程监管技术

基于物联网的工程总承包项目物资全过程监管技术，是指利用信息化手段建立从工厂到现场的"仓到仓"全链条一体化物资、物流、物管体系。通过手持终端设备和物联网技术，实现集装卸、运输、仓储等整个物流供应链信息的一体化管控，实现项目物资、物流、物管的高效、科学、规范的管理，解决传统模式下无法实时、准确地进行物流跟踪和动态分析的问题，从而提升工程总承包项目物资全过程监管水平。

1. 技术内容：建立工程总承包项目物资全过程监管平台，实现编码管理、终端扫描、报关审核、节点控制、现场信息监控等功能，同时支持单项目统计和多项目对比，为项目经理和决策者提供物资全过程监管支撑。编码管理以合同 BOQ 清单为基础，采用统一编码标准，包括设备 KKS 编码、部套编码、物资编码、箱件编码、工厂编号及图号编码，并自动生成可供物联网设备扫描的条形码，实现业务快速流转，减少人为差错。终端扫描在各个运输环节，通过手持智能终端设备，对条形码进行扫码，并上传至工程总承包项目物资全过程监管平台，通过物联网数据的自动采集，实现集装卸、运输、仓储等整个物流供应链信息共享。报关审核建立报关审核信息平台，完善企业物资海关编码库，适应新形势下海关无纸化报关要求，规避工程总承包项目物资货量大、发船批次多、清关延误等风险，保证各项出口物资的顺利通关。节点控制根据工程总承包计划设置物流运输时间控制节点，包括海外海运至发货港口、境内陆运至车站、报关通关、物资装船、海上运输、物资清关、陆地运输等，明确运输节点的起止时间，以便工程总承包项目物资全过程监管平台根据物联网扫码结果，动态分析偏差，进行预警。现场信息监控建立现场物资仓储平台，通过运输过程中物联网数据的更新，实时动态监管物资的发货、运输、集港、到货、验收等环节，以便现场合理安排项目进度计划，实现物资全过程闭环管理。

2. 技术指标：建立统一的工程总承包项目物资全过程监管平台，运用大数据分析、工作流和移动应用等技术，实现多项目管理，相关人员可通过手机随时获取信息，同时支持云部署、云存储模式，支持多方协同，业务上下贯通，逻辑上分管理策划层、业务标准化层、数据共享层三层结构。采用定制移动终端，实现远距离（>5 米）条码扫描，监听手持设备扫描数据，通过 https 安全协议，使终端数据快速、直接、安全送达服务器，实现货物远距离快速清点和物流状态实时更新。以条形码作为唯一身份编码形式，并将打印的条码贴至箱件，扫码时，系统自动进行校验，实现各运输环节箱件内物资的快速核对。通过卫星定位技术和物联网条码技术，实现箱件位置的快速定位和箱件内物资的快速查找。将规划好的推送逻辑、时机、目标置入系统，实时监听物联网数据获取状态并进行对比分析，满足触发条件，自动通过待办任务、邮件、微信、短信等形式推送给相关方，进行预警提醒，对未确认的提醒，可设定重复发送周期。支持离线应用，可采用离线工具实现数据采集。在联网环境下，自动同步到服务器或者通过邮件发送给相关方进行导入。具备与其他管理系统进行数据集成共享的功能。

3. 适用范围：国内外工程总承包项目物资的物流、物管。

（七）基于物联网的劳务管理信息技术

基于物联网劳务管理信息技术是指利用物联网技术，集成各类智能终端设备对建设项目现场劳务工人实现高效管理的综合信息化系统。系统能够实现实名制管理、考勤管理、安全教育管理、视频监控管理、工资监管、后勤管理以及基于业务的各类统计分析等，提高项目现场劳务用工管理能力、辅助提升政府对劳务用工的监管效率，保障劳务工人与企业利益。

1. 技术内容：实名制管理实现劳务工人进场实名登记、基础信息采集、通行授权、黑名单鉴别，人员年龄管控、人员合同登记、职业证书登记以及人员退场管理。考勤管理利用物联网终端门禁等设备，对劳务工人进出指定区域通行信息自动采集，统计考勤信息，能够对长期未进场人员进行授权自动失效和再次授权管理。安全教育管理能够记录劳务工人安全教育记录，在现场通行过程中对未参加安全教育人员限制通过。可以利用手机设备登记人员安全教育等信息，实现安全教育管理移动应用。视频监控能够对通行人员人像信息自动采集并与登记信息进行人工比对，能够及时查询采集记录；能实时监控各个通道的人员通行行为，并支持远程监控查看及视频监控资料存储。工资监管能够记录和存储劳务分包队伍劳务工人工资发放记录，能对接银行系统实现工资发放流水的监控，保障工资支付到位。后勤管理能够对劳务工人进行住宿分配管理，能够实现一卡通在项目的消费应用。统计分析能基于过程记录的基础数据，提供政府标准报表，实现劳务工人地域、年龄、工种、出勤数据等统计分析，同时能够提供企业需要的各类格式报表定制。利用手机设备可以实现劳务工人信息查询、数据实时统计分析查询。

2. 技术指标：应将劳务实名制信息化管理的各类物联网设备进行现场组网运行，并与互联网相连。基于物联网的劳务管理系统，应具备符合要求的安全认证、权限管理、表单定制等功能。系统应提供与物联网终端设备的数据接口，实现对身份证阅读器、视频监控设备、门禁设备、通行授权设备、工控机等设备的数据采集与控制。门禁方式可采用IC卡闸机门禁、人脸或虹膜识别闸机门禁、二维码闸机门禁、RFID无障碍通行等。IC卡及读写设备要符合ISO/IEC14443协议相关要求、RFID卡及读写设备应符合IOS15693协议相关要求。单台人脸或虹膜识别设备最少支持存储1000张人脸或虹膜信息；闸机通行不低于30人/分钟（采用人脸或虹膜生物识别通行不低于10人/分钟）；如采用半高转闸和全高转闸，应设立安全疏散通道。可对现场人员进出的项目划设区域进行授权管理，不同授权人员只能通行对应的区域。门禁控制器应能记录进出场人员信息，统计进出场时间，并实时传输到云端服务器；应能支持断网工作，数据可在网络恢复以后及时上传；断电设备无法工作，但已采集记录数据可以保留30天。能够进行统一的规则设置，可以实现对人员年龄超龄控制、黑名单管控规则、长期未进场人员控制、未接受安全教育人员控制，可以由企业统一设置，也可以由各项目灵活配置。能及时（延时不超过3分钟）统计项目劳务用工相关数据，企业可以实现多项目的统计分析。能够通过移动终端设备实现人员信息查询、安全教育登记、查看统计分析数据、远程视频监控等实时应用。具备与其他管理系统进行数据集成共享的功能。

3. 适用范围：适用于加强施工现场劳务工人管理的项目。

（八）基于GIS和物联网的建筑垃圾监管技术

基于GIS和物联网的建筑垃圾监管技术是指高度集成射频识别（RFID）、车牌识别（VLPR）、卫星定位系统、地理信息系统（GIS）、移动通信等技术，针对施工现场建筑垃圾进行综合监管的信息平台。该平台通过对施工现场建筑垃圾的申报、识别、计量、运输、处置、结算、统计分析等环节的信息化管理，可为过程监管及环保政策研究提供翔实的分析数据，有效推动建筑垃圾的规范化、系统化、智能化管理，全方位、多角度提升建筑垃圾管理的水平。

1. 技术内容：申报管理实现建筑垃圾基本信息、排放量信息和运输信息等的网上申报。识别、计量管理利用摄像头对车载建筑垃圾进行抓拍，通过与建筑垃圾基本信息比对分析，实现建筑垃圾分类识别、称重计量，自动输出二维码标签。运输监管利用卫星定位系统和GIS技术实现对建筑垃圾运输进行跟踪监控，确保按照申报条件中的运输路线进行运输。利用物联网传感器实现对垃圾车辆防护措施进行实时监控，确保运输途中不随意遗撒。处置管理利用摄像头对建筑垃圾倾倒过程监控，确保垃圾倾倒在指定地点。结算对应垃圾处理中心的垃圾分类，自动产生电子结算单据，确保按时结算，并能对结算情况进行查询。统计分析通过对建筑垃圾总量、分类总量、计划量的自动统计，与实际外运量进行对比分析，防止瞒报、漏报等现象。利用多项目历史数据进行大数据分析，找到相似类型项目建筑垃圾产生量的平均值，为后续项目的建筑垃圾管理提供参考。

2. 技术指标：车辆识别利用车牌识别（VLPR）技术自动采集并甄别车辆牌照信息。建筑垃圾分类识别通过制卡器向射频识别（RFID）有源卡写入相应建筑垃圾类型等信息。利用项目和处理中心的地磅处阅读器自动识别目标对象并获取垃圾类型信息，摄像头抓拍建筑垃圾照片，并将垃圾类型信息和抓拍信息上传至计算机进行分析比对，确定是否放行。监控管理平台利用 GIS、卫星定位系统和移动应用技术建立运输跟踪监控系统，企业总部或地方政府主管部门可建立远程监控管理平台并与运输监控系统对接，通过对运输路径、车辆定位等信息的动态化、可视化监控，实现对建筑垃圾全过程监管。具备与相关系统集成的能力。

3. 适用范围：适用于建筑垃圾资源化处理程度较高城市的建筑工程，桩基及基坑围护结构阶段可根据具体情况选用。

（九）基于智能化的装配式建筑产品生产与施工管理信息技术

基于智能化的装配式建筑产品生产与施工管理信息技术，是在装配式建筑产品生产和施工过程中，应用 BIM、物联网、云计算、工业互联网、移动互联网等信息化技术，实现装配式建筑的工厂化生产、装配化施工、信息化管理。通过对装配式建筑产品生产过程中的深化设计、材料管理、产品制造环节进行管控，以及对施工过程中的产品进场管理、现场堆场管理、施工预拼装管理环节进行管控，实现生产过程和施工过程的信息共享，确保生产环节的产品质量和施工环节的效率，提高装配式建筑产品生产和施工管理的水平。

1. 技术内容：建立协同工作机制，明确协同工作流程和成果交付内容，并建立与之相适应的生产、施工全过程管理信息平台，实现跨部门、跨阶段的信息共享。深化设计依据设计图纸结合生产制造要求建立深化设计模型，并将模型交付给制造环节。材料管理利用物联网条码技术对物料进行统一标识，通过对材料"收、发、存、领、用、退"全过程的管理，实现可视化的仓储堆垛管理和多维度的质量追溯管理。产品制造统一人员、工序、设备等编码，按产品类型建立自动化生产线，对设备进行联网管理，能按工艺参数执行制造工艺，并反馈生产状态，实现生产状态的可视化管理。产品进场管理利用物联网条码技术可实现产品质量的全过程追溯，可在 BIM 模型当中按产品批次查看产品进场进度，实现可视化管理。现场堆场管理利用物联网条码技术对产品进行统一标识，合理利用现场堆场空间，实现产品堆垛管理的可视化。施工预拼装管理利用 BIM 技术对产品进行预拼装模拟，减少并纠正拼装误差，提高装配效率。

2. 技术指标：管理信息平台能对深化设计、材料管理、生产工序的情况进行集中管控，能在施工环节中利用生产环节的相关信息对产品生产质量进行监管，并能通过施工预拼装管理提高施工装配效率。在深化设计环节按照各专业（如预制混凝土、钢结构等）深化设计标准（要求）统一产品编码，采用专业深化设计软件开展深化设计工作，达到生产要求的设计深度，并向下游交付。在材料管理环节按照各专业（如预制混凝土、钢结构等）物料分类标准（要求）统一物料编码。进行材料"收、发、存、领、用、退"全过程信息化管理，应用物联网条码、RFID 条码等技术绑定材料和仓库库位，采用扫描枪、手机等移动设备实现现场条码信息的采集，依据材料仓库仿真地图实现材料堆垛可视化管理，通过对材料的生产厂家、尺寸外观、规格型号等多维度信息的管理，实现质量控制的可追溯。在产品制造环节按照各专业（如预制混凝土、钢结构等）生产标准（要求）统一人员、工序、设备等编码。制造厂应用工业互联网建立网络传输体系，能支持到工序层级的设备层面，实现自动化的生产制造。采用 BIM 技术、计算机辅助工艺规划（CAPP）、工艺路线仿真等工具制作工艺文件，并能将工艺参数通过制造厂工业物联网体系传输给对应设备（如将切割程序传输给切割设备），各工序的生产状态可通过人员报工、条码扫描或设备自动采集等手段进行采集上传。在产品进场管理环节应用物联网技术，采用扫描枪、手机等移动设备扫描产品条码、RFID 条码，将产品信息自动传输到管理信息平台，进行产品质量的可追溯管理。并可按照施工安装计划在 BIM 模型中直观查看各批次产品的进场状态，对项目进度进行管控。在现场堆场管理环节应用物联网条码、RFID 条码等技术绑定产品信息和产品库位信息，采用扫描枪、手机等移动设备实现现场条码信息的采集，依据产品仓库仿真地图实现产品堆垛可视化管理，合理组织利用现场堆场空间。在施工预拼装管理环节采用 BIM 技术对需要预拼装的产品进行虚拟预拼装分析，通过模型或者输出报表等方式查看拼装误差，在地面完成偏差调整，降低预拼装成本，提高装配效率。可采取云部署的方式，提高信息资源的利用率，降低信息资源的使用成本。应具备与相关信息系统集成的能力。

3. 适用范围：适用于装配式建筑产品（如钢结构、预制混凝土、木结构等）生产过程中的深化设计、材料管理、产品制造环节，以及施工过程中的产品进场管理、现场堆场管理、施工预拼装管理环节。

二、工程项目建设信息管理的含义

（一）项目信息资料的含义

1. 项目建设信息资料：项目建设信息资料是指在项目建设管理工作之中所形成的反映管理工作情况的信息，具体包括文字、图表、影（声）像、计算机软件、光盘等。

2. 建设项目（工程）文件：指建设项目在建设过程中形成的各种形式的信息记录，包括前期文件、设计文件、施工文件、科研文件、竣工文件和竣工图。

3. 前期文件：在建设项目（工程）开工以前的立项、审批、征地、招投标等过程中形成的文件。

4. 设计文件：在建设项目（工程）勘察设计过程中形成的文件，包括勘察报告、方案设计、初步设计、扩初设计、复杂过程的技术设计、施工图设计等文件。

5. 施工文件：在建设项目（工程）施工过程中形成的文件，包括施工技术文件、设备文件、监理文件。

6. 科研文件：在建设项目（工程）建设过程中与本项目配套的科研课题研究中形成的文件。

7. 竣工文件：在建设项目（工程）竣工验收活动中形成的文件。

（二）信息管理的含义和原则

1. 信息管理的含义：信息管理是指对信息的收集、加工、整理、存储、传递与应用等一系列工作的总称。信息管理的目的就是通过有组织的信息流通，使决策者能及时、准确地获得相应的信息。为了达到信息管理的目的，就要把握信息管理的各个环节，并做到：了解和掌握信息来源，对信息进行分类；掌握和正确运用信息管理的手段；掌握信息流程的不同环节，建立信息管理系统。建设项目信息管理的目的旨在通过信息传输的有效组织管理和控制为建设项目建设提供增值服务。

2. 建设项目信息管理的工作原则：建设项目产生的信息数量巨大，种类繁多。为便于信息的搜集、处理、储存、传递和利用，建设项目信息管理应遵从以下基本原则。标准化原则；有效性原则；定量化原则；时效性原则；高效处理原则；可预见原则。

3. 建设项目信息管理的任务：建设项目一般具有周期较长、参与单位多、单件性和专业性强等特征，一个项目在决策和实施的过程中，项目信息往往会数量巨大、变化多而且错综复杂，项目信息资源的组织与管理任务十分重大。具体来讲，应主要做好以下方面的工作。编制建设项目信息管理规划；明确建设项目管理班子中信息管理部门的任务；编制和确定信息管理的工作流程；建立建设项目信息管理的处理平台；建立建设项目信息中心。建设项目信息管理的过程主要包括信息的收集、加工整理、存储、检索和传递。在这些信息管理过程中，建设项目信息管理的具体内容很多。

三、建设项目信息的收集

建设项目信息的收集，就是收集项目决策和实施过程中的原始数据，这是很重要的基础工作，信息管理工作的质量好坏，很大程度上取决于原始资料的全面性和可靠性。其中，建立一套完善的信息采集制度是十分有必要的。

（一）建设项目建设前期的信息收集

建设项目在正式开工之前，需要进行大量的工作，这些工作将产生大量的文件，文件中包含着丰富的内容。收集设计任务书及有关资料；设计文件及有关资料的收集；招标投标合同文件及其有关资料的收集。

（二）建设项目施工期的信息收集

建设项目在整个工程施工阶段，每天发生的情况，相应地包含着各种信息，需要及时收集和处理。因此，项目的施工阶段，可以说是大量的信息发生、传递和处理的阶段。建设单位提供的信息；承建商提供的信息；工程监理的记录；工地会议信息。

（三）工程竣工阶段的信息收集

工程竣工并按要求进行竣工验收时，需要大量的对竣工验收有关的各种资料信息。这些信息一部分是在整个施工过程中，长期积累形成的；一部分是在竣工验收期间，根据积累的资料整理分析而形成的，完整的竣工资料应由承建单位编制，经工程监理单位和有关方面审查后，移交建设单位并通过建设单位移交项目管理运行单位以及相关的政府主管部门。

四、建设项目信息的加工整理和存储

建设项目的信息管理除应注意各种原始资料的收集外，更重要的是要对收集来的资料进行加工整理，并对工程决策和实施过程中出现的各种问题进行处理。按照工程信息加工整理的深浅可分为如下类别：第一类为对资料和数据进行简单整理和滤波；第二类是对信息进行分析，概括综合后产生辅助建设项目管理决策的信息；第三类是通过应用数学模型统计推断可以产生决策的信息。在项目建设过程中，依据当时收集到信息所作的决策或决定有如下方面。依据进度控制信息，对施工进度状况的意见和指示。依据质量控制信息，对工程质量控制情况提出意见和指示。依据投资控制信息，对工程结算和决算情况的意见和指示。依据合同管理信息，对索赔的处理意见。

五、建设项目信息的检索和传递

无论是存入档案库还是存入计算机存储器的信息、资料，为了查找的方便，在入库前都要拟定一套科学的查找方法和手段，作好编目分类工作。健全的检索系统可以使报表、文件、资料、人事和技术档案既保存完好，又查找方便。否则会使资料杂乱无章，无法利用。信息的传递是指借助于一定的载体（如纸张、软盘、磁带等）在建设项目信息管理工作的各部门、各单位之间的传递。通过传递，形成各种信息流。畅通的信息流，将利用报表、图表、文字、记录、电信、各种收发文、会议、审批及计算机等传递手段，不断地将建设项目信息输送到项目建设各方手中，成为他们工作的依据。信息管理的目的，是为了更好地使用信息，为决策服务。处理好的信息，要按照需要和要求编印成各类报表和文件，以供项目管理工作使用。信息检索和传递的效率和质量是随着计算机的普及而提高。存储于计算机数据库中的数据，已成为信息资源，可为各个部门所共享。因此，利用计算机做好信息的加工储存工作，能够更好地进行信息检索和传递，是信息的使用前提。

六、建设项目文档资料管理

（一）建设项目档案资料编制质量要求与组卷方法

对建设项目档案资料编制质量要求与组卷方法，各行政管理区域以及各行业都有自己的要求，我国对地方城建档案部门的一般性要求。

1. 编制质量要求：工程档案资料必须真实地反映工程实际情况，具有永久和长期保存价值的文件材料必须完整、准确、系统，责任者的签章手续必须齐全。工程档案资料必须使用原件；如有特殊原因不能使用原件的，应在复印机或抄件上加盖公章并注明原件存放处。工程档案资料的签字必须使用档案规定用笔。工程资料宜采用打印的形式并应手工签字。工程档案资料的编制和填写应适应档案缩微管理和计算机输入的要求，凡采用施工蓝图改绘竣工图的，必须使用新蓝图并反差明显，修改后的竣工图必须图面整洁，文字材料字迹工整、清楚。工程档案资料的缩微制品，必须按国家缩微标准进行制作，主要技术指标（解像力、密度、海波残留量等）要符合国家标准，保证质量，以适应长期安全保管。工程档案资料的照片（含底片）及声像档案，要求图像清晰，声音清楚，文字说明或内容准确。

2. 组卷一般要求：组卷的质量要求；组卷的基本原则；组卷的具体要求；案卷页号的编写；案卷封面、案卷脊背、工程档案卷内目录、卷内备考表的编制、填写方法应按照地方城建档案部门具体填写说明执行。

（二）建设项目档案资料验收与移交

1. 档案资料的验收：工程档案资料的验收是工程竣工验收的重要内容。在工程竣工验收时建设单位必须先提供一套工程竣工档案报请有关部门进行审查、验收。工程档案资料由建设单位进行验收，属于向地方城建档案部门报送工程档案资料的建设项目还应会同地方城建档案部门共同验收。国家、省市重点建设项目或一些特大型、大型的建设项目的预验收和验收会，应由地方城建档案部门参加验收。为确保工程档案资料的质量，各编制单位、监理单位、建设单位、地方城建档案部门、档案行政管理部门等要严格进行检查、验收。编制单位、制图人、审核人、技术负责人必须进行签字或盖章。对不符合技术要求的，一律退回编制单位进行改正、补齐，问题严重者可令其重做。不符合要求者，不能交工验收。凡报送的工程档案资料，如验收不合格将其退回建设单位，由建设单位责成责任者重新进行编制，待达到要求后重新报送。检查验收人员应对接收的档案负责。地方城建档案部门负责工程档案资料的最后验收。并对编制报送工程档案资料进行业务指导、督促和检查。

2.档案资料的移交：施工单位、监理单位等有关单位应在工程竣工验收前将工程档案资料按合同或协议规定的时间、套数移交给建设单位，办理移交手续。竣工验收通过后3个月内，建设单位将汇总的全部工程档案资料移交地方城建档案部门。如遇特殊情况，需要推迟报送日期，必须在规定报送时间内向地方城建档案部门申请延期报送并申明延期报送原因，经同意后办理延期报送手续。

（三）建设项目档案资料的分类

建设项目档案资料归档过程的组卷工作上应按照当地城建档案主管部门的有关要求进行。本内容反映对一般性城建档案主管单位对工程下建设过程档案资料的总体管理情况。基建文件：决策立项文件；建设用地、征地、拆迁文件；勘察、测绘、设计文件；工程招投标及承包合同文件；工程开工文件；商务文件；工程竣工备案文件；其他文件。工程监理资料：监理合同类文件；工程监理管理资料；监理工作记录；监理验收资料。施工资料：施工管理资料；施工技术资料；施工物质资料；施工测量记录；工程施工记录；施工试验记录；施工验收资料；竣工图；工程资料、档案封面和目录。工程项目信息管理流程如图25-29所示。

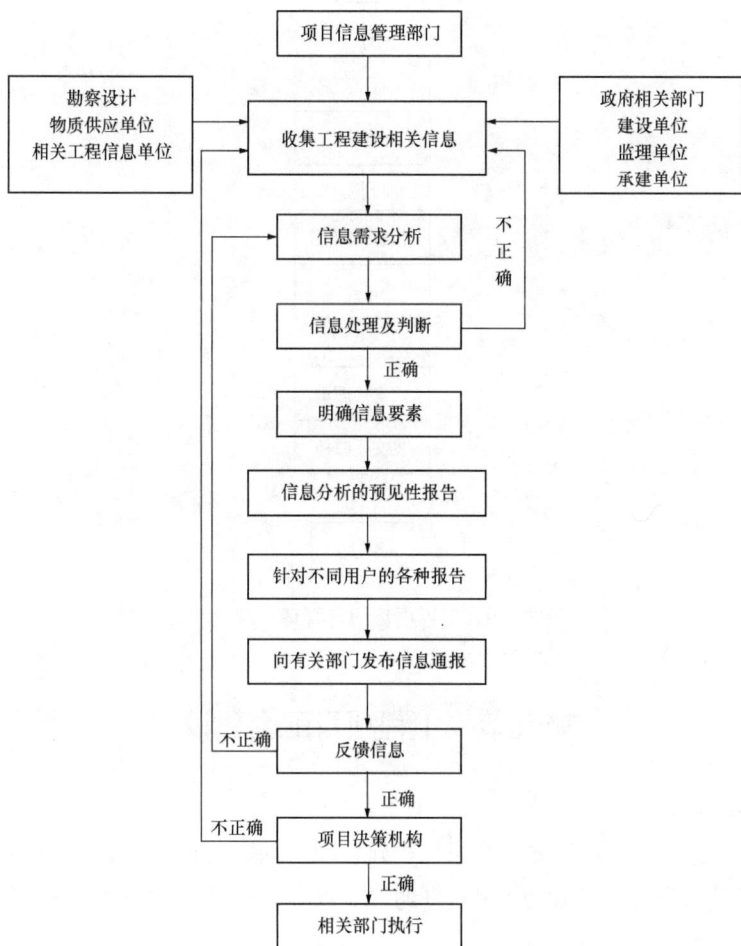

图25-29　工程项目信息管理控制流程

工程信息管理控制流程如图 25-30 所示。

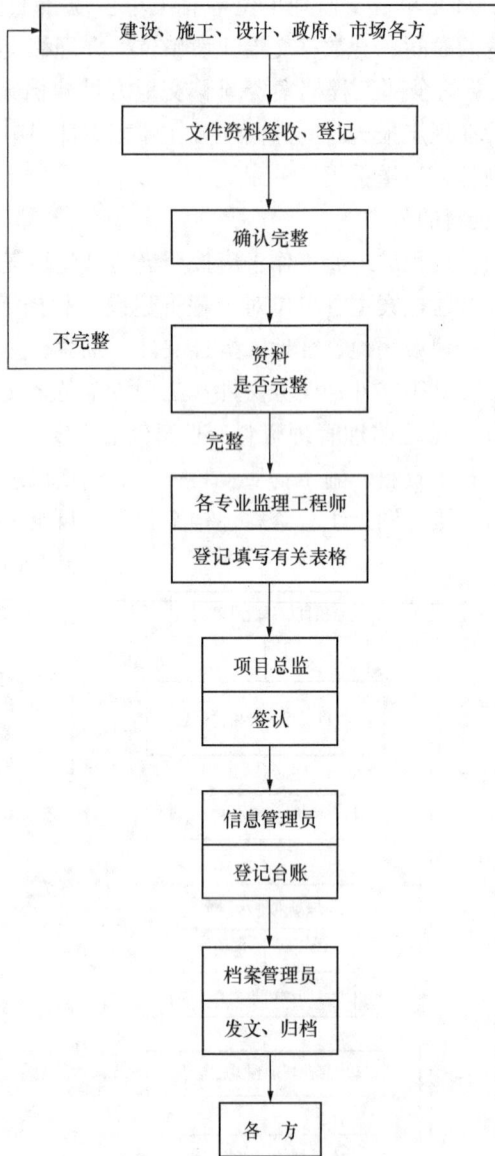

```
┌─────────────────────────────────┐
│  建设、施工、设计、政府、市场各方   │◄──┐
└─────────────────────────────────┘   │
              │                        │
              ▼                        │
    ┌──────────────────┐               │
    │  文件资料签收、登记  │               │
    └──────────────────┘               │
              │                        │
              ▼                        │
       ┌────────────┐                  │
       │  确认完整    │                  │
       └────────────┘                  │
              │                        │
   不完整       ▼                        │
  ┌──────────────────┐                 │
  │      资料          │─────────────────┘
  │    是否完整        │
  └──────────────────┘
              │
   完整        ▼
    ┌──────────────────┐
    │  各专业监理工程师   │
    │  登记填写有关表格   │
    └──────────────────┘
              │
              ▼
       ┌────────────┐
       │  项目总监    │
       │    签认      │
       └────────────┘
              │
              ▼
       ┌────────────┐
       │  信息管理员  │
       │  登记台账    │
       └────────────┘
              │
              ▼
       ┌────────────┐
       │  档案管理员  │
       │  发文、归档  │
       └────────────┘
              │
              ▼
        ┌────────┐
        │  各  方 │
        └────────┘
```

图 25-30　工程项目信息管理控制流程

第九节　工程项目配套建设

一、工程项目供电配套

电力设施是建设项目的重要配套条件，建设项目的申请新装用电、临时用电、增加用电容量、变更用电和终止用电，从可行性研究、设计、施工、验收、使用各阶段均需按有关规定程序办理相关的手续。

用电申请单位（以下简称用电户）分低压电力用户、10（6）kV 用户、35kV 用户、

110kV 及以上用户几类。具体供电容量界限为：用户单相用电设备容量在 10kW 及以下的，采用低压单相 220V 供电。用户用电设备容量在 350kW 以下或最大需量在 150kW 以下的，采用低压三相四线 380V 供电。10kV 供电用户用电设备容量在 6300kVA 以下的，采用 10kV 电压供电。35kV 供电用户用电设备容量在 6300kVA～40000kVA 的，采用 35kV 电压供电。110kV 以上供电用户用电设备容量超过 40000kVA 的，采用 110kV 及以上电压供电。

（一）供电单位客户用电

凡需办理新装、增容、变更用电等业务，均应向所属供电营业厅提出申请，并办理有关手续。申请办理用电业务需携带的资料：加盖公章的申请报告：包括单位名称、用电地址、项目性质、用电容量、预计用电时间、联系人、联系电话及特殊用电需求等。加盖公章的《供电单位客户用电申请单》、《客户用电设备清单》。法人授权办理用电业务的委托书、受托人有效证件。工商营业执照副本原件。政府或上级部门立项批准文件。建筑工程规划许可证原件。公安局《新编订（变更）门弄（楼）号牌通知单》原件。地形图（1∶1000 标准测绘图）、总平面图（1∶500 或 1∶1000）、地下综合管线图。增容、变更用电的客户还需携带近期电费账单。其他需要客户提供的资料。

（二）征询

为提供安全、可靠、经济的电能，满足用电需求，凡新建、成批改建住宅项目以及受电变压器容量在 800 千伏安及以上的客户受电工程建设项目，在客户确定项目之前，应向所属的供电营业厅提出书面用电征询申请，以便供电部门优先做好电网的规划、建设和改造工作。征询答复是客户建设项目的立项依据之一，有效期为一年，逾期需重新办理征询。

（三）设计审核、中间检查及竣工验收

客户受电工程是指客户为满足用电需求而实施的接受与分配电能电气装置的新建或改建工程，是位于产权分界点用户侧的电气设施建设工程的总称。在受电工程建设过程中，客户有权自主选择符合政府有关管理部门或电力监管机构规定有资质的电力设计、施工、设备材料供应企业。供电部门收到客户受电工程设计审核的申请后，在 20 个工作日内，按照国家标准，完成对图纸的审核和设计单位资质的查验。

（四）新装、增（减）容用电项目流程详见图 25-31。

二、工程项目接水配套

建设项目在施工、交付使用和生产时，都要自来水供水系统供应生产用水和生活用水，进行配套建设。建设单位应向自来水公司、公安消防部门和水务部门提出相应的接水申请。建设单位在申请上水供应时，应向自来水公司提供接水业务申请书、建设征用土地批准书、可行性研究报告批复、建设区域地形图、给水系统设计图、给水排水总平面图和透视图、水处理设施平面和透视图；凡有消防接水的，应向公安消防部门提出申请，取得同意。

（一）用水前期征询

建设项目在可行性研究阶段或初步设计阶段就项目的用水向项目所在地的自来水公司提出供水前期征询，填写"供水前期征询表"，并提供书面资料：用水征询报告；项目立项批文；综合管线图；地形图；总平面图。自来水公司根据用水单位申请，出具用水征询

客户   电力公司

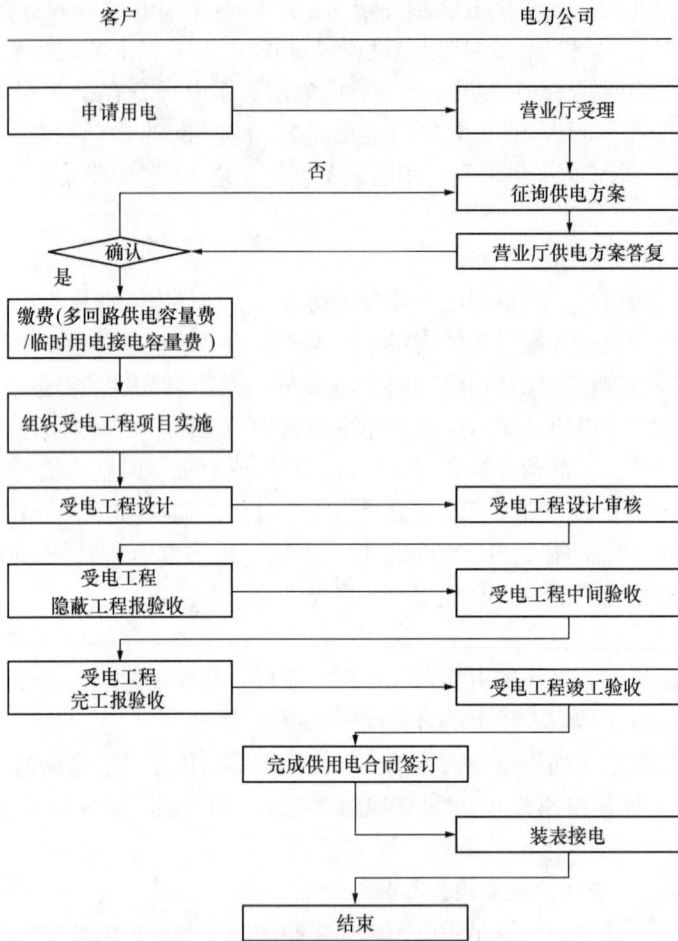

图 25-31 新装、增（减）容用电项目流程

批复意见，作为初步设计的依据。

（二）初步设计审查

建设单位在提交项目初步设计文件的同时，应将供水方面的设计文件提供自来水公司审查，经审查符合条件的在初步设计图纸上盖上审查章，并在项目初步设计审查的专业部门审查意见上签署审查通过意见。

（三）施工图设计审核

建设单位在供水工程施工前，须将供水方面的施工图设计文件提交自来水公司审核，并办理接水申请手续（包括临时、正式用水），办理接水申请须备齐资料：用水申请报告；接水前期业务办理记录卡；用水征询批复；地形图；1∶500 给水排水总平面图（施工图）；综合管线图；各类给水排水分层平面。透视图（包括消防）；泵房给水排水平面、透视图；住宅配套费付款凭证；使用浮球阀、嵌墙表、减压阀凭证；消防给水防火批复；拆房平面图。资料送齐后 7 个工作日，管线管理所到施工现场查勘，拟定接水工程施工方案，报上级审批，开具施工单据，编制工程预算。管线管理所通知客户签订接水施工合同、供用水合同，按接水合同条款进场施工。

（四）供用水合同

供、用水设施的产权分界点是合同的主要内容，应按不同项目的性质，作出严格的产权划分。一般分界点为：供水人设计安装的计量总水表和消防专用监视水表处。以户表计量的为进入建筑物前阀门处。产权分界点（含计量水表）水源侧的管道和附属设施由供水人负责维护管理。产权分界点另侧的管道及设施，由用水人负责维护管理。

（五）单位客户接水申请

1. 申办对象资格：具有独立接水条件的、属自来水公司供水范围的单位。办理程序：到自来水公司新装业务发展中心前台领取"供水前期征询"表格。按表格要求填写并盖公章后附以上资料，送业务科。业务经办人员核实无误后，7个工作日内报上级审核。接到通知后，到业务科领取"接水前期业务办理记录卡"及征询用水批复意见。续办供水可行性方案或委托编制给水专业规划的项目，到市场发展部领取"供水可行性报告"或给水专业规划。

2. 需提供材料：接水前期业务办理记录卡及征询用水批复（接水口径小于50毫米不需提供）；规划许可证及施工许可证；1：500地形图；1：500给水排水总平面图（施工图）及测绘电脑盘片；项目各类建筑给水排水施工图（含消防分层平面图及透视图、泵房给水排水平面图及透视图）；新型墙体材料协议凭证；用水量需求资料；门牌号码批复；可用于给水系统的管材配件的付费凭证；消防给水防火批文

三、工程项目排水配套

城市排水设施是建设项目的重要配套工程之一，对于较大区域内没有排水设施而需新建排水设施的，一般由国家及地方政府投资；对于工程项目规划红线范围内的排水设施，一般由建设单位投资建设。为此，建设单位在可行性研究时，及时向排水行政主管部门征询意见，提出申请，报告排放的污水、废水的质量和数量，建设区外排水管线设计图，化粪池、泵站和各种污水、废水处理装置，建设区域内排水管线设计图。道路和排水设施配套工程竣工后，建设单位应组织设计、施工和排水行政主管部门进行工程验收，办理设备养护、维护的交接。

（一）排水（方案）许可申请

建设项目排水申请程序：排水户应当向排水行政主管部门提出排水许可申请。排水行政主管部门进行试排水监测后对符合排水标准的，核发《排水许可证》。建设单位填写《排水（方案）许可申请表》，并及时提供如下资料：建设项目可行性研究报告及批文。建设项目平面布置图。生产产品种类和用水量。排放污水的水质、水量。污水的处理工艺。建设项目排水（方案）许可申请报告：建设项目概况介绍；建设项目性质和用途（生产性项目提供产品名称、材料和工艺）；规划用水量证明；生活污水排放量（吨/日）；污水处理工艺及排水水质情况；申请排水去向（路名）。建设项目周边地下综合管线图、地形图。

排水行政主管部门对建设项目地址进行现场踏勘，按规定进行审核，二十日内，给建设单位书面答复，同意的，核发《排水许可初审批准文件》。

（二）排水接管许可证明申请

建设单位在完成施工图设计，填写《排水接管许可证明》，并将下列资料送排水行政主管部门审查：建设项目雨、污水管道施工图，图中标明：雨、污水管道管位；排水流向；雨污水管道管径、标高；污水治理设施位置；专用检测井位置和接管路名、接口位

置。建设项目给排水总平面图。排水行政主管部门对图纸进行审核，同意的签发排水接管许可意见，建设单位可以委托有资质单位进行施工。

（三）排水许可证申请

建设单位凭接管单位的排水接管答复函，向排水管理处提出排水许可证申请，并如实填写排水许可证申请表。当污水排放量小于许可排水量70％时，颁发《临时排水许可证》。当污水排放量大于（等于）许可排水量70％时，对污水水质进行试排水监测，许可的，八日内核发《排水许可证》。排水水质不达标，视情况整改或核发《临时排水许可证》。

（四）竣工验收与办理交接手续

排水设施建设项目竣工后，建设单位应当按照国家规定组织验收。未经验收或者验收不合格的排水设施建设项目，不得交付使用。建设单位应当建立完整的排水设施建设项目竣工档案，并且在验收后6个月内送交城市建设档案馆或者城市建设档案机构。排水设施养护维修责任按照下列规定划分：公共排水系统内的设施，由排水公司负责；公共排水系统内交给地区的排水管道，由地区市政工程养护维修单位负责；地区公共排水系统内的设施，由地区排水经营单位负责；道路规划红线外街坊里弄内的排水设施，由房屋管理部门或者物业管理单位负责；自建排水设施，由产权单位或者被委托单位负责。

（五）自建排水设施接入公共排水系统建设计划的审批

1. 许可条件：自建排水设施的建设计划符合所在地详细规划和经审核的排水系统规划；自建排水设施的建设计划纳入所在区（县）综合开发计划或住宅配套建设计划。

2. 申请材料目录：自建排水设施接入公共排水系统建设计划申请表；申请人法定身份证明材料；接入公共排水系统的规划依据文件；经批准的自建排水设施工程可行性研究报告；经批准的自建排水设施工程初步设计方案；自建排水设施工程建设计划；自建排水设施接入公共排水系统项目的设计方案（包括输送泵站和施工配合方案）。

四、工程项目燃气配套

新建、扩建开发区或者居住区，成片改造地区，新建、改建、扩建大型建设项目，应当按照燃气发展规划和地区详细规划，同时配套建设相应的燃气设施或者预留燃气设施配套建设用地。有关室内燃气管道管径、走向、出户点及燃气设备布局设计必须符合设计、施工检验技术规范，与室外燃气管道正确衔接。

（一）单位（工业、企业、事业、团体）客户新装业务提供资料：加盖申请单位公章的申请报告。当年地形图。当年地下综合管线图。客户工程项目总平面图（包括水给排水图）。房屋单体平面图一套。

（二）单位客户业务受理，安装流程

单位客户业务受理安装流程如图25-32所示。

（三）管道工程业务流程图

管道工程业务流程如图25-33所示。

五、道路工程建设交通安全配套

（一）工程建设占用、挖掘道路许可

1. 业务描述：新建、改建道路或管线工程涉及市区主要道路、高架道路和郊县主要干道；需实施半封或全封交通管理措施的；在市区15平方公里内通行公交车辆的道路，

```
┌─────────────────────┐
│   客户申请(单位部)    │
└─────────────────────┘
           │
┌─────────────────────┐
│      上门踏勘        │───────────┐
└─────────────────────┘     ┌──────────────────┐
           │                │  压力征询(技基部)  │
┌─────────────────────┐     └──────────────────┘
│      逐级报批        │◄────────────┘
└─────────────────────┘
           │          如需开挖道路，由工程部负责报掘路计划
           │                              增容费
┌─────────────────────┐              ┌──────────────
工程预付款──│   客户付款(计财部)    │──────┤
           └─────────────────────┘      └── 表具、配套设备费
           │          │
┌──────────┐  ┌─────────────┐  ┌──────────────────────┐
│ 工程部复核 │◄─│ 设计、委托设计 │  │ (配套公司)委托表灶生产  │
└──────────┘  └─────────────┘  └──────────────────────┘
                    │
         N      ◇─────────────◇      Y
      ┌─────────│ 表立方米/小时以上 │─────────┐
      │         │  地下管50米以上   │          │
      │          ◇─────────────◇           │
┌──────────────┐                  ┌──────────────┐
│ (单位部)转施工 │                  │ (工程部)转施工 │
└──────────────┘                  └──────────────┘
      │                                  │
      │         ┌──────────┐            │
      └────────►│   施工    │◄───────────┘
                └──────────┘
                     │
      ┌──────────────────────────────┐
      │ 验收(输配所或工程部工业管理组) │
      └──────────────────────────────┘
                     │
              ┌──────────┐
              │   竣工    │
              └──────────┘
                     │          空调锅炉项目
      ┌──────────────┐      ┌──────────────┐
      │ (工程部)决算审核 │──────│ (工程部)审核  │
      └──────────────┘      └──────────────┘
                     │          │
┌──────────┐  ┌──────────┐     │
│ (计财部)  │─►│ 加 退 账  │◄────┘
└──────────┘  └──────────┘
                   │
              ┌──────────┐
              │ 客户管理  │
              └──────────┘
```

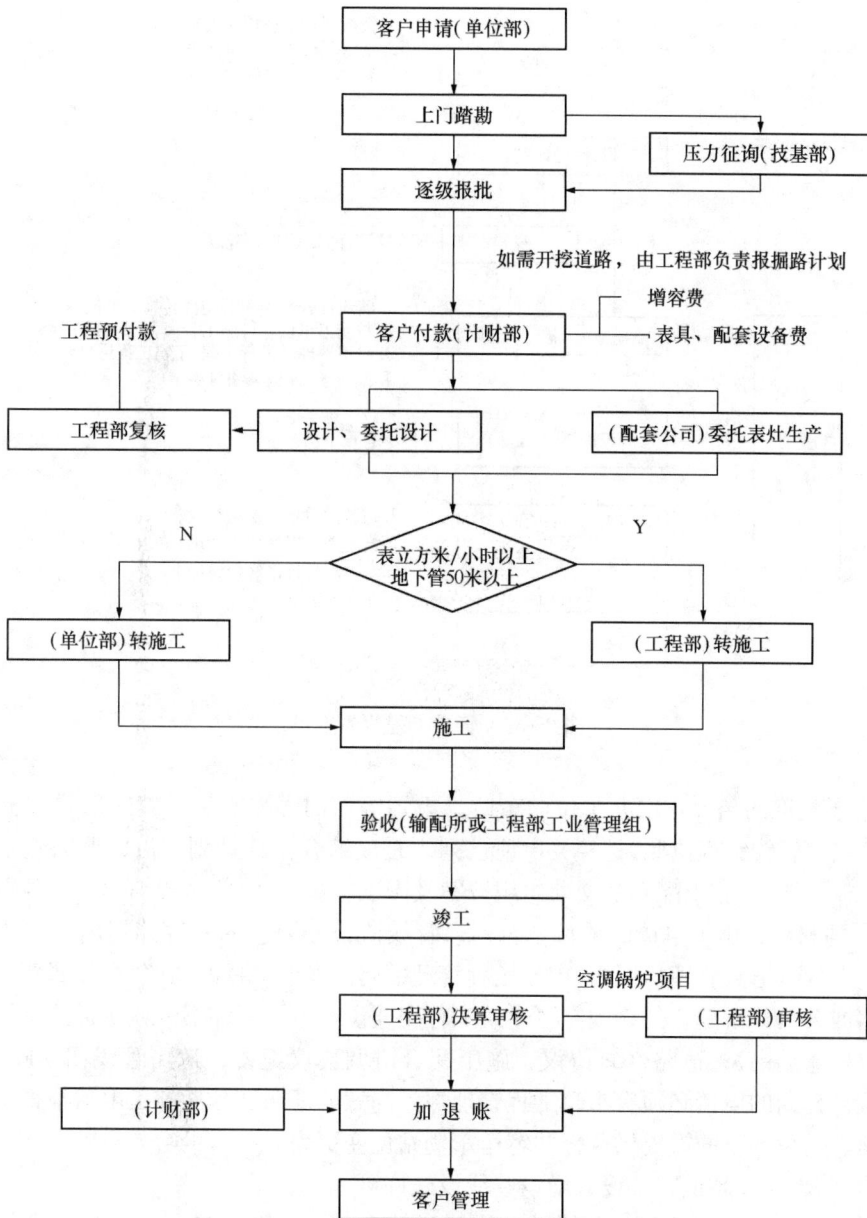

图 25-32　单位客户新装业务流程图

且施工期在 3 个月以上的（含道路修复）；施工期间的交通管理措施涉及到外区的，须向管辖区（县）交警支（大）队提出申请，交警支（大）队在申办单位手续齐全的情况下，5 个工作日内作出初审意见并上报市公安局交警总队，市公安局交警总队在申办单位手续齐全的情况下，10 个工作日内作出行政许可的决定。除上述情况外，向管辖区（县）交警支（大）队提出申请，交警支（大）队在 10 个工作日内作出行政许可决定。

2. 适用情形：因工程建设需要占用、挖掘道路，或者跨越、穿越道路架设、增设管线设施的申请单位向公安机关交通管理部门提出申请。

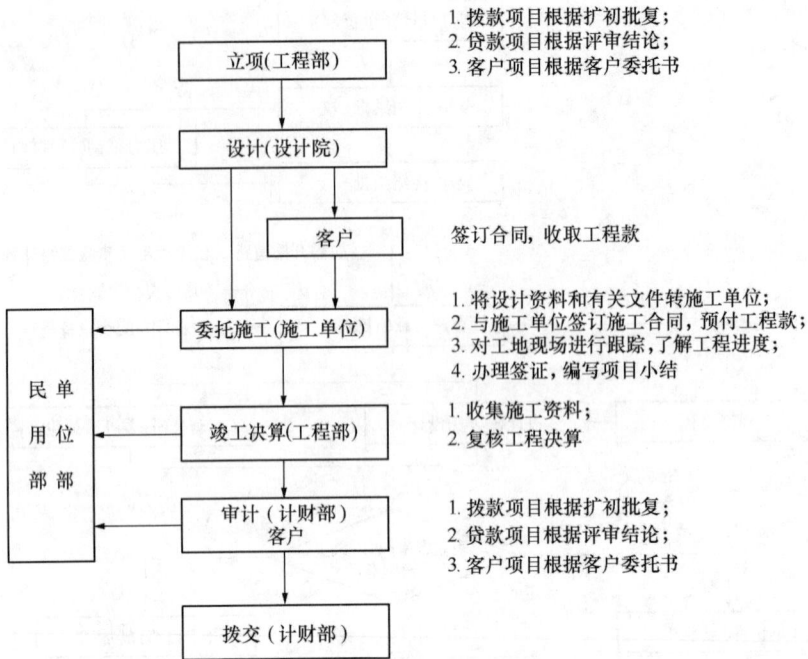

图 25-33 管道工程业务流程

1. 拨款项目根据扩初批复；
2. 贷款项目根据评审结论；
3. 客户项目根据客户委托书

立项(工程部)

设计(设计院)

客户　　签订合同, 收取工程款

委托施工(施工单位)
1. 将设计资料和有关文件转施工单位；
2. 与施工单位签订施工合同，预付工程款；
3. 对工地现场进行跟踪，了解工程进度；
4. 办理签证，编写项目小结

竣工决算(工程部)
1. 收集施工资料；
2. 复核工程决算

审计（计财部）
客户
1. 拨款项目根据扩初批复；
2. 贷款项目根据评审结论；
3. 客户项目根据客户委托书

拨交（计财部）

民用单位部部

3. 准予批准的条件：申办单位向市政、规划等部门办妥有关手续，取得《掘路执照（受理单）》、《管线工程执照》；相关申请已列入月度综合掘路计划；占、掘路施工配合会议的《会议纪要》；施工配套的交通组织方案及图纸。

4. 申请材料：施工申请的项目是否列入管线监督办公室的月度计划内；市政规划局建管处签发的《道路管理执照》；市政工程管理部门签发的《掘路执照》；如属新、改、扩建的道路或公共建筑配套的，须有《建筑工程交通设计审核通知书》或《道路（桥隧）交通设计审核意见书》；道路修复协议、施工配合协调会议纪要、道路管线图、施工大纲；施工单位需延期的申请必须有市政工程管理部门同意的证明和延期施工申请报告。如涉及公交线路、站位调整的需提供《公共客运车辆站位变更表》。

（二）跨越、穿越道路架设、增设管线设施许可

1. 业务描述：涉及市区主要道路、高架道路和郊县主要干道；或需实施半封或全封交通措施的；或在市区 15 平方公里内通行公交车辆的道路，且施工期在 3 个月以上的（含道路修复）；或施工期间的交通管理措施涉及到外区的，须向管辖区交警支（大）队提出申请，由交警支（大）队作出初审意见后，报上海市公安局交警总队办理。市公安局交警总队在申办单位手续齐全的情况下，10 个工作日内作出行政许可的决定。除上述情况外，向管辖区交警支（大）队提出申请，交警支（大）队在 10 个工作日内作出行政许可决定。

2. 适用情形：因工程建设需要占用、挖掘道路，或者跨越、穿越道路架设、增设管线设施的申请单位向公安机关交通管理部门提出申请。

3. 准予批准的条件：申办单位向市政、规划等部门办妥有关手续，取得《掘路执照

（受理单）》、《管线工程执照》；相关申请已列入月度综合掘路计划；占、掘路施工配合会议的《会议纪要》；施工配套的交通组织方案及图纸。

4. 申请材料：施工申请的项目是否列入管线监督办公室的月度计划内；市政规划局建管处签发的《道路管理执照》；市政工程管理部门签发的《掘路执照》；如属新、改、扩建的道路或公共建筑配套的，须有《建筑工程交通设计审核通知书》或《道路（桥隧）交通设计审核意见书》；道路修复协议、施工配合协调会议纪要、道路管线图、施工大纲；施工单位需延期的申请必须有市政工程管理部门同意的证明和延期施工申请报告。如涉及公交线路、站位调整的需提供《公共客运车辆站位变更表》。

（三）工程项目道路管线掘路配套

为了合理组织城市道路、地下管线的施工，缩短施工周期，避免管线损坏，明确市政工程建设部门、建设业主及各施工单位之间就施工项目计划、施工工期、施工质量、地下管线（包括连管）的保护、双方的职责及经济责任，政府有关部门先后颁布了《城市道路与地下管线施工管理暂行办法》、《城市道路架空线管理办法》等规定。进一步明确了施工准备、施工、竣工验收各阶段工作条件；工程执照、施工许可证及竣工验收工程技术资料归档程序要求和相关手续。各施工单位必须做好开工前的准备工作，并须具备下列条件：持有主管部门批准的建设计划、扩初设计、施工图。办妥征用、划拨、临时使用土地和拆迁房屋手续，做好通水、通电、通路、平整场地工作；其中重点或者大型项目的部分工程已具备施工条件，并已完成拆迁房屋工作量二分之一的，在不影响工程总进度的前提下，可以进行施工。按规定办妥《管线工程执照》、《掘路执照》、《道路施工许可证》申领手续。凡属综合性工程，市政工程建设部门须与各施工单位就施工工期、施工质量、地下管线（包括连管）的保护、双方的职责及经济责任等内容订立协议；各施工单位相互之间签订协议，并须送市政工程建设部门备案。规划管理部门审核《管线工程执照》，必须在 15 天内给予答复；市政工程管理部门审核《掘路执照》，必须在 3 天内给予答复；公安交通管理部门审核《道路施工许可证》，必须在 7 天内给予答复。凡属综合性工程，由市政工程建设部门统一申请办理《掘路执照》与《道路施工许可证》；由各管线建设单位分别办理《管线工程执照》。需在施工场地之外占用道路堆放施工材料的，应当在申请《道路施工许可证》时一并办理。凡属综合性工程，由市政工程建设部门明确项目经理，各管线施工单位要明确分项工程负责人。市政工程建设部门负责施工的现场协调和工程进度的统筹安排。施工单位在工程开工前必须填写开工报告单，并报上级主管部门备案；必须严格按照批准的施工图纸和操作规程进行施工。综合性工程的施工，各施工单位应当周密考虑各相互之间的工期衔接；每项工程结束时应当做到工完、料尽、场地清，为其他单位创造进场施工的基本条件。

工程竣工必须验收合格，方可交付使用。工程的竣工验收，必须以施工设计图纸和有关技术资料为依据，按验收规范和质量标准进行。施工单位在工程竣工后，应当及时提出验收报告，由建设单位在 3 天之前通知有关各方进行验收。各参加验收的单位，应当在规定的时间参加验收。无故不参加验收的，视作同意。为住宅建设配套的城市道路及地下管线工程，可根据住宅建设的交付进度，分批进行竣工验收，签署竣工文件。竣工验收中，工程质量不符合标准的，接管单位可拒绝接收，并可要求在规定期限内进行返修；所造成的经济损失由施工单位负责。

（四）道路管线工程掘路施工计划申报

凡属市区城市道路（外环线内）的道路管线工程，符合下列情况的必须按规定申报月度掘路施工计划，经批准并按规定办理有关开工手续后方能施工。申报城市道路管线工程掘路施工计划的项目必须完成下列工作：前期动拆迁、资金、材料、施工设计图、施工工期和道路修复力量等。需提供的材料：道路管线工程掘路施工计划申报表。

（五）登记备案

建设工程保护道路管线须向道路管线监察办公室备案并办理承诺书手续。需提供材料：市、区发改委《建设工程项目立项批准文件》。市、区城市规划管理局《建设工程规划许可证》。市、区建设行政主管部门《建设工程施工许可证》。向地下管线权属单位（自来水、燃气、电缆、电话等单位）办理的《道路管线监护交底卡》。由建设单位召集的在施工单位桩基工程和基础工程施工前召开的"地下管线监测及保护协调会会议纪要"。市测绘办公室认定资质的地下管线监测单位"项目监测方案"。施工单位编制的由桩基工程和基础工程"施工组织设计"（含"保护地下管线技术措施"及"成桩流程平面布置图"）。设计单位"基础工程支护结构设计方案"（7米以下深坑支护结构设计方案须经市、区科技委认证）。测绘院"地下综合管线图"及"地形图"（需标注"项目红线范围"）。

六、工程项目电信配套

基础电信建设项目应当纳入地方各级人民政府城市建设总体规划和村镇、集镇建设总体规划，属于全国性信息网络工程或者国家规定限额以上建设项目的公用电信网、专业电信网、广播电视传输网建设，在按照国家建设项目审批程序报批前，应当征得国务院信息产业主管部门的同意。城市建设和村镇、集镇建设应当配套设置电信设施。建筑物内的电信管线和配线设施以及建设项目用地范围内的电信管道，应当纳入建设项目的设计文件，并随建设项目同时施工与验收。所需经费应当纳入建设项目概算。

（一）建设项目电信业务分类：固定网络国内长途及本地电话业务；移动网络电话和数据业务；卫星通信及卫星移动通信业务；互联网及其他公共数据传送业务；宽度、波长、光纤、光缆、管道及其他网络元素出租、出售业务；网络承载、接入及网络外包等业务；国际通信基础设施、国际电信业务；无线寻呼业务；转售的基础电信业务。

（二）电信配套建设程序如图 25-34 所示。

（三）电信配套建设申请

1. 建设前期规划阶段：根据建设项目特点，由申请单位根据需求量向有关部门提出通信配套征询报告，电信部门做出通信配套征询答复书。

2. 扩初设计阶段：根据不同的商办楼和住宅项目分别向电信大客户服务中心和电信住宅配套室提出申请。

3. 项目实施阶段：经电信部门核实后，与业主签订合同。

4. 电信配套验收阶段：一般项目电信部门实施电信配套的设计、施工和验收工作。住宅项目则由业主提出通信配套验收合格证明申请，并由电信部门在新建住宅交付使用配套建设验收合格证明上加盖住宅配套竣工章。

七、工程项目智能化配套

智能建筑，是指具备通信自动化、办公自动化、建筑设备自动化等功能，以及对这些系统实行集成管理的建筑物或建筑群。建筑智能化工程，是指新建或建成的建筑群中，增

电信规划征询

建筑面积 10 万平方米以上，市电信规划室

建筑面积 10 万平方米以下，市局电信配套室

电信规划征询回复

扩初阶段电信配套征询

商办楼项目市电信大楼用户处

住宅工程项目市电信住宅配套室

电信配套申请

电信配套合同

电信配套初施（设计、施工验收）

新建住宅工程核发交付使用配套建设验收合格证明

电信配套合同

电信配套初施（设计、施工验收）

新建住宅工程核发交付使用配套建设验收合格证明

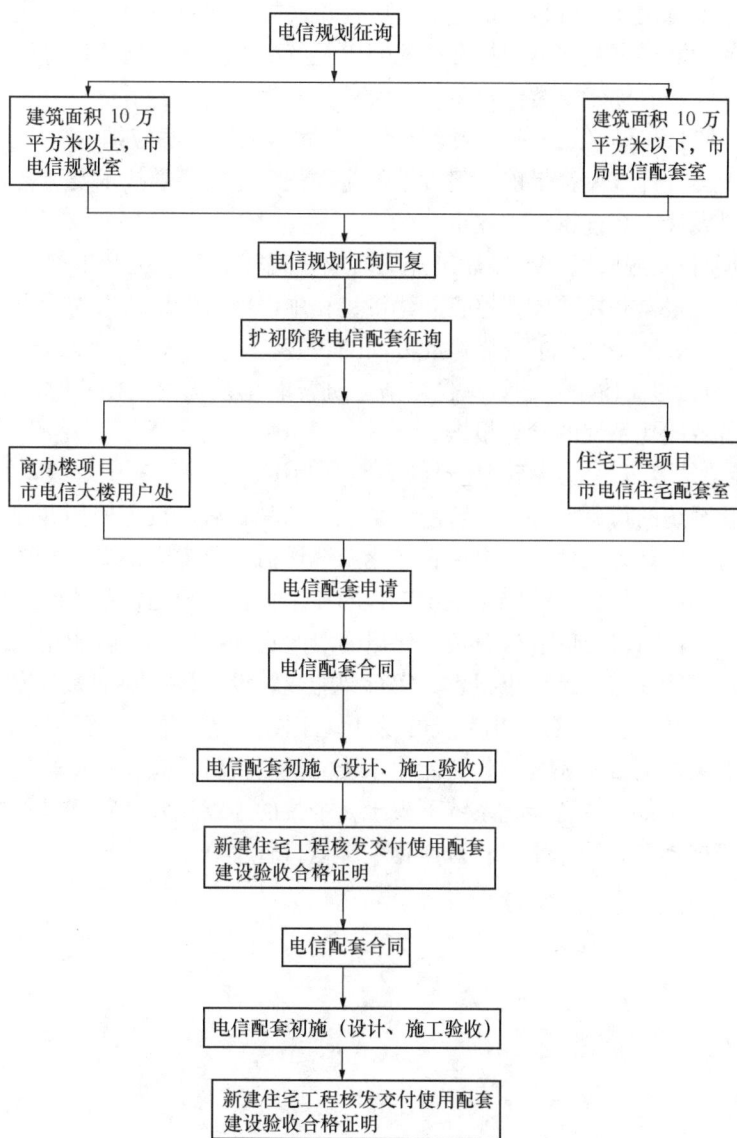

图 25-34　电信配套建设程序

加通信网络、办公自动化、建筑设备自动化等功能，以及这些系统的集成化管理系统。建筑智能化系统工程除了必须遵循有关建设法规、标准之外，尚需遵循通信、广电、公安、环保等有关行业的相应标准。

（一）建筑智能化工程设计：建筑智能化工程设计工作的主要内容有：建设单位对智能化系统工程建筑要求，专项的咨询和可行性研究，系统的设计和设备选型，提出工程施工的要求，对系统集成商所作的深化系统设计的指导、协调，参与系统的试运行和验收。系统集成商必须根据工程设计单位提供的资料、图纸进行有关专业系统的深化设计，系统深化设计必须在与设计方案协调统一的条件下进行优化设计、系统调试，在系统运行之后提供培训、技术支持和维护服务。

（二）建筑项目立项阶段：建筑项目立项申报时，项目建设法人（业主）应在立项报

告（方案说明，项目论证，可行性报告等）中，说明拟建项目中的建筑智能化系统工程的内容，拟达到的功能要求及标准，投资及能耗以及解决的措施。立项报告经有关部门批准后，方可委托设计。有关建筑智能化系统的要求将作为项目内容下达。

（三）建筑项目设计阶段：建筑智能化系统工程的设计方案应纳入整个建筑工程初步设计审批的范围。设计方案报批前，建设单位应委托市建委科学技术委员会或其他经市建委认定的机构对设计方案进行技术评审。

（四）建设项目实施阶段：智能建筑开工前或建筑智能化系统开工前，建设单位应就智能化系统的施工报监并接受监督检查。建设过程中，项目建设法人如无充分理由，未经申报批准，不得提高或降低标准或撤销此方面的功能。

（五）建设项目竣工阶段：建设单位申请建筑智能化系统竣工核验时应提交经认定检测机构出具的各智能化系统的检测报告。

（六）智能建筑等级评估：智能建筑的等级分为甲、乙、丙三个等级，智能化系统的等级按照智能化系统的得分率确定。智能化系统竣工验收后，投入使用并连续正常运行3个月以上的，可以申请等级评估。申请智能化系统评估，业主应提交下列文件资料：智能化系统工程建设的综合报告；智能化系统工程的技术报告；智能化系统的运行报告；根据《智能建筑检验及等级评估细则（试行）》作出的等级自评报告；各智能化系统的承发包合同及有关协议；智能建筑设计评审报告（实行智能建筑设计评审制度后实施的工程必须具备的评审报告）；智能建筑及智能化系统的设计施工图；智能建筑及智能化系统的竣工报告、竣工图；有关检测机构完成的各智能化系统的检测报告；有关行业管理部门提供的各智能化系统的验收文件；各智能化系统不少于3个月的连续正常运行记录；各智能化系统的设备性能、规格说明和操作手册；智能化系统运行管理制度。

第九篇　竣工验收评价

第二十六章　工程项目竣工验收及评价

竣工验收时建设项目建设全过程的最后一个程序，是全面考核建设工作，检查涉及工程质量是否符合要求，审查投资使用是否合理的重要环节，是投资成果转入生产或使用的标志。能否交接取决于承包单位所承包的工程项目是否通过了竣工验收；因此，交接是建立在竣工验收基础上的时间过程。

第一节　工程项目竣工验收和交接

竣工验收对保证工程质量，促进建设项目及时投产，发挥投资效益，总结经验都有重要作用。所有建设项目按批准的设计文件所规定的内容建成，工业项目经负荷运转和试生产考核，能够生产合格产品；非工业项目符合设计要求，能够正常使用，都要及时组织验收。

一、竣工验收含义

工程项目竣工验收是各建设单位、施工单位的项目验收委员会，以项目批准的可行性研究报告和设计文件（如施工图），以及国家（或部门）颁发的施工验收规范和质量检验标准为依据，按照一定的程序和手续，在项目建成并试生产合格后（工业生产性项目），对工程项目的总体进行检验和认证（综合评估，鉴定）的活动。工业生产项目，须经试生产（投料试车）合格，形成生产能力，能正常生产出合格产品后，方能进行验收。非工业生产性项目，应能正常使用，方可进行验收。工程验收，按被验收的对象划分，可分为单项工程、单位工程验收（称为"交工验收"）及工程整体验收（称为"动用验收"），通常所说的竣工验收指的是"动用验收"。

二、竣工验收的必备程序

建设项目转入投产使用的必备程序：建设项目竣工验收是全面考核项目建设成果，检验项目决策、设计、施工、设备制造和管理水平，以及总结建设项目建设经验教训的主要环节。建设项目只有通过竣工验收合格，才能投产使用，因此竣工验收是建设项目转入投产使用的必备程序。为了保证该项工作的顺利实施，国家对基本建设项目的竣工验收时限在《建设项目（工程）竣工验收办法》中规定："已具备竣工验收条件的项目，3个月内不办理验收投产和移交固定资产手续，取消企业和主管部门的基建试车分成，由银行监督全部上缴财政；如3个月内办理竣工验收确有困难，经验收主管部门批准，可以适当延长期限"。建设项目竣工验收遵循程序，并按照项目总体计划的要求，以及施工进展的实际情况分阶段进行。项目施工达到验收条件的验收方式可分为项目中间验收、单项工程验收和全部工程验收三大类。规模较小、施工内容简单的建设项目，也可以一次进行全部项目的竣工验收。中间验收、单项工程验收和全部工程验收的区别和特点以及责任划分内容，详见表26-1、表26-2、表26-3。

不同阶段工程验收的特点　　　　　　　　　　　　　　表 26-1

类型	验 收 条 件	验 收 组 织
中间验收	① 按照施工承包合同的约定，施工完成到某一阶段后要进行中间验收 ② 重要的工程部位施工已完成了隐蔽前的准备工作，该工程部位将置于无法查看的状态	由监理单位组织，业主和承包商派人参加。该中间验收资料将作为最终验收的依据
单项工程验收（交工验收）	① 建设项目中的某个合同工程已全部完成 ② 合同内约定有分部分项移交的工程已达到竣工标准，可移交给业主投入试运行	由业主组织，合同施工单位、监理单位、设计单位及使用单位等有关部门共同进行
全部工程的竣工验收（动用验收）	① 建设项目按设计规定全部建成，达到竣工验收条件 ② 初验结果全部合格 ③ 竣工验收所需要资料已准备齐全	大中型和限额以上项目由国家发改委或由其委托项目主管部门或地方政府部门组织验收，小型和限额以下项目由项目主管部门组织验收。验收委员会由银行、物资、环保、劳动、统计、消防及其他有关部门组成。业主、监理单位、施工单位、设计单位和使用单位参加验收工作

试车达不到验收要求的责任划分　　　　　　　　　　　表 26-2

事故原因		业主权利和义务	承包商权利和义务
设计原因		① 业主组织修改设计 ② 承担修改设计、拆除及重新安装全部费用 ③ 给承包商顺延合同工期	按修改后的设计重新安装
施工原因		试车后 24 小时内提出修改意见	① 修改后重新试车 ② 承担修改和重新试车的费用 ③ 合同工期不得顺延
设备制造原因	业主采购的设备	① 负责重新购置或修理 ② 承担拆除、重新购置、重新安装或修理的费用 ③ 给承包商顺延合同工期	负责拆除和重新安装
	承包商采购的设备	试车后 24 小时内指示承包修理或重新购置设备	① 负责重新购置和修理 ② 承担拆除、重新购置、重新安装或修理费用 ③ 合同工期不得顺延

全部工程竣工验收工作内容　　　　　　　　　　　　　　　　　表 26-3

工作阶段	职　责	工　作　内　容
验收准备	业主组织施工、设计、监理单位共同进行	① 核实建筑安装工程的完成情况，列出已交工工程和未完工工程一览表（包括工程量、预算价值、完工日期等） ② 提出财务决算分析 ③ 检查工程质量、查明须返工或修补工程，提出具体修竣时间 ④ 整理汇总项目档案资料，将所有档案资料整理装订成册，分类编目，绘制好工程竣工图 ⑤ 登载固定资产。编制固定资产构成分析表 ⑥ 落实生产准备工作，提出试车检查的情况报告 ⑦ 编写竣工验收报告
预验收	上级主管部门或业主会通施工、设计、监理、使用单位及有关部门组成验收组	① 检查、核实竣工项目所有档案资料的完成性、准确性是否符合归档要求 ② 检查项目建设标准、评定质量，对隐患和遗留问题提出处理意见 ③ 检查财务账表是否齐全，数据是否真实，开支是否合理 ④ 检查试车情况和生产准备情况 ⑤ 排除验收中有争议的问题，协调项目与有关方面、部门的关系 ⑥ 督促返工、修补工程的完工及收尾工程的完工 ⑦ 编写竣工预验收报告和移交生产准备情况报告 ⑧ 预验收合格后，业主向主管部门提出正式验收报告
正式验收	由国家有关部门或企业主组成的验收委员会主持，有关单位参加	① 听取业主对项目建设的工作报告 ② 审查竣工项目移交生产使用的各种档案资料 ③ 评审项目质量。对主要工程部位的施工质量进行复检、鉴定，对工程设计的先进性、合理性、经济性进行鉴定和评审 ④ 审查试车规程，检查投产试车情况 ⑤ 核定尾工项目，对遗留问题提出处理意见 ⑥ 审查竣工预验收鉴定报告，签署《国家验收鉴定书》，对整个项目作出总的验收鉴定，对项目动用的可靠性作出结论

三、验收工程范围

凡新建、扩建、改建的建设工程按批准的设计文件所规定的内容建成，符合验收条件的，建设单位应当组织设计、施工、工程监理等有关单位进行竣工验收。对某些特殊情况，工程施工虽未全部按设计要求完成，也可进行验收，这些特殊情况是指：因少数非主要设备或某些特殊材料短期内不能解决，虽然工程内容尚未全部完成，但已可以投产或使用的工程项目。

按规定的内容已建成，但因外部条件的制约，如流动资金不足，生产所需原材料不能满足等，而使已建成工程不能投入使用的项目。有些建设项目或单项工程，已形成部分生产能力或实际上生产单位已经使用，但近期内不能按原设计规模续建，应从实际情况出发经主管部门批准后，可缩小规模对已完成的工程和设备组织竣工验收，移交固定资产。

四、工程项目的交接

竣工是针对承包单位而言，承包单位按合同要求完成了工作内容；承包单位按质量要求进行了自检；项目的工期，进度、质量均满足合同的要求。根据《市政基础和公用设施工程验收交接办法》，工程项目交接则是由监理工程师对工程的质量进行验收之后，协助承包单位与业主进行移交项目所有权的过程。能否交接取决于承包单位所承包的工程项目是否通过了竣工验收。因此，交接是建立在竣工验收基础上的时间过程。目前工程项目的竣工验收与交接主要有：个人投资的项目；企业投资的项目；国家投资中、小型项目；大型项目通常是委托地方政府的某个部门担任建设单位的角色，项目验收与交接有两个层次：承包单位向建设单位的验收与交接：一般是项目竣工，并通过监理工程师的竣工验收之后，由监理工程师协助承包单位向建设单位进行项目所有权的交接。建设单位向国家的验收与交接：通常是在建设单位接受竣工的项目并投入使用一年之后，由国家有关部委组成验收工作小组在全面检查项目的质量和使用情况之后进行验收，并履行项目移交的手续。因而验收与交接是在国家有关部委与当地的建设单位之间进行。工程项目经竣工验收合格后，便可办理工程交接手续，即将工程项目的所有权移交给建设单位。交接手续应及时办理，以便使项目早日投产使用，充分发挥投资效益。在办理工程项目交接前，施工单位要编制竣工结算书，以此作为向建设单位结算最终拨付的工程价款。而竣工结算书通过监理工程师审核、确认并签证后，才能通知银行与施工单位办理工程价款的拨付手续。

五、生产性建设项目的竣工验收

（一）验收的基本条件：生产性项目和辅助性公共设施，已按设计要求完成，能满足生产使用。主要工艺设备配套设施经联动负荷试车合格，形成生产能力，能够生产出设计文件所规定的产品。必要的生产设施，已按设计要求建成。生产准备工作能适应投产的需要。环境保护设施、劳动安全卫生设施、消防设施已按设计要求与主体工程建成使用。设计和施工质量已经质量监督部门检验并作出评定。工程结算和竣工决算通过有关部门审查和审计。

（二）分类条件：建设工程验收标准对凡是生产性工程、公共辅助设施和生活福利设施均已按标准的设计文件和施工图纸所规定的内容全部施工完毕，能生产使用。所有建筑物（包括构筑物）和室外总体工程已全部施工完毕，场地平整，道路通畅。建筑设备（室内上下水，采暖，通风，电器照明，管道，线路安装敷设工程）经过试验、检测，达到设计和使用要求。

环境保护、劳动安全卫生、消防设施已按设计要求与主体工程同时建成使用。安装工程验收条件需要安装的工艺设备、动力设备及仪表均已按设计规定的内容和技术说明书的要求全部安装完毕。工艺、物料、热力等各种管道已做好清洗、试压、吹扫、油漆、保温等工作，室外管线的安装位置、标高、走向、坡度、尺寸、送达的方向等经检测符合设计和使用要求。

各种需要安装或不需要安装的设备，均已经过单机无负荷、联动无负荷、联动有负荷试车，符合安装技术要求，能够生产出设计文件规定的合格产品，具有形成设计规定的生产能力。试车检验生产性项目的设备联动负荷试车合格、能生产出符合设计要求的合格产品是进行竣工验收的主要条件，故对建设项目的试车检验作重点展开。单机试车与联动试车，交工前试车主要检验设备安装是否达到合同要求，单机无负荷试车和联动无负荷试车是否达到设计要求。竣工验收试车，单机试车和联动试车暴露的问题予以消除后，已完工的设备安装工程即移交给业主管理和使用。业主在使用过程中又分为投料试车和试产考核两个阶段。投料试车应严格按照操作手册和安全规程等要求进行，一般在各个试车步骤之前安排一段停车整修时间，以消除试车中暴露的设备、材料、设计和施工等留下的隐患和问题，确保下一阶段试车的顺利进行。完成投料试车、打通工艺流程、生产出合格产品并能稳定操作之后，才可进入试产考核阶段。考核的最终结果，是对照设计规定的工艺指标、消耗指标、生产能力、产品质量指标，看其是否能够达到设计规定的保证值指标范围。

（三）竣工验收的内容：工程资料验收包括工程技术资料、工程综合资料、工程财务资料。工程内容验收包括建筑工程验收、安装工程验收（安装工程分为建筑设备安装工程、工艺设备安装工程、动力设备安装工程验收）、其他特殊工程验收（人防工程或结合建设项目人防工程、大型管道工程和各种泵类电动机）。

（四）竣工验收程序：工程竣工验收可分为单项或单位工程的交工验收和全部工程的竣工验收两大阶段。承包商申请交工验收是整个建设项目如果分成若干个合同交予不同承包商实施，承包商完成合同工程或按合同规定完成可分部移交工程的，均可申请交工验收。设备安装工程还应与业主和监理工程师共同进行无负荷的单机和联动试车。承包商即可向业主提交竣工验收报告。单项或单位工程验收指单项或单位工程验收又称交工验收，即验收合格后业主方可投入使用。初步验收是指国家有关主管部门还未进行最终的验收认可，只是施工涉及的有关各方进行的验收。由业主组织的交工验收，主要是依据国家颁布的有关技术规范和施工承包合同，进行检查或检验。验收合格后，业主和承包商共同签署《交工验收证书》，然后由业主将有关技术资料，连同试车记录、试车报告和交工验收证书一并上报主管部门，经批准后该部分工程即可投入使用。验收合格的单项或单位工程，在全部工程验收时，原则上不再办理验收手续。全部工程施工完成后，由国家有关主管部门或业主组织竣工验收，又称为动用验收。全部工程竣工验收分为验收准备、预验收和正式验收三个阶段。整个工程项目进行竣工验收后，业主应迅速办理固定资产交付使用手续。在进行竣工验收时，已验收过的单项或单位工程可以不再办理验收手续，但应将单项或单位工程交工验收证书作为最终验收的附件加以说明。竣工验收中遗留问题的处理：一个大型工程建设项目，即使已达到竣工验收标准，办理了验收和移交固定资产手续的建设工程项目，可能还存在某些影响生产和使用的遗留问题。《建设项目（工程）竣工验收办法》规定，"不合格的工程不予验收，对遗留问题提出具体解决意见，限期落实完成"，对遗留问题，应实事求是妥善处理。

（五）竣工验收的组织：根据工程规模大小和复杂程度组成验收组，其人员构成由有关部门的专业技术人员和专家组成。建筑主管部门和建设单位（业主）接管单位、施工单位、勘察设计单位也应参加验收工作。大中型和限额以上建设项目及技术改造项目，由国家发改委或委托项目主管部门、地方政府部门组织验收；小型和限额以下建设项目及技术改造项目，由项目主管部门或地方政府部门组织验收。验收组的职责：负责审查工程建设各个环节，听取各有关单位的工作报告；审阅工程档案资料，实地查验建筑工程和设备安装工程情况；对工程设计、施工和设备质量、环境保护、安全卫生、消防等方面客观地，实事求是地作出全面的评估，签署验收意见，对遗留问题应提出具体解决意见并限期落实完成。不合格工程不予验收。

六、房屋建设工程和市政基础设施工程的竣工验收

根据国务院《建设工程质量管理条例》和原建设部《房屋建筑工程和市政基础设施工程竣工验收暂行规定》的要求，对房屋建筑工程和市政基础设施工程竣工验收已有详细的规定。

（一）竣工验收应符合下列条件：完成工程设计和合同约定的各项内容，达到竣工标准；

施工单位在工程完成后，对工程质量进行了全面检查，确认工程质量符合法律、法规和工程建设强制性标准规定，符合设计文件及合同要求，并提出工程竣工报告；勘察、设

计单位对勘察、设计文件及施工过程中由设计单位参加签署的更改原设计的资料进行检查，确认勘察、设计符合国家规范、标准要求，施工单位的工程质量达到设计要求，并提出工程质量检查报告；对于委托监理的工程项目，监理单位在施工单位自评合格，勘察、设计单位认可的基础上，对竣工工程质量进行检查并核定合格质量等级，提出工程质量评估报告；有完整的工程项目建设全过程的档案资料；建设单位已按合同约定支付工程款，有工程款支付证明；施工单位和建设单位签署了工程质量保修书。规划行政主管部门对工程是否符合规划设计要求进行了检查，并出具认可文件；具备由公安消防、环保等部门出具的认可文件或者准许使用文件；建设行政主管部门及其委托的建设工程质量监督机构等有关部门要求整改的质量问题全部整改完毕。

（二）竣工验收应符合下列程序：工程完成，建设单位收到施工单位的工程竣工报告，勘察、设计单位的工程质量检查报告，监理单位的工程质量评估报告后，对符合竣工验收要求的工程，应组织勘察、设计、施工、监理等单位和其他有关方面的专家组成验收组、制定验收方案；建设单位应在工程竣工验收之前，向建设工程质量监督机构申请《建设工程竣工验收备案表》和《建设工程竣工验收报告》，并同时将竣工验收时间、地点及验收组名单书面通知建设工程质量监督机构；建设工程质量监督机构应审查该工程竣工验收各项条件和资料是否符合要求，符合要求的发给建设单位《建设工程竣工验收备案表》和《建设工程竣工验收报告》；不符合要求的，通知建设单位整改，并重新确定竣工验收时间。

（三）建设单位应按下列要求组织竣工验收：竣工验收由建设单位组织，并按下列要求进行：建设、勘察、设计、施工、监理单位分别汇报工程合同履约情况和在工程建设各个环节执行法律、法规和工程建设强制性标准的情况；验收组人员审阅建设、勘察、设计、施工、监理单位的工程档案资料；实地查验工程质量。对工程勘察、设计、施工、监理单位各管理环节和工程失误质量等方面作出全面评估，形成经验收组人员签署的工程竣工验收意见。参与工程竣工验收的建设、勘察、设计、施工、监理单位等各方不能形成一致意见时，应当协商提出解决的方法，待意见一致后，重新组织工程竣工验收，当不能协商解决时，由建设行政主管部门或者其委托的建设工程质量监督机构裁决。

七、工程项目的交接管理

（一）交接验收的依据：工程发包合同；施工图纸、设计变更、竣工验收资料；国家现行施工规范；质量监督站的验收意见；委托物业管理合同；销售合同、业主入住手册；国家有关其他规定。

（二）交接验收的组织在质量监督站最后一次整改报告批复后，由建设单位项目经理（负责人）组织、安排。参加人包括建设单位、监理单位、施工单位、物业公司相关人员。建设单位指定专人进行记录，完成后请相关责任人在原始记录上签字，并于三天内将整理记录发往各参与单位。工程项目应按国家规定进行竣工验收，验收合格后方可交接。工程项目竣工验收合格后按国家规定实行工程质量保修制，预留工程款的 5% 作为质量保证金，保修期满后，由接收单位组织验收合格后，方可支付质量保证金。

（三）工程交接范围涉及市政道路设施交接范围：车行道、人行道、广场、停车场、桥梁、路灯及其附属设施。排水设施交接范围：污水管网、雨水管网、泵站及其配套设施。园林绿化交接范围：绿地、绿带、行道树、园林小品、园林设施及其附属设施。环境卫生设施及保洁交接范围：公厕、垃圾中转站、运输清扫设备、各类垃圾箱、果皮箱及道路清扫保洁面积。需交接其他工程项目。

（四）验收交接程序

提出申请。工程项目施工单位向建设单位提出验收交接申请，并提交工程竣工图纸、竣工验收合格证、各种技术资料（包括隐蔽工程记录）及工程建设过程中的有关政府文件、会议纪要等资料。组织验收。建设单位对验收交接申请进行审查后，会同工程监理单位、建设行政主管部门等单位进行工程验收，按照专业分组进行验收，一般划分为土建、设备、电气，并对工程存在的问题提出整改意见。各单位工程验收完毕后，各组进行分组整理交给记录人员统一汇总。属于施工单位质量问题的，要求监理公司针对汇总情况下达整改通知，限期完成。各方整改完毕后，由参加交接的各单位在工程验收交接书上签字，并将全部书面资料移交给接收单位。交接管理。工程项目整改合格后，接收单位接管工程项目后，依据相关规定组织养护作业权招标工作，落实养护单位。

（五）已交接的工程项目必须作为资产管理，按照财务有关规定，依据认定的工程决算价值登记入账。工程项目交接后，其养护管理费用由区财政局根据移交或增加的养护管理工作量，合理确定养护管理费用。竣工验收流程详见图 26-1。

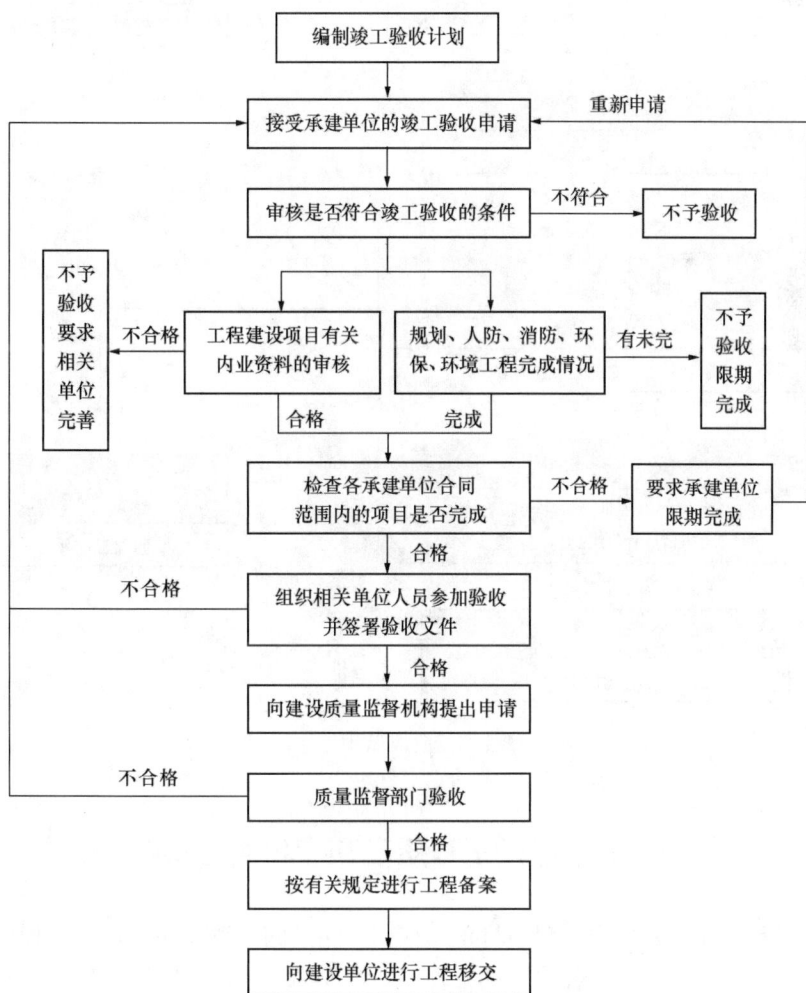

图 26-1　竣工验收流程

八、保修阶段监理工作流程详见图 26-2。

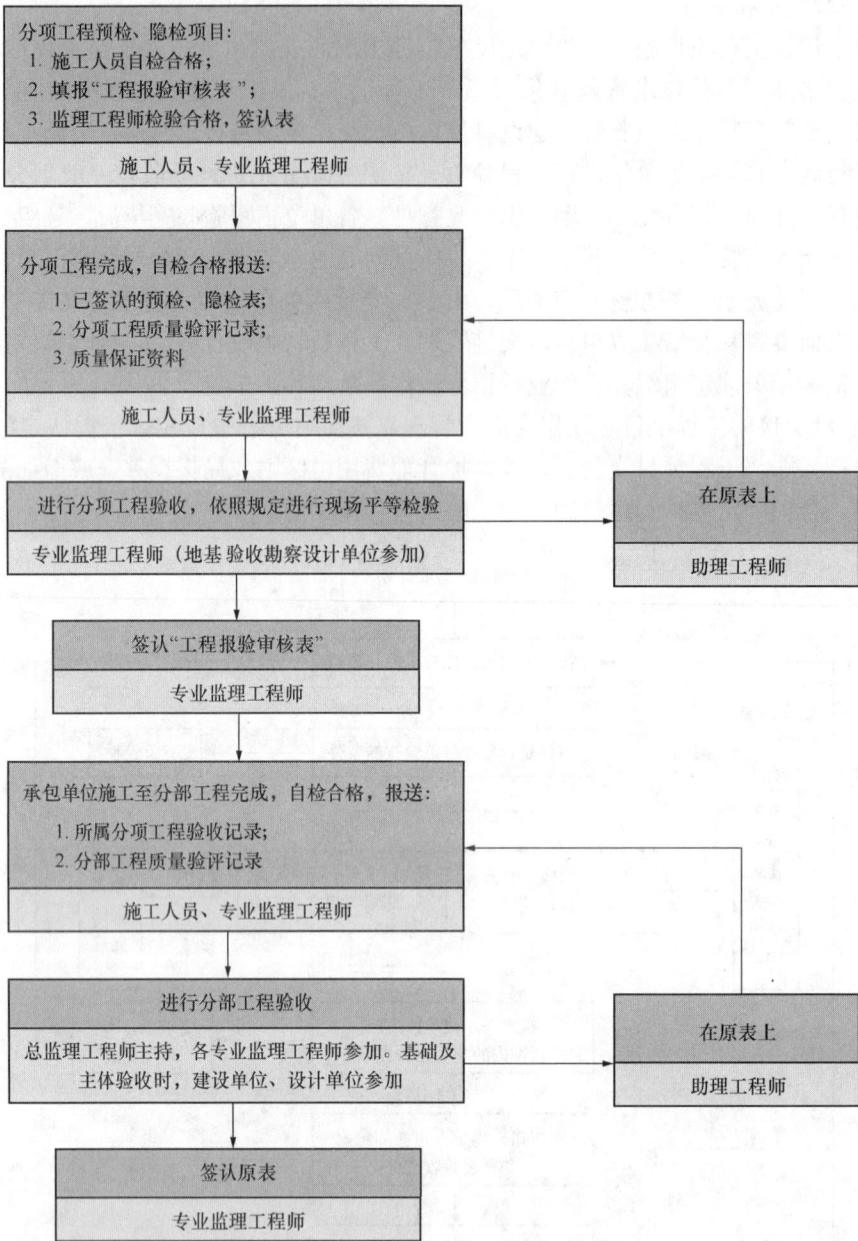

图 26-2　保修阶段监理工作流程

第二节　建设工程质量和专项竣工验收

工程竣工验收环节是建设工程项目正式移交使用前的一道程序，也是工程建设的一项基本法律制度。竣工验收是工程建设项目管理的重要内容和终结阶段的重要工作，是全面考核建设工程，检查工程是否符合设计文件要求和工程质量是否符合验收标准，能否交付使用、投产，发挥投资效益的重要环节。根据建设项目（工程）竣工验收办法，建设工程竣工后，相应的建设行政职能部门要分项对工程竣工进行专业验收，主要包括规划、消防、环保、绿化、市容、交通、水务、民防、卫生防疫、交警、防雷等专业验收。

一、竣工验收备案管理

（一）质量竣工验收备案

建设单位组织竣工验收，实现了建设单位对建设工程质量全面负责，在工程建设全过程中，工程建设参与各方应按各自分工范围，分别承担质量责任。建设工程竣工验收按照如下程序进行：企业自评、设计认可、监理核定，业主验收、政府监督、用户评价。建设工程竣工后，发包人应当根据施工图纸及说明书，国家颁发的施工验收规范和质量检验标准及时进行验收。建设工程竣工验收合格后，方可交付使用。建设工程竣工验收备案需具备的条件：工程竣工验收已合格，并完成工程竣工验收报告；工程质量监督机构已出具工程质量监督报告；已办理工程监理合同登记核销及施工合同（总包、专业分包和劳务分包合同）备案核销手续。房屋建筑和市政基础设施工程竣工验收备案：在我国境内新建、扩建、改建各类房屋建筑和市政基础设施工程，建设单位应当自工程竣工验收合格之日起15日内，依照规定，向工程所在地的县级以上地方人民政府建设主管部门（以下简称备案机关）备案。

（二）建设单位办理工程竣工验收备案提交文件

工程竣工验收备案表；工程竣工验收报告。竣工验收报告应当包括工程报建日期，施工许可证号，施工图设计文件审查意见，勘察、设计、施工、工程监理等单位分别签署的质量合格文件及验收人员签署的竣工验收原始文件，市政基础设施的有关质量检测和功能性试验资料以及备案机关认为需要提供的有关资料；法律、行政法规规定应当由规划、环保等部门出具的认可文件或者准许使用文件；法律规定应当由公安消防部门出具的对大型的人员密集场所和其他特殊建设工程验收合格的证明文件；施工单位签署的工程质量保修书；法规、规章规定必须提供的其他文件。住宅工程还应当提交《住宅质量保证书》和《住宅使用说明书》。

（三）工程竣工备案流程

备案部门发现建设单位竣工验收程序不符合规定要求，应责成建设单位限期进行整改，整改达到要求后，重新申请备案。对于符合条件、文件资料完整、满足备案要求的工程，备案部门在规定时间内办理备案手续。申报建设工程竣工验收应依据有关主管部门规定流程进行，并填报《建设工程竣工验收备案表》及有关文件。竣工验收备案流程如图26-3所示。

二、建设工程规划竣工验收

建设工程竣工后，城市规划管理部门应当依申请派员按照规定进行竣工规划验收。

（一）建设工程竣工规划验收主要内容：建筑工程竣工规划验收具体内容包括检查该建筑工程的位置、占地范围、坐标、平面布置、建筑间距、出入口设置等总平面布局情况；检查该建筑工程的建筑面积、建筑层数、建筑密度、容积率、建筑高度、绿地率、停车泊位数量等技术指标；检查建筑立面、造型、色彩；检查室外工程设施如道路、踏步、绿化、围墙、大门、停车场、雕塑、水池等；检查其施工基地内临时设施是否按规定期限拆除并清理现场。市政管线工程竣工规划验收内容主要有检查管线中心线位置；检查测绘

```
┌─────────────────────────┐
│      竣工工程监督检查      │
└─────────────────────────┘
             │
┌─────────────────────────┐
│ 规划、消防、环保部门检查认可 │
└─────────────────────────┘
             │
┌─────────────────────────┐
│    建设单位提交验收申请     │
│       （提前7日）          │
└─────────────────────────┘
             │
┌─────────────────────────┐
│    建设单位组织验收、       │
│   质监机构现场监督         │
└─────────────────────────┘
             │
┌─────────────────────────┐
│      提交备案资料          │
└─────────────────────────┘
             │
┌─────────────────────────┐
│       资料审核            │
└─────────────────────────┘
             │
┌─────────────────────────┐
│      办理备案手续          │
└─────────────────────────┘
```

┌──────────────────────────────────┐
│ 1. 工程竣工验收备案表   │
│ 2. 工程竣工验收报告（建设单位出具） │
│ 3. 单位工程综合验收记录表   │
│ 4. 建设工程竣工验收会签表   │
│ 5. 规划、公安消防、环保等部门出具的 │
│   认可文件或准许使用文件   │
│ 6. 施工单位签署的《工程质量保修书》 │
│ 7. 商品住宅的《住宅质量保证书》和   │
│   《住宅使用说明书》   │
└──────────────────────────────────┘

*办理时限：限收即办

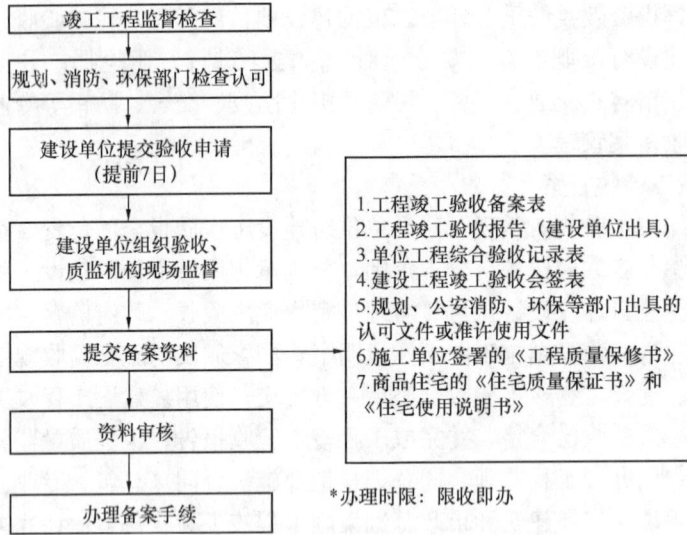

图 26-3　建设工程竣工验收备案流程图

部门跟测落实情况；检查其他规划要求。市政道路交通工程规划验收内容主要有检查道路中心线位置；检查横断面布置；检查路面结构；检查路面标高及桥梁净空高度；检查其他规划要求。

（二）城市规划实施监督检查的程序：对于紧邻道路的建筑工程，建设单位或者个人办理建设工程规划许可证时，向城市规划管理部门申请办理道路规划红线定界手续。城市规划管理部门委托测绘单位完成道路规划红线的测定，订立界桩，并为建设单位或者个人提供道路规划红线测定成果资料。城市规划管理部门派员对道路定界进行复验，发现误差或者有疑问应当复测。施工单位现场放样，然后由建设单位或者个人提出复验灰线申请。城市规划管理部门派员现场复验灰线，复验发现与工程规划许可证核准的图纸不一致的，施工单位应当重新现场放样，并重新复验。建设工程竣工后，建设单位或者个人向城市规划管理部门提出竣工规划验收申请。城市规划管理部门派员现场进行规划验收，发现违法建设或者违反工程规划许可内容的，依法予以查处。对于竣工规划验收合格的建设工程，城市规划管理部门核发规划验收合格证明。城市规划行政主管部门可以参加城市规划区内重要建设工程的竣工验收。城市规划区内的建设工程，建设单位应当在竣工验收后六个月内向城市规划行政主管部门报送有关竣工资料。

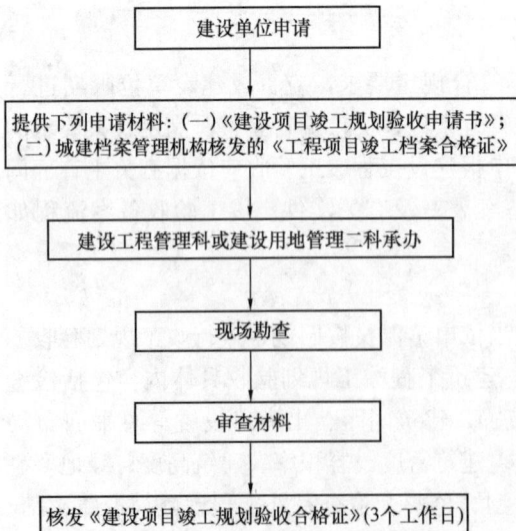

（三）建设工程规划竣工验收流程：建设工程规划竣工验收流程图如图 26-4 所示。

```
┌─────────────────────────┐
│       建设单位申请         │
└─────────────────────────┘
             │
┌──────────────────────────────────┐
│ 提供下列申请材料：(一)《建设项目竣工规划验收申请书》；│
│ (二)城建档案管理机构核发的《工程项目竣工档案合格证》 │
└──────────────────────────────────┘
             │
┌──────────────────────────────────┐
│ 建设工程管理科或建设用地管理二科承办 │
└──────────────────────────────────┘
             │
┌─────────────────────────┐
│       现场勘查            │
└─────────────────────────┘
             │
┌─────────────────────────┐
│       审查材料            │
└─────────────────────────┘
             │
┌──────────────────────────────────┐
│ 核发《建设项目竣工规划验收合格证》(3个工作日) │
└──────────────────────────────────┘
```

图 26-4　建设工程规划竣工验收流程图

三、建设工程消防竣工验收

建设单位应将建筑工程的消防设计图纸及有关资料报送公安消防机构审核；经公安消防机构审核的建筑工程消防设计需要变更的，应报经原审核的公安消防机构核准；按照国家工程建设消防技术标准进行消防设计的建筑工程竣工时，须经公安消防机构进行消防验收。

（一）建设工程消防验收的申请：申请单位（建设单位）填写《建设工程消防验收申报表》，并按要求盖有关单位的公章和法人代表签字，并提供下列材料：原公安消防监督机构核发的所有的《建设工程消防设计审核意见书》；所有消防设备和产品选用的厂家、类型、数量及产品的检测报告；经建设单位签字认可的施工安装单位对隐蔽工程、固定消防灭火系统、自动报警系统、防排烟系统的安装、调试、开通的记录及水系统的耐压试验报告（均应由责任人签名）；市消防监督机构认可检测单位对固定消防灭火系统、自动报警系统、防排烟系统的检测报告（只有室内消防栓系统的建筑不作要求）；单位或工程的各项防火安全管理制度、防火安全管理组织机构及消防中心值班人员名单（本人签名）；施工单位责任人签名、建设单位责任人签名认可，双方单位盖有公章的钢结构防火处理详细施工记录报告。

（二）建设工程消防验收的办理：公安消防机构在接到申请资料后10个工作日内进行现场检查，检查后7个工作日内出具书面意见。

四、建设工程环保竣工验收

（一）建设单位是建设项目竣工环境保护验收的责任主体，应当按照规定的程序和标准，组织对配套建设的环境保护设施进行验收，编制验收报告，公开相关信息，接受社会监督，确保建设项目需要配套建设的环境保护设施与主体工程同时投产或者使用，并对验收内容、结论和所公开信息的真实性、准确性和完整性负责。

（二）建设项目竣工后，建设单位应当如实查验、监测、记载建设项目环境保护设施的建设和调试情况，编制验收监测（调查）报告。以排放污染物为主的建设项目，参照《建设项目竣工环境保护验收技术指南污染影响类》编制验收监测报告；主要对生态造成影响的建设项目，按照《建设项目竣工环境保护验收技术规范生态影响类》编制验收调查报告；火力发电、石油炼制、水利水电、核与辐射等已发布行业验收技术规范的建设项目，按照该行业验收技术规范编制验收监测报告或者验收调查报告。

（三）需要对建设项目配套建设的环境保护设施进行调试的，建设单位应当确保调试期间污染物排放符合国家和地方有关污染物排放标准和排污许可等相关管理规定。环境保护设施未与主体工程同时建成的，或者应当取得排污许可证但未取得的，建设单位不得对该建设项目环境保护设施进行调试。验收意见包括工程建设基本情况、工程变动情况、环境保护设施落实情况、环境保护设施调试效果、工程建设对环境的影响、验收结论和后续要求等内容，验收结论应当明确该建设项目环境保护设施是否验收合格。建设项目配套建设的环境保护设施经验收合格后，其主体工程方可投入生产或者使用；未经验收或者验收不合格的，不得投入生产或者使用。

（四）除按照国家需要保密的情形外，建设单位应当通过其网站或其他便于公众知晓的方式，向社会公开下列信息：建设项目配套建设的环境保护设施竣工后，公开竣工日期；对建设项目配套建设的环境保护设施进行调试前，公开调试的起止日期；验收报告编制完成后 5 个工作日内，公开验收报告，公示的期限不得少于 20 个工作日。

建设单位公开上述信息的同时，应当向所在地县级以上环境保护主管部门报送相关信息，并接受监督检查。除需要取得排污许可证的水和大气污染防治设施外，其他环境保护设施的验收期限一般不超过 3 个月；需要对该类环境保护设施进行调试或者整改的，验收期限可以适当延期，但最长不超过 12 个月。

（五）验收报告公示期满后 5 个工作日内，建设单位应当登录全国建设项目竣工环境保护验收信息平台，填报建设项目基本信息、环境保护设施验收情况等相关信息，环境保护主管部门对上述信息予以公开。建设单位应当将验收报告以及其他档案资料存档备查。

五、建设工程绿化竣工验收

为了促进植树造林绿化工作，加强树（林）木、绿（林）地建设和管理，保护和改善城乡生态环境，实施可持续发展战略，国家明确所有建设项目的绿化配套方案应当按照有关技术标准预留种植位置和面积，符合规划绿线要求；建设项目绿化经费由建设单位承担；建设工程设计报送绿化管理部门审核并参与验收绿化工程。所有配套绿化工程竣工后，绿化管理部门均须参与验收，建设单位须提供质量监督站的绿化工程监督证明和测绘部门对绿化面积的测绘结果，对照施工图进行验收，验收通过的核发绿化工程验收证明书。

（一）建设工程绿化竣工验收的申请：建设单位申请配套绿化的竣工验收，申办材料如下：规划部门统一验收通知；绿化面积测绘成果；绿化竣工图；质检备案证明。

（二）建设工程绿化竣工验收的办理：所有配套绿化工程竣工后，绿化管理部门均须参与验收，建设单位须提供质量监督站的绿化工程监督证明和测绘部门对绿化面积的测绘结果，对照施工图进行验收，验收通过的核发绿化工程验收证明书。建设单位自绿化工程竣工验收合格之日起 15 个工作日内到绿化部门申请备案；绿化部门自出具备案受理通知书之日起 15 个工作日内作出备案证明。

六、建设工程市容竣工验收

为了加强城市环境卫生设施的规划、建设，提高城市环境卫生水平，保障人民的身体健康，国家明确了建设项目的环卫公共设施、公共厕所、化粪池、垃圾管道、垃圾容器和垃圾容器间、废物箱及环卫车辆通道等，应符合其相应标准。建设业主在其项目规划、方案设计、施工图设计、施工及竣工验收各阶段到市容环境卫生管理部门办理有关手续。

（一）配套建设的环境卫生设施竣工验收的申请：基本条件符合配套建设的环境卫生设施规划、设计所征求的意见；符合市城镇环境卫生设施设置规定；符合城市容貌标准。提交材料有申请单位证明或者个人身份复印件；申请书；环卫设施竣工验收材料。

（二）配套建设的环境卫生设施竣工验收的许可：行政许可申请期限是设施建设竣工后至设施启用前。行政许可审批期限是接到验收书面申请之日起 5 个工作日内完成验收；自验收之日起 5 个工作日内核发书面意见。

七、建设工程交通竣工验收

为了加强道路交通管理，维护交通秩序，保障交通安全和畅通，国家有关部门先后制定了《停车场建设和管理暂行规定》、《建筑工程交通设计及停车库（场）设置标准》、《城市道路交通设施设计规范》等法律、法规，明确了城市道路建设和工程项目建设应当适应道路交通的发展要求，为此对部分建设项目的道路交通内容进行审查。

（一）道路工程，包括桥梁、隧道等建设项目审查的范围：道路工程的建设单位在进行道路设计时，应当考虑道路交通和管理的需要，其中交通组织方案和交通安全设施、路口渠化等的设计，应当报经公安交通管理部门审核同意。道路工程竣工后，公安交通管理部门应当参加验收，验收合格后，方可启用。

（二）建筑工程，包括新建、改建、扩建的火车站、码头、航空港等交通集散地和地铁、轻轨等客流量大的站点以及公共建筑、住宅楼等建设项目审查的范围。建筑工程必须按规定配建或增建停车场（库），停车场（库）应当与主体工程同时设计、同时施工、同时使用。停车场（库）的交通设计应当符合国家和本市对停车场（库）设置标准，其停车车位数，出入口位置、交通标志和标线设置，应当经公安交通管理部门审核同意。停车场（库）建设竣工后，停车车位数、出入口位置，交通标志和标线的位置，建设单位应当向原审核同意的公安交通管理部门申请验收；经验收合格的，方可交付使用；未经验收或者验收不合格的，不得交付使用。

八、建设工程水务竣工验收

为了加强河道管理范围内建设项目的管理工作，充分发挥河道的综合效益，保障河道防汛排涝安全，改善城乡水环境，国家对市河道管理范围内的建设项目以及临时使用河道管理范围内水域或者陆域的，按照河道专业规划和防洪排涝的标准实行审核。河道管理范围内的建设项目竣工后，建设单位应当通知市河道管理处或者区（县）河道行政主管部门参加验收。

建设单位应当在建设项目竣工后一个月内向市河道管理处或者区（县）河道行政主管部门报送涉及河道部分建设项目的有关竣工资料。根据《城市排水许可管理办法》，建设工程项目向城市排水管网及其附属设施排放污水需办理排水许可手续。也就是说，建设工程项目竣工阶段需完成排水许可手续，方可进入运营阶段。

（一）排水许可条件：符合排水专业规划的要求；符合排水水质要求；已按规定建设相应的污水处理设施；已在排放口设置专用检测井。

（二）排水许可的申请初审应当提交材料：排水许可申请表；申请人法定身份证明材料；建设项目批准文件（立项、规划选址意见书、扩初设计批复、环保部门意见等）；初步设计文本节选（设计依据、项目概况、给水排水篇、环保篇，项目总平面图和给排水总平面图）；排水接纳方案；地形图（1/500）；地下综合管线图（1/500）。注：自设污水处理装置须提供污水处理设施设计文本。

（三）排水许可的审批应当提交材料：初审批准文件；建设项目排水许可接管流转单；给水排水总平面图（竣工图）；排水专用检测井竣工验收单；试排水检测水质化验报告（连续）；地名使用批准文件。注：若污水自行处理的，需提交处理设施竣工验收报告；若工程项目排放纯生活污水的，则不需要试排水检测水质化验报告。

（四）排水许可的办理时限：自受理之日起15个工作日内作出行政许可初审决定（日排水量1000立方米以上（含1000立方米）的20个工作日内作出行政许可初审决定）；自受理试排水申请之日起15个工作日内作出行政许可决定（日排水量1000立方米以上（含1000立方米）的20个工作日内作出行政许可决定）。因特殊原因，经有关部门批准，可以延长10个工作日。

九、建设工程民防竣工验收

为了加强民防工程的维护管理和开发利用，国家有关部门对具有防范自然灾害、城市工业事故灾害和战争灾害等功能的地下、半地下防护设施的民防工程（含等级民防工程和简易民防工程），实施监督管理，国家明确了民防主管部门在项目建筑设计方案、初步设计、施工图设计及竣工验收各阶段对民防工程的要求及管理程序。竣工验收备案：单独修建的民防工程竣工验收后，建设单位应当向市民防办办理竣工验收备案手续。在建民防工程竣工验收后，建设单位应当按照建设项目的规划审批权限向市或者区民防办办理竣工验收备案手续。

十、建设工程卫生防疫竣工验收

为了确保建设项目（工程）符合国家规定的劳动安全卫生标准，保障劳动者在生产过程中的安全与健康，国家《建设项目（工程）劳动安全卫生监察规定》、《建设项目（工程）劳动安全卫生预评价管理办法》等法律、法规，明确了建设项目中的劳动安全卫生设施必须符合国家规定的标准，必须与主体工程同时设计、同时施工、同时投入生产和使用。

（一）建设工程卫生防疫竣工验收的申请：建设工程卫生防疫验收分为规划方案设计审核阶段、扩初设计审核阶段、施工图设计审核阶段和竣工验收阶段，贯通建设全过程。竣工验收前，根据卫生防疫部门有关规定，委托资质单位出具水质化验报告及室内空气质量检测报告（视需要），向卫生部门申请卫生防疫验收，需附送：建设项目竣工验收申请书；施工图设计卫生审核决定；卫生监测部门的检测报告；室内空气质量检测报告（毛坯住宅不需要）；要求的其他文件。

（二）建设工程卫生防疫竣工验收的办理：卫生防疫部门审理完毕后，核发竣工项目预防性卫生审核意见书。

十一、建设工程交警（路政）竣工验收

因修建铁路、机场、电站、通信设施、水利工程和进行其他建设工程需要占用、挖掘公路或者使公路改线的，建设单位应当按照规定，事先向交通主管部门或者其设置的公路管理机构提交申请书和设计图。申请书包括主要理由、地点、公路名称、桩号及与公路边坡外缘或者公路界桩的距离、安全保障措施、施工期限、修复、改建公路的措施或者补偿数额。

（一）因工程建设需要挖掘城市道路的，应当持城市规划部门批准签发的文件和有关设计文件，到市政工程行政主管部门和公安交通管理部门办理审批手续，方可按照规定挖掘。经批准挖掘城市道路的，应当在施工现场设置明显标志和安全防围设施；竣工后，应当及时清理现场，通知市政工程行政主管部门检查验收。

（二）县级以上地方人民政府交通主管部门或者其设置的公路管理机构必须参与路政竣工验收。对一般建设工程而言，路政验收的主要内容是出入口的设计和实施：包括是否按批准的出入口数量实施、出入口位置和宽度是否和批准的总平面图一致。

（三）工程竣工验收前 15 日前应落实出入口交通安全设施，并通知交警大队路政科进行验收，验收需携带前期路政科批复的施工图交通设计通知书、总平面图及申请验收报告。

十二、建设工程防雷竣工验收

（一）验收内容：防雷验收内容包括相关技术文件、建筑物防雷分类、建筑物防直击雷措施、防雷电感应措施、防雷电波侵入措施、等电位连接、共用接地、屏蔽、布线以及其他相关内容。

（二）验收要求：建设单位应提供的技术文件包括检测报告、施工图审核意见（已进行审核的）、隐蔽工程监理意见（或报告）、施工图、设计变更意见。

（三）防直击雷措施：避雷针（线）的保护范围、材料规格、安装方式、施工工艺（焊接工艺、防腐处理等）应符合规范要求。避雷带（网）的网格尺寸、材料规格、安装位置、完整程度、高度、支持卡间距、施工工艺（焊接工艺、防腐处理）、敷设方式（暗敷、明敷）、沉降（或伸缩）缝处的处理方式应符合规范要求。引下线的安装位置、材料规格、间距、施工工艺（焊接工艺、防腐处理）、测试卡（断接卡）应符合规范要求。屋面金属构件与防雷装置连接的材料规格（连接导体截面积不小于 48 平方毫米）、施工工艺（焊接工艺、防腐处理）应符合规范要求。屋面排放易燃易爆气体的非金属管道等应处于接闪器保护范围内。接地装置根据施工图、检测报告、施工监理报告等技术资料进行验收。按 GB 50057 采取侧击雷防护措施。几种特殊情况的验收要求：第一类防雷建筑物应处于独立避雷针或架空避雷线（网）保护范围之内。第二类防雷建筑物排放爆炸危险气体、蒸汽或粉尘的放散管、呼吸阀、排风管等管道应处于独立避雷针保护范围之内。女儿墙（如安装金属管材栏杆的）、彩钢板（或铝板等）结合钢构架屋面的、航空障碍灯、屋顶不锈钢水箱等验收，应符合规定。

第三节　工程项目竣工档案管理

建设单位应当严格按照国家有关档案管理的规定，及时收集、整理建设项目各环节的文件资料，建立、健全建设项目档案，并在建设工程竣工验收后，及时向建设行政主管部门或者其他有关部门移交建设项目档案。

一、工程项目竣工档案概述

建设工程竣工后，建设单位必须向市或者区、县规划管理部门申请规划验收。规划验收不合格的，市或者区、县规划管理部门不予签证；房地产管理部门不予房地产权登记。列入城建档案馆档案接收范围的工程，建设单位在组织竣工验收前，应当提请城建档案管理机构对工程档案进行预验收。预验收合格后，由城建档案管理机构出具工程档案认可文件。

根据《建设工程质量管理条例》《城市建设档案管理规定》《城市建设档案著录规范》、《关于进一步加强建设工程竣工档案编制、验收、报送工作的通知》和《关于在建设工程竣工验收备案工作中查验建设工程档案认可文件的实施办法》规定，城建档案管理机构负责城建档案的编制、验收、报送等工作，并相应对建设单位提出档案管理要求。

建设单位应当严格按照国家有关档案管理的规定，及时收集、整理建设项目各环节的文件资料，建立、健全建设项目档案，并在建设工程竣工验收后，及时向建设行政主管部门或者其他有关部门移交建设项目档案。

二、城市建设的文档管理

城市建设档案是指在城市规划、建设项目全过程中形成的应归档保存的文件、图表、声像等文字材料。城市建设所涉及的部门（如气象、土地、环保、房地产等）的有关档案，均由档案行政管理部门统筹规划与协调。城市建设档案馆可收集城市建设、规划行政主管部门在城市建设管理中形成的有关城市建设基础资料：城市历史资料包括城市历史沿革、历史文化遗迹、地名、各项建设事业和设施发展史料等资料。城市自然资料包括气象、水文、地质、地震等资料。城市技术经济资料包括城市经济、人口、自然资源、环境、交通、文化教育、科研、卫生、体育、工矿、企事业的现状及发展等统计资料。有关城市建设的方针、政策、法规、计划文件资料、统计资料及设计、科研、施工等技术规程规范、专业论著资料。

（一）城市建设档案范围：包括勘察、测绘城市地形图和地下管线图；经人民政府批准的总体规划、分区规划等及各专业规划文件材料；城市规划行政主管部门形成的有关城市建筑、管线等管理文件；城市基础设施建筑工程档案（道路、桥涵、排水、供水、燃气、供热、照明、城市园林绿化、风景名胜、文物古迹、纪念性建筑、市容、防灾、城市交通、电力、邮电、城市民用、工业建筑工程档案）以及城市建设系统科研、设计档案。

（二）城市建设档案的报送：城市规划区内有关单位应向当地城市建设档案馆报送有关城市建设档案。凡属规划、市政公用及管理方面的，由主管部门负责报送；凡属基本建设项目（工程）方面的，由建设单位负责报送；凡属城市建设系统科研、设计，以及地下管网普查、补测等方面的，由承担任务部门或单位负责报送。

（三）城市建设档案的接收：各大中城市城市建设档案馆依据规定的范围，负责接收本城市规划区范围内有关城市建设档案，收集有关城市建设的基础资料。城市建设档案馆接收本办法范围以外的档案应报请当地档案行政管理部门批准；涉及中央主管部门驻地方单位的，由国家档案行政管理部门统筹规划、协调。

（四）城市建设档案的报送时间：凡属新建项目（工程）应在项目（工程）竣工验收后6个月内，向城市建设档案馆报送；地下管网普查、补测应在工作结束后及时向城市建设档案馆报送；其他城市建设档案应自形成之日起5～10年向城市建设档案馆报送。向城市建设档案馆报送城市建设档案的案卷质量，由报送单位（部门）负责，按国家标准GB/T 11822—2008《科学技术档案案卷构成的一般要求》进行整理。案卷（卷盒）封面和脊背可不填写，由城市建设档案馆统一分类、编号并填写。城市建设档案的报送与接收应办理交接手续，明确移交档案的内容、卷（册）和页数，并有完备的签字验收手续和利用权限、保管期限等说明。报送单位应对所报送的城市建设档案建立目录清单，并根据其变更情况（改建、扩建和补测）及时向城市建设档案馆补报有关变更内容；城市建设档案馆接到变更内容后应及时对有关文件进行修改。

（五）城建档案的保管期限：凡记述本市重要的建设项目或者具有科学、历史研究价值、需永久利用的城建档案为永久保存档案；凡作为建设项目鉴定、维护、改建、扩建、管理等依据，需与实物共存的城建档案为长期保存档案；凡需在一定时间内查考的一般城建档案为定期保存档案。

三、建设项目档案归档内容

建设项目的归档资料，是建设项目在规划、勘测、设计、施工、验收等工作中直接形成的，具有保存价值的文字、图表、数据等各种历史资料的记载，对相继投入生产、使用后的运行、维护和检修提供依据，也为改建、扩建等提供依据，建设项目档案归档资料应按完整化、精确化、规范化、标准化、系统化的要求整理编制。包括各种技术文件资料和竣工图纸，以及政府规定办理的各种报批文件。档案归档资料应与项目建设同步进行，竣工资料的积累、整编、审定等工作应与施工进度同步进行。在大中型项目竣工验收时，施工单位要提交一套合格的档案资料及完整的竣工图纸，并作为竣工验收的条件之一。建设项目档案归档内容分为以下六部分：

（一）前期文件部分：综合性文件有重要会议记录、纪要、考察、调查报告，专家建议文件；有关请示、批复、批准等文件；合同、协议招标、投标等文件；动拆迁文件（含私房产权证）；建设工程项目涉外文件。立项依据性文件有项目建议书及批复文件；可行性研究报告、环境影响报告、论证及评估等文件；设计（计划）任务书及批复；建设用地选址意见书及批复；国家土地使用证及地形图（附原房屋权属证明及拆房证明文件）；国有土地使用权转让、抵押等文件，以及前期批租文件；建设用地规划许可证及核准的地形图；建设工程规划许可证及核准的总面积、红线图，包括：环保、卫生、消防、人防等审核意见单。

（二）设计技术文件部分：工程水文、地质勘探报告及地质图；规划设计文件（指小区以上的建设项目）：详细规划（含市政设施、编制说明、上级批文）；规划修正图（含编制说明、上级批文）；地下综合管网布置及断面规划图（含竖向标高规划）及有关文件。设计图有初步设计（或方案设计）和工程总概算；施工图设计及工程预算。工程结构设计计算书及说明书：如用计算机设计计算时，则报送设计参数、计算公式（或原程序）及运算结果。

（三）施工技术文件部分：土建部分施工技术文件有施工合同；施工预算；开竣工报告；施工定位测量记录、测量复核单及成果图（含水准点位置及定位测量依据）、规划管理部门放样复核；工程质量检查及验收记录；工程质量事故报告表及处理意见记录；围护结构设计图及说明；工程沉降、位移观察记录。施工材料质量保证文件有原材料汇总表及质量证明单、试验报告；施工试验汇总表及实验报告；预制构件明细表及合格证、实验报告；水、暖、煤、卫部分的施工合同；施工预算；开工、竣工报告；室外管线测量记录；功能实验记录及质量评定；隐蔽工程验收记录；材料、设备明细表及检验记录；管线征询报告单，管线、设备包装单。电力部分的电力合同；施工合同；开工、竣工报告；室外直埋电缆测量记录；电力检验、调试记录及质量评定；隐蔽工程验收记录；材料、设备明细表及检验记录；管线征询报告单，管线、设备报装单。通风与空调部分的施工合同；施工预算；开工、竣工报告；调试、试验记录及质量评定；隐蔽工程验收记录；材料、设备明细表及检验记录。通信部分的施工合同；施工预算；开工、竣工报告；通信对接开通实验记录及质量评定；隐蔽工程验收记录；材料、设备明细表、合格证。电梯部分的施工合同；电梯订货合同及设备随机文件；开工、竣工报告；电梯试验、测试记录及质量评定；隐蔽工程验收报告；材料、设备明细表及检验记录。设计变更依据性文件有设计图纸交底会议纪要；设计变更通知单；业务联系单；技术核定单。

（四）竣工验收文件：工程竣工报告；工程决算；各专业竣工验收鉴定证书（包括：消防、环保、卫生防疫、环卫、劳动保护、建筑查勘、城建档案等专业）；项目竣工验收文件。

（五）现场声像资料：工程现场原地物、地貌和建成后建（构）筑物的照片、录像；重大工程建设全过程的照片和录像。

（六）竣工图：建筑工程的总平面布置图；建筑、结构竣工图（含桩位竣工图）；大型设备基础竣工图；电力、照明、给水、排水、煤气、通信、暖通、监控、电梯等专业竣工图；建设用地范围内地下综合管网（含管线接口位置）。铁路工程的铁路干线、支线及专用线路平面图；站、场、保养设施等总平面、建筑、结构竣工图（含桩位竣工图）；电力、照明、给水、排水、煤气、通信、暖通、监控、电梯等专业竣工图；战场、设施用地范围内地下综合管网（含管线接口位置）。港口工程的港区总平面；港口码头、客货运站、服务设施等总平面、建筑、结构竣工图（含桩位竣工图）；电力、照明、给水、排水、煤气、通信、暖通、监控、电梯等专业竣工图；港区用地范围内地下综合管网（含管线接口位置）。机场工程的机场总平面图；机场跑道、滑行道平面图及路面结构竣工图；航空港内各项建设工程建筑、结构竣工图（含桩位竣工图）；电力、照明、给水、排水、煤气、通信、暖通、监控、电梯等专业竣工图；航空港用地范围内地下综合管网（含管线接口位置）。水利工程的总平面布置图；平面位置图；建筑、结构竣工图。道路（广场）工程的路线总平面图；路线平面、中横断面竣工图；附属设施竣工图；道路（广场）范围内的地下综合管网图。桥涵工程的总平面图；桥涵平面、中横断面图；桥涵及附属建筑物建筑、结构竣工图（含桩位竣工图）；电力、照明、排水、通信、监控、电梯等专业竣工图；建设用地范围内地下综合管网图（含管线接口位置）。地铁、隧道工程的线路工程总平面图；工程地质剖面图；引道、暗埋段竣工图；沉井工程竣工图；地铁、隧道、车站、保养设备等建筑、结构竣工图（含地下连续墙及桩位竣工图）；电力、照明、排水、通信、监控、电梯等专业竣工图；地铁用地范围内地下综合管网图（含与城市道路管线接口位置）。地下管线工程的总平面布置图；管线平面竣工图；大型管线应补充中横断面竣工图及附属设备图；交叉路口纵横管线较多的地下管线工程要补充竖向纵横管位断面竣工图。架空输电工程的线路平面图；必要的主要附属构筑竣工图。

四、项目竣工文件的编制

（一）竣工文件编制要求：项目施工及调试完成后，施工单位、监理单位应根据工程实际情况和行业规定、标准以及合同规定的要求编制项目竣工文件。竣工文件由施工单位负责编制，监理单位负责审核。主要内容：施工综合管理文件、测量文件、原始记录及质量评定文件、材料（构、配件）质量保证书及复试文件、测试（调试）及随工检查记录、建筑及安装工程总量表、工程说明、竣工图、重要工程质量事故报告等。根据《国家重大档案建设项目文件归档范围和保管期限表》及建设项目实际情况，进一步收集所缺少的重要文件；文件数量未满足合同或协议规定份数的，应按要求复制补齐。对施工文件、施工图及设备技术文件的准确性和更改情况进行核实，并按要求修改或补充标注到相应的文件上。与施工图有关的设计变更、现场洽商和材料变更可与竣工图编在一起，也可以单独组卷，但应由项目主管部门或建设单位作出统一规定。凡为易褪色材料形成的并需要永久和长期保存的文件。

（二）竣工图编制要求：各项新建、扩建、改建、技术改造、技术引进项目，在项目竣工时要编制竣工图。项目竣工图应由施工单位负责编制。如行业主管部门规定设计单位编制或施工单位委托设计单位编制竣工图的，应明确规定施工单位和监理单位的审核和签字认可责任。竣工图应完整、准确、清晰、规范、修改到位，真实反映项目竣工验收时实际情况。

按施工图施工没有变动的，由竣工图编制单位在施工图上加盖并签署竣工图章。一般性图纸变更及符合杠改或划改要求的变更，在原图上更改，加盖签署竣工图章。涉及结构形式、工艺、平面布置、项目等重大改变及图面变更面积超过 35％的，应重新绘制竣工图。重绘图按原图编号，末尾加注"竣"字，或在新图图标内注明"竣工阶段"加盖并签署竣工图章。

同一建筑物、构筑物重复的标准图、通用图可不编入竣工图中，但应在图纸目录中列出图号，指明该图所在位置并在编制说明中注明；不同建筑物、构筑物应分别编制。建设单位应负责或委托有资质的单位编制项目总平面图和综合管线竣工图。竣工图图幅应按 GB/T 10609.3 要求统一折叠。编制竣工图总说明及各专业的编制说明，叙述竣工图编制原则、各专业目录及编制情况。

（三）竣工图的更改方法：文字、数字更改一般是杠改；线条更改一般是划改；局部图形更改可以圈出更改部位，在原图空白处重新绘制。利用施工图更改，应在更改处注明更改依据文件的名称、日期、编号和条款号。无法在图纸上表达清楚的，应在标题栏上方或左边用文字说明。图上各种引出说明应与图框平行，引出线不交叉，不遮盖其他线条。有关施工技术要求或材料明细表等有文字更改的，应在修改变更处进行杠改。当更改内容较多时，可采用注记说明。新增加的文字说明，应在其涉及的竣工图上作相应的添加和变更。

（四）竣工图章的使用：所有竣工图应由编制单位逐张加盖并签署竣工图章。竣工图章中的内容填写应齐全、清楚，不得代签。行业主管部门规定由设计单位编制竣工图的，可在新图中采用竣工图标，并按要求签署竣工图标。竣工图标的内容格式由行业统一规定。竣工图章应使用红色印泥，盖在标题栏附近空白处。

竣工图章内容、尺寸要求如图 26-5 所示。

（五）竣工图的审核：竣工图编制完成后，监理单位应督促和协助竣工图编制单位检查其竣工图编制情况，发现不准确或短缺时要及时修改和补齐。竣工图内容应与施工图设计、设计变更、洽商、材料变更，施工及质检记录相符合。竣工图按单位工程、装置或专业编制，并配有详细编制说明和目录。竣工图应使用新的或干净的施工图，并按

单位为毫米

编制单位		
竣 工 图		
编制人	技术负责人	编制日期
监理单位名称		监理人

图 26-5　竣工图章内容、尺寸要求

要求加盖并签署竣工图章。一张更改通知单涉及多图的，如果图纸不在同一卷册的，应将复印件附在有关卷册中，或在备考表中说明。国外引进项目、引进技术或由外方承包的建设项目，外方提供的竣工图应由外方签字确认。

（六）竣工图套数：项目竣工图一般为两套，由建设单位向业主和生产（使用）单位移

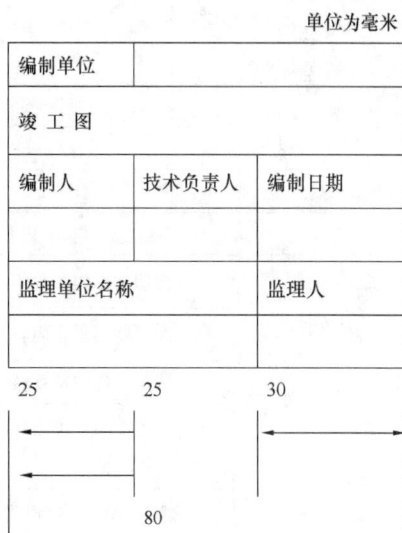

交；建设项目主管单位或上级主管机关需要接收的，按主管机关的要求办理。按照 FIDIC 《设计-建造与交钥匙工程合同条件》建设的项目．竣工图套数按合同条件的规定提交。在大中城市规划区范围内的重点建设项目．应根据《城市建设档案归属与流向暂行办法》的规定，另编制一份与城市建设、规划及其管理有关的主要建筑物及综合管线竣工图。

（七）编制竣工图的费用：编制竣工图所需的费用应在项目建设投资中解决，由建设单位或有关部门在与承包单位签订合同时确定。施工单位应向建设单位提交两套属于职责范围内形成的竣工文件，其费用由施工单位负责。建设单位主管部门要求增加套数或行业主管部门要求由设计单位负责编制竣工图的，费用由建设单位负责。因修改需重新绘图的，除合同规定外，应由设计单位负责绘制新图的费用。

（八）合同要求：建设项目中各方应以合同形式约定竣工图编制和提交的责任；可在施工合同或设计合同中明确，也可单独签订竣工图编制合同。由施工单位编制竣工图的，应在设计合同中明确留作竣工图用的施工图套数（包括必须套数和主管机关要求套数），以及因修改增加新图的责任；凡由设计单位编制竣工图的，可单独签订竣工图编制合同。施工合同中应明确施工单位提交建设单位项目档案的名称、内容、版本、套数、时间、费用、质量要求及违约责任。监理合同中应明确监理单位对竣工文件审核和向建设单位提交监理档案责任。

五、建设工程竣工档案验收证书详见表 26-4。

建设工程竣工档案验收证书 表 26-4

项目名称			工程许可证号		
项目地点					
建设单位			工程规模		
设计单位			开工日期		
施工单位			竣工日期		
总卷数		文件（卷）		图纸（卷）	
声像档案（盒、册）			其他		
检查内容			标准	扣分	得分
前期文件 设计文件	1. 前期文件内容收集完整		8		
	2. 地质勘察报告内容完整．结构计算书收集齐全		6		
施工技术文件	3. 施工定位测量复核单及成果图内容完整、准确		2		
	4. 打桩记录、桩顶标高和偏差实测记录、桩位加固处理记录内容齐全、准确		4		
	5. 质保书、实验报告、隐蔽工程验收记录、工程沉降、位移、变形、观察记录收集齐全、真实		4		
	6. 工程质量事故报告及处理记录内容完整、准确		2		
	7. 工程质量评定资料		2		
	8. 修改依据（图纸会审、变更设计通知单、技术核定单等）收集齐全、图号注记完整		6		

检查内容		标准	扣分	得分
竣工图竣工文件	9. 竣工图修改到位（包括被修改的相关图纸），依据注记完整、准确	35		
	10. 地下管线图完整、准确	6		
	11. 修改的图形、文字规范、图面整洁	4		
	12. 单项验收证书、概算、预算、决算材料收集齐全	3		
设备档案	13. 开箱资料收集齐全、手续完备	3		
	14. 设备图纸、文件材料收集完整	3		
组卷规范声像档案	15. 组卷装帧规范、案卷排列合理、目录、封面字迹工整、无错漏	7		
	16. 声像档案收集齐全	5		
累计分		100		

第四节　工程项目竣工结（决）算

竣工结算是指施工企业按照合同规定，在一个单位工程或项目建筑安装工程完工、验收、点交后，向建设单位（业主）办理最后工程价款清算的经济技术文件。工程结算是工程项目承包中的一项十分重要的工作，它是反映工程进度的主要指标，加速资金周转的重要环节以及考核经济效益的重要指标。

一、建设工程价款结算

建设工程价款结算，是指对建设工程的发承包合同价款进行约定和依据合同约定进行工程预付款、工程进度款、工程竣工价款结算的活动。建设工程竣工后，发包人应当根据施工图纸及说明书、国家颁发的施工验收规范和质量检验标准及时进行验收。验收合格的，发包人应当按照约定支付价款，并接收该建设工程。建设工程竣工经验收合格后，方可交付使用。

二、工程合同价款的约定

建设单位与施工单位对建设工程的计价标准或者计价方法有约定的，按照约定结算工程价款。因设计变更导致建设工程的工程量或者质量标准发生变化，建设单位与施工单位对该部分工程价款不能协商一致的，可以参照签订建设工程施工合同时当地建设行政主管部门发布的计价方法或者计价标准结算工程价款。

招标工程的合同价款应当在规定时间内，依据招标文件、中标人的投标文件，由发包人与承包人订立书面合同约定。非招标工程的合同价款依据审定的工程预（概）算书由发、承包人在合同中约定。合同价款在合同中约定后，任何一方不得擅自改变。发包人、承包人应当在合同条款中对涉及工程价款结算的下列事项进行约定：预付工程款的数额、支付时限及抵扣方式；工程进度款的支付方式、数额及时限；工程施工中发生变更时，工程价款的调整方法、索赔方式、时限要求及金额支付方式；发生工程价款纠纷的解决方法；约定承担风险的范围及幅度以及超出约定范围和幅度的调整办法；工程竣工价款的结算与支付方式、数额及时限；工程质量保证（保修）金的数额、预扣方式及时限；安全措施和意外伤害保险费用；工期及工期提前或延后的奖惩办法；与履行合同、支付价款相关的担保事项。

发、承包人在签订合同时对于工程价款的约定，可选用下列一种约定方式：合同工期较短且工程合同总价较低的工程，可以采用固定总价合同方式。固定单价是双方在合同中约定综合单价包含的风险范围和风险费用的计算方法，在约定的风险范围内综合单价不再调整。风险范围以外的综合单价调整方法，应当在合同中约定。可调价格包括可调综合单价和措施费等，双方应在合同中约定综合单价和措施费的调整方法，调整因素包括：法律、行政法规和国家有关政策变化影响合同价款；工程造价管理机构的价格调整；发包人更改经审定批准的施工组织设计（修正错误除外）造成费用增加；双方约定的其他因素。

承包人应当在合同规定的调整情况发生后 14 天内，将调整原因、金额以书面形式通知发包人，发包人确认调整金额后将其作为追加合同价款，与工程进度款同期支付。发包人收到承包人通知后 14 天内不予确认也不提出修改意见，视为已经同意该项调整。当合同规定的调整合同价款的调整情况发生后，承包人未在规定时间内通知发包人，或者未在规定时间内提出调整报告，发包人可以根据有关资料，决定是否调整和调整的金额，书面通知承包人。

三、工程设计变更价款调整

（一）施工中发生工程变更，承包人按照经发包人认可的变更设计文件，进行变更施工，其中，政府投资项目重大变更，需按基本建设程序报批后方可施工。

（二）在工程设计变更确定后 14 天内，设计变更涉及工程价款调整的，由承包人向发包人提出，经发包人审核同意后调整合同价款。变更合同价款按下列方法进行：合同中已有适用于变更工程的价格，按合同已有的价格变更合同价款；合同中只有类似于变更工程的价格，可以参照类似价格变更合同价款；合同中没有适用或类似于变更工程的价格，由承包人或发包人提出适当的变更价格，经对方确认后执行。如双方不能达成一致的，双方可提请工程所在地工程造价管理机构进行咨询或按合同约定的争议或纠纷解决程序办理。工程设计变更确定后 14 天内，如承包人未提出变更工程价款报告，则发包人可根据所掌握的资料决定是否调整合同价款和调整的具体金额。重大工程变更涉及工程价款变更报告和确认的时限由发、承包双方协商确定。收到变更工程价款报告一方，应在收到之日起 14 天内予以确认或提出协商意见，自变更工程价款报告送达之日起 14 天内，对方未确认也未提出协商意见时，视为变更工程价款报告已被确认。确认增（减）的工程变更价款作为追加（减）合同价款与工程进度款同期支付。

四、工程价款结算

工程价款结算应按合同约定办理，合同未作约定或约定不明的，发、承包双方应依照下列规定与文件协商处理：国家有关法律、法规和规章制度；国务院建设行政主管部门，省、自治区、直辖市或有关部门发布的工程造价计价标准、计价办法等有关规定；建设项目的合同、补充协议、变更签证和现场签证，以及经发、承包人认可的其他有效文件；其他可依据的材料。工程预付款结算应符合下列规定：包工包料工程的预付款按合同约定拨付，原则上预付比例不低于合同金额的 10%，不高于合同金额的 30%，对重大工程项目，按年度工程计划逐年预付。计价执行《建设工程工程量清单计价规范》（GB 50500—

2013) 的工程，实体性消耗和非实体性消耗部分应在合同中分别约定预付款比例。在具备施工条件的前提下，发包人应在双方签订合同后的一个月内或不迟于约定的开工日期前的7天内预付工程款，发包人不按约定预付，承包人应在预付时间到期后10天内向发包人发出要求预付的通知，发包人收到通知后仍不按要求预付，承包人可在发出通知14天后停止施工，发包人应从约定应付之日起向承包人支付应付款的利息（利率按同期银行贷款利率计)，并承担违约责任。建设单位与施工单位对欠付工程价款利息计付标准有约定的，按照约定处理；没有约定的，按照中国人民银行发布的同期同类贷款利率计息。预付的工程款必须在合同中约定抵扣方式，并在工程进度款中进行抵扣。凡是没有签订合同或不具备施工条件的工程，发包人不得预付工程款，不得以预付款为名转移资金。工程进度款结算与支付应当符合下列规定：

（一）工程进度款结算方式：按月结算与支付。即实行按月支付进度款，竣工后清算的办法。合同工期在两个年度以上的工程，在年终进行工程盘点，办理年度结算。分段结算与支付。即当年开工、当年不能竣工的工程按照工程形象进度，划分不同阶段支付工程进度款。具体划分在合同中明确。

（二）工程量计算：承包人应当按照合同约定的方法和时间，向发包人提交已完工程量的报告。发包人接到报告后14天内核实已完工程量，并在核实前1天通知承包人，承包人应提供条件并派人参加核实，承包人收到通知后不参加核实，以发包人核实的工程量作为工程价款支付的依据。发包人不按约定时间通知承包人，致使承包人未能参加核实，核实结果无效。发包人收到承包人报告后14天内未核实已完工程量，从第15天起，承包人报告的工程量即视为被确认，作为工程价款支付的依据，双方合同另有约定的，按合同执行。对承包人超出设计图纸（含设计变更）范围和因承包人原因造成返工的工程量，发包人不予计量。

（三）工程进度款支付：根据确定的工程计量结果，承包人向发包人提出支付工程进度款申请，14天内，发包人应按不低于工程价款的60%，不高于工程价款的90%向承包人支付工程进度款。按约定时间发包人应扣回的预付款，与工程进度款同期结算抵扣。发包人超过约定的支付时间不支付工程进度款，承包人应及时向发包人发出要求付款的通知，发包人收到承包人通知后仍不能按要求付款，可与承包人协商签订延期付款协议，经承包人同意后可延期支付，协议应明确延期支付的时间和从工程计量结果确认后第15天起计算应付款的利息（利率按同期银行贷款利率计)。发包人不按合同约定支付工程进度款，双方又未达成延期付款协议，导致施工无法进行，承包人可停止施工，由发包人承担违约责任。工程完工后，双方应按照约定的合同价款及合同价款调整内容以及索赔事项，进行工程竣工结算。

工程竣工结算方式分为单位工程竣工结算、单项工程竣工结算和建设项目竣工总结算。工程竣工结算编审中单位工程竣工结算由承包人编制，发包人审查；实行总承包的工程，由具体承包人编制，在总包人审查的基础上，发包人审查。单项工程竣工结算或建设项目竣工总结算由总（承）包人编制，发包人可直接进行审查，也可以委托具有相应资质的工程造价咨询机构进行审查。政府投资项目，由同级财政部门审查。单项工程竣工结算或建设项目竣工总结算经发、承包人签字盖章后有效。承包人应在合同约定期限内完成项目竣工结算编制工作，未在规定期限内完成并且提不出正当理由延期的，责任自负。工程竣工结算审查期限指单项工程竣工后，承包人应在提交竣工验收报告的同时，向发包人递交竣工结算报告及完整的结算资料，发包人应按以下规定时限进行核对（审查）并提出审查意见。具体审查期限见表 26-5。建设项目竣工总结算在最后一个单项工程竣工结算审查确认后 15 天内汇总，送发包人后 30 天内审查完成。

工程竣工价款结算由发包人收到承包人递交的竣工结算报告及完整的结算资料后，应按有关规定的期限（合同约定有期限的，从其约定）进行核实，给予确认或者提出修改意见。发包人根据确认的竣工结算报告向承包人支付工程竣工结算价款，保留 5％左右的质量保证（保修）金，待工程交付使用一年质保期到期后清算（合同另有约定的，从其约定），质保期内如有返修，发生费用应在质量保证（保修）金内扣除。索赔价款结算是发承包人未能按合同约定履行自己的各项义务或发生错误，给另一方造成经济损失的，由受损方按合同约定提出索赔，索赔金额按合同约定支付。合同以外零星项目工程价款结算是发包人要求承包人完成合同以外零星项目，承包人应在接受发包人要求的 7 天内就用工数量和单价、机械台班数量和单价、使用材料和金额等向发包人提出施工签证，发包人签证后施工，如发包人未签证，承包人施工后发生争议的，责任由承包人自负。发包人和承包人要加强施工现场的造价控制，及时对工程合同外的事项如实记录并履行书面手续。凡由发、承包双方授权的现场代表签字的现场签证以及发、承包双方协商确定的索赔等费用，应在工程竣工结算中如实办理，不得因发、承包双方现场代表的中途变更改变其有效性。发包人收到竣工结算报告及完整的结算资料后，在有关规定或合同约定期限内，对结算报告及资料没有提出意见，则视同认可。

承包人如未在规定时间内提供完整的工程竣工结算资料，经发包人催促后 14 天内仍未提供或没有明确答复，发包人有权根据已有资料进行审查，责任由承包人自负。根据确认的竣工结算报告，承包人向发包人申请支付工程竣工结算款。发包人应在收到申请后 15 天内支付结算款，到期没有支付的应承担违约责任。承包人可以催告发包人支付结算价款，如达成延期支付协议，发包人应按同期银行贷款利率支付拖欠工程价款的利息。如未达成延期支付协议，承包人可以与发包人协商将该工程折价，或申请人民法院将该工程依法拍卖，承包人就该工程折价或者拍卖的价款优先受偿。工程竣工结算以合同工期为准，实际施工工期比合同工期提前或延后，发、承包双方应按合同约定的奖惩办法执行。

五、工程价款结算争议处理

工程造价咨询机构接受发包人或承包人委托，编审工程竣工结算，应按合同约定和实际履约事项认真办理，出具的竣工结算报告经发、承包双方签字后生效。当事人一方对报告有异议的，可对工程结算中有异议部分，向有关部门申请咨询后协商处理，若不能达成一致的，双方可按合同约定的争议或纠纷解决程序办理。发包人对工程质量有异议，已竣工验收或已竣工未验收但实际投入使用的工程，其质量争议按该工程保修合同执行；已竣工未验收且未实际投入使用的工程以及停工、停建工程的质量争议，应当就有争议部分的竣工结算暂缓办理，双方可就有争议的工程委托有资质的检测鉴定机构进行检测，根据检测结果确定解决方案，或按工程质量监督机构的处理决定执行，其余部分的竣工结算依照约定办理。当事人对工程造价发生合同纠纷时，可通过下列办法解决：双方协商确定；按合同条款约定的办法提请调解；向有关仲裁机构申请仲裁或向人民法院起诉。

六、工程价款结算管理

工程竣工后，发、承包双方应及时办清工程竣工结算，否则，工程不得交付使用，有关部门不予办理权属登记。发包人与中标的承包人不按照招标文件和中标的承包人的投标文件订立合同的，或者发包人、中标的承包人背离合同实质性内容另行订立协议，造成工程价款结算纠纷的，另行订立的协议无效，由建设行政主管部门责令改正，并按《招标投标法》第五十九条进行处罚。接受委托承接有关工程结算咨询业务的工程造价咨询机构应具有工程造价咨询单位资质，其出具的办理拨付工程价款和工程结算的文件，应当由造价工程师签字，并加盖执业专用章和单位公章。

七、工程项目竣工结（决）算管理

（一）竣工决算报告：竣工决算报告是考核基本建设项目投资效益、反映建设成果的文件；是建设单位向生产、使用或管理单位移交财产的依据。建设单位从项目筹建开始，即应明确专人负责，做好有关资料的收集、整理、积累、分析工作。项目完建时，应组织工程技术、计划、财务、物资、统计等有关人员共同完成工程竣工决算报告的编制工作。基本建设项目完建后，在竣工验收之前应当根据有关资料所列的数字预编制竣工决算报告。未预编制竣工决算报告的项目原则上不能通过竣工动用验收。

（二）编制竣工决算报告依据：编制竣工决算报告应当依据以下文件、资料：经批准的初步设计、修正概算、变更设计文件，以及批准的开工报告文件；历年年度的基本建设投资计划；经核算的历年年度的基本建设财务决算；与有关部门或单位签订的施工合同、投资包干合同和竣工结算文件，与有关单位签订的重要经济合同（或协议）等有关文件；历年有关物资、统计、财务会计核算、劳动工资、环境保护等有关资料；工程质量鉴定、检验等有关文件，工程监理有关资料；施工企业交工报告等有关技术经济资料；有关建设项目副产品、简易投产、试生产、重载负荷试车等产生基本建设收入的财务资料；其他有关的重要文件。

（三）竣工决算报告组成：由以下四部分组成竣工决算报告的封面、目录；竣工工程平面示意图；竣工决算报告说明书；竣工决算表格。

（四）竣工决算报告说明书是竣工决算报告的重要组成部分，主要内容包括：工程项目概况；工程建设过程和工程管理工作中的重大事件、经验教训；工程投资支出和财务管理工作的基本情况；以及工程遗留问题和有哪些需要解决的问题。

（五）竣工决算报告表式：竣工决算报告表式分为两部分。第一部分为工程概况表等专用表式，第二部分为通用表式。表式内容包括：工程概况表的小型建设项目工程、港口（码头）大中型建设项目工程、内河航运建设项目工程、公路建设项目工程、公路桥梁建设项目工程等概况表。通用表式的财务决算总表；财务决算明细表；资金来源情况表；应核销投资及转出投资明细表；建设成本和概算执行情况表；外资使用情况表；交付使用财产总表；交付使用财产明细表。编制的竣工决算报告需填制全套报表，必须完整。建设项目完建时的尾工工程，建设单位可根据概算所列投资额或尾工工程的实际情况测算投资支出列入竣工决算报告。但尾工工程投资额不得超过工程总投资的5％。对列入竣工决算报告的基建投资包干节余、基本建设收入、基建结余资金等财务问题，建设单位应提出处理意见。

（六）建设单位要求：建设项目完建时，建设单位要认真做好各项财务、物资、财产、债权债务、投资资金到位情况和报废工程的清理工作，做到工完账清。各种材料、物资、设备、施工机具等要逐项清点核实，妥善保管，按照国家规定处理，不准任意侵占。在没有编制出竣工决算报告、项目未清理完毕以前，机构不得撤销，有关人员不得调离。建设单位预编制的竣工决算报告须提交竣工验收委员会审查。未经竣工验收委员会审查的竣工决算报告不作为正式的竣工决算报告，不得上报。经竣工验收委员会审查并根据审查意见修改后的竣工决算报告作为财产移交、财务处理并结束有关待处理事宜的依据（表26-5）。

工程竣工结算审查期限表　　　　　　　　　　　　表 26-5

	工程竣工结算报告金额	审查时间
1	500 万元以下	从接到竣工结算报告和完整的竣工结算资料之日起 20 天
2	500 万元～2000 万元	从接到竣工结算报告和完整的竣工结算资料之日起 30 天
3	2000 万元～5000 万元	从接到竣工结算报告和完整的竣工结算资料之日起 45 天
4	5000 万元以上	从接到竣工结算报告和完整的竣工结算资料之日起 60 天

第五节　基本建设项目竣工财务决算管理

一、基本建设项目财务决算

（一）基本建设项目（以下简称项目）完工可投入使用或者试运行合格后，应当在 3 个月内编报竣工财务决算，特殊情况确需延长的，中小型项目不得超过 2 个月，大型项目不得超过 6 个月。

（二）项目竣工财务决算未经审核前，项目建设单位一般不得撤销，项目负责人及财务主管人员、重大项目的相关工程技术主管人员、概（预）算主管人员一般不得调离。项目建设单位确需撤销的，项目有关财务资料应当转入其他机构承接、保管。项目负责人、财务人员及相关工程技术主管人员确需调离的，应当继续承担或协助做好竣工财务决算相关工作。

（三）实行代理记账、会计集中核算和项目代建制的，代理记账单位、会计集中核算单位和代建单位应当配合项目建设单位做好项目竣工财务决算工作。

二、编制项目竣工财务决算

（一）编制项目竣工财务决算前，项目建设单位应当完成各项账务处理及财产物资的盘点核实，做到账账、账证、账实、账表相符。项目建设单位应当逐项盘点核实、填列各种材料、设备、工具、器具等清单并妥善保管，应变价处理的库存设备、材料以及应处理的自用固定资产要公开变价处理，不得侵占、挪用。

（二）项目竣工财务决算的编制依据主要包括：国家有关法律法规；经批准的可行性研究报告、初步设计、概算及概算调整文件；招标文件及招标投标书，施工、代建、勘察设计、监理及设备采购等合同，政府采购审批文件、采购合同；历年下达的项目年度财政资金投资计划、预算；工程结算资料；有关的会计及财务管理资料；其他有关资料。

（三）项目竣工财务决算的内容主要包括：项目竣工财务决算报表、竣工财务决算说明书、竣工财务决（结）算审核情况及相关资料。

三、竣工财务决算说明书

竣工财务决算说明书主要包括以下内容：

（一）项目概况；

（二）会计账务处理、财产物资清理及债权债务的清偿情况；

（三）项目建设资金计划及到位情况，财政资金支出预算、投资计划及到位情况；

（四）项目建设资金使用、项目结余资金分配情况；

（五）项目概（预）算执行情况及分析，竣工实际完成投资与概算差异及原因分析；

（六）尾工工程情况；

（七）历次审计、检查、审核、稽查意见及整改落实情况；

（八）主要技术经济指标的分析、计算情况；

（九）项目管理经验、主要问题和建议；

（十）预备费动用情况；

（十一）项目建设管理制度执行情况、政府采购情况、合同履行情况；

（十二）征地拆迁补偿情况、移民安置情况；

（十三）需说明的其他事项。

四、项目竣工决（结）算审核报告

项目竣工决（结）算经有关部门或单位进行项目竣工决（结）算审核的，需附完整的审核报告及审核表，审核报告内容应当翔实，主要包括：审核说明、审核依据、审核结果、意见、建议。

五、相关资料

相关资料主要包括：

（一）项目立项、可行性研究报告、初步设计报告及概算、概算调整批复文件的复印件；

（二）项目历年投资计划及财政资金预算下达文件的复印件；

（三）审计、检查意见或文件的复印件；

（四）其他与项目决算相关资料。

六、决算审核批复管理

（一）建设周期长、建设内容多的大型项目，单项工程竣工财务决算可单独报批，单项工程结余资金在整个项目竣工财务决算中一并处理。

（二）中央项目竣工财务决算，由财政部制定统一的审核批复管理制度和操作规程。中央项目主管部门本级以及不向财政部报送年度部门决算的中央单位的项目竣工财务决算，由财政部批复；其他中央项目竣工财务决算，由中央项目主管部门负责批复，报财政部备案。国家另有规定的，从其规定。

（三）地方项目竣工财务决算审核批复管理职责和程序要求由同级财政部门确定。

（四）经营性项目的项目资本中，财政资金所占比例未超过50％的，项目竣工财务决算可以不报财政部门或者项目主管部门审核批复。项目建设单位应当按照国家有关规定加强工程价款结算和项目竣工财务决算管理。

（五）财政部门和项目主管部门对项目竣工财务决算实行先审核、后批复的办法，可以委托预算评审机构或者有专业能力的社会中介机构进行审核。项目竣工财务决算审核批复环节中审减的概算内投资，按投资来源比例归还投资者。

（六）项目主管部门应当加强对尾工工程建设资金监督管理，督促项目建设单位抓紧实施尾工工程，及时办理尾工工程建设资金清算和资产交付使用手续。项目建设内容以设备购置、房屋及其他建筑物购置为主且附有部分建筑安装工程的，可以简化项目竣工财务决算编报内容、报表格式和批复手续；设备购置、房屋及其他建筑物购置，不用单独编报项目竣工财务决算。

七、竣工财务决算审查重点

财政部对授权主管部门批复的中央项目竣工财务决算实行抽查制度。财政部门和项目主管部门审核批复项目竣工财务决算时，应当重点审查以下内容：

（一）工程价款结算是否准确，是否按照合同约定和国家有关规定进行，有无多算和重复计算工程量、高估冒算建筑材料价格现象；

（二）待摊费用支出及其分摊是否合理、正确；

（三）项目是否按照批准的概算（预算）内容实施，有无超标准、超规模、超概（预）算建设现象；

（四）项目资金是否全部到位，核算是否规范，资金使用是否合理，有无挤占、挪用现象；

（五）项目形成资产是否全面反映，计价是否准确，资产接受单位是否落实；

（六）项目在建设过程中历次检查和审计所提的重大问题是否已经整改落实；

（七）待核销基建支出和转出投资有无依据，是否合理；

（八）竣工财务决算报表所填列的数据是否完整，表间勾稽关系是否清晰、正确；

（九）尾工工程及预留费用是否控制在概算确定的范围内，预留的金额和比例是否合理；

（十）项目建设是否履行基本建设程序，是否符合国家有关建设管理制度要求等；

（十一）决算的内容和格式是否符合国家有关规定；

（十二）决算资料报送是否完整、决算数据间是否存在错误；

（十三）相关主管部门或者第三方专业机构是否出具审核意见。

八、项目竣工后资金和资产手续

（一）项目竣工后应当及时办理资金清算和资产交付手续，并依据项目竣工财务决算批复意见办理产权登记和有关资产入账或调账。

（二）项目建设单位经批准使用项目资金购买的车辆、办公设备等自用固定资产，项目完工时按下列情况进行财务处理：资产直接交付使用单位的，按设备投资支出转入交付使用。其中，计提折旧的自用固定资产，按固定资产购置成本扣除累计折旧后的金额转入交付使用，项目建设期间计提的折旧费用作为待摊投资支出分摊到相关资产价值；不计提折旧的自用固定资产，按固定资产购置成本转入交付使用。

（三）资产在交付使用单位前公开变价处置的，项目建设期间计提的折旧费用和固定资产清理净损益（即公开变价金额与扣除所提折旧后设备净值之间的差额）计入待摊投资，不计提自用固定资产折旧的项目，按公开变价金额与购置成本之间的差额作为待摊投资支出分摊到相关资产价值。

基本建设项目竣工财务决算报表（包括：项目概况表；项目竣工财务决算表；资金情

况明细表；交付使用资产总表；交付使用资产明细表；待摊投资明细表；待核销基建支出明细表；转出投资明细表）和基本建设项目竣工财务决算审核表（包括：项目竣工财务决算审核汇总表；资金情况审核明细表；待摊投资审核明细表；交付使用资产审核明细表；转出投资审核明细表；待核销基建支出审核明细表），详见《基本建设项目竣工财务决算管理暂行办法》相关附表。

第六节　基本建设项目竣工财务决算审核批复操作规程

一、竣工财务决算审核批复范围

（一）中央基本建设项目（以下简称项目），是指财务关系隶属于中央部门（或单位）的项目，以及国有企业、国有控股企业使用财政资金的非经营性项目和使用财政资金占项目资本比例超过50％的经营性项目。

（二）根据财政部《基本建设财务规则》、《基本建设项目竣工财务决算管理暂行办法》等规定，为规范中央基本建设项目竣工财务决算审核批复程序和行为，保证工作质量，制定的《中央基本建设项目竣工财务决算审核批复操作规程》，为财政部、中央项目主管部门（含一级预算单位和中央企业，以下简称主管部门）审核批复中央基本建设项目竣工财务决算的行为规范和参考依据。

（三）国家规定的项目竣工财务决算（以下简称项目决算）批复范围

国家有关文件规定的项目竣工财务决算（以下简称项目决算）批复范围划分：

1. 财政部直接批复的范围：主管部门本级的投资额在3000万元（不含3000万元，按完成投资口径）以上的项目决算。不向财政部报送年度部门决算的中央单位项目决算。主要是指不向财政部报送年度决算的社会团体、国有及国有控股企业使用财政资金的非经营性项目和使用财政资金占项目资本比例超过50％的经营性项目决算。

2. 主管部门批复的范围：主管部门二级及以下单位的项目决算。主管部门本级投资额在3000万元（含3000万元）以下的项目决算。

由主管部门批复的项目决算，报财政部备案（批复文件抄送财政部），并按要求向财政部报送半年度和年度汇总报表。国防类项目、使用外国政府及国际金融组织贷款项目等，国家另有规定的，从其规定。

二、决算审核批复原则和程序

（一）项目决算批复部门应按照"先审核后批复"原则，建立健全项目决算评审和审核管理机制以及内部控制制度。由财政部批复的项目决算，一般先由财政部委托财政投资评审机构或有资质的中介机构（以下统称"评审机构"）进行评审，根据评审结论，财政部审核后批复项目决算。由主管部门批复的项目决算参照上述程序办理。委托评审机构实施项目竣工财务决算评审时，应当要求其遵循依法、独立、客观、公正的原则。主管部门、财政部可对评审机构的工作质量实行报告审核、报告质量评估和质量责任追究制度。可对评审机构实行"黑名单"制度，将完成质量差、效率低的评审机构列入"黑名单"，3年内不得再委托其业务。

（二）评审机构进行了决（结）算评审的项目决算，或已经审计署进行全面审计的项目决算，财政部或主管部门审核未发现较大问题，项目建设程序合法、合规，报表数据正确无误，评审报告内容翔实、事实反映清晰、符合决算批复要求以及发现的问题均已整改到位的，可依据评审报告及审核结果批复项目决算。未经评审或审计署全面审计的项目决算，以及虽经评审或审计，但主管部门、财政部审核发现存在以下问题或情形的，应开展项目决算评审：

1. 评审报告内容简单、附件不完整、事实反映不清晰且未达到决算批复相关要求。

2. 决算报表填列的数据不完整、存在较多错误、表间勾稽关系不清晰、不正确，以及决算报告和报表数据不一致。

3. 项目存在严重超标准、超规模、超概算，挤占、挪用项目建设资金，待核销基建支出和转出投资无依据、不合理等问题。

4. 评审报告或有关部门历次核查、稽查和审计所提问题未整改完毕，存在重大问题未整改或整改落实不到位。

5. 建设单位未能提供审计署的全面审计报告。

6. 其他影响项目竣工财务决算完成投资等的重要事项。

（三）主管部门、财政部收到项目竣工财务决算一般工作程序

1. 条件和权限审核。审核项目是否为本部门批复范围。不属于本部门批复权限的项目决算，予以退回。审核项目或单项工程是否已完工。尾工工程超过 5% 的项目或单项工程，予以退回。

2. 资料完整性审核。审核项目是否经有资质的中介机构进行决（结）算评审，是否附有完整的评审报告。对未经决（结）算评审（含审计署审计）的，委托评审机构进行决算审核。审核决算报告资料的完整性，决算报表和报告说明书是否按要求编制、项目有关资料复印件是否清晰、完整。决算报告资料报送不完整的，通知其限期补报有关资料，逾期未补报的，予以退回。需要补充说明材料或存在问题需要整改的，要求主管部门在限期内报送并督促项目建设单位进行整改，逾期未报或整改不到位的，予以退回。

同时，属于规程规定情形的，委托评审机构进行评审或进入审核批复程序。审核中，评审发现项目建设管理存在严重问题并需要整改的，要及时督促项目建设单位限期整改；存在违法违纪的，依法移交有关机关处理。审核未通过的，属评审报告问题的，退回评审机构补充完善；属项目本身不具备决算条件的，请项目建设单位（或报送单位）整改、补充完善或予以退回。

三、决算审核方式、依据和主要内容

审核工作主要是对项目建设单位提供的决算报告及评审机构提供的评审报告、社会中介机构审计报告进行分析、判断，与审计署审计意见进行比对，并形成批复意见。

（一）政策性审核。重点审核项目履行基本建设程序情况、资金来源、到位及使用管理情况、概算执行情况、招标履行及合同管理情况、待核销基建支出和转出投资的合规性、尾工工程及预留费用的比例和合理性等。

（二）技术性审核。重点审核决算报表数据和表间勾稽关系、待摊投资支出情况、建筑安装工程和设备投资支出情况、待摊投资支出分摊计入交付使用资产情况以及项目造价控制情况等。

（三）评审结论审核。重点审核评审结论中投资审减（增）金额和理由。

（四）意见分歧审核及处理。对于评审机构与项目建设单位就评审结论存在意见分歧

的，应以国家有关规定及国家批准项目概算为依据进行核定，其中：

1. 评审审减投资属工程价款结算违反承发包双方合同约定及多计工程量、高估冒算等情况的，一律按评审机构评审结论予以核定批复。

2. 评审审减投资属超国家批准项目概算，但项目运行使用确实需要的，原则上应先经项目概算审批部门调整概算后，再按调整概算确认和批复。若自评审机构出具评审结论之日起 3 个月内未取得原项目概算审批部门的调整概算批复，仍按评审结论予以批复。

（五）审核工作依据文件

1. 项目建设和管理的相关法律、法规、文件规定。

2. 国家、地方以及行业工程造价管理的有关规定。

3. 财政部颁布的基本建设财务管理及会计核算制度。

4. 本项目相关资料：项目初步设计及概算批复和调整批复文件、历年财政资金预算下达文件；项目决算报表及说明书；历年监督检查、审计意见及整改报告。必要时，还可审核项目施工和采购合同、招投标文件、工程结算资料，以及其他影响项目决算结果的相关资料。

（六）审核的主要内容包括工程价款结算、项目核算管理、项目建设资金管理、项目基本建设程序执行及建设管理、概（预）算执行、交付使用资产及尾工工程等。

1. 工程价款结算审核。主要包括评审机构对工程价款是否按有关规定和合同协议进行全面评审；评审机构对于多算和重复计算工程量、高估冒算建筑材料价格等问题是否予以审减；单位、单项工程造价是否在合理或国家标准范围，是否存在严重偏离当地同期同类单位工程、单项工程造价水平问题。

2. 项目核算管理情况审核主要包括执行《基本建设财务规则》及相关会计制度情况。具体包括：建设成本核算是否准确。对于超过批准建设内容发生的支出、不符合合同协议的支出、非法收费和摊派，以及无发票或者发票项目不全、无审批手续、无责任人员签字的支出和因设计单位、施工单位、供货单位等原因，造成的工程报废损失等不属于本项目应当负担的支出，是否按规定予以审减。待摊费用支出及其分摊是否合理合规。待核销基建支出有无依据、是否合理合规。转出投资有无依据、是否已落实接收单位。决算报表所填列的数据是否完整，表内和表间勾稽关系是否清晰、正确。决算的内容和格式是否符合国家有关规定。决算资料报送是否完整、决算数据之间是否存在错误。与财务管理和会计核算有关的其他事项。

（七）项目资金管理情况审核

1. 资金筹集情况。项目建设资金筹集，是否符合国家有关规定。项目建设资金筹资成本控制是否合理。

2. 资金到位情况。财政资金是否按批复的概算、预算及时足额拨付项目建设单位。自筹资金是否按批复的概算、计划及时筹集到位，是否有效控制筹资成本。

3. 项目资金使用情况。财政资金情况。是否按规定专款专用，是否符合政府采购和国库集中支付等管理规定。结余资金情况。结余资金在各投资者间的计算是否准确；应上缴财政的结余资金是否按规定在项目竣工后 3 个月内及时交回，是否存在擅自使用结余资金情况。

（八）项目基本建设程序执行及建设管理情况审核

1. 项目基本建设程序执行情况。审核项目决策程序是否科学规范，项目立项、可研、初步设计及概算和调整是否符合国家规定的审批权限等。

2. 项目建设管理情况。审核决算报告及评审或审计报告是否反映了建设管理情况；建设管理是否符合国家有关建设管理制度要求，是否建立和执行法人责任制、工程监理制、招投标制、合同制；是否制定相应的内控制度，内控制度是否健全、完善、有效；招投标执行情况和项目建设工期是否按批复要求有效控制。

3. 概（预）算执行情况。主要包括是否按照批准的概（预）算内容实施，有无超标准、超规模、超概（预）算建设现象，有无概算外项目和擅自提高建设标准、扩大建设规模、未完成建设内容等问题；项目在建设过程中历次检查和审计所提的重大问题是否已经整改落实；尾工工程及预留费用是否控制在概算确定的范围内，预留的金额和比例是否合理。

4. 交付使用资产情况。主要包括项目形成资产是否真实、准确、全面反映，计价是否准确，资产接受单位是否落实；是否正确按资产类别划分固定资产、流动资产、无形资产；交付使用资产实际成本是否完整，是否符合交付条件，移交手续是否齐全。

四、决算批复的主要内容

主管部门、财政部批复项目决算主要包括以下内容：

（一）批复确认项目决算完成投资、形成的交付使用资产、资金来源及到位构成，核销基建支出和转出投资等。

（二）根据管理需要批复确认项目交付使用资产总表、交付使用资产明细表等。

（三）批复确认项目结余资金、决算评审审减资金，并明确处理要求。

1. 项目结余资金的交回时限。按照财政部有关基本建设结余资金管理办法规定处理，即应在项目竣工后 3 个月内交回国库。项目决算批复时，应确认是否已按规定交回，未交回的，应在批复文件中要求其限时交回，并指出其未按规定及时交回问题。

2. 项目决算确认的项目概算内评审审减投资，按投资来源比例归还投资方，其中审减的财政资金按要求交回国库；决算审核确认的项目概算内审增投资，存在资金缺口的，要求主管部门督促项目建设单位尽快落实资金来源。

（四）批复项目结余资金和审减投资中应上缴中央总金库的资金，在决算批复后 30 日内，由主管部门负责上缴。上缴的方式：对应缴回的国库集中支付结余资金，请主管部门及时将结余调整计划报财政部，并相应进行账务核销。对应缴回的非国库集中支付结余资金，请主管部门由一级预算单位统一将资金汇总后上缴中央总金库。上缴时填写汇款单，"收款人全称"栏填写"财政部"，"账号"栏填"170001"，"汇入行名称"栏填"国家金库总库"，"用途"栏填应冲减的支出功能分类、政府支出经济分类科目名称及编码。上述工作完成以后，将汇款单印送财政部（部门预算管理对口司局、经济建设司）备查。

（五）要求主管部门督促项目建设单位按照批复及基本建设财务会计制度有关规定及时办理资产移交和产权登记手续，加强对固定资产的管理，更好地发挥项目投资效益。

（六）批复披露项目建设过程存在的主要问题，并提出整改时限要求。

（七）决算批复文件涉及需交回财政资金的，应当抄送财政部驻当地财政监察专员办事处。

主管部门和财政部驻当地财政监察专员办事处应对项目决算批复执行情况实施监督。

财政部将进一步加强对主管部门批复项目竣工财务决算工作的指导和监督，对由主管部门批复的项目竣工财务决算，随机进行抽查复查。

第七节　工程项目建设审计

工程项目建设审计是政府强化经济管理，维护经济秩序的重要手段。随着市场经济的进一步发展，工程项目投资主体日趋多元化，利益格局的多样化，这些都迫切需要开展好工程项目审计工作。

一、固定资产投资项目审计

固定资产投资审计是指审计机关依据国家法律、法规和政策规定，对固定资产投资项目财务收支真实、合法效益的监督行为。它是国家对固定资产投资活动实行监控的一种重要手段，是我国审计监督体系的一个重要组成部分。根据《审计法》的规定，国家审计机关要对以国有资产投资或融资为主的基本建设项目和技术改造项目实施全面的审计监督。由于建设项目一般都具有建设周期长、消耗大、参建单位多等特点，且其投入产出是分阶段一次性完成的，因此，对建设项目的审计要根据项目建设具体情况，分别进行固定资产投资项目预算（概算）执行情况审计和竣工决算审计。被审计单位的重点是项目法人或建设单位。审计机关对其他参建单位与建设项目有关财务收支的审计，不受审计管辖范围的限制。审计机关应当对国家建设项目总预算或者概算的执行情况、年度预算的执行情况和年度决算、项目竣工决算的真实、合法、效益情况，进行审计监督。审计机关有权要求被审计单位按照审计机关的规定提供预算或者财务收支计划、预算执行情况、决算、财务会计报告，运用电子计算机储存、处理的财政收支、财务收支电子数据和必要的电子计算机技术文档，在金融机构开立账户的情况，社会审计机构出具的审计报告，以及其他与财政收支或者财务收支有关的资料，被审计单位不得拒绝、拖延、谎报。被审计单位负责人对本单位提供的财务会计资料的真实性和完整性负责。

二、固定资产投资审计的作用

固定资产投资是经济活动中最活跃的因素，对宏观经济运行有巨大影响。通过对固定资产投资项目的审计，可以起到如下重要作用：监督国家固定资产投资法规、政策、制度的贯彻执行，维护经济秩序，保障投资建设的顺利进行。促进优化投资环境和建筑市场发育，保证固定资产投资按合理的结构和规模展开，为宏观调控服务。促进建立和健全固定资产投资项目的各项管理制度，帮助有关管理、建设及参建单位改善和加强内部管理，提高资金使用效益。查处违规违纪问题，促进节约投资，保护国家和人民的利益。

三、固定资产投资项目预算执行审计的内容

固定资产投资项目预算（概算）执行情况审计是在建设项目投资经济活动开始后至竣工决算编报前所进行的审计监督。普遍的做法是对建设工期在5年以下（含5年）的建设项目，要在建设期间实施一次审计。对建设工期在5年以上的大中型项目，可以在建设期间实施两次或两次以上的审计。在具体审计时间的选择上要重点考虑投资的完成情况，一般要选择项目建设的中后期进行。因为工程进展到中后期，经济活动形成一定规模，问题暴露得比较充分，且建设过程尚未完结，发现的一些问题比较容易处理；同时，这一阶段项目也接近完工，通过对项目预算（概算）执行情况的审计，可以为竣工决算审计打下一

定的基础。

（一）前期准备工作情况的审计：不少大中型项目为做好前期工作需要的投资很大。这一阶段审计的重点：建设用地是否按批准的数量征用，土地征用是否符合审定规划的要求，以及征地拆迁费用的支出和管理情况是否合理。对外道路、通电、通水等前期工程是否按设计要求展开，其费用支出是否符合规定。

（二）项目资金来源与使用情况的审计：固定资产投资项目投入资金数额大，由于项目建设过程具有连续性的特点，进行基本建设和技术改造要有及时足够的资金供应作保证，同时要注意精打细算。审计时要着重审查：建设资金（含项目资本金，下同）来源是否合法，是否落实。建设资金是否按投资计划及时到位，有无因资金不能及时到位造成延误工期或增加资金成本的现象。建设资金使用是否合规，有无转移、侵占、挪用建设资金的问题。有无向建设项目非法集资、摊派和收费等问题。扩建项目和技术改造项目建设资金是否与生产资金严格区别进行核算。建设资金在使用过程中有无损失浪费。

（三）建设成本及其他财务收支的审计：建设成本是固定资产投资项目在建设过程中消耗人力、物力的货币表现。其内容包括建筑安装工程成本，设备、工具、器具购置费用，以及增加固定资产价值或不增加固定资产价值的其他费用等。正确计算和管理好建设成本是建设单位财务管理的一项重要内容，其他财务收支也和建设成本有着密切联系，因此审计需重点进行审查。审计的主要内容：施工图预算是否进行了严格审核，工程量的计算是否正确，选套的单价和单价的换算是否与定额规定相符，各种取费是否按规定的程序和费率计提，有无多计、少计费用的现象。工程价款的结算是否以审定的施工图预算为依据，结算方式是否符合国家规定的工程价款结算办法，预付的备料款和工程款是否如数进行了抵扣，质量保证金是否留足，有无故意拖延结算的问题。建筑安装工程成本是否按概算口径和有关制度正确归集，单位工程成本是否准确，有无将设计外工程费用、未完计划工作量及预付款等列入投资完成额的问题。同一机构管理的不同建设项目之间以及扩建、技改项目生产成本与建设成本之间是否存在费用混淆的情况。列入其他投资和待摊费用的各项支出是否符合设计概算要求和有关规定，有无不正当超支等问题。设备、材料等物资是否按设计要求进行采购，其价格、运输和采购保管等费用核算是否准确，材料成本差异的分摊是否合理，有无盲目采购、抬高设备价格、加大材料采购成本等问题。往来账款是否真实、合理。建设项目应缴纳的各项税、费是否按规定及时计提并足额缴纳，有无偷税、漏税和滞纳税、费的问题。

（四）经济合同实施情况的审计：审计机关根据需要对与国家建设项目有关的合同进行审计时，应当检查合同的订立、效力、履行、变更和转让、终止的真实性和合法性。项目在建设过程中，以项目法人或建设单位为甲方，以为项目提供劳务和服务的设计、施工、供货、监理等单位为乙方，要签订大量的经济合同。这些经济合同执行的好坏直接影响投资效益。审计中要重点审查：项目法人或建设单位是否按批准设计的要求与有关单位签订经济合同，签订的经济合同是否符合国家法律，执行中有无违约行为。设计单位收费是否符合国家有关规定，能否按合同规定及时提供图纸和资料，有无多收取设计费以及违反设计规范或不按批准规模和标准进行设计的问题。施工单位工程价款结算是否真实、正确，有无偷工减料、高估冒算、虚报冒领工程款以及计算错误等问题，有无非法或违约转包工程的行为。监理单位收费是否符合有关规定，监理工作是否符合合同要求，执行中有无违约行为。

（五）预算（概算）调整情况的审计：固定资产投资项目的预算（概算）一经审定，即要在项目建设过程中予以贯彻执行。但是在执行过程中，由于动态投资和建设条件的变化，特别是当预算（概算）定额、标准发生变更时，需要对原预算（概算）进行适时调整。其审计的主要内容：调整预算（概算）是否依据规定的编制办法、定额、标准由有资质单位编制，套用定额和计提费用有无错误，是否经有关机关或单位批准。设计变更的内容是否符合规定，签证手续是否齐全。影响项目建设规模的单项工程的投资调整和建设内容变更，是否按规定的管理程序报批，有无擅自改变建设内容、扩大建设规模和提高建设标准的问题。对建设项目预算（概算）执行情况的审计除上述内容外，还要对项目执行环境保护法规和政策的情况进行审计监督，重点审查建设项目设计、施工各个环节是否执行了国家有关环境保护法规和政策，环境治理项目是否和项目建设同步进行。

四、固定资产投资项目竣工决算审计的内容

固定资产投资项目组织竣工验收是项目建设全过程的最后一项重要工作。按照国家规定，建设项目按批准设计文件所规定的内容建设完工后，均要根据设计文件、施工图纸、设备技术说明书及现行的施工技术验收规范等要求，及时组织验收，编制竣工决算报告，办理交付使用财产手续。审计机关在组织验收的过程中，要重点对建设单位编制的竣工决算及其财产交付的情况进行审计监督。竣工决算审计，是基本建设项目审计的重要环节，加强对竣工决算的审计监督，对提高竣工决算的质量，正确评价投资效益，总结建设经验，改善基本建设项目管理有着重要意义。审计机关根据需要对工程结算和工程决算进行审计时，应当检查工程价款结算与实际完成投资的真实性、合法性及工程造价控制的有效性。建设项目竣工决算是以实物数量和货币为计量单位，综合反映竣工项目自开始建设起至工程完工止实际建设成果和财务情况的总结性文件。其审计的主要内容和方法：

（一）竣工决算报表的审计：建设项目竣工决算由会计报表和文字说明两部分组成。由于大中型项目和小型项目的不同情况和特点，其竣工决算报表的设置也不一样。建设项目竣工财务决算报表的种类有：大中型建设项目竣工财务决算报表一般由建设项目竣工工程概况表、基本建设竣工财务表、建设成本表、交付使用资产（工器具）明细表、待摊投资明细表等报表组成。小型建设项目竣工财务决算报表一般由建设项目竣工工程概况表、基本建设竣工财务决算总表、交付使用资产总表、交付使用资产（工器具）明细表、待摊投资明细表等报表组成。住宅项目竣工决算报表一般由建设项目竣工工程概况表、基本建设竣工财务决算总表、交付使用资产总表等报表组成。经主管部门批准有未完成工程的竣工验收建设项目，要补充编制未完工程明细表、应收应付款明细表、库存设备、材料明细表等报表。一般来说，审计中要注意审查如下问题：竣工决算报表是否按规定的期限编制，各种报表的填列是否齐全并符合会计关系要求，账表是否一致，有无缺项和账表不符等现象。竣工决算说明书反映的数据和情况是否真实、准确，有无决算反映失实的问题。

（二）项目投资及预算（概算）执行情况的审计：建设项目竣工时要对全部资金投入情况和预算（概算）执行情况进行审计。审计时注意：核实各种资金渠道投入的实际金额，查明有无建设资金不到位问题，并分析资金不能到位的原因及其造成的不良影响。核实预算（概算）总投资和实际投资完成额，重点审查调整预算（概算）是否合法，决算的建筑安装工程投资、设备投资、其他投资核算是否真实，待摊投资的支出内容和分摊办法是否合规；要考核建设项目完成投资是否超概算，如有超概算情况要核实其金额并分析产生的原因，查明有无擅自扩大建设规模、提高建设标准以及是否存在批准设计外投资等问题。

（三）交付使用财产情况的审计：交付使用财产是指建设单位已经完成建筑购置过程，并验收合格，正式交付使用单位的各项财产。审计时要查明：交付的财产是否属于批准设计内的建设项目，是否符合交付条件，移交手续是否齐全、合规，有无因多交、少交而造成突破规模或资产流失等问题。构成交付固定资产价值的单位工程核算是否准确，有无将不同固定资产的组成内容相互混同以及挤占建设成本、故意抬高造价等问题。交付的流动资产和铺底流动资金是否真实，备品备件、工器具的核算是否正确，有无超储积压的现象。交付的无形资产和递延资产核算是否正确，支出是否合理。

（四）在建工程的审计：建设项目竣工时的在建工程是指已经进行施工并构成投资完成额但尚未完工又不影响投产的工程投资支出，以及虽已完工但尚未交付的固定资产价值。审计竣工决算时要对决算反映的在建工程项目认真进行审核和分析：搞清其是否属于按规定可以建设的正常在建工程，着重审查有无违反规定将自行增加的建设内容和新增项目列入其中。如属于正常在建工程，要按施工图设计核实尾工工程量，督促留足投资，继续建设。对不正常的在建工程要核实其投资完成额，查明未能全部建成或不能及时交付使用的原因，特别是对停缓建工程和待报废工程要逐项核对账实是否相符，有无有账无物、损失浪费和私分财产的问题。

（五）结余资金的审计：项目竣工时的结余资金包括储备资金、货币资金和结算资金。审计要重点检查储备资金的账实是否相符，库存有无毁损或质次价高的物资，有无重复采购的积压设备，库存物资和待处理设备材料的作价是否合理，有无故意抬价或压价等。银行存款余额是否与银行对账单余额相等，库存现金数额是否与现金日记账账面余额相等，有无"白条"抵充库存现金的现象。应收、应付账款是否真实可靠，债权债务是否及时进行了清理，有无虚列往来账款以及无法回收和支付的款项，有无隐瞒、转移、挪用结余资金的行为。结余资金的处理是否合适，坏账损失是否严格审定，结余的资金是否按有关规定进行了正确处理，处理物资时有无私分和营私舞弊等问题。

（六）建设收入的审计：建设收入是建设单位在基本建设过程中所取得的临时性或一次性收入。它包括各项工程建设副产品的变价收入、负荷试车和试生产收入以及各项索赔和违约金等其他收入。按制度规定，建设收入采取分成办法处理，审计时要注意下列收入均不得作为建设收入：建设项目按批准设计文件所规定的内容建设完成，工业项目经负荷试车考核（引进成套设备项目按合同规定试车考核期满）后，生产合格产品所取得的收入。非工业项目符合设计要求，能够正常使用，经及时组织验收，移交生产或使用单位所取得的经营收入。大型联合企业，按各分厂或车间建成后，分期分批组织验收、交付使用后的产品收入。边建设边生产的单位，前期投产项目所得的产品收入。凡已超过批准的试生产期限、已符合验收条件的工程，未及时办理验收手续而已承担生产任务，其费用不得从建设投资中支付，所实现的收入视同正式投产项目生产经营收入，不再作为建设收入并分成。对建设收入的审计还要注意检查各种副产品实物的收、发、存有无问题，作价是否合理，有无收入不入账，挪作"小金库"等问题；检查收入分配是否符合规定，应缴税费是否足额及时上缴。

（七）投资包干节余的审计：按国家有关规定，有条件的建设项目要实行投资包干责任制，凡实行投资包干责任制的项目建成交付使用后，如包干投资有节余，可进行分成。其审计的主要内容：投资包干合同的内容是否符合有关规定，包干指标是否按合同要求全面完成，有无不签订投资包干合同或签订投资包干合同不符合有关规定就实行投资包干分成的行为。投资包干节余是否真实，有无在投资包干范围内任意变动或削减建设内容、变相增加投资包干节余等问题。投资包干节余的处理是否符合有关规定，有无隐匿或自行消化投资包干节余的问题。

（八）投资效益评价：建设项目竣工验收时，审计要对其投资效益进行综合评价。评价主要从四个方面来进行：通过对建设工期和达到设计能力年限的对比分析，评价建设速度的快慢和建设工期对投资效益的影响。通过对投资预算（概算）与投资完成情况、工程成本及单位生产能力投资的对比分析，评价工程造价和建设费用的高低。测算项目投资回收期、财务净现值、内部收益率等经济指标，评价项目建成投产后的获利能力。做现金流量分析，评价项目贷款偿还能力。竣工项目投资效益评价的评价方法主要是以预期目标和前期建成的同类项目的平均先进指标为依据，将动态与静态、定量与定性、价值量与实物量、宏观与微观等分析结合起来，通过综合分析对项目的经济效益、社会效益和环境效益作出正确评价。

第八节　工程项目后评估

工程项目后评估是在项目投资完成之后所进行的评价，是对项目实施过程、结果及其影响进行调查研究和系统回顾。它主要服务于投资决策，是出资人对投资活动进行监管的重要手段，是固定资产投资管理的一项重要内容。建设项目后评估是指对已经完成的项目（或规划）的目的、执行过程、效益、作用和影响进行的系统的、客观的分析；通过项目活动实践的检查总结，确定项目预期的目标是否达到，项目的主要效益指标是否实现，通过分析评价达到肯定成绩、总结经验、吸取教训、提出建议、改进工作、不断提高项目决策水平和投资效果的目的。项目后评估经费应视项目的规模而定，建议应纳入固定资产投资总额中，以保证后评估工作能正常开展。结合国外项目后评估经验和我国具体情况，项目后评估经费的取费标准可采取为：大中型项目：$0.02\%\sim1.5\%$；小型项目：$1.5\%\sim3.0\%$。完成项目后评估工作的时间应根据项目的规模、范围、复杂程度、投入资金及对后评估工作的要求而定。大中型工业建设项目，从项目后评估提出到提交项目后评估报告应在 $3\sim4$ 个月内完成。工程进度安排如下：筹划准备 $2\sim3$ 周；调查和收集资料 $3\sim4$ 周；分析研究与评估 $3\sim5$ 周；编写成果报告 $4\sim6$ 周。

一、项目后评估的范围

项目后评估范围应包括所有固定资产投资项目，但考虑我国项目后评估工作处于起步阶段，还没有完善的项目后评估体系与方法，可在以下范围内优先选择后评估对象。项目投产后经济效益较好或明显不好的项目。国家急需发展并对国民经济能产生影响的重点投资项目、国家限制发展的某些产业部门的投资项目。一些投资额巨大的投资项目。新技术开发和引进的投资项目。建设项目后评估应选择在竣工项目达到设计生产能力后的 $1\sim2$ 年内进行较好。这是因为经过一段正常运行生产，设计、建设、生产与管理等各方面的问题能充分地表现，并可积累出能够供后评估工作参考的数据和资料，从而对项目准备与决策、项目实施、试运行、竣工投产和生产运行的全过程作出科学、客观的评估。

二、项目后评估工作的依据

（一）立项决策阶段的资料依据：项目建议书、项目建议书咨询评估意见、国家或有关部门批准项目建议书的文件。项目可行性研究报告、对项目可行性研究评估咨询意见、国家或有关部门对可行性研究报告的批准文件。国家或有关部门批准的土地征用文件及开工报告。初步设计（扩大初步设计）和施工图设计的设计委托方式与费用。投资概算及资金来源等资料。建设项目筹建机构的组织与人员构成。国家经济政策文件、法规等资料。

（二）项目实施阶段的资料依据：设备、材料采购的实施资料：设备采购招标、投标文件及议标、评标、定标的资料。设备材料采购合同。设备、材料出厂合格证明和资料。建设实施阶段资料：工程合同文件。有关设计变更、调整投资和工程预算等资料。建设项目管理模式及组织机构。建设监理及质量监督机构的有关记录与文件。工程中间交工（隐蔽工程）验收报告及评估意见。建设项目竣工验收报告与国家验收文件、竣工决算和审计资料等。缺陷责任期内的工程清单。有关项目建设工期、建设成本、工程质量的控制资料。建设项目投产运行后的资料依据：投产后产生的社会效益资料。投产后产生的经济效益资料。投产后环境影响效益资料。涉外项目应准备涉外方面的资料依据：询价、报价、招标、投标文件资料。谈判协议、议定书及所签订的合同及合同附件。国外设备材料检验、运输、开箱等资料及有关索赔方面的文件。

三、编制项目后评估报告

项目后评估报告是建设项目后评估工作的成果汇总，最终提交委托单位和被评估的项目单位。编制一般工业项目后评估报告主要包括以下内容：概况；项目理想决策后评估；物资采购工作后评估；勘察设计后评估；施工后评估；企业生产运行后评估；项目效益后评估；结论。

四、项目立项决策后评估

项目立项决策后评估主要有以下方面内容：项目决策评估；项目投资方向评估；项目筹备工作的评估；预测效益评估。

五、项目物资采购工作后评估

项目物资采购工作后评估主要有以下方面：采购准备阶段的评估；采购实施阶段的评估。

六、项目勘察设计后评估

项目勘察设计后评估除评估勘察设计招标、投标方式及签订勘察设计合同的执行效果外，还从以下方面分析评估。勘察工作质量的评估；设计方案的评估；设计工作质量的评估。

七、项目施工后评估

项目施工后评估主要有以下方面内容：施工准备工作评估；施工管理工作评估；项目竣工验收工作评估。

八、项目生产运行后评估

项目生产运行阶段是指从项目投产到项目生命期末的整个过程。由于进行项目后评估的时间一般选在项目达到设计生产能力1~2年内，距项目生命期末还有较长的一段时间，项目的实际投资效益尚未完全充分地体现出来，所以该阶段的后评估除了对目前实际运行的状况进行分析和评估外，还应根据投产后的实际数据资料推测未来发展状况，进行科学的预测。后评估过程中，既要与项目立项阶段的评估指标进行比较，看其是否达到了预期的投资效果，还要与国外同类工程项目进行横向对照，看其生产运行管理是否科学、合理。对项目可行性研究水平进行综合评估。通过对项目的运营评估，具体计算出项目的实际投资指标后，还需对项目可行性研究的内容和深度以及有关的预测指标进行对比，评估可行性研究的水平。比较内容考核项目实施过程的实际情况与预测情况的偏离程度。评估方法评定标准一般为偏离程度小于15％时，可行性研究深度符合要求；偏离程度为15％～25％，相当于初步可行性研究；偏离程度为25％～35％，相当于项目建议书阶段的预测水平；偏离程度大于35％时，可行性研究深度不合格。

九、项目经济后评估

建设项目经济后评估是项目生产运营后评估的一项重要内容，也是整个项目后评估的核心内容之一。经济后评估是指建成投产对投资效益的再评估，内容包括项目财务后评估和国民经济后评估两部分。其区别：建设项目财务后评估与国民经济后评估均是从经济角度对项目效益进行再评估，所不同的是评估内容、评估对比指标、评估角度、效益与费用的含义及划分范围，评估价格与采用参数、后评估报表的范围等均存在着差异，详见表26-6所示。此外，国民经济后评估是在财务后评估的基础上进行调整计算的。

十、项目社会效益后评估

建设项目效益后评估除了进行经济后评估外，还应对项目投产运营后所产生的社会效益进行全面评估。

十一、工程项目后评估工作程序

国家发改委每年年初研究确定需要开展后评价工作的项目名单，制订项目后评价年度计划，印送有关项目主管部门和项目单位。开展项目后评价工作应主要从以下项目中选择：对行业和地区发展、产业结构调整有重大指导意义的项目；对节约资源、保护生态环境、促进社会发展、维护国家安全有重大影响的项目；对优化资源配置、调整投资方向、优化重大布局有重要借鉴作用的项目；采用新技术、新工艺、新设备、新材料、新型投融资和运营模式，以及其他具有特殊示范意义的项目；跨地区、跨流域、工期长、投资大、建设条件复杂，以及项目建设过程中发生重大方案调整的项目；征地拆迁、移民安置规模较大，对贫困地区、贫困人口及其他弱势群体影响较大的项目；使用中央预算内投资数额较大且比例较高的项目；社会舆论普遍关注的项目。列入项目后评价年度计划的项目单位，应当在项目后评价年度计划下达后3个月内，向国家发展改革委报送项目自我总结评价报告。在项目单位完成自我总结评价报告后，国家发展改革委根据项目后评价年度计划，委托具备相应资质的甲级工程咨询机构承担项目后评价任务。国家发改委不得委托参加过同一项目前期工作和建设实施工作的工程咨询机构承担该项目的后评价任务。承担项目后评价任务的工程咨询机构，在接受委托后，应组建满足专业评价要求的工作组，在现场调查和资料收集的基础上，结合项目自我总结评价报告，对照项目可行性研究报告及审批文件的相关内容，对项目进行全面系统地分析评价。必要时应参照初步设计文件的相关内容进行对比分析。承担项目后评价任务的工程咨询机构，按照国家发改委的委托要求，根据业内应遵循的评价方法、工作流程、质量保证要求和执业行为规范，独立开展项目后评价工作，按时、保质地完成项目后评价任务，提出合格的项目后评价报告。

项目财务后评估与项目国民经济后评估对比表 　　　　　　　表 26-6

对比内容		项目财务后评估	项目国民经济后评估
评估内容		从企业角度出发，用项目投产后的实际财务数据重新预测整个项目生命期的财务数据，计算项目投产后实际财务评估指标	从国民经济以至全社会角度出发，用项目有关的实际数据和国家新近颁布的影子价格和有关参数，计算出项目国民经济评估指标
评估目标		实际财物后评估指标与前评估中预测财务效益指标对比，找出偏差及原因，提高项目财务预测水平及微观决策科学化	国民经济评估指标与前评估相应指标对比，找出偏差及原因，为宏观项目决策科学化提供依据（如投资环境、产业产品结构、政策价格等）
评估角度		从财务角度，按国家现行的财税角度，评估项目实际的货币收支、盈利状况和接待偿还状况	从国家整体角度评估项目经济效益及决策的正确程度
效益和费用	含义	以项目实际收支确定项目的收益和费用税金等均计为费用	以项目对社会提供的产品和服务及所耗用的全社会有用资源为项目的效益和费用，税金及财政补贴不计为费用
	划分范围	只考虑项目的直接效益和直接费用	除考虑项目直接效益和直接费用外，还计算项目的间接效益和间接费用
评估价格		对项目投入物与产出物均采用现行市场价格或以此为基础的预测价格	采用国家新近颁布的影子价格或预测的影子价格等参数
采用主要参数		采用汇率为国家最近颁布的官方汇率；折现率是部门、行业的基准收益率或银行贷款利率	采用汇率是国家统一测定的影子汇率；折现率是国家统一定期颁布的社会折现率
后评估报表		①固定资产构成表 ②实际投资使用表 ③后评估总成本表 ④后评估的销售收入表 ⑤后评估利润表 ⑥后评估现金流量表（基本计算报表） ⑦后评估财务平衡表或资产负债表 ⑧借款偿还平衡表	①固定资产投资调整表 ②经营成本调整表 ③产品销售收入调整表 ④经济现金流量表（基本计算报表）
备注		1.①与②均为实际数据编制的 2.③～⑧后评估时点以前的数据为实际发生的；时点以后的为重新预测的 3.表格形式参见原国家计委颁发的《建设项目经济评估方法与参数》中的附表	1.①均为实际发生的数据 2.后评估时点以前的成本构成，销售量均为实际发生的数量；时点以后的均为重新预测的数据

第九节 中央政府投资项目后评价

一、中央政府投资项目后评价范围

为加强和改进中央政府投资项目的管理，由国家发改委审批可行性研究报告的中央政府投资项目建立和完善政府投资项目后评价制度，规范项目后评价工作，提高政府投资决策水平和投资效益。中央政府投资项目后评价（以下简称项目后评价）应当在项目建设完成并投入使用或运营一定时间后，对照项目可行性研究报告及审批文件的主要内容，与项目建成后所达到的实际效果进行对比分析，找出差距及原因，总结经验教训，提出相应对策建议，以不断提高投资决策水平和投资效益。根据需要，也可以针对项目建设的某一问题进行专题评价。项目后评价应当遵循独立、公正、客观、科学的原则，建立畅通快捷的信息反馈机制，为建立和完善政府投资监管体系和责任追究制度服务。国家发改委建立项目后评价信息管理系统，负责项目后评价的组织管理工作。

二、后评价工作程序

国家发改委每年年初研究确定需要开展后评价工作的项目名单，制定项目后评价年度计划，印送有关项目主管部门和项目单位。开展项目后评价工作应主要从以下项目中选择：对行业和地区发展、产业结构调整有重大指导意义的项目；对节约资源、保护生态环境、促进社会发展、维护国家安全有重大影响的项目；对优化资源配置、调整投资方向、优化重大布局有重要借鉴作用的项目；采用新技术、新工艺、新设备、新材料、新型投融资和运营模式，以及其他具有特殊示范意义的项目；跨地区、跨流域、工期长、投资大、建设条件复杂，以及项目建设过程中发生重大方案调整的项目；征地拆迁、移民安置规模较大，对贫困地区、贫困人口及其他弱势群体影响较大的项目；使用中央预算内投资数额较大且比例较高的项目；社会舆论普遍关注的项目。

三、项目自我总结评价报告

列入项目后评价年度计划的项目单位，应当在项目后评价年度计划下达后 3 个月内，向国家发改委报送项目自我总结评价报告。项目自我总结评价报告的主要内容包括：项目概况的项目目标、建设内容、投资估算、前期审批情况、资金来源及到位情况、实施进度、批准概算及执行情况等；项目实施过程总结的前期准备、建设实施、项目运行等；项目效果评价的技术水平、财务及经济效益、社会效益、环境效益等；项目目标评价的目标实现程度、差距及原因、持续能力等；项目建设的主要经验教训和相关建议。在项目单位完成自我总结评价报告后，国家发改委根据项目后评价年度计划，委托具备相应资质的甲级工程咨询机构承担项目后评价任务。国家发改委不得委托参加过同一项目前期工作和建设实施工作的工程咨询机构承担该项目的后评价任务。

四、承担项目后评价机构

承担项目后评价任务的工程咨询机构，在接受委托后，应组建满足专业评价要求的工作组，在现场调查和资料收集的基础上，结合项目自我总结评价报告，对照项目可行性研究报告及审批文件的相关内容，对项目进行全面系统地分析评价。必要时应参照初步设计文件的相关内容进行对比分析。承担项目后评价任务的工程咨询机构，应当按照国家发改委的委托要求，根据业内应遵循的评价方法、工作流程、质量保证要求和执业行为规范，独立开展项目后评价工作，按时、保质地完成项目后评价任务，提出合格的项目后评价报告。

五、后评价管理和监督

工程咨询机构应对项目后评价报告质量及相关结论负责，并承担对国家秘密、商业秘密等的保密责任。工程咨询机构在开展项目后评价工作中，如有弄虚作假行为或评价结论严重失实等情形的，根据情节和后果，依法追究相关单位和人员的行政和法律责任。列入项目后评价年度计划的项目单位，应当根据项目后评价需要，认真编写项目自我总结评价报告，积极配合承担项目后评价任务的工程咨询机构开展调查工作，准确完整地提供项目前期及实施阶段的各项正式文件、技术经济资料和数据。如有虚报瞒报有关情况和数据资料等弄虚作假行为，根据情节和后果，依法追究相关单位和人员的行政和法律责任。国家发改委委托的项目后评价所需经费由国家发改委支付，取费标准按照国家有关规定执行。承担项目后评价任务的工程咨询机构及其人员，不得收受国家发改委支付经费之外的其他任何费用。

六、后评价成果应用

国家发改委通过项目后评价工作，认真总结同类项目的经验教训，将后评价成果作为规划制定、项目审批、投资决策、项目管理的重要参考依据。国家发改委将后评价成果及时提供给相关部门和机构参考，加强信息引导，确保信息反馈的畅通和快捷。

第十篇　绿色建筑与工程咨询范例

第二十七章 工程项目绿色化

全寿命期绿色建筑应用，实现协调发展理念的"绿色化、工业化、信息化"是建筑行业发展的三大方向。国家围绕"十三五"期间绿色建筑及建筑工业化领域科技需求，国拨经费总概算约 3.2 亿元，用于典型应用示范类项目中央财政资金不超过该专项中央财政资金总额的 30％。总体目标是瞄准我国新型城镇化建设需求，针对我国目前建筑领域全寿命过程的节地、节能、节水、节材和环保的共性关键问题，以提升建筑能效、品质和建设效率，抓住新能源、新材料、信息化科技带来的建筑行业新一轮技术变革机遇，通过基础前沿、共性关键技术、集成示范和产业化全链条设计，加快研发绿色建筑及建筑工业化领域的下一代核心技术和产品，使我国在建筑节能、环境品质提升、工程建设效率和质量安全等关键环节的技术体系和产品装备达到国际先进水平，为我国绿色建筑及建筑工业化实现规模化、高效益和可持续发展提供技术支撑。重点聚焦基础数据系统和理论方法、规划设计方法与模式、建筑节能与室内环境保障、绿色建材、绿色高性能生态结构体系、建筑工业化、建筑信息化等 7 个重点方向。本章主要介绍国家绿色建筑行动方案、绿色建筑后评估（办公和商店建筑技术指南）；绿色建筑及建筑工业化发展、全国装配式建筑应用指标；建筑信息模型技术推广应用与发展以及建筑信息模型技术应用指南（2017 版）要旨等内容。

第一节 绿色建筑行动方案

为切实转变城乡建设模式和建筑业发展方式，提高资源利用效率，实现节能减排约束性目标，积极应对全球气候变化，建设资源节约型、环境友好型社会，提高生态文明水平，改善人民生活质量，国务院办公厅《关于转发发展改革委、住房和城乡建设部〈绿色建筑行动方案〉的通知》（国办发〔2013〕1 号），开展绿色建筑行动，树立全寿命期理念，明确绿色建筑主要目标和重点任务以及保障措施。2017 年《住房和城乡建设部关于印发建筑节能与绿色建筑发展"十三五"规划的通知》（建科〔2017〕53 号），明确"十三五"期间，国家建筑节能与绿色建筑发展的规划背景、主要目标、主要任务、重点举措、规划实施等内容。

一、绿色建筑行动

（一）绿色建筑是在建筑的全寿命期内，最大限度地节约资源（节能、节地、节水、节材）、保护环境和减少污染，为人们提供健康、适用和高效的使用空间，与自然和谐共生的建筑。开展绿色建筑行动，以绿色、循环、低碳理念指导城乡建设，严格执行建筑节能强制性标准，扎实推进既有建筑节能改造，集约节约利用资源，提高建筑的安全性、舒适性和健康性，对转变城乡建设模式，培育节能环保、新能源等战略性新兴产业，切实推动城乡建设走上绿色、循环、低碳的科学发展轨道，促进经济社会全面、协调、可持续发展。

（二）树立全寿命期理念，切实转变城乡建设模式，提高资源利用效率，合理改善建筑舒适性，从政策法规、体制机制、规划设计、标准规范、技术推广、建设运营和产业支撑等方面全面推进绿色建筑行动，加快推进建设资源节约型和环境友好型社会。

二、绿色建筑主要目标

（一）新建建筑。城镇新建建筑严格落实强制性节能标准，"十二五"期间，完成新建绿色建筑10亿平方米；到2015年末，20％的城镇新建建筑达到绿色建筑标准要求。

（二）既有建筑节能改造。"十二五"期间，完成北方采暖地区既有居住建筑供热计量和节能改造4亿平方米以上，夏热冬冷地区既有居住建筑节能改造5000万平方米，公共建筑和公共机构办公建筑节能改造1.2亿平方米，实施农村危房改造节能示范40万套。到2020年末，基本完成北方采暖地区有改造价值的城镇居住建筑节能改造。

（三）绿色建筑基本原则

1. 全面推进，突出重点。全面推进城乡建筑绿色发展，重点推动政府投资建筑、保障性住房以及大型公共建筑率先执行绿色建筑标准，推进北方采暖地区既有居住建筑节能改造。

2. 因地制宜，分类指导。结合各地区经济社会发展水平、资源禀赋、气候条件和建筑特点，建立健全绿色建筑标准体系、发展规划和技术路线，有针对性地制定有关政策措施。

3. 政府引导，市场推动。以政策、规划、标准等手段规范市场主体行为，综合运用价格、财税、金融等经济手段，发挥市场配置资源的基础性作用，营造有利于绿色建筑发展的市场环境，激发市场主体设计、建造、使用绿色建筑的内生动力。

4. 立足当前，着眼长远。树立建筑全寿命期理念，综合考虑投入产出效益，选择合理的规划、建设方案和技术措施，切实避免盲目的高投入和资源消耗。

三、绿色建筑重点任务

（一）切实抓好新建建筑节能工作：科学做好城乡建设规划，积极引导建设绿色生态城区，推进绿色建筑规模化发展。大力促进城镇绿色建筑发展，强化绿色建筑评价标识管理，加强对规划、设计、施工和运行的监管。积极推进绿色农房建设，科学引导农房执行建筑节能标准。严格落实建筑节能强制性标准，鼓励有条件地区执行更高能效水平的建筑节能标准。

（二）大力推进既有建筑节能改造：加快实施"节能暖房"工程，"十二五"期间完成改造4亿平方米以上，鼓励有条件的地区超额完成任务。积极推动公共建筑节能改造，"十二五"期间，完成公共建筑改造6000万平方米，公共机构办公建筑改造6000万平方米。开展夏热冬冷和夏热冬暖地区居住建筑节能改造试点，"十二五"期间，完成改造5000万平方米以上。创新既有建筑节能改造工作机制，严格落实工程建设责任制，严把规划、设计、施工、材料关口，确保工程安全、质量和效益。节能改造工程完工后，应进行建筑能效测评。

（三）开展城镇供热系统改造：实施北方采暖地区城镇供热系统节能改造，提高热源效率和管网保温性能，优化系统调节能力，改善管网热平衡。

（四）推进可再生能源建筑规模化应用：积极推动太阳能、浅层地能、生物质能等可再生能源在建筑中的应用。到 2015 年末，新增可再生能源建筑应用面积 25 亿平方米，示范地区建筑可再生能源消费量占建筑能耗总量的比例达到 10％以上。

（五）加强公共建筑节能管理：加强公共建筑能耗统计、能源审计和能耗公示工作，推行能耗分项计量和实时监控，推进公共建筑节能、节水监管平台建设。

（六）加快绿色建筑相关技术研发推广：科技部门要研究设立绿色建筑科技发展专项，加快绿色建筑共性和关键技术研发，重点攻克既有建筑节能改造、可再生能源建筑应用、节水与水资源综合利用、绿色建材、废弃物资源化、环境质量控制、提高建筑物耐久性等方面的技术，加强绿色建筑技术标准规范研究，开展绿色建筑技术的集成示范。

（七）大力发展绿色建材：因地制宜、就地取材，结合当地气候特点和资源禀赋，大力发展安全耐久、节能环保、施工便利的绿色建材。积极支持绿色建材产业发展，组织开展绿色建材产业化示范。

（八）推动建筑工业化：住房城乡建设等部门要加快建立促进建筑工业化的设计、施工、部品生产等环节的标准体系，推动结构件、部品、部件的标准化，丰富标准件的种类，提高通用性和可置换性。推广适合工业化生产的预制装配式混凝土、钢结构等建筑体系，加快发展建设工程的预制和装配技术，提高建筑工业化技术集成水平。支持集设计、生产、施工于一体的工业化基地建设，开展工业化建筑示范试点。积极推行住宅全装修，鼓励新建住宅一次装修到位或菜单式装修，促进个性化装修和产业化装修相统一。

（九）严格建筑拆除管理程序：加强城市规划管理，维护规划的严肃性和稳定性。城市人民政府以及建筑的所有者和使用者要加强建筑维护管理，对符合城市规划和工程建设标准、在正常使用寿命内的建筑，除基本的公共利益需要外，不得随意拆除。拆除大型公共建筑的，要按有关程序提前向社会公示征求意见，接受社会监督。

（十）推进建筑废弃物资源化利用：落实建筑废弃物处理责任制，按照"谁产生、谁负责"的原则进行建筑废弃物的收集、运输和处理。地方各级人民政府对本行政区域内的废弃物资源化利用负总责，地级以上城市要因地制宜设立专门的建筑废弃物集中处理基地。

四、保障措施

（一）强化目标责任：要将绿色建筑行动的目标任务科学分解到省级人民政府，将绿色建筑行动目标完成情况和措施落实情况纳入省级人民政府节能目标责任评价考核体系。

（二）加大政策激励：研究完善财政支持政策，继续支持绿色建筑及绿色生态城区建设、既有建筑节能改造、供热系统节能改造、可再生能源建筑应用等，研究制定支持绿色建材发展、建筑垃圾资源化利用、建筑工业化、基础能力建设等工作的政策措施。对达到国家绿色建筑评价标准二星级及以上的建筑给予财政资金奖励。国土资源部门要研究制定促进绿色建筑发展在土地转让方面的政策，住房和城乡建设部门要研究制定容积率奖励方面的政策，在土地招拍挂出让规划条件中，要明确绿色建筑的建设用地比例。

（三）完善标准体系：住房城乡建设等部门要完善建筑节能标准，科学合理地提高标准要求。健全绿色建筑评价标准体系，加快制（修）订适合不同气候区、不同类型建筑的节能建筑和绿色建筑评价标准，完成《绿色建筑评价标准》的修订，完善住宅、办公楼、商场、宾馆的评价标准，出台学校、医院、机场、车站等公共建筑的评价标准。

（四）深化城镇供热体制改革：要大力推行按热量计量收费，督导各地区出台完善供热计量价格和收费办法。加快供热企业改革，推进供热企业市场化经营，培育和规范供热市场，理顺热源、管网、用户的利益关系。

（五）严格建设全过程监督管理：对应执行绿色建筑标准的项目，住房和城乡建设部门要在设计方案审查、施工图设计审查中增加绿色建筑相关内容，未通过审查的不得颁发建设工程规划许可证、施工许可证；施工时要加强监管，确保按图施工。对自愿执行绿色建筑标准的项目，在项目立项时要标明绿色星级标准，建设单位应在房屋施工、销售现场明示建筑节能、节水等性能指标。

（六）强化能力建设：建立健全建筑能耗统计体系，提高统计的准确性和及时性。加强绿色建筑评价标识体系建设，推行第三方评价，强化绿色建筑评价监管机构能力建设，严格评价监管。

（七）加强监督检查：将绿色建筑行动执行情况纳入国务院节能减排检查和建设领域检查内容，开展绿色建筑行动专项督查，严肃查处违规建设高耗能建筑、违反工程建设标准、建筑材料不达标、不按规定公示性能指标、违反供热计量价格和收费办法等行为。

（八）开展宣传教育：采用多种形式积极宣传绿色建筑法律法规、政策措施、典型案例、先进经验，加强舆论监督，营造开展绿色建筑行动的良好氛围。提高公众对绿色建筑的认知度，倡导绿色消费理念。促进资源节约型、环境友好型社会建设。

五、江苏省绿色建筑行动实施方案

《江苏省绿色建筑行动实施方案》（苏政办发〔2013〕103 号）明确，贯彻绿色、循环、低碳理念，开展绿色建筑行动，对转变城乡建设模式和建设产业转型升级，破解能源资源瓶颈约束，提高城乡生态宜居水平，培育节能环保、新能源等战略性新兴产业，具有十分重要的意义和作用。其主要目标"十二五"期间，全省达到绿色建筑标准的项目总面积超过 1 亿平方米，其中，2013 年新增 1500 万平方米。2015 年，全省城镇新建建筑全面按一星及以上绿色建筑标准设计建造；2020 年，全省 50％的城镇新建建筑按二星及以上绿色建筑标准设计建造。"十二五"期末，建立较完善的绿色建筑政策法规体系、行政监管体系、技术支撑体系、市场服务体系，形成具有江苏特点的绿色建筑技术路线和工作推进机制，绿色建筑发展水平保持全国领先地位。

六、浙江省绿色建筑发展三年行动计划（2015—2017）

浙江省人民政府《关于积极推进绿色建筑发展的若干意见》（浙政发〔2011〕56 号）和《关于印发〈浙江省绿色建筑发展三年行动计划（2015—2017）〉的通知》（建设发〔2015〕350 号）明确，大力发展绿色建筑，以绿色、循环、低碳理念指导城乡建设，提升建筑领域绿色发展水平，是我省实现可持续发展的必然要求。其主要目标：通过三年的努力，绿色节能意识明显增强，基本形成绿色建筑发展体系和技术路线，实现从节能建筑到绿色建筑的跨越式发展，新建建筑绿色水平明显提高，建筑工业化取得显著成效，既有建筑节能改造稳步推进，绿色建筑发展水平处于全国领先。

（一）新建绿色建筑。全省新建民用建筑按照一星级以上绿色建筑强制性标准进行建设；其中，国家机关办公建筑和大型公共建筑按照二星级以上绿色建筑强制性标准进行建设，鼓励其他公共建筑和居住建筑按照二星级以上等级绿色建筑的技术要求进行建设。

（二）新建装配式建筑。2015 年，新开工建设新型建筑工业化项目面积达到 100 万平方米以上；2016 年，新开工建设新型建筑工业化项目面积达到 300 万平方米以上；2017

年，新开工建设新型建筑工业化项目面积达到 400 万平方米以上。

（三）既有建筑节能改造。进一步完善全省国家机关办公建筑和大型公共建筑能耗监测体系，健全既有建筑节能改造机制。到 2017 年，全省完成既有公共建筑节能改造 500 万平方米，居住建筑节能改造 600 万平方米。

七、上海市绿色建筑发展三年行动计划（2014—2016）

上海市绿色建筑发展三年行动计划（2014—2016）重点任务是全面推进新建建筑绿色化；大力推进建筑工业化和绿色施工；稳步推进既有建筑节能改造；加快适用技术和产品推广应用。保障措施是强化组织协调；强化责任考核；强化政策激励；强化工作导向；强化能力建设；强化宣传教育。实现主要目标：通过三年的努力，初步形成有效推进本市建筑绿色化的发展体系和技术路线，实现从建筑节能到绿色建筑的跨越式发展。新建建筑绿色、节能、环保水平明显提高，建筑工业化水平取得显著进步，既有建筑节能改造稳步推进，绿色建筑发展水平位于全国领先。

（一）新建绿色建筑。2014 年下半年起新建民用建筑原则上全部按照绿色建筑一星级及以上标准建设。其中，单体建筑面积 2 万平方米以上大型公共建筑和国家机关办公建筑，按照绿色建筑二星级及以上标准建设；八个低碳发展实践区（长宁虹桥地区、黄浦外滩滨江地区、徐汇滨江地区、奉贤南桥新城、崇明县、虹桥商务区、临港地区、金桥出口加工区）、六大重点功能区域（世博园区、虹桥商务区、国际旅游度假区、临港地区、前滩地区、黄浦江两岸）内的新建民用建筑，按照绿色建筑二星级及以上标准建设的建筑面积占同期新建民用建筑的总建筑面积比例，不低于 50％。

（二）新建装配式建筑。各区县政府在本区域供地面积总量中落实的装配式建筑的建筑面积比例，2014 年不少于 25％；2015 年不少于 50％；2016 年，外环线以内符合条件的新建民用建筑原则上全部采用装配式建筑，装配式建筑比例进一步提高。

（三）既有建筑节能改造。基本建成覆盖本市国家机关办公建筑和大型公共建筑的能耗监测系统，健全和完善既有公共建筑节能改造机制。力争至 2016 年底，三年累计完成 700 万平方米既有公共建筑节能改造。其中，改造后单位建筑面积能耗下降 20％及以上的达到 400 万平方米。结合旧住房综合改造，因地制宜改善既有居住建筑能耗水平。

八、建筑节能与绿色建筑发展"十三五"规划

推进建筑节能和绿色建筑发展，是落实国家能源生产和消费革命战略的客观要求，是加快生态文明建设、走新型城镇化道路的重要体现，是推进节能减排和应对气候变化的有效手段，是创新驱动增强经济发展新动能的着力点，是全面建成小康社会，增加人民群众获得感的重要内容，对于建设节能低碳、绿色生态、集约高效的建筑用能体系，推动住房城乡建设领域供给侧结构性改革，实现绿色发展具有重要的现实意义和深远的战略意义。《建筑节能与绿色建筑发展"十三五"规划》是指导"十三五"时期我国建筑节能与绿色建筑事业发展的全局性、综合性规划。"十三五"时期是我国全面建成小康社会的决胜阶段，经济结构转型升级进程加快，住房城乡建设领域能源资源利用模式亟待转型升级，推进建筑节能与绿色建筑发展面临大有可为的机遇期，潜力巨大，同时困难和挑战也比较突出。

（一）指导思想。牢固树立创新、协调、绿色、开放、共享发展理念，紧紧抓住国家推进新型城镇化、生态文明建设、能源生产和消费革命的重要战略机遇期，以提高建筑节

能标准促进绿色建筑全面发展为工作主线，落实"适用、经济、绿色、美观"建筑方针，完善法规、政策、标准、技术、市场、产业支撑体系，全面提升建筑能源利用效率，优化建筑用能结构，改善建筑居住环境品质，为住房城乡建设领域绿色发展提供支撑。

（二）基本原则。坚持全面推进，坚持统筹协调。坚持突出重点，坚持以人为本。坚持创新驱动，加强科技创新，推动建筑节能与绿色建筑技术及产品从被动跟随到自主创新。

（三）主要目标。"十三五"时期，建筑节能与绿色建筑发展的总体目标是：建筑节能标准加快提升，城镇新建建筑中绿色建筑推广比例大幅提高，既有建筑节能改造有序推进，可再生能源建筑应用规模逐步扩大，农村建筑节能实现新突破，使我国建筑总体能耗强度持续下降，建筑能源消费结构逐步改善，建筑领域绿色发展水平明显提高。

具体目标是：到 2020 年，城镇新建建筑能效水平比 2015 年提升 20%，部分地区及建筑门窗等关键部位建筑节能标准达到或接近国际现阶段先进水平。城镇新建建筑中绿色建筑面积比重超过 50%，绿色建材应用比重超过 40%。完成既有居住建筑节能改造面积 5 亿平方米以上，公共建筑节能改造 1 亿平方米，全国城镇既有居住建筑中节能建筑所占比例超过 60%。城镇可再生能源替代民用建筑常规能源消耗比重超过 6%。经济发达地区及重点发展区域农村建筑节能取得突破，采用节能措施比例超过 10%。

（四）主要任务

1. 加快提高建筑节能标准及执行质量。加快提高建筑节能标准，严格控制建筑节能标准执行质量，重点城市节能标准领跑计划，标杆项目（区域）标准领跑计划。

2. 全面推动绿色建筑发展量质齐升。实施建筑全领域绿色倍增行动，实施绿色建筑全过程质量提升行动，实施建筑全产业链绿色供给行动，绿色建筑倍增计划。到 2020 年，全国城镇绿色建筑占新建建筑比例超过 50%，新增绿色建筑面积 20 亿平方米以上。绿色建筑质量提升行动，获得绿色建筑评价标识项目中，二星级及以上等级项目比例超过 80%，获得运行标识项目比例超过 30%。绿色建筑全产业链发展计划，到 2020 年，城镇新建建筑中绿色建材应用比例超过 40%；城镇装配式建筑占新建建筑比例超过 15%。

3. 稳步提升既有建筑节能水平。持续推进既有居住建筑节能改造，不断强化公共建筑节能管理，既有居住建筑节能改造，实施既有居住建筑节能改造面积 5 亿平方米以上，2020 年前基本完成北方采暖地区有改造价值城镇居住建筑的节能改造。老旧小区节能宜居综合改造试点，公共建筑能效提升行动，带动全国完成公共建筑节能改造面积 1 亿平方米以上。节约型学校（医院）。完成中小学、社区医院节能及绿色化改造试点 50 万平方米。

4. 深入推进可再生能源建筑应用。扩大可再生能源建筑应用规模，提升可再生能源建筑应用质量。太阳能光热建筑应用，全国城镇新增太阳能光热建筑应用面积 20 亿平方米以上。太阳能光伏建筑应用，全国城镇新增太阳能光电建筑应用装机容量 1000 万千瓦以上。

浅层地热能建筑应用，全国城镇新增浅层地热能建筑应用面积 2 亿平方米以上。在条件适宜地区积极推广空气热能建筑应用。

5. 积极推进农村建筑节能。积极引导节能绿色农房建设，提高农房节能设计和建造能力。积极推进农村建筑用能结构调整，积极研究适应农村资源条件、建筑特点的用能体系，引导农村建筑用能清洁化、无煤化进程。

（五）重点举措

1. 健全法律法规体系，结合建筑法、节约能源法修订，评估《民用建筑节能条例》实施效果。

2. 加强标准体系建设，根据建筑节能与绿色建筑发展需求，适时制修订相关设计、施工、验收、检测、评价、改造等工程建设标准。建筑节能标准，研究编制建筑节能与可再生能源利用全文强制性技术规范；逐步修订现行建筑节能设计、节能改造系列标准。绿色建筑标准。逐步修订现行绿色建筑评价系列标准以及可再生能源及分布式能源建筑应用标准。

3. 提高科技创新水平，健全建筑节能和绿色建筑重点节能技术推广制度。建筑节能与绿色建筑重点技术方向，既有建筑节能宜居及绿色化改造、调适、运行维护等综合技术体系研究；绿色建筑精细化设计、绿色施工与装备、调适、运营优化、建筑室内健康环境控制与保障、绿色建筑后评估等关键技术研究。

4. 增强产业支撑能力，强化建筑节能与绿色建筑材料产品产业支撑能力，推进建筑门窗、保温体系等关键产品的质量升级工程，促进新技术、新产品的标准化、工程化、产业化。促进建筑节能和绿色建筑相关咨询、科研、规划、设计、施工、检测、评价、运行维护企业和机构的发展。新型建筑节能与绿色建筑材料及产品，开发高效节能门窗、高性能功能性装饰装修功能一体化技术及产品；高性能混凝土、高强钢等建材推广；高效建筑用可再生能源应用等领域设备开发及推广。

5. 构建数据服务体系，健全建筑节能与绿色建筑统计体系，不断增强统计数据的准确性、适用性和可靠性。加快推进建筑节能与绿色建筑数据资源服务，利用大数据、物联网、云计算等信息技术，整合政府数据、社会数据、互联网数据资源，实现数据信息的搜集、处理、传输、存储和数据库的现代化，深化大数据关联分析、融合利用。

九、上海市绿色建筑"十三五"专项规划

党的十八届五中全会提出"创新、协调、绿色、开放、共享"五大发展理念；中央城市工作会议强调，要尊重城市发展规律，强化"五大统筹"，并提出"适用、经济、绿色、美观"的八字方针；生态文明建设意见中指出要"经济建设、政治建设、文化建设、社会建设、生态文明建设"五位一体，协同推进"新型工业化、信息化、城镇化、农业现代化、绿色化"五化发展，大力推进绿色发展、循环发展、低碳发展。这些国家层面战略政策都凸显绿色可持续发展的迫切性与重要性，对全国城市规划和建设管理提出更高的要求。上海绿色建筑发展自身也正面临新的形势：一是建设用地底线约束趋紧，城市发展逐步由外延增长型向内生发展型转变，城市更新将成为推动绿色建筑发展的新落脚点。二是随着经济社会发展和市民生活质量提升，建筑功能从满足基本使用需要向追求高品质转变，公众对绿色建筑的体验需求逐步增加，未来绿色建筑发展需更加注重以人为本和建筑性能品质提升。三是"管理引领建设"的理念逐步落实，低影响开发模式将贯穿城市建设管理，绿色建筑推进工作也将由设计逐步向规划、建设、运营和建材生产等全生命周期延伸。

（一）发展目标

1. 全面推进新建绿色建筑发展。所有新建建筑全部执行绿色建筑标准，其中大型公共建筑、国家机关办公建筑按照绿色建筑二星级及以上标准建设；低碳发展实践区、重点功能区域内新建公共建筑按照绿色建筑二星级及以上标准建设的比例不低于 70%；创建全市绿色施工示范工程，建筑施工业万元增加值能耗下降 10%。

2. 深化建设公共建筑节能监管体系，每年开展能耗统计和能源审计工作。新增纳入市级平台的能耗监测面积不低于 1000 万平方米，强化能耗监测数据应用；绿色建筑运营项目全部纳入市级能耗监测平台。

3. 稳步实施既有建筑节能改造，完成既有公共建筑节能改造面积不低于 1000 万平方米；试点既有公共建筑绿色化改造，创建一批既有建筑绿色化改造示范工程。

4. 推进绿色生态城区创建工作，各区、重要功能区域管委会至少创建一个绿色生态城区；全市形成一批可推广、可复制的试点、示范城区，以点带面推进本市绿色生态城区建设。

（二）重点任务

结合本市"十三五"城市建设重点任务，以政府引导与市场推动相结合，以低碳发展实践区与重点功能区规模推广为主要渠道，强化新建建筑，兼顾既有建筑，强调全寿命期管理体系建设，加强绿色建筑施工过程与竣工验收管理，突出绿色建筑、高效运营，实现本市绿色节能建筑规模化、高效化、均衡发展。

1. 全面推进新建建筑绿色化，强化新建建筑执行绿色建筑标准，建设要求全覆盖。深入落实《上海市绿色建筑发展三年行动计划》，加强技术研发，完善标准体系，强化新建民用建筑项目全部执行绿色建筑标准，其中单体建筑面积 2 万平方米以上大型公共建筑和国家机关办公建筑达到绿色建筑二星级及以上标准。低碳发展实践区、重点功能区域内新建公共建筑按照绿色建筑二星级及以上标准建设的比例不低于 70%。完善绿色建筑监管制度，严格建设全过程监管。对项目建设各阶段加强绿色建筑标准执行监管，包括在区域城乡规划、土地招拍挂、项目报建、方案审批、施工图审查、竣工验收等环节监督绿色建筑标准执行。

2. 深入建设公共建筑节能监管体系，完善节能监管制度，持续推进能耗监测。进一步完善本市国家机关办公建筑和大型公共建筑节能监管体系，制定能耗监测平台管理办法，规范运行维护平台，定期发布本市大型公共建筑能耗情况年度报告，每年开展建筑能耗统计和能源审计工作，持续推进节能监管专项工作。稳步推进公共建筑能耗监测系统建设，逐步将建筑面积 1 万平方米以上公共建筑纳入能耗监测范围。集成能耗监测平台成果，加强数据研究应用。充分发挥国家机关办公建筑和大型公共建筑能耗监测平台作用，深入挖掘建筑能耗数据价值，健全和完善机关、商场、宾馆、学校、医院等各类公共建筑合理用能指南，完善公共机构能耗统计、能源审计、能效公示管理制度，探索建立各类公共建筑能耗对标、限额管理、能耗信息公示制度，研究制定公共建筑超限额用能（用电）政策，形成有效推动既有公共建筑节能改造机制。

3. 稳步推进既有建筑节能改造，完善合同能源管理机制，持续推进既有公共建筑节能改造。总结提升公共建筑节能改造重点城市示范创建经验，以大型公共建筑和国家机关办公建筑为重点，鼓励采取合同能源管理模式进行既有公共建筑节能改造，对既有公共建筑节能改造实施质量管理，切实提升既有公共建筑节能改造成效，降低公共建筑运行能耗。协同城市更新工作，探索既有建筑绿色化改造。结合本市老城区升级改造、优化中心城区功能格局、既有建筑节能改造等专项工作，以节约资源、保护环境为宗旨，鼓励有条件的既有建筑实施绿色化改造，积极探索既有街区的绿色化改造试点工作，因地制宜开展节能、节水、节材、节地、保护环境等方面的绿色改造试点，全面提升建筑功能，改善城市环境，提高绿色生态品质，激发城市发展活力。

4. 注重绿色建筑运行管理实效，引逼结合转变标识发展，注重绿色建筑运行管理。新建国家机关办公建筑与公共机构建筑率先实施绿色化运营，有效发挥政府带头引领作用；贯彻实施绿色建筑激励政策，以财政补贴引导市场自愿实施绿色建筑运行标识。以绿色建筑运行评价标识为抓手，引导绿色建筑认证逐渐从设计向运行方向发展。建立绿色建筑运行监管，提升建筑运行管理实效。对实施绿色建筑运行管理的建筑实施监管，将绿色建筑运行项目纳入市级能耗监测平台，并形成绿色建筑专用数据库，加强建筑运行能耗数据分析研究，提升建筑运行实效，为行业规范、政府管理、城市规划等提供管理决策支持与技术支撑。通过绿色建筑运营监管，总结技术管理经验，全面提升建筑运行阶段的管理水平，降低建筑资源与能源消耗，提升绿色建筑品质。

5. 推进绿色施工与能效测评。针对目前绿色建筑实施过程中的薄弱环节，加强绿色施工发展，积极推进绿色建筑测评制度，完善绿色建筑专项验收机制。推进绿色施工发展，实现建设过程绿色化。严格执行绿色施工管理技术规程，以节能、降耗、减排为核心，实现施工过程的绿色化，强化现场节电、节水和污水、泥浆、扬尘、噪声管理。严格落实施工企业主体责任，编制落实绿色施工方案，加强施工过程中绿色施工和文明施工监管和考核评价。调整建筑施工万元产值用电、用水能耗考核指标，建立施工能耗公示制度。以创建绿色施工样板工程和达标工程为抓手，开展绿色施工示范工程创建活动。推进能效测评制度，提升建筑节能建成性能。积极贯彻落实本市能效测评制度，健全能效测评实施管理制度，持续开展能效测评机构能力建设，在新建建筑竣工验收后实施能效测评，完成建筑节能闭环监管，提升建筑节能性能。

6. 试点推进绿色生态城区建设完善管理制度，科学指导绿色生态城区建设。完善绿色生态城区相关标准规范，发布《上海市绿色生态城区评价导则》，加强绿色生态城区建设的引导和管理。本市低碳实践区、重点功能区域、郊区新城以及各类工业园区、生态园区，按照绿色生态城区标准实施规划建设与运营，因地制宜编制绿色生态指标体系与规划方案；加强建设管理环节审查绿色生态要点；建立绿色生态城区科学的运营管理模式。开展试点示范工作，积极创建绿色生态城区。各区政府或开发区管委会按照上海市绿色生态城区的创建要求，积极组织绿色生态城区试点示范申报。2020 年，各区、重点功能区管委会力争至少创建一个绿色生态城区。全市形成一批可推广、可复制的试点、示范城区，以点带面推进本市绿色生态城区建设。

7. 加强科技创新与适用技术推广应用，推进可再生能源建筑规模化应用。完善可再生能源建筑应用设计、施工、验收等各类标准规范、图集及工法。稳步推进太阳能热水建筑一体化技术。积极推动太阳能光伏发展，鼓励工业厂房、大型超市等屋顶面积较大的建筑顶棚铺设太阳能光伏系统。进一步规范完善地源热泵技术体系，鼓励适宜可行的地方推广浅层地能利用技术。试点示范，以点带面，建设一批可再生能源集成示范项目。加强绿色建材开发与推广应用。因地制宜、就地取材，大力发展安全耐久、节能环保、便于施工的绿色建材，鼓励采用循环利用材料，生产绿色建材产品。大力开发低碳、节能环保的新材料，开展高排放建材产品节约替代示范工程。加快建立绿色建材评价体系，实施标识管理。明确绿色建材管理机构，制定绿色建材评价认定标准与实施流程，建立绿色建材库，鼓励和引导绿色生产消费。大力发展绿色建筑产业支撑产品，包括 BIM、建筑工业化、保温材料、太阳能应用、热泵、遮阳、空调系统产品、电梯、透水地面产品、洁具、楼宇智能化软件产品、室内环境产品等。推广适宜本市的自然采光、自然通风、遮阳、高效空调、热泵、带热回收新风系统、雨水收集、河道水利用等技术；加快普及高效节能的照明产品、风机、水泵、热水器、电梯及节水器具等。

十、上海市建筑节能和绿色建筑示范项目专项扶持资金

为进一步推进本市建筑节能和绿色建筑的发展，规范建筑节能和绿色建筑示范项目专项扶持资金的使用管理，上海市建筑节能和绿色建筑示范项目专项扶持资金使用与管理应当遵循以下原则：有利于培育本市建筑节能和绿色建筑示范项目；有利于提高本市建筑能源利用效率和绿色建筑发展；有利于调动建筑节能和绿色建筑参与各方的积极性；有利于完善本市建筑节能和绿色建筑管理体系。

（一）支持范围（政府投资项目除外）

1. 绿色建筑示范项目。获得二星级或三星级绿色建筑运行标识的居住建筑和公共建筑。建筑规模：二星级居住建筑的建筑面积 2.5 万平方米以上、三星级居住建筑的建筑面积 1 万平方米以上；二星级公共建筑单体建筑面积 1 万平方米以上、三星级公共建筑单体建筑面积 0.5 万平方米以上。建筑要求：公共建筑应当实施建筑用能分项计量，且与本市国家机关办公建筑和大型公共建筑能耗监测平台数据联网。

2. 装配整体式建筑示范项目。建筑规模：居住建筑装配式建筑面积 3 万平方米以上，公共建筑装配式建筑面积 2 万平方米以上。建筑要求：装配式建筑单体预制率应不低于 45% 或装配率不低于 65%，且具有两项以上的创新技术应用，公共建筑应当实施建筑用能分项计量，且与本市国家机关办公建筑和大型公共建筑能耗监测平台数据联网。

3. 既有建筑节能改造示范项目。建筑规模：居住建筑，建筑面积 1 万平方米以上；公共建筑，单体建筑面积 2 万平方米以上。建筑要求：居住建筑应当符合《既有居住建筑节能改造技术规程》（DG/TJ08—2136）。公共建筑单位建筑面积能耗下降不低于 15%（按标煤折算），公共建筑应当实施建筑用能分项计量，且与本市国家机关办公建筑和大型公共建筑能耗监测平台数据联网。

4. 既有建筑外窗或外遮阳节能改造示范项目。建筑规模：居住建筑，建筑面积 0.5 万平方米以上；公共建筑，单体建筑面积 1 万平方米以上。建筑要求：既有建筑外窗节能改造的，应当分别符合《居住建筑节能设计标准》（DGJ 08—205）和《公共建筑节能设计标准》（DGJ 08—107）中对外窗的技术要求；既有建筑外遮阳节能改造的，应当符合《建筑遮阳工程技术规范》（JGJ 237）要求。

5. 可再生能源与建筑一体化示范项目。利用太阳能、浅层地热能等可再生能源与建筑一体化居住建筑或公共建筑项目（太阳能光伏项目和法定必须安装太阳能热水系统的项目除外）。使用一种可再生能源的，建筑规模：居住建筑，建筑面积 5 万平方米以上；公共建筑，单体建筑面积 2 万平方米以上。使用两种及以上可再生能源的，建筑规模：居住建筑，建筑面积 4 万平方米以上；公共建筑，单体建筑面积 1.5 万平方米以上。其中公共建筑应当实施建筑用能分项计量，且与本市国家机关办公建筑和大型公共建筑能耗监测平台数据联网。

6. 立体绿化示范项目。在相关重点区域的建（构）筑物上（不含住宅建筑，具体区域由市绿化市容局会同市住房城乡建设管理委、市发展改革委确定），利用屋顶、墙面等建（构）筑物空间开展的各类立体绿化项目，已享受绿地率抵算的立体绿化项目除外。建设面积：屋顶绿化覆盖面积 1000 平方米以上；一般墙面绿化覆盖面积 1000 平方米以上；特殊墙面绿化覆盖面积 500 平方米以上（其中，中环线以内重点区域屋顶绿化覆盖面积 500 平方米以上；特殊墙面绿化覆盖面积 200 平方米以上）。建设要求：符合立体绿化相关技术规范。

7. 建筑节能管理与服务项目。既有国家机关办公建筑和大型公共建筑的能源审计和分项计量项目。

8. 被列为国家绿色生态示范城区、国家级示范项目、可再生能源建筑应用示范城市或示范县的项目。

（二）支持标准和方式

1. 符合绿色建筑示范的项目，二星级绿色建筑运行标识项目每平方米补贴 50 元，三星级绿色建筑运行标识项目每平方米补贴 100 元。

2. 符合装配整体式建筑示范的项目，每平方米补贴 100 元。

3. 符合既有建筑节能改造示范的项目，居住建筑每平方米受益面积补贴 50 元；公共建筑单位建筑面积能耗下降 20% 及以上的，每平方米受益面积补贴 25 元；公共建筑单位建筑面积能耗下降 15%（含）至 20% 的，每平方米受益面积补贴 15 元。

4. 符合既有建筑外窗或外遮阳节能改造示范的项目，按照窗面积每平方米补贴 150 元；对同时实施建筑外窗和外遮阳节能改造的，按照窗面积每平方米补贴 250 元。

5. 符合可再生能源与建筑一体化示范的项目，采用太阳能光热的，每平方米受益面积补贴 45 元；采用浅层地热能的，每平方米受益面积补贴 55 元。

6. 符合立体绿化示范的项目，花园式屋顶绿化每平方米绿化面积补贴 200 元；组合式屋顶绿化每平方米绿化面积补贴 100 元；草坪式屋顶绿化每平方米绿化面积补贴 50 元。一般墙面绿化每平方米绿化面积补贴 30 元，特殊墙面绿化每平方米绿化面积补贴 200 元。

7. 符合建筑节能管理与服务的能源审计和分项计量项目，按照政府采购确定的费用给予补贴。

8. 被列为国家绿色生态示范城区、国家级示范项目、可再生能源建筑应用示范城市或示范县的项目，申请到中央财政专项资金补贴的，地方财政将给予适当支持。鼓励区财政给予支持。

9. 装配整体式建筑单个示范项目最高补贴 1000 万元，其他单个示范项目最高补贴 600 万元。单个示范项目的补贴资金不得超过该项目总投资额的 30%。

10. 已从其他渠道获得市级财政资金支持的项目，不得重复申报。同一项目只能选择本办法支持范围中的一项给予补贴。

第二节　绿色建筑后评估要旨

为贯彻落实《国家新型城镇化规划（2014—2020 年)》和《国务院办公厅关于转发发展改革委、住房和城乡建设部绿色建筑行动方案的通知》（国办发〔2013〕1 号），进一步提高绿色建筑发展质量，确保绿色建筑各项技术措施发挥实际效果，住房和城乡建设部先后组织制定了《民用建筑绿色设计规范》《建筑工程绿色施工规范》《绿色建筑工程施工质量验收规范》《农村居住建筑节能设计标准》《绿色农房建设导则（试行）》和《绿色建筑评价标准》，尤其是《绿色建筑后评估技术指南》（办公和商店建筑版，建办科〔2017〕15号）。

一、绿色建筑发展目标

大力发展绿色建筑，是指满足《绿色建筑评价标准》，以绿色、生态、低碳理念指导城乡建设，能够最大效率地利用资源和最低限度地影响环境，有效转变城乡建设发展模式，缓解城镇化进程中资源环境约束；能够充分体现以人为本理念，为人们提供健康、舒适、安全的居住、工作和活动空间，显著改善群众生产生活条件，提高人民满意度，并在广大群众中树立节约资源与保护环境的观念；能够全面集成建筑节能、节地、节水、节材及环境保护等多种技术，极大带动建筑技术革新，直接推动建筑生产方式的重大变革，促进建筑产业优化升级，拉动节能环保建材、新能源应用、节能服务、咨询等相关产业发展。绿色建筑发展的主要目标，到2020年绿色建筑占新建建筑比重超过30%，建筑建造和使用过程的能源资源消耗水平接近或达到现阶段发达国家水平。我国绿色建筑发展必须遵循因地制宜、经济适用，充分考虑各地经济社会发展水平、资源禀赋、气候条件、建筑特点，合理制定地区绿色建筑发展规划和技术路线，建立健全地区绿色建筑标准体系，实施有针对性的政策措施。

二、健全绿色建筑标准规范及评价标识

完善绿色建筑标准体系，制（修）订绿色建筑规划、设计、施工、验收、运行管理及相关产品标准、规程。加快制定适合不同气候区、不同建筑类型的绿色建筑评价标准。研究制定绿色建筑工程定额及造价标准。鼓励地方结合地区实际，制定绿色建筑强制性标准。编制绿色生态城区指标体系、技术导则和标准体系。完善绿色建筑评价制度，建立自愿性标识与强制性标识相结合的推进机制，对按绿色建筑标准设计建造的一般住宅和公共建筑，实行自愿性评价标识，对按绿色建筑标准设计建造的政府投资的保障性住房、学校、医院等公益性建筑及大型公共建筑，率先实行评价标识。

三、绿色建筑财政政策激励机制

绿色建筑奖励审核、备案及公示制度。对申请项目的规划设计方案、绿色建筑评价标识报告、工程建设审批文件、性能效果分析报告等进行程序性审核，对审核通过的绿色建筑项目予以备案。项目竣工验收后，其中大型公共建筑投入使用一年后，组织能效测评机构对项目的实施量、工程量、实际性能效果评价。中央财政奖励资金2012年奖励标准：二星级绿色建筑45元/平方米（建筑面积，下同），三星级绿色建筑80元/平方米。奖励标准将根据技术进步、成本变化等情况进行调整。

四、绿色建筑后评估

（一）绿色建筑从规划设计、建造竣工，随即进入了建筑全寿命期中所占时间最长的运行使用和维护阶段。绿色建筑后评估即对绿色建筑运维阶段的实施效果、建成使用满意度及人行为影响因素进行主客观的综合评估。绿色建筑后评估是对绿色建筑投入使用后的效果评价，包括建筑运行中的能耗、水耗、材料消耗水平评价，建筑提供的室内外声环境、光环境、热环境、空气品质、交通组织、功能配套、场地生态的评价，以及建筑使用者干扰与反馈的评价。建筑的运行使用和维护阶段在建筑全寿命期中所占时间最长，对绿色建筑的运行使用情况进行后评估，既可查验绿色建筑实际落实情况，展现绿色建筑实施效果，又可为绿色建筑业主、物业单位和开发单位在运行期间诊断和提升建筑性能和品质提供依据，并指导同类新建建筑在规划、设计方面的持续优化改进。

（二）截至 2015 年底，我国共有 4071 个项目获得绿色建筑评价标识，总计建筑面积达超过 4.7 亿平方米，其中设计标识占 95%，运行标识占 5%，标识项目中设计标识多、运行标识少，对获得设计标识的项目进行运行评价时，通常只评价单项技术性能指标的高低，既没有考虑各项技术之间的耦合影响，也没有考虑建筑使用者的干扰影响，无法准确评价绿色建筑的实施效果，由此导致单项技术指标的高低难以让大家体验到绿色建筑的实际效果。

五、后评估技术指南特点

《绿色建筑后评估技术指南》与《绿色建筑评价标准》不同的是重在评价各项绿色技术与措施的综合实施效果，如能耗、水耗、建筑使用者反馈等评价指标，而非单项技术（屋顶绿化、热回收技术的应用与否等评价指标）的落实评价，更好地体现了建筑作为一个有机集成系统在节能环保方面的作用。《绿色建筑评价标准》与《绿色建筑后评估技术指南》的评价体系不同，前者侧重于评价绿色建筑采用的技术或措施是否到位，后者是对绿色建筑运营效果的最终评价，无需考虑单项技术或措施的到位与否，却包含了单项技术或措施应用中其他可能出现的影响因素。所以，前者倾向于措施性评价，而后者倾向于效能性评价。但由于评价的对象相同，两个评价体系中尽量采用相同的框架结构和可以通用的评价指标，且前者的评价结果为后者开展评价的基础，因此，《绿色建筑后评估技术指南》适用于投入运行的绿色建筑项目。自持型的办公类绿色建筑和商店类绿色建筑，从运维成本考虑，往往会自觉地采用绿色设计并落实。为了提高指南的操作性，其他建筑类型，可参考指南开展自我评估。

六、参评绿色建筑的前提条件

《绿色建筑后评估技术指南》重点是对绿色建筑在运行使用阶段的节能、环保、健康等绿色方面的评价，并未涵盖通常建筑物所应具备的全部功能和性能要求，如安全、消防等要求，故参评的建筑应首先符合国家现行有关标准规定。参评的办公类和商店类的绿色建筑应满足现行《绿色建筑评价标准》的所有控制项要求，即对于参评《绿色建筑评价标准》或其他绿色建筑评价标准的办公类和商店类建筑，均应符合现行国标《绿色建筑评价标准》控制项要求。

七、后评估基本原则

评估应遵循因地制宜、经济适用、鼓励创新的基本原则。我国各地区在气候、环境、资源、经济社会发展水平与民俗文化等方面都存在较大差异，因地制宜是绿色建筑建设和评价的基本原则。对于绿色建筑后评估，也应综合考虑建筑所处地域的气候、环境、资源、经济及文化等条件和特点。既要考虑其经济适用性，统筹兼顾，总体平衡，更要鼓励建筑结合地区特点进行创新和优化。

绿色建筑后评估是从建筑运行使用阶段开始，直至建筑拆除这一较长的时段。这段时间内的二次装修、系统升级改造等运维措施会降低建筑安全性能，缩减建筑寿命，导致浪费更多的资源能源。因此，如果被评建筑的结构发生过较大改造或调整，申报单位应提供结构安全性鉴定报告；如果被评建筑结构未发生过较大改造或调整，申报单位应提交一份被评建筑结构安全承诺书，证明参评建筑在运行使用阶段满足现行结构规范的要求。承诺书中应明确被评建筑在此之前未发生任何影响结构安全的改造或损坏。

八、后评估建筑对象

绿色建筑后评估应以建筑单体或建筑群为对象，评价时凡涉及系统性、整体性的指标，应基于参评建筑单体或建筑群所属工程项目的总体进行评价。建筑单体和建筑群均可以参与绿色建筑后评估。当需要对某工程项目中的单栋建筑进行评价时，由于有些评价指标是针对该工程项目设定的，或该工程项目中其他建筑也采用了相同的技术方案，难以仅基于该单栋建筑进行评价，此时应以该栋建筑所属工程项目的总体为基准进行评价。建筑群是指位置毗邻、功能相同、权属相同、技术体系相同或相近的两个及两个以上单体建筑组成的群体。常见的建筑群有住宅建筑群、办公建筑群。当对建筑群进行评价时，可先用指南评分项对各建筑进行评价，得到各建筑单体的总得分，再按各单体建筑的建筑面积进行加权计算得到建筑群的总得分，最后按建筑群的总得分确定建筑群的绿色建筑后评估等级。参评建筑本身不得为临时建筑，且应为完整的建筑，不得从中剔除部分区域。无论评价对象为单栋建筑或建筑群，计算系统性、整体性指标时，要基于该指标所覆盖的范围或区域进行总体评价，计算区域的边界应选取合理、口径一致、能够完整围合。

九、后评估指标体系

绿色建筑后评估指标体系由节地与室外环境、节能与能源利用、节水与水资源利用、节材与材料资源利用、室内环境质量、运营管理6类指标组成。每类指标包含分值不等的评分项。由于参评建筑在功能、所处地域的气候、环境、资源等方面客观上存在差异，总有一些条文不适用，对不适用的评分项条文不予评定。因此，引入"理论满分"和"实际满分"的概念计算各类指标得分率："理论满分"是指本指南中6大类指标中每一类的总分值，均为100分；"实际满分"是指适用于各参评建筑的评分项的总分值，即理论满分减去不参评条文的总分值的差值。评分时，每类指标的得分率为实际得分值除以实际满分。各类指标的权重是在《绿色建筑评价标准》的权重设置基础上，结合办公、商店类建筑运行特点，通过试评分析，调整确定的。绿色建筑后评估分为3个等级。各部分得分率低于40%，不计等级。当绿色建筑后评估总得分分别达到50分、60分、70分时，绿色建筑后评估等级分别为及格、良好、优秀。考虑到全国已获得绿色建筑设计（或运行）评价标识的项目在运行使用一段时间后的实际运行效果，后评估时的运行状态会与设计状态（或运行标识时的运行状态）存在差距，因此后评估结果不完全等同于设计（或运行）评价标识的项目得分和等级。结合试评情况：本指南所设置的及格、良好和优秀的评价等级，与《绿色建筑评价标准》中对于一、二、三星级的难度基本相当，以此来保证绿色建筑在运行使用阶段落实设计阶段技术要求，在建筑全寿命期内保持运行初期的实施效果不变的要求。各类指标权重见表27-1。

绿色建筑各类后评估指标的权重　　　　　　　　　　　　　　　表 27-1

建筑类型	节地与室外环境	节能与能源利用	节水与水资源利用	节材与材料资源利用	室内环境质量	运营管理
办公建筑	0.13	0.19	0.16	0.13	0.19	0.20
商店建筑	0.14	0.20	0.15	0.14	0.17	0.20

第三节　绿色建筑及建筑工业化发展

新型建筑工业化是通过设计标准化、生产工厂化、施工装配化、装修一体化和管理信息化，将建筑建材、设计、建造和管理全过程联结为一体化的产业链，对优化施工环境、促进建筑节能、提高建筑品质、促进产业转型发展均具有重要意义。

（一）北京市绿色建筑标识项目的奖励资金支持对象为申报绿色建筑奖励资金的新建、改建、扩建项目（含改造项目）的建设单位或业主单位（政府全额投资的项目除外）。在中央奖励资金基础上，对绿色建筑标识项目按建筑面积给予奖励资金。奖励标准为二星级标识项目 22.5 元/平方米，三星级标识项目 40 元/平方米，奖励资金用于补贴绿色建筑咨询、建设增量成本及能效测评等方面。

（二）重庆市绿色建筑项目补助资金对获得金级、铂金级绿色建筑标识的按项目建筑面积分别给予 25 元/平方米和 40 元/平方米的补助资金，其中，对仅获得市金级、铂金级绿色建筑竣工标识的项目分别给予 10 元/平方米和 15 元/平方米的补助资金。

（三）上海市绿色建筑、装配整体式建筑、既有建筑节能改造、外窗或外遮阳改造、可再生能源建筑一体化、立体绿化、绿色生态城区等示范项目将实施新的地方财政支持政策。支持标准为：绿色建筑运行标识项目二星级每平方米补贴 50 元，三星级每平方米补贴 100 元；装配整体式建筑示范项目每平方米补贴 100 元；既有居住建筑每平方米受益面积补贴 50 元，公共建筑单位建筑面积能耗下降 20％及以上和下降 15％～20％的每平方米受益面积补贴分别为 25 元和 15；既有建筑外窗或外遮阳节能改造示范项目按窗面积每平方米补贴 150 元，外窗和外遮阳同时实施节能改造的，每平方米补贴 250 元；可再生能源与建筑一体化项目每平方米受益面积采用太阳能光热的补贴 45 元，采用浅层地热能的补贴 55 元。

（四）江苏省建立绿色建筑省级配套资金奖励制度，对确定的绿色建筑二星、三星奖励项目，按一定比例给予配套奖励；对获得绿色建筑一星级设计标识的项目，按 15 元/平方米的标准给予奖励；对获得绿色建筑运行标识的项目，在设计标识奖励标准基础上增加 10 元/平方米奖励。

一、工业化建筑评价标准要旨

（一）装配式建筑：装配式建筑是指用工厂生产的预制构件在现场装配而成的建筑，从结构形式来说，装配式混凝土结构、钢结构、木结构都可以称为装配式建筑，是工业化建筑的重要组成部分。在全国全面推广装配式建筑，有利于住宅建造早日达到工业化的标准、工业化的精度、工业化的效率、工业化的质量，同时装配式建筑也是实现资源节约和环境保护的最佳实现途径和手段，即：节能、节地、节水、节材、节省时间、节省投资和保护环境。

（二）标准主要内容：标准由总则、术语、基本规定、设计阶段评价、建造过程评价、管理与效益评价六章组成，包含条文及条文说明。对"工业化建筑"、"预制率"、"装配率"及"预制构件"等 9 个专业名词规定明确定义，规定了标准设计和工程项目两阶段评价方法，明确设计阶段、建造过程、管理与效益三部分权重及总分计算方法。

（三）标准的主要特点：明确标准适用于民用建筑的工业化程度评价，预制率是工业化建筑室外地坪以上的主体结构和围护结构中，预制构件部分的混凝土用量占对应构件混凝土总用量体积比。装配率是工业化建筑中预制构件、建筑部品的数量（或面积）占同类构件或部品总数量（或面积）比率；申请评价的工程项目应符合标准化设计、工厂化制作、装配化施工、一体化装修、信息化管理的工业化建筑基本特征，参评项目的预制率不应低于20％、装配率不应低于50％的基本要求。

（四）主要评价指标：建筑单元评价标准规定单栋居住建筑小于等于3个基本户型即为满足要求得分，大于3个基本户型按重复使用量最多的三个基本户型的面积之和占总建筑面积的比例不低于70％确定得分。标准规定单栋公共建筑小于等于3个基本单元即为满足要求得分，大于3个基本户型按重复使用量最多的三个基本单元的面积之和占总建筑面积的比例不低于60％确定得分。预制构件评价标准规定各种类型的预制构件在单体建筑中重复使用量最多的一个或三个规格构件的总个数占同类构件总个数（不包含现浇构件）的比例应符合标准的规定。建筑部品评价标准规定外窗在单体建筑中重复使用量最多三个规格总个数占外窗总数量的比例不低于60％；集成式卫生间、整体橱柜、储物间等室内建筑部品在单体建筑中重复使用量最多三个规格总个数占同类部品总数量的比例不低于70％。

（五）上海市推进装配式建筑发展的实施意见

1. 各区政府和相关管委会在本区域供地面积总量中落实的装配式建筑的建筑面积比例，2015年不少于50％；2016年起外环线以内新建民用建筑应全部采用装配式建筑、外环线以外超过50％；2017年起外环线以外在50％基础上逐年增加。

2. 采用混凝土结构体系建造的装配式住宅单体预制装配率和装配式公共建筑单体预制装配率应不低于30％，2016年起不低于40％。装配式建筑项目的建筑外墙宜采用预制夹心保温墙体。

3. 2015年以及2016年起外环线以外的建设项目还应按照以下要求实施装配式建筑（建筑高度超过100米以上除外）：政府投资的总建筑面积2万平方米以上的新建（扩建）学校（含校舍）、医院、养老建筑等项目原则上应采用装配式建筑；总建筑面积5万平方米以上的新建保障性住房项目（暂不包括用于安置被征地农民的区属动迁安置房建设项目）应采用装配式建筑；总建筑面积10万平方米以上的新建商品住宅项目和总建筑面积3万平方米以上或单体建筑面积2万平方米以上的新建商业、办公等公共建筑项目应全部采用装配式建筑，并在土地供应条件中明确相关内容。

4. 装配式建筑外墙采用预制夹心保温墙体的，其预制夹心保温墙体面积可不计入容积率，但其建筑面积不应超过总建筑面积的3％。销售及办理产证时，按照《上海市房产面积测算规范》等现行房屋测绘规定执行。

5. 对于2015年底前签订土地出让合同2016年底前开工建设的、总建筑面积达到3万平方米以上的装配式住宅项目（政府投资项目除外），预制装配率达到40％及以上的，每平方米补贴100元，单个项目最高补贴1000万元。相关手续按照《上海市建筑节能项目专项扶持办法》（沪环资〔2012〕088号）执行。

6. 鼓励装配式构件生产企业积极申请建筑施工专业承包企业资质。

7. 市规划国土资源局土地出让信息平台应与市建设管理委建管信息平台实现同步对接，市发展改革委在政府投资项目审批文件中应提出装配式建筑的相关要求，确保已落地的装配式建筑项目，继续在建设阶段（包括报建、招投标、设计文件审查、施工许可、质量安全监督、项目验收）得到有效监督和落实。

8. 装配式建筑的落实比例将纳入区县政府和相关管委会的年度考核内容，对于当年装配式建筑的落实比例不达标的，应在下一年的落实计划中补足缺口后一并考核。

二、钢结构建筑与工业化

基于钢结构建筑具有的"轻、快、好、省"的特点，可以采用新型工业化建造，并能满足"绿色建筑"的各项要求，钢结构建筑是实现"绿色建筑"的最佳结构形式。建筑的工业化应向融入信息技术的新型建筑工业化发展，其技术应具备以下特征：建造是在数字化信息技术控制下的高度自动化系统并逐步发展为可自律操作的智能自动化系统中进行；从大规模成批建造走向大产量定制建造；在建筑全寿命周期的"九个阶段（建筑设计阶段、结构初步设计阶段、部品设计阶段、结构技术设计阶段、配套部品选用阶段、加工制作阶段、现场安装阶段、全寿命信息化管理阶段、拆除阶段）"实现"九化（建筑设计个性化、结构设计体系化、部品尺寸模数化、结构构件标准化、配套部品商品化、加工制作智能化、现场安装装配化、建造运维信息化、拆除废件资源化）"的要求；实行满足个性化要求的菜单式订购。实现新型建筑工业化的效果必然是高效率的，通过工厂化、自动化、信息化，实现生产效率大幅提高。实现新型建筑工业化的效果必然是高质量的，通过自动流水线大规模生产，实现产品质量和性能的大幅度提高。实现新型建筑工业化的效果必然是高科技的，通过不断的技术创新，实现节能、减排和可持续发展效果的大幅度提高。实现新型建筑工业化的效果必然是高效益的，通过规模化生产和资源高效利用，实现经济效益的大幅度提高。钢结构建筑已基本达到预制装配化建造、已具备智能化自动流水线制造的能力、已形成若干种符合建筑工业化制造特征的体系建筑、已完成多种建筑部品的商业化生产、已探索出若干种体系建筑的工业化建造。

第四节　全国装配式建筑应用与发展目标

住房和城乡建设部按照"一体两翼，两大支撑"的工作思路，即以成熟可靠适用的装配式建筑技术标准体系为"一体"，发展 EPC 工程总承包模式和 BIM 信息化技术为"两翼"，创新体制机制管理和促进产业发展为"支撑"，进一步提升装配式建筑品质，平稳健康推动产业发展，为住房城乡建设领域绿色发展提供重要支撑。2017 年 11 月，住房和城乡建设部认定了 30 个城市和 195 家企业为第一批装配式建筑示范城市和产业基地。2015 年全国新建装配式建筑面积为 7260 万平方米，占城镇新建建筑面积的比例为 2.7%。2016 年全国新建装配式建筑面积为 1.14 亿平方米，占城镇新建建筑面积的比例为 4.9%，比 2015 年同比增长 57%。2017 年 1~10 月，全国已落实新建装配式建筑项目约 1.27 亿平方米。

装配式建筑规模的扩大直接带动了设计、施工、部品部件生产、装配化装修、设备制造、运输物流及相关配套等全产业链的发展。装配式建筑通过标准化设计、工厂化生产、装配化施工、一体化装修、信息化管理、智能化应用，极大地提高了建筑品质。装配式建筑是建筑领域践行绿色发展理念的重要着力点。相较于传统现浇建筑，装配式建筑可缩短施工周期 25%~30%，节水约 50%，减低砌筑抹灰砂浆约 60%，节约木材约 80%，降低施工能耗约 20%，减少建筑垃圾 70% 以上，并显著降低施工粉尘和噪声污染。同时，绿色的建造方式在节能、节材和减排方面也具有明显优势，对助推绿色建筑发展、提高建筑品质和内涵、促进建筑业转型升级具有支撑作用。

一、根据《北京市人民政府办公厅关于加快发展装配式建筑的实施意见》目标：到 2018 年实现装配式建筑占新建建筑面积的比例达到 20% 以上，到 2020 年，实现装配式建筑占新建建筑面积的比例达到 30% 以上。对于未在实施范围内的非政府投资项目，凡自愿采用装配式建筑并符合实施标准的，给予实施项目不超过 3% 的面积奖励；对于实施范围内的预制率达到 50% 以上、装配率达到 70% 以上的非政府投资项目予以财政奖励；增值税即征即退优惠政策。

二、根据《上海市装配式建筑 2016—2020 发展规划》目标："十三五"期间，全市装配式建筑的单体预制率达到 40% 以上或装配率达到 60% 以上。外环线以内采用装配式建筑的新建商品住宅、公租房和廉租房项目 100% 采用全装修。《上海市建筑节能和绿色建筑示范项目专项扶持办法》对符合装配整体式建筑示范的项目（居住建筑装配式建筑面积 3 万平方米以上，公共建筑装配式建筑面积 2 万平方米以上。装配式建筑单体预制率应不低于 45% 或装配率不低于 65%），每平方米补贴 100 元。

三、根据《天津市人民政府办公厅印发关于大力发展装配式建筑实施方案的通知》目标：2017 年底前政府投资项目、保障性住房和 5 万平方米及以上公共建筑应采用装配式建筑，建筑面积 10 万平方米及以上新建商品房采用装配式建筑的比例不低于总面积的 30%；2018～2020 年，新建的公共建筑具备条件的应全部采用装配式建筑，中心城区、滨海新区核心区和中新生态城商品住宅应全部采用装配式建筑；采用装配式建筑的保障性住房和商品住房全装修比例达到 100%；2021～2025 年，全市范围内国有建设用地新建项目具备条件的全部采用装配式建筑；经认定为高新技术企业的装配式建筑企业，减按 15% 的税率征收企业所得税，装配式建筑企业开发新技术、新产品、新工艺发生的研究开发费用，可以在计算应纳税所得额时加计扣除。

四、根据重庆市《关于加快推进建筑产业现代化发展的意见》目标：到 2017 年全市新开工的保障性住房必须采用装配式施工技术；建筑产业现代化试点项目预制装配率达到 15% 以上；到 2020 年，全市新开工建筑预制装配率达到 20% 以上；对建筑产业现代化房屋建筑试点项目每立方米混凝土构件补助 350 元；节能环保材料预制装配式建筑构件生产企业和钢筋加工配送等建筑产业化部品构件仓储、加工、配送一体化服务企业，符合西部大开发税收优惠政策条件的，依法减按 15% 税率缴纳企业所得税。

五、根据《安徽省人民政府办公厅关于大力发展装配式建筑的通知》目标：到 2020 年装配式建筑占新建建筑面积的比例达到 15%；到 2025 年力争装配式建筑占新建建筑面积的比例达到 30%。扶持政策、专项资金、工程工伤保险费计取优惠政策；差别化用地政策，土地计划保障；利率优惠等。

六、根据《福建省人民政府办公厅关于大力发展装配式建筑的实施意见》目标：到 2020 年全省实现装配式建筑占新建建筑的建筑面积比例达到 20% 以上。到 2025 年全省实现装配式建筑占新建建筑的建筑面积比例达到 35% 以上。用地保障、容积率奖励、购房者享受金融优惠政策；税费优惠等。

七、根据《广东省人民政府办公厅关于大力发展装配式建筑的实施意见》目标：珠三角城市群，到 2020 年年底前装配式建筑占新建建筑面积比例达到 15％以上，其中政府投资工程装配式建筑面积占比达到 50％以上；到 2025 年年底前，装配式建筑占新建建筑面积比例达到 35％以上，其中政府投资工程装配式建筑面积占比达到 70％以上。常住人口超过 300 万的粤东西北地区地级市中心城区，要求到 2020 年年底前装配式建筑占新建建筑面积比例达到 15％以上，其中政府投资工程装配式建筑面积占比达到 30％以上；到 2025 年年底前装配式建筑占新建建筑面积比例达到 30％以上，其中政府投资工程装配式建筑面积占比达到 50％以上。全省其他地区，到 2020 年年底前装配式建筑占新建建筑面积比例达到 10％以上，其中政府投资工程装配式建筑面积占比达到 30％以上；到 2025 年年底前装配式建筑占新建建筑面积比例达到 20％以上，其中政府投资工程装配式建筑面积占比达到 50％以上。优先安排用地计划指标、增值税即征即退优惠政策、适当的资金补助、优先给予信贷支持。

八、《贵州省政府办公厅下发关于大力发展装配式建筑的实施意见》目标：从 2018 年 10 月 1 日起，对以招标拍卖方式取得地上建筑规模 10 万平方米以上的新建项目，不少于建筑规模 30％的建筑积极采用装配式建造。到 2020 年年底全省采用装配式建造的项目建筑面积不少于 500 万平方米，装配式建筑占新建建筑面积的比例达到 10％以上，积极推进地区达到 15％以上，鼓励推进地区达到 10％以上。到 2023 年年底全省装配式建筑占新建建筑面积的比例达到 20％以上，积极推进地区达到 25％以上，鼓励推进地区达到 15％以上，基本形成覆盖装配式建筑设计、生产、施工、监管和验收等全过程的标准体系。力争到 2025 年年底全省装配式建筑占新建建筑面积的比例达到 30％。资金支持、拓宽融资渠道；优先支持装配式建筑企业、基地和项目用地；增值税即征即退优惠政策；分期交纳土地出让金；面积奖励等。

九、《甘肃省人民政府办公厅关于大力发展装配式建筑的实施意见》目标：到 2020 年初步建成全省产业布局合理的装配式建筑产业基地。到 2025 年基本形成较为完善的技术标准体系、科技支撑体系、产业配套体系、监督管理体系和市场推广体系。力争装配式建筑占新建建筑面积的比例达到 30％以上。按照装配式方式建造的，其外墙预制部分建筑面积可不计入面积核算，但不应超过总建筑面积的 3％；优先支持评奖评优评先；通过先建后补、以奖代补等方式给予金融支持；免征增值税。

十、根据《河北省人民政府办公厅关于大力发展装配式建筑的实施意见》目标：力争用 10 年左右的时间，使全省装配式建筑占新建建筑面积的比例达到 30％以上。优先安排建设用地；对新开工建设的城镇装配式商品住宅和农村居民自建装配式住房项目，由项目所在地政府予以补贴；增值税即征即退 50％的政策。

十一、根据《河南省住房和城乡建设厅关于推进建筑产业现代化的指导意见》目标：到 2017 年全省预制装配式建筑的单体预制化率达到 15％以上。对获得绿色建筑评价二星级运行标识的保障性住房项目省级财政按 20 元/平方米给予奖励，一星级保障性住房绿色建筑达到 10 万平方米以上规模的执行定额补助上限，并优先推荐申请国家绿色建筑奖励资金；新型墙体材料专项基金实行优惠返还政策等；容积率奖励。

十二、根据《湖北省人民政府办公厅关于大力发展装配式建筑的实施意见》目标：到 2020 年武汉市装配式建筑面积占新建建筑面积比例达到 35％以上，襄阳市、宜昌市和荆门市达到 20％以上，其他设区城市、恩施州、直管市和神农架林区达到 15％以上。到

2025 年全省装配式建筑占新建建筑面积的比例达到 30％以上。配套资金补贴、容积率奖励、商品住宅预售许可、降低预售资金监管比例等激励政策措施。

十三、根据《湖南省人民政府办公厅关于加快推进装配式建筑发展的实施意见》目标：到 2020 年全省市州中心城市装配式建筑占新建建筑比例达到 30％以上，其中：长沙市、株洲市、湘潭市三市中心城区达到 50％以上。财政奖补；纳入工程审批绿色通道；容积率奖励；税费优惠；优先办理商品房预售；优化工程招投标程序等。

十四、根据《海南省促进建筑产业现代化发展指导意见》目标：到 2020 年全省采用建筑产业现代化方式建造的新建建筑面积占同期新开工建筑面积的比例达到 10％，全省新开工单体建筑预制率（墙体、梁柱、楼板、楼梯、阳台等结构中预制构件所占的比重）不低于 20％，全省新建住宅项目中成品住房供应比例应达到 25％以上。优先安排用地指标；安排科研专项资金；享受相关税费优惠；提供行政许可支持等。

十五、根据《吉林省人民政府办公厅关于大力发展装配式建筑的实施意见》目标：到 2020 年创建 2～3 家国家级装配式建筑产业基地；全省装配式建筑面积不少于 500 万平方米；长春、吉林两市装配式建筑占新建建筑面积比例达到 20％以上，其他设区城市达到 10％以上。2021～2025 年全省装配式建筑占新建建筑面积的比例达到 30％以上。设立专项资金；税费优惠；优先保障装配式建筑产业基地（园区）、装配式建筑项目建设用地；优先推荐装配式建筑参与评优评奖等。

十六、根据《江苏省"十三五"建筑产业现代化发展规划》目标：到 2020 年全省装配式建筑占新建建筑比例将达到 30％以上。到 2025 年年末建筑产业现代化建造方式成为主要建造方式。全省建筑产业现代化施工的建筑面积占同期新开工建筑面积的比例、新建建筑装配化率达到 50％以上，装饰装修装配化率达到 60％以上。《江苏省关于加快推进建筑产业现代化促进建筑产业转型升级的意见》财政扶持政策；相应税收优惠；优先安排用地指标；容积率奖励。

十七、根据《江西省人民政府关于推进装配式建筑发展的指导意见》目标：2018 年全省采用装配式施工的建筑占同期新建建筑的比例达到 10％，其中，政府投资项目达到 30％。2020 年全省采用装配式施工的建筑占同期新建建筑的比例达到 30％，其中，政府投资项目达到 50％。到 2025 年年底全省采用装配式施工的建筑占同期新建建筑的比例力争达到 50％，符合条件的政府投资项目全部采用装配式施工。优先支持装配式建筑产业和示范项目用地；招商引资重点行业；容积率差别核算；税收优惠；资金补贴和奖励。

十八、根据《辽宁省人民政府办公厅关于大力发展装配式建筑的实施意见》目标：到 2020 年年底全省装配式建筑占新建建筑面积的比例力争达到 20％以上，其中沈阳市力争达到 35％以上，大连市力争达到 25％以上，其他城市力争达到 10％以上。到 2025 年年底，全省装配式建筑占新建建筑面积比例力争达到 35％以上，其中沈阳市力争达到 50％以上，大连市力争达到 40％以上，其他城市力争达到 30％以上。财政补贴；增值税即征即退优惠；优先保障装配式建筑部品部件生产基地（园区）、项目建设用地；允许不超过规划总面积的 5％不计入成交地块的容积率核算等。

十九、根据《青海省人民政府办公厅关于推进装配式建筑发展的实施意见》目标：到 2020 年全省装配式建筑占同期新建建筑的比例达到 10％以上，西宁市、海东市装配式建筑占同期新建建筑的比例达到 15％以上，其他地区装配式建筑占同期新建建筑的比例达到 5％以上。优先保障用地；符合高新技术企业条件的装配式建筑部品部件生产企业，企业所得税税率适用 15％的优惠政策；享受绿色建筑扶持政策。

二十、根据《山东省人民政府办公厅大力发展装配式建筑的实施意见》目标：2017 年装配式建筑面积占新建建筑面积比例达到 10％左右；到 2020 年济南、青岛装配式建筑占新建建筑比例达到 30％以上，其他设区城市和县（市）分别达到 25％、15％以上；到 2025 年全省装配式建筑占新建建筑比例达到 40％以上。在建设用地安排上要优先支持发展装配式建筑产业；享受贷款贴息等税费优惠；外墙预制部分的建筑面积（不超过规划总建筑面积 3％），可不计入成交地块的容积率核算。

二十一、根据《山西省人民政府办公厅关于大力发展装配式建筑的实施意见》目标：2017 年太原市、大同市装配式建筑占新建建筑面积的比例达到 5％以上，2018 年达到 15％以上。到 2020 年年底全省 11 个设区城市装配式建筑占新建建筑面积的比例达到 15％以上，其中太原市、大同市力争达到 25％以上。到 2025 年年底装配式建筑占新建建筑面积的比例达到 30％以上。相应税收优惠；优先安排建设用地；开辟装配式建筑工程报建绿色通道。

二十二、根据《四川省人民政府办公厅关于大力发展装配式建筑的实施意见》目标：到 2020 年全省装配式建筑占新建建筑的 30％，装配率达到 30％以上，其中五个试点市装配式建筑占新建建筑 35％以上；新建住宅全装修达到 50％。2025 年装配率达到 50％以上的建筑，占新建建筑的 40％；桥梁、铁路、道路、综合管廊、隧道、市政工程等建设中，除须现浇外全部采用预制装配式。新建住宅全装修达到 70％。

二十三、根据《陕西省人民政府办公厅关于大力发展装配式建筑的实施意见》目标：装配式建筑占新建建筑的比例，2020 年重点推进地区达到 20％以上，2025 年全省达到 30％以上。资金支持，补助奖励；优先保障装配式建筑项目和产业土地供应；符合高新技术企业条件的装配式建筑部品部件生产企业，企业所得税税率适用 15％；增值税即征即退。

二十四、根据《云南省人民政府办公厅关于大力发展装配式建筑的实施意见》目标：到 2020 年昆明市、曲靖市、红河州装配式建筑占新建建筑面积比例达到 20％，其他每个州、市至少有 3 个以上示范项目。到 2025 年力争全省装配式建筑占新建建筑面积比例达到 30％，其中昆明市、曲靖市、红河州达到 40％。享受增值税退（免）税；开辟绿色通道，提供多样化金融服务；保障项目建设用地需求。

二十五、根据《浙江省人民政府办公厅关于推进绿色建筑和建筑工业化发展的实施意见》目标：到 2020 年浙江省装配式建筑占新建建筑的比重达到 30％。安排专项用地指标；对满足装配式建筑要求的农村住房整村或连片改造建设项目，给予不超过工程主体造价 10％的资金补助；使用住房公积金贷款购买装配式建筑的商品房，公积金贷款额度最高可上浮 20％；对于装配式建筑项目，施工企业缴纳的质量保证金以合同总价扣除预制构件总价作为基数乘以 2％费率计取，建设单位缴纳的住宅物业保修金以物业建筑安装总造价扣除预制构件总价作为基数乘以 2％费率计取；容积率奖励。

二十六、根据广西《大力推广装配式建筑促进我区建筑产业现代化发展的指导意见》目标：到 2018 年年底综合试点城市装配式建筑占新建建筑的比例达到 8％以上，城市建成区新建保障性安居工程和政府投资公共工程采用装配式建造的比例达到 10％以上；到

2020 年年底综合试点城市装配式建筑占新建建筑的比例达到 20％以上，城市建成区新建保障性安居工程和政府投资公共工程采用装配式建造的比例达到 20％以上，新建全装修成品房面积比率达到 20％以上；其他设区市装配式建筑占新建建筑的比例达到 5％以上，新建保障性安居工程和政府投资公共工程采用装配式建造的比例达到 10％以上，新建全装修成品房面积比率达到 10％以上。到 2025 年年底全区装配式建筑占新建建筑的比例力争达到 30％。优先安排建设用地；相应的减免政策；报建手续开辟绿色通道。

二十七、根据宁夏回族自治区人民政府办公厅《关于大力发展装配式建筑的实施意见》目标：从 2017 年起，各级人民政府投资的总建筑面积 3000 平方米以上的学校、医院、养老等公益性建筑项目，单体建筑面积超过 10000 平方米的机场、车站、机关办公楼等公共建筑和保障性安居工程，优先采用装配式方式建造。到 2020 年装配式建筑占同期新建建筑的比例达到 10％。到 2025 年全区装配式建筑占同期新建建筑的比例达到 25％。实施贴息等扶持政策，强化资金撬动作用；对以招拍挂方式供地的建设项目，在建设项目供地面积总量中保障装配式建筑面积不低于 20％；对以划拨方式供地、政府投资的公益性建筑、公共建筑、保障性安居工程，在建设项目供地面积总量中保障装配式建筑面积不少于 30％；加大信贷支持力度；增值税即征即退优惠政策。

二十八、根据《内蒙古自治区人民政府办公厅关于大力发展装配式建筑的实施意见》目标：2020 年全区新开工装配式建筑占当年新建建筑面积的比例达到 10％以上，其中，政府投资工程项目装配式建筑占当年新建建筑面积的比例达到 50％以上，呼和浩特市、包头市、赤峰市装配式建筑占当年新建建筑面积的比例达到 15％以上，呼伦贝尔市、兴安盟、通辽市、鄂尔多斯市、巴彦淖尔市、乌海市装配式建筑占当年新建建筑面积的比例达到 10％以上，锡林郭勒盟、乌兰察布市、阿拉善盟装配式建筑占当年新建建筑面积的比例达到 5％以上。2025 年全区装配式建筑占当年新建建筑面积的比例力争达到 30％以上，其中，政府投资工程项目装配式建筑占当年新建建筑面积的比例达到 70％，呼和浩特市、包头市装配式建筑占当年新建建筑面积的比例达到 40％以上，其余盟市均力争达到 30％以上。优先保障装配式建筑产业基地和项目建设用地；一定比例的后补助资金；税收优惠；积极的信贷支持；实行容积率差别核算；运输超大、超宽预制构件实行高速公路通行费减免优惠政策。

第五节　建筑信息模型技术推广应用与发展

住房和城乡建设部在 2015 年、2016 年、2017 年分别颁布《关于推进建筑信息模型应用的指导意见》、《2016—2020 年建筑业信息化发展纲要》及《建筑业 10 项新技术（2017 版）》，对 BIM、物联网、云计算、大数据、GIS、VR/AR 等技术在建筑工程生命期各阶段应用进行了全面指导。

一、BIM 技术推广规划

信息化是建筑行业发展的趋势，近年来我国在政策方面也给予了极大的支持。这些政策支持不仅包括了 BIM 技术推广的政策性要求，还有具体项目的推进目标和技术层面上对于工程全过程 BIM 应用的指导意见。各地方建设主管部门也制订了 BIM 技术的应用推进指导意见。2017 年国务院办公厅《关于大力发展装配式建筑的指导意见》，对创新装配式建筑设计提到"推广通用化、模数化、标准化设计方式，积极应用建筑信息模型技术"，交通运输部《关于推进公路水运工程应用 BIM 技术的指导意见》，到 2020 年公路水运业对 BIM 技术的应用形成广泛共识。相关设计单位具备一定 BIM 技术应用能力；在技术复杂、意义重大项目中利用 BIM 技术进行项目管理；运营管理单位试点应用 BIM 技术开展养护决策和运营调度。

二、BIM 标准与指南

住房和城乡建设部等相关部门在 BIM 技术的全面性推动中占据非常重要的角色，近年来也在积极参与 BIM 标准的制定，完善建筑行业体质、规范，统合整体建筑产业对于 BIM 技术的实行。2017 年，国家《建筑信息模型应用统一标准》GB/T 51212—2016 是我国第一部建筑信息模型应用的工程建设标准，提出了建筑信息模型应用的基本要求，是建筑信息模型应用的基础标准，可作为我国建筑信息模型应用及相关标准研究和编制的依据；《建筑信息模型施工应用标准》GB/T 51235—2017 是我国第一部建筑工程施工领域的 BIM 应用标准，从深化设计、施工模拟、预制加工、进度管理、预算与成本管理、质量与安全管理、施工监理、竣工验收等方面提出了建筑信息模型的创建、使用和管理要求；《建筑信息模型分类和编码标准》GB/T 51269—2017 对应着国际标准体系的第一类，分类编码标准，同时，《工程总承包项目管理办法》（GBT 50358—2017）明确，采用 BIM 技术或者装配式技术的，招标文件中应当有明确要求，建设单位对承诺采用 BIM 技术或装配式技术的投标人应当适当设置加分条件。

三、BIM 推进组织

近年来，BIM 发展较快的北、上、广、深等省市逐渐建立了政府机构主导、行业协会牵头的多层次推进组织构架，2017 年，各级政府、相关科研单位、院校、行业协会、BIM 相关企业也相继成立了 BIM 相关组织、部门，为推动 BIM 发展，为 BIM 提供标准、技术等支持贡献力量。部分省市成立了主要 BIM 推广组织。上海市住建委、联席会议办公室相继发布了《上海市建筑信息模型技术应用推广"十三五"发展规划纲要》、《关于进一步加强上海市建筑信息模型技术应用推广的通知》、《本市保障性住房项目实施建筑信息模型技术应用的通知》、《本市保障性住房项目应用建筑信息模型技术实施要点》等配套政策文件。多层次 BIM 推进组织架构，例如：上海市建筑信息模型技术应用推广联席会议（办公室）、上海建筑信息模型技术应用推广中心、各区政府及特定管委会 BIM 技术应用推广协调组织、科研单位、院校、行业协会、BIM 相关企业等。

四、BIM 应用率

（一）施工企业的 BIM 技术使用情况

近两年我国 BIM 技术的应用发展迅猛，《中国建筑施工行业信息化发展报告：BIM 应用与发展》基本反映了现阶段我国 BIM 应用的基本情况。该报告调研了我国 223 家建筑企业，这些企业主要是施工单位、造价咨询和 BIM 咨询公司，其中造价单位和 BIM 咨询公司占少数，施工企业占绝大部分。部分调研结果如下：

建筑企业应用 BIM 技术方面，10％的公司在大面积推广 BIM 技术的应用，30.6％的建筑企业在进行项目试点，22.5％的企业在开始普及 BIM 的概念，36.9％的企业还没有推进 BIM 应用的计划。由此可知，我国尚有一部分建筑企业还没开始接触 BIM，其他使用 BIM 的企业普遍应用不深，在进行项目的试点探索。

建筑企业应用 BIM 项目数量方面，在 3 个及以上项目中参与使用 BIM 技术的企业占 31.3%，在 2 个项目中使用 BIM 技术的企业有 14.2%，只有 1 个项目中使用 BIM 技术的企业有 13.2%，其余 41.2% 的企业还没有在项目中应用 BIM 技术。由此可知，企业参与应用 BIM 的项目数量呈现两极分化，接近一半的建筑企业没有使用 BIM 的经验，大部分企业应用 BIM 的项目较少，企业在实际工程项目中应用 BIM 的实践经验还有待加强。

（二）设计企业的 BIM 技术使用情况

中国建筑科学研究院北京构力科技有限公司针对设计单位的 BIM 使用情况进行了调查，约 850 多家单位的 1596 份调查问卷，各省（区、市）BIM 的技术情况有所差异，其中东部地区上海作为 BIM 技术拥有单位比例最高的省市，约为 58.95%，西部地区以四川、湖南表现突出，分别有 55.10%、53.06% 的单位含有 BIM 相关技术。同时，不同规模的单位的 BIM 技术使用差异也很大，公司规模越大，拥有 BIM 技术的单位的比例越高。

五、BIM 应用价值

BIM 作为贯穿建筑物生命周期全过程的一项技术，其应用价值涵盖从项目立项、规划、设计、施工建造到运营维护等各阶段，也覆盖了工程建设相关群体，如业主、开发商、规划师、建筑师、绘图员、结构工程师、设备工程师、造价师、施工总承包商（及分包商）、监理工程师、设备及材料供应商、物业管理人员等多专业参与人员。BIM 技术的应用能够有效提升建筑工程管理的效率，同时也能显著节省建筑工程项目的各项成本，提升建筑业的整体效益。调查问卷中关于设计单位及施工企业希望通过 BIM 技术得到的价值：设计单位最希望通过 BIM 技术得到的应用价值排在前三位的依次是提高预测能力，减少突发编号（占 85%）、控制建设成本，提高预算的准确率（占 62%）、缩短工期，提高计划的准确率（占 54%）；而施工企业最希望通过 BIM 技术得到的应用价值排在前三位的依次是提升企业品牌形象、打造企业核心竞争力（占 55.1%），提高施工组织合理性、减少施工现场突发变化（占 42.0%）和提高预算准确率控制制造成本（占 36.4%）。

六、BIM 应用效益

中国的 BIM 用户应邀从调研问卷中选择一项来描述其 BIM 投资回报率认识。这些选项分为以下三类：

（一）亏损：到目前为止，企业所获价值小于企业投资；

（二）盈亏平衡：企业所获价值几乎等于企业投资；

（三）盈利：企业认为所获价值大于所做投资。

研究显示，中国用户 BIM 投资回报率整体为正，只有少部分用户（14%~15%）认为他们仍处于负投资回报率状态。与设计企业相比，获得正投资回报率的施工企业比例更高，这可能是因为后者的 BIM 财务效益，如返工减少，利润增长份额普遍较高。在设计企业中，企业规模与 BIM 投资回报率认识有直接关系：根据反馈，超过一半（51%）大型企业的投资回报率为正，约一半（49%）小型企业认为自身盈亏平衡。

七、上海市推进建筑信息模型技术应用三年行动计划主要目标

（一）实现本市新建、改建和扩建的政府投资工程全面应用 BIM 技术。新建政府投资工程实施规划、设计、施工和运营全生命期应用 BIM 技术的比例 60% 以上；投资额在 5000 万元及以上的装修工程普遍应用 BIM 技术；医院、文化、体育等大型公共建筑的运营管理普遍应用基于 BIM 技术。

（二）实现主要设计、施工、咨询服务、运营维护等单位和人员普遍具备 BIM 技术正向应用能力，基于 BIM 的运营管理和城市管理被业主普遍接受，应用水平和效益全面提升，实现工程造价平均节约 10％以上，建设周期平均缩短 5％以上，运营管理效益全面提升；实现 BIM 技术应用与企业设计施工运营管理过程融合，与建筑工业化、绿色化融合，与城市管理融合，提升城乡建设和管理精细化水平。按照深化应用、正向应用、融合应用三个阶段，全面本市推广和深化 BIM 技术应用。总结提炼、宣传推广试点示范项目和转型示范企业模式、方法和技术，示范引领深化应用。初步建立 BIM 技术应用审批和监管体系，监督落实指导意见在规模以上项目应用 BIM 技术的要求。完善 BIM 技术正向应用需要配套的标准指南、政策和环境，全面推行项目和企业正向设计施工应用，政府投资工程 BIM 应用效益指标基本实现。60％的设计、施工关键岗位人员通过应用能力培训和考核。基本建成基于 BIM 技术的并联审批和监管平台，扎实推进基于 BIM 模型网上审批和监管工作，实现新建工程"一网一模一码"并联审批和监管。进一步完善 BIM 技术与设计施工运营管理融合，与装配式建筑、绿色建筑、城市管理融合的标准指南、政策环境和管理体系。90％的设计、施工关键岗位人员通过应用能力培训和考核，BIM 技术全面内化为企业和项目必备的日常应用技术。

八、上海市推进建筑信息模型技术应用具体措施

（一）制定本市 BIM 技术推广应用费用计价参考依据，明确列支渠道。落实市区两级保障房应用 BIM 技术应用费用计入成本政策；制定落实企业投标鼓励措施；落实本市相关建设工程评奖管理办法；制定 BIM 技术咨询和软件服务等企业的扶持政策；制定 BIM 技术人才的职业发展与奖励政策。

（二）进一步完善市区两级政府 BIM 技术应用推进机制，全面建立基于 BIM 技术的全过程工程建设管理模式。基本建成基于 BIM 技术的建设工程并联审批和监管平台；健全分层次、分类别的人才培养体系；支持国产 BIM 技术应用软件研发；进一步扩充上海市建筑信息模型技术应用专家队伍；明确建设、设计、施工、咨询、运维等市场主体的BIM 相关责任。

（三）深化 BIM 技术应用试点工作，推进 BIM 技术应用转型示范企业 BIM 应用能力。开展 BIM 技术应用示范项目选拔，完善配套标准规范编制和相关研究。进一步完善BIM 技术应用相关标准编制；建立 BIM 技术应用的综合效益评价评估体系。建立并试行基于 BIM 的工程算量计价规则；进一步完善 BIM 构件库市场化运作机制。开展 BIM 技术与装配式建筑、绿色建筑及城市管理融合研究；开展 BIM 技术与云计算、大数据、智慧城市融合研究。

九、上海市 BIM 推广第二个三年行动计划

2018 年是本市 BIM 推广第二个三年行动计划（2018—2020）的起始之年，需要充分发挥联席会议平台作用，编制三年行动计划的各项任务目标，加大 BIM 推进力度。2018年，本市 BIM 技术应用推进将做好以下重点工作：

（一）完善政府监管，研究建立基于 BIM 技术的建设工程并联审批平台，探索建立基于 BIM 技术的建设管理并联审批平台，健全与之相匹配的管理体制、工作流程和市场环境。梳理并规范本市建设工程行政审批内容、要求和流程，形成基于 BIM 技术的并联审

批体系，编制工程项目验收和审核标准，建立建筑工程联审平台，完成基于 BIM 编码规则制定，并开展 BIM 项目线上审核。完善 BIM 设计审核、协同管理、数据交换和交付标准，推进基于 BIM 的三维正向设计；探索建立三维模型和导出的施工图文件自动审查、审核监管政策，推进施工图审查由图纸审核向模型审核逐步过渡。

（二）落实配套政策，研究建设工程 BIM 技术应用配套费用，结合本市 BIM 应用实际和需要，市发展改革委、市财政局和市住房城乡建设管理委共同研究制定明确不同类型和规模的政府投资工程 BIM 技术应用费用估算、概算标准和列支渠道，落实 BIM 技术应用费用，实行专款专用。

（三）加强示范推广，做好试点项目和转型企业的示范推广工作，做好 BIM 技术应用试点项目验收和经验总结。总结本市试点项目 BIM 技术应用成果与经验，在市政道路桥梁、轨道交通、水务、公路、人防工程等专业领域形成 BIM＋建筑工业化、BIM＋工程总承包、BIM＋绿色建筑、BIM＋风险控制等示范特色与成果，为不同类型项目开展 BIM 技术应用提供借鉴与指导。开展 BIM 技术应用转型示范企业交流，探索 BIM 技术推进建筑业企业发展改革的路径，在企业、行业内推广应用转型示范应用成果，解决关键技术问题。

（四）加强技术交流，促进 BIM 技术应用成果和资源共享，进一步发挥 BIM 推广中心、行业协会的网站、微信等宣传平台和高峰论坛、技术沙龙、立功竞赛等宣传渠道优势，加大宣传力度和广度；举行全市范围内的 BIM 技术应用大赛，继续组织 BIM 技术应用发展论坛沙龙，开展国际合作与交流，促进 BIM 技术应用成果和资源共享。

（五）注重技术研发，开展 BIM 技术关键技术专题研究，开展基于 BIM 的协同管理、造价管理、正向设计、建设管理、运维管理等关键技术的研究和配套产品的开发，探索 BIM 技术与 GIS、大数据、智慧城市、人工智能等技术的融合应用，全面拓展 BIM 技术应用的深度与广度。调研本市具有全过程 BIM 技术应用的试点项目及典型案例，构建上海市 BIM 技术应用成效评价综合指标体系及方法；基于实际项目数据，确定并验证不同类型项目进行 BIM 技术应用成效类别及价值区间，逐步制定完善本市 BIM 技术应用项目成效评价指标体系。

十、上海市建筑信息模型技术应用示范项目评选

为做好本市建筑信息模型（BIM）技术应用示范项目评选工作，为本市 BIM 技术应用推广起到引领示范作用，根据《关于做好本市建筑信息模型技术应用试点项目和示范工作的通知》（沪建应联办［2016］7 号），结合本市 BIM 技术应用的实际情况，制定评选细则。

（一）评选范围

已列入本市 BIM 技术应用试点的项目，且试点验收评审得分大于等于 85 分；其他具有示范和推广价值的 BIM 技术应用项目（非试点项目）。

（二）评选条件

项目已实施设计、施工和运营（可选）阶段 BIM 技术应用；形成了一项或多项可复制、可推广的 BIM 应用成果，并取得较好的经济和社会效益，能起到明显的示范作用。（如：形成了创新的项目 BIM 技术应用管理模式或者机制、形成了 BIM 技术应用的某些关键技术或者方法、形成了特定领域 BIM 技术标准或者指南等）；示范点已总结提炼，做法和经验等可向全社会开放共享。

（三）评选组织

上海建筑信息模型技术应用推广中心（以下简称上海 BIM 推广中心）负责示范项目评选申请的受理、BIM 模型核查、评审专家抽取、评审过程监督等工作。专家评审可由申请单位自行组织，或由行业管理部门组织，也可委托上海建筑信息模型技术应用推广中心组织。参与评审的专家须从上海 BIM 推广中心的上海市建筑信息模型技术专家库中抽取，评审费用由申请单位承担。上海市建筑信息模型技术应用推广联席会议办公室（以下简称联席会议办公室）负责示范项目评选公示、公布和发证。

（四）评选流程

示范项目评选由企业自愿申请。评选流程包含企业申请、BIM 模型和运维平台核查、专家评审、公示公布和颁发证书等四个环节。申请单位向上海 BIM 推广中心提交示范项目申请，申请材料包括：《上海市建筑信息模型技术应用示范项目评选申请表》（电子版和纸质版）；《示范推广报告》（从其他企业可借鉴角度，详细描述 BIM 技术应用示范点和示范内容，示范内容包括具体做法、技术路线和经验教训等）（电子版）。除上述材料，非试点项目申请单位还需提交：《建筑信息模型技术应用总结报告》（以下简称总结报告）（电子版）；《用户使用报告》（扫描件，说明该项目 BIM 技术应用成效，由建设单位盖章）。BIM 模型和运维平台核查（非试点项目）非试点项目申请时，由上海 BIM 推广中心组织项目 BIM 模型和运维平台（如有）核查，对模型准确性、深度和构件拆分等是否符合 BIM 技术应用要求进行核查；有运维平台的，对平台功能进行核查。核查不符合者不再进入后续程序，所提交相关申请材料不予退回。BIM 模型和运维平台核查时，申请单位需提供以下材料：BIM 模型文件（建模软件的默认格式文件）；有运维平台的，需要提交平台录屏文件，产品采购合同（扫描件）及操作说明书（电子版）或者软件著作权证书（复印件）。

（五）专家评审

根据专家评审组织方式要求，上海 BIM 推广中心派员参加专家评审会，联席会议办公室和政府投资项目行业管理部门视情况参加。评审专家按照《上海市 BIM 技术应用示范项目评选标准》对项目评分，原则上评审分数大于等于 80 分的纳入示范项目。专家评审时，申请单位需提供以下资料（纸质版，各 7 份）：《上海市建筑信息模型技术应用示范项目评选申请表》、《建筑信息模型技术应用总结报告》、《用户使用报告》、《示范推广报告》。

（六）公示、公布和颁发证书

专家评审通过的，申请单位向上海 BIM 推广中心补充提交以下材料：《上海市建筑信息模型技术应用示范项目评选评审意见》、《上海市建筑信息模型技术应用示范项目评选专家评审意见表》、按照专家意见修改后的《示范推广报告》。

通过专家评审且材料齐全的，上海 BIM 推广中心核查确认，报联席会议办公室复核，复核通过后进行公示，公示期内无异议的，列入示范项目并公布，由联席会议办公室和上海 BIM 推广中心联合颁发上海市建筑信息模型技术应用示范项目证书，并记录 5 家主要参与企业的应用业绩。示范项目评选流程图详见图 27-1。

（七）评选标准

依据和原则是根据 BIM 技术相关应用标准和指南，借鉴国外 BIM 技术应用成熟度标

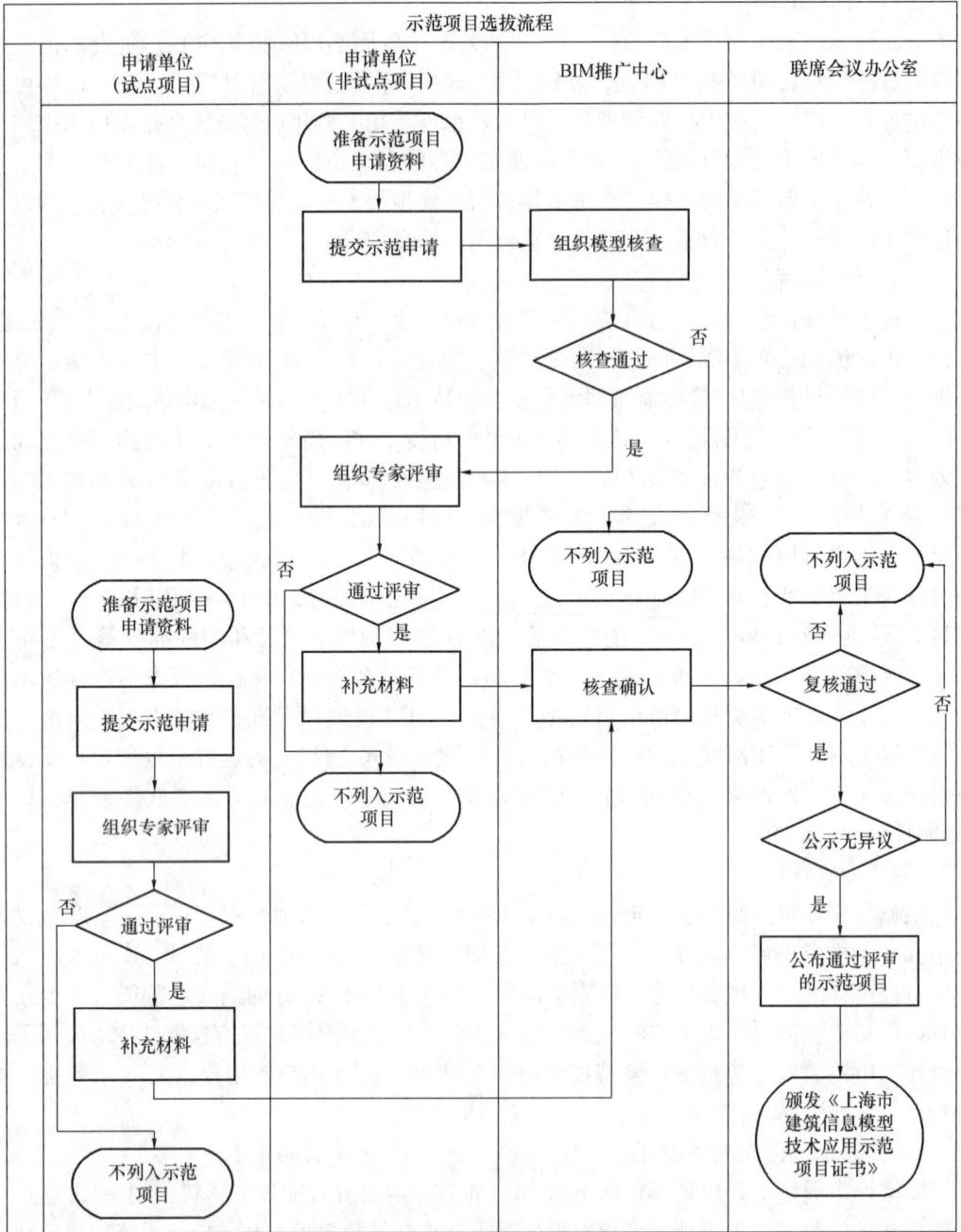

图 27-1　示范项目评选流程

准，结合本市 BIM 技术应用实际情况，示范项目评选标准从 BIM 应用与管理模式、BIM 应用成果及 BIM 应用效益 3 个方面进行考核，重点考核项目的 BIM 技术应用效益、成果的可复制可推广性等。评分标准设定示范项目评选标准包括基础项和附加项，基础项设置 13 项指标，共计 100 分；附加项根据项目实际情况填写，共 5 分（详见表 27-2）。由评审专家根据项目应用情况分别进行打分，基础分和附加分之和为总分。

BIM 技术应用示范项目评选标准　　　　　　表 27-2

评价内容		评价指标及要求	评价分值
BIM 应用与管理模式（20 分）			
管理模式与协同机制		项目管理模式有一定创新，对同类型项目有参考和借鉴意义，得 6 分； 形成了创新的基于 BIM 的项目管理模式或协同工作机制，成果可在同类型项目中推广，得 10 分	10
组织模式与流程		项目组织模式与流程有一定创新，对同类型项目有参考和借鉴意义，得 6 分； 将 BIM 与业务流程深度融合，形成了优化的基于 BIM 的项目组织模式与流程，成果可在同类型项目中推广，得 10 分	10
BIM 应用成果（50 分）			
模型成果	建模方式	二次建模为主，辅以正向建模，得 6 分； 正向建模为主，辅以二次建模，得 8 分； 完全正向建模，得 10 分	10
	模型深度	模型深度基本满足项目施工要求，得 3 分； 模型深度完全满足项目施工要求，同时兼顾了施工合理性和经济性，得 5 分	5
	三维模型转二维出图	三维模型直接出二维图比例＜40%，得 3 分； 三维模型直接出二维图比例≥40%，得 4 分； 三维模型直接出二维图比例≥50%，得 5 分	5
数据成果	数据编码	单阶段应用构件具有统一、完整的编码，得 3 分； 全过程应用构件具有统一、完整的编码，得 4 分； 全过程应用构件和信息均具有统一、完整的编码，得 5 分	5
	数据标准	制定了某一阶段的模型和数据交付标准并实施，得 3 分； 制定了全过程应用的、系统完整的模型和数据交付标准并实施，得 5 分	5
	数据交付	设计、施工各阶段数据交付成果（包括模型及配套信息）格式较统一、内容较完整，得 3 分； 设计、施工各阶段数据交付成果（包括模型及配套信息）格式统一、内容完整，得 5 分	5
	数据传递	设计、施工、运维各阶段间平均数据传递使用率＜50%，得 3 分； 设计、施工、运维各阶段间 50%≤平均数据传递使用率＜80%，得 4 分； 设计、施工、运维各阶段间平均数据传递使用率≥80%，得 5 分	5

评价内容		评价指标及要求	评价分值
协同平台成果	协同平台	建立了基于 BIM 的协同管理平台，局部应用于协同设计、施工管理等，得 3 分； 建立了基于 BIM 的协同管理平台，协同平台应用与业务流程紧密融合，得 5 分	5
新技术融合成果	技术成果	与 VR、无人机、AI、绿色建筑、智慧城市等新技术、新领域融合应用，得 3 分； 与 VR、无人机、AI、绿色建筑、智慧城市等新技术、新领域紧密融合，形成技术成果，得 5 分	5
BIM 应用效益（30 分）			
	经济效益	已形成对 BIM 投入产出比科学、合理的测算方法，实现了较好的成本控制，得 10 分； 在同类型项目中推广应用，取得明显的经济效益，得 15 分	15
	社会效益	总结了项目 BIM 实施经验，提供项目观摩与交流，并在全社会共享，得 10 分； 解决了一项或多项行业中 BIM 技术应用的共性技术问题，形成技术成果并应用，得 15 分	15
BIM 应用特色（5 分）（由专家根据项目应用情况进行评价和打分）			
			5

十一、保障性住房项目实施建筑信息模型技术应用

加大 BIM 技术应用推广力度，2017 年起应当在当年实施装配式建设的保障性住房项目中明确应用建筑信息模型技术，鼓励不实施装配式建设的保障性住房项目建设单位应用 BIM 技术。明确应用 BIM 技术的保障性住房项目，实施中需增加的费用，根据应用阶段、内容和规模不同，按以下标准计入成本。该费用主要用于建设单位组织实施 BIM 技术应用的咨询服务和配套软硬件以及设计施工建模和分析模拟等增加的费用，并应当专款专用：

（一）实施设计、施工阶段（含构件加工）应用的，按照建筑面积 15 元/平方米计算；实施施工阶段（含构件加工）应用的，按照建筑面积 10 元/平方米计算。

（二）实施构件信息模型用于工厂预制生产的，按建筑面积增加 5 元/平方米。

（三）实施建设基于 BIM 的运营管理系统的，按建筑面积增加 5 元/平方米。

以上标准建筑面积小于 10 万平方米的项目按照 10 万平方米计算，建筑面积大于 30 万平方米的按照 30 万平方米计算。

BIM 技术应用应当采用由建设单位主导，各参与方协同应用的方式，发挥 BIM 技术的最大效益和价值。建设单位应当自行或者委托 BIM 技术咨询服务机构实施应用管理。BIM 技术咨询服务机构是指具有 BIM 技术应用管理能力的咨询机构、设计、施工或者监理（项目管理）等单位。鼓励工程项目管理和 BIM 技术应用互相融合，提高项目管理水平。实施 BIM 技术应用的保障性住房项目，建设单位应当根据项目特点，选择设计和施

工（含构件加工）阶段应用或者施工阶段（含构件加工）应用，编制 BIM 技术应用方案，并按应用方案组织实施。应用方案编制和应用实施应当符合下列要求，具体内容在招标和合同中约定或其他方式明确：

（一）应用方案内容。应用方案应当包括 BIM 技术应用的阶段、实施组织方式、应用项、采用的应用和数据标准、文件命名规则，应用和协同软硬件选型、交付成果和要求、数据交换和管理方法等内容。

（二）应用项要求。选定的应用阶段应当实施《上海市建筑信息模型技术应用指南》对应阶段所列的全部基本应用项。鼓励企业深化《应用指南》的应用内容和增加其他应用项。

（三）模型深度和交付成果。应用方案中的建筑模型深度标准或要求可参考《应用指南》或相关标准编制，内容应当具体和可操作，不宜提出超出应用需要的深度要求，避免过度建模和重复建模。建立设计、施工等各阶段的信息模型应当通过交换和共享机制实现跨阶段模型信息交换和传递。预制构件部分应当建立标准的预制构件模型库，采用建模软件完成建筑、结构（含钢筋实体模型）、机电预留预埋及加工、施工工艺预埋等模型信息集成和预拼装，加工制作图一般应从建模软件直接出图。

建设单位委托咨询服务机构的招标和合同签订，应当参考《上海市建筑信息模型技术应用咨询服务招标示范文本》和《上海市建筑信息模型技术应用咨询服务合同示范文本》实施。建设单位在设计、施工和监理招标文件中应当明确设计、施工和监理单位应用 BIM 技术的管理和技术要求，保证设计、施工等单位 BIM 应用落实。参与 BIM 技术应用的企业应当配备具有应用经验的人员或通过相关专项培训的专业人员。建设单位在工程招标和合同签订中应当明确人员的具体要求。鼓励采用 BIM 技术的保障性住房项目优先采用工程总承包或设计施工一体化模式实施。建设单位结算 BIM 技术应用费用时，应当提交《项目 BIM 技术应用总结报告》。《项目 BIM 技术应用总结报告》应该包括应用情况、竣工模型等交付成果、应用费用明细和收益分析。市住房和城乡建设管理部门组织专家对应用项目验收，验收意见作为结算费用依据。

十二、建筑信息模型技术应用咨询服务招标文件要旨

上海市建筑信息模型技术应用咨询服务招标文件示范文本（2015 版）使用说明：

一、为规范招标文件编制工作，特制定《上海市建筑信息模型技术应用咨询服务招标文件示范文本》（以下简称示范文本）。

二、本示范文本主要适用于本市建筑信息模型技术应用咨询服务招标文件编制。

三、考虑到本标准文本有多处引用条款，建议使用过程中对条、款、项等序列编号不作调整；如该编号无相应内容的可作编号空缺；如需增加条款的可按序添加编号。标准文本中用相同序号标示的或以"□"标示的，供选择使用。以空格标示的，应根据招标项目特点和实际需要填写；不需要填写的，在空格中用"/"标示。部分括号内的提示性文字，系帮助招标人或招标代理机构便于理解使用，正式文本应不包括此类文字。

四、招标人或招标代理机构应将招标公告或投标邀请书编入招标文件中，作为招标文件的组成部分，该招标公告必须与网上发布的招标公告内容一致。

五、本示范文本可结合项目具体情况适当进行修改，有增减、修改的内容，应当使用粗斜体字。

六、在使用过程中如对本示范文本有修改意见和建议，请及时反馈上海市建筑信息模型技术应用推广联席会议办公室。

上海市建设工程设计招标文件编制中涉及建筑信息模型技术服务的补充示范条款（2017 版）使用说明：

为做好设计阶段建筑信息模型（以下简称 BIM）技术应用，结合现行本市建设工程设计招标文件示范文本的具体条款和 BIM 技术服务要求，制定本补充示范条款，补充示范条款或原条款增加的内容用*宋体倾斜加粗字体加下划线*表示，具体条款使用说明如下：

一、应用范围

本补充示范条款是为非强制性条款，适用于房屋建筑工程设计招标活动中的 BIM 技术服务，其他类型工程可参照执行。

承担房屋建筑工程设计、施工或运维全生命期 BIM 技术应用顾问服务的，应参考《上海市建筑信息模型技术应用咨询服务招标文件示范文本（2015 版）》进行招标。

二、应用方法

BIM 建模一般有三种方式，第一种为先建 BIM 模型后出二维图方式，第二种为先出二维图后建 BIM 模型方式，第三种为第一、二种的混合模式，示范条款按照第一种方式描述，采用第二、三种方式的，自行将顺序和要求进行调整。补充条款的编号仅供参考，请按内容归入项目的招标文件。

（一）进行建设工程设计招投标（房屋建筑工程）（含 BIM 技术服务），宜将 BIM 技术服务相关条款，按照《上海市建设工程设计招标文件》整体目录写入相应的章节中，形成完整的建设工程设计招标文件。针对不同的 BIM 技术服务内容作相应的取舍，也可增加示范条款外的条款内容。

（二）已完成房屋建筑工程设计招标，需要增加 BIM 技术服务招标的，根据服务的内容和补充示范条款，编制相应的招标文件。

（三）按照现行的招标文件和本补充条款，编制了《上海市建设工程设计招标示范文本（含 BIM 技术服务）》，供企业在编制项目招标文件时参考。

上海市建设工程施工招标文件编制中涉及建筑信息模型技术服务的补充示范条款（2017 版）使用说明

为做好施工招标过程中建筑信息模型（以下简称 BIM）技术应用，结合《房屋建筑和市政工程标准施工招标文件》（2010 年版）的具体条款和 BIM 技术服务要求，制定本补充示范条款，补充示范条款或原条款增加的内容用*宋体倾斜加粗字体加下划线*表示，具体条款使用说明如下：

一、应用范围

本补充条款是非强制性条款，适用于房屋建筑和市政工程的施工招标活动中的 BIM 技术服务部分。其他工程类型工程可参照执行。

承担房屋建筑工程设计、施工或运维全生命期 BIM 技术应用顾问服务的，应参考《上海市建筑信息模型技术应用咨询服务招标文件示范文本（2015 版）》进行招标。

二、应用方法

（一）进行房屋建筑和市政工程施工招标（含 BIM 技术服务），宜将 BIM 技术服务相关条款，按照《标准施工招标文件》整体目录写入相应的条款中，形成完整的招标文件。

针对不同的 BIM 技术服务内容可作相应取舍，也可增加示范条款外的条款内容。

（二）已完成房屋建筑和市政工程施工招标，需要单独增加施工 BIM 技术服务招标的，根据服务的内容和补充示范条款，编制相应的招标文件。

（三）按照标准招标文件和本补充条款，编制了《上海市建设工程施工招标示范文本（含 BIM 技术服务）》，供企业在编制项目招标文件时参考。

上海市建设工程监理招标文件编制中涉及建筑信息模型技术服务的补充示范条款（2017 版）使用说明

为做好工程监理招标过程中建筑信息模型（以下简称 BIM）技术应用，结合本市现行监理招标文件示范文本的具体条款和 BIM 技术服务要求，制定本补充示范条款，补充示范条款或原条款增加的内容用*宋体倾斜加粗字体加下划线*表示，具体条款使用说明如下：

一、应用范围

本补充条款是非强制性条款，适用于本市房屋建筑工程、市政公用工程的监理招标活动中的 BIM 技术服务，其他类型工程可参照执行。

承担房屋建筑工程设计、施工或运维全生命期 BIM 技术服务顾问服务的，应参考《上海市建筑信息模型技术应用咨询服务招标文件示范文本（2015 版）》进行招标。

二、应用方法

（一）进行房屋建筑和市政工程监理招标（含 BIM 技术服务服务），宜将 BIM 技术服务相关条款，按照工程监理招标文件整体目录，写入相应的条款中，形成完整的工程监理招标文件。针对不同 BIM 技术服务服务内容可做相应取舍，也可增加示范条款外的条款内容。

（二）已完成房屋建筑和市政工程监理招标，需要单独增加监理 BIM 技术服务招标的，根据服务的内容和补充示范条款，编制相应的招标文件。

（三）按照现行的招标文件和本补充条款，编制了《上海市建设工程监理招标示范文本（含 BIM 技术服务）》，供企业在编制项目招标文件时参考。

十三、建筑信息模型技术应用咨询服务合同要旨

上海市建筑信息模型技术应用咨询服务合同示范文本（2015 版）使用说明

为加快推进本市建筑信息模型（以下简称 BIM）技术应用，规范 BIM 技术应用咨询服务活动，维护合同当事人的合法权益，依据《合同法》，参考《上海市建筑信息模型技术应用指南（2015 版）》（以下简称 BIM 应用指南）及相关合同示范文本，制定本合同示范文本。使用说明如下：

一、《示范文本》为非强制性使用文本，共计 18 条，主要包括：工程概况、服务阶段、服务内容、人员配置和职责、服务期限、服务质量标准、服务费计算和合同价、委托人权利和义务、受托人权利和义务以及合同生效条件等内容，约定了合同当事人合同的权利和义务。

二、《示范文本》适用于建设单位（业主）全生命期（包含工程设计、施工、运营（可选））实施 BIM 技术应用，委托第三方提供咨询服务时使用。本示范文本以设计施工阶段咨询服务为主，当业主选择运营阶段咨询服务时，可以基于 BIM 运营平台建设咨询服务为主，但 BIM 咨询服务机构不宜同时实施软件开发；建筑运营过程中咨询服务宜单列签订合同或根据需要增加，以上增减在费用上应根据内容作相应的调整。其他 BIM 技术应用咨询服务也可参照使用。

三、为引导设计和施工单位从目前二维图纸设计转向三维模型设计和实施，《示范文本》按照 BIM 技术应用咨询服务单位承担模型审核和应用管理服务模式编写，建模不建议列入咨询服务机构的服务内容，如果委托承担设计或施工任务的设计施工单位承担咨询服务时，建议增加 BIM 咨询服务和工程设计施工在组织和业务上独立运作的条款；建议设置 BIM 技术应用咨询服务与项目管理有机结合的条款和机制，发挥合力，提升项目管理的水平，实现 BIM 技术应用的价值。

四、本合同示范文本以 BIM 应用指南为合同附件，合同示范文本内的应用规则以 BIM 应用指南为准。

上海市建设工程设计合同编制中涉及建筑信息模型技术服务的补充示范条款（2017 版）使用说明

为做好设计阶段建筑信息模型（以下简称 BIM）技术应用，结合《建设工程设计合同示范文本（房屋建筑工程）》（GF—2015—0209）的具体条款和 BIM 技术服务要求，制定本补充示范条款，补充示范条款或原条款增加的内容用*__宋体倾斜加粗字体加下划线__*表示，具体条款使用说明如下：

一、应用范围

本补充示范条款为非强制性使用条款，适用于房屋建筑工程设计活动中的 BIM 技术服务，其他类型工程可参照执行。合同当事人可结合工程具体情况，根据补充示范条款或原条款增加的内容，编制和签订建设工程设计合同（房屋建筑工程）（含 BIM 技术服务）或签订建设工程设计（房屋建筑工程）BIM 技术服务补充协议。

承担房屋建筑工程设计、施工或运维全生命期 BIM 技术应用顾问服务的，应参考《上海市建筑信息模型技术应用咨询服务合同示范文本（2015 版）》单独签订合同。

二、应用方法

BIM 建模一般有三种方式，第一种为先建 BIM 模型后出二维图方式，第二种为先出二维图后建 BIM 模型方式，第三种为第一、二种的混合模式，示范条款按照第一种方式描述，采用第二、三种方式的，自行将顺序和要求进行调整。补充条款的编号仅供参考，请按内容归入项目的合同文件。

（一）签订建设工程设计合同（房屋建筑工程）（含 BIM 技术服务）宜将 BIM 技术服务相关条款，按照建设工程设计合同（房屋建筑工程）整体目录写入相应的通用合同和专用合同条款中，形成完整的建设工程设计合同（房屋建筑工程）。针对不同的 BIM 技术服务内容作相应的取舍，也可增加示范条款外的条款内容。

（二）建设工程设计合同（房屋建筑工程）已签订，需要签订 BIM 技术服务补充协议的，根据服务的内容和补充示范条款，按照协议的格式，作相应取舍或增加，重新组织形成完整的补充协议。

（三）按照现行的合同文件和本补充条款，编制了《上海市建设工程设计合同示范文本（含 BIM 技术服务）》，供企业在编制项目招标文件时参考。

三、服务费用计算

BIM 建模和应用的服务费用宜单列计算，可以总价包干或固定单价的方式计取，计费中涉及项目使用的建模/计算软件和硬件费用宜单列计算。

上海市建设工程施工合同编制中涉及建筑信息模型技术服务的补充示范条款（2017 版）使用说明

为做好施工阶段建筑信息模型（以下简称 BIM）技术应用，结合《建设工程施工合同（示范文本）》（GF—2013—0201）的具体条款和 BIM 技术服务要求，制定本补充示范条款，补充示范条款或原条款增加的内容用*宋体倾斜加粗字体加下划线*表示，具体条款使用说明如下：

一、应用范围

本补充示范条款是非强制性条款，适用于房屋建筑工程、土木工程、线路管道和设备安装工程、装修工程等建设工程的施工承发包活动中的 BIM 技术服务，合同当事人可结合建设工程具体情况，根据补充示范条款或原条款增加的内容签订建设工程施工合同（含 BIM 技术服务）或签订建设工程施工 BIM 技术服务补充协议，并按照法律法规规定和合同约定承担相应的法律责任及合同权利义务。

承担房屋建筑工程设计、施工或运维全生命期 BIM 技术应用顾问服务的，应参考《上海市建筑信息模型技术应用咨询服务合同示范文本（2015 版）》单独签订合同。

二、应用方法

（一）签订建设工程施工合同（含 BIM 技术服务）宜将 BIM 技术服务相关条款，按照建设工程施工合同整体目录写入相应的通用和专用合同条款中，形成完整的建设工程施工合同。针对不同的 BIM 服务内容可作相应取舍，也可增加示范条款外的条款内容。

（二）建设工程施工合同已签订，需要签订 BIM 技术服务补充协议的，根据服务的内容和补充示范条款，按照协议的格式，作相应取舍或增加，重新组织形成完整的补充协议。

（三）按照现行的合同文件和本补充条款，编制了《上海市建设工程施工合同示范文本（含 BIM 技术服务）》，供企业在编制项目招标文件时参考。

三、服务费用计算

BIM 建模和应用的服务费用宜单列计算，可以总价包干或固定单价的方式计取，计费中涉及项目使用的建模/计算软件和硬件费用宜单列计算。

上海市建设工程监理合同编制中涉及建筑信息模型技术服务的补充示范条款（2017 版）使用说明

为做好施工阶段建筑信息模型（以下简称 BIM）技术应用，结合《建设工程监理合同（示范文本）》（GF—2012—0202）的具体条款和 BIM 技术服务要求，制定本补充示范条款，补充示范条款或原条款增加的内容用*宋体倾斜加粗字体加下划线*表示，具体条款使用说明如下：

一、应用范围

本补充示范条款是非强制性使用条款，适用于房屋建筑工程、土木工程、线路管道和设备安装工程、装修工程等建设工程的监理活动中的 BIM 技术服务，合同当事人可结合建设工程具体情况，根据补充示范条款或原条款增加的内容，签订建设工程监理合同（含BIM 技术服务）或签订建设工程监理 BIM 技术服务补充协议。

承担房屋建筑工程设计、施工或运维全生命期 BIM 技术应用顾问服务的，应参考《上海市建筑信息模型技术应用咨询服务合同示范文本（2015 版）》单独签订合同。

二、应用方法

（一）签订建设工程监理合同（含 BIM 技术服务）宜将 BIM 技术服务相关条款，按照建设工程监理合同整体目录写入相应的通用合同和专用合同条款中，形成完整的建设工程监理合同。针对不同的 BIM 服务内容做相应的取舍，也可增加示范条款外的条款内容。

（二）建设工程监理合同已签订，需要签订 BIM 技术服务补充协议的，根据服务的内容和补充示范条款，按照协议的格式，做相应取舍或增加，重新组织形成完整的补充协议。

（三）按照现行的合同文件和本补充条款，编制了《上海市建设工程监理合同示范文本（含 BIM 技术服务）》，供企业在编制项目招标文件时参考。

三、服务费用计算

BIM 技术服务酬金宜单列计算，可以总价包干或固定单价的方式计取，计费中涉及项目使用的软件和硬件费用宜单列计算。

第六节　建筑信息模型技术应用指南（2017 版）要旨

2015 年上海市住建委组织编制并发布了《上海市建筑信息模型技术应用指南（2015版）》详细描述了 23 个设计、施工和运维阶段的 BIM 技术基本应用项的意义、数据准备、操作流程、建模深度以及应用成果，以便帮助企业快速掌握 BIM 技术应用方法，并为本市推广 BIM 技术应用、BIM 技术应用试点项目确定和项目应用方案编制提供了较为规范的重要参考依据。经过实践，随着 BIM 技术应用的日趋白热化，为满足企业对 BIM 技术应用提出的更高、更具操作性的要求，上海市住建委组织对《指南（2015 版）》进行了修订，深化和细化了相关应用项和应用内容，最终形成了《上海市建筑信息模型技术应用指南（2017 版）》（沪建建管［2017］537 号），并对外正式发布。

一、指南特点

《上海市建筑信息模型技术应用指南（2017 版）》。修订后的《指南（2017 版）》主要增加和完善了以下内容：统一概念定义、专业用词用语，对标新发布的国家和本市 BIM技术应用相关标准，对相关概念定义、专业用词用语进行了调整和统一。细化基于 BIM的二维制图表达部分内容，综合考虑现阶段 BIM 应用技术和设计周期的实际情况，给出合理化制图流程及方法，为实现正向 BIM 建模应用和设计表达提供指导。深化利用建筑信息模型的工程量计算应用具体内容，重点深化工程量清单编制、工程概预算、工程结算等应用的内容，增加了建筑信息模型工程量计算在工程量编制和造价管理中应用的操作性内容。增加预制装配式混凝土 BIM 技术应用项，针对 BIM 技术与预制装配式建筑的融合和应用实际，增加 BIM 在装配式建筑设计、施工和预制加工中的 5 个应用项，并详细描述应用的操作流程和成果。增加基于 BIM 技术的协同管理平台实施指南，为实现各阶段和专业工作协同目标，分别从建设、设计、施工等企业角度，增加基于 BIM 技术的协同管理平台实施指南描述。深化运维阶段的内容，运维阶段 BIM 应用是基于业主设施运维的核心需求，其中针对主要功能包括：空间管理、资产管理、设备维护管理、能源管理、应急管理等几个模块的应用进行具体描述。

二、应用价值

BIM 技术不仅适用于规模大、复杂的工程，也适用于一般工程；不仅适用于房屋建筑工程，也适用于市政基础设施等其他工程。BIM 技术的主要应用价值如下：

（一）工程设计：利用三维可视化设计和仿真模拟技术实现性能化模拟分析、绿色建筑性能评估和装配式建筑虚拟设计；有利于建设、设计和施工等单位沟通，优化方案，减少设计错误、提高建筑性能和设计质量。

（二）工程施工：利用建筑信息模型的专业之间的协同，有利于发现和定位不同专业之间或不同系统之间的冲突，减少错漏碰缺，减少返工和工程频繁变更等问题。利用施工进度管理模型，开展项目现场施工方案模拟及优化、建筑虚拟建造及优化、进度模拟和资源管理及优化，有利于提高建筑工程的施工效率，提高施工工序安排的合理性。施工过程造价管理模型，进行工程量计算和计价，增加工程投资的透明度，有利于控制项目施工成本。

（三）运维管理：利用建筑信息模型的建筑信息和运维信息，实现基于模型的建筑运维管理，实现设施、空间和应急等管理，降低运维成本，有利于提高项目运营和维护管理水平。

（四）城市管理：基于 BIM 技术的城市建筑大数据存储与利用，有利于解决建筑项目长期运营和维护过程中的数据存储、动态更新与各种数据利用问题，为智慧城市建设提供建筑的基础信息。同时，城市建筑信息模型数据的开放，能够实现建筑信息提供者、项目管理者与用户之间实时、方便的信息交互，有利于营造丰富多彩、健康安全的城市环境，提高城市基础设施设备的公共服务水平。

三、应用模式

BIM 技术应用模式根据阶段不同，一般分为以下两种：全生命期应用方案设计、初步设计、施工图设计、施工准备、施工实施、运维的全生命期 BIM 技术应用。阶段性应用选择方案设计、初步设计、施工图设计、施工准备、施工实施、运维的某一阶段或者部分阶段应用 BIM 技术。

四、方案设计阶段

方案设计主要是从建筑项目的需求出发，根据建筑项目的设计条件，研究分析满足建筑功能和性能的总体方案，并对建筑的总体方案进行初步的评价、优化和确定。方案设计阶段的 BIM 应用主要是利用 BIM 技术对项目的设计方案进行数字化仿真模拟表达以及对其可行性进行验证，对下一步深化工作进行推导和方案细化。利用 BIM 软件对建筑项目所处的场地环境进行必要的分析，如坡度、坡向、高程、纵横断面、填挖量、等高线、流域等，作为方案设计的依据。进一步利用 BIM 软件建立建筑模型，输入场地环境相应的信息，进而对建筑物的物理环境（如气候、风速、地表热辐射、采光、通风等）、出入口、人车流动、结构、节能排放等方面进行模拟分析，选择最优的工程设计方案。

五、初步设计阶段

初步设计阶段是介于方案设计和施工图设计之间的过程，是对方案设计进行细化的阶段。在本阶段，深化结构建模设计和分析核查，推敲完善方案设计模型。应用 BIM 软件，对专业间平面、立面、剖面位置进行一致性检查，将修正后的模型进行剖切，生成平面、立面、剖面，形成初步设计阶段的建筑、结构模型和二维设计图。在建筑项目初步设计过程中，沟通、讨论、决策应当围绕方案设计模型进行，发挥模型可视化、专业协同的优势。模型生成的统计明细表可及时、动态反映建筑项目的主要技术经济指标，包括建筑层数、建筑高度、总建筑面积、各类面积指数、住宅套数、房间数、停车位数等。

六、施工图设计阶段

施工图设计是建筑项目设计的重要阶段，是项目设计和施工的桥梁。本阶段主要通过施工图图纸及模型，表达建筑项目的设计意图和设计结果，并作为项目现场施工制作的依据。施工图设计阶段的 BIM 应用是各专业模型构建并进行优化设计的复杂过程。各专业信息模型包括建筑、结构、给排水、暖通、电气等专业。在此基础上，根据专业设计、施工等知识框架体系，进行碰撞检测、三维管线综合、竖向净空优化等基本应用，完成对施工图阶段设计的多次优化。针对某些会影响净高要求的重点部位，进行具体分析并讨论，优化机电系统空间走向排布和净空高度。

七、施工准备阶段

施工准备阶段广义上是指从建设单位与施工单位签订工程承包合同开始到工程开工为止。在实际项目中，每个分部分项工程并非同时进行，一般情况下，施工准备阶段贯穿整个项目施工阶段。主要工作内容是为工程的施工建立必需的技术条件和物质条件，统筹安排施工力量和施工现场，使工程具备开工和施工的基本条件。施工准备工作是建筑工程施工顺利进行的重要保证。施工准备阶段的 BIM 应用价值主要体现在施工深化设计、施工场地规划、施工方案模拟及构件预制加工等优化方面。该阶段的 BIM 应用对施工深化设计准确性、施工方案的虚拟展示、以及预制构件的加工能力等方面起到关键作用。施工单位应结合施工工艺及现场管理需求对施工图设计阶段模型进行信息添加、更新和完善，以得到满足施工需求的施工作业模型。

八、施工实施阶段

施工实施阶段是指自工程开工至竣工的实施过程。本阶段的主要内容是通过科学有效的现场管理完成合同规定的全部施工任务，以达到验收、交付的条件。基于 BIM 技术的施工现场管理，一般是将施工准备阶段完成的模型，配合选用合适的施工管理软件进行集成应用，其不仅是可视化的媒介，而且能对整个施工过程进行优化和控制。有利于提前发现并解决工程项目中的潜在问题，减少施工过程中的不确定性和风险。同时，按照施工顺序和流程模拟施工过程，可以对工期进行精确的计算、规划和控制，也可以对人、机、料、法等施工资源统筹调度、优化配置，实现对工程施工过程交互式的可视化和信息化管理。

九、运维阶段

运维阶段是在建筑全生命期中时间最长、管理成本最高的重要阶段。BIM 技术在运维阶段应用的目的是提高管理效率、提升服务品质及降低管理成本，为设施的保值增值提供可持续的解决方案。运维阶段 BIM 应用是基于业主设施运营的核心需求，充分利用竣工交付模型，搭建智能运维管理平台并付诸于具体实施。其主要工作和步骤是运维管理方案策划、运维管理系统搭建、运维模型构建、运维数据自动化集成、运维系统维护六个步骤组成。其中基于 BIM 的运维管理的主要功能模块主要包括空间管理、资产管理、设施设备维护管理、能源管理、应急管理。运维阶段的 BIM 应用宜符合实际需求，应充分发挥建筑信息模型和数据的实际应用价值，不宜超出实际情况过度规划。

十、工程量计算

工程量计算是工程建设的重要基础性工作贯穿项目全生命期，是工程计价、成本管控与资源调配的基础。传统的工程量计算从手工依据二维设计图纸和工具测量计算，到依据二维 CAD 图纸或三维模型与规则计算工程量，工程量计算效率和自动化程度不断提高。随着 BIM 技术应用推广，工程建设领域实施 BIM 应用逐步增多，但在工程量计算中仍以传统的工程量计算为主，基于 BIM 的工程量计算只是作为参考；本章工程量计算应用主要描述如何实施基于 BIM 的工程量计算和相关应用，逐步在工程量计算中发挥优势。基于 BIM 的工程量计算是指在设计或施工完成的模型基础上，深化和补充相关几何属性数据信息，建立符合工程量计算要求的模型，利用配套软件进行工程量计算的过程，关键实现模型和工程量计算无缝对接，一键智能化工程量计算，极大提高多阶段、多次性、多样性工程量计算的效率与准确性。基于 BIM 的工程量计算在不同阶段，存在不同应用内容。招投标阶段主要由建设单位主导，侧重于完整的工程量计算模型的创建与工程量清单的形成；施工实施阶段除体现建设单位的施工过程造价动态成本与招采管理外，更侧重于施工单位内部施工过程造价动态工程量监控、维护与统计分析，强调施工单位自身合理有效的动态资源配置与管理；竣工结算阶段，由建设单位和施工单位依据竣工资料进行洽商，最终由结算模型来确定项目最后的工程量数据。采用不同的计量、计价依据，并体现不同的造价管理与成本控制目标。投资估算编制是在项目决策阶段，对拟建工程进行项目投资估算。投资估算阶段一般（有达到工程量计算要求模型除外）模型的深度不满足 BIM 工程量计算的要求，不建议采用 BIM 工程量计算，宜采用估算指标或类似工程建安造价等估算。基于 BIM 的工程量计算一般宜从设计概算开始应用。

十一、预制装配式混凝土建筑

预制装配式建筑是用工业化的生产方式建造的建筑物，指将建筑物的部分或全部构件提前预制完成，然后在工地现场吊装到设计位置，并将预制构件通过可靠的连接方式组装而成的建筑。装配式建筑包括装配式混凝土、装配式钢结构和装配式木结构三个类别。预制装配式建筑可有效促进节能减排，提升建筑质量，提高安全水平和劳动生产效率，全面推动建筑产业升级。BIM 技术可用于预制装配式建筑的设计、生产、运输和安装的全过程，有效提高预制构件设计的合理性和精确性，并辅助实现生产、运输和安装的动态管理。本章 BIM 技术应用内容主要针对预制装配式混凝土建筑。

十二、协同管理平台

在工程建设过程中，如何全面控制工程建设风险，加强项目建设过程的精细化管理，解决好工程建设管理过程中多建设方协调、建设任务强度大、管理目标要求高等诸多管理难点和痛点，提高建设管理的效率和管理水平，是摆在每个项目管理者面前的问题。因此，除了需要优化管理组织架构、优化管理流程、加强执行力等传统手段之外，充分发挥BIM技术在管理层面的价值，从工程建设管理控制的源头出发，以先进的管理理念和方法为指导，全面考虑工程建设信息的管理，依托现代信息技术建立各建设方、各管理层次、全员实时参与、信息共享、相互协作的一体化的协同管理平台，则是势在必行之举。

第二十八章　全过程工程咨询范例

近年来，关于建筑行业咨询服务碎片式的现状弊端的讨论越来越多，全过程、系统化、整合式的工程第三方咨询管理服务需求也越来越迫切。2017 年 2 月国务院办公厅发布《关于促进建筑业持续健康发展的意见》，明确提出了建筑业全过程工程咨询的发展定位；住房和城乡建设部也发布开展全过程工程咨询试点工作的通知，上海建科工程咨询有限公司（下称"上海建科"）也是全国首批 40 家试点企业之一。

一、全过程工程咨询管理策划范例（广东某高校项目）

（一）工程概况

1. 项目背景

上海建科受委托承接了广东某高校项目自可行性研究报告批复到最终竣工交付使用的全过程工程咨询的管理服务，也是上海建科作为住房和城乡建设部首次试点服务的全过程工程咨询项目。广东本高校项目投资规模 60 亿元，借鉴发达国家应用型大学先进办学经验，在全国率先探索本科及以上层次职业教育，着力在职业教育重要领域和关键环节进行深入探索和创新，支撑当地经济结构调整和产业优化升级。本项目定位于面向高端产业发展需求，以强化工程能力和实践创新能力为导向，致力于培养高水平工程师、设计师等极具"工匠特色"的高端应用技术型人才。上海建科为项目提供涵盖项目决策阶段和实施阶段至后续服务期（质量保修期）满的项目全过程、全方位的项目管理咨询服务。管理范围主要包括：项目计划统筹及总体管理、报建报批管理、设计管理、招标采购及合同管理、进度管理、造价管理、投资管理、档案信息管理、BIM 管理、实验室工艺咨询管理、现场施工组织协调管理、竣工验收及移交管理、工程结算管理以及与项目建设管理相关的其他工作。

2. 项目建设内容与规模

本高校项目办学规模 19000 人，主要建设内容包括满足 19000 名学生教学和生活需求的教室、实验室、宿舍、食堂、院系办公用房、后勤附属用房、师生活动用房、教职工宿舍、留学生及外籍教师生活用房、学术交流中心等；室外设施；同时建设相应的全部图书馆、室内体育馆、会堂、校行政用房。项目规划建筑 25 栋，包括北区宿舍、食堂、留学生楼、体育馆、中德智能制造学院、互联网与大数据学院、城市交通与物流学院、健康与环境工程学院、新材料与新能源学院、创意设计学院、会堂、信息中心、公共教学、综合楼等功能建筑单体。项目总建筑面积 887895 平方米，其中规定用房面积 709055 平方米，架空层及公共交通平台 90000 平方米，地下室 88840 平方米，同时建设室外体育场地 175977 平方米。

3. 项目建设定位

本高校项目是一所涵盖本科及工程硕士的高水平、国际化、应用型大学。学校致力于打造精英职业教育，培养"两高一专"（高层次、高素质、专业能力精准）、实际操作能力和开发创新能力强的产业精英和技术精英。

（二）项目全过程工程咨询总体思路

上海建科团队进场后，基于贯穿始终的项目管理理念和方针，根据工程咨询合同约定的工作范围，进一步系统分析本项目的特点，调查本项目建设的所有相关需求；再基于分析及调查结果，对项目的整体目标进行分解，对项目层面的各项工作进行整体策划，明确各参建单位的工作范围和工作界面；然后基于项目层面的整体策划，明确项目管理单位的具体工作职责，并由咨询管理团队再进一步分析、细化，形成咨询管理工作大纲，用于指导项目管理团队的实际管理工作。上述项目管理咨询总体策划思路如下图 28-1 所示。

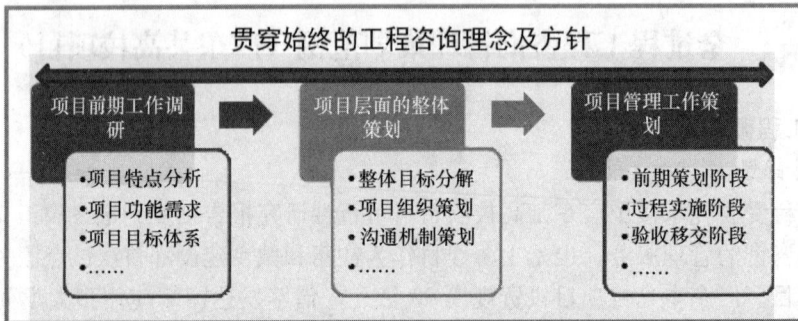

图 28-1　项目全过程工程咨询管理理念

经过团队的分析，本项目将是一所"定位前瞻、意义重大；科学规划、低碳环保；精益建造、创新管理；集约运营、功能完备；实训＋科研＋国际合作，办学特色鲜明"的高水平、国际化、应用型技术大学；是一个典型的特色高校类项目群，在项目策划、设计管理、招标采购、施工管理、验收及移交等方面都有诸多管理或技术难点。管理团队将充分依托大型项目群及高校类项目建设管理经验，为建设单位提供切实可行的管理咨询综合解决方案，以实现项目的各项建设目标。为此，上海建科将运用项目总控（Project Controlling）的思路和方法统筹项目全局，并在项目管理过程中始终贯穿和执行"一个原则、两个标准、三个一流、四个环节"的管理理念和方针，做好全过程工程咨询管理工作。

（三）全过程工程咨询组织结构策划

本项目是典型的大型项目群，参建单位众多，且建设单位和使用单位相互独立，建立一个高效的组织系统，是本项目能否实现各项建设目标的前提和关键。为此，我们将与建设单位、使用单位和相关行政主管部门进行充分沟通，并结合前期工作调研的成果及众多大型项目群的建设管理经验，合理设计本项目的"工作流"及"信息流"，建立一个与本项目建设实施匹配的组织系统，包括项目结构（P-WBS）、组织结构（OBS）、任务分工、管理职能分工、工作流程等。

1. 项目总体组织结构

为确保实现本项目的各项建设目标，结合上海建科以往大型项目群建设管理经验，拟针对本项目设置"管理决策层、管理执行层、建设实施层"的三层组织结构，其中，项目建设单位（即"管理决策层"）在本项目上的组织结构按建设单位自身管理规定设置；"管理执行层"由上海建科的"工程咨询团队班子（4 人）＋职能部门（5 个）"组成；"建设实施层"则由包括勘察单位、设计单位、施工总承包单位、EPC 总承包单位（如有）、材料设备供应商、专业咨询顾问单位等组成，如下图 28-2 所示。

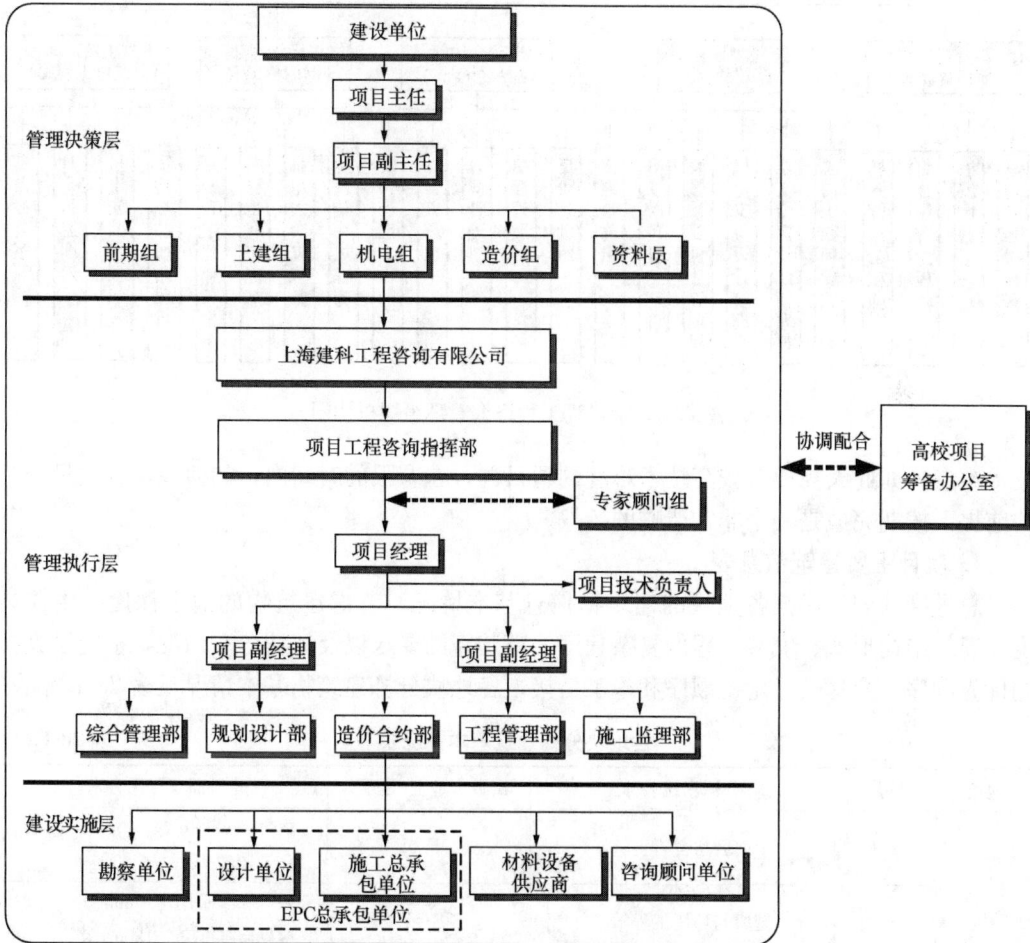

图 28-2　广东某高校建设管理总体组织结构

2. 工程咨询单位的组织结构

为保证本项目的顺利实施，作为本项目的全过程工程咨询单位，上海建科按照以下原则设置了针对本项目的组织结构：设置工程咨询服务指挥部，确保项目资源落实；专业配套齐全，确保项目科学管理；依托公司专家咨询组，确保有效技术支撑。

工程咨询单位针对本项目的组织结构如下图 28-3 所示。

（四）项目全过程工程咨询进度规划

本项目计划 2016 年开工建设，2019 年三季度完成一期工程的验收和交付，总建筑面积超过 89 万平方米，单体数量达到 25 栋。本项目还涉及深基坑、超高层、架空层、公共交通平台、海绵城市、地下综合管廊、装配式建筑、绿色建筑、人工湖等诸多专业工程或

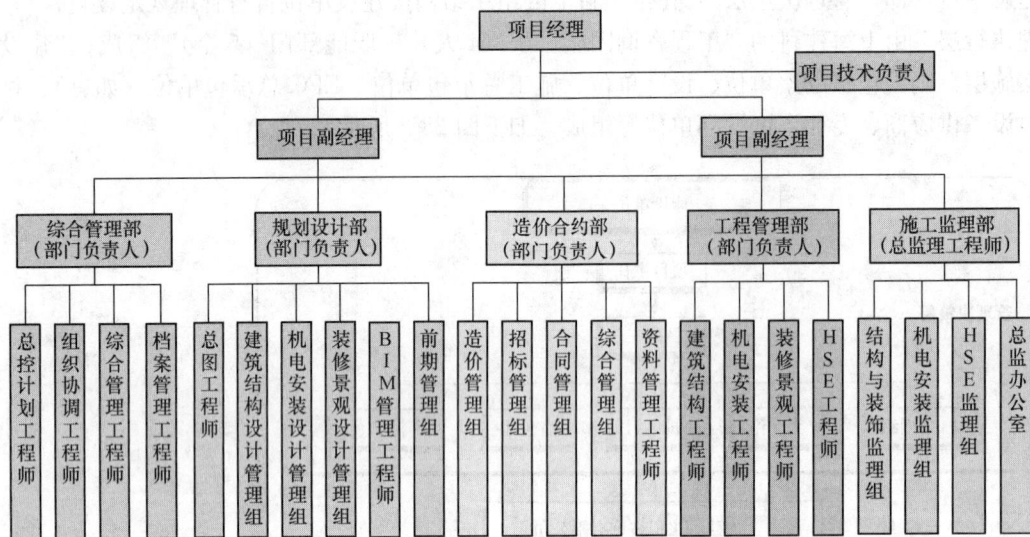

图 28-3　全过程工程咨询管理组织机构图

技术难点。如此大规模且较高技术难度的项目群，在有限的时间内，如何在保证质量安全的前提下按期完成是一个非常严峻的挑战。

1. 项目主要建筑信息表

总进度计划将根据各地块的建筑物信息基本情况，考虑建筑物的地下深度、主体高度、建筑结构形式、安装工程的复杂程度、精装修的要求以及区域分布情况，拟定进度控制优先顺序，合理安排施工顺序和施工搭接，各地块分栋建筑物基本情况见表 28-1 所示。

各地块分栋建筑基本情况表　　　　　　　　　　　　　　表 28-1

地块	序号	分栋建筑名称	层数（地上/地下）	建筑面积（平方米）
地块一	101	南区宿舍、食堂	20F/0F	宿舍：60000 食堂：5200
	102	健康与环境工程学院	7F/1F	教学和实验用房：36800 后勤服务配套：1200
地块二	201	校行政与公共服务中心综合楼	16F/1F	办公用房：16000 后勤服务配套：6000
	202	公共教学与网络中心	5F/1F	教学和实验用房：54000 后勤服务配套：9130
	203	会堂	3F/1F	教学和实验用房：6000 后勤服务配套：1000
	204	互联网与大数据学院	16F/2F	教学和实验用房：36300 后勤服务配套：1700
	205	图书馆	6F/2F	教学和实验用房：43500 后勤服务配套：5600
	206	新材料与新能源学院	17F/1F	教学和实验用房：41270 后勤服务配套：800

续表

地块	序号	分栋建筑名称	层数（地上/地下）	建筑面积（平方米）
地块二	207	创意设计学院	7F/1F	教学和实验用房：27400 后勤服务配套：1000
	208	学术交流中心	12F/1F	教学和实验用房：10000 后勤服务配套：2000
	209	先进材料测试中心	4F/0F	教学和实验用房：9800 后勤服务配套：200
	210	校医院	2F/0F	3600
地块三	301	中德智能制造学院	16F/2F	教学和实验用房：43000 后勤服务配套：1500
	302	城市交通与物流学院	9F/1F	教学和实验用房：50200 后勤服务配套：1300
	303	体育馆	3F/1F	教学和实验用房：19950 后勤服务配套：2000
	304	北区宿舍	18F/0F	宿舍：118500 师生活动用房：5700
	305	北区食堂	4F	12000
	306	留学生与外籍教师综合楼	26F/1F	65150

2. 项目里程碑节点表

根据总进度目标，对项目制定"36个进度控制节点"，进度管理人员将严格按照重大进度里程碑节点进行分段控制，见表28-2。

项目进度控制节点表 表 28-2

节点	节点 1	节点 2	节点 3	节点 4	节点 5	节点 6
预定工程日期	2017/8/5	2017/9/2	2017/9/16	2017/9/22	2017/10/22	2017/10/31
日历天	59	87	101	107	137	146
施工周期	59	28	14	20	30	87
标准事件	方案设计编制和审批完成	桩基（招标）施工图完成	桩基施工图审查完成	桩基招标清单编制完成	土石方及桩基施工（含支护、临设）招标完成	初步设计编制和概算报审
	方案批复	提交审图	取得审图合格文件	清单内部审核完成	签订合同	
节点	节点 7	节点 8	节点 9	节点 10	节点 11	节点 12
预定工程日期	2017/10/31	2017/11/1	2017/11/21	2017/12/15	2017/12/31	2018/1/21
日历天	146	147	167	192	207	228
施工周期	7	120	120	45	91	21
标准事件	桩基施工许可证	基坑支护及土方挖运	桩基施工	初步设计概算批复	施工图设计（主体＋机电）	施工图审查（主体＋机电）
	施工许可	动土	打桩开始	概算批复完成	完成施工图	审图合格证

节点	节点13	节点14	节点15	节点16	节点17	节点18
预定工程日期	2018/1/30	2018/3/19	2018/3/19	2018/3/19	2018/3/30	2018/3/30
日历天	237	285	285	285	296	296
施工周期	30	45	45	45	9	9
标准事件	编制施工图招标清单	3号地块施工总承包招标	2号地块施工总承包招标	1号地块施工总承包招标	3号地块施工许可证	2号地块施工许可证
	清单完成内部审核	签订合同	签订合同	签订合同	取得施工许可证	取得施工许可证
节点	节点19	节点20	节点21	节点22	节点23	节点24
预定工程日期	2018/3/30	2018/5/15	2018/5/15	2018/5/15	2018/6/9	2018/6/9
日历天	296	342	342	342	367	367
施工周期	9	45	45	45	70	70
标准事件	1号地块施工许可证	留学生与外籍教师综合楼地下室结构施工	校行政与公共服务中心综合楼地下室结构施工	健康与环境工程学院地下室结构施工	中德智能制造学院地下室结构施工	互联网与大数据学院地下室结构施工
	取得施工许可证	结构出正负零	结构出正负零	结构出正负零	结构出正负零	结构出正负零
节点	节点25	节点26	节点27	节点28	节点29	节点30
预定工程日期	2018/6/9	2018/7/24	2018/10/7	2018/10/17	2018/10/22	2018/10/27
日历天	367	412	487	497	502	507
施工周期	70	70	120	200	160	140
标准事件	图书馆地下室结构施工	健康与环境工程学院主体结构施工	图书馆主体结构施工	南区宿舍主体结构施工	校行政与公共服务中心综合楼主体结构施工	中德智能制造学院主体结构施工
	结构出正负零	结构封顶	结构封顶	结构封顶	结构封顶	结构封顶
节点	节点31	节点32	节点33	节点34	节点35	节点36
预定工程日期	2018/11/16	2018/12/1	2019/7/14	2019/11/11	2019/12/11	2019/12/31
日历天	527	542	767	887	917	937
施工周期	160	200	270	150	90	90
标准事件	互联网与大数据学院主体结构施工	留学生与外籍教师综合楼地下室结构施工	开闭所	专项验收	竣工备案	竣工交付
	结构出正负零	结构出正负零	受电完成	取得专项验收文件		

（五）招标采购策划

一般工程项目的采购都包括工程类采购（如施工总承包单位、专业分包单位等的采购）、货物类采购（如大宗材料设备等的采购）、服务类采购（如设计单位、造价咨询单位、项目管理单位、工程检测单位等的采购）。作为一个大型高校类项目群，工程采购工作数量和繁杂程度都成几何倍数增长，做好本工程的招标采购，是项目如期开工和交付的又一个关键环节。

1. 施工招标总体思路

本项目施工招标的总体思路为："整体上去筹先行、平面上市政兼行、立体上基坑土石方先行"的总体原则，采取"基础与主体结构合并招标、主体施工总承包＋专业工程平行发包相结合、主体工程施工总承包划分成若干个标段"的招标策略，以满足设计图纸进度及去筹先行的要求，进而达到控制招标风险的目的。主体工程施工总承包划分成若干个标段。

2. 招标策划方案

（1）施工总承包标段划分：根据本项目特征及建设目标需求将其划分为三个标段，即先行（标段Ⅰ）＋标段Ⅱ＋标段Ⅲ（如图 28-4），各标段技术指标统计如表 28-3。该标段划分方式有利于先行开工，同时保证了三个标段的建设内容和规模相对均衡，减少了施工总承包单位数量，有利于提升管理协调工作效率。

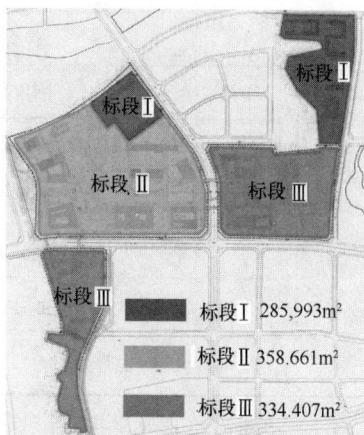

图 28-4　施工总承包标段划分示意图

施工总承包标段划分技术指标统计　　　　　表 28-3

标段	序号	单体名称	地上建筑面积（m²）	地下建筑面积（m²）	合计（m²）
标段Ⅰ	1	北区宿舍	132975	—	285993
	2	留学生与外籍教师综合楼	70400	8580	
	3	校医院	3920		
	4	北区食堂	14024	—	
	5	连廊平台(估)	5000	—	
	6	公共教学与网络中心(B、C、E、F栋)	50100	994	
	7	合计	276419	9574	
标段Ⅱ	1	创意设计学院	33122		358661
	2	新材料与新能源学院	46328	27260	
	3	学术交流中心	13240		
	4	先进材料测试中心	10320	5503	
	5	大数据与互联网学院	40340	—	
	6	图书馆	58045	20813	
	7	公共教学与网络中心(A、D、G栋)	24930		
	8	会堂	7694	30953	
	9	校行政与公共服务中心综合楼	27113		
	10	连廊平台(估)	13000	—	
	11	合计	274132	84529	

标段	序号	单体名称	地上建筑面积(m²)	地下建筑面积(m²)	合计(m²)
标段Ⅲ	1	中德智能制造学院	48310	10054	
	2	城市交通与物流学院	56300	21651	
	3	体育馆	35150	11210	
	4	体育场	—	4490	
	5	南区宿舍	72237	—	334407
	6	健康与环境工程学院	41264	15341	
	7	连廊平台(估)	18000	—	
	8	门卫、垃圾房	400	—	
	9	合计	271661	62746	
总计			822212	156849	979061

（2）合同包工作内容策划：根据施工招标总体思路，本项目的各施工合同包大致包含的工作内容如表28-4所示。

合同包工作内容策划表　　　　　　　　　表 28-4

序号	招标项目	招标范围	招标内容	投资估算(亿)	招标模式
1	基坑土石方及边坡支护工程	地块一、二、三	基坑土石方、边坡支护、基坑支护、校园道路、临时设施等	3.0	施工图＋工程量清单
2	施工总承包Ⅰ标	公共教学与网络中心（B、C、E、F栋）、留学生与外籍教师综合楼、北区宿舍、北区食堂、校医院等	• 总承包项：地基基础（含基坑土石方）、建筑、结构（含钢结构）、给水排水、电气、暖通、防水工程、幕墙、非重点部位精装修、室外总体； • 平行发包项：变配电、智能化、消防、重点部位精装修、绿化景观、太阳能热水系统、污水处理、医疗工艺、净化系统工程设备、医用气体工程设备、标识系统、交通设施及交通监控工程、音视频系统设备、医疗纯水等； • 战略合作或批量采购：电梯工程、电缆、涂料、体育工艺； • 单一来源采购：燃气工程		施工图＋工程量清单

序号	招标项目	招标范围	招标内容	投资估算（亿）	招标模式
3	施工总承包Ⅱ标	创意设计学院、新材料与新能源学院、学术交流中心、先进材料测试中心、大数据与互联网学院、公共教学与网络中心（A、D、G栋）、图书馆、会堂、校行政与公共服务中心综合楼等	•总承包项：地基基础、建筑、结构（含钢结构）、给水排水、电气、暖通、室外总体、交通设施及交通监控工程、多联空调系统、冷水机组、净化系统工程设备、太阳能热水系统、污水处理；		施工图＋工程量清单
4	施工总承包Ⅲ标	中德智能制造学院、城市交通与物流学院、体育馆、体育场、健康与环境工程学院、南区宿舍等	•平行发包项：变配电、智能化、消防、幕墙、精装修、实验室工艺、园林绿化、音视频系统设备； •战略合作或批量采购：电梯工程、防水工程、人防工程、电缆、涂料、体育工艺； 单一来源采购：燃气工程		施工图＋工程量清单

（六）安全文明施工管理策划

本项目建设规模大，建设周期长，参建单位及人员众多，技术难点及安全风险因素较多，而不同参建单位（尤其是施工单位）的安全文明施工管理能力和水平又参差不齐，这给本项目的平稳推进增加了不确定性。以风险理念贯穿整个项目的安全文明施工管理，以提升整体安全文明施工管理水平。我们项目管理团队将采用全过程全方位的安全风险管理模式，提升安全文明施工管理水平。制定整个项目统一的安全文明施工管理标准化体系，落实安全文明施工管理措施。在安全文明施工管理的组织机构设置及管理职责划分方面，实行总体部署、分区落实的网格化管理方式。制定高风险事件的应急预案，并定期组织演练。定期检查，提高安全防范意识和安全文明施工管理水平。加强安全文明施工教育培训与考核，提高安全文明施工能力水平。建立安全风险金抵押制度等安全奖惩制度，以经济手段保障施工安全。

（七）质量管理策划

由于本项目是典型的大型项目群，每幢建筑单体的结构形式和使用功能也各不相同，而且由于参建单位和施工人员众多且水平参差不齐，很容易因为某个环节的管理不善而造成质量缺陷甚至事故的发生。因此，加强质量管理是保证校园建设品质的重中之重。在确立基础质量目标的前提下，根据各建筑物的使用功能要求制订质量分目标。质量目标的确立为各参建单位提供了其在质量方面关注的焦点和工作的重点，同时，质量目标对提高产品质量、改进作业效果有重要的作用。建设单位和管理公司制订全过程质量管理制度和流程，以指导各参建单位建立完整的质量管理体系。指导并督促各参建单位建立多道设防的质量管理组织机构。我们将指导并要求各参建单位安排专职质量管理人员成立专门的质量管理机构，并要求各参建单位质量管理部门同样指导并督促下属的专业分包单位或工作班组建立专门的质量检查小组，以形成多道设防的质量管理组织机构。运用质量管理工具及相关信息化软件提高质量管理水平。开展质量管理执行效果的交叉检查，并依据检查反馈改进质量管理制度。

（八）项目验收及移交策划

本项目不仅要根据项目整体的竣工、移交及试运行时间来安排每个片区或标段的验收和移交，而且由于涉及的使用单位有多个学院，每个学院的验收和移交要求可能不尽相同（部分包含实验室或实训中心的学院可能需要预留工艺设备的安装及调试时间），基于以上实际需要，我们将安排有关专业团队提前介入每个片区或标段的专项验收，并着眼于片区、标段及项目整体的移交及试运行。按片区或标段定制本项目验收及移交的组织架构，组织专业团队提前介入，确定验收及移交工作的职责分工及沟通协调（会议、报告等）机制。梳理本项目各个片区或标段可能涉及的所有验收及移交工作内容及相关政府部门和使用单位的要求。基于上述完整且已分类的验收及移交工作内容，根据相关政府规定及建设单位、使用单位的内部要求，将所有的验收及移交工作按片区或标段绘制成逻辑关系准确的工作流程图，确保每个片区或标段都有内容完整且流程清晰的验收及移交工作。分析每个片区或标段验收及移交的关键线路（或关键工作）、可能存在的难点或风险，并建立相应的反馈及预警机制。将上述组织架构及人员、职责分工、沟通协调机制、工作内容及相关要求、工作流程、进度计划、难点或风险、反馈及预警机制等内容汇编成本项目的验收及移交工作手册，作为本项目该项工作的系统指南。

（九）风险管理策划

本项目建设规模大，建设周期长，风险源较多，包括自然风险、社会风险、技术风险和管理风险等诸多方面。而每一类风险源包括的风险因素又很多，如何做好各项风险因素的管控，关系到本项目建设目标的最终实现。因此，我们将根据本项目的实际特点，结合以往大型项目群风险管控的丰富经验，对本项目的风险管理进行统一策划。确定本项目的风险管理总体思路，即以降低项目总体风险、确保工程平稳推进为目标，通过科学合理的风险分析和评估技术，进行实时风险监控与管理，构建风险管理标准体系，根据差异化管理原则，利用先进的信息化手段，实现项目风险评估与管理的标准化、差异化和信息化。采用现有的多种先进风险管理工具（如风险评估及管理信息系统、基于 BIM 技术的风险评估及管理软件）进行本项目的风险管理。按片区或标段识别本项目的所有风险因素，建立初始风险清单，且清单中要初步判定各风险因素的发生概率、相应后果及风险等级（1～5 级）。与建设单位等共同确定本项目需重点管控的风险因素，如社会稳定风险、进度风险、新技术风险等，并对这些重点风险因素分别制定针对性的应对策略。社会稳定风险；进度风险；新技术风险。做好建设过程中的风险动态控制，包括风险跟踪、检查、反馈和应对（转移、消除、接受等）。有关参建单位进场后，我们将向他们进行必要的风险交底，并组织和督促相关单位按要求做好建设过程的风险动态管控，及时汇报各片区或标段的风险管理情况，确保有关风险管理的信息及时、通畅。与建设单位共同商定本项目的工程保险方案。因本项目建设规模大、周期长，参建单位和人员多，且存在一定的技术难度，各类风险因素较多，故我们项目管理团队将与建设单位共同商定本项目的工程保险投保方案，以避免或减少因某些风险因素失控而造成的经济损失。

二、工程项目管理应用范例（上海某主题乐园项目）

引言

上海建科工程项目管理有限公司是上海建科工程咨询有限公司专业子公司，是上海市高新技术企业。公司自成立以来，始终以更好地发展项目管理业务，建立高水平的项目管理专业操作平台为宗旨，以建科品牌的知名度、专业度打造了上海诸多骄人的业绩，如：上海国际旅游度假区、上海 2010 年世博会、上海市对口支援都江堰灾后重建项目等国家及地方代表意义重大的项目。工程项目管理是指具有相应资质的工程建设监理单位或工程建设咨询单位受工程项目业主方的委托，对工程建设全过程或分阶段进行专业化管理和服务活动，简称"项目管理"。本节以上海建科工程项目管理有限公司（以下简称"上海建科"）完成的上海某主题乐园项目为例，阐述项目管理的服务内容、重点工作，以及服务成果。

（一）项目背景

1. 项目概况

上海某主题乐园项目（以下简称"本项目"）项目一期工程的核心区（即主题乐园区域）由若干个主题园区和一个后勤区组成，整个建设过程均采用外资工程项目管理模式。上海建科工程项目管理有限公司（以下简称"上海建科"）承担了核心区的基础设施和后勤区的施工管理（Construction Management，以下简称"CM"）任务。后勤区项目（Back of House，以下简称"BOH 项目"）占地面积 45 万平方米，总建筑面积 50 万平方米，由 27 个建/构筑物以及相应片区的室外工程构成。BOH 项目的主要功能是支持主题乐园的日常运营，包括演职人员的更衣、排练、演出准备、行政管理、维护维修、食物准备和供应等，此外，还有一些建筑和设施用于支持娱乐巡游和焰火表演等。

2. 项目特点

上海建科的管理范围主要包括方面：项目计划统筹及总体管理、报建报批支持、设计管理、招标采购及合同管理、进度管理、造价管理、档案信息管理、BIM 管理、现场施工组织协调管理、竣工验收及移交管理等工作。本范例以项目群管理、安全管理、质量管理、验收及移交管理 4 个方面进行阐述。

（1）项目群管理，牵涉面广。项目包含若干片区，各由不同的施工管理公司进行管理，各片区又各自划分为多个不同的标段（或施工合同包），从而形成了项目群。由于 BOH 与其他片区在施工场地上都有接壤，且交界面较多，导致施工界面及施工顺序协调、临时道路及物流管理、临时设施管理、场地协调管理等都十分复杂。

（2）安全管理，以人为本。外资工程项目安全管理普遍严格，本项目也不例外。在施工总承包合同中已经包括了各类严格的安全管理要求，并在执行过程实行"零容忍"政策，随时可以叫停任何存在安全隐患的施工活动。这给不熟悉外资工程安全管理模式的国内承包商造成了一定程度的不适应，也在一定程度上影响了工程进度。

（3）质量管理，中外标准结合。业主委托咨询公司编写了数千页的技术规格书，并将其作为合同附件，对施工单位的工程质量提出了详细要求，但该 SPEC 中的要求有许多是高于国内技术标准的，其内容与国内的技术标准存在很大差异，给中方的各参建团队带来了不小的挑战。与此同时，一旦现场发现任何质量问题，业主都会追究到底，要求施工单位必须整改至符合 SPEC 要求为止。国内的施工单位对此情况也较不适应，造成大量整改和返工，对工程进度造成了较大影响。

（4）验收移交管理，确保按期开园。本项目是典型的项目群项目，不仅要根据项目整体的竣工、移交及试运行时间来安排每个片区或标段的验收和移交，而且由于涉及的功能建筑众多，每个单体的验收和移交要求可能不尽相同，验收和移交工作的组织尤为关键。

（二）项目群管理工作实施

1. 场地整体测量

在建立整个场地平面及高程控制网的基础上，设置第三方工程测量顾问，做好各片区或标段之间测量工作的统一复核及协调工作，确保各个片区或标段测量数据的准确性和一致性，避免诸如不同片区或标段的管线标高差异较大而无法按设计要求顺利连接的问题出现。

2. 交通组织规划

上海建科为本项目建设过程的交通组织进行了详细的规划，有效地指导了园区大面积交叉施工的交通组织，使整个项目的施工在建设高峰期仍能平稳进行。我们根据大型项目群的交通组织经验，结合本项目的实际情况（包括片区或标段划分、场地出入口、周边交通网络、车辆类型及运输需求、消防及急救要求等），科学预测每个片区或标段的交通流量（包括车流量、物流量和人流量等），然后根据项目建设的总体进度计划分阶段设计本项目的交通组织方案，具体内容包括：路网设计、交通流线设计、交通组织实施（含交通引导方式、交通标志及临时交通设施的设置等）、交通组织管理（含管理机构、管理人员、车辆优先等级、交通安全管理等）、应急处理（含突发事故及灾难性天气的应急处理）。

3. 现场大临布局及管理

本项目有多个标段，涉及的参建单位和人员众多，现场的临时设施必须统一规划、统一管理。本项目根据标段的划分情况及交通组织策划方案（尤其是其中的路网设计和交通流线设计），首先规划建设单位和项目管理团队的临时办公区域（包括临时办公室、食堂、停车场等），再统一规划各标段的临时设施搭建区域（注：各标段内部的详细临设方案由施工总承包单位负责深化），然后统一测算本项目的临水、临电、临排等的需求；最后安排专人负责施工期间的现场临设管理，包括但不限于临水、临电的使用及缴费管理。

4. 安保管理

本项目建设场地大，参建单位及人员多，建设周期长，整个建设场地的安保问题需要统一策划。本项目结合现场实际情况及周边区域环境建立针对性的安保政策（包括但不限于人员和车辆通行证、访客管理、材料进出场管理、工人行为管理、巡更等），并聘请专业的保安公司协助整个项目的安保管理。

5. 信息管理

PMCS，即项目管理控制系统，是本项目在建设过程中贯穿始终的项目管理信息管理工具。PMCS 拥有 2 大类别和 26 个功能模块，主要包括：企业内部的管理流程 13 项和施工阶段的项目管理流程 13 项。施工阶段的项目管理流程，包括：合同、合同预算、付款、变更、合同指令、变更指令（Change order）、信息澄清（RFI）、文件报审（Submittal）、材料替换（MSR）、整改通知（Correction notice）、日报（Daily Report）、尾项清单、供应商信息，囊括了全过程项目管理各大要素。该系统在项目建设过程中，以其卓越的系统架构和性能，切实有效地提高了整个项目的管理效率，缩短了工程建设的时间，保证了工程的进度和质量，并且节约了成本，成功避免了许多可能的风险，推动了项目的整体实施。

6. 后勤保障管理

本项目参建单位及人员众多，建设周期长，管理人员和工人的后勤保障问题也进行了统筹考虑，包括管理人员和工人的食宿、通勤、医疗、现场零售等。

（三）安全管理

"安全第一"的理念在本项目中得到充分体现，这里所提到的"安全"是一个广义的概念，不仅包括职业健康、安全和环境，还包括安保和国际劳工标准。在"以人为本"的管理理念下，每一个参建者的生命安全都需要各个单位全力以赴、想方设法地去保护。作为项目管理公司，业主对我们的安全管理工作提出了很多详细的要求：所有总包、监理进入现场的人员，上海建科都必须组织其参加入场安全教育培训并考试合格；对于业主一些特殊的安全管理规定，上海建科必须组织相应的专项培训。上海建科必须定期组织业主、监理对总包的现场安全情况进行巡查，各单位对存在安全隐患的问题发出的《安全违规通知单》，上海建科必须采取强有力的措施，以保证《安全违规通知单》中所列明的问题都得到整改并回复；上海建科必须督促监理和总包严格管控现场施工安全，确保不发生人员死亡和重伤，10万元以下（含10万元）直接经济损失的事故每年不超过3起，或全年轻伤事故的直接经济损失累计不超过30万元。面对详细而艰巨的安全管理目标，上海建科安全管理团队本着全力为客户服务，更是为了保障每个员工的生命安全的态度，开展了各项安全管理任务，并从以下的重要方面进行现场的安全管理：

1. 以完善的教育制度提高现场人员的安全意识

外资工程项目一向将安全管理视为工程管理的第一要务，绝大多数外资工程项目都将"零死亡、零重伤、零火灾"作为其安全管理目标。我们在本项目对于参建人员的安全教育从其办理出入证就已经开始。例如入场前安全培训流程中，对于承包商、监理单位拟入场的人员，上海建科首先要求其提交入场安全培训申请表和必要的资料，并会逐进行审查。文件审查后，安排工人参加入场教育培训（入场须知、主要的安全管理制度、现场紧急救援、典型事故案例、投诉与纠纷处置等）并进行相应的考试，只有在考试合格后，上海建科安全部门才会签字认可，并将该人员的考试合格证、培训卡和上述资料一起转交给业主安保部门为其拍照、办理通行证。另外，在现场施工之前，作为项目管理公司，我们的安全部门仍然深度参与或开展有针对性的安全教育活动。安全部门不仅是审查承包商提交的班前安全教育记录，而是安排安全工程师在现场监督教育过程，并补充承包商的安全员疏忽或不够重视之处。

2. 以丰富的安全宣传营造全员参与安全管理的氛围

施工现场的安全宣传不仅能普及国家相关的安全生产法律法规和重要的安全知识、操作规程，也能提高参建人员的安全意识，并营造出全员参与安全管理的气氛。因此，作为项目管理公司，上海建科安全部门认真组织承包商和监理开展了工地的安全宣传，参建人员牢固树立了安全理念，不仅促使了承包商主要负责人、安全管理人员的安全管理水平得到提升，更使得工人们的安全生产防护意识和技能得到了进一步提高。

761

3. 完备的安全防护用品是生命安全的有力保障

上海建科安全部门严格按照相关合同要求，对任何进入施工区域的人员，都要求其必须正确佩戴个人安全防护用品。对于一些较为危险的作业，如电焊、切割、风镐等，我们的安全部门还将要求总包的工人增加一些专业的安全防护用具等。

4. 执行细致的安全巡检和旁站以达到"零事故"的目标

安全巡检是对工程项目事前、事中、事后的全过程控制，不仅能增强预防事故的主动性和可控性，也能全面掌握施工现场生产活动，并及时发现事故苗头，消除事故隐患，防止重大事故发生。上海建科安全部门组织业主、监理、承包商的安全管理人员，在定期或不定期的安全巡检中，首先就会检查承包商现场作业的合规性，即承包商的工作许可证（也称"工作票"）是否齐全。无工作票的工作将责令立刻停止施工，并让参与此项工作的全部人员离场，待开具符合实际情况的工作票后才能恢复施工。且安全部门也会对承包商进行必要的安全教育并处以相应的罚款，并在当月的进度款中扣除。

另外，安全部门在巡检中也会重点关注挂牌上锁（简称 LOTO）的执行情况。LOTO即通过对电器开关以及管道阀门的隔离和锁定以保护那些正在进行设备服务和维护的员工，以达到避免事故并创造安全工作环境的目的。在本项目，上海建科安全部门与业主安全团队一起，首先对所有的动力源进行了标识。在标识动力源的同时，不断的讨论、完善，制定了专门的 LOTO 程序和两级培训计划。经过仔细的安全巡检和所有安全人员的共同努力，在本项目，我们督促承包商实行的 LOTO 制度，成功避免了因设备服务和维修而造成人员伤害。

（四）质量管理

施工阶段的质量管理所牵涉到的面是非常广的，它的最终目的是实现施工项目的质量目标。业主对质量一直都坚持着高标准和严要求，而且也非常注重每一个细节的把控，因此，作为项目管理公司，业主对上海建科的质量管理目标提出了如下要求：SPEC 上规定总包需要制作 Mock-up 的工序，监理在督促总包按要求做好 Mock-up 后，必须先进行检查，合格后再由上海建科组织 ED&E 和 CMFO 进行现场验收，且一次验收通过率需保证在 80％以上（含 80％）。上海建科质量管理部门必须安排专业工程师，现场见证总包所有的隐蔽验收、测试及调试工作，记录见证中发现的问题要告知业主相关部门，并督促、跟踪总包的整改。各单位在 PMCS 上所提出的质量 CN，上海建科必须采取严格的措施，确保工程移交前，所有 CN 都已经被关闭。上海建科必须督促监理和总包严格管控现场施工质量，确保不发生质量事故，且总包因质量问题造成的返工费用不应超过 10 万元/次，且每年不能超过 3 次。对于质量目标的实现，需要项目部要遵循系统和科学的质量管理原则，立足于施工前的准备、施工过程与竣工时期的质量管理，系统地规划，实施动态性的管理，认真地安排施工，对各个施工部门之间的关系进行协调。我们的质量管理团队重点开展了以下一些方面的质量管理：

1. 分析质量标准和技术规范差异，建立学习、培训机制

业主在与总包签订承包合同时，就明确将"施工质量必须同时满足通用技术规程（简称 SPEC）的要求"写入承包合同，其内容与国内的技术标准存在很大差异，为施工单位和监理单位带来了不小的挑战。上海建科在本项目的启动阶段就开始全面收集并分析、重组 SPEC，主动承担并完成了通用技术规格书与中国技术标准差异研究的艰巨任务（如图

28-5 所示），中文版共有 2756 页，由混凝土、保温防潮、门窗、设备、室内陈设、灭火系统、采暖通风空调、电气、通讯、室外总体工程等 33 个部分、共 378 个章节组成。

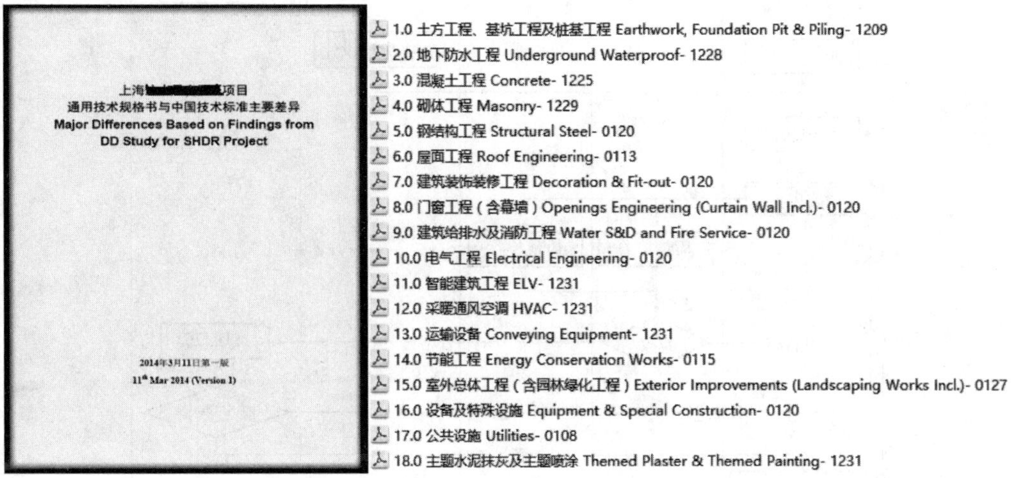

图 28-5　上海某主题乐园项目通用技术规格书与中国技术标准差异研究

凭借上海建科高品质的咨询服务，该项目业主还委托我们为其筹办本项目安全与质量检控培训中心（ICTC），并为该培训中心进行了全面的课程安排，共先后开设了 8 大类别 36 门培训课程，包括通识课程、安全、健康、环境及国际劳工标准、土建结构、机电安装、装饰装修、园区景观、质量保证与控制和特色专业设施，总计超过 3900 人次来自监理、CMC（项目管理公司）、施工方人员参加了培训，为保障本项目的建设工程标准在各片区得到良好执行、保障项目质量，起到了积极作用。

2. 综合国家建设程序和本项目的特殊性，建立或协助业主建立各种程序、制度

（1）联合验收制度：对于一些重要的工序在隐蔽前，组织 CMFO、ED&E、项管公司、监理的结构、建筑、电气、给水排水等相关工程师一起到现场进行联合验收，只有在通过联合验收，且参与验收人员在"联合验收表"上签字确认后，监理才能签署相关文件并准许总包进行隐蔽或下一道工序的施工。该制度也作为标准联合验收程序在其他片区予以推广使用。

（2）FAT 程序：FAT 即设备厂家在生产完成并做完工厂内部测试后，应在设备出厂前以书面形式告知买家，由买家或其代表根据需要参加工厂验收。在本项目上，上海建科对 FAT 做了进一步的细化，并明确了具体的操作程序。FAT 中所提问题总包没有整改完毕并经提出者确认，不允许该设备进场。

（3）样板、样品管理制度：本工程对于样板、样品管理的重视程度，远远超出国内一般工程中关于样板、样品质量管理的要求，对一些国内不要求做样板的工作内容也有要求，如土建施工中的回填、管道安装、钢结构安装等都有样板段的要求，甚至对混凝土浇筑也有实物模型的要求，在招标阶段即把上述要求等详细明确，作为招标文件中的技术要求内容，投标单位必须对该部分内容予以响应。实物模型制作控制流程见图 28-6。

（4）不合格项的跟踪和管理：在工程实施过程中，对于在检查过程中发现的严重不符合招标文件技术要求、设计图纸和国家规范等工作内容，立即通过上传项目管理平台、书面传

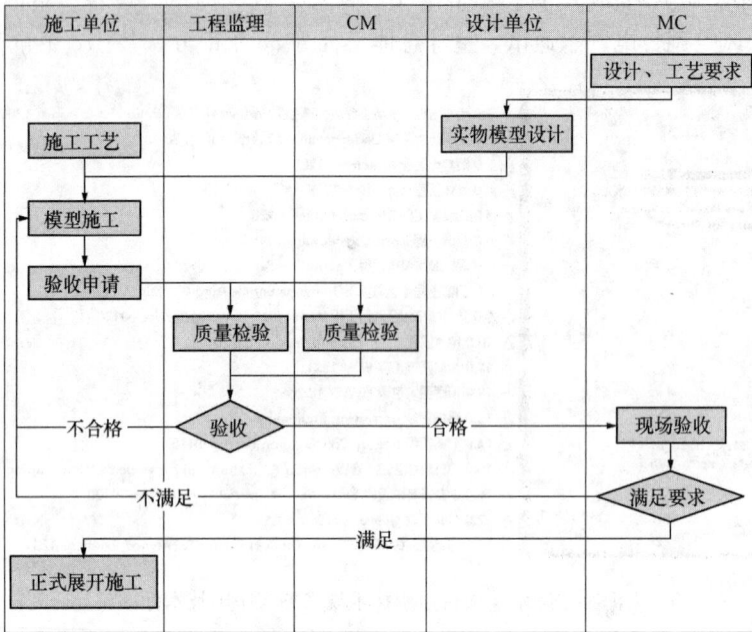

图 28-6　实物模型制作控制流程

达和专题讨论等形式，通知业主、设计单位和顾问单位等，一起讨论对不合格项的整改措施和建议，以防止继续施工或不合格工作被隐蔽，在不合格项的整改经过各方确认后，方可进行下一道工序的施工，以确保工程质量按照设计要求执行。直至完工仍未完成的不合格项，将列入未完成工作清单继续跟踪，作为竣工验收的依据。不合格项的整个流程见图 28-7。

单个工作包的 CN 状态以表 28-5 的形式定期报告：

CN 状态跟踪表　　　　　　　　　　　　　　　　　　　　　　　　　表 28-5

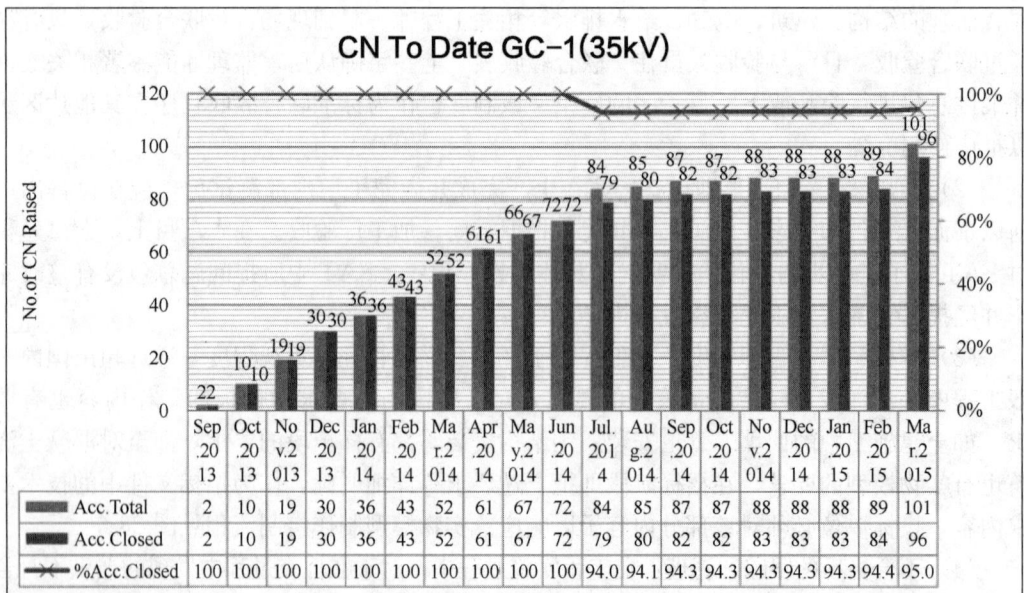

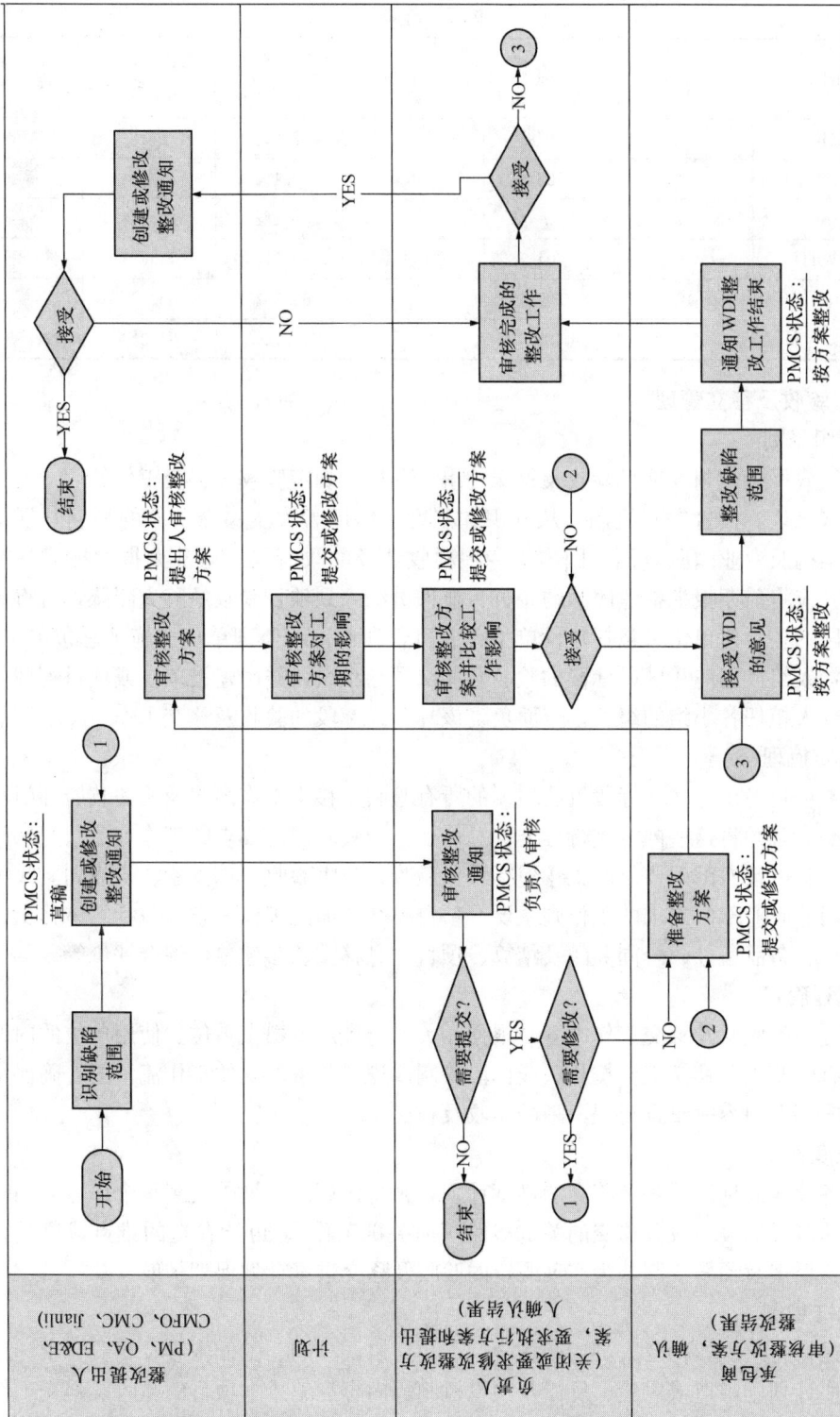

图 28-7　不合格项整改通知流程图

所有工作包的 CN 状态定期汇总见表 28-6。

CN 状态汇总表 表 28-6

Work package	Total	Closed	Opening	Close Ratio Last Week	Close Ratio This Week	⬆ ⬇
GC-1 (35KV)	101	96	5	82.2%	95%	⬆
GC-3b (10KV)	178	123	55	69.1%	69.1%	⬇
GC-3c	31	27	4	87.1%	87.1%	⬇
GC-7 (BOH)	797	604	193	69.5%	75.8%	⬆
GC-15	42	36	6	66.7%	85.7%	⬆
GC-17	23	21	2	87%	91.3%	⬆

(五) 验收及移交管理

1. 组织策划

按片区或标段定制本项目验收及移交的组织架构，确定验收及移交工作的职责分工及沟通协调（会议、报告等）机制，从组织和制度上保证验收及移交工作的顺利开展。其中，组织架构及专业团队方面，因项目专项验收涉及的政府部门与前期报批报建基本相同，故首先应将前期报批报建团队的相关专业人员纳入到项目验收及移交团队，再将每个片区或标段的各参建单位（包括建设单位、项目管理单位、监理单位、施工总包单位等）的项目负责人组成相应片区或标段的验收及移交领导小组，并由建设单位或项目管理单位的项目负责人担任各小组的组长，全面负责该片区或标段的验收及移交工作。

2. 内容梳理

梳理本项目各个片区或标段可能涉及的所有验收及移交工作内容及相关政府部门和使用单位的要求，并将这些内容进行分类，总体上分为政府部门要求的工作和非政府部门要求的工作，其中政府部门要求的工作包括质监验收、防雷验收、档案验收、规划验收等专项验收；而非政府部门要求的工作则主要是项目移交方面的工作要求，包括实体移交、使用功能培训、备品备件、合同关闭及结算、项目信息移交、参建单位综合评价等。

3. 流程确定

基于分类的验收及移交工作内容，根据相关政府规定及建设单位、使用单位的内部要求，将所有的验收及移交工作按片区或标段绘制成逻辑关系准确的工作流程图，确保每个片区或标段都有内容完整且流程清晰的验收及移交工作。

4. 进度管控

拟定各片区或标段验收及移交的进度计划，并将该进度计划落实到每个单体，同时还分析每个片区或标段验收及移交的关键线路（或关键工作）、可能存在的难点或风险，并建立相应的反馈及预警机制，为实现既定的验收及移交进度计划保驾护航。

5. 标准贯彻

上海建科将组织架构及人员、职责分工、沟通协调机制、工作内容及相关要求、工作流程、进度计划、难点或风险、反馈及预警机制等内容汇编成本项目的验收及移交工作手册，作为本项目该项工作的系统指南，为本项目的竣工档案验收提供了高质量的咨询服务。

三、全过程项目管理应用范例（上海市历史博物馆项目）

（一）项目背景

1. 项目概况

上海市历史博物馆建设工程是对上海市文物保护单位——原跑马总会（曾先后是上海图书馆和上海美术馆）的保护与再利用工程项目，由上海建科工程咨询有限公司负责实施全过程项目管理。本项目位于上海市中心城区人民广场区域的西端，北邻南京西路，西邻黄陂北路，东侧为人民公园，南侧为上海大剧院。本项目占地面积 10330 平方米，总建筑面积 23046 平方米，其中地上建筑面积 20908 平方米，地下建筑面积 2138 平方米，包含两栋文物保护单位建筑和中间的新建地下室见图 28-8。

图 28-8　上海市历史博物馆/上海革命历史博物馆

2. 项目特点

（1）重大文化设施

上海市历史博物馆（上海革命历史博物馆）建设项目是作为上海建设国际化大都市的标志性文化设施和爱国主义更名历史教育的重大项目，其建设有利于传承上海城市历史文化，完善公共文化服务体系，丰富上海国际文化大都市内涵，符合国家和上海市文化发展规划，是上海市"十三五"规划重大公共文化设施项目，项目建设非常必要。

（2）施工内容复杂

上海市历史博物馆选址的两栋建筑是上海市第一批优秀历史建筑保护单位，为近现代重要史迹及代表性建筑。文物建筑的保护性修缮是本项目的重点施工内容之一，上百处重点保护部位需要进行保护，另外还有新建地下室、拆除、加固、机电安装、装饰、室外总体、展陈工程等，包含新建部分和既有建筑改造部分，还有独立的展陈工程，施工内容比常规项目多且复杂，要求也比较高。

（3）工期紧任务重

本项目为上海市"十三五"规划重大公共文化设施项目，两年时间包括了前期论证、方案落地、手续办理、保护性施工、验收等，进度要求非常紧。项目地处人民广场市中心地带，并且施工场地狭小、作业面有限，对现场的交通组织、施工平面布置等都带来了挑战，两座建筑都为文物单位，对重点保护部位的要求十分苛刻，这些都成为制约工期的重要因素。

（4）建筑与展陈配合

上海市历史博物馆的建设包含建设工程和新馆展陈工程。各自由不同的施工总包单位和不同的设计单位承担施工和设计工作，这就使得各家单位在工作中需要协调和配合的地方有很多，如设计界面和施工界面的划分是否清晰；建设工程的设计院在设计时是否考虑了展陈工程的需求，展陈大纲及方案是否稳定等。另外由于工期紧张，无法像常规博物馆工程一样待建设工程结束以后才开始展陈工程，在确保安全和质量的前提下，展陈工程提前插入施工，是管理和协调的重大难题。

（二）全过程项目管理策划

1. 管理模式

根据项目特点，策划本项目管理模式如图 28-9 所示。

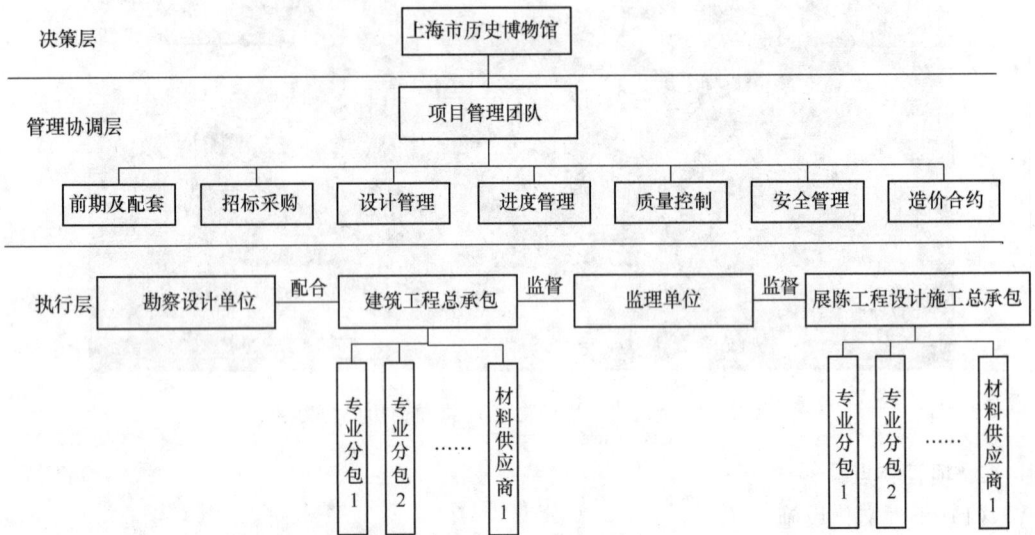

图 28-9 全过程项目管理管理模式架构

2. 参建各方任务分解及策划

各阶段项目主要参建各方职责分工如表 28-7 所示。

全过程项目管理任务策划 表 28-7

阶段	序号	任务	建设单位	项目管理	招标代理	财务监理	设计单位	建筑总包	工程监理
前期配套	1	项目管理策划	批准	编制					
	2	确定投资目标	批准	组织		编制			
	3	确定安全、质量、进度目标	批准	编制					
	4	项目建议书	批准	组织		配合			

阶段	序号	任务	建设单位	项目管理	招标代理	财务监理	设计单位	建筑总包	工程监理
前期配套	5	可行性研究	批准	组织		配合			
	6	前期许可报批	支持	实施	支持	支持	支持	支持	支持
	7	项目前期配套	支持	实施	支持	支持	支持	支持	支持
计划管理	8	项目总进度计划	批准	编制					
	9	前期工作计划	批准	编制			支持		
	10	设计进度计划	批准	审核		支持	编制	支持	支持
	11	采购计划	批准	审核	编制	支持	支持	支持	支持
	12	施工进度计划	审核	审核				编制	批准
	13	竣工交付计划	批准	编制		支持	支持	支持	支持
设计管理	14	设计任务书	批准	组织			支持		
	15	方案设计	批准	组织		支持	执行		
	16	初步设计	批准	组织		支持	执行		
	17	施工图设计	批准	组织		支持	执行		
	18	施工图审查		组织			支持		
	19	设计交底	配合	组织		配合	交底	配合	配合
	20	现场设计服务		组织			执行	配合	配合
	21	设计变更管理	批准	负责		支持	执行	支持	审核
	22	重大设计变更管理	批准	负责		支持	执行	支持	审核
	23	技术核定管理	审核	审核		支持	审核	申请	审核
采购合约管理	24	招投标方案	批准	组织	编制				
	25	招标文件	批准	组织	编制	支持	支持	支持	支持
	26	招标	支持	组织	执行	支持	支持	支持	支持
	27	合同谈判	决策	组织	支持	支持	支持	支持	支持
	28	合同编制及签订	批准	审核	编制	审核			
	29	合同履行管理	检查	负责	支持	支持	支持	支持	支持
	30	合同变更管理	批准	负责	支持	支持	支持	支持	支持
	31	合同档案管理	检查	负责	执行	执行	执行	执行	执行
投资管理	32	投资计划	批准	组织		编制			
	33	投资监控	检查	支持		负责			
	34	签证管理	决策	负责		审核		申请	审核
	35	工程款支付管理	批准	审核		审核		申请	审核
	36	竣工结算	批准	审核		审核		编制申请	审核
施工管理	37	监理规划	批准	审核					编制
	38	施工组织设计和重大施工方案	备案	备案		支持		编制	批准

续表

阶段	序号	任务	建设单位	项目管理	招标代理	财务监理	设计单位	建筑总包	工程监理
施工管理	39	施工进度控制	检查	纠偏				执行	监控
	40	安全质量管理	监督	监督				负责	监督
	41	隐蔽、分部分项工程质量验收	参与	参与			参与	申请	组织
	42	一般质量、安全事故处理	支持	支持		支持	支持	负责	组织
	43	重大质量、安全事故处理	依法配合	依法配合	依法配合	依法配合	依法配合	依法配合	依法配合
竣工交付	44	竣工验收	主持	组织			参与	申请	参与
	45	竣工档案编制	支持	组织	支持	支持	执行	执行	执行
	46	竣工决算	批准	组织		支持			
	47	建设项目移交/运营	负责	组织		支持	支持	支持	支持

3. 全过程项目管理工作分解见图 28-10 所示。

（三）全过程项目管理实施

本项目的前期手续、施工过程的管理及验收等工作与其他工程项目基本相同，但也有部分手续及主管部门有所区别，本节主要针对项目的特殊性进行阐述。

1. 前期阶段的实施

（1）立项手续

除正常项目建议书及可行性研究报告程序外，跑马总会旧址作为上海市文物保护单位，本项目还需要向上海市文物局提出立项申请。文物局基于《文物保护法》对建筑的保护修缮提出原则性意见。

（2）前期设计

设计方案。本项目地处风貌区，建筑又是文物保护单位，设计方案向上海市规土局风貌处报审，同时向上海市文物局报送，文物局会同规土局组织召开专家论证会，对保护修缮方案及重点保护部位进行专家论证。

初步设计。因为时间紧迫，本项目扩初设计基本与方案设计同步推进，方案征询意见立即落实在扩初设计中，主要进行了消防、绿化、交通、交警、卫生、水务、防雷、四大管线、文物局等配套征询。因为是文物保护建筑，局部无法严格满足现行规范的要求，通过与主管部门多次沟通、协商，充分挖掘一切可利用条件，尽最大限度完善了扩初设计，为施工图设计打下了良好基础，主要涉及方面：利用垂直绿化、屋顶绿化、立体绿化满足绿化指标，优化室外景观。增设非常规消防设施，补偿室内消防缺陷。借用邻近地块设置消防登高场地。借用市政道路设置消防环形通道。借用邻近地块埋放室外管线和大型设备。针对基坑，采用先进、保守围护设施保证建筑安全。适当区域增加节能措施，最大限度满足节能要求。

施工图设计。施工图分为桩基础部分和其他部分进行审查，更高效办理施工许可证。

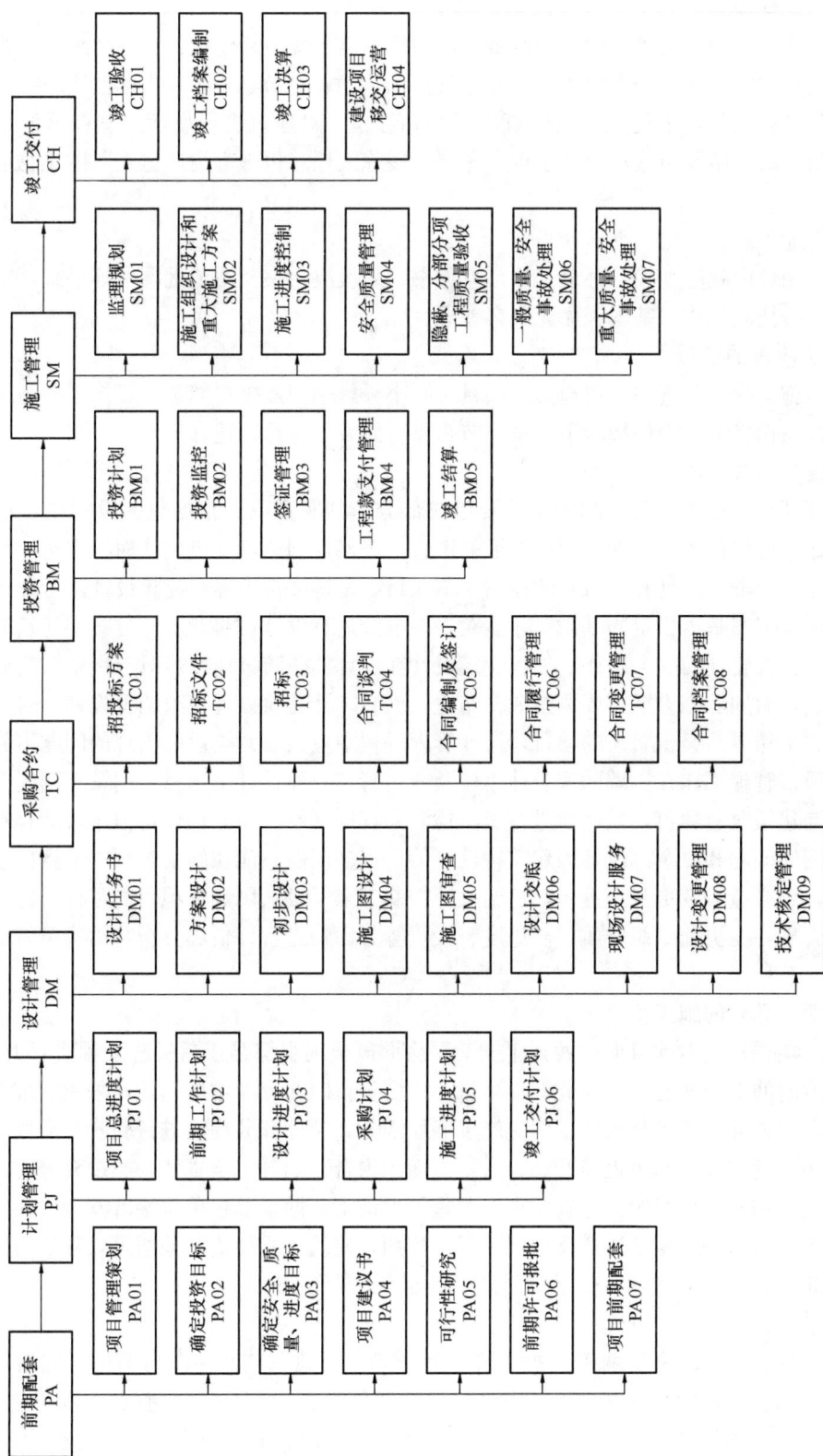

图 28-10　全过程项目管理工作分解

（3）招标管理

本项目作为文物保护单位的保护性修缮，招投标也与普通新建项目有所区别，主要在于：为做到对文物的最大限度保护，通过主管部门同意，选择1998年对此建筑修缮改造的设计单位进行续标，依托他们对建筑的了解和经验，对建筑进行设计。总包单位招标时，对文物修缮资质及经验也进行了重点考评。展陈工程总包进行设计施工一体化总承包招标。

（4）土地手续

本项目用地由政府划拨，办理了选址意见书、划拨决定书及用地批准书等手续，其中涉及到了部分征收工作，基本程序无太多差异。

2. 施工阶段的管理

本项目施工阶段的管理工作与常规项目大同小异，不同点主要体现在建筑工程与展陈工程的配合与衔接上。因篇幅所限，本小节重点对此方面进行阐述。

（1）设计协调与配合

设计管理是工程项目管理的一个重要组成部分，其职责范围根据包括设计单位的选定、对设计进度进行跟踪管理、设计图纸的审查、严格控制图纸变更，从而实现对工程项目三大目标（投资、进度和质量）的控制。本项目因是博物馆工程，建筑设计需考虑展陈需求，在展陈方案基本稳定的基础上才能对一些细节进行设计，协调展陈方案与建筑的矛盾是本项目设计管理的一大工作，如：建筑设计在设计消防疏散指示灯时与展柜的摆放位置息息相关，后期展陈方案需要调整展柜布置，就必须让建筑设计被迫调整设计。对于这类工期紧张工作界面又很繁杂的项目，设计管理过程中应当对此类可能出现的问题事先有所预判，项目管理工作在协调两家设计单位及变更管理方面设计了项目专用管理制度及流程。作为老建筑改造项目，虽然要进行房屋检测、现场勘察、精心设计，但还可能存在大量无法预判的问题和复杂部位，因建筑特性，使得很多问题只能在施工过程中暴露出来才能被发现，势必造成变更甚至返工，这给投资控制带来了较大困难，项目管理针对此情况进行严格管理，变更前组织对质量、进度、投资等方面均进行评估和分析，给决策者提供基本依据。

（2）两个总包的施工衔接

根据工期要求，本项目无法做到建筑工程总承包施工全部结束后展陈工程进场开始，必须有一段时间的交叉施工，为此，本项目在进度安排时充分考虑此问题，采用管理手段解决矛盾。一方面，要求建筑施工优先施工展厅部分，展厅部分提前进行验收与交接，展厅相对封闭，使展陈工程可提前开始；另一方面，为合理划分安全责任，经过充分讨论和现场调研，在项目管理组织下，在业主、监理等见证下，两个总包单位签署安全责任划分协议书，单独划分一个楼梯通道交由展陈单位使用，建筑工程使用其他通道，建筑与展陈施工区域相对独立进行管理，楼层安全责任划分示意见图28-11。

（3）新建地下室施工管理

本项目的一大难点在于两栋保护建筑中间新建一处地下室，并需与两栋老建筑相连接。为保护两栋保护建筑的安全，新建地下室基坑施工时，采取了很多有力措施：专家论证在方案阶段、扩初阶段、施工图阶段、施工前、过程中均进行专家论证，广泛听取业内专家的意见和建议，针对此基坑前后论证11次。强化围护设施在基坑深度最深7米，采

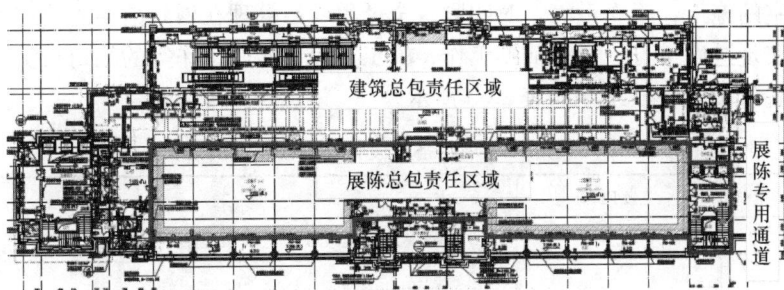

图 28-11　安全责任划分示例

用了 MJS 套打钻孔灌注桩的竖向围护，首道水平支撑采用混凝土支撑，第二道水平支撑采用自伺服系统钢支撑。加强监测在本项目的监测包括老建筑沉降、倾斜、裂缝，周边管线、道路沉降，围护体沉降、倾斜、支撑轴力等，监测内容全面，频次密，并且因西楼以前累计倾斜较大，采用的自动化监测结合人工监测进行监测。

3. 验收阶段的管理

工程项目验收和移交是施工全过程的最后一道程序，也是工程项目的最后一项工作。它是建设工程投资成果转入生产或使用的标志，也是全面考核投资效益、检验设计和施工质量的重要环节。本工程涉及到的各类验收涉及 14 大项，为保证东楼提前开放试运行，东楼提前实施其中 7 项。本项目验收工作计划见表 28-8。

验收工作计划　　　　　　　　　　　　　　　　　　　　　　　　　　　表 28-8

序号	名称	主要内容	主管部门	备注
1	电梯验收	验收检验报告和安全检验合格标志	上海质量技术监督局	东楼提前实施
2	消防验收	消防材料、消防设施检测、建筑防火分区、消防通道、登高平台等	上海市消防局 黄浦区消防局	东楼提前实施
3	安防验收	安防系统评审及检测	上海市公安局技术防范办公室	东楼提前实施
4	卫生防疫	空调卫生评价、水质检测、公共场所卫生许可证	上海市卫计委 黄浦区卫计委	东楼提前实施
5	质安验收	质量、安全、相关资料等	上海市建设工程安全质量监督总站	东楼提前实施
6	文物修缮验收	保护部位修缮质量及效果	上海市文物局	东楼提前实施
7	防雷验收	防雷设计、施工及检测	上海市建设工程安全质量监督总站	东楼提前实施
8	交通验收	出入口、车位、车行标识等	上海市交警总队 上海市交通委	
9	绿化验收	苗木种类、种植质量等	上海市绿化市容管理局	
10	环卫验收	公共厕所、景观灯光及其他环境卫生设施	黄浦区绿化市容管理局	
11	环保验收	环保措施、雨污水处理等	黄浦区环保局	
12	墙体清算	上海市新型墙体材料专项基金清算	上海市建筑建材业市场管理总站	
13	综合规划验收	开工核验、竣工测绘等	上海市规划局	
14	档案验收	归档资料	上海市城建档案馆	

4. 全过程项目管理总结

上海市历史博物馆项目包含东西楼的加固修缮、改造、装修，交叉有展陈的工作，以及新建地下室的施工，工作量大，时间紧。全过程项目管理在做好前期的策划和过程中的计划控制来实现进度节点。通过前期工作、施工过程、验收工作等的策划与实施，总结此类项目建设各阶段的特征总结如表 28-9 所示。

项目各阶段特征　　　　　　　　　　　　　　　　　表 28-9

阶段	主要内容	特　征
前期工作	立项手续	√　需上海市发改委及上海市文物局同步批复
	设计审批	√　设计方案同步报上海市文物局，关注重点保护部位。 √　初设阶段需解决不满足现行规范的问题，获得主管部门的认可；原则是"不足项尽量设计，其他项最优设计"。 √　可不进行抗震及节能的征询。 √　需提前最大限度稳定展陈大纲及方案
	招标工作	√　在满足法律法规要求的前提下，尽量选择熟悉此文物建筑的团队负责。 √　展陈设计团队最好同步委托
施工阶段	文物修缮	√　修缮小样需文物专家确认。 √　修缮完成后组织专家验收
	施工衔接	√　展陈团队提前交叉施工，划分安全责任区，签署安全协议，相对封闭施工。 √　临水及临电由建筑总包统一布设，责任区各自负责
验收阶段	验收策划	√　根据节点需求提前策划，可分单体分别进行。 √　相比常规项目，需报上海市文物局验收。 √　在主管部门同意的前提下，可不进行节能验收

综上，为保证各目标的实现，该工程的前期工作按照"并联审批，缺项受理"的原则进行办理，尽早依法合规地开工；选择有保护建筑修缮改造经验的单位，精心策划项目时序、精细管理施工区域、精确保护重点部位，在实现进度目标的同时保证工程的质量安全；提前做好各阶段的策划，提前发现矛盾、解决矛盾，提高内部沟通效率，组织好各参建单位，利用好各项资源，提高工作效率；严格控制变更、签证，保证投资目标；加强协调，实现了建筑与展陈的无缝衔接，实现质量、安全、投资、进度的管理目标。

四、全过程 BIM 应用范例（上海世博博物馆全过程 BIM 应用）

（一）项目背景

1. 项目概况

上海世博会博物馆是由上海市政府和国际展览局合作共建，具有国际性、唯一性、专题性、公益性等特点的博物馆。该场馆选址于上海世博会地区文化博览区用地面积约 4 公顷，高度约 40 米，总建筑面积约为 46550 平方米，投资总额 6 亿元，建设周期两年，已于 2017 年 5 月 1 日正式运行。项目参建单位多达 30 多家，场馆中庭的欢庆之云建筑造型独特，为空间三维扭曲网壳结构，杆件和节点数量多、形式多样，造成建设难度大。如图

28-12 所示。

图 28-12　上海世博会博物馆项目效果图

2. 项目重难点分析

根据本项目特点综合分析，本项目在建设过程中可能遇到以下工程重难点如下：

（1）项目管理难度大：项目坐落于中心城区，施工时间和场地都受限制，且各参与单位达到 30 多家，项目管理和协调难度大、成本高。

（2）工程技术复杂：主体结构的"欢庆之云"为空间三维扭曲网壳结构，建筑造型独特，杆件和节点数量多、形式多样，深化设计难度大、加工难度大；结构整体跨度大，杆件、节点、焊缝较多，整体施工难度大；设备系统复杂、管线密集，施工管理要求高。

（3）社会关注度高：上海世博会博物馆项目是上海市首个市财力投资的 BIM 试点项目，也是和国际展览局合作的国际性博物馆，是上海市实施 BIM 技术管理试点样板示范工程。

3. 组织架构

本项目由业主主导，下设 BIM 总承包单位。由总承包单位对设计、施工、平台、运维、顾问等分包进行统一管理，本项目 BIM 总承包单位亦为本项目的项目管理公司，在 BIM 技术与实际工程结合，加强 BIM 技术的推进力度上得以更好地体现，如图 28-13 所示。各 BIM 应用团队皆来自项目本身的设计、施工、监理单位，有效地把 BIM 技术和传统项目管理结合在一起。各项目团队通过三维协同平台进行协同工作，保证数据的及时性和唯一性。

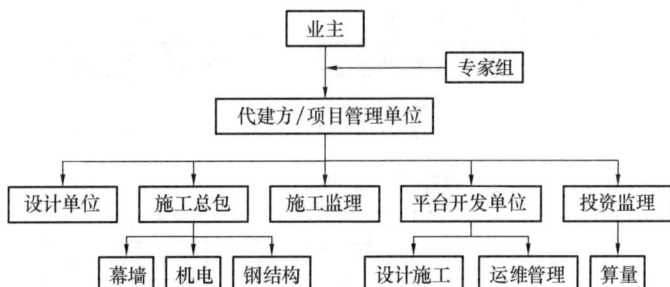

图 28-13　项目实施组织架构图

（二）全过程 BIM 应用的实施策划

1. BIM 应用目标

在上海世博会博物馆工程项目中开展 BIM 应用，打造面向建筑全生命周期的 BIM 三维协同工作模式，实现项目建设全程可视化、精细化管理，完成项目"缩短工期、降低成本、确保质量"的工程目标，引领和示范上海市全过程 BIM 应用。

（1）数据互通：打造面向业主的建筑全生命周期的 BIM 协同工作平台，以数据为纽带，有效支撑工程管理的设计、施工、运维全生命周期的应用，实现业主、顾问、设计、施工、运维等各角色之间的数据互通。

（2）高效协调：运用 BIM 可视化的基本特征，进行单专业三维设计，多专业综合协调，减少各专业之间的冲突及其带来的设计变更，以及施工方案优化。

（3）精细管理：利用 BIM 各项应用点，结合无线视频传输实时监控手段，获取各类工程数字化信息，优化设计、施工、运维管理过程，通过预先控制，有效提升项目建设和运维的精细化管理水平。

2. BIM 应用模式

项目 BIM 应用采用由业主主导，以 BIM 协同平台为基础，考虑参建各方共同参与，面向业主的设计-施工-运维全过程 BIM 应用模式。在 BIM 应用过程中，由代建单位对各参与单位进行管理，聘请社会行业内的专家作为专家组对项目里程碑阶段给予指导和质量把控。

3. 工作流程及各方职责

针对该项目实际情况，同时依据设计、施工、运维各阶段基于 BIM 的工作内容，制定全过程 BIM 辅助项目管理的工作流程（如图 28-14～图 28-17 所示），明确各方职责

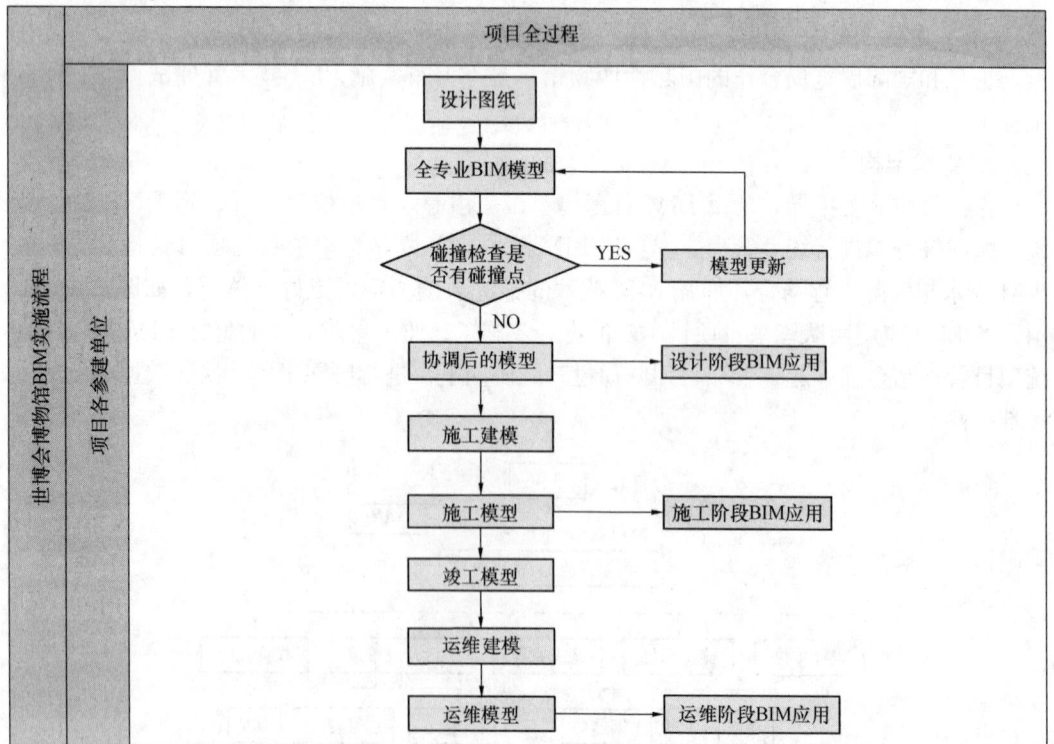

图 28-14　BIM 全过程应用总流程

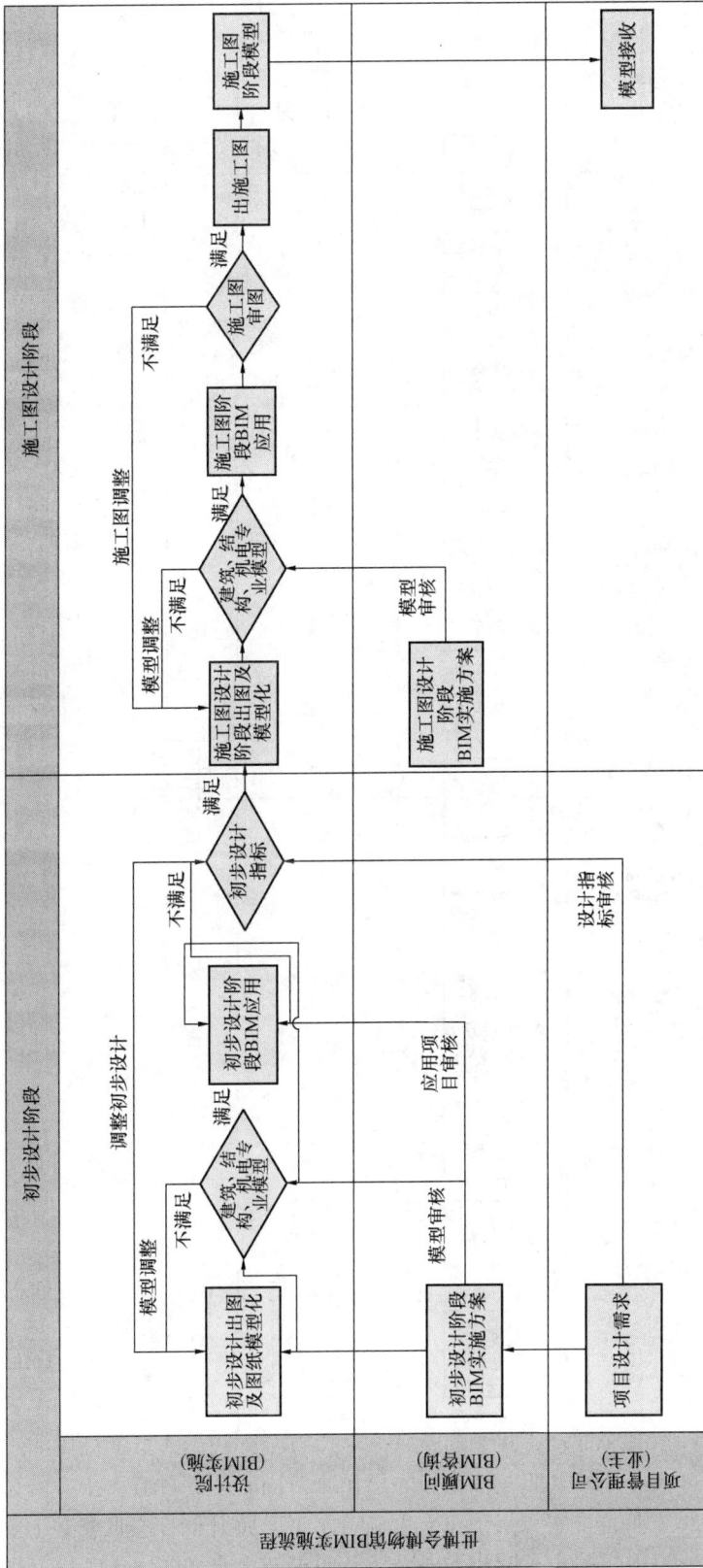

图 28-15　设计阶段 BIM 实施流程

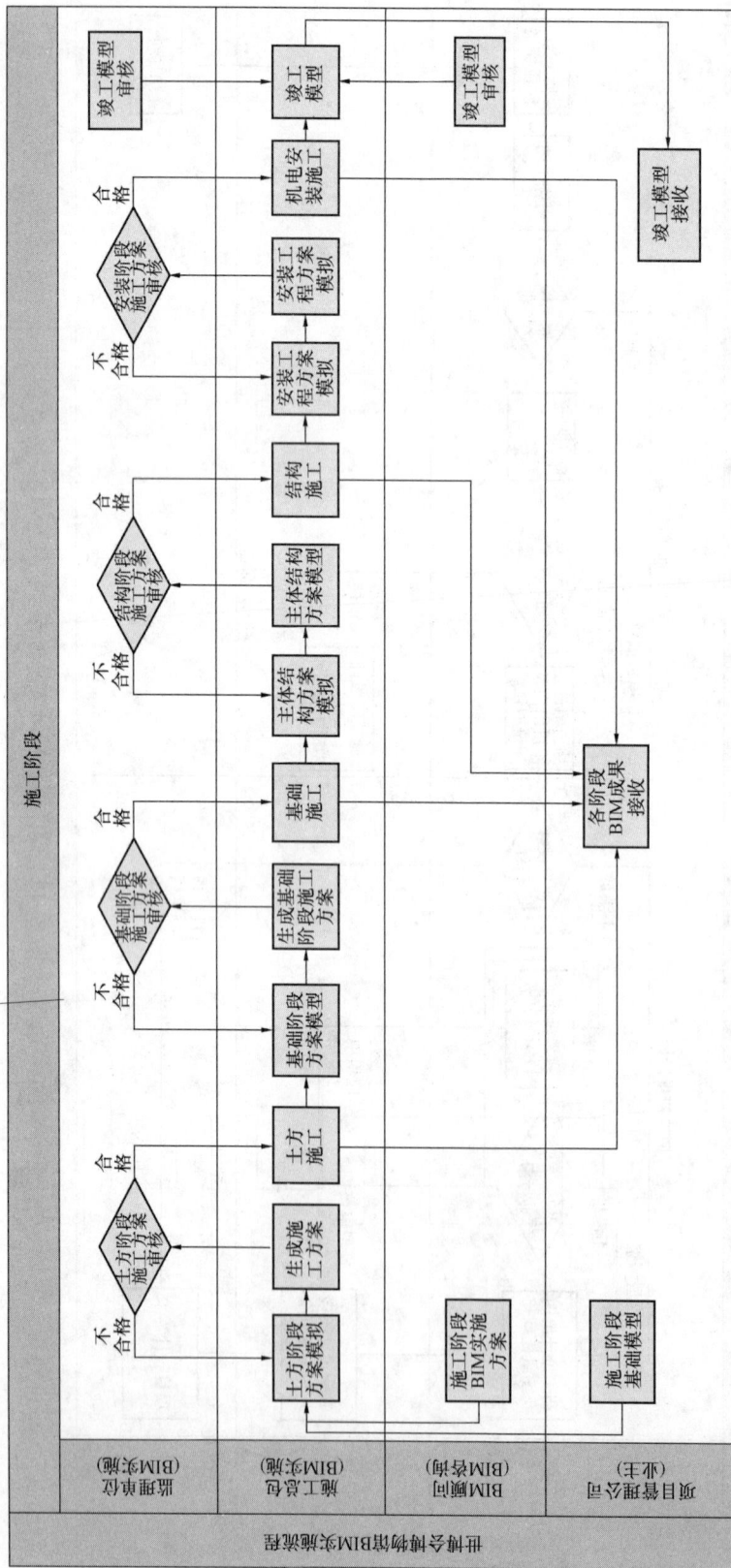

图 28-16 施工阶段 BIM 实施流程

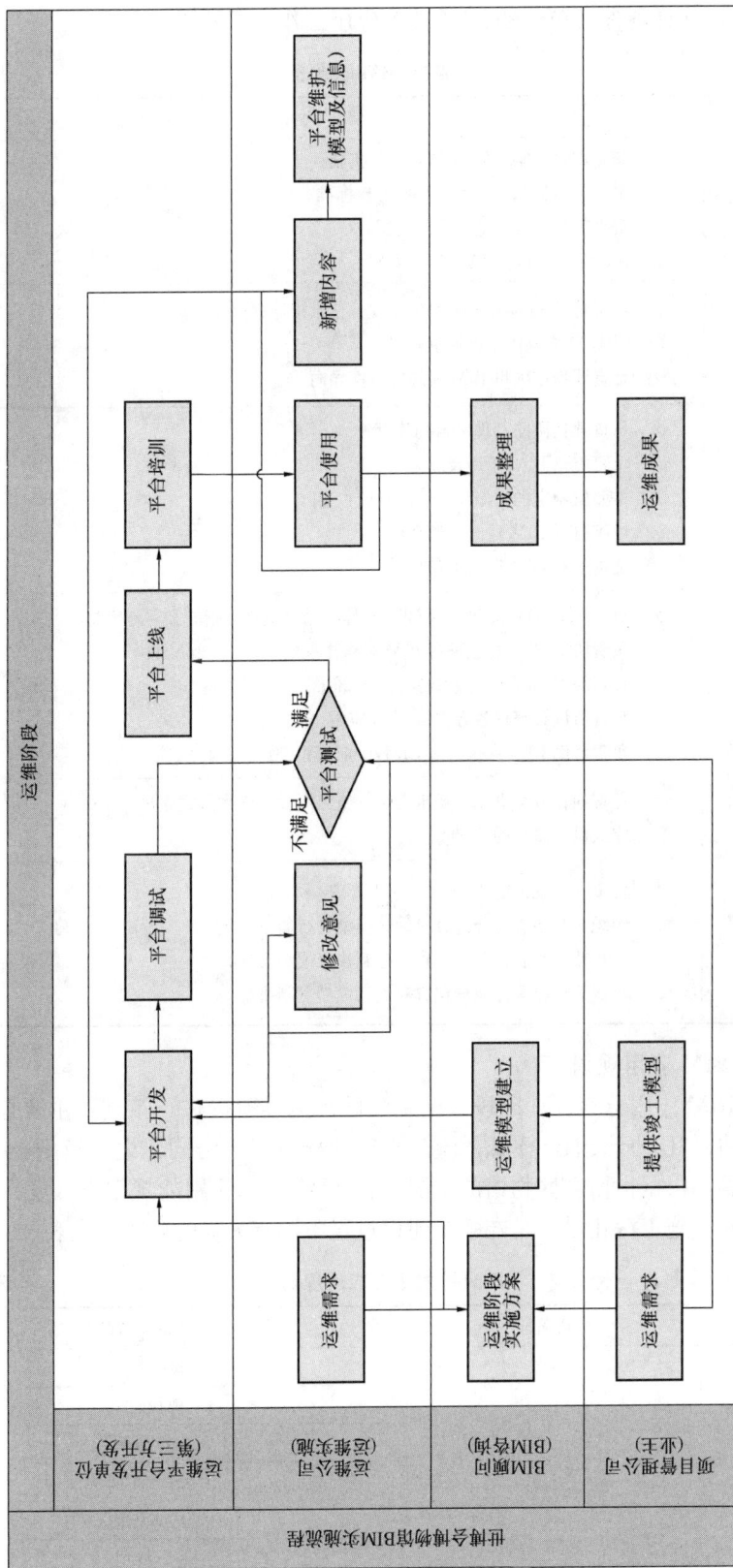

图 28-17　运维阶段 BIM 实施流程

（详见表 28-10），保证各参建单位的 BIM 技术应用工作有序开展。

参建各方 BIM 职责表

表 28-10

参建单位	职　责
业主	✓　制定方针策略，指导 BIM 项目实施； ✓　审定项目目标、范围及评价考核标准； ✓　批准项目计划、监控项目进程； ✓　协助项目 BIM 实施的资源调配
专家组	✓　负责对 BIM 项目实施提供建议、技术指导； ✓　对 BIM 成果质量进行审核； ✓　负责博物馆项目 BIM 实施的目标导向
项目管理单位	✓　负责项目协同管理平台的建设； ✓　负责审核 BIM 模型及成果； ✓　按照所制定的实施计划管理并监控 BIM 进展； ✓　组织召开 BIM 讨论协调会议； ✓　负责所有 BIM 交付工作
BIM 顾问	✓　负责协助 BIM 总包进行 BIM 整体规划、监督、指导和实施管理； ✓　负责协助 BIM 总包进行 BIM 组织体系建设； ✓　负责编制 BIM 实施大纲及技术标准； ✓　负责协调和督促各方进行 BIM 应用； ✓　负责协助 BIM 总包进行 BIM 项目管理工作
设计院	✓　负责项目方案设计、初步设计、施工图设计模型的建立和应用； ✓　完成设计阶段的 BIM 应用
施工总包	✓　负责项目施工阶段 BIM 应用和管理； ✓　组织相关各施工分包方对设计模型进行质量审核； ✓　负责持续更新施工模型直至达到竣工模型交付； ✓　负责组织相关专业分包方对设计模型更新维护

4. 全过程 BIM 应用规划

本项目的 BIM 应用分为设计阶段、施工阶段和运维阶段进行策划，主要包括：设计建模、成本评估、3D 协调、4D 模拟、施工设计深化、三维协同、记录模型、空间管理/追踪 8 个应用点，根据世博会博物馆的情况，在 BIM 技术应用的规划中，设计建模、3D 协调、三维协同、施工深化设计是在整个建设过程中均有大量的应用，见表 28-11。

BIM 技术主要应用规划

表 28-11

序号	应用阶段	主要应用点
1	设计阶段	设计建模
		现状建模
		3D 协调
		设计评审
		成本评估
		4D 模拟

序号	应用阶段	主要应用点
2	施工阶段	模型交底与会审
		3D 协调
		4D 模拟
		成本评估
		幕墙/钢结构深化
		3D 协调
		竣工模型
3	运维阶段	记录模型
		空间管理/追踪

5. 全过程 BIM 应用技术标准

为保证各阶段的数据互通和 BIM 应用的有效开展，在项目开展之初分别制定项目 BIM 应用的各项标准文件，包括：建模基础标准明确模型建立的基础环境、模型拆分原则、文件夹命名及构架、族文件命名与分类管理、视图和过滤器设置、模型搭建原则等。建模深度标准分别从方案设计阶段、初步设计阶段、施工图设计阶段、施工阶段和竣工交付阶段定义了建筑、结构、给水排水、暖通、电气以及工艺设备各专业的模型深度。BIM 数据规划分别从几何信息和非几何信息分析了建筑、结构和机电专业的 BIM 数据信息字段，以保证数据在全过程中的产生、传递、交互和使用。BIM 应用标准分别从设计、施工、运维三个阶段规划模型应用点及应用要求，并明确各阶段应用流程和各方职责，保证 BIM 应用的有序开展和实施落地。文档编码体系针对该项目 BIM 服务质量管理系统，明确各阶段文件编号方式，统一文件编号，便于文件的识别与分类，实现项目系统运作的有效管控。空间命名规则考虑项目在运维阶段的空间管理需求，制定建筑空间命名基本规则，便于不同建筑空间内的设备、设施和功能性统计，对建筑物整体在运维阶段的快速定位和系统检索提供支持。

（三）BIM 在项目全过程中的应用

1. 设计阶段的 BIM 应用

项目管理单位组织设计单位开展基于 BIM 技术的参数化设计、碰撞检查及管线综合优化、建筑性能指标优化、虚拟仿真漫游等 BIM 技术应用工作，设计单位通过设计阶段的 BIM 应用对建筑效果、方案可实施性、各项性能指标及参数，以及相关的造价信息有更清晰的了解，为相关设计阶段的决策提供依据。设计阶段部分 BIM 应用如图 28-18 所示。

2. 施工阶段的 BIM 应用

项目管理单位根据施工阶段的 BIM 技术应用策划和标准，组织各参建单位开展各自的 BIM 技术应用工作，通过对施工阶段 BIM 模型的创建、审核和专业深化设计、三维可视化交底、4D 施工模拟与分析、5D 成本算量估算，优化施工方案，提高施工图的可实施性，充分提高施工过程中进度、质量、成本等各项项目工作的效率。施工阶段钢结构深化设计及构件预制加工如图 27-19 所示。

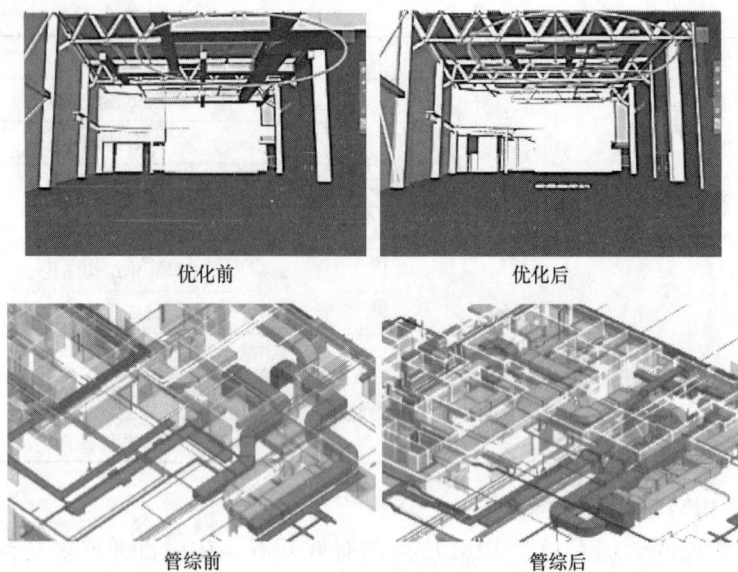

优化前　　　　　　　　　　　　优化后

管综前　　　　　　　　　　　　管综后

图 28-18　展陈区及其他区域管线综合优化

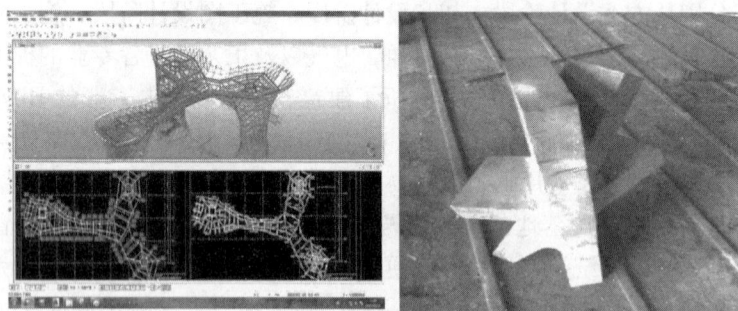

图 28-19　钢结构深化设计及构件预制加工

3. 基于 BIM 的协同管理平台

针对本项目特点，定制开发辅助项目管理单位的基于 BIM 的协同管理平台（平台界面如图 17-20 所示），通过协同平台实现本项目的数据管理、编码体系设计、权限及流程管理、模型浏览/审核以及移动端的现场应用，充分考虑本项目全过程 BIM 应用实施的目标和特点，为项目全过程的 BIM 应用和数据协同提供统一的数据交互和沟通平台。

4. 运维阶段的 BIM 应用

在记录模型基础上，梳理运维阶段的需求，定制化开发一套运维管理平台（如图 28-21 所示）。平台具有空间管理功能、搬运管理功能、设备管理功能和开放接口进行系统集成，将建筑智能化系统中的视频监控、楼宇设备控制系统、门禁等接入运维管理平台统一监管。

（四）全过程 BIM 应用效益分析

本项目通过全过程 BIM 应用的实施，在经济、效率和进度等方面取得了诸多定性和定量的价值、效益。如表 28-12 所示。

图 28-20 项目协同管理平台及移动端应用

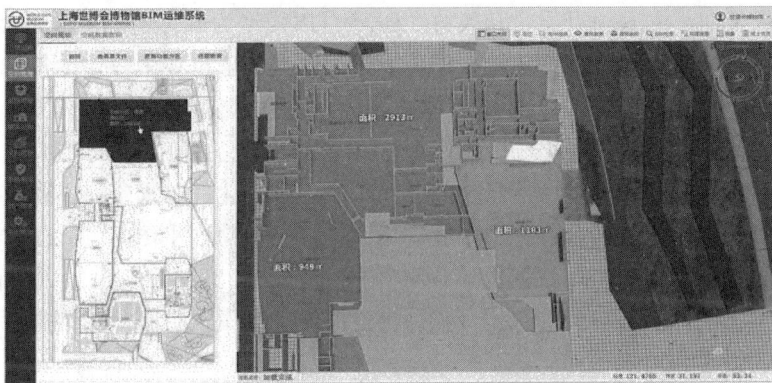

图 28-21 运维管理平台——空间管理

全过程 BIM 应用效益分析表 表 28-12

序号	阶段	应用点	价值/效益
1	设计阶段	参数化设计 优化云厅幕墙板块分割	减少幕墙面积 5%，约 400 平方米
		三维建模碰撞检查	共计 43 次拍图，解决问题 793 个
		BIM 模型三维可视化	提高展陈区域建模精度，减少展陈招投标时间约 1 个月
2	施工阶段	机电深化设计	解决问题 413 个
		钢结构深化设计	减少设计时间 1 个月，总吨位减少 8%，一般杆件减少 5%，铸钢件减少 87%
		建筑斜墙深化	基于模型的模板制作，节省算量时间约 7 天
		土建/结构/机电模型算量比对	单项误差在 5% 以内，总体误差在 1% 以内
		三维交底	大节点共计 6 次，提高交底效率

序号	阶段	应用点	价值/效益
3	运维阶段	记录模型	完成 1021 台设备图纸、模型数据校核和编码，为后续运维数据准确率提供保障
4	协同平台	工作效率	提高了数据使用效率、沟通效率和任务处理效率
		文控体系	生成文档 5002 个，数据 30G，用户 132 个，对文档进行编码控制，权限控制，提高数据使用效率
		流程管理	在线实施流程 41 个，大大增加沟通效率
		进度管理	共发出任务预警信息 12000 多条，提高任务催办效率
		移动端应用	二维码图纸扫描提高图纸准确率、微 PW 数据应用使 80% 管理层通过移动端获取数据

上海世博博物馆全过程 BIM 应用通过全过程 BIM 技术应用带来的经济效益约 1100 万元，占总投资额约 2%；进度效益约 67 天，占总工期约 5%；数据流转效率提高至点对点。围绕建筑信息模型的各阶段应用，实现项目协同管理，减少设计错误、节约建造成本、提高工程工期，提升项目质量和效益。BIM 是以模型为载体的信息集成技术与工具，在技术层面上，可以形成丰富的三维数据库，保证数据和信息在工程建设各阶段的完整性和准确性；在应用层面上，BIM 会越来越被作为一种管理工具。探索了以业主为主导的全过程 BIM 应用新模式，即：全过程 BIM 应用应站在业主的角度，需要围绕"前置化的项目策划、专业化的过程管理、信息化的工具手段、数据化的工程资料、系统化的统筹协调"五项基本要素，从数据全过程的维度思考 BIM 的整体应用策略，以终为始，通过数据的产生——数据的集成——数据的应用和挖掘，为工程建设前期提供更全面的信息规划，为设计施工期提供更准确的数据资料，为运维维护期提供更高效的运维管理，最终实现项目的建设目标和运维目标。

五、全过程工程造价咨询范例（浦东某产业园区研发总部项目）

引言

上海建科造价咨询有限公司（以下简称上海建科造价）是上海建科工程咨询有限公司专业子公司，是上海市高新技术企业。依托丰富的工程实践经验和卓越的研发团队，为各类建设工程提供全过程造价咨询、前期咨询、技术经济咨询、采购策划与招标代理、BIM 咨询（含 5D 成本管控）、结算审价/复审等造价咨询服务。建设项目全过程造价咨询代表项目有中国博览会会展综合体、上海世博会主题馆和世博轴、东方艺术中心、中国银联三期研发中心、工商银行上海数据中心、张江集电港项目群、崧泽高架西延伸工程、延安路中运量公交系统工程等。全过程造价咨询是指造价咨询公司从项目立项和可研阶段审核投资估算开始，协助建设单位建立本项目造价控制管理体系，开展各阶段造价咨询工作，提供经济性分析服务，进行造价动态控制，完成竣工结算审核，协助完成竣工决算等服务，运用组织措施，技术措施，经济措施和合同措施使工程造价控制在目标值内。本章节以上海建科完成的浦东某产业园区研发总部项目为例，具体阐述全过程造价咨询的服务工作重点，以及服务成果。

(一) 项目概况

本项目为上海浦东某产业园区研发总部项目，位于浦东中环以内，基地南侧为公共绿地。本项目建设规模为：规划用地面积 45594.5 平方米，项目总建筑面积 131579.5 平方米，其中地上建筑面积 92961.6 平方米，地下建筑面积 38617.9 平方米。本项目共包括11 个单体，分别为总体、1 号~10 号研发楼、地下车库。上海建科造价承担本项目全过程造价咨询，包括立项可研阶段、设计阶段、招标阶段、施工阶段和竣工阶段工程造价的预测、计算与控制，提供了概算审核、编制招标限价、施工过程控制、现场签证测算、竣工结算审核等服务。

根据建设单位项目所在地的具体要求，成立研发总部造价咨询项目部，派驻具有专业资质的优秀项目负责人及具有工作经验的专业工程师和会计师，确保对项目各类事件及建设单位要求的及时响应。我司长期驻地项目部成员不少于 4 人，驻场时间自 2012 年 3 月起，于 2017 年 1 月结束。在施工期间，驻场工程师会参加项目有关例会、了解工程进度、及时处理变更签证、解决工程中的合约问题，最大限度地对突发情况作出响应，配合各参建方高效、保质地完成工作，积极发挥造价咨询工作的沟通协调作用，推动项目顺利进行。

(二) 本项目全过程造价咨询重点工作

1. 全过程造价咨询工作程序

全过程造价咨询服务总体工作目标：造价咨询单位与建设单位、其他建设参与单位积极沟通，紧密协作，通过提供高质量的专业服务以保障项目造价控制目标的实现。围绕这个总体目标，上海建科造价在与建设单位充分沟通、明确各项需求的基础上，成立了最优秀的管理团队和专业造价工程师团队；构建全过程造价控制和成本控制服务的整体管理体系，依据设计概算、施工图预算等确定造价控制目标。按造价咨询服务范围约定时间提供服务成果及计算细目、成果依据文件，保证服务质量。上海建科造价咨询团队在本项目的流程图如下，其中用 * 号标注的为本项目造价控制重点工作。全过程造价咨询流程如图28-22 所示。

2. 全过程造价咨询重点工作内容分析

本项目立项完成后，上海建科造价即开始协助建设单位开展设计概算的审核工作，帮助建设单位建立了造价管理制度体系，完善了建设资金管理办法，制定了合同审批、进度款审批、现场签证、设计变更等 16 项工作流程，并向建设单位提出造价控制的根本理念：工程造价的有效控制必须集经济、技术、管理于一体。有效的造价控制必须加强事前控制，注重招标策划，加强合同管理，减少索赔，规避风险；有效的造价控制必须变被动控制为主动控制，全过程造价咨询应积极参与设计选型，提高项目投资效益，力求在技术先进条件下的经济合理，在经济合理基础上的技术先进，从而优化设计，降低造价，把控制项目投资的观念渗透到各项经济、技术与管理之中。

(1) 重视扩初设计阶段的主动控制，从源头上有效控制造价。全过程造价咨询必须一改以往等图纸、编预算、审结算的被动控制，抓住本工程造价控制的难点、要点，将全过程造价咨询工作前移至建设项目的前期，参与设计方案的概算编制，参与各阶段的图纸会审工作，在设计方案定稿以前进行主动控制，着重审查施工图中设计上的浪费现象或材料

开始

方案及扩初设计阶段
1. 审核限额设计指标；
*2. 审核设计概算；
3. 对比设计估算与设计概算

建设项目设计概算

是否不突破投资估算
No
Yes

概算超出估算
1. 列出调整投资估算明细造价表；
2. 调整投资估算

建设项目造价控制目标调整报批表

施工图设计阶段
1. 投资监理编制施工图预算报业主审核；
2. 下发施工图预算

建设项目施工图预算

是否不突破设计概算
No
Yes

预算超出估算、概算
1. 列出调整投资估算、概算明细造价表；
2. 调整投资估算

建设项目造价控制目标调整报批表

招标阶段
1. 编制工程量清单和招标控制价；
*2. 审核施工合同的价格相关条款；
*3. 专业工程招标策划

是否不突破施工图预算
No
Yes

招标超出预算
1. 设计在建筑功能、档次不变的情况下超限额，则按超限额的比例扣设计费；
2. 建筑功能、档次等经批准变化，则调整投资估算

建设项目造价控制目标调整报批表

施工阶段
*1. 工程造价动态控制；
*2. 严控设计变更、经济签证、批价

投资监理工作月报

累计变更价格未超出施工图预算
No
Yes

经济签证价款超预算
召开专题会讨论是否变更，确定变更后即调整预算

建设项目造价控制目标调整报批表

竣工结算阶段
*1. 工程结算资料审核；
*2. 工程结算价款审核、争议处理

建设项目工程结算报告

结束

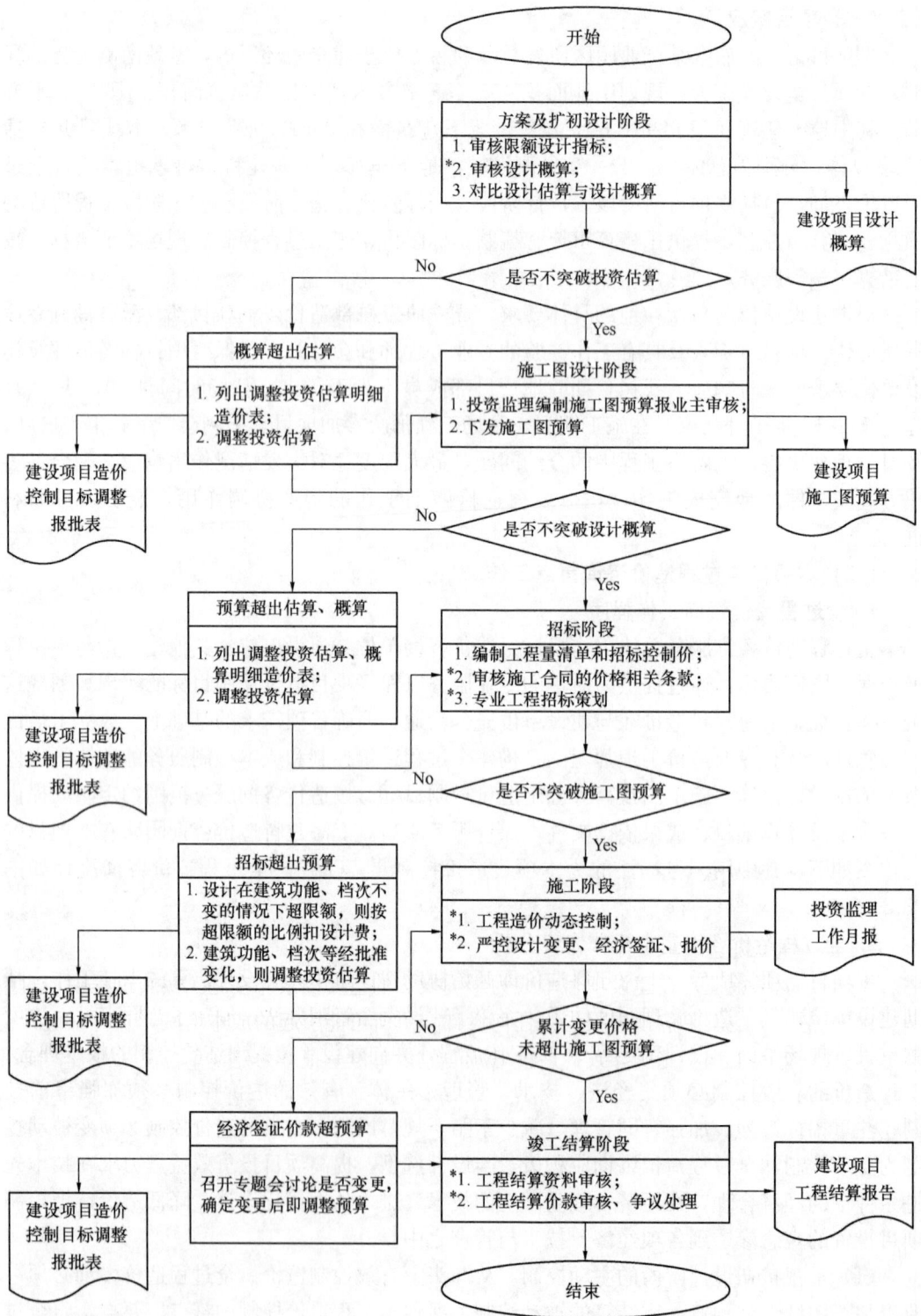

图 28-22　全过程造价咨询流程

使用不当情况。全过程造价咨询积极参与，采取主动控制有利于设计的优化和节省项目投资，有利于有效地控制投资。

（2）招标阶段的主动控制，抓住施工合同审核和专业工程发包。除了常规的编制工程量清单和招标控制价以外，造价咨询单位应审阅施工合同，审核结算相关条款。根据以往造价控制的经验，往往招标时采用的图纸和方案，在施工时可能出现变化而引起新增项目，对于此新增项目价格的确定，上海建科造价提出在合同中的约定，工料机价格，综合费率，规费和税金按投标文件同一标准执行，对于新增的材料，通过批价形成确定，对于指定分包、数额较大的暂估金额采用招标形式确定造价。要重视专业工程及设备（材料）的发包，配合进行采购策划。由于本项目建设规模较大，单体众多，出现设计、招标、施工交替进行的情况，所以专业工程的发包及设备（材料）的采购工作实施情况与本工程的进度、质量、造价密切相关。因此，必须参与专业工程发包及设备（材料）采购方式的策划，有效控制投资。以标书指导合同、合同体现管理。保证各类承包商资质、能力满足工程质量、进度、造价控制要求，合同条款满足工程变更管理和风险管理需要。对有些专业承包工程，如弱电工程、消防工程、泛光照明等，若有条件（设计图纸达到施工图阶段的深度）建设单位应首先考虑签约固定总价合同（若施工期间无变更，合同价就是结算价），将施工期间的系列风险合理转嫁至中标方（承包商）。再考虑闭口单价合同（结算时综合单价包干、工程量按实调整）。

（3）施工阶段动态控制，跟踪概算执行情况。在造价控制中做到始终将工程费用的发生保持在受控状态并做到预控性。随着设计院施工图纸的逐渐完善，各专业工程及设备（材料）发包及采购工作的有序进行，定期分析、预测最终结算投资数额，跟踪概算执行情况，审查各类费用，及时向建设单位提供充分、客观并经过分析研究的资料及信息，提供概算跟踪报告。其中，上海建科及时跟踪施工过程中的设计方案和设计图纸的修改，材料变更及工作内容的增减引起的造价增减，将中标价、审核后的施工图预算加造价变化的预估值，定期地与设计概算比较，实现持续跟踪，动态控制。编制工程实施期间工程现金流量及用款计划，为建设单位提供工程资金储备意见，以促使工程在人力、物力、财力方面得到最合理的使用，取得最大的投资效益。

（4）从严处理施工过程中的新增费用。从严审核工程变更（现场签证）的相关费用。工程变更（现场签证）在建设项目中成为影响投资的重要因素。在施工实施过程中，对重大设计变更，向建设单位预先报告因任何设计变更所可能引起的成本增减，及时（设计变更发生时）将因工程变更所导致的造价增减向建设单位呈报，为建设单位决策是否实施变更提供经济依据，而非仅对既定方案进行事后的审核评估。对设计变更的合法性建立文件流转制度，加强对设计变更的监控。本项目现场签证审核流程图 28-23 如下：

从严处理材料设备批价，控制暂定价的发生。对于施工方上报的材料，设备价格，首先需进过设计、现场监理、代甲方和建设单位的质量、品牌、外观、性能的认可。经上述各方认可后，上海建科造价多方询价比对，与施工方洽商批价，基本把所批单价控制在材料暂定价或预估的分部分项造价内。具体流程为：施工方上报三家拟批价材料资料；设计单位对材料的效果进行审核；施工监理、项目管理审核材料质量；上海建科造价提出价格初步审核意见；建设单位造价管理中心组织各方召开批价会议，达成一致的价格作为结算的依据；书面批价资料留档。

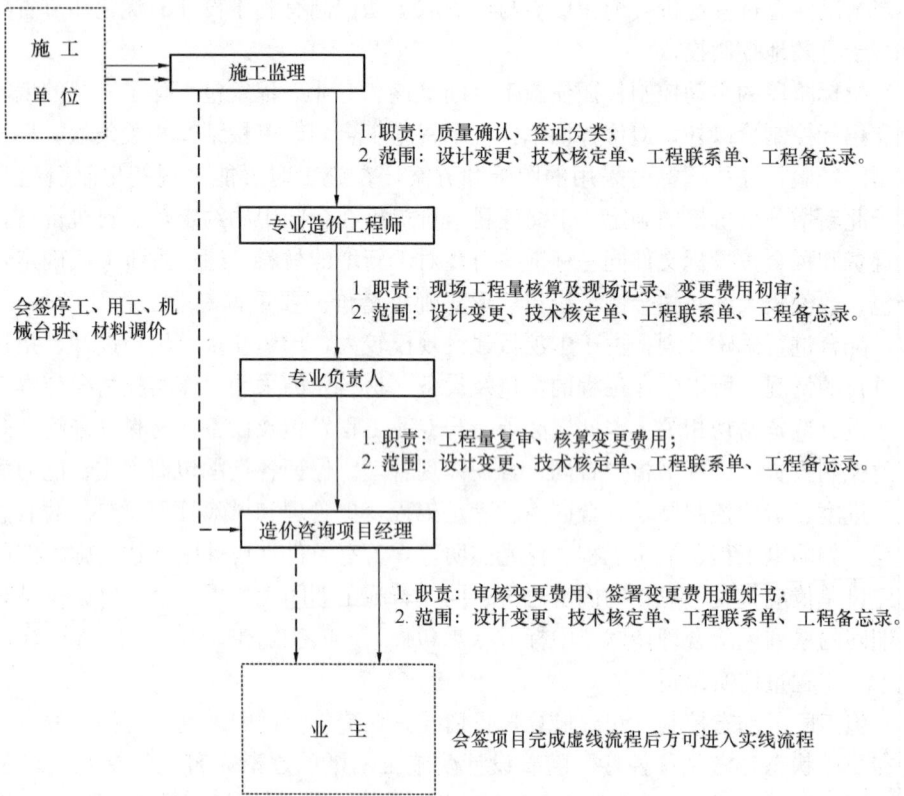

图 28-23 项目现场签证审核流程

（5）严格审核工程结算。全过程造价咨询组须对施工单位提交的竣工结算资料，进行严格的审核，在审核过程中：重视结算依据的真实性，确保结算依据的合法性、有效性。如竣工图是否符合要求，工程变更单、技术核定单是否有建设单位指令（无指令则不合法），有建设单位指令的工程变更单、技术核定单最终是否实施（未实施则无效）工程量计算是否准确直接影响到工程造价，所以审核工程量是工程结算工作相当重要的内容。准确计算工程量首先要划清各专业的工作界面和施工范围，根据施工合同与建设方、监理方、施工方共同明确专业分包与专业分包、专业分包与总包施工内容的界面划分，以免将专业分包已完成的部分工作量计算到总包施工内容中；若竣工图与实际施工情况不符，即竣工图上有标注而实际未做或少做均不予计取。分析每一结算子目的工作内容与原工程量清单工作内容是否一致。若在实施过程中产生差异，出现增减情况，根据合同相应条款对该类综合单价进行调整。审核结算书中材料价格与已确认的价格是否相符，所签材料的品牌、型号、规格、等级、产地与现场实际施工的材料是否一致，如发现将向建设单位汇报，并提出反索赔方案。

（三）全过程造价咨询服务的成果

1. 全过程造价控制效果

本工程为研发楼工程，单体数量多，专业分包种类齐全，造价金额大，有很多造价控制上的不确定因素。本项目严格执行全过程造价控制的理念，树立动态控制的观念，并贯穿于项目建设的始终，在投资控制的动态控制过程中，应根据项目的进展，不断地收集实际数据，进行项目实际值与目标值的分析比较，判断是否存在偏差，并采取主动控制措施保证投资控制目标值的实现；强调采用技术与经济相结合的手段，以求达到在技术先进下的经济合理和在经济合理基础上的技术先进，追求项目最大的性价比。在建设单位及各参建单位的共同努力下，最终将本工程的最终造价控制在建设单位确认的设计概算内，很好地完成了本项目的造价控制工作，取得了良好的经济效益，深得建设单位相关领导好评。本项目全过程造价咨询控制效果如表 28-13 所示。

本项目全过程造价控制效果表　　　　　　表 28-13

序号	项目内容	投资估算（万元）	设计概算（万元）	预结算额（万元）	比设计概算节约（万元）
（一）	施工总承包	45270	41869	37228.88	4640.12
1	建筑结构工程	33998.7	34430.28		
1.1	地下室	13650.4	18588.57		
1.2	地上	20348.4	17888.59		
2	安装工程	7963.5	5172.55		
2.1	电气工程	3655.4	1902.46		
2.2	给水排水工程	2088.8	409.62		
2.3	消防及喷淋工程	1566.6	2046.91		
2.4	排烟通风工程	652.8	813.56		
3	室外工程	2002.4	950.35		950.35
4	绿色建筑增加费	1305.5	1315.80		1315.80
（二）	指定分包	15051	15623	7233.13	8389.87
1	基坑围护	1937.1	2273.40	1400.71	872.69
2	外窗工程	2420.0	2046.88	1430.98	615.90
3	装饰工程	3815.2	4159.29	1015.95	3143.34
4	弱电工程	1436.0	1283.91	679.48	604.43
5	消防报警	652.8	764.07	426.40	337.67
6	电梯	826.3	1335.11	809.42	525.69
7	暖通空调	1958.2	2400.00	777.63	1622.37
8	标志标线	65.3	65.00	14.12	50.88
9	户内外标识牌	104.4	104.00	60.00	44.00
10	绿化种植	278.1	120.91	377.29	256.38
11	泛光照明（含室外灯光）	1557.4	1070.00	241.16	828.84
（三）	甲供料		487	443.76	43.24
1	非标配电箱		225.00	443.76	−218.76
总计	建安工程费用	60321	57979	44905.78	13073.22

2. 设计概算审核

上海建科造价对设计概算进行了审核，对概算文件提出了 17 项意见（每一项包括若干小项，共计约 50 余条），其中土建 6 项，安装 8 项，工程建设其他费用 3 项，同时运用价值工程的原理对设计方案提出了优化意见（具体内容略）。

3. 新增费用审核

本项目新增费用的类型主要为设计变更导致的经济签证，以及因建设单位原因造成的等工抢工费用。现以工程签证费用审核为例对于工程签证单，咨询项目部按照施工承包合同相应条款审核现场签证事项的合法性和合理性，严格控制现场工程签证。对于签证引起的造价变化进行预估。上海建科造价完成审核签证 66 份，上报造价合计 8366.3271 万元，审核造价合计 5181.5941 万元，节约造价 3184.7330 万元。本项目签证审价汇总如表 28-14 所示：

上海浦东某产业园区研发总部项目签证审价汇总表　表 28-14　单位：元

序号	签证内容	上报金额	审核金额
建 1	原围护设计图变更，将基坑南北两侧采用两级放坡形式及搅拌桩土体加固，而且放坡位置超出原红线，拆除地块南侧原有围墙，外运并平整场地。沿相邻绿地地块新建砖砌围墙封闭	140766.00	105166.92
建 5	地块北侧和东侧由于基坑围护施工：北侧放坡需占用到红线以外，东侧围护桩基施工设备无法就位等原因，需拆除原有砖砌围墙并新建围墙封闭	170605.00	123863.18
建 6	3 号房东端暗浜处理	197277.00	68028.54
建 7	4 号房北端暗浜处理	141398.00	49943.94
建 8	7 号房暗浜处理	127388.00	56736.08
建 9	1 号房东端暗浜处理	366706.00	128794.26
建 10	2 号房西侧暗浜处理	102236.00	6492.97
建 11	3 号房东南侧暗浜处理	194812.00	22159.8
建 12	工地南侧 7 号房位置某姓钉子户阻碍，导致工程无法开展	59492.00	52192.91
建 14	8 号、9 号房位置，由于工地东南侧某姓钉子户无理阻碍我单位正常施工，在建设单位的一再要求下，我单位多次租赁挖机日夜驻守现场进行推进	55821.00	26132.07
建 15	工地东南侧某姓钉子户阻碍我单位合法进行施工围墙搭建，并长时间无理纠缠	24992.00	6521.13
建 16	外借特保人员维护施工区域内安全	231157.00	102677.78
建 17	外借特保人员维护施工区域内安全	206167.00	174829.72
建 28	2014 年 5 月 8 日下午市建交委召开会议，亚信峰会期间 2014 年 5 月 15 日至 5 月 25 日，原因，基坑井点降水延期设备：32 套，延期时间：11 天	442607.00	0.00
建 31	由于基坑围护桩为甲方指定设计，基坑开挖时安全距离不足，检测值报警，要求设计单位出方案，南侧 1～8 号楼区域采用拉森钢板桩围护施工	430875.00	214135.22
建 33	4 号、8 号、9 号、10 号楼地下车库外墙与围护桩间距仅有 25 厘米～40 厘米，补偿制模拆模人工量	100953.00	39178.08

续表

序号	签证内容	上报金额	审核金额
建41	8号楼JL1与围护结构压顶圈梁/D650钻孔灌注桩相碰，需对围护钢筋混凝土梁及搅拌桩进行拆除	6947.00	5587.32
建42	9号、10号楼JL1与围护结构压顶圈梁/D650钻孔灌注桩相碰，需对围护钢筋混凝土梁及搅拌桩进行拆除	29524.00	11174.62
建43	4号楼JL1与围护结构压顶圈梁/D650钻孔灌注桩相碰，需对围护钢筋混凝土梁及搅拌桩进行拆除	5211.00	4192.59
建44	地下车库东侧4号、8号、9号、10号楼地下车库外墙与围护结构内侧间距为400毫米，为保证回填质量，采用黄砂回填	78216.00	36387.23
建46	地下车库人防门GFJM5528⑥门扇与框架梁有冲突，门扇无法开启，需对梁进行改造，梁高减小100毫米，在原框架柱边增设柱垛	79846.00	2741.81
建47	根据建筑-07设计变更修改通知单要求，地下车库平面图（四）37-39轴交1-H~1-J轴，地下车库平面图（二）16轴交2-H轴进风井出地面段无详图表示，现明确做法	33090.00	896.80
建49	根据设计变更修改通知单建筑-12要求，地下车库通风机房、排风机房门FM1521甲修改为FM1821（甲级防火门1800毫米×2100毫米高），造成已安装完毕的FM1521门框扇进行拆除、报废，并重新安装FM1821，共计15樘	45336.00	39823.19
建50	业主修改要求，对1号~4号楼卫生间、茶水间、过道处已安装完毕的门尺寸规格进行修改	268563.00	66881.66
建51	设计修改，地下车库1-T轴交7-8轴原安防值班室改弱电机房，4号楼4-C轴交4-8轴FM1521甲变更为FM1421甲（仍为双扇中开门）	3108.00	1991.49
建54	地下车库主风管截面尺寸修改，造成原主风管穿墙部位上口过梁拆除和过梁上部墙体拆除，重新做梁及封墙	10340.00	1229.74
建55	相关会议纪要要求，相邻地块穿越本地块电缆排管工程，需由本地块项目配合完成	109125.00	46700.06
建58	7号、8号楼小业主要求，四座电梯门洞尺寸修改	11927.00	1658.42
建60	设计修改，8号楼电梯基坑无法满足电梯要求，已施工完毕的电梯基坑底板拆除重新施工	20470.00	3074.04
建61	设计修改，7号楼电梯基坑无法满足电梯要求，已施工完毕的电梯基坑底板拆除重新施工	21462.00	1945.6
建62	设计修改，7号、8号楼因现场楼梯间梁位置消火栓受梯梁的影响尺寸不能满足安装要求，调整消火栓位置发生的拆除封堵工作	2011.00	769.23
建63	设计修改，3号楼因现场调整消火栓系统，增设消火栓发生的拆除封堵工作	10698.00	6363.09
建64	5号、6号楼结构施工图电梯井道无法满足电梯安装要求，修改吊钩梁发生的拆除封堵工作	5140.00	1317.13

序号	签证内容	上报金额	审核金额
建65	设计修改，9号、10号电梯井顶板吊钩梁上翻发生的拆除封堵工作	5140.00	633.05
建66	设计修改，2号楼楼梯间梯梁位置消火栓受到梯梁的影响尺寸不能满足安装要求，调整消火栓位置发生的拆除封堵工作	3630.00	2178.94
建69	设计修改，3号楼地下室3-C轴/3-8轴风井做法修改	23732.00	124.49
建70	1号~4号楼，因空调单位安装空调需要拆除墙体并重新砌筑、粉刷及刷乳胶漆，拆除的垃圾需外运	50523.00	29434.69
建72	为了完成本项目竣工节点目标，在各单体外墙脚手架没有拆除之前就同时进行室外总体施工的施工。由于脚手架支在地下室顶板上，其上有2米左右覆土。需要砌筑临时挡土墙，隔离外墙脚手架与室外总体回填土方的距离	146844.00	146141.13
建73	为了保证电梯机房内检修电梯设备安全和保证电梯验收通过，上海建科造价在1号、2号楼电梯机房里高出楼地面60厘米部位增设钢质扶手	8283.00	3669.92
外总001	室外总体施工铺设雨污水管道，新建隔栅池。需拆除施工位置范围内的原钻孔灌注桩及钢筋混凝土压顶梁、栈桥	301928.00	213880.41
外总002	室外总体施工铺设雨污水管道，需拆除施工位置范围内的原水泥搅拌桩坝体及围护桩钢筋混凝土压顶梁	340527.00	264397.16
外总004	室外总体红线外因建设单位要求，增加施工道路面积	269943.00	74490.27
外总005	室外总体红线外因建设单位要求，增加施工道路挖运土方	82971.00	24958.54
外总006	室外总体红线外因建设单位要求，增加施工道路沥青砼摊铺	130033.00	112647.35
外总007	室外总体红线外因建设单位要求，增加部分绿化	184169.00	140658.62
装修	XX路办公区域中间各增设一道石膏板隔墙	9310.06	0.00
电001	根据强电修-02设计修改通知单，配电室高压桥架需变更规格，需拆装已安装完毕的高压桥架，并重新安装	34032.00	31802.51
电004	由于2号、3号、4号电梯前室门洞、消火栓箱移位，需对已安装完毕的消火栓启泵按钮、楼层显示器、声光报警器、开关、手动报警按钮、出口指示灯等预埋管线移位	33906.00	20433.36
电005	由于1号~10号楼强弱电井道内桥架规格变更，需对原各楼层及屋面预留管笼孔洞进行调整	2390.00	1131.33
电006	由于1号~4号楼前室增设余压组合阀，阀门位置与预埋好的出口指示灯有冲突，需对出口指示灯移位	3597.00	2352.25
电008	根据强电修-04设计变更修改通知单，2号楼低压柜1LN1电缆配置调整	15576.00	4933.59
电009	根据设计变更修改通知单，地下车库各风机房门洞尺寸增大，需对已安装完毕的配电箱进行移位	37077.00	30293.06
风002	根据风施修-03设计变更修改通知单要求，对人防部位已安装完毕的2台轴流风机拆除移位2次，相应800×400风管移位	18525.00	6419.61

序号	签证内容	上报金额	审核金额
风003	根据风施修-04设计变更修改通知单要求，对人防部位已安装完毕的Φ666风管高度修改移位	34491.00	5284.94
风008	根据设备-03第1/2页、设备-06要求，已安装排风口与人防门开启有冲突，需调整排风口位置	14128.00	6696.42
水001	根据设计修改通知单水施修-01，重新移位安装消火栓箱	4494.00	3376.68
水002	根据工程例会纪要，2号楼1F消防喷淋安装已完成，装修吊顶高度有冲突。拆除（报废）已安装完毕的热镀锌钢管及相应的支架等	14803.00	7966.47
水003	根据工程例会纪要，2号楼1F东、西侧高空部分2处消火栓给水主管移位	8537.00	1484.78
水004	根据工程例会纪要，1号楼1-9F前室已安装完毕的消防喷淋标高与装修吊顶标高有冲突，需对1号楼1-9F前室消防喷淋及管道进行移位	15453.00	7704.82
水005	根据工程例会纪要，4号楼1F已安装完毕的消防喷淋标高与装修吊顶标高有冲突，需对4号楼1F消防喷淋及管道进行移位	10476.00	4448.84
水007	根据工程例会纪要，1号楼~4号楼已安装完毕的消防、喷淋管道与空调吸顶机安装标高有冲突，需对已安装完毕的消防管道进行移位	13447.92	10044.83
水009	根据设计修改水施修-03地下车库消火栓、喷淋主管已安装完毕与防火卷帘门有冲突，需对已安装完毕的消火栓、喷淋管道进行移位	7978.00	3363.78
水012	根据工程例会纪要春节期间遇严寒冰冻低温天气，露天的四个风井范围内的消防水管、给水管道冻裂，损坏部分管网进行修复。	156830.00	74266.35
水014	根据水施修-03，2号楼1-7F楼梯间消火栓与结构梁有冲突，需对消火栓箱、消火栓管道移位	5612.00	1420.53
	签证小计	5722651.98	2646225
	等工费用	4319515.00	3112155
	抢工费用	73621104.00	46057561
	合计	83663271	51815941

4. 总承包工程竣工结算审价

总承包竣工结算造价是发包方与总承包方（施工方）对工程价款的最终确认，是造价控制工作的最后环节，是全过程造价控制成果的最终体现。施工方在提交结算资料经项目管理和工程监理审核后，上报给建设单位工程管理部门，工程管理部门对资料的完成性、准确性，进行核实后移交造价管理部门，上海建科造价从建设单位造价管理部门接收结算资料。

上海建科造价以建设工程法律、法规、标准规范、招投标文件、施工承包合同和竣工图纸及各项有效现场工程签证、材料设备批价单、会议纪要等资料为依据，认真计算各分部分项的工程量审核。造价审核期间，各专业工程师认真工作，仔细计量计价审核；审核初稿形成后即与施工方核对；竣工图显示不明之处审核人员会同建设单位现场代表、施工方有关人员现场踏勘进行复核；在结算审核中双方相持争议问题上海建科造价与建设单位工程造价管理部门共同协商，建设单位造价管理部门并就此争议多次组织工程管理部门、项目管理、施工监理、上海建科造价、施工方等 6 方相关人员召开专题工程结算造价审核会议，会上就争议事项达成一致意见，从而最终完成了工程结算的审核。本工程建安结算造价为 372288846 元，竣工审定单如表 28-15 所示。

上海市建设工程竣工结算价确认单

表 28-15

项目名称	上海浦东某产业园区研发总部项目施工总承包		标　段　号	
标段工程名称			工程地址	××路××××号
发包人	上海××公司		承包人	上海××公司
委托合同书编号			结算价确认日期	
送审结算价	442467045 元		竣工结算确认价	372288846 元
发包人公章		承包人公章		工程造价咨询企业公章
法定代表人或其授权人签章		法定代表人或其授权人签章		法定代表人或其授权人签章
（发包人造价人员签字盖章或造价咨询企业注册造价工程师签字盖专用章）			（承包人造价人员签字盖章）	

浦东某产业园区研发总部项目施工总承包工程合同金额为 310540557 元（含补充协议），送审结算造价为 442467045 元，审定结算造价为 372288846 元，核减金额为 70178199 元，核减率 15.86%，其中，土建部分：送审结算造价为 390932575 元，审定结算造价为 331721763 元，核减金额为 59210812 元，核减率 15.15%。安装部分：送审结算造价为 51534470 元，审定结算造价为 40567083 元，核减金额为 10967387 元，核减率 21.28%。均包含工程量核减与单价核减。结算价增加造价的主要原因如表 28-16 所示。

结算价与合同价对比分析

表 28-16

			结算价与合同价对比分析		
序号	原合同价（元）	增补合同价（元）	增补原因	结算价（元）	结算价增加造价主要原因分析
1					业务签证共计 2646225 元
2	274803802	310540557	因图纸换版及工程较大变更，如：基坑南北侧改为放坡导致土方量增加、基坑围护中混凝土支撑及护坡由总包施工，因此签订补充协议	372288846	因抢工增加费用： 1. 主体结构抢工加班人工费用 27766807 元； 2. 增加塔吊、电梯、砂浆筒额外使用费 410453 元； 3. 增加模板配置费用 915357 元； 4. 生活区增加 3 幢宿舍及附属 493631 元； 5. 总体、二结构、安装加班人工费用 16471313 元； 6. 因窝工增加机械停滞、管理人员等工、井点使用延期等费用共计 3112155 元
3					人工及材料调差共计 13592256 元

六、全过程全方位工程监理实施范例
(轨道交通 8 号线三期暨集运系统)

(一) 项目背景

1. 项目概况

上海轨道交通 8 号线三期工程起于汇臻路站并预留向西延伸条件，止于沈杜公路站与八号线二期工程换乘衔接。线路全长约 6.689 千米，均为高架线路包含浦江镇车辆段和所有装饰装修、机电安装、AFC、FAS、BAS、自动检票系统等所有弱电系统及铺轨。

2. 项目特点

(1) 本项目胶轮路轨 APM 系统，采用基于通信的列车控制系统 (CBTC)，信号系统正常运作时采用移动闭塞控制方式，支持手动驾驶列车运行 (MTO)、ATP 监督的手动驾驶列车运行 (ATPM)、无人值守列车运行 (UTO) 等模式。为核心设备高度集成的全自动无人驾驶技术和电力牵引的车辆，配置橡胶轮胎在混凝土轨道面上运行；车辆底部具有特殊导向结构保证正确的运行方向，可以单车或者数辆车编组运行的一种自动化导轨交通系统。属国内第一条正线使用 APM 制式的全自动无人驾驶轨交系统。

(2) 本项目机电系统复杂，包含了核心机电、非核心机电和信号系统三大块，其中核心机电包含导梁、供电轨、屏蔽门、轨旁系统等多个专业，非核心机电包含供电、FAS、EMCS、气体灭火、电梯、电扶梯等多个系统。项目系统集成度高，多专业间联调工作复杂。

(3) 本项目采用是 APM300 的系统，混凝土走行面、DC375 三轨供电、枢轴道岔、转盘道岔、导向轮、集电靴等新技术的应用比较广泛，此外采用无人驾驶最高安全等级 UTO3.0 模式控制，支持 UTO、ATP 和 MTO 三种控制方式。走行面、三轨、转盘道岔等新工艺新设备应用多，许多新设备和新工艺也是上海轨道交通首次采用。

3. 监理工作目标定位

本项目监理工作的总体目标是以全过程工程项目管理的视角来推进监理工作，不仅优质完成施工阶段的监理工作，而且也将在配合前期配套、竣工及交付使用等方面参与管理，强化监理工作的主动性、全程性和交付性。监理工作在进一步优化组织架构、完善质安体系、明确工作流程、制定验收标准等管理方面进行创新和改进，在工程项目管理和监理方面形成创新性的机制，更好地控制项目质量安全风险，形成可复制、可推广的轨道交通监管新机制。

(二) 全过程全方位监理工作策划

1. 监理模式分析

现行轨交项目公司结构既包括横向管理，又包括纵向管理，纵列和多条横列交叉。纵向为不同的专业职能部门，横向为不同的工程项目区段，区段下面又分几个不同的专业和标段。每个标段中还涉及多个施工、监理、设计等单位，各职能部门的专业人员需要面对许多不同的单位和人员，整条线路的各个区段、标段进行管理。现有的项目公司管理系统比较复杂，质量安全管理人员投入量大，协调工作量繁杂。组织架构如图 28-24 所示。

上海轨交项目现行管理模式特点：质量安全管理任务繁重，管理投入大。现有监理模式未能与业主管理体系有效结合，降低了管理效率。现有监理模式下，全线路分标段由不同监

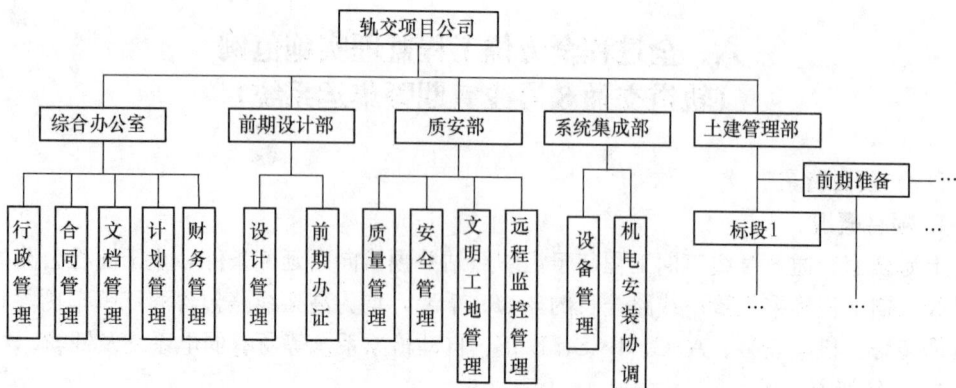

图 28-24 上海轨交项目管理架构示例

理单位实施监理，质量安全控制标准各不相同。现有监理模式中监理工作仍以被动管理为主，未能体现监理的主动管理能动性；现有的分标段监理、分专业监理未能体现全过程、全专业融合，造成与运营目标脱节。针对上述轨交项目管理模式，上海建科在轨道交通 8 号线三期项目的监理工作中进行了管理制度、组织改进，实施"全线监理、主动管理、融入业主"的监理模式，以解决目前轨交项目监理模式存在的问题，突出全方位主动管理。

2. 全过程全方位监理模式组织架构

上海建科经过对项目的认真分析，与轨交项目公司充分沟通，在轨交 8 号线三期项目采用管理模式架构，见图 28-25。

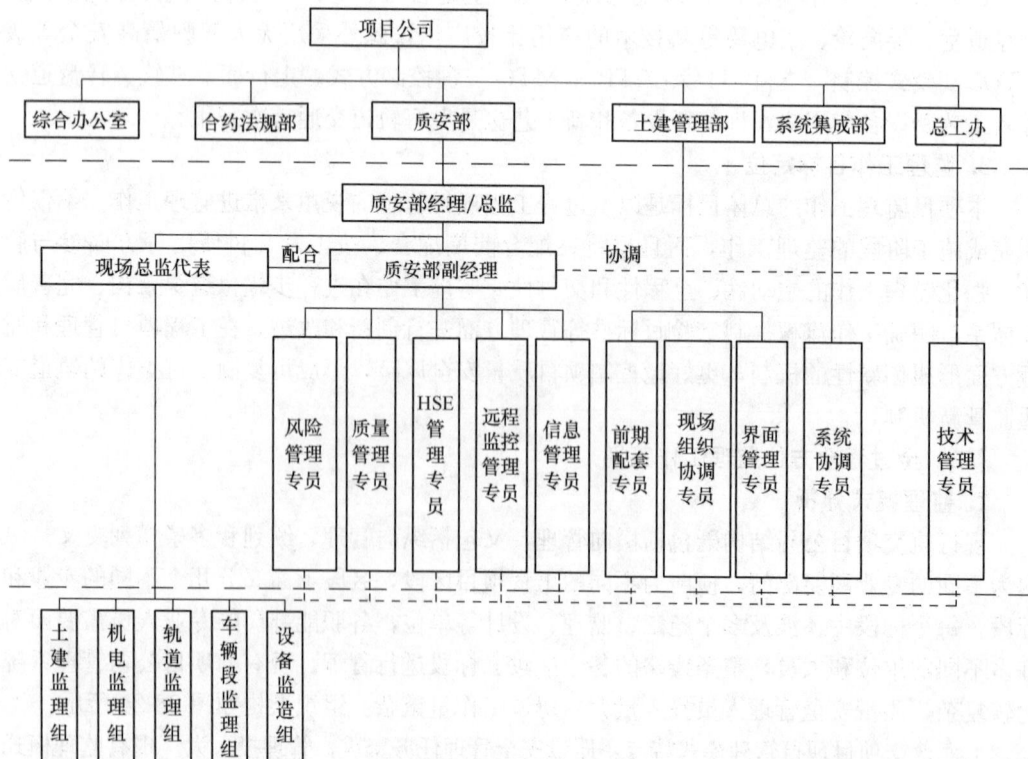

图 28-25 上海轨交 8 号线三期管理模式架构示例

3. 全过程全方位监理主要职责

通过轨道交通传统管理模式的特点入手，结合本项目监理工作的特点分析以及组织架构设想，本项目监理承担的职责：全面承担质安部的工作职责；参与土建管理部、系统集成部及总工办的部分工作职责；按照工程监理规范及业主要求全面履行施工监理的所有职责，详见表28-17。

上海轨交 8 号线三期职责分工　　　　　　　　　　表 28-17

阶段	工作内容	质安部	现场监理	土建管理部	系统集成部	总工办
1. 施工准备阶段	1.1　档案管理制度	R	J	J	J	J
	1.2　完善质安体系	R	J	S	J	S
	1.3　绿化、管线搬迁	S	J	R	J	S
	1.4　交通组织	S	J	R	S	S
	1.5　全线风险梳理	R	J	J	J	J
2. 施工阶段	2.1　制度和体系开工交底	R	J	J	J	J
	2.2　施工组织设计审查	J	R	S	J	J
	2.3　协调配合施工组织的管理	S	J	R	J	S
	2.4　设计交底、图纸会审	J	J	J	J	R
	2.5　项目日常检查（质量、HSE）	J	R	J	J	J
	2.6　设备监造	C	A	S	J	S
	2.7　U 型梁监造	C	A	J	S	S
	2.8　日常工序验收	S	R	S	J	S
	2.9　关键工序验收	R	J	J	J	S
	2.10　项目过程监督检查	R	J	J	J	S
	2.11　质量安全事故的防范与处理	R	J	J	J	J
	2.12　风险控制	R	J	J	J	J
	2.13　QC 活动及质量通病防治	R	J	S	J	S
	2.14　远程监控	R	J	J	J	S
	2.15　立功竞赛的考核与评比	R	J	J	J	S
	2.16　对施工单位的考核	R	J	J	J	J
	2.17　档案管理	R	A	J	J	J
3. 验收与交付阶段	3.1　竣工交付标准的编制	R	J	J	J	J
	3.2　验收小组组建	R	A	J	J	J
	3.3　关键部位和节点的验收	R	J	J	J	J
	3.4　预验收	R	J	J	J	J
	3.5　通车条件验收	R	J	J	J	J
	3.6　组织竣工验收	R	J	J	J	J
	3.7　试运行	J	J	J	J	S
	3.8　问题整改与销项	R	J	J	J	J
	3.9　项目移交	R	J	J	J	J

其中：Responsibility（负责）、Join（参加）、Act（具体实施）、Support（根据需要提供支持）、Confirm（批准）在表中示之。

4. 监理工作总体思路及优势

（1）监理工作总体思路

分析本项目特点，对应项目"全线监理、主动管理、融入业主"的监理运作模式，建立对应性的组织机构。融入业主管理，特别是将全面承担质安部全部工作职责，参与土建管理部、系统集成部及总工办的部分工作职责，实施全线监理，减少传统监理模式下的界面划分，降低协调工作量。完善和改进原有的质安体系，加强过程监督落实。竣工交付前，制定适合本项目的交付标准，做好过程验收，组织分部工程验收、单位工程验收及试运行等，参与竣工验收，主导问题整改及销项，为顺利交付打好基础。牵头进行全过程的风险梳理，制定风险管理原则，做好风险控制在项目的实施过程中进行风险控制。

(2) 本项目监理工作思路的优势

本项目全线所有标段形成统一的质量安全体系；全线监理，所有施工标段有统一的监理工作体系；参与业主部分职能管理工作，可优化沟通协调机制；减少工作界面，提高工作效率；采用我司成熟的风险控制方法，进行全线风险控制；创造良好的施工条件，有效组织和推进施工进展；制定适应性的验收交付标准，顺利完成验收和交付。

5. 本项目监理工作总流程

上海轨交 8 号线三期监理工作总流程见图 28-26 所示。

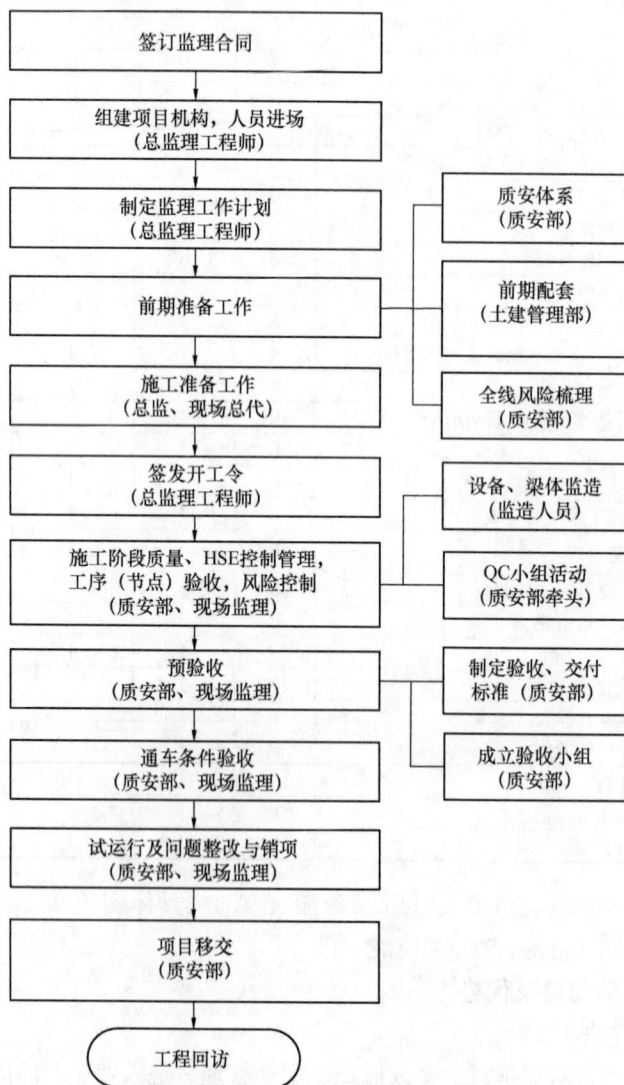

图 28-26　上海轨交 8 号线三期监理工作总流程

（三）重点监理控制工作

本项目为轨交项目，除常规的土建、装修、机电安装外，还有大量的设备及所有系统的监理工作，因篇幅限制，本节主要对设备监理、系统监理及系统调试部分内容进行阐述。

1. 设备监理

本项目系统设备分为三个标段，核心机电由中铁四局承包，非核心机电由中铁电气化局承包，信号系统由中国通号公司承包。主要的核心设备由系统集成商中车富欣庞巴迪联合体提供并负责设备的调试。项目对于设备的质量管理主要采用厂验，首台设备出厂前由业主、设计、施工、监理和系统集成单位根据厂验大纲对厂家的资质、能力、检测仪器和设备的主要性能进行逐一测试，确保设备能够满足 8 号线三期工程的需求。主要厂验计划见表 28-18。

核心设备厂验计划　　　　　　　　　　　　　　　　表 28-18

中车浦镇庞巴迪提供的设备			中铁四局厂验计划		
1	通信	传输系统	1	供电	电缆
2		有线通信系统	2		配电箱、变压器
3		时间系统	3		直流屏
4		集中告警系统	4		滑触电
5		综合电源系统	中铁电化局厂验计划		
6	综合监控	综合监控主体系统	1	供电系统	AC 40.5 千伏开关柜
7		设备监控系统	2		整流变压器及动力变压器
8		门禁系统	3		DC 750 伏开关柜
9		电力监控系统	4		整流器
10		广播系统	5		400 伏开关柜
11		安全防范系统	6		有源滤波器
12		乘客信息显示系统	7		交流直屏
13	信号	站台门	8	电梯	垂直电梯自动扶梯
16		车地无线网络	9	FAS	火灾报警气灭控制设备
17		道岔系统（枢轴道岔）	10	停车场工艺设备	移动式驾车机
18		道岔系统（转盘道岔）	11	AFC	自动售检票
19		轨旁设备（数据传输系统，天线，门控柜，DCC 配电柜）			
20		电源系统			
21		防雷分线柜			
22	供电	供电轨			
24		750 伏供电柜			
25		750 伏供电电缆			
26	停车场工艺设备	洗车机			

厂验完成后，参与厂验各方进行填写验收意见，见表28-19。

厂验验收意见表示例　　　　　　　　　　　　　表28-19

验收单位 Inspection attendees	验收人员 Representative	验收意见 Comments
上海轨道交通8号线三期项目公司		
上海市隧道工程轨道交通设计院		
上海建科工程咨询有限公司		
中车铺镇庞巴迪运输系统有限公司		
北京津宇嘉信科技股份有限公司		

2. 系统监理

本项目系统工程分为三大部分，分别为非核心机电、核心机电和信号工程。每部分分别包含如下工作内容：非核心机电工程包括供电系统；区间动力照明系统；城市轨道交通自动售检票系统；火灾自动报警系统；气体灭火系统；城市轨道交通通信系统；城市轨道交通综合监控系统；垂直电梯和自动扶梯；工艺设备等九大系统。核心机电包括正线轨道工程；停车场轨道工程；轨道供电系统；通信工程；信号工程；屏蔽门工程；洗车库设备安装大系统。信号工程包括信号系统。

（1）非核心机电关键验收节点设置

非核心机电验收节点设置见表28-20所示。

非核心机电验收节点设置　　　　　　　　　　表28-20

序号	专　业	关键工序节点
1		关键设备出厂验收
2		基础槽钢、电缆支架制造安装
3	牵降变系统	光电缆性能测试
4		接地系统、柜体绝缘功能测试
5		电气试验和继电保护
6		变电所通电条件验收（安装、调试）
7		关键设备出厂验收
8		管槽预埋、制作和安装
9	AFC自动售检票系统	线缆接续及特性检测
10		电气试验和接地系统验收
11		系统联调（安装部分）
12		关键设备出厂验收
13		电线导管、线槽敷设、设备安装
14		系统模拟平台测试
15	FAS及门禁系统	电缆、光缆性能测试及接地系统性能测试
16		火灾报警系统性能测试
17		门禁系统性能测试
18		全线联网调试

序号	专业	关键工序节点
19	气体灭火工程	关键设备出厂验收
20		管线敷设及设备安装
21		管道压力试验
22		接地系统性能测试及光电缆性能测试
23		系统功能调试及验收
24	通信工程	关键设备出厂验收检查
25		支架、吊架、线槽安装
26		光电缆成端、接续及线路特性检测
27		系统传输指标检测及功能检验
28		专用电话系统指示检测及功能检查
29		专用通信系统指标检测及功能检查
30		电源及接地系统指标检测功能检查
31	停车出厂工艺设备	关键设备出厂验收
32		起重机安装
33		移动式驾车及安装

（2）核心机电关键验收节点设置

核心机电关键工序设置见表 28-21 所示。

核心机电关键工序设置　　　　　　　　　　　　　　　表 28-21

序号	工程类别	关键工序节点
1	导向轨系统安装	关键设备出厂验收
2		导向轨安装完成 1 个施工段（200 米）
3		导向轨安装完成 50%
4		枢轴道岔安装完成 1 组
5		枢轴道岔安装完成总量 50%
6		转盘式道岔安装完成 1 组
7		挡车器安装 1 座
8	供电轨系统	关键设备出厂验收
9		供电轨、接地轨及组件完成 1 个施工段（200 米）
10		供电轨、接地轨及组件安装完成 50%
11		供电轨冷滑
12		供电轨热滑
13	轨旁低压配电系统	关键设备出厂验收
14		管线敷设及机柜安装
15		电缆敷设、成端及绝缘测试

续表

序号	工程类别	关键工序节点
16		关键设备出厂验收
17	车地无线系统	光电缆敷设、成端
18		立杆及天馈线
19		车地无线通信系统功能测试
20		关键设备出厂验收
21	信号系统	道岔电机及表示器安装
22		防雷及接地检测
23		关键设备出厂验收
24	屏蔽门	机械设备安装
25		电气设备安装
26		开关门测试及系统联调
27	工艺设备	洗车机

3. 系统调试控制

上海轨交 8 号线三期工程包含很多系统，联调联试阶段主要有 AFC 系统、FAS 系统、供电系统、车地无线通信系统、电客列车、通信系统、信号系统、综合监控系统等，各系统联调前提条件及主要调试项总结见表 28-22 所示。

系统调试总结表 表 28-22

系统名称	前提条件	调试项
AFC 系统	AFC 专业完成本系统单体调试，完成与 FAS、ISCS 专业的接口联调。ISCS 专业完成本系统单体调试，完成与 AFC 专业的接口联调	AFC 与 FAS 联动功能、AFC 与 ISCS 联动功能
FAS 系统	FAS 专业完成本系统单体调试，完成与 AFC 专业的接口联调。FAS 专业完成本系统单体调试，完成消防专用风机、防火阀（含就地复位箱）、消火栓、水喷淋、高压细水雾、应急照明、气体灭火、防火卷帘、消防广播、自动检票机、垂直电梯、门禁、SIOS 及 EMCS 等各专业的接口联调。气体灭火专业完成本系统单体调试，完成与 FAS、防火阀专业的接口联调	排烟风机、防火阀（含就地复位箱）、消火栓泵、水喷淋泵、应急照明、气体灭火、变电所、防火卷帘门、消防广播、自动售检票机、垂直电梯、门禁
供电系统	供电专业变电所受电并运行正常，差动保护、所间联跳、SCADA 系统均已调试完毕并运行正常。与供电系统联调各专业均可正常运行，具备联调条件	主变运行方式转换对牵降变系统影响、变电所设备投切时与信号专业设备的配合是否正常、上下级设备间是否存在开关整定值倒配现象、开关柜电源与通信系统调试、开关柜电源与 FAS/BA 系统调试、模拟火灾情况下，接受消防报警的信号是否正常、直流开关整定值是否正确和直流开关是否动作

系统名称	前提条件	调试项
车地无线通信系统	车地无线系统完成本系统单体调试，完成综合监控系统、CCTV系统、地面PIS系统、车载PIS系统等各专业的接口联调	ISCS及车载PIS（ISCS中心交换机、车载PIS交换机、ISCS工作站、一体化广播＋IPH对讲终端、CCTV工作站）、车载PIS及地面PIS（地面PIS中心交换机、地面PIS工作站车载PISLCD）
	综合监控系统、CCTV系统、地面PIS系统、车载PIS系统完成本系统单体调试，完成与车地无线系统的接口联调	
电客列车	列车制造厂家已经完成出厂前的各项检测并已提供相关的文件资料。列车已通过调试验收	空调型式试验、紧急供电型式试验、睡眠模式型式试验、加载AW3试验、空调载荷试验、车辆温度和风场分布试验、停放制动测试、AW3测试、车辆性能试验（AW3）、车门循环测试（AW3）、卸载到AW2、列车救援—拖拽故障车验证、车辆乘坐舒适性试验、热容量/负载周期验证、接触电压验证、车门阻滞测试、噪声测试、牵引制动系统验证、AW2性能验证和停车精度试验、车辆振动试验、维护电源连接（重修库）、车辆/车站对齐及互锁验证、淋雨试验、贯通道测试
通信系统	通信传输系统完成本专业单系统调试、各关联系统完成其自身单系统（设备）调试后，通信系统总承包单位牵头组织相关联调准备工作	在控制中心传输系统网管上用软件控制方式中断与恢复主环光纤链路、在控制中心传输设备上用拔出与插入传输光板方式中断主环光纤链路、在控制中心传输设备侧拔出与恢复主环光纤跳线、模拟车站传输节点故障引起的传输光纤环路中断与恢复、模拟控制中心传输节点故障引起的业务中断与恢复、乘客使用电梯电话与控制中心正线调度员、车站调度员通话、乘客使用站台紧急电话与控制中心正线调度员、车站调度员通话、乘客使用票务求助电话与值班员、控制中心站调度员通话
	通信电梯求助电话及电梯摄像机完成安装及有关接口调试，通信专业对应子系统已完成本系统调试；电梯专业完成其自身单系统（设备）调试后，通信系统总承包单位牵头组织相关联调准备工作	
信号系统	所有信号设备的电源必须可用，并且必须符合规定的要求。运行列车的牵引力必须可用，在进行调试（相互作用测试）开始之前必须经过全面测试和通电。输入电源的稳定性（三相电压和频率）必须经过验证	试车线调试、轨旁POST安装检查、部分验收测试（PAT）、列车调试、系统验收测试、系统集成测试（SIT）、运行测试（UTO运行）
	SER，OCC，列车司机之间的语音通信，如收音机、手机等必须是可用的	
	要求封锁工作区域。该区域将被指定用于测试和调试目的。任何其他车辆、工作或活动不得在未经事先通知和批准的情况下进入工作区域	
	所有信号和标记板必须对测试列车可见。任何东西不允许阻挡视线或覆盖轨旁设备	

续表

系统名称	前提条件	调试项
综合监控系统	ISCS专业完成本系统单体调试，完成空调通风系统、电梯、自动售检票系统、广播、乘客信息系统、技术防范系统、门禁系统、电力监控系统、火灾报警系统等各专业的接口联调。	车站级IBP（门禁、自动检票机、排烟风机、消防泵、消防稳压泵、喷淋泵、喷淋稳压泵）；大屏与信号（显示区域的配置测试、软件功能测试、故障处理测试）；大屏与PSCADA（显示区域的配置测试、软件功能测试、故障处理测试）；大屏与CCTV（显示区域的配置测试、软件功能测试、故障处理测试）；CCTV与电梯求助电话（电梯求助电话和电梯摄像机的联动、楼层字符叠加）；紧急停车按钮和站台摄像机的联动；EMCS与风机、风阀、防火阀、水泵、消防低频巡检系统、消火栓泵控制箱、自动扶梯、垂直电梯、防盗卷帘门、开窗机、温湿度传感器、VRV多联分体空调、VRF新风处理机、智能照明、洗车机、气象站等的调试；EMCS车辆基地和车站模式测试（火灾运行模式、正常运行模式）

附录一：建设工程项目管理委托服务合同示范文本

上海市建设工程项目管理委托服务合同（2017版）（示范文本）

上海市住房和城乡建设管理委员会　制定

年　　月　　日

第一部分　项目管理协议书

委托人（全称）：＿＿＿＿＿＿＿＿　　受托人（全称）：＿＿＿＿＿＿＿

为了强化项目建设的管理机制，实现项目建设的专业化、规范化和科学化管理，保障建设资金使用的有效性和合理性，保证建设项目的顺利实施，充分发挥投资效益，严格控制投资概算，根据《中华人民共和国投标招标法》、《中华人民共和国建筑法》、《中华人民共和国合同法》及其他有关法律、法规，经委托人、受托人双方协商同意，签订本合同。

一、项目概况

（一）项目名称：＿＿＿＿＿＿

（二）项目投资：＿＿＿＿＿＿

（三）建设地点：＿＿＿＿＿＿

（四）建设规模：＿＿＿＿＿＿

（五）建设内容：＿＿＿＿＿＿

（六）资金来源：＿＿＿＿＿＿

二、项目管理内容和期限

项目管理内容（包括但不限于）：

1. 负责协调项目建设前期和招标工作

2. 组织项目建设优化设计

3. 负责项目建设工程设计管理

4. 负责项目建设工程进度管理

5. 负责项目建设工程质量管理

6. 负责项目建设投资控制管理

7. 负责项目建设合同管理

8. 负责项目建设信息管理

9. 负责项目建设工程组织协调

10. 负责项目建设工程竣工验收和试运行

11. 负责协助审核项目建设工程竣工结算

12. 工程安全管理

13. 文明施工管理

14. 负责项目移交、办理产权、竣工财务决算等工作

15. 其他与工程相关的工作：

项目管理期限：_____

三、项目管理目标

投资控制目标：_____工程质量目标：_____进度控制目标：_____

安全生产控制目标：_____文明施工控制目标：_____

四、词语限定：协议书中相关词语的含义与通用条件中的定义与解释相同。

五、合同的组成文件及解释顺序组成合同的各项文件应互相解释，互为说明。合同专用条款是对通用条款的补充和细化，但不得违反法律、行政法规的强制性规定，以及平等、自愿、公平和诚实信用原则。除通用条款明确规定可以作不同约定外，专用条款补充和细化的内容不得与通用条款相抵触，否则相关内容无效。除合同专用条款另有约定外，合同文件的组成及优先顺序如下：

1. 项目管理协议书；

2. 中标通知书；

3. 投标文件；

4. 专用条款；

5. 通用条款；

6. 附件，即：附件一：廉洁协议

本合同签订后，双方依法签订的补充协议也是本合同文件的组成部分。

六、项目经理

项目经理姓名：_____，身份证号码：_____。

七、合同金额

_____合同金额（大写）：支付方式：（￥）。_____。

八、双方承诺

1. 受托人向委托人承诺，按照本合同约定提供项目管理与相关服务。

2. 委托人向受托人承诺，按本合同约定支付酬金。

九、合同订立

1. 订立时间：_____年_____月_____日。

2. 订立地点：_____。

3. 本合同一式_____份，具有同等法律效力，双方各执_____份。

委托人：（盖章）受托人：（盖章）

地址： 地址：

邮政编码： 邮政编码：

法定代表人或其授权 法定代表人或其授权

的代理人：（签字）的代理人：（签字）

开户银行：开户银行：

账号：账号：

电话：电话：

传真：传真：

电子邮箱：电子邮箱：

第二部分 通 用 条 款

1. 定义与解释

1.1 定义 除根据上下文另有其意义外，组成本合同的全部文件中的下列名词和用于应具有本款所赋予的含义：

1.1.1 "项目"是指委托人委托实施项目管理的项目。

1.1.2 "委托人"是指委托项目管理任务并实施监督管理的一方，即建设单位。

1.1.3 "受托人"是指按照项目管理合同约定承担项目管理工作的一方，即项目管理单位。

1.1.4 "项目管理部"是指由受托人组建实施具体项目管理工作的机构。

1.1.5 "项目经理"是指由受托人任命全面履行本合同的负责人。

1.1.6 "酬金"是指受托人履行本合同义务，委托人按照本合同约定给付受托人的金额。

1.1.7 "正常工作"是指双方在合同中约定，委托人委托的项目管理工作。

1.1.8 "附加工作"是指：委托人委托项目管理范围以外，通过书面协议另外增加的工作内容；由于委托人原因，使项目管理工作受到阻碍或延误，造成因增加工程量或持续时间而增加的工作。

1.1.9 "额外工作"是指正常工作和附加工作以外或由于委托人和使用人原因而暂停或终止项目管理业务，其善后工作及恢复项目管理业务的工作。

1.1.10 "一方"是指委托人或受托人；"双方"是指委托人和受托人；"第三方"是指除委托人和受托人以外的有关方。

1.1.11 "书面形式"是指合同书、信件和数据电文（包括电报、电传、传真、电子数据交换和电子邮件）等可以有形地表现所载内容的形式。

1.1.12 "日"是指任何一天零时至第二天零时的时间段。

1.1.13　"月"是指根据公历从第一个月份中任何一天开始到下一个月相应日期前一天的时间段。

1.1.14　"专业工作单位"是指由委托人通过招标等方式选择承担本项目拆迁、勘察、设计、施工、监理、材料和设备供应及安装等工作，具备相应资质的单位。

1.1.15　"工程费用节省"是指经过评估的，受托人全面履行合同约定项目管理、项目建设内容、质量标准等前提下的建设资金合理节省额。

1.1.16　"不可抗力"是指委托人和受托人订立本合同时不可预见，在施工过程中不可避免发生并不能克服的自然灾害和社会性突发事件，包括因战争、动乱、空中飞行物坠落或非合同双方责任造成的爆炸、火灾、一定级别的风、雨、雪、洪、震等自然灾害。

1.2　解释

1.2.1　合同文件适用汉语语言文字书写、解释和说明，汉语应为解释和说明本合同的标准语言文字。

1.2.2　组成本合同的下列文件彼此应能互相解释、互为说明。除专用条款另有约定外，本合同文件的解释顺序如下：

协议书；

（1）协议书；

（2）中标通知书（适用于招标工程）或委托书（适用于非招标工程）；

（3）专用条款及附件一；

（4）通用条件；

（5）投标文件（适用于招标工程）或项目管理及相关服务建议书（适用于非招标工程）；

（6）双方签订的补充协议与其他文件发生矛盾或歧义时，属于同一类内容的文件，应以最新签署的为准。

2. 项目管理依据

2.1　中标通知书和本项目管理合同；

2.2　有关工程建设的法律、法规、规章和规范性文件；

2.3　工程建设强制性条文、有关技术标准；

2.4　经批准的工程建设项目设计文件及其相关文件；

2.5　其他和项目管理有关的合同文件。具体内容在专用合同条款中约定。

3. 委托人的权利（包括但不限于以下）

3.1　签订项目管理合同，按项目管理合同约定对受托人进行考核，根据考核结果支付项目管理费。

3.2　向受托人提出工程建设的总体要求和阶段工作要求。委托人有对工程规模、设计标准、规划设计、生产工艺设计和设计使用功能要求的认定权，以及对工程设计变更的审批权。

3.3　受托人原则不得更换项目经理。如确有需要调换项目经理须事先经委托人同意。当委托人发现受托人与承包人串通给委托人或工程造成损失的，委托人有权要求受托人更换项目受托人相关人员，直到终止合同或相关补充合同，并且受托人应当承担连带赔偿责任。

3.4　有权要求受托人管理机构提交项目管理单位管理工作报告。

3.5　对工程建设总计划和建设节点计划提出意见和建议，对工程建设计划和工程实施情况进行检查和督促。

3.6　对受托人提交的符合形式规范的财务用款计划、建设进度、计量报表、各类报告、现场签证和工作联系单等及时审核、并予以确认回复。

4. 受托人的权利（包括但不限于以下）

4.1　受托人对工程建设有关事项包括工程规模、设计标准、规划设计、生产工艺设计和使用功能要求，经委托人同意，可以向设计人员提出修改要求。

4.2　受托人有权对工程设计中的技术问题，按照安全和优化的原则向设计人提出要求，如果拟提出的建议可能会提高工程造价或延长工期，应当征得委托人的同意。当发现工程设计不符合国家颁布的建设工程质量标准或设计合同约定的质量标准时，受托人应当要求设计人更正，并书面报告委托人。

4.3　受托人有权主持工程建设有关协作单位的协调工作（如进度、安全、技术、质量、费用、程序等）。

4.4　受托人有权敦促监理单位发布开工令、停工令、复工令。

4.5　受托人享有对工程使用的材料和施工质量的检验权。发现不符合设计要求、合同和相关补充合同约定以及不符合国家质量标准的材料、构配件、设备，有权通知承包人停止使用；对于不符合规范和质量标准的工序、分部分项工程和不安全施工作业，有权通知承包人停工整改、返工。承包人得到受托人管理机构复工令后才能复工。

4.6　受托人有权督促工程各参建单位按照工程施工合同竣工期限完工。

4.7　受托人对工程费用（设计、监理、勘察、施工等）申请支付具有工程费用结算签字建议权、复核建议权。

4.8　在受托人管理过程中如发现第三方人员工作不力，受托人可以要求相关第三方调换有关人员并将相关事项通报给委托人。

4.9　凡由受托人管理的合同和相关补充合同所涉及的费用，在合同和相关补充合同预算范围内，由受托人签字确认后提交委托人指定的投资控制单位审定；对预算范围之外的，先由监理单位据实上报，受托人进行费用分析后报委托人审定；未有预算的费用，受托人应报委托人审定确认后方可实施。

5. 委托人的责任和义务（包括但不限于以下）

5.1　委托人应当将授予受托人的项目管理单位管理权限以及项目管理单位现场管理机构主要成员的职能分工及时通知相关参建单位。

5.2　委托人应按照约定，无偿向受托人提供工程有关的资料。在本合同履行过程中，委托人应及时向受托人提供最新的与工程有关的资料。

5.3　委托人应为受托人完成项目管理与相关服务提供必要的条件。

5.4　委托人应负责本工程建设资金的落实，按合同规定和工程进度要求及时核定，确保工程款、材料设备采购款以及本工程中发生的各类行政收费等及时到位，并按相关合同约定的方式支付给本工程各施工单位、供货承包单位和其他合同单位。

5.5　委托人应授权一名熟悉工程情况的代表，负责与受托人联系。委托人应在双方签订本合同后 7 天内，将委托人代表的姓名和职责书面告知受托人。委托人更换委托人代表时，应提前 7 天通知受托人。

5.6　在本合同约定的项目管理与相关服务工作范围内，委托人对项目承包人的任何意见或要求应通知受托人，由受托人发出相应指令。

5.7　委托人应按本合同约定，向受托人支付酬金。

5.8　委托人应了解、掌握工程进度情况。对各阶段的重要会议，如方案审定、扩初审批会、图纸交底会、以及定期的工程例会，工程验收，委托人应派人参加。

5.9　委托人应当履行项目管理单位管理合同和相关补充合同约定的义务，如有违反则应当承担违约责任，赔偿给受托人造成的直接经济损失。

6. 受托人的责任和义务（包括但不限于以下）

6.1　受托人在履行本合同义务期间，应遵守国家有关法律、法规，维护委托人的合法权益。

6.2　受托人应严格按照国家基本建设程序，认真履行项目管理合同及投标文件中工程管理的内容承诺，按委托人的要求完成项目管理工作，实现项目建设投资、工程进度、工程质量、安全目标及资料管理目标。

6.3　受托人在项目管理实施过程中，应定期向委托人进行工作汇报。

6.4　受托人应按批准的建设规模、建设内容和建设标准实施组织管理，协助控制项目投资，确保工程安全和质量，按期交付使用。

6.5　未经委托人书面同意并签署书面协议，受托人不得变更建设规模、建设标准及建设内容。因技术、水文、地质等原因必须进行设计变更的，应由设计单位填写设计变更单，并经受托人签署意见后，报委托人核准。

6.6　受托人应按委托人要求，协助委托人根据有关规定选择专业工作单位。

6.7　受托人应严格执行国家有关基本建设财务管理制度，并接受委托人监督。

6.8　受托人应配合委托人组织可行性研究报告、初步设计报告等各阶段设计文件的编制及编制过程中相关行业管理部门等意见的征询和审查工作。

6.9　受托人应配合委托人完成工程报建以及其他工程实施所需相关证照的办理工作，组织监理大纲、施工组织设计等项目建设实施所需的重要管理文件审查工作，办理施工许可证。

6.10　受托人应建立完整的项目建设档案，在项目完成后，将工程档案、财务档案及相关资料向委托人和有关部门移交。未征得委托人书面同意，不得泄露与本工程有关的保密资料。

6.11　受托人应组建能够满足本项目管理服务需要的项目管理部，配备不低于投标书中承诺的管理和技术力量。项目管理部按照项目管理工作范围和内容完成项目管理工作，并按约定向委托人汇报项目管理工作进展。

项目管理人员名单

项目经理	
技术负责人	
✕	
✕	
✕	

6.12　在服务期限内，项目管理机构人员应保持相对稳定，以保证服务工作的正常进行。

6.13　受托人投标时的项目管理机构关键岗位人员未经委托人书面批准不得随意更换。受托人应当按照投标承诺履行义务，不得擅自变更项目经理。在合同履行中，确需变更项目经理或其他关键岗位成员的，须上报委托人，经委托人书面同意后，方可变更。所调换项目经理或其他主要成员必须是注册在本单位，且资历不得低于投标时所报的相应条件。

6.14　受托人应及时更换有下列情形之一的项目管理人员：

（1）严重过失行为的；

（2）有违法行为不能履行职责的；

（3）涉嫌犯罪的；

（4）不能胜任岗位责任的；

（5）严重违反职业道德的；

（6）专用条款约定的其他情形。

6.15　在项目管理与相关服务范围内，委托人和项目承包人提出的意见和要求，受托人应及时提出处置意见。当委托人与项目承包人之间发生合同争议时，受托人应协助委托人、项目承包人协商解决。

6.16　受托人应在专用条款约定的授权范围内，处理委托人与承包人所签订合同的变更事宜。如果变更超过授权范围，应以书面形式报委托人批准。

在紧急情况下，为了保护财产和生命安全，受托人发出的指令未能事先报委托人批准时，应在发出指令后的 24 小时内以书面形式报委托人。

6.17　受托人应按专用条款约定的种类、时间和份数向委托人提交项目管理与相关服务的报告。

6.18　受托人无偿使用委托人提供的房屋、资料、设备。除专用条款另有约定外，委托人提供的房屋、设备属于委托人的财产，受托人应妥善使用和保管，在本合同终止时将这些房屋、设备的清单提交委托人，并按专用条款约定的时间和方式移交。

6.19　配合做好政府和上级有关部门（单位）的稽察（稽查）、检查、审计等工作。

6.20　单项合同完工以后，及时组织合同价款的结算工作。全部工程建设完成后，及时组织竣工档案整理归档、竣工结算等相关竣工验收准备工作，向政府主管部门提交竣工验收申请等工作；配合政府主管部门做好竣工验收的各项工作及其遗留问题的处理工作。

6.21　受托人不得转包或分包本项目管理业务。

6.22　受托人不得在本项目中，承担勘察、设计、监理、施工等其他相关业务。与受托人存在控股、管理关系或者负责人为同一人的单位，不得参与本项目的勘察、设计、监理、施工。

6.23　受托人应全面履行本合同约定的各项义务，任何未按合同的约定履行或未适当履行的行为，应视为违约，并承担相应的违约责任。

7. 违约责任

7.1　委托人的违约责任委托人未履行本合同义的，应承担相应的责任。

7.1.1　委托人违反本合同约定造成受托人损失的，委托人应予以赔偿。

7.1.2　委托人未能按期支付酬金超过 28 天，应按专用条款约定支付逾期付款利息。

7.2　受托人的违约责任受托人未履行本合同义的，应承担相应的责任。因受托人违反本合同约定给委托人造成损失的，受托人应当赔偿委托人损失。赔偿金额的确定方法在专用条款中约定。受托人承担部分赔偿责任的，其承担赔偿金额由双方协商确定。

7.3　除外责任因非受托人的原因，发生工程质量事故、安全事故、工期延误等造成的损失，受托人不承担赔偿责任。因不可抗力导致本合同全部或部分不能履行时，双方各自承担其因此而造成的损失、损害。

8. 支付

8.1　支付货币、酬金均以人民币支付。

8.2　支付申请

受托人应根据合同约定及时向委托人提交支付申请书。支付申请书应当说明当期应付款总额，并列出当期应支付的款项及其金额。

8.3　有争议部分的付款

委托人对受托人提交的支付申请书有异议时，应当在收到受托人提交的支付申请书后7 天内，以书面形式向受托人发出异议通知。无异议部分的款项应按期支付，有异议部分的款项按第 10 条款争议解决约定办理。

9. 合同生效、变更、暂停、解除与终止

9.1　本合同自签订之日起生效。

9.2　由于委托人的原因致使项目管理工作发生延误、暂停或终止，受托人应将此情况与可能产生的影响及时通知委托人，委托人应采取相应的措施。由于委托人未采取相应措施，受托人可继续暂停执行全部或部分项目管理业务，直至提出解除合同。委托人承担违约责任。

9.3　当受托人未履行全部或部分项目管理义务，而又无正当理由，委托人可发出警告直至解除合同，受托人承担违约责任。

9.4　当事人一方要求变更或解除合同时，应当在 30 日前以书面形式通知其他各方。因解除合同使其他各方遭受损失的，除依法可以免除责任的情况外，应由责任方负责赔偿。

9.5　合同终止需满足以下所有条件：工程保修期结束且遗留问题已处理，工程竣工财务决算已批复，受托人账务清理已完成，与接管单位的项目资产移交手续已完成。

10. 争议解决

10.1　协商：双方应本着诚信原则协商解决彼此间的争议。

10.2　调解：如果双方不能在 14 天内或双方商定的其他时间内解决本合同争议，可以将其提交给专用条款约定的或事后达成协议的调解人进行调解。

10.3　仲裁或诉讼双方均有权不经调解直接向专用条款约定的仲裁机构申请仲裁或向有管辖权的人民法院提起诉讼。

第三部分　专　用　条　款

（补充）项目管理依据包括但不限于以下文件：

（一）法律法规政策规定

1. 中华人民共和国合同法（主席令第 15 号）

2. 中华人民共和国招标投标法（主席令第 21 号）

3. 中华人民共和国政府采购法（主席令第 68 号）

4. 中华人民共和国建筑法（主席令第 91 号）

5. 建设工程质量管理条例（国务院令第 279 号）

6. 建设工程安全生产管理条例（国务院令第 393 号）

7. 关于实行建设甲方责任制的暂行规定（计建设〔1996〕673 号）

8. 国务院关于投资体制改革的决定（国发〔2004〕20 号）

9. 基本建设财务管理规定（财建〔2002〕394 号）

10. 城市建设档案管理规定（建设部令第 61 号）

（二）技术标准和规范规程（略）

（三）项目技术文件

包括项目建议书、工程可行性研究报告、初步设计、施工图勘察文件等

（四）项目各类合同及补充协议

6.2 （补充）各阶段工作（包括但不限于）：

（一）前期策划

1. 协助委托人进行项目前期策划、功能定位、经济分析、专项评估与投资确定，组织项目建议书、可行性研究报告的编制和报审工作；

2. 协助委托人办理方案征询、项目报建、土地征用、规划许可等有关手续；

3. 其他：_____。

（二）设计管理

1. 协助委托人提出工程设计、进度、质量等要求、组织评审工程设计方案；

2. 协助委托人组织工程勘察设计招标、签订勘察设计合同并监督勘察设计单位按合同要求实施；

3. 协助委托人组织设计单位进行工程设计优化、技术经济方案比选并进行投资控制；

4. 协助委托人组织工程初步设计或总体设计文件、施工图设计的编制与报审工作；

5. 其他：_____。

（三）施工前准备

1. 协助委托人组织工程监理、施工、设备材料采购招标；

2. 协助委托人与工程项目总承包企业或施工企业及建筑材料、设备、构配件供应等企业签订合同并监督承包企业按照合同要求实施；

3. 协助委托人做好"七通一平"的临时设施施工管理与申请工作；

4. 协助委托人办理建设工程合同信息报送、施工许可等有关手续；

5. 其他：_____。

（四）施工管理

1. 协助委托人制定工程建设总目标，建立规范的管理制度与组织体系，做好项目总体筹划，编制完成项目建设大纲；

2. 协助委托人开展施工过程中的质量、安全、文明施工、进度、工程变更、合同、信息等管理以及相关资料收集整理工作；

3. 协助委托人控制工程总投资，制定工程实施用款计划；

4. 协助委托人对参建各方的工作进行管理、配合、协调、监督、考核；

5. 其他：_____。

（五）竣工验收管理

1. 协助委托人组织竣工验收；

2. 协助委托人进行工程竣工结算和工程决算，处理工程索赔；

3. 协助委托人移交竣工档案资料；

4. 协助委托人办理竣工验收备案等相关手续；

5. 协助委托人办理项目移交手续；

6. 其他：_____。

（六）保修

1. 协助委托人开展生产试运行及工程保修期管理；

2. 协助委托人组织项目后评估；

3. 其他：_____。

6.3　（补充）受托人将建设资金申请和支付、建设资金使用、工程质量安全文明施工管理、项目进度控制、设计变更处置、项目验收工作、项目移交等建设管理工作，按月度（每月_____日前）以月报形式向委托人和有关单位汇报项目建设情况，并接受委托人的监督和指导。

6.11　（补充）受托人应当组建履行本合同所需的项目管理单位现场管理机构并派出所需的人员，项目组成员不少于_____人（现场管理机构组成人员表另附），现场管理机构需明确岗位、工作职责、工作时间、工作方式。向委托人报送委派的项目经理及其现场管理机构主要成员名单及相关个人信息（包括但不限于身份证、履历表、学历证书、资质证明等的原件及复印件，原件经委托人核对无误后退还给相关个人，复印件由委托人备档），委派的项目经理每周驻工地不得少于_____个工作日时间，委派的技术负责人每周驻工地不得少于_____个工作日时间。

6.13　（补充）受托人如需更换项目经理或技术负责人，应至少提前7日以书面形式通知委托人，并经委托人书面同意；未经委托人书面同意而更换则视为受托人违约，每发生一人次，应向委托人赔偿违约金，违约金按本合同金额的_____%收取；经委托人书面同意更换的，每发生一人次，应向委托人支付罚金，罚金按本合同金额的_____%收取，特殊原因除外。

7.2　（补充）受托人应全面实际地履行本合同约定的各项合同义务，因受托人管理失职，造成任何未按合同的约定履行或未适当履行的行为，应视为违约，并承担相应的违约责任。

（一）安全文明施工控制目标

1. 未达到协议目标，按本合同金额的_____%计扣；

2. 发生了人身死亡事故或两起及以上重大安全事故的，其违约赔偿金按本合同金额的_____%计扣；

3. 发生了人身伤害等重大安全事故的，其违约赔偿金按本合同金额的_____%计扣。

（二）工程质量目标

1. 未达到协议目标，按本合同金额的_____%计扣；

2. 发生了特大质量事故或两起以上相同性质的重大质量事故的，其违约赔偿金按本合同金额的_____%计扣；

3. 发生了重大质量事故的，其违约赔偿金按本合同金额的_____%计扣。

发生了上述2、3任何一类事故时，除违约赔偿外，委托人将视情况有权单方面中止合同，并依法追究相应责任。

（三）工程进度目标

项目总体进度每滞后_____月，受托人应承担_____%本合同金额的违约赔偿金。

（四）受托人未能完全履行项目管理合同，擅自变更建设内容、扩大建设规模、提高建设标准，致使工期延长、投资增加或工程质量不合格的，受托人应承担_____%本合同金额的违约赔偿金。

（五）违约赔偿金从本合同金额中计扣。违约赔偿最高限额不超过扣除税金后的本合同金额总额。

8　（补充）

（一）本合同约定的工程项目管理费定为_____。完成合同约定各项目标的，全额支付项目管理费；违反合同约定的，按第7条款约定承担违约责任。项目管理费由_____拨付。

（二）项目费用由受托人提出申请，经委托人核实，结合年度绩效考核后按照下列期限向受托人分期支付：

（三）本工程因项目建设规模、建设标准等发生重大变更导致受托人工作量增减，工程项目管理费将按照审定的计费基数予以调整，但不超过批复建设单位管理费总额。

（四）如由于不可抗力等原因发生延长项目工期等因素发生，导致项目管理费确需超过批复金额的，在报_____审核审批后调整工程项目管理费。

附件：

廉 洁 协 议

委托人（甲方）：_____受托人（乙方）：_____。

为了在本项目建设工程、货物采购及各类购买服务中保持廉洁自律的工作作风，防止各种不正当行为发生，根据国家和本市各项规定和廉洁从业的规范要求，结合实际，特制订本协议如下：

（1）甲乙双方应当自觉遵守国家和上海市有关廉洁自律各项规定，以"公开、公平、公正"为原则开展业务工作。

（2）甲方及其工作人员不得以任何形式向乙方索要和收受回扣等好处费。

（3）甲方工作人员不得接受乙方的礼金、有价证券和贵重物品，不得在乙方报销任何应由个人支付的费用。

（4）甲方工作人员不得参加可能对公正执行公务有影响的宴请和娱乐活动。

（5）甲方工作人员不得接受乙方为其住房装修、婚丧嫁娶、家属和子女的工作安排以及出国等提供的方便。

（6）甲方工作人员不得向乙方介绍家属或者亲友从事与甲方项目有关的材料及货物供应、工程分包及购买服务等经济活动。

（7）乙方应当通过正常途径开展业务工作，不得为获取某些不正当利益而向甲方工作人员赠送礼金、有价证券和贵重物品等。

（8）除合同中已确定的培训、考察外，乙方不得以洽谈业务、签订合同为借口，邀请甲方工作人员外出旅游和进入营业性场所。

（9）乙方不得为甲方单位和个人购置、提供交通工具、家电、办公用品等物品。

（10）乙方如发现甲方工作人员有违反上述协议者，应向甲方领导及职能部门或者甲方上级主管机关举报。甲方不得以任何借口对乙方进行报复。

（11）甲方发现并查实乙方有违反本协议或者采用不正当的手段行贿甲方工作人员，甲方根据具体情节和造成的后果追究乙方项目合同价 $1\%\sim5\%$ 的违约金。由此给甲方造成的损失均由乙方承担，乙方用不正当手段获取的非法所得由甲方予以追缴。同时，甲方可单方面终止与乙方签订的合同，且乙方在三年内不得参加甲方及其所属企事业单位有关项目的招投标活动。

（12）甲乙双方若存在违反本协议规定之外且与项目有关的其他不廉洁行为，按本协议第十、第十一条款规定处理。

（13）本协议作为《建设工程项目管理委托服务合同》的附件，具有与其同等的法律效力。

（14）本协议在招投标过程中可参照执行。

附录二：房屋建筑工程造价咨询工期指标

（一）房屋建筑工程造价咨询工期标准，适用于新建、改建、扩建的房屋建筑类工程的造价咨询服务。标准以工作日为计量单位。建设工程造价咨询工期标准：以社会平均先进的信息化水平、服务水平、企业管理水平为基础，为促进最佳社会效益为目的，按照相关的工程造价咨询合同和有关执业标准的要求，从签订咨询合同且获得相关工程资料，具备开展造价咨询服务条件开始，到按咨询合同要求提交咨询成果文件为止的时间。

（二）招标控制价的编制工期标准，是按照同一家单位完成工程量清单和招标控制价编制为前提编制的。如果招标控制价的编制单位和工程量清单的编制单位不是同一家单位，则招标控制价的编制工期按本标准的预算编制工期减 5 天，如果少于 5 天，按 5 天计。招标答疑后需要对招标控制价进行修正和调整的，招标控制价的修正和调整工期应预留 3～10 天，以满足当地主管部门规定的公布招标控制价的时间。工期的确定应以单项工程或单栋建筑物为计算单元。对于群体工程，以统一规划，分组实施为原则，将群体工程合理划分为若干个单元，由不同的作业小组平行作业，计算项目的咨询工期。对于超大工程，其单层面积超过 10000 平方米的自然层，则该层可视同单栋建筑物，按层作为计算单元。对多栋建筑物共用地下室的，地下室可作为一个计算单元。划分若干单元后，单元内建筑物按本标准计算后累加，总工期按各单元计算的工期取最长的工期后，另行增加不少于 2 天的汇总和会审时间。对于一栋建筑物兼有地下室、商业、办公、居住等多种功能的综合性建筑，按该栋建筑物的总建筑面积套用最高标准类型计算造价咨询工期。工期标准所完成的服务内容包括：编制或审核结算的服务内容，包括完成施工合同的全部承发包内容。编制或审核工程量清单和招标控制价的服务内容，包括完成招标文件所发包内容。编制或审核估算、概算、预算的服务内容，包括完成建筑设计单位的设计文件的全部专业工程；对于施工图注明的需深化或二次设计的专业工程，该专业工程的预算或招标控制价按指标估算进行编制或审核。

（三）估算编制工期按概算编制工期减 5 天计算，如果扣减后少于 3 天，按 3 天计。审核工期按编制工期另行增加 2 天计算，工期不包括与相关方核对的时间。投标报价的编制工期按预算编制工期减 5 天计算，如果扣减后少于 5 天，按 5 天计。住宅以及酒店样板间精装修，二次精装修，室外总体和园林景观，空调、弱电、消防、变配电等专业工程单独委托咨询的，或地下室单独委托咨询的，应另行计算工期。房屋建筑工程造价咨询工期标准划分为工业建筑、居住建筑、综合类建筑、特殊公共建筑四类工期标准。

（四）各类工程造价咨询成果文件工期标准应按表 4.0.10-1～表 4.0.10-11 的规定执行，如果项目的规模不在本标准规定的区间内，取上限。

多层厂房、多层仓库、辅助附属设施造价咨询成果文件编制工期　单位：工作日

表 4.0.10-1

编码	单栋建筑面积（平方米）	概算编制	预算编制	工程量清单编制	招标控制价编制	结算编制
A1-1	$S \leqslant 2000$	5	10	6	5	16
A1-2	$2000 < S \leqslant 5000$	6	12	8	5	18
A1-3	$5000 < S \leqslant 10000$	10	14	10	5	20
A1-4	$10000 < S \leqslant 20000$	12	16	12	5	22
A1-5	$20000 < S \leqslant 40000$	15	20	15	5	25
A1-6	$S > 40000$	20	25	20	5	30
A1-7	最长工期	30	50	35	15	60

注：复杂的多层工业厂房，系指平面体型复杂，层高不等，楼面载荷大于 10000 牛顿/平方米，配备大面积空调，有减振处理等，具有上述两项以上要求者或对于有新材料、新设备、新技术的设计内容，该等项目考虑复杂系数 1.1～1.2，即上述工作日（不包括最长工期）乘以系数 1.1～1.2。

单层工业厂房、单层仓库工程造价咨询成果文件编制工期　单位：工作日

表 4.0.10-2

编码	单栋建筑面积（平方米）	概算编制	预算编制	工程量清单编制	招标控制价编制	结算编制
A2-1	$S \leqslant 800$	5	6	5	5	10
A2-2	$800 < S \leqslant 2000$	5	8	5	5	12
A2-3	$2000 < S \leqslant 5000$	6	10	6	5	14
A2-4	$5000 < S \leqslant 10000$	9	12	9	5	16
A2-5	$10000 < S \leqslant 20000$	12	14	10	5	18
A2-6	$20000 < S \leqslant 40000$	14	18	15	5	20
A2-7	$S > 40000$	15	20	18	5	25
A2-8	最长工期	30	45	30	15	60

注：复杂的单层工业厂房（包括单层仓库），系指有长短跨，有高低跨，吊车吨位大于 50 吨，内部设置平台或重型设备基础等多项要求，具有上述两项以上要求者或对于有新材料、新设备、新技术的设计内容，该等项目考虑复杂系数 1.1～1.2，即上述工作日（不包括最长工期）乘以系数 1.1～1.2。

综合类建筑工程造价咨询成果文件编制工期　单位：工作日　表 4.0.10-3

编码	单栋建筑面积（平方米）	概算编制	预算编制	工程量清单编制	招标控制价编制	结算编制
B1-1	$S \leqslant 3000$	10	12	10	5	16
B1-2	$3000 < S \leqslant 5000$	10	12	10	5	18
B1-3	$5000 < S \leqslant 10000$	12	16	12	5	25
B1-4	$10000 < S \leqslant 20000$	15	18	15	6	30
B1-5	$20000 < S \leqslant 40000$	18	25	22	8	30
B1-6	$40000 < S \leqslant 60000$	25	35	30	10	35
B1-7	$S > 60000$	35	45	35	15	60
B1-8	最长工期	50	60	55	25	90

注：对于有新材料、新设备、新技术的设计内容或造型特别的，则上述工期（不包括最长工期）可以乘以系数
　　1.1～1.2。

特殊公用建筑工程造价咨询成果文件编制工期　单位：工作日　表 4.0.10-4

编码	单栋建筑面积（平方米）	概算编制	预算编制	工程量清单编制	招标控制价编制	结算编制
C1-1	$S \leqslant 3000$	15	20	15	5	25
C1-2	$3000 < S \leqslant 5000$	15	22	15	8	30
C1-3	$5000 < S \leqslant 10000$	15	25	20	8	32
C1-4	$10000 < S \leqslant 20000$	18	30	25	10	40
C1-5	$20000 < S \leqslant 40000$	20	35	30	10	45
C1-6	$40000 < S \leqslant 60000$	30	40	32	12	50
C1-7	$S > 60000$ 或超过 150m 的超高层建筑	35	50	35	16	90
C1-8	最长工期	50	80	60	30	120

注：对于有新材料、新设备、新技术的设计内容或造型特别的，则上述工期（不包括最长工期）可以乘以系数
　　1.1～1.2。

居住建筑工程造价咨询成果文件编制工期　单位：工作日　表 4.0.10-5

编码	单栋建筑面积（平方米）	概算编制	预算编制	工程量清单编制	招标控制价编制	结算编制
D1-1	$S \leqslant 3000$	5	10	6	5	16
D1-2	$3000 < S \leqslant 5000$	6	12	8	5	18
D1-3	$5000 < S \leqslant 10000$	10	15	10	5	20
D1-4	$10000 < S \leqslant 20000$	12	16	12	5	25
D1-5	$20000 < S \leqslant 40000$	15	20	18	8	25
D1-6	$S > 40000$	15	25	22	8	30
D1-7	最长工期	30	50	35	15	90

注：建筑底层有商业网的项目，或有新材料、新设备、新技术的设计内容或造型特别的，则上述工期（含最长工
　　期）可以乘以系数 1.1～1.2。

住宅以及酒店样板间精装修造价咨询成果文件编制工期　单位：工作日　　表 4.0.10-6

编码	样板间类型	概算编制	预算编制	工程量清单编制	招标控制价编制	结算编制
F1-1	住宅四房及四房以内	5	5	5	5	6
F1-2	别墅	5	8	5	5	10
F1-3	酒店客房（含行政套房）	5	5	5	5	5
F1-4	酒店总统套房	8	8	5	5	12
F1-5	最长工期	35	60	35	25	90

注：如果有多套样板间的，可划分若干个单元，由不同的作业小组平行作业，每增加一套，在上述相应工期的基础上增加 1 天，最长不超过上述最长工期。对于有新材料、新设备、新技术的设计内容，则上述工期（不含最长工期）可以乘以系数 1.1～1.2。精装修指需由装修设计单位单独设计完成的装修设计内容，非精装修是指由建筑设计单位设计完成的装修设计内容。

二次精装修造价咨询成果文件编制工期　单位：工作日　　表 4.0.10-7

编码	相同使用功能装修面积（平方米）	概算编制	预算编制	工程量清单编制	招标控制价编制	结算编制
F2-1	$S \leqslant 500$	5	8	5	5	10
F2-2	$500 < S \leqslant 800$	5	8	5	5	10
F2-3	$800 < S \leqslant 2000$	5	8	6	5	12
F2-4	$2000 < S \leqslant 5000$	10	12	10	5	15
F2-5	$5000 < S \leqslant 10000$	12	16	12	5	18
F2-6	$10000 < S \leqslant 40000$	15	18	15	6	30
F2-7	$S > 40000$	18	25	22	8	30
F2-8	最长工期	35	60	45	20	90

注：少年宫、文化宫、俱乐部、影剧院、音乐厅、酒店配套等复杂工程，或对于有新材料、新设备、新技术的设计内容，在上述工期（不含最长工期）可乘以难度系数 1.1～1.3。不同使用功能的装修工程需要同时服务，其工期分别计算后取最长工期。精装修指需由装修设计单位单独设计完成的装修设计内容，非精装修是指由建筑设计单位设计完成的装修设计内容。

室外总体和园林景观造价咨询成果文件编制工期　单位：工作日　　表 4.0.10-8

编码	室外园林景观面积（平方米）	概算编制	预算编制	工程量清单编制	招标控制价编制	结算编制
F3-1	$S \leqslant 5000$	5	10	8	5	16
F3-2	$5000 < S \leqslant 10000$	8	15	12	5	20
F3-3	$10000 < S \leqslant 20000$	12	18	15	5	25
F3-4	$20000 < S \leqslant 40000$	15	25	20	8	30
F3-5	$S > 40000$	20	35	30	10	40

注：对于有新材料、新设备、新技术的设计内容，在上述工期的基础上乘以难度系数 1.1～1.3。

地下室造价咨询成果文件编制工期　单位：工作日　　　**表 4.0.10-9**

编码	建筑面积（平方米）	概算编制	预算编制	工程量清单编制	招标控制价编制	结算编制
F4-1	S≤5000	10	10	8	5	16
F4-2	5000＜S≤10000	10	15	12	5	20
F4-3	10000＜S≤20000	12	18	15	5	25
F4-4	20000＜S≤40000	15	25	20	8	30
F4-5	S＞40000	20	30	25	10	35

注：对于有新材料、新设备、新技术的设计内容，在上述造价文件编制工期的基础上乘以系数 1.1～1.3。上述工期包括基坑支护及土方造价文件编制工期，如果单独提供基坑支护及土方造价文件编制的，则参照 F4-1 的编制工期。

单独编制空调、弱电、消防等安装专业工程造价咨询成果文件编制工期　单位：工作日

表 4.0.10-10

编码	建筑面积（平方米）	概算编制	预算编制	工程量清单编制	招标控制价编制	结算编制
F5-1	S≤5000	10	10	8	5	16
F5-2	5000＜S≤10000	12	14	10	5	20
F5-3	10000＜S≤20000	15	18	15	6	25
F5-4	20000＜S≤40000	15	25	20	8	25
F5-5	S＞40000	20	30	25	10	35

注：上述为单个专业工程的编制工期，如果所列专业工程有两个及以上同时编制出具报告文件的，则按上述造价文件编制工期计算后不累加。对于有新材料、新设备、新技术的设计内容，在上述造价文件编制工期的基础上乘以系数 1.1～1.3。

全过程造价咨询其他服务项目工期　单位：工作日　　　**表 4.0.10-11**

编码	服务项目	工　期
C1-1	施工过程变更造价测算	≥5
C1-2	变更签证审核	≥3
C1-3	索赔处理	≥3（或按施工合同约定）
C1-4	进度款审核	3（或按施工合同约定）
C1-5	总结报告编制	30
C1-6	经济指标分析	30

注：在全过程造价咨询服务中，估算编制工期、概算编制工期、预算编制工期、工程量清单编制、招标控制价编制工期和结算编制工期 6 类，及相对应的造价文件的审核工期 6 类，均按照本标准的前述工期标准确定。全过程造价咨询其他服务包括施工过程变更造价测算、变更签证审核、索赔处理、进度款审核、总结报告编制、经济指标分析等。总结报告的编制工期，是在决算完成或所有合同结算完成后 30 个工作日，如果需要同时完成经济指标分析，另行增加 10 天。上述工期未约定的其他全过程造价咨询服务工期参照本标准的相关规定执行。

后　记

2017年施行的《企业投资项目核准和备案管理条例》和《企业投资项目核准和备案管理办法》均明确投资项目的国家战略，作为工程项目建设业主，如何实施国家和地方政府"十三五"期间投资项目建设全寿命期管理，有必要厘清和规范现行工程项目建设程序，循序渐进地落实项目投资决策、规划与土地、设计与开工准备、实施控制与管理、竣工验收与评价等各阶段的工作，实现社会效益和经济效益最大化，这是受控项目流程管理的关键，这也是作者再次全面梳理、修编的目的所在。

《工程项目建设程序（第二版）》以工程项目建设程序为主线，将全面阐述"十三五"期间我国的工程项目建设全过程各环节，向投资项目的投融资机构、建设业主、项目法人、评估机构、勘察设计单位、项目管理单位、工程总承包商（供应商、专业分包商）、施工总承包企业、工程监理企业、造价咨询单位、全过程咨询机构以及各级建设管理部门，提供一本集权威性、系统性、实用性为一体且可复制、可操作的工具书。也可作为国家咨询工程师（投资）、注册建造师、注册造价师、注册监理师等专业从业人员和行业协会以及相关院校培训学员熟悉新时期国家投资项目全过程咨询服务工程项目建设程序的参考教材。

本书得以问世，得到了住房和城乡建设部和上海市住房和城乡建设管理委员会有关领导的关心和提携。首先感谢中国工程院院士魏敦山先生担任编委会主任，为本书作序并指导《工程项目建设程序（第二版）》修订稿专家论证；感谢本书编委会副主任、中国建筑业协会副会长吴慧娟女士（原任住房和城乡建设部建筑市场监管司司长）在百忙之中审定全部稿件；感谢本书编委会副主任、上海市绿色建筑协会副会长兼秘书长许解良先生（市人大城建环保委原副主任委员、上海市城乡建设和交通委员会原巡视员）悉心指导。同时，上海建科工程咨询有限公司，精选工程项目全过程咨询实践案例，谨在此诚表敬意；感谢中国建筑工业出版社、上海市绿色建筑协会为本书的出版给予了大力支持。在此，谨向各级领导、同仁以及参考文献的作者表示衷心的感谢。本书部分内容根据上海市相关规定编写。由于时间仓促，加之作者水平有限，书中疏漏在所难免，敬请专家、同仁和读者不吝赐教，以便下次修订时改正，使之能更好地为广大读者服务。